KB023386

개정증보판

K-IFRS 연결회계 이론과 실무

박길동 저

SAMIL | 삼일인포마인

www.samili.com 사이트 **제품몰** 코너에서 본 도서 **수정사항**을 클릭하시면 정오표 및 중요한 수정 사항이 있을 경우 그 내용을 확인하실 수 있습니다.

반드시 알아야 할

연결서설(聯結序說)

• 연결회계 : 왜 어려운가? 무엇이 문제인가?

연결재무제표가 주재무제표로 활용된 지 어느덧 10여 년이 흘렀습니다. 연결재무제표의 중요성에 대해서는 더 이상 강조할 필요가 없을 듯합니다. 연결재무제표를 기초로 재무분석이 실시되고, 연결 관점에서 가치평가와 성과평가도 이루어지고 있습니다. 연결시스템 등 많은 투자도 실시되었습니다. 회계실무에서 찬밥이었던 연결 분야가 드디어 제자리를 찾아가고 있습니다.

그러나 연결실무의 개선은 크게 눈에 띄지 않습니다. 많은 분들은 여전히 어려움을 호소하고 있습니다.

연결회계와 관련된 많은 책들이 서점에 전시되어 있습니다. 저마다 쉽게 풀어 썼다고 주장합니다. 교육 프로그램도 절찬리에 판매되고 있습니다. 실습을 강조합니다. 금방 연결재무제표를 쉽게 작성할 수 있다고 유혹합니다(본서도 그 무리 중에 하나가 아닌가 걱정도 되며, 이 책에 대한 강의도 이나우스아카데미와 삼일아카데미에서 제공되고 있습니다만……).

책을 읽고 강의를 듣는 순간에는 뭔가 감이 잡힙니다. 느낌이 옵니다. 일이 잘될 것 같습니다. 그런데 실제 업무에 들어가면 막막할 따름입니다. 그룹 내 지분구조가 변동되거나 새로운 형태의 내부거래가 발생하면 어떻게 할지 난감합니다. 주먹구구식으로 흘러가고 있지만, 마땅한 방법이 떠오르지 않습니다. 그냥 예전에 했던 대로 할 뿐입니다.

우리 회사는 지분구조가 얽혀 있는 이른바 복잡한 구조인데, 명확하게 설명해주는 사람도 없습니다. 주위 회계사들에게 물어보아도 원래 어려운 것이라고 합니다. 몇 억원을 투자한 연결시스템도 먹통입니다. 단순합산이나마 잘되는 것이 고마울 따름입니다.

결산 때마다 밥 먹듯 야근입니다. 그렇지만 땀 흘려 얻은 결과는 초라합니다. 전임자들이 남겨 놓은 자료들 중 상당 부분은 이해도 안 됩니다. 값 복사 범벅인 엑셀자료는 추적이 안 됩니다. 애써 작성한 연결재무제표도 확신할 수 없습니다. 솔직하게 말하자면 뭐가 문제인지도 잘 모르겠고 불안하기만 합니다. 그렇다고 다음 결산 시에 개선될 것 같지도 않습니다. 출구 없는 미로를 헤매는 느낌입니다.

다가오는 인사 시즌에는 다른 업무에 지원할까 합니다.

무엇이 문제일까요?

다소 건방지게 들리겠지만 이러한 현상들은 다음을 이야기하고 있습니다. **'지금까지 출간된 상당수 책들과 강의 등 교육 프로그램들은 연결실무에 적합하지 않다.' '전문가라고 주장하는 사람들은 많지만 진짜 전문가는 적다.'**

사업결합과 지분평가 관점으로 지분법과 연결회계를 접근하지 않는다면 사상누각에 불과합니다. 지분법과 연결회계가 어려운 이유는 잘못된 개념으로 접근하였기 때문입니다. 잘못된 개념을 열심히 공부했기에 더 어려워진 것입니다. 공부는 제대로 해야 성적이 오릅니다. 오래 앉아 있다고 성적이 오르지는 않습니다. 잘못된 개념은 성적을 끌어올리지 못합니다.

대표적인 예를 들어보겠습니다.

잘못된 개념

1. 연결조정분개를 통해 연결회계를 습득한다.
2. 복식부기 개념을 통해 연결거래를 분석한다.
3. 연결시스템이 있으면 자동으로 연결재무제표가 생성된다.

복식부기 개념을 전제하고 연결조정분개를 통해 공부를 하면 할수록 핵심에서 멀어집니다. 힘들여 투자한 시간과 노력이 오히려 오해의 벽을 높게 만들어 버립니다. 잘못된 스윙(Swing)을 배웠다면 교정에 시간이 더 걸립니다. 물론 잘못된 스윙이지만 각고의 노력 끝에 정상에 도달한 분들도 있습니다. 몇 년을 흘려보내며 때를 기다려야 합니다. 그런데 굳이 그럴 필요는 없겠지요.

지금부터 지분법과 연결회계에 대한 오해와 진실을 말씀드리겠습니다. 그동안 알고 있었던 지식들은 일단 한쪽에 치워 버리고 백지 상태에서 읽어주셨으면 합니다.

1. 연결조정분개는 없다!

연결조정의 개념을 직관적으로 설명하기 위해 성형수술을 예로 들어 보겠습니다.

연결조정의 개념

A라는 여성은 아이유와 같은 외모를 원합니다.
컴퓨터로 현재 모습과 아이유의 얼굴을 비교해 보니, 아이유가 A보다 턱이 갸름합니다. 아이유는 쌍꺼풀이 있으나, A는 쌍꺼풀이 없습니다.
턱뼈를 일부 제거하고 쌍꺼풀 시술을 하였습니다. 시술 이후 A는 아이유와 같은 얼굴을 가지게 되어 행복했습니다.

위에서 설명한 성형수술이 연결결산 과정입니다. 현재 모습과 목표를 비교한 후 차이를 조정하는 절차가 성형수술이고 연결조정입니다. 그리고 이러한 과정 중 대표적인 패턴을 정형화한 것이 연결조정분개라고 칭하는 것들입니다.

A가 아닌 B라는 여성을 가정해 봅시다. B도 아이유의 얼굴을 원합니다. 그러나 분명 A와 다른 시술과정을 거치게 될 것입니다. 모든 여성이 턱뼈와 쌍꺼풀 시술이 필요한 상황은 아닐 테니까요. 설사 턱뼈와 쌍꺼풀 시술을 하더라도 구체적인 방법은 A와 다를 것입니다. 개인적인 상황, 즉 뼈의 강도나 지방 분포 등이 완전히 같을 수는 없으니까요.

목표하는 바가 같더라도 현재 모습에 따라 조정 과정은 달라집니다. 대부분의 사람들에게 완전히 동일하게 적용될 수 있는 성형수술의 유형은 매우 드물지요. 이와 같이 모든 회사에게 적용될 수 있는 정형화된 연결조정분개는 몇 가지 없습니다.

개인적인 특성을 고려하지 않고 동일한 성형수술을 하면 어떻게 될까요? 예뻐지기는커녕 의료사고가 날 것입니다. 대학교재 등에서 설명하는 유형별 연결조정분개를 실무에 접목하니 잘 되든가요? 잘 되는 경우도 있지만 그렇지 않은 경우가 훨씬 많습니다. 당연한 결과입니다.

중요한 것은 목표하는 바(아이유, 연결 관점의 모습)를 정확하게 이해하고, 현재 상태(현재 얼굴, 별도재무제표)를 파악하는 것입니다. 시술 과정은 테크닉입니다. 테크닉은 의료 장비와 의사에 따라 달라질 수 있습니다. 중요한 기술은 알아야겠지만, 그 기술들이 모든 상황에 동일하게 적용되지 않는다는 사실을 명심하기 바랍니다.

연결조정분개는 연결회계처리가 아닙니다. 목표 값(아이유)을 규정하는 것이 연결회계입니다. 연결조정은 (턱뼈를) 빼고 (쌍꺼풀을) 붙이는 가감에 불과합니다. 단순합산재무제표(합산된 별도재무제표)를 연결관점으로 변형하는 과정입니다. **연결조정분개라 표현하지만 회계정보를 표현하는 개념의 분개(회계처리)도 아닙니다.** 본질은 연습장에 끄적거린 메모와 가깝습니다. 다만, 편의상 차변과 대변으로 표시할 뿐이죠. 연결조정분개도 '분개'인데 복식부기와 관련이 없다는 설명에 어리둥절하실 분들도 있을 것입니다. 그러나 진실입니다.

기준서의 연결회계 규정은 아이유의 모습만을 설명하고 있습니다. 성형수술 과정은 시술자의 취향에 따라 맡기고 규정으로 설명하고 있지 않습니다. 아이유라는 목표 값을 제시했으니 나머지는 알아서들 하라는 것이죠. 기준서는 수준 낮게 '연결조정분개'를 제시하지 않고 있습니다. 그런데 정형화된 연결조정분개가 떠돌아다니니, 초심자들은 그것이 기준서가 제정하고 있는 연결회계라 착각하게 된 것이죠.

사실 실무에서 적용하고 있는 연결조정 형태(이른바, 연결조정분개)는 여러 모습입니다. 회사환경에 따라 상이합니다. 어떤 회사는 연결조정을 이월형태로 관리하기도 하고, 어떤 회사는 결산일 기준으로 요약된 형태를 취하기도 합니다. 연결조정의 형태는 차이가 있지만 (제대로 했다면) 연결조정을 계정과목별로 합산하면 모두 동일한 값이 나옵니다.

당연합니다. 단순합산재무제표(현재 얼굴)가 정확한 연결재무제표(아이유)로 전환되었다면, 중간 과정이 어떻든 간에 합쳐 보면 모두 동일하지 않겠습니까? '1+1'도 '2'이고, '1+2-1'도 '2'

입니다. 지름길로 갔든, 돌아갔든 간에 말이죠. 물론 우리는 좀 더 효율적으로 업무를 진행할 수 있는 방법을 모색해야겠지만요.

2. 연결시스템의 진실

연결시스템을 구축하면 연결에 대한 고민이 사라질 것으로 생각하는 분들이 많습니다. 그러나 시스템은 발생하는 거래 중 극히 일부 Logic만 담고 있습니다. 게다가 연결 개념이 명확하지 않은 컨설턴트가 설계하여 발생된 Logic 오류도 심심치 않게 발견됩니다.

연결시스템에 내재되지 않은 Logic이나 거래는 수작업으로 보완해야 합니다. 수작업이 필요 없을 정도로 정교한 시스템이나, 거래구조가 단순한 회사는 거의 없습니다. 수작업 조정이 적절하게 이루어지지 않는다면, 1~2년도 지나지 않아 시스템은 무용지물이 되기 십상입니다.

주변의 연결 실무자분들께 여쭈어 보시면 금방 알게 됩니다. 큰 기대를 가지고 투자했지만 아예 사용하지 않는 회사, 단순합산 기능만 사용하는 회사가 대부분입니다. 엑셀로 목표 값을 계산한 후, 결과 값을 거꾸로 시스템에 입력하여 마치 시스템이 제대로 돌아가는 것처럼 운영하는 회사도 있습니다. 연결시스템을 하나의 자료 보관 창고로 이용하는 것이죠. 그마저도 시간이 지나면 무수히 많은 수작업 전표들로 인해 과거 History를 쫓아가기가 불가능해집니다.

시스템을 구축한 지 5년 정도 지나면 시스템 재구축이나 Update 용역을 제안받습니다. 이제는 보완이 다 되었다고 합니다. 외국에서 New version이 들어왔다고 강조합니다. 종전 시스템은 장부상 상각이 완료되었으니 이제 다시 시작해 보자고 합니다. 그러나 대부분 실패를 반복합니다. 안 되는 것은 안 됩니다. Concept이 동일한데 어떻게 다른 결과가 나오겠습니까?
'Garbage in garbage out'입니다.

물론 언젠가는 더 좋은 프로그램이 등장할 것입니다. 그러나 아무리 좋은 시스템이더라도 담당자가 지분법과 연결회계에 대해 깊이 있게 알고 있어야 합니다. 레이저 등 좋은 기계가 도입되더라도, 의사가 중심이 되어야 합니다. 그래야 환자를 치료할 수 있습니다. 기계는 사람이 Control 해야 합니다. 그래야 잘 작동합니다.

서론이 길었습니다. 본론으로 들어갑니다. 성형수술을 정확하게 하려면 '아이유'의 모습을 정확하게 이해해야 하겠지요. 그 시작은 '사업결합'에서 시작됩니다.

• 사업결합회계

1. 결혼과 사업결합

회사에는 여러 거래가 발생합니다. 원재료 구매, 제품 생산, 제품 판매, 유형자산 취득, 자금 차입, 배당 등. 이런 다양한 거래를 차변과 대변이라는 형식으로 구분하여 장부에 기록하는 것이 회계처리입니다. 회사라는 실체 안에서 발생하는 거래를 복식부기로 기록하는 분야를 일반회계(또는 개별회계, General Accounting)라고 합니다.

'사업결합회계'에 대하여 들어 보셨나요? 처음 듣는 분도 있을 것이고, 들어본 적이 있더라도 일반회계의 한 분야라고 생각하는 분들이 대부분일 것입니다.

일반회계와 사업결합회계는 남자와 여자가 다르듯이 그 성격이 완전 다릅니다. 그리고 지분법과 연결회계는 일반회계가 아닌 사업결합회계에 기반하고 있습니다.

따라서 일반회계 개념으로 지분법과 연결결산을 풀어나가면, 금성에 사는 생물을 찾기 위해 화성을 탐색하는 꼴이라 할 수 있습니다. 초능력을 발휘하지 않는다면 잘될 턱이 없겠죠? 그래서 잘 안 됩니다.

사업결합회계(Business combination, Purchase accounting)**는 특정 사업(자산과 부채의 집합)을 취득하고, 시간이 경과함에 따라 해당 사업이 어떻게 변동되었는지를 파악하는 개념입니다.**

기본 사례 : '영계닭집'과 '닭치고 치킨'

영계를 키워 식당 등에 납품하는 '영계닭집'이 있습니다. 요즘 닭이 잘 팔려 기분이 좋습니다. 왕사장은 사업을 키우기 위해 새로운 사업을 Launching 하기로 결심했습니다. 사업을 하기 위한 방법으로 다음 대안들을 고민하고 있습니다.

- 회사 내 치킨 사업부 신설
- 치킨회사와 합병(또는 사업양수)
- 치킨회사 주식 인수

치킨 사업부를 신설하여 공장을 건설하고 노하우를 쌓기에는 시간이 너무나 걸립니다. 그리고 다른 회사와 합병하면 조직 문화가 흐트러질까 고민입니다.

고민 끝에 장안에 소문난 '닭치고 치킨!'을 인수하기로 결정했습니다.

새로운 사업은 회사 내에 사업부문을 신설하여 직접 할 수도 있지만, 주식을 인수하거나 합병하는 방법도 있습니다. 그런데 짐작되듯이 경제적실질은 모두 똑같습니다. 주식인수 후 닭집의 사업 Portfolio는 '닭 사육'에서 '닭 사육 + 치킨'으로 변경됩니다. 새로운 사업이 추가되었으므로 사업결합이라 합니다.

닭집의 재무상태표를 생각해 봅시다. 현재 닭 사육과 관련된 자산과 부채만 계상되어 있습니다. 그런데 치킨집을 인수하면, 재무상태표에 치킨과 관련된 자산과 부채가 가산됩니다. 그 과정이 사업결합입니다.

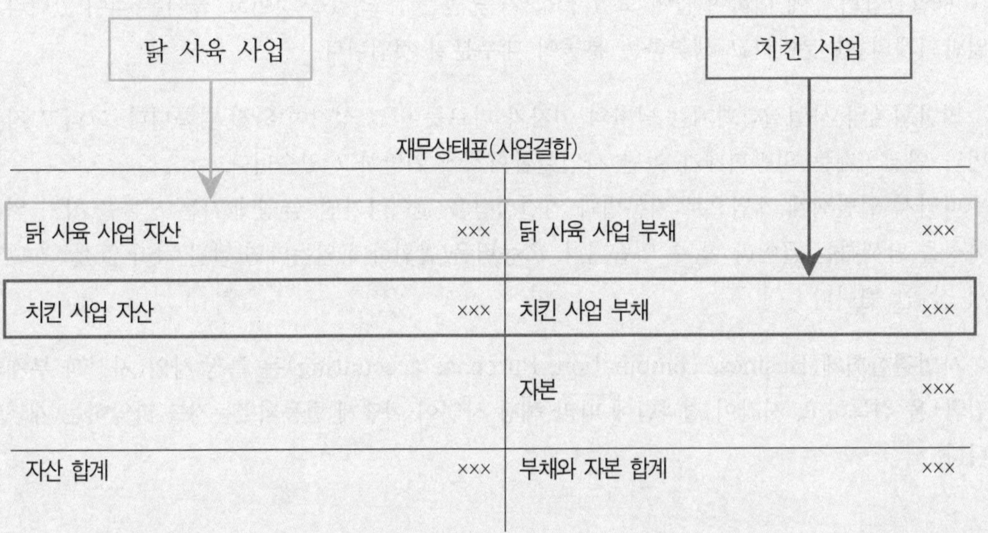

사업결합회계는 하나의 실체 안에 새로운 사업이 결합되는 과정입니다. 영계닭집이라는 실체 안에 '치킨 사업'이 추가되는 과정입니다.

사업결합은 개별 자산의 취득과 처분과는 성격이 완전 다릅니다. 데이트 과정에서 여자친구에게 핸드백을 선물하거나 남자친구에게 시계를 사주는 것을 개별회계라 비유해 봅시다. 그렇다면 사업결합은 '결혼'입니다.

결혼은 핸드백 차원이 아닙니다. 두 사람의 몸과 마음(모든 자산과 부채, 권리와 의무 등), 그 모든 것이 결합되어 하나가 됩니다. 결혼은 매우 Special 하기에 식을 올려 모든 사람들에게 알립니다. 사업결합도 결혼과 마찬가지로 Special 하기에 PPA라는 과정을 실시하고, 하나됨을 축하하는 문서화 작업을 진행하게 됩니다.

2. 사업의 취득

사업의 취득과 평가에 대한 개념을 좀 더 살펴보겠습니다.

닭집을 운영하고 있는 왕회장은 사업을 확장하기 위하여 마땅한 투자처를 수소문하고 있습니다. 대안을 검토하던 중 홍대앞에서 영업중인 '닭치고 치킨!'을 발견했습니다. 그 집은 욕쟁이 할머니가 40년째 장사하고 있으며, 며느리에게도 가르쳐 주지 않는 비법(Recipe)으로 유명합니다.

'닭치고 치킨!'은 수원왕갈비통닭보다 유명한 해물치킨집입니다. 해물치킨도 맛있지만 후라이드도 대단합니다. 기본이 탄탄한 가게입니다. 한 입 물면 바싹한 튀김 옷이 먼저 느껴지고, 연이어 부드러운 닭고깃살 사이에서 흐르는 육즙이 터지면서 목을 넘어갑니다. 게다가 달달하면서도 바다가 느껴지는 해물양념은 하와이 해변으로 안내하는 마법을 부립니다.

그 집의 치킨은 맥주를 계속 부릅니다. 치킨을 먹다 보면 맥주가 생각나고, 맥주를 마시면 치킨이 생각납니다. 인당 1마리와 500cc 3잔은 기본입니다. 그래서 연간 2.0억원씩 이익이 납니다.

치킨집이 공시한 재무상태표는 다음과 같습니다.

재무상태표(장부)

현금	1.0억원	채무	1.0억원
건물	2.0억원		
		자본금	1.0억원
		이익잉여금	1.0억원
자산 합계	3.0억원	부채와 자본 합계	3.0억원

(*) 건물 내용연수 4년

치킨집의 자본합계가 2.0억원이라고 하여 연간 2.0억원씩 이익이 나는 치킨집을 2.0억원에 인수할 수 있다고 생각하지 않겠지요?

욕쟁이 할머니는 건물의 시장가치, 기름지지 않으면서 바싹한 튀김법, 새콤 달달한 양념에 대한 비법 등을 근거로 10.0억원을 주장하고 있습니다. 기나긴 협상 과정을 거쳐 닭집은 9.0억원에 치킨집을 인수하기로 계약하였습니다.

인수과정에서 닭집은 치킨집의 자산과 부채를 공정가치로 평가하였는데, 그 결과는 다음과 같습니다.

재무상태표(사업결합 관점 : 취득)

현금	1.0억원	채무	1.0억원
건물	4.0억원		
지적재산권(Recipe)	5.0억원	취득금액 (순자산 공정가치)	9.0억원
자산 합계	10.0억원	부채와 자본 합계	10.0억원

(*) 건물 내용연수 4년, 지적재산권 내용연수 5년

치킨집이 감사보고서에 공시한 재무제표상 순자산 장부금액(자본 합계)은 2.0억원에 불과합니다. 그러나 건물의 시세는 4.0억원이었고, 욕쟁이 할머니의 비법(Recipe)은 5.0억원으로 평가되었습니다.

즉, 순자산 장부금액(자본 합계)은 2.0억원이지만, 순자산 공정가치(= 자산의 공정가치 - 부채의 공정가치)는 9.0억원입니다.

이와 같이 **취득금액이 자산과 부채의 공정가치에 따라 배분되는 과정을 매수가격배분**(PPA, Purchase Price Allocation)이라고 합니다. 닭집은 PPA 과정 시 치킨집이 공시한 재무제표를 참조합니다. 그러나 장부에 없더라도 가치가 있는 지적재산권까지 재무제표에 인식하였음을 알 수 있습니다.

치킨집을 인수한 이후 닭집의 관심사는 무엇일까요? 치킨집이 공시한 재무제표에는 흥미가 없습니다. **닭집은 자기가 투자한 9.0억원이 어떻게 불어나느냐에 더 관심이 있습니다.**

그런데 문제가 있습니다. 치킨집은 종전의 장부금액에 기초한 재무제표만 작성하기에, 닭집은 취득금액(9.0억원)을 기초로 평가한 자료를 구하기가 어렵습니다.

다시 말하면, 닭집은 치킨집이 자산의 장부를 기초로 계산한 순자산 장부금액(자본 총계 = 자산 장부금액 - 부채 장부금액)에 그다지 관심이 없습니다. **닭집이 투자한 대상**은 치킨집이 제시한 자산과 부채가 아니라, **취득 당시에 시가로 평가한 자산 10억원과 부채인 1.0억원**입니다.

따라서 닭집은 **순자산 공정가치(= 자산 공정가치 - 부채 공정가치)의 변동에 초점**을 맞추게 됩니다.

3. 취득 후 사업의 평가

인수한 지 1년이 지난 후 치킨집이 작성한 재무제표는 다음과 같습니다.

재무상태표(1년 후 장부)

현금	3.5억원	채무	1.0억원
건물	1.5억원		
		자본금	1.0억원
		이익잉여금	3.0억원
자산 합계	5.0억원	부채와 자본 합계	5.0억원

치킨집은 2.0억원의 이익을 보고하였는데, 그 과정은 다음과 같습니다.

손익계산서(장부)

감가상각비(*)	0.5억원	수익(매출)	4.0억원
기타비용(원재료비 등)	1.5억원		
당기순이익	2.0억원		

(*) 2.0억원 ÷ 4년

앞서 말했듯이 닭집은 치킨집이 기존 장부 기준으로 보고한 재무자료에 흥미가 없습니다. 닭집은 자신이 투자한 금액을 기준으로 성과를 측정하고 싶습니다. PPA 과정 시 확정했던 자산과 부채의 변동을 알고 싶어 합니다.

박CPA의 도움을 받아 작성한 사업결합 관점의 재무제표는 다음과 같습니다.

재무상태표(사업결합 관점 : 1년 후)

현금	3.5억원	채무	1.0억원
건물	3.0억원		
지적재산권	4.0억원	취득금액	9.0억원
		취득 후 이익	0.5억원
자산 합계	10.5억원	부채와 자본 합계	10.5억원

위 재무상태표에 치킨집이 공시한 자본금 1.0억원, 이익잉여금 3.0억원은 표시되고 있지 않음을 눈여겨보시길 바랍니다. **종속기업(치킨집)의 재무제표상 자본 항목은 사업결합 관점에서 아무런 의미가 없습니다. 닭집은 사업을 인수한 것입니다. 치킨 사업과 관련된 자산과 부채를 인**

수한 것입니다. 자본을 인수한 것이 아닙니다.

사업결합 관점에서 평가의 기준은 인수 시점에 투자한 금액입니다. 본 사례에서는 영업권이 없으므로 순자산 공정가치(9.0억원, PPA 과정에서 확정된 자산과 부채 기준)가 평가의 기준입니다.

장부금액과 사업결합 관점의 순이익에 대한 조정과정을 살펴볼까요?

구 분	치킨집 장부금액	사업결합 관점	조정액
감가상각비(건물)	0.5억원 (= 2.0억원 ÷ 4년)	1.0억원 (= 4.0억원 ÷ 4년)	0.5억원
무형자산상각비(지적재산권)	-	1.0억원 (= 5.0억원 ÷ 5년)	1.0억원
합계	0.5억원	2.0억원	1.5억원

순자산 장부금액(자본 총계)이 의미가 없듯이 치킨집이 보고한 2.0억원의 이익은 닭집에게 의미가 없습니다. 사업결합 관점에서 평가한 취득시점의 건물과 지적재산권이 상각과정을 거쳐 계산된 0.5억원이 실제 성과인 것입니다.

사업결합 관점의 손익계산서는 다음과 같습니다.

손익계산서(사업결합)

차변		대변	
감가상각비	1.0억원	수익	4.0억원
무형자산상각비	1.0억원		
기타비용	1.5억원		
당기순이익	0.5억원		

사업결합 관점에서 치킨집의 순자산은 0.5억원 증가하였고, 당기순이익이 0.5억원 발생했습니다. 닭집은 치킨집이 제공한 재무제표가 아니라, 박CPA의 도움을 통해 관련 정보를 얻었습니다. 물론 박CPA는 PPA를 통해 확정된 자산과 부채를 기초로 결산하여, 사업결합 관점의 재무제표를 작성했을 것이구요.

본 사례는 인수 시 자산의 평가차이만 발생했습니다. 그러나 실무에서는 그 외에도 다음과 같은 다양한 이유로 조정사항이 많아질 수 있습니다.

- 닭집이 치킨집을 10.0억원에 인수하면, 1.0억원(= 10.0억원 - 9.0억원)의 영업권이 발생합니다.
- 닭집은 Synergy를 목적으로 치킨집에 닭을 팔 수 있습니다. 즉, 내부거래가 발생할 수도 있습니다.

- 닭집에서 치킨집 주식을 100% 취득한 것이 아니라 일부만 취득하였다면 소액주주가 존재하게 됩니다. 이러한 주주를 비지배주주라 합니다. 지분이 100%가 아니라면 비지배주주의 지분(즉, 비지배지분)에 대한 회계처리가 등장합니다. 또한 닭집의 지분율이 변동(추가로 주식을 인수하거나, 일부 주식을 처분)될 경우도 있습니다.
- 치킨집의 순자산 변동은 당기순이익 이외에도, 치킨집이 배당을 실시하거나 보험수리적손익이 발생하는 등 여러 요인이 있습니다.
- 나중에 치킨집은 튀김가게를 인수할 수도 있습니다. 즉, 지배구조가 복잡해질 수 있습니다.
- 닭집이 치킨집을 인수한 이후 오랜 기간(예를 들어 10년)이 경과하면, 조정항목이 누적되어 그 양이 많아집니다.

실무상 다양한 현상이 발생할 수 있습니다. 그러나 다양한 원인들을 체계적으로 정리하여 그 정확성과 완전성을 쉽게 확보할 수 있는 방법이 있습니다. 다음 절은 지분법과 연결회계의 핵심뿐만 아니라 어떻게 자료를 체계적으로 정리할 수 있을 것인지 소개합니다. 참고로 거래는 다양하더라도 기본 개념은 몇 가지 없습니다. 그 개념들이 여러 형태로 변형되지만 걱정하지 않으셔도 됩니다.

4. 연결조정의 원리? 법인세조정과 동일!

지금까지 설명한 닭집의 성과 평가 과정을 생각해 봅시다. 치킨집은 종전 장부금액 기준으로 재무제표를 작성했습니다. 그러나 닭집은 사업결합 관점의 재무제표가 필요합니다. 사업결합 관점의 재무제표가 없기에 닭집은 박CPA의 도움을 받았습니다. 박CPA가 치킨집의 재무제표를 사업결합 관점으로 변환시켰음이 기억나시죠?

이런 불편한 점을 개선하려고 닭집은 치킨집에게 사업결합 관점으로 결산할 것을 요구했습니다. 그러나 치킨집은 닭집 이외의 이해관계자도 있으며, 주인이 바뀌었다고 재무제표를 바꾸면 기업회계기준 위반이라고 합니다. 그러면서 국세청도 세법 기준 재무제표를 요구하지 않는데 왜 갑질이냐고 항변합니다.

법인세는 회계상 손익계산서에 일부 항목을 가감하여 계산됩니다. 이러한 과정을 세무조정이라 부릅니다. 세무조정은 결국 회계상 재무제표를 세무상 재무제표로 전환하는 과정인 셈이죠.

닭집은 세무조정 과정을 듣고 아이디어를 얻었습니다. 그리고 치킨집이 보고한 재무제표와 사업결합 관점의 재무제표의 차이를 세무상 유보처럼 관리하고, 직접 사업결합 관점의 재무제표를 작성하기로 결심했습니다.

세무조정에 익숙하신 분은 유보의 증감으로 연결조정을 이해하는 것이 쉽습니다. 세무조정 관점으로 표현하면 인수 시점에는 공정가치 차액이라는 유보가 발생합니다.

구 분	장부금액	조정 항목(유보)	사업결합 관점
현금	1.0억원	–	1.0억원
건물	2.0억원	2.0억원	4.0억원
지적재산권	–	5.0억원	5.0억원
채무	1.0억원	–	1.0억원
순자산(= 자산 – 부채)	2.0억원	7.0억원	9.0억원

1년이 지나면 건물과 지적재산권에 대한 조정 금액이 변경됩니다. 즉, 유보금액이 변경됩니다. 내용연수가 4년과 5년이므로 각각 0.5억원과 1억원의 상각비가 반영됩니다.

조정 내역은 다음과 같습니다.

구 분	장부금액	조정 항목(유보)	사업결합 관점
현금	3.5억원	–	3.5억원
건물(*1)	1.5억원	1.5억원	3.0억원
지적재산권(*2)	–	4.0억원	4.0억원
채무	1.0억원	–	1.0억원
순자산(= 자산 – 부채)	4.0억원	5.5억원	9.5억원

(*1) 건물 유보 = 2.0억원 - 2.0억원 ÷ 4년 = 1.5억원

(*2) 지적재산권 유보 = 5.0억원 - 5.0억원 ÷ 5년 = 4.0억원

취득 시점의 조정금액(유보)은 총 7.0억원(= 건물 2.0억원 + 지적재산권 5.0억원)이었습니다. 그러나 1년 후에는 5.5억원(= 건물 1.5억원 + 지적재산권 4억원)으로 감소했습니다.

유보의 변동은 과세표준에 반영되듯이, 사업결합 시 인식된 조정사항의 변경은 손익에 반영됩니다. 따라서 사업결합 관점에서의 이익은 1.5억원만큼 감소되어 0.5억원(= 2억원 – 1.5억원)으로 계산됩니다.

구 분	장부금액	조정 항목(유보 변동)	사업결합 관점
수익	4.0억원	–	4.0억원
감가상각비	0.5억원	0.5억원	1.0억원
무형자산상각비	–	1.0억원	1.0억원
기타비용	1.5억원	–	1.5억원
순이익	2.0억원	(1.5) 억원	0.5억원

지금까지 살펴본 내용을 요약하면 다음과 같습니다.

사업결합 관점의 평가

1. 사업결합 시 PPA를 통해 작성된 재무상태표가 평가의 기준점이다.
2. PPA를 통해 확정된 재무제표의 변동이 지분법과 연결에 반영된다.
3. 사업결합 관점의 재무제표는 제공되지 않는다. 따라서 피투자기업(치킨집)이 보고한 재무제표를 (세무조정과 같이) 조정하여 사업결합 관점의 재무제표로 전환시킨다.

• 지분법과 연결회계의 Key

1. 주식의 분류

사업결합이 지분법과 연결회계에 미치는 영향을 설명하려 합니다. 그에 앞서 주식이 어떻게 분류되는지 살펴볼까요?

주식의 분류	취득 목적
공정가치측정금융자산(매도가능증권)	투자수익(배당과 처분손익)
관계기업주식	유의적인 영향력
종속기업주식	지배력

모두 주식 형태이므로 비슷하게 느껴집니다. 그러나 공정가치측정금융자산, 관계기업주식, 종속기업주식은 모두 성격이 다른 자산입니다. 취득 목적이 다르기 때문입니다. 서로 다른 목적으로 취득했는데, 우연찮게 주식이라는 동일한 형태라고 이해해야 합니다.

관계기업주식은 유의적인 영향력을 목적으로 취득한 자산입니다. 여기서 유의적인 영향력이란 닭집이 치킨집의 주주총회나 이사회에서 의견을 진술하는 등 재무나 영업활동에 영향을 미칠 수 있는 능력입니다.

그에 비하여 종속기업주식은 지배력 획득을 목적으로 취득한 자산입니다. 여기서 지배력은 내 뜻대로 치킨집을 좌지우지할 수 있는 능력입니다. 마치 노예처럼 말이죠. 그렇다면 지배력의 대상이 되는 것은 무엇일까요? **지배력의 대상은 치킨집(종속기업)이 영위하는 사업입니다. 따라서 종속기업주식을 취득하였다는 의미는 '종속기업이 보유하는 사업과 관련된 자산과 부채의 일체'를 취득한 것과 동일합니다.**

지금까지 치킨집의 재무제표만 살펴보았는데, 닭집의 재무제표는 다음과 같습니다.

재무상태표

현금	3.0억원	채무	2.0억원
주식(*)	9.0억원		
건물	3.0억원	자본금	5.0억원
		이익잉여금	8.0억원
자산 합계	15.0억원	부채와 자본 합계	15.0억원

(*) 9.0억원의 주식은 치킨집 인수 시 지출된 금액

닭집의 1년 후 재무상태표를 보겠습니다.

재무상태표(1년 후)

현금	7.0억원	채무	2.0억원
주식(*)	9.0억원		
건물	2.0억원	자본금	5.0억원
		이익잉여금	11.0억원
자산 합계	18.0억원	부채와 자본 합계	18.0억원

(*) 치킨집 취득금액인 9.0억원이 그대로 유지되는 별도재무제표를 가정함.

손익계산서는 다음과 같습니다.

손익계산서

감가상각비	1.0억원	수익	10.0억원
기타비용	6.0억원		
당기순이익	3.0억원		

2. 지분법의 Key

지분법은 투자기업(닭집)이 보유하고 있는 주식의 장부금액에 피투자기업(치킨집)의 재무성과를 반영하는 회계처리입니다. 그리고 지분법 적용 시 주식 장부금액(재무상태표)과 지분법이익(손익계산서)은 다음을 의미합니다.

지분법주식과 지분법이익

1. 주식 : 피투자기업(치킨집)의 순자산에 대한 투자기업(닭집)의 **주주로서 권리**
2. 지분법이익 : 피투자기업(치킨집)의 순이익에 대한 투자기업(닭집)의 **주주로서 권리**

기억나시죠? 닭집이 치킨집을 인수한 시점에 치킨집의 순자산 장부금액은 2.0억원이었으나, PPA를 거친 후 순자산 공정가치는 9.0억원이었습니다. 지분법은 치킨집이 보고한 재무제표가 아니라 사업결합 관점에서 작성된 순자산(즉, 순자산 공정가치)을 기준으로 합니다. 치킨집이 인수한 시점에는 순자산 공정가치는 9.0억원이고 1년 후에는 9.5억원이었습니다. 사업결합 관점에서 이익이 0.5억원 발생하였기에 지분법이익을 0.5억원만큼 인식합니다.

(차변) 주식	0.5억원	(대변) 지분법이익	0.5억원

실무상 지분법 회계처리 절차에 대하여 좀 더 설명하겠습니다. 치킨집은 사업결합 관점의 재무제표를 닭집에 제공하지 않습니다. 자신이 작성하던 재무자료를 제공할 뿐입니다. 그런데 닭집은 치킨집에서 제공한 재무제표를 기초로 지분법을 적용할 수 없습니다. 따라서 닭집은 치킨집이 제공한 재무제표를 사업결합 관점으로 변환시킨 후 지분법을 적용해야 합니다.

실무상 치킨집에 대한 사업결합 관점의 재무제표는 주어지지 않으므로, 실제 지분법 절차는 다음과 같습니다.

지분법 절차

1. 1단계 : 피투자기업(치킨집)이 보고한 재무제표를 기초로 지분법 반영
   → 2.0억원 이익 인식
2. 2단계 : 투자기업(닭집)이 별도로 관리하는 조정항목을 추가로 반영(오류수정 개념)
   → 1.5억원 이익 차감

위의 절차는 먼저 치킨집이 **보고한 재무제표로 지분법을 적용하고, 오류를 수정하여 사업결합 관점으로 전환**시키는 과정입니다.

PPA 시점에 인식된 치킨집의 순자산 공정가치(9.0억원)와 치킨집의 순자산 장부금액(2.0억원)의 차이를 발생시키는 항목들은 별도로 관리해야 합니다. 그리고 그 항목들이 변동되면 변동된 금액을 지분법손익에 추가로 반영하게 됩니다.

지분법이 정확하게 적용되었는지는, 다음 두 금액이 동일하다는 것을 통해 확인됩니다.

지분법 검증 Tool

1. 주식 장부금액 = 취득금액 + 취득 후부터 결산 시까지의 평가 누적액
2. 주식 장부금액 = 결산 시 사업결합 관점의 순자산

사례에 대입해 보겠습니다.

- 주식 장부금액 = 9.0억원(취득금액) + 0.5억원(평가 누적액)
- 주식 장부금액 = 9.5억원(순자산)

사업결합 관점의 재무제표가 마련된다면 상기 식과 같이 간단하게 정리되지만, 우리는 치킨집이 제공한 재무제표를 토대로 업무를 해야 합니다. 그래서 실제 업무에서 활용될 산식은 다음과 같습니다.

- 주식 장부금액 = 9.0억원(취득금액) + 2.0억원(조정 전 순이익)
  + [(−)0.5억원(감가상각비 조정) + (−)1.0억원(무형자산상각비 조정)]
  = 9.5억원
- 주식 장부금액 = 4.0억원(조정 전 순자산) + [1.5억원(건물 조정) + 4.0억원(무형자산 조정)]
  = 9.5억원

위의 식은 지분법과 연결 결산 시 유용하게 활용됩니다. 그리고 식을 구성하는 모든 항목과 관련 자료를 체계적으로 관리해야 합니다.

지분 평가의 Key

1. 누적 지분 평가 = 취득금액 + 순이익 지분 누적액(장부금액 기준)
   + 손익 조정[(공정가치 − 장부금액) × 지분율]

2. 순자산 분석 = 결산 시 순자산 지분액(장부금액 기준)
   + 순자산 조정[(공정가치 − 장부금액) × 지분율]

본래 지분법 자체는 연결 개념을 토대로 발달했습니다. 따라서 지금까지 설명한 내용은 연결에 그대로 적용됩니다. 주식 장부금액에 평가금액을 반영하는 방식이 아니라, 총액 개념으로 자산과 부채를 직접 반영한다는 방식에는 차이가 있지만요.

3. 연결회계의 Key

종속기업주식은 지배력을 확보하기 위해 취득하는 자산이며, 지배력의 대상은 종속기업의 사업(사업 관련 자산과 부채)이라고 하였습니다.

법적인 관점에서 작성되는 별도재무제표는 종속기업주식을 투자자산으로 표시합니다. 그러나 경제적인 실질을 드러내는 연결재무제표는 주식이 아니라 종속기업의 사업(자산과 부채의 일체)을 직접 나타냅니다. 이렇게 **별도재무제표에 표시된 투자주식을 종속기업의 사업(자산과 부채의 일체)으로 변환하는 과정이 연결조정**입니다.

연결재무제표는 별도재무제표를 단순합산한 후 연결조정을 거쳐 작성됩니다. 그 과정을 수식으로 표현하면 다음과 같습니다.

연결재무제표 작성 과정

1. 연결재무제표 = 단순합산재무제표 + 연결조정
   (*) 단순합산재무제표 = 닭집 재무제표 + 치킨집 재무제표
2. 연결조정 = 연결재무제표 - 단순합산재무제표

벌써 지겨우신 분들도 있겠지만 성형수술 절차를 다시 한번 떠올려 보겠습니다. 먼저 현재 얼굴을 파악하고 목표로 하는 아이유의 얼굴을 이해한 후, 그 차이인 턱뼈와 쌍꺼풀을 조정하는 것이 시술과정입니다.

연결조정은 시술과정이며 테크닉입니다. 의사에 따라 상황에 따라 시술방법은 달라질 수 있습니다. 그렇다면 목표 값인 연결재무제표는 어떻게 찾아야 할까요? 그 내용은 사업결합 등의 기준서에 규정되어 있습니다. 다행스럽게도 규정의 분량은 부담스럽지 않은 수준입니다. 수익기준서나 금융상품 기준서에 비하면 그 내용은 절대적으로 적습니다.

성형수술은 현재 얼굴을 전제로 하고 이루어집니다. 이와 마찬가지로 **연결조정도 단순합산재무제표를 전제**로 하고 이루어짐을 명심해야 합니다.

| 연결재무제표 작성 과정 |

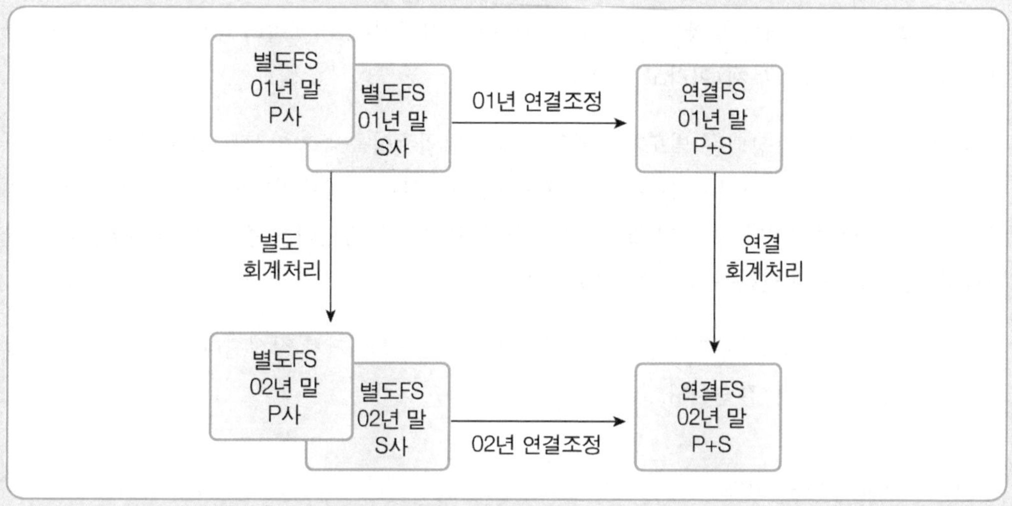

별도재무제표는 회사의 장부를 통하여 작성됩니다. 01년 장부를 마감한 후 02년에 발생한 거래를 장부에 반영하여 02년의 별도재무제표가 작성됩니다.

반면 연결재무제표는 별도재무제표가 작성되면 단순합산한 후 연결조정을 거쳐 작성됩니다. 연결재무제표는 별도재무제표에 기생하여 작성됩니다. 따라서 **별도재무제표와 달리 연결재무제표는 장부가 없습니다. 마감 개념 자체도 없습니다.** 매년 연결조정을 거쳐 연결재무제표가 작성될 뿐입니다.

다시 한번 강조합니다. 연결결산은 개별결산과 달리 전기 이월잔액에 기중 거래를 회계장부에 반영하는 것이 아닙니다. 회계순환과정을 거치지 않습니다. 이러한 이유로 연결재무상태표와 연결손익계산서가 적절하게 작성되었는지는 나중에 검증됩니다. 연결자본변동표를 통해 재무제표 간 상관관계를 통해 사후적으로만 확인됩니다.

아이유 얼굴을 먼저 알고 있는 상태에서 성형수술을 하듯이, 연결재무제표가 어떤 모습을 하는지 알고 있어야 연결조정을 할 수 있습니다. 목표 값(아이유, 연결재무제표)을 보여주는 것이 연결회계처리입니다.

기준서에서 규정하는 연결회계처리는 장부에 반영되지 않는 추상적인 회계처리입니다. 그래서 낯설 수 있습니다. 그러나 장부에 반영되지 않는 가상의 연결회계처리에 익숙해야 연결회계를 정복할 수 있습니다.

연결조정은 여러 가지 형태로 나타납니다. 따라서 연결조정분개라 불리는 형태의 접근방법은 아주 바람직하지 않습니다. 그 방식으로 접근하면 연결회계의 본질을 깨닫기 어렵습니다. 핵심과 더 멀어집니다.

다음과 같이 접근해야 합니다. 저는 알려주는 사람이 없어 많은 시행착오를 거쳤습니다. 나중에 알고 보니 대부분의 연결고수들이 다들 몇 년 고민 끝에 득도한 방법이었습니다. 구전으로만 전달되는 비전(秘傳)입니다.

연결회계 접근방법

1. 1단계 : 거래가 개별 기업의 별도재무제표에 어떻게 반영될 것인가를 파악한다.
2. 2단계 : 해당 거래가 연결재무제표에 어떻게 나타나야 할지를 분석한다.
3. 3단계 : 양자의 차이를 연결조정으로 반영한다.

다시 한번, 연결조정이 아니라 Should Be(목표 값, 아이유, 연결재무제표에 표시될 내용)가 먼저 정의됩니다!!!

4. 연결결산 절차 I : 별도재무제표상 원가법을 적용하는 경우

지금부터는 연결결산 절차를 살펴보겠습니다. 다소 낯설지 모르지만 핵심 개념이 담겨 있으니 집중해 주셨으면 합니다.

닭집이 치킨집을 인수하는 시점의 연결재무제표는 다음과 같이 작성됩니다.

구 분	치킨집 F/S	닭집 F/S	단순합산 F/S	연결조정	연결재무제표
현금	1.0억원	3.0억원	4.0억원	-	4.0억원
주식	-	9.0억원	9.0억원	(9.0)억원	-
건물	2.0억원	3.0억원	5.0억원	2.0억원	7.0억원
지적재산권	-	-	-	5.0억원	5.0억원
채무	1.0억원	2.0억원	3.0억원	-	3.0억원
자본금	1.0억원	5.0억원	6.0억원	(1.0)억원	5.0억원
이익잉여금	1.0억원	8.0억원	9.0억원	(1.0)억원	8.0억원

상기 연결조정의 의미는 다음과 같습니다.

① 닭집과 치킨집 재무제표를 단순합산합니다. 단순합산을 통해 치킨집의 사업(관련 자산과 부채의 집합)과 닭집의 사업 및 치킨주식(종속기업주식)이 한꺼번에 표시됩니다.

② 종속기업주식(치킨집 주식)은 지배력의 대상인 치킨집의 자산과 부채를 의미한다고 했습니다. 그러므로 단순합산하면 치킨집의 자산과 부채 및 치킨집 주식이 중복되어 표시됩니다. 따라서 중복을 피하기 위하여 종속기업주식을 제거합니다.

③ 사업결합은 치킨집 사업과 관련된 자산과 부채를 인식하는 과정입니다. 치킨집의 장부상 자본과는 하등의 관계가 없습니다. 치킨집이 보고한 재무제표를 Reference 하다 보니 치킨집이 보고한 자본이 무슨 의미가 있는 것처럼 느껴집니다. 그냥 느낌입니다. 아무런 의미가 없습니다. 따라서 전액 제거합니다.

④ 치킨집은 건물을 2.0억원으로 보고했지만, PPA 과정에서 4.0억원으로 평가되었습니다. 따라서 2.0억원을 가산하였습니다. 만일 치킨집이 사업결합 관점의 재무제표를 작성하였더라면 이러한 과정이 필요 없을 것이나, 그렇지 않기에 추가로 고려해야 합니다.

⑤ 치킨집의 재무제표에는 표시되지 않았지만 PPA 과정에서 인식된 지적재산권 5.0억원을 가산합니다.

상기 과정을 요약하면 다음과 같습니다.

취득 시점의 연결 조정

1. **별도재무제표의 종속기업주식을 '사업'과 관련된 자산과 부채로 전환**
   - 종속기업 재무제표를 단순합산하여 사업(자산과 부채)을 가산
   - 사업(자산과 부채)을 가산하였으므로, 종속기업주식은 연결조정으로 제거

2. **의미없는 종속기업의 자본 항목 제거**
   - 사업결합은 사업관련 자산·부채의 합산!
   - 따라서 단순합산으로 가산된(의미없는) 종속기업 자본 항목은 연결조정으로 제거

합병과 연결

닭집이 9.0억원에 치킨집 주식을 인수하지 않고, 곧바로 합병했다고 가정해 봅시다. 이때 합병 회계처리는 다음과 같습니다.

(차변)	현금	1.0	(대변)	채무	1.0
	건물	4.0		현금(인수액)	9.0
	지적재산권	5.0			

닭집의 재무제표에 위 합병 회계처리를 반영해 보기 바랍니다. 그렇게 작성된 합병재무제표는 연결재무제표와 동일함을 확인할 수 있습니다. 합병재무제표와 연결재무제표는 '사업'이 직접 재무제표에 반영되어 있는지 또는 주식으로 표시되어 있는지에 대한 차이만 있을 뿐 경제적실질은 동일하기 때문입니다.

1년 후 연결재무제표를 작성해 볼까요? 별도재무제표와 달리 연결정산표는 연결재무상태표와 연결손익계산서를 분리하여 작성하는 것이 일반적입니다. 그 이유는 비지배지분 때문입니다. 별도재무제표에서는 이익잉여금에 당기순이익을 가산하면 차기이월이익잉여금이 계산됩니다. 그러나 연결재무제표는 자본 항목에는 비지배지분이 있어 그 관계가 성립되지 않습니다. 따라서 하나의 정산표를 사용하면 불필요한 조정사항이 발생합니다. 그러한 이유로 정산표를 분리하여 작성합니다.

연결재무상태표의 작성과정은 다음과 같습니다.

구 분	치킨집 F/S	닭집 F/S	단순합산 F/S	연결조정	연결재무상태표
현금	3.5억원	7.0억원	10.5억원	–	10.5억원
주식	–	9.0억원	9.0억원	(9.0)억원	–
건물	1.5억원	2.0억원	3.5억원	1.5억원	5.0억원
지적재산권	–	–	–	4.0억원	4.0억원
채무	1.0억원	2.0억원	3.0억원	–	3.0억원
자본금	1.0억원	5.0억원	6.0억원	(1.0)억원	5.0억원
이익잉여금	3.0억원	11.0억원	14.0억원	(2.5)억원	11.5억원

상기 연결조정의 의미는 다음과 같습니다.

① 주식의 경제적 실질인 사업(치킨집의 자산과 부채)이 단순합산재무제표에 포함되어 있으므로, 동일한 의미가 내재되어 있는 주식을 제거합니다. 중복을 방지하기 위해서입니다.

② 종속기업이 보고한 자본 항목 자체는 아무런 의미가 없으므로, 종속기업의 자본금 1.0억원과 이익잉여금 3.0억원을 전액 제거합니다.

③ PPA 과정에서 추가로 인식한 건물 금액은 2.0억원(= 4.0억원 - 2.0억원)이고 내용연수는 4년입니다. 따라서 0.5억원만큼 상각되어 1.5억원만 가산됩니다. 그리고 PPA 과정에서 인식된 지적재산권 5.0억원 중 상각액을 차감한 4.0억원을 가산합니다.

④ 사업결합 관점에서 인식된 이익 0.5억원을 이익잉여금으로 인식합니다. 결국 이익잉여금에 대한 조정은 종속기업의 장부상 금액인 3.0억원을 차감하고, 사업결합 관점의 이익 0.5억원을 가산한 (–)2.5억원으로 계산됩니다.

연결손익계산서의 작성과정은 다음과 같습니다.

구 분	치킨집 F/S	닭집 F/S	단순합산 F/S	연결조정	연결재무제표
수익	4.0억원	10.0억원	14.0억원	–	14.0억원
감가상각비	0.5억원	1.0억원	1.5억원	0.5억원	2.0억원
무형자산상각비	–	–	–	1.0억원	1.0억원
기타비용	1.5억원	6.0억원	7.5억원	–	7.5억원
당기순이익	2.0억원	3.0억원	5.0억원	(1.5)억원	3.5억원

상기 연결조정의 의미는 다음과 같습니다.

① 종속기업(치킨집)의 수익과 비용이 단순합산을 통해 연결재무세표에 표시됩니다.

② 치킨집의 건물은 2.0억원 아니라 PPA를 통해 정의된 4.0억원입니다. 따라서 4년의 내용연수를 적용하면 상각비는 0.5억원이 아니라 1.0억원이므로 0.5억원을 가산해 줍니다.

③ PPA 과정에서 인식된 지적재산권에 대한 상각비 1.0억원을 추가합니다.

5. 연결결산 절차 Ⅱ : 별도재무제표에 지분법을 적용하는 경우

일부 회사들은 종속기업주식에 대해 지분법을 적용하여 별도재무제표를 작성하고 있습니다. 이 경우 연결결산 절차는 일반회계기준과 유사하게 이루어집니다. 본서는 특별한 언급이 없다면 원가법을 전제로 한 연결절차를 설명하고 있습니다. 지분법을 적용한 별도재무제표에 대한 상세 연결조정 절차는 자매서인「일반기업회계기준 연결회계 이론과 실무」(삼일인포마인, 2020)를 참조하기 바랍니다. 여기서는 별도재무제표에 지분법을 적용하는 경우 연결조정에 대한 개요를 말씀드립니다.

먼저, 지배력 획득 시점의 연결조정은 별도재무제표상 원가법을 적용하는 경우와 동일합니다.

1년 후 연결재무제표를 작성해 볼까요? 지분법을 적용할 경우 (별도재무제표상) 종속기업주식은 9.0억원에서 지분법이익 0.5억원을 가산한 9.5억원이 되며, 이익잉여금도 지분법이익을 가산한 11.5억원으로 공시됩니다.

지분법을 적용하는 경우 연결정산표는 다음과 같습니다.

구 분	치킨집 F/S	닭집 F/S	단순합산 F/S	연결조정	연결재무제표
현금	3.5억원	7.0억원	10.5억원	10.5억원	–
주식	–	9.5억원	9.5억원	–	(9.5)억원
건물	1.5억원	2.0억원	3.5억원	5.0억원	1.5억원
지적재산권	–	–	–	4.0억원	4.0억원
채무	1.0억원	2.0억원	3.0억원	3.0억원	–
자본금	1.0억원	5.0억원	6.0억원	5.0억원	(1.0)억원
이익잉여금	3.0억원	11.5억원	14.5억원	11.5억원	(3.0)억원

상기 연결조정의 의미는 다음과 같습니다.

① 주식의 경제적 실질인 사업(치킨집의 자산과 부채)이 단순합산재무제표에 포함되어 있으므로, 동일한 의미가 내재되어 있는 주식을 제거합니다. 중복을 방지하기 위해서입니다.

② 종속기업이 보고한 자본 항목 자체는 아무런 의미가 없으므로, 종속기업의 자본금과 이익잉여금을 전액 제거합니다.

③ PPA 과정에서 추가로 인식한 건물 금액은 2.0억원(= 4.0억원 - 2.0억원)이고 내용연수는 4년입니다. 따라서 0.5억원만큼 상각되어 1.5억원만 가산됩니다. 그리고 PPA 과정에서 인식된 지적재산권 5.0억원 중 상각액을 차감한 4.0억원을 가산합니다.

원가법을 적용하는 경우와의 차이는 0.5억원의 이익을 가산하지 않는다는 것입니다. 왜 그럴까요? 그 이유는 지분법을 적용하면 별도재무제표에 사업결합 관점의 누적 이익이 반영되기 때문입니다.

연결손익계산서를 작성하는 과정은 다음과 같습니다.

구 분	치킨집 F/S	닭집 F/S	단순합산 F/S	연결조정	연결재무제표
수익	4.0억원	10.0억원	14.0억원	–	14.0억원
지분법이익	–	0.5억원	0.5억원	(0.5)억원	–
감가상각비	0.5억원	1.0억원	1.5억원	0.5억원	2.0억원
무형자산상각비	–	–	–	1.0억원	1.0억원
기타비용	1.5억원	6.0억원	7.5억원	–	7.5억원
당기순이익	2.0억원	3.5억원	5.5억원	–	3.5억원

상기 연결조정의 의미는 다음과 같습니다.

① 종속기업(치킨집)의 수익과 비용이 단순합산을 통해 연결재무제표에 표시됩니다. 따라서 중복을 방지하기 위해 지분법이익 0.5억원을 제거합니다.

② 치킨집의 건물은 2.0억원 아니라 PPA를 통해 정의된 4.0억원입니다. 따라서 4년의 내용연수를 적용하면 상각비는 0.5억원이 아니라 1.0억원이므로 0.5억원을 가산해 줍니다.

③ PPA 과정에서 인식된 지적재산권에 대한 상각비 1.0억원을 추가합니다.

원가법을 적용하는 경우와의 차이는 지분법이익을 제거하는 절차가 추가된 것입니다. 지분법이익은 순액 개념의 이익입니다. 단순합산을 통해 종속기업의 손익이 총액으로 합산되었으므로 반복을 피하기 위해 지분법이익을 제거한 것입니다.

별도재무제표에 지분법을 적용하면 다음 결과를 확인할 수 있습니다.

별도재무제표와 연결재무제표의 관계

1. 비지배주주(소액주주)가 없는 경우
   - 연결재무제표상 자본(지배기업 소유주지분) = 별도재무제표의 자본
   - 연결재무제표상 당기순이익(지배기업 소유주지분) = 별도재무제표의 당기순이익
2. 비지배주주(소액주주)가 있는 경우
   - 연결재무제표상 자본 = 별도재무제표의 자본(지배기업 소유주지분) + 비지배지분
   - 연결재무제표상 당기순이익 = 별도재무제표의 당기순이익(지배기업 소유주지분) + 비지배지분 이익

지금까지 살펴본 사례는 비지배주주가 없는 상황이므로 비지배지분이 없습니다. 따라서 별도재무제표와 연결재무제표상 자본과 당기순이익은 일치하고 있습니다.

구 분	지배력 획득 시점		1년 후 결산 시점	
	별도재무제표	연결재무제표	별도재무제표	연결재무제표
자본금	5.0억원	5.0억원	3.0억원	3.0억원
이익잉여금	8.0억원	8.0억원	11.5억원	11.5억원
당기순이익	–	–	3.5억원	3.5억원

위와 같은 특성으로 **지분법을 한 줄로 된 연결**(One－line consolidation)이라고 부릅니다. 지분법을 적용하면 자산 · 부채 · 수익 · 비용을 구체적으로 나타내지 않지만, 별도재무제표상 순자산과 순이익을 연결재무제표상 금액으로 전환시켜줍니다. 이러한 특징 때문에, **별도재무제표에 지분법 적용시 연결재무제표에 표시될 내용까지 미리 검증하기를 권고**합니다. 그렇지 않으면 별도재무제표를 공시한 후, 뒤늦게 연결결산 시 지분법에 오류가 있었음을 발견하기 십상이거든요.

• 연결회계의 주요 주제들

지금까지 설명한 내용이 지분법과 연결회계의 핵심입니다. 그 내용이 체화되지 않고서 다음 단계의 이야기는 의미가 없습니다. 핵심을 모르고 공부해도 아는 척, 허세는 가능합니다. 운이 좋으면 전문가인 척하며 강의를 하거나 컨설팅도 할 수 있습니다. 그러나 진짜 업무는 할 수 없습니다. 어쩌다 고수에게 걸리면 3분이 지나기 전에 밑천이 드러납니다. 시간이 지나면 엉망이었다는 것을 모두에게 들킵니다.[1)]

지금까지 다루지 않았으나 알아두어야 할 주제들은 다음과 같습니다. 관련 내용은 본서에서 자세하게 설명하고 있으므로, 한 번에 이해되지 않아도 걱정 마시길 바랍니다.

1. 회계정책 일치

지분법과 연결대상 기업들의 회계정책은 지배기업과 모두 일치해야 합니다. 연결재무제표는 지배기업과 종속기업이 보유하고 있는 자산과 부채, 수익과 비용을 모두 하나의 재무제표에 표시합니다. 따라서 서로 회계정책이 다르다면 적절한 재무보고가 이루어질 수 없습니다.

따라서 종속기업이나 관계기업의 재무제표를 작성하는데 적용된 회계정책이 지배기업과 다르다면, 지배기업의 회계정책을 적용하여 재작성해야 합니다. 조정 후 재무제표를 이용하여 지분법과 연결결산을 진행해야 합니다.

실무적으로 해외에 종속기업이 있다면 회계정책에 대해 좀 더 유의해야 합니다. 현지 Local 기준을 적용하여 우리나라 회계기준과 다른 내용이 있을 수 있습니다.

2. 지배기업 소유주 지분과 비지배지분

지분 평가 관점

1. 지분법 : 투자자 관점에서만 평가
2. 연결회계 : 지배기업뿐만 아니라 비지배주주 관점도 존중

지분법은 오직 투자자 관점만 반영합니다. 그러나 종속기업의 주주는 2명(지배기업주주와 비지배주주)이므로, 연결회계에서는 지배기업과 비지배주주의 관점이 모두 반영됩니다.

비지배주주는 지배기업 이외의 주주를 의미합니다. 만일 지배기업이 100% 지분을 보유하고 있다면 비지배주주는 존재하지 않습니다. 그러나 100% 미만의 지분을 보유하였다면 비지배주

1) 이런 이유로 연결회계와 관련된 각종 용역이나 시스템 도입은 80% 정도가 실패로 귀결됩니다.

주가 있습니다. 여기서 지배력이 없는 주주는 한 명일 수도 있고 여러 명일 수도 있습니다. 그러나 몇 명인지와 관계없이 소액의 주식을 보유하는 주주를 한데 묶은 개념이 비지배주주입니다. 그리고 비지배주주가 주주로서 가지는 권리가 비지배지분입니다.

종속기업의 순자산이나 순이익에 대한 비지배주주의 권리를 표시한 것이 비지배지분과 비지배지분순이익입니다. 연결회계는 지분법과 달리, 지배기업뿐만 아니라 비지배주주의 지분을 어떻게 평가하고 표시할 것인가를 같이 고민해야 합니다.

앞서 설명한 사례에서 지배기업은 닭집이고, 종속기업은 치킨집입니다.

만일 닭집이 치킨집의 지분을 모두 9.0억원에 인수하지 않고, 60%만 5.4억원에 인수하였다고 가정해 봅시다. 이 경우 지배기업(닭집)의 취득금액은 5.4억원이고, 비지배주주의 취득금액은 3.6억원(= 9.0억원 × 40%)으로 정의됩니다.

1년 후 사업결합 관점에서 치킨집의 순자산은 9.5억원이고, 0.5억원의 이익을 올렸습니다. 이때 비지배지분은 다음과 같이 계산됩니다.

- 비지배지분 = 9.5억원 × 40% = 3.8억원
- 비지배지분순이익 = 0.5억원 × 40% = 0.2억원

연결재무제표의 순자산(자본)은 지배기업지분과 비지배지분의 합으로 구성됩니다. 그리고 연결당기순이익은 지배기업지분이익과 비지배지분순이익의 합으로 표시됩니다.

3. 영업권

사례에서 닭집이 치킨집을 인수할 때 건물과 지적재산권을 고려하여 순자산 공정가치만큼 자금을 지출했습니다. 그런데 우리가 흔히 경영권 프리미엄이라고 일컫는 '영업권'을 고려하면 지출금액이 커질 수도 있습니다.

영업권

1. 영업권 = 취득금액 − 순자산 공정가치 × 지분율
2. 비지배지분 = 순자산 공정가치 × 지분율

영업권은 다음 요소로 구성되어 있습니다.

① 인수한 치킨집이 다른 치킨집보다 초과수익력이 있다. 즉, 돈을 상대적으로 잘 번다.

② 닭집과 치킨집은 Synergy가 있다. 예를 들어 닭집에서 사육한 영계를 치킨집에 판매하면 매출이 증가한다.

만일 닭집이 치킨집의 지분 60%를 6.0억원에 인수했다고 가정해 봅시다. 이 경우 지배기업(닭집)의 취득금액은 다음과 같이 구성됩니다.

- 순자산 공정가치 지분액 = 9.0억원 × 60% = 5.4억원
- 영업권 = 취득금액 - 순자산 공정가치 지분액
  = 6.0억원 - 5.4억원 = 0.6억원
- 비지배지분 = 9.0억원 × (1 - 60%) = 3.6억원

영업권은 특별한 자산입니다. 내부적으로 창출된 영업권은 인정되지 않고, 사업결합을 통해 취득되는 경우만 자산으로 인식될 수 있습니다. K-IFRS에서는 영업권을 상각하지 않고 손상검사만 실시합니다. 그러나 일반기업회계기준에서는 20년 이내의 합리적인 기간에서 상각하고, 잔여 금액에 대해서는 손상검사를 실시합니다.

영업권을 인식하는 방법은 두 가지가 있습니다.

인식 방법	세부 내용	비고
전부 인식법	지배기업과 비지배지분 모두 영업권 인식	K-IFRS만 인정
부분 인식법	지배기업만 인식	K-IFRS와 일반기업회계기준 인정

전부 인식법이 좀 더 이론에 부합하지만 비지배지분에 해당되는 영업권을 인식하는 절차는 실무상 복잡합니다. 따라서 K-IFRS를 적용하는 기업도 대부분 부분 인식법을 회계정책으로 하고 있습니다.

영업권에 대한 자세한 내용은 〈제2장〉과 〈제6장〉을 참조하기 바랍니다.

4. 내부거래

내부거래란 한 집에서 이루어지는 거래입니다. 예를 들어 아내가 남편에게 용돈을 준 것과 같습니다. 아내 주머니에서 남편 주머니로 옮긴 것에 불과하며, 가계의 재산은 증가하지 않습니다. 그런데 남편은 기분이 좋습니다. 적어도 내 주머니에는 돈이 쌓여 있으니깐요. 남편처럼 별도재무제표는 내부거래를 제3자와의 거래와 동일하게 처리합니다.

그러나 연결 관점에서는 (한 집 내 거래이므로) 아무런 변화가 없습니다. 연결재무제표는 내부거래를 표시하지 않습니다. 따라서 단순합산재무제표에 표시되어 있는 내부거래는 연결조정을 통해 모두 제거됩니다.

내부거래로 자산이 이전되었으나 관련 자산이 외부로 처분되지 않았을 경우, 잔여 자산 금액에 남아 있는 이익 상당액이 미실현손익입니다. 관계기업이나 종속기업에 대해서는 영향력이 있습니다. 따라서 내부거래를 통해 재무성과를 왜곡할 가능성이 있습니다. 이러한 이유로 미실현손익은 지분법이나 연결조정으로 제거합니다.

예를 들어 만일 영계를 100원에 사육하여 150원에 팔았는데, 치킨집이 해당 닭을 결산일까지 보유하고 있다고 가정해 봅시다. 내부거래 결과인 매출 150원과 매입 150원은 제거되어 연결재무제표에 표시되지 않습니다. 그리고 닭집이 인식한 50원의 이익(미실현손익)은 연결 관점에서 순이익을 과대하게 인식한 것이므로 차감하게 됩니다.

지배기업, 관계기업, 종속기업 간에 발생한 내부거래는 집계하여 상호 대사한 후 일치 여부를 확인해야 합니다. 그리고 결산일 현재 외부에 판매되지 않고 남아 있는 자산은 무엇이며, 거래 시 발생했던 이익 중 잔여금액은 얼마인지 파악해야 합니다.

지배기업이 종속기업에 판매하면 하향판매라 하고, 종속기업이 지배기업에 판매하면 상향판매라고 합니다. 상향판매인지 하향판매인지에 따라 미실현손익의 배분 방법이 결정됩니다.

판매방법	미실현손익 배분
하향판매	전액 지배기업
상향판매	지분율에 따라 지배기업과 비지배지분에 안분

하향판매가 발생하면 왜곡된 이익이 지배기업 재무제표에 반영되므로, 전액 지배기업 지분에 미실현손익을 반영합니다. 그런데 상향판매가 발생하면 종속기업의 재무제표가 왜곡됩니다. 종속기업의 순자산에 대해서는 지배기업과 비지배지분이 모두 주주로서 권리가 있습니다. 따라서 지분율에 따라 미실현손익을 안분하는 것입니다.

내부거래에 대한 내용은 〈제3장〉과 〈제8장〉을 참조하기 바랍니다.

5. 해외종속기업

국내 기업과 해외 기업의 차이는 무엇이 있을까요? 가장 큰 차이는 국내에서는 원화로 재무제표가 작성되지만, 해외 기업은 외화로 재무제표가 작성된다는 사실입니다. 따라서 해외 기업의 재무제표는 원화로 환산되어야 합니다. 이렇게 환산되는 과정에서 환율변동효과가 발생합니다.

환율변동효과는 발생원인에 따라 지배기업과 비지배지분에 안분됩니다. 안분되는 방법은 순자산과 순이익에 대한 권리가 누구에게 귀속되느냐를 떠올리면 이해하기 어렵지 않습니다.

환율변동 발생 요인	안분 기준
재무제표 환산	지분율에 따라 지배기업과 비지배지분에 안분
공정가치 차액	지분율에 따라 지배기업과 비지배지분에 안분
영업권(부분 인식법 전제)	지배기업에 귀속
내부거래	하향판매는 전액 지배기업에 귀속하고, 상향판매는 지분율에 따라 지배기업과 비지배지분에 안분

손익 항목은 이론상 발생 당시의 환율로 환산해야 합니다. 그러나 실무의 편의를 위해 중요성 관점에서 평균환율을 적용하는 경우가 일반적입니다. 이로 인해 지배기업과 해외종속기업의 내부거래는 일치하지 않게 됩니다. 지배기업은 발생 당시 환율을 적용해 장부에 기록하니까요. 그러나 그 차이도 중요하지 않다고 보아, 지배기업 또는 판매기업의 금액을 기준으로 내부거래를 제거하는 것이 관행입니다.

환율변동효과는 〈제9장〉에서 다루고 있습니다.

6. 이연법인세

이연법인세는 회계기준액과 세무기준액의 차이를 법인세효과로 표시한 것입니다. 개별회계에서 이루어지는 이연법인세를 정확하게 이해하고 있다면 연결이연법인세는 그다지 어렵지 않습니다. 다음 사항만 추가하면 됩니다.

① 공정가치 차액(PPA 금액과 장부금액의 차이)에 대한 이연법인세

② 내부거래에 대한 이연법인세

③ 지분 평가 금액에 대한 이연법인세

지분 평가에 대한 이연법인세효과는 거액인 경우가 많은데, 실무상 제대로 반영되지 않은 경우가 빈번합니다. 주의하시기 바랍니다.

종속기업을 취득한 금액은 100원인데, 10년 동안 900원의 이익이 누적되어 지분액이 1,000원이라고 가정해 봅시다. 그렇다면 지배기업은 향후 배당이나 주식처분이익으로 발생된 법인세를 납부할 것이 예상됩니다.

① 종속기업이 900원을 배당하면 지배기업은 수익배당금 익금불산입 효과를 반영한 후 법인세를 납부하게 됩니다. 이렇게 납부할 것으로 예상되는 법인세를 이연법인세부채로 반영합니다.

② 지배기업이 1,000원에 종속기업주식을 처분하면 900원의 이익에 대한 법인세를 납부하게 됩니다. 따라서 예상 처분이익에 대한 법인세를 이연법인세부채로 계상합니다.

이와 같이 누적지분액에 대한 배당이나 처분가능성을 고려하여 법인세효과를 산출하고 연결

조정으로 반영해야 합니다. 만일 지분이익에 대한 이연법인세부채를 인식하지 않으려면 다음을 모두 충족해야 합니다.

① 지배기업은 주식을 처분하지 않는다.

② 종속기업은 배당을 하지 않는다.

연결이연법인세는 〈제10장〉을 참조하기 바랍니다.

7. 복잡한 지배구조

지금까지 닭집과 치킨집만 이야기했습니다. 하나의 자회사만 전제한 것입니다. 그러나 어떠한 연결실체는 자회사뿐만 아니라 손회사 또는 증손회사도 있습니다. 그리고 하나의 회사가 아니라 여러 회사가 주식을 십시일반 나누어 보유하여 지배력이 있는 경우도 있습니다.

복잡해 보입니다. 그래서 복잡한 지배구조라고 합니다.

지배구조가 아무리 복잡해도 지분구조는 직접 지분 평가와 간접 지분 평가로 구분됩니다. 따라서 간접 지분 평가 개념만 습득하면 간단하게 해결됩니다. 계산 사례를 보면 쉽게 이해할 수 있는데, 지면 관계상 여기서는 설명이 어렵습니다. 아쉬움이 가득하지만 양해 바랍니다.

복잡한 지배구조는 〈제12장〉과 〈제13장〉에서 설명하고 있습니다.

8. 연결현금흐름표와 연결자본변동표

연결현금흐름표를 작성하는 방법은 두 가지가 있습니다.

① 연결재무상태표와 연결손익계산서를 바탕으로 연결현금흐름표 작성

② 단순합산 현금흐름표에 연결조정을 가감하여 연결현금흐름표 작성

실무상 첫 번째 방법은 사실상 적용이 불가능합니다. 따라서 두 번째 방법이 최선의 선택입니다. 이때 현금흐름에 대한 연결조정은 별도로 계산하지 않습니다. 연결재무상태표와 연결손익계산서를 작성할 때 산출한 연결조정 중 일부를 Modify하면 됩니다.

연결자본변동표는 연결재무상태표와 연결손익계산서가 잘 작성되었는지 사후 검증용으로 활용됩니다. 연결자본변동표는 지배기업의 자본변동표에, 종속기업에 대한 지분 평가 시 파악한 내용을 가감하여 작성합니다. 각각의 연결재무제표는 작성 과정뿐만 아니라 그 결과도 상호 유기적인 관계를 보입니다.

연결자본변동표는 〈제7장〉, 연결현금흐름표는 〈제11장〉에서 다루고 있습니다.

• 자료는 어떻게 정리되고 분석되어야 하는가?

지금까지 지분법과 연결회계의 주요 내용을 설명했습니다. 요약하면 다음과 같습니다.

Key!

1. 1단계 : **사업결합 관점에서 파악한 (PPA를 통하여 확정한) 치킨집의 재무상태표를 파악한 후,**
2. 2단계 : **해당 재무상태표가 사업결합 관점에서 어떻게 변동되었는지를 분석하고,**
3. 3단계 : **변동된 내역을 쫓아 순액 개념으로 주식 장부금액에 반영한다면 지분법! 변동된 자산 · 부채와 수익 · 비용을 직접 반영한다면 연결재무제표!**

그런데 사업결합 관점의 재무제표는 없으므로, 지배력 획득 시점에 파악한 건물과 지적재산권 등의 차이를 유보처럼 체계적으로 정리해야 한다고 하였죠. 그리고 실무상 종속기업이 보고한 순자산이나 순이익은 사업결합 관점으로 전환시키기 위하여 여러 조정을 해야 한다고 했습니다. 그렇다면 그 과정에서는 필요한 자료는 무엇일까요?

① PPA 보고서 : 공정가치 차액과 영업권에 대한 자료
② 재무제표 : 취득 이후 (매 결산시점의) 종속기업 재무제표
③ 내부거래 자료
④ 지분율이 변동하였다면 관련 자료
⑤ 종속기업이 해외에 있다면 외화환산 내역

상기 자료를 단편적이 아니라 체계적으로 정리해야 합니다. 그리고 지배력 획득시점부터 결산시점까지의 변동내역을 유기적으로 파악해야 합니다. 손쉽게 연결재무 정보를 산출할 수 있는 체계(또는 나름의 Tool)가 있어야 합니다. 그 방법은 사람들마다 다소 다를 수 있습니다. 어떠한 방법이 절대적으로 옳다고 말할 수는 없습니다.

그렇지만 잘못된 방법이 아니라면 결론은 모두 동일할 것입니다. 아이유와 같은 모습으로. 다만 업무의 효율성을 위해서는 **평가 과정의 완전성과 정확성에 대해 검증할 기능이 반드시 구비되어야** 합니다. 정확성과 완전성이 확보되지 않은 방법을 사용하여 상당한 시간과 노력이 낭비되는 것을 아주 많이 봐 왔습니다.

연결회계의 기본은 **'지배기업과 비지배주주 각각의 주주 지분이 어떻게 변동되어 흘러왔는가?'**와 **'연결 관점에서 자산 · 부채 · 수익 · 비용은 적절하게 표시되었는가?'**라는 것입니다. 이러한 지분 평가와 재무제표 표시가 정확하고 완전하게 계산되었는지 검증하기 위한 도구는 다음과 같습니다.

지분 평가 Tool

1. 누적 지분 평가 = 취득금액 + 취득 후부터 결산 시까지의 평가 누적액
2. 순자산 분석 = 결산일 현재 사업결합 관점의 순자산

상기 식은 종속기업의 순자산과 이익뿐만 아니라 기타포괄손익 또는 자본거래에 의해 변동되는 경우를 모두 포괄하고 있습니다. 그리고 공정가치 차액, 영업권, 내부거래, 이연법인세뿐만 아니라 복잡한 지배구조도 모두 반영할 수 있습니다. 지배력을 획득한 지 10년이 지나도 10년 동안 평가 누적액이 어떻게 구성되어 있는지를 명확하게 보여줍니다. 즉, 과거 History를 체계적으로 정리해주는 유용한 Tool입니다. 사례를 구체적으로 보면 좋겠지만, 다음을 기약하겠습니다.

지금까지 지분법과 연결회계에 대한 Framework을 설명하였습니다. 지금까지 정독하셨을 것이라 생각하지만 지분법과 연결회계를 처음 접하는 분들은 반드시 한 번 더 읽어 주시기 바랍니다. 그러나 업무는 했지만 지금까지 설명했던 관점에서 생각해 본 적이 없었거나, 연결조정분개로 공부했던 분들은 반드시 두 번 더 읽어 주시기를 부탁합니다. 잘못된 Swing을 수정하려면 시간이 더 걸립니다.

닭집, 치킨집… 닭의 English는 치킨이고, 치킨의 한글은 닭인데… 닭을 좋아하지 않는 분들도 있을텐데… 유치한 표현 양해바랍니다. 그래도 정독을 부탁드립니다. 귀찮고 번거로울 것입니다. 잘못되었지만 자존감 때문에 현재 Swing을 고수하고자 하는 분들도 있을 것입니다. 그 마음 이해합니다. 그러나 업무는 다른 분야로 변경하는 것이 좋지 않을까 합니다. 오랜 경험으로 개념이 잘 정립되어야 연결회계를 정복할 수 있기에 감히 말씀드립니다.

2번 이상 서설(序說)을 읽었다면 본 책의 〈제1부〉를 정독해 주십시오. 과하게 친절한 설명 덕분에 분량이 다소 많아 보이지만 금방 읽을 수 있습니다. **이 과정을 거쳤다면 이제 지분법과 연결회계에 대하여 자신감을 가지셔도 좋습니다.** 이 책을 사서 읽는데 투자한 돈과 시간은, 서설(序說)과 〈제1부〉만으로도 충분히 보상받을 것입니다.

〈제2부〉와 〈제3부〉에서는 깊이 있는 주제, 실무상 이슈 및 사례를 정리하여 어려워 보입니다. 그렇지만 〈제1부〉에 몇 가지 개념을 결합한 것에 불과합니다. 필요시 찾아보면 되는 내용들입니다.

여러분의 건투를 빕니다!

머리말

본 개정판은 전정판 이후 재 · 개정된 규정을 반영하고 있습니다. 그리고 최근 발표된 질의회신뿐만 아니라 실무에서 제기된 다양한 이슈와 사례들을 소개하고 있습니다.

본서는 〈제1부〉 '기본 개념', 〈제2부〉 '연결 실무', 〈제3부〉 '복잡한 지배구조'편으로 구성되어 있습니다.

〈제1부〉를 통해 개념과 큰 그림을 정확하게 이해하고, 실무적으로 필요한 내용은 〈제2부〉와 〈제3부〉를 찾아보면 족할 것으로 생각됩니다. 그러나 개념의 정확한 이해를 위하여 〈제1부〉는 처음부터 끝까지 정독했으면 합니다.

몇몇 변화에도 불구하고 '사업결합'과 '지분 평가' 개념에 근거한 접근방법은 초판부터 지금까지 그대로 유지하고 있습니다. 단편적이고 기술적인 연결조정분개에 의존한 방식이 아니라, 연결실체 내에서 이루어지는 거래를 이해하고 연결재무정보를 산출할 수 있는 능력을 배양하기 위한 통합적인 접근 방법을 취하고 있습니다.

본서가 목표하는 바는 다음과 같습니다.

- 기본 개념 정립
- 'Should be'에 대한 명확한 이해
- 다양하고 풍부한 사례 분석

연결회계는 그 특성상 연결실체(기업집단)의 경영전략이나 지배구조의 특성 등에 의하여 영향을 받게 됩니다. 따라서 전편에 걸쳐 연결회계에 대한 기술적인 분석뿐만 아니라 그러한 거래가 왜 발생하였고, 연결실체(기업집단) 관점에서는 어떠한 경제적 의미가 있는지를 설명하고자 노력하였습니다. 이러한 내용을 통하여 연결회계가 단지 딱딱한 숫자를 다루는 지루한 재무회계의 한 분야가 아니라, 역동적인 경영활동과 밀접하게 관련된 분야라는 것을 느꼈으면 합니다.

초판 이후 어느덧 여섯 번째 개정판입니다. 항상 출간 이후 잘못된 해석이나 부정확한 문장 등이 발견되었고, 그때마다 저의 부족함을 탓하며 부끄러움을 감출 수가 없었습니다.

책은 저자의 얼굴입니다. 며칠이 지나면 본 개정판에서도 오탈자 등이 발견될 것입니다. 그러나 오늘은 이 책이 독자들의 Needs를 충족시키는 완성도가 높은 실무서라 자평하고 싶습니다.

집필 과정을 지켜보며 용기를 북돋아 준 김현준 대표님, 개정 작업을 하는 동안 많은 주제를 논의해 주신 이명하 위원님, 오택근 선생님, 하용찬 이사님, 유재석 부장님, Project와 강의 등을 통해 만난 많은 분들께 감사드립니다. 그리고 책이 출간되기까지 아낌없이 지원해 주신 삼일인포마인의 이희태 대표이사님과 임직원을 비롯한 많은 분들께 감사드립니다.

마지막으로 본 개정판이 더욱 내실 있게 구성될 수 있도록 다양한 관점에서 많은 조언을 해 주신 독자들께 감사드립니다. 실무를 담당하시는 분들의 생생한 목소리가 없었더라면 본서는 지금보다 훨씬 부족하였을 것입니다.

마지막으로 저와 무형자산을 공유하고 있는 MS와 MD에게 미안하고 고마운 마음을 이 책으로 대신합니다.

2022년 9월

저 자

본서의 활용 방법

(1) 개념 정립

〈제1부〉는 지분법과 연결회계에 대한 개념 정립을 위한 필수적인 내용입니다. 따라서 반드시 처음부터 끝까지 내용을 숙지하였으면 합니다. 그리고 업무를 하면서 필요한 사항이 있으면 〈제2부〉와 〈제3부〉를 참고하기 바랍니다.

(2) 예제와 사례

본서의 예제와 사례는 다음과 같은 특징이 있습니다.

- 기준서에 나온 예시를 나열하는데 그치지 않고, 다양하고 풍부한 예제와 사례를 체계적으로 분류하고 해설하였습니다.
- 일부 예제는 본문의 이해를 위해 작성되었지만, 대부분은 질의회신(금융감독원, 한국회계기준원, 한국공인회계사회, ESMA 등)과 실무에서 자주 발생하거나 논의되고 있는 이슈들입니다. 다만, 원칙중심의 회계처리를 지향하고 있는 K-IFRS 특성상 일부 예제의 경우 명확한 답이 아니라, 회계정책에 따라 개발된 대안들이 제시되고 있음을 양해하기 바랍니다.
- 본서의 사례는 여러 회계기간 동안 단순합산재무제표가 연결재무제표로 전환되는 과정뿐만 아니라 자본변동표를 통한 검증과정까지 포함하고 있습니다. 거래가 시작되어 종결되는 전 과정을 분석해야 연관성이 이해되고 개념이 습득되기 때문입니다.

(3) Excel 자료 활용

지분법과 연결회계의 특성상 거래가 복잡해지고 대상 기업이 많아질수록 분석의 양은 많아집니다. 수식의 구성 내역을 살펴보면 이해에 도움이 될 것으로 생각되어, 본서의 주요 사례들이 담긴 Excel File을 무료로 제공하고 있습니다.

삼일아이닷컴 홈페이지 제품몰(www.samili.com/mall/main.asp)에 있는 본서 안내 페이지의 '관련자료' 아이콘(Icon)을 클릭하여 File을 Download 받기 바랍니다.

차례

Part 01 기본 개념

Part 02 연결 실무

Chapter 04 사업, 영향력과 지배력 • 299

차 례

차 례

Chapter 11 연결현금흐름표 · 798

Part 03 복잡한 지배구조

Chapter 12 복잡한 지배구조 Ⅰ : 지분 평가 • 825

Part 01

기본 개념

〈제1부〉는 지분법과 연결회계에 대한 Framework을 다룬다. 지분법과 연결회계에 관한 실무 경험과 지식이 있음에도 불구하고 확신이 없다면, 〈제1부〉에 보다 집중하기를 바란다. 이미 접했던 주제에 어려움을 느낀다면 그 내용이 어렵다기보다는, 기본 개념이 제대로 확립되어 있지 않았을 가능성이 크기 때문이다.

- 〈제1장〉은 지분법에 대한 개념과 접근 방법을 설명한다. 본 장에서 살펴본 내용은 지분법과 연결회계의 초석이므로 반드시 숙지하기 바란다.
- 〈제2장〉은 연결회계의 핵심 개념을 설명하고, 지분법의 개념들이 연결회계에 적용되는 과정을 다룬다. **〈제1장〉과 〈제2장〉은 본서의 Key다. 따라서 〈제1장〉과 〈제2장〉의 요지가 독자들에게 잘 전달되었다면, 본서의 역할은 상당부분 달성되었다고 판단된다.**
- 〈제3장〉은 사업결합과 연결회계의 개념을 설명한다. 그리고 전형적인 내부거래의 형태와 미실현손익이 연결회계에 미치는 영향을 다룬다.

단편적인 지분법 회계처리나 연결조정 과정으로 접근하면 오히려 본질에서 벗어나기 쉽다. 〈제1부〉는 사업결합 개념을 토대로 기본에 충실하면서도 일관성 있게 지분법과 연결회계를 기술하고자 노력했다. 그리고 수리적인 분석뿐만 아니라 직관적으로 독자들이 지분법과 연결회계의 본질을 명료하고 일관성 있게 이해할 수 있도록 세심하게 배려했다.

〈제1부〉를 통해 **지분법과 연결회계가 단순하고 명확한 분야**라는 것을 느끼고 **올바른 그림(개념적 틀)**을 가지게 될 것으로 확신한다.

Chapter 01 지분법회계 Ⅰ : 개념[1)]

지분법은 한 줄로 표시되는 연결(One-line consolidation)이라고 불릴 정도로 연결회계와 유사하므로, 지분법에 대한 개념이 명확하고 기술적 분석에 능숙하면 연결회계도 쉽게 접근할 수 있다. 따라서 지분법에 대한 지식과 경험이 풍부한 독자라 할지라도, 반드시 본 장을 통해 **사업결합 관점의 순자산**과 **지분 평가 개념**을 정립하기 바란다.

〈제2절〉은 지분법과 연결회계의 핵심 개념인 지분 평가 과정을 설명하고, 분석 Tool을 제시하고 있다. 이는 지분법과 연결회계의 정확성과 완전성을 검증할 수 있는 수단이므로 숙지했으면 한다.

✓ 피투자기업에 대한 순자산 공정가치의 산정
✓ 피투자기업에 대한 지분 평가와 순자산 분석
✓ 피투자기업의 순자산과 투자주식 장부금액의 관계

1) 〈제1장〉과 〈제2장〉에서는 지분법과 연결회계의 기본 개념을 설명하고 있다. 아무리 복잡하고 다양한 주제라 할지라도 〈제1장〉과 〈제2장〉에서 제시한 개념적 틀의 확장에 불과하다. 따라서 본 장의 중요성은 아무리 강조해도 지나침이 없다고 생각된다.

제1절 주식의 분류와 평가

1. 주식의 분류

기업이 타법인의 주식을 취득하는 이유는 매우 다양한데, 크게 투자수익을 획득하기 위한 목적과 경영전략상 목적으로 구분할 수 있다.

① 투자수익 획득 목적
- 배당금을 획득하거나, 피투자기업의 기업가치가 상승한 이후 주식을 처분하여 자본이득을 얻을 목적(공정가치 측정 공정자산)

② 경영전략상 목적
- 피투자기업에게 유의적인 영향력을 미치기 위한 목적(관계기업주식)
- 피투자기업에 대하여 지배력을 행사하기 위한 목적(종속기업주식)

주식은 지분율뿐만 아니라 주식을 취득한 목적과 제반 약정 및 피투자기업의 주주 분포 등을 종합적으로 고려하여 공정가치 측정 금융자산, 관계기업주식, 공동기업주식, 종속기업주식으로 분류된다.

경영전략 목적으로 취득한 투자주식은 피투자기업이 영위하는 '사업'을 염두에 두고, 피투자기업에게 영향력이나 지배력을 행사할 목적으로 취득하는 경우가 많다.

① 회사의 영업활동에 긍정적인(Synergy) 사업을 영위하는 피투자기업

② 회사가 진출하고자 하는 사업을 영위하는 피투자기업

(1) 공정가치 측정 금융자산

공정가치 측정 금융자산은 크게 다음과 같이 구분된다.

① 당기손익 공정가치 측정 금융자산(FVPL, Fair Value through Profit or Loss)

② 기타포괄손익 공정가치 측정 금융자산(FVOCI, Fair Value through Other Comprehensive Income)

배당금획득이나 자본이득 등 투자목적으로 취득하는 지분증권은 평가손익을 당기손익으로 분류해야 한다. 그러나 회사의 회계정책으로 평가손익을 기타포괄손익으로 표시할 수 있는데, 이 경우 처분 시에도 평가손익을 당기손익으로 재분류하지 않는다. 다만, 단기매매차

익을 얻기 위해 취득한 지분증권은 평가손익을 기타포괄손익으로 분류할 수 없다.

(2) 관계기업주식

투자기업이 피투자기업의 의사결정 기구에 참여하는 등 피투자기업에 대하여 **'유의적인 영향력'**이 있다면 관계기업투자로 분류한다. 일반적으로 의결권 있는 주식 중 20% 이상을 취득하였다면 유의적인 영향력을 획득한 것으로 보는데, 세부적인 판단 기준은 〈제4장〉에서 다룬다.

(3) 공동기업주식

투자기업은 **공동약정**을 통하여 특정 대상에 대하여 공동지배력을 보유하고 있는 경우가 있다. 이러한 공동약정은 참여자들이 **계약상 약정에 의하여 구속**받는다는 특징이 있다.

만일 공동약정 대상이 별도기구로 구조화되지 않는 경우에는 공동영업(Joint operation)으로 분류한다. 그리고 별도기구로 구조화되었다면 별도기구의 법적 형식, 계약상 약정의 조건, 관련 상황 및 사실을 종합적으로 판단한 후 공동영업이나 공동기업(Joint venture)으로 분류한다. 공동기업의 정의가 충족되면 **지분율과 관계없이** 보유하고 있는 투자주식은 공동기업주식으로 분류하는데, 세부적인 내용은 〈제4장〉에서 살펴본다.

(4) 종속기업주식

투자기업이 피투자기업에 대한 관여로 변동이익(Variable returns)에 노출되거나 변동이익에 대한 권리가 있고, 자신의 힘으로 그러한 이익에 영향을 미치는 능력, 즉 **지배력**을 목적으로 취득하는 주식은 종속기업투자로 분류한다. 일반적으로 의결권 있는 주식 중 과반을 보유하고 있다면 지배력이 있는 것으로 보는데, 지배력에 대한 세부 내용은 〈제4장〉에서 설명한다.

주식이 공정가치 측정 금융자산으로 분류될 경우, 동 투자주식은 공정가치로 평가되고 재무상태표상 금융자산으로 분류된다. 그리고 주식이 관계기업주식이나 공동기업주식으로 분류되면 투자기업은 지분법을 적용한다. 그러나 종속기업주식으로 분류되면 연결결산 과정을 통하여 주식이 아니라 종속기업이 보유하고 있는 자산·부채 및 수익·비용을 재무제표에 직접 표시한다. 한편 공동약정이 공동기업주식으로 분류되면 지분법을 적용하지만, 공동영업으로 분류된다면 공동영업에 속한 자산과 부채 그 자체에 대한 지분액을 직접 재무제표에 계상하게 된다.

지배력의 대상은 무엇인가?

종속기업주식은 지배력을 목적으로 취득한다. 그런데 여기서 지배력의 대상은 무엇인지 생각해 보자.

지배력의 대상은 '종속기업의 사업'이다. 지배기업은 종속기업이 보유하는 사업(= 자산과 부채의 일체)에 대해 지배력을 획득하는 수단으로 주식을 취득한 것이다.

요약하면 **'종속기업주식 = 종속기업이 영위하는 사업'**이다.

그러므로 별도재무제표에 투자자산으로 표시된 종속기업주식은 연결결산을 거쳐서 경제적실질인 사업(자산 · 부채와 수익 · 비용)으로 전환된다.

주식의 재분류? 새로운 자산의 취득!

공정가치 측정 금융자산, 관계기업주식, 종속기업주식은 '주식'의 형태로 나타난다. 그러나 취득하는 목적은 전혀 다르다. 따라서 주식의 형태를 보유한다는 형식은 동일하지만, 보유하는 목적이 다르므로 서로 다른 자산이다. 따라서 **주식의 분류가 변경되면 종전 자산을 처분하고 새로운 자산을 취득하는 회계처리를 실시**한다.

예를 들어 관계기업주식을 보유하고 있었는데 지분율이 증가하여 종속기업주식으로 변경되었다고 가정해 보자. 이 경우 지분율이 상승했다는 관점으로 회계처리가 이루어지지 않는다. 관계기업주식과 종속기업주식은 서로 다른 자산이므로 관계기업주식이라는 종전 자산을 모두 처분하고, 종속기업주식이라는 새로운 자산을 취득하는 회계처리가 이루어진다.

2. 투자주식의 평가

(1) 원가법

원가법이란 투자주식을 취득한 시점에 지급한 대가를 취득원가로 평가하는 방법이다. 원가법은 투자주식의 원가에 중대한 변화가 발생하여 취득금액이 더 이상 정당화될 수 없는 경우를 제외하고는 항상 취득금액으로 계상한다. 원가법은 피투자기업의 순자산 변화나 시장 가격의 변화에 대해 아무런 기록도 하지 않고, 현금배당을 받는 경우에는 배당금수익(당기손익)으로 인식한다.

원가법은 취득원가주의에 충실하고 객관적이라는 장점이 있다. 그러나 처분시기를 자의적으로 결정하여 손익의 인식시기를 기업이 조정할 수 있는 여지가 있으며, 장부금액이 자산의 공정가치를 적절하게 표시하지 못한다는 단점이 있다.

(2) 공정가치법

공정가치법은 취득 이후에 공정가치가 하락하거나 상승할 경우 그 공정가치를 재무제표에 표시하는 방법이다. 여기서 공정가치라 함은 시장참여자 사이의 정상거래에서 자산을 매도하면서 수취하거나, 부채를 이전하면서 지급하게 될 가격(즉, 유출가격)을 의미한다.

공정가치 측정은 비합리적인 또는 비정상적인 상황이 아닌 합리적인 정상 시장을 가정하고 있다. 따라서 공정가치는 청산이나 사업규모의 축소 등으로 인하여 불리한 조건으로 거래할 의도나 필요가 없는 계속기업가정을 전제로 한다.

(3) 지분법

지분법은 투자주식을 최초에 취득금액으로 인식하고 취득시점 이후에 발생한 피투자기업의 순자산 변화에 따라 투자주식 장부금액을 조정하여 평가하는 방법인데, 본 장과 〈제5장〉에서 살펴본다.

(4) 저가법

순자산가액법(저가법)은 취득금액과 결산일 현재 피투자기업의 순자산가액을 비교하여 낮은 금액으로 투자주식을 평가하는 방법이나, 현행 회계실무에서는 사용하지 않는다.

지금까지 설명하였던 주식의 분류와 평가방법을 요약하면 다음과 같다.

| 투자주식의 분류와 평가방법 |

지분율	분 류	영향력	평가 방법	
			별도재무제표	연결재무제표
20% 미만	공정가치 측정 금융자산	없음	공정가치법	공정가치법
20% 이상 ~ 50%	관계기업주식	유의적인 영향력	원가법 (또는 지분법이나 공정가치법)	지분법
지분율과 무관	공동기업주식	공동지배력		지분법
50% 초과	종속기업주식	지배력		자산 · 부채와 수익 · 비용을 인식

3. 재무제표의 종류

재무제표는 크게 연결재무제표(consolidated financial statements)와 별도재무제표(separate financial statements)로 구분된다. 연결재무제표는 지배기업과 종속기업을 하나의 경제적 실체로 보고 작성한 재무제표이며, **별도재무제표는 기업의 법적실체**(Legal entity)**를 강조한 재무제표**로서 다음의 특징이 있다.

① 별도재무제표는 **투자자산의 성과에 초점**을 두는 재무제표로서, 개별 거래에 유의적인 영향력이나 지배력 등이 반영되지 않는다.

② 종속기업, 관계기업 및 공동기업 등과의 거래도 제3자와의 거래처럼 회계처리하며, 동 주식들에 대하여 원가법, 공정가치법 및 지분법을 적용한다.[2)]

③ 종속기업주식, 관계기업주식 및 공동기업주식을 소유하지 않은 기업의 재무제표는 별도재무제표에 해당하지 않는다.

2) 기업실무상 종속기업주식, 관계기업주식과 공동기업주식은 별도재무제표상 원가법을 적용하는 경우가 많은데, 본서는 특별한 언급이 없으면 원가법 적용을 전제한다.

제 2 절 지분법에 대한 일반사항

1. 지분법의 적용범위

투자기업은 유의적인 영향력을 행사할 수 있는 관계기업주식과 공동지배력을 가지고 있는 공동기업주식에 대해 지분법을 적용한다. 여기서 유의적인 영향력이란 피투자기업의 **재무정책과 영업정책에 관한 의사결정에 참여**할 수 있는 능력을 의미한다. 그리고 의결권의 20% 이상을 소유하고 명백한 반증이 없다면 유의적인 영향력이 있는 것으로 본다(K-IFRS 제1028호 문단 5).

2. 재무제표

지분법 적용시 피투자기업의 재무제표가 갖추어야 할 요건은 다음과 같다.

① 투자기업과 피투자기업의 **결산일과 회계기간**은 가능한 일치해야 한다.

② 피투자기업은 투자기업과 동일한 **회계정책**을 적용해야 한다.

③ 평가의 적정성을 확보하기 위하여 피투자기업의 재무제표는 **신뢰 가능**해야 한다.

한편, 피투자기업이 종속기업이나 관계기업 등을 보유하고 있다면, 피투자기업의 경제적 재무제표(연결재무제표 또는 지분법이 적용된 재무제표)를 기준으로 지분법을 적용한다.[3]

(1) 결산일의 차이

투자기업은 투자기업과 동일한 결산일과 회계기간을 전제한 피투자기업의 재무제표에 대해 지분법을 적용해야 한다. 따라서 투자기업과 피투자기업의 결산일과 회계기간이 다르다면 (실무적으로 적용할 수 없는 경우가 아니라면) 투자기업은 투자기업과 동일한 결산일과 회계기간을 가정하여 작성한 피투자기업의 재무제표를 이용해야 한다.

결산일이 일치하지 않다면, 투자기업은 관계기업의 결산일과 투자기업의 결산일 사이에 발생한 중요한 거래나 사건을 관계기업의 재무제표에 반영해 지분법을 적용한다. 그리고 결산기 차이로 중요한 거래나 사건을 투자기업이 개별적으로 미리 반영하여 지분법을 적용하였다면, 동 거래나 사건은 다음 회계기간의 지분법 평가 시 중복 반영되지 않도록 한

3) K-IFRS 제1028호 문단 27

다(K-IFRS 제1028호 문단 34).[4)]

투자기업과 관계기업의 결산일의 차이는 3개월을 초과하지 않아야 하며, 회계기간의 길이와 결산일 차이는 동일해야 한다. 만일 지분법 평가 시 투자기업이 임의적으로 회계기간의 길이나 결산일의 차이를 변경할 수 있다면 지분법손익을 조정할 수 있기 때문이다(K-IFRS 제1028호 문단 34).

예제 1

- P사는 01년 초 A사 주식을 30% 취득하여 유의적인 영향력을 획득함.
- P사의 회계기간은 1월 1일부터 12월 31일까지임.
- A사의 회계기간은 4월 1일부터 9월 30일까지(6개월)와 10월 1일부터 3월 31일까지(6개월)임.

요구사항 지분법에 적용될 A사의 재무제표에 대하여 논하시오.

P사는 A사가 보고한 재무제표를 P사의 결산일과 회계기간이 동일하게 조정하여 지분법을 적용한다. 실무적으로 결산기와 회계기간을 일치한 재무제표를 산출할 수 없다면, P사는 회계기간을 4월 1일부터 3월 31일까지로 조정한 A사의 재무제표를 근거로 지분법을 적용할 수 있다. 그러나 이후 P사는 임의적으로 회계기간의 길이나 결산일의 차이를 변경할 수 없다.

(2) 회계정책의 차이

투자기업은 피투자기업이 투자기업과 동일한 회계정책을 적용하여 작성한 재무제표에 기초하여 지분법을 적용한다(K-IFRS 제1028호 문단 35). 만일 피투자기업의 회계정책이 투자기업과 상이하다면 피투자기업의 재무제표를 투자기업의 회계정책에 부합되게 적절히 수정한 후 지분법을 적용해야 한다.[5)]

투자기업과 피투자기업의 회계정책은 반드시 일치해야 하지만, 회계추정의 차이는 각 기업의 과거 경험과 업종 특성에 따라 상이할 수 있다.

---

4) 이러한 유의적인 거래나 사건에는 환율변동효과도 포함된다. 예를 들어 해외에 소재한 관계기업의 결산일은 9월 말이고, 투자기업의 결산일은 12월 말이라고 가정해 보자. 이 경우 해외 관계기업이 보고한 재무제표를 환산할 경우 적용할 환율은 12월 말의 환율이다.

5) 만일 투자기업인 관계기업 또는 공동기업이 종속기업주식을 당기손익항목으로 회계처리한 경우, 투자기업이 아닌 투자자는 지분법 적용 시 관계기업 또는 공동기업이 적용한 회계처리를 그대로 유지할 수 있다(K-IFRS 제1110호 문단 31). 이는 회계정책의 일치에 대한 예외에 해당한다.

(3) 재무제표의 신뢰성

피투자기업의 재무제표는 원칙적으로 외부감사인의 감사 또는 검토절차를 통해 신뢰성이 검증되어야 한다. 만일 피투자기업이 보고한 재무제표에 대한 신뢰성이 검증되지 않았다면, 지분법손익 등 또한 신뢰성이 없기 때문이다.

3. 지분법 적용의 정당성

지분법은 주식을 최초에 취득금액으로 인식하고, 이후 피투자기업의 순자산 변동을 투자주식의 장부금액에 반영하여 평가하는 방법이다. 투자기업이 피투자기업에 대해 유의적인 영향력을 행사할 수 있을 경우 지분법을 적용하는 이유는 다음과 같다.

첫째, 피투자기업이 배당금을 지급할 재원이 충분하게 있다면, 투자기업은 피투자기업에게 배당금을 지급하도록 유의적인 영향력을 행사할 수 있다. 따라서 배당금을 수익으로 인식한다면, 투자기업은 피투자기업의 배당금 결정에 유의적인 영향력을 행사하여 기간 손익을 조정하고자 할 가능성이 있다.

둘째, 관계기업의 경우 배당금 자체보다는 결산일 현재 피투자기업이 배당을 할 수 있는 재원을 보유하고 있는지와 회계기간 중에 배당을 할 수 있는 재원이 얼마나 증가하였는지가 보다 중요하다. 따라서 투자기업에게는 피투자기업이 배당금을 지급할 수 있는 재원의 변동이 중요한 회계적 사건이 된다. 따라서 피투자기업이 순이익을 실현하였을 때 투자기업이 수익을 인식하는 것이 발생주의 회계에 보다 더 충실하다.

셋째, 지분법은 미실현손익을 제거하므로 투자기업이 내부거래를 통해 기간 손익을 조정하려는 시도를 차단한다.

제 3 절 관계기업주식의 분석

1. 취득시점의 회계처리

투자기업은 지분법 적용 대상이 되는 주식의 취득금액(취득시점의 공정가치)을 장부금액으로 계상한다. 그리고 관계기업주식의 구성내역을 파악하기 위해 다음을 분석한다.

① 관계기업이 보고한 재무제표상 순자산에 대한 지분액
② 관계기업의 순자산 공정가치에 대한 지분액
③ 유의적인 영향력을 획득한 시점의 취득금액(공정가치)

유의적인 영향력을 획득하는 시점에 위 ①, ②, ③은 일반적으로 서로 상이한데, 그 내용은 다음과 같다.

관계기업주식의 구성내역

- 투자기업의 순자산 지분액 = 관계기업의 순자산 장부금액 × 지분율
- 투자기업의 순자산 공정가치 지분액 = 관계기업의 순자산 공정가치 × 지분율
- 영업권(염가매수차익) = 취득금액 − 순자산 공정가치 지분액

위의 내용을 그림으로 표현하면 다음과 같다.

| 주식 취득금액의 구성내역 |

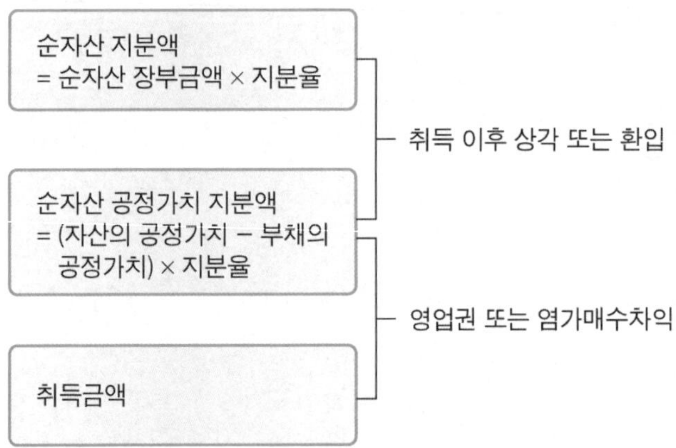

공정가치 차액을 공정가치와 장부금액의 차이로 정의할 경우, 관계기업의 순자산 장부금액과 순자산 공정가치의 관계는 다음과 같이 표현할 수 있다.

순자산 공정가치
= 자산의 공정가치 − 부채의 공정가치
= (자산 + 자산 공정가치 차액) − (부채 + 부채 공정가치 차액)
= (자산 − 부채) + (자산 공정가치 차액 − 부채 공정가치 차액)
= 순자산 장부금액 + 자산·부채 공정가치 차액

따라서 관계기업주식의 장부금액은 다음과 같이 표현할 수 있다.

관계기업주식 장부금액(취득금액)
= 순자산 공정가치 × 지분율 + 영업권
= (순자산 장부금액 + 자산·부채 공정가치 차액) × 지분율 + 영업권
= **순자산 장부금액 × 지분율 + 자산·부채 공정가치 차액 × 지분율 + 영업권**

이와 같이 순자산 공정가치를 측정하고 취득금액을 공정가치와 영업권으로 배분하는 과정을 매수가격배분(Purchase Price Allocation, 이하 'PPA')이라 한다.

(1) 순자산 공정가치의 측정

순자산 공정가치는 투자기업이 관계기업의 주식을 취득하는 시점에 관계기업의 자산과 부채에 대하여 실사, 감정평가 또는 가치평가 기법 등을 통하여 확정된다. 그리고 순자산 장부금액과 순자산 공정가치의 차이(이하 공정가치 차액 또는 FV차액)는 관련 자산이나 부채를 처분(또는 상환)하거나 상각이 완료되는 시점에 해소된다.

(2) 영업권과 염가매수차익

투자기업이 관계기업주식을 취득하는 이유는 관계기업이 지속적으로 이익을 창출할 수 있는 능력을 보유하고 있기 때문이다. 이러한 이익창출능력을 고려한 관계기업의 가치는 자산·부채의 단순한 집합체인 순자산 공정가치(= 자산의 공정가치 − 부채의 공정가치)보다 크게 평가되는 것이 일반적이다. 이러한 능력 때문에 투자기업이 순자산 공정가치 지분

액보다 더 지급한 금액을 영업권이라고 한다.[6)]

> 영업권 = 취득금액 - 순자산 공정가치 × 지분율

반면 취득금액이 순자산 공정가치 지분액보다 적다면 그 차액을 염가매수차익이라고 하며, 발생한 시점에 당기이익으로 회계처리한다.

(3) 영업권과 염가매수차익의 회계처리

영업권과 염가매수차익에 대한 회계처리를 요약하면 다음과 같다.

구 분	영업권	염가매수차익
K-IFRS	• 상각하지 아니함. • 영업권은 별도로 인식하지 아니함. • 관계기업주식 전체 금액을 대상으로 손상검토를 실시하며, 손상된 금액은 추후 환입 가능함.	• 발생 즉시 당기손익으로 인식함.
일반기업회계기준	• 20년 이내의 합리적인 기간 동안에 상각함. • 매 결산기 말 손상검토를 실시하고 손상된 영업권은 환입되지 아니함.	

K-IFRS는 관계기업주식에 내재된 영업권을 별도로 구분하지 않으나, 일반회계기준은 별도로 구분하여 손상검토를 요구하고 있다. 또한 일반기업회계기준은 영업권을 20년 이내의 합리적인 기간 동안 상각하고, 관계기업의 수익성이 호전되더라도 손상된 영업권은 환입하지 않도록 하고 있다.

2. 취득 후의 회계처리

(1) 관계기업의 순자산과 관계기업주식 장부금액의 관계

관계기업주식 취득 이후에 관계기업의 **순자산이 변동하면, 그 변동이 어떤 원인에 의한 것인지 분석하고 그 변동 원인을 관계기업주식 장부금액**에 반영한다.

6) 관계기업의 순자산 공정가치가 부(負)의 금액이더라도 영업권은 취득금액에서 순자산 공정가치를 차감하여 계산된다 (참고 규정 : 일반기업회계기준 제8장 적용사례 1).

▶ 관계기업주식의 취득과 지분 평가

투자기업은 관계기업주식을 취득하고 관계기업의 순자산 공정가치 지분액과 취득금액의 차이를 영업권으로 인식한다. **투자기업이 인식하는 관계기업의 순자산은 관계기업이 작성하여 보고하는 재무제표상 장부금액이 아니라, 주식을 취득하는 시점에 실사 및 평가 등의 매수가격배분절차**(Purchase price allocation, PPA)**를 통해 확정한 순자산 공정가치**(**지분법 관점의 순자산**)이다. 그리고 이렇게 확정된 **순자산 공정가치와 영업권이 어떻게 변동하였는지를 분석하여 관계기업주식에 반영하는 것이 지분법**이다.

투자기업은 유의적인 영향력을 획득하는 시점에 관계기업의 자산과 부채를 공정가치로 측정하지만, 주식을 취득한 이후로는 공정가치로 재평가하지 않는다. 그 이유는 유의적인 영향력을 획득한다는 의미는 관계기업의 자산과 부채 중 일부를 취득하는 것과 유사하기 때문이다. 중고자산을 처음 취득 시에는 공정가치로 인식하지만, 이후에는 공정가치로 재평가하지 않는 것과 동일한 논리이다.

▶ 지분법 적용 재무제표와 세무조정

가능하다면 투자기업이 관계기업에 대하여 유의적인 영향력을 획득한 시점에 관계기업의 자산·부채를 공정가치로 측정한 재무상태표를 별도로 관리하는 것이 이상적이다. 그리고 그 재무상태표를 기준으로 이후 거래를 반영한 재무제표를 생성하여 지분법을 적용하는 것이 보다 이론에 부합된다. 그러나 실무상 지분법 평가를 위하여 관계기업이 별도의 재무제표를 작성할 수는 없다. 따라서 취득시점에 투자기업이 인식한 공정가치 차액을 (유보처럼) 관리하고, 동 항목을 관계기업이 보고한 순자산 변동에 가감하여 지분법을 적용한다.

이러한 **지분법 적용 절차는 세무조정과 유사하다.** 세법을 적용하여 재무제표를 별도로 작성하여 과세표준을 결정하는 것이 아니라, 기업회계상 손익계산서에 유보(기업회계와 세무회계의 차이) 등의 세무조정 사항을 가감하여 (간접적으로) 과세표준을 산정하기 때문이다.

지분법과 세무조정

지분법 적용 기준 재무제표 = 취득 시점에 PPA를 통해 결정된 재무제표
= 관계기업이 보고한 재무제표 + 공정가치 차액 등 조정

법인세 납부 기준 재무제표 = 세법에 따라 작성된 재무제표
= 기업이 보고한 재무제표 + 세무조정

(2) 순자산 장부금액의 변동 요인

투자기업이 유의적인 영향력을 획득한 이후에 인식하는 관계기업의 주요 순자산 변동 요인과 지분법 회계처리를 살펴보면 다음과 같다.

① 당기순이익(또는 손실) : **관계기업이 당기이익을 인식하면, 투자기업은 지분액에 해당하는 금액을 당기이익으로 인식**한다.

(차변) 관계기업투자	×××	(대변) 지분법이익	×××

② 배당금의 지급 : 배당은 손익거래가 아닌 경영성과로 축적된 누적 잉여금을 처분하는 자본거래이다. 따라서 **관계기업의 배당은 그동안 누적된 순자산의 일부를 떼어 내어 현금으로 대체하는 투자의 환급 과정**으로 볼 수 있다.

(차변) 현금	×××	(대변) 관계기업투자	×××

③ 기타포괄손익 : **관계기업이 기타포괄손익을 인식하면, 투자기업은 지분액에 해당하는 금액을 기타포괄손익(관계기업투자자본변동)으로 인식**한다.

(차변) 관계기업투자	×××	(대변) 관계기업투자자본변동	×××

④ 보험수리적이익(또는 손실) : 관계기업이 보험수리적손익을 인식할 경우 동 금액은 당기손익을 경유하지 않고 이익잉여금으로 대체된다. 따라서 보험수리적손익을 인식하여 순자산이 변동할 경우, 투자기업은 동 금액에 지분율을 곱하여 이익잉여금으로 회계처리한다.[7)]

(차변) 관계기업투자	×××	(대변) 이익잉여금	×××

지분법 적용은 항상 다음과 같은 원칙하에 이루어짐을 유의하기 바란다.

관계기업주식의 장부금액과 지분법손익

① **주식의 장부금액은 관계기업의 순자산에 대한 주주로서 투자기업의 권리를 반영한다.** 따라서 관계기업의 순자산 중 일부 항목이 투자기업에게 귀속되지 않다면, 동 금액에 대한 지분액은 투자주식의 장부금액에서 제외한다.

② **지분법손익은 관계기업의 순이익에 대한 주주로서 투자기업의 권리를 반영한다.** 따라서 관계기업이 보고한 순이익 중 투자기업에게 귀속되지 않는 손익이 포함되어 있다면, 동 금액에 대한 지분액은 지분법손익에 포함시키지 않는다.

7) 만일 회사의 회계정책이 보험수리적손익을 기타포괄손익으로 누적 관리하는 것이라면, 이익잉여금이 아닌 관계기업투자자본변동(기타포괄손익)으로 분류한다.

(3) 관계기업주식의 분석[8)]

투자기업이 보유하고 있는 **투자주식이 관계기업의 순자산과 어떠한 상관관계**를 가지고 있는지 살펴보자. 먼저 수식으로 분석하기 위하여 편의상 다음과 같이 몇 가지 줄임말을 정의한다.

- 투자기업의 지분율 = P%
- 취득시점의 관계기업 순자산 장부금액 = NA0
- 취득시점에 인식된 공정가치 차액 = FV0
- 취득시점의 관계기업 순자산 공정가치 = NA0 + FV0
- 취득시점에 인식한 투자기업의 영업권 = G0
- 회계기간 중 관계기업의 순자산 공정가치 변동 = △NA + △FV
- 회계기간 중 영업권의 변동 = △G
- 취득시점의 관계기업주식 취득금액 = 주식 장부금액 = 주식A0
- 1년 후 관계기업주식 장부금액 = 주식A1

주식을 취득하는 시점의 취득금액은 다음과 같이 표현된다.

$$\text{주식A0} = (\text{NA0} + \text{FV0}) \times \text{P\%} + \text{G0}$$

관계기업에 대한 평가액(지분법손익)은 관계기업의 순자산 공정가치의 변동액에 지분율을 곱한 금액과 영업권 변동액을 합한 금액이므로, 다음과 같이 표현할 수 있다.

$$\text{지분법 평가액} = (\triangle\text{NA} + \triangle\text{FV}) \times \text{P\%} + \triangle\text{G}$$

관계기업주식의 1년 후 장부금액은 취득금액에 지분법 평가액을 가산한 금액이므로, 다음과 같이 표현된다.

8) 수식에 익숙하지 않은 독자는 수식을 생략하고, 직관적인 의미와 〈사례 1〉만 집중해도 충분하다.

주식A1
= 주식A0 + 지분법 평가액
= (NA0 + FV0) × P% + G0 + (△NA + △FV0) × P% + △G
= (NA0 + FV0 + △NA + △FV0) × P% + (G0 + △G)
= (NA0 + △NA + FV0 + △FV0) × P% + (G0 + △G)
= (NA1 + FV1) × P% + G1

여기서 (NA1 + FV1)은 1년 후 관계기업의 순자산 공정가치이며, G1은 취득시점 1년 후 영업권의 가치이다. 따라서 다음 관계가 성립된다.

주식A1
= 주식A0 + 지분법 평가액(지분 이익)
= 관계기업의 1년 후 순자산 공정가치 지분액 + 영업권 잔액

상기 식은 관계기업주식을 취득한 1년 후 장부금액을 수식으로 분석한 것인데, 1년이 아닌 10년 후를 가정하면 다음과 같이 표현된다.

주식 장부금액의 분석

주식A10
= 주식A0 + 10년간 지분법 평가 누적액 (누적 지분 평가)
= 관계기업의 10년 후 순자산 공정가치 지분액 + 영업권 잔액 (순자산 분석)

상기 식의 의미는 다음과 같다.

① 결산일 현재 관계기업주식의 장부금액은 취득금액에 결산일까지의 지분법 평가 누적액을 합산한 금액과 동일하다.

② 관계기업주식의 장부금액은 관계기업 순자산 공정가치 지분액에 영업권 잔액을 합산한 금액과 동일하다.

지분법 평가 누적액에 대한 추가적인 분석을 위하여 다음을 정의해 보자.

- 관계기업 당기순이익 = NI
- 전기까지 지분법을 적용하여 증가한 이익잉여금(전기 누적 지분 이익) = RE
- 결산일 현재 관계기업투자자본변동[9](누적 지분 이익) = OCI
- 회계기간 중 배당금 수령액 = D

상기 식을 이용하면 10년간의 지분법 평가 누적액은 다음과 같이 표현된다.

지분법 평가 누적액
= 누적 지분 이익(기타포괄손익) + 누적 지분 이익(이익잉여금)
= 관계기업투자자본변동 + [당기 지분 이익 - 배당금 + 전기이월이익잉여금]
= OCI10 + [(NI10 - △FV10) × P% + △G - D10 + RE9]

지분법 평가 누적액을 관계기업주식 장부금액에 대입하면 다음 식이 성립된다.

'누적 지분 평가'와 '순자산 분석'

주식A10
= 주식A0 + 10년간의 지분법 평가 누적액
= 주식A0 + OCI10 + [(NI10 - △FV10) × P% + △G - D10 + RE9]
(누적 지분 평가)
= (NA10 + FV10) × P% + G10 (순자산 분석)

상기 식은 결산일 시점의 주식 장부금액은 누적 지분 평가와 순자산 분석을 통하여 항상 산출할 수 있고 검증할 수 있음을 의미한다.

누적 지분 평가와 순자산 분석을 정의하면 다음과 같다.

9) 종속기업의 순자산 변동이 이익으로 발생된 경우 당기손익(이익잉여금)으로 반영하나, 기타포괄손익으로 발생된 경우 관계기업투자자본변동(기타포괄손익)으로 반영한다.
관계기업주식의 취득 이후 관계기업의 기타포괄손익 등이 변동하여 발생하는 관계기업투자자본변동의 평가 누적액은, 항상 결산일 현재 재무상태표에 표시되어 있는 관계기업투자자본변동의 금액과 동일하다.

'누적 지분 평가'와 '순자산 분석'

① 누적 지분 평가
- 주식 취득 시점부터 결산일까지의 지분 평가액을 누적으로 관리(Flow approach)
- 지분액 = 취득금액 + 자본변동 + 당기 지분이익 − 배당금 + 전기이월이익잉여금

② 순자산 분석
- 결산일 현재 관계기업의 순자산을 지분법 관점에서 분석(Stock approach)
- 지분액 = 종속기업 순자산 공정가치 지분액 + 영업권

③ 누적 지분 평가액 = 순자산 분석액

상기 두 가지 방법을 활용하면 지분법 회계처리의 정확성과 완전성을 검증할 수 있다는 장점이 있다.

〈사례 1〉을 통해 상기 분석방법을 확인할 것인데, **교재와 같이 제공된 Excel 자료를 병행**한다면 학습에 효과적일 것으로 예상한다.

사례 1 지분법 개념 I ☆☆☆

① 주식 취득

P사는 A사 주식을 01년 초에 다음과 같이 취득함.

지분율 40%

취득금액 180,000

유의적인 영향력 획득일 현재 A사의 자산·부채 장부금액과 공정가치는 모두 일치함.

② A사의 배당

	01년	02년	03년
배당금액	12,000	15,000	10,000

3 A사 요약 재무정보

	취득	01년	02년	03년
자본금	100,000	100,000	100,000	100,000
이익잉여금	200,000	203,000	212,000	222,000
자본계	300,000	303,000	312,000	322,000
당기순이익		15,000	24,000	20,000

요구사항 **01년 초부터 03년 말까지 각 연도별 관계기업 관련 계정을 제시하시오.**

해설

1. 취득금액의 구성내역

취득금액	180,000
순자산 지분액 (= 300,000 × 40%)	120,000
영업권	60,000

2. 누적 지분 평가

	취득금액	당기순이익 지분액	관계기업 배당	전기이월 이익잉여금(*)	기말장부금액
01년	180,000	6,000	(4,800)	–	181,200
02년	180,000	9,600	(6,000)	1,200	184,800
03년	180,000	8,000	(4,000)	4,800	188,800

(*) 이익잉여금 = 당기순이익 지분액 - 당기배당금 + 전기이월이익잉여금

순자산 분석

	순자산 지분액	영업권	기말장부금액
취득	120,000	60,000	180,000
01년	121,200	60,000	181,200
02년	124,800	60,000	184,800
03년	128,800	60,000	188,800

3. 재무제표 표시

	01년	02년	03년
관계기업투자	181,200	184,800	188,800
지분법이익	6,000	9,600	8,000

4. 회계처리(참고사항)

(1) 취득

(차변)	관계기업투자	180,000	(대변)	현금	180,000

(2) 01년

(차변)	현금	4,800	(대변)	지분법이익	6,000
	관계기업투자	1,200			

(3) 02년

(차변)	현금	6,000	(대변)	지분법이익	9,600
	관계기업투자	3,600			

(4) 03년

(차변)	현금	4,000	(대변)	지분법이익	8,000
	관계기업투자	4,000			

사례를 통하여 살펴본 내용은 다음과 같다.

취득금액의 구성내역

- 영업권 = 취득금액 - 순자산 지분액 - FV차액 지분액

관계기업의 순자산 변동

- 순자산 증가액 중 당기순이익(Net Income, 이하 NI)으로 증가한 금액에 대해 지분법이익(당기이익)으로 인식한다.
- 관계기업으로부터 수령한 배당금은 투자금액의 환급으로 보아 동 금액을 관계기업주식 장부금액에서 차감한다.

누적 지분 평가

- 누적 지분 이익은 관계기업을 취득시점부터 평가시점까지 소유함으로써 발생한 평가 누적액이며, 다음의 식으로 표현된다.
- 누적 지분 이익 = (당기 지분 이익 - 배당금) + 전기 누적 이익
- 예를 들어 02년까지 인식할 누적 이익은 당기 지분 이익(9,600원)에 배당금(6,000원)을 차감하고, 전기까지의 누적 이익(1,200원)을 가산하여 4,800원으로 계산된다.
- 기말장부금액 = 취득금액 + 누적 지분 이익
  = 취득금액 + (당기 지분 이익 - 당기배당금 + 전기 누적 이익)
- 03년 장부금액 = 180,000원 + (8,000원 - 4,000원 + 4,800원) = 188,800원

순자산 분석

- 순자산 분석은 결산일 현재 관계기업주식의 구성내역을 분석하는 방법론이다.
- 기말장부금액 = 순자산 지분액 + FV차액 잔액 + 영업권 잔액
- 결산일 현재 누적 평가상 기말장부금액과 순자산 분석의 기말장부금액은 서로 일치하므로 지분법 평가가 적정한지를 검증할 수 있다.

(4) 누적 지분 평가와 순자산 분석

누적 지분 평가와 순자산 분석 체계는 지분법 회계처리의 검증뿐만 아니라, 필요한 자료를 체계적으로 정리하는 데에도 도움을 준다. 〈사례 1〉에서 표시한 누적 지분 평가와 순자산 내역을 정리하면 다음과 같다.

| 누적 지분 평가 |

	취득금액	NI 지분액	관계기업 배당	전기이월 이익잉여금	기말 장부금액
01년	①	②	③	④	⑤
02년					

① 취득금액 : 별도재무제표상 관계기업주식 장부금액

② NI 지분액 = 관계기업의 당기순이익 × 지분율

③ 배당 = 당기 중 관계기업으로부터 수령한 배당금

④ 전기이월이익잉여금 = 전기 NI 지분액 − 전기 배당 + 전기의 전기이월이익잉여금

⑤ 기말장부금액 = 취득금액 + NI 지분액 − 당기 배당 + 전기이월이익잉여금

| 순자산 분석 |

	순자산 지분액	영업권(잔액)	기말장부금액
취득	①	②	③
01년			
02년			

① 순자산 지분액 = 결산일 현재 관계기업의 별도재무제표상 순자산 장부금액 × 지분율

② 영업권(잔액) = 결산일 현재 투자기업이 인식하고 있는 영업권 잔액

③ 기말장부금액 = 순자산 지분액 + 영업권(잔액)

앞으로 모든 사례들은 상기 분석틀을 활용하여 일관성 있게 접근할 것이다. 따라서 독자 여러분은 다양한 거래가 상기 개념적 틀에 어떻게 반영되는지 살펴보기 바란다.

3. 관계기업의 재무제표와 공정가치 차액

지배기업이 관계기업에 대해 유의적인 영향력을 획득한 경우 지분법을 적용할 재무제표는 관계기업이 보고한 재무제표가 아니라, 영향력 획득일 시점에 관계기업의 자산과 부채를 공정가치로 측정한 재무제표이다. 즉, **지분법을 적용할 재무제표는 영향력을 획득한 시점에 관계기업이 설립되어 자산과 부채를 취득하고 영업활동을 개시한 것을 가정한 재무제표이다.** 그러나 관계기업이 지분법회계에 부합되는 재무제표를 산출하기 위해 기존 회계시스템 이외에 별도의 회계시스템을 구축한다는 것은 실무상 거의 불가능하다.

영향력을 획득한 시점에 인식한 관계기업의 자산·부채 장부금액과 공정가치의 차이(공정가치 차액)는 대부분 일부 항목에 국한된다. 따라서 별도의 재무제표를 작성하기보다는 기존의 회계시스템에 의하여 작성된 재무제표에 공정가치 차액을 추가로 반영하여 지분법 결산을 진행하는 것이 일반적이다. 이러한 과정은 법인세법 규정에 따라 세무상 재무제표를 작성하여 법인세를 납부하기보다는, 회계 목적으로 산출된 재무제표에 일부 세무조정을 반영하여 법인세를 납부하는 과정과 유사하다.

유보사항은 세법과 회계상 자산·부채에 대한 평가의 차이에 따라 발생하며, 시간의 경과에 따라 관련 자산·부채가 상각완료되거나 외부에 처분(또는 상환)되는 시점에 소멸된다. 이와 유사하게 영향력을 획득한 시점에 종속기업의 장부상 금액과 공정가치의 차이로 식별한 공정가치 차액에 대한 조정사항도 시간의 경과에 따라 관련 자산·부채가 상각완료되거나 처분(또는 상환)되는 시점에 해소된다.

지분법과 세무조정

- 지분법 적용 대상 재무제표 = 취득 시점에 PPA를 통해 결정된 재무제표
  = 관계기업이 보고한 재무제표 + 공정가치 차액 등
- 법인세 납부 기준 재무제표 = 세법에 따라 작성된 재무제표
  = 기업이 보고한 재무제표 + 세무조정

영향력을 획득한 시점에는 종속기업의 자산과 부채를 공정가치로 측정하지만, 그 이후에는 자산·부채를 공정가치로 재측정하지 않는다. 그 이유는 영향력 획득은 관계기업이 보

유하고 있는 자산과 부채를 취득하는 개념이므로 공정가치로 측정하지만, 그 이후에는 투자기업의 회계정책에 따라 평가하며 특이사항이 없다면 원가를 유지하기 때문이다.[10)]

예제 2

- P사는 S사 주식을 01년 초에 25% 취득함.
- P사가 S사 주식 취득 시 장부금액과 공정가치의 차이는 기계장치로서, 그 내역은 다음과 같음.
  - S사의 취득금액과 감가상각누계액은 각각 30,000원과 10,000원임.
  - 지배력 획득일 현재 공정가치는 25,000원임.
  - 기계장치의 잔여내용연수는 5년임.
- P사는 기계장치를 보유하고 있지 아니함.

요구사항

지분법 관점에서 01년 말 기계장치의 취득금액, 감가상각누계액, 감가상각비를 계산하시오.

S사의 재무제표

구 분	공시(장부)	지분법 관점	차액	비고
기계장치(원가)	30,000	25,000	5,000	
감가상각누계액	14,000	5,000	(9,000)	
장부금액	16,000	20,000	4,000	공정가치 차액
감가상각비	4,000	5,000	(1,000)	공정가치 차액 변동

S사는 기계장치의 취득금액과 장부금액이 각각 30,000원과 20,000원(= 30,000원 − 10,000원)이므로, 4,000원(= 20,000 ÷ 5년)의 감가상각비를 인식한다. 그러나 지분법 관점에서 유의력 획득일 시점의 기계장치는 25,000원이므로, 5,000원의 감가상각비를 인식해야 한다. 그리고 기계장치의 취득시점은 유의력 획득 시점인 01년 초이므로, 01년 말에는 5,000원의 감가상각누계액을 인식하게 된다.

지분법 회계처리는 먼저 공시된 재무제표를 기준으로 실시하고, 공정가치 차액을 조정사항으로 반영한다. 이때 공정가치 차액에 대한 조정은 오류수정의 성격으로 세무조정과 유사하다. 유보의 변동이 과세표준에 영향을 미치듯이, 공정가치 차액의 변동은 지분법손익

10) 관계기업이 유형자산에 대해 재평가법을 적용하거나 손상검토 과정에서 공정가치 측정이 필요할 수 있다. 그러나 이러한 예외적인 경우를 제외하면 취득 이후 자산과 부채에 대하여 공정가치로 재측정하지 않는다.

으로 반영된다.

조정사항은 순자산 분석과 누적 지분 평가에 다음과 같이 반영된다.

① 순자산 분석에 반영될 내용 = 공정가치 차액 × 지분율
= 4,000원 × 25% = 1,000원

② 누적 지분 평가에 반영될 내용 = 공정가치 차액의 변동 × 지분율
= (1,000)원 × 25% = (250)원

사례 2 지분법 개념 Ⅱ ☆☆☆

1 주식 취득

P사는 A사 주식을 01년 초에 다음과 같이 취득함.

지분율	40%
취득금액	180,000

유의적인 영향력 획득일 현재 A사의 자산·부채 장부금액과 공정가치의 차이는 다음과 같음.

	공정가치	장부금액	차액	내용연수
건물	30,000	25,000	5,000	5

2 A사의 배당

	01년	02년
배당금액	12,000	15,000

3 A사 요약 재무정보

	취득	01년	02년
자본금	100,000	100,000	100,000
이익잉여금	200,000	203,000	212,000
기타포괄손익(*)	–	2,000	3,000
자본계	300,000	305,000	315,000
당기순이익		15,000	24,000

(*) 01년과 02년의 기타포괄손익은 공정가치 측정 금융자산의 평가로 발생한 것임.

요구사항 **01년 초부터 02년 말까지 각 연도별 관계기업 관련 계정을 제시하시오.**

해설

1. 취득금액의 구성내역

취득금액	180,000
순자산 지분액 (= 300,000 × 40%)	120,000
FV차액 (= 5,000 × 40%)	2,000
영업권	58,000

2. 공정가치 차액

	공시(장부)	지분법 관점	차액	지분액(FV차액)
건물(취득시점)	25,000	30,000	5,000	2,000
건물(01년)	20,000	24,000	4,000	1,600
건물(02년)	15,000	18,000	3,000	1,200

- FV차액의 변동(지분법손익 반영) = 기말 FV차액 - 기초 FV차액
- 01년 FV차액의 변동 = 1,600원 - 2,000원 = (400)원
- 02년 FV차액의 변동 = 1,200원 - 1,600원 = (400)원

3. 누적 지분 평가

	취득금액	기타포괄 손익	지분 손익 내역: 당기순이익 지분액	지분 손익 내역: 감가상각비 (FV변동)	관계기업 배당	전기이월 이익잉여금	기말 장부금액
01년	180,000	800	6,000	(400)	(4,800)	-	181,600
02년	180,000	1,200	9,600	(400)	(6,000)	800	185,200

순자산 분석

	순자산 지분액	영업권	건물(FV차액)	기말장부금액
취득	120,000	58,000	2,000	180,000
01년	122,000	58,000	1,600	181,600
02년	126,000	58,000	1,200	185,200

4. 재무제표 표시

	01년	02년
관계기업투자	181,600	185,200
관계기업투자자본변동	800	1,200
지분법이익	5,600	9,200

5. 회계처리(참고사항)

(1) 취득

(차변)	관계기업투자	180,000	(대변)	현금	180,000

(2) 01년

(차변)	현금	4,800	(대변)	지분법이익	5,600
	관계기업투자	1,600		관계기업투자자본변동	800

(3) 02년

(차변)	현금	6,000	(대변)	지분법이익	9,200
	관계기업투자	3,600		관계기업투자자본변동	400

사례를 통하여 살펴본 내용은 다음과 같다.

공정가치 차액과 기타포괄손익

- 본 사례는 유의적인 영향력 획득일 현재 공정가치 차액이 인식되고 있다는 점과 관계기업이 공정가치 측정금융자산에 대한 기타포괄손익을 인식하고 있다는 점을 제외하면 〈사례 1〉과 동일하다.
- 유의적인 영향력을 획득한 시점에 인식한 관계기업의 자산・부채 장부금액과 공정가치의 차액은 동 자산・부채의 상환, 처분 또는 상각완료로 해소된다.
- 공정가치 차액의 변동은 지분법손익에 반영되는데, 공정가치 차액의 변동은 기말 FV차액에서 기초 FV차액을 차감하여 계산된다.
- 취득 시 인식한 공정가치 차액 지분액 2,000원(= 5,000원 × 40%)은 해당 자산이 상각완료되거나 외부로 처분하는 시점에 소멸한다. 01년과 02년 중 지분법손익에 반영될 금액은 각각 400원(= 2,000원 ÷ 5년)으로 계산된다.
- 기타포괄손익(OCI)에 대한 지분액은 관계기업투자자본변동(OCI)으로 계상한다.
- 누적 지분 평가에 기재된 기타포괄손익은 결산일 현재 재무제표에 표시될 관계기업투자자본변동에 대한 지분액으로 계산된다.

누적 지분 평가 및 순자산 분석

- 누적 지분 이익(이익잉여금) = 당기 지분 이익 − 배당금 + 전기이월이익잉여금
- 02년 누적 지분 이익(이익잉여금) = (9,600원 − 400원) − 6,000원 + 800원 = 4,000
- 기말장부금액 = 취득금액 + 누적 지분 이익(OCI) + 누적 지분 이익(이익잉여금)
- 02년 장부금액 = 180,000원 + 1,200원(OCI) + 4,000원(이익잉여금) = 185,200원
- 순자산 지분액(사업 결합 관점) = 순자산 지분액(장부금액) + 영업권(조정 사항) + FV차액(조정 사항)

관계기업주식의 취득금액이 순자산 공정가치에 미달하면, 그 차액(염가매수차익)은 해당 회계연도의 지분법이익(당기이익)으로 인식한다.

> 염가매수차익(당기이익) = 취득금액 - 순자산 공정가치 × 지분율

정상적인 경제 상황에서 염가매수차익이 발생하는 경우는 이례적이다. 따라서 만일 염가매수차익이 발생하였다면 관계기업의 자산・부채의 공정가치가 적절하게 평가되었는지 주의할 필요가 있다.

사례 3 염가매수차익

1 A사 주식 취득

P사는 A사 주식을 01년 초 다음과 같이 취득함.

지분율	30%
취득금액	5,000

유의적인 영향력 취득일 현재 A사의 자산・부채 장부금액은 공정가치와 동일함.

2 A사의 순자산 변동

01년 A사의 순자산 변동은 당기순이익 10,000원과 보험수리적손실 5,000원으로 발생한 것임.

3 A사 요약 재무정보

	취득	01년
자본금	20,000	20,000
이익잉여금	-	5,000
자본계	20,000	25,000
당기순이익		10,000

요구사항 **취득시점과 01년의 관계기업 관련 계정을 제시하시오.**

해설

1. 취득금액의 구성내역

취득금액	5,000
순자산 지분액 (= 20,000 × 30%)	6,000
부의영업권(염가매수차익)	(1,000)

2. 누적 지분 평가

	취득금액	NI 지분액 (지분 손익 내역)	염가매수차익 (지분 손익 내역)	이익잉여금 (보험수리적)	전기이월 이익잉여금	기말 장부금액
01년	5,000	3,000	1,000	(1,500)	−	7,500

순자산 분석

	순자산 지분액	염가매수차익	기말장부금액
취득	6,000	(1,000)	5,000
01년	7,500	−	7,500

3. 재무제표 표시

	01년
관계기업투자	7,500
지분법이익	4,000

4. 회계처리(참고사항)

(1) 취득

(차변)	관계기업투자	5,000	(대변)	현금(취득)	5,000

(2) 평가

(차변)	관계기업투자	2,500	(대변)	지분법이익(*)	4,000
	이익잉여금	1,500			

(*) 3,000원(NI 지분액) + 1,000원(염가매수차익)

사례를 통하여 살펴본 내용은 다음과 같다.

염가매수차익

• 염가매수차익(= 순자산 공정가치 지분액 − 취득금액)은 지분법손익으로 반영한다.

보험수리적손익

- 보험수리적손익은 당기손익을 경유하지 않고 결산 시점에 이익잉여금으로 대체된다. 따라서 관계기업의 이익잉여금이 보험수리적손익으로 변동되면 투자기업도 그 지분액을 이익잉여금에서 직접 조정한다.

4. 지분법 적용중지

투자기업은 지분법을 적용할 때 재무제표에 계상되어 있는 관계기업투자 장부금액을 한도로 손실을 인식한다.

예제 3

- P사는 01년 초 A사 주식을 30% 취득하여 유의적인 영향력을 획득함.
- P사는 A사 주식을 취득하기 위하여 10,000원을 지출함.
- A사는 01년 중 50,000원의 당기순손실을 보고함.

요구사항 P사가 01년에 인식할 지분법손익을 계산하시오.

지분법손실 = Min[15,000원(= 50,000원 × 30%), 10,000원] = 10,000원

P사는 15,000원이 아닌 주식 장부금액인 10,000원을 한도로 손실을 인식한다. 주식회사의 주주는 출자 금액을 한도로 유한책임만을 부담하기 때문이다. 따라서 관계기업의 부채가 자산을 초과하는 경우가 발생하더라도 투자기업은 부채초과액에 대하여 추가로 손실을 부담할 필요가 없다.

한편, 투자기업은 관계기업의 보통주뿐만 아니라 우선주, 장기대여금 등을 관계기업에게 투자하고 있는 경우가 있는데, 형식은 다르지만 실질은 지분법주식과 동일한 경우 순투자라 한다. 지분법중지된 상황에서 순투자를 보유하고 있다면 순투자에 대한 조정이 필요한데, 관련 내용은 〈제5장〉에서 살펴본다.

제 4 절 내부거래

투자기업이 관계기업에 대하여 유의적인 영향력을 행사할 수 있다면, 관계기업의 순자산 중 지분액만큼은 투자기업에게 귀속된 것으로 볼 수 있다. 그러므로 투자기업과 관계기업 간에 발생한 거래 중 지분율에 해당하는 금액은 투자기업 내부에서 이루어진 거래로 해석된다. 따라서 동 내부거래 지분액은 손익에 영향을 미치지 않도록 지분법을 통해 제거된다. 만일 내부거래로 발생한 회계적 영향을 조정하지 않는다면, 투자기업은 내부거래를 통하여 손익을 조정할 수 있기 때문이다.

1. 미실현손익

투자기업과 관계기업 간의 자산 매매로 손익이 발생하였으나, 자산을 매입한 기업이 관련 자산을 결산일까지 보유하여 내부거래로 발생한 손익이 외부로 해소되지 않은 경우 당해 손익을 '미실현손익'이라고 한다.

만일 결산일 이전에 내부거래로 취득한 자산을 제3자에게 처분한다면 당해 손익은 실현되어 미실현손익이 발생하지 않는다. 그러나 결산일 현재 내부거래를 통해 발생된 재고자산, 투자자산, 유형자산 및 무형자산 등을 보유하고 있으며 해당 자산에 미실현손익이 포함되어 있다면, 적정한 재무보고를 미실현손익을 제거해야 한다.

투자기업과 관계기업 간의 내부거래는 법률적으로 독립된 실체 간의 거래이므로, 내부거래 자체를 직접 장부에서 제거할 수는 없다. 따라서 투자기업은 내부거래로 발생된 미실현손익을 지분법에 반영하여 간접적으로 순자산이나 순이익의 왜곡 효과를 제거한다. 이때 투자기업은 투자기업이 관계기업에 판매(하향판매)하였는지 또는 관계기업으로부터 매입(상향판매)을 하였는지 무관하게 항상 투자기업의 지분율에 해당하는 금액만큼만 지분법에 반영한다.

2. 재고자산 거래

재고자산에 대한 내부거래를 통하여 발생된 미실현자산과 미실현손익은 다음과 같이 계산된다.

재고자산 내부거래

- 미실현자산 = 결산일 현재 보유 재고자산 × 이익률 × 지분율
- 미실현손익 = 기말미실현자산 − 기초미실현자산

다음 예제로 재고자산 내부거래가 지분법에 미치는 영향을 살펴보자.

예제 4

- P사는 A사 주식을 40% 취득함.
- 01년 중 P사는 A사에게 원가가 5,000원인 재고자산을 10,000원에 처분하고, 5,000원의 순이익을 보고함.
- A사는 P사로부터 매입한 재고자산 중 30%를 외부에 처분하고 70%는 보유중임.
- A사는 02년 중 상기 재고자산을 전량 외부에 판매함.

요구사항 미실현손익이 지분법손익에 미치는 영향을 분석하시오.

미실현자산과 미실현손익

- 01년 초 미실현자산 = 0원
- 01년 미실현자산 = (−)7,000원 × 50% × 40% = (−)1,400원
- 02년 미실현자산 = 0원

지분법손익

- 01년 미실현이익(지분법손익) = (−)1,400원 − 0원 = (−)1,400원
- 02년 실현된 미실현이익(지분법손익) = 0원 − (−)1,400원 = 1,400원

P사는 A사가 판매할 수 있는 수량보다 더 많은 재고를 P사로부터 매입하게 하여 A사의 창고에 재고가 쌓이게 할 수 있다. 이 경우 P사의 매출과 영업이익은 증가하고 재무제표가 양호하게 된다. 이러한 문제점을 방지하기 위해 미실현이익에 지분율을 곱한 금액을 지분법에 반영하여 기간 손익 조정 여지를 사전에 방지하고 있다.

회계처리

• 01년

(차변) 지분법손실 1,400 (대변) 관계기업투자 1,400

• 02년

(차변) 관계기업투자 1,400 (대변) 지분법이익 1,400

사례 4 재고자산 내부거래 ☆☆☆

1 주식 취득

P사는 A사 주식을 01년 초에 다음과 같이 취득함.

지분율 40%

취득금액 20,000

유의적인 영향력 획득일 현재 A사의 자산·부채 장부금액과 공정가치는 모두 일치함.

2 재고자산 거래

(1) 하향판매

	매출처	매입처	거래금액	원 가	보유재고	비 고
01년	P사	A사	30,000	18,000	9,000	02년 중 전액 판매
02년	P사	A사	50,000	25,000	15,000	03년 중 전액 판매

(2) 상향판매

	매출처	매입처	거래금액	원 가	보유재고	비 고
01년	A사	P사	20,000	16,000	5,000	02년 중 전액 판매
02년	A사	P사	12,000	8,400	8,000	03년 중 전액 판매

3 A사의 배당

	01년	02년
배당금액	5,000	8,000

4 A사 요약 재무정보

	취득	01년	02년
자본금	10,000	10,000	10,000
이익잉여금	30,000	40,000	56,000
자본계	40,000	50,000	66,000
당기순이익		15,000	24,000

요구사항 **01년부터 02년까지 각 연도의 관계기업 관련 계정을 제시하시오.**

해설

Ⅰ. 분석

1. 취득금액의 구성내역

취득금액	20,000
순자산 지분액 (= 40,000 × 40%)	16,000
영업권	4,000

2. 재고자산 거래 분석

(1) 01년 미실현자산

	보유재고	이익률	미실현재고	미실현자산 지분액(40%)
하향매출	9,000	40%	(3,600)	(1,440)
상향매출	5,000	20%	(1,000)	(400)
계				(1,840)

(2) 02년 미실현자산

	보유재고	이익률	미실현재고	미실현자산 지분액(40%)
하향매출	15,000	50%	(7,500)	(3,000)
상향매출	8,000	30%	(2,400)	(960)
계				(3,960)

(3) 미실현손익

	미실현자산(기말)		미실현손익(*)	
	01년	02년	01년	02년
재고거래	(1,840)	(3,960)	(1,840)	(2,120)

(*) 미실현손익 = 기말미실현자산 - 기초미실현자산

Ⅱ. 누적 지분 평가

	취득금액	지분 손익 내역 NI 지분액	매출원가 (미실현)	관계기업 배당	전기이월 이익잉여금	기말 장부금액
01년	20,000	6,000	(1,840)	(2,000)	-	22,160
02년	20,000	9,600	(2,120)	(3,200)	2,160	26,440

순자산 분석

	순자산 지분액	영업권	재고자산(미실현)	기말장부금액
취득	16,000	4,000	-	20,000
01년	20,000	4,000	(1,840)	22,160
02년	26,400	4,000	(3,960)	26,440

Ⅲ. 재무제표 표시

	01년	02년
관계기업투자	22,160	26,440
지분법이익	4,160	7,480

Ⅳ. 회계처리

1. 취득

(차변)	관계기업투자	20,000	(대변)	현금	20,000

2. 01년

(차변)	관계기업투자	2,160	(대변)	지분법이익	4,160
	현금	2,000			

3. 02년

(차변)	관계기업투자	4,280	(대변)	지분법이익	7,480
	현금	3,200			

사례를 통하여 살펴본 내용은 다음과 같다.

미실현손익

- 투자기업과 관계기업 간의 자산 매매로 손익이 발생하고, 관련 자산을 결산일까지 보유하고 있는 경우 미실현손익이 발생한다.

- 미실현자산은 거래 형태가 상향판매인지 또는 하향판매인지에 관련 없이 항상 투자기업의 지분율에 상당하는 금액으로 계산된다.
- **미실현자산 = 거래금액 × 이익률 × 보유비율 × 지분율**
- **미실현손익 = 미실현자산의 변동 금액 = 기말미실현자산 － 기초미실현자산**

누적 지분 평가와 순자산 분석

- 누적 지분 평가는 지분법손익의 세부 내역을 보여주고 있는데, 미실현손익은 당기 지분 손익의 구성 항목 중 하나에 해당한다.
- 순자산 분석은 회계상 순자산이 사업결합 관점의 순자산으로 전환되는 과정을 보여주고 있는데, 미실현자산은 조정사항 중 하나로 표시된다.
- 미실현손익과 미실현자산을 반영한 누적 지분 평가와 순자산 분석의 기말장부금액은 상호 일치한다.

3. 유형자산 거래

(1) 비상각자산

유형자산과 관련된 내부거래는 비상각자산과 상각자산으로 구분할 수 있다.

① 비상각자산 : 토지와 같은 자산으로서, 미실현손익은 재고자산처럼 외부에 자산을 처분하면서 해소된다.

② 상각자산 : 건물이나 기계장치와 같은 자산으로서, 미실현손익은 외부에 자산을 처분하여 해소될 수도 있고, 시간이 경과하면서 상각비를 통하여 해소될 수도 있다.

예제 5

- P사는 A사 주식을 40% 취득함.
- 01년 중 A사는 P사에게 원가가 5,000원인 토지를 10,000원에 처분하고, 5,000원의 순이익을 보고함.
- P사는 02년 중 동 토지를 외부에 처분함.

요구사항 미실현손익이 지분법손익에 미치는 영향을 분석하시오.

미실현자산

- 01년 초 미실현자산 = 0원
- 01년 말 미실현자산 = (－)(10,000원 － 5,000원) × 40% = (－)2,000원
- 02년 말 미실현자산 = 0원

지분법손익

- 미실현손익 = 기말미실현자산 - 기초미실현자산
- 01년 미실현손익(지분법손익) = (-)2,000원 - 0원 = (-)2,000원
- 02년 미실현손익(지분법이익) = 0원 - (-)2,000원 = 2,000원

P사가 결산일에 토지를 보유하고 있다고 가정해 보자. 이 경우 P사는 A사로 하여금 토지를 처분하고 순이익을 보고하게 하여, P사가 지분법이익을 계상할 여지가 있다. 이러한 문제점을 방지하기 위하여 미실현이익(A사의 토지 처분이익)에 지분율을 곱하여 지분법이익에 반영한다.

회계처리

- 01년

(차변) 지분법손실 2,000 (대변) 관계기업투자 2,000

- 02년

(차변) 관계기업투자 2,000 (대변) 지분법이익 2,000

(2) 상각자산

건물이나 기계장치와 같이 상각 대상자산은 외부에 처분하여 미실현손익이 해소될 수도 있고, 시간이 경과하면서 감가상각비를 통하여 해소될 수도 있다.

유형자산 거래

- 미실현자산
  - 거래시점 = (거래금액 - 장부금액) × 지분율
  - 결산시점 = (거래금액 - 장부금액) × 지분율
    ÷ 거래 시점의 잔여 내용연수 × 미경과 잔여 내용연수
- 미실현손익 = 기말미실현자산 - 기초미실현자산

유형자산에 대한 미실현손익 조정은 기술적으로 다소 복잡한데, 다음과 같이 미실현손익을 조정하는 것이 계산상 편리하다.

① 내부거래가 발생된 현재 상태(As Is)의 재무제표를 파악
② 내부거래가 발생하지 않은 상태(Should Be)의 재무제표를 추정
③ ①과 ②의 차이에 지분율을 곱하여 지분법에 반영

다음 예제를 통해 구체적으로 살펴보자.

예제 6

- P사는 A사 주식을 40% 취득함.
- 01년 초 P사는 A사에게 장부금액이 5,000원인 건물을 10,000원에 처분하고, 5,000원의 순이익을 보고함.
- A사는 03년 말에 건물을 외부에 처분함(처분 금액 : 4,500원).
- 건물의 내용연수는 5년임.

요구사항 미실현손익이 지분법손익에 미치는 영향을 분석하시오.

조정 사항의 산출

- 현재 상태(As Is)의 재무상태와 내부거래가 발생하지 않은 상태(Should Be)의 재무재표를 비교하여 계산된 차액에 지분율을 곱하여 지분법에 반영한다.

- P사와 A사는 건물과 관련된 거래를 반영하여 재무제표를 작성하므로(왜곡표시가 반영되므로), 해당 거래로 발생한 왜곡효과를 지분법에 반영하여 조정한다.

- 거래 시점에 P사는 5,000원의 처분이익을 인식하지만 내부거래로 발생한 일종의 왜곡된 금액이므로, 지분율에 해당하는 2,000원을 차감 조정한다.

- A사는 건물의 원가를 10,000원으로 인식하고 매년 2,000원(= 10,000원 ÷ 5년)의 감가상각비를 계상하게 된다. 그러나 내부거래가 발생하지 않았다면 P사가 매년 1,000원(= 5,000원 ÷ 5년)의 감가상각비를 계상하였을 것이다. 즉, 내부거래 이후 감가상각비를 1,000원(= 2,000원 − 1,000원)씩 더 인식하고 있는 것이다. 따라서 왜곡효과를 제거하기 위하여 동 금액에 지분율을 곱한 400원(= 1,000원 × 40%)을 가산 조정한다.

- A사가 03년 말에 계상하고 있는 건물의 장부금액은 4,000원(= 10,000원 − 2,000원 × 3년)이다. 그러나 만일 내부거래가 발생하지 않았다면 P사는 03년 말에 건물을 2,000원(= 5,000원 − 1,000원 × 3년)만큼 인식하고 있었을 것이다. 따라서 03년 말에 처분손

익은 2,000원(= 4,000원 - 2,000원)만큼 적게 계산된다. 따라서 왜곡효과를 제거하기 위하여 동 금액에 지분율을 곱한 800원(= 2,000원 × 40%)을 가산 조정한다.

조정 내역

• 건물 장부금액 비교

구 분	A사 재무제표 (As Is)	내부거래가 없는 상태(P사) (Should Be)	차 액	미실현자산 (지분액)	미실현손익 (지분액)(*)
거래 시점	10,000	5,000	(-)5,000	(-)2,000	(-)2,000
01년 말	8,000	4,000	(-)4,000	(-)1,600	400
02년 말	6,000	3,000	(-)3,000	(-)1,200	400
03년 처분 직전	4,000	2,000	(-)2,000	(-)800	400
03년 말	-	-	-	-	800

(*) 미실현손익 = 기말미실현자산 - 기초미실현자산

거래 시점에는 (-)2,000원의 미실현자산이 발생하는데, 3년 동안 감가상각을 통해 매년 400원씩 감소하다가 건물을 처분하는 시점에 800원의 잔여 금액이 해소된다.

• 손익 비교

구 분	내부거래 반영 재무제표 (As Is)		내부거래가 없는 상태 (Should Be)		차액	미실현손익 (지분액)(*)
	A사	P사	A사	P사		
거래 시점(처분이익)	-	5,000	-	-	(-)5,000	(-)2,000
01년 말(상각비)	(-)2,000	-	-	(-)1,000	1,000	400
02년 말(상각비)	(-)2,000	-	-	(-)1,000	1,000	400
처분 직전(상각비)	(-)2,000	-	-	(-)1,000	1,000	400
03년 말(처분이익)	500	-	-	2,500	2,000	800

연도별 지분법 조정 내역

• 지분법손익(미실현손익) = 미실현자산의 변동 = 기말미실현자산 - 기초미실현자산
• 01년 지분법손실 = (-)2,000원 + 400원 = (-)1,600원
• 02년 지분법이익 = 400원
• 03년 지분법이익 = 400원 + 800원 = 1,200원

회계처리

- 01년

(차변) 지분법손실 1,600 (대변) 관계기업투자 1,600

- 02년

(차변) 관계기업투자 400 (대변) 지분법이익 400

- 03년

(차변) 관계기업투자 1,200 (대변) 지분법이익 1,200

사례 5 유형자산 내부거래 ☆☆☆

1 주식 취득

P사는 A사 주식을 01년 초 다음과 같이 취득함.

지분율 40%

취득금액 20,000

유의적인 영향력을 획득하는 시점에 A사의 자산 · 부채 장부금액과 공정가치의 차이는 다음과 같음.

	공정가치	장부금액	차 액	비 고
토지	30,000	25,000	5,000	02년 중 매각

한편, A사는 토지를 02년 중 35,000원에 처분함.

2 유형자산거래

	대상자산	매각처	매입처	거래금액	장부금액	내용연수
01년 초	건물	P사	A사	30,000	20,000	5
02년 초	토지	A사	P사	40,000	15,000	-

한편, P사는 토지를 03년 중 40,000원에 처분함.

3 A사의 배당

	01년	02년	03년
배당금액	12,000	15,000	10,000

4 A사 요약 재무정보

	취득	01년	02년	03년
자본금	10,000	10,000	10,000	10,000
이익잉여금	30,000	28,000	37,000	47,000
자본계	40,000	38,000	47,000	57,000
당기순이익		10,000	24,000	20,000

요구사항 **01년부터 03년까지 각 연도별 관계기업 관련 계정을 제시하시오.**

해설

Ⅰ. 분석

1. 취득금액의 구성내역

취득금액	20,000
순자산 지분액 (= 40,000 × 40%)	16,000
토지 FV차액 (= 5,000 × 40%)	2,000
영업권	2,000

2. 공정가치 차액

	장부금액	공정가치	공정가치 차액	지분액
토지(01)	25,000	30,000	5,000	2,000
토지(02)	25,000	30,000	5,000	2,000
처분이익	10,000	5,000	(5,000)	(2,000)

3. 유형자산 거래

(1) 건물

	A사 재무제표	내부거래가 없는 상태(P사)	차액	미실현자산 (지분액)	미실현손익 (지분액)(*)
거래시점	30,000	20,000	(10,000)	(4,000)	(4,000)
01년 말	24,000	16,000	(8,000)	(3,200)	800
02년 말	18,000	12,000	(6,000)	(2,400)	800
03년 말	12,000	8,000	(4,000)	(1,600)	800

(*) 미실현손익 = 기말미실현자산 − 기초미실현자산

	내부거래 반영 재무제표		내부거래가 없는 상태		차액	미실현손익 (지분액)
	A사	P사	A사	P사		
거래시점(처분이익)	–	10,000	–	–	(10,000)	(4,000)
01년 말(상각비)	(6,000)	–	–	(4,000)	2,000	800
02년 말(상각비)	(6,000)	–	–	(4,000)	2,000	800
03년 말(상각비)	(6,000)	–	–	(4,000)	2,000	800

(2) 토지

	P사 재무제표	내부거래가 없는 상태(A사)	차액	미실현자산 (지분액)	미실현손익 (지분액)(*)
거래시점	40,000	15,000	(25,000)	(10,000)	(10,000)
02년 말	40,000	15,000	(25,000)	(10,000)	–
03년 말	–	–	–	–	10,000

(*) 미실현손익 = 기말미실현자산 – 기초미실현자산

	내부거래 반영 재무제표		내부거래가 없는 상태		차액	미실현손익 (지분액)
	A사	P사	A사	P사		
거래시점(처분이익)	25,000	–	–	–	(25,000)	(10,000)
02년 말	–	–	–	–	–	–
03년 말(처분이익)	–	–	25,000	–	25,000	10,000

Ⅱ. 누적 지분 평가

	취득 금액	지분 손익 내역: NI 지분액	지분 손익 내역: 처분이익 (FV차액)	지분 손익 내역: 미실현손익			관계기업 배당	전기이월 이익잉여금	기말 장부금액
				처분이익 (건물)	감가상각비 (건물)	처분이익 (토지)			
01년	20,000	4,000	–	(4,000)	800	–	(4,800)	–	16,000
02년	20,000	9,600	(2,000)	–	800	(10,000)	(6,000)	(4,000)	8,400
03년	20,000	8,000	–	–	800	10,000	(4,000)	(11,600)	23,200

순자산 분석

	순자산 지분액	영업권	토지 (FV차액)	미실현자산		기말 장부금액
				건물	토지	
취득	16,000	2,000	2,000	–	–	20,000
01년	15,200	2,000	2,000	(3,200)		16,000
02년	18,800	2,000	–	(2,400)	(10,000)	8,400
03년	22,800	2,000	–	(1,600)	–	23,200

Ⅲ. 재무제표 표시

	01년	02년	03년
관계기업투자	16,000	8,400	23,200
지분법이익	800	(1,600)	18,800

Ⅳ. 회계처리(참고사항)

1. 취득

(차변)	관계기업투자	20,000	(대변)	현금	20,000

2. 01년

(차변)	현금	4,800	(대변)	지분법이익	800
				관계기업투자	4,000

3. 02년

(차변)	현금	6,000	(대변)	관계기업투자	7,600
	지분법손실	1,600			

4. 03년

(차변)	현금	4,000	(대변)	지분법이익	18,800
	관계기업투자	14,800			

사례를 통하여 살펴본 내용은 다음과 같다.

공정가치 차액

- 유의적인 영향력을 획득하는 시점에 인식한 유형자산에 대한 공정가치 차액은 동 자산의 상각이나 처분에 따라 해소된다.
- 기말 FV차액에서 기초 FV차액을 차감한 금액(=FV차액의 변동 금액)을 지분법손익에 반영한다.

유형자산 내부거래

- 유형자산 내부거래 시 장부금액과 거래금액의 차액에 지분율을 곱한 금액을 미실현자산으로 계산한다.
- 내부거래로 발생한 미실현자산은 동 자산의 상각이나 처분을 통하여 해소된다.
- 기말미실현자산에서 기초미실현자산을 차감한 금액이 당기 지분법손익에 반영된다.

누적 지분 평가와 순자산 분석

- 공정가치 차액과 미실현자산은 순자산 분석의 구성항목으로 표시된다. 장부상 순자산을 사업결합 관점으로 전환하는데 반영되는 요소이다.

• 공정가치 차액과 미실현자산의 변동액은 당기 지분 손익의 구성항목으로서 누적 지분 평가에 표시된다. 장부상 이익을 사업결합 관점의 이익으로 전환하는데 반영되는 요소이다.

4. 미실현손익 표시에 대한 논의 : 참고사항

지금까지 내부거래로 발생된 미실현손익은 관계기업투자와 지분법손익이라는 계정과목으로 반영하여 회계처리하였다. 그런데 지분법손익의 상대계정으로 관계기업주식이 아닌 내부거래를 발생시킨 자산의 계정과목을 직접 기재하여 표시할 수도 있다. 예를 들어 재고자산 내부거래로 인하여 미실현자산이 발생하였다면 관계기업주식이 아닌 재고자산 장부금액을 차감하여 표시하는 방법이다.

> K-IFRS 제1028호의 지분법에 대한 정의
>
> 지분법 : 투자자산을 최초에 원가로 인식하고, 취득시점 이후 발생한 관계기업의 순자산 변동액 중 투자기업의 지분을 해당 투자자산에 가감하여 보고하는 회계처리 방법

상기 정의에 따르면 미실현손익은 관계기업주식이 아닌 해당 자산에서 가감하여 표시하는 방법이 보다 더 적절하다고 할 수 있다. 다만, 하향판매의 경우 이전되는 자산을 투자기업이 보유하고 있지 않으므로, 관련 미실현이익은 관계기업투자 계정에서만 조정 가능하다는 점에 유의한다.

예제 7

• P사의 01년 중 A사에 대한 지분 40%(취득금액 : 200,000원)을 취득하여 영향력을 획득함.
• 01년 중 P사는 A사에게 원가가 50,000원인 재고자산을 70,000원에 판매함.
• 01년 중 A사는 P사에게 원가가 30,000원인 재고자산을 40,000원에 판매함.
• 01년 중 거래된 재고는 01년 말 현재 전량 보유하고 있으며, 02년 중 외부로 전량 판매됨.

요구사항 내부거래와 관련한 지분법 회계처리를 제시하시오.

미실현손익 지분액

• 하향판매 = (50,000원 − 70,000원) × 40% = (−)8,000원
• 상향판매 = (30,000원 − 40,000원) × 40% = (−)4,000원

● 관계기업주식에서 조정하는 방법

(차변) 지분법손실	8,000	(대변) 관계기업투자	8,000
(차변) 지분법손실	4,000	(대변) 관계기업투자	4,000

● 해당 계정에서 조정하는 방법

(차변) 매출	28,000	(대변) 매출원가	20,000
		관계기업투자	8,000
(차변) 지분법손실	4,000	(대변) 재고자산	4,000

이론상 투자기업은 상기 두 가지 방법 중 하나의 회계처리를 회계정책으로 선택하고 일관성 있게 적용할 수 있다. 그러나 기업실무나 정보이용자를 고려하면 상향판매와 하향판매 모두 관계기업주식에서 미실현손익을 조정하는 것이 실무상 적합하다고 판단된다.

제5절 Framework : 지분법

1. Framework : 지분법

지분법 : 취득시점에 관계기업의 순자산과 영업권을 분석하고, 이후 순자산과 영업권의 변동금액을 그 원인에 따라 측정하여, 관계기업주식 장부금액에 반영하는 회계처리

지분법 적용 절차

- 1단계 : 회사의 장부금액 기준 계산
- 2단계 : 왜곡표시 수정
  - 취득 단계에서 발생하는 조정사항 : 공정가치 차액과 영업권
  - 내부거래로 발생하는 조정사항 : 미실현자산

  (*) 2단계는 사업결합 관점에서의 왜곡표시 수정 절차로서 세무조정과 유사

| 장부금액 → 사업결합 관점 | ☆☆☆

	순자산	순이익
장부금액(①)	순자산 지분액 = 자본총계 × 지분율	순이익 지분액 = NI × 지분율
조정사항(②)	• 공정가치 차액 지분액 • 영업권 • 미실현자산 지분액	• 공정가치 차액 지분액 변동 • 영업권 변동 • 미실현자산 지분액 변동
사업결합 관점 (③ = ① + ②)	순자산 지분액 = 장부금액 + 조정사항 = 관계기업투자 장부금액	순이익 지분액 = 장부금액 + 조정사항
비 고	순자산 분석 구성 항목	누적 지분 평가 구성 항목

관계기업투자 장부금액

= 사업결합 관점의 순자산 지분액
= 사업결합 관점의 순이익 지분액 + (취득금액 - 배당 + 전기 누적 이익)

누적 지분 평가의 구성 항목은 다음과 같다.
• NI 지분액, 공정가치 차액 변동, 미실현손익, 영업권상각 및 손상

상기 내용이 의미하는 것은 무엇인가?
지분법은 주주로서의 권리를 나타낸다. 이때 사업결합 관점의 이익이 주주의 권리를 측정하는 기준이므로, 장부상 순이익이 아니라 사업결합 관점의 진실된 이익에 대한 지분액을 계산해야 한다. NI 지분액(장부상 금액)에서 여러 요소들(공정가치 차액 변동, 영업권상각, 미실현손익)을 가감해야 사업결합 관점의 순이익으로 도달한다.
이렇게 **장부금액을 사업결합 관점의 손익으로의 변환하는 과정뿐만 아니라, 과거의 이익까지 체계적으로 정리**한 것이 **누적 지분 평가**이다.

순자산 분석의 구성 항목은 다음과 같다.
• 순자산 지분액, 공정가치 차액, 영업권, 미실현 자산

상기 내용이 의미하는 것은 무엇인가?
지분법은 주주로서의 권리를 나타낸다. 이때 사업결합 관점의 순자산이 주주의 권리를 측정하는 기준이므로, 장부상 순자산이 아니라 사업결합 관점의 진실된 순자산에 대한 지분액을 계산해야 한다. 순자산 지분액(장부상 금액)에서 여러 요소들(공정가치 차액 잔액, 영업권 잔액, 미실현자산)을 가감해야 사업결합 관점의 순자산으로 도달한다.
이렇게 **장부상 순자산을 사업결합 관점의 순자산으로 전환하기 위해 체계적으로 정리**한 것이 **순자산 분석**이다.

Ⅰ. 누적 지분 평가

	취득금액	기타포괄손익	지분 손익 내역 (3) 지분율변동손익	FV차액변동	영업권손상(환입)	NI 지분액	미실현손익	관계기업배당	전기이월이익잉여금	기말장부금액
01년	1	2	3-1	3-2	3-3	3-4	3-5	4	5	6
02년									7	
03년										

1. 취득금액 : 별도재무제표상 장부금액
2. 기타포괄손익 : (결산일 - 취득일) × 지분율
3. 지분 손익 : 보고기간 중 발생한 지분 손익
   3-1 유의적인 영향력과 무관한 지분율 감소로 발생된 지분거래손익
   3-2 = ⑦-② 취득 시점에 식별된 관계기업의 공정가치 차액의 당기 변동 금액

3-3 = ⑧-③ 영업권 당기 변동 금액(손상 또는 환입)
3-4 관계기업 당기순이익에 대한 투자기업의 지분액
3-5 = ⑨-④ 미실현자산·부채(재고자산, 유형자산, 사채 등)의 당기 변동 금액
4. 관계기업으로부터의 당기 배당금 : 별도재무제표상 배당금수익
5, 7. 전기이월이익잉여금 : 전기까지의 누적지분손익 - 배당금(7 = 3 - 4 + 5)
6. 기말장부금액 = 1 + 2 + 3 - 4 + 5

Ⅱ. 순자산 분석

	순자산 지분액	FV차액 (잔액)	영업권 (잔액)	미실현 자산·부채	기말 장부금액
취득	①	②	③	④	⑤
01년	⑥	⑦	⑧	⑨	⑩
02년					
03년					

①, ⑥ 결산일 현재 관계기업 별도재무제표상 순자산 금액에 대한 투자기업의 지분
②, ⑦ 결산일 현재 공정가치 차액 중 투자기업 지분액
③, ⑧ 결산일 현재 영업권 잔액
④, ⑨ 결산일 현재 내부거래로 발생한 미실현자산·부채 잔액 중 투자기업 지분액
⑤, ⑩ ⑤는 ①에서 ④까지 합계액(⑩은 ⑥에서 ⑨까지 합계액)

2. 종합 사례

사례 6 종합 사례

1 주식 취득

P사는 A사 주식을 01년 초 다음과 같이 취득함.

지분율 40%

취득금액 20,000

유의적인 영향력을 획득한 시점에 A사 자산·부채의 장부금액과 공정가치와의 차이는 다음과 같음.

	공정가치	장부금액	차 액	내용연수
건물	30,000	25,000	5,000	5

2 내부거래

	매출처	매입처	거래금액	원 가	보유재고	비 고
01년	P사	A사	30,000	24,000	10,000	02년 중 매출
02년	A사	P사	40,000	28,000	8,000	03년 중 매출

3 A사의 배당

	01년	02년	03년
배당금액	6,000	15,000	10,000

4 A사 요약 재무정보

	취득	01년	02년	03년
자본금	10,000	10,000	10,000	10,000
이익잉여금	30,000	34,000	43,000	53,000
기타포괄손익	–	2,000	(3,000)	1,000
자본계	40,000	46,000	50,000	64,000
당기순이익		10,000	24,000	20,000

(*) 기타포괄손익은 관계기업이 보유하고 있는 금융자산의 변동으로 인한 것임.

요구사항 **01년부터 03년까지 각 연도별 관계기업 관련 계정을 제시하시오.**

해설

I. 분석

1. 취득금액의 구성내역

취득금액	20,000
순자산 지분액 (= 40,000 × 40%)	16,000
건물 FV차액 (= 5,000 × 40%)	2,000
영업권	2,000

2. 공정가치 차액

	대상 금액	01년	02년	03년
건물(잔액)	5,000	4,000	3,000	2,000
감가상각비	–	(1,000)	(1,000)	(1,000)
FV차액 지분액	2,000	1,600	1,200	800
FV차액 변동 지분액	–	(400)	(400)	(400)

3. 내부거래

	보유재고	이익률	미실현재고	재고자산 (지분액)	매출원가 (지분액)
01년	10,000	20%	(2,000)	(800)	(800)
02년	8,000	30%	(2,400)	(960)	(160)
03년	-	-	-	-	960

II. 누적 지분 평가

	취득금액	기타포괄 손익(OCI)	지분 손익 내역: NI 지분액	지분 손익 내역: 감가상각비 (FV차액)	지분 손익 내역: 매출원가 (미실현)	관계기업 배당	전기이월 이익잉여금	기말 장부금액
01년	20,000	800	4,000	(400)	(800)	(2,400)	-	21,200
02년	20,000	(1,200)	9,600	(400)	(160)	(6,000)	400	22,240
03년	20,000	400	8,000	(400)	960	(4,000)	3,440	28,400

순자산 분석

	순자산 지분액	건물(FV차액)	영업권	재고자산(미실현)	기말장부금액
취득	16,000	2,000	2,000	-	20,000
01년	18,400	1,600	2,000	(800)	21,200
02년	20,000	1,200	2,000	(960)	22,240
03년	25,600	800	2,000	-	28,400

III. 재무제표 표시

	취득시	01년	02년	03년
관계기업투자	20,000	21,200	22,240	28,400
관계기업투자자본변동	-	800	(1,200)	400
지분법이익	-	2,800	9,040	8,560

IV. 회계처리(참고사항)

1. 취득

(차변)	관계기업투자	20,000	(대변)	현금	20,000

2. 01년

(차변)	현금	2,400	(대변)	지분법이익	2,800
	관계기업투자	1,200		관계기업투자자본변동	800

3. 02년

(차변)	현금	6,000	(대변)	지분법이익	9,040
	관계기업투자자본변동	2,000			
	관계기업투자	1,040			

4. 03년

(차변)	현금	4,000	(대변)	지분법이익	8,560
	관계기업투자	6,160		관계기업투자자본변동	1,600

(1) 관계기업주식 취득

① 투자기업의 취득금액은 관계기업이 보고한 재무제표의 순자산에 대한 지분액, FV차액 지분액 및 영업권으로 구성된다.

- 순자산 공정가치 = 순자산 장부금액 + 공정가치 차액
- 순자산 공정가치 지분액 = (40,000원 + 5,000원) × 40% = 18,000원
- 영업권 = 취득금액 - 순자산 공정가치 지분액 = 20,000원 - 18,000원 = 2,000원

② 공정가치 차액은 관련 자산의 처분 또는 상각을 통하여 소멸된다. 본 사례에서 건물에 대한 공정가치 차액은 외부로 판매되지 않았으므로 감가상각비를 통하여 해소된다. FV차액 지분액은 순자산 분석에 반영되며, FV차액 지분액 변동은 지분법손익의 구성요소로서 누적 지분 평가에 반영된다.

- 공정가치 차액 변동액 = 기말 FV차액 지분액 - 기초 FV차액 지분액
- 지분법손익에 반영할 감가상각비 = (5,000원 - 4,000원) × 40% = 400원

(2) 내부거래

① 미실현자산은 투자기업과 관계기업 간의 자산 매매로 손익이 발생하였으나, 자산을 매입한 기업이 관련 자산을 결산일까지 외부로 재판매하지 아니하여 발생한 손익이 해소되지 않은 경우에 발생한다. 미실현자산 지분액은 순자산 분석에 반영되며, 미실현자산의 변동은 지분법손익의 구성요소로서 누적 지분 평가에 반영된다.

- 미실현자산 = (거래금액 - 장부금액) × 지분율
  ÷ 거래 시점의 잔여 내용연수 × 미경과 잔여 내용연수
- 미실현손익 = 기말미실현자산 - 기초미실현자산

(3) 누적 지분 평가와 순자산 분석

① 누적 지분 평가는 P사가 A사를 취득한 이후 발생한 누적 지분 이익(기타포괄손익 및 이익잉여금)을 체계적으로 정리한 것이다.

② 누적 지분 평가를 통하여 당기 지분법손익의 내역뿐만 아니라 관계기업주식을 취득한 이후부터 결산일까지 누적 지분법 평가내역을 확인할 수 있다.

③ 순자산 분석은 결산일 현재 관계기업주식 장부금액이 어떻게 구성되었는지를 분석하는 도구이다.

④ 순자산 분석과 누적 지분 평가는 Flow approach와 Stock approach 관점에서 관계기업주식을 분석한 것으로서, 평가의 완전성과 정확성을 검증할 수 있다.

보론 종속기업에 대한 지분법

일반기업회계기준에서는 K-IFRS와 달리 개별재무제표에 관계기업주식과 종속기업주식에 대해 지분법을 적용하도록 규정하고 있다. 그리고 **개별재무제표와 연결재무제표의 순이익과 순자산이 밀접한 관계를 가질 수 있도록 종속기업주식에 대한 평가방법은 관계기업주식에 대한 평가방법과 일부 상이**한 바, 그 주요 내용은 다음과 같다.

① 지배력 획득일 이후 지배력에 영향을 미치지 않는 지분율 변동(부분 취득·처분 및 유상증자 등)으로 발생한 지분거래손익은 영업권이나 당기손익이 아닌 자본잉여금(또는 자본조정)으로 인식한다. 그 이유는 지배력 유지가 되는 가운데 지분율의 변동으로 인한 손익은 지배기업과 비지배주주 간의 자본거래로 간주되기 때문이다.

② 관계기업과의 내부거래로 발생한 미실현손익은 상·하향판매에 구분하지 않고 지분율에 따라 안분하고 있으나, 종속기업과 거래 중 하향판매로 발생한 미실현손익은 전액 지배기업에 귀속시킨다.

사례 7 종속기업주식에 대한 지분법

1 주식 취득

P사는 S사 주식을 01년 초 다음과 같이 취득함.

지분율 60%

취득금액 240,000

지배력 획득일 현재 S사의 자산·부채 장부금액과 공정가치는 모두 동일함.

2 내부거래

	매출처	매입처	거래금액	장부금액	보유재고	비 고
01년	P사	S사	30,000	18,000	9,000	02년 중 전량 판매
01년	S사	P사	20,000	16,000	5,000	02년 중 전량 판매
02년	S사	P사	12,000	8,400	8,000	03년 중 전량 판매

3 S사의 배당

	01년	02년	03년
금액	20,000	15,000	20,000

4 주식 추가 취득

P사는 S사 주식을 03년 말에 추가로 취득함.

지분율	20%
취득금액	120,000

5 S사 요약 재무정보

	취득	01년	02년	03년
자본금	100,000	100,000	100,000	100,000
이익잉여금	300,000	330,000	355,000	395,000
자본계	400,000	430,000	455,000	495,000
당기순이익		50,000	40,000	60,000

요구사항 **일반기업회계기준에 따라 각 연도별 종속기업 관련 계정을 제시하시오.**

해설

Ⅰ. 분석

1. 취득금액의 구성내역

취득금액	240,000
순자산 지분액 (= 400,000 × 60%)	240,000
영업권	-

2. 미실현손익

	거래유형	보유재고	이익률	미실현자산	지배기업	비지배주주
01년	하향판매	9,000	40%	(3,600)	(3,600)	-
	상향판매	5,000	20%	(1,000)	(600)	(400)
02년	상향판매	8,000	30%	(2,400)	(1,440)	(960)

(*) 하향판매는 전액 지배기업에게 귀속, 상향판매는 지분율에 따라 안분

3. 추가 주식 취득 분석

순자산 지분액 (= 495,000 × 20%)	99,000
추가 주식 취득금액	(120,000)
지분거래손익	(21,000)

Ⅱ. 누적 지분 평가

	취득금액	자본조정	지분 손익 내역: NI 지분액	지분 손익 내역: 미실현손익		지분 손익 내역: 종속기업 배당	전기이월 이익잉여금	기말 장부금액
				원가(하향)	원가(상향)			
01년	240,000	-	30,000	(3,600)	(600)	(12,000)	-	253,800
02년	240,000	-	24,000	3,600	(840)	(9,000)	13,800	271,560
03년	360,000	(21,000)	36,000	-	1,440	(12,000)	31,560	396,000

순자산 분석

	순자산 지분액	영업권	미실현자산		기말 장부금액
			재고(하향)	재고(상향)	
취득	240,000	-	-	-	240,000
01년	258,000	-	(3,600)	(600)	253,800
02년	273,000	-	-	(1,440)	271,560
03년	396,000	-	-	-	396,000

Ⅲ. 재무제표 표시

	01년	02년	03년
지분법적용투자주식	253,800	271,560	396,000
자본조정	-	-	(21,000)
지분법이익	25,800	26,760	37,440

Ⅳ. 회계처리(참고사항)

1. 취득

(차변)	지분법적용투자주식	240,000	(대변)	현금	240,000

2. 01년

(차변)	지분법적용투자주식	13,800	(대변)	지분법이익	25,800
	현금	12,000			

3. 02년

(차변)	지분법적용투자주식	17,760	(대변)	지분법이익	26,760
	현금	9,000			

4. 03년

(차변)	지분법적용투자주식	25,440	(대변)	지분법이익	37,440
	현금	12,000			

5. 03년 추가 취득

(차변)	지분법적용투자주식	99,000	(대변)	현금	120,000
	자본조정	21,000			

사례를 통하여 살펴본 내용은 다음과 같다.

추가 주식 취득

- 지배력에 영향을 미치지 않는 추가 주식 취득이나 일부 주식 처분으로 발생한 거래 손익은 당기손익이 아닌 자본거래로 보아 자본항목으로 처리한다.
- 지분거래손익은 지분 변동 전 · 후의 순자산 지분액 변동액과 취득금액과의 차이로 계산된다.
- 추가 주식 취득으로 증가한 지분액 = 495,000원(S사의 순자산) × 20% = 99,000원
- 지분거래손익 = 120,000원(취득금액) - 99,000원 = 21,000원
- 지배력에 영향을 미치지 않는 종속기업주식의 취득과 처분에 대해서는 〈제6장〉에서 자세하게 살펴본다.

미실현손익 배분

- 01년 하향판매로 발생한 미실현자산 3,600원은 전액 P사에게 귀속시킨다.
- 반면 01년과 02년에 상향판매로 발생한 미실현자산 1,000원과 2,400원에 대해서는 지분율만큼만 인식한다.

Chapter 02 연결회계의 이해 Ⅰ: 지분평가와 연결조정[11)]

본 장에서는 〈제1장〉에서 살펴본 (투자자의) 지분 평가 개념을 연결 관점(지배기업과 비지배주주)으로 확장한다. 그리고 순액(투자주식과 지분법손익)이 아닌 총액(자산・부채 및 수익・비용)으로 인식하는 연결결산 절차를 설명한다.

본 장에서는 연결재무정보가 어떻게 산출되어야 할 것인가에 대한 Should Be를 제시하고, 단순합산재무제표를 연결재무제표로 전환시키기 위한 절차를 소개하고 있다.

흔히들 연결조정을 기계적인 과정이라 생각하고 억지로 암기하는 경우가 많은데, 본 장을 통하여 정확한 연결조정에 대한 개념을 확립하였으면 한다. 기계적으로 암기한 연결조정은 실무에서 그다지 활용가치가 없기 때문이다.

✓ 지분법과 연결회계의 유사점과 차이점
✓ 연결결산 절차의 이해
✓ 연결조정의 개념
✓ 지분 평가와 연결조정의 관계

11) **〈제2장〉은 연결회계에 대한 핵심 개념을 다루고 있다.** 따라서 연결회계에 대하여 지식과 경험이 있는 독자라도 반드시 〈제2절〉, 〈제3절〉, 〈제4절〉은 숙지하기 바란다.

제 1 절 연결재무제표에 대한 일반사항

1. 연결재무제표의 유용성

회계는 특정 경제적 실체에 대한 이해관계자들의 의사결정에 유용한 정보를 제공하는 것을 주요 목적으로 한다. 여기서 회계가 보고대상으로 하는 경제적 실체라는 개념은 법률적으로 독립된 개별 실체만을 의미하지는 않는다. 특히 한 기업이 다른 기업을 지배한다면 개별재무제표만으로는 사업결합에 관련된 기업들의 경제적 실질을 정확하게 파악할 수 없다. 따라서 동일한 지배력의 범위 내에 있는 기업들을 하나의 실체로 간주하여 정보를 제공하기 위한 목적으로 연결재무제표를 작성하고 있다.

연결재무제표의 유용성을 열거하면 다음과 같다.

첫째, 지배・종속관계에 있는 기업들이 각자 개별재무제표만을 작성하여 공시하는 경우 정보이용자들은 전체 그룹의 재무상태와 재무성과를 포괄적으로 파악할 수 없다. 반면 연결재무제표는 경제적으로 밀접한 관계에 있는 기업들의 전체에 대한 재무상태와 재무성과에 대한 정보를 제공한다.

둘째, 경제적 단일체를 구성하는 기업들 간의 내부거래를 통하여 경영성과가 조작될 가능성이 있다. 그런데 연결재무제표는 경영성과의 인위적인 조작을 사전에 방지한다.

셋째, 연결실체 내에 있는 기업들은 서로 유기적인 활동을 통하여 연결실체의 가치극대화를 꾀하고 있다. 그러므로 연결재무 정보를 통하여 개별 기업이 연결실체 내에서 어떠한 가치를 창출하고 있는지 보다 더 정확하게 파악할 수 있다. 즉, 연결재무제표를 통해 개별 기업의 관점이 아니라, 전체적인 관점에서 각 기업들을 보다 더 정확하게 파악할 수 있다. 따라서 정부의 기업규제와 금융기관의 여신관리 및 투자자들의 기업평가에 유용하다.

연결재무제표는 경제적으로 밀접한 관계에 있는 기업들의 전체에 대한 재무상태와 재무성과에 대한 유용한 정보를 제공하고자 작성된다. 다음 사례를 통해 연결재무제표의 유용성을 살펴보자.

예제 1

- 개인 A氏는 1,000원을 투입하여 P사를 설립함.
- P사는 금융기관으로부터 1,000원을 차입하였으며, 1,000원을 투입하여 S사를 설립함.
- S사는 보유중인 자산을 담보로 1,200원을 차입함.

요구사항 연결 관점에서 A氏가 투자한 기업의 재무상태를 분석하시오.

연결정산표

	P사	S사	단순합산	조정	연결 관점
현금	1,000	2,200	3,200	–	3,200
주식S	1,000	–	1,000	(1,000)	–
자산계	2,000	2,200	4,200	(1,000)	3,200
부채계	1,000	1,200	2,200	–	2,200
자본계	1,000	1,000	2,000	(1,000)	1,000
부채와자본계	2,000	2,200	4,200	(1,000)	3,200

A氏는 P사와 S사를 소유하고 있는 자산가라고 볼 수도 있으나, 실제 순자산은 1,000원에 불과하다. 왜냐하면 A는 자산 규모가 각각 2,000원과 2,200원인 2개의 회사에 대하여 영향을 미칠 수 있지만, 실질은 1,000원을 투입하여 2,200원을 차입한 것에 불과하기 때문이다. 이와 같이 형식상으로 P사와 S사는 별도의 기업이지만, 기업집단의 경제적 실질을 파악하려면 P사와 S사를 하나의 기업처럼 보고 재무상태를 검토하는 것이 필요하다.

한편 P사가 소유하는 투자주식과 S사의 자본은 동일한 금액으로 구성되어 있는데, 단순합산재무제표에는 동일한 금액이 중복되어 표시된다. 따라서 투자주식과 자본을 차감하여야 기업군의 재무상태를 확인할 수 있는데, 지배기업의 투자주식과 종속기업 자본에 대한 조정 과정을 투자·자본 상계제거라 한다.

P사와 S사를 별개의 기업으로 보면 부채비율이 양호한 우량한 기업으로 평가할 수 있다. 그러나 연결 관점에서 보면 부채비율이 220%로서 재무 Leverage가 높은 편이다. 재무 Leverage가 높은 연결실체는 영업활동이 활발할 경우 높은 성장을 기대할 수 있으나, 외부 충격에 의하여 영업이 악화되면 심각한 재무 Risk에 노출된다. 경기가 침체되면 자산의 가치는 현저하게 하락하지만, 차입금은 종전과 동일하여 순자산이 급격하게 잠식되기 때문이다. 역사적으로 보면 1990년 후반의 IMF 위기는 재무 Leverage가 큰 그룹들이 재무 Risk를

감당하지 못하고 도산함으로써 점화된 측면이 있다.

IMF 이후 기업들은 재무 Risk의 관리에 대한 중요성을 깨닫고 재무 Leverage를 안정화하였으므로, 2000년대 후반의 금융위기에 적절한 대응이 가능했다고 판단된다.

기업들과 달리 2000년대부터 개인들은 아파트를 비롯한 부동산 투자에 편승했다. 최근 10년간의 저금리와 Covid-19 과정에서 제공된 유동성은 부동산 시장으로 흘러가고 재무 Leverage는 극대화되었다. 이러한 상황에서 부동산 가격이 지속적으로 상승하면 막대한 차익을 획득할 수 있다. 그러나 가격이 하락하게 되면 보유하는 자산의 가치는 급격하게 하락하지만, 상환할 차입금은 감소되지 않기 때문에 재무적 곤경에 처하게 된다.

재산 증대(부동산 처분이익)를 목적으로 재무 Leverage를 확대했지만, 아파트를 중심으로 한 부동산 가격이 정체되면 가계부채로 인한 위험이 현실화된다.[12] 따라서 이제는 기업뿐만 아니라 가계도 냉철하게 투자 · 자본을 조정하고 부채비율을 관리하여 재무 Risk를 감축할 시점이라 판단된다.

2. 연결재무제표의 한계

연결재무제표는 정보이용자들에게 여러 가지 유용한 정보도 제공하지만, 다음과 같은 한계점도 있다.

첫째, 연결재무제표는 종속기업 자체의 재무상태나 재무성과에 관해서는 아무런 정보를 제공하지 못한다는 한계가 있다.[13] 그런데 종속기업의 주주와 채권자 입장에서는 연결재무제표보다는 종속기업 자체에 대한 재무제표가 더 중요할 수 있다.

둘째, 건실한 기업과 부실한 기업이 단일의 연결실체를 구성하는 경우 연결재무제표를 작성하는 과정에서 각 기업의 재무상태와 재무성과가 평균화된다. 따라서 연결 재무정보가 어느 기업의 실상도 제대로 나타내지 못할 위험이 있다.

셋째, 연결재무제표상 이익잉여금은 배당 가능한 이익이 아님에도 불구하고 투자자들에게 배당이 가능한 이익으로 오해를 야기할 우려가 있다. 즉, 특정기업에 투자한 투자자에게

12) 자산손상 관점에서 표현하면 현 아파트 시장은 공정가치(시장가치)와 보편적 사용가치의 괴리가 크다. 그러나 장기적인 관점에서 보면 이론적으로 아파트의 시장가치는 결국 보편적 사용가치와 궤를 같이 하게 된다. 따라서 불안정성을 반복하며 공정가치와 사용가치의 균형점을 찾아갈 것으로 판단된다.

13) 연결재무제표는 지배 · 종속관계에 있는 단일 경제실체에 대한 포괄적인 재무정보만을 제공하므로, 연결재무정보 자체는 지배기업의 이해관계자들에게 보다 더 유용하다. 따라서 연결재무제표에 포함된 각 기업의 채권자들이 청구권에 대한 자산보상정도(asset coverage)를 확인하기 위해서는 법률적 실체를 강조하여 작성한 개별재무제표를 검토하는 과정이 필요하다.

배당 가능한 이익잉여금은 특정 개별 기업의 이익잉여금이며 연결재무제표상의 이익잉여금과는 관계가 없을 수 있다.

마지막으로, 여러 업종으로 다각화된 복합기업의 연결재무제표는 비교목적으로 그다지 유용하지 않을 수 있다.

3. 연결재무제표의 발전 과정

우리나라는 1974년 '상장법인 등의 회계처리에 관한 규정'과 1975년 '상장법인 등의 재무제표에 관한 규칙'에 따라 1976년 1월 1일에 개시하는 회계연도부터 연결재무제표를 작성하도록 제도화하였으며, 1985년에 '연결재무제표기준'과 1987년 '연결재무제표에 관한 규칙'이 제정됨에 따라 연결회계 절차를 보다 상세하게 규정하였다. 이후 여러 차례 연결재무제표기준이 개정되면서 연결재무제표 작성 의무도 강화되었고, 1998년의 대대적인 기업회계기준 체계의 정비에 따라 종전의 연결재무제표기준과 연결재무제표준칙이 통합되었다. 2000년에는 연결재무제표가 제공하는 정보의 신뢰성과 투명성을 제고하고 국제적 회계기준과의 조화를 위하여 연결재무제표준칙이 전면 개정되었고, 2007년에는 기업회계기준 제25호 '연결재무제표'가 제정되었다. 그리고 국제회계기준을 전면 도입함에 따라 우리나라에서도 연결재무제표가 주재무제표로 전환되었으며, 2011년부터 모든 상장기업이 사업보고서 작성 시 연결재무제표를 주재무제표로 공시하고 있다.

이와 같이 연결재무제표에 대한 중요성은 시간이 경과함에 따라 더욱 강조되어 왔다. 또한 기업집단의 규모가 커짐에 따라 연결실체의 가치 극대화를 위한 경영 관리목적으로도 연결정보에 대한 관심은 지속적으로 높아지고 있다.

제 2 절 연결재무제표 작성 절차

1. 종속기업 재무제표

연결결산 시 종속기업의 재무제표가 갖추어야 할 조건은 다음과 같다.

① 지배기업과 동일한 회계정책의 적용

② 재무제표의 신뢰성

③ 지배기업과 동일한 결산일

지배기업과 종속기업은 유사한 상황에서 발생한 거래나 사건에 대하여 동일한 회계정책을 적용하여 재무제표를 작성해야 한다. 만약 종속기업의 회계정책이 지배기업과 상이하다면 종속기업의 재무제표를 지배기업의 회계정책에 부합되게 적절히 수정한 후에 연결결산을 하게 된다. 여기서 지배기업과 종속기업의 회계정책은 반드시 일치해야 하지만 회계추정은 각 기업의 과거 경험 및 업종 특성에 따라 상이할 수 있다는 점에 유의한다.[14)]

해외에 소재한 종속기업은 현지 정부의 세법 및 각종 규정에 따라 재무제표를 작성하는 것이 일반적이다. 따라서 지배기업은 해외종속기업의 재무제표를 지배기업과 동일한 회계정책을 적용하여 재작성하거나 수정하는 경우가 많다.

종속기업의 회계정책뿐만 아니라 종속기업이 사용하는 계정과목의 성격도 확인해야 한다. 표면상으로는 동일한 계정과목이더라도 실제 성역은 다른 경우가 많기 때문이다. 만일 종속기업이 사용하는 계정과목의 실제 내용이 지배기업과 상이하다면 경제적 실질에 따라 계정과목을 재분류한 후 단순합산재무제표를 작성해야 한다.

종속기업의 재무제표는 감사나 검토절차를 통하여 신뢰성을 검증하는 것이 바람직하다. 종속기업의 재무제표에 대한 신뢰성이 검증되지 않은 경우 지배기업은 부정확한 재무정보를 근거로 결산을 진행하여 연결재무제표의 신뢰성도 결여되기 때문이다.

지배기업과 종속기업의 결산일은 동일해야 한다. 만일 종속기업의 결산일이 지배기업과 다르다면, 지배기업은 종속기업의 결산일과 지배기업의 결산일 사이에 발생한 중요한 거래나 사건을 종속기업의 재무제표에 반영한 후에 연결결산을 진행한다. 그리고 지배기업은

---

14) 연결실체 이론에 따라 연결재무제표가 작성되나 연결재무제표의 작성 주체는 지배기업이므로 종속기업의 회계정책 등은 지배기업과 일치해야 한다.

종속기업의 재무제표에 추가로 반영한 중요한 거래나 사건이 다음 회계기간의 재무제표에 중복 반영되지 않도록 유의해야 한다.

지배기업의 결산일과 종속기업의 결산일의 차이는 3개월이 초과하지 않도록 해야 하며, 회계기간 길이와 결산일의 차이는 동일하도록 하여 임의적인 기간 변경을 통한 손익조정의 여지를 배제시켜야 한다(K-IFRS 제1110호 B93).

2. 연결재무제표 작성 절차

일반적으로 연결재무제표는 다음 절차를 통하여 작성된다.

① 연결실체 내 각 기업들의 재무제표[15)] 준비
② 각 기업들이 보고한 별도재무제표의 단순합산
③ 연결조정
④ 연결재무제표 작성

상기 과정을 수식으로 표현하면 다음과 같다.

연결재무제표 = 지배기업 별도재무제표 + 종속기업 별도재무제표 + 연결조정

지배기업과 종속기업의 재무제표가 준비되면 계정과목별로 금액을 단순하게 합산한다. 이렇게 작성된 단순합산재무제표에는 중복된 금액이나 내부거래 등이 포함된 것이므로, 동 내용을 조정하는 과정을 거쳐야 연결재무제표가 완성된다.

연결조정에 대한 개념은 절을 바꾸어 살펴보자.

15) K-IFRS상 재무제표의 종류를 간략하게 소개하면 다음과 같다.

- 별도재무제표 : 지분법이나 연결결산을 반영하지 않은 재무제표
- 연결재무제표 : 지분법과 종속기업에 대하여 연결결산을 반영한 재무제표
- 개별재무제표 : 종속기업은 없으나 경제적인 관점에 따라 작성된 (지분법 등이 적용된) 재무제표

한편 일반기업회계기준상 재무제표의 종류는 다음과 같이 구분된다.

- 연결재무제표 : 지분법과 연결결산을 반영한 재무제표
- 개별재무제표 : 연결결산이 반영되지 않은 재무제표. 일반기업회계기준은 개별재무제표에 종속기업주식과 관계기업주식에 대하여 지분법을 적용하도록 규정하고 있다.

3. 연결조정

(1) 연결조정의 개념

연결재무제표의 작성 과정은 다음의 식으로 표현된다.

> 연결재무제표 = 지배기업 별도재무제표 + 종속기업 별도재무제표 + 연결조정

연결조정에 초점을 맞추어 정리하면 다음과 같다.

> 연결조정 = 연결재무제표 − (지배기업 별도재무제표 + 종속기업 별도재무제표)

지배기업의 별도재무제표와 종속기업의 별도재무제표를 합산한 재무제표를 단순합산재무제표라고 칭하면, 상기 식은 다음과 같이 표현된다.

> **연결조정 = 연결재무제표 − 단순합산재무제표**

이와 같이 연결조정이란 연결재무제표와 단순합산재무제표의 차이로 정의된다.

닭이 먼저? 달걀이 먼저?

흔히들 연결조정이라는 복잡한 과정을 거쳐야 연결재무제표가 작성된다고 생각한다. 그러나 개념적으로는 연결재무제표가 연결조정에 앞서 먼저 확정된다. 즉, 지배기업과 종속기업의 별도재무제표가 작성되고 지배기업과 종속기업 간의 거래가 정의되면, 연결회계이론과 규정에 따라 연결재무제표가 어떻게 작성되어야 할지 먼저 결정된다.
결국 연결조정은 연결회계이론에 따라 결정된 연결재무제표(목표 값)에 도달하기 위해 단순합산재무제표가 어떻게 조정되어야 하느냐를 표시하는 기술적인 내용에 불과하다.

(2) 연결조정과 성형수술

연결재무제표의 작성 과정과 연결조정에 대한 이해를 위하여 성형수술 과정을 살펴보자.

성형수술

어떤 한 여성이 자신의 외모에 만족을 못하고 아이유와 같은 외모를 동경하여 성형외과 의사와 상담을 하였다. 컴퓨터를 이용하여 상세하게 아이유와 그 여성의 얼굴을 비교 분석한 결과, 아이유와 같은 얼굴을 갖기 위해서는 쌍꺼풀이 필요하였으며 턱은 깎아내야 했다.
솜씨 좋은 의사는 그 여성에게는 없으나 필요한 쌍꺼풀을 시술하고, 과도하게 발달된 일부 턱뼈를 제거하는 등의 성형수술을 하였다. 수술은 성공적으로 진행되었고 그 여성은 아이유와 같은 얼굴을 가지게 된 자신의 외모에 만족하였다.

여기서 등장하는 여성이 아이유와 같은 외모를 갖추게 되는 과정을 살펴보자. 이 여성은 먼저 아이유와 같은 얼굴을 선택하였다. 그리고 현재 얼굴(Before)과 아이유(After)의 얼굴을 비교한 후 필요 없는 턱뼈 부분은 깎아내고 부족한 쌍꺼풀은 시술했다.

성형수술에 있어서 그 기법은 의사와 장비에 따라 매우 다양할 것이다. 수술 전 준비 작업, 마취의 정도, 수술의 순서, 수술 후 회복에 대한 절차 등은 의사들의 경험적 판단과 장비의 발달에 따라 다양하게 결정된다. 그러나 장비의 차이와 의사들의 다양한 기법과 판단에도 불구하고, 성형수술 자체는 여성의 외모를 아이유와 같게 만드는 것으로 모두 동일하다.

성형수술과 마찬가지로 단순합산재무제표(현재의 얼굴)를 연결재무제표(아이유)로 조정하는 과정(연결조정)은 연결실체의 구성과 연결조직에 따라 매우 다양하게 이루어질 수 있다. 그러나 연결조정이 잘 이루어졌다면 결과적으로 모든 연결재무제표(아이유)는 동일한 금액(목표 값)을 표시하게 된다.

실무적으로 종속기업들이 영위하는 업종과 소재지, 별도의 연결회계 프로그램을 구비하는 지의 여부, 연결회계 조직에 따라 연결조정은 다양하게 이루어진다. 각자 환경에 최적화된 절차에 따라 연결재무제표를 작성하면 될 뿐이다. **연결조정은 목표 값에 충실하게 가기 위한 과정에 불과하다. 목표 값을 정확하게 산출할 수 있다면 그것으로 충분하다. 어떠한 형식의 연결조정이 절대적으로 옳다고 말할 수는 없다.**

| 성형수술과 연결조정의 관계 |

구 분	As Is	조정 과정	Should Be
성형수술	현재의 얼굴	• 턱뼈 제거 • 쌍꺼풀 시술	아이유
연결결산	단순합산재무제표	• 내부거래 제거 • 비지배지분 인식 등	연결재무제표

(3) 연결조정의 성격

연결조정은 연결재무제표를 작성하기 위해 단순합산재무제표에 행하는 조정에 불과하다. 지배기업이나 종속기업의 장부에 기록하는 회계처리가 아니다. 연결조정은 단순합산재무제표와 연결재무제표의 차이를 정리하기 위해 지배기업이 비공식적으로 연습장에 정리하는 기술적인 절차이다. 단순합산재무제표가 연결실체 외부와의 거래만 반영하도록 변형하는 과정에 불과하다. 다른 말로 표현하면 연결조정은 일종의 성형수술 과정의 기록일 뿐, 체계적인 장부관리를 위한 회계처리와는 그 성격이 다르다.

연결조정을 연결조정분개로 칭하고 많은 책들이 유사한 과정을 설명하고 있다. 이로 인해 연결조정 절차가 장부를 작성하기 위한 공식적인 회계처리와 유사한 것으로 착각하기 쉽다. 그러나 연결조정은 공식적인 회계처리 범위에 포함되지 않는다. 본서에서는 불분명한 용어를 사용함으로써 야기할 수 있는 혼란을 피하기 위하여 다음과 같이 용어를 정의한다.

- 별도(또는 단순합산)재무제표상 회계처리 : 법적 실체를 강조한 개별 기업의 재무제표에 이루어질 회계처리. 단순합산재무제표는 지배기업과 종속기업의 별도재무제표상 회계처리를 단순하게 합하여 작성된다.
- 연결 회계처리 : 경제적 관점을 강조한 연결재무제표에 이루어져야 할 회계처리
- 연결조정 : 연결 관점에서 이루어질 회계처리와 단순합산(개별)재무제표상 이루어진 회계처리의 차이. 본서에서는 연결조정이 장부에 기록되는 공식적인 회계처리와 유사할 것이라는 혼란을 방지하기 위하여 연결조정분개라는 표현은 사용하지 않고자 한다.

연결 회계처리는 장부에 기록되지 않지만 규정과 개념에 따라 가상의 연결장부에 반영될 회계처리이다. 추상적인 개념이지만 연결 회계처리에 익숙해져야 연결회계를 정확하게 습득할 수 있다.

지금까지 설명한 재무제표와 여러 회계처리 간의 관계를 그림으로 표현하면 다음과 같다.

| 재무제표와 회계처리의 관계 |

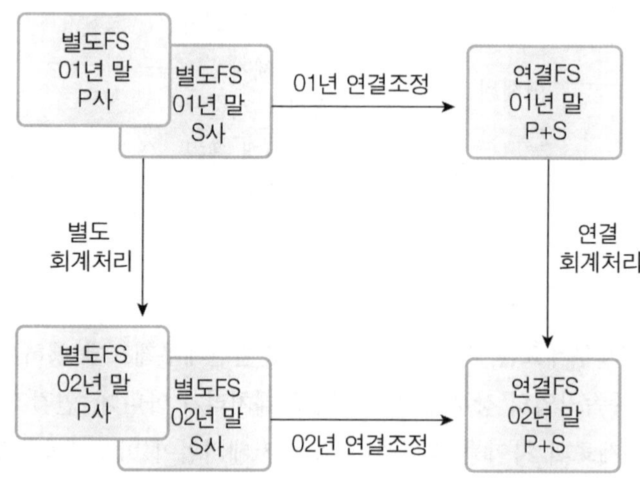

(4) 개별결산과 연결결산의 차이

개별 기업의 실체를 강조한 재무제표(별도재무제표)는, 기초 이월 잔액에 기중 거래를 회계장부에 반영한 후 마감절차(Closing Procedure)를 거쳐 작성한다. 즉, 회계순환과정을 거쳐 재무제표가 작성된다. 반면 연결재무제표는 이미 작성된 별도재무제표를 토대로 연결결산 절차를 반영하여 작성하며 회계순환과정을 거치지 않는다. 다시 말하면 연결결산은 개별결산과 달리 전기 이월잔액에 기중 거래를 장부에 반영하는 과정을 거치지 않는다.

예를 들어 별도재무제표에 표시된 이익잉여금은 기초이월잔액에 집합손익(기중거래)을 가산한 후 마감절차를 통하여 산출된다. 반면 연결재무제표에 표시된 이익잉여금은 단순합산재무제표에 표시된 이익잉여금 합계에 연결조정을 가감하여 계산된다. 따라서 연결재무상태표에 계상된 이익잉여금이 적절한지는 연결손익계산서와 연결자본변동표를 작성한 후 재무제표의 상관관계를 통하여 사후적으로만 확인할 수 있다.

| 연결포괄손익의 배분 과정 |

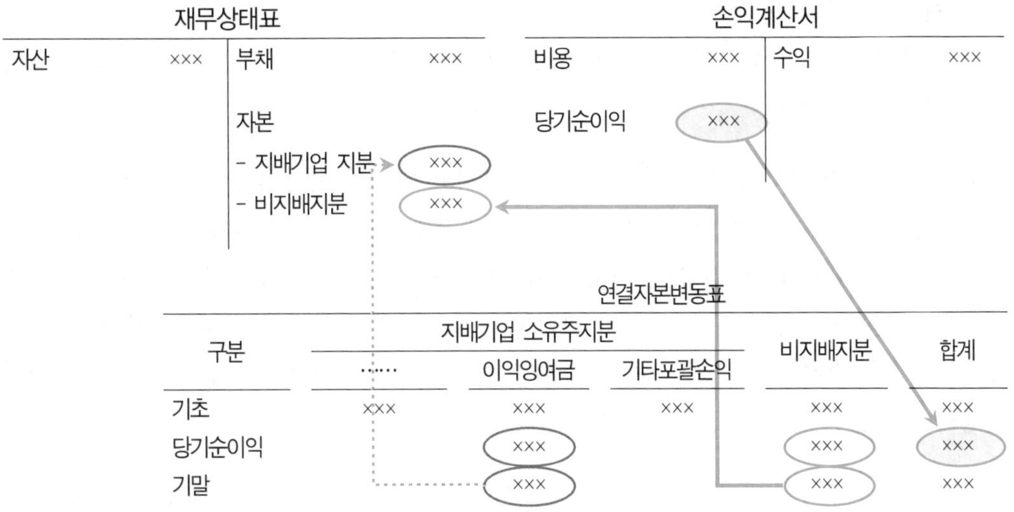

연결재무제표상 자산·부채와 수익·비용은 총액으로 표시되며, 지배기업지분과 비지배지분을 별도로 구분하지 않는다. 그러나 연결포괄손익은 지배기업 소유주지분(이익잉여금 등)과 비지배지분으로 구분되어 연결자본변동표와 연결재무상태표에 반영된다. 이러한 이유로 많은 연결회계 교과서에서 설명하고 있는 '연결조정분개' 접근방법은 (거래나 지배구조가 복잡해질수록) 순자산과 순이익에 미치는 효과를 지배기업 소유주지분과 비지배지분으로 정확하게 구분하여 배분하기가 어려워진다.

(5) 연결조정과 연결시스템

연결조정은 매우 다양하게 이루어진다. 극단적으로 지배기업과 종속기업과의 모든 거래가 머릿속에 잘 정리되어 있고 계산 능력이 탁월한 사람이 있다면, 일정한 양식 없이 단순합산재무제표에 금액을 더하고 차감하여 곧바로 연결재무제표를 작성할 수도 있다. 정교한 연결회계프로그램을 구비하고 있다면 연결조정의 상당 부분이 자동 계산된다. 따라서 몇 가지 분야에 대한 수작업 조정만을 추가하여 연결재무제표를 작성할 수도 있다.

이와 같이 기업들은 각자의 환경을 고려하여 효율적인 연결조정 방법을 채택하여 연결재무제표를 작성하고 있다.

최근 연결시스템을 통해서 연결결산 업무를 진행하고 있는 기업들이 증가하고 있다. 그러나 연결시스템에 대한 개념이나 그 유용성에 대해서는 아직도 오해가 많은 실정이다. 그 중 가장 흔한 오해는 다음과 같다.

① 연결회계시스템을 도입하면 개별회계시스템과 같이 기본 자료를 입력하여 연결재무제표를 자동적으로 생성할 수 있다.
② 연결회계시스템을 도입하면 수작업이 필요 없으므로 직접 힘들게 연결회계를 터득하지 않아도 된다.

컴퓨터 등이 발달하여 많은 업무들이 자동화되고 있지만 사람의 손길이 완전히 결여된 분야는 많지 않다. 그다지 어렵지 않고 대중화된 쌍꺼풀 수술도 의사가 없으면 시술될 수 없다. 물론 장비의 발달로 보다 안전하고 편하게 시술되지만, 처음부터 끝까지 자동화된 기계만으로 진행되지는 않는다. 아무리 간단한 수술일지라도 환자의 피부조직과 뼈의 강도 및 체질 등을 고려하여 시술 기법을 결정해야 하고, 시술과정에서 예상하지 않은 상황이 발생되면 적절한 대응이 필요하기 때문이다.

복잡하지 않은 구조를 가진 연결실체 내에서 전형적인 내부거래만 발생하였더라도, 담당자의 판단이나 별도의 작업 없이 전산화 과정만 거치면 자동으로 연결재무제표가 산출되는 경우는 많지 않다(사실상 거의 없다). 더구나 사전에 프로그램화되지 않았던 새로운 형태의 내부거래나 비경상적인 거래가 발생하면, 담당자가 직접 연결시스템을 보완하고 통제해야 연결재무제표를 작성할 수 있다.
기술의 발달에도 불구하고 성형수술에 있어 의사의 시술과 판단의 중요성은 아무리 강조해도 지나치지 않다. 이와 같이 연결시스템의 발전에도 불구하고 연결회계 담당자의 지식과 판단이 연결회계 조직에 있어서 가장 중요한 것임은 말할 나위가 없다. 연결시스템에 대한 논의는 〈제15장〉에서 보다 자세하게 다룬다.

4. 연결정산표

연결재무제표는 지배기업과 종속기업의 재무제표를 단순합산한 후, 단순합산된 금액에 연결조정을 가감하여 작성한다. 이러한 과정은 연결정산표를 통하여 이루어지는데, 회계실무상 정산표는 광범위하게 사용되므로 정산표에 대한 개념과 사례를 살펴보고 연결정산표에 대해 설명하고자 한다.

(1) 오류수정 및 정산표의 활용

정산표는 오류수정이나 회계기준 전환 등 어떠한 회계 사상이 반영될 경우 현재의 재무제표가 어떻게 변환될지 살펴보기 위한 용도로 회계실무에서 광범위하게 활용되고 있다.

정산표는 용이하게 작성할 수 있음에도 불구하고, 변환 과정과 결과가 정확하고 완전하게 이루어졌는지 쉽게 검증되기 때문이다.

정산표는 재무제표의 수정 전 금액과 수정내역 및 수정 후 금액으로 구성된다. 정산표의 활용 시 주의할 점은 손익 수정사항의 합계액은 재무상태표상 이익잉여금으로 전기된다는 것이다. 이 과정은 마감절차를 통해 손익항목이 이익잉여금으로 전환되는 것과 동일한 원리이다.

정산표에 수정사항을 기재하면 확정재무제표가 산출된다. 따라서 수정사항이 먼저 정의되어야 수정 후 금액이 산출될 것처럼 보인다. 그러나 수정사항은 현재의 오류를 이해하고 정확한 상태가 되려면 어떻게 해야 할지를 알아야 수정사항이 도출된다. 즉, **수정사항은 올바른 재무정보(목표 값)를 먼저 파악한 이후에야 산출**할 수 있다.

사례 1 오류수정 및 정산표

A사는 내부감사 결과 01년도 가결산 재무제표에 반영되지 아니한 다음과 같은 내용이 발견됨.

1 발견사항

(1) 채권평가
회수가능성이 적은 매출채권에 대해 2,500원의 대손충당금이 추가 설정되어야 함.

(2) 유형자산
신규 취득한 자산에 대한 감가상각비 1,200원이 누락됨.

(3) 무형자산
인수한 사업부문의 수익력 하락에 따라 영업권이 1,500원이 감액되어야 함.

(4) 외화환산 오류
매출채권에 대한 외화환산 오류로 인하여 환산이익 900원이 과소 계상됨.

2 가결산 재무제표

재무상태표

매출채권	15,000	매입채무	20,000
유형자산	30,000	자본금	20,000
무형자산	12,000	이익잉여금	17,000
계	57,000	계	57,000

손익계산서

수익	60,000
비용	(48,000)
당기순이익	12,000

요구사항 오류가 수정된 결산 재무제표를 작성하시오.

해설

1. 오류수정

(1) 채권평가

(차변) 비용(대손상각비) 2,500 (대변) 채권(대손충당금) 2,500

(2) 유형자산 상각

(차변) 비용(감가상각비) 1,200 (대변) 유형자산(감가상각누계액) 1,200

(3) 무형자산 감액

(차변) 비용(영업권 손상차손) 1,500 (대변) 무형자산 1,500

(4) 외화환산

(차변) 매출채권 900 (대변) 수익(외화환산이익) 900

2. 정산표

계정과목	수정 전 금액	수정사항		수정 후 금액
		차변	대변	
재무상태표				
매출채권	15,000	900	2,500	13,400
유형자산	30,000		1,200	28,800
무형자산	12,000		1,500	10,500
자산계	57,000			52,700
매입채무	20,000			20,000
자본금	20,000			20,000
이익잉여금	17,000	4,300		12,700
부채및자본계	57,000			52,700
	합계	5,200	5,200	
손익계산서				
수익	60,000		900	60,900
비용	48,000	5,200		53,200
당기순이익	12,000			7,700
	합계	5,200	900	

3. 수정 후 재무제표

재무상태표

매출채권	13,400	매입채무	20,000
유형자산	28,800	자본금	20,000
무형자산	10,500	이익잉여금	12,700
계	52,700	계	52,700

손익계산서

수익	60,900
비용	(53,200)
당기순이익	7,700

사례를 통하여 살펴본 내용은 다음과 같다.

정산표의 구성

- 수정 전 금액 + 수정사항 = 수정 후 금액

수정사항의 반영

- 수익 수정사항 5,200원과 비용 수정사항 900원의 차이 4,300원은 이익잉여금으로 전기된다. 한편, 재무상태표에 영향을 미치는 수정사항의 차변과 대변의 합계 금액은 일치한다.

수정금액의 산출

- 본 사례에서 **수정 후 금액은 수정사항을 반영하여 산출되고 있으나, 수정 회계처리 자체는 수정 후 금액이 얼마인지를 이미 알고 있는 상태에서 확정**된다.
- 예를 들어 결산 후 적정하게 계상할 대손충당금이 얼마인지를 파악한 후 현재 재무제표상 금액과 비교하니 2,500원이 부족함을 알게 되는 것이지, 2,500원을 추가로 반영하였더니 적정한 대손충당금이 계상되는 것이 아니라는 의미이다.

(2) 연결정산표

연결정산표는 다음과 같이 구성된다.

① 지배기업과 종속기업 별도재무제표의 각 계정과목별 금액 기재
② 계정과목별로 지배기업과 종속기업의 재무제표상 금액을 단순합산
③ 연결조정 내용 기재
④ 단순합산 금액과 연결조정을 가감하여 연결재무제표 작성

연결정산표는 필요에 따라 다소 다른 내용이 포함될 수 있으나, 기업실무에서는 일반적으로 다음 양식을 가장 많이 이용한다.

| 연결정산표 |

구 분	별도재무제표		단순합산	연결조정		연결재무제표
	지배기업	종속기업		차변	대변	
재무상태표						
현금성자산	(1)	(2)	(3) = (1) + (2)	(4)	(5)	(6) = (3) + (4) − (5)
…						
자산계						
매입채무	(1)	(2)	(3) = (1) + (2)	(4)	(5)	(6) = (3) − (4) + (5)
…						
부채및자본계						
			합계			
손익계산서						
수익	(1)	(2)	(3) = (1) + (2)	(4)	(5)	(6) = (3) − (4) + (5)
비용	(1)	(2)	(3) = (1) + (2)	(4)	(5)	(6) = (3) + (4) − (5)
당기순이익						
			합계			

연결재무제표 작성 과정을 정확하게 이해하고 습득하기 위해서는 연결정산표에 대한 명확한 이해가 필요하다. 그러나 사례마다 연결정산표를 표시하면 양적인 부담뿐만 아니라 연결조정 과정이 한눈에 들어오지 않는 단점이 있다. 따라서 다음과 같이 연결정산표 대신에 T계정을 이용하여 표시하고자 한다.

| 연결재무제표 작성 과정 |

단순합산

차변		대변	
매출채권	xxx	매입채무	xxx
주식S	xxx	자본금	xxx
비용	xxx	수익	xxx
이익잉여금 (단순합산NI)	xxx		

연결조정

차변		대변	
자본금	xxx	주식S	xxx
수익	xxx	비용	xxx
이익잉여금	xxx		

연결재무제표

차변		대변	
매출채권	xxx	매입채무	xxx
주식S	−	자본금	xxx
비용	xxx	수익	xxx
이익잉여금 (연결NI)	xxx		

단순합산재무제표는 지배기업과 종속기업의 재무상태표와 손익계산서를 계정과목별로 합산하여 작성한다. 위의 표를 보면 손익계산서 항목 중 수익은 대변으로 비용은 차변으로

표시하고, 당기순이익은 이익잉여금으로 표현하고 있다. 이는 수익과 비용이 결산 과정을 거쳐 당기순이익이 자본항목으로 전기됨을 나타낸 것이다.

연결정산표와 T계정을 통한 연결재무제표의 작성 과정은 본질적으로 동일하다. 그러나 본서에서는 지면적인 한계와 직관적인 이해가 용이한 측면을 고려하여 T계정을 활용하고 있음을 부언한다.

연결조정은 단순합산재무제표를 전제하고 이루어진다!

연결조정은 단순합산재무제표와 연결재무제표의 차이에 해당한다. 연결조정은 단순합산재무제표가 이미 준비되어 있다는 전제하에 실시된다. 따라서 단순합산재무제표의 형태가 달라진다면 연결조정도 변동한다. 그러므로 **연결조정이 잘 이해되지 않는다면 단순합산재무제표부터 살펴볼 필요가 있다.** 복잡한 거래일수록 동 거래가 단순합산재무제표에 어떻게 반영되어 있는지를 정확하게 파악해야 한다.

단순합산재무제표에 대한 정확한 이해 없이 연결조정을 서두르는 행위는, 현재 생김새도 모르는 채 성형수술에 들어가는 것과 동일하다. 그 위험은 말할 나위 없다.

제 3 절 연결재무제표의 작성 원리

본 절에서는 〈제1장〉에서 다루었던 지분법 개념이 확장되어 연결회계에 반영되는 과정을 살펴본다. **지분법과 연결회계의 가장 큰 차이점은 다음과 같다.**

① 지분 평가 과정이 순액이 아닌 총액으로 표시된다.

② 지배기업(투자기업)뿐만 아니라 비지배주주의 지분 평가도 이루어진다.

1. 지분법과 연결회계

연결회계는 종속기업의 주주가 크게 두 부류로 구성되었다고 가정한다. 첫 번째 주주는 종속기업에 대해 지배력이 있는 지배기업이며, 두 번째 주주는 지배력이 없는 (지배기업을 제외한) 모든 주주들을 모두 아우르는 비지배주주이다. 여기서 비지배주주는 1명 또는 여러 명으로 구성될 수 있으나, 지배력을 가지지 못한다는 공통적인 특징이 있으므로 지배기업과 대응되는 개념으로 사용된다.[16)]

연결회계 상 종속기업에 대한 취득과 평가는 투자기업이 관계기업에 대해 지분법을 적용하는 절차와 유사하나 다음의 차이가 있다.

① 지분법에서는 투자기업의 취득과 평가에 대해서만 관심을 가진다. 그러나 연결회계는 지배기업뿐만 아니라 **비지배주주**도 포함된다. 이 과정에서 지배기업지분뿐만 아니라 비지배지분이 산출된다.

② 지분법에서는 투자기업이 관계기업의 순자산 변동 요인을 분석하여 그 지분액을 관계기업주식에 가감한다. 그러나 연결회계는 종속기업의 순자산 변동 요인을 분석하여 그 지분액을 종속기업주식의 증감이 아닌 본래의 계정과목으로 인식한다. 즉, 지분법에서는 투자주식의 변동으로 처리하였던 사항을 종속기업의 자산·부채 변동으로 표시하고, 순자산 변동 금액은 해당 계정과목(이익잉여금 및 기타포괄손익 등)으로 직접 인식한다. 정리하면 **지분법은 순자산 변동 금액의 원인을 분석하여 순액으로 반영하지만, 연결회계는 총액으로 반영한다.**

③ **지배력에 영향을 미치지 않는 종속기업에 대한 지분율 변동으로 발생한 지분거래손익**

16) 종속기업의 주주는 지배기업과 비지배주주로 구분된다. 한편, 지배기업은 지배기업의 주주에 의하여 의사결정이 이루어진다. 따라서 연결실체(지배기업과 종속기업)의 주주는 결국 지배기업의 주주(= 지배기업 소유주)와 종속기업의 비지배주주로 구성된다고 볼 수 있다.

은 연결회계상 자본 항목으로 처리한다. 지분거래손익은 종속기업의 주주인 지배기업과 비지배주주 간의 거래로 해석되기 때문이다. 관련 내용은 〈제6장〉에서 다룬다.

④ 내부거래로 발생한 미실현손익 제거 시 지분법에서는 상향판매와 하향판매 모두 지분율에 따라 안분한다. 그러나 **연결회계에서는 하향판매로 인한 미실현손익은 전액 지배기업에 배분하고, 상향판매로 인한 미실현손익만 지분율에 안분한다.** 관련 내용은 〈제3장〉에서 살펴본다.

2. 종속기업주식의 취득

지배기업과 비지배주주가 종속기업주식을 취득하는 과정에 대한 분석과 회계처리는 지분법에서 살펴본 과정과 유사하다. 본 절에서는 지배기업과 비지배주주의 종속기업주식 취득 시 취득금액이 어떻게 구성되는지를 소개한다.

(1) 지배기업의 취득금액

지배기업은 지배력을 획득하는 시점에 취득금액의 구성내역을 분석하기 위해 다음 절차를 실시한다.

① 종속기업이 보고한 재무제표상 순자산에 대한 지분액
② 종속기업의 순자산 공정가치에 대한 지분액
③ 지배력을 획득한 시점의 취득금액(공정가치)

지배력을 획득하는 시점에 ①, ②, ③의 금액은 일반적으로 서로 상이한데, 그 내용은 다음과 같다. 순자산 지분액이란 재무제표상 순자산 장부금액에 지분율을 곱한 금액이며, 순자산 공정가치에 대한 지분액이란 자산과 부채의 공정가치를 측정하여 그 차액(= 자산의 공정가치 − 부채의 공정가치)에 지분율을 곱한 금액이다. 그리고 취득금액과 순자산 공정가치 지분액의 차이는 영업권 또는 염가매수차익으로 인식한다.

• 지배기업의 순자산 지분액 = 종속기업의 순자산 장부금액 × 지분율
• 지배기업의 순자산 공정가치 지분액 = 종속기업의 순자산 공정가치 × 지분율
• 영업권(염가매수차익) = 취득금액 − 순자산 공정가치 지분액

| 주식 취득금액의 구성내역 |

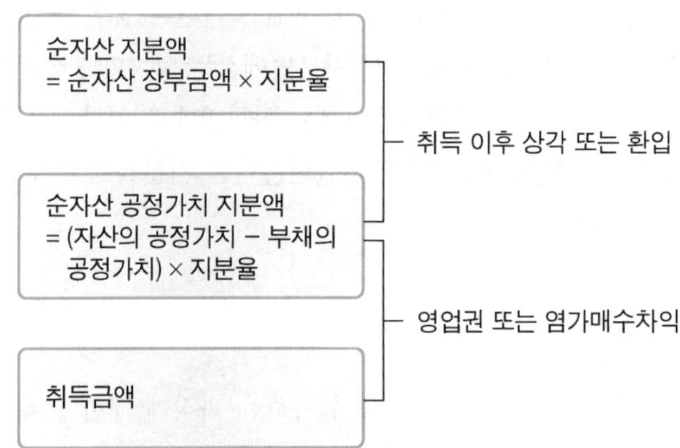

순자산 장부금액과 순자산 공정가치의 관계는 다음과 같다.

순자산 공정가치[17]
= 자산의 공정가치 − 부채의 공정가치
= (자산 + 자산 공정가치 차액) − (부채 + 부채 공정가치 차액)
= (자산 − 부채) + (자산 공정가치 차액 − 부채 공정가치 차액)
= 순자산 장부금액 + 자산·부채 공정가치 차액

따라서 지배력을 획득한 시점의 종속기업주식은 다음과 같다.

종속기업주식 장부금액(취득금액)
= 순자산 공정가치 × 지분율 + 영업권
= (순자산 장부금액 + 자산·부채 공정가치 차액) × 지분율 + 영업권
= 순자산 장부금액 × 지분율 + 자산·부채 공정가치 차액 × 지분율 + 영업권

(2) 비지배지분의 취득금액

비지배주주는 앞서 종속기업주식을 보유하고 있으나 지배력을 보유하고 있지 않은 주주들을 포괄한 주주라고 하였다. 따라서 **비지배지분은 지배기업이 종속기업에 대하여 지배력을 획득하는 시점에 발생하게 된다.** 즉, 비지배지분의 취득금액은 지배기업이 지배력을 획

17) 여기서 **순자산 공정가치는 종속기업이 보유하고 있는 자산과 부채를 (PPA를 통해 확정한) 연결 관점에서 측정한 순자산 금액**에 해당한다.

득한 시점에 정의된다.

비지배지분의 취득금액은 다음 중 하나를 선택하여 측정할 수 있다.

① 전부영업권 : 종속기업주식의 공정가치 × 지분율

② 부분영업권 : 종속기업의 식별 가능한 순자산 공정가치 × 지분율

그러나 비지배지분에 대한 영업권을 측정하고 평가하는 것에 대한 부담 때문에 실무상 두 번째 방법에 의하여 비지배지분을 결정하는 것이 일반적이다. 영업권의 인식방법은 본 장의 〈제5절〉에서 자세하게 살펴본다.

비지배지분을 수식으로 표현하면 다음과 같다.

비지배지분
= 순자산 공정가치 × 지분율
= 순자산 장부금액 × 지분율 + 자산·부채 공정가치 차액 × 지분율

(3) 공정가치 차액

지분법 관점과 동일하게 **지배력 획득일 시점에 초점을 맞출 부분은 종속기업이 보고한 재무제표상 순자산 장부금액이 아니라, 자산·부채에 대한 공정가치 평가를 통하여 확정된 순자산 공정가치이다.** 사업결합의 또 다른 형태인 합병을 상기하면 합병기업의 장부에 반영할 금액은 피합병기업의 장부금액이 아니라 공정가치이듯이, 연결회계에 반영할 자산·부채 금액도 공정가치이다.

지배력 획득일 현재 종속기업의 자산·부채를 공정가치로 측정한 재무제표를 확정하고, 시간의 경과에 따라 동 재무제표가 어떻게 변동되었는지를 별도로 관리하고 연결결산에 반영해야 한다. 그러나 실무상 연결결산 목적으로 종속기업이 별개의 재무제표를 작성할 수는 없다. 따라서 공정가치 차액을 연결조정으로 반영하여 연결재무제표를 작성하게 된다.

상기 과정은 세무조정과 동일하다. 법인세를 납부하기 위하여 법인세 규정에 따라 세무상 재무제표를 직접법으로 작성할 수도 있다. 그러나 세무 목적의 재무제표를 직접 마련하기는 어려우므로, 회계상 재무제표에 세무조정을 반영하여 세무상 재무제표를 산출(간접법)한다.

이와 같이 연결조정과 세무조정의 기본 성격은 간접조정이라는 측면에서 공통점을 보인다.

| 연결결산과 세무조정의 비교 |

구 분	연결재무제표 작성	법인세 계산
평가 과정	간접법	간접법
평가대상 재무제표	회사제시 재무제표 (연결 관점의 재무제표는 없음)	회사제시 재무제표 (세무 기준의 재무제표는 없음)
조정 및 관리 대상	공정가치 차액	유보

시간의 경과에 따라 처음에 인식된 유보는 소멸된다. 이와 같이 공정가치 차액에 대한 연결조정도 시간의 경과에 따라, 순자산과 순자산 공정가치의 차이를 일으킨 자산·부채의 상각이나 상환 및 처분 등을 통하여 해소된다.

(4) 영업권의 인식과 손상

부분영업권 인식방법하에서는 지배기업만 영업권을 인식하며, 영업권(또는 염가매수차익)은 종속기업주식 취득금액에서 순자산 공정가치 지분액을 차감한 금액으로 정의된다.

영업권(염가매수차익) = 취득금액 − 순자산 공정가치 × 지분율

영업권은 매 결산일마다 손상검토를 실시하며, 수익성의 악화 등으로 인하여 **손상된 영업권은 그 이후의 기간에 환입하지 않는다.** 손상 이후 재평가를 통하여 증가한 영업권은 기존 영업권의 가치가 증가한 것인지, 그 이후의 경영활동 등으로 새로운 영업권이 발생한 것인지 불분명하기 때문이다. 즉, 지배력 획득 이후 증가한 영업권은 자가창설자산 가능성이 있으므로 재무제표에 인식하지 않는다.

3. 순자산 및 순이익의 배분

지배기업과 비지배주주는 **주주로서 종속기업의 순자산이나 순이익에 대한 권리를 보유**하고 있다. 따라서 종속기업의 순자산을 분석하여 지배기업과 비지배주주에게 귀속될 지분액을 산정해야 한다. 그리고 회계기간 동안 창출된 순이익도 지배기업과 비지배주주에게 배분해야 한다. 이러한 순자산과 순이익에 대한 지분액은 지분법과 대부분 유사한 과정을 거쳐 계산된다.

(1) 순자산의 배분

지배기업과 비지배주주는 지배력 획득일 시점뿐만 아니라 그 이후에도 종속기업의 순자산에 대한 권리를 지분율에 비례하여 가지고 있다. 여기서 순자산은 종속기업이 보고한 재무제표상의 순자산이 아니라 연결 관점에서의 순자산을 의미하므로, 지배력 획득일 시점에 인식되었던 공정가치 차액이 있다면 동 금액을 고려하여 산정한다.

(2) 순이익의 배분

지배기업과 비지배주주는 회계기간 중 종속기업의 재무성과, 즉 당기순이익에 대한 권리를 지분율에 비례하여 가지고 있다. 지배기업과 비지배주주가 종속기업의 순이익에 대하여 가지는 지분액은 〈제1장〉의 보론 '종속기업에 대한 지분법'에서 설명한 내용과 유사하게 계산된다.

관계기업에 대한 지분 평가와 연결회계에서의 지분 평가는 다음의 차이가 있다.

① 내부거래로 발생한 미실현손익 조정 시 관계기업에 대한 지분 평가에서는 미실현손익을 지분율에 비례하여 계산한다. 그러나 연결회계에서는 하향판매로 발생한 미실현손익은 전액 지배기업에 배분하고, 상향판매로 발생한 미실현손익은 지분율에 따라 안분한다.

② 지배력에 영향을 미치지 않는 주식 거래로 발생한 손익은 당기손익이 아닌 자본손익으로 분류한다.

K-IFRS와 일반기업회계기준은 연결실체 이론에 따라 지배기업과 비지배주주를 동등한 주주로 보고 있다. 따라서 연결손익계산서에서는 지배기업에 대한 지분이익과 비지배주주의 지분이익을 별도로 구분하지 않고 표시한다. 그러나 연결자본변동표를 살펴보면 연결당기순이익이 명확하게 구분되어 지배기업 소유주지분과 비지배지분에 배분됨을 확인할 수 있다.

4. 지분 반영 과정

종속기업을 평가한 결과가 연결재무제표에 반영되는 과정은 개별결산 과정과 상이한데, 다음 예제를 통해 살펴본다.

예제 2

- P사는 01년 초 S사 주식 60%를 4,000원에 취득함.
- 지배력 획득 시점에 S사의 순자산은 2,500원이며, 공정가치와 동일함.
- 지배력 획득 시점의 P사 자본금과 이익잉여금은 각각 8,000원과 4,000원임.
- 01년 중 P사와 S사의 당기순이익은 각각 2,000원과 1,000원임.

요구사항 01년 말 현재 연결자본을 표시하시오.

지배력 획득 시점

- 지배기업 소유주지분 = 4,000원
  - 순자산 공정가치 = 2,500원 × 60% = 1,500원
  - 영업권 = 취득금액 - 순자산 공정가치 = 2,500원
- 비지배지분 = 2,500원 × (1 - 60%) = 1,000원

지배력 획득 시 지배기업의 취득금액 4,000원은 지배기업이 기존에 보유하고 있던 자본에서 투자한 금액으로서 연결자본에 영향을 미치지 않는다. 따라서 지배력 획득 시점의 연결자본은 지배기업이 보유하고 있던 자본에 비지배지분을 가산하여 확정된다. 그리고 지배력 획득 시점에 정의된 4,000원과 1,000원은 종속기업에 대한 지배기업과 비지배지분에 대한 평가기준점으로 활용된다.

01년 말

- 지배기업 소유주지분 = 기초 잔액 + 지배기업 순이익 + 종속기업 순이익 중 지분액
  = 12,000원(기초) + 2,000원(NI) + 1,000원 × 60%(평가)
- 비지배지분 = 기초 잔액 + 종속기업 순이익 중 지분액
  = 1,000원(기초) + 1,000원 × (1 - 60%)(평가)

연결자본

구 분	지배기업 소유주지분		비지배지분	합 계
	자본금	이익잉여금		
01년 초	8,000	4,000	-	12,000
지배력 획득	-	-	1,000	1,000
연결당기순이익	-	2,600	400	3,000
01년 말	8,000	6,600	1,400	16,000

제4절 연결재무제표 작성

본 절에서는 지금까지 살펴본 내용을 바탕으로 연결재무제표가 작성되는 과정을 구체적으로 살펴본다. **본 절은 연결회계의 개념과 전체적인 틀을 다루고 있기 때문에 기본적인 내용임에도 불구하고 본서에서 가장 중요한 부분 중 하나이다.** 이론적인 근거를 소개하기 위해 불가피하게 일부 수식을 활용하고 있다. 그러나 직관적인 이해와 제시된 〈사례 2〉와 〈사례 4〉만 숙지해도 충분히 개념을 습득할 수 있으므로 취향에 따라 선택하기 바란다.

1. 연결재무제표 작성 사례

연결조정은 연결재무제표라는 목표 값과 단순합산재무제표와의 차이내역이라고 하였다. 그렇다면 다음을 생각해 보자.

연결재무제표라는 목표 값을 어떻게 산정할 것인가?

연결조정 내역은 어떻게 정리할 것인가?

먼저, 연결재무제표의 목표 값은 다음과 같이 산정된다.

① 연결재무제표에는 종속기업의 자본 항목과 지배기업이 소유하는 종속기업주식이 표시되지 않는다.

② 연결재무제표에는 종속기업의 순자산에 대한 비지배주주의 지분이 표시된다.

③ 연결재무제표에는 지배력 획득 과정에서 인식한 영업권이 표시된다.

④ 연결재무제표에는 종속기업의 순자산 변동에 대한 지배기업의 지분 이익이 표시된다.

⑤ 연결재무제표에는 종속기업으로부터 수령한 배당금이 수익으로 인식되지 않는다.

상기와 같은 목표 값을 달성하기 위하여 이루어지는 **연결조정은 지배기업과 비지배지분의 누적 지분 평가와 순자산 분석을 통하여 산출**할 수 있다.

① 별도재무제표(단순합산재무제표)에 표시된 종속기업의 자본 항목과 지배기업이 소유하는 종속기업주식을 제거한다.

② 비지배지분은 비지배주주의 순자산 분석에 표시되어 있는 해당 연도 합계액이다.

③ 영업권은 순자산 분석에 표시되어 있는 해당 연도 영업권 금액에 해당한다.

④ 종속기업에 대한 지배기업의 지분 이익은 지배기업의 누적 지분 평가를 활용하여 계산된다.

⑤ 지배기업의 누적 지분 평가에 표시된 배당금을 제거한다.

투자자본 상계제거의 의미

종속기업주식을 취득하는 이유는 지배력을 획득하기 위한 것이며, 지배력의 대상은 종속기업의 사업이다. 사업은 재무제표에 자산과 부채로 표시되므로, **'종속기업주식 = 종속기업의 자산과 부채'**이다.

연결결산은 별도재무제표상 표시된 종속기업주식(투자주식)을 종속기업이 보유하고 있는 자산과 부채(사업)로 변환시키는 과정이다. 이때 종속기업의 자산과 부채를 표시하는 방법으로 종속기업의 재무제표를 지배기업의 재무제표에 합산하는 방법을 활용한다.

이와 같이 단순합산의 목적은 종속기업의 자산과 부채를 합산하기 위함인데, 그 과정에서 의미 없는 종속기업의 자본까지 합산된다. 따라서 연결조정을 통해 종속기업의 자본을 차감한다. **지배력의 대상은 종속기업의 자산과 부채이며, 종속기업의 자본과는 아무런 관련이 없다.**

단순합산을 실시하면 지배기업이 보유하는 **종속기업주식**뿐만 아니라 **종속기업의 자산과 부채**까지 모두 표시된다. '종속기업주식 = 종속기업의 자산과 부채'이므로 동일한 내용이 중복되어 나타나는 형태이다. 따라서 이중 계상을 방지하기 위해 종속기업주식을 연결조정으로 제거한다.

지금까지 설명한 내용을 염두에 두고, 다음 사례를 주의 깊게 살펴보기 바란다.

사례 2 연결재무제표 작성 원리 ☆☆☆

1 주식 취득

P사는 S사 주식을 01년 초에 다음과 같이 취득함.

지분율	60%
취득금액	20,000

비지배지분은 식별 가능한 순자산 공정가치에 비례하여 인식함.

한편, 지배력 획득일 현재 S사의 자산·부채 장부금액과 공정가치는 모두 일치함.

2 배당

01년 S사의 배당은 5,000원임.

3 요약 별도재무제표

	지배기업(P)		종속기업(S)	
	취득	01년	취득	01년
주식S	20,000	20,000	-	-
기타자산	80,000	105,000	30,000	35,000
자산계	100,000	125,000	30,000	35,000
자본금	50,000	50,000	20,000	20,000
이익잉여금	50,000	75,000	10,000	15,000
자본계	100,000	125,000	30,000	35,000
수익		120,000		40,000
비용		(95,000)		(30,000)
당기순이익		25,000		10,000

요구사항 **지배력 획득 시점과 01년의 연결재무제표를 작성하시오.**

해설

I. 분석

1. 취득금액의 구성내역

	지배기업	비지배지분
취득금액	20,000	12,000
순자산 지분액	18,000(= 30,000 × 60%)	12,000(= 30,000 × 40%)
영업권	2,000	

2. P사의 S사 누적 지분 평가

	취득금액	NI 지분액	종속기업 배당	전기이월 이익잉여금	지분액 합계
01년	20,000	6,000	(3,000)	-	23,000

순자산 분석

	순자산 지분액	영업권	지분액 합계
취득	18,000	2,000	20,000
01년	21,000	2,000	23,000

3. S사 비지배주주의 누적 지분 평가

	취득금액	NI 지분액	배당	전기이월 이익잉여금	지분액 합계
01년	12,000	4,000	(2,000)	-	14,000

순자산 분석

	순자산 지분액	영업권	지분액 합계
취득	12,000	-	12,000
01년	14,000	-	14,000

Ⅱ. 연결재무제표

1. 취득

단순합산

차변	금액	대변	금액
주식S	20,000	자본금	70,000
기타자산	110,000	이익잉여금	60,000

연결조정

차변	금액	대변	금액
자본금(S)	20,000	주식S	20,000
이익잉여금(S)	10,000	비지배지분	12,000
영업권	2,000		

연결재무제표

차변	금액	대변	금액
주식S	-	자본금	50,000
기타자산	110,000	이익잉여금	50,000
영업권	2,000	비지배지분	12,000

2. 01년

단순합산

차변	금액	대변	금액
주식S	20,000	자본금	70,000
기타자산	140,000	이익잉여금	90,000
비용	125,000	수익	160,000
이익잉여금 (단순합산NI)	35,000		

연결조정

차변	금액	대변	금액
1단계 : 순자산조정			
자본금(S)	20,000	주식S	20,000
이익잉여금(S)	15,000	이익잉여금	3,000
영업권	2,000	비지배지분	14,000
2단계 : 순이익조정			
수익(배당금)	3,000	이익잉여금	3,000

연결재무제표

차변	금액	대변	금액
주식S	-	자본금	50,000
기타자산	140,000	이익잉여금	78,000
영업권	2,000	비지배지분	14,000
비용	125,000	수익	157,000
이익잉여금 (연결NI)	32,000		

사례를 통하여 살펴본 내용은 다음과 같다.

지분평가 주체

- 지분법과 달리 연결회계에서는 지배기업과 비지배주주라는 두 가지 관점에서 지분 평가가 이루어진다.
- 본 사례에서는 공정가치 차액이 없으므로 순자산 지분액과 순자산 공정가치 지분액이 동일하다.

지배력 획득 시점

- 지배력 획득일 현재 주식 취득금액은 순자산 지분액 18,000원(= 30,000원 × 60%)과 영업권 2,000원으로 구성된다.

- 비지배지분은 식별 가능한 순자산 공정가치에 비례하여 인식하므로 (비지배지분에 대한 영업권은 인식하지 않으므로) 비지배주주의 취득금액은 순자산 지분액과 동일한 12,000원(= 30,000원 × 40%)으로 산정된다.
- S사의 별도재무제표에 표시된 자본 항목(자본금과 이익잉여금)과 P사의 별도재무제표에 계상된 종속기업주식을 연결조정으로 제거한다.
- 단순합산재무제표에 인식되지 않은 2,000원의 영업권과 12,000원의 비지배지분을 연결조정으로 가산한다. 영업권은 P사의 순자산 분석에 표시된 해당 연도 금액이며, 비지배지분은 비지배주주의 순자산 분석에 표시된 해당 연도 지분액 합계액이다.

지배력 획득일 후의 연결조정(순자산조정)

- **순자산조정에 표시되어 있는 연결조정은 재무상태표에만 반영한다.**
- 결산일 현재 종속기업의 자본 항목과 지배기업이 보유하는 종속기업주식을 제거한다.
- 누적 지분 이익은 누적 지분 평가를 통하여 산정하는데, 그 산식은 다음과 같다.
  누적 지분 이익(이익잉여금) = 당기 지분 이익 - 배당금 + 전기이월이익잉여금
  01년 누적 지분 이익 = 6,000원 - 3,000원 + 0원 = 3,000원
- 비지배지분은 순자산 분석에 표시된 01년 지분액 합계액(14,000원)에 해당한다.

지배력 획득일 후의 연결조정(순이익조정)

- **순이익조정으로 표시되어 있는 연결조정은 손익계산서에만 반영한다.**
- **순이익조정에 표시된 이익잉여금은 (순자산조정을 통하여 이미 금액이 확정된) 연결순자산에 영향을 미치지 않는다. 따라서 재무상태표의 이익잉여금에 가산하지 않는다.**
- P사는 배당금을 별도재무제표상 수익으로 계상하고 있으나 내부거래에 해당한다. 따라서 누적 지분 평가에 반영되어 있는 3,000원의 배당금을 연결조정으로 반영하여, 단순합산재무제표에 계상된 배당금수익을 제거한다.

2. 지배력 획득 시점[18]

(1) 수리적인 분석

지배력 획득 시점에는 연결재무상태표만 작성되므로 순자산조정만 이루어진다. 연결조정 과정을 수식으로 정리하기 위해 다음의 줄임말을 정의한다.

18) 수식에 익숙하지 않은 독자는 수식을 생략하고 연결조정의 내역과 직관적인 의미에 초점을 맞춰 〈사례 3〉을 숙지해도 좋다. 그러나 연결회계의 본질을 이해한다는 측면에서 한 번 정도는 수식을 따라가길 권고한다.

- 지배기업의 종속기업주식 취득금액 = 주식S0
- 지배력 획득일 현재 비지배지분 = M0
- 지배력 획득일 현재 종속기업의 자본 항목 = 자본금 + 자본잉여금 + 이익잉여금 = NA0
- 지배력 획득일 현재 공정가치 차액 = FV0
- 지배력 획득일 현재 영업권 = G0
- 지배기업의 지분율 = P%
- 비지배주주의 지분율 = M%

지배력 획득 시점에 종속기업의 자산・부채 장부금액이 공정가치와 다른 경우, 지배기업과 비지배주주의 주식 취득금액은 다음과 같다.

- 지배기업의 취득금액 = (종속기업 순자산 + 공정가치 차액) × 지배기업 지분율 + 영업권
- 비지배주주의 취득금액 = (종속기업 순자산 + 공정가치 차액) × 비지배주주 지분율

이를 식으로 표현하면 다음과 같다.

- 주식S0 = (NA0 + FV0) × P% + G0
- M0 = (NA0 + FV0) × M%

주식S0와 M0를 합산하면 다음과 같다.

주식S0 + M0
= (NA0 + FV0) × (P% + M%) + G0
= NA0 + FV0 + G0

위 식의 좌변과 우변을 바꾸면 다음과 같다.

NA0 + FV0 + G0 = 주식S0 + M0

계정과목을 사용하여 상기 식을 표현하면 다음과 같다.

> 자본금(S0) + 자본잉여금(S0) + 이익잉여금(S0) + FV차액 + 영업권
> = 주식S0 + 비지배지분

T계정으로 상기 식을 표현하면 다음과 같다.

연결조정

자본금(S0)	×××	주식S0	×××
자본잉여금(S0)	×××	비지배지분(M0)	×××
이익잉여금(S0)	×××		
FV차액(FV0)	×××		
영업권(G0)	×××		

(2) 직관적인 분석과 의미

상기 연결조정의 의미는 지배력 획득일 현재 종속기업의 순자산 공정가치(= 자본금 + 자본잉여금 + 이익잉여금 + 공정가치 차액)와 영업권의 합은 지배기업 소유주지분(= 주식S0)과 비지배지분의 합으로 구성된다는 것이다.[19)]

연결정산표를 떠올리면 다음과 같은 내용의 연결조정이 상기 T계정에 포함되어 있음을 알 수 있다.

① 단순합산재무제표에는 지배기업이 소유하는 종속기업주식과 종속기업의 자본 항목이 합산되어 있으나 연결재무제표에는 표시되지 않는다.

② 단순합산재무제표에 포함된 종속기업의 자산은 공정가치가 아니라 장부금액이므로, 공정가치 차액을 가산한다.

③ 단순합산재무제표에는 지배기업이 인식할 종속기업에 대한 영업권이 표시되어 있지 않으므로 추가로 반영한다.

---

19) 영업권과 FV차액은 단순합산재무제표에 표시되지 않았으나 연결실체의 자산이며, 비지배지분은 연결실체의 자본이다. 이를 전제하면 산식의 의미는 다음과 같이 해석된다.

자본금(S0) + 자본잉여금(S0) + 이익잉여금(S0) + FV차액 + 영업권 = 주식S0 + 비지배지분
↳연결 관점에서 파악한 종속기업의 순자산 ↳지배기업과 비지배주주의 취득금액

즉, 연결 관점의 종속기업 순자산은 지배기업 소유주지분과 비지배지분으로 구성된다.

④ 단순합산재무제표의 자본 항목에는 비지배지분(M0)이 표시되어 있지 않으므로 추가로 반영한다.

상기 목표 값을 산출하기 위하여 이루어지는 연결조정은 다음과 같다.

① 단순합산재무제표에 포함된 종속기업의 자본 항목(자본금 + 자본잉여금 + 이익잉여금)과 종속기업주식을 제거한다.

② 지배기업과 비지배주주의 순자산 분석에 표시된 공정가치 차액을 합산하여 연결조정으로 가산한다.

③ 지배기업의 순자산 분석에 표시된 영업권을 연결조정으로 가산한다.

④ 비지배주주의 순자산 분석에 표시된 지분액 합계 금액을 비지배지분으로 표시한다.

사례 3 지배력 획득 시점의 연결재무제표

1 주식 취득

P사는 S사 주식을 01년 초 다음과 같이 취득함.

지분율 60%

취득금액 100,000

비지배지분은 식별가능한 순자산 공정가치에 비례하여 인식함.

한편, 지배력 획득일 현재 S사의 자산·부채 장부금액과 공정가치 차이는 다음과 같음.

자산	공정가치	장부금액	차액
유형자산(토지)	60,000	45,000	15,000

2 요약 별도재무제표(01년 초)

	P사	S사
주식S	100,000	-
유형자산	200,000	120,000
자산계	300,000	120,000
자본금	200,000	100,000
이익잉여금	100,000	20,000
자본계	300,000	120,000

요구사항 

1. 지배력 획득 시점의 연결재무제표를 작성하시오.
2. 지배기업의 취득금액이 81,000원(Case 1) 또는 60,000원(Case 2)일 경우, 연결재무제표에 미치는 영향에 대하여 논하시오.

해설

Ⅰ. 분석

1. 취득금액의 구성내역

	지배기업	비지배지분
취득금액	100,000	54,000
순자산 지분액	72,000(= 120,000 × 60%)	48,000(= 120,000 × 40%)
토지 FV차액	9,000(= 15,000 × 60%)	6,000(= 15,000 × 40%)
영업권	19,000	

2. 순자산 분석

(1) 지배기업

	순자산 지분액	토지(FV차액)	영업권	지분액 합계
취득	72,000	9,000	19,000	100,000

(2) S사 비지배주주

	순자산 지분액	토지(FV차액)	영업권	지분액 합계
취득	48,000	6,000	–	54,000

Ⅱ. 연결재무제표

단순합산				연결조정				연결재무제표			
주식S	100,000	자본금	300,000	자본금(S)	100,000	주식S	100,000	주식S	–	자본금	200,000
유형자산	320,000	이익잉여금	120,000	이익잉여금(S)	20,000	비지배지분	54,000	유형자산	335,000	이익잉여금	100,000
				유형자산(FV)	15,000			영업권	19,000	비지배지분	54,000
				영업권	19,000						

Ⅲ. 취득금액의 변동

	Case 1		Case 2	
	지배기업	비지배지분	지배기업	비지배지분
취득금액	81,000	54,000	60,000	54,000
순자산 지분액	72,000	48,000	72,000	48,000
토지 FV차액	9,000	6,000	9,000	6,000
염가매수차익	–		(21,000)	

Ⅳ. 연결정산표(참고사항)

계정과목	별도재무제표		단순합산	연결조정		연결 재무제표
	P사	S사		차변	대변	
주식S	100,000	–	100,000		100,000	–
유형자산	200,000	120,000	320,000	15,000		335,000
영업권	–	–	–	19,000		19,000
자산계	300,000	120,000	420,000			354,000
자본금	200,000	100,000	300,000	100,000		200,000
이익잉여금	100,000	20,000	120,000	20,000		100,000
비지배지분	–	–	–		54,000	54,000
자본계	300,000	120,000	420,000			354,000
			합계	154,000	154,000	

사례를 통하여 살펴본 내용은 다음과 같다.

지배기업의 종속기업주식 취득금액

- 공정가치 차액 15,000원은 지분율에 따라 지배기업과 비지배주주의 지분에 안분된다.
- 영업권 = 주식 취득금액 – (결산일 현재 순자산 지분액 + 공정가치 차액 지분액)
- 19,000원 = 100,000원 – (72,000원 + 9,000원)

비지배지분의 취득금액

- 비지배지분은 실무상 대부분 (부분영업권 인식방법을 적용하여) 순자산 공정가치에 비례하여 인식되고 있다.
- 결산일 현재 순자산 지분액 + 공정가치 차액 지분액 = 비지배지분의 취득금액
- 48,000원 + 6,000원 = 54,000원

영업권과 염가매수차익

- 영업권은 취득금액이 순자산 공정가치 지분액보다 큰 경우에 발생하며, 종속기업의 이익 창출능력과 지배기업과의 Synergy 효과를 고려하여 결정된다.
- 염가매수차익은 취득금액이 순자산 공정가치보다 적을 경우에 발생하나 정상적인 경제상황에서는 일반적으로 발생하지 않는다. 따라서 정상적인 시장에서 염가매수차익이 발생하였다고 하면, 자산·부채의 공정가치 평가가 적정한지와 종속기업의 수익성에 대한 평가가 반영되었는지 확인해야 한다.

연결재무제표 작성

- S사의 자본 항목을 모두 제거한다.

- P사 별도재무제표에 계상된 S사 주식을 제거한다.
- P사와 비지배주주의 순자산 분석에 기재된 공정가치 차액과 영업권을 합산하여 연결조정으로 가산한다.
- 비지배주주의 순자산 분석에 표시된 합계 금액을 연결조정으로 반영한다.

취득금액의 변동이 연결재무제표에 미치는 영향

- 취득금액이 60,000원인 경우 지배기업의 취득금액과 순자산 공정가치의 차액인 21,000원은 염가매수차익(당기이익)으로 인식한다.
- 취득금액이 81,000원이라면 취득금액과 순자산 공정가치 지분액과 동일하므로 영업권이나 염가매수차익이 발생하지 않는다.

3. 지배력 획득 이후 : 순자산조정[20]

지배력 취득 이후에는 연결재무상태표뿐만 아니라 연결손익계산서도 작성해야 한다. 따라서 순자산조정뿐만 아니라 추가로 순이익조정을 실시하게 된다.

(1) 수리적인 분석

순자산조정 과정을 수식으로 정리하기 위해 편의상 다음을 정의한다.

- 지배기업의 종속기업주식 취득금액 = 주식S0
- 지배력 획득일 현재 종속기업 순자산 = 자본금 + 자본잉여금 + 이익잉여금 = NA0
- 지배력 획득 후 1년 동안 종속기업 순자산 변동 = △NA
- 지배력 획득일 1년 후 종속기업 순자산 = NA0 + △NA = NA1
- 지배력 획득일 현재 공정가치 차액 = FV0
- 지배력 획득 후 1년 동안 공정가치 차액의 변동 = △FV
- 지배력 획득일 1년 후 공정가치 차액 = FV0 + △FV = FV1
- 지배력 획득일 현재 영업권 = G0
- 지배력 획득 후 1년 동안 영업권의 변동(손상) = △G
- 지배력 획득일 1년 후 영업권 = G0 + △G = G1
- 지배기업의 지분율 = P%
- 비지배주주의 지분율 = M%

20) 수식으로 표현된 형식에 익숙하지 않은 독자는 수식을 생략하고 연결조정 내역과 그 직관적인 의미를 살펴보고 〈사례 4〉와 〈사례 5〉를 숙지해도 좋다. 그러나 연결회계의 본질을 이해한다는 측면에서 한 번 정도는 수식을 살펴보고 그 의미를 생각해보기 권한다.

• 지배력 획득일 현재 비지배지분 = M0
• 지배력 획득일 1년 후 비지배지분 = M1

지배기업의 주식 취득금액은 다음과 같이 표현된다.

주식S0
= (종속기업의 순자산 장부금액 + 공정가치 차액) × 지분율 + 영업권
= (NA0 + FV0) × P% + G0

지배기업의 종속기업에 대한 지분 평가액은 종속기업의 순자산 공정가치 변동액(= △NA + △FV)에 지분율을 곱한 금액과 영업권 손상을 가산하여 계산된다.

지분 평가액
= 종속기업의 순자산 공정가치 변동액 × 지분율 + 영업권 변동액
= (△NA + △FV) × P% + △G

1년 후 종속기업의 순자산에 대한 지배기업 지분은 취득금액에 1년간의 지분 평가액을 합산한 금액이므로 다음과 같이 정리된다.

지배력 획득일 1년 후 종속기업의 순자산에 대한 지배기업 소유주지분
= 취득금액 + 지분 평가액
= 주식S0 + (△NA + △FV) × P% + △G
= (NA0 + FV0) × P% + G0 + (△NA + △FV) × P% + △G
= (NA0 + △NA + FV0 + △FV) × P% + (G0 + △G)
= (NA1 + FV1) × P% + G1

한편, 취득일 현재 비지배지분은 다음과 같다.

M0 = (NA0 + FV0) × M%

1년 후 비지배지분 금액은 취득금액에 종속기업의 순자산 공정가치 변동액(= △NA +

△FV)에 지분율을 곱한 금액을 가산한 것이므로, 다음과 같이 정리된다.

M1
= 취득금액 + 평가액
= M0 + (△NA + △FV) × M%
= (NA0 + FV0) × M% + (△NA + △FV) × M%
= (NA0 + △NA + FV0 + △FV) × M%
= (NA1 + FV1) × M%

1년 후 지배기업 지분과 비지배주주의 지분을 합산하면 다음과 같다.

지배력 획득일 1년 후 지배기업 소유주지분 + 비지배지분
= 주식S0 + (△NA + △FV) × P% + △G + M1
= (NA1 + FV1) × P% + G1 + (NA1 + FV1) × M%
= NA1 + FV1 + G1

즉, 다음의 관계가 성립된다.

주식S0 + (△NA + △FV) × P% + △G + M1
= NA1 + FV1 + G1

위 식의 좌변과 우변을 바꾸면 다음과 같다.

NA1 + FV1 + G1 = 주식S0 + (△NA + △FV) × P% + △G + M1

여기서 '(△NA + △FV) × P% + △G'는 지배기업이 지배력을 획득한 이후의 누적 지분 이익을 의미하는데, 일반적으로 누적 지분 이익은 이익잉여금과 기타포괄손익으로 구성된다. 계정과목을 사용하여 상기 식을 표현하면 다음과 같다.

자본금(S1) + 자본잉여금(S1) + 이익잉여금(S1) + FV차액 잔액 + 영업권 잔액
= 주식S0 + P사 누적 지분 이익(이익잉여금 또는 기타포괄손익) + 비지배지분

상기 식을 T계정으로 표현하면 다음과 같다.

연결조정

차변		대변	
자본금(S1)	×××	주식S0	×××
자본잉여금(S1)	×××	P사 누적 지분 이익(이익잉여금)	×××
이익잉여금(S1)	×××	P사 누적 지분 이익(기타포괄손익)	×××
FV차액 잔액(FV1)[21]	×××	비지배지분(M1)	×××
영업권 잔액(G1)	×××		

(2) 직관적인 분석과 의미

상기 연결조정의 직관적인 의미는 결산일 현재 종속기업의 순자산 공정가치(= 자본금 + 자본잉여금 + 이익잉여금 + 공정가치 차액 잔액)와 영업권의 합은 지배기업 소유주지분(= 주식S0 + 지분 이익)과 비지배지분(M1)의 합으로 구성된다는 것이다. 연결정산표를 떠올리면 다음 내용이 T계정에 포함되어 있음을 알 수 있다.

① 종속기업주식은 단순합산을 통해 종속기업의 자산과 부채로 전환되었으므로 제거한다. 단순합산재무제표에는 종속기업의 자본 항목이 합산되어 있으나, 사업결합은 사업 관련 자산과 부채가 합산되는 것이므로 의미가 없다. 따라서 제거한다.

② 단순합산재무제표에 포함된 종속기업의 장부금액을 공정가치로 전환시키기 위해 결산일 현재 공정가치 차액을 연결조정으로 가산한다.

③ 단순합산재무제표에는 지배기업이 인식할 영업권이 표시되어 있지 않으므로 연결조정으로 가산한다.

④ 단순합산재무제표에는 종속기업에 대한 비지배지분(M1)이 표시되어 있지 않으므로 연결조정으로 가산한다.

⑤ 지배력 획득 이후 종속기업에 대한 지배기업의 누적 지분 이익이 연결재무제표에 표시되어야 하므로 연결조정으로 가산한다.

상기 목표 값을 달성하기 위해 이루어지는 연결조정은 다음과 같이 산출된다.

① 단순합산재무제표에 표시된 종속기업의 자본 항목(자본금 + 자본잉여금 + 이익잉여금)과 지배기업의 종속기업주식을 연결조정으로 차감한다.

② 지배기업과 비지배주주의 순자산 분석에 표시된 해당 연도 공정가치 차액을 합산하여 연결조정으로 가산한다.

---

21) 자산에 대한 평가증액을 전제하여 좌변에 표시했으나, 만일 자산의 공정가치가 장부금액보다 적다면 공정가치 차액은 우변에 표시된다.

③ 지배기업의 순자산 분석에 표시된 해당 연도 영업권을 연결조정으로 가산한다.

④ 비지배주주의 순자산 분석에 표시된 해당 연도 합계금액을 연결조정으로 가산한다.

⑤ 지배기업의 누적 지분 평가를 활용하여 계산한 지분 이익을 연결조정으로 가산한다. 지분 이익은 다음과 같다.

- 이익잉여금 = 지분 손익 내역 − 당기 배당금 + 전기이월이익잉여금
- 기타포괄손익 = 누적 지분 평가에 표시된 해당 연도 기타포괄손익

연결조정에 반영하는 이익잉여금이나 기타포괄손익은 지배기업 소유주지분으로 한정된다. 그 이유는 비지배주주의 지분액은 세부 항목을 구분하지 않고 비지배지분이라는 단일 계정으로 표시되기 때문이다. 지배기업과 비지배지분의 표현방식은 다르지만 결국 연결재무제표에는 지배기업이 인식한 지분액(이익잉여금과 기타포괄손익)과 비지배주주가 인식한 지분액이 모두 반영된다.

4. 지배력 획득 이후 : 순이익조정

(1) 수리적인 분석

순이익조정에 관한 과정을 수식으로 정리하기 위해 다음을 정의한다.

- 지배력 획득일 1년 동안의 공정가치 차액 변동액 = △FV[22)]
- 지배력 획득일 1년 동안의 영업권 가치 감소액 = △G
- 지배기업 순이익 = P' NI
- 종속기업 순이익 = S' NI
- 단순합산 NI = P' NI + S' NI

정의에 따라 지배기업과 비지배주주의 지분이익은 다음과 같이 표현된다.

- 지배기업의 지분 = S' NI × P% + △FV × P% + △G
- 비지배주주의 지분 = S' NI × M% + △FV × M%

22) △FV은 지배력 획득 시 인식되었던 공정가치 차액이 시간의 경과에 따라 비용(또는 수익)으로 인식된 금액이다.

지배기업과 비지배주주의 지분을 합산하면 다음과 같다.

> 지배기업의 지분 + 비지배주주의 지분
> = S' NI × P% + △FV × P% + △G + S' NI × M% + △FV × M%
> = (S' NI + △FV) × (P% + M%) + △G
> = S' NI + △FV + △G

연결당기순이익은 회계기간 중 변동한 지배기업 소유주지분과 비지배주주의 지분의 합으로 구성된다.

> 연결당기순이익
> = 지배기업 소유주지분(= P사 자신의 이익 + 지배기업의 지분) + 비지배주주의 지분
> = P사 자신의 이익[23] + (지배기업의 지분 + 비지배주주의 이익)
> = (P' NI − 배당금수익) + S' NI + △FV + △G
> = (P' NI + S' NI) − 배당금수익 + △FV + △G
> = 단순합산 NI − 배당금수익 + △FV + △G

즉, 다음 관계가 성립한다.

> 연결당기순이익 = 단순합산 NI − 배당금수익 + △FV + △G

여기서 △FV, △G, (−)배당금수익은 부(負)의 금액이므로 양수로 표시하기 위해 차변으로 옮긴 후 T계정으로 표현하면 다음과 같다(단순합산 NI는 이미 단순합산재무제표에 주어져 있으므로 (−)배당금수익과 △FV 및 △G만 반영하면 연결당기순이익이 산출된다).

연결조정

차변		대변	
수익(배당금수익)	×××	이익잉여금(plug-in)	×××
비용(△FV)[24]	×××		
비용(△G)	×××		

23) 지배기업은 종속기업으로부터 수령한 배당금을 별도재무제표상 수익으로 인식한다. 그러나 연결 관점에서 S사의 배당금은 투자 환급이며 P사의 이익에 해당하지 않는다. 따라서 연결 관점에서 P사의 이익은 별도재무제표상 이익에서 배당금수익을 차감하여 계산된다.

순이익조정 이전에 순자산조정을 통하여 연결재무제표에 표시될 연결순자산은 확정되었다. 그러므로 상기 연결조정 중 **이익잉여금(Plug-in)은 정산표에 반영되지 않는다**. 다만, 연결조정이 연결당기순이익에 미치는 효과를 표시할 뿐이다.

(2) 직관적인 분석과 의미

순이익조정을 수식이 아닌 연결정산표를 통하여 직관적으로 설명하면 다음과 같다.

① 연결 관점에서 배당금은 하나의 경제적 실체 내에서 이루어진 내부거래에 불과하다. 단순합산재무제표에 수익으로 표시된 금액을 연결조정으로 제거한다.

② 단순합산재무제표에 장부금액으로 반영되어 있는 비용을 연결 관점으로 전환하기 위해 공정가치 차액 변동과 영업권 손상을 연결조정으로 반영한다.

상기 목표 값을 달성하기 위하여 이루어지는 연결조정은 다음과 같이 산출된다.

① 지배기업의 누적 지분 평가에 기재된 해당 연도 종속기업 배당금을 연결조정으로 차감한다.

② 지배기업과 비지배주주의 누적 지분 평가에 기재된 해당 연도 공정가치 차액 변동 금액을 합산하여 연결조정으로 가산한다.

③ 지배기업의 누적 지분 평가에 기재된 영업권 손상을 연결조정으로 가산한다.

연결정산표상 단순합산당기순이익에서 연결당기순이익으로 전환되는 과정은 다음의 표로 표현할 수 있다.

<table>
<tr><td rowspan="2">지배기업
별도재무제표
당기순이익</td><td rowspan="2">연결
당기순이익</td><td>지배기업
소유주지분</td></tr>
<tr><td>비지배지분</td></tr>
<tr><td rowspan="3">종속기업
별도재무제표
당기순이익</td><td>배당금수익</td><td rowspan="3"></td></tr>
<tr><td>공정가치 차액 변동</td></tr>
<tr><td>영업권손상</td></tr>
</table>

상기 내용은 다음과 같이 바꾸어 표현할 수 있는데, 음영부분을 살펴보면 연결조정(순이익조정)과 동일함을 알 수 있다.

24) 본 내용은 자산에 대한 평가증을 전제하였으나, 만일 자산의 공정가치가 장부금액보다 적거나 부채의 공정가치가 장부금액보다 크다면 공정가치 차액은 우변에 표시된다.

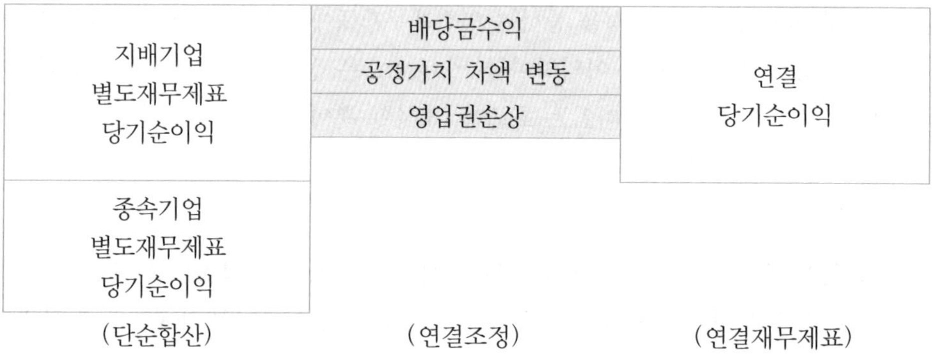

(단순합산)	(연결조정)	(연결재무제표)
지배기업 별도재무제표 당기순이익	배당금수익 공정가치 차액 변동 영업권손상	연결 당기순이익
종속기업 별도재무제표 당기순이익		

5. 연결조정 : 종합

연결조정

1단계 : 순자산조정			
자본금(S1)	×××	주식S0	×××
자본잉여금(S1)	×××	P사 지분 이익(이익잉여금)	×××
이익잉여금(S1)	×××	P사 지분 이익(기타포괄손익)	×××
FV차액 잔액(FV1)	×××	비지배지분(M1)	×××
영업권 잔액(G1)	×××		
2단계 : 순이익조정			
수익(배당금수익)	×××	이익잉여금	×××
비용(△FV)	×××		
비용(△G)	×××		

재무상태표와 손익계산서의 정산표를 분리하여 작성하는 이유

개별(또는 별도)재무제표는 재무상태표와 손익계산서가 모두 합산되어 있는 형태로 정산표를 작성한다. 그러나 실무상 연결재무상태표와 연결손익계산서를 분리하여 정산표를 작성하는 것이 일반적이다. 연결조정을 분리하여 반영하는 이유는 다음과 같다.

연결 관점에서 당기순이익에 대한 권리는 지배기업뿐만 아니라 비지배주주에게도 주어진다. 따라서 연결손익계산서상 당기순이익은 이익잉여금(지배기업 소유주지분)뿐만 아니라 비지배지분(비지배주주의 지분)에게도 배분된다.

따라서 재무상태표와 손익계산서를 하나의 정산표로 작성하면 손익을 이익잉여금과 비지배지분으로 배분하는 절차가 포함되어야 한다. 이러한 배분절차를 하나의 정산표에서 수행하면 복잡해지므로, 순이익조정과 순자산조정을 별개로 진행하는 것이 일반적이다.

지금까지 연결조정에 대한 논리적인 과정을 수식으로 정리했는데, 수식을 활용하다 보니 그다지 어렵지 않은 개념이 다소 추상적으로 표현된 측면이 있다. 〈사례 4〉를 통해 연결조정의 의미와 연결재무제표 작성 절차를 구체적으로 살펴보자. 참고로 교재와 같이 제공된 Excel 자료를 병행한다면 보다 효과적인 학습이 가능할 것으로 예상한다.

사례 4 지배력 획득일 후 연결재무제표 (1) ☆☆☆

1 주식 취득

P사는 S사 주식을 01년 초에 다음과 같이 취득함.

지분율 60%

취득금액 20,000

비지배지분은 식별 가능한 순자산 공정가치에 비례하여 인식함.

한편, 지배력 획득일 현재 S사의 자산·부채 장부금액과 공정가치는 모두 일치함.

2 S사 배당

	01년	02년
금액	5,000	10,000

3 요약 별도재무제표

	지배기업(P)			종속기업(S)		
	취득	01년	02년	취득	01년	02년
주식S	20,000	20,000	20,000	–	–	–
기타자산	80,000	105,000	125,000	30,000	35,000	40,000
자산계	100,000	125,000	145,000	30,000	35,000	40,000
자본금	50,000	50,000	50,000	20,000	20,000	20,000
이익잉여금	50,000	75,000	95,000	10,000	15,000	20,000
자본계	100,000	125,000	145,000	30,000	35,000	40,000
수익		120,000	110,000		40,000	45,000
비용		(95,000)	(90,000)		(30,000)	(30,000)
당기순이익		25,000	20,000		10,000	15,000

요구사항 지배력 획득 시점과 01년 및 02년의 연결재무제표를 작성하시오.

해설

Ⅰ. 분석

1. 취득금액의 구성내역

	지배기업	비지배지분
취득금액	20,000	12,000
순자산 지분액	18,000(= 30,000 × 60%)	12,000(= 30,000 × 40%)
영업권	2,000	

2. P사의 S사 누적 지분 평가

	취득금액	NI 지분액	종속기업 배당	전기이월 이익잉여금	지분액 합계
01년	20,000	6,000	(3,000)	–	23,000
02년	20,000	9,000	(6,000)	3,000	26,000

순자산 분석

	순자산 지분액	영업권	지분액 합계
취득	18,000	2,000	20,000
01년	21,000	2,000	23,000
02년	24,000	2,000	26,000

3. S사 비지배주주의 누적 지분 평가

	취득금액	NI 지분액	배당	전기이월 이익잉여금	지분액 합계
01년	12,000	4,000	(2,000)	–	14,000
02년	12,000	6,000	(4,000)	2,000	16,000

순자산 분석

	순자산 지분액	영업권	지분액 합계
취득	12,000	–	12,000
01년	14,000	–	14,000
02년	16,000	–	16,000

Ⅱ. 연결재무제표

1. 취득

단순합산

차변	금액	대변	금액
주식S	20,000	자본금	70,000
기타자산	110,000	이익잉여금	60,000

연결조정

차변	금액	대변	금액
자본금(S)	20,000	주식S	20,000
이익잉여금(S)	10,000	비지배지분	12,000
영업권	2,000		

연결재무제표

차변	금액	대변	금액
주식S	–	자본금	50,000
기타자산	110,000	이익잉여금	50,000
영업권	2,000	비지배지분	12,000

2. 01년

단순합산

차변	금액	대변	금액
주식S	20,000	자본금	70,000
기타자산	140,000	이익잉여금	90,000
비용	125,000	수익	160,000
이익잉여금 (단순합산NI)	35,000		

연결조정

차변	금액	대변	금액
1단계 : 순자산조정			
자본금(S)	20,000	주식S	20,000
이익잉여금(S)	15,000	이익잉여금	3,000
영업권	2,000	비지배지분	14,000
2단계 : 순이익조정			
수익(배당금)	3,000	이익잉여금	3,000

연결재무제표

차변	금액	대변	금액
주식S	–	자본금	50,000
기타자산	140,000	이익잉여금	78,000
영업권	2,000	비지배지분	14,000
비용	125,000	수익	157,000
이익잉여금 (연결NI)	32,000		

3. 02년

단순합산

차변	금액	대변	금액
주식S	20,000	자본금	70,000
기타자산	165,000	이익잉여금	115,000
비용	120,000	수익	155,000
이익잉여금 (단순합산NI)	35,000		

연결조정

차변	금액	대변	금액
1단계 : 순자산조정			
자본금(S)	20,000	주식S	20,000
이익잉여금(S)	20,000	이익잉여금	6,000
영업권	2,000	비지배지분	16,000
2단계 : 순이익조정			
수익(배당금)	6,000	이익잉여금	6,000

연결재무제표

차변	금액	대변	금액
주식S	–	자본금	50,000
기타자산	165,000	이익잉여금	101,000
영업권	2,000	비지배지분	16,000
비용	120,000	수익	149,000
이익잉여금 (연결NI)	29,000		

4. 연결자본변동표

	자본금	이익잉여금	비지배지분	합계
01년 초	50,000	50,000	–	100,000
종속기업 취득			12,000	12,000
연결당기순이익		28,000	4,000	32,000
비지배주주에 대한 배당			(2,000)	(2,000)
01년 말	50,000	78,000	14,000	142,000
02년 초	50,000	78,000	14,000	142,000
연결당기순이익		23,000	6,000	29,000
비지배주주에 대한 배당			(4,000)	(4,000)
02년 말	50,000	101,000	16,000	167,000

연결당기순이익의 검증

		01년	02년	
1	P사의 별도재무제표상 순이익	25,000	20,000	지배기업 소유수지분
2	P사의 별도재무제표상 배당금수익	(3,000)	(6,000)	
3	S사 지분 이익	6,000	9,000	
4	비지배지분 순이익	4,000	6,000	비지배지분
		32,000	29,000	

Ⅲ. 연결정산표(01년, 참고사항)

계정과목	별도재무제표		단순합산	연결조정		연결 재무제표
	지배기업	종속기업		차변	대변	
재무상태표						
주식S	20,000	–	20,000		20,000	–
기타자산	105,000	35,000	140,000			140,000
영업권	–	–	–	2,000		2,000
자산계	125,000	35,000	160,000			142,000
자본금	50,000	20,000	70,000	20,000		50,000
이익잉여금	75,000	15,000	90,000	15,000	3,000	78,000
비지배지분	–	–	–		14,000	14,000
자본계	125,000	35,000	160,000			142,000
			합계	37,000	37,000	
손익계산서						
수익	120,000	40,000	160,000	3,000		157,000
비용	95,000	30,000	125,000			125,000
당기순이익	25,000	10,000	35,000			32,000
			합계	3,000	–	

사례를 통하여 살펴본 내용은 다음과 같다.

지배력 획득 시점

- 지배력 획득일 현재 취득금액 20,000원은 순자산에 대한 지분액 18,000원(= 30,000원 × 60%)과 영업권 2,000원으로 구성된다.
- 비지배지분은 식별 가능한 순자산 공정가치에 비례하여 인식하고 있으므로 (즉, 비지배지분에 대한 영업권은 인식하지 않기 때문에) 순자산 지분액과 동일한 12,000원(= 30,000원 × 40%)으로 산정된다.
- S사의 별도재무제표에 표시된 자본 항목 30,000원과 P사 별도재무제표에 표시되는 S사 주식 20,000원을 연결조정으로 제거한다.
- 단순합산재무제표에 인식되지 않은 2,000원의 영업권과 12,000원의 비지배지분을 연결조정으로 반

영한다. 영업권은 P사와 S사의 비지배주주의 순자산 분석에 표시된 해당 연도 금액을 합산하여 계산하며, 비지배지분은 비지배주주의 순자산 분석에 표시된 해당 연도 지분액에 해당한다. 영업권은 연결실체의 자산이고 비지배지분은 연결실체의 자본임을 고려하면, 상기 연결조정을 직관적으로 이해하는 데 도움이 될 것이다.

지배력 획득일 후의 연결조정(순자산조정)

- **순자산조정에 표시되어 있는 연결조정은 재무상태표에만 반영한다.**
- 결산일 현재 S사의 자본 항목과 P사의 별도재무제표에 표시된 S사 주식을 제거한다.
- 01년 연결 시 순자산조정에 이익잉여금으로 인식된 3,000원은 01년에 P사가 S사 주식을 소유함으로 인식한 누적 지분 이익인데, 누적 지분 평가를 활용하여 지분 이익은 다음과 같이 계산된다.
  누적 지분 이익(이익잉여금) = 당기 지분 이익 - 배당금 + 전기이월이익잉여금
  01년 누적 지분 이익(이익잉여금) = 6,000원 - 3,000원 = 3,000원
  02년 누적 지분 이익(이익잉여금) = 9,000원 - 6,000원 + 3,000원 = 6,000원
- 비지배지분은 비지배주주의 순자산 분석에 표시되어 있는 해당 연도 합계 금액이다. 비지배주주의 순자산 분석에 표시되어 있는 01년과 02년의 합계 금액 14,000원과 16,000원을 연결조정으로 반영한다.

지배력 획득일 후의 연결조정(순이익조정)

- **순이익조정에 표시되어 있는 연결조정은 손익계산서에만 반영한다.** 따라서 **순이익조정에 표시된 이익잉여금은 재무상태표에 표시된 이익잉여금에 가감할 대상이 아님에 유의한다.**
- 순이익조정에 있는 이익잉여금은 조정사항이 연결당기순이익에 미치는 영향을 보여주고 있을 뿐 정산표에 반영되지 않는다. 재무상태표의 순자산은 1단계 순자산조정을 통하여 목표 값에 도달했으며, 순이익조정의 영향을 받지 않는다.
- P사가 S사로부터 수령한 배당금은 P사의 별도재무제표상 수익으로 계상되어 있으나 내부거래로 발생한 수익이다. 따라서 01년과 02년의 연결조정으로 각각 3,000원과 6,000원을 제거한다.

연결당기순이익의 검증

- 연결당기순이익 = 지배기업 이익(지배기업 자신의 이익 + 종속기업에 대한 지분 이익) + 비지배주주 이익(종속기업에 대한 지분)
- 지배기업이 종속기업으로부터 수령한 배당금은 별도재무제표에 배당금수익으로 인식되어 있다. 따라서 지배기업 자신의 이익을 계산하려면 동 배당금수익이 차감되어야 한다.

연결자본변동표

- 연결자본변동표에서 기말자본 항목은 기초자본 항목에 회계기간 중에 발생한 연결당기순이익과 배당금으로 인한 영향을 반영하여 작성한다.
- S사가 P사에 지급하는 배당은 내부자금 거래 성격으로서 연결실체 외부로 유출되지 않는다. 즉, 연결실체의 순자산에 영향을 미치지 않는다. 따라서 연결자본변동표에 표시되지 않는다. 결국 연결자본변동표에 반영되는 종속기업의 배당금은 비지배주주에게 귀속되는 금액으로 한정된다.

• 한편, 연결현금흐름표도 비지배주주에 대한 배당 금액만 현금유출로 표시된다.

연결조정과 누적 지분 평가 및 순자산 분석의 관계

• 종속기업의 자본 항목과 지배기업이 소유하는 종속기업주식 이외의 연결조정은, 지배기업과 비지배주주의 누적 지분 평가 및 순자산 분석에 있는 수치 또는 그 조합으로서 구성된다. 누적 지분 평가와 순자산 분석은 연결재무제표가 어떻게 구성될 것인가에 대한 목표 값을 제공한다.
• 제공된 Excel 자료의 수식을 따라가며 본 사례를 반드시 다시 한번 검토하기 바란다.

6. 누적 지분 평가 내역과 순자산 분석의 활용

순자산 분석은 다음과 같이 연결조정에 활용된다.

① 연결조정에 표시되는 공정가치 차액과 영업권은 지배기업과 비지배주주의 순자산 분석에 표시된 해당 연도 금액을 합산하여 구한다.

② 연결조정에 표시되는 비지배지분은 해당 연도 비지배주주의 순자산 분석에 표시된 합계 금액을 이용한다.

한편, 누적 지분 평가는 다음과 같이 연결조정에 활용된다.

① 연결조정에 표시되는 지배기업의 누적 지분 이익(이익잉여금)은 해당 연도 누적 지분 평가를 활용하여 계산하는데, 다음 식으로 표현된다.

누적 지분 이익 = 지분 손익 내역 − 당기 배당금 + 전기이월이익잉여금

② 공정가치 차액과 영업권의 변동으로 발생한 손익은 지배기업과 비지배주주의 누적 지분 평가에 표시된 해당 연도 금액을 합산하여 구한다.

③ 연결당기순이익의 검증은 누적 지분 평가에 표시되어 있는 지분 손익 내역을 통해서 이루어진다.

연결회계와 지분법회계는 동일한 논리를 다른 관점으로 접근하는 것에 불과하다. 관계기업에 대한 지분액을 관계기업주식의 장부금액에 반영하여 표현하는 것이 지분법이며, 계정을 직접 표시하면서 지분액을 반영하는 것이 연결회계이다. 따라서 지분법과 연결회계의 기본 개념은 대부분 동일하며, 표시방법에 있어서 차이가 있는데 그 차이는 다음과 같이 요약할 수 있다.

연결결산은 지배기업과 비지배주주의 지분액을 지분법 개념에 근거하여 분석하고 총액으로 표시하는 과정이다. 즉, 연결회계는 총액으로 표시된 여러 줄로 구성된 지분법이다.

한편, 지배력 획득 시 종속기업의 자산과 부채 중 일부는 장부금액과 공정가치가 다르다고 가정해 보자. 지배기업은 지배력을 획득하는 시점에 종속기업의 자산과 부채를 공정가치로 측정하여 공정가치 차액을 인식하게 된다.

공정가치 차액을 발생시킨 자산을 보유하고 있는 기업은 종속기업이다. 종속기업의 순자산이나 순이익에 대해서는 지배기업뿐만 아니라 비지배주주도 지분율에 비례하여 권리를 보유한다. 따라서 공정가치 차액으로 발생한 자산이나 관련 비용은 지분율에 따라 지배기업과 비지배주주의 지분에 안분된다.

(1) 누적 지분 평가

앞서 살펴본 〈사례 4〉에 공정가치 차액과 영업권 손상이 존재할 경우를 추가하여 작성한 누적 지분 평가 내역은 다음과 같다. 지배기업과 비지배주주가 각각 지분 평가를 실시함을 상기하며 내용을 살펴보자.

		지분 손익 내역					
	취득금액	FV차액 변동	영업권 손상	NI 지분액	종속기업 배당	전기이월 이익잉여금	지분액 합계
01년	i	ii -1	ii -2	ii -3	iii	iv	v
02년						vi	

i. 취득금액 : 별도재무제표상 종속기업주식 장부금액 또는 비지배지분의 취득금액

ii. 지분 손익 내역 : 회계기간 중 발생한 지분 손익

- ii -1 : 취득 시점에 인식한 종속기업의 공정가치 차액 변동액 × 지분율
- ii -2 : 영업권의 당기 변동(손상) 금액
- ii -3 : 종속기업의 당기순이익 × 지분율

iii. 종속기업의 당기 배당금 × 지분율

iv, vi. 전기이월이익잉여금 = 전기 지분 손익 내역 - 전기 배당 + 전기의 전기이월이익잉여금

v. 지분액 합계 = 취득금액 + 지분 손익 내역 - 배당 + 전기이월이익잉여금

(2) 순자산 분석

지배기업과 비지배주주의 순자산 분석 내역은 다음과 같은데, 비지배주주에 대한 영업권은 기업실무상 일반적으로 인식하지 않음을 염두에 두고 내용을 살펴보자.

	순자산 지분액	FV차액(잔액)	영업권(잔액)	지분액 합계
취득	①	②	③	④
01년	⑤	⑥	⑦	⑧
02년				

①, ⑤ 결산일 현재 종속기업의 별도재무제표상 순자산 금액 × 지분율
②, ⑥ 결산일 현재 지배력 획득 시점에 인식되었던 공정가치 차액의 잔액 × 지분율
③, ⑦ 결산일 현재 영업권 잔액
④, ⑧ 지분액 합계 = 순자산 지분액 + FV차액(잔액) + 영업권(잔액)

(3) 연결조정

연결조정

1단계 : 순자산조정			
자본금(S1)	×××	주식S0	×××
자본잉여금(S1)	×××	P사 지분 이익(이익잉여금)	×××
이익잉여금(S1)	×××	P사 지분 이익(기타포괄손익)	×××
FV차액 잔액(FV1)	×××	비지배지분(M1)	×××
영업권 잔액(G1)	×××		
2단계 : 순이익조정			
수익(배당금수익)	×××	이익잉여금	×××
비용(△FV)	×××		
비용(△G)	×××		

연결조정으로 반영될 수치는 다음과 같이 산출된다.

1. 자본금, 자본잉여금, 이익잉여금 : 결산일 현재 종속기업의 별도재무제표상 자본 항목
2. FV차액 잔액 : 결산일 현재 공정가치 차액으로서 지배기업과 비지배주주의 순자산 분석에 표시된 해당 연도 금액(② 또는 ⑥)의 합계
3. 영업권 잔액 : 결산일 현재 영업권 잔액으로서 지배기업의 순자산 분석에 표시된 해당 연도 금액(③ 또는 ⑦)
4. 주식S0 : 결산일 현재 지배기업의 별도재무제표에 표시된 종속기업주식 금액
5. 이익잉여금(누적지분이익) : 지배기업의 누적 지분 평가에 표시된 해당 연도 '지분 손익 내역 − 배당금 + 전기이월이익잉여금(= ii − iii + iv)'

6. 비지배지분 : 비지배주주의 순자산 분석 내역 중 해당 연도 합계 금액(비지배지분의 ④ 또는 ⑧)
7. 수익(배당금수익) : 지배기업의 누적 지분 평가에 표시된 해당 연도 배당금(iii)
8. 비용(△FV) : 회계 기간 중 공정가치 차액의 변동으로서 지배기업과 비지배주주의 누적 지분 평가 해당 연도 금액(ii-1)의 합계
9. 비용(△G) : 지배기업의 누적 지분 평가에 표시된 금액(ii-2)

사례 5 지배력 획득일 후 연결재무제표 (2) ☆☆☆

1 주식 취득

P사는 S사 주식을 01년 초 다음과 같이 취득함.

취득 지분율 60%

취득금액 100,000

비지배지분은 식별 가능한 순자산 공정가치에 비례하여 인식함.

한편, 지배력 획득일 현재 S사의 자산·부채 장부금액과 공정가치의 차이는 다음과 같음.

	공정가치	장부금액	차액	비고
유형자산(토지)	60,000	45,000	15,000	02년 처분

2 영업권

01년과 02년 말 현재 영업권의 가치는 다음과 같이 평가됨.

	01년	02년
영업권	8,000	12,000

3 배당

	01년	02년
S사	10,000	15,000

4 요약 별도재무제표

	지배기업(P)			종속기업(S)		
	취득	01년	02년	취득	01년	02년
주식S	100,000	100,000	100,000	-	-	-
유형자산	200,000	250,000	310,000	120,000	150,000	155,000
자산계	300,000	350,000	410,000	120,000	150,000	155,000
자본금	200,000	200,000	200,000	100,000	100,000	100,000
이익잉여금	100,000	150,000	210,000	20,000	50,000	55,000
자본계	300,000	350,000	410,000	120,000	150,000	155,000
수익		250,000	300,000		100,000	120,000
비용		(200,000)	(240,000)		(60,000)	(100,000)
당기순이익		50,000	60,000		40,000	20,000

요구사항 **지배력 획득 시점과 01년 및 02년의 연결재무제표를 작성하시오.**

해설

Ⅰ. 분석

1. 취득금액의 구성내역

	지배기업	비지배지분
취득금액	100,000	54,000
순자산 지분액	72,000(= 120,000 × 60%)	48,000(= 120,000 × 40%)
유형자산 FV차액	9,000(= 15,000 × 60%)	6,000(= 15,000 × 40%)
영업권	19,000	

2. 공정가치 차액

	지배기업 귀속			비지배주주 귀속		
	취득시	01년	02년	취득시	01년	02년
유형자산(토지)	9,000	9,000	-	6,000	6,000	-
변동금액		-	(9,000)		-	(6,000)

Ⅱ. 누적 지분 평가

1. P사의 S사 누적 지분 평가

	취득금액	NI 지분액 (지분 손익 내역)	처분이익(FV차액) (지분 손익 내역)	자산손상(영업권) (지분 손익 내역)	배당	전기이월 이익잉여금	지분액 합계
01년	100,000	24,000	–	(11,000)	(6,000)	–	107,000
02년	100,000	12,000	(9,000)	–	(9,000)	7,000	101,000

순자산 분석

	순자산 지분액	토지(FV차액)	영업권	지분액 합계
취득	72,000	9,000	19,000	100,000
01년	90,000	9,000	8,000	107,000
02년	93,000	–	8,000	101,000

2. S사 비지배주주의 누적 지분 평가

	취득금액	NI 지분액 (지분 손익 내역)	처분이익(FV차액) (지분 손익 내역)	자산손상(영업권) (지분 손익 내역)	배당	전기이월 이익잉여금	지분액 합계
01년	54,000	16,000	–	–	(4,000)	–	66,000
02년	54,000	8,000	(6,000)	–	(6,000)	12,000	62,000

순자산 분석

	순자산 지분액	토지(FV차액)	영업권	지분액 합계
취득	48,000	6,000	–	54,000
01년	60,000	6,000	–	66,000
02년	62,000	–	–	62,000

Ⅲ. 연결재무제표

1. 취득

단순합산

차변		대변	
주식S	100,000	자본금	300,000
유형자산	320,000	이익잉여금	120,000

연결조정

차변		대변	
자본금(S)	100,000	주식S	100,000
이익잉여금(S)	20,000	비지배지분	54,000
유형자산(FV)	15,000		
영업권	19,000		

연결재무제표

차변		대변	
주식S	–	자본금	200,000
유형자산	335,000	이익잉여금	100,000
영업권	19,000	비지배지분	54,000

2\. 01년

단순합산

차변	금액	대변	금액
주식S	100,000	자본금	300,000
유형자산	400,000	이익잉여금	200,000
비용	260,000	수익	350,000
이익잉여금 (단순합산NI)	90,000		

연결조정

차변	금액	대변	금액
1단계 : 순자산조정			
자본금(S)	100,000	주식S	100,000
이익잉여금(S)	50,000	이익잉여금	7,000
유형자산(FV)	15,000	비지배지분	66,000
영업권	8,000		
2단계 : 순이익조정			
수익(배당금)	6,000	이익잉여금	17,000
비용(영업권)	11,000		

연결재무제표

차변	금액	대변	금액
주식S	–	자본금	200,000
유형자산	415,000	이익잉여금	157,000
영업권	8,000	비지배지분	66,000
비용	271,000	수익	344,000
이익잉여금 (연결NI)	73,000		

3\. 02년

단순합산

차변	금액	대변	금액
주식S	100,000	자본금	300,000
유형자산	465,000	이익잉여금	265,000
비용	340,000	수익	420,000
이익잉여금 (단순합산NI)	80,000		

연결조정

차변	금액	대변	금액
1단계 : 순자산조정			
자본금(S)	100,000	주식S	100,000
이익잉여금(S)	55,000	이익잉여금	1,000
영업권	8,000	비지배지분	62,000
2단계 : 순이익조정			
수익(배당금)	9,000	이익잉여금	24,000
수익(처분이익)	15,000		

연결재무제표

차변	금액	대변	금액
주식S	–	자본금	200,000
유형자산	465,000	이익잉여금	211,000
영업권	8,000	비지배지분	62,000
비용	340,000	수익	396,000
이익잉여금 (연결NI)	56,000		

4\. 연결자본변동표

	자본금	이익잉여금	비지배지분	합계
01년 초	200,000	100,000	–	300,000
종속기업 취득			54,000	54,000
연결당기순이익		57,000	16,000	73,000
비지배주주에 대한 배당			(4,000)	(4,000)
01년 말	200,000	157,000	66,000	423,000
02년 초	200,000	157,000	66,000	423,000
연결당기순이익		54,000	2,000	56,000
비지배주주에 대한 배당			(6,000)	(6,000)
02년 말	200,000	211,000	62,000	473,000

연결당기순이익의 검증

		01년	02년	
1	P사의 별도재무제표상 순이익	50,000	60,000	지배기업 소유주지분
2	P사의 별도재무제표상 배당금수익	(6,000)	(9,000)	
3	S사 지분 이익	13,000	3,000	
4	비지배지분 순이익	16,000	2,000	비지배지분
		73,000	56,000	

사례를 통하여 살펴본 내용은 다음과 같다.

취득금액

- P사의 영업권 = 취득금액 - 순자산 지분액 - 공정가치 차액 지분액
  19,000원 = 100,000원 - (72,000원 + 9,000원)
- 비지배지분은 연결 관점의 순자산에 비례하여 측정되므로 영업권을 인식하지 않는다.
- 비지배지분의 취득금액 = 순자산 지분액 + 공정가치 차액 지분액
  54,000원 = 48,000원 + 6,000원

공정가치 차액

- 공정가치 차액에 대한 권리는 지배기업과 비지배주주 모두에게 있으므로 지분율에 따라 안분한다. 그리고 공정가치 차액이 상각이나 처분을 통하여 변동될 경우 동 변동 금액도 지배기업과 비지배주주의 지분율에 안분하여 손익으로 인식한다.
- 토지에 대한 공정가치 차액은 해당 토지를 외부에 매각 시에 해소된다. 공정가치 차액에 대한 연결조정은 연결재무제표상 장부금액과 별도재무제표상 장부금액의 차이를 조정하는 것으로서 세무조정 중 유보와 성격이 유사하다.
- 공정가치 차액으로 인해 별도재무제표상 토지의 장부금액이 연결재무제표상 장부금액보다 15,000원이 과소 계상되어 있으므로, 별도재무제표상 처분이익은 연결재무제표상 처분이익보다 15,000원만큼 과대 계상된다. 따라서 연결조정으로 15,000원의 처분이익을 제거하고 지배기업과 비지배주주에게 안분한다.
- 공정가치 차액의 변동으로 인한 손익(처분손익)은 기말FV차액에서 기초FV차액을 차감하여 계산한다.

배당

- S사의 배당은 투자지분의 환급이므로 손익으로 인식하지 않는다.
- P사는 별도재무제표에 배당금을 수익으로 인식하고 있으므로 연결조정으로 제거한다.

영업권

- 영업권은 매 결산일마다 손상검토를 실시하며, 손상된 영업권은 이후 환입하지 않는다.

순자산조정

- 결산일 현재 S사의 자본 항목과 P사가 계상하고 있는 S사 주식을 제거한다.
- 연결조정에 표시될 비지배지분은 순자산 분석의 01년과 02년의 합계 금액인 66,000원과 62,000원에 해당한다.
- 연결조정에 표시될 01년과 02년의 공정가치 차액과 영업권은 지배기업과 비지배주주의 순자산 분석에 표시된 해당 금액을 합산하여 계산한다. 예를 들어 01년 공정가치 차액은 지배기업 지분 9,000원과 비지배지분 6,000원을 합계한 15,000원으로 산정된다.
- P사가 S사 주식을 보유함으로 인식할 누적 지분 이익(이익잉여금)은 당기 지분 이익에 배당금을 차감하고 전기이월이익잉여금을 가산하여 계산된다.

  01년 누적 지분 이익 = 13,000원 − 6,000원 = 7,000원

  02년 누적 지분 이익 = 3,000원 − 9,000원 + 7,000원 = 1,000원

순이익조정

- 01년과 02년의 공정가치 차액과 영업권의 변동으로 발생한 손익은 지배기업과 비지배주주의 누적 지분 평가상 해당 연도 금액을 합산하여 구한다.

  02년 공정가치 차액 변동 = 9,000원 + 6,000원 = 15,000원
- P사가 01년과 02년에 수령한 배당금 6,000원과 9,000원은 연결조정에 반영한다.
- 연결조정으로 반영된 손익의 차이(이익잉여금 Plug-in)는 정산표에 반영하지 않는다.

연결당기순이익의 구성

- P사의 총이익은 S사에 대한 지분이익과 P사 자체의 별도재무제표상 순이익을 합산하고 내부거래로 발생한 배당금을 차감하여 구한다.
- S사에 대한 지분 이익은 누적 지분 평가의 당기 지분 손익 내역에 해당한다. 따라서 P사의 01년과 02년 지분 이익은 각각 13,000원과 3,000원으로 계산되며, 비지배주주의 01년과 02년 지분 이익은 각각 16,000원과 2,000원으로 산정된다.
- 연결당기순이익의 배분 내역은 연결당기순이익의 검증과 연결자본변동표 작성 시 활용된다.
- **제공된 Excel 자료의 수식을 따라가며 본 사례를 반드시 다시 한번 검토하기 바란다.**

제 5 절 연결회계 이론

연결재무제표의 작성에 기초가 되는 이론으로는 소유주 이론, 지배기업 이론, 연결실체(또는 기업실체) 이론이 있다. 그러나 소유주 이론은 연결재무제표 작성에 적합하지 않으므로, 지배기업 이론과 연결실체 이론이 현대 연결회계에 대한 이론적 배경을 제공하고 있다.

1. 소유주 이론

소유주 이론(또는 자본주 이론, Proprietary theory)에서는 기업을 그 소유주의 확장으로 해석한다. 즉, 기업의 자산과 부채는 소유주의 자산과 부채로 간주한다. 마찬가지로 기업의 수익은 소유주 부(富)의 증가로 해석하고, 기업의 비용은 소유주 부의 감소로 해석한다.

소유주 이론을 적용하여 연결재무제표를 작성하면, 지배기업은 종속기업의 자산과 부채 중 지배기업의 지분율에 해당하는 부분만을 연결재무제표에 표시한다. 그리고 지배기업이 종속기업주식을 취득하기 위하여 지급한 대가에서 종속기업의 순자산 공정가치 지분액을 초과하는 금액만이 영업권으로 표시한다.

한편 연결손익계산서는 지배기업이 종속기업을 취득한 시점부터 종속기업에서 발생한 수익과 비용 중에서 지배기업의 지분에 해당하는 금액만을 지배기업의 수익과 비용에 가산하여 작성한다.

2. 지배기업 이론

지배기업 이론(Parent company theory)은 종속기업의 자산과 부채에 대하여 지배기업이 직접적인 소유권과 책임을 갖지 않는다 하더라도 지배기업은 종속기업의 모든 자산과 부채에 대하여 지배력을 행사할 수 있다고 해석한다. 그러므로 지배기업은 종속기업의 자산·부채와 수익·비용을 모두 포함하여 연결재무제표를 작성해야 한다고 본다.

지배기업 이론에서는 지배기업이 종속기업에 대하여 지배력을 획득하는 시점에 지배기업과 비지배지분을 다음과 같이 인식한다.

- 비지배지분 = 종속기업의 순자산 장부금액 × 비지배주주의 지분율
- 지배기업 지분 = 종속기업의 순자산 공정가치 × 지배기업의 지분율 + 영업권

상기 산식을 보면 종속기업의 공정가치 차액(= 순자산 장부금액과 순자산 공정가치 차이)과 영업권은 지배기업만이 인식함을 알 수 있다. 지배기업 이론에 따른 연결재무제표는 비지배지분에 해당하는 공정가치 차액과 영업권을 표시하지 않는다는 특징이 있다.

지배기업 이론에서는 연결재무제표가 지배기업의 주주에게 유용한 정보를 제공하기 위하여 작성되는 것으로 본다. 따라서 지배기업의 주주가 곧 연결실체의 주주이고 비지배주주는 채권자로 간주한다. 즉, 지배기업 이론은 연결재무제표를 지배기업 재무제표의 연장으로 간주한다. 종속기업이 마치 지배기업의 지점과 같다는 관점이다.

지배기업이 종속기업의 보통주 중 100% 미만을 소유하고 있는 경우에는, 종속기업의 순자산 일부를 비지배지분으로 분리하고 부채로 표시한다. 이러한 부채는 지배력 획득 이후에 종속기업이 보고한 당기순이익 중 비지배주주의 지분율에 해당하는 금액만큼 증가하며, 종속기업이 보고한 당기순손실 중 비지배주주의 지분율에 해당하는 금액만큼 감소한다.

지배기업 이론에 따르면 종속기업의 모든 수익과 비용은 연결손익계산서에 포함하지만, 비지배지분의 순이익은 연결손익계산서에 비용 항목으로 구분하여 인식한다. 즉, 연결당기순이익 계산 시 비지배주주의 순이익은 채권자의 지분이므로, 이자비용과 같이 연결손익계산서에 차감 항목으로 분류한다. 결국 연결당기순이익은 지배기업 자체의 이익과 종속기업의 당기순이익 중 지배기업의 지분액만으로 구성된다.

3. 연결실체 이론

연결실체 이론(또는 실체 이론, 기업실체 이론, Entity theory)은 지배기업의 주주나 종속기업의 주주에게 부여된 법률적인 소유권보다는 단일 경제실체로서의 연결실체 그 자체를 강조한다. 따라서 지배기업의 주주와 종속기업의 비지배주주는 연결실체에 대해 각각의 지분액을 가지는 두 개의 개별집단으로 파악되며, 지배기업의 주주나 종속기업의 비지배주주는 다른 일방이나 연결실체에 대하여 우위에 서지 않는다고 해석한다.

연결실체 이론에서는 기업을 그 소유주와는 독립된 별개의 실체로 간주하므로, **비지배주주도 지배기업과 동등하게 종속기업의 주주로**서의 자격을 가진다고 보아 비지배지분도 지배기업 소유주지분과 동일하게 해석한다.

즉, **연결실체 이론은 연결재무제표를 지배기업 소유주지분과 비지배지분으로 구성된 경제실체의 재무제표로 해석한다.**

연결실체 이론에서는 지배기업과 종속기업을 단일 경제실체로 간주하므로 종속기업의

공정가치를 연결재무상태표에 표시한다. 또한 지배기업이 종속기업 보통주의 100%를 취득하였다고 가정하고 가상적인 주식 취득금액에서 종속기업의 순자산 공정가치를 차감하여 연결재무상태표상 계상될 영업권을 산정한다.

그리고 이렇게 산정된 영업권을 지배기업과 비지배주주의 지분율에 따라 안분하므로, 지배기업이 취득한 지분율에 관계없이 종속기업의 순자산과 영업권은 취득시점에 공정가치 총액으로 연결재무제표에 나타난다.

- 종속기업의 기업가치 = 순자산 공정가치 + 영업권
- 종속기업의 기업가치 = 지배기업의 취득금액 + 비지배주주의 취득금액
- 비지배지분 = (종속기업의 순자산 공정가치 + 영업권) × 비지배주주의 지분율
- 지배기업 지분 = (종속기업의 순자산 공정가치 + 영업권) × 지배기업의 지분율

연결실체 이론에 따른 연결손익계산서는 지배기업과 종속기업의 수익과 비용을 모두 포함하며, 지배기업과 종속기업이 단일의 경제실체를 구성하므로 연결당기순이익은 지배기업 소유주지분과 비지배지분을 합산하여 표시한다.

그리고 비지배지분을 외부집단에 대한 지배기업의 의무를 나타내는 것이 아니라 자본의 일부로 해석하므로 주주지분 항목으로 표시한다.

| 지배기업 이론과 연결실체 이론의 비교 |

구 분	지배기업 이론	연결실체 이론
연결재무제표 작성주체	지배기업(자본주)	연결실체(지배기업의 소유주와 종속기업의 비지배주주)
비지배주주에 대한 견해	채권자	지배기업 소유주와 동등한 주주
비지배지분의 분류	부채로 분류	지배기업 소유주지분과 동일하게 연결실체 자본의 일부로 분류
연결당기순이익	종속기업 당기순이익 중 비지배주주에게 귀속되는 순이익은 연결당기순이익에서 차감됨(즉, 비지배지분 순이익은 일종의 비용임).	비지배지분 순이익은 연결당기순이익의 일부를 구성함.

사례 6 연결이론에 따른 연결재무제표 작성

1 주식 취득

P사는 S사 주식을 01년 초 다음과 같이 취득함.

지분율 60%

취득금액 30,000

지배력 획득 시점의 S사 주식의 가치는 1주당 45원이며, S사의 발행주식수는 1,000주임.

한편, 지배력 획득일 현재 S사의 자산·부채 장부금액과 공정가치의 차이는 다음과 같음.

	공정가치	장부금액	차액
토지	15,000	10,000	5,000

2 요약 별도재무제표

	지배기업(P)		종속기업(S)	
	취득	01년 말	취득	01년 말
주식S	30,000	30,000	-	-
토지	50,000	92,000	42,000	65,000
자산계	80,000	122,000	42,000	65,000
부채계	20,000	22,000	12,000	15,000
자본금	20,000	20,000	10,000	10,000
이익잉여금	40,000	80,000	20,000	40,000
부채와자본계	80,000	122,000	42,000	65,000
수익		100,000		80,000
비용		(60,000)		(60,000)
당기순이익		40,000		20,000

요구사항 **소유주 이론, 지배기업 이론 및 기업실체 이론에 따라 지배력 획득 시점과 01년 연결재무제표를 작성하시오.**

해설

Ⅰ. 취득금액의 구성내역

	연결실체 이론		지배기업 이론		소유주 이론	
	지배기업	비지배지분	지배기업	비지배지분	지배기업	비지배지분
취득금액	30,000	18,000	30,000	12,000	30,000	-
순자산 지분액	18,000	12,000	18,000	12,000	18,000	
토지 FV차액	3,000	2,000	3,000		3,000	
영업권	9,000	4,000	9,000		9,000	

Ⅱ. 누적 지분 평가

1. P사의 S사 누적 지분 평가

	취득금액	NI 지분액	지분액 합계
연결실체 이론	30,000	12,000	42,000
지배기업 이론	30,000	12,000	42,000
소유주 이론	30,000	12,000	42,000

순자산 분석

	순자산 지분액	토지(FV차액)	영업권	지분액 합계
연결실체 이론	30,000	3,000	9,000	42,000
지배기업 이론	30,000	3,000	9,000	42,000
소유주 이론	30,000	3,000	9,000	42,000

2. S사 비지배주주의 누적 지분 평가

	취득금액	NI 지분액	지분액 합계
연결실체 이론	18,000	8,000	26,000
지배기업 이론	12,000	8,000	20,000
소유주 이론	-	-	-

순자산 분석

	순자산 지분액	토지(FV차액)	영업권	지분액 합계
연결실체 이론	20,000	2,000	4,000	26,000
지배기업 이론	20,000	-	-	20,000
소유주 이론	-	-	-	-

Ⅲ. 연결재무제표

1. 연결실체 이론

(1) 취득

단순합산

차변	금액	대변	금액
주식S	30,000	부채	32,000
토지	92,000	자본금	30,000
		이익잉여금	60,000

연결조정

차변	금액	대변	금액
자본금(S)	10,000	주식S	30,000
이익잉여금(S)	20,000	비지배지분	18,000
토지(FV)	5,000		
영업권	13,000		

연결재무제표

차변	금액	대변	금액
주식S	–	부채	32,000
토지	97,000	자본금	20,000
영업권	13,000	이익잉여금	40,000
		비지배지분	18,000

(2) 01년

단순합산

차변	금액	대변	금액
주식S	30,000	부채	37,000
토지	157,000	자본금	30,000
		이익잉여금	120,000
비용	120,000	수익	180,000
이익잉여금 (단순합산NI)	60,000		

연결조정

차변	금액	대변	금액
자본금(S)	10,000	주식S	30,000
이익잉여금(S)	40,000	이익잉여금	12,000
토지(FV)	5,000	비지배지분	26,000
영업권	13,000		

연결재무제표

차변	금액	대변	금액
주식S	–	부채	37,000
토지	162,000	자본금	20,000
영업권	13,000	이익잉여금	92,000
		비지배지분	26,000
비용	120,000	수익	180,000
이익잉여금 (연결NI)	60,000		

2. 지배기업 이론

(1) 취득

단순합산

차변	금액	대변	금액
주식S	30,000	부채	32,000
토지	92,000	자본금	30,000
		이익잉여금	60,000

연결조정

차변	금액	대변	금액
자본금(S)	10,000	주식S	30,000
이익잉여금(S)	20,000	비지배지분	12,000
토지(FV)	3,000		
영업권	9,000		

연결재무제표

차변	금액	대변	금액
주식S	–	부채	32,000
토지	95,000	자본금	20,000
영업권	9,000	이익잉여금	40,000
		비지배지분	12,000

(2) 01년

단순합산

차변	금액	대변	금액
주식S	30,000	부채	37,000
토지	157,000	자본금	30,000
		이익잉여금	120,000
비용	120,000	수익	180,000
이익잉여금 (단순합산NI)	60,000		

연결조정

차변	금액	대변	금액
1단계 : 순자산조정			
자본금(S)	10,000	주식S	30,000
이익잉여금(S)	40,000	이익잉여금	12,000
토지(FV)	3,000	비지배지분	20,000
영업권	9,000		
2단계 : 순이익조정			
비용(비지배)	8,000	이익잉여금	8,000

연결재무제표

차변	금액	대변	금액
주식S	–	부채	37,000
토지	160,000	비지배지분	20,000
영업권	9,000	자본금	20,000
		이익잉여금	92,000
비용	128,000	수익	180,000
이익잉여금 (연결NI)	52,000		

3. 소유주 이론

(1) 취득

단순합산

차변	금액	대변	금액
주식S	30,000	부채	32,000
토지	92,000	자본금	30,000
		이익잉여금	60,000

연결조정

차변	금액	대변	금액
자본금(S)	10,000	주식S	30,000
이익잉여금(S)	20,000		
토지(FV)	3,000		
영업권	9,000		
부채	4,800	토지	16,800

연결재무제표

차변	금액	대변	금액
주식S	–	부채	27,200
토지	78,200	자본금	20,000
영업권	9,000	이익잉여금	40,000

(2) 01년

단순합산

차변	금액	대변	금액
주식S	30,000	부채	37,000
토지	157,000	자본금	30,000
		이익잉여금	120,000
비용	120,000	수익	180,000
이익잉여금 (단순합산NI)	60,000		

연결조정

차변	금액	대변	금액
1단계 : 순자산조정			
자본금(S)	10,000	주식S	30,000
이익잉여금(S)	40,000	이익잉여금	12,000
토지(FV)	3,000		
영업권	9,000		
부채	6,000	토지	26,000
2단계 : 순이익조정			
수익	32,000	비용	24,000
		이익잉여금	8,000

연결재무제표

차변	금액	대변	금액
주식S	–	부채	31,000
토지	134,000	자본금	20,000
영업권	9,000	이익잉여금	92,000
비용	96,000	수익	148,000
이익잉여금 (연결NI)	52,000		

Ⅳ. 연결재무제표 분석(음영은 연결재무제표에 표시되는 부분을 의미함)

1. 기업실체 이론

구 분	지배기업	비지배지분	계
영업권	9,000	4,000	13,000
FV차액	3,000	2,000	5,000
순자산			
－자산	134,000	26,000	160,000
－부채	31,000	6,000	37,000

구 분	지배기업	비지배지분	계
수익	148,000	32,000	180,000
비용	96,000	24,000	120,000
순이익	52,000	8,000	60,000

2. 지배기업 이론

구 분	지배기업	비지배지분	계
영업권	9,000	4,000	13,000
FV차액	3,000	2,000	5,000
순자산			
－자산	134,000	26,000	160,000
－부채	31,000	6,000	37,000

구 분	지배기업	비지배지분	계
수익	148,000	32,000	180,000
비용	96,000	24,000	120,000
순이익	52,000	8,000	60,000

소유주 이론

구 분	지배기업	비지배지분	계
영업권	9,000	4,000	13,000
FV차액	3,000	2,000	5,000
순자산			
－자산	134,000	26,000	160,000
－부채	31,000	6,000	37,000

구 분	지배기업	비지배지분	계
수익	148,000	32,000	180,000
비용	96,000	24,000	120,000
순이익	52,000	8,000	60,000

사례를 통하여 살펴본 내용은 다음과 같다.

연결실체 이론

- 연결실체 이론에서는 지배기업뿐만 아니라 비지배주주도 공정가치 차액과 영업권을 모두 인식하며, 비지배지분은 자본으로 분류한다.
- 지배기업 소유주지분뿐만 아니라 비지배지분도 포함하여 연결당기순이익이 표시된다.

지배기업 이론

- 지배기업 이론에서 비지배주주는 공정가치 차액과 영업권을 인식하지 않으며, 비지배지분은 부채로 분류된다.
- 비지배지분에 귀속되는 이익 8,000원은 비용으로 분류되며, 연결당기순이익은 지배기업에 귀속되는 순이익만으로 구성된다.

소유주 이론

- 소유주 이론에서 비지배주주는 공정가치 차액과 영업권을 인식하지 않으며, 비지배주주의 지분율에 해당하는 자산·부채와 수익·비용을 인식하지 않는다.

〈사례 6〉에서 살펴보았듯이 소유주 이론은 비지배주주를 배제하는 관점에서 성립된 이론이며, 연결실체 이론은 비지배주주를 지배기업과 동등하게 바라보는 정반대의 관점을 견지하고 있다.

현행 K-IFRS와 일반기업회계기준의 이론적 근거는 다음과 같다.

| 기업회계기준에 대한 이론적 배경 |

구 분	K-IFRS	일반기업회계기준
종속기업 평가	공정가치 (연결실체 이론)	공정가치 (연결실체 이론)
영업권 평가	전부 영업권과 부분 영업권 (연결실체 이론과 지배기업 이론)	부분 영업권 (지배기업 이론)
비지배지분 이익	순이익의 일부 (연결실체 이론)	순이익의 일부 (연결실체 이론)
비지배지분 표시	연결자본의 일부 (연결실체 이론)	연결자본의 일부 (연결실체 이론)

K-IFRS와 일반기업회계기준은 영업권을 제외하고 대부분 연결실체 이론에 근거하고 있다. 그러나 K-IFRS는 전부영업권과 부분영업권 방식을 모두 인정하고 있는데 반하여, 일반기업회계기준은 부분영업권 방식만 인정하고 있다는 점에서 다소 차이가 있다.

4. 영업권 인식 방법

비지배지분을 측정하는 방법은 공정가치로 인식하는 방법과 식별 가능한 순자산 공정가치에 비례하여 인식하는 방법으로 구분되는데, 양자의 차이는 비지배지분에 대하여 영업권을 인식하느냐 그렇지 않느냐의 여부이다.

① 부분영업권 인식방법(Partial goodwill) : 비지배지분을 종속기업의 식별 가능한 순자산 공정가치에 비례하여 인식하고, 지배기업만이 영업권을 인식하는 방법

② 전부영업권 인식방법(Full goodwill) : 비지배지분을 공정가치로 인식하고, 지배기업뿐만 아니라 비지배주주도 영업권을 인식하는 방법

| 전부영업권과 부분영업권 인식 방법 |

구 분	전부영업권 인식 방법	부분영업권 인식 방법
비지배지분	주당 공정가치 × 주식수	순자산 공정가치 × 지분율
영업권	주당 공정가치 × 주식수 – 순자산 공정가치 지분액	해당사항 없음

전부영업권 인식방법은 부분영업권 인식방법보다 더 연결실체이론에 부합한다. 그러나 종속기업주식이 시장에서 활발하게 거래되고 있지 않을 경우에는 비지배지분에 대한 영업권을 측정하기 어렵다. 또한 공정가치 측정에 소요되는 비용에 비하여 효익은 크지 않다고 평가된다. 이러한 이유로 기업실무에서는 대부분 부분영업권 인식방법을 회계정책으로 선택하고 있으며, 본서도 단서가 없다면 부분영업권 인식방법을 전제한다.

사례 7 비지배지분의 영업권 인식

① 주식 취득

P사는 S사 주식을 01년 초 다음과 같이 취득함.

지분율	60%
취득금액	100,000

지배력 획득 시점의 S사 주식의 가치는 1주당 150원이며, S사의 발행주식수는 1,000주임.
한편, 지배력 획득일 현재 S사의 자산·부채 장부금액과 공정가치의 차이는 다음과 같음.

	공정가치	장부금액	차액
유형자산(토지)	60,000	45,000	15,000

② 요약 별도재무제표(취득 시점)

	P사	S사
주식S	100,000	-
유형자산	200,000	120,000
자산계	300,000	120,000
자본금	200,000	100,000
이익잉여금	100,000	20,000
자본계	300,000	120,000

요구사항 전부영업권 인식방법과 부분영업권 인식방법에 의하여 지배력 획득 시점의 연결재무제표를 작성하시오.

해설

Ⅰ. 분석

1. 취득금액의 구성내역

	전부영업권		부분영업권	
	지배기업	비지배지분	지배기업	비지배지분
취득금액	100,000	60,000	100,000	54,000
순자산 지분액	72,000	48,000	72,000	48,000
토지 FV차액	9,000	6,000	9,000	6,000
영업권	19,000	6,000	19,000	

2. 순자산 분석

(1) 지배기업

	순자산 지분액	토지(FV차액)	영업권	지분액 합계
전부영업권	72,000	9,000	19,000	100,000
부분영업권	72,000	9,000	19,000	100,000

(2) 비지배주주

	순자산 지분액	토지(FV차액)	영업권	지분액 합계
전부영업권	48,000	6,000	6,000	60,000
부분영업권	48,000	6,000	–	54,000

Ⅱ. 연결재무상태표

1. 전부영업권 인식방법

단순합산

차변		대변	
주식S	100,000	자본금	300,000
유형자산	320,000	이익잉여금	120,000

연결조정

차변		대변	
자본금(S)	100,000	주식S	100,000
이익잉여금(S)	20,000	비지배지분	60,000
유형자산	15,000		
영업권	25,000		

연결재무제표

차변		대변	
주식S	–	자본금	200,000
유형자산	335,000	이익잉여금	100,000
영업권	25,000	비지배지분	60,000

2. 부분영업권 인식방법

단순합산

차변	금액	대변	금액
주식S	100,000	자본금	300,000
유형자산	320,000	이익잉여금	120,000

연결조정

차변	금액	대변	금액
자본금(S)	100,000	주식S	100,000
이익잉여금(S)	20,000	비지배지분	54,000
유형자산	15,000		
영업권	19,000		

연결재무제표

차변	금액	대변	금액
주식S	–	자본금	200,000
유형자산	335,000	이익잉여금	100,000
영업권	19,000	비지배지분	54,000

사례를 통하여 살펴본 내용은 다음과 같다.

영업권 인식

- 전부영업권 인식방법(비지배지분을 공정가치로 인식하는 방법)에서 비지배지분의 취득금액은 400주에 150원을 곱하여 결정되며, 비지배주주에 대한 영업권은 취득금액과 순자산 공정가치의 차이인 6,000원(= 60,000원 – 48,000원 – 6,000원)으로 계산된다.
- 부분영업권 인식방법에서 비지배주주의 취득금액은 종속기업의 순자산 공정가치에 대한 지분액인 54,000원(= 48,000원 + 6,000원)으로 산정된다.
- 전부영업권 인식방법에서는 취득금액이 먼저 결정된 후 그 금액을 순자산 지분액, 공정가치 차액, 영업권으로 안분하는 반면에, 부분영업권 인식방법에서는 순자산 지분액과 공정가치 차액을 계산하여 합계한 금액을 취득금액으로 결정한다는 특징이 있다.

전부영업권 방식의 순환 논리

- K–IFRS 제1103호에서는 지배력 획득일 현재 종속기업의 자산 · 부채 공정가치를 측정하여 순자산 공정가치를 결정한 후, 순자산 공정가치에서 비지배지분을 차감한 금액과 지배기업의 취득금액을 비교하여 영업권을 결정하도록 규정하고 있다.
- 영업권 = 지배기업의 취득금액 – (순자산 공정가치 – 비지배지분)
- 본 식은 영업권이 잔여 금액으로 측정된다는 의미인데, 만약 영업권을 지배기업뿐만 아니라 비지배주주가 모두 인식하게 되면(전부영업권 인식방법) 논리의 순환 오류가 발생함을 지적하는 의견도 있다.

제6절 Framework Ⅰ

〈제2장〉을 통하여 살펴본 연결회계의 기본 개념과 분석틀은 〈제1장〉에서 살펴본 지분법회계와 대부분 동일한데, 그 내용을 비교하면 다음과 같다.

지분법과 연결회계

① 지분법은 투자기업이 취득시점에 측정한 관계기업의 순자산 공정가치(= 순자산 장부금액 + 공정가치 차액)와 영업권의 변동 원인을 투자기업이 소유하고 있는 관계기업주식에 반영하는 회계처리

② 연결회계는 지배기업이 취득시점에 측정한 종속기업의 순자산 공정가치(= 순자산 장부금액 + 공정가치 차액)와 영업권의 변동 요인을 지배기업과 비지배주주의 지분에 반영하여 총액으로 표시하는 회계처리

1. Framework Ⅰ

Ⅰ. 지배기업의 누적 지분 평가

	취득금액	지분 손익 내역(2) FV차액 변동	영업권 손상	NI 지분액	종속기업 배당	전기이월 이익잉여금	지분액 합계
01년	1	2-1	2-2	2-3	3	4	5
02년						6	
03년							

1. 취득금액 : 별도재무제표상 장부금액과 동일
2. 지분 손익 : 회계기간 중 발생한 지분 손익
   2-1 = ⑥-② 지배력 획득일 시점에 식별된 공정가치 차액 중 당기 변동금액
   2-2 = ⑦-③ 영업권 당기 변동액(손상)
   2-3 종속기업 당기순이익에 대한 지배기업의 지분액
3. 종속기업으로부터의 당기 배당 : 지배기업의 별도재무제표상 배당금수익
4, 6. 전기이월이익잉여금 : 전기까지의 누적 지분 손익 - 누적배당(6 = 2 - 3 + 4)
5. 지분액 합계 : 1에서 4까지의 합계액

순자산 분석

	순자산 지분액	FV차액(잔액)	영업권(잔액)	지분액 합계
취득	①	②	③	④
01년	⑤	⑥	⑦	⑧
02년				
03년				

①, ⑤ 결산일 현재 종속기업 별도재무제표상 순자산에 대한 지배기업의 지분액
②, ⑥ 결산일 현재 공정가치 차액(잔액) 중 지배기업의 지분액
③, ⑦ 결산일 현재 영업권 잔액
④, ⑧ ④ = ① + ② + ③(⑧ = ⑤ + ⑥ + ⑦)

Ⅱ. 비지배주주의 누적 지분 평가

	취득금액	지분 손익 내역 (2) FV차액 변동	영업권손상	NI 지분액	배당	전기이월 이익잉여금	지분액 합계
01년	1	2-1	2-2	2-3	3	4	5
02년						6	
03년							

1. 취득금액
2. 지분 손익 : 회계기간 중 발생한 지분 손익
   2-1 = ⑥-② 지배력 획득일 시점에 식별된 공정가치 차액 중 당기 변동금액
   2-2 = ⑦-③ 영업권 당기 변동액(손상), 부분영업권 방식은 해당사항 없음.
   2-3 종속기업 당기순이익에 대한 비지배주주의 지분액
3. 종속기업으로부터의 당기 배당
4. 6. 전기이월이익잉여금 : 전기까지의 누적 지분 손익 - 누적배당(6 = 2 - 3 + 4)
5. 지분액 합계 : 1에서 4까지의 합계액

순자산 분석

	순자산 지분액	FV차액(잔액)	영업권(잔액)	지분액 합계
취득	①	②	③	④
01년	⑤	⑥	⑦	⑧
02년				
03년				

①, ⑤ 결산일 현재 종속기업 별도재무제표상 순자산에 대한 비지배주주의 지분액

②, ⑥　결산일 현재 공정가치 차액(잔액) 중 비지배주주의 지분액
③, ⑦　결산일 현재 영업권 잔액, 비지배주주는 영업권을 인식하지 아니함.
④, ⑧　④ = ① + ② + ③(⑧ = ⑤ + ⑥ + ⑦)
　누적 지분 평가를 통한 지분액과 동일함.

Ⅲ. 연결조정

연결조정

	차변		대변		
	1단계 : 순자산조정				
[1]	자본금(S)	xxx	종속기업주식	xxx	[2]
[1]	이익잉여금(S)	xxx	이익잉여금	xxx	[4]
[1]	자본잉여금(S)	xxx	비지배지분	xxx	[5]
[3]	공정가치 차액	xxx			
[3]	영업권	xxx			
	2단계 : 순이익조정				
[6]	비용 or 수익	xxx	이익잉여금	xxx	[6*]
			비용 or 수익	xxx	[6]

[1] 결산일 현재 종속기업의 자본 항목 제거
[2] 결산일 현재 지배기업의 별도재무제표에 표시된 종속기업주식 장부금액 제거
[3] 결산일 현재 공정가치 차액과 영업권 잔액
　결산일 현재 공정가치 차액 잔액(= 지배기업 + 비지배지분, ②)
　결산일 현재 영업권 잔액(= 지배기업 + 비지배지분, ③)
[4] 지배력 획득 시점 이후 종속기업의 누적 손익에 대한 지배기업의 지분액(= 2 - 3 + 4)
[5] 결산일 현재 비지배지분(= ④ or ⑧)
[6] 당기 손익 조정
　2-1　공정가치 차액의 당기 변동 내역(= ⑥-②) (지배기업 + 비지배지분)
　2-2　영업권의 당기 변동 내역(= ⑦-③) (지배기업 + 비지배지분)
　3　지배기업이 당기에 인식한 종속기업 배당금수익

(*) 순이익조정이 정산표를 통하여 재무상태표에 미치는 영향을 상쇄시켜주기 위한 조정

2. 종합 사례

사례 8 종합 사례

1 주식 취득

P사는 S사 주식을 01년 초 다음과 같이 취득함.

지분율 60%

취득금액 100,000

비지배지분은 식별 가능한 순자산 공정가치에 비례하여 인식함.

한편, 지배력 획득일 현재 S사의 자산·부채 장부금액과 공정가치의 차이는 다음과 같음.

	공정가치	장부금액	차액
유형자산(토지)	60,000	45,000	15,000

상기 토지는 02년 중 외부판매되어 S사는 20,000원의 처분이익을 인식함.

2 영업권

01년과 02년 말 영업권의 가치는 다음과 같이 평가됨.

	01년	02년
영업권	20,000	12,000

3 배당

	01년	02년
S사	10,000	14,000

4 요약 별도재무제표

	지배기업(P)			종속기업(S)		
	취득	01년	02년	취득	01년	02년
주식S	100,000	100,000	100,000	-	-	-
유형자산	200,000	250,000	310,000	120,000	150,000	181,000
자산계	300,000	350,000	410,000	120,000	150,000	181,000
자본금	200,000	200,000	200,000	100,000	100,000	100,000
이익잉여금	100,000	150,000	210,000	20,000	50,000	81,000
자본계	300,000	350,000	410,000	120,000	150,000	181,000
수익		250,000	300,000		100,000	120,000
비용		(200,000)	(240,000)		(60,000)	(75,000)
당기순이익		50,000	60,000		40,000	45,000

요구사항 **지배력 획득 시점과 01년 및 02년의 연결재무제표를 작성하시오.**

해설

Ⅰ. 분석

1. 취득금액의 구성내역

	지배기업	비지배지분
취득금액	100,000	54,000
순자산 지분액	72,000(= 120,000 × 60%)	48,000(= 120,000 × 40%)
토지 FV차액	9,000(= 15,000 × 60%)	6,000(= 15,000 × 40%)
영업권	19,000	

2. 공정가치차액

	지배기업 지분			비지배주주 지분		
	취득시	01년	02년	취득시	01년	02년
유형자산	9,000	9,000	-	6,000	6,000	-
처분손익		-	(9,000)		-	(6,000)

Ⅱ. 누적 지분 평가

1. P사의 S사 누적 지분 평가

	취득금액	지분 손익 내역			배당	전기이월 이익잉여금	지분액 합계
		NI 지분액	처분이익 (FV차액)	영업권 손상			
01년	100,000	24,000	–	–	(6,000)	–	118,000
02년	100,000	27,000	(9,000)	(7,000)	(8,400)	18,000	120,600

순자산 분석

	순자산 지분액	유형자산(FV차액)	영업권	지분액 합계
취득	72,000	9,000	19,000	100,000
01년	90,000	9,000	19,000	118,000
02년	108,600	–	12,000	120,600

2. S사 비지배주주의 누적 지분 평가

	취득금액	지분 손익 내역			배당	전기이월 이익잉여금	지분액 합계
		NI 지분액	처분이익 (FV차액)	영업권 손상			
01년	54,000	16,000	–	–	(4,000)	–	66,000
02년	54,000	18,000	(6,000)	–	(5,600)	12,000	72,400

순자산 분석

	순자산 지분액	유형자산(FV차액)	영업권	지분액 합계
취득	48,000	6,000	–	54,000
01년	60,000	6,000	–	66,000
02년	72,400	–	–	72,400

Ⅲ. 연결재무제표

1. 취득

단순합산

주식S	100,000	자본금	300,000
유형자산	320,000	이익잉여금	120,000

연결조정

자본금(S)	100,000	주식S	100,000
이익잉여금(S)	20,000	비지배지분	54,000
유형자산(FV)	15,000		
영업권	19,000		

연결재무제표

주식S	–	자본금	200,000
유형자산	335,000	이익잉여금	100,000
영업권	19,000	비지배지분	54,000

2. 01년

단순합산

차변	금액	대변	금액
주식S	100,000	자본금	300,000
유형자산	400,000	이익잉여금	200,000
비용	260,000	수익	350,000
이익잉여금 (단순합산NI)	90,000		

연결조정

차변	금액	대변	금액
1단계 : 순자산조정			
자본금(S)	100,000	주식S	100,000
이익잉여금(S)	50,000	이익잉여금	18,000
유형자산(FV)	15,000	비지배지분	66,000
영업권	19,000		
2단계 : 순이익조정			
수익(배당금)	6,000	이익잉여금	6,000

연결재무제표

차변	금액	대변	금액
주식S	–	자본금	200,000
유형자산	415,000	이익잉여금	168,000
영업권	19,000	비지배지분	66,000
비용	260,000	수익	344,000
이익잉여금 (연결NI)	84,000		

3. 02년

단순합산

차변	금액	대변	금액
주식S	100,000	자본금	300,000
유형자산	491,000	이익잉여금	291,000
비용	315,000	수익	420,000
이익잉여금 (단순합산NI)	105,000		

연결조정

차변	금액	대변	금액
1단계 : 순자산조정			
자본금(S)	100,000	주식S	100,000
이익잉여금(S)	81,000	이익잉여금	20,600
영업권	12,000	비지배지분	72,400
2단계 : 순이익조정			
수익(배당금)	8,400	이익잉여금	30,400
수익(처분이익)	15,000		
비용(영업권)	7,000		

연결재무제표

차변	금액	대변	금액
주식S	–	자본금	200,000
유형자산	491,000	이익잉여금	230,600
영업권	12,000	비지배지분	72,400
비용	322,000	수익	396,600
이익잉여금 (연결NI)	74,600		

4. 연결자본변동표

	자본금	이익잉여금	비지배지분	합계
01년 초	200,000	100,000	–	300,000
종속기업 취득			54,000	54,000
연결당기순이익		68,000	16,000	84,000
비지배주주에 대한 배당			(4,000)	(4,000)
01년 말	200,000	168,000	66,000	434,000
02년 초	200,000	168,000	66,000	434,000
비지배주주에 대한 배당			(5,600)	(5,600)
연결당기순이익		62,600	12,000	74,600
02년 말	200,000	230,600	72,400	503,000

연결당기순이익의 검증

		01년	02년	
1	P사의 별도재무제표상 순이익	50,000	60,000	지배기업 소유주지분
2	P사의 별도재무제표상 배당금수익	(6,000)	(8,400)	
3	S사 지분 이익	24,000	11,000	
4	비지배지분 이익	16,000	12,000	비지배지분
		84,000	74,600	

(1) 취득금액

① 지배기업의 종속기업주식 취득금액은 순자산 공정가치 지분액(= 순자산 지분액 + 공정가치 차액 지분액)과 영업권으로 구성된다. 그리고 비지배지분은 순자산 공정가치(= 순자산 + 공정가치 차액)에 비례하여 인식한다.

② 비지배지분을 공정가치로 인식하는 전부영업권 방식은 지배기업뿐만 아니라 비지배주주도 영업권을 인식하는 방법인데, 기업실무상 일반적으로 선택하지 않는다.

(2) 공정가치 차액

① 공정가치 차액과 그 차액의 변동은 지배기업과 비지배주주에게 지분율에 따라 안분되어 누적 지분 평가와 순자산 분석에 반영한다.

② 지배력 획득일 현재 인식되었던 공정가치 차액은 처분과 상각 등을 통하여 소멸하는데, 본 사례에서는 02년에 해당 자산을 처분하면서 해소된다.

(3) 배 당

① 지배기업의 별도재무제표상 종속기업주식은 원가법을 적용하여 평가되므로, 배당금을 수익으로 계상된다. 그러나 연결 관점에서 종속기업으로부터의 배당금은 투자지분의 환급이며 내부거래에 해당하므로 수익에 해당하지 않는다.

② 따라서 지배기업이 인식한 배당금수익은 연결조정을 통하여 제거된다.

③ 연결조정으로 차감될 배당금은 지배기업의 종속기업에 대한 누적 지분 평가에 표시된 금액에 해당한다.

(4) 영업권(또는 염가매수차익)

① 종속기업의 순자산 공정가치(= 자산의 공정가치 - 부채의 공정가치 = 순자산 장부금액 + 공정가치 차액)에 대한 지분액과 취득금액과의 차액은 영업권(또는 염가매수차익)으로 처리한다.

② 영업권은 취득금액이 순자산 공정가치 지분액보다 큰 경우에 발생하는데, 동종업종 대비 양호한 이익창출능력과 시너지 효과에 대한 대가이다.

③ 영업권은 매 결산일마다 손상검토를 실시하며, 수익성의 악화 등으로 인하여 손상된 영업권은 그 이후의 기간에 환입하지 않는다. 손상 이후 재평가를 통하여 증가한 영업권은 기존 영업권의 가치가 증가한 것인지, 그 이후의 경영활동 등으로 새로운 영업권이 발생한 것인지 불분명하기 때문이다. 지배력 획득 이후 증가한 영업권은 자가창설 자산 가능성이 있으므로 재무제표에 인식하지 않는다.

④ 염가매수차익은 순자산 공정가치보다 취득금액이 적을 경우에 발생하며, 발생 즉시 당기이익으로 처리한다.

(5) 지분 평가

① 연결회계에서 주주는 두 명(지배기업과 비지배주주)으로 구성되어 있다고 보며, 각 주주별로 지분 평가를 실시한다.

② 누적 지분 평가와 순자산 분석에 표시된 수치와 그 수치의 조합을 통하여 연결조정이 이루어진다.

(6) 연결조정 : 순자산조정

① 결산일 현재 종속기업의 자본 항목과 종속기업주식을 전액 제거한다.

② 비지배지분은 해당 연도 순자산 분석에 표시된 지분액을 연결조정으로 반영한다.

③ 연결조정에 반영된 공정가치 차액과 영업권은 지배기업과 비지배주주의 순자산 분석에 표시되어 있는 해당 연도 금액을 합산하여 산정한다. 예를 들어 01년 연결조정에 반영된 유형자산 공정가치 차액은 01년 지배기업과 비지배주주의 순자산 분석에 표시되어 있는 금액을 합산(9,000원 + 6,000원 = 15,000원)하여 계산한다.

④ 지배기업의 01년과 02년의 누적 지분 이익(이익잉여금)은 지배기업의 누적 지분 평가상 해당 연도 금액을 활용하여 다음의 식과 같이 계산한다.

• 누적 지분 이익 = 당기 지분 손익 - 배당금 + 전기이월이익잉여금

• 20,600원(02년 이익잉여금) = 11,000원(02년 지분 이익) - 8,400원(배당금)
+ 18,000원(전기이월이익잉여금)

(7) 연결조정 : 순이익조정

① 연결당기순이익은 단순합산 당기순이익에서 배당금수익, 공정가치 차액 변동액, 영업권 변동액을 가감하여 계산된다. 연결당기순이익에 영향을 주는 항목은 지배기업과 비지배주주의 누적 지분 평가에 표시되어 있는 항목을 조합하여 산정한다.

② 배당금수익은 지배기업이 내부거래를 통하여 인식한 수익으로서 지배기업의 누적 지분 평가상 배당금으로 표시된 금액을 연결조정으로 반영한다.

③ 공정가치 차액과 영업권의 변동으로 발생한 금액은 지배기업과 비지배지분의 누적 지분 평가상 해당 연도 금액을 합산하여 계산한다.

④ 지배기업의 누적 지분 평가에 기재된 영업권 손상 금액 7,000원을 연결조정으로 반영한다.

(8) 연결자본변동표

① 연결자본변동표를 작성하기 이전에 연결당기순이익이 적정하게 산출되었는지 검증하는 것이 바람직하다. 연결당기순이익은 종속기업의 순이익에 대한 지배기업과 비지배주주의 지분액과 지배기업 자체의 이익을 합산한 금액과 동일하다.

② 연결당기순이익 검증에서 확인된 지배기업 소유주지분과 비지배지분이익을 회계기간 중 변동된 내역(연결당기순이익)으로 표시한다.

③ 종속기업이 지배기업에게 지급한 배당금은 내부거래로서 외부에 유출되지 않는다. 따라서 연결자본변동표에 표시되는 배당금은 비지배주주에 대한 배당금으로 한정된다.

④ 연결자본변동표의 작성을 통하여 연결재무상태표의 자본 항목과 연결당기순이익이 정확하게 계산되었는지 확인할 수 있다.

Chapter

03 연결회계의 이해 Ⅱ : 취득·처분과 내부거래

본 장에서는 기업의 성장 과정에 있어 종속기업의 역할을 살펴본다. 그리고 대표적인 내부거래 유형인 재고자산 거래, 자금거래 및 유형자산 거래를 소개하고, 내부거래로 발생한 미실현손익이 지분 평가에 미치는 영향을 설명한다.

내부거래를 연결결산에 반영하는 절차는 다음과 같다.

- 1단계 : **단순합산재무제표에 내부거래가 어떻게 반영되어 있는지 파악한다.**
- 2단계 : **내부거래가 연결재무제표(목표 값)에 어떻게 표시되어야 하는지 분석한다.**
- 3단계 : **양자 간의 차이를 연결조정으로 반영한다.**

✓ 기업의 성장과 종속기업 주식의 취득
✓ 내부거래의 유형별 분석
✓ 미실현손익의 산정과 배분

제1절 기업의 성장과 종속기업주식의 취득과 처분

1. 기업의 성장 과정

기업이 성장하는 과정을 간략하게 살펴보자.

① 설립 시 조달된 자금으로 토지, 건물, 기계장치 등을 취득

② 공장 설비가 완비된 후 원재료를 매입하여 제품을 생산하고 판매

③ 안정적인 생산활동을 위한 안전재고 확보

④ 매출·매입 및 생산활동의 지속

⑤ 매출·매입 시점과 자금 결제 시점의 차이로 채권·채무 발생

⑥ 운전자본(채권·채무, 재고자산, 현금성자산, 단기차입금)의 균형하에 누적 이익(이익잉여금)과 여유자금 축적

기업의 성장 과정을 재무상태표로 표현하면 다음과 같다.

| 기업의 성장 과정 |

설 립

유형자산	100,000	자본금	100,000

초 기

현금	20,000	매입채무	30,000
매출채권	30,000	차입금	30,000
재고자산	30,000	자본금	100,000
유형자산	100,000	잉여금	10,000

안정화 단계

현금	60,000	매입채무	35,000
매출채권	40,000	차입금	10,000
재고자산	45,000	자본금	100,000
유형자산	100,000	잉여금	100,000

기업은 설립 시 납입된 자본을 재원으로 유형자산을 취득하여 사업을 개시한다. 그리고 원재료를 매입하여 생산활동에 투입하고, 만들어진 제품은 영업활동을 통해 외부에 판매된다.

생산활동과 영업활동 과정에서 기업은 재고자산과 채권·채무를 보유하게 된다. 그리고 대내·외적인 변화와 단기적인 자금 불균형에 대응하기 위해, 단기차입금 등을 조달하여 유동성을 유지한다.

이 과정을 거쳐 재무상태표에 표시되는 자산은 다음과 같이 구분된다.

① 근원적인 가치를 창출하는 유·무형자산

② 영업활동 과정에서 파생된 유동성 자산(매출채권과 재고자산)

매출채권이나 재고자산과 같은 계정은 기업의 자금흐름에 영향을 미칠 뿐, 장기적인 성장동력으로 활용되기는 어렵다. 물론 흑자도산을 방지하고 지속적으로 성장하려면 재무안정성이 뒷받침되어야 하지만, 재무정책 자체가 기업의 핵심 가치를 창출한다고 보기에는 무리가 있기 때문이다.

기업의 핵심역량과 관련된 유·무형자산을 취득하거나 처분하는 의사결정은 경영전략에 의해 이루어지고, 매출채권이나 매입채무 같은 유동성 항목은 자금정책에 따라 결정된다. 이러한 이유로 매출채권과 재고자산이 재무제표에서 차지하는 비중이 클 수는 있겠지만, 그 사체가 가치를 창출한다기 보다는 가치를 유지하고 지원하는 데에 있다고 보는 것이 적절하다.

2. 기업의 확장

기업은 경영활동이 안정되면 여유 자금을 축적하고 발전을 위한 새로운 기회, 즉 가치 활동의 확장을 모색하게 된다. 가치 활동을 확장한다는 의미는 매출채권이나 재고자산과 같은 유동성 계정을 증가시키는 것이 아니라, 생산능력의 확장을 위해 공장을 증설하고 연구활동에 투자하는 것이다. 이러한 가치 활동의 확장은 다음과 같이 이루어지는데, 각각 장점과 단점이 있으므로 회사의 제반 상황을 감안하여 선택하게 된다.

① 회사 내 사업부문을 신설하고 유·무형자산 등에 대한 투자

② 목표로 하는 가치 활동을 수행하고 있는 기업의 주식 인수

③ 목표로 하는 가치 활동을 기업과 합병

내부적으로 가치창출 활동을 확장하려면 직접 기술을 개발하고 공장을 건설하여 생산과 판매활동을 수행해야 한다. 그런데 새로운 사업을 개시하여 안착하려면 상당한 시간과 재원을 투입해야 하고, 여러 가지 시행착오도 겪게 된다. 이러한 이유로 많은 기업들은 시간을 단축하고 새로운 가치 활동에 대한 노하우를 습득하기 위해 다른 기업의 주식을 인수하거나 합병하는 방법 등을 모색하게 된다.

이 중 합병은 서로 다른 기업문화를 가진 각각의 기업이 하나의 기업으로 합쳐지는 것이므로 조직 전반에 미치는 일시적인 충격이 크다. 그리고 전략이 변경되어 사업에서 철수하기로 결정한다면 복잡한 절차를 진행해야 한다. 즉, 합병은 주식 인수보다 인사·조직 등에 관한 이슈에 대응해야 한다는 부담이 있다. 따라서 많은 기업들이 사업 결합이 안정화 단계에 이르기 전까지는 합병보다는 주식인수 방식을 선호하는 경향이 있다.

| 기업의 확장 |

기업규모 확장 또는 합병(Ⅰ)

현금	20,000	매입채무	70,000
매출채권	80,000	차입금	–
재고자산	70,000	자본금	100,000
유형자산	200,000	이익잉여금	200,000

주식 인수(Ⅱ)

현금	20,000	매입채무	35,000
매출채권	40,000	차입금	–
재고자산	35,000	자본금	100,000
종속기업주식	140,000	이익잉여금	200,000
유형자산	100,000		

가치활동을 확대하기 위한 세 가지 방법이 재무제표에 미치는 영향에 대하여 살펴보자. 기업 내에 사업부를 신설하여 '사업'을 직접 추진하면 유·무형자산의 규모가 커진다. 그리고 순차적으로 매출채권이나 매입채무 등 유동성 계정의 규모도 증가하게 된다. 그러나 기업이 다른 기업을 합병하면 피합병기업의 재무상태표를 인수하는 효과가 발생하므로, 모든 계정의 자산과 부채가 일시에 증가하게 된다.

반면 합병이 아니라 주식인수를 통하여 지배력을 획득하면, 종속기업주식(투자자산)만 증가할 뿐 유·무형자산 등 다른 계정에는 영향을 미치지 않는다.

그러나 시간이 경과하여 기업의 경영활동이 안정화되면 상기 세 가지 중 어떠한 방법을 선택하더라도 (개별재무제표는 상이할 수 있지만) 기업집단의 경제적 실질(연결재무제표)은 유사해진다.

종속기업주식 = 사업

앞서 표시된 재무제표 Ⅰ과 재무제표 Ⅱ의 경제적실질은 동일하다고 볼 수 있다. 그러므로 다음 식이 성립한다.

종속기업주식의 경제적 실질 = 매출채권 40,000원(= 80,000원 – 40,000원)
+ 재고자산 35,000원(= 70,000원 – 35,000원)
+ 유형자산 100,000원(= 200,000원 – 100,000원)
+ 매입채무 35,000원(= 70,000원 – 35,000원)

상기 식은 종속기업주식이 단순한 투자자산이 아니라 매출채권, 재고자산, 유형자산, 매입채무로 구성된 하나의 '사업'임을 나타낸다.

지금까지 기업의 성장 과정과 기업이 다른 기업의 주식을 인수하게 되는 배경에 대해 살펴보았다. **종속기업주식의 취득은 그룹(연결 실체)의 전략하에 이루어지는 가치 활동의 확**

장 과정을 의미한다. 그러므로 기업실무에서 발생하는 다양한 거래들을 정확하게 해석하고 연결재무제표에 반영하려면, 기업의 경영환경과 전략에 대한 이해가 먼저 선행되어야 한다.

종속기업주식을 사고 파는 행위는 투자수익의 획득을 위함이 아니다. 경영전략에 따라 가치를 창출하는 자산과 부채의 집합체인 '사업' 자체를 취득하거나 처분함을 의미한다. 따라서 지배기업이 종속기업주식의 취득·처분은 기업 실체 내에서 사업의 취득·처분과 동일하다는 관점에서 연결회계를 접하였으면 한다.[25)]

3. 종속기업주식의 취득과 처분[26)]

종속기업주식의 취득·처분에 대한 회계처리를 별도재무제표와 연결 관점으로 구분하면 다음과 같다.

구 분	별도재무제표	연결재무제표
종속기업주식의 취득 (지배력 획득)	원가법 등을 적용하는 **투자주식**의 취득	**'사업'**의 취득
종속기업주식의 처분 (지배력 상실)	원가법 등을 적용하는 **투자주식**의 처분	**'사업'**의 처분

(1) 종속기업주식의 취득 : 지배력 획득

연결 관점에서 종속기업주식의 취득은 주식의 취득이 아니라, 종속기업이 보유하는 자산과 부채를 취득하는 개념이다. 따라서 연결재무제표에는 종속기업주식이 존재하지 않고 종속기업의 자산과 부채만이 표시된다.

연결 관점에서 지배력을 획득하는 시점에 이루어지는 회계처리는 다음과 같다.

(차변)	자산(공정가치)	×××	(대변)	부채(공정가치)	×××
	영업권(잔여금액)	×××		현금	×××

연결 관점에서 종속기업주식의 취득은 지배기업이 주체가 되어 종속기업이 보유하는 자산과 부채를 취득하는 행위이다. 여기서 취득금액은 취득시점의 공정가치를 의미하므로,

25) 경영전략에 대한 이해는 연결회계의 이론뿐만 아니라 기업실무를 보다 더 정확하게 파악하는데 많은 도움을 준다. 따라서 경영전략에 대한 일독을 권한다.

26) 본 절에서 제시하는 연결 관점의 회계처리는 실제 장부에 기록되는 회계처리가 아니라 추상적인 회계처리이다. 다만, 거래가 연결실체에 미치는 경제적인 의미를 설명하기 위한 수단으로 제시하고 있음에 유의하기 바란다.

다음을 반영하게 된다.

① 종속기업이 보고한 재무제표상 금액이 아니라 공정가치로 평가된 금액으로 취득 처리를 실시한다.

② 종속기업이 재무제표에 자산으로 계상하고 있지 않았지만 고객 관계 및 기술력 등 가치가 있는 자산이 있다면, 공정가치로 측정하여 연결재무제표에 반영한다.

③ '사업'을 취득하기 위해 지급한 대가와 순자산(= 자산 − 부채) 공정가치의 차액은 영업권으로 처리한다.

연결조정은 별도재무제표에서 투자주식으로 회계처리한 내용을 종속기업이 보유하고 있는 자산과 부채의 공정가치로 전환하는 것이다. 지배력을 획득하는 시점의 연결재무제표 작성 과정을 머릿속으로 떠올리면 연결 관점의 취득 회계처리와 동일함을 확인할 수 있다.

지배력 획득 시점의 연결재무제표 작성 과정을 정산표로 살펴보면 다음과 같다.

	지배기업 재무제표	종속기업 재무제표	단순합산 재무제표	연결재무제표	연결조정
자산	자산P + 주식S	자산S (BV)	자산P + 자산S (BV) + 주식S	자산P + 자산S(FV) + 영업권	자산S(FV차액) + 영업권 − 주식S
부채	부채P	부채S (BV)	부채P + 부채S(BV)	부채P + S(FV)	부채S(FV차액)
자본	자본P	자본S	자본P + 자산S	자본P	(−)자본S

상기 정산표를 식으로 표현하면 다음과 같다.

종속기업 재무제표 + 종속기업주식 + (FV차액 + 영업권 − 자본 항목 − 종속기업주식)
↳ 단순합산재무제표 ↳ 연결조정
= 종속기업 자산·부채의 장부금액 + FV차액
= 연결 관점의 자산·부채 공정가치
= 연결 관점의 순자산

지배기업이 종속기업주식을 100%가 아닌 일부만 취득한다면, 또 다른 주주(비지배주주)로부터 자본을 조달하여 사업을 인수하는 것으로 본다. 즉, 지배력 획득 시 증가하는 비지

배지분은 연결실체 입장에서 보면 일종의 증자이다.

(차변)	자산(공정가치)	×××	(대변)	부채(공정가치)	×××
	영업권(잔여금액)	×××		현금	×××
				비지배지분(증자)	×××

취득 시점의 연결조정

① 종속기업 재무제표 단순합산
- 단순합산을 통해 종속기업이 보유하고 있는 자산과 부채를 가산
  → 즉, 종속기업의 '사업'을 가산

② 종속기업주식 제거
- 종속기업주식은 종속기업의 '사업'을 의미
- 단순합산을 통해 '사업'이 가산되었으므로, 이중 계상 방지를 위해 단순합산 과정을 통해 가산된 종속기업주식 제거

③ 종속기업의 자본 항목 제거
- '사업결합'은 구체적으로 사업과 관련된 자산과 부채(자본은 관련 없음.)
- 단순합산을 통해 가산된 자본 항목을 전액 제거

④ FV차액 가산
- 단순합산된 종속기업의 자산과 부채는 장부금액
  → FV차액을 가산하여 장부금액을 공정가치로 전환

⑤ 영업권과 비지배지분 가산
- 단순합산재무제표에 없는 영업권과 비지배지분을 연결조정으로 가산

<u>연결조정의 의미 : 별도재무제표에 투자주식 형태로 표시되어 있는 종속기업주식을 '사업' 형태(자산과 부채의 공정가치)로 전환하고, 비지배지분 인식</u>

예제 1

- P사는 01년 초 S사 주식 60%를 120,000원에 취득함.
- 01년 초 P사의 별도재무제표상 자산과 부채는 각각 550,000원과 100,000원임.
- 01년 초 S사의 별도재무제표상 자산과 부채는 각각 200,000원과 50,000원임.
- 01년 초 S사 자산과 부채의 공정가치 차액은 각각 30,000원과 10,000원임.
- 비지배지분은 S사의 순자산 공정가치에 비례하여 인식함.

요구사항

연결 관점에서 지배력을 획득한다고 함은 종속기업이 보유하고 있는 자산과 부채를 공정가치로 취득한다는 행위임을 전제하고, 연결조정의 의미를 논하시오.

취득금액의 구성내역

- 순자산 공정가치 = (200,000원 + 30,000원) - (50,000원 + 10,000원) = 170,000원
- 영업권 = 120,000원 - 170,000원 × 60% = 18,000원
- 비지배지분 = 170,000원 × 40% = 68,000원

회계처리

- 연결 관점

(차변)	자산(공정가치)	230,000	(대변)	부채(공정가치)	60,000
	영업권	18,000		비지배지분	68,000
				현금	120,000

- 별도재무제표

(차변)	종속기업주식	120,000	(대변)	현금	120,000

연결정산표

지배력 획득 시 연결재무제표에 계상될 사업(자산 · 부채)은 지배기업의 기존 사업(자산 · 부채 장부금액)에 종속기업이 보유한 사업(자산 · 부채)의 공정가치를 합산하여 계산된다. 그 내용을 염두에 두고, 본 예제에 대한 정산표를 살펴보자.

계정	지배기업 재무제표	종속기업 재무제표	단순합산 재무제표	연결재무제표	연결조정
자산	550,000	200,000	750,000	750,000 + 30,000 + 18,000 − 120,000 = 678,000	30,000(FV차액) + 18,000(영업권) − 120,000(주식)
부채	100,000	50,000	150,000	150,000 + 10,000 = 160,000	10,000(FV차액)
자본	450,000	150,000	600,000	600,000 − 150,000 + 68,000 = 518,000	− 150,000(S사 자본) + 68,000(비지배지분)

상기 과정을 회계처리 형태로 표시하면 아래와 같은데, ①은 단순합산재무제표의 작성 과정을 의미하고, ②와 ③을 합산한 내용이 연결조정에 해당한다.

① 종속기업의 재무제표를 합산

(차변)	자산	200,000	(대변)	부채	50,000
				자본	150,000

② 종속기업의 재무제표에 표시된 자산·부채 장부금액을 공정가치로 변환[27)]

(차변)	자산(공정가치 차액)	30,000	(대변)	부채(공정가치 차액)	10,000
	영업권	18,000			

③ 종속기업주식과 종속기업의 자본 항목을 제거하고 비지배지분을 인식

(차변)	자본 항목(종속기업)	150,000	(대변)	종속기업주식	120,000
				비지배지분	68,000

종속기업 재무제표의 단순합산과 연결조정의 의미

투자자산(종속기업주식)으로 표시된 별도재무제표상 종속기업주식을 '사업 형태'로 변환하는 과정

(2) 종속기업주식의 처분 : 지배력 상실

별도재무제표는 종속기업주식 처분을 투자주식에 준하여 회계처리한다. 그러나 연결 관점에서 종속기업의 처분은 다음을 의미한다.

27) 대변과 차변 금액의 일치는 ②와 ③을 합산하여 확인하기 바란다.

① 종속기업이 영위하는 사업과 관련된 자산·부채의 처분
② 종속기업에 투자한 비지배주주에게 지분액을 환급

연결 관점에서 지배력 상실 시점의 회계처리를 예시하면 다음과 같다.

(차변)			(대변)		
	부채	×××		자산	×××
	비지배지분(자본)	×××		처분이익	×××
	현금	×××			

지배기업이 종속기업주식을 처분하기로 결정하고 매각과 관련된 구체적인 활동을 진행했다면 연결재무제표상 중단사업으로 분류한다. 중단사업 분류는 기업실무상 손익계산서 표시와 기업 내부의 성과평가에 큰 영향을 미친다. 따라서 종속기업에 대한 지배력 상실이 중단사업을 의미하는지 아니면 단순한 자산의 처분에 해당하는지 검토할 필요가 있다.

지배력상실이 중단사업으로 판단될 경우 연결 관점의 회계처리는 다음과 같다.

(차변)			(대변)		
	현금	×××		중단사업자산	×××
	중단사업부채	×××		처분이익	×××

한편, 지배력의 상실은 주식의 처분 이외에 다음 경우에도 발생한다.

① 지배기업은 상대적인 지분율의 변동에 따라 지배력을 상실할 수 있다. 예를 들어 종속기업의 유상증자나 주식선택권 및 신주인수권의 행사 등으로 지배기업의 상대적인 지분율이 변동하여 종속기업에 대한 지배력을 상실할 수 있다.
② 종속기업에 대한 지분율이 변동하지 않아도 종속기업이 정부, 법원, 관재인 또는 감독기구의 통제를 받게 되는 경우에는 지배력을 상실할 수 있으며, 계약상 합의로도 지배력을 상실할 수 있다.

K-IFRS는 지배기업이 종속기업에 대하여 지배력을 상실하면, 다음과 같이 회계처리하도록 규정하고 있다(K-IFRS 제1110호 B98).

① 지배력을 상실한 시점에 종속기업의 자산(영업권 포함)과 부채의 장부금액을 제거한다.
② 지배력을 상실한 시점에 이전의 종속기업에 대한 비지배지분이 있다면, 그 장부금액을 제거한다.
③ 다음을 인식한다.
  - 지배력을 상실하게 한 거래, 사건 또는 상황에서 수취한 대가가 있다면 그 공정가치
  - 지배력을 상실하게 한 거래, 사건 또는 상황에 소유주로서의 자격을 행사하는 소유주에게 종속기업에 대한 지분을 분배하는 것이 포함될 경우 그 분배

• 이전의 종속기업에 대한 투자가 있다면 그 투자의 지배력을 상실한 날의 공정가치

④ 해당 종속기업과 관련하여 인식한 기타포괄손익은 지배력이 상실할 경우 지배기업이 관련 자산이나 부채를 직접 처분한 것처럼 회계처리한다.

⑤ 회계처리에 따른 모든 차이는 손익으로서 지배기업에 귀속하는 당기손익으로 인식한다.

지배기업이 지배력을 상실한 이후에도 종속기업주식의 일부를 소유하고 있다면, 그 잔여 주식은 관계기업주식 또는 공정가치 측정 금융자산으로 분류한다. 이때 재분류하는 주식은 지배력 상실 시점의 공정가치로 측정되는데, 그 이유는 종전에 보유하던 종속기업주식은 모두 처분하고, 새로운 자산을 취득하는 것으로 해석하기 때문이다(K-IFRS 제1110호 문단 25).

예제 2

- P사는 S사 주식 60%를 취득하여 지배력을 획득하고 있음.
- P사는 01년 초 S사 주식 40%를 30,000원에 처분하고 S사에 대하여 지배력을 상실함.
- 01년 초 P사의 S사에 대한 지분액은 40,000원이며, S사 주식 20%의 공정가치는 13,000원임.
- P사는 잔여 주식을 관계기업주식으로 분류함.
- 01년 초 연결재무제표상 S사의 자산과 부채는 각각 60,000원과 10,000원이며, 영업권과 비지배지분은 각각 0원과 10,000원임.
- P사는 잔여 주식을 관계기업주식으로 분류함.

요구사항 지배력 상실 시점에 인식할 연결재무제표상 처분손익을 계산하시오.

처분손익의 산정

- 처분대가 = 30,000원(수취 금액) + 13,000원(잔여 주식의 공정가치) = 43,000원
- 처분이익 = 43,000원(처분대가) − 40,000원(지분액) = 3,000원

연결 관점의 회계처리

(차변)	S사 부채	10,000	(대변)	S사 자산	60,000
	관계기업투자(FV)	13,000		처분이익	3,000
	현금	30,000			
	비지배지분	10,000			

지배기업은 별도재무제표에 투자주식의 처분으로 회계처리하지만, 연결재무제표에서는 종속기업이 보유하고 있는 자산과 부채를 처분하는 것으로 처리된다.

(3) 회계기간 중 취득과 처분

지배기업이 회계기간 중에 종속기업주식을 취득하여 지배력을 획득하는 경우, 지배력을 획득한 시점을 기준으로 종속기업의 자산과 부채를 공정가치로 측정한다.

그리고 지배력 획득 시점부터 결산일까지 종속기업이 발생시킨 수익·비용은 연결재무제표에 포함시킨다. 반면 회계기간 중에 지배력을 상실할 경우에는, 지배력을 상실한 시점까지 종속기업의 수익과 비용을 연결재무제표에 반영한다(K-IFRS 제1110호 문단 10).

(4) 연결범위 변동이 자본에 미치는 영향

지배력을 획득하게 되면 종속기업에 대한 비지배지분이 증가하며 관련 손익은 발생하지 않는다. 반면 종속기업에 대하여 지배력을 상실하게 되면, 처분손익을 인식하고 관련 비지배지분의 감소가 이루어진다.

연결범위 변동으로 인한 자본의 영향

① 연결범위 증가 : 지배기업 소유주지분은 변동이 없으며, 비지배지분만 증가함.
② 연결범위 감소 : 종속기업 처분손익으로 인한 지배기업 소유주지분(이익잉여금 또는 기타포괄손익)의 변동과 비지배지분의 감소가 이루어짐.

4. 종속기업주식에 대한 평가 과정

지분법은 관계기업의 순자산이 변동하면 그 원인이 무엇인지를 파악하여 투자기업이 보유하고 있는 관계기업주식 장부금액에 반영하는 회계처리이다. 관계기업의 순자산이 당기순이익(이익잉여금)으로 증가하였다면 증분 금액에 대한 투자기업의 지분액을 지분법이익(당기손익)으로 인식하고, 관계기업의 순자산이 금융자산평가이익(기타포괄손익)의 증분이라면 투자기업의 지분액에 해당하는 금액을 관계기업투자자본변동(기타포괄손익)으로 인식한다.

연결회계도 지분법과 마찬가지로 지배력을 획득한 후 종속기업의 순자산이 변동하면 그 원인을 분석하여 연결자본에 반영함은 동일하나, 다음의 차이가 있다.

① 연결회계는 자산과 부채의 증감액을 각각 총액으로 표시하고, 종속기업의 순자산 변동요인을 해당 계정과목과 비지배지분으로 구분하여 표시한다.

② 종속기업의 순자산 증가액 중 비지배지분에 안분되는 금액은 계정을 구분하지 않고 비지배지분이라는 단일 계정을 사용하여 연결재무제표에 표시한다.

예제 3

- P사의 S사에 대한 지분율은 60%임.
- 지배력 획득 시 S사의 자산과 부채는 각각 12,000원과 7,000원임.
- 지배력 획득 시 S사의 자본 구성내역은 자본금 3,000원과 이익잉여금 2,000원임.
- 1년 후 S사의 자산과 부채는 각각 15,000원과 7,500원임.
- 공정가치 측정 금융자산에 대한 평가손익은 기타포괄손익누계액으로 분류하며, 처분 후 이익잉여금과 상계함.
- 회계기간 중 S사의 당기순이익은 2,000원이며, 금융자산평가이익은 500원임.

요구사항 S사의 순자산 변동에 대한 지분법과 연결회계상 평가 과정을 분석하시오.

별도재무제표상 순자산 변동

구 분	지배력 획득	01년	증감 금액
자본금	3,000	3,000	-
이익잉여금	2,000	4,000	2,000
기타포괄손익	-	500	500
합 계	5,000	7,500	2,500

S사의 순자산은 지배력 획득 시점에 자본금 3,000원과 이익잉여금 2,000원으로 구성되어 있다. 그러나 지배력 획득시에는 순자산 공정가치가 어떻게 구성되었는지 별도로 분석하지 않고, 총액만 평가의 기준 금액으로 간주한다. 연결 관점에서는 5,000원의 기준 금액에서 이익잉여금 2,000원과 기타포괄손익 500원이 증가한 것으로 볼 수 있다.

연결 관점의 순자산 변동

구 분	지배력 획득	01년	순자산 변동
기준 금액	5,000	5,000	-
이익잉여금	-	2,000	2,000
기타포괄손익	-	500	500
합 계	5,000	7,500	2,500

연결 관점의 변동액을 지배기업과 비지배지분으로 안분하면 다음과 같다.

구 분	순자산 변동	지배기업 지분(60%)	비지배주주 지분(40%)
이익잉여금	2,000	1,200	800
기타포괄손익	500	300	200
합 계	2,500	1,500	1,000

(*) 음영은 지배기업과 비지배주주의 지분에 안분되어 연결재무제표에 표시되는 부분임.

회계처리

- 지분법회계 관점 : 투자기업의 지분액만 인식

(차변) 관계기업투자(*1)	1,500	(대변) 지분법이익(*2)	1,200
		관계기업투자자본변동(*3)	300

(*1) 2,500원 × 60%
(*2) 2,000원 × 60%
(*3) 500원 × 60%

- 연결회계 관점 : 지배기업과 비지배주주의 지분을 총액으로 인식

(차변) 자산 증가	3,000	(대변) 부채 증가	500
		이익잉여금	1,200
		금융자산평가이익	300
		비지배지분	1,000

연결 관점에서는 총액으로 지분 평가를 실시하므로 자산과 부채가 각각 3,000원, 500원씩 증가한다. 그리고 다음과 같이 지배기업과 비지배주주의 지분액에 반영된다.

① 전체 이익잉여금 증가액 2,000원 중 P사의 지분액 1,200원은 이익잉여금으로 반영한다.
② 전체 금융자산평가이익(기타포괄손익) 증가액 500원 중 P사의 지분액 300원은 금융자산평가이익으로 인식한다.
③ 전체 순자산 변동액 2,500원 중 비지배주주의 지분에 해당하는 1,000원(= 2,500원 × 40%)은 비지배지분이라는 단일계정으로 표시한다.

〈예제 3〉를 통하여 **연결재무제표는 종속기업의 자산·부채와 수익·비용(당기순이익 포함)은 총액으로 표시**되며, **종속기업의 순자산 변동만 연결자본상에서 지배기업 소유주 지분과 비지배지분으로 구분되어 표시**됨을 살펴보았다. 여기서 종속기업 순자산 변동에 대

한 **지배기업 지분액은 항상 본래의 계정과목인 이익잉여금과 금융자산평가이익 등 본 계정과목으로 표시**되나, **비지배지분은 계정과목을 구분하지 않고 비지배지분이라는 하나의 계정과목으로 포괄하여 표시**된다.

지배력을 획득한 이후의 평가 절차

① 지배력을 획득하는 시점에 파악된 (연결 관점의) 순자산과 영업권이 평가의 기준점이며, 종속기업의 자본 구성 항목은 연결회계에 영향을 미치지 않는다.
② 지배력 획득 시점 이후 (연결 관점의) 순자산과 영업권의 변동, 즉 기준점에서 변동된 금액이 지배기업과 비지배주주에게 안분된다. 이때 순자산의 변동은 지분율에 따라 지배기업과 비지배주주의 지분에 안분되며, 영업권의 변동은 전액 지배기업에게 귀속된다.
③ 지배기업에게 안분되는 순자산의 변동금액은 그 원인에 따라 이익잉여금, 기타포괄손익 등 본래의 계정과목으로 연결재무제표에 표시된다.
④ 비지배주주의 지분은 계정과목을 구분하지 않고 비지배지분이라는 단일계정으로 연결재무제표에 표시한다.

제 2 절 내부거래와 미실현손익

1. 내부거래

(1) 내부거래

연결재무제표는 지배기업과 종속기업이 실질적인 하나의 실체(연결실체)라 보고 제3자와의 거래를 반영하는 재무제표이다. 기업 내부에서 발생하는 본·지점 거래나 사업부 간 거래는 제거되어 개별재무제표에 표시되지 않듯이, 연결실체 내에서 발생하는 지배기업과 종속기업 간의 거래는 제거되어 연결재무제표에 나타나지 않는다.

별도재무제표에서는 제3자와의 거래뿐만 아니라 종속기업이나 지배기업과의 거래도 제3자와의 거래와 동일하게 인식한다. 즉, 별도재무제표에서는 내부거래로 발생한 수익(또는 비용) 인식시점도 일반적인 거래와 동일하다.

그러나 연결 관점에서는 지배기업과 종속기업이 하나의 실체이므로 지배기업이 종속기업에 판매하는 시점에 수익을 인식하지 않고, 종속기업이 제3자에게 판매하는 시점에 수익을 인식한다. 즉, **연결실체 외부로 판매되는 시점에 수익이 인식된다.**

연결실체 내 기업 간의 거래는 크게 하향판매, 상향판매, 수평판매로 분류할 수 있다.

- 하향판매 : 지배기업이 종속기업에게 상품 또는 자산을 판매하는 거래
- 상향판매 : 종속기업이 지배기업에게 상품 또는 자산을 판매하는 거래
- 수평판매 : 동일한 지배기업을 가진 종속기업 간에 상품 등을 판매하고 취득하는 거래

본 장에서는 하향판매와 상향판매만 다루고, 수평판매 등 복잡한 지배구조하에서의 내부거래는 〈제13장〉에서 다룬다.

(2) 미실현손익

지배기업이 종속기업에게 제품이나 자산 등을 판매하여 손익을 인식하였으나 종속기업이 제3자에게 재판매하지 않았다면(관련 자산을 보유하고 있다면), 연결 관점에서는 실현되지 않은 손익이므로 미실현손익이라고 부른다. 연결 관점에서는 연결실체 내 기업 간 자산의 판매는 단지 자산의 위치가 변동된 것에 불과할 뿐, 이익획득 과정이 완료된 것이 아니다. 따라서 단순합산재무제표에 포함된 미실현손익은 연결조정으로 제거하여 연결재무제표를 작성하게 된다.

미실현손익을 조정하는 목적은 내부거래가 공정거래 또는 정상거래인지 여부를 파악하려는 것이 아니라, 이러한 내부거래가 발생하지 않는 상황을 가정하고 연결실체의 재무상태와 재무성과를 밝히려고 하는 것이다. 미실현손익을 제거하지 않고 연결손익계산서를 작성하면 연결실체 이외의 제3자와의 거래뿐만 아니라 연결실체 내 기업 간의 거래로 발생된 손익이 포함되기 때문이다. 만일 미실현손익을 제거하지 않고 연결손익계산서를 작성한다면, 지배기업의 경영자는 내부거래와 이전가격 등을 통제하여 연결실체의 당기순이익을 인위적으로 조정할 가능성이 있을 것이다.

만일 지배기업과 종속기업 간의 상품 거래가 장부금액으로 이루어진다면, 상품을 취득한 기업의 장부금액과 상품을 판매한 기업의 장부금액은 동일하게 된다. 따라서 내부거래는 발생하였으나 미실현손익은 존재하지 않는다. 그러므로 판매기업이 기록한 매출액과 취득기업이 기록한 매출원가만 제거하여 연결재무제표를 작성하게 된다.

(3) 미실현손익의 배분

미실현손익은 전액 제거되어 연결재무제표상 자산·부채나 수익·비용에 아무런 영향을 미치지 않는다. 그러나 연결당기순이익은 지배기업과 비지배주주의 지분으로 구분되어 연결자본에 반영된다. 따라서 미실현손익이 각 주주에게 미치는 영향을 분석해야 한다.

미실현손익이 지배기업과 비지배주주의 지분에 미치는 영향

① 하향판매로 발생한 이익은 지배기업의 재무제표에 반영되어 있다. 즉, 하향판매로 발생한 미실현손익은 지배기업의 재무제표에 전액 반영(왜곡)되어 있다. 따라서 전액 지배기업 지분에서 미실현손익을 차감한다.

② 상향판매로 발생한 이익은 종속기업의 재무제표에 반영되어 있는데, 종속기업의 주주는 지배기업과 비지배주주이다. 따라서 미실현손익은 지배기업과 비지배주주의 지분율에 비례하여 조정한다.

③ 내부거래와 미실현손익이 자산·부채나 수익·비용에 미치는 영향은 모두 총액으로 제거된다. 그러나 순자산(연결자본)과 순이익에 미치는 영향은 지배기업 소유주지분(이익잉여금 또는 기타포괄손익)과 비지배지분으로 구분해야 왜곡효과가 적절하게 제거된다.

지분법에서는 판매형태를 구분하지 않고 지분율만큼만 미실현손익을 조정한다. 반면, 연결회계에서는 하향판매인지 또는 상향판매인지에 따라 미실현손익의 배분방법이 결정된다. 지분법과 연결회계에서 미실현손익에 대한 처리가 상이한 이유는 다음과 같다.

① 관계기업주식은 기본적으로 투자자산의 성격을 가진다. 관계기업에 대한 지분법 평가는 소유주 이론에 근거하여 지분율에 해당하는 만큼만 미실현손익을 반영한다.

② 연결실체이론에 따라 지배기업과 비지배주주는 동일한 주주로 간주된다. 따라서 미실현손익이 전액 제거되어 연결재무제표에 자산·부채와 수익·비용이 표시되더라도, 미실현손익이 지배기업 소유주지분과 비지배지분에 미치는 영향은 구분하여 연결재무제표에 반영한다.

2. 재고자산

재고자산과 관련된 내부거래는 내부거래 중 실무적으로 가장 빈번하게 발생하는 유형의 거래인데, 〈제1장〉에서 설명하였듯이 미실현자산과 미실현손익은 다음과 같다.

재고자산 내부거래

- 미실현자산 = 이익률 × 결산일 현재 보유하고 있는 재고자산
- 미실현손익 = 기말미실현자산 - 기초미실현자산
- 매출, 원가, 채권, 채무는 전액 제거
- 미실현자산과 미실현손익의 배분
  - 하향판매 : 전액 지배기업지분에 배분
  - 상향판매 : 지분율에 따라 지배기업지분과 비지배지분에 안분

(1) 하향판매

지배기업이 종속기업에게 판매하는 내부거래를 하향판매라고 한다. 하향판매 시 관련 거래 이익은 전액 지배기업의 재무제표에 반영되므로, 미실현손익은 전액 지배기업 지분에 귀속된다.

예제 4

- P사는 S사 주식을 01년 초에 60% 취득함.
- P사는 원가가 100,000원인 재고자산을 S사에게 01년 중 120,000원에 판매함.
- S사는 P사로부터 취득한 재고자산 중 50%를 01년 중 70,000원에 제3자에게 판매하고, 나머지는 02년 중 70,000원에 제3자에게 판매함.
- S사는 01년 중 P사에게 80,000원을 지급하고, 01년 말 현재 40,000원의 매입채무를 계상함.

요구사항 재고자산 내부거래가 연결조정에 미치는 영향을 분석하시오.

앞서 연결재무제표는 연결실체 내 기업들의 개별재무제표를 단순합산(현재의 얼굴)한 후, 연결재무제표가 어떻게 작성될지 목표 값(아이유 얼굴)을 결정하고, 단순합산재무제표와 연결재무제표의 차이를 연결조정(성형수술)에 반영하여 작성한다고 설명하였다. 즉, **연결재무제표가 어떻게 작성될 것인가를 미리 전제한 이후에 연결조정이 이루어진다.**

연결재무제표의 작성절차를 본 예제에 적용해 보자.

01년 요약 연결정산표

구 분	P사	S사	단순합산 (As Is)	연결 관점 (Should Be)	연결조정
재고자산	−	60,000	60,000	50,000	(10,000)
매출채권	40,000	−	40,000	−	(40,000)
매입채무	−	40,000	40,000	−	(40,000)
매출	120,000	70,000	190,000	70,000	(120,000)
매출원가	(100,000)	(60,000)	(160,000)	(50,000)	110,000
매출총이익	20,000	10,000	30,000	20,000	(10,000)

P사와 S사의 별도재무제표는 내부거래 또한 독립적인 실체 간의 거래이므로, 각각 매출액과 매출원가를 인식하고 재고자산을 기록한다. 이렇게 작성된 별도재무제표를 단순합산하면 재고자산은 60,000원, 매출채권과 매입채무는 각각 40,000원, 매출액은 190,000원, 매출원가는 160,000원 그리고 매출총이익은 30,000원이 된다.

그러나 **연결 관점으로는 연결실체가** 100,000**원의 재고자산 중** 50%**를** 70,000**원에 처분한 것에 불과하다.** 따라서 20,000원의 매출총이익과 50,000원의 재고자산을 인식해야 한다. 또한 40,000원의 매출채권과 매입채무는 외부가 아닌 연결실체 내에서만 존재하므로 연결재무제표에 표시되지 않는다.

단순합산재무제표와 연결재무제표의 차이를 분석하면, 단순합산재무제표에서는 재고자산과 매출총이익, 수익(매출), 비용(매출원가), 채권(매출채권), 채무(매입채무)가 과대계상되어 있으므로 연결조정으로 과대계상액을 차감해야 왜곡효과가 제거된다.

단순합산재무제표가 과대계상하고 있는 10,000원의 재고자산과 10,000원의 매출총이익이 발생한 원인을 생각해 보자. 이는 S사가 P사로부터 매입한 재고자산을 S사가 전량 외부에 판매하지 않고 50%를 보유하고 있기 때문에 발생한 것이다. 달리 표현하면 **내부적으로 손익을 발생시키는 자산 거래가 발생하였으나, 연결실체 외부로 재판매되지 않은 자산 때문에 10,000원에 해당하는 순이익과 순자산이 과대계상**된 것이다.

01년 연결조정 : 참조 사항

연결조정(1안)				연결조정(2안)			
1단계 : 순자산조정				1단계 : 순자산조정			
이익잉여금	10,000	재고자산	10,000	이익잉여금	10,000	재고자산	10,000
2단계 : 순이익조정				2단계 : 순이익조정			
매출원가	10,000	이익잉여금 (Plug-in)	10,000	매출	10,000	이익잉여금 (Plug-in)	10,000
3단계 : 순액조정				3단계 : 순액조정			
매출	120,000	매출원가	120,000	매출	110,000	매출원가	110,000
매입채무	40,000	매출채권	40,000	매입채무	40,000	매출채권	40,000

단순합산재무제표에 표시된 매출원가는 110,000원만큼 감소되어야 하는데, 이에 대한 연결조정을 살펴보자.

① 1안 : 순액조정으로 매출원가를 120,000원만큼 차감한 후 순이익조정에서 10,000원만큼 가산하여 매출원가 총액은 110,000원만큼 제거되고 있다.

② 2안 : 순액조정으로 매출액을 110,000원만큼 차감한 후 순이익조정에서 추가로 10,000원만큼 차감하여 총액은 110,000원만큼 제거되고 있다.

(1안)에서 매출원가를 120,000원만큼 제거한 후 10,000원만큼 다시 가산시켜 주는 조정과정이 인위적이고 어색하게 느껴지는 독자는 (2안)을 채택해도 좋다. 그러나 순이익조정에서 재고자산 상대계정으로 매출원가가 표시되는 것이 자연스럽고, 세금계산서 등을 통해 내부거래 대사가 용이하다는 점에서 (1안)이 선호되고 있다. 그러나 (1안)과 (2안)은 단순합산재무제표를 모두 동일한 목표 값으로 전환시켜 주고 있으므로, 어떤 방법이 옳다고 판정할 수는 없다.

연결조정은 목표 값을 산출하기 위한 과정으로 실무자마다 상이할 수 있으며, 실무에서의 연결조정은 대학교재와 달리 다양한 형태로 나타나고 있다. **단순합산재무제표의 현재 모습과 목표 값에 초점을 맞추어 연결조정을 해석하는 습관이 필요하다.**

02년 요약 연결정산표

구 분	P사	S사	단순합산	연결 관점	연결조정
재고자산	–	–	–	–	–
매출	–	70,000	70,000	70,000	–
매출원가	–	(60,000)	(60,000)	(50,000)	10,000
매출총이익	–	10,000	10,000	20,000	10,000

02년에 S사는 60,000원의 재고를 70,000원에 판매하여 10,000원의 매출총이익을 인식하고 있다. 그러나 연결 관점에서 보면 50,000원의 재고자산을 외부에 70,000원에 처분하였으므로 20,000원의 매출총이익을 인식해야 한다.

단순합산재무제표와 연결재무제표를 비교하면 단순합산재무제표의 매출원가는 10,000원이 과대계상되었으며, 매출총이익은 10,000원이 과소계상되었음을 알 수 있다. 이때 **가산된 10,000원의 매출총이익(또는 차감된 10,000원의 매출원가)은 01년에 차감된 미실현자산 (–)10,000원이 외부에 판매됨으로써 실현된 것이다.**

〈예제 4〉를 정리하면 다음과 같다.

① 내부거래로 발생한 재고자산이 외부로 판매되지 않는다면 미실현손익이 발생하는데, 동 미실현손익은 재고자산을 외부에 판매하는 시점에 해소된다.

② 미실현자산 = 기말미실현자산 – 기초미실현자산

- 01년 미실현손익 = (–)10,000원 – 0원 = (–)10,000원
- 02년 미실현손익 = 0원 – (–)10,000원 = 10,000원

③ 재고자산과 관련된 내부거래가 발생하면 수익 · 비용(매출과 매출원가)과 채권 · 채무(매출채권과 매입채무)가 과대계상되므로 연결조정으로 제거한다.

(2) 상향판매

종속기업이 지배기업에게 판매하는 거래를 상향판매라고 하며, 상향판매로 발생한 미실현손익은 지분율에 비례하여 지배기업과 비지배주주의 지분에 안분된다.

하향판매는 내부거래로 발생한 손익이 지배기업의 재무제표에 순이익과 순자산에 포함되어 있는 반면, 상향판매는 종속기업의 재무제표에 반영되어 있다. 종속기업의 순이익이나 순자산에 대해서는 지배기업뿐만 아니라 비지배주주도 지분율에 비례하여 권리를 보유하고 있으므로 미실현손익도 안분한다.

(3) 수평판매

수평판매는 동일한 지배기업을 가신 종속기업 간에 상품 등을 판매하고 취득하는 거래를 일컫는다. 수평판매가 이루어질 경우 미실현손익이 미치는 영향은 연결실체의 지배구조에 따라 결정되는데, 관련 내용은 〈제13장〉에서 살펴본다.

(4) 연결조정

지배기업과 종속기업 간에 내부거래가 발생하면, 다음의 연결조정이 이루어진다.

① 순자산조정 : 내부거래로 발생한 미실현자산의 전액 제거

② 순이익조정 : 내부거래로 발생한 미실현손익의 전액 제거

③ 순액조정 : 내부거래로 인한 수익·비용과 채권·채무의 전액 제거

내부거래로 발생한 미실현자산(재고자산)은 단순합산재무제표상 재고자산 금액을 과대계상시키므로 순자산조정에 반영하여 제거한다. 그리고 미실현자산의 변동 금액(= 기말미실현자산 − 기초미실현자산)은 미실현손익(매출원가)으로 순이익조정에 반영한다. 그리고 내부거래로 발생한 수익·비용과 채권·채무 과대계상액은 집계하여 전체 금액을 순액조정으로 제거한다.

어떠한 내부거래가 발생하든 간에 연결재무제표에 미치는 효과를 분석하는 방식은 항상 다음과 같음을 반드시 숙지하기 바란다.

내부거래 조정

① 별도재무제표(단순합산재무제표) : 내부거래가 발생하였을 경우 P사와 S사의 재무제표에 거래가 어떻게 반영되어 합산되었을 것인가를 파악한다.

② 연결재무제표 : P사와 S사를 하나의 기업으로, 즉 연결실체로 보았을 경우에 어떻게 재무정보가 산출될 것인지를 추정한다.

③ 연결조정 : 양자 간의 차이를 조정한다.

〈제2장〉에서 살펴본 연결조정에 재고자산 내부거래를 반영하면 다음과 같다.

연결조정

차변		대변	
1단계 : 순자산조정			
자본금(S1)	×××	주식S	×××
자본잉여금(S1)	×××	이익잉여금(누적 지분 이익)	×××
이익잉여금(S1)	×××	기타포괄손익(누적 지분 이익)	×××
FV차액 잔액(FV1)	×××	비지배지분(M1)	×××
영업권 잔액(G1)	×××	**자산(미실현자산, 재고자산)**	×××
2단계 : 순이익조정			
수익(배당금수익)	×××	이익잉여금	×××
비용(△FV)	×××		
비용(△G)	×××		
비용(미실현손익, 매출원가)	×××		
3단계 : 순액조정			
수익(매출)	×××	**비용(매출원가)**	×××
채무(매입채무)	×××	**채권(매출채권)**	×××

(5) 미실현손익의 산정

제조업을 영위하는 기업의 경우 재고자산의 품목도 다양하고 수량도 상당하다. 따라서 내부거래로 취득한 자산을 별도로 구분하고 결산일 현재 얼마만큼 남아 있는지를 파악하기는 실무상 매우 까다롭다. 이러한 어려움과 금액적 중요성을 감안하여 실무상 다음과 같이 미실현자산을 산정하는 사례가 빈번하다.

① 재고자산 수량 추정
- 1단계 : 전체 매입 대비 종속(또는 지배)기업에 대한 매입비율 산정
- 2단계 : 추정 재고자산 = 결산일 현재 재고자산 × 매입비율

② 미실현자산 = 추정 재고자산 × 종속(또는 지배)기업의 매출총이익률

그러나 연평균 매출총이익률과 실제 거래에 적용될 매출총이익률의 차이가 크거나 종속(또는 지배)기업으로부터의 매입액이 연간 균등하지 않다면, 상기 방식은 적절하지 않게 된다. 따라서 내부거래 유형을 검토한 후 실제 수량과 품목별 원가율에 근거한 방법이 무엇인지에 대해 검토할 필요가 있다.

예제 5

- P사의 A상품 매입액은 250,000원이며, 그중 150,000원을 종속기업인 S사로부터 구매함.
- P사가 보유하는 A상품은 20,000원이며, B상품은 14,500원임.
- S사의 재무제표상 매출총이익률은 20%임.
- S사의 A제품과 B제품에 대한 이익률은 각각 40%와 15%임.

요구사항

1. S사로부터 취득한 기말재고자산을 구분하기 어렵고 평균 매출총이익률을 적용할 경우 미실현자산을 계산하시오.
2. S사로부터 취득한 기말재고자산(A상품)이 15,000원이며, 실제 제품이익률을 적용할 경우 미실현자산을 계산하시오.

추정 매입비율과 평균 매출총이익률의 반영

- 매입비율 = 150,000원 ÷ 250,000원 = 60%
- 내부거래 미실현자산 = (−)20,000원 × 60% × 20% = (−)2,400원

실제 재고자산과 이익률의 반영

- 내부거래 미실현자산 = (−)15,000원 × 40% = (−)6,000원

사례 1 재고자산 내부거래 ☆☆☆

① 주식 취득

P사는 S사 주식을 01년 초 다음과 같이 취득함.

지분율 60%

취득금액 30,000

비지배지분은 식별 가능한 순자산 공정가치에 비례하여 인식함.

한편, 지배력 획득일 현재 S사의 자산·부채 장부금액과 공정가치 차이는 다음과 같음.

	공정가치	장부금액	차액
유형자산(토지)	12,000	10,000	2,000

2 내부거래

(1) 하향판매와 상향판매

P사와 S사는 선입선출법을 통하여 재고자산을 평가하고 있으며, 내부거래는 다음과 같음.

	매출처	매입처	거래금액	원가	보유재고	비 고
01년	P사	S사	5,000	4,000	2,000	02년 중 전량 판매
02년	P사	S사	10,000	9,000	3,000	03년 중 전량 판매
01년	S사	P사	4,000	3,000	1,000	02년 중 전량 판매
02년	S사	P사	5,000	3,500	2,000	03년 중 전량 판매

(2) 채권·채무

01년과 02년 말 현재 내부거래로 인한 채권·채무는 다음과 같음.

	P사		S사	
	매출채권	매입채무	매출채권	매입채무
01년	800	500	500	800
02년	1,200	400	400	1,200

3 요약 별도재무제표

	지배기업(P)			종속기업(S)		
	취득	01년	02년	취득	01년	02년
매출채권	12,000	20,000	30,000	10,000	12,000	15,000
재고자산	30,000	30,000	40,000	15,000	20,000	15,000
주식S	30,000	30,000	30,000	–	–	–
유형자산	108,000	135,000	140,000	40,000	48,000	75,000
자산계	180,000	215,000	240,000	65,000	80,000	105,000
매입채무	40,000	45,000	50,000	25,000	30,000	35,000
자본금	20,000	20,000	20,000	20,000	20,000	20,000
이익잉여금	120,000	150,000	170,000	20,000	30,000	50,000
부채와자본계	180,000	215,000	240,000	65,000	80,000	105,000
수익		120,000	150,000		80,000	100,000
비용		(90,000)	(130,000)		(70,000)	(80,000)
당기순이익		30,000	20,000		10,000	20,000

요구사항 **지배력 획득일과 01년 및 02년의 연결재무제표를 작성하시오.**

해설

Ⅰ. 분석

1. 취득금액의 구성내역

	지배기업	비지배지분
취득금액	30,000	16,800
순자산 지분액	24,000(= 40,000 × 60%)	16,000(= 40,000 × 40%)
토지 FV차액	1,200(= 2,000 × 60%)	800(= 2,000 × 40%)
영업권	4,800	

2. 내부거래

(1) 하향판매

	매출액	매출원가	이익률	보유 재고	미실현자산	미실현손익
01년	5,000	4,000	20%	2,000	(400)	(400)
02년	10,000	9,000	10%	3,000	(300)	100

(2) 상향판매

	매출액	매출원가	이익률	보유 재고	미실현자산	미실현손익
01년	4,000	3,000	25%	1,000	(250)	(250)
02년	5,000	3,500	30%	2,000	(600)	(350)

(3) 미실현손익의 배분

	지배기업 지분		비지배주주 지분	
	재고자산	매출원가	재고자산	매출원가
01년	(550)(*1)	(550)	(100)(*2)	(100)
02년	(660)(*3)	(110)	(240)(*4)	(140)

(*1) 01년 P사 = (400) + (250) × 60% = (550)

(*2) 01년 비지배지분 = (250) × 40% = (100)

(*3) 02년 P사 = (300) + (600) × 60% = (660)

(*4) 02년 비지배지분 = (600) × 40% = (240)

(*5) 미실현손익 = 기말미실현자산 − 기초미실현자산

Ⅱ. 누적 지분 평가

1. P사의 S사 누적 지분 평가

	취득금액	지분 손익 내역 NI 지분액	지분 손익 내역 매출원가 (미실현손익)	전기이월 이익잉여금	지분액 합계
01년	30,000	6,000	(550)	–	35,450
02년	30,000	12,000	(110)	5,450	47,340

순자산 분석

	순자산 지분액	영업권	유형자산 (FV차액)	재고자산 (미실현자산)	지분액 합계
취득	24,000	4,800	1,200	–	30,000
01년	30,000	4,800	1,200	(550)	35,450
02년	42,000	4,800	1,200	(660)	47,340

2. S사 비지배주주의 누적 지분 평가

	취득금액	지분 손익 내역 NI 지분액	지분 손익 내역 매출원가 (미실현손익)	전기이월 이익잉여금	지분액 합계
01년도	16,800	4,000	(100)	–	20,700
02년도	16,800	8,000	(140)	3,900	28,560

순자산 분석

	순자산 지분액	영업권	유형자산 (FV차액)	재고자산 (미실현자산)	지분액 합계
취득	16,000	–	800	–	16,800
01년	20,000	–	800	(100)	20,700
02년	28,000	–	800	(240)	28,560

3. 순액조정

	매출	매출원가	매출채권	매입채무
01년	9,000	9,000	1,300	1,300
02년	15,000	15,000	1,600	1,600

Ⅲ. 연결재무제표

1. 취득

단순합산

차변	금액	대변	금액
매출채권	22,000	매입채무	65,000
재고자산	45,000	자본금	40,000
주식S	30,000	이익잉여금	140,000
유형자산	148,000		

연결조정

차변	금액	대변	금액
자본금(S)	20,000	주식S	30,000
이익잉여금(S)	20,000	비지배지분	16,800
유형자산(FV)	2,000		
영업권	4,800		

연결재무제표

차변	금액	대변	금액
매출채권	22,000	매입채무	65,000
재고자산	45,000	자본금	20,000
주식S	-	이익잉여금	120,000
유형자산	150,000	비지배지분	16,800
영업권	4,800		

2. 01년

단순합산

차변	금액	대변	금액
매출채권	32,000	매입채무	75,000
재고자산	50,000	자본금	40,000
주식S	30,000	이익잉여금	180,000
유형자산	183,000		
매출원가	160,000	매출	200,000
이익잉여금 (단순합산NI)	40,000		

연결조정

차변	금액	대변	금액
1단계 : 순자산조정			
자본금(S)	20,000	주식S	30,000
이익잉여금(S)	30,000	재고자산	650
유형자산(FV)	2,000	이익잉여금	5,450
영업권	4,800	비지배지분	20,700
2단계 : 순이익조정			
비용(매출원가)	650	이익잉여금	650
3단계 : 순액조정			
수익(매출)	9,000	비용(매출원가)	9,000
매입채무	1,300	매출채권	1,300

연결재무제표

차변	금액	대변	금액
매출채권	30,700	매입채무	73,700
재고자산	49,350	자본금	20,000
주식S	-	이익잉여금	155,450
유형자산	185,000	비지배지분	20,700
영업권	4,800		
비용	151,650	수익	191,000
이익잉여금 (연결NI)	39,350		

3. 02년

단순합산

차변	금액	대변	금액
매출채권	45,000	매입채무	85,000
재고자산	55,000	자본금	40,000
주식S	30,000	이익잉여금	220,000
유형자산	215,000		
매출원가	210,000	매출	250,000
이익잉여금 (단순합산NI)	40,000		

연결조정

차변	금액	대변	금액
1단계 : 순자산조정			
자본금(S)	20,000	주식S	30,000
이익잉여금(S)	50,000	재고자산	900
유형자산(FV)	2,000	이익잉여금	17,340
영업권	4,800	비지배지분	28,560
2단계 : 순이익조정			
비용(매출원가)	250	이익잉여금	250
3단계 : 순액조정			
수익(매출)	15,000	비용(매출원가)	15,000
매입채무	1,600	매출채권	1,600

연결재무제표

차변	금액	대변	금액
매출채권	43,400	매입채무	83,400
재고자산	54,100	자본금	20,000
주식S	-	이익잉여금	187,340
유형자산	217,000	비지배지분	28,560
영업권	4,800		
비용	195,250	수익	235,000
이익잉여금 (연결NI)	39,750		

4. 연결자본변동표

	자본금	이익잉여금	비지배지분	합 계
01년 초	20,000	120,000	-	150,000
종속기업 취득			16,800	16,800
연결당기순이익		35,450	3,900	39,350
01년 말	20,000	155,450	20,700	196,150
02년 초	20,000	155,450	20,700	196,150
연결당기순이익		31,890	7,860	39,750
02년 말	20,000	187,340	28,560	235,900

연결당기순이익의 검증

		01년	02년	
1	P사의 별도재무제표상 순이익	30,000	20,000	지배기업 소유주지분
2	S사 지분 이익	5,450	11,890	
3	비지배지분 이익	3,900	7,860	비지배지분
		39,350	39,750	

사례를 통하여 살펴본 내용은 다음과 같다.

내부거래로 발생한 미실현자산

• 내부거래로 발생된 미실현자산은 다음과 같이 배분된다.

• 지배기업 지분 = 하향판매로 발생된 미실현자산 + 상향판매로 발생된 미실현자산 × 지배기업의 지분율

01년 지배기업 지분 = (-)400원 + (-)250원 × 60% = (-)550원

02년 지배기업 지분 = (-)300원 + (-)600원 × 60% = (-)660원

• 비지배지분 = 상향판매로 발생된 미실현자산 × 비지배주주의 지분율

01년 비지배지분 = (-)250원 × 40% = (-)100원

02년 비지배지분 = (-)600원 × 40% = (-)240원

내부거래로 발생한 미실현손익

• 내부거래로 발생된 미실현손익은 기말미실현자산에서 기초미실현자산을 차감하여 계산한다.

01년 지배기업 지분 = (-)550원 - 0원 = (-)550원

02년 지배기업 지분 = (-)660원 - (-)550원 = (-)110원

01년 비지배지분 = (-)100원 - 0원 = (-)100원

02년 비지배지분 = (-)240원 - (-)100원 = (-)140원

순자산조정

• 미실현자산은 지배기업과 비지배지분의 순자산 분석에 표시되어 있는 해당 연도 금액을 합산하여 연

결조정에 반영한다.
01년 미실현자산(재고자산) = (-)550원 + (-)100원 = (-)650원
02년 미실현자산(재고자산) = (-)660원 + (-)240원 = (-)900원

- 누적 지분 이익(이익잉여금) = 지배기업의 당기 지분 이익 - 배당 + 전기이월이익잉여금

순이익조정

- 누적 지분 평가상 미실현손익 = 기말미실현자산 - 기초미실현자산
- 연결조정으로 반영할 미실현손익은 누적 지분 평가에 표시되어 있는 해당 연도 지배기업과 비지배지분의 금액을 합산하여 계산한다.
  01년 미실현손익(매출원가) = (-)550원 + (-)100원 = (-)650원
  02년 미실현손익(매출원가) = (-)110원 + (-)140원 = (-)250원

순액조정

- 내부거래로 발생한 01년과 02년의 매출과 매출원가는 전액 상계제거하며, 내부거래로 발생되어 기말에 잔존하는 매출채권과 매입채무도 전액 상계제거한다.
- 01년 단순합산재무제표에 과대계상된 매출원가는 8,350원이나 순액조정으로 9,000원이 표시된 이유는, 매출원가(미실현손익)의 순이익조정 과정에서 (-)650원이 이미 반영되어 있기 때문이다. 순이익조정에 반영된 미실현손익까지 고려하면 제거된 매출원가 금액은 8,350원으로 단순합산재무제표에 과대계상된 매출원가 금액과 일치하게 된다.

3. 유형자산

유형자산에 대한 내부거래는 토지와 같은 비상각자산과 건물과 같은 상각자산으로 구분할 수 있다. 비상각자산에 대한 미실현손익은 재고자산처럼 해당 자산이 외부에 처분됨으로써 실현되며, 상각자산에 대한 미실현손익은 처분 또는 상각(사용)으로 실현된다.

(1) 비상각자산

비상각자산과 관련된 내부거래가 발생할 경우 연결회계에 미치는 영향은 다음 예제를 통해 살펴보도록 한다.

예제 4

- P사는 S사 주식을 00년 초에 60% 취득함.
- P사는 장부금액이 10,000원인 토지를 S사에게 01년 중 12,000원에 처분함.
- S사는 P사로부터 취득한 토지를 02년 중 15,000원에 처분함.

요구사항 토지 내부거래가 연결재무제표에 미치는 영향을 분석하시오.

01년 요약 연결정산표

구 분	P사	S사	단순합산	연결 관점	연결조정
토지	–	12,000	12,000	10,000	(2,000)
처분이익	2,000	–	2,000	–	(2,000)

토지거래를 통해 P사는 2,000원(= 12,000원 − 10,000원)의 처분이익을 인식하고, S사는 원가가 12,000원인 토지를 계상하게 된다. 그러나 연결 관점에서 토지는 아무런 변화가 없으므로, 단순합산재무제표에 과대계상된 2,000원의 토지와 처분이익은 연결조정으로 제거해야 한다.

01년 요약 연결조정

01년 연결조정

차변		대변	
<u>순자산조정</u>			
이익잉여금	2,000	기계장치(미실현자산)	2,000
<u>순이익조정</u>			
유형자산처분이익(미실현손익)	2,000	이익잉여금	2,000

02년 요약 연결정산표

구 분	P사	S사	단순합산	연결 관점	연결조정
토지	–	–	–	–	–
처분이익	–	3,000	3,000	5,000	2,000

S사는 원가가 12,000원인 토지를 15,000원에 처분하여 3,000원의 처분이익을 인식하게 된

다. 그러나 연결 관점에서는 원가가 10,000원인 토지를 15,000원에 처분한 것이므로 5,000원의 처분이익을 인식해야 한다. 따라서 단순합산재무제표에 표시된 처분이익 3,000원을 연결 관점의 처분이익인 5,000원으로 변경시켜 주기 위한 연결조정을 실시한다. 이때 **가산된 2,000원의 처분이익은 01년에 차감된 미실현자산 (−)2,000원이 외부에 판매됨으로써 실현된 것이다.**

(2) 상각자산

건물 또는 기계장치와 같은 상각자산의 내부거래는 비상각자산보다 연결조정 절차가 까다롭다. 상각자산은 자산을 외부에 처분하지 않더라도 시간의 경과에 따라 감가상각을 통하여 장부금액이 감소하듯이, 미실현손익 또한 시간경과에 따라 감소하기 때문이다.

유형자산 내부거래로 발생한 미실현자산과 미실현손익은 다음과 같다.

상각자산의 내부거래

- 미실현자산
  - 거래시점 = 거래금액 − 장부금액
  - 결산시점 = (거래금액 − 장부금액)
    ÷ 거래 시점의 잔여 내용연수 × 미경과 잔여 내용연수
- 미실현손익 = 기말미실현자산 − 기초미실현자산
- 미실현자산과 미실현손익의 배분
  - 하향판매 : 전액 지배기업지분에 배분
  - 상향판매 : 지분율에 따라 지배기업지분과 비지배지분에 안분

상각자산에 대한 내부거래를 다음 예제로 살펴보자.

예제 5

- P사는 S사 주식을 00년 초에 60% 취득함.
- S사는 장부금액이 10,000원인 기계장치를 P사에게 01년 초 15,000원에 처분함.
- 기계장치의 잔여 내용연수는 5년임.
- 상기 거래는 현금정산 조건임.

요구사항 기계장치 내부거래가 연결재무제표에 미치는 영향을 분석하시오.

미실현자산과 미실현손익

내부거래 이후 P사 장부에 계상되는 기계장치 금액과 내부거래가 발생하지 않았다면 S사 장부에 계상될 기계장치 금액을 비교해 보자.

구 분	P사 재무제표 (단순합산)	연결 관점 (내부거래 없음)	연결조정 (미실현자산)	연결조정 (미실현손익)
거래 시점 (01년 초)	15,000	10,000	(−)5,000 기계장치 감소	(−)5,000 처분이익 제거
01년 말	12,000	8,000	(−)4,000 기계장치 감소	1,000 감가상각비 감소
02년 말	9,000	6,000	(−)3,000 기계장치 감소	1,000 감가상각비 감소
03년 말	6,000	4,000	(−)2,000 기계장치 감소	1,000 감가상각비 감소
04년 말	3,000	2,000	(−)1,000 기계장치 감소	1,000 감가상각비 감소
05년 말	−	−	−	1,000 감가상각비 감소

내부거래 이후 P사는 기계장치의 취득금액을 15,000원으로 하고, 매년 3,000원(= 15,000원 ÷ 5년)씩 상각비를 인식한다. 그러나 내부거래가 없었다면 기계장치의 장부금액은 여전히 10,000원이며, 감가상각비는 2,000원(= 10,000원 ÷ 5년)으로 계산된다. 따라서 P사가 재무제표에 인식하는 감가상각비는 연결 관점보다 매년 1,000원씩 과대계상됨을 알 수 있다.

P사가 5년 동안 기계장치를 사용한 경우 단순합산재무제표와 연결 관점에서의 감가상각비는 상기 표와 같이 매년 1,000원씩 조정되어 5년간 총 5,000원이 연결조정에 반영되는데, 이 금액은 01년 초 S사가 인식한 처분이익 5,000원과 동일하다. 이는 01년에 내부거래를 통하여 발생한 5,000원의 처분손익(미실현손익)이 감가상각을 통하여 해소됨을 의미한다.

01년 연결정산표

거래가 발생된 01년에는 처분손익과 감가상각비의 조정으로 다소 연결조정이 복잡한데, 그 내용을 살펴보자.

구 분	S사	P사	단순합산	연결 관점	연결조정
기계장치	–	12,000	12,000	8,000	(4,000)
처분이익	5,000	–	5,000	–	(5,000)
감가상각비	–	3,000	3,000	2,000	(1,000)

상기 연결조정을 자세하게 살펴보자.

① 미실현자산 조정 : 기계장치 장부금액 차감

P사는 기계장치를 12,000원(= 15,000원 – 3,000원)으로 계상한다. 그러나 연결 관점에서 기계장치는 8,000원(= 10,000원 – 2,000원)이므로, 4,000원만큼은 연결조정으로 제거한다.

② 미실현손익 조정 : 처분이익 제거

P사가 인식한 5,000원의 처분이익을 연결조정으로 제거한다.

③ 미실현손익 조정 : 감가상각비 차감

P사는 감가상각비를 3,000원만큼 인식한다. 그러나 내부거래가 없었다면 감가상각비는 2,000원에 불과하므로, 1,000원만큼 연결조정으로 제거한다.

01년 요약 연결조정

01년 연결조정

차변	금액	대변	금액
순자산조정			
이익잉여금(*1)	2,400	기계장치(미실현자산)	4,000
비지배지분(*2)	1,600		
순이익조정			
유형자산처분이익(미실현손익)	5,000	감가상각비(미실현손익)	1,000
		이익잉여금	4,000

(*1) 지배기업 지분 = 60% × 4,000원

(*2) 비지배지분 = (1 – 60%) × 4,000원

02년 연결정산표

구 분	S사	P사	단순합산	연결 관점	연결조정
기계장치	–	9,000	9,000	6,000	(3,000)
감가상각비	–	3,000	3,000	2,000	(1,000)

02년 요약 연결조정

02년 연결조정

<u>순자산조정</u>			
이익잉여금(*1)	1,800	기계장치(미실현자산)	3,000
비지배지분(*2)	1,200		
<u>순이익조정</u>			
이익잉여금	1,000	감가상각비(미실현손익)	1,000

(*1) 지배기업 지분 = 60% × 3,000원
(*2) 비지배지분 = (1 – 60%) × 3,000원

사례 2 유형자산 내부거래 ☆☆☆

1 주식 취득

P사는 S사 주식을 01년 초 다음과 같이 취득함.

지분율 60%

취득금액 40,000

비지배지분은 식별 가능한 순자산 공정가치에 비례하여 인식함.

한편, 지배력 획득일 현재 S사의 자산·부채 장부금액과 공정가치는 모두 일치함.

2 내부거래

01년 중 발생한 내부거래는 다음과 같음.

	판매	취득	자산	거래금액	장부금액	차액	내용연수	상각방법
01년 초	P사	S사	건물	2,000	1,000	1,000	5	정액법
01년 말	S사	P사	토지	1,500	1,000	500	–	–

상기 거래는 현금정산 조건이며, P사는 토지를 02년 중 제3자에게 5,000원에 매각함.

3 공정가치측정금융자산

S사는 01년 중 A사 주식 10%를 10,000원에 취득하고 공정가치측정금융자산으로 분류함. 한편, S사는 주식A의 공정가치 변동을 금융자산평가이익(기타포괄손익)으로 계상함.

4 요약 별도재무제표

	지배기업(P)			종속기업(S)		
	취득	01년	02년	취득	01년	02년
주식S	40,000	40,000	40,000	-	-	-
주식A	-	-	-	-	12,000	7,000
건물	20,000	25,000	30,000	35,000	32,000	35,000
토지	30,000	45,000	65,000	15,000	13,000	20,000
자산계	90,000	110,000	135,000	50,000	57,000	62,000
자본금	50,000	50,000	50,000	20,000	20,000	20,000
이익잉여금	40,000	60,000	85,000	30,000	35,000	45,000
기타포괄손익	-	-	-	-	2,000	(3,000)
자본계	90,000	110,000	135,000	50,000	57,000	62,000
수익		100,000	120,000		60,000	100,000
비용		(80,000)	(95,000)		(55,000)	(90,000)
당기순이익		20,000	25,000		5,000	10,000

요구사항 **지배력 획득일과 01년 및 02년의 연결재무제표를 작성하시오.**

해설

Ⅰ. 분석

1. 취득금액의 구성내역

	지배기업	비지배지분
취득금액	40,000	20,000
순자산 지분액	30,000(= 50,000 × 60%)	20,000(= 50,000 × 40%)
영업권	10,000	

2. 내부 거래 분석

(1) 건물(하향판매)

구 분	S사 재무제표 (단순합산)	연결 관점 (내부거래 없음)	연결조정 (미실현자산)	연결조정 (미실현손익)
거래 시점 (01년 초)	2,000	1,000	(−)1,000 건물 감소	(−)1,000 처분이익 제거
01년 말	1,600	800	(−)800 건물 감소	200 감가상각비 감소
02년 말	1,200	600	(−)600 건물 감소	200 감가상각비 감소
03년 말	800	400	(−)400 건물 감소	200 감가상각비 감소

(2) 토지(상향판매)

구 분	P사 재무제표 (단순합산)	연결 관점 (내부거래 없음)	연결조정 (미실현자산)	연결조정 (미실현손익)
거래 시점 (01년 초)	1,500	1,000	(−)500 토지 감소	(−)500 처분이익 제거
01년 말	1,500	1,000	(−)500 토지 감소	−
02년 말	−	−	−	500 처분이익 증가

(3) 미실현자산과 미실현손익

	미실현자산			미실현손익			
	P사		비지배지분	P사			비지배지분
	건물	토지	토지	건물처분이익	감가상각비	토지처분이익	토지처분이익
01년	(800)	(300)	(200)	(1,000)	200	(300)	(200)
02년	(600)	−	−	−	200	300	200

Ⅱ. 누적 지분 평가

1. P사의 S사 누적 지분 평가

	취득금액	기타포괄손익(*)	NI지분액	미실현손익		전기이월 이익잉여금	지분액 합계
				처분이익	감가상각비		
01년	40,000	1,200	3,000	(1,300)	200	−	43,100
02년	40,000	(1,800)	6,000	300	200	1,900	46,600

(*) 01년 : 2,000원 × 60% = 1,200원

02년 : (−)3,000원 × 60% = (−)1,800원

순자산 분석

	순자산 지분액	영업권	미실현자산		지분액 합계
			건물	토지	
취득	30,000	10,000	-	-	40,000
01년	34,200	10,000	(800)	(300)	43,100
02년	37,200	10,000	(600)	-	46,600

2. S사 비지배주주의 누적 지분 평가

	취득금액	기타포괄 손익	NI지분액	미실현손익		전기이월 이익잉여금	지분액 합계
				처분이익	감가상각비		
01년도	20,000	800	2,000	(200)	-	-	22,600
02년도	20,000	(1,200)	4,000	200	-	1,800	24,800

순자산 분석

	순자산 지분액	영업권	미실현자산		지분액 합계
			건물	토지	
취득	20,000	-	-	-	20,000
01년	22,800	-	-	(200)	22,600
02년	24,800	-	-	-	24,800

Ⅲ. 연결재무제표

1. 취득

단순합산

차변	금액	대변	금액
주식S	40,000	자본금	70,000
건물	55,000	이익잉여금	70,000
토지	45,000		

연결조정

차변	금액	대변	금액
자본금(S)	20,000	주식S	40,000
이익잉여금(S)	30,000	비지배지분	20,000
영업권	10,000		

연결재무제표

차변	금액	대변	금액
주식S	-	자본금	50,000
건물	55,000	이익잉여금	40,000
토지	45,000	비지배지분	20,000
영업권	10,000		

2. 01년

단순합산

차변		대변	
주식S	40,000	자본금	70,000
주식A	12,000	이익잉여금	95,000
건물	57,000	기타포괄손익	2,000
토지	58,000		
비용	135,000	수익	160,000
이익잉여금 (단순합산NI)	25,000		

연결조정

차변		대변	
1단계 : 순자산조정			
자본금(S)	20,000	주식S	40,000
이익잉여금(S)	35,000	건물	800
기타포괄손익(S)	2,000	토지	500
영업권	10,000	이익잉여금	1,900
		기타포괄손익	1,200
		비지배지분	22,600
2단계 : 순이익조정			
수익(처분이익)	1,500	비용(상각비)	200
		이익잉여금	1,300

연결재무제표

차변		대변	
주식S	-	자본금	50,000
주식A	12,000	이익잉여금	61,900
건물	56,200	기타포괄손익	1,200
토지	57,500	비지배지분	22,600
영업권	10,000		
비용	134,800	수익	158,500
이익잉여금 (연결NI)	23,700		

3. 02년

단순합산

차변		대변	
주식S	40,000	자본금	70,000
주식A	7,000	이익잉여금	130,000
건물	65,000	기타포괄손익	**(3,000)**
토지	85,000		
비용	185,000	수익	220,000
이익잉여금 (단순합산NI)	35,000		

연결조정

차변		대변	
1단계 : 순자산조정			
자본금(S)	20,000	주식S	40,000
이익잉여금(S)	45,000	건물	600
기타포괄손익(S)	**(3,000)**	이익잉여금	8,400
영업권	10,000	기타포괄손익	**(1,800)**
		비지배지분	24,800
2단계 : 순이익조정			
이익잉여금	700	비용(상각비)	200
		수익(처분이익)	500

연결재무제표

차변		대변	
주식S	-	자본금	50,000
주식A	7,000	이익잉여금	93,400
건물	64,400	기타포괄손익	**(1,800)**
토지	85,000	비지배지분	24,800
영업권	10,000		
비용	184,800	수익	220,500
이익잉여금 (연결NI)	35,700		

4. 연결자본변동표

	자본금	이익잉여금	기타포괄손익	비지배지분	합 계
01년 초	50,000	40,000	-	-	90,000
종속기업 취득				20,000	20,000
금융자산 평가			1,200	800	2,000
연결당기순이익		21,900		1,800	23,700
01년 말	50,000	61,900	1,200	22,600	135,700
02년 초	50,000	61,900	1,200	22,600	135,700
금융자산 평가			(3,000)	(2,000)	(5,000)
연결당기순이익		31,500		4,200	35,700
02년 말	50,000	93,400	(1,800)	24,800	166,400

연결당기순이익의 검증

		01년	02년	
1	P사의 별도재무제표상 순이익	20,000	25,000	지배기업 소유주지분
2	S사 지분 이익	1,900	6,500	
3	비지배지분 이익	1,800	4,200	비지배지분
		23,700	35,700	

사례를 통하여 살펴본 내용은 다음과 같다.

기타포괄손익

- S사가 01년 중에 인식한 평가이익(기타포괄손익)은 P사와 비지배주주에게 지분율에 따라 안분한다. 순자산 변동의 원인이 당기손익이면 이익잉여금(연결당기순이익)에 반영하듯이, 순자산 변동의 원인이 기타포괄손익이므로 기타포괄손익으로 인식한다.
- 연결조정에 반영하는 기타포괄손익은 P사의 누적 지분 평가상 해당 연도 금액으로 한정된다. 비지배지분은 자본 항목을 별도로 구분하지 않고 비지배지분이라는 단일계정으로 표시되기 때문이다.
- 02년 연결자본변동표에 표시되는 기타포괄손익 변동액은 P사의 누적 지분 평가상 02년 금액에서 01년 금액을 차감하여 계산한다. 따라서 02년의 변동액은 02년의 (-)1,800원에서 01년의 1,200원을 차감한 (-)3,000원으로 계산된다.

내부거래

- P사가 건물을 처분하여 인식한 처분이익 1,000원(미실현손익)은 연결조정으로 제거한다.
- S사는 2,000원이 건물의 취득금액이므로 400원의 감가상각비를 인식하지만, 연결 관점에서는 1,000원을 기준으로 200원의 감가상각비만 인식해야 한다. 따라서 200원이 연결조정으로 차감된다. 한편, 건물거래는 하향판매이므로 미실현손익을 전액 P사에게 귀속시킨다.
- S사가 토지를 처분하여 인식한 500원의 처분이익(미실현손익)은 연결조정을 통하여 제거한다. 동 미실

현손익은 P사가 02년 중 토지를 외부에 판매하는 시점에 실현된다. 토지거래는 상향판매이므로 지분율에 따라 지배기업 지분과 비지배지분에 안분한다.

순자산조정

- 건물과 토지에 대한 미실현자산은 P사와 비지배주주의 순자산 분석상 해당 연도 금액을 합산하여 산정한다. 01년 연결조정에 반영될 건물에 대한 미실현자산은 P사의 순자산 분석에 표시된 800원이며, 토지에 대한 미실현자산은 상향판매로 발생된 것이므로 P사와 비지배지분의 순자산 분석에 표시된 300원과 200원을 합산하여 500원으로 계산된다.

순이익조정

- 유형자산 내부거래와 관련한 미실현손익은 기말미실현자산에서 기초미실현자산을 차감하여 계산하나, 유형자산의 경우 처분이익과 감가상각비를 각각 구분하여 지분 평가에 표시하는 것이 연결조정에 편리하다.
- 순이익조정은 P사와 비지배주주의 누적 지분 평가상 해당 연도 금액을 합산하여 산출한다.

순액조정

- 유형자산 내부거래는 일반적으로 수익 · 비용과 관련된 순액조정이 발생하지 않는다.

4. 차입금과 사채

지배기업과 종속기업은 대여금의 제공이나 사채의 취득 등 자금거래를 통하여 채권 · 채무 관계가 성립할 수 있다. 각 기업은 독립적인 법적 실체이지만 지배기업이 종속기업의 모든 채권 · 채무를 조정하거나 통제할 수 있으므로, 연결대상 기업 간의 자금대여나 차입은 연결실체 내에서의 자금대체를 의미한다. 따라서 지배기업과 종속기업 간의 대여금이나 차입금은 연결 관점에서 보면 자산이나 부채가 아니므로 이러한 대여금과 차입금은 상계제거된다. 그리고 대여금과 차입금과 관련된 이자수익이나 이자비용도 전액 제거된다.

지배기업이 발행한 사채를 종속기업이 연결실체 외부로부터 취득하는 경우, 사채 발행기업은 아직 상환되지 않은 채무로 회계처리할지라도 연결 관점에서는 상환된 채무로 볼 수 있다.

① 개별재무제표상 회계처리 : 사채발행기업은 동 사채를 제3자가 소유한 것으로 회계처리하고, 사채를 취득한 기업은 제3자가 발행한 사채에 투자한 것으로 처리한다.

② 연결관점의 회계처리 : 연결실체가 발행한 사채를 상환(사채추정상환)하는 것으로 본다.

사채를 발행한 이후 시장 이자율이 변동하여 사채 발행기업이 인식하고 있는 사채 금액과 사채 취득기업의 취득원가는 일치하지 않을 수 있는데, 그 차이를 사채추정상환손익이라 한다.

사채추정상환손익의 배분방법은 다음과 같이 세 가지가 있다.

사채 발행기업에 배분하는 방법

이 방법에서는 사채를 취득한 기업이 **사채를 발행한 기업**의 대리인으로 간주된다. 따라서 사채를 발행한 기업을 대리하여 사채를 취득했다고 해석하여 사채추정상환손익은 사채를 발행한 기업이 누구인지에 따라 배분된다. 만약 지배기업이 사채를 발행하였다면 미실현부채와 미실현손익은 전액 지배기업에게 배분하고, 그렇지 않은 경우에는 지분율에 비례하여 지배기업과 비지배주주의 지분에 안분한다.

사채 취득기업에 배분하는 방법

이 방법에서는 사채추정상환손익을 발생하게 한 결정적인 사건을 사채의 취득 행위로 해석한다. 따라서 사채추정상환손익은 사채를 취득한 기업이 누구인지에 따라 배분된다.

사채발행기업과 사채취득기업에 배분하는 방법

이 방법에서는 사채의 액면금액을 기준으로 각 기업의 이익이나 손실을 측정한다. 즉, 사채를 발행한 기업의 손익은 사채취득 시점의 장부금액과 액면금액의 차이이며, 사채를 취득한 기업의 손익은 취득금액과 액면금액의 차이로 계산된다.

상기 세 가지 방법 중에서 첫 번째 방법이 가장 지지를 받고 있는데, 이는 사채를 발행한 기업이 사채의 상환으로 발생한 손익을 부담하는 것이 보다 논리적이기 때문이다. 한편 사채를 취득한 기업은 다시 연결실체 외부에 동 사채를 처분할 수가 있는데, 이러한 경우에는 연결실체가 새로운 사채를 발행한 것으로 본다. 따라서 사채를 처분한 기업이 인식한 처분손익을 연결조정으로 제거하고, 사채 발행과 관련된 연결조정을 가산한다.

기업들은 가능하면 필요한 자금을 연결실체 내부에서 조달하고, 부득이한 경우에만 차입이나 사채를 통하여 조달하려는 경향을 보인다. 왜냐하면 연결실체 내부에서 자금을 조달하는 것이 연결실체 외부에서 조달하는 것보다 비용이 저렴하기 때문이다. 특히 사채를 발행하기 위해서는 여러 가지 절차를 거쳐야 하므로 자금 조달 비용이 상당한 편이므로, 금융업을 영위하는 기업이 아니라면 (전환사채 등 복합금융상품이 아닌) 사채와 관련한 내부거래는 기업실무에서는 거의 발생하지 않는다.

사례 3 차입금 및 사채

1 주식 취득

P사는 S사 주식을 01년 초 다음과 같이 취득함.

지분율 80%

취득금액 100,000

비지배지분은 식별 가능한 순자산 공정가치에 비례하여 인식함.

한편, 지배력 획득일 현재 S사의 자산·부채 장부금액과 공정가치는 모두 일치함.

2 대여거래

P사는 S사에게 다음과 같은 조건으로 자금을 대여함.

자금대여	만기	대여금액	이자율	대손율	이자지급
01년 초	02년 말	20,000	8%	5%	매년 말

한편, P사는 동 채권에 대하여 5%의 대손충당금을 설정함.

3 사채

S사는 다음과 같은 사채를 발행함.

발행일	만기일	액면금액	발행금액	액면이자율	유효이자율	이자지급
01년 초	03년 말	80,000	84,357	7%	5%	매년 말

한편, P사는 외부에서 상기의 사채를 다음과 같이 취득함.

취득일	만기일	액면금액	취득금액	액면이자율	유효이자율	이자지급
02년 초	03년 말	80,000	75,835	7%	10%	매년 말

4 배당

	P사	S사
01년	35,000	15,000
02년	28,000	17,000

5 요약 별도재무제표

	지배기업(P)			종속기업(S)		
	취득	01년	02년	취득	01년	02년
대여금	–	19,000	–	–	–	–
투자채권	–	–	77,819	–	–	–
주식S	100,000	100,000	100,000	–	–	–
기타자산	100,000	76,000	19,182	120,000	227,975	209,524
자산계	200,000	195,000	197,000	120,000	227,975	209,524
사채	–	–	–	–	82,975	81,524
차입금	–	–	–	–	20,000	–
부채계	–	–	–	–	102,975	81,524
자본금	100,000	100,000	100,000	50,000	50,000	50,000
이익잉여금	100,000	95,000	97,000	70,000	75,000	78,000
자본계	200,000	195,000	197,000	120,000	125,000	128,000
수익		120,000	150,000		120,000	100,000
비용		(90,000)	(120,000)		(100,000)	(80,000)
당기순이익		30,000	30,000		20,000	20,000

요구사항 **지배력 획득일과 01년 및 02년의 연결재무제표를 작성하시오.**

해설

Ⅰ. 분석

1. 취득금액의 구성내역

	지배기업	비지배지분
취득금액	100,000	24,000
순자산 지분액	96,000(= 120,000 × 80%)	24,000(= 120,000 × 20%)
영업권	4,000	

2. 차입거래

	P사		S사	
	01년	02년	01년	02년
대여금	19,000	–	–	–
차입금	–	–	20,000	–
이자수익	1,600	1,600	–	–
이자비용	–	–	1,600	1,600
대손상각비	1,000	–	–	–
대손환입	–	1,000	–	–

3. 사채거래

(1) S사 상각표

	기초 장부금액	유효 이자율	이자비용	현금이자	할증차금 상각액	기말 장부금액
01년	84,357	5%	4,218	5,600	(1,382)	82,975
02년	82,975	5%	4,149	5,600	(1,451)	81,524
03년	81,524	5%	4,076	5,600	(1,524)	80,000

(2) P사 상각표

	기초 장부금액	유효 이자율	이자비용	현금이자	할인차금 상각액	기말 장부금액
02년	75,835	10%	7,584	5,600	1,984	77,819
03년	77,819	10%	7,782	5,600	2,182	80,000

(3) 미실현손익

	투자채권	사채	미실현부채	미실현손익	
				사채추정 상환이익	이자수익
02년 초	75,835	82,975	(7,140)	7,140	–
02년	77,819	81,524	(3,705)	–	(3,435)
03년	80,000	80,000	–	–	(3,706)

(4) 미실현손익 배분

	지배기업			비지배지분		
	미실현부채	사채상환	이자수익	미실현부채	미실현손익	이자수익
02년	(2,964)	5,712	(2,748)	(741)	1,428	(687)
03년	–	–	(2,965)	–	–	(741)

Ⅱ. 누적 지분 평가

1. P사의 S사 누적 지분 평가

	취득금액	NI지분액	미실현손익			종속기업 배당	전기이월 이익잉여금	지분액 합계
			대손상각비	사채상환	이자수익			
01년	100,000	16,000	1,000	–	–	(12,000)	–	105,000
02년	100,000	16,000	(1,000)	5,712	(2,748)	(13,600)	5,000	109,364

순자산 분석

	순자산	영업권	미실현자산 · 부채		지분액 합계
			사채	대여금	
취득	96,000	4,000	–	–	100,000
01년	100,000	4,000	–	1,000	105,000
02년	102,400	4,000	2,964	–	109,364

2. S사 비지배주주의 누적 지분 평가

	취득금액	NI지분액	미실현손익			배당	전기이월 이익잉여금	지분액 합계
			대손상각비	사채상환	이자수익			
01년	24,000	4,000	–	–	–	(3,000)	–	25,000
02년	24,000	4,000	–	1,428	(687)	(3,400)	1,000	26,341

순자산 분석

	순자산	영업권	미실현부채		지분액 합계
			사채	대여금	
취득	24,000	–	–	–	24,000
01년	25,000	–	–	–	25,000
02년	25,600	–	741	–	26,341

3. 순액조정

	대여금	투자채권	이자수익	차입금	사채	이자비용
01년	19,000	–	1,600	19,000	–	1,600
02년	–	77,819	5,749	–	77,819	5,749

Ⅲ. 연결재무제표

1. 취득

단순합산

차변	금액	대변	금액
대여금	–	사채	–
투자채권	–	차입금	–
주식S	100,000	자본금	150,000
기타자산	220,000	이익잉여금	170,000

연결조정

차변	금액	대변	금액
자본금(S)	50,000	주식S	100,000
이익잉여금(S)	70,000	비지배지분	24,000
영업권	4,000		

연결재무제표

차변	금액	대변	금액
대여금	–	사채	–
투자채권	–	차입금	–
주식S	–	자본금	100,000
기타자산	220,000	이익잉여금	100,000
영업권	4,000	비지배지분	24,000

2. 01년

단순합산

차변	금액	대변	금액
대여금	19,000	사채	82,975
투자채권	–	차입금	20,000
주식S	100,000	자본금	150,000
기타자산	303,975	이익잉여금	170,000
비용	190,000	수익	240,000
이익잉여금 (단순합산NI)	50,000		

연결조정

차변	금액	대변	금액
1단계 : 순자산조정			
자본금(S)	50,000	주식S	100,000
이익잉여금(S)	75,000	이익잉여금	5,000
영업권	4,000	비지배지분	25,000
차입금	1,000		
2단계 : 순이익조정			
수익(배당금)	12,000	비용(대손)	1,000
		이익잉여금	11,000
3단계 : 순액조정			
수익(이자수익)	1,600	비용(이자비용)	1,600
차입금	19,000	대여금	19,000

연결재무제표

차변	금액	대변	금액
대여금	–	사채	82,975
투자채권	–	차입금	–
주식S	–	자본금	100,000
기타자산	303,975	이익잉여금	100,000
영업권	4,000	비지배지분	25,000
비용	187,400	수익	226,400
이익잉여금 (연결NI)	39,000		

3. 02년

단순합산

차변	금액	대변	금액
대여금	-	사채	81,524
투자채권	77,819	차입금	-
주식S	100,000	자본금	150,000
기타자산	228,705	이익잉여금	175,000
비용	200,000	수익	250,000
이익잉여금 (단순합산NI)	50,000		

연결조정

차변	금액	대변	금액
1단계 : 순자산조정			
자본금(S)	50,000	주식S	100,000
이익잉여금(S)	78,000	이익잉여금	9,364
영업권	4,000	비지배지분	26,341
사채	3,705		
2단계 : 순이익조정			
수익(이자수익)	3,435	수익(사채상환)	7,140
수익(배당금)	13,600	이익잉여금	10,895
수익(대손환입)	1,000		
3단계 : 순액조정			
수익(이자수익)	5,749	비용(이자비용)	5,749
사채	77,819	투자채권	77,819

연결재무제표

차변	금액	대변	금액
대여금	-	사채	-
투자채권	-	차입금	-
주식S	-	자본금	100,000
기타자산	228,705	이익잉여금	106,364
영업권	4,000	비지배지분	26,341
비용	194,251	수익	233,356
이익잉여금 (연결NI)	39,105		

4. 연결자본변동표

	자본금	이익잉여금	비지배지분	합 계
01년 초	100,000	100,000	-	200,000
종속기업 취득			24,000	24,000
연결당기순이익		35,000	4,000	39,000
지배기업의 배당		(35,000)		(35,000)
비지배주주에 대한 배당			(3,000)	(3,000)
01년 말	100,000	100,000	25,000	225,000
02년 초	100,000	100,000	25,000	225,000
연결당기순이익		34,364	4,741	39,105
지배기업의 배당		(28,000)		(28,000)
비지배주주에 대한 배당			(3,400)	(3,400)
02년 말	100,000	106,364	26,341	232,705

연결당기순이익의 검증

		01년	02년	
1	P사의 별도재무제표상 순이익	30,000	30,000	지배기업 소유주지분
2	P사의 별도재무제표상 배당금수익	(12,000)	(13,600)	
3	S사 지분 이익	17,000	17,964	
4	비지배지분 이익	4,000	4,741	비지배지분
		39,000	39,105	

사례를 통하여 살펴본 내용은 다음과 같다.

내부거래

- P사와 S사의 자금 거래는 내부거래에 해당하므로 대여금과 차입금을 제거하고 관련 대손충당금과 이자수익 및 이자비용도 모두 제거한다.
- 사채추정상환손익은 02년 초에 S사가 인식하고 있는 사채의 장부금액과 P사의 취득금액을 비교하여 계산하므로, P사와 S사가 개별재무제표에서 각각 인식할 사채할증발행차금 상각표가 작성되어야 한다. P사가 75,835원에 사채를 취득하는 시점에 S사의 장부에 계상된 사채 금액은 82,975원이므로, 7,140원의 사채추정상환손익이 계산된다.
- 사채추정상환손익(미실현손익)은 P사가 사채를 취득한 이후, P사와 S사가 인식하는 이자수익과 이자비용의 차이를 통해서 해소된다. 사채추정상환손익(미실현손익)이 이자수익과 이자비용의 차액으로 소멸되는 과정은 상각대상 유형자산의 처분이익(미실현손익)이 감가상각비 차액으로 소멸되는 과정과 동일한데, 사채 거래 특성상 상각표를 작성하여야 한다는 기술상의 복잡함이 수반된다.
- 사채를 발행한 기업이 S사이므로 미실현손익은 지분율에 비례하여 안분된다.

순자산조정

- 차입금과 사채에 대한 미실현부채 금액은 P사와 비지배주주의 해당 연도 순자산 분석상 금액을 합산하여 산정한다. 01년 연결조정에 반영할 대여금은 P사의 순자산 분석에 표시되어 있는 1,000원이며, 02년 연결조정에 반영할 사채는 P사의 지분액 2,964원과 비지배지분 741원을 합산한 3,705원으로 계산된다.

순이익조정 및 순액조정

- 순이익조정은 P사와 비지배주주의 누적 지분 평가상 해당 연도 금액을 합산하여 구한다.
- 차입금 · 대여금 및 사채 · 투자채권을 상계제거하고, 이자수익 · 이자비용을 상계제거한다.

제3절 Framework Ⅱ

본서에서는 연결조정(수단)이 아닌 목표 값(연결재무제표)을 염두에 두고 목표 값을 체계적으로 정리하기 위한 접근 방법으로서 '누적 지분 평가'와 '순자산 분석'을 제시하고 있다. '누적 지분 평가'와 '순자산 분석'은 단편적이고 기술적인 분석이 아니라, 연결 관점에서 순자산 변동이 어떻게 지배기업과 비지배주주의 지분에 배분되는지를 보여주는 체계적인 접근 방법으로서, 연결재무제표가 어떻게 작성되어야 하는지에 대한 목표 값을 구체적으로 보여주고 있다.

본서에서 제시되고 있는 연결조정은 목표 값에 도달하기 위한 기술적인 도구가 아니라, 이미 '누적 지분 평가'와 '순자산 분석'을 통하여 산정된 목표 값으로 단순합산재무제표를 전환시키는데 초점을 맞추고 있다. 또한 본서가 제시하는 연결조정은 '누적 지분 평가' 및 '순자산 분석'의 내용과 유기적으로 연결되어 있는데, 다음을 특징으로 하고 있다.

① 목표 값에 도달하기 위한 '누적 지분 평가'와 '순자산 분석'은 지분법 개념에 충실한 접근 방법으로서 직관적으로 이해 가능하다.

② 목표 값의 산출과정과 연결조정에 반영되는 과정이 유기적으로 이루어져 정확성과 완전성이 검증된다. 연결회계에 있어서 애로사항 중 하나는 연결조정이 정확하게 이루어졌는지에 대한 검증 문제인데, 본 체계는 별도의 검증 작업을 필요로 하지 않는다.

③ 본서의 분석 및 연결조정 체계는 〈제2부〉와 〈제3부〉에서 살펴볼 종속기업의 순자산 변동, 주식의 취득·처분, 복잡한 지배구조, 해외종속기업 및 이연법인세 등 모든 주제에 대하여 논리적 일관성을 유지하며 확장된다.

④ 연결회계 이론(기업실체 이론 또는 지배회사 이론), 연결방식(병렬연결 및 순차연결), 종속기업주식에 대한 평가방법(지분법 또는 원가법 적용)에 변화가 발생하더라도, 단순한 변형 절차를 통하여 쉽게 대응 가능하다.

⑤ 연결결산을 위한 자료는 '누적 지분 평가'와 '순자산 분석'에 체계적으로 집계되며, 과거 연결 History가 체계적으로 관리된다.

연결결산 절차는 단순합산재무제표(장부금액)를 연결재무제표(사업결합 관점)로 전환시키는 절차이다. 그 과정에서 자산·부채, 자본, 수익·비용 중 일부 항목을 가감하게 되는데, 그 내용을 요약하면 다음과 같다. 아래 표는 지금까지 설명한 **개념적 틀**이므로 명확하게 이해되지 않는다면 반드시 관련 부분을 확인하기 바란다.

| 단순합산재무제표 → 연결재무제표 | ☆☆☆

<table>
<tr><th>단순합산재무제표
(장부금액)</th><th>연결조정</th><th>연결재무제표
(사업결합 관점)</th><th>비고</th></tr>
<tr><td colspan="3">재무상태표 : 순자산조정 + 순액조정</td><td></td></tr>
<tr><td rowspan="5">P사 재무상태표
+ S사 재무상태표</td><td>• 종속기업주식 제거
• 종속기업 자본 제거</td><td rowspan="5">연결재무상태표</td><td>• 투자 · 자본 제거
• 주식 → 사업 전환</td></tr>
<tr><td>• 공정가치 차액 가산
• 영업권 가산
• 미실현자산 가감</td><td>• 자산 · 부채 조정
(장부금액 → 공정가치)
• 순자산 분석 활용</td></tr>
<tr><td>• 자산 · 부채 상계 제거</td><td>• 순액조정</td></tr>
<tr><td>• 누적 지분 이익 가산
(P사 자본 증가)</td><td>• 누적 지분 평가 활용</td></tr>
<tr><td>• 비지배지분 가산
(비지배주주 자본 증가)</td><td>• 순자산 분석 활용</td></tr>
<tr><td colspan="3">손익계산서 : 순이익조정 + 순액조정</td><td></td></tr>
<tr><td rowspan="3">P사 손익계산서
+ S사 손익계산서</td><td>• 배당금수익 제거</td><td rowspan="3">연결손익계산서</td><td>• P사 왜곡표시 제거</td></tr>
<tr><td>• 공정가치 차액 변동 가산
• 영업권 변동 가산
• 미실현자산 변동 가감</td><td>• 수익 · 비용 조정
(장부금액 → 공정가치)
• 누적 지분 평가 활용</td></tr>
<tr><td>• 수익 · 비용 상계 제거</td><td>• 순액조정</td></tr>
</table>

순자산 분석을 활용한 연결조정(순자산조정)의 의미

순자산조정은 지배기업과 비지배주주의 순자산 분석을 합산하여 이루어지는데, 합산한 결과는 다음과 같다.

순자산 분석 구성 항목	연결조정
① 순자산 총액 = 종속기업 자본 총계	결산일의 종속기업 자본(장부금액) 제거
② 영업권	영업권 가산
③ 공정가치 차액	공정가치 차액의 가산
④ 미실현자산 · 부채	미실현자산 · 부채의 가산
⑤ 지분액 합계(①+②+③+④=⑤)	사업결합 관점의 종속기업 순자산(*)

(*) 사업결합 관점의 종속기업 순자산 = 지배기업 소유주지분 + 비지배지분

순자산 분석은 장부상 순자산을 사업결합 관점의 순자산으로 전환하는 과정인데, 장부상 순자산과 사업결합 관점의 순자산 간의 차이를 발생시키는 요소는 영업권, 공정가치 차액, 미실

현자산이다.

따라서 장부상 순자산에 순자산 분석의 구성요소를 가감하면 사업결합 관점으로 전환된다. 그리고 순자산 분석에 있는 요소들을 합산하여 연결조정에 반영하면, 단순합산재무상태표(장부금액)가 연결재무상태표로 전환된다.

누적 지분 평가를 활용한 연결조정(순이익조정)의 의미

순이익조정은 지배기업과 비지배주주의 누적 지분 평가 중 당기 손익 항목을 합산하여 이루어진다. 그 내용은 다음과 같다.

누적 지분 평가 구성 항목	연결조정
① NI 총액 = 종속기업 순이익	결산일의 종속기업 순이익
② 영업권손상차손	영업권변동으로 인한 손실 반영
③ 공정가치 차액 변동	공정가치 차액으로 인한 손익 가산
④ 미실현자산·부채 변동	내부거래로 인한 손익 가산
⑤ 지분액 합계(①+②+③+④=⑤)	사업결합 관점의 종속기업 순이익(*)

(*) 사업결합 관점의 종속기업 순이익 = 지배기업 소유주지분 + 비지배지분 이익

누적 지분 평가 요소 중 '지분 손익 내역'은 장부상 순이익을 사업결합 관점으로 전환하는 과정인데, 장부상 순이익과 사업결합 관점의 순이익 간의 차이를 발생시키는 요소는 누적 지분 평가에 표시된 영업권손상, 공정가치 차액 변동, 미실현자산 변동이다.

따라서 장부상 순이익에 누적 지분 평가의 구성요소를 가감하면 사업결합 관점으로 전환된다. 그리고 누적 지분 평가에 있는 요소들을 합산하여 연결조정에 반영하면, 단순합산손익계산서(장부금액)가 연결손익계산서로 전환된다.

1. Framework Ⅱ

Ⅰ. 지배기업의 누적 지분 평가

	취득금액	기타포괄손익	FV차액 변동 (지분 손익 내역)	영업권 손상 (지분 손익 내역)	NI 지분액 (지분 손익 내역)	미실현손익 (지분 손익 내역)	종속기업 배당	전기이월 이익잉여금	지분액 합계
01년	1	2	3-1	3-2	3-3	3-4	4	5	6
02년								7	
03년									

1. 취득금액 : 별도재무제표상 장부금액과 동일
2. 기타포괄손익 : (결산일 - 취득일) × 지분율
3. 지분 손익 내역 : 회계기간 중 발생한 지분 손익
   3-1 = ⑦-② 공정가치 차액 중 당기 변동 금액
   3-2 = ⑧-③ 영업권 당기 변동액(손상)
   3-3 종속기업 당기순손익에 대한 지배기업의 지분액
   3-4 = ⑨-④ 미실현자산·부채(재고자산, 유형자산, 사채 등)의 당기 변동 금액
4. 종속기업으로부터의 당기 배당 : 별도재무제표상 배당금수익
5, 7. 전기이월이익잉여금 : 전기 누적 지분 손익 - 누적 배당금(7 = 3 - 4 + 5)
6. 지분액 합계 : 1에서 5까지의 합계액

순자산 분석

	순자산 지분액	FV차액 (잔액)	영업권 (잔액)	미실현 자산·부채	지분액 합계
취득	①	②	③	④	⑤
01년	⑥	⑦	⑧	⑨	⑩
02년					
03년					

①, ⑥ 결산일 현재 종속기업 별도재무제표상 순자산 금액에 대한 지배기업의 지분액
②, ⑦ 결산일 현재 종속기업 공정가치 차액(잔액) 중 지배기업 지분 잔액
③, ⑧ 결산일 현재 영업권 잔액
④, ⑨ 결산일 현재 내부거래로 발생한 미실현자산·부채 잔액 중 지배기업의 지분액
⑤, ⑩ ⑤는 ①에서 ④까지 합계액(⑩은 ⑥에서 ⑨까지 합계액)으로, 누적 지분 평가를 통한 장부금액과 일치함.

Ⅱ. 비지배주주의 누적 지분 평가

	취득금액	기타포괄 손익(OCI)	FV차액 변동 (지분 손익 내역)	영업권 손상 (지분 손익 내역)	NI 지분액 (지분 손익 내역)	미실현 손익 (지분 손익 내역)	배당	전기이월 이익잉여금	지분액 합계
01년	1	2	3-1	3-2	3-3	3-4	4	5	6
02년								7	
03년									

1. 취득금액
2. 기타포괄손익 : (결산일 - 취득일) × 지분율
3. 지분 손익 : 회계기간 중 발생한 지분 손익
   3-1 = ⑦-② 공정가치 차액 중 당기 변동 금액
   3-2 = ⑧-③ 영업권 당기 변동액(손상)
   3-3 종속기업 당기순손익에 대한 비지배주주의 지분액
   3-4 = ⑨-④ 미실현자산 · 부채(재고자산, 유형자산, 사채 등)의 당기 변동 금액
4. 종속기업으로부터의 당기 배당
5, 7. 전기이월이익잉여금 : 전기 누적 지분 손익 - 누적 배당금(7 = 3 - 4 + 5)
6. 지분액 합계 : 1에서 5까지의 합계액

순자산 분석

	순자산 지분액	FV차액 (잔액)	영업권 (잔액)	미실현 자산 · 부채	지분액 합계
취득	①	②	③	④	⑤
01년	⑥	⑦	⑧	⑨	⑩
02년					
03년					

①, ⑥ 결산일 현재 종속기업 순자산 금액에 대한 비지배주주의 지분액
②, ⑦ 결산일 현재 종속기업 공정가치 차액(잔액) 중 비지배주주의 지분 잔액
③, ⑧ 결산일 현재 영업권 잔액
④, ⑨ 결산일 현재 미실현자산 · 부채 잔액 중 비지배주주의 지분액
⑤, ⑩ ①에서 ④까지의 합계액으로, 누적 지분 평가를 통한 장부금액과 일치함.

Ⅲ. 순액 조정

	채 권	채 무	수 익	비 용
01년	⑪	⑪	⑫	⑫
02년				

⑪ 결산일 현재 내부거래로 발생된 채권과 채무 잔액
⑫ 회계기간 중 내부거래로 발생된 수익과 비용 총액

Ⅳ. 연결조정

연결조정

	1단계 : 순자산조정				
[1]	자본금(S)	×××	종속기업주식	×××	[2]
[1]	이익잉여금(S)	×××	이익잉여금(*)	×××	[4]
[1]	자본잉여금(S)	×××	기타포괄손익	×××	[5]
[1]	기타포괄손익(S)	×××	미실현 자산 · 부채	×××	[6]
[3]	공정가치 차액	×××	비지배지분	×××	[7]
[3]	영업권	×××			
	2단계 : 순이익조정				
[8]	비용 또는 수익	×××	이익잉여금	×××	[8]
			비용 또는 수익		[8]
	3단계 : 순액조정				
[9]	수익	×××	비용	×××	[9]
[9]	채무	×××	채권	×××	[9]

[1] 결산일 현재 종속기업의 별도재무제표에 표시된 자본 항목 제거
[2] 결산일 현재 지배기업의 별도재무제표에 표시된 종속기업주식 장부금액의 제거
[3] 결산일 현재 공정가치 차액과 영업권 잔액의 인식
결산일 현재 공정가치 차액 잔액(= 지배기업 지분 + 비지배지분, ②)
결산일 현재 영업권 잔액(= 지배기업지분 + 비지배지분, ③)
[4] 지배력 획득일 이후 지배기업의 종속기업에 대한 누적 지분 이익(= 3-4 + 5) 인식
[5] 지배력 획득일 이후 지배기업의 종속기업에 대한 기타포괄손익 지분액(= 2) 인식
[6] 결산일 현재 미실현자산 · 부채 잔액(= 지배기업 지분 + 비지배지분, ④) 제거
[7] 결산일 현재 비지배지분 금액(= ⑤) 인식
[8] 당기 손익 조정
3-1 공정가치 차액의 당기 변동 내역(= ⑦-②) (지배기업 지분 + 비지배지분)
3-2 영업권의 당기 변동 내역(= ⑧-③) (지배기업 지분 + 비지배지분)
3-4 미실현자산 · 부채의 당기 변동 내역(= ⑨-④) (지배기업 지분 + 비지배지분)
4 지배기업이 당기에 인식한 배당금수익
(*) 이익잉여금 조정 : 순이익조정이 정산표를 통해 재무상태표에 미치는 영향을 상쇄
[9] 내부거래로 발생한 수익 · 비용 및 채권 · 채무 순액 조정(= ⑪ ~ ⑫)

2. 종합 사례

본 장에서 살펴본 내용을 〈사례 4〉로 정리한다. 〈사례 4〉가 이해되지 않는다면 〈제1부〉에서 설명하고 있는 개념들이 완전히 습득되지 않았음을 의미하므로, 반드시 〈제2부〉에 들어가기 전에 〈제1부〉의 주요 개념들을 다시 한번 확인했으면 한다.

사례 4 종합 사례

① 주식 취득

P사는 S사 주식을 01년 초 다음과 같이 취득함.

지분율 60%

취득금액 250,000

비지배지분은 식별 가능한 순자산 공정가치에 비례하여 인식함.

한편, 지배력 획득일 현재 S사의 자산·부채 장부금액과 공정가치의 차이는 다음과 같음.

	공정가치	장부금액	차 액
유형자산(토지)	15,000	10,000	5,000

상기 토지는 02년 중 외부로 20,000원에 처분됨.

② 내부거래

(1) 재고자산 하향판매

	매출처	매입처	거래금액	원가	보유재고	비 고
01년	P사	S사	30,000	18,000	15,000	02년 중 전량 판매
02년	P사	S사	50,000	25,000	6,000	03년 중 전량 판매

(2) 재고자산 상향판매

	매출처	매입처	거래금액	원가	보유재고	비 고
01년	S사	P사	20,000	16,000	5,000	02년 중 전량 판매
02년	S사	P사	12,000	8,400	8,000	03년 중 전량 판매

(3) 유형자산 상향판매

	자산	처분	취득	거래금액	장부금액	차액	내용연수
01년 초	건물	S사	P사	30,000	20,000	10,000	5

(4) 내부거래로 발생한 채권·채무

	P사		S사	
	매출채권	매입채무	매출채권	매입채무
01년	20,000	10,000	10,000	20,000
02년	10,000	12,000	12,000	10,000

3 공정가치 측정 금융자산

S사는 01년 중 주식A를 매입하여 공정가치 측정 금융자산으로 분류하고 평가손익은 기타포괄손익으로 계상하던 중, 02년에 처분하고 이익잉여금을 20,000원 인식함.

4 S사의 배당

	01년	02년
배당금액	15,000	10,000

5 영업권

S사가 영위하는 업황의 악화로 02년 말 현재 영업권의 가치는 50,000원으로 측정됨.

6 요약 별도재무제표

	지배기업(P)			종속기업(S)		
	취득	01년	02년	취득	01년	02년
현금	25,000	25,000	95,000	135,000	75,000	155,000
매출채권	55,000	60,000	55,000	40,000	45,000	50,000
재고자산	50,000	55,000	40,000	50,000	55,000	50,000
주식S	250,000	250,000	250,000	–	–	–
주식A	–	–	–	–	50,000	–
유형자산	70,000	95,000	90,000	120,000	150,000	140,000
자산계	450,000	485,000	530,000	345,000	375,000	395,000
매입채무	50,000	45,000	60,000	45,000	40,000	45,000
자본금	200,000	200,000	200,000	100,000	100,000	100,000
이익잉여금	200,000	240,000	270,000	200,000	220,000	250,000
기타포괄손익	–	–	–	–	15,000	–
부채와 자본계	450,000	485,000	530,000	345,000	375,000	395,000
수익		170,000	150,000		130,000	120,000
비용		(130,000)	(120,000)		(95,000)	(100,000)
당기순이익		40,000	30,000		35,000	20,000

요구사항 지배력 획득일과 01년 및 02년의 연결재무제표를 작성하시오.

해설

Ⅰ. 분석

1. 취득금액의 구성내역

	지배기업	비지배지분
취득금액	250,000	122,000
순자산 지분액	180,000(= 300,000 × 60%)	120,000(= 300,000 × 40%)
토지 FV차액	3,000(= 5,000 × 60%)	2,000(= 5,000 × 40%)
영업권	67,000	

2. 공정가치 차액 조정

	지배기업(P)			비지배지분		
	취득시	01년	02년	취득시	01년	02년
유형자산	3,000	3,000	−	2,000	2,000	−
처분이익	−	−	(3,000)	−	−	(2,000)

3. 내부거래

(1) 재고자산 하향판매

	보유재고	이익률	미실현자산	미실현손익
01년	15,000	40%	(6,000)	(6,000)
02년	6,000	50%	(3,000)	3,000

(2) 재고자산 상향판매

	보유재고	이익률	미실현자산	미실현손익
01년	5,000	20%	(1,000)	(1,000)
02년	8,000	30%	(2,400)	(1,400)

(3) 유형자산 상향판매

구 분	P사 재무제표 (단순합산)	연결 관점 (내부거래 없음)	연결조정 (미실현자산)	연결조정 (미실현손익)
거래 시점 (01년 초)	30,000	20,000	(−)10,000 건물 감소	(−)10,000 처분이익 제거
01년 말	24,000	16,000	(−)8,000 건물 감소	2,000 감가상각비 감소
02년 말	18,000	12,000	(−)6,000 건물 감소	2,000 감가상각비 감소
03년 말	12,000	8,000	(−)4,000 건물 감소	2,000 감가상각비 감소

(*) 상향판매이므로 미실현자산과 미실현손익은 지분율에 따라 지배기업과 비지배지분에 안분

(4) 미실현손익의 배분

① 미실현자산

	지배기업 지분			비지배지분	
	재고자산(하향)	재고자산(상향)	건물(상향)	재고자산(상향)	건물(상향)
01년	(6,000)	(600)	(4,800)	(400)	(3,200)
02년	(3,000)	(1,440)	(3,600)	(960)	(2,400)

② 미실현손익

	지배기업 지분				비지배지분		
	매출원가 (하향)	매출원가 (상향)	처분이익 (상향)	감가상각비 (상향)	매출원가 (상향)	처분이익 (상향)	감가상각비 (상향)
01년	(6,000)	(600)	(6,000)	1,200	(400)	(4,000)	800
02년	3,000	(840)	–	1,200	(560)	–	800

Ⅱ. 누적 지분 평가

1. P사의 S사 누적 지분 평가

(지분 손익 내역: NI 지분액 ~ 감가상각비)

	취득 금액	기타포괄 손익	NI 지분액	처분손익 (FV변동)	영업권 손상	미실현손익			이익 잉여금	종속기업 배당	전기이월 이익 잉여금	지분액 합계
						매출원가	처분이익	감가 상각비				
01년	250,000	9,000	21,000	–	–	(6,600)	(6,000)	1,200	–	(9,000)	–	259,600
02년	250,000	–	12,000	(3,000)	(17,000)	2,160	–	1,200	12,000	(6,000)	600	251,960

순자산 분석

	순자산 지분액	토지 (FV차액)	영업권	미실현자산		지분액 합계
				재고자산	유형자산	
취득	180,000	3,000	67,000	–	–	250,000
01년	201,000	3,000	67,000	(6,600)	(4,800)	259,600
02년	210,000	–	50,000	(4,440)	(3,600)	251,960

2. S사 비지배주주의 누적 지분 평가

	취득 금액	기타포괄 손익	NI 지분액	처분손익 (FV변동)	영업권 손상	미실현손익			이익 잉여금	배당	전기이월 이익 잉여금	지분액 합계
						매출원가	처분이익	감가 상각비				
01년	122,000	6,000	14,000	–	–	(400)	(4,000)	800	–	(6,000)	–	132,400
02년	122,000	–	8,000	(2,000)	–	(560)	–	800	8,000	(4,000)	4,400	136,640

(지분 손익 내역: NI 지분액 ~ 감가상각비)

순자산 분석

	순자산 지분액	토지 (FV차액)	영업권	미실현자산		지분액 합계
				재고자산	유형자산	
취득	120,000	2,000	–	–	–	122,000
01년	134,000	2,000	–	(400)	(3,200)	132,400
02년	140,000	–	–	(960)	(2,400)	136,640

3. 순액조정

	매출채권	매입채무	수익(매출)	비용(매출원가)
01년	30,000	30,000	50,000	50,000
02년	22,000	22,000	62,000	62,000

Ⅲ. 연결재무제표

1. 취득

단순합산

차변	금액	대변	금액
현금	160,000	매입채무	95,000
매출채권	95,000	자본금	300,000
재고자산	100,000	이익잉여금	400,000
주식S	250,000		
유형자산	190,000		

연결조정

차변	금액	대변	금액
자본금(S)	100,000	주식S	250,000
이익잉여금(S)	200,000	비지배지분	122,000
유형자산(FV)	5,000		
영업권	67,000		

연결재무제표

차변	금액	대변	금액
현금	160,000	매입채무	95,000
매출채권	95,000	자본금	200,000
재고자산	100,000	이익잉여금	200,000
주식S	–	비지배지분	122,000
유형자산	195,000		
영업권	67,000		

2. 01년

단순합산

차변		대변	
현금	100,000	매입채무	85,000
매출채권	105,000	자본금	300,000
재고자산	110,000	이익잉여금	460,000
주식S	250,000	기타포괄손익	15,000
주식A	50,000		
유형자산	245,000		
비용	225,000	수익	300,000
이익잉여금 (단순합산NI)	75,000		

연결조정

차변		대변	
1단계 : 순자산조정			
자본금(S)	100,000	주식S	250,000
이익잉여금(S)	220,000	이익잉여금	600
기타포괄손익(S)	15,000	기타포괄손익	9,000
유형자산(FV)	5,000	비지배지분	132,400
영업권	67,000	재고자산	7,000
		유형자산	8,000
2단계 : 순이익조정			
비용(매출원가)	7,000	비용(상각비)	2,000
비용(처분이익)	10,000	이익잉여금	24,000
수익(배당금)	9,000		
3단계 : 순액조정			
매입채무	30,000	매출채권	30,000
수익(매출)	50,000	비용(매출원가)	50,000

연결재무제표

차변		대변	
현금	100,000	매입채무	55,000
매출채권	75,000	자본금	200,000
재고자산	103,000	이익잉여금	240,600
주식S	–	기타포괄손익	9,000
주식A	50,000	비지배지분	132,400
유형자산	242,000		
영업권	67,000		
비용	190,000	수익	241,000
이익잉여금 (연결NI)	51,000		

3. 02년

단순합산

차변		대변	
현금	250,000	매입채무	105,000
매출채권	105,000	자본금	300,000
재고자산	90,000	이익잉여금	520,000
주식S	250,000		
유형자산	230,000		
비용	200,000	수익	250,000
이익잉여금 (단순합산 NI)	50,000		

연결조정

차변		대변	
1단계 : 순자산조정			
자본금(S)	100,000	주식S	250,000
이익잉여금(S)	250,000	이익잉여금	1,960
영업권	50,000	비지배지분	136,640
		유형자산	6,000
		재고자산	5,400
2단계 : 순이익조정			
수익(처분이익)	5,000	비용(상각비)	2,000
수익(배당금)	6,000	비용(매출원가)	1,600
비용(자산손상)	17,000	이익잉여금	24,400
3단계 : 순액조정			
매입채무	22,000	매출채권	22,000
수익(매출)	62,000	비용(매출원가)	62,000

연결재무제표

차변		대변	
현금	250,000	매입채무	83,000
매출채권	83,000	자본금	200,000
재고자산	84,600	이익잉여금	271,960
주식S	–	비지배지분	136,640
유형자산	224,000		
영업권	50,000		
비용	151,400	수익	177,000
이익잉여금 (연결NI)	25,600		

4. 연결자본변동표

	자본금	이익잉여금	기타포괄손익	비지배지분	합 계
01년 초	200,000	200,000	-	-	400,000
종속기업 취득				122,000	122,000
연결당기순이익		40,600		10,400	51,000
비지배주주에 대한 배당				(6,000)	(6,000)
금융자산 평가			9,000	6,000	15,000
01년 말	200,000	240,600	9,000	132,400	582,000
02년 초	200,000	240,600	9,000	132,400	582,000
연결당기순이익		19,360		6,240	25,600
비지배주주에 대한 배당				(4,000)	(4,000)
금융자산 평가			(9,000)	(6,000)	(15,000)
금융자산 처분		12,000		8,000	20,000
02년 말	200,000	271,960	-	136,640	608,600

연결당기순이익의 검증

		01년	02년	
1	P사의 별도재무제표상 순이익	40,000	30,000	지배기업 소유주지분
2	P사의 별도재무제표상 배당금수익	(9,000)	(6,000)	
3	S사 지분 이익	9,600	(4,640)	
4	비지배지분 이익	10,400	6,240	비지배지분
		51,000	25,600	

(1) 내부거래

① 연결 관점에서 보면 지배기업과 종속기업 간의 내부거래는 기업 내 부서 간 거래와 유사하므로, 연결재무제표에 표시되지 않는다. 따라서 단순합산재무제표에 포함된 내부거래로 발생한 매출과 매입 및 처분손익 등은 연결조정으로 제거한다.

② 내부거래로 발생한 자산·부채가 결산일 현재 외부로 재판매되거나 상각완료되지 않았다면 미실현손익이 발생한다. 내부거래가 하향판매라면 지배기업에 전액 배분하고, 상향판매라면 지분율에 따라 지배기업과 비지배주주에 안분한다.

③ 미실현손익은 기말미실현자산·부채에서 기초미실현자산·부채를 차감하여 계산한다.

④ 내부거래와 미실현손익이 자산·부채나 수익·비용에 미치는 영향은 모두 제거되지만, 순자산(연결자본)에 미치는 영향은 지배기업의 지분(이익잉여금 또는 기타포괄손익)과 비지배지분으로 구분되어 연결조정에 반영된다.

(2) 순자산조정

① 결산일 현재 단순합산재무제표에 표시되어 있는 종속기업의 자본 항목과 지배기업이 보유하는 종속기업주식을 제거한다.

② 공정가치 차액, 영업권, 미실현자산·부채는 해당 연도 지배기업과 비지배주주의 순자산 분석에 표시된 금액을 합산하여 연결조정으로 표시한다.

③ 지배기업이 종속기업에 대하여 지배력을 취득한 이후, 종속기업의 순자산의 변동은 일반적으로 당기손익(확정 손익)과 기타포괄손익(미확정 손익)에 의하여 이루어진다. 당기손익으로 증가한 지배기업의 누적 지분 손익(이익잉여금 및 기타포괄손익 등)은 연결조정으로 가산한다. 해당 내역은 지배기업의 누적 지분 평가에 표시된 해당 연도 금액을 합산하여 산정한다.

④ 비지배주주의 순자산 분석에 표시된 지분액 합계액을 연결조정으로 가산한다.

(3) 순이익조정

① 지배기업의 별도재무제표에는 종속기업으로부터 수령한 배당금이 수익으로 반영되어 있으나 연결 관점에서는 내부거래에 해당한다. 따라서 지배기업의 누적 지분 평가에 표시되어 있는 해당 연도 배당금을 연결조정으로 제거한다.

② 공정가치 차액의 변동금액과 상향판매로 발생한 미실현손익은 지분율에 따라 지배기업의 지분과 비지배지분에 안분된다. 그리고 하향판매로 발생한 미실현손익은 전액 지배기업에 배분된다.

③ 연결조정에 반영될 공정가치 차액의 변동, 영업권 손상, 미실현손익은 지배기업과 비지배주주의 누적 지분 평가에 표시된 금액을 합산하여 연결조정으로 가산한다.

(4) 순액조정

① 내부거래로 발생한 수익·비용과 채권·채무가 단순합산재무제표에 포함되어 있는 경우에는 전액 제거한다.

보론 다양한 실무 사례 검토

본 절에서는 기업실무상 빈번하게 발생하는 이슈들을 사례 중심으로 살펴본다.

1. 연결결산 체계 구축(불완전한 자료)

지배기업이 종속기업에 대하여 지배력을 획득한 이후 상당한 시간이 경과하거나 업무 담당자가 변경되었다면, 연결결산과 관련된 일부 자료가 분실된 경우가 있다. 이 경우 과거 자료와 연결조정 내역이 파악되지 않아 연결결산에 어려움을 느끼게 된다.

따라서 본 절에서는 과거 연결 History가 불분명한 상황에서, 과거 자료를 정리하고 향후 안정적인 연결결산 체계를 수립할 수 있는 방안을 살펴본다.

먼저, 결산일 현재 지배기업과 비지배주주의 지분액은 다음과 같다.

지분액 분석

① 지배기업 소유주지분 = (종속기업의 순자산 + 공정가치 차액) × 지분율 + 미실현자산 + 영업권

② 비지배지분 = (종속기업의 순자산 + 공정가치 차액) × (1 - 지분율) + 미실현자산

- 지배기업의 미실현자산 : 하향미실현자산 + 상향미실현자산 × 지분율
- 비지배지분의 미실현자산 : 상향미실현자산 × (1 - 지분율)
- 영업권 : 지배력 획득 시점에 인식된 영업권 중 결산일 시점의 잔액

일부 자료가 명확하지 않은 제약된 상황하에서 연결재무제표를 어떻게 작성할 것인가를 생각해 보자.

연결조정

1단계 : 순자산조정			
자본금(S1)	×××	주식S	×××
자본잉여금(S1)	×××	**누적지분이익(이익잉여금)**	×××
이익잉여금(S1)	×××	**누적지분이익(기타포괄손익)**	×××
FV차액 잔액(FV1)	×××	**비지배지분(M1)**	×××
영업권 잔액(G1)	×××	미실현자산	×××
2단계 : 순이익조정			
수익(배당금수익)	×××	이익잉여금	×××
비용(△FV)	×××		
비용(△G)	×××		
비용(미실현손익)	×××		
3단계 : 순액조정			
수익(매출)	×××	비용(매출원가)	×××
채무(매입채무)	×××	채권(매출채권)	×××

순자산조정의 내용을 살펴보면 다음과 같다.

① 결산일 현재 종속기업의 자본 항목(자본금, 자본잉여금, 이익잉여금 등)을 전액 제거한다.

② 결산일 현재 계상하고 있는 종속기업주식을 제거한다.

③ 결산일 현재 공정가치 차액과 영업권 잔액을 연결조정으로 가산한다.

④ 결산일 현재 내부거래로 발생한 미실현 잔액을 연결조정으로 제거한다.

⑤ 결산일 현재 비지배지분을 연결조정으로 가산하고, 지배력 획득 이후부터 결산일까지 종속기업의 순자산 변동으로 인한 지배기업의 누적 지분 이익을 연결조정으로 가산한다.

상기 내용 중 ①과 ②는 결산일의 지배기업과 종속기업의 별도재무제표가 입수되면 기계적으로 반영되는 연결조정으로서 과거 자료와는 아무런 관련이 없다. 그리고 ③은 종속기업주식을 취득하는 시점에 파악되는 내용으로서 주식 매매 계약서, 주식 평가 보고서, 세무목적의 자료, 이사회 의사록 등을 통해 얻을 수 있다. 또한 내부거래로 발생한 미실현자산은 대부분 최근 내부거래와 관련된 사항이므로 과거 자료와 큰 관련이 없다.

그러나 비지배주주와 지배기업의 지분액 산정과 관련된 ⑤의 절차는 지배력 획득일로부터 연결재무제표 작성시점까지의 자료가 명확하지 않으면 정확한 금액을 파악하기 어렵다.

순이익조정과 순액조정을 살펴보자.

① 회계기간 중 지배기업이 종속기업으로부터 수령한 배당금수익을 제거한다.

② 회계기간 중 변동한 공정가치 차액과 영업권 손상 금액을 연결조정으로 반영한다.

③ 회계기간 중 변동한 미실현자산·부채 내역을 연결조정으로 반영한다.

④ 회계기간 중 내부거래로 인식된 수익·비용과 자산·부채를 전액 제거한다.

순이익조정과 순액조정 내역은 모두 연결재무제표가 작성되는 회계기간과 관련된 것이므로 과거 자료와 크게 관련 없음을 알 수 있다.

지금까지 연결조정의 성격을 살펴본 결과 과거 자료가 명확하지 않을 경우 **연결결산 과정에서 발생하는 가장 큰 이슈는 비지배지분과 종속기업의 순자산 변동에 대한 지배기업의 지분액임을 알 수 있다.**

그렇다면 과거 자료가 불분명할 경우 비지배지분과 지배기업의 누적 지분 이익을 어떻게 산정할 것인가에 대해 생각해 보자.

누적 지분 평가는 종속기업주식을 취득한 이후부터 평가시점까지의 평가 내역을 계산하여 지분액을 산출하는 방법(Flow approach)이며, 순자산 분석은 평가일 현재 종속기업주식의 구성내역이 어떠한지 분석하여 지분액을 산출하는 방법(Stock approach)이다. 누적 지분 평가를 작성하기 위해서는 과거 자료가 모두 준비되어야 한다. 그러나 순자산 분석은 결산일을 기준으로 수행하기 때문에 요구되는 자료가 많지 않다.

누적 지분 평가와 순자산 분석을 적용하여 산출한 각각의 지분액은 반드시 일치한다. **따라서 순자산 분석을 통하여 산출된 금액을 역산하여 누적 지분 평가의 내용을 추정할 수 있다.** 이러한 점을 활용하면 일부 자료가 미비한 상황이라도 연결결산에 필요한 자료를 산출할 수 있다.

예제 1

- P사가 보유하는 S사 지분율은 60%이며, 취득금액은 30,000원임.
- 01년 지배력 획득 시 S사의 순자산은 50,000원이며, 공정가치 차액과 영업권은 인식되지 아니함.
- 10년 말 현재 S사의 순자산은 250,000원임.
- 10년 말 현재 S사는 공정가치 측정 금융자산 평가손익(기타포괄손익) 1,000원을 인식하고 있음.
- P사와 S사는 재고자산 거래를 지속적으로 실시하고 있으며, 10년 말 현재 하향판매로 발생한 미실현자산은 (–)4,600원임.
- 01년부터 10년까지의 S사에 대한 상세 재무정보는 파악하기 어려움.

요구사항 지배력을 획득한 이후 P사가 S사에 대하여 인식할 누적 지분 이익을 계산하시오.

P사의 지분액

- 순자산 분석

	순자산 지분액	재고자산(미실현)	영업권	지분액 합계
10년	150,000	(4,600)	–	145,400(①)

- P사의 S사 누적 지분 평가

	취득금액	기타포괄손익(*1)	NI 지분액	매출원가(미실현)	전기이익잉여금(*2)	지분액 합계
10년	30,000	600	–	–	114,800(②)	145,400(①)

(*1) 기타포괄손익은 지분율 변동이 있더라도 재귀속 과정을 거쳐 결산일 현재 지분율을 반영한 잔액만큼 표시됨(기타포괄손익의 재귀속은 〈제7장〉 참조).

(*2) 10년 말 전기이월이익잉여금 115,400원은 누적 지분 평가와 순자산 분석의 장부금액이 일치함을 이용하여 추정함.

누적 지분 평가와 순자산 분석의 지분액 합계액은 동일하다. 따라서 지분액이 145,400원이므로 전기이월이익잉여금은 115,400원(= 145,400원 – 30,000원 – 600원)임을 추정할 수 있다.

사례 1 불완전한 자료 ☆☆☆

① 주식 취득

P사는 S사 주식을 01년 초 다음과 같이 취득함.

지분율 80%

취득금액 300,000

지배력 획득일 현재 S사의 순자산 장부금액 250,000

비지배지분은 식별 가능한 순자산 공정가치에 비례하여 인식함.

한편, 지배력 획득일 현재 S사의 자산·부채 장부금액과 공정가치의 차이는 다음과 같음.

	공정가치	장부금액	차액	내용연수
건물	60,000	40,000	20,000	5
기계장치	40,000	30,000	10,000	2

09년 중에 발생한 화재로 인하여 일부 자료는 완전하지 아니함.

② 내부거래

(1) 재고자산

	06년	07년	08년	09년	10년
매출액	24,000	18,000	?	20,000	25,000
매출총이익	6,000	?	?	5,000	6,000
보유재고	5,000	?	–	10,000	5,000

상기 재고거래는 모두 하향판매이며, 보유재고는 익년도에 외부로 판매됨.

(2) 기계장치

	02년 초	04년 초	08년 말
장부금액	?	?	25,000
거래금액	70,000	30,000	35,000
내용연수	5	4	5

02년과 08년의 거래는 하향판매이며, 04년 거래는 상향판매임.

(3) S사의 배당

	06년	07년	08년	09년	10년
배당금액	25,000	?	40,000	30,000	25,000

3 영업권

영업권에 대한 평가 자료는 다음과 같음.

	06년	07년	08년	09년	10년
공정가치	?	15,000	–	22,000	25,000

4 요약 별도재무제표

	지배기업(P)			종속기업(S)		
	09년 초	09년	10년	09년 초	09년	10년
재고자산	80,000	120,000	125,000	100,000	140,000	155,000
주식S	300,000	300,000	300,000	–	–	–
유형자산	170,000	230,000	295,000	280,000	260,000	280,000
계	550,000	650,000	720,000	380,000	400,000	435,000
자본금	200,000	200,000	200,000	100,000	100,000	100,000
이익잉여금	350,000	450,000	520,000	280,000	300,000	335,000
계	550,000	650,000	720,000	380,000	400,000	435,000
수익		700,000	650,000		250,000	270,000
비용		600,000	580,000		200,000	210,000
당기손익		100,000	70,000		50,000	60,000

요구사항 **09년 초, 09년과 10년의 연결재무제표를 작성하시오.**

해설

Ⅰ. 분석

1. 취득금액의 구성내역

	지배기업	비지배지분
취득금액	300,000	56,000
순자산 지분액	200,000(= 250,000 × 80%)	50,000(= 250,000 × 20%)
유형자산 FV차액	24,000(= 30,000 × 80%)	6,000(= 30,000 × 20%)
영업권	76,000	

2. 내부거래

(1) 재고자산

	매출	매출총이익	이익률	보유재고	미실현자산	미실현손익
08년	?	?	?	-	-	?
09년	20,000	5,000	25%	10,000	2,500	(2,500)
10년	25,000	6,000	24%	5,000	1,200	1,300

(2) 기계장치

	거래시점	09년	10년
기계장치(잔액)	(10,000)	(8,000)	(6,000)
감가상각비	-	2,000	2,000

Ⅱ. 누적 지분 평가

1. P사의 S사 누적 지분 평가

	취득금액	NI 지분액	매출원가 (미실현)	감가상각비 (미실현)	종속기업 배당	전기이월 이익잉여금	지분액 합계
09년 초	300,000	-	-	-	-	(6,000)(*)	294,000
09년	300,000	40,000	(2,500)	2,000	(24,000)	(6,000)	309,500
10년	300,000	48,000	1,300	2,000	(20,000)	9,500	340,800

(*) 09년 전기이월이익잉여금 (-)6,000원은 누적 지분 평가와 순자산 분석의 장부금액이 일치함을 이용하여 추정함.

순자산 분석

	순자산 지분액	재고자산 (미실현)	유형자산 (미실현)	영업권	지분액 합계
09년 초	304,000	-	(10,000)	-	294,000
09년	320,000	(2,500)	(8,000)	-	309,500
10년	348,000	(1,200)	(6,000)	-	340,800

2. S사 비지배주주의 누적 지분 평가

	취득금액	NI 지분액	매출원가 (미실현)	감가상각비 (미실현)	배당	전기이월 이익잉여금	지분액 합계
09년 초	56,000	-	-	-	-	20,000(*)	76,000
09년	56,000	10,000	-	-	(6,000)	20,000	80,000
10년	56,000	12,000	-	-	(5,000)	24,000	87,000

(*) 09년 전기이월이익잉여금 20,000원은 누적 지분 평가와 순자산 분석의 장부금액이 일치함을 이용하여 추정함.

순자산 분석

	순자산 지분액	재고자산 (미실현)	유형자산 (미실현)	영업권	지분액 합계
09년 초	76,000	–	–	–	76,000
09년	80,000	–	–	–	80,000
10년	87,000	–	–	–	87,000

3. 순액조정

	매출	매출원가
09년	20,000	20,000
10년	25,000	25,000

Ⅲ. 연결재무제표

1. 09년 초

단순합산

재고자산	180,000	자본금	300,000
주식S	300,000	잉여금	630,000
유형자산	450,000		

연결조정

1단계 : 순자산조정			
자본금(S)	100,000	주식S	300,000
이익잉여금(S)	280,000	이익잉여금	**(6,000)**
		비지배지분	76,000
		유형자산	10,000

연결재무제표

재고자산	180,000	자본금	200,000
주식S	–	이익잉여금	344,000
유형자산	440,000	비지배지분	76,000

2. 09년

단순합산

재고자산	260,000	자본금	300,000
주식S	300,000	잉여금	750,000
유형자산	490,000		
비용	800,000	수익	950,000
이익잉여금 (단순합산NI)	150,000		

연결조정

1단계 : 순자산조정			
자본금(S)	100,000	주식S	300,000
이익잉여금(S)	300,000	이익잉여금	9,500
		비지배지분	80,000
		재고자산	2,500
		유형자산	8,000
2단계 : 순이익조정			
수익(배당금)	24,000	비용(상각비)	2,000
비용(매출원가)	2,500	이익잉여금	24,500
3단계 : 순액조정			
수익(매출)	20,000	비용(매출원가)	20,000

연결재무제표

재고자산	257,500	자본금	200,000
주식S	–	이익잉여금	459,500
유형자산	482,000	비지배지분	80,000
비용	780,500	수익	906,000
이익잉여금 (연결NI)	125,500		

3. 10년

단순합신

재고자산	280,000	자본금	300,000
주식S	300,000	잉여금	855,000
유형자산	575,000		
비용	790,000	수익	920,000
이익잉여금 (단순합산NI)	130,000		

연결조정

1단계 : 순자산조정			
자본금(S)	100,000	주식S	300,000
이익잉여금(S)	335,000	이익잉여금	40,800
		비지배지분	87,000
		재고자산	1,200
		유형자산	6,000
2단계 : 순이익조정			
수익(배당금)	20,000	비용(상각비)	2,000
		비용(매출원가)	1,300
		이익잉여금	16,700
3단계 : 순액조정			
수익(매출)	25,000	비용(매출원가)	25,000

연결재무제표

재고자산	278,800	자본금	200,000
주식S	–	이익잉여금	560,800
유형자산	569,000	비지배지분	87,000
비용	761,700	수익	875,000
이익잉여금 (연결NI)	113,300		

4. 연결자본변동표

	자본금	이익잉여금	비지배지분	계
09년 초	200,000	344,000	70,000	614,000
연결당기순이익		115,500	10,000	125,500
09년 말	200,000	459,500	80,000	739,500
10년 초	200,000	459,500	80,000	739,500
연결당기순이익		101,300	12,000	113,300
10년 말	200,000	560,800	92,000	852,800

연결당기순이익의 검증

		09년	10년	
1	P사의 별도재무제표상 순이익	100,000	70,000	지배기업 소유주지분
2	P사의 별도재무제표상 배당금수익	(24,000)	(20,000)	
3	S사 지분 이익	39,500	51,300	
4	비지배지분 순이익	10,000	12,000	비지배지분
		125,500	113,300	

사례를 통하여 살펴본 내용은 다음과 같다.

자료 분석

- 공정가치 차액을 발생시킨 자산은 상각완료되었으며, 영업권은 손상된 이후 환입이 불가하므로 09년과 10년의 연결조정에 미치는 영향은 없다.
- 02년과 04년의 유형자산 내부거래는 09년 이전에 상각완료되었으므로 연결조정에 영향을 미치지 않는다. 따라서 08년 말에 내부거래를 통하여 발생한 미실현자산 (−)10,000원만이 연결조정에 영향을 미친다.
- 재고자산과 관련된 미실현자산은 08년 잔액이 존재하지 않으므로 09년 말과 10년 말에 존재하는 (−)2,500원과 (−)1,200원만 지분 평가에 반영된다.

누적 지분 평가와 순자산 분석

- 순자산 분석과 누적 지분 평가의 합계 금액은 동일하므로, 역산 과정을 통하여 09년 초 누적 지분 평가에 기재될 전기이월이익잉여금은 (−)6,000원임을 알 수 있다.
- 비지배지분도 누적 지분 평가와 순자산 분석의 합계 금액이 일치함을 이용하여, 그 구성 요소를 모두 파악할 수 있다.

2. 별도재무제표상 종속기업주식의 손상과 부(負)의 비지배지분

지배기업이 종속기업에 대하여 지배력을 획득한 이후 종속기업이 영위하는 사업이 부실화되어 종속기업의 부채가 자산보다 큰 경우, 즉 부(負)의 순자산이 발생하는 경우 별도재무제표와 연결재무제표에 미치는 영향에 대하여 생각해 보자.

(1) 부의 비지배지분

종속기업이 부실화되어 부채가 자산보다 더 큰 경우 비지배지분은 부(負)의 금액으로 산출된다. 부의 비지배지분이 발생하였을 경우 회계처리 대안은 다음과 같다.

① 부의 비지배지분을 지배기업에 배분하는 방법
② 부의 비지배지분을 그대로 표시하는 방법

종속기업이 부실화되더라도 종속기업의 비지배주주는 종속기업에게 자산을 제공할 더 이상의 의무가 없는 것처럼 지배기업도 그러한 의무가 없다. 따라서 비지배지분도 지배기업과 동일하게 종속기업에 대한 위험과 보상에 비례적으로 참여하는 것으로 표시하는 것이 합리적이다.

현행 기준은 연결실체 이론에 근거하고 있으므로 부의 비지배지분도 연결재무제표에 표시하도록 규정되어 있다(K-IFRS 제1110호 문단 B94).

예제 2

- P사의 01년 중 S사 지분 60%(취득금액 : 300,000원)를 취득하여 지배력을 획득함.
- 지배력 획득 시점의 자산과 부채는 공정가치와 장부금액이 동일하며, 순자산 공정가치는 500,000원이므로 영업권은 발생하지 아니함.
- 05년에 S사는 영업이 악화되어 (-)700,000원의 순자산을 보고함.
- P사는 05년 결산시 순이익과 순자산은 각각 120,000원 및 950,000원을 보고함.

요구사항 05년의 연결조정을 예시하시오.

지배력을 획득한 이후 S사의 누적 손실은 1,200,000원(= 500,000원 - (-)700,000원)이므로, P사가 인식할 누적 지분 손실은 720,000원(= 1,200,000원 × 60%)으로 계산된다. 그리고 결산 시점에 인식할 비지배지분은 (-)280,000원(= (-)700,000원 × 40%)으로 산출된다.

연결조정

S사 자본 항목	(-)700,000	주식S	300,000
		비지배지분	(-)280,000
		이익잉여금(P사의 누적 지분 이익)	(-)720,000

(2) 별도재무제표상 종속기업주식의 손상

다음의 경우 별도재무제표상 종속기업, 공동기업 또는 관계기업주식은 손상징후가 있다(K-IFRS 제1036호 문단 12).

① 별도재무제표에 있는 투자주식의 장부금액이 연결재무제표에 있는 영업권을 포함한 피투자기업의 순자산 장부금액을 초과한다.

② 배당이 선언된 기간에 배당금이 종속기업, 공동기업 또는 관계기업주식의 총포괄이익을 초과한다.

별도재무제표에 종속기업주식에 대한 손상차손을 인식한 경우 연결조정에 미치는 영향을 생각해 보자. 지배기업은 지배력을 획득한 시점을 기준으로 하여 종속기업의 순자산의

변동 등에 대한 지분액을 이익잉여금이나 기타포괄손익 등으로 연결재무제표에 반영하고, 비지배주주의 지분액은 비지배지분이라는 단일 계정으로 연결재무제표에 반영한다.

이러한 상황에서 **별도재무제표에 지배기업이 종속기업주식에 대한 손상차손을 계상하면 종속기업에 대한 평가가 이중으로 연결재무제표에 반영**되는 오류가 발생한다. 단순합산재무제표에 종속기업주식에 대한 손상차손을 계상한 상황에서, 연결조정을 통하여 종속기업의 성과에 대한 지분을 반영하게 되기 때문이다. 따라서 **지배기업이 별도재무제표에 인식한 손상차손으로 인한 효과(손상차손에 대한 순이익효과, 이익잉여금 감소에 대한 순자산효과)는 연결조정으로 제거한다.**

이때 손상차손과 관련한 연결조정은 종속기업에 대한 지분 평가와 관련이 없다. 따라서 누적지분평가와 순자산분석 체계와는 별도 항목으로 정리하는 것이 바람직하다.

예제 3

- P사의 01년 중 S사 지분 60%(취득금액 : 300,000원)를 취득하여 지배력을 획득함.
- 지배력 획득 시점의 자산과 부채는 공정가치와 장부금액이 동일하며, 순자산 공정가치는 500,000원으로서 영업권은 인식되지 아니함.
- 05년에 S사는 영업이 악화되어 20,000원의 순자산을 보고함.
- P사는 05년 결산시 종속기업투자손상차손을 280,000원 인식하였으며, 보고한 순이익과 순자산은 각각 120,000원 및 950,000원임.

요구사항 손상차손이 05년과 06년의 연결조정에 미치는 영향을 검토하시오.

지배력을 획득한 이후 S사의 누적 손실은 480,000원(= 500,000원 − 20,000원)이므로, P사가 인식할 누적 지분 손실은 288,000원(= 480,000원 × 60%)으로 계산된다. 그리고 P사가 별도재무제표에 인식한 손상차손은 다음과 같이 연결조정에 반영한다.

- 05년 : 손상차손(손익)과 이익잉여금이 감소한 효과를 제거
- 06년 : 손상차손이 반영된 이익잉여금 감소 효과를 제거

연결조정

차변		대변	
1단계 : 순자산조정			
S사 자본 항목	20,000	주식S	20,000
		비지배지분	8,000
		이익잉여금(P사의 누적 지분 이익)	(288,000)
		이익잉여금(P사가 인식한 손상차손)	280,000
2단계 : 순이익조정			
이익잉여금	280,000	종속기업투자손상차손	280,000

(3) 종속기업의 불균등 무상감자

별도재무제표상 종속기업에 대한 투자자산은 원가법, 공정가치법 또는 지분법에 따라 평가할 수 있다. 종속기업의 불균등 무상감자로 인해 지배기업의 종속기업주식 수가 감소된 경우 장부금액 조정에 대한 회계처리는 다음과 같다.

① 공정가치법을 적용하는 경우 : K-IFRS 제1109호에 따른 제거 규정 적용
② 지분법을 적용하는 경우 : K-IFRS 제1028호에 따른 제거 규정 적용
③ 원가법을 적용하는 경우 : 관련 기준이 명확하지 아니함.

따라서 별도재무제표상 원가법을 적용하고 있다면 제1109호나 제1028호를 준용하여 회계정책을 개발할 필요가 있는데, 다음 예제로 살펴본다.

예제 4

- P사는 01년에 S사 주식 20주를 300원에 취득하여 지배력을 획득함.
- 02년에 S사 주식이 거래 정지되고 회수가능액이 0원으로 판단되어, P사는 별도재무제표에서 전액 손상처리함.
- 03년에 S사는 회사가 소유한 주식 중 10주를 무상감자함.
- 무상감자로 인해 지분율은 40%에서 25%로 감소하였으나 지배력을 유지함.
- 04년 중 S사 주식의 거래정지가 해지되고, 회수가능액은 500원으로 상승함.

요구사항 04년의 손상차손환입 금액을 계산하시오.

K-IFRS 제1036호 문단 117에 따르면 자산의 손상차손환입으로 증액된 장부금액은 과거에 손상차손을 인식하기 전 장부금액을 한도로 한다. 그런데 본 예제는 무상감자가 실시됨에 따라 손상 전 장부금액을 어떻게 산정할 것인가에 대한 이슈가 제기된다.

불균등 무상감자가 실시되더라도 종속기업의 재무상태는 동일하다. 그러나 소각된 주식에 대한 회사의 권리는 소멸하고 주식 수와 지분율이 감소된다는 측면에서 처분거래와 유사한 측면이 있다. 따라서 불균등 무상감자 시 종속기업투자의 취득원가를 다음과 같이 조정할 수 있다.

① K-IFRS 제1109호를 적용할 경우 장부금액 = 15원 × 10주 = 150원

② K-IFRS 제1028호를 적용할 경우 장부금액 = 300원 × 15% ÷ 40% = 112.5원

따라서 손상차손환입금액은 상기 대안에 따라 150원(= 300원 - 150원) 또는 187.5원(= 300원 - 112.5원)으로 달라진다.

사례 2 부의 비지배지분 ☆☆☆

1 주식 취득

P사는 S사 주식을 01년 초에 다음과 같이 취득함.

지분율	60%
취득금액	20,000

비지배지분은 식별 가능한 순자산 공정가치에 비례하여 인식함.

한편, 지배력 획득일 현재 S사의 자산·부채 장부금액과 공정가치는 모두 일치함.

2 자산손상

P사는 별도재무제표상 01년에 S사 주식을 전액 감액함.

P사는 연결재무제표상 01년에 영업권을 전액 감액함.

3 요약 별도재무제표

	지배기업(P)			종속기업(S)		
	취득	01년	02년	취득	01년	02년
주식S	20,000	-	-	-	-	-
기타자산	80,000	95,000	115,000	(5,000)	(15,000)	5,000
자산계	100,000	95,000	115,000	(5,000)	(15,000)	5,000
자본금	50,000	50,000	50,000	20,000	20,000	20,000
이익잉여금	50,000	45,000	65,000	(25,000)	(35,000)	(15,000)
자본계	100,000	95,000	115,000	(5,000)	(15,000)	5,000
수익		120,000	110,000		20,000	30,000
비용		(125,000)	(90,000)		(30,000)	(10,000)
당기순이익		(5,000)	20,000		(10,000)	20,000

요구사항 **지배력 획득일 시점과 01년 및 02년의 연결재무제표를 작성하시오.**

해설

Ⅰ. 분석

1. 취득금액의 구성내역

	지배기업	비지배지분
취득금액	20,000	(2,000)
순자산 지분액	(3,000)(= (−)5,000 × 60%)	(2,000)(= (−)5,000 × 40%)
영업권	23,000	

2. P사의 S사 누적 지분 평가

	취득금액	NI 지분액	영업권 손상	전기이월이익잉여금	지분액 합계
01년	20,000	(6,000)	(23,000)	-	(9,000)
02년	20,000	12,000	-	(29,000)	3,000

순자산 분석

	순자산 지분액	영업권	지분액 합계
취득	(3,000)	23,000	20,000
01년	(9,000)	-	(9,000)
02년	3,000	-	3,000

3. S사 비지배주주의 누적 지분 평가

	취득금액	NI 지분액	영업권 손상	전기이월 이익잉여금	지분액 합계
01년	(2,000)	(4,000)	–	–	(6,000)
02년	(2,000)	8,000	–	(4,000)	2,000

순자산 분석

	순자산 지분액	영업권	지분액 합계
취득	(2,000)	–	(2,000)
01년	(6,000)	–	(6,000)
02년	2,000	–	2,000

4. P사 별도재무제표

	주식S 손상차손
01년	20,000

Ⅱ. 연결재무제표

1. 취득

단순합산

차변		대변	
주식S	20,000	자본금	70,000
기타자산	75,000	이익잉여금	25,000

연결조정

차변		대변	
자본금(S)	20,000	주식S	20,000
이익잉여금(S)	**(25,000)**	비지배지분	**(2,000)**
영업권	23,000		

연결재무제표

차변		대변	
주식S	–	자본금	50,000
기타자산	75,000	이익잉여금	50,000
영업권	23,000	비지배지분	**(2,000)**

2. 01년

단순합산

차변		대변	
주식S	–	자본금	70,000
기타자산	80,000	이익잉여금	10,000
비용	155,000	수익	140,000
이익잉여금 (단순합산NI)	**(15,000)**		

연결조정

차변		대변	
1단계 : 순자산조정			
자본금(S)	20,000	이익잉여금	**(29,000)**
이익잉여금(S)	**(35,000)**	비지배지분	**(6,000)**
		이익잉여금	20,000
2단계 : 순이익조정			
비용(영업권)	23,000	비용(손상)	20,000
		이익잉여금	3,000

연결재무제표

차변		대변	
주식S	–	자본금	50,000
기타자산	80,000	이익잉여금	36,000
		비지배지분	**(6,000)**
비용	158,000	수익	140,000
이익잉여금 (연결NI)	**(18,000)**		

3. 02년

단순합산

차변	금액	대변	금액
주식S	–	자본금	70,000
기타자산	120,000	이익잉여금	50,000
비용	100,000	수익	140,000
이익잉여금 (단순합산NI)	40,000		

연결조정

차변	금액	대변	금액
1단계 : 순자산조정			
자본금(S)	20,000	이익잉여금	**(17,000)**
이익잉여금(S)	**(15,000)**	비지배지분	2,000
		이익잉여금	20,000

연결재무제표

차변	금액	대변	금액
주식S	–	자본금	50,000
기타자산	120,000	이익잉여금	68,000
		비지배지분	2,000
비용	100,000	수익	140,000
이익잉여금 (연결NI)	40,000		

4. 연결자본변동표

	자본금	이익잉여금	비지배지분	합 계
01년 초	50,000	50,000	–	98,000
종속기업 취득			(2,000)	(2,000)
연결당기이익		(14,000)	(4,000)	(18,000)
01년 말	50,000	36,000	(6,000)	80,000
02년 초	50,000	36,000	(6,000)	80,000
연결당기순이익		32,000	8,000	40,000
02년 말	50,000	68,000	2,000	120,000

연결당기순이익의 검증

	01년	02년	
1 P사의 별도재무제표상 순이익	(5,000)	20,000	지배기업 소유주지분
2 P사의 별도재무제표상 손상차손	20,000	–	
3 S사 지분 이익	(29,000)	12,000	
4 비지배지분 순이익	(4,000)	8,000	비지배지분
	(18,000)	40,000	

사례를 통하여 살펴본 내용은 다음과 같다.

영업권 산정

- 종속기업의 순자산 공정가치가 부(負)의 금액인 경우 영업권은 취득금액에서 부의 순자산 공정가치 지분액을 차감하여 계산한다. 따라서 영업권은 23,000원(= 20,00원 – (–)3,000원)으로 산정된다.

부의 비지배지분

- 지배기업이 종속기업주식을 감액한 경우 지배기업의 별도재무제표에 반영되어 있는 손상차손 효과는 연결조정으로 차감한다.
- 비지배지분이 부의 금액으로 산출되더라도 그 금액을 연결조정으로 가산한다.

3. 종속기업 재무제표

(1) 가결산재무제표의 활용

연결재무제표를 작성하기 위해 가장 먼저 이루어지는 과정은 지배기업과 종속기업의 개별결산이다. 그러나 종속기업 중 규모가 영세하여 결산절차가 적시에 이루어지지 않는 기업이 있을 수 있다. 더구나 현지 규정에 따라 결산업무를 진행하는 해외 소재 종속기업들이 있는 경우에는 가결산재무제표를 활용하여 연결결산을 진행하는 경우가 빈번하게 발생한다.

지배기업이 종속기업의 가결산재무제표를 활용하여 연결재무제표를 작성하였으나, 확정재무제표와 가결산재무제표에 차이가 있을 경우 공시에 미치는 영향에 대하여 생각해 보자. 대부분의 결산차이는 오류에 해당하므로 해당 오류가 이미 공시된 연결재무제표에 미치는 영향이 중요하지 않다면, 전진적으로 연결재무제표에 결산차이를 반영하는 것이 적절하다.

종속기업이 결산차이를 발생시킨다면 그룹 회계정책을 수립하고 종속기업들이 적시에 결산할 수 있도록 독려해야 한다. 그리고 부득이하게 가결산재무제표를 활용할 경우에는 결산차이의 원인과 내부통제에 미치는 영향을 파악하여 오류가 반복되지 않도록 프로세스를 개선할 필요가 있다.

예제 5

- P사의 01년 중 S사 지분 60%(취득금액 : 300,000원)를 취득하여 지배력을 획득함.
- S사는 10년 가결산시 당기순이익을 80,000원 보고하였으며, P사는 동 자료를 기초로 연결결산을 실시함.
- S사의 확정 결산시 10년 당기순이익은 60,000원으로 결정되었으며, 20,000원의 차이는 대손충당금 과소 설정으로 발생한 것임.
- S사는 11년 가결산시 당기순이익을 115,000원 보고하였으며, P사는 동 자료를 기초로 연결결산을 실시함.
- P사의 10년과 11년 당기순이익은 각각 250,000원 및 300,000원임.

요구사항

1. 결산차이가 중요할 경우 P사가 보고할 연결당기순이익을 계산하시오.
2. 결산차이가 중요하지 아니할 경우 P사가 보고할 연결당기순이익을 계산하시오.

결산차이가 중요할 경우(재작성)

- 10년 연결당기순이익 = 60,000원 + 250,000원 = 310,000원
- 11년 연결당기순이익 = 115,000원 + 300,000원 = 415,000원

결산차이가 중요하지 아니할 경우(전진 적용)

- 10년 연결당기순이익 = 80,000원 + 250,000원 = 330,000원
- 11년 연결당기순이익 = (115,000원 − 20,000원) + 300,000원 = 395,000원

결산차이가 중요하지 않다고 보아 가결산차이를 전진 반영한다면, 가결산차이를 발생시킨 오류의 원인을 당기 재무제표에 가결산차이가 반영되도록 한다. 예를 들어 전기에 판매비와관리비가 20,000원만큼 과소계상되어 있었다면, 동 금액을 당기 판매비와관리비로 계상한다.

만일 **당기손익으로 연결조정하지 않는다면, 가결산차이가 당기손익을 경유하지 않고 이익잉여금에서 직접 조정되는 현상이 발생**한다.

사례 3 결산차이의 조정 ☆☆☆

1 주식 취득

P사는 S사 주식을 01년 초 다음과 같이 취득함.

지분율	60%
취득금액	50,000

비지배지분은 식별 가능한 순자산 공정가치에 비례하여 인식함.

한편, 지배력 획득일 현재 S사의 자산·부채 장부금액과 공정가치는 모두 일치함.

2 결산 일정

① P사는 주주총회와 IR 일정을 고려하여 연결재무제표를 3월 중순에 확정하며, S사는 비상장사로서 별도재무제표를 3월 말에 확정함.

② P사는 2월 말에 S사로부터 입수한 가결산 별도재무제표에 근거하여 연결결산을 진행함.

3 요약 별도재무제표

	지배기업(P)			종속기업(S) - 가결산			종속기업(S) - 결산		
	취득	01년	02년	취득	01년	02년	취득	01년	02년
주식S	50,000	50,000	50,000	-	-	-	-	-	-
기타자산	350,000	430,000	530,000	60,000	120,000	190,000	60,000	110,000	160,000
계	400,000	480,000	580,000	60,000	120,000	190,000	60,000	110,000	160,000
자본금	100,000	100,000	100,000	50,000	50,000	50,000	50,000	50,000	50,000
이익잉여금	300,000	380,000	480,000	10,000	70,000	140,000	10,000	60,000	110,000
계	400,000	480,000	580,000	60,000	120,000	190,000	60,000	110,000	160,000
수익		500,000	500,000		290,000	450,000		260,000	450,000
비용		(420,000)	(400,000)		(230,000)	(370,000)		(210,000)	(400,000)
당기순이익		80,000	100,000		60,000	80,000		50,000	50,000

S사의 결산차이 분석

① S사는 01년 가결산 재무제표를 제출한 후 기간 귀속 오류를 발견하여, 수익 과대계상액 30,000원과 비용 과소계상액 20,000원을 수정함.

② S사는 02년 가결산 재무제표를 제출한 후 횡령으로 인한 자금 유출을 발견하여, 30,000원의 비용을 계상함.

③ P사는 S사의 결산 재무제표와 가결산 재무제표의 차이가 연결재무제표에 미치는 영향이 중요하지 않다고 판단함.

요구사항 **지배력 획득일과 01년 및 02년의 연결재무제표를 작성하시오.**

해설

Ⅰ. 분석

1. 취득금액의 구성내역

	지배기업	비지배지분
취득금액	50,000	24,000
순자산 지분액	36,000(= 60,000 × 60%)	24,000(= 60,000 × 40%)
영업권	14,000	

2. 결산차이로 인한 영향

(1) 01년 연결재무제표에 미치는 영향

	비용 과소	NI과대
금액	10,000	(10,000)

(2) 02년 연결재무제표에 미치는 영향

	비용 과소	NI과대
금액	20,000	(20,000)

Ⅱ. 누적 지분 평가

1. P사의 누적 지분 평가

	취득금액	NI 지분액	오류수정 (결산차이)	전기이월 이익잉여금	지분액 합계
01년	50,000	36,000	–	–	86,000
02년	50,000	48,000	(6,000)	36,000	128,000

(*) 02년도 지분 이익 = NI × 지분율 + 01년 가결산차이 × 60%

순자산 분석

	순자산 지분액	영업권	지분액 합계
취득	36,000	14,000	50,000
01년	72,000	14,000	86,000
02년	114,000	14,000	128,000

2. S사 비지배주주 누적 지분 평가

	취득금액	NI 지분액	오류수정 (결산차이)	전기이월 이익잉여금	지분액 합계
01년	24,000	24,000	–	–	48,000
02년	24,000	32,000	(4,000)	24,000	76,000

(*) 02년도 지분 이익 = NI × 지분율 + 01년 가결산차이 × 40%

순자산 분석

	순자산 지분액	영업권	지분액 합계
취득	24,000	–	24,000
01년	48,000	–	48,000
02년	76,000	–	76,000

Ⅲ. 연결재무제표

1. 취득

단순합산

S주식	50,000	자본금	150,000
기타자산	410,000	이익잉여금	310,000

연결조정

자본금(S)	50,000	S주식	50,000
이익잉여금(S)	10,000	비지배지분	24,000
영업권	14,000		

연결재무제표

S주식	-	자본금	100,000
기타자산	410,000	이익잉여금	300,000
영업권	14,000	비지배지분	24,000

2. 01년

단순합산

S주식	50,000	자본금	150,000
기타자산	550,000	이익잉여금	450,000
비용	650,000	수익	790,000
이익잉여금 (단순합산NI)	140,000		

연결조정

자본금(S)	50,000	S주식	50,000
이익잉여금(S)	70,000	이익잉여금	36,000
영업권	14,000	비지배지분	48,000

연결재무제표

S주식	-	자본금	100,000
기타자산	550,000	이익잉여금	416,000
영업권	14,000	비지배지분	48,000
비용	650,000	수익	790,000
이익잉여금 (연결NI)	140,000		

3. 02년

단순합산

S주식	50,000	자본금	150,000
기타자산	720,000	이익잉여금	620,000
비용	770,000	수익	950,000
이익잉여금 (단순합산NI)	180,000		

연결조정

<u>1단계 : 순자산조정</u>			
자본금(S)	50,000	S주식	50,000
이익잉여금(S)	140,000	이익잉여금	78,000
영업권	14,000	비지배지분	76,000
<u>2단계 : 순이익조정</u>			
비용(오류수정)	10,000	이익잉여금	10,000

연결재무제표

S주식	-	자본금	100,000
기타자산	720,000	이익잉여금	558,000
영업권	14,000	비지배지분	76,000
비용	780,000	수익	950,000
이익잉여금 (연결NI)	170,000		

4. 연결자본변동표

	자본금	이익잉여금	비지배지분	합 계
01년 초	100,000	300,000	–	400,000
종속기업 취득			24,000	24,000
연결당기순이익		116,000	24,000	140,000
01년 말	100,000	416,000	48,000	564,000
02년 초	100,000	416,000	48,000	564,000
연결당기순이익		142,000	28,000	170,000
02년 말	100,000	558,000	76,000	734,000

연결당기순이익의 검증

	01년	02년	
1 P사의 별도재무제표상 순이익	80,000	100,000	시배기업 소유주지분
2 S사 지분 이익	36,000	42,000	
3 비지배지분 이익	24,000	28,000	비지배지분
	140,000	170,000	

5. 참조 : 결산차이를 손익에 반영하지 않는 경우

	자본금	이익잉여금	비지배지분	합 계
02년 초	100,000	416,000	48,000	564,000
연결당기순이익		148,000	32,000	180,000
기타이익잉여금(결산차이)		(6,000)	(4,000)	(10,000)
02년 말	100,000	558,000	76,000	734,000

사례를 통하여 살펴본 내용은 다음과 같다.

결산차이의 조정

- 01년에 과대계상된 10,000원의 결산차이는 02년에 반영하는데, S사의 결산차이는 S사의 순이익과 순자산에 영향을 미치므로 지분율에 비례하여 P사와 비지배주주의 지분에 안분한다.
- 만일 10,000원의 결산차이를 손익에 반영하지 않고 연결조정을 실시한다면 관련 손익을 이익잉여금에서 직접 반영하는 효과가 발생한다(Ⅲ - 5 참조).
- 결산차이를 손익에 반영하지 않는 경우 기간손익을 조정하려는 의도를 가진 경영자는 가결산재무제표를 통하여 손익을 양호하게 표시하고, 그 이후 연도의 이익잉여금에서 차이를 조정하고자 할 수 있다. **따라서 결산차이는 당기손익에서 조정하는 것이 바람직하다.**
- 한편, S사의 02년 가결산재무제표는 01년 결산재무제표에 기초하여 작성되므로 02년의 이익잉여금은 150,000원이 아닌 140,000원으로 산출된다.
- 만일 본 사례와 달리 오류의 원인이 기타포괄손익이라면 기타포괄손익에서 결산차이를 조정한다.

(2) 종속기업의 전기재무제표 재작성

회계변경이 발생하거나 이미 공시한 재무제표에 중대한 오류가 있다는 사실이 발견되면 전기에 공시한 재무제표를 재작성하게 된다. 만일 종속기업이 전기에 공시한 재무제표를 재작성할 경우 연결재무제표에 미치는 영향에 대하여 생각해 보자.

언뜻 연결재무제표는 지배기업의 별도재무제표와 종속기업의 별도재무제표를 단순합산하고 연결조정을 거쳐 작성하는 재무제표이므로, 기본 자료인 종속기업의 별도재무제표가

재작성되면 지배기업의 연결재무제표도 재작성하여야 할 것으로 생각하기 쉽다. 그러나 종속기업의 오류가 **종속기업의 별도재무제표에 미치는 효과와 지배기업의 연결재무제표에 미치는 효과는 상이**하다.

예를 들어 종속기업의 별도재무제표에 1,000원의 오류가 미치는 영향은 중대하지만, 지배기업의 연결재무제표에 미치는 영향은 미미할 수 있다. 따라서 비록 종속기업의 별도재무제표가 재작성되더라도, 중요성을 고려하여 연결재무제표는 동 오류를 전진적으로 반영하는 것이 바람직하다.

한편, 지배기업은 종속기업이 전기 재무제표를 재작성한 원인을 분석하여 오류내용을 연결조정으로 반영해야 한다. 만일 **재무제표를 재작성한 오류를 당기손익에 반영**하지 않는다면, 해당 오류는 당기손익을 경유하지 않고 이익잉여금에서 조정되기 때문이다.

예제 6

- P사는 01년에 S사 지분을 100% 취득하여 지배력을 획득함.
- P사는 10년에 당기순이익을 10,000원으로 공시함.
- P사는 10년 연결자본을 90,000원으로 공시함.
- S사는 11년 12월에 거액의 횡령을 발견하여 10년에 공시한 재무제표를 재작성함(당기순이익이 1,000원에서 (−)2,000원으로 변경됨).
- P사는 S사의 10년 오류를 고려하지 아니할 경우 11년 당기순이익은 7,000원으로 파악됨.

요구사항

P사가 S사의 횡령 금액이 중요하지 않다고 보아 전진 반영하기로 결정하였을 경우, 11년 연결자본을 작성하시오.

11년 연결자본 = 90,000원(기초자본) + (7,000원 − 3,000원) = 94,000원(기말자본)

S사는 (−)3,000원의 오류를 수정하여 전기재무제표를 재작성했으나, 연결 관점에서는 (−)3,000원이 중요하지 않기 때문에 동 오류를 전진적으로 반영할 수 있다. S사의 오류를 손익에 반영한다면 11년 연결결산 시 (−)3,000원의 횡령손실을 연결조정으로 반영하여 전기 오류가 당기손익을 경유하도록 한다. 만일 P사가 별도의 연결조정을 하지 않는다면 연결자본은 97,000원으로 산출되어 이익잉여금이 3,000원만큼 과대계상되기 때문이다.

실무상 오류를 수정하기 위하여 기타이익잉여금 등으로 하여 (−)3,000원을 반영하는 사례가 빈번하게 발견되는데, 당기손익에 대한 임의적인 조정가능성을 고려할 때 바람직하지 않다.

4. 비지배주주의 지분이 풋(Put) 가능한 금융상품인 경우 회계처리

(1) 별도재무제표상 회계처리

거래상대방에게 현금 등의 금융자산을 인도하기로 한 계약상 의무는 금융부채로 분류된다. 따라서 금융상품의 보유자(주주)가 발행자(기업)에게 당해 금융상품(주식)을 재매입할 것을 요구(Put option의 행사)할 때, 거부할 수 없다면 금융부채로 분류된다. 그러나 예외적으로 다음 조건을 모두 충족하는 풋 가능 금융상품은 자본으로 분류할 수 있다(K-IFRS 제1032호 문단 16A).

① 기업이 청산될 경우 금융상품 보유자는 지분비율에 따라 순자산에 대한 권리가 부여된다.

② 해당 금융상품은 그 밖의 모든 종류의 금융상품보다 후순위인 금융상품의 종류에 포함된다.

③ 그 밖의 모든 종류의 금융상품보다 후순위인 금융상품의 종류에 포함되는 모든 금융상품은 동일한 특성을 갖는다.

④ 기업이 현금 등 금융자산으로 그 금융상품을 재매입하거나 상환해야 하는 계약상 의무를 제외하고는, 그 금융상품은 거래상대방에게 현금 등 금융자산을 인도하거나 발행자에게 잠재적으로 불리한 조건으로 거래상대방과 금융자산이나 금융부채를 교환하는 계약상 의무를 포함하지 않으며, 금융부채의 정의를 충족하는 자기지분상품으로 결제되거나 결제될 수 있는 계약이 아니다.

⑤ 금융상품의 존속기간에 걸쳐 그 금융상품에 귀속되는 총 기대 현금흐름은 실질적으로 그 해당기간 중 발행자의 당기손익, 인식된 순자산의 변동 또는 인식 및 미인식된 순자산의 공정가치 변동(해당 금융상품의 효과는 제외)에 기초한다.

(2) 비지배주주가 보유하는 주식의 재매입 약정

비지배주주가 지배기업에게 종속기업주식을 재매입할 것을 요구할 때 이를 거부할 수 없다면, (종속기업의 별도재무제표상 회계처리와 관계없이) 연결 관점에서는 금융부채로 분류한다. 그 이유는 현금 등 금융상품으로 자기지분 상품을 매입할 의무가 포함된 계약은 금융부채로 보기 때문이다.

만일 지배기업이 보유한 지분에 대한 잠재적 의결권이나 그 밖의 파생상품 등을 고려한 거래의 결과로 해당 지분에 대한 위험과 효익을 현재 보유하게 된다면, 현재 지분율이 아닌

경제적 실질을 고려하여 지분 평가를 실시한다.

지배기업의 Put의 부여

예제 7

- P사는 01년 종속기업인 S사 지분 일부를 FI(Financial Investors, 재무적투자자)에게 처분함.
- P사는 지분 매각 시 S사가 04년까지 IPO를 하지 못할 경우, P사 또는 P사가 지정한 자에 일정 금액으로 매각할 수 있는 권리(Put)를 부여함.
- 04년 중 FI는 Put을 S사에게 실행하였으며, S사는 주식 취득 대가로 전환사채를 발행함.
- P사는 S사가 발행한 전환사채에 대하여 지급보증과 P사가 보유한 S사 주식을 담보로 제공함.

요구사항 P사의 01년과 04년의 별도재무제표상 회계처리를 검토하시오.

P사는 01년에 FI와 양도거래를 실시하였으나, Put으로 인해 **주식소유에 따른 위험과 보상**을 대부분 보유하고 있으므로 제거요건을 충족하지 못하고 있다(K-IFRS 제1109 B3. 2. 16). 따라서 P사는 담보부 차입 거래로 회계처리해야 한다.

한편, 04년에 Put이 행사되어 소멸되었으므로 양도조건을 충족하게 되어 P사는 주식과 차입금을 제거하게 된다. 반면 지급보증과 담보제공으로 인한 채무불이행 위험을 부담하게 되므로, P사는 상황에 따라 우발부채 등의 계상을 검토해야 한다.

선도계약

예제 8

- P사는 00년 말 S사 지분을 60% 취득(취득금액 : 6,000원)하여 지배력을 획득함.
- 연결 관점에서 00년 말 S사의 순자산은 9,500원임.
- P사는 S사 지분을 40% 보유하고 있는 A사와 01년 초 다음과 같은 선도약정을 체결함.
  - 행사가격 : 5,000원
  - 행사가능 시점 : 02년 말
  - 선도계약의 현재가치 : 4,132원(적용 할인율 : 10%)
  - 만일 A사가 선도계약 기간 동안 배당을 지급받을 경우 행사가격에서 차감함.
- S사는 01년에 배당금을 1,000원 지급함.

요구사항 연결 관점의 회계처리를 제시하시오.

지배력 획득(00년 말)

(차변) S사 순자산	9,500	(대변) 현금	6,000
영업권(*1)	300	비지배지분(*2)	3,800

(*1) 6,000원 - 9,500원 × 60%

(*2) 9,500원 × 40%

선도계약 체결(01년 초)

(차변) 비지배지분	3,800	(대변) 금융부채	4,132
자본잉여금(자본조정)	332		

P사는 고정 가격의 선도계약을 체결하였으므로, 지분율은 60%이더라도 나머지 40%에 대해서도 위험과 효익을 보유하고 있다. 따라서 기존 40%의 비지배지분(자본)은 제거하고, 선도계약을 통하여 지급하여야 할 금액의 현재가치를 부채로 계상한다. 그리고 비지배지분이 변동하는 과정에서 발생한 332원은 주주 간의 거래에서 발생한 손익이므로 자본손익으로 처리한다.

부채의 재측정 및 배당금의 지급(01년 말)

(차변) 이자비용	413	(대변) 금융부채	413

(*) 4,132원 × 10%

(차변) 금융부채	100	(대변) 현금	100

(*) 1,000원 × 10%

P사는 금융부채를 유효이자율법에 따라 재측정하고, 그 차액은 이자비용으로 처리한다. 또한 법률적으로는 주주이지만 경제적 실질은 채권자인 비지배주주에게 지급한 100원의 배당금도 금융비용으로 처리해야 하는데, 약정에 따라 지급할 금액에서 배당금이 차감되므로 금융부채에서 상계한다.

선도계약 행사(02년 말)

(차변) 이자비용	445	(대변) 금융부채	445

(*) (4,132원 + 413원 - 100원) × 10%

(차변) 금융부채	4,890	(대변) 현금	4,890

한편, P사는 100%를 보유한 것으로 보아 지분 평가를 실시한다.

만일 본 예제에서 선도계약이 아닌 Put option 계약이 체결되었다면, 그 경제적 실질은 다음과 같다.

- 행사시점에 주식의 공정가치가 행사가격보다 높아 행사가능성이 높은 경우 : 비지배지분을 부채로 분류하고, 지배기업은 100%의 지분 평가를 실시한다.
- 행사시점에 주식의 공정가치가 행사가격보다 낮고 제반 상황을 고려할 경우 행사가능성이 낮은 경우 : 40%의 지분에 대한 위험과 효익은 비지배주주에게 귀속되고 있으므로 비지배지분(자본)을 그대로 유지한다.

콜옵션 약정

예제 9

- P사는 S사와 PEF가 출자하여 SPC 형태 종속기업을 설립함.
- P사는 SPC에게 B사 주식을 전량 매도하며, 해당 주식에 대해 콜옵션 계약을 체결함.
- P사는 매각 후에도 B사에 대해 지배력을 보유한다고 판단함(콜옵션에 내재된 잠재적 의결권이 실질적이라고 판단).
- P사는 종속기업에 대해 원가법을 적용하여 별도재무제표를 작성하고 있음.

요구사항 별도재무제표에 P사가 반영할 회계처리를 제시하시오.

K-IFRS 제1027호에서는 원가법을 적용한 종속기업투자 제거 규정에 대한 구체적인 규정이 없으므로 회계정책을 개발해야 하는데, K-IFRS 제1028호, 제1109호, 제115호를 적용하는 대안을 생각할 수 있다.

지배구조 변동

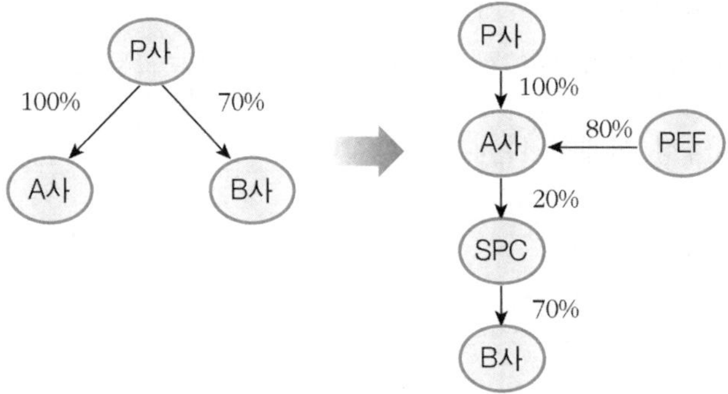

K-IFRS 제1028호 준용

P사가 종속기업투자에 대해 실질적인 현재의 소유권을 보유하기 위해서는 소유지분에 연계된 이익에 접근할 수 있어야 하며, 해당 이익의 예로는 주식의 가치변동, 배당금 등이 있다. 이러한 검토과정에서는 회사가 보유한 콜옵션의 행사가격, 행사기간 등에 관련된 조건, 배당권 등을 포함한 모든 사실과 상황을 고려해야 한다. 이 과정에서 P사는 K-IFRS 제1110호의 현재의 소유권 규정도 참고할 수 있다.

K-IFRS 제1109호

K-IFRS 제1109호 문단 3.2.1~3.2.23 및 B3.2.1~B3.2.17에서 기술하고 있는 '금융자산의 제거' 관련 요구사항을 준용할 수 있다. 만일 콜옵션이 깊은 외가격 상태여서 만기 이전에 내가격 상태가 될 가능성이 매우 낮다면 해당 주식의 소유에 따른 위험과 보상의 대부분이 이전되었다고 볼 수 있다.

K-IFRS 제1016호와 제1115호를 적용하는 경우

유형자산의 제거 시점은 K-IFRS 제1115호의 수행의무 이행시기, 즉 자산에 대한 통제 이전시점을 참고하여 결정하고 있다. 여기서 자산에 대한 통제란 자산을 사용하도록 지시하고 자산의 나머지 효익의 대부분을 획득할 수 있는 능력을 말한다. 또한 K-IFRS 제1115호 문단 34에 따라 재매입약정도 함께 고려하여 통제가 이전되는지 여부를 판단해야 하며, 콜옵션이 실질적이라면 통제가 이전되지 않았다고 판단할 것이다.

※ 참고사항 : 재매입약정

K-IFRS 제1115호는 자산을 판매하고 그 자산에 대해 재매입약정이 있는 경우의 회계처리를 규정하고 있다. K-IFRS 제1115호 B65에 따르면 재매입약정은 다음과 같이 구분된다.

① 자산을 판매하고 그 자산을 재매입해야 하는 기업의 의무(선도)
② 그 자산을 다시 살 수 있는 기업의 권리(콜옵션)
③ 고객이 요청하면 그 자산을 재매입해야 하는 기업의 의무(풋옵션)

일반적인 재매입약정 회계처리는 다음과 같다.

판매가격과 재매입가격 비교	경제적 요인	회계처리
기업의 선도 및 콜옵션		
재매입가격 〈 판매가격	–	리스(*)
재매입가격 ≥ 판매가격	–	금융약정
고객의 풋옵션		
재매입가격 ≤ 판매가격	유의적임	리스(*)
	유의적이지 않음	반품권이 있는 제품 판매
재매입가격 ≥ 판매가격 재매입가격 〉 예상 시장가치	–	금융약정
판매가격 ≤ 재매입가격 ≤ 예상 시장가치	유의적이지 않음	반품권이 있는 제품 판매

(*) 판매후리스 거래가 아닌 경우

5. 수명(만기)이 정해진 특수목적기업

펀드, 조합 및 SPC 중 상당수는 특정 목적만을 위해 존재하며, 목적이 달성될 경우에는 해산이나 청산을 전제로 설립되는 경우가 많다. 따라서 이러한 펀드, 조합 및 SPC 등에 대하여 지배력을 가진다면, 예정된 **청산 시점(만기 시점)에 잔여 재산 중 일부를 비지배주주에게 지급하고 펀드 등은 청산하게 되므로 비지배지분은 자본이 아닌 부채로 분류**된다.

① 특수목적조합에 대한 비지배주주의 지분은 만기에 청산을 통해 배분받게 되므로, 자본이 아닌 부채로 분류된다.

② 비지배주주의 지분은 부채로 분류되므로, 지배기업은 형식상 지분율과 관계없이 100% 지분을 보유하는 것으로 평가한다.

③ 지배기업은 100%로 지분 평가를 실시하나 비지배주주에 대한 몫을 차감 후 이익을 지배기업의 당기손익으로 귀속시킨다.

④ 비지배주주의 당기 지분 손익(기타포괄손익과 당기손익)은 비지배지분(부채)의 변동을 가져온다. 따라서 비지배주주에 대한 당기 지분 손익은 부채의 재측정으로 보아 금융원가 등으로 처리한다.

⑤ 자산과 부채에 대한 평가계정이 있다면 동 금액은 전액 지배기업에 귀속된다.

사례 4 비지배부채

1 주식 취득

01년 초 S조합 설립시 P사는 업무집행사원 및 무한집행사원으로서 지분을 투자함.

지분율	50%
취득금액	50,000

S조합은 05년 말에 청산되어 투자자들에게 잔여 재산을 배분하기로 설계되어 있음.

2 01년 S조합의 배당금은 15,000원임.

3 요약 별도재무제표

	지배기업(P)		종속기업(S)	
	09년 초	09년	09년 초	09년
주식S	50,000	50,000	–	–
투자자산	500,000	600,000	100,000	145,000
계	550,000	650,000	100,000	145,000
자본금	200,000	200,000	100,000	100,000
이익잉여금	350,000	450,000	–	35,000
기타포괄손익		–	–	10,000
계	550,000	650,000	100,000	145,000
수익		700,000		250,000
비용		(600,000)		(200,000)
당기손익		100,000		50,000

요구사항 **09년 초와 09년의 연결재무제표를 작성하시오.**

해설

Ⅰ. 분석

1. 취득금액의 구성내역

	지배기업	비지배지분
취득금액	50,000	50,000
순자산 지분액	50,000	50,000
영업권	–	–

Ⅱ. 누적 지분 평가

1. S조합 비지배주주의 누적 지분 평가

	취득금액	기타포괄손익	NI 지분액	배당	전기이월 이익잉여금	지분액 합계
09년	50,000	5,000	25,000	(7,500)	–	72,500

순자산 분석

	순자산 지분액	영업권	지분액 합계
09년 초	50,000	–	50,000
09년	72,500	–	72,500

2. P사의 S조합 누적 지분 평가

	취득금액	기타포괄손익	NI 지분액	종속기업 배당	비지배주주의 이익	전기이월 이익잉여금	지분액 합계
09년	50,000	10,000	50,000	(7,500)	(30,000)	–	72,500

순자산 분석

	순자산 지분액	비지배부채	지분액 합계
09년 초	100,000	(50,000)	50,000
09년	145,000	(72,500)	72,500

Ⅲ. 연결재무제표

1. 09년 초

단순합산

차변	금액	대변	금액
주식S	50,000	자본금	300,000
투자자산	600,000	이익잉여금	350,000

연결조정

차변	금액	대변	금액
1단계 : 순자산조정			
자본금(S)	100,000	주식S	50,000
		비지배지분	50,000

연결재무제표

차변	금액	대변	금액
주식S	–	비지배지분	50,000
투자자산	600,000	자본금	200,000
		이익잉여금	350,000

2. 09년

단순합산

차변	금액	대변	금액
주식S	50,000	자본금	300,000
투자자산	745,000	이익잉여금	485,000
		기타포괄손익	10,000
비용	800,000	수익	950,000
이익잉여금 (단순합산NI)	150,000		

연결조정

차변	금액	대변	금액
1단계 : 순자산조정			
자본금(S)	100,000	주식S	50,000
이익잉여금(S)	35,000	이익잉여금	12,500
기타포괄손익	10,000	기타포괄손익	10,000
		비지배지분	72,500
2단계 : 순이익조정			
수익(배당금)	7,500	이익잉여금	37,500
비용(금융비용)	30,000		

연결재무제표

차변	금액	대변	금액
주식S	–	비지배지분	72,500
유형자산	755,000	자본금	200,000
		이익잉여금	462,500
		기타포괄손익	10,000
비용	830,000	수익	942,500
이익잉여금 (단순합산NI)	112,500		

3. 연결자본변동표

	자본금	이익잉여금	기타포괄손익	계
09년 초	200,000	360,000	–	550,000
연결당기순이익		112,500		112,500
금융자산 평가			10,000	10,000
09년 말	200,000	462,500	–	662,500

<u>연결당기순이익의 검증</u>

		09년	
1	P사 별도재무제표상 순이익	100,000	지배기업 소유주지분
2	P사 별도재무제표상 배당금수익	(7,500)	
3	S사 지분 이익	50,000	
4	비지배주주의 지분 이익	(30,000)	비지배지분
		112,500	

사례를 통하여 살펴본 내용은 다음과 같다.

지배기업과 비지배지분의 분류

- S조합에 대한 P사의 지분율이 50%이더라도, 투자의사 결정과 변동이익에 대한 노출에 대한 판단을 통하여 지배기업으로 결정된다.
- S조합에 대한 비지배주주의 지분은 5년 후 청산을 통해 배분받게 된다. 따라서 자본이 아닌 부채로 분류된다.
- 연결 관점에서 P사의 지분율은 100%이나, P사의 지분 이익은 채무자인 비지배주주에게 귀속될 이익을 차감한 후의 금액으로 한다.

연결 관점의 계정 분류

- 비지배주주의 지분은 부채로 분류된다. 따라서 비지배주주의 지분 변동(부채의 변동)은 금융원가로 분류한다.
- 회계기간 중에 비지배주주가 수령한 배당금도 채권자에 대한 배당이므로 금융원가로 분류한다.

6. 염가매수차익에 대한 논의

취득금액이 순자산 공정가치 지분액보다 적다면 그 차액을 염가매수차익이라고 하는데, **기업실무상 정상적인 금융시장을 가정하면 염가매수차익이 발생할 가능성은 크지 않다.** 왜냐하면 순자산 공정가치보다 낮은 금액으로 주식을 처분하기보다는, 즉시 기업을 청산하여 순자산 공정가치 금액만큼을 확보하는 것이 합리적인 의사결정이기 때문이다. 그러므로 정상적인 시장에서 거래를 통하여 염가매수차익이 발생하였다고 하면 자산·부채의 공정가치(특히, 유·무형자산)를 적정하게 측정하였는지에 대해 면밀하게 검토해야 한다. 그리고 피투자기업이 영위하고 있는 사업부문의 수익성과 손상징후에 대하여 확인할 필요가 있다.

예제 10

- S사는 법정관리 상태이며, 법원 경매를 통해 매수자를 탐색하고 있음.
- P사는 01년 초 경쟁적인 입찰 과정을 통해 25,000원(지분 : 100%)에 S사를 인수함.
- S사의 감정가액은 40,000원이며, 토지 및 건물의 공시지가는 35,000원임.

요구사항 P사 인식할 염가매수차익을 계산하시오.

만일 S사에 대한 감정가액이 순자산 공정가치라면 P사가 인식할 염가매수차익은 15,000원(= 40,000원 - 25,000원)으로 결정된다. 그러나 입찰을 통해 경쟁자 중 최고가액을 제시하여 낙찰받았다는 사실은 과연 염가매수차익이 존재하였는지에 대한 의문을 제기한다. 즉, 감정가액을 순공정가치로 볼 수 있는지에 대한 논의가 필요하다.

ESMA-184 '사업결합에서 공정가치 측정'에서는 자산의 공정가치에 대한 결정 시 미래 현금흐름의 기대치를 포함하고 자산의 현재 상태와 자산의 영업수준을 반영할 것을 요구하고 있다. 현재 영업을 유지하기 위해 유사한 투자를 집행해야 하며, 결과적으로 이러한 비용은 자산의 순 현재가치를 산정할 때 고려해야 한다는 것이다. 결국 미래비용의 예상은 매입자가 기꺼이 지불하고자 하는 가격이며, 결과적으로 자산의 순공정가치를 하락시킬 것임을 감안하여 순자산 공정가치를 결정해야 한다.

따라서 본 사례에서는 매수한 자산 및 인수한 부채의 인식과 측정 시 **고정자산의 감정을 포함한 전체 거래의 합리성 검사**를 포함할 필요가 있다.

Part 02

연결 실무

〈제2부〉는 연결회계에 관한 다양한 주제들을 깊이 있고 일관성 있게 분석한다.[28] 일견 〈제2부〉가 부담스럽게 느껴질 수 있으나, 〈제1부〉의 개념 위에 몇 가지 개념이 결합되는 것에 불과하다.

〈제2부〉를 숙지한 독자는 실무에 필요한 지분법과 연결재무정보를 손쉽게 산출할 수 있을 것으로 확신한다.

28) '모(母) – 자(子) – 손(孫)'의 순차적 지배구조나 합동소유 등 연결실체 안에 여러 종속기업과 관계기업이 존재하는 복잡한 지배구조는 〈제3부〉에서 다룬다.

Chapter 04 사업, 영향력과 지배력

앞서 종속기업주식 취득은 '사업'의 취득을 의미한다고 했으며, '사업결합'은 일상적인 거래와 다른 일종의 '결혼'과 유사한 개념이라고 설명했다. 본 장에서는 '사업'의 개념과 '사업결합' 절차를 살펴보고, 유의적인 영향력과 지배력에 대한 요건과 판단기준을 설명한다.

- ✓ 유의적인 영향력에 대한 판단
- ✓ 공동지배력에 대한 판단
- ✓ 지배력에 대한 판단
- ✓ 구조화기업(SPC 등)에 대한 연결범위와 평가

제1절 사업과 사업결합

K-IFRS 제1103호 '사업결합'은 '사업'의 정의를 충족하는 자산들과 부채들의 집합체를 취득하는 거래가 발생할 경우 적용되는 기준서로서, 구체적인 적용 사례는 다음과 같다.

① 주식 취득을 통한 지배력 획득
② 특정 기업과의 합병
③ 자산과 부채의 취득을 통한 운영권 획득(이른바 자산부채 이전 방식, Purchase of assets and Assumption of liabilities-P&A 방식)
④ 특정 사업부문의 인수(사업양수도)
⑤ 제품 개발 단계에 있는 기업의 인수 등

1. 사업의 정의 및 사업 여부 판단

(1) 사업의 정의

사업이란 고객에게 재화나 용역을 제공하거나, 투자수익(예 : 배당금 또는 이자)을 창출하거나 통상적인 활동에서 기타 수익(other income)을 창출할 목적으로 수행되고 관리될 수 있는 활동과 자산의 통합된 집합으로 정의된다.

사업은 **투입물** 그리고 그 투입물에 적용하여 **산출물**의 창출에 기여할 수 있는 **과정**으로 구성된다. 사업의 3가지 요소는 다음과 같다(K-IFRS 제1103호 B7).

① 투입물
- 하나 이상의 과정이 적용될 때 산출물을 창출하거나 산출물의 창출에 기여할 수 있는 능력이 있는 모든 경제적 자원을 투입물이라고 한다.
- 투입물로는 비유동자산(무형자산이나 비유동자산의 사용권 포함), 지적 재산, 필요한 재료 또는 권리에의 접근을 획득할 수 있는 능력과 종업원 등을 들 수 있다.

② 과정
- 투입물을 통하여 산출물을 창출하거나 창출할 능력을 가진 모든 시스템, 표준, 프로토콜, 관례, 규칙. 예시로 전략적 경영과정, 운영과정, 자원관리과정 등을 들 수 있다.
- 이러한 과정은 대개 문서화되어 있지만, 규칙과 관례에 따른 필요한 기술과 경험을 갖추고 조직화된 노동력의 지적 능력은 필요한 과정, 즉 투입물에 적용하여 산출물

을 창출할 수 있는 과정을 제공할 수도 있다(회계, 청구, 급여 그리고 그 밖의 관리 시스템은 대체로 산출물을 창출할 때 사용하는 과정이 아니다).

③ 산출물

- 산출물이란 투입물과 그 투입물에 적용되는 과정의 결과물에 해당한다.
- 산출물은 고객에게 재화나 용역을 제공하거나, 투자수익(예 : 배당금 또는 이자)을 창출하거나 통상적인 활동에서 기타 수익을 창출하는 것을 말한다.

사업 요소들은 산업의 특성과 기업의 영업활동 구조에 따라 매우 다양한데, 다음의 특징이 있다.

① 투입물과 과정 모두가 포함될 필요는 없음.

- 사업은 보통 산출물이 있지만, 활동과 자산의 통합된 집합이 사업의 정의를 충족하기 위해 산출물이 요구되는 것은 아니다.
- 사업에는 매도자가 해당 사업을 운영하면서 사용한 모든 투입물과 과정을 포함할 필요는 없다. 그러나 사업으로 보기 위해서는, 활동과 자산의 통합된 집합은 최소한 산출물을 창출하는 능력에 유의적으로 함께 기여하는 투입물과 실질적인 과정을 포함해야만 한다.
- 취득한 활동과 자산의 집합에 산출물이 있는 경우, 수익의 지속 그 자체만으로는 투입물과 실질적인 과정 모두가 취득되었다는 것을 나타내는 것은 아니다.

② 다양한 사업 요소들의 성격

- 사업 요소들의 성격은 기업의 개발 단계를 포함하여 산업과 기업의 영업 구조에 따라 다양하다.
- 일반적으로 사업은 자산과 부채로 구성되고 있으나, 부채가 없는 경우도 있다. 또 사업이 아닌 취득된 활동과 자산의 집합에 부채가 있을 수 있다.

③ 시장참여자의 운영

- 자산의 특정 집합이 사업인지 여부는 시장참여자가 그 통합된 집합체를 사업으로 수행하고 운영할 수 있는지에 기초하여 결정된다.
- 그러므로 특정 집합이 사업인지의 여부를 평가할 때, 매도자가 그 집합을 사업으로 운영하였는지 또는 취득자가 그 집합을 사업으로 운영할 의도가 있는지 여부는 영향을 미치지 않는다.

(2) 사업의 판단

일부 취득의 경우에는 취득한 대상이 '사업'인지 또는 개별 자산의 집합인지 모호한 경우가 있다. 사업에 대한 판단 과정은 공정가치의 집중을 식별하기 위한 선택적 테스트와, 취득한 과정이 실질적인지에 대한 평가 과정으로 구성된다. 관련 기준서 내용과 사례는 〈보론 3〉을 참조하기 바란다.

▶▶ 고객과 수익이 없는 종속기업

예제 1

- IT 전문기업인 P사는 소프트웨어 개발사인 S사를 인수함.
- S사의 현황은 다음과 같음.
  - 모바일 뱅킹 응용프로그램을 제작하기 위하여 설립됨.
  - 연구개발 프로젝트와 제품 시장을 개척하기 위한 활동을 진행중임.
  - 현재 창출하고 있는 수익은 없으며, 고객도 없음.
  - 임직원은 주로 프로그램 개발자임.
  - 지적재산권과 소프트웨어 및 응용프로그램 제작을 위한 장비를 보유하고 있음.

요구사항 사업결합 여부를 판단하시오.

S사는 고객과 매출은 없으나, 지적재산권, 장비 및 임직원과 같은 투입물과 응용프로그램을 개발하기 위한 전략 및 운영과 같은 과정의 요소를 보유하고 있다. 즉, S사는 현재 제품을 생산하지 않는다고 하더라도 투입물과 과정을 통해 산출물과 수익을 낼 수 있는 집합체를 모두 보유하고 있다. S사는 사업에 해당하므로, P사의 S사를 인수하는 행위는 사업결합에 해당한다.

▶▶ 물리적인 자산집단만의 인수

예제 2

- P사는 부동산투자기업으로서 빈 건물을 인수하였으나, 기존 종업원은 승계하지 아니함.
- 건물의 인수 시점에 임차인은 없으며, 가구 등을 보유하고 있지 아니함.
- P사는 일상적인 부동산 관리 업무를 수행하게 될 것임.

요구사항 사업결합 여부를 판단하시오.

P사는 건물(투입물)은 인수했으나 다른 형태의 투입물은 인수하지 않았으며, 인수대상의 과정과 산출물 또한 존재하지 않는다. 즉, 물리적 자산 형태의 투입물만 인수하였을 뿐 과정은 취득하지 않았다. 따라서 인수한 건물은 사업으로 볼 수 없으며 개별적인 자산집단의 취득으로 판단해야 한다. 한편, 산출물을 생산하기 위해 필요한 과정으로는 임차인을 확보하고 운영하기 위한 다음의 예를 생각할 수 있다.

- 신규 임차인에 대한 마케팅
- 건물의 자본적지출과 수익적지출에 대한 관리
- 자금관리 등

무형자산만의 취득

예제 3

- P사와 S사는 신차와 중고차의 할부금융 사업을 영위하여 오던 중, S사는 중고차 할부금융 사업을 P사에 양도함.
- 중고차의 할부금융 사업이 대부분 브로커를 통하여 이루어지므로, P사는 S사의 영업소 등의 고정자산은 인수하지 않고 S사의 종업원 및 영업망, 기존 브로커와의 계약관계 등 재무제표에 계상되지 않는 무형자산만을 인수함.
- S사는 신규 영업을 더 이상 수행할 수 없으며, 기존 채권의 회수 및 채무지급 등의 업무만을 수행할 수 있음.

요구사항 사업결합 여부를 판단하시오.

이전되지 않는 자산 등이 사업의 정상적인 영업수행에 중요한 영향(이전되지 않는 자산을 취득하는데 소요되는 노력 및 비용 등)을 미치지 않는다면, 사업결합으로 보는 것이 타당하다. 이 경우 P사는 S사가 재무제표에 인식되지 않았던 무형자산이라 하더라도, 무형자산 정의와 인식조건을 충족한다면 영업권 이외의 무형자산으로 인식한다.

사업 구성요소의 판단

예제 4

- P사는 자동차 등의 운송을 위해 선박을 보유하고 해운업을 영위하고 있으며, 01년 초 S사 주식 100%를 취득함.
- S사는 4개의 지주사(C1~C4)를 보유하고 있으며, 4개의 지주사들은 한두 척의 선박으로 영업 중인 4개의 회사(D1~D4)를 각각 보유하고 있음.

- S사와 S사의 자회사들은 직원을 고용하고 있지 않으며, 관리활동이 매우 제한적이고, 그 외의 활동들은 외부에서 아웃소싱하고 있음.
- S사는 자매회사로 관리회사(Management company)를 두고 있는데, 동 관리회사는 S사 주식 취득 시 매수대상에서 제외됨. 관리회사는 투자분야의 전문가들로 구성된 매트릭스 조직으로 운영되며, 관리회사 직원 중 3명이 S사 주식 취득 시 회사에 고용됨.
- 선박 보유 회사들(D1~D4)은 선박의 매매와 용선을 위해 관리회사와 계약을 체결함. 관리회사는 선박의 홍보, 새로운 용선계약의 체결, 선박매매 등을 지원하기 위해 선박 중개인을 이용함. 또한 선박 보유 회사들은 기술적 관리업무를 관리회사로부터 아웃소싱함.

요구사항 사업결합 여부를 판단하시오.

S사가 사업을 구성하고 있는지를 판단하기 위하여 각 구성요소를 살펴보자.

- 투입물 : 4개의 선박 소유 회사들의 지분, 용선계약들, 아웃소싱 계약, 해운브로커와의 관계, 고객과의 관계들
- 과정 : 선박의 매매뿐만 아니라 선박의 용선, 운영, 재무 및 유동성 관리, 이자율 위험 관리와 관련된 활동들
- 결과물 : 용선계약을 통해 수익을 냈으며, 선박으로부터 경제적효익을 얻을 수 있는 능력과 새로운 계약 체결을 위한 과정을 보유하고 있음.

자산과 활동의 특정 집합이 사업인지 여부는 시장참여자가 그 통합된 집합체를 사업으로 수행하고 운영할 수 있는지에 기초해 결정된다. 또한 특정 집합이 사업인지 여부를 평가할 때 매도자가 그 집합을 사업으로 운영하였는지 또는 취득자가 그 집합을 사업으로 운영할 의도가 있는지는 관련이 없다. 따라서 판매자가 일부 활동(예를 들어 관리활동) 등을 제3자에게 아웃소싱한 것은 사업에 대한 판단과 관계가 없다.

(3) '사업' 취득 회계처리

취득 대상에 따른 회계처리의 차이는 다음과 같다.

구 분	사업결합	자산집단의 취득
자산 · 부채의 측정	공정가치로 인식	원가로 인식(자산 · 부채의 상대적 공정가치 비율로 취득원가를 안분)
거래원가	당기비용	취득원가의 일부로 보아 자본화

구 분	사업결합	자산집단의 취득
우발부채	공정가치를 신뢰성 있게 측정할 수 있는 경우 인식되며, 후속적인 가치변동은 당기손익에 인식	K-IFRS 제1037호 '충당부채, 우발부채 및 우발자산'에 따라 인식하지 않음.
영업권	인식될 수 있음.	인식되지 않음.
이연법인세	일시적차이, 이월결손금 관련 이연법인세 인식	최초 인식 시 면제규정에 따라 이연법인세를 인식하지 않음.

2. 사업결합의 개요

사업결합이 발생한 경우, 다음의 절차를 통해 회계처리가 결정된다.

① 사업결합의 식별
② 취득자의 식별
③ 취득일의 식별
④ 식별 가능한 자산 · 부채의 인식과 측정
- 회계기준 및 가치평가 기준
- 식별 가능한 자산 · 부채 및 우발부채의 인식
- 인식된 자산 · 부채 및 우발부채의 공정가치 평가

⑤ 이전대가 및 기존 소유 주식의 공정가치 평가
⑥ 영업권(또는 염가매수차익)의 산정

기업은 취득금액과 거래 관련 지출을 고려하여 전체 사업결합원가를 결정한 후, 사업결합원가를 피합병기업이나 종속기업이 보유하고 있는 자산과 부채의 공정가치 및 이연법인세에 배분하고 그 잔액을 영업권(또는 염가매수차익)으로 인식한다. 이러한 과정을 **매수가격배분**(Purchase Price Allocation, **이하** PPA)이라 한다.

매수가격배분

- 사업결합원가 = 취득금액 + 관련 원가
- 영업권 = 사업결합원가 - 자산 · 부채의 공정가치 - 이연법인세
  * 지배기업 소유주지분 = (자산 · 부채의 공정가치 + 이연법인세) × 지분율 + 영업권
  * 비지배지분 = (자산 · 부채의 공정가치 + 이연법인세) × (1 - 지분율)

상기 산식 중 이연법인세에 대해서는 〈제10장〉에서 살펴본다.

(1) 사업결합의 식별

합병이나 주식인수와 같은 거래가 발생할 경우 투자기업은 먼저 동 거래가 사업결합의 정의에 해당하는지 여부를 판단해야 하는데, 사업결합의 정의를 충족하기 위해서는 취득하거나 인수한 자산과 부채의 집합이 사업을 구성해야 한다. 만일 사업에 해당하지 않는다면 투자기업은 동 거래와 그 밖의 사건을 개별 자산의 취득 등으로 회계처리한다.

(2) 취득자의 식별

기업은 사업결합에 참여한 기업 중 한 기업을 취득자로 식별하여야 하는데, 취득자는 피취득자에 대해 **지배력을 획득하는 기업**으로 정의된다. 여기서 취득자는 거래의 형식적인 측면보다는 경제적 실질을 고려해 결정한다. 현금을 지급하고 주식을 취득하거나, 자산과 부채의 일체를 취득하는 경우에는 취득자의 식별이 용이하다. 그러나 주식의 교환 등을 통하여 인수나 합병이 이루어지면 취득자의 식별이 어려운 경우가 있다. 주식의 교환 등을 통한 지배력 획득은 〈제13장〉을 참조하기 바란다.

(3) 취득일의 결정

취득자는 취득일을 결정하여야 하는데, 취득일은 취득자가 피취득자에 대하여 지배력을 획득한 날로 정의된다. 일반적으로 취득일은 취득자가 법적으로 대가를 이전하여 피취득자의 자산을 취득하고 부채를 인수한 날인 종료일(the closing date)과 동일하다. 취득자는 서면합의 등을 통하여 종료일과 다른 일자로 지배력을 획득할 수 있으므로, 취득자는 관련된 사실과 상황을 모두 고려하여 취득일을 식별해야 한다. 기업실무상 취득일은 합병계약서에 기재된 합병기일이나 주식인수계약서에 기재된 인수일자로 결정된다.

(4) 식별 가능한 자산 · 부채와 우발부채의 인식과 측정

자산 · 부채와 우발부채에 대해서는 절을 바꾸어 설명한다.

(5) 이전대가 및 기존 소유 주식의 공정가치 평가

기업회계기준은 이전대가를 공정가치로 측정하도록 규정하고 있는데, 여기서 이전대가는 취득자가 이전하는 자산, 취득자가 피취득자의 이전 소유주에 대하여 부담하는 부채와 취득자가 발행하는 주식의 취득일 현재 공정가치를 합산한 금액으로 산정된다.

(6) 영업권(또는 염가매수차익)의 산정

다음을 비교하여 ②가 ①보다 큰 경우에는 영업권으로, 그렇지 않은 경우에는 염가매수차익으로 처리한다.

① 취득일 현재의 식별 가능한 취득 자산과 인수 부채의 순액(즉, 순자산 공정가치)

② 다음의 합계 금액

- 이전대가로서 일반적으로 취득일의 공정가치
- 피취득자에 대한 비지배지분의 금액
- 단계적으로 이루어지는 사업결합의 경우 취득자가 이전에 보유하고 있던 피취득자에 대한 주식의 취득일 현재 공정가치

3. 식별 가능한 자산 · 부채의 인식과 측정

(1) 회계기준과 가치평가 기준

매수가격배분 과정에서 고려되는 회계기준은 '재무회계개념체계'와 '사업결합'을 비롯한 기타 기준서의 규정이다. '사업결합' 기준서는 측정에 관하여 '취득자는 식별 가능한 취득 자산과 인수 부채를 취득일의 공정가치로 측정한다.'라는 원칙을 제시하고 있다. 그러나 개별 자산과 부채에 대한 상세한 내용은 다루고 있지 않기 때문에 개별 자산과 부채의 측정은 해당 기준서를 참조하게 된다.

(2) 식별 가능한 자산 · 부채 및 우발부채의 인식

인식요건을 충족하려면 식별 가능한 자산 · 부채는 취득일에 '재무회계개념체계'에서 제시하고 있는 자산과 부채의 정의를 충족해야 한다.

개념체계에 따르면 자산은 과거 사건의 결과로 기업이 통제하고 있고 미래 경제적 효익이 기업에 유입될 것으로 기대되는 자원으로 정의된다. 그리고 부채는 과거 사건에 의해 발생하였으며 경제적 효익을 갖는 자원이 기업으로부터 유출됨으로써 이행될 것으로 기대되는 현재 의무로 정의된다.

또한 인식요건을 충족하려면 식별 가능한 자산 · 부채는 개별 거래의 결과가 아니라 사업결합 거래에서 취득자와 피취득자(또는 피취득자의 이전 소유주) 사이에 교환된 것의 일부이어야 한다.

인식원칙에 따르면 피취득자가 보고한 재무제표에 인식되지 않았던 자산 · 부채가 새롭

게 인식될 수 있는데, 기업실무상 주로 피취득자가 재무제표에 반영하지 아니한 무형자산이나 우발채무의 인식이 이슈화되고 있다.

(3) 인식된 자산 · 부채와 우발부채의 공정가치 평가

측정원칙에 따르면 취득자는 식별 가능한 자산 · 부채를 취득일의 공정가치로 측정해야 하는데, 공정가치는 측정일에 시장참여자 사이의 정상거래에서 자산을 매도하면서 수취하거나 부채를 이전하면서 지급하게 될 가격으로 정의된다.

공정가치 측정의 목적은 측정일의 현행 시장 상황에서 자산을 매도하거나 부채를 이전하는 시장참여자 사이의 정상거래 가격을 추정하는 것이다.

공정가치 평가방법은 시장접근법(Market Approach), 이익접근법(Income Approach), 원가접근법(Cost Approach)과 일관성이 있어야 하는데, 그 목적은 상황에 따라 적절한 평가방법(또는 평가방법의 결합)을 사용하기 위함이다.

각 방법별 내용을 요약하면 다음과 같다.

① 시장접근법(Market Approach)

- 유사 상장회사의 주가 또는 유사 거래 사례를 통하여 평가대상의 가치를 평가하는 방법으로서, 해당 자산의 현행 가치를 적절하게 반영할 수 있도록 비교 가능한 자산의 지리적 위치, 매각 시기, 물리적인 성격 등을 고려한다.
- 이 방법은 유사 자산에 대한 충분한 매매가격이 제공되며, 이에 대하여 독립적으로 검증할 수 있는 유동적인 시장이 존재할 경우 적용할 수 있다.

② 이익접근법(Income Approach)

- 자산의 내용연수 동안 기대할 수 있는 현금흐름(예를 들어, 자산의 미래 경제적 효익)을 토대로 공정가치를 계산하는 방법이다.
- 이익접근법은 일반적으로 현금흐름 할인법이 사용되는데, 예상되는 내용연수 동안의 추정현금흐름을 위험과 화폐의 시장가치를 반영한 요구수익률로 할인하여 공정가치를 구한다.

③ 원가접근법(Cost Approach)

- 원가접근법은 대체원가(principal of substitution)가 공정가치를 대변한다고 가정한다. 그리고 신중한 투자자라면 특정 자산에 대해 동일한 기능을 하는 타 자산의 현행 취득가액이나 현행대체원가보다 더 많은 현금을 지불하지 않을 것이라는 가정을 전제로

한다.

- 기존에 보유하고 있는 자산이 신규로 취득하는 자산보다 적은 효용을 제공한다는 점에서 현행대체원가는 물리적 감가상각, 경제적 또는 기능적인 진부화 등을 고려하여 조정된다.

공정가치 측정을 위하여 사용하는 가치평가기법은 일관되게 적용해야 하지만, 가치평가기법이나 그 적용 방법을 변경하는 것이 그 상황에서 공정가치를 더 잘 대표하는 측정치를 산출해낸다면 이러한 변경은 정당화된다.

한편, 가치평가기법이나 그 적용 방법의 변경으로 인한 수정은 회계추정의 변경으로 처리한다.

(4) 인식원칙과 측정원칙의 예외

기업회계기준서는 인식원칙과 측정원칙의 예외를 규정하고 있는바, 이를 요약하면 다음과 같다.

① 인식원칙의 예외

- 우발부채 : 과거 사건에서 발생한 현재 의무이고 공정가치를 신뢰성 있게 측정할 수 있으면 사업결합에서 인수한 우발부채를 식별 가능한 부채로 인식한다. 따라서 '충당부채' 기준서에서 규정하고 있는 경제적 효익을 갖는 자원의 유출 가능성이 높아야 한다는 인식조건은 적용하지 않는다. 즉, 자원의 유출 가능성이 높지 않더라도 부채로 인식 가능하다.

② 측정원칙의 예외

- 재취득한 권리 : 계약에 대한 잠재적 갱신을 고려하는지와 무관하게, 취득자는 무형자산으로 인식한 재취득 권리의 가치를 관련 계약의 잔여 계약기간에 기초하여 측정한다. 만일 재취득한 권리에서 발생하는 계약상의 조건이 현행 시장거래의 조건과 비교하여 유리하거나 불리할 경우, 취득자는 정산차손익을 인식한다.
- 주식기준보상 : 피취득자의 주식기준보상을 취득자의 주식기준보상으로 대체하는 경우 관련 부채 또는 지분상품은 '주식기준보상' 기준서에 따라 측정한다.

③ 인식원칙과 측정원칙 모두의 예외

- 법인세 : 취득 자산과 인수 부채에서 발생한 이연법인세자산(부채)은 '법인세회계' 기준서에 따라 인식하고 측정한다. 또한 취득일에 존재하거나 취득의 결과로 발생

하는 일시적차이와 피취득자의 이월결손금의 잠재적 법인세효과는 '법인세회계' 기준서에 따라 회계처리한다.

- 종업원 급여 : 피취득자의 종업원급여 약정과 관련된 부채 또는 자산은 '종업원급여' 기준서에 따라 인식하고 측정한다.
- 보상자산 : 취득일의 공정가치로 보상자산을 인식하되, 별도의 평가충당금은 인식하지 않는다.

(5) 비지배지분 요소의 측정

사업결합 시 비지배지분 요소의 측정은 다음과 같이 규정되어 있다(K-IFRS 제1103호 문단 19).

① 비지배지분의 요소가 현재의 지분이며 청산시 보유자에게 기업 순자산의 비례적 몫에 대한 권리를 부여하는 경우 : 공정가치 또는 식별 가능한 순자산의 비례적 몫으로 측정
② 그 밖의 모든 비지배지분 요소 : 측정 기준을 달리 요구하는 경우가 아니라면 취득일의 공정가치로 측정

비지배지분은 지배기업에게 '직접적으로 또는 간접적으로 귀속되지 않는 종속기업의 지분'으로 정의된다. 따라서 피취득자가 발행한 자본의 요소는 K-IFRS 제1032호에 따른 '자본'의 정의를 충족하고 지배기업 지분으로 귀속될 수 없다면 모두 비지배지분으로 분류된다.

청산 시 순자산의 비례적 몫에 권리를 부여하지 않는 비지배지분의 대표적인 예로는 종속기업이 자본으로 계상한 **주식기준보상(주식선택권), 잔여재산의 분배에 대해 비례적인 몫을 제공하지 않는 우선주 그리고 자본의 정의를 충족하는 전환권** 등이 있다. 이러한 요소들에 대해서는 피취득자 재무제표상 금액에 관계없이 취득일 시점에 공정가치로 재측정된다.

▶▶ 종속기업이 부여한 주식선택권

예제 5

- P사는 01년 초에 S사 지분 60%를 인수하여 지배력을 획득함.
- 취득 당시 S사는 5년 동안 용역을 제공하면 가득 요건이 충족되는 주식결제형 주식선택권을 종업원에게 부여한 상태임. 동 약정은 사업결합과 무관하게 유지됨.
- 01년 초 S사가 재무제표에 계상한 주식선택권은 50,000원이나, 공정가치로 재측정할 경우 가치는 100,000원임.

요구사항 사업결합 시점에 S사가 부여한 주식선택권은 어떻게 인식되는가?

S사가 발행한 자본으로 인식한 주식기준보상은 자본의 정의를 충족하지만, 그 효익은 P사가 아닌 S사의 종업원(잠재적 비지배주주)에게만 귀속된다. 따라서 취득일 당시 시장기준 측정치로 측정한 100,000원의 주식선택권은 비지배지분으로 분류된다.

종속기업이 발행한 우선주

예제 6

- P사는 01년 초에 S사 보통주 지분 60%를 인수하여 지배력을 획득함.
- 취득 당시 S사는 주당 100원인 우선주 1,000주를 발행하여 자본으로 계상하고 있었음.
- 우선주는 P사가 아닌 제3자가 보유 중임.
- S사가 재무제표에 계상한 우선주 관련 자본 항목은 총 20,000원이나 취득일 현재의 공정가치는 50,000원임.

요구사항 다음의 경우 사업결합 시점에 S사가 발행한 우선주는 어떻게 인식되는가?

1. Case 1 : 우선주는 배당금 지급시 보통주 보유자보다 우선적으로 받을 권리가 있으며, S사가 청산할 경우 주당 발행금액인 100원을 보통주 보유자보다 우선적으로 분배받는다.
2. Case 2 : 우선주는 청산시 배분가능한 순자산의 비례적 몫을 보통주 보유자와 동등한 권리와 순위로 보유한다.

Case 1의 우선주는 순자산의 비례적 몫에 권리를 부여하지 않으므로 공정가치로 측정되고, 비지배지분으로 분류된다.

반면 Case 2의 우선주는 청산시 비례적 몫을 부여하므로, P사의 선택에 따라 순자산의 비례적인 몫 또는 공정가치 중 하나를 선택할 수 있다.

제 2 절 관계기업과 공동기업

1. 관계기업

관계기업이란 투자기업이 해당 기업에 대하여 유의적인 영향력을 행사할 수 있는 기업으로서 파트너십과 같이 법인격이 없는 실체를 포함한다. 여기서 **유의적인 영향력이란 피투자기업의 재무정책과 영업정책에 관한 의사결정에 참여할 수 있는 능력**으로 정의되며, 지배력 또는 공동지배를 목적으로 하는 종속기업이나 공동기업과는 구별된다.

유의적인 영향력을 판단하기 위해서는 현재 보유하고 있는 의결권과 경제적 실질 그리고 잠재적 의결권을 종합적으로 고려해야 한다.

(1) 의결권 기준

관계기업이나 공동기업에 대한 연결실체의 지분은 연결실체 내 지배기업과 종속기업이 소유하고 있는 지분을 **단순 합산**한 것이며, 다른 관계기업이나 공동기업이 보유하고 있는 지분은 합산 대상이 아니다(K-IFRS 제1028호 문단 27).

의결권 기준

예제 7

- P사는 A사, B사, C사 주식을 각각 60%, 15%, 12% 취득하고 있음.
- A사는 B사 주식을 10% 취득하고 있음.
- B사는 C사 주식을 15% 취득하고 있음.

요구사항

지분율을 기준으로 P사의 연결재무제표에 표시될 A사, B사, C사 주식의 분류를 결정하시오.

지배구조

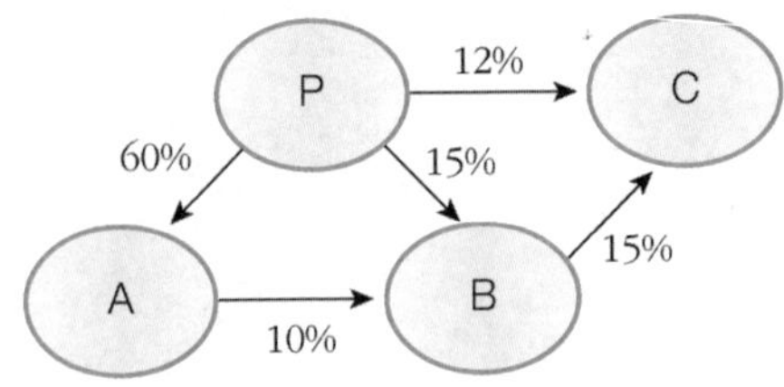

투자주식의 분류

P사는 A사 지분을 60% 보유하고 있으므로 A사는 종속기업에 해당한다. P사의 연결재무제표에는 P사와 A사의 자산과 부채가 합산되어 표시되므로, 연결재무제표상 B사 주식은 25%(= 15% + 10%)이며 C사 주식은 12%로 표시된다. 따라서 B사 주식은 관계기업주식, C사 주식은 공정가치측정금융자산으로 분류된다.

피투자기업에 대한 영향력은 지분증권의 의결권을 통하여 행사되므로, 유의적인 영향력을 행사하기 위해서는 일정 수준 이상의 지분율을 보유해야 한다. 일반적으로 피투자기업이 발행한 의결권이 있는 주식 중 **투자기업과 투자기업의 종속기업이 소유하고 있는 주식의 단순 합산이 20% 이상이라면, 명백한 반증이 있는 경우를 제외하고는 유의적인 영향력**이 있는 것으로 본다. 여기서 명백한 반증의 예로는 투자기업이 의결권을 20% 이상 소유하더라도 법규, 계약 또는 소송 등으로 의결권 행사가 제한되어 영향력을 행사할 수 없는 경우 등이 있다.

한편, 투자기업 이외의 다른 기업이 해당 피투자기업에 대하여 지배력을 행사하더라도, 투자기업이 피투자기업에 대하여 유의적인 영향력은 행사될 수 있으므로 이러한 경우에도 유의적인 영향력이 있다는 것을 배제하지 않는다(K-IFRS 제1028호 문단 5).

종속기업이 보유한 지배기업 지분 분류

예제 8

- C사는 B사와 A사를 종속기업으로 분류하고 있음.
- A의 대표이사와 사내이사 甲과 乙은 C사의 이사회에 참여하고 있음.
- A사는 C사 주식(지분율 40%)를 보유하고 있으나, 상법 제369조(의결권) 제3항에 따라 의결권이 없음.

요구사항 A사는 C사 주식을 어떻게 분류해야 하는지 검토하시오.

지배구조

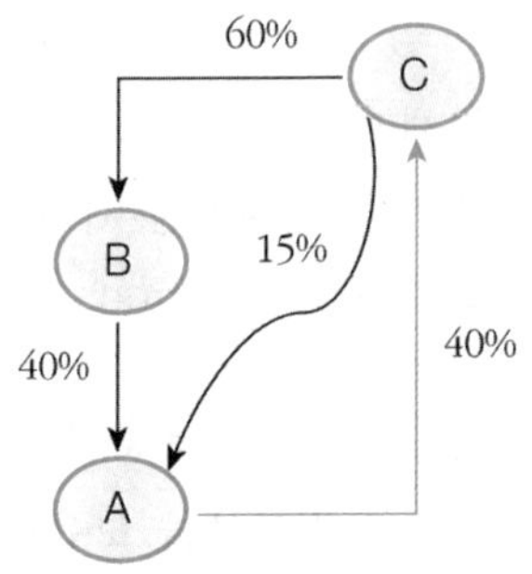

분석

A사가 C사 주식 분류 시 고려할 수 있는 견해는 다음과 같다.

① 1안 : A사는 C사 지분을 40% 보유하고 있으며 임원 교류가 있다. 따라서 A사는 K-IFRS 제1028호 문단 9에서 예시하는 유의적인 영향력이 없다는 명백한 반증이 없으므로, C사를 관계기업으로 분류하고 지분법을 적용해야 한다.

② 2안 : C사는 A사의 지배기업이며, C사의 연결재무제표에 A사가 보유한 C사 주식은 자기주식으로 분류된다. A사가 보유하는 40%의 지분은 C사의 지시에 따라 A사가 자산(C사 지분 40%)을 취득한 행위에 불과하므로(K-IFRS 1110, B11), A사는 C사 지분을 공정가치측정금융자산으로 분류하는 것이 적절하다.

K-IFRS 제1028호 문단 6의 적용이 지배종속관계를 명시적으로 제외하고 있지 않으나, 지배기업은 일반적으로 종속기업이 자신의 지분을 취득하여 얻게 되는 영향력을 언제든지 제한할 수 있다. 따라서 K-IFRS 제1028호 문단 7~8에서 언급하고 있는 잠재력을 보유하고 있다고 볼 수 있음을 감안하여 유의적인 영향력의 존재를 판단해야 한다.

(2) 실질 기준

투자기업의 지분율이 20%에 미달하면 일반적으로 유의적인 영향력이 없는 것으로 본다. 그러나 다음과 같이 유의적인 영향력이 있다는 사실을 명백하게 제시할 수 있는 경우에는 지분율이 20%에 미달하더라도 유의적인 영향력이 있다고 본다(K-IFRS 제1028호 문단 6).

① 피투자기업의 이사회나 이에 준하는 의사결정기구에 참여

② 배당이나 다른 분배에 관한 의사결정에 참여하는 것을 포함하여 정책결정 과정에 참여

③ 투자기업과 피투자기업 사이에 중요한 거래

④ 경영진의 상호 교류
⑤ 필수적인 기술정보의 제공

한편, 유의적인 영향력이 상실되는 경우는 다음과 같다(K-IFRS 제1028호 문단 9).
① 상대적 또는 절대적인 보유 지분율의 감소
② 정부, 법원, 법정관재인, 감독기관에 의하여 피투자기업이 통제됨.
③ 유의적인 영향력을 행사하지 않기로 하는 등의 약정 또는 계약이 체결됨.

임원 교류 I

예제 9

- A사는 B사와 C사에 대해 지배력을 보유하고 있음.
- A사는 P사의 최대주주임.
- P사의 임원 甲과 乙의 겸임 현황은 다음과 같음.

구 분	A사	B사	C사
甲	대표이사	사내이사	사내이사
乙	사내이사	대표이사	대표이사

요구사항 P사가 보유하는 B사와 C사 지분의 분류에 대해 검토하시오.

지배구조

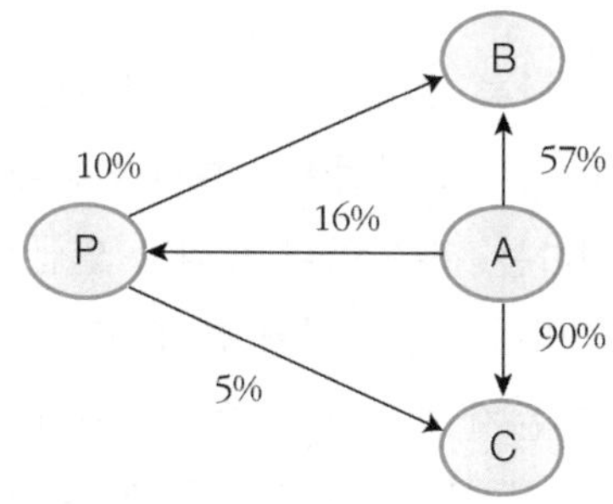

분석

K-IFRS 제1028호 문단 6과 7에 따르면 P사가 20% 미만의 의결권을 보유하더라도 피투자기업의 의사결정기구에 참여하는 등 유의적인 영향력이 있다는 사실을 명백히 제시할 수 있다면 관계기업에 해당한다.[29)]

29) FSS2112-05, 관계기업에 대한 지분법 미적용

임원 교류 II

예제 10

- A사는 B사의 임원을 C사의 이사회 구성원으로 임명함.
- 해당 임원은 C사의 이사회에서 유의적인 영향력을 행사할 수 있음.
- A사는 해당 임원을 언제든지 C사의 이사회 구성원에서 해임할 수 있는 권한이 있음.
- B사는 A사의 지시에 따라 B사와 C사의 성과를 극대화하는 방향으로 C사의 의사결정에 참여하고, A사는 이러한 지시를 언제든지 변경할 수 있음.
- 그 외에 C사의 영업정책과 재무정책에 관련하여 A사와 B사 간의 추가적인 약정은 존재하지 아니함.

요구사항 B사는 C사에 대해 유의적인 영향력이 있는지 검토하시오.

지배구조

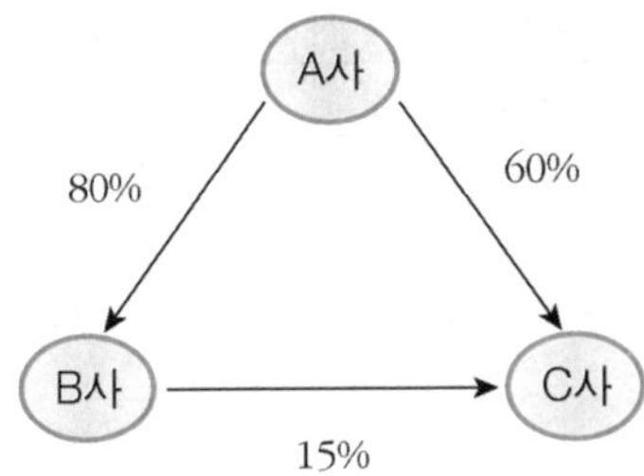

분석

K-IFRS 제1028호 문단 5는 '다른 투자자가 해당 피투자자의 주식을 상당한 부분 또는 과반수 이상을 소유하고 있다고 하여도 기업이 피투자자에 대하여 유의적인 영향력을 보유하고 있다는 것을 반드시 배제하는 것은 아니다.'라고 언급하고 있다.

〈예제 10〉에서 B사는 C사의 의사결정 과정에 참여하고 있으나, A사가 B사 임원을 C사의 이사회 구성원 자격에서 언제든지 해임할 수 있으므로, B사가 C사에 대하여 가지는 유의적인 영향력은 A사에 의하여 언제든지 상실될 수 있는 상황이다. 따라서 B사는 C사에 대하여 유의적인 영향력을 보유하지 않는다고 판단된다.

(3) 잠재적 의결권

기업은 주식매입권, 주식콜옵션, 보통주식으로 전환할 수 있는 채무상품이나 지분상품, 또는 그 밖의 유사한 금융상품을 소유할 수 있다. 이러한 금융상품은 행사되거나 전환될

경우 피투자기업의 재무정책과 영업정책에 대한 기업의 의결권을 증가시키거나 다른 상대방의 의결권을 줄일 수 있는 잠재력이 있다.

유의적인 영향력 유무를 판단할 경우 기업은 현재 소유하고 있는 주식 이외에도 이러한 잠재적 의결권의 존재와 영향을 고려해야 하며, 동일한 이유로 다른 기업이 보유하고 있는 잠재적 의결권도 고려해야 한다(K-IFRS 제1028호 문단 7~8).

잠재적 의결권이 유의적인 영향력에 영향을 미치는지를 판단할 때에는 잠재적 의결권에 영향을 미치는 경제적 상황이나 약정 등을 검토해야 한다. 예를 들어 협의된 약정에 따라 잠재적 의결권을 미래의 특정일이나 특정 사건이 일어나기 전까지 행사할 수 없거나 전환할 수 없는 경우가 있다. 이와 같이 경제적 실질이 결여되어 있다면, 그 잠재적 의결권은 현재 행사할 수 있거나 전환할 수 있는 것으로 볼 수 없다.

여기에서 유의할 점은 이러한 상황이나 사실을 검토할 때 **잠재적 의결권에 대한 행사나 전환에 대한 경영진의 의도나 재무능력은 고려하지 않는다**는 점이다. 왜냐하면 경영자의 의도는 영향력의 존재 유무에 영향을 주지 않으며, 잠재적 의결권을 행사하거나 전환할 수 있는 재무적 능력을 평가하기는 실무상 매우 어렵기 때문이다(K-IFRS 제1028호 문단 8).

잠재적 의결권 I

예제 11

1. Case 1
   - P사는 A사 보통주 주식 15%와 주식전환권(또는 신주인수권)을 보유하고 있음.
   - 상기 주식전환권 또는 신주인수권이 행사될 경우 기대되는 보통주 주식은 7%임.
2. Case 2
   - P사는 A사 보통주 주식 15%와 우선주 주식 10%를 보유하고 있음.
   - 상기 우선주는 약정된 배당금을 수령하지 못할 경우 의결권이 부여됨.

요구사항 A사 주식과 B사 주식이 관계기업주식에 해당하는지 여부를 검토하시오.

Case 1

주식전환권(또는 신주인수권)이 행사된다면 실질 지분율은 22%이므로 관계기업으로 분류된다. 단, 여기서 지분법 평가 시 P사가 적용할 지분율은 22%가 아닌 15%로 한정된다.

Case 2

우선주 주식을 통하여 의사결정에 영향력을 행사할 수 없다면 지분율은 15%에 불과하므로 지분법을 적용하지 않는다. 그러나 의결권이 부여된다면 지분율은 20% 이상이므로 지분법을 적용한다.

잠재적 의결권 II

예제 12

- A사는 보통주와 우선주를 각각 1,000주씩 발행함.
- P사는 이 중 보통주 100주와 우선주 600주를 소유하고 있음.
- 우선주는 의결권이 부여되어 있으며 보통주와 동일하게 배당에 참여할 수 있음.

요구사항 P사가 유의적인 영향력이 있는지 검토하시오.

K-IFRS 제1028호는 의결권을 판단할 때 고려해야 하는 지분상품의 종류를 제한하지 않고 있다. 따라서 보통주 이외에도 우선주나 다른 금융상품 또는 약정에 따른 의결권 등을 모두 고려해야 한다.

본 예제에서 우선주는 보통주와 동일하게 의결권이 부여되어 있으므로, P사는 A사에 대하여 35%(= 700주 ÷ 2,000주)의 의결권을 보유하게 된다.

유의적인 영향력을 보유하는지를 판단하는 것과 우선주에 대하여 지분법을 적용할 것인가는 다른 주제이다. 따라서 별도의 분석을 통하여 우선주가 '사실상의 보통주'에 해당하여 지분법을 적용해야 하는지 판단해야 한다.

(4) 실질 소유에 해당하는 잠재적 의결권

일반적인 잠재적 의결권은 유의적인 영향력에 대한 판단 시에만 고려되고, 지분 평가에는 반영하지 않는다. 그러나 투자기업은 약정에 따라 **실질적으로 현재의 소유권을 보유하는 경우**가 있는데, 이 경우에는 잠재적 의결권과 그 밖의 파생상품의 궁극적인 행사를 고려하여 지분법을 적용한다(K-IFRS 제1028호 문단 13).

예제 13

- 01년 초 P사는 A사에 대하여 40%의 지분을 취득하여 영향력을 획득함.
- 01년 초 A사는 주식 100주를 발행하였으며, F사는 400,000원에 전량을 인수함.
- P사와 F사의 '주주 간 약정'은 다음과 같음.
  - P사는 F사가 보유한 주식을 05년 말 주당 5,000원에 매입할 수 있는 Call option 보유
  - F사는 P사에게 05년 말 주당 5,000원에 주식을 처분할 수 있는 Put option 보유
  - F사에게는 05년 말 기준으로 8%의 수익률을 보장함(단, 배당금수익률은 차감).
  - 상기 행사가격에는 보장수익이 포함되어 있지 아니하나, 실제 행사 시에는 보장수익을 포함하여 거래함.
- 주식 발행 후 A사에 대한 P사와 F사의 지분율은 각각 30%와 15%임.
- 02년에 A사가 보고한 순이익은 90,000원임.

요구사항 P사가 반영할 회계처리를 제시하시오.

분석

옵션 행사시점에 주식의 공정가치가 행사가격보다 높다면 P사는 Call option을 행사하여 주식을 취득하게 된다. 그리고 그 반대의 경우에는 F사가 Put option을 행사하게 되어 P사가 주식을 취득하게 된다. 즉, 실질적으로 05년 말에 P사는 F사가 보유하는 주식을 매입할 가능성이 매우 높다.

F사는 배당을 고려한 8%의 수익률을 보장받고 있으므로, 사실상 F사는 주식 보유로 예상되는 수익이 배당금의 수령에 따라 변동되지 않는다. 따라서 P사는 실질적으로 F사가 보유한 15%의 주식에 대하여 현재의 소유권을 보유한 것으로 볼 수 있다. 이러한 사실을 근거로 P사는 F사가 보유하게 되는 주식을 직접 취득하는 것으로 처리한다.

참고로 본 예제와 같이 잠재적 의결권이 현재 소유권을 보유하는 것으로 본다면, K-IFRS 제1039호에 따른 파생상품 회계처리는 적용하지 않는다.

회계처리

P사가 추가로 취득하게 될 10%의 주식의 주당 취득금액은 05년에 지급할 5,000원에 보장수익률을 감안한 금액의 현재가치(즉, 5,000원)로 한다. 그리고 02년에 인식할 A사에 대한 지분액은 30%가 아닌 45%(= 30% + 15%)를 기준으로 산정한다. 또한 A사에게 보장한 8%의 수익률은 당기손익(금융원가)으로 처리한다.

• 지분 취득 처리

(차변) 관계기업투자	400,000	(대변) 부채(미지급금)	400,000

• 지분이익 반영

(차변) 관계기업투자	40,500	(대변) 지분법이익(*)	40,500

(*) 90,000원 × 45%

• 부채의 재측정

(차변) 금융비용	32,000	(대변) 부채(*)	32,000

(*) 400,000원 × 8%

2. 지분법의 적용과 배제

투자기업은 피투자기업에 대하여 유의적인 영향력을 행사할 수 있더라도, 다음의 경우에는 지분법을 적용하지 않는다(K-IFRS 제1028호 문단 17~21).

① 관계기업주식이 매각예정자산으로 분류되는 경우에는 지분법을 적용하지 않는다. 다만, 관계기업주식 중 일부가 매각예정자산으로 분류될 경우, 잔여 주식에 대해서는 매각예정으로 분류된 주식이 매각될 때까지 지분법을 지속적으로 적용한다.[30)]

② 관계기업주식을 소유하고 있는 지배기업으로서 K-IFRS 제1110호 문단 4를 적용하여 연결재무제표 작성이 면제되는 경우 지분법을 적용하지 않는다.

③ 다음의 조건을 모두 충족하는 경우에는 지분법을 적용하지 않는다.

- 투자기업이 다른 기업의 종속기업이고, 그 투자기업이 지분법을 적용하지 않는다는 사실을 그 투자기업의 모든 소유주에게 알리고 그 다른 소유주들이 그것을 반대하지 않는 경우
- 투자기업의 채무상품 또는 지분상품이 공개된 시장에서 거래되지 않는 경우
- 기업이 공개된 시장에서 증권을 발행할 목적으로 증권감독기구나 그 밖의 감독기관에 재무제표를 제출한 적이 없으며, 현재 제출하는 과정에 있지도 않은 경우
- 투자기업의 최상위 지배기업이나 중간 지배기업이 K-IFRS를 적용하여, 일반 목적으로 이용 가능한 연결재무제표를 작성하는 경우

30) 매각예정자산으로 분류된 관계기업주식은 순공정가치와 장부금액 중 적은 금액으로 측정한다. 만일 매각예정으로 분류한 관계기업주식이 더 이상 그 분류기준을 충족하지 못한다면 매각예정자산으로 분류된 그 시점부터 지분법을 소급 적용한다. 따라서 매각예정자산으로 분류된 시점 이후 기간의 재무제표는 소급하여 수정한다(K-IFRS 제1105호).

④ 관계기업에 해당하지만 벤처캐피탈 투자기구, 뮤추얼펀드, 단위신탁 및 이와 유사한 기업(투자와 연계된 보험펀드 포함)이 소유하고 있고, 최초 인식시점에 단기매매금융자산으로 분류(또는 당기손익인식항목으로 지정)하여 회계처리하는 경우 지분법을 적용하지 않을 수 있다.

⑤ 관계기업주식의 일부를 벤처캐피탈 투자기구나 뮤추얼펀드, 단위신탁 및 이와 유사한 기업(투자와 연계된 보험펀드 포함)을 통해 간접적으로 보유하는 경우, 벤처캐피탈 투자기구나 뮤추얼펀드, 단위신탁 및 이와 유사한 기업(투자와 연계된 보험펀드 포함)이 그 투자의 일부에 대하여 유의적인 영향력이 있는지와 무관하게 K-IFRS 제1109호에 따라 공정가치측정 당기손익인식항목으로 선택할 수도 있다. 이 경우 벤처캐피탈 투자기구나 뮤추얼펀드, 단위신탁 및 이와 유사한 기업(투자와 연계된 보험펀드 포함)을 통하여 보유하지 않은 관계기업주식의 나머지 부분에 대해서는 지분법을 적용한다.

매각예정자산과 지분법

예제 14

1. Case 1
   - P사는 01년 초 A사 주식 100주(지분율 : 25%)를 2,000원에 취득함.
   - P사는 A사 주식의 취득 시점에 12개월 이내에 처분할 의도를 가지고 있으며, 적극적으로 매수자를 찾고 있음.
   - A사의 01년 당기순이익은 10,000원이며, 01년 말 현재 A사의 주당 공정가치는 25원임.

2. Case 2
   - P사는 B사 주식 25%를 취득하여 지분법을 적용하다가, 15%를 처분하기로 결정하고 매각예정자산으로 분류함.
   - 15%의 주식이 처분될 경우 B사에 대한 유의적인 영향력은 상실됨.

3. Case 3
   - P사는 C사 주식 40%를 취득하여 지분법을 적용하다가, 15%를 처분하기로 결정하고 매각예정자산으로 분류함.
   - 15%의 주식이 처분되더라도 C사에 대한 유의적인 영향력은 유지됨.

요구사항 P사가 보유하고 있는 A사, B사 및 C사 주식의 분류에 대하여 검토하시오.

Case 1

관계기업주식이나 공동기업주식의 전부 또는 일부가 매각예정분류 기준을 충족하는 경우, 투자기업은 K-IFRS 제1105호를 적용한다. 따라서 P사는 A사 주식을 취득 시점부터 관계기업이 아닌 매각예정자산으로 표시하고 지분법을 적용하지 않는다.

P사는 매각예정자산을 공정가치와 장부금액 중 적은 금액으로 평가하는데, Case 1에서 공정가치는 2,500원(= 25원 × 100주)이므로 손상차손은 발생하지 않는다.

Case 2

B사 주식을 처분할 경우 P사는 유의적인 영향력을 상실하게 된다. 따라서 처분 예정인 15%에 대해서는 지분법을 중지하고, 잔여 주식은 매각시점까지 지분법을 적용한다. 그리고 주식을 처분하는 시점에 잔여 주식은 공정가치측정금융자산으로 분류한다. 관계기업주식의 재분류는 〈제6장〉에서 살펴본다.

Case 3

C사 주식을 처분하더라도 P사는 유의적인 영향력을 계속 유지한다. 따라서 처분 예정된 15%에 대해서만 지분법을 중지하고, 잔여 주식은 지속적으로 지분법을 적용한다.

3. 공동영업과 공동기업

(1) 공동약정

공동약정은 둘 이상의 당사자들이 공동지배력을 보유하는 약정이며, 다음의 특징이 있다.[31)]

① 당사자들이 계약상 약정에 구속된다.

② 계약상 약정은 둘 이상의 당사자들에게 약정의 공동지배력을 부여한다.

공동약정에서 단일의 당사자는 그 약정을 단독으로 지배할 수 없다. 그리고 공동지배력을 보유하면, 한 당사자는 다른 당사자들이나 일부 당사자들 집단이 약정을 지배하는 것을 못하게 할 수 있다.

31) 약정이 아래의 세 가지 조건을 충족한다면 공동약정에 해당한다.
① 의결권의 최소비율 설정 : 관련 활동에 대한 결정을 위하여 의결권의 최소비율을 요구
② 지배력의 부여 : 그 최소 의결권 비율이 당사자들이 합의하는 하나 이상의 조합으로 달성
③ 지배하는 당사자들의 전체 동의(공동지배력) : 관련 활동에 대한 의사결정을 위해 어느 당사자들(또는 당사자들의 조합)의 전체 동의가 요구되는지 명시

공동약정은 약정의 당사자들의 권리와 의무에 따라 공동영업이나 공동기업주식으로 분류한다. 공동영업이나 공동기업은 의사결정이 참여자의 전체 동의에 의하여 이루어지며, **참여자의 지분율은 의사결정에 있어서 큰 의미가 없다.**

약정에 대한 판단 I

예제 15

- P사는 구조화된 기업으로서 P사의 주주는 A사, B사, C사이며 각각의 지분율은 55%, 25%, 20%임.
- P사의 유의적인 재무정책과 영업정책에 관한 의사결정은 A사와 B사의 계약상 약정에 의하여 A사와 B사 모두의 동의가 요구됨.
- C사는 투자자이지만 공동지배에 관한 계약상 약정의 당사자가 아님.

요구사항 A사, B사, C사의 재무제표에 P사 주식은 어떻게 표시되는가?

A사는 50%를 초과하는 지분을 가지고 있다고 하더라도 A사 혼자만으로는 의사결정을 할 수 없으며, C사가 동의한 경우에도 의사결정을 할 수 없다. 따라서 P사는 공동기업에 해당하며 A사와 B사는 참여자, C사는 투자자로 분류된다. 따라서 A사와 B사는 P사 주식을 공동기업주식으로 분류하고 지분법을 적용하며, C사는 공정가치측정금융자산으로 분류하는 것이 적절하다.

만일 A사가 일방적으로 P사를 지배할 수 있게 되면, 더 이상 P사는 공동기업이 아니고 A사의 종속기업이 될 것이다.

약정에 대한 판단 II

예제 16

- P사는 구조화된 기업임.
- P사의 주주는 A사, B사, C사이며 각각의 지분율은 50%, 30%, 20%임.
- A사, B사 및 C사의 계약상 약정은 관련 활동에 대한 결정을 위하여 최소한 의결권의 75%가 요구된다고 명시함.
- A사는 의사결정을 저지할 수 있으나, 의사결정을 하기 위해서는 B사의 합의를 필요로 하므로 약정을 지배하지는 못함.

요구사항 P사를 공동기업으로 분류하는 주체를 결정하시오.

관련 활동을 결정하기 위한 계약상 최소한의 의결권(75%)을 만족하기 위해서는 A사와 B사가 모두 동의해야 한다. 따라서 A사와 B사는 공동지배력이 있으므로 P사를 공동기업으로 분류한다.

약정에 대한 판단 Ⅲ[32)]

예제 17

- P사는 B사에 대해 42%의 지분을 보유하며, 이외 지분은 다른 8명의 투자자(금융기관 등)들이 각각 1.6~14.5%를 보유함.
- B사의 모든 중요한 결정은 이사회를 통해 이루어짐.
- 내규에 따라 P사는 12명의 이사회 구성원 중 최대 5명을, 5% 이상 보유 6명의 주주는 각각 1명의 이사회 구성원을 지명함.
- 예산 승인, 중요한 투자나 매각 등 일부 결정은 2/3 이상의 동의를 요구하며, 다른 주주 간 약정 등은 존재하지 않음.

요구사항 P사 입장에서 B사 투자지분을 분류하시오.

공동지배력은 의사결정 시 지배력 공유 당사자들 전체의 동의가 요구될 때에만 존재한다. 공동약정은 어떠한 당사자들의 전체 동의가 요구되는지 명시되어야 하나, B사는 당사자들 간 하나 이상의 조합으로 대다수 의결권 비율 달성이 가능하다.

중요 의사결정은 2/3 이상의 동의를 요구하므로, 42%의 지분을 보유한 P사는 일방적으로 결정할 수는 없지만 거부권은 행사할 수 있다. 따라서 P사는 K-IFRS 제1110호 문단 B14에 따른 관련 활동 지시 능력이 없으므로 B사를 지배한다고 보기 어렵다. 즉, P사는 지배력이나 공동지배력은 없으므로, B사를 관계기업으로 분류하는 것이 적절하다.

약정에 대한 판단 Ⅳ[33)]

예제 18

- P사는 Y사로부터 X사 주식 49.5%를 취득함.
- 주식매매계약서상 주요 계약 조건은 다음과 같음.
  - X사의 이사회 구성원 총 5명 중 Y사와 P사가 각각 3명과 2명을 지명하며, 의장 지명권은 Y사가 보유함.

32) EECS/0117-02, 공동지배력 평가

33) EECS/0117-04, 공동지배력 평가

- 일반적 결정사항에 대해서는 이사회 다수결로 결의되나 자본 변경, 사업의 중요한 변경, CEO 선임 및 해임, 사업계획 외의 차입, 인수, 처분 등 특정 안건에 대해서는 P사와 Y사 모두의 동의가 요구됨.
- P사는 콜옵션을 보유하며, 행사하지 않을 경우 기업 Y는 동반 매각을 위해 발행인에게 지분을 매각하도록 요구할 권리(drag-along)가 있음. P사가 콜옵션을 행사할 경우 기업 Y는 X사 지분 모두를 P사에게 양도해야 함(행사기간은 18~20년).

요구사항 P사 입장에서 B사 투자지분을 분류하시오.

P사가 X사에 대해 힘을 갖고 있는지 평가할 때는 실제 능력을 갖는 실질적인 권리만을 고려해야 한다. P사의 동의가 요구되는 특정 안건들은 X사의 이익에 유의적으로 영향을 미칠 수 있는 활동과 관련되어 있으므로 '관련 활동'에 대한 정의를 충족하고 있다. 특정 안건에 대한 동의 조건은 Y사가 X사에 대한 힘을 갖지 못하게 하므로, P사에게는 단순한 방어권이 아닌 실질적 권리에 해당한다.

공동지배력은 관련 활동에 대한 결정에 지배력 공유 당사자들 전체의 동의가 요구될 때에만 존재한다. P사는 특정 안건 관련 결정에 대한 거부권과 승인권을 가지고 있으므로, 공동지배기업으로 분류하는 것이 적절하다.

(2) 공동기업과 공동영업의 구분

공동영업과 공동기업은 다음의 내용을 고려하여 결정한다(K-IFRS 제1111호 B15).

① 공동약정의 구조와 법적 양식
② 계약상 약정에 대한 당사자들 간의 합의 조건
③ 관련 있는 그 밖의 사실과 상황

별도기구로 구조화되지 않은 공동약정은 공동영업으로 분류한다. 그리고 자산과 부채를 별도기구에서 보유하도록 하는 공동약정은 공동기업이나 공동영업이 될 수 있다. 일반적으로 공동영업으로 분류되는 약정에는 당사자들의 자산에 대한 권리와 부채에 대한 의무, 그리고 당사자들의 해당 수익에 대한 권리와 해당 비용에 대한 의무를 정하고 있다.

별도기구의 법적 형식은 공동약정의 유형을 분류하는 기준을 제공하며, 별도기구에서 보유하는 자산과 부채에 대한 당사자의 권리와 의무를 평가하는데 도움을 준다. 일반적으로 계약상 약정에서 당사자들에 의하여 합의된 권리와 의무는 약정이 구조화된 별도기구의 법적 형식에 의하여 당사자들에게 부여되는 권리와 의무에 일관되며 상충되지 않는다.

계약상 약정의 조건에서 당사자들이 약정의 자산에 대한 권리와 부채에 대한 의무를 보유하는 것을 명시하지 않은 경우, 당사자들은 약정이 공동영업인지 공동기업인지를 평가하기 위하여 그 밖의 사실과 상황을 고려해야 한다. 당사자들 간에 합의된 계약상 조건이 당사자들의 자산에 대한 권리와 부채에 대한 의무를 명시하지 않을 수도 있으나, 그 밖의 사실과 상황을 고려하면 이러한 약정은 공동영업으로 분류될 수 있다.

| 공동약정의 분류 |

별도기구로 구조화된 공동약정의 구분

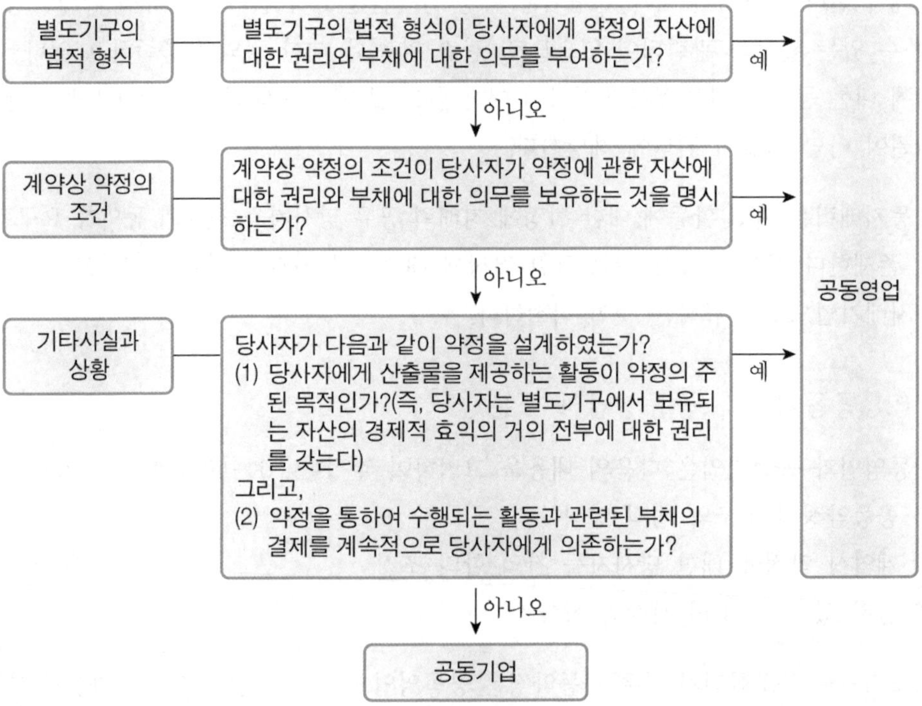

별도기구의 법적 형식

별도기구의 법적 형식이 당사자에게 약정의 자산에 대한 권리와 부채에 대한 의무를 부여하는가? → 예 → 공동영업

아니오

계약상 약정의 조건

계약상 약정의 조건이 당사자가 약정에 관한 자산에 대한 권리와 부채에 대한 의무를 보유하는 것을 명시하는가? → 예 → 공동영업

아니오

기타사실과 상황

당사자가 다음과 같이 약정을 설계하였는가?
(1) 당사자에게 산출물을 제공하는 활동이 약정의 주된 목적인가?(즉, 당사자는 별도기구에서 보유되는 자산의 경제적 효익의 거의 전부에 대한 권리를 갖는다)
그리고,
(2) 약정을 통하여 수행되는 활동과 관련된 부채의 결제를 계속적으로 당사자에게 의존하는가? → 예 → 공동영업

아니오

공동기업

공동기업과 공동영업의 구분

예제 19

- A사와 B사는 공동약정을 체결하여 주식회사 형태인 C사를 설립하고, 지분을 각각 50%씩 취득함.
- 공동약정은 A사와 B사가 필요한 부품을 제조할 목적으로 체결됨.
- 약정에 따르면 A사와 B사는 C사의 산출물을 50 : 50 비율로 매입하여야 하며, C사는 A사와 B사의 승인 없이 산출물을 외부로 판매할 수 없음.
- C사는 정상적인 영업과정에서 산출물을 외부판매하지 아니할 것으로 예상됨.
- A사와 B사의 매입가격은 C사가 지출한 원가에 일정 이익을 보장하는 수준으로 결정됨.

요구사항 공동약정의 유형을 판단하시오.

법적 형식과 계약의 형식

C사는 공동약정에 따라 A사와 B사와 구분된 별도의 기구로 설립되었다. 법률에 따라 C사의 자산과 부채는 A사나 B사가 아닌 C사로 귀속되므로, 법적 형식은 별도의 기구와 투자자를 구분하고 있다.

사실과 상황에 따른 판단

공동약정에 따르면 A사와 B사가 C사의 산출물을 모두 매입하고, C사는 투자자의 승인 없이 외부에 산출물을 판매할 수 없다. 즉, C사가 창출하는 경제적효익을 A사와 B사가 모두 소비하고 있다. 그리고 A사와 B사는 C사의 지출을 보전해 주는 방식으로 매입가격을 결정하고 있다. 이러한 사실은 C사의 현금흐름이 전적으로 A사와 B사에게 의존하고 있으며, 결국 A사와 B사가 C사에서 발행하는 부채의 결제와 자금조달 의무를 부담하고 있음을 나타낸다. 결론적으로 A사와 B사는 실질적으로 C사의 자산에 대한 권리와 부채에 대한 의무를 부담하고 있다고 판단할 수 있다.

결론

〈예제 19〉는 공동약정을 통해 별도의 기구를 설립하였으며, 법적 형식과 계약의 형식을 갖추고 있다. 그러나 사실과 상황에 따른 판단 결과 C사는 공동영업으로 분류하는 것이 보다 적절하다. 따라서 A사와 B사는 C사의 자산과 부채 중 자신의 지분액을 각자의 회계기준에 따라 회계처리한다.

(3) 공동영업과 공동기업투자의 회계처리

공동약정에 참여한 당사자들이 약정상 공동기업의 자산과 부채에 대하여 권리와 의무를 보유하는 경우에는 공동영업으로 구분한다. 그리고 공동영업자는 자신의 지분에 상당하는 자산, 부채, 수익 및 비용을 기준서에 따라 회계처리한다. 즉, 당사자들은 주식이 아닌 공동영업으로 발생한 자산·부채와 수익·비용을 재무제표에 직접 계상한다.

만일 공동약정이 공동기업으로 분류된다면, 다음과 같이 회계처리한다.

① 공동지배력이 있는 경우 : 참여자는 공동기업주식을 투자자산으로 인식하고 지분법을 적용한다.

② 공동지배력이 없는 경우 : K-IFRS 제1109호 '금융상품'에 따라 회계처리한다.

▶▶ 공동영업자의 회계처리

예제 20

- P사는 공동영업(X)에 대해 60%의 지분을 보유하고 있음.
- P사가 X에 대해 용역을 제공하고 100원을 수취함.

요구사항 P사가 인식할 매출액은 얼마인가?

공동영업자인 기업이 공동영업에 자산을 판매하는 등의 거래를 하는 경우, 공동영업의 다른 당사자와의 거래를 수행하는 정도까지만 손익을 인식한다(K-IFRS 제1111호 B34). 따라서, P사는 잔여지분 40%를 소유한 다른 회사와 거래한 정도인 40원을 매출로 인식한다.

(4) 공동영업에 대한 취득 회계처리

'사업'에 해당하는 공동영업에 대한 지분을 취득한다면 K-IFRS 제1103호 등에 따라 다음의 사업결합 회계처리를 실시한다(K-IFRS 제1111호 문단 21A).

① 식별 가능한 자산과 부채를 공정가치로 측정

② 취득관련 원가를 비용으로 인식

③ 이연법인세 인식

④ 잔여 금액은 영업권으로 인식

상기 사업결합 회계처리는 공동영업을 최초로 취득할 경우 적용되는데, 유의할 점은 다

음과 같다(K-IFRS 제1028호 B33A~B33D).

① 공동영업에 대한 지분 취득이 K-IFRS 제1103호에 따른 사업의 정의를 충족해야 한다. 다만, 공동영업에 참여하는 참여자 중의 하나가 기존 사업을 공동영업에 출자하는 경우에는 적용하지 않는다.

② 지분을 추가로 취득하였으나 종전 공동지배력을 유지한다면 이전에 보유한 지분은 재측정하지 않는다.

③ 공동지배력을 공유하는 참여자들이 동일지배하에 있는 경우에는 적용하지 않는다.

④ 공동영업 취득시 영업권이 발생하였다면 K-IFRS 제1036호 '자산손상' 기준서에 따라 손상검사를 실시한다.

제 3 절 종속기업

1. 지배력

투자기업은 피투자기업에 대한 관여의 성격과 무관하게 피투자기업을 지배하는지 평가하여 자신이 지배기업인지 결정한다. 투자기업이 다음 조건을 모두 충족할 경우 피투자기업에 대하여 지배력이 있다고 본다(K-IFRS 제1110호 문단 6).

① **피투자기업에 대한 힘**(Power)
② **피투자기업에 대한 관여로 변동이익에 대한 노출**(expose)**이나 권리**(rights)
③ **투자기업의 이익**(returns) **금액에 영향을 미치게 하기 위하여 피투자기업에 대하여 자신의 힘**(Power)**을 사용하는 능력**(ability)

| 지배력 |

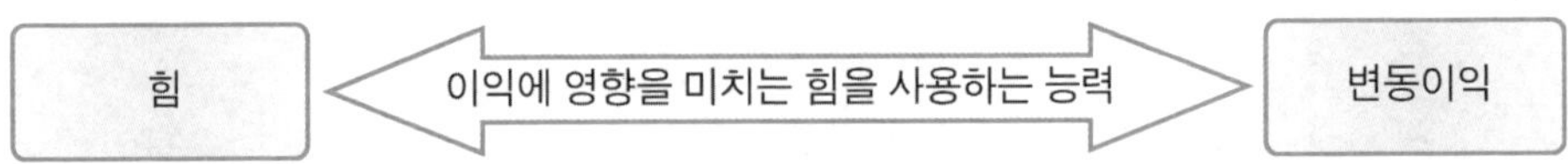

투자기업은 자신이 피투자기업을 지배하는지 평가할 때 모든 사실과 상황을 고려해야 한다. 그리고 사실과 상황이 위에 열거된 지배력의 세 가지 요소 중 하나 이상에 변화가 있음을 나타낸다면, 투자기업은 자신이 피투자기업을 지배하는지를 재평가한다.

만일 둘 이상의 투자기업들이 관련 활동(피투자기업의 이익에 유의적인 영향을 미치는 활동)을 지시하기 위해 함께 행동하여야 한다면 둘 이상의 투자기업들이 피투자기업을 집합적으로 지배한다. 이러한 경우 투자기업은 상대방의 협력 없이 관련 활동을 지시할 수 없으므로 투자기업 그 누구도 피투자기업에 대하여 지배력을 가지지 못한다.

(1) 지배력 판단 요소

지배력 판단 시 고려할 요소들은 다음과 같다.

① 피투자기업의 목적과 설계(K-IFRS 제1110호 B5~B7)
② 힘 : 관련 활동의 파악과 관련 활동의 결정(관련 활동과 관련 활동의 지시)(K-IFRS 제1110호 B11~B13)
③ 힘 : 투자기업에게 피투자기업에 대한 힘을 갖게 하는 권리(실질적인 권리, 방어권,

프랜차이즈, 의결권 등)(K-IFRS 제1110호 B14~B54)

④ 변동 이익 : 피투자기업에 대한 관여로 변동이익에 대한 노출과 변동이익에 대한 권리 유무(K-IFRS 제1110호 B55~B57)

⑤ 힘과 이익의 관계 : 투자기업이 자신의 이익금액에 영향을 미치기 위하여 피투자기업에 대하여 자신의 힘을 사용할 수 있는 능력이 있는지 여부(힘과 이익의 연관, 위임된 힘)(K-IFRS 제1110호 B58~B72)

⑥ 투자기업과 다른 상대방과의 관계에 대한 성격(대리관계, 특수관계 등)(K-IFRS 제1110호 B73~B75)

(2) 피투자기업의 목적과 설계

피투자기업에 대한 지배력을 평가할 경우 투자기업은 **관련 활동에 대한 결정, 관련 활동을 지시할 수 있는 현재의 능력, 변동이익에 대한 노출 및 사용할 능력이 어떠한 구조로 되어 있는지 판단**한다.

2. 힘

투자기업이 관련 활동을 지시하는 현재의 능력을 갖게 하는 현존 권리를 보유하고 있을 때, 투자기업은 피투자기업에 대한 힘이 있다고 본다.

여기서 권리는 힘에 대한 평가 목적상 실질적인 권리이며, 방어적이지 않은 권리만을 고려한다.

(1) 관련 활동 및 관련 활동의 지시능력

다양한 활동 중 피투자기업의 이익에 유의적으로 영향을 미치는 활동은 영업활동과 재무활동이며, 그 예는 다음과 같다.

① 재화나 용역의 판매와 구매
② 내용연수 동안의 금융자산 관리(채무불이행 포함)
③ 자산의 선택, 취득 또는 처분
④ 새로운 제품이나 공정의 연구와 개발
⑤ 자금조달 구조 결정이나 자금의 조달

관련 활동의 지시는 예산을 포함한 경영의사결정, 자본의사결정 및 피투자기업의 경영진, 용역제공자의 임명과 보상 그리고 해임이나 구매의 중지에 대한 결정을 포함하고 있다.

투자기업이 힘을 가질 수 있게 하는 권리의 예는 다음과 같다.

① 피투자기업에 대한 의결권 형식의 권리(또는 잠재적 의결권)
② 관련 활동을 지시하는 능력이 있는 피투자기업의 주요 경영진의 선임, 재배치 또는 해임 권리
③ 관련 활동을 지시하는 다른 기업의 선임 또는 해임 권리
④ 투자기업의 효익을 위하여 거래를 체결하거나 거래의 변경을 거부하도록 피투자기업을 지시하는 권리
⑤ 관련 활동을 지시하는 능력을 권리의 보유자가 갖게 하는 그 밖의 권리(예 : 경영관리 계약에 명시된 의사결정권)

둘 이상의 투자자가 각각 다른 관련 활동을 지시하는 일방적인 능력을 갖게 하는 현존 권리를 보유한다면, 피투자자의 이익에 가장 유의적으로 영향을 미치는 활동을 지시하는 현재의 능력이 있는 투자자가 피투자자에게 힘이 있다. 따라서 피투자자의 이익에 가장 유의적으로 영향을 미치는 활동이 무엇인지에 대한 분석이 필요하다.

관련 활동과 관련 활동의 지시 I

예제 21

- A사와 B사는 50%씩 투자하여 제약회사 C사를 설립함.
- 약정에 따라 C사의 의약품 개발과 판매승인은 A사가 지시함.
- 약정에 따라 C사의 제조, 판매 및 마케팅활동은 B사가 지시함.

요구사항 C사에 대하여 지배력이 있는 투자자를 판단하시오.

성공가능성이 적은 신약을 개발하는 경우

C사가 개발과정이 어려운 신약을 개발하고 있고 신약의 판매승인을 득한 경우 특정 기간 동안 신약을 독점적으로 공급하는 권리를 얻게 된다면, 의약품의 제조와 판매보다는 제품의 개발과 관련한 활동이 관련 활동으로 식별될 가능성이 높다. 이러한 경우에는 A사가 C사에 대한 과반의 의결권이 없더라도 C사에 대해 힘을 가진다고 판단할 수 있다.

성공가능성이 높은 합성의약품 제네릭을 생산하는 경우

C사가 성공가능성이 높은 의약품을 개발한다면, 의약품의 제조와 판매가 관련 활동으로 식별될 가능성이 높다. 이러한 경우에는 B사가 힘을 보유한다고 판단할 수 있다.

관련 활동과 관련 활동의 지시 II

예제 22

- A사와 B사는 50%씩 투자하여 부동산 임대회사인 C사를 설립함.
- C사의 관련 활동은 부동산을 취득, 관리, 처분하는 활동임.
- C사의 중요한 활동들은 A사와 B사의 동의를 필요로 함.
- A사는 C사의 마케팅, 임대, 부동산 관리 등의 일상적인 활동을 지시하고 있음.

요구사항 C사에 대하여 지배력이 있는 투자자를 판단하시오.

투자이익을 얻는 활동과 일상적인 영업활동은 모두 C사의 이익에 영향을 미치지만, 이 중 어떠한 활동이 C사의 이익에 가장 영향을 미치는지에 대하여 검토해야 한다. 만일, 시세차익이 가장 중요한 관련 활동이라면 C사에 대하여 A사와 B사는 공동지배력을 가진다. 그러나 일상적인 영업활동이 가장 유의적인 것으로 판단된다면 A사가 지배력이 있을 것이다.

상이한 관련 활동이 다른 시점에 발생하고 이를 지시하는 투자자가 다른 경우에도, 피투자자의 이익에 가장 유의적으로 영향을 미치는 활동이 무엇인지를 파악해야 한다.

관련 활동과 관련 활동의 지시 III

예제 23

- A사와 B사는 50%씩 투자하여 복합쇼핑몰을 건설하여 운영할 C사를 설립함.
- 약정에 따라 A사는 쇼핑몰의 설계, 시공사 선정, 공사의 관리 · 감독을 수행함.
- 약정에 따라 B사는 쇼핑몰의 운영을 관리함.
- 건설기간은 3년이며, 쇼핑몰의 예상 운영기간은 20년임.

요구사항 C사에 대하여 지배력이 있는 투자자를 판단하시오.

건설과 운영 중 어떠한 활동이 C사의 이익에 보다 유의적인지 판단해야 하는데, 건설기간이 짧고 시공사 선정을 통해 적합한 쇼핑몰이 건설될 가능성이 높다는 점은 건설보다는 운영이 C사의 이익에 유의적인 영향을 미칠 것이라 결론 내릴 수 있다.

관련 활동은 현재 발생하는 활동뿐만 아니라 미래에 발생될 수 있는 활동들도 포함한다. 따라서 〈예제 23〉과 같이 제한된 활동을 위해 C사가 설립되었다면 그 활동이 현재 이루어지지 않고 미래에 이루어지더라도 관련 활동이 될 수 있다. 따라서 건설기간에도 B사가 지배력을 보유한다고 결론 내릴 수 있다.

(2) 현존 권리가 방어권인지 여부

권리가 투자기업에게 피투자기업에 대한 힘을 갖는지를 평가할 때, 투자기업은 자신과 다른 투자기업들이 가지고 있는 권리가 방어권인지 평가해야 한다. 방어권은 피투자기업의 활동에 대한 근본적인 변화나 예외적인 상황에 적용되는 권리로서, 피투자기업에 대한 힘을 갖기보다는 권리 보유자의 이익을 보호하기 위한 것이다.

따라서 **방어권만을 보유한 투자기업은 힘을 가질 수 없거나 다른 당사자가 피투자기업에 대한 힘을 갖는 것을 못하게 할 수 없다**(K-IFRS 제1110호 B26~B28).

방어권의 예는 다음과 같다.

① 차입자의 신용위험을 대여자의 손상으로 유의적으로 변경할 수 있는 행위에 대하여 차입자를 제한하는 대여자의 권리

② 정상적인 영업수행 과정에서 요구되는 것보다 훨씬 큰 규모의 자본적 지출이나 지분증권 또는 채무증권의 발행을 승인하는 피투자기업의 비지배지분 보유 당사자의 권리

③ 차입자가 명시된 대출 상환 조건을 충족하지 못하는 경우 차입자의 자산을 압류하는 대여자의 권리

참여적 권리(Participation rights)**와 방어적 권리**(Protective rights)를 비교하면 다음과 같다.

참여적 권리	방어적 권리(*)
• 영업정책에 대한 권리 : 매출, 마케팅, 인사, 투자자산의 취득과 처분에 관한 활동 • 재무정책 : 자본적지출, 예산승인, 신용조건, 배당정책, 부채의 발행, 현금관리 및 회계정책 (운영 및 재무의사결정) • 연간 사업계획에 대한 승인 • 피투자기업의 정책 및 절차를 실행하는 책임을 지닌 경영진의 선임, 해임 및 보상의 결정에 대한 권리	• 정관의 수정 • 대규모 주식의 발행 또는 환매 • 대규모 자본적 지출 및 차입의 승인 • 특수관계자 거래의 가격 결정 • 기업의 청산 또는 파산 진행의 개시

(*) 방어적 권리는 상당 부분 주주총회 특별결의 사항에 해당한다.

참여적 권리와 방어적 권리 Ⅰ

예제 24

- 01년 초 P사는 S사에게 거액의 자금을 대출하였으며, 대출 약정에 따라 S사가 차입금을 상환하지 못할 경우 S사의 주요 자산을 처분할 수 있는 권리를 가지게 됨.
- 04년 초 S사는 영업이 악화되어 P사에게 차입금을 상환하지 못함.
- P사가 처분 의사결정을 할 수 있는 S사의 자산은 향후 S사의 영업 및 손익에 중대한 영향을 미치게 될 것으로 예상됨.

요구사항 P사의 권리가 지배력에 미치는 영향을 판단하시오.

일반적인 상황에서 P사의 권리는 방어적 권리로서 지배력 판단에 영향을 미치지 못한다. 그러나 S사가 차입 약정을 위반하면 P사의 권리는 참여적 권리로 변경된다. 따라서 P사의 자산처분권뿐만 아니라 S사의 주주의 권리는 무엇인지, 관련 활동을 지시할 수 있는 능력은 어떠한지를 종합적으로 고려하고 지배력을 판단해야 한다.

참여적 권리와 방어적 권리 Ⅱ

예제 25

- P사는 종속기업 S사, T사, Z사를 보유하고 있음.
- P사는 S사 지분을 100% 보유하다가 49%를 K사에게 다음 약정하에 처분함.
  - 이사회 구성원은 P사와 K사가 각각 3, 2인 선임(대표이사는 P사가 선임한 이사)
  - 이사회 결의사항은 과반으로 결정되나 발전소 운영과 관련된 사업계획 및 예산의 승인, 장기공급계약 등 중요 계약의 변경 및 해약, 사업계획수립지침 등 가이드라인의 변경은 특별결의(2/3 이상)를 필요로 함.
- S사는 발전소 운영에 필수적인 연료는 T사와 장기계약을 체결하고 있으며, 발전소 운영관리는 Z사를 통해 실시하고 있음.
- K사는 S사 사업에 경험이 없으므로, 연간 사업계획이나 구매결정은 P사 또는 P사의 종속기업들과 업무절차를 적용하기로 함.
- S사의 대표이사는 CEO를 겸임하며 일상적인 운영을 실시함.

요구사항 P사가 지배력이 있는지 검토하시오.

P사는 S사의 이사회 구성원 중 과반 이상을 선임할 권리를 보유하고 있으므로, 이사회 보통결의 요건에 해당하는 의사결정 사항은 단독으로 지시할 수 있는 권한을 보유하고 있

다. 따라서 이사회 특별결의가 가결되기 위해 필요한 상대방의 동의가 방어권에 해당하거나, 설사 상대방이 동의하지 않더라도 이사회 특별결의가 필요하지 않는 대체적인 방안을 통해 S사의 관련 활동에 필요한 의사결정을 할 수 있다면, P사는 S사의 관련 활동을 지시할 수 있는 힘을 보유하게 된다. 그 외 다른 지배력 요소도 모두 충족하고 있으므로 S사에 대해 지배력을 보유하고 있다고 보는 것이 적절하다.

(3) 의결권

일반적으로 투자기업은 의결권이나 그와 유사한 권리를 통하여 관련 활동을 지시하는 능력을 가지며, 의결권의 과반수를 보유하는 투자기업은 다음의 상황에서 힘을 가진다.

① 의결권 과반수 보유자의 결의에 의하여 관련 활동이 지시되는 경우

② 관련 활동을 지시하는 의사결정기구 구성원의 과반수가 의결권 과반수 보유자의 결의에 의하여 선임되는 경우

투자기업이 피투자기업에 대하여 의결권의 과반수를 보유하더라도 피투자기업이 법정관리 등으로 인하여 정부, 법원, 관재인, 채권자, 청산인 또는 감독기구의 지시 대상이 된다면 지배력을 가질 수 없다(K-IFRS 제1110호 B37).

예제 26

1. Case 1
   - 01년 초 P사는 S사에 대하여 60%의 지분을 취득하여 지배력을 획득함.
   - 03년 말 현재 S사는 경영악화로 폐업 후 파산 신청을 준비 중임.
   - 04년 7월 초 파산에 관한 법원의 승인 및 파산관재인의 선임이 이루어짐.
   - 05년 초 청산이 완료됨.
2. Case 2
   - 01년 초 P사는 T사에 대하여 60%의 지분을 취득하여 지배력을 획득함.
   - 03년 말 현재 T사는 채권단과 다음의 협약을 체결하고 워크아웃을 진행하기로 함.
     - P사의 T사에 대한 의결권을 채권단에 위임함.
     - T사에 대한 경영권도 채권단의 요구가 있는 경우 위임함.

요구사항 S사와 T사에 대한 연결범위를 판단하시오.

Case 1

S사가 폐업을 하였더라도 P사는 의결권의 과반을 보유하고 있으므로 여전히 S사에 대한 지배력이 있다. 그러나 04년 7월 초 이후에는 주요 사항에 대한 의사결정이 법원의 승인에 따라 이루어져야 하므로 지배력을 상실하였다고 볼 수 있다.

Case 2

T사에 대한 P사의 지분율은 변동하지 않았지만, 채권단과의 협약에 따라 03년 말에 지배력을 상실하였다고 볼 수 있다.

(4) 의결권의 과반을 보유하지 않는 상황에서의 판단

지배기업이 종속기업에 대해 힘을 가지고 있는지 판단할 때 **자신이 보유한 의결권의 상대적 규모, 다른 의결권 보유자의 주식 분산 정도, 과거 주주총회에서 의결양상 및 투자기업과 다른 의결권 보유자 간의 계약상 약정이 있는지를 고려**해야 한다.

과거 주주총회의 의결양상을 분석하여 De facto control을 판단할 때, 의결권의 능력에 초점을 맞추어야 하며 실제로 과거에 찬반을 근거로 하는 것은 바람직하지 않다. K-IFRS 제1110호 B43~B46의 사례를 분석하면 다음 관점이 내재되어 있음을 알 수 있다.

① 잠재적으로 대주주(또는 특수관계자)를 제외하고는 대주주에 대한 반대표를 던진다고 가정한다.

② 지분 5%(때로는 1%) 이상을 보유한 주주는 투자기업에 중요한 이해관계가 있고, 반증이 없는 한 기업의 의사결정에 참여한다고 본다. 그리고 이러한 주주들은 대주주에게 반대되는 의사결정을 할 수 있다고 가정하고 지배력을 판단한다.

③ 중요한 이해관계가 있는 다른 주주의 의결권은 최근 의결권 행사 여부와 관계없이 고려한다. 그리고 이러한 주주들은 대주주에게 반대되는 의사결정을 할 수 있다고 가정하고 지배력을 판단한다. 그 이유는 이러한 주주들은 평소에 주주총회에 참여하지 않더라도 경영권과 같은 중요한 결정의 경우에는 참가하여 의결권을 행사할 것으로 예상되기 때문이다.

④ 1% 미만을 보유한 주주는 기업의 의사결정에 참여할 수도 있고 그렇지 않을 수도 있다. 따라서 최근 의결권 행사 여부에 대한 검토가 필요하다.

요약하면 일상적인 안건만을 결의하였던 과거 주주총회 사례를 분석하여 지배력을 검토하는 것은 적절하지 않다. 오히려 Critical한 사안이 있다면 **대주주와 특수관계자를 제외한**

주요 주주들이 반대되는 결정을 한다고 전제하고 지배력을 판단하는 것이 적절할 것이다.

K-IFRS 제1110호 B41에 따르면 의결권의 과반수 미만을 보유한 투자자가 일방적으로 관련 활동을 지시하는 실질적 능력을 가진 경우 자신에게 힘을 부여하는 충분한 권리를 가진다고 보며, 지배력이 있는지 여부는 다음 순서로 검토한다.

| 과반수 미만의 의결권과 지배력 판단 |

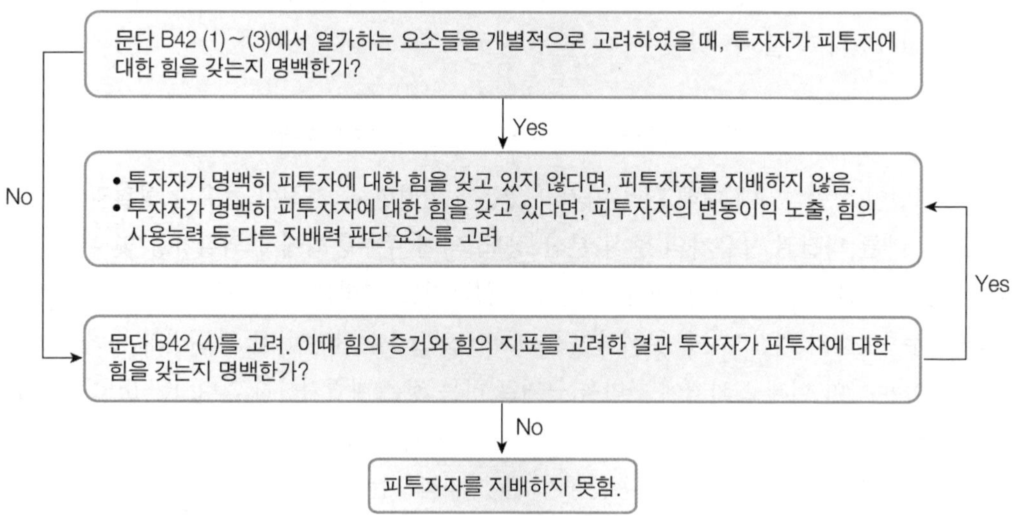

▶▶ 과반수 미만의 의결권과 지배력 I[34)]

예제 27

- P사는 S사 설립 시부터 현재까지 최대주주로서 지분 42%를 보유하고 있음.
- S사의 다른 주주 중 P사의 종속기업이나 관계기업은 없음.
- P사와 다른 주주 간 약정사항, 그 밖의 약정사항으로 인한 권리, S사에 대한 잠재적 의결권은 존재하지 않음.
- S사의 설립 시부터 현재까지 과거 주주총회 참석률은 63~75% 정도로, 주주총회 참석률 대비 P사의 의결권 비율은 항상 과반을 유지해 왔음.

요구사항 P사가 S사에 대해 힘이 있는지 검토하시오.

34) 2020-I-KQA001 과반수 미만의 의결권 보유 시 지배력 판단

의결권의 상대적 규모와 다른 의결권 보유자의 주식 분산 정도

피투자자에 대한 잠재적 의결권과 그 밖의 계약상 약정에서 발생하는 권리가 없더라도 투자자가 보유한 의결권의 상대적 규모가 크고 다른 의결권 보유자의 주식이 매우 분산되어 있다면, 투자자가 과반수 미만을 보유하고 있어도 피투자자에 대한 힘을 가지는 것이 명백한 경우가 있다(K-IFRS 제1110 적용사례 4와 6).

피투자자에 대한 힘을 가지는지 명백하지 않은 경우 추가 고려사항

투자자가 보유한 의결권의 상대적 규모와 다른 의결권 보유자의 주식 분산 정도를 고려해도 투자자가 힘을 갖는지 명확하지 않다면, 투자자는 과거 주주총회의 의결에서 나타난 다른 주주들의 소극적 성향과 같은 추가 사실과 상황을 고려한다. 이 경우 이때 힘의 증거(K-IFRS 제1110호 B18)와 힘의 지표(K-IFRS 제1110호 B19~20)에 대한 평가를 실시하는데, 힘의 증거가 힘의 지표보다 더 중요하다.

제시된 현황과 같이 과거 주주총회 참석률이 계속적으로 변동하는 상황에서 P사의 상대적 의결권 비중이 과반을 계속적으로 유지하였다는 사실만으로 S사에 대한 힘을 가졌다고 단정할 수는 없다. 그러나 이는 P사가 S사에 대한 힘을 가지는지 판단 시 고려하는 추가 사실과 상황의 하나로 볼 수 있다. 따라서 과거 주주총회 의결 양상과 S사의 관련 활동을 이사회에서 결정한다는 사실을 포함하여 다른 사실과 상황도 모두 고려하여 S사를 지배하는지 평가해야 한다.

만약 P사가 S에 대해 힘이 있고, S사에 관여함에 따라 변동이익에 노출되거나 변동이익에 대한 권리가 있으며, P사의 이익금액에 영향을 미치기 위하여 S사에 대해 P사 자신의 힘을 사용하는 능력이 있다고 판단한다면, P사는 S사를 지배하는 것으로 회계처리한다.

과반수 미만의 의결권과 지배력 II[35)]

예제 28

• X사의 주주 현황은 다음과 같음.

주주	지분율	비고
P사	39%	Y사의 종속기업이며, Y사의 지배주주는 A氏임.
Z사	4%	지배주주는 A氏임.

35) EECS/0120-04, 사실상 지배에 대한 평가(Assessment of De-Facto control)

주주	지분율	비고
기관투자자	37%	
기타	20%	분산투자

- X사의 관련 활동에 대한 전략은 이사회에서 결정되며, 일상적인 관리 및 책임은 집행위원회에 위임함.
- X사 이사회 구성원은 총 6명으로 다음과 같음. 이사회 의결은 다수결에 따르며, 동률인 경우 이사회 의장이 결정권을 보유함.

구성원	인원	비고
CEO	1	P사 CEO가 겸임.
CFO	1	P사 CFO가 겸임. P사 및 X사 이사회 의장
비상임이사	1	
비상임 사외이사	3	

- X사의 주주총회 의결현황
  - 주주총회 출석률(전체 의결권 대비) : 17년과 18년 각각 60%, 62%
  - P사의 의결권(Z사 포함)은 주주총회 출석 주주 전체 의결권의 65~68%를 차지함.

요구사항 P사의 지배력 여부를 판단하시오.

유의적인 영향력에 한정된다는 견해

① 이사회 구성 : X사의 이사회(총 6명)가 중요한 의사결정기구이나, P사 관련자(2명)만으로는 관련 활동을 지시할 실질적인 능력이 없다.

- P사의 이익을 위해 X사가 유의적인 거래를 체결하거나 거부권을 행사하도록 지시할 수 없다.
- X사의 주요 경영진(CEO, CFO)은 P사와 특수관계가 있지만, 이사회가 내린 결정 범위 내에서만 의사결정을 수행한다.

② 주주총회 양상 : X사의 이사회 구성원에 대한 선임 · 해임권이 주주에게 있으므로 주주 의결권을 함께 고려할 필요가 있다.

- 최근 5년간 주총 의결양상을 보면, P사의 지속적인 지분취득에도 불구하고 주총 출석 여타 주주의 상대적 규모는 안정적이다.
- 이는 여타 주주의 적극적인 의결권 행사(예 : 대리투표제)로 주총에서 회사의 의결권이 과반수에 미달할 가능성이 존재한다.

지배력이 있다는 견해

① 지배주주 A가 지배하는 Z사와 P사의 의결권 : P사 및 Z사의 지배주주 A는 Z사가 회사를 대신해 행동하도록 지시할 수 있으므로, 지배력 평가시 Z사의 의결권을 함께 고려해야 한다.

② 여타 주주의 의결권 보유 및 분산 정도

- P사는 여타 주주에 비해 유의적으로 많은 의결권을 보유하고 있으며, 여타 주주의 보유 지분은 널리 분산되어 있다.
- 과거 주총에서 전체 의결권의 과반수를 초과하였으므로, X사에 대한 힘과 관련 활동을 지시할 수 있는 실질적인 능력을 보유한다고 볼 수 있다.

③ 회사 관련자의 이사회 구성원 과반수 미달 사실에 대한 평가

- X사의 관련 활동에 대한 결정권은 이사회에 있지만, 주주총회에서 다수결로 이사회 구성원을 선임할 수 있음을 고려한다.
- 지배력 평가 시 현재의 이사회 구성원이 아닌, 구성원 선임에 대한 능력을 평가해야 한다.

결론

본 예제는 지배력이 없다는 견해와 지배력이 있다는 견해가 모두 가능하다. 그러나 P사의 유의적인 의결권 및 여타 주주 의결권의 분산 정도, 과거 주주총회 의결양상, P사 및 X사의 CEO, CFO가 동일하다는 점 등을 종합적으로 고려하면 P사는 관련 활동을 지시하는 실질적인 능력, 즉 사실상의 힘을 보유하고 있는 것으로 판단된다.

(5) 잠재적 의결권

지배력을 평가할 때 투자기업은 자신이 힘을 갖는지 결정하기 위하여 다른 당사자가 보유한 잠재적 의결권뿐만 아니라 자신이 보유한 잠재적 의결권도 고려해야 한다. 잠재적 의결권은 선도계약을 포함하는 전환상품이나 옵션에서 발생하는 권리와 같이 피투자기업에 대한 의결권을 획득하는 권리인데, 잠재적 의결권은 권리가 **실질적일 경우에만 고려**한다. 실질적인 잠재적 의결권은 단독으로 또는 다른 권리와 결합하여 투자기업에게 관련 활동을 지시하는 현재의 능력을 부여할 수 있다.

잠재적 의결권을 고려할 때 투자기업은 피투자기업에 대하여 가지고 있는 다른 관여의 목적과 설계뿐만 아니라 그 상품의 목적과 설계를 감안해야 한다. 그리고 투자기업은 잠재적 의결권을 고려할 때 투자기업의 기대, 동기, 그러한 계약에 동의한 이유뿐만 아니라 상

품의 다양한 계약조항과 조건 등을 고려한다.

예제 29

- P사는 S사에 대하여 40%의 지분을 취득하고 있음.
- P사는 S사에 대하여 40%의 지분을 보유하고 있는 A사로부터 20%의 지분을 취득할 수 있는 옵션을 가지고 있음.

요구사항 지배력을 판단하시오.

1. Case 1 : 옵션은 내가격 상태이며, 고정된 가격으로 행사 가능한 경우
2. Case 2 : 옵션은 깊은 외가격 상태이며, 고정된 가격으로 행사 가능한 경우

Case 1

Case 1은 옵션이 내가격 상태이므로 P사가 보유하고 있는 잠재적 의결권은 실질적이라 할 수 있다. 따라서 P사는 현재 보유하고 있는 의결권 40%와 결합하면 60%의 의결권을 보유하게 되므로 힘을 가지고 있다고 판단할 수 있다.

Case 2

Case 2는 옵션이 깊은 외가격 상태이므로 P사가 옵션을 행사한다면 경제적 손실이 발생한다. 따라서 P사가 보유한 옵션은 실질적이지 않으므로 P사가 힘을 보유하고 있지 못하다고 판단할 수 있다. 그러나 만일 P사가 옵션을 행사할 경우 경제적 손실을 보상할 수 있는 Synergy 등 다른 경제적 이익이 있다면, 행사가격이 공정가치보다 높음에도 불구하고 옵션은 실질적이라고 볼 수 있다.

(6) 교착상태

잠재적 의결권은 Call Option이나 선도계약과 같은 별개의 금융상품 약정이 아닌 주주간 계약 내에 다른 여러 가지 형태로도 포함되어 있을 수 있다. 대표적인 예로는 합작투자 약정에서의 교착상태에 대한 조항을 말할 수 있는데, 해당 약정의 실행 가능성을 검토하고 지배력 여부를 판단해야 한다.

예제 30

- A사와 B사는 C사에 대하여 Joint venture agreement를 체결하고 각각 50%씩의 지분을 보유하고 있음.
- A사와 B사는 각각 C사의 이사회 구성원을 50%씩 지명할 권한을 보유하고 있으며, 이사회 결의는 과반의 찬성으로 결정됨.

요구사항 교착상태에 대한 약정이 다음과 같을 경우 지배력을 판단하시오.

1. Case 1 : 교착상태로부터 15일간 해결을 위하여 협의하며… 협의가 되지 않을 경우 일방의 당사자는 상대방에게 서면 통지를 송부하여 교착상태임을 선언할 수 있다. 교착상태에서 A사는 B사의 주식을 공정가치로 취득할 수 있는 권한이 있다.
2. Case 2 : 교착상태로부터 1년간 해결을 위하여 협의하며… 협의가 되지 않을 경우 일방의 당사자는 상대방에게 서면 통지를 송부하여 교착상태임을 선언할 수 있다. 교착상태에서 A사는 B사의 주식을 공정가치로 취득할 수 있는 권한이 있다. 한편, 교착상태에서는 B사가 C사에게 제공한 제품 핵심기술 사용 계약은 종료된다.

Case 1

Case 1에서 교착상태가 이루어지면 A사는 15일 후에 Call option을 보유하게 된다. 행사가격은 공정가치이며 15일이라는 협의기간 후에 매수청구가 가능하므로, 주식매수청구권은 실질적인 권리에 해당한다. 따라서 A사는 C사에 대한 지배력을 보유한 것으로 판단된다.

Case 2

Case 2에서는 교착상태가 선언되기까지 1년을 기다려야 한다. 이는 필요한 시점에 A사가 필요한 의사결정을 실시하는데 상당한 기간이 소요되므로 장애가 된다. 그리고 교착상태가 선언되면 C사가 B사의 핵심기술을 사용할 수 없으므로 A사의 주식매수청구권은 실질적이지 않다. 따라서 A사는 C사에 대해 공동지배력을 보유한 것으로 판단할 수 있다.

3. 피투자기업의 변동이익에 대한 노출이나 권리

변동이익은 고정되지 않으며 피투자자의 성과의 결과로 달라질 가능성이 있는 이익 또는 손실에 해당한다. 투자기업은 피투자기업에 대한 지배력이 있는지 평가할 때 피투자기업에 대한 관여로 변동이익에 노출되거나 그에 대한 권리를 갖는지를 판단해야 한다. 변동이익은 피투자기업에 지분 투자를 통해 얻는 배당 등이 가장 전형적이지만, 다른 상황도 존재한다. 예를 들어 피투자기업에게 자금이나 지급보증을 제공한 경우 피투자기업의 재무위험에 따라 투자기업은 손익에 영향을 받게 된다.

4. 힘과 이익의 관계

의사결정권이 있는 투자기업은 피투자기업을 지배하는지 평가할 때 자신이 본인인지 대리인인지를 판단해야 하고, 의사결정권이 있는 다른 기업이 자신의 대리인으로 행동하는지 결정해야 한다.

대리인은 주로 다른 당사자나 당사자들을 대신하거나 그들의 이익을 위하여 행동하도록 고용된 당사자이므로 의사결정 권한을 가지더라도 지배력을 가지지 않는다.

대리인 판단 시 유의하여야 할 사항은 다음과 같다(K-IFRS 제1110호 B58).

① 힘을 가지더라도 변동이익에 대한 노출의 정도가 낮으면 대리인일 가능성이 높다.

② 타인에 의하여 해임될 수 있다면 대리인이다.

피투자기업의 활동에서 기대된 이익과 관련된 의사결정자의 보상 및 관련된 변동성의 크기가 클수록 의사결정자가 본인일 가능성은 커진다. 그러나 대리인에 대한 보상은 일반적으로 다음과 같다.

① 의사결정자의 보상은 제공된 용역에 상응한다.

② 보상 약정은 독립적 당사자 간의 협상을 통해 유사한 용역과 기술 수준에 대한 약정에 통상적으로 존재하는 조건, 상황 또는 금액만을 포함한다.

실무상 대리인의 예는 다음과 같다.

- 경영진과 이사회 : 경영진과 이사회는 기업의 활동을 지시할 수는 있다. 그러나 이러한 활동은 주주들의 위임을 받아 수행하는 것이며 주주에 의하여 해임이 가능하다.
- 펀드운용사 : 투자일임계약하에서 펀드운용사는 투자에 재량이 있으므로 힘을 가지고 있다. 그러나 투자손익에 대한 권리는 없다. 한편, 투자성과에 대한 인센티브 약정이 있더라도 일반적으로 그 금액(변동이익에 대한 노출)은 투자자보다 적다.
- 구조화기업의 주주나 경영자 : SPC 등 구조화된 기업의 경우에는 아주 적은 금액의 자본금으로 설립되어 특정 기업의 특정 활동을 영위하는 경우가 많은데, 이러한 구조화된 기업의 주주나 경영자는 특정 기업의 대리인이라고 볼 가능성이 있다.

예제 31

- P사는 뮤추얼 S펀드를 설립하여 관리하고 있음.
- P사는 S펀드의 투자정책과 전략을 결정하고 있음.
- X사는 S펀드에 대한 55%의 지분을 보유하고 있으며, 나머지 45%는 수많은 주주들에 의하여 분산되어 있음.
- S펀드의 주주인 투자자들은 P사가 계약을 위반하지 않는 이상 해임할 수 없으며, S펀드에 대한 투자정책과 전략에 관여할 수 없음.
- P사는 시장 관례에 따라 S펀드에 대하여 순자산 금액의 2%를 수수료로 수취하고 있음.

요구사항 펀드 S에 대하여 지배력을 가지는 주체를 검토하시오.

X사를 비롯한 투자자들은 지분에 관계없이 S펀드의 투자정책과 전략에 대하여 관여할 수 없다. 비록 계약을 위반할 경우 P사를 해임할 수 있으나, 이는 특정한 상황에서만 효력을 미치는 방어적 권리에 해당한다. 따라서 X사는 S펀드에 대하여 힘을 가지지 못한다.

P사는 시장의 관례에 따라 순자산의 2%를 수수료로 수령하나 이는 P사가 제공하는 용역의 가치에 해당한다고 볼 수 있다. P사의 경우 수수료를 제외하면 S펀드의 변동이익에 노출되지 않으므로 P사가 본인으로서 힘을 가진다고 볼 수 없다.

5. 최상위 지배주주가 존재하는 경우

우리나라 기업집단의 경우 상당수는 최상위 지배주주를 정점으로 하여 여러 기업들이 유기적으로 사업을 영위하는 경우가 많다. 그리고 최상위 지배주주는 주식을 직접 또는 간접적으로 보유하여 실질적으로 기업집단을 지배하고 있는 경우가 많다. 또한 최상위 지배주주는 기업집단 내 경영진이나 이사회 구성원을 선임하고 해임할 수 있는 능력을 가지고 있는 경우가 일반적인데, 이러한 상황이 연결범위에 미치는 영향을 살펴보자.

(1) 특정 개인이 여러 기업에 대하여 힘을 보유하는 경우

개인이 여러 기업의 주식을 직접 보유하여 지배력을 보유하고 있다면, 지배력을 가진 주체는 개인이므로 기업 간에는 지배력이 없다. 만일 연결재무제표를 작성한다면 개인이 주체가 되어야 할 것인데, 개인 주주에 대한 연결재무제표 작성 의무는 없으므로 연결실체를 구성하지 않는다.

예제 32

• 개인주주 P는 S사와 T사의 지분을 각각 100% 보유하고 있음.

요구사항 S사와 T사가 연결실체를 구성하는지 검토하시오.

개인주주 P가 S사와 T사에 대하여 힘을 가지고 있을 뿐, S사와 T사는 서로 힘을 가지고 있지 못하므로 연결실체를 구성하지 않는다.

(2) 중간 지배기업이 힘을 보유하는지 여부

P사가 S사에 대하여 지배력을 보유하는 상태에서 S사가 T사에 대하여 지배력을 보유하고 있다고 가정해 보자. 이 경우 S사(중간 지배기업)를 본인으로 볼 것인지 또는 대리인으로 볼 것인지에 따라 연결범위는 상이해진다.

만일 S사가 T사에 대하여 힘을 보유하고 있고 T사의 변동이익에 노출되어 있으며, 그 변동이익에 대하여 힘을 행사할 수 있다면 S사는 대리인으로 간주되지 않는다.

개인주주 I

예제 33

• 개인주주 P는 S사의 지분을 100% 보유하고 있음.
• S사는 T사의 지분을 100% 보유하고 있음.

요구사항 S사와 T사가 연결실체를 구성하는지 검토하시오.

S사는 T사의 의결권을 100% 보유하고 있다. 따라서 계약상 다른 약정이 없다면 T사에 대하여 힘을 갖는다. 개인주주 P가 S사에 대한 지배력이 있음은 S사가 T사를 연결하는지 여부에 영향을 미치지 않는다.

개인주주 고려 II

예제 34

• 개인주주 P는 S사와 T사의 지분을 각각 100%, 40% 보유하고 있음.
• S사는 T사의 지분을 60% 보유하고 있음.

요구사항 S사와 T사가 연결실체를 구성하는지 검토하시오.

S사는 T사에 대하여 60%의 의결권을 보유하고 있는 최대주주이므로, 계약상 다른 약정이 없다면 T사에 대하여 힘을 갖는다. 여기서 개인주주 P가 S사에 대하여 지배력을 가지는지 여부는 S사가 T사에 대하여 지배력을 판단하는데 영향을 미치지 않는다.

개인주주 고려 III

예제 35

- 개인주주 P는 S사와 T사의 지분을 각각 100%, 55% 보유하고 있음.
- S사는 T사의 지분을 45% 보유하고 있음.
- S사는 T사의 주요 매출처이나, 양사의 거래는 상호이익이 보장되는 정당한 거래임.
- T사는 S사 이외에도 독자적인 영업망을 구축하고 있음.

요구사항 S사와 T사가 연결실체를 구성하는지 검토하시오.

개인주주 P는 S사와 T사의 과반의 의결권을 가지고 있는 최대주주이므로 다른 약정이 없다면 P가 지배력을 가진다. 즉, T사의 이사회는 P의 결정에 따라 구성될 수 있으므로, T사에 대하여 힘을 가지는 주체는 S사가 아닌 P라고 볼 수 있다. 이러한 이유로 S사는 T사를 지배한다고 보기 어렵다.

(3) 영업상 주요 고객

K-IFRS 제1110호 문단 B38에서는 의결권의 과반을 보유하고 있지는 않지만 힘을 보유하고 있는 사례를 예시하고 있다.

① 투자기업과 다른 의결권 보유자 간의 계약상 약정
② 그 밖의 계약상 약정에서 발생하는 권리
③ 투자기업의 의결권
④ 잠재적 의결권
⑤ 상기 ①~④ 항목의 조합

만일 영업활동의 주요 고객인 경우에 ②의 예가 될 것이나 다른 권리가 없다면, 피투자기업이 투자기업에 대해 경제적으로 의존한다고 하여 투자기업이 피투자기업에 대한 힘을 가지고 있다고 보기는 어렵다(K-IFRS 제1110호 문단 40). 다만, 이러한 경우 유의적인 영향력을 가지는지 여부에 대해서는 추가적으로 검토해야 한다.

6. 계속적 평가

지배력의 세 가지 요소 중 하나 이상에 변화가 있음을 나타내는 사실과 상황이 있다면 투자기업은 피투자기업을 지배하는지 재평가한다.

① 피투자기업에 대한 힘을 행사할 수 있는 방법의 변화
② 변동이익에 노출되거나 변동이익에 대한 권리에 영향을 미치는 변화
③ 투자기업이 대리인이나 본인으로 행동하는지에 대한 평가

시장 상황에 대한 변화로 지배력의 세 가지 요소 중 하나 이상이 변화되거나 본인과 대리인 간의 전반적인 관계가 변화되지 않는 한, 지배력이나 본인 또는 대리인으로서의 지위에 대한 투자기업의 최초 평가는 단순히 시장 상황의 변화(예 : 시장 상황에 따른 피투자기업의 이익 변화)때문에 변화하지는 않을 것이다.

7. 연결재무제표 작성 면제

(1) 정보이용자의 제한

지배기업이 연결재무제표를 작성하지 않을 수 있는 경우는 다음의 조건을 모두 충족하는 경우에 한한다(K-IFRS 제1110호 문단 4).

① 지배기업이 그 자체의 주식 전부를 소유하고 있는 다른 기업의 종속기업이거나, 지배기업이 그 자체의 주식의 일부를 소유하고 있는 다른 기업의 종속기업이면서 그 지배기업이 연결재무제표를 작성하지 않는다는 사실을 그 지배기업의 다른 소유주들(의결권이 없는 소유주 포함)에게 알리고 그 다른 소유주들이 그것을 반대하지 않는 경우
② 지배기업의 채무상품이나 지분상품이 공개된 시장(국내・외 증권거래소나 장외시장, 지역시장 포함)에서 거래되지 않는 경우
③ 지배기업이 공개시장에서 증권을 발행할 목적으로 증권감독기구나 그 밖의 감독기관에 재무제표를 제출한 적이 없으며, 제출하는 과정에 있지도 않은 경우
④ 지배기업의 최상위 지배기업이나 중간 지배기업이 K-IFRS를 적용하여 공용 가능한 연결재무제표를 작성하거나, 종속기업을 공정가치로 측정하여 당기손익에 반영한 경우

예제 36

- P사는 상장기업이며, A사와 B사 주식을 각각 100%와 70% 보유하고 있음.
- A사는 C사 주식을 80% 보유하고 있으며, B사는 D사 주식을 90% 보유하고 있음.
- P사는 A사와 B사에 대하여 연결재무제표를 요구하지 않음.
- A사는 과거 상장기업이었으나 현재 상장 폐지된 상태이며 향후 상장 계획도 없음.
- B사는 비상장기업이며 향후 상장 계획이나 공개된 시장에 증권을 발행할 계획이 없음.

요구사항 A사와 B사의 연결재무제표 작성 의무에 대하여 검토하시오.

지배구조

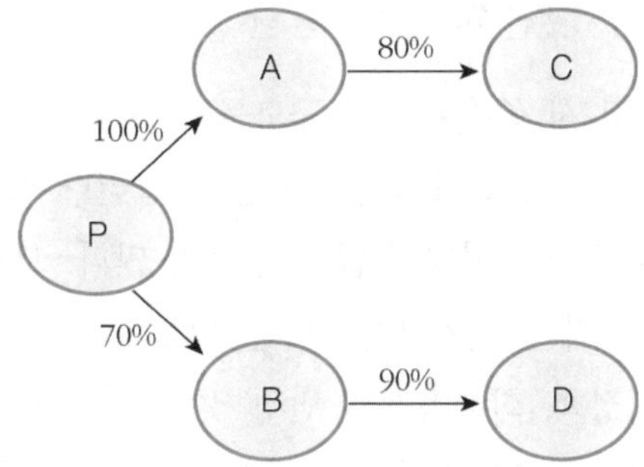

분석

A사의 경우 모든 주주(P사)가 연결재무제표를 요구하고 있지는 않으며, 향후 상장 계획도 없다. 따라서 최상위 지배기업인 P사의 연결재무제표가 공개되어 있으므로 A사는 연결재무제표 작성 면제가 가능하다.

그러나 B사의 경우 B사의 모든 주주가 연결재무제표 작성 면제에 대하여 동의해야 하므로, P사뿐만 아니라 그 외 주주(30%)의 동의도 필요하다.

(2) 투자기업

지배기업이 '투자기업'에 해당하면 연결재무제표를 작성하지 않는데, 투자기업으로 분류되기 위해서는 다음 조건이 모두 충족되어야 한다(K-IFRS 제1110호 문단 27).

① 투자관리 용역을 목적으로 하나 이상의 투자자로부터 자금을 획득한다.

② 사업목적인 시세차익, 투자수익 또는 둘 모두를 위해서만 자금을 투자하는 것임을 투자자에게 확약한다.

③ 실질적으로 모든 투자자산에 대한 성과를 공정가치로 측정하고 평가한다.

상기 ①과 ②를 요약하면, 투자기업이 되기 위해서는 투자자로부터 자금을 획득하여 시세차익, 투자수익을 얻을 목적으로 투자하며, 이를 위한 투자관리 용역을 제공해야 한다는 것이다. 따라서 투자기업의 중요한 사업수익은 투자자산으로부터의 시세차익이나 이자수익으로 구성되어야 할 것이다.

또한 실질적으로 모든 투자자산을 공정가치로 측정한다는 것인데, 이는 유의적이지 않은 금액보다 많은 금융자산을 공정가치 외의 방식으로 측정하거나 경영진이 공정가치 외의 측정치로 투자자산을 관리할 경우에는 투자기업의 정의를 충족하지 못한다는 것을 의미한다.

(3) 소규모 종속기업 : 면제 여부 판단

K-IFRS는 연결대상 판정 시 종속기업의 규모를 고려하지 않는다. 따라서 지배력이 있다고 판단되면 규모와 관계없이 연결범위에 포함된다. 그러나 소규모 비상장기업은 인력과 시스템 문제로 결산이 제대로 이루어지지 않는 경우가 많다. 그리고 연결범위에 포함하였더라도 효익에 비하여 그 노력이 훨씬 더 크다는 이슈가 제기될 수 있다.

K-IFRS 제1008호 '회계정책, 회계정책의 변경 및 오류' 문단 8에서는 회계정책의 적용효과가 중요하지 않는 경우에는 그 회계정책을 적용하지 않을 수 있다고 규정하고 있다. 따라서 전체 연결재무제표에서 종속기업이 차지하는 자산, 수익 및 순손익 효과가 미미하고 질적 효과도 거의 없다면 연결범위에 포함시키지 않을 수도 있을 것이다.

다만, 소규모 종속기업 이외에 다른 종속기업이 없는 경우에는 상법 등을 추가로 고려할 필요가 있다. 소규모 종속기업을 연결 범위에서 제외하면 연결재무제표를 작성하지 않게 되는데, 이는 상법 등에서 규정하고 있는 연결재무제표 작성 의무를 위반함을 의미하기 때문이다.

제 4 절 특수목적기구(SPC)

1. 특수목적기구의 정의

특수목적기업(Special Purpose Entity, SPE 또는 SPC)은 기업의 부채비율 등 재무제표를 양호하게 보이기 위한 목적을 충족하기 위한 목적으로 유래한 기업의 형태이다.

일반적으로 특수목적기업은 특수관계가 없는 제3자를 주주로 하고 의미가 없는 금액 수준(Nominal)의 자본금으로 설립된다. 또한 일부 특수목적기업은 설립 이후 특정 기업의 자산과 부채를 이전받은 후, 특정 기업을 위하여 한정된 목적으로 이용되기도 한다. 이러한 이유로 K-IFRS는 이러한 성격의 특수목적기업을 구조화된 기업(Structured entity)이라는 용어로 설명하고 있다.

특수목적기업은 특정 기업을 위하여 설립되었으나, 형식적인 지분율이나 이사회 구성 요건으로는 외견상 연결범위에 포함되지 않는 경우가 많다. 또한 특수목적기업은 의결권이 관리 업무에 관련되어 있고 관련 활동은 계약상 약정으로 지시되는 경우가 많다. 따라서 투자기업이 특수목적기업을 지배하는지 판단할 때 의결권은 주된 요소가 되지 않는다.

특수목적기업은 다음 중 하나 이상의 특성을 지닌다.

① 제약된 활동

② 한정된 특수목적(예 : 리스, 연구개발 활동, 자금거래 제공, SPC 자산을 담보로 부채 발행)

③ 후순위의 재무적 지원이 없는 경우 활동을 수행할 자본이 불충분

④ 자산순익(신용위험)과 연계한 금융부채의 발행

구조화된 기업의 사례로는 자산유동화를 위한 SPC나 투자펀드 등을 말할 수 있다.

2. 연결범위 판단

특수목적기업에 대한 지배력을 평가할 때 특수목적기업의 관련 활동이 무엇인지, 관련 활동이 어떻게 결정되는지, 누가 관련 활동을 지시하는 현재의 능력을 가지고 있는지, 누가 관련 활동에서 이익을 얻는지 파악해야 하며, 특수목적기업의 설립 목적과 설계를 고려해야 한다. 또한 특수목적기업에 노출된 설계된 위험, 특수목적과 관련된 당사자들에게 전가되도록 설계된 위험, 그리고 이러한 위험의 일부나 전부가 투자기업에게 노출되는지 등을

고려해야 한다.

특수목적기업을 지배하는지 결정하기 위해서는 다양한 사실과 상황, 계약 관계 등으로 인해 많은 추정과 판단이 요구될 수 있으므로 상당히 복잡하고 어려울 수 있다. 따라서 본 절에서는 다양한 사례를 통하여 특수목적기업에 대한 연결범위를 검토하고자 한다.

(1) 특수목적기업의 무한책임사원

무한책임사원(General Partner 또는 Partner with unlimited liability)은 회사 채무에 대하여 직접·무제한·연대책임을 지고 있는 사원을 말한다. 합명회사는 전원이 무한책임사원으로 구성되어 있고, 합자회사는 무한책임사원과 유한책임사원으로 구성되어 있다.

무한책임사원의 책임은 회사 재산으로 회사 채무를 완전히 변제할 수 없는 경우(채무초과)와 회사 재산에 대한 강제집행이 유효하지 못한 경우에 구체화되므로 제2차적 책임이라고 할 수 있다.

무한책임사원은 중대한 책임을 지는 반면, 회사경영에 관하여 업무집행권·대표권을 가지게 된다.

▶▶ 무한책임사원(General Partner)과 지배력 I

예제 37

- P사는 무한책임사원 겸 업무집행사원이며, 지분율은 5%임.
- P사는 유한책임사원(Limited Partner)을 모집하여 사모투자전문기업(PEF)을 설립하고 지분을 투자함.
- PEF는 투자대상 업체를 정한 후 펀딩하는 프로젝트방식으로 설립되어 추가 투자에 대한 의사결정은 없음.
- PEF의 해산, 투자원금의 재투자, 업무집행사원의 해임 및 선임에 관한 사항은 사원총회에서 지분율에 따라 결정함.
- P사는 PEF의 평균 잔액에 따라 수수료를 지급받음.

요구사항 P사가 PEF에 대하여 지배력을 가지는지 검토하시오.

P사는 PEF에 대한 업무집행 권리와 의무를 통하여 PEF의 관련 활동을 지시할 능력이 있다. 그러나 PEF의 투자의사결정은 이미 설립 전에 이루어졌으므로 설립 이후 업무집행은 관리수준에 한정될 가능성이 크다. 그리고 P사는 95%의 지분을 가지고 있는 유한책임

사원에 의하여 해임될 수 있다. 따라서 P사는 사실상 유한책임사원의 대리인에 해당된다고 볼 수 있다. 또한 P사의 수익은 일정률의 수수료로 정해져 있으므로 변동이익에 대한 노출이 제한된다. 이러한 사실을 종합할 때 P사는 PEF에 대하여 지배력을 가지지 못한다고 판단할 수 있다.

그러나 무한책임사원이 지배력이 없다고 함은 유의적인 영향력까지 배제하는 것이 아니므로, 특수목적기업 내에서 무한책임사원의 역할을 분석할 필요가 있다.

무한책임사원(General Partner)과 지배력 II

예제 38

- P사는 무한책임사원 겸 업무집행사원이며, 지분율은 5%임.
- P사는 펀드의 투자의사결정 권한을 보유하고 있으며, 펀드가 발행한 수익증권은 다수의 투자자가 보유하고 있음.
- P사는 이유를 불문하고 투자자들의 결정에 따라 해임될 수 있음.
- P사는 펀드에 대하여 지배력은 없다고 판단되었음.

요구사항 P사가 펀드에 대하여 유의적인 영향력을 가지는지 검토하시오.

본 예제의 경우 P사가 펀드에 대해 유의적인 영향력이 있는지 두 가지 견해가 있다.

① 펀드에 있어 투자의사결정이 중요하며, P사는 업무집행사원으로서 의사결정에 참여하고 있으므로 유의적인 영향력이 있음.

② P사가 이유를 불문하고 즉시 해임될 수 있는 경우, 유의적인 영향력을 행사할 수 있는 능력에 중대한 의문을 제기하므로 유의적인 영향력이 없음.

두 번째 견해를 따르더라도 다수의 투자자가 존재하면 해임 원한은 실질적이지 않을 수 있으므로, 제반 상황을 면밀하게 검토할 필요가 있다.

(2) 특수목적기업의 관리 활동

일부 특수목적기구는 설립 전에 특정 기업을 위하여 활동하고, 채무불이행 등 특정 상황이 발생하면 사전에 정해진 약정에 따라 처리하도록 설계되는 경우가 있다. 이러한 경우 지배력 판단에 미치는 영향을 살펴보자.

예제 39

- 특수목적기구인 S사의 업무는 P사를 위한 것으로서, 그 내용은 다음과 같음.
  - P사의 채권을 매입함.
  - 채권의 회수활동을 수행하고 회수된 원리금은 P사에게 지급함.
  - S사의 자산은 P사 채권으로 구성되어 있음.
- 채권회수 과정 중 채무불이행이 발생하면 P사와의 약정에 따라 동 채권을 P사에게 이전함.

요구사항 P사가 S사에 대하여 지배력을 가지는지 검토하시오.

S사가 수행하는 업무는 채권을 회수하여 P사에게 송금하는 것으로서, 이 활동은 S사가 설립하는 시점에 결정된다. 동 활동은 S사의 이익에 유의적으로 영향을 미치지 않으며 실질적인 의사결정도 필요로 하지 않는다. S사의 이익에 유의적으로 영향을 미칠 수 있는 활동은 채권에서 채무불이행이 되었을 때 후속처리가 될 것이나, 이는 약정에 따라 P사에게 이전된다.

따라서 불이행된 채권을 관리하는 능력을 가진 P사는 채권불이행 여부와 관계없이 S사에 대해 힘을 가진다. 그러므로 P사가 지배력의 나머지 요건인 변동이익, 힘과 이익 간의 관계를 충족한다면 지배력을 가진다고 볼 수 있다.

(3) 자산유동화를 위해 설립된 특수목적기구

기업들은 재무구조 개선을 위하여 자산을 유동화하는 경우가 많은데, 자산유동화를 위하여 설립된 특수목적기구에 대한 지배력을 다음 예제로 살펴보자.

예제 40

- P사는 S사에게 기계장치를 양도하고, S사는 동 기계장치를 P사에게 대여함.
- P사는 S사에게 사용료(리스료)를 지급함.
- S사는 기계장치를 담보로 증권을 발행하고, 이자 및 원금은 P사로부터 받은 리스료를 재원으로 상환함.
- P사는 S사의 리스료 결정이나 증권 발행 등에 대하여 사실상 지시 능력이 있음.
- S사와 P사는 지분 관계가 없음.
- P사는 S사의 일상적인 업무에 참여하지 아니함.
- S사의 주주는 극히 적은 금액을 납입하였으며, S사가 청산할 경우 잔여 재산은 거의 없을 것으로 예상됨.
- S사는 기계장치의 내용연수가 경과된 시점에 청산될 예정임.

요구사항 P사가 S사에 대하여 지배력을 가지는지 검토하시오.

P사는 S사의 업무에 참여하지 않고 있지만, 리스료 결정이나 증권 발행 등에 대해 사실상 지시 능력이 있다. 그리고 P사가 S사에게 리스료를 지급하고 있음은 S사가 보유하고 있는 자산에 대한 위험을 사실상 부담하고 있다고 볼 수 있다. 따라서 P사는 지배력이 있으며, S사 주주의 모든 지분은 연결재무제표에 부채로 계상되어야 한다.

S사의 주주가 S사에 대하여 지배력을 가지는지 생각해 보자. S사는 주요 의사결정이 아닌 리스료 회수와 증권에 대한 원리금 지급이라는 일상적인 관리업무만 수행한다. 그리고 S사의 구조상 미래 현금흐름은 확정되어 있으므로 주주에게 노출되는 위험은 없다고 볼 수 있다. 따라서 S사의 주주는 지배력을 가지지 못한다고 판단할 수 있다.

P사가 지배력이 없다고 판단할지라도 〈예제 40〉은 판매후리스(Sales and leaseback)에 해당하고 금융리스로 분류될 가능성이 있다. 해당 거래가 금융리스에 해당한다면 P사에게 미치는 효과는 연결을 한 것과 거의 동일할 것이다.

(4) 관련 활동과 변동이익에 대한 노출

관련 활동은 특수목적기업의 이익에 유의적인 영향을 미치는 활동을 의미한다. 따라서 관련 활동을 파악하기 위해서는 우선 특수목적기업의 변동이익이 무엇인지를 파악하고 특수목적기업이 보유하게 되는 자산이 무엇인지를 분석해야 한다.

예제 41

- 제조사의 역할 : 유형자산을 SPC에 매각하고, 유형자산의 잔여가치를 보증하며 SPC의 유형자산에 대한 처분의사결정 권한도 가짐.
- 은행의 역할 : SPC에 자금을 대여하며, SPC가 대출금을 연체할 경우 리스채권에 대한 회수 및 매각 의사결정을 할 수 있음.
- SPC의 역할 : 유형자산에 대한 법적 소유권을 보유하고 있으며, 리스계약을 통하여 유형자산의 사용권을 리스이용자에게 이전함.
- SPC의 일상적인 업무는 리스채권을 관리하고 대출금을 상환하는 것임.
- 리스이용자는 유형자산을 운영하고 관리함.

요구사항 SPC에 대한 지배력을 검토하시오.

거래 흐름

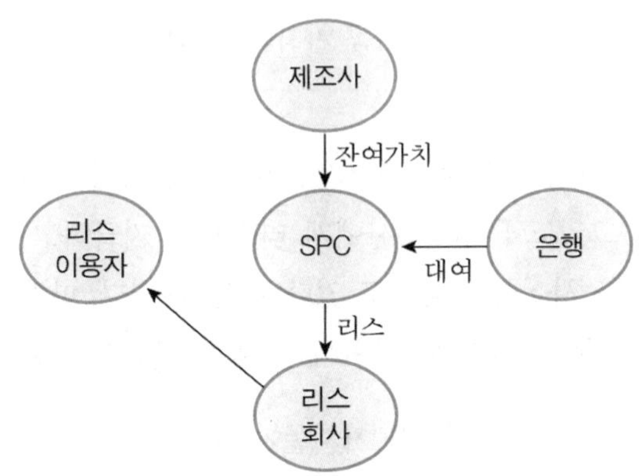

분석

SPC는 유형자산에 대한 법적 소유권을 가지고 있으나, 리스계약을 통해 리스와 관련된 현금흐름과 유형자산의 잔존금액에 의하여 변동이익에 노출된다. 따라서 SPC의 관련 활동은 리스채권의 관리와 리스기간 종료 후 유형자산의 처분이 될 것이다. 따라서 두 가지 활동 중 어느 활동이 더 중요한지에 대해서는 사실과 상황에 따라 달라진다.

- 리스기간이 길고 리스이용자의 신용이 좋지 않다면 리스채권의 관리가 중요
- 리스기간이 짧고 리스이용자의 신용이 좋다면 리스기간 종료 시점에 자산의 처분이 중요

만일 SPC의 채권회수 활동이 원활하지 않아 차입금 상환에 어려움이 있다면 리스채권의 회수와 관련한 의사결정은 은행이 보유하게 되며, 잔여가치에 대한 의사결정은 제조사가 가지게 된다. 따라서 리스채권이 잔여가치보다 중요하다면 은행이 힘을 보유하게 될 것이며, 유형자산의 잔여가치가 리스채권보다 더 중요하다면 제조사가 힘을 가지게 된다.

(5) 트란쉐(Tranche) 발행 SPC

트란쉐란 조각(slice)을 의미하는 프랑스어로, 채권발행 시 기채조건이 다른 두 종류 이상의 채권을 동시에 발행할 경우 각각의 채권발행을 의미한다.

트란쉐를 목적으로 설립된 특수목적기업에 대한 지배력을 검토해 보자.

예제 42

- SPC는 P사가 보유하고 있는 타사 채권을 매입하며, 매입한 채권을 기초로 2가지 종류의 Tranche를 발행함.
  - 1순위 Tranche(선순위) 90% : 일반 투자자들을 대상으로 시장에서 판매됨.
  - 2순위 Tranche(후순위) 10% : P사에게 판매됨.
- SPC는 Tranche를 통해 유입한 자금으로 P사에게 매입대금을 지급함.
- P사는 채권을 SPC에게 이전한 이후에도 채무자들을 관리하며, 채권불이행이 발생하면 관련 채권을 관리할 책임이 있음.
- SPC는 채권의 수금 및 원리금을 투자자에게 전달하는 일상적인 용역 활동을 수행함.

요구사항 SPC에 대한 지배력을 검토하시오.

채무불이행이 발생하지 않는 한 SPC가 설립 후 수행해야 할 활동은 거의 없으므로, 채무불이행 이후 채권을 관리하는 활동이 SPC의 유일한 관련 활동에 해당한다.

P사는 채무불이행 이후에도 채권을 관리할 책임이 있으므로 해당 채권을 관리하는 능력을 지닌다고 볼 수 있다. 그리고 P사는 SPC가 발행한 후순위 Tranche를 보유함에 따라 SPC의 변동이익에 노출되며, 그러한 변동이익에 영향을 미치기 위하여 자신의 힘을 사용할 능력이 있다. 따라서 선순위 Tranche를 보유하고 있는 일반 투자자들이 P사보다 SPC의 변동이익에 더욱 많이 노출되어 있다 하더라도, P사가 지배력이 있다고 볼 수 있다.

3. 수명(만기)이 정해진 특수목적기업

펀드, 조합 및 SPC 중 상당수는 특정 목적만을 위해 존재하며, 목적이 달성될 경우에는 해산이나 청산을 전제로 설립되는 경우가 많다. 따라서 연결실체가 이러한 펀드, 조합 및 SPC 등에 대하여 지배력을 가진다면, 예정된 청산 시점(만기 시점)에 잔여재산 중 일부를 비지배주주에게 지급하고 펀드 등은 청산된다.

따라서 **연결 관점에서 비지배주주의 지분은 자본이 아닌 부채로 분류된다.**

예제 43

- P사는 01년 초 S사 지분을 60% 취득(취득금액 : 600원)하여 지배력을 획득함.
- 연결 관점에서 01년 초 S사의 순자산은 1,000원임.
- S사는 벤처에 대한 투자 등을 영업활동으로 하고 있으며, 05년 말에 청산될 것으로 예상됨.
- 청산이 이루어지는 경우 S사의 주주들은 잔여재산을 배분받음.
- S사는 01년 중 300원의 당기순이익을 보고함.

요구사항 01년 연결재무제표에 표시될 비지배주주와 관련된 부채는 얼마인가?

재무제표 표시

- 재무상태표상 부채 = 1,000원 × 40%(기초) + 300원 × 40%(증가) = 520원
- 손익계산서상 비용 = 300원 × 40% = 120원

분석

비지배주주가 출자한 자금은 5년 만기 후에 청산을 통하여 지급되므로 부채로 분류한다. 그리고 비지배주주의 지분 이익은 부채의 증감을 가져오는 항목으로서 손익계산서상 금융비용으로 회계처리한다.

만일 비지배주주의 지분 이익에 대한 배분 약정이 별도로 규정되어 있다면, 지분율과 관계없이 약정에 따라 지분 이익을 계산한다.

4. 변동이익의 하한

지배력 판단 시 가장 큰 요소는 힘과 변동이익이므로, 일반적으로 지분율을 근거로 판단을 한다. 그러나 특수목적기업 등은 힘과 변동이익이 비례하지 않는 경우가 일반적이므로, 구조나 약정 등에 따라서 어떤 실체에 대하여 힘이 있다면 작은 변동이익을 가지더라도 지배력을 가지는 경우가 있다. 다만, 변동이익이 있다고 하더라도 (경영자 등처럼 성과에 비례하여 수수료가 결정되면) 명백한 대리인은 지배력을 가지지 못한다고 본다.

특수목적기업에 대한 지배력 판단 시 고려할 요소는 다음과 같다.

① 변동이익보다 힘(영향력)이 우선한다.

② 힘의 실질을 판단 시 변동이익이 많은 자가 힘을 가질 가능성이 크다.

예제 44

- P사는 S펀드를 설립하고 400원을 예치함.
- 투자자 A사와 B사는 각각 300원씩 S펀드에 투자함.
- S펀드의 손익은 수수료를 차감한 후 투자자의 투자금액에 비례하여 배부됨.
- P사는 연간 고정수수료 10원과 투자이익의 10%를 변동수수료로 수취함.
- S펀드는 설립 이후 3년이 경과하면 청산하도록 구조화됨.

요구사항 S펀드에 대해 지배력을 가지는 주체를 판단하시오.

P사에 대한 판단

- 힘 : 투자의사결정에 대한 권한이 있으므로 힘이 있다고 볼 수 있음.
- 변동이익에 대한 노출과 권리 : 투자이익 × 10% + 투자이익 × (1 − 10%) × 40%
  = 투자이익 × 46%
- 판단 : 투자의사결정 권한이 있으며, 변동이익에 대한 노출이 가장 크므로 지배력이 있을 수 있다.

A사와 B사에 대한 판단

- 힘 : 투자의사결정에 대한 권한이 없음.
- 변동이익에 대한 노출과 권리 : 투자이익 × (1 − 10%) × 30% = 투자이익 × 27%
- 판단 : 투자의사결정 권한이 없으며, 변동이익에 대한 노출이 P사보다 적으므로 지배력이 없다고 볼 수 있다.

만일 P사가 지배기업으로 결정된다면 연결실체는 만기에 현금 등을 지급하여야 하므로, A사와 B사에 대한 지분은 자본(비지배지분)이 아니라 부채로 분류된다.

보론 1 별도재무제표

1. 별도재무제표의 특징

K-IFRS상 재무제표의 종류에 대하여 간략하게 요약하면 다음과 같다.

① 연결재무제표 : 연결실체의 자산·부채와 수익·비용을 인식하고, 관계기업과 공동기업주식에 대해서는 지분법을 적용한 재무제표

② 별도재무제표 : 개별기업의 자산·부채와 수익·비용을 인식하고, 종속기업과 관계기업주식 등에 대해서는 원가법, 공정가치법 또는 지분법을 적용한 재무제표

③ 개별재무제표[36)] : (종속기업이 없는 상황에서) 관계기업과 공동기업주식에 대하여 지분법을 적용한 재무제표 등 연결재무제표가 아니지만 경제적 관점의 재무제표

투자기업은 별도재무제표상 종속기업과 관계기업주식 등에 대해서 원가법, 공정가치법 또는 지분법 중 선택하여 회계처리하며, 투자자산의 각 범주별로는 동일한 회계처리방법을 적용한다.

동일지배거래가 발생하거나 단계적 취득이나 처분이 발생하는 경우 별도재무제표상 반영하여야 할 회계처리는 명확하게 규정되어 있지 아니하여 기업실무상 많은 논란이 야기되고 있는데, **별도재무제표상 회계처리의 판단기준**은 다음과 같다.

① 별도재무제표는 법적 실체(Legal entity) 개념의 재무제표이다.

② 별도재무제표는 투자자산의 성과에 초점을 두는 재무제표이므로 개별 거래에 유의적인 영향력이나 지배력 등이 반영되지 않는다. 즉, 종속기업, 관계기업, 공동기업 등과의 거래도 제3자와의 거래처럼 회계처리한다.

③ 별도재무제표는 다양한 사례 및 거래에 관한 구체적인 회계처리 지침이 제시되고 있지 않으므로 K-IFRS 제1008호 '회계정책, 회계추정 변경 및 오류' 문단 10~12를 근거로 유사한 논제를 다루는 다른 K-IFRS 기준서나 일반기업회계기준 등을 참조하여 회계정책을 개발하거나 적용할 수 있다.

④ 일반기업회계기준은 개별재무제표상 회계처리에 대하여 지배력과 유의적인 영향력을

36) 개별재무제표는 명확하게 정의된 용어는 아니나, K-IFRS 본문뿐만 아니라 기업실무에서 널리 사용되고 있는 표현이다.

전제하고 규정되었는데, 그러한 회계처리가 별도재무제표에 준용 가능한지 신중해야 한다. 예를 들어 동일지배거래나 지분법 회계처리 등에 대한 일반기업회계기준의 준용은 적절하지 않을 수 있다.

2. New Co를 통한 기업구조 재편성[37)]

다음의 기준을 모두 충족하는 방식으로 지배기업이 자신의 지배기업으로 신기업을 설립하여 연결실체의 구조를 재편성하고, 신지배기업이 자신의 별도재무제표에 원지배기업에 대한 투자를 원가법에 따라 회계처리하는 경우, 신지배기업은 재편성일에 원가를 원지배기업의 별도재무제표상 자본에서 자신의 지분에 해당하는 장부금액으로 측정한다(K-IFRS 제1027호 문단 13).

① 신지배기업이 원지배기업의 기존 지분상품과 교환하면서 지분상품을 발행하여 원지배기업에 대한 지배력을 획득한다.

② 신연결실체와 원연결실체의 자산과 부채는 재편성 전과 후가 동일하다.

③ 재편성 전 원지배기업의 소유주는 재편성 직전 및 직후에 원연결실체의 순자산과 신연결실체의 순자산에 대한 동일한 절대적 지분과 상대적 지분을 갖는다.

이와 유사하게, 지배기업이 아닌 기업이 문단 13의 기준을 충족하는 방식으로 신기업을 자신의 지배기업으로 설립할 수 있다. 문단 13의 규정은 이러한 재편성에 동일하게 적용한다. 이러한 경우 '원지배기업'과 '원연결실체'라 함은 '원기업'을 의미한다(K-IFRS 제1027호 문단 14).

(1) New Co가 하나의 기업을 지배하는 경우

문단 13과 14는 New Co가 하나의 종속기업을 지배하는 형태로 설립하는 형태에 해당하는데, 다음 예제를 통해 구체적으로 설명한다.

37) 본 절은 〈제14장 제3절〉과 연관하여 살펴보기를 바란다.

예제 1

- P사는 S사와 T사에 대하여 지배력을 보유하고 있음.
- P사는 New Co를 설립하고, 설립된 New Co와 P사는 지분을 교환함.
- 지분을 교환한 결과 New Co가 S사의 지배기업이 되고, P사는 New Co의 지배기업이 됨.

요구사항 New Co와 P사의 별도재무제표상 회계처리를 검토하시오.

지배구조의 변동

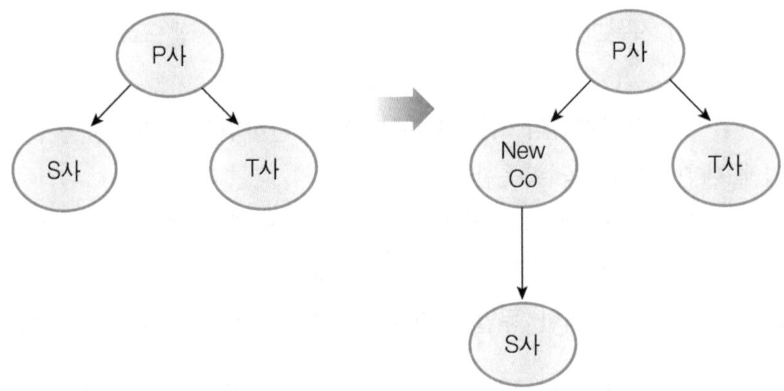

New Co의 별도재무제표

지배구조 변동을 K-IFRS 문단 13과 14에 따라 분석해 보자.

① New Co는 S사 주식과 자신이 발행한 주식을 교환하는 형태로, S사에 대해 지배력을 획득하고 있다.

② 신설된 New Co의 유일한 자산은 S사에 대한 지분이며, S사가 보유한 자산 · 부채와 New Co의 연결실체가 보유한 자산 · 부채가 동일하다. 즉, 재편성 결과로 자산 · 부채가 변동하지 않는다.

③ 재편성 P사는 재편성 직전 및 직후에 S사의 순자산과 New Co 연결실체의 순자산에 대해 동일한 지분을 가지게 된다.

따라서 〈예제 1〉은 문단 13과 14를 모두 충족하므로, New Co는 S사 주식의 원가를 S사의 순자산으로 측정한다.

P사의 별도재무제표

비화폐성자산 또는 화폐성자산과 비화폐성자산이 결합된 대가와 교환하는 거래에 있어, 상업적실질이 없다면 취득한 자산의 원가는 제공한 자산의 장부금액으로 한다(K-IFRS 제1016호 문단 24). 이러한 관점에서 거래를 분석하면 다음과 같다.

① S사가 보유한 자산 · 부채와 New Co 연결실체의 보유한 자산 · 부채는 동일하므로, P사의 지분과 New Cco 지분은 경제적 실질이 동일하다.

② 그러므로 S사 지분과 New Co 지분의 교환은 상업적실질이 결여된 거래이다. 따라서 P사는 New Co 지분을 종전 S사 장부금액으로 한다.

예제 2

- P사는 S사와 T사에 대하여 지배력을 보유하고 있음.
- P사는 New Co를 설립하고, 설립된 New Co와 P사는 지분을 교환함.
- 지분을 교환한 결과 New Co가 P사의 지배기업이 됨.
- 변동 전 P사의 주주는 X사이며, 변동 후 New Co의 주주도 X사임.

요구사항 New Co의 별도재무제표상 회계처리를 검토하시오.

지배구조의 변동

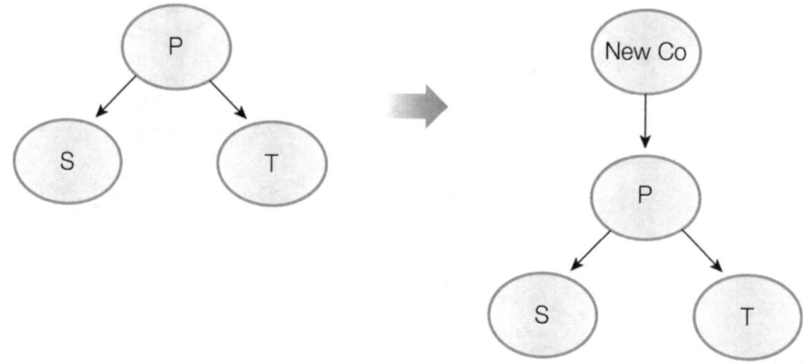

거래 분석

New Co의 유일한 자산은 P사 주식이므로, P사의 연결실체가 보유한 자산과 부채는 New Co의 연결실체가 보유한 자산과 부채와 동일하다. 또한 New Co의 주주와 종전 P사의 주주는 X사로 동일하다.

따라서 New Co는 P사 주식의 원가를 P사의 순자산으로 측정하고, X사는 New Co 지분의 원가를 종전 P사 주식의 장부금액으로 한다.

(2) New Co가 다수의 기업을 지배하는 경우

만일 지배구조 재편성 이후에 New Co가 다수의 지배기업을 지배하게 된다면, 변동 전후 연결실체의 자산·부채가 변동하지 않는다는 조건을 충족하지 않게 되어 문단 13과 14를 적용할 수 없다.

예제 3

- P사는 S사와 T사에 대하여 지배력을 보유하고 있음.
- P사는 New Co를 설립하고, 설립된 New Co와 P사는 지분을 교환함.
- 지분을 교환한 결과 P사가 New Co의 지배기업이 됨.
- P사의 별도재무제표상 S사와 T사의 장부금액은 각각 20,000원 및 30,000원이고, 공정가치는 40,000원 및 45,000원임.

요구사항 New Co와 P사의 별도재무제표상 회계처리를 검토하시오.

지배구조의 변동

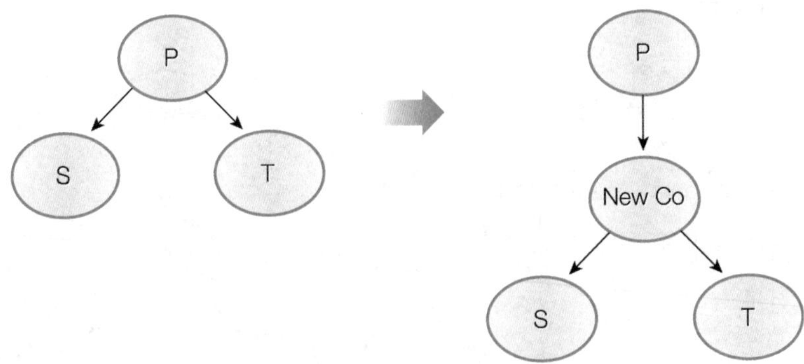

거래 분석

New Co의 주주와 이전 S사와 T사의 주주는 동일하나, New Co의 자산은 S사와 T사 지분이다. 따라서 S사 또는 T사가 보유한 자산·부채와 New Co의 연결실체가 보유한 자산·부채는 상이하다. 그러므로 New Co는 K-IFRS 제1027호 문단 13에 따라 회계처리할 수 없다. 이러한 이유로 일반 원칙에 따라 New Co는 S사와 T사 주식을 공정가치인 각각 40,000원 및 50,000원으로 인식한다.

한편, P사는 New Co가 설립되기 전·후의 연결실체가 동일하므로 상업적 실질이 없다고 보아 New Co를 장부금액인 50,000원으로 인식한다.

동일지배 관점

〈예제 3〉을 K-IFRS 제1103호 B18에 따라 해석할 경우 New Co는 사업결합의 취득자로 식별될 수 없다. 따라서 기존 결합참여기업인 S사와 T사 중에서 취득자로 식별하고, 나머지 기업은 피취득자로 볼 수 있다. 즉, 본 거래에는 사업결합이 존재하며, 사업결합 전·후에 P사에 의해 동일지배가 존재한다. 따라서 회계정책에 따라 장부금액법 또는 취득법 중 선택하여 일관성 있게 적용할 수 있다.

〈예제 2〉와 〈예제 3〉은 모두 New Co가 관련된 동일지배거래에 해당하나, 〈예제 3〉은 사업결합이 있으나 〈예제 2〉는 사업결합이 없다는 차이가 있다. 따라서 사업결합 여부에 따라 거래를 Reorganisation 또는 동일지배하의 사업결합으로 해석하는 관점의 차이가 발생한다.

3. 공 시

지배기업이 K-IFRS 제1027호 문단 16에 따라 연결재무제표를 작성하지 않고 별도재무제표만 작성하는 경우 다음을 공시한다.

① 재무제표가 별도재무제표라는 사실, 연결재무제표 작성 면제 규정을 적용하였다는 사실, 한국채택국제회계기준을 적용하여 공용으로 이용 가능한 연결재무제표를 작성한 기업의 명칭과 주요 사업장(설립지의 국가명과 다른 경우 설립지의 국가명) 및 이러한 연결재무제표를 입수할 수 있는 주소

② 종속기업과 관계기업주식 등 유의적인 투자의 목록으로서, 목록에는 피투자기업의 명칭, 피투자기업의 주요 사업장(및 설립지의 국가명과 다른 경우 설립지의 국가명), 피투자기업에 대한 소유 지분율(및 소유 지분율과 다른 경우 의결권 지분율)을 포함한다.

③ 위 ②에 따라 기재한 투자의 회계처리 방법

지배기업 또는 피투자기업에 대하여 공동지배력이나 유의적인 영향력이 있는 투자기업이 별도재무제표를 작성하는 경우 지배기업 또는 투자자는 관련된 기업회계기준서 제1110호, 제1111호 및 제1028호에 따라 작성된 재무제표와 구별되도록 한다.

또한 지배기업 또는 투자자는 다음 사항을 별도재무제표에 공시한다(K-IFRS 제1027호 문단 17).

① 재무제표가 별도재무제표라는 사실과 법적 요구사항이 아닌 경우 별도재무제표를 작성한 이유

② 종속기업과 관계기업주식 등 유의적인 투자의 목록으로서, 목록에는 피투자기업의 명칭, 피투자기업의 주요 사업장(및 설립지의 국가명과 다른 경우 설립지의 국가명), 피투자기업에 대한 소유 지분율(및 소유 지분율과 다른 경우 의결권 지분율)을 포함한다.

③ 위 ②에 따라 기재한 투자의 회계처리 방법

지배력 판단 사례[38)]

1. 관련 활동과 관련 활동 지시(1)

두 투자자는 의약품의 개발과 판매를 위하여 피투자자를 설립하였다. 한 투자자는 의약품의 개발 및 규제기관의 승인 획득에 대한 책임이 있다. 이 책임은 의약품의 개발 및 규제기관의 승인 획득과 관련된 모든 의사결정에 대한 일방적인 능력을 포함한다.

규제기관이 의약품을 승인하면 다른 투자자는 의약품을 제조하고 판매할 것이다. 이 투자자는 의약품의 제조 및 판매에 대한 모든 의사결정을 내릴 수 있는 일방적인 능력을 가지고 있다.

의약품의 제조와 판매뿐만 아니라 의약품의 개발 및 규제기관의 승인 획득이 모두 관련 활동일 경우, 각 투자자는 피투자자의 이익에 가장 유의적으로 영향을 미치는 활동을 지시할 수 있는지 확인할 필요가 있다.

따라서 각 투자자는 의약품의 개발 및 규제기관 승인 획득이나 의약품의 제조 및 판매가 피투자자의 이익에 가장 유의적으로 영향을 미치는 활동인지 그리고 자신이 이러한 활동을 지시할 수 있는지 고려할 필요가 있다. 힘을 갖는 투자자를 결정할 때, 투자자들은 다음 사항을 고려할 것이다.

① 피투자자의 목적과 설계
② 이윤, 수익 및 의약품의 가치뿐만 아니라 피투자자의 가치를 결정하는 요소
③ ②의 요소에 대하여 각 투자자의 의사결정 권한이 피투자자의 이익에 미치는 영향
④ 이익 변동에 대한 투자자의 노출

위 사례의 경우 투자자는 또한 다음 사항을 추가적으로 고려할 것이다.

① 규제기관 승인 획득의 불확실성과 규제기관 승인 획득에 요구되는 노력(성공적으로 의약품을 개발하고 규제기관의 승인을 획득한 투자자의 실적 고려)
② 개발 단계가 성공하면 의약품을 통제하는 투자자가 누구인지 여부

38) 본 절은 K-IFRS 제1110호에 수록된 사례들로 구성되어 있다.

2. 관련 활동과 관련 활동 지시(2)

투자기구(피투자자)는 투자자(채무 투자자)가 보유하는 채무상품과 다수의 다른 투자자들이 보유하는 지분상품으로 설립되고 재원이 조달된다. 지분트란쉐(equity tranchc)는 최초 손실을 흡수하고 피투자자의 잔여이익을 지급받도록 고안되어 있다.[39] 지분의 30%를 보유하고 있는 지분 투자자는 자산 관리자이기도 하다. 피투자자는 금융자산 포트폴리오를 매입하는데 조달된 재원을 사용하며, 그 결과 금융자산의 원금과 이자 지급의 채무불이행 가능성과 관련된 신용위험에 노출된다.

이 거래는 포트폴리오 자산의 채무불이행 가능성과 관련된 신용위험에 최소로 노출되는 투자자산으로 채무 투자자에게 판매되는데, 이는 이러한 자산의 성격 때문이며 또한 지분트란쉐(equity tranche)가 피투자자의 최초 손실을 흡수하기 위하여 고안되었기 때문이다. 피투자자의 이익은 포트폴리오 지침 내에 자산의 선정, 취득 및 처분에 대한 결정과 포트폴리오 자산의 채무불이행 시 관리에 대한 결정을 포함하는 피투자자의 자산 포트폴리오 관리에 의해 유의적으로 영향을 받는다.

이러한 모든 활동은 채무불이행이 포트폴리오 가치의 특정 비율에 도달할 때(즉, 포트폴리오의 가치가 피투자자의 지분트란쉐(equity tranche)가 소진된 것과 같은 금액이 될 때)까지 자산관리자가 관리한다. 그때부터는 제3자인 수탁자가 채무 투자자의 지시에 따라 자산을 관리한다. 피투자자의 자산 포트폴리오 관리는 피투자자에 대한 관련 활동이다. 자산관리자는 채무불이행 자산이 포트폴리오 가치의 특정 비율에 도달하기 전까지 관련 활동을 지시하는 능력이 있으며, 채무 투자자는 채무불이행 자산의 가치가 포트폴리오 가치의 특정 비율을 초과할 때 관련 활동을 지시하는 능력을 가진다.

자산관리자와 채무 투자자는 각각 이익 변동에 대한 노출뿐만 아니라 피투자자의 목적과 설계를 고려하는 것을 포함하여, 피투자자의 이익에 가장 유의적인 영향을 미치는 활동들을 지시할 수 있는지 결정할 필요가 있다.

---

39) 조각(slice)을 의미하는 프랑스어로 채권발행 시 기채조건이 다른 두 종류 이상의 채권을 동시에 발행할 경우 각각의 채권발행을 트란쉐라고 한다. 예를 들어 100건의 투자 상품이 있는데 이 중 20%가 부실화될 가능성이 있다고 가정하면, 20%를 제외한 80%는 안정적인 자산이라고 할 수 있을 것이다. 따라서 투자 상품 전체에 대하여 유동화 증권을 다음과 같이 발행할 수 있다.
- 선순위 채권으로서 80%를 먼저 수령하는 유동화증권
- 2순위 채권으로서 20%를 그 이후에 수령하는 채권

선순위 채권에 대해서는 안정적이나 낮은 수익률을 보장하고 나머지에 대해서는 각각의 위험에 대한 수익률을 제공하는 유동화증권을 발행할 경우, 이렇게 우선 순위로 나누어진 것을 tranche라고 한다.

3. 실질적인 권리

피투자자는 매년 관련 활동을 지시하는 결정이 이루어지는 주주총회를 개최한다. 다음 정기주주총회는 8개월 후에 개최될 예정이다. 그러나 개별적으로 또는 집합적으로 의결권을 5% 이상 보유하고 있는 주주들은 관련 활동에 대한 기존의 정책을 변경하기 위해 특별총회를 소집할 수 있다. 그러나 다른 주주들에게 특별총회 개최에 대하여 최소 30일 전에 통보해야 한다. 관련 활동에 대한 정책은 특별총회나 정기주주총회에서만 변경될 수 있다. 이는 유의적인 투자의 실행이나 처분뿐만 아니라 유의적인 자산의 판매에 대한 승인을 포함한다. 위의 상황을 아래 기술된 Case에 적용하며, 각 Case는 서로 독립적이다.

Case 1

투자자는 피투자자의 의결권 과반수를 보유하고 있다. 투자자는 필요한 경우 관련 활동의 지시를 결정할 수 있으므로, 투자자의 의결권은 실질적이다. 투자자가 의결권을 행사할 수 있기까지 30일의 기간이 소요된다는 사실이 투자자가 지분을 취득하는 시점부터 관련 활동을 지시하는 현재의 능력을 보유한다는 점을 부정하지는 않는다.

Case 2

투자자는 피투자자의 주식 과반수를 취득하는 선도계약의 당사자이며, 선도계약 결제일은 25일 이후이다. 특별총회는 적어도 30일 이내(선도계약이 결제되었을 시점)에 열릴 수 없기 때문에, 기존 주주들은 관련 활동에 대한 기존 정책을 변경할 수 없다. 따라서 투자자는 Case 1의 의결권 과반수를 보유한 투자자와 근본적으로 동등한 권리를 보유한다(즉, 선도계약을 보유한 투자자는 필요한 경우 관련 활동의 지시를 결정할 수 있다). 투자자의 선도계약은 동 계약이 결제되기 전이라도 관련 활동을 지시하는 현재의 능력을 투자자에게 갖게 하는 실질적인 권리이다.

Case 3

투자자는 피투자자의 주식 과반수를 취득할 실질적인 옵션을 보유하고 있으며, 이 옵션은 25일 이후에 행사 가능하며 깊은 내가격 상태에 있다. 이러한 경우 판단 결과는 Case 2와 동일할 것이다.

Case 4

투자자는 피투자자의 주식 과반수를 취득할 선도계약(선도계약의 결제일은 6개월 이후)의 당사자이며, 피투자자에 대하여 다른 관련된 권리는 없다. 상기 사례들과 대조적으로,

투자자는 관련 활동을 지시하는 현재의 능력을 가지고 있지 않다. 기존 주주들은 선도계약이 결제되기 전에 관련 활동에 대한 기존 정책을 변경할 수 있기 때문에, 관련 활동을 지시하는 현재의 능력을 가진다.

4. 의결권(1)

투자기업은 피투자기업에 대한 의결권의 48%를 취득하고 있으며, 나머지 의결권은 수천 명의 주주들이 1% 이하를 보유하고 있다. 그리고 주주들은 서로 상의하거나 집합적인 의사결정을 하기 위한 어떠한 약정도 없다.

다른 주주들 의결권의 상대적 규모에 근거하여 투자자가 취득한 의결권의 비율을 평가하는 경우, 투자자의 48% 지분은 피투자자를 지배하기에 충분할 것이다.

5. 의결권(2)

P사는 피투자기업의 의결권 40%를 보유하고 있으며 나머지 12명의 투자기업들이 각 5%씩 피투자자의 의결권을 보유하고 있다. 주주 간 합의에서 P사는 관련 활동을 지시할 책임이 있는 경영진을 선임, 해임 그리고 보수를 결정할 수 있는 권리를 부여받았는데, 이 합의를 변경하려면 주주의 3분의 2의 다수 표결이 필요하다.

이러한 경우 P사는 자신의 보유 의결권의 절대적 규모와 다른 주주들 의결권의 상대적 규모만으로는 자신에게 힘을 부여하는 충분한 권리를 가지는지 결정하기가 명확하지 않다. 그러나 P사가 경영진의 선임, 해임 및 보수를 결정할 자신의 계약상 권리로 피투자기업에 대한 힘을 가지고 있다고 볼 수 있다.

6. 의결권(3)

P사는 피투자기업의 의결권 45%를 보유하고 있다. 다른 2명의 투자자는 피투자기업의 의결권을 각각 26%씩 보유하고 있다. 나머지 의결권은 그 밖의 3명의 주주들이 각 1%씩 보유하고 있다. 의사결정에 영향을 미치는 다른 약정은 없다.

이러한 경우 P사는 의결권 규모와 다른 주주와의 상대적 규모는 P사가 힘을 갖지 않는다는 결론을 내리기에 충분하다. 다른 투자자의 협력이 있다면 P사가 피투자기업에 대하여 관련 활동을 지시하지 못하기 때문이다.

7. 의결권(4)

P사는 피투자자의 의결권 45%를 보유하고 있으며, 11명의 다른 주주들은 피투자자의 의결권을 각 5%씩 보유하고 있다. 주주들은 서로 상의하거나 집합적인 의사결정을 하기 위한 어떠한 약정도 없다.

이러한 경우 P사가 보유하는 의결권의 절대적 규모와 다른 주주들이 보유하는 의결권의 상대적 규모만으로는, P사가 피투자자에 대한 힘을 부여하는 충분한 권리를 가지는지 결정하기 위한 확실한 증거가 되지 못한다. 따라서 P사가 힘을 갖거나 갖지 못한다는 증거를 제공할 수 있는 추가적인 사실과 상황을 고려하여야 한다.

8. 의결권(5)

P사는 피투자기업의 의결권 35%를 보유하고 있으며, 3명의 다른 주주들은 피투자기업의 의결권을 각 5%씩 보유하고 있다. 나머지 의결권은 수많은 다른 주주들이 보유하고 있으며, 아무도 개별적으로 의결권의 1%를 초과하여 보유하고 있지 않다. 주주들은 서로 상의하거나 집합적으로 의사결정을 하기 위한 어떠한 약정도 없다. 피투자기업의 관련 활동에 대한 결정은 관련 주주총회에서 의결권 과반수의 승인을 요구하는데, 최근 관련 주주총회에서 피투자자 의결권의 75%가 투표하였다.

이러한 경우 최근 주주총회에서 다른 주주들의 능동적인 참여는, 충분한 수의 다른 주주들이 투자자와 동일한 의견에 투표하였기 때문에 투자자가 관련 활동을 지시하였는지와 관계없이, P사가 일방적으로 관련 활동을 지시하는 실질적 능력을 갖고 있지 않음을 나타낸다.

9. 잠재적 의결권(1)

투자자 A는 피투자자의 의결권 70%를 보유하고 있다. 투자자 B는 피투자자의 의결권 30% 및 투자자 A의 의결권 절반을 취득할 수 있는 옵션을 보유하고 있다. 옵션은 향후 2년 동안 깊은 외가격 상태인 고정된 가격으로 행사 가능하며, 그 2년의 기간 동안 깊은 외가격 상태로 있을 것으로 기대된다. 투자자 A는 자신의 의결권을 행사하고 있으며 피투자자의 관련 활동을 적극적으로 지시하고 있다.

이러한 경우 투자자 A는 관련 활동을 지시하는 현재의 능력을 가지는 것으로 보이므로 힘의 기준을 충족시킬 가능성이 높다. 비록 투자자 B가 추가적인 의결권을 구입할 수 있는 현재 행사 가능한 옵션을 가지고 있더라도(옵션이 행사되는 경우 피투자자에 대한 의결권의 과반수가 투자자 B에게 제공될 것이다), 그러한 옵션과 관련된 계약 조항과 조건은 그 옵션을 실질적이지 않다고 고려하게 한다.

10. 잠재적 의결권(2)

투자자 A와 2명의 투자자는 피투자자의 의결권을 각 3분의 1씩 보유하고 있다. 피투자자의 사업 활동은 투자자 A와 밀접하게 관련되어 있다. 지분상품 이외에도 투자자 A는 언제라도 고정된 가격(현재 외가격 상태이나 깊은 외가격 상태는 아님)으로 피투자자의 보통주로 전환할 수 있는 채무상품을 보유하고 있다. 만약 채무상품이 전환된다면, 투자자 A는 피투자자의 의결권 60%를 보유할 것이다. 또한 채무상품이 보통주로 전환된다면, 투자자 A는 시너지 실현으로 인하여 효익을 얻을 것이다. 이러한 경우 투자자 A는 관련 활동을 지시하는 현재의 능력을 자신에게 갖게 하는 실질적인 잠재적 의결권과 더불어 피투자자의 의결권을 보유하고 있으므로 피투자자에 대한 힘을 갖는다.

11. 의결권 등이 피투자자의 이익에 유의적인 영향을 미치지 않는 경우(1)

피투자자의 유일한 사업 활동은 설립 문서에 명시된 대로 투자자를 위해 채권을 매입하고 그 채권에 대한 일상적인 용역을 제공하는 것이다. 일상적인 용역은 채권의 만기 도래에 따른 수금 및 원금과 이자 지급액의 전달을 포함한다. 채권에 대한 채무불이행이 발생하면 투자자와 피투자자 간 이전 약정의 별도 합의에 따라 피투자자는 자동적으로 채권을 투자자에게 이전한다.

투자자의 유일한 관련 활동은 채무불이행 시 채권을 관리하는 것이다. 왜냐하면 이것은 이 활동만이 피투자자의 이익에 유의적으로 영향을 미칠 수 있기 때문이다. 채무불이행 전 채권의 관리는 피투자자의 이익에 유의적으로 영향을 미칠 수 있는 실질적인 결정을 요구하지 않으므로 관련 활동이 아니다. 채무불이행 전 활동들은 사전 결정되어 있으며 결과적으로 오직 만기 도래에 따른 현금흐름의 수금 및 그 수금액을 투자자에게 전달하는 것이다. 그러므로 채무불이행 시 자산을 관리할 투자자의 권리만을 피투자자의 이익에 유의적으로 영향을 미치는 피투자자의 전체적인 활동을 평가할 때 고려한다.

피투자자의 설계에 따르면 투자자에게 이익에 유의적으로 영향을 미치는 활동에 대한 의사결정 권한이 요구될 때에만 의사결정 권한을 가지는 것이 보장된다. 이전(Put option) 약정 조건은 전체적인 거래와 피투자자의 설립에 필수적이다. 그러므로 피투자자의 설립

문서 외에 그러한 이전 약정 조건은 비록 투자자가 채무불이행의 경우에만 채권의 소유권을 가지고 피투자자의 법적 경계를 넘어서 채무불이행 채권을 관리하더라도 투자자가 피투자자에 대한 힘을 갖는다는 결론에 도달한다.

12. 의결권 등이 피투자자의 이익에 유의적인 영향을 미치지 않는 경우(2)

피투자자의 자산은 채권뿐이다. 피투자자의 목적과 설계를 고려할 때, 관련 활동은 오직 채무불이행 채권에 대한 관리만이라고 결정된다. 채무불이행 채권을 관리하는 능력을 가지고 있는 당사자는 채무자가 채무불이행을 했는지와는 관계없이 피투자자에 대한 힘을 갖는다.

13. 다른 지분의 이익 변동에 대한 노출(1)

의사결정자(펀드운용사)는 현지 법률과 규정에서 요구하는 투자 위임장에 명시된 제한적으로 정해진 한도 내에서 공개적으로 거래되고 규제되는 펀드를 설립, 판매 및 관리한다. 펀드는 여러 상장 기업 지분증권의 다양한 포트폴리오에 대한 투자로 투자자들에게 판매되었다. 정해진 한도 내에서 펀드운용사는 투자할 자산에 대한 재량권을 가진다. 펀드운용사는 펀드에 10% 비례하여 투자하고 있으며, 자신의 용역에 대한 보수로 펀드 순자산 가치의 1%에 해당하는 시장 기준 수수료를 수취한다. 이 수수료는 제공한 용역에 상응한다. 펀드운용사는 자신의 10% 투자를 초과하는 펀드 손실에 대하여 어떠한 책임도 지지 않는다.

펀드는 독립적인 이사회의 설치가 요구되지도 않으며, 설치하지도 않고 있다. 투자자들은 펀드운용사의 의사결정 권한에 영향을 미칠 수 있을 어떠한 실질적인 권리도 갖고 있지 않지만, 펀드가 설정한 특정 한도 내에서 그들의 이익을 돌려받을 수 있다. 비록 투자 위임장에서 정해진 한도 내에서 그리고 규제 요건에 따라 펀드를 운용할지라도, 펀드운용사는 펀드의 관련 활동을 지시할 현재의 능력을 부여하는 의사결정권을 가지고 있다. 투자자들은 펀드운용사의 의사결정 권한에 영향을 미칠 수 있는 실질적인 권리를 갖지 않는다. 펀드운용사는 제공한 용역에 상응하는 시장 기준 수수료를 받으며 또한 펀드에 일정 비율로 투자하고 있다. 그러한 보상과 투자는 펀드운용사가 본인임을 나타내는 유의적 노출을 설립하지 않고도, 펀드운용사를 펀드활동으로 인한 이익 변동에 노출시킨다.

본 예에서 제한된 한도 내에서의 펀드운용사의 의사결정 권한과 함께 펀드의 이익 변동에 대한 노출을 고려할 때 펀드운용사가 대리인임을 나타낸다. 따라서 펀드운용사는 펀드를 지배하지 않는다는 결론을 내린다.

14. 다른 지분의 이익 변동에 대한 노출(2)

의사결정자는 다수의 투자자에게 투자 기회를 제공하는 펀드를 설립, 판매 및 관리한다. 의사결정자(펀드운용사)는 모든 투자자들의 이익을 극대화하고 펀드 운용 약정에 따라 의사결정을 해야 한다. 그럼에도 불구하고 펀드운용사는 광범위한 의사결정 재량권을 가진다. 펀드운용사는 자산을 운용하면서 자산의 1%에 해당하는 시장 기준 수수료를 받으며, 만약 명시된 이익 수준을 달성한다면 펀드의 총 이익의 20%를 받는다. 수수료는 제공한 용역에 상응한다.

비록 펀드운용사는 모든 투자자의 이익을 극대화하는 결정을 해야 하지만, 펀드의 관련 활동을 지시하는 광범위한 의사결정 권한을 가진다. 펀드운용사는 제공하는 용역에 상응하는 고정급과 성과급을 수수료로 받는다. 또한 보상은 단독으로 고려할 경우 펀드운용사가 본인임을 나타내는 이익 변동에 대한 유의적 노출을 설립하지 않고도, 펀드의 가치를 증가시키기 위한 펀드운용사의 이해관계와 다른 투자자들의 이해관계를 일치시킨다.

위의 상황과 분석을 아래 기술된 Case 1에 적용하며, 각 Case는 서로 독립적이다.

Case 1

펀드운용사도 펀드에 2%를 투자하고 있으며, 이것은 자신의 이해관계와 다른 투자자들의 이해관계를 일치시킨다. 펀드운용사는 자신의 2% 투자를 초과하는 펀드 손실에 대하여 어떠한 책임도 지지 않는다. 투자자들은 단순다수결에 의해 펀드운용사를 해임할 수 있으나, 이는 펀드운용사가 계약을 위반한 경우에만 가능하다.

펀드운용사의 2%의 투자는 펀드운용사가 본인임을 나타내는 유의적 노출을 설립하지 않고도 펀드 활동의 이익 변동에 대한 펀드운용사의 노출을 증가시킨다. 펀드운용사를 해임할 수 있는 다른 투자자들의 권리는 방어권으로 고려되는데, 이는 계약을 위반한 경우에만 행사 가능하기 때문이다.

이 사례에서 비록 펀드운용사는 광범위한 의사결정 권한을 가지고 있으며 자신의 지분과 보상의 이익 변동에 노출되지만, 이러한 노출은 펀드운용사가 대리인임을 나타낸다. 따라서 펀드운용사는 펀드를 지배하지 않는다는 결론을 내린다.

Case 2

펀드운용사는 펀드에 더 많은 상당한 비율로 투자하고 있지만, 그 투자를 초과하는 펀드 손실에 대하여 어떠한 책임도 지지 않는다. 투자자들은 단순다수결에 의해 펀드운용사를

해임할 수 있으나, 이는 펀드운용사가 계약을 위반한 경우에만 가능하다.

이 사례에서 펀드운용사를 해임할 수 있는 다른 투자자들의 권리는 방어권으로 고려되는데, 이는 계약을 위반한 경우에만 행사 가능하기 때문이다. 펀드운용사는 제공하는 용역에 상응하는 고정급과 성과급을 수수료로 받지만, 펀드운용사의 보상과 투자의 결합은 펀드운용사가 본인임을 나타내는 유의적인 펀드 활동의 이익 변동에 노출하도록 한다. 펀드운용사의 경제적 이익(펀드운용사의 보상과 다른 지분을 전체적으로 고려)의 규모나 그와 관련된 변동이 클수록, 펀드운용사는 이러한 경제적 이익에 더 중점을 두어 분석하고 펀드운용사가 본인일 가능성이 더 높아진다.

예를 들어 보상 및 다른 요소들을 고려할 경우, 펀드운용사는 20%의 투자로도 자신이 펀드를 지배한다고 결론을 내리기에 충분하다고 고려할 수도 있다. 그러나 다른 상황에서는(즉, 보상이나 다른 요소들이 다르다면), 지배력은 투자 수준이 다를 때 발생할 수도 있다.

Case 3

펀드운용사는 펀드에 20% 비율로 투자하고 있으나, 그 20% 투자를 초과하는 펀드 손실에 대하여 어떠한 책임도 지지 않는다. 펀드에는 이사회가 있으며, 이사회의 모든 구성원은 펀드운용사와 독립적이며 다른 투자자들에 의하여 임명된다. 이사회는 매년 펀드운용사를 임명한다. 만약 이사회가 펀드운용사의 계약을 연장하지 않기로 결정한다면, 펀드운용사가 수행하는 용역은 그 업계 내 다른 운용사에 의해 수행될 수 있다.

펀드운용사는 제공하는 용역에 상응하는 고정급과 성과급을 수수료로 받지만, 펀드운용사의 20% 투자와 보상의 결합은 펀드운용사가 본인임을 나타내는 정도로 유의적인 펀드 활동의 이익 변동에 노출하도록 한다. 그러나 투자자들은 펀드운용사를 해임할 실질적인 권리를 가진다. 이사회는 투자자들이 결정만 한다면 펀드운용사를 해임할 수 있는 제도가 된다.

이 사례는 펀드운용사의 실질적인 해임권에 더 중점을 두어 분석한다. 따라서 펀드운용사가 광범위한 의사결정 권한을 가지며 보상과 투자에서 발생하는 펀드의 이익 변동에 노출되지만, 다른 투자자들이 갖는 실질적인 권리는 펀드운용사가 대리인임을 나타낸다. 그러므로 펀드운용사는 펀드를 지배하지 않는다는 결론을 내린다.

15. 다른 지분의 이익 변동에 대한 노출(3)

피투자자는 고정금리 채무상품과 지분상품으로 자금을 조달하여 설립되며, 고정금리 자산유동화증권의 포트폴리오를 구매한다. 지분상품은 우선 채무투자에 대해 손실을 보호해 주고 피투자자의 잔여이익을 수취하도록 설계되어 있다. 포트폴리오 내 자산유동화증권 발행자의 채무불이행 가능성과 관련된 신용위험 및 포트폴리오의 관리와 관련된 이자율 위험에 대한 노출을 수반한 포트폴리오 투자가 잠재적 채무 투자자를 대상으로 시장에서 거래되었다. 설립 시 지분상품은 구매된 자산 가치의 10%에 해당한다. 의사결정자(자산운용사)는 피투자자의 안내서에 명시된 한도 내에서 투자의사결정을 통해 활성 자산 포트폴리오를 관리한다. 이러한 용역에 대해 자산운용사는 시장 기준 고정급(즉, 관리 자산의 1%)을 수수료로 받으며, 피투자자의 이익이 명시된 수준을 초과하면 성과급(즉, 이익의 10%)을 수수료로 받는다. 수수료는 제공하는 용역에 상응한다. 자산운용사는 피투자자에 대한 지분 35%를 보유한다. 지분의 나머지 65%와 모든 채무상품은 다수의 널리 분산된 특수관계 없는 제3자가 보유하고 있다. 자산운용사는 다른 투자자들의 단순다수결에 의해 이유를 불문하고 해임될 수 있다.

자산운용사는 제공하는 용역에 상응하는 고정급과 성과급을 수수료로 받는다. 보상은 펀드의 가치를 증가시키기 위한 펀드운용사의 이해관계와 다른 투자자들의 이해관계를 일치시킨다. 자산운용사는 지분의 35%를 보유하고 있기 때문에 펀드의 활동과 보상의 이익 변동에 노출된다.

피투자자의 안내서에 명시된 한도 내에서 자산운용사는 펀드를 운용하지만 피투자자의 이익에 유의적으로 영향을 미치는 투자결정을 할 수 있는 현재의 능력을 가진다. 다른 투자자들이 갖는 해임권은 다수의 널리 분산된 투자자들이 갖고 있으므로 분석 시 중요시 되지 않는다. 이 사례는 자산운용사가 채무상품에 비해 후순위인 자신의 지분이 펀드의 이익 변동에 노출된 점에 더 중점을 둔다. 35%의 지분을 보유한다는 것은 손실과 피투자자의 이익에 대한 권리에 후순위로 노출되며, 이는 자산운용사가 본인임을 나타내는 유의적인 노출이다. 따라서 자산운용사는 피투자자를 지배한다고 결론을 내린다.

16. 다른 지분의 이익 변동에 대한 노출(4)

의사결정자(스폰서)는 단기 채무상품을 특수관계자가 아닌 제3자에게 발행하는 멀티 셀러 콘듀잇(multi – seller conduit)을 후원한다.[40] 포트폴리오 내 자산 발행자의 채무불이행

40) Conduit이란 금융거래에서 유동화증권 발행 시 매번 유동화전문회사를 설립할 필요 없이 자산을 유동화할 수 있는 특수목적법인(SPC)을 의미하며, 한번 설립되면 도관(언어적인 의미)에서 물을 뽑아내듯 계속 유동화증권을 발행할 수 있다는 의미에서 Conduit으로 불린다. 한편 Multi – seller는 유동화구조 중 다수의 판매자 자산을 보유하는 구조를 의미한다.

가능성과 관련된 신용위험의 최소 노출을 수반하는 우량 등급의 중기(medium-term) 자산에 대한 포트폴리오 투자자산이 잠재적 투자자를 대상으로 시장에서 거래되었다.

다양한 양도자는 그 콘듀잇에 우량 등급의 중기 자산 포트폴리오를 판매한다. 각 양도자는 콘듀잇에 판매한 포트폴리오 자산을 대상으로 용역을 제공하고, 시장 기준 용역 수수료를 받고, 채무불이행된 채권을 관리한다. 또한 각 양도자는 콘듀잇에 이전된 자산의 초과담보자산을 통해 자산 포트폴리오로부터의 신용 손실에 대비하여 최초 손실 보호를 제공한다. 스폰서는 콘듀잇의 조건을 설정하고, 시장 기준 수수료를 받고, 콘듀잇의 운영을 관리한다. 그 수수료는 제공하는 용역에 상응한다. 스폰서는 판매가 허가된 판매자들이 콘듀잇에 판매하는 것을 승인하고, 콘듀잇이 구매할 자산을 승인하며, 콘듀잇의 자금조달에 대한 결정을 내린다. 스폰서는 모든 투자자들의 이익이 극대화되도록 행동해야 한다.

스폰서는 콘듀잇의 잔여이익에 대한 권리가 있으며, 또한 콘듀잇에 신용보강과 유동성 지원을 제공한다. 스폰서가 제공하는 신용보강은 콘듀잇 전체 자산의 5%까지 손실을 부담하며, 양도자가 손실을 부담한 이후에는 유동성 지원은 채무불이행 자산에 대해서는 적용되지 않는다. 투자자들은 스폰서의 의사결정 권한에 영향을 미칠 수 있는 실질적인 권리를 갖지 않는다.

스폰서가 제공하는 용역에 상응하는 시장 기준 수수료를 받는다고 할지라도, 스폰서는 콘듀잇의 활동에 따른 이익 변동에 대하여 노출되는데, 이는 콘듀잇의 잔여이익에 대한 스폰서의 권리와 신용보강 및 유동성 지원의 제공 때문이다(즉, 콘듀잇은 중기 자산 자금을 조달하기 위해 단기 채무상품을 이용함으로써 유동성 위험에 노출된다). 비록 각 양도자가 콘듀잇의 자산 가치에 영향을 미치는 의사결정권을 가지고 있지만, 스폰서는 콘듀잇의 이익에 가장 유의적으로 영향을 미치는 활동을 지시하는 현재의 능력을 갖게 하는 광범위한 의사결정 권한을 가진다. 즉, 스폰서는 콘듀잇의 조건을 설정하고 자산에 대한 의사결정권(구매되는 자산과 그 자산의 양도자들에 대한 승인) 및 콘듀잇의 자금조달(새로운 투자대상을 정규적으로 물색해야 한다)에 대한 의사결정권을 가지고 있다.

콘듀잇의 잔여이익에 대한 권리와 신용보강 및 유동성 지원의 제공에 의해 스폰서는 콘듀잇 활동의 이익 변동에 노출되는데 이는 다른 투자자들의 노출과는 구별된다. 따라서 그러한 노출은 스폰서가 본인임을 나타내며, 그러므로 스폰서는 콘듀잇을 지배한다고 결론을 내린다. 모든 투자자들의 이익을 극대화하도록 행동해야 할 스폰서의 의무가 있다고 해서 스폰서가 본인이라는 점을 부정하지는 못한다.

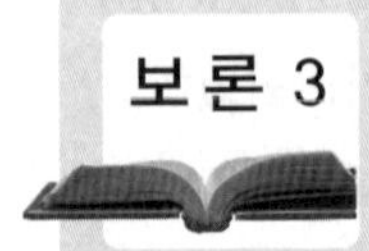

보론 3 '사업'의 정의와 판단[41)]

※ 공정가치의 집중을 식별하기 위한 선택적 테스트

K-IFRS 제1103호 문단 B7B는 취득한 활동과 자산의 집합이 사업이 아닌지를 간단하게 평가할 수 있는 선택적 테스트(집중테스트)를 정하고 있으며, 기업은 이 테스트의 적용 여부를 선택할 수 있다. 만일 집중테스트를 통과하지 못한다면 사업에 해당하지 않고, 통과한다면 취득한 과정이 실질적인지에 대한 평가가 추가적으로 필요하다.

만약 취득한 총자산의 공정가치의 대부분이 식별 가능한 단일 자산 또는 비슷한 자산의 집합에 집중되어 있다면, 집중테스트를 통과하지 못한다.

이 집중테스트는 다음과 같이 이루어진다.

① 취득한 총자산에서 현금및현금성자산, 이연법인세자산 그리고 이연법인세부채의 영향에 따른 영업권을 제외한다.

② 취득한 총자산의 공정가치는 취득한 식별 가능한 순자산의 공정가치를 초과하여 이전된 대가(비지배지분의 공정가치와 이전에 보유하고 있던 지분의 공정가치를 가산)를 포함한다. 취득한 총자산의 공정가치는 일반적으로 인수한 부채(이연법인세부채 제외)의 공정가치에 이전대가의 공정가치(비지배지분의 공정가치와 이전에 보유하고 있던 지분의 공정가치를 가산)를 가산하고, 그 후에 위 ①에서 명시된 항목을 제외하여 얻어지는 총액으로 산정할 수 있다. 그러나 취득한 총자산의 공정가치가 그 총액보다 크다면 때에 따라 보다 정확한 계산이 필요할 수 있다.

③ 단일의 식별 가능한 자산은 사업결합에서 단일의 식별 가능한 자산으로서 인식되고 측정되는 자산 또는 자산 집합을 포함한다.

④ 만약 유형(형태가 있는)의 자산(a tangible asset)이 다른 유형의 자산(또는 기업회계기준서 제1116호 '리스'에 정의된 기초자산)에 부착되어 있고, 유의적인 원가를 들이거나 각 자산(예 : 토지와 건물)의 효용이나 공정가치를 유의적으로 줄이지 않고서는 다른 유형의 자산에서 물리적으로 제거하여 별도로 사용할 수 없다면, 그러한 자산들은 단일의 식별 가능한 자산으로 간주된다.

41) 본 절은 K-IFRS 제1103호에 수록된 사업의 판단기준과 관련 사례들로 구성되어 있다.

⑤ 복수의 자산이 비슷한지를 평가할 때, 기업은 단일의 식별 가능한 개별 자산의 성격과 그 자산들의 산출물을 관리하고 창출하는 것과 관련되는 위험(즉, 위험 특성)을 고려한다.

⑥ 다음은 비슷한 자산으로 간주되지 않는다.

- 유형의 자산과 무형자산
- 다른 종류인 유형의 자산(예 : 재고자산, 제조 설비, 자동차)
  (이러한 자산들이 위 ④에 따라 단일의 식별 가능한 자산으로 간주되는 경우 제외)
- 서로 다른 유형인 식별 가능한 무형자산(예 : 브랜드명, 라이선스, 개발 중인 무형자산)
- 금융자산과 비금융자산
- 서로 다른 유형인 금융자산(예 : 매출채권 및 지분상품 투자)
- 자산의 유형은 동일하지만 위험특성이 유의적으로 다른 식별 가능한 자산

※ **취득한 과정이 실질적인지에 대한 평가**(K-IFRS 제1103호 B12)

① 취득일에 산출물이 없는, 취득한 활동과 자산의 집합의 예로 수익 창출을 시작하지 않은 초기 단계의 기업이 있다. 또 만약 취득한 활동과 자산의 집합이 취득일에 수익을 창출하고 있었던 경우, 예를 들어 그러한 활동과 자산의 집합이 취득자에 의해 통합될 것이기 때문에 그 후에 외부 고객으로부터 창출하는 수익이 더 이상 없더라도 취득일에 산출물이 있는 것으로 간주된다(B12A).

② 활동과 자산의 집합이 취득일에 산출물이 없는 경우, 취득한 과정(또는 과정들의 집합)은 다음을 모두 충족하는 경우에만 실질적인 것으로 간주된다(B12B).

- 취득한 과정(또는 과정들의 집합)이 취득한 투입물을 산출물로 개발하거나 변환하는 능력에 매우 중요하다.
- 취득한 투입물은 해당 과정(또는 과정들의 집합)을 수행하는데 필요한 기술, 지식 또는 경험을 갖춘 조직화된 노동력과 그 조직화된 노동력이 산출물로 개발하거나 변환할 수 있는 그 밖의 투입물을 모두 포함한다. 그러한 그 밖의 투입물은 다음을 포함할 수 있다.
  ㈎ 재화나 용역을 개발하는데 사용될 수 있는 지적 재산
  ㈏ 산출물을 창출하기 위해 개발될 수 있는 그 밖의 경제적 자원
  ㈐ 미래 산출물을 창출하는데 필요한 재료나 권리에 대한 접근권

위 ㈎~㈐에 언급된 투입물의 예로는 기술, 진행 중인 연구개발 프로젝트, 부동산 및 광물지분을 포함한다.

③ 활동과 자산의 집합이 취득일에 산출물을 가지고 있는 경우, 과정이 취득된 투입물에 적용이 될 때 다음 중 하나를 충족한다면, 취득한 과정(또는 과정들의 집합)은 실질적인 것으로 간주된다(B12C).

- 취득한 과정(또는 과정들의 집합)이 산출물을 계속 창출할 수 있는 능력에 매우 중요하며, 취득한 투입물에는 해당 과정(또는 과정들의 집합)을 수행하는데 필요한 기술, 지식 또는 경험을 갖춘 조직화된 노동력이 포함된다.
- 취득한 과정(또는 과정들의 집합)이 산출물을 계속 창출할 능력에 유의적으로 기여하고, 다음 중 하나를 충족한다.
  ㈎ 고유하거나 희소한 것으로 간주된다.
  ㈏ 대체하려면, 유의적인 원가나 노력이 들거나 산출물을 계속 창출하는 능력이 지체된다.

④ 추가 논의(B12D)

- 취득한 계약은 실질적인 과정이 아니라 투입물이다. 그럼에도 불구하고, 취득한 계약(예 : 부동산관리(property management)을 아웃소싱하는 계약, 자산관리(asset management)를 아웃소싱하는 계약)에 따라 조직화된 노동력에 접근할 수도 있다. 기업은 그러한 계약에 따라 접근할 수 있는 조직화된 노동력이, 기업이 통제하고 취득한 실질적인 과정을 수행하는지를 평가한다. 그러한 평가에 고려할 요소에는 계약의 존속기간과 갱신 조건이 포함된다.
- 취득한 조직화된 노동력을 대체하는 것이 어렵다면, 취득한 조직화된 노동력이 산출물을 창출하는 능력에 매우 중요한 과정을 수행함을 나타낼 수 있다.
- 예를 들어, 산출물을 창출하는데 필요한 모든 과정을 고려할 때 어떤 과정(또는 과정들의 집합)이 부수적이거나 사소하다면 그 과정(또는 과정들의 집합)은 매우 중요하지 않다.

예제 1-1

- P사는 각각 리스계약이 실행되고 있는 단독주택 10채의 포트폴리오를 일괄 매입함.
- 지급한 대가의 공정가치는 취득한 10채 단독주택의 총 공정가치와 동일함.
- 각 단독주택은 토지, 건물, 구축물을 포함함.
- 각각의 주택의 연면적과 실내 디자인은 모두 상이함.
- 10채의 단독주택은 같은 지역에 위치하고 있으며 고객층(예 : 임차인)도 유사함.
- 주택을 취득한 부동산 시장에서의 운영 위험은 유의적으로 다르지 아니함.

• 직원, 기타 자산, 과정이나 그 밖의 활동은 이전되지 아니함.

요구사항 취득 대상이 '사업'의 정의에 부합하는지 검토하시오.

문단 B7B에 따른 검토 내용은 다음과 같다.

① 각각의 단독주택은 식별 가능한 단일 자산으로 간주된다.
- 건물과 구축물은 토지에 부착되어 있으며, 유의적인 원가를 들이지 않고서는 제거할 수 없다.
- 실행 중인 리스와 건물은 사업결합에서 식별 가능한 단일 자산으로 인식되고 측정될 것이므로 식별 가능한 단일 자산으로 본다.

② 자산(모든 단독주택)은 성격상 비슷하며 산출물의 관리 및 창출과 관련된 위험이 유의적으로 다르지 않기 때문에 10채의 단독주택 집합은 식별 가능한 비슷한 자산집합이다. 이는 주택과 고객층의 유형이 유의적으로 다르지 않기 때문이다.

③ 결과적으로 취득한 총자산의 공정가치의 대부분이 식별 가능한 비슷한 자산집합에 집중되어 있다.

따라서 P사가 취득한 활동과 자산의 집합은 사업에 해당하지 않는다.

예제 1-2

• P사가 모두 임대된 10층 업무용 건물 6채로 구성된 복수 세입자(Multi-tenant) 대상 상업지구를 매수했다는 사실을 제외하고는 〈예제 1-1〉과 동일함.
• 취득한 활동과 자산의 추가적인 집합에는 토지, 건물, 임대 및 청소 · 보안 · 유지보수를 아웃소싱하기 위한 계약이 포함됨.
• 직원, 기타 자산, 그 밖의 과정이나 활동은 이전되지 아니함.
• 상업지구와 관련된 총 공정가치는 10채의 단독주택과 관련된 총 공정가치와 유사함.
• 청소 및 보안을 아웃소싱하기 위한 계약을 통해 수행되는 과정은 산출물 창출에 요구되는 전체 과정의 맥락에서 부수적이거나 경미함.

요구사항 취득 대상이 '사업'의 정의에 부합하는지 검토하시오.

문단 B7B에 대한 검토 결과 P사가 취득한 단독주택과 상업지구는 식별 가능한 비슷한 자산에 해당하지 않는다.

① 단독주택과 상업지구가 자산의 운영, 임차인 확보 및 관리와 관련된 위험이 유의적으

로 다르다. 특히, 두 유형의 고객과 관련된 운영과 위험의 규모는 유의적으로 다르다.

② 상업지구의 공정가치가 10채의 단독주택의 총 공정가치와 비슷하므로, 취득한 총자산의 공정가치의 대부분이 식별 가능한 비슷한 자산집합에 집중되는 것은 아니다.

실행 중인 리스를 통해 수익을 창출하고 있으므로 활동과 자산의 집합은 산출물이 있다. 따라서 P사는 문단 B12C의 기준을 적용하여 취득한 과정이 실질적인지를 판단해야 하는데, 다음의 이유로 B12C(1)를 충족하지 못한다고 볼 수 있다.

① 조직화된 노동력이 포함되어 있지 않다.

② P사는 아웃소싱된 청소 · 보안 · 유지보수의 담당자가 수행하는 과정(취득한 유일한 과정)이 산출물 창출에 필요한 전체 과정의 맥락에서 부수적이거나 경미한 것으로 간주되며, 따라서 그 과정은 산출물을 계속 생산하는 능력에 매우 중요하지는 않다(문단 B12D 참조).

P사는 유일하게 취득된 아웃소싱된 청소 · 보안 · 유지보수의 담당자가 수행하는 과정을 고려한 후, 문단 B12C(2)에 따른 기준을 검토하게 되는데, 다음의 이유로 기준을 충족하지 못한다고 판단할 수 있다.

① 그 과정이 산출물을 계속 생산하는 능력에 유의적으로 기여하지 않는다.

② 시장에서 그 과정에 쉽게 접근할 수 있다. 따라서 그 과정은 고유하거나 희소하지 않다. 또한, 그 과정은 유의적인 원가, 노력 또는 산출물을 계속 생산하는 능력이 지체되지 않고 대체될 수 있다.

따라서 P사가 취득한 활동과 자산의 집합은 사업에 해당하지 않는다.

예제 1-3

- 취득한 활동과 자산의 집합에 임대, 임차인 관리 및 제반 운영 과정의 관리 · 감독을 책임지는 종업원도 포함됨.
- 그 이외에는 〈예제 1-2〉와 동일함.

요구사항 취득 대상이 '사업'의 정의에 부합하는지 검토하시오.

취득한 활동과 자산의 집합은 실행 중인 리스를 통해 수익을 창출하고 있으므로 산출물이 있다. 따라서 문단 B12C의 기준을 적용한다.

다음의 이유로 실질적인 과정과 투입물이 함께 산출물을 창출하는 능력에 유의적으로 기

여한다고 판단할 수 있다(B12C(1) 충족).

① 취득한 집합에 실질적인 과정(임대, 임차인 관리, 운영 과정의 관리·감독)을 수행하는데 필요한 기술, 지식 또는 경험을 갖춘 조직화된 노동력이 포함되어 있다.

② 그 과정은 취득한 투입물(토지, 건물, 실행 중인 리스)에 적용하여 계속 산출물을 생산하는 능력에 매우 중요하므로 실질적이다. 또한 실질적인 과정과 투입물이 함께 산출물을 창출하는 능력에 유의적으로 기여하기 때문에, 문단 B8의 기준을 충족한다.

따라서, P사가 취득한 활동과 자산의 집합은 사업에 해당한다.

예제 2-1

- P사는 다음을 포함하는 A사를 취득함.
  - 당뇨병을 치료하기 위한 화합물을 개발하여, 최종 시험 단계를 진행 중인 연구개발 프로젝트(프로젝트 1)에 대한 권리 : 프로젝트 1은 최종 시험 단계를 완료하는데 필요한 과거 노하우, 제조법, 설계 및 절차를 포함하고 있음.
  - 임상시험을 아웃소싱하는 계약 : 그 계약은 현재 시장가격으로 가격이 책정되어 있고 시장의 많은 공급자들이 동일한 서비스를 제공할 수 있음. 따라서 이 계약과 관련된 공정가치는 영(0)이다. 취득자는 계약을 갱신할 수 있는 옵션이 없음.
- 직원, 기타 자산, 그 밖의 과정 또는 활동은 이전되지 아니함.

요구사항 취득 대상이 '사업'의 정의에 부합하는지 검토하시오.

다음의 이유로 '사업'에 해당하지 않는다.

① 프로젝트 1은 사업결합에서 식별 가능한 단일 무형자산으로 인식되고 측정될 것이기 때문에 식별 가능한 단일 자산이다.

② 취득한 계약의 공정가치가 '0'이므로, 취득한 총자산의 공정가치의 대부분은 프로젝트 1에 집중된다.

예제 2-2

- A사는 취득한 활동과 자산의 집합에 알츠하이머 치료제를 개발하며, 최종 시험 단계에 있는 또 다른 진행 중인 연구개발 프로젝트(프로젝트 2)가 포함되어 있음.
- 프로젝트 2에는 최종 시험 단계를 완료하는데 필요할 것으로 예상되는 과거 노하우, 제조법, 설계 및 절차를 포함하고 있음.
- 프로젝트 2와 관련된 공정가치는 프로젝트 1과 관련된 공정가치와 유사함.

• 직원, 기타 자산, 그 밖의 과정 또는 활동은 이전되지 아니함.
• 그 이외에는 〈예제 2-1〉과 동일함.

요구사항 취득 대상이 '사업'의 정의에 부합하는지 검토하시오.

〈예제 2-2〉의 상황은 다음과 같다.

① 프로젝트 1과 프로젝트 2는 사업결합에서 식별 가능한 별도 자산으로 각각 인식되고 측정될 식별 가능한 무형자산이다.

② 프로젝트 1과 프로젝트 2는 각 자산에서 산출물을 창출하고 관리하는 것과 관련된 위험이 유의적으로 다르기 때문에 식별 가능한 비슷한 자산이 아니다. 각 프로젝트는 고객에게 화합물을 개발, 완성 및 마케팅하는 것과 관련하여 유의적으로 다른 위험을 가지고 있다. 이 화합물은 유의적으로 다른 의학적 상태를 치료하기 위한 것이며, 각 프로젝트마다 유의적으로 다른 잠재적 고객을 가진다.

결과적으로 취득한 총자산의 공정가치의 대부분은 식별 가능한 단일 자산 또는 비슷한 자산집합에 집중되지 않는다. 따라서 취득자는 문단 B8~B12D에 따라 사업으로 간주되기 위한 최소 요구사항을 충족하는지를 평가한다.

취득한 활동과 자산의 집합은 수익의 창출이 시작되지 않았기 때문에 산출물이 없으므로 문단 B12B의 기준을 적용하는데, 다음의 이유로 해당 기준을 충족하지 못한다.

① 해당 집합은 조직화된 노동력을 포함하지 않는다.

② 임상시험을 아웃소싱하는 계약이 임상시험 수행에 요구되는 과정을 실행하는데 필요한 기술, 지식 또는 경험을 가진 조직화된 노동력에 접근하도록 할 수 있지만, 그 조직화된 노동력은 취득자가 취득한 투입물을 산출물로 개발하거나 변환할 수 없다. 성공적인 임상시험은 산출물을 생산하기 위한 전제조건이지만, 그러한 시험의 수행은 취득한 투입물을 산출물로 개발하거나 변환하지 않을 것이다.

따라서 P사가 취득한 활동과 자산의 집합은 사업에 해당하지 않는다.

예제 3

• P사는 바이오테크를 취득함.
• 바이오테크의 영업은 다음과 같음.
  – 개발 중인 여러 가지 약제에 대한 연구개발 활동(진행 중인 연구개발 프로젝트)

- 연구개발 활동을 수행하는데 필요한 기술, 지식 또는 경험을 보유한 고위 경영진 및 과학자
- 유형의 자산(본사, 연구실 및 연구 장비 포함)을 포함함.

• 바이오테크는 아직 시장성 있는 제품을 가지고 있지 않으며 수익을 창출하지 못하고 있음.
• 취득한 각 자산의 공정가치는 유사함.

요구사항 취득 대상이 '사업'의 정의에 부합하는지 검토하시오.

취득한 총자산의 공정가치의 대부분이 식별 가능한 단일 자산 또는 비슷한 자산집합에 집중되어 있지 않다는 것은 명백하다. 따라서 선택적 집중테스트는 통과하지 못할 것이다. 결과적으로 P사는 문단 B8~B12D에 따라 사업으로 간주되기 위한 최소 요구사항을 충족하는지를 평가한다.

먼저 P사가 어떤 과정을 취득하였는지를 평가한다. 어떤 과정도 문서화되지 않았음에도 불구하고, 취득한 조직화된 노동력은 바이오테크의 진행 중인 프로젝트에 대한 독점적인 지식과 경험을 보유하고 있다. P사는 문단 B7을 적용하여 규칙과 관례에 따르는 필요한 기술과 경험을 갖춘 조직화된 노동력을 취득하였고 그 노동력의 지적 능력이 산출물을 창출하기 위해 투입물에 적용될 수 있는 과정을 제공한다고 결론을 내린다.

다음으로 P사는 취득한 과정이 실질적인지를 평가해야 하는데, 활동과 자산의 집합에는 산출물이 없다. 따라서 P사는 문단 B12B의 기준을 적용하고, 다음의 이유로 이러한 기준을 충족한다고 판단을 내릴 수 있다.

① 취득한 과정이 취득한 투입물을 산출물로 개발하거나 변환할 수 있는 능력에 매우 중요하다.

② 취득한 투입물에는 다음 두 가지가 모두 포함된다.
  • 취득한 과정을 수행하는데 필요한 기술, 지식 또는 경험을 갖춘 조직화된 노동력
  • 조직화된 노동력이 산출물로 개발하거나 변환할 수 있는 기타 투입물. 그러한 투입물은 진행 중인 연구개발 프로젝트를 포함한다.

최종적으로 문단 B8을 적용하여 취득한 실질적인 과정과 취득한 투입물이 함께 산출물을 창출하는 능력에 유의적으로 기여한다고 판단할 수 있다. 따라서 P사가 취득한 활동과 자산의 통합된 집합은 사업에 해당한다.

예제 4

- P사는 다른 기업(판매자)으로부터 방송자산을 구입함.
- 취득한 활동과 자산의 집합에는 통신 라이선스, 방송장비 및 사무실용 건물만 포함됨.
- 취득한 각 자산의 공정가치는 유사함.
- P사는 프로그램 방송에 필요한 과정을 취득하지 않았으며, 직원, 기타 자산, 그 밖의 과정 또는 활동을 취득하지 아니함.
- 취득일 전에 판매자는 취득자가 취득한 활동과 자산의 집합을 이용한 방송을 중단함.

요구사항 취득 대상이 '사업'의 정의에 부합하는지 검토하시오.

P사가 선택적 집중테스트를 적용하기로 하고 검토한 내용은 다음과 같다.

① 방송장비는 건물에 부착되어 있지 않고, 유의적인 원가 없이 또는 각 자산의 효용이나 공정가치의 감소 없이 제거될 수 있으므로, 방송장비와 건물은 식별 가능한 단일의 자산이 아니다.

② 방송장비와 건물은 서로 다른 종류인 유형의 자산인 반면 라이선스는 무형자산이다. 따라서 문단 B7B에 따라 이들 자산은 서로 비슷하다고 보지 않는다.

③ 식별 가능한 단일 자산 각각의 공정가치는 서로 비슷하다. 따라서 취득한 총자산의 공정가치의 대부분은 식별 가능한 단일 자산 또는 비슷한 자산집합에 집중되어 있지 않다.

따라서 P사는 활동과 자산의 집합이 문단 B8~B12D에 따라 사업으로 간주되기 위한 최소 요구사항을 충족하는지를 평가한다.

판매자가 방송을 중단하였기 때문에 활동과 자산의 집합에는 산출물이 없으므로, P사는 문단 B12B를 적용한다. 자산 집합은 조직화된 노동력을 포함하고 있지 않으므로 그러한 기준을 충족하지 못한다.

따라서 P사가 취득한 활동과 자산의 집합은 사업에 해당하지 않는다.

예제 5

- P사는 폐쇄된 생산시설(토지와 건물)과 관련 장비를 구입함.
- 관련 장비의 공정가치와 생산시설의 공정가치는 비슷함.
- 현지 법을 준수하기 위해, 취득자는 생산시설에서 근무하였던 직원을 인계받아야 함.
- 기타 자산, 그 밖의 과정 또는 활동은 이전되지 아니함.
- 취득한 활동과 자산의 집합은 취득일 전에 산출물을 생산하는 것을 중단함.

요구사항 취득 대상이 '사업'의 정의에 부합하는지 검토하시오.

P사가 선택적 집중테스트를 적용하여 검토한 내용은 다음과 같다.

① 해당 장비와 생산시설은 식별 가능한 단일 자산이 아니다. 왜냐하면 해당 장비는 유의적인 원가없이 또는 해당 장비나 생산시설의 효용이나 공정가치의 감소없이 제거될 수 있기 때문이다. 이 장비는 생산시설에 부착되어 있는 것이 아니며 많은 다른 유형의 생산시설에서 사용될 수 있다.

② 해당 장비와 생산시설은 서로 다른 종류의 유형자산이므로, 식별 가능한 비슷한 자산이 아니다.

③ 해당 장비와 생산시설의 공정가치는 비슷하다. 그러므로 취득한 총자산의 공정가치의 대부분이 식별 가능한 단일 자산 또는 비슷한 자산집합에 집중되어 있지 않다.

따라서 P사는 활동과 자산의 집합이 문단 B8~B12D에 따라 사업으로 간주되기 위한 최소 요구사항을 충족하는지를 평가한다.

취득일 전에 취득한 활동과 자산의 집합은 산출물 생산을 중단하였기 때문에 취득일에 산출물을 보유하지 않으므로, P사는 문단 B12B의 기준을 적용해야 한다. 이 집합은 관련 장비를 사용하는데 필요한 기술, 지식 또는 경험을 가진 조직화된 노동력을 포함하지만, 조직화된 노동력이 산출물로 개발하거나 변환할 수 있는 또 다른 획득된 투입물(예 : 지적재산 또는 재고자산)을 포함하지 않는다. 시설과 장비는 산출물로 개발되거나 변환될 수 없다.

따라서 P사가 취득한 활동과 자산의 집합은 사업에 해당하지 않는다.

예제 6-1

- P사는 다른 기업(판매자)으로부터 특정 지역에서 제품 X를 독점 유통할 수 있는 2차 라이선스(sublicence)를 구입함.
- 판매자는 제품 X를 전 세계에 유통할 수 있는 라이선스를 가지고 있음.
- 이 거래의 일부로 P사는 해당 지역의 고객과의 기존 계약도 구입하고, 시장 가격으로 생산자로부터 제품 X를 구매하는 공급계약도 인수함.
- 식별 가능한 취득한 자산 중 어느 것도 취득한 총자산의 공정가치의 대부분을 차지하는 것은 없음.
- 직원, 기타 자산, 과정, 유통능력 또는 그 밖의 활동은 이전되지 아니함.

요구사항 취득 대상이 '사업'의 정의에 부합하는지 검토하시오.

P사가 선택적 집중테스트를 적용하여 검토한 내용은 다음과 같다.

① 사업결합에서 인식할 수 있는 식별 가능한 자산에는 제품 X를 유통할 수 있는 2차 라이선스, 고객 계약 및 공급계약이 포함된다.

② 2차 라이선스와 고객 계약은 다른 유형의 무형자산이므로, 이들 식별 가능한 자산은 서로 비슷하지 않다.

③ 따라서 취득한 총자산의 공정가치의 대부분은 식별 가능한 단일 자산 또는 비슷한 자산집합에 집중되어 있지 않다.

따라서 P사는 활동과 자산의 집합이 문단 B8~B12D에 따라 사업으로 간주되기 위한 최소 요구사항을 충족하는지를 평가한다.

① 2차 라이선스는 취득일에 특정 지역의 고객으로부터 수익을 창출하고 있기 때문에 활동과 자산의 집합은 산출물을 가지고 있으므로, P사는 문단 B12C의 기준을 적용한다.

② 문단 B12D에서 설명하는 바와 같이, 취득한 계약은 투입물일 뿐이고 실질적인 과정은 아니다.

③ P사는 취득한 공급계약이 실질적인 과정을 수행하는 조직화된 노동력에 대한 접근을 제공하는지를 고려한다. 취득한 또 다른 투입물에 과정을 적용하는 용역을 공급계약이 제공하지 않기 때문에, P사는 공급계약의 실질이 제품 X를 생산하는데 필요한 조직화된 노동력, 과정 및 기타 투입물을 취득하지 않고 제품 X를 구입하는 것이라고 결론을 내린다.

④ 더욱이 취득한 2차 라이선스는 과정이 아니라 투입물이다. P사는 그 집합이 조직화된 노동력을 포함하지 않고 취득자가 문단 B12C를 충족할 수 있는 실질적인 과정을 취득하지 않았다고 판단한다.

따라서 P사가 취득한 활동과 자산의 집합은 사업에 해당하지 않는다.

예제 6-2

- P사는 관련된 모든 지적재산을 포함하여 제품 X에 대한 전 세계 유통 사업권을 취득하는 것을 제외하고는, 〈사례 6-1〉과 동일함.
- 취득한 활동과 자산의 집합에는 모든 고객 계약 및 고객 관계, 완제품 재고, 마케팅 자료, 고객 인센티브 프로그램, 원재료 공급계약, 제품 X 제조와 관련된 특수 장비 및 제품 X 생산과 관련된 문서화된 제조 과정과 프로토콜이 포함됨.
- 직원, 기타 자산, 그 밖의 과정 또는 활동은 이전되지 아니함.

• 식별 가능한 취득한 자산 중 취득한 총자산의 공정가치의 대부분을 차지하는 것은 없음.

요구사항 취득 대상이 '사업'의 정의에 부합하는지 검토하시오.

〈예제 6-1〉에서 언급한 바와 같이 취득한 총자산의 공정가치의 대부분이 식별 가능한 단일 자산 또는 비슷한 자산 집합에 집중되지 않는다. 따라서 선택적 집중테스트를 통과하지 못할 것이다. 따라서 P사는 문단 B8~B12D에 따라 활동과 자산의 집합이 사업으로 간주하기 위한 최소한의 요구사항을 충족하는지를 평가한다.

① 활동과 자산의 집합에 산출물이 있으므로, P사는 문단 B12C의 기준을 적용한다. 이 집합은 조직화된 노동력을 포함하지 않으므로 문단 B12C의 기준을 충족하지 못한다. 그러나 P사는 취득한 제조 과정이 실질적이라고 결론을 내린다. 이는 제조 과정이 지적 재산, 원재료 공급계약 및 전문 장비와 같은 취득한 투입물에 적용하였을 때 산출물을 계속 생산할 수 있는 능력에 유의적으로 기여하고, 이 과정은 제품 X에 대해서만 고유하게 사용되기 때문이다. 따라서 문단 B12C의 기준을 충족한다고 본다.

② P사는 실질적인 과정과 투입물이 함께 산출물을 생산하는 능력에 유의적으로 기여하기 때문에, 문단 B8의 기준을 충족한다고 결론을 내린다.

따라서 P사가 취득한 활동과 자산의 집합은 사업에 해당한다.

예제 7-1

• P사는 대출 포트폴리오를 다른 기업(판매자)으로부터 취득함.
• 이 포트폴리오를 구성하는 주택담보대출의 조건, 규모 및 위험등급은 유의적으로 다르지 아니함.
• 직원, 기타 자산, 그 밖의 과정 또는 활동은 이전되지 아니함.

요구사항 취득 대상이 '사업'의 정의에 부합하는지 검토하시오.

P사는 선택적 집중테스트를 적용하기로 하고, 다음과 같이 결론을 내린다.

① 자산(주택담보대출)의 성격은 비슷하다.

② 대출의 조건, 규모 및 위험등급이 유의적으로 다르지 않기 때문에, 산출물을 관리하고 창출하는데 관련된 위험은 유의적으로 다르지 않다.

③ 취득한 대출은 비슷한 자산이다.

④ 따라서 취득한 총자산의 공정가치의 대부분은 식별 가능한 비슷한 자산집합에 집중된다.

따라서 P사가 취득한 활동과 자산의 집합은 사업에 해당하지 않는다.

예제 7-2

- 대출 포트폴리오를 구성하는 상업대출의 조건, 규모, 위험등급이 유의적으로 다르다는 점을 제외하고는 〈예제 7-1〉과 동일함.
- 비슷한 조건, 규모, 위험등급을 가진 취득한 대출 및 대출 집합으로서 취득한 포트폴리오의 공정가치의 대부분을 차지하는 것은 없음.
- 직원, 기타 자산, 그 밖의 과정 또는 활동은 이전되지 아니함.

요구사항 취득 대상이 '사업'의 정의에 부합하는지 검토하시오.

P사는 선택적 집중테스트를 적용하기로 선택하고, 다음과 같이 결론을 내린다.

① 자산(상업대출)의 성격은 비슷하다.

② 대출의 조건, 규모 및 위험등급이 유의적으로 다르기 때문에, 산출물을 관리하고 창출하는데 관련된 위험이 유의적으로 다르다.

③ 취득한 대출은 식별 가능한 비슷한 자산이 아니다.

④ 따라서 취득한 총자산의 공정가치의 대부분은 식별 가능한 비슷한 자산집합에 집중되어 있지 않다.

따라서 P사는 문단 B8~B12D에 따라 사업으로 간주되기 위한 최소한의 요구사항을 충족하는지를 평가한다.

① 대출 포트폴리오는 이자수익을 창출하기 때문에 산출물이 있다. 따라서 P사는 문단 B12C의 기준을 적용한다.

② 취득한 계약은 문단 B12D에서 설명하는 바와 같이 실질적인 과정이 아니다. 더욱이 취득한 활동과 자산의 집합은 조직화된 노동력을 포함하지 않으며, 문단 B12C의 기준을 충족할 수 있는 취득된 과정이 없다.

따라서 P사가 취득한 활동과 자산의 집합은 사업에 해당하지 않는다.

예제 7-3

- 〈예제 7-2〉와 동일한 상황이나, 취득자가 포트폴리오의 신용위험과 차입자와의 관계를 관리하는 판매자의 직원(예 : 중개업자, 대출상품판매자, 위험관리자)도 인수함.
- 판매자에게 이전되는 대가는 취득한 대출 포트폴리오의 공정가치보다 유의적으로 높음.

요구사항 취득 대상이 '사업'의 정의에 부합하는지 검토하시오.

〈예제 7-2〉에서 언급한 바와 같이, 취득한 총자산의 공정가치의 대부분이 식별 가능한 비슷한 자산집합에 집중되어 있지 않다. 따라서 선택적 집중테스트는 통과하지 못할 것이다. 따라서 P사는 그 집합이 문단 B8~B12D에 따라 사업으로 간주되기 위한 최소한의 요구사항을 충족하는지를 평가한다.

대출 포트폴리오는 이자수익을 창출하기 때문에 산출물이 있다. 따라서 P사는 문단 B12C의 기준을 적용하고 문단 B12C을 충족한다고 결론을 내린다. 왜냐하면 그 집합은 산출물을 계속 생산할 수 있는 능력에 매우 중요한 과정(예 : 고객관계 관리 및 신용위험 관리)을 수행하는데 필요한 기술, 지식 또는 경험을 갖춘 조직화된 노동력이 포함되어 있기 때문이다. 그러한 실질적인 과정과 취득한 투입물(대출 포트폴리오)이 함께 산출물을 창출하는 능력에 유의적으로 기여하기 때문에, P사는 문단 B8의 기준을 충족한다고 결론을 내린다.

따라서 P사가 취득한 집합은 사업에 해당한다.

Chapter 05 지분법회계 Ⅱ : 실무

〈제1장〉에서 지분법의 기본 개념과 적용과정을 소개하였는데, 본 장에서는 다양한 지분법 적용 사례를 살펴본다.

✓ 관계기업의 취득과 처분
✓ 관계기업의 자본금과 순자산 변동에 대한 지분법 회계처리
✓ 지분법에 대한 이연법인세
✓ 관계기업주식 등에 대한 연결조정

제 1 절 취득과 처분[42)]

1. 취득일 현재 순자산 공정가치의 의미

〈제1장〉에서 유의적인 영향력을 획득한 시점에 관계기업의 자산과 부채를 공정가치로 평가하여 순자산 공정가치를 산정한다고 하였는데, 취득 시점에 파악된 관계기업의 자본 구성 항목이 지분법에 미치는 영향을 생각해 보자.

예제 1

- P사는 A사와 B사 중 한 기업을 선택하여 40%의 주식을 취득하고자 함.
- A사와 B사는 동일한 사업을 영위하고 있으며, 동일한 자산과 부채를 보유하고 있음.
- A사와 B사에 대한 영업권 가치도 동일하게 평가됨.
- A사는 자본금 100,000원과 결손금 50,000원으로 구성되어 있음.
- B사는 자본금 20,000원과 자본잉여금 30,000원으로 구성됨.
- A사와 B사의 자산 중 건물의 공정가치는 50,000원이나 장부금액은 40,000원(취득금액 : 80,000원)이며, 잔여 내용연수는 5년임.

요구사항

1. A사와 B사의 자본 구성 항목이 P사의 의사결정에 미치는 영향에 대하여 논하시오.
2. P사가 A사 지분을 취득할 지분법 관점에서 건물에 대한 조정과정을 검토하시오.

자본 항목의 의미

A사와 B사는 순자산 공정가치와 영업권이 동일하므로 자본 구성 항목에 관계없이 동일한 가치로 평가된다. 기업가치는 관계기업이 보유하고 있는 순자산 공정가치와 영업권의 가치에 따라 결정될 뿐 자본금, 결손금, 기타포괄손익 또는 자본잉여금과는 관련이 없다. **사업결합 관점에서 지분 취득은 사업과 관련된 자산 · 부채의 취득을 의미**하며, 장부상 자본을 인수하는 것이 아니라는 개념과 궤를 같이한다.

42) 별도재무제표상 관계기업투자에 원가법이 적용된다면, 연결재무제표에는 연결조정을 통해 지분법 회계처리가 반영된다. 본 절에서는 별도 언급이 없으면 연결재무제표에 반영될 지분법 회계처리임을 전제한다. 그리고 관계기업투자에 대한 연결조정은 〈제6절〉에서 별도로 다룬다.

지분법에서의 평가 기준점과 피투자기업의 자본 항목

지분법회계에서는 유의적인 영향력을 획득하는 시점의 순자산 공정가치와 영업권 금액이 향후 지분법을 적용하는 기준점이며, 관계기업의 자본 구성 항목과는 관련이 없다.

지분법 적용 절차와 세무조정

A사는 건물의 취득금액을 80,000원, 감가상각비는 8,000원(= 40,000원 ÷ 5년)으로 결산하고 있다. 반면, **지분법 관점에서는 건물을 유의적인 영향력을 행사하게 된 시점의 공정가치인 50,000원에 취득하여 상각**하는 것으로 결산하게 된다.

구 분	A사 보고 재무제표	지분법 관점 재무제표	차 액
건물의 취득금액	80,000	50,000	30,000
상각누계액	(40,000)	-	(40,000)
감가상각 대상 금액	40,000	50,000	10,000
감가상각비	8,000	10,000	2,000

A사가 지분법 관점에서 재무제표를 작성하고 P사가 동 재무제표에 근거하여 지분법을 적용한다면, 별도의 조정사항이 발생하지 않는다. 그러나 기업실무상 지분법 관점을 반영한 재무제표는 보고되지 않으므로, 다음 절차에 따라 지분법을 적용한다.

① 1단계 : A사의 장부금액을 기준으로 지분법 적용

② 2단계 : A사의 장부금액과 지분법 관점의 재무제표 차이를 추가로 반영(오류 수정)

〈예제 1〉의 경우 A사가 보고한 순자산과 순이익에 대한 지분액을 반영한 후, 다음을 추가로 반영한다.

- 취득 시 투자주식 장부금액에 FV차액 반영 = 10,000원 × 40% = 4,000원
- 감가상각비에 따른 지분법손익 수정 = 2,000원 × 40% = 800원

조정 과정은 공정가치 차액 인식과 비용을 추가로 반영하는 것인데, 이 과정은 세무조정과 유사하다.

| 세무조정과 지분법 |

구 분	지분법 평가	법인세 계산
평가 과정	간접법	간접법
평가대상 재무제표	회사제시 재무제표 (지분법 관점의 재무제표는 없음.)	회사제시 재무제표 (세무 기준의 재무제표는 없음.)
조정 및 관리 대상	공정가치 차액, 영업권, 내부거래로 인한 미실현 효과	유보
변동액	지분법손익에 반영	과세소득에 반영

2. 단계적인 취득

단계적인 취득을 통하여 유의적인 영향력을 획득하는 경우에 적용할 수 있는 회계처리는 단계법과 일괄법이 있는데, 그 내용은 다음과 같다.

① 단계법

- 지분법 적용 이전에 취득한 주식의 각각에 대하여 각 취득 시점별로 지분법을 적용하였을 경우의 취득금액과 평가금액을 산출
- 관련 계정을 소급하여 재무제표에 표시

② 일괄법

- 유의적인 영향력을 행사할 수 있게 된 시점부터 지분법 적용
- 관계기업주식의 취득금액은 기존에 소유하고 있는 주식의 공정가치와 추가 취득한 주식에 대한 지급대가의 합계 금액으로 산정

K-IFRS와 일반기업회계기준 모두 일괄법을 규정하고 있는데, 일괄법을 적용하면 관계기업주식의 취득금액은 다음과 같이 산정된다.

관계기업주식의 취득금액 = 기존 주식의 공정가치 + 추가 취득을 위하여 지급한 대가

이와 같이 취득금액을 산정하는 이유는 **기존에 보유하고 있던 자산을 처분하고 새로운 자산을 취득하였다**고 해석하기 때문이다.

예제 2

- P사는 01년 초 A사 주식 10%를 10,000원에 취득함.
- 01년 말 A사 주식 10%의 공정가치는 15,000원임.
- P사는 평가손익을 기타포괄손익으로 분류하고, 주식 처분 후 기타포괄손익 잔여 금액은 이익잉여금으로 대체하고 있음.
- 02년 초 P사는 A사 주식 20%를 30,000원에 취득하고 유의적인 영향력을 획득함.

요구사항 P사가 02년에 인식할 관계기업주식의 취득금액을 계산하시오.

관계기업주식 취득금액

- 취득금액 = 기존 주식의 공정가치 + 추가 취득을 위하여 지급한 대가
  = 15,000원 + 30,000원 = 45,000원

회계처리

(차변)	관계기업투자	45,000	(대변)	현금	30,000
	평가이익(기타포괄손익)	5,000		공정가치측정금융자산	15,000
				이익잉여금	5,000

3. 단계적인 처분

투자기업이 보유하고 있던 관계기업주식 중 일부를 처분하여 유의적인 영향력을 상실하면, 다음의 회계처리가 이루어진다(K-IFRS 제1028호 문단 22).

① 투자기업은 지분법 적용을 중지

② 잔여 주식은 유의적인 영향력을 상실한 시점의 공정가치를 취득금액으로 하여 공정가치측정금융자산으로 분류

- **관계기업주식 처분대가 = 수취한 금액 + 잔여 주식의 공정가치**
- **관계기업주식 처분손익 = 처분대가 - 장부금액**

이와 같이 회계처리하는 이유는 **유의적인 영향력을 상실한 시점에 보유하던 관계기업주식을 모두 처분하고, 새로운 자산을 공정가치로 취득하였다**고 보기 때문이다. 다만, 관계기

업주식이 공동기업주식으로 되거나 공동기업주식이 관계기업주식으로 변경될 경우, 지분법을 계속 적용하며 잔여 보유 지분은 재측정하지 않는다(K-IFRS 제1028호 문단 24).

예제 3

- P사는 02년 말 A사 주식 30%를 30,000원으로 평가하고 있음.
- P사는 03년 초 A사 주식 20%를 25,000원에 처분하고 영향력을 상실함.
- 03년 초 A사 주식 10%의 공정가치는 12,500원임.

요구사항 P사가 인식할 처분손익과 공정가치측정금융자산의 취득금액을 계산하시오.

처분대가와 처분손익

- 처분대가 = 수취한 금액 + 잔여 주식의 공정가치
  = 25,000원 + 12,500원 = 37,500원
- 처분손익 = 처분대가 - 장부금액
  = 37,500원 - 30,000원 = 7,500원

회계처리

(차변)			(대변)		
(차변)	현금	25,000	(대변)	관계기업주식	30,000
	공정가치측정금융자산	12,500		처분이익(당기손익)	7,500

4. 유의적인 영향력을 유지하는 경우의 취득과 처분

투자기업은 기존에 지분법을 적용하고 있던 관계기업주식을 추가로 취득할 수도 있으며, 유의적인 영향력을 유지하면서도 일부 주식을 처분할 수도 있다. 유의적인 영향력을 이미 획득하였음에도 불구하고 투자기업이 추가로 주식을 취득하는 경우, K-IFRS는 명시적으로 회계처리를 규정하고 있지 않지만 단계법을 적용하는 것이 합리적이다.

이는 유의적인 영향력의 획득일 이전에 단계적으로 취득한 주식에 대하여 일괄법을 적용하는 것과는 다른 방식인데, 그 이유는 다음과 같다. 공정가치측정금융자산이 관계기업주식으로 변경되는 행위는 유의적인 영향력을 획득하는 것으로서 주식 자체의 성격이 변경되는 중대한 사건이다. 따라서 기존의 자산을 처분하고 새로운 자산을 취득하는 것으로 보아 취득금액을 새롭게 산정한다. 그러나 이미 유의적인 영향력을 획득한 상태에서 추가로 주식을 취득하는 행위는 **추가적인 투자수익을 획득하기 위한 행위**에 불과하므로 기존 취득금액을 수정하지 않는다.

(1) 관계기업주식의 추가 취득

관계기업주식을 추가로 취득하면, 종전 주식과 구분하여 추가로 취득한 금액과 순자산 공정가치 및 순자산 지분액을 비교한 후 지분법을 적용한다.

- 추가 공정가치 차액 = (순자산 공정가치 − 순자산 장부금액) × 지분율
- 추가 영업권 = 추가 취득금액 − 추가 순자산 공정가치 지분액

취득 이후 종전 주식에 대한 지분법과 추가 취득한 주식에 대한 지분법이 구분되어 이루어지므로, 마치 두 개의 주식을 보유한 것과 같은 구분 관리가 필요하다.

사례 1 관계기업주식의 추가 취득

1 A사 주식 취득

P사는 A사 주식을 01년 초 다음과 같이 취득함.

지분율 30%

취득금액 80,000

유의한 영향력 획득일 현재 A사의 자산·부채 장부금액과 공정가치의 차이는 다음과 같음.

	공정가치	장부금액	차액	내용연수
기계장치	80,000	40,000	40,000	5

2 A사 주식 추가 취득

P사는 A사 주식을 03년 초 다음과 같이 추가로 취득함.

지분율 15%

취득금액 40,000

03년 초 A사의 자산·부채 장부금액과 공정가치의 차이는 다음과 같음.

	공정가치	장부금액	차액	내용연수
기계장치	48,000	24,000	24,000	3

3 배당

	01년	02년	03년
A사	5,000	5,000	10,000

4 A사 요약 재무정보

	취득	01년	02년	03년
자본금	100,000	100,000	100,000	100,000
이익잉여금	30,000	45,000	65,000	85,000
자본계	130,000	145,000	165,000	185,000
당기순이익		20,000	25,000	30,000

요구사항 **01년 초부터 03년 말까지 각 연도별 관계기업 관련 계정을 제시하시오.**

해설

1. 취득금액의 구성내역

	01년	03년
취득금액(*)	80,000	40,000
순자산 지분액	39,000(= 130,000 × 30%)	24,750(= 165,000 × 15%)
유형자산 FV차액	12,000(= 40,000 × 30%)	3,600(= 24,000 × 15%)
영업권(염가매수차익)	29,000	11,650

(*) 01년 취득금액은 주식 30%에 대한 것이며, 03년 취득금액은 추가 취득한 주식 15%와 관련된 것임.

2. 공정가치 차액

(1) 01년 취득분

	취득시점	01년	02년	03년	04년	05년
FV차액	40,000	32,000	24,000	16,000	8,000	-
FV차액 변동	-	(8,000)	(8,000)	(8,000)	(8,000)	(8,000)
FV차액 지분액	12,000	9,600	7,200	4,800	2,400	-
FV차액 변동 지분액	-	(2,400)	(2,400)	(2,400)	(2,400)	(2,400)

(2) 03년 취득분

	취득시점	01년	02년	03년	04년	05년
FV차액	–	–	24,000	16,000	8,000	–
FV차액 변동	–	–	(8,000)	(8,000)	(8,000)	(8,000)
FV차액 지분액	–	–	3,600	2,400	1,200	–
FV차액 변동 지분액	–	–	–	(1,200)	(1,200)	(1,200)

3. A사 누적 지분 평가

지분 손익 내역

	취득금액	NI 지분액	FV차액 변동		관계기업 배당	전기이월 이익잉여금	기말 장부금액
			상각비(1차)	상각비(2차)			
01년	80,000	6,000	(2,400)	–	(1,500)	–	82,100
02년	80,000	7,500	(2,400)	–	(1,500)	2,100	85,700
03년	120,000	13,500	(2,400)	(1,200)	(4,500)	5,700	131,100

순자산 분석

	순자산 지분액	유형자산(FV차액)		영업권		기말 장부금액
		1차	2차	1차 취득	2차 취득	
취득	39,000	12,000	–	29,000	–	80,000
01년	43,500	9,600	–	29,000	–	82,100
02년	49,500	7,200	–	29,000	–	85,700
03년	83,250	4,800	2,400	29,000	11,650	131,100

4. 재무제표 표시

	01년	02년	03년
관계기업투자	82,100	85,700	131,100
지분법이익	3,600	5,100	9,900

5. 회계처리

(1) 01년 주식 취득

(차변)	관계기업투자	80,000	(대변)	현금(취득)	80,000

(2) 01년 평가

(차변)	관계기업투자	2,100	(대변)	지분법이익	3,600
	현금(배당)	1,500			

(3) 02년 평가

(차변)	관계기업투자	3,600	(대변)	지분법이익	5,100
	현금(배당)	1,500			

(4) 03년 주식 추가 취득

(차변)	관계기업투자	40,000	(대변)	현금(취득)	40,000

(5) 03년 평가

(차변)	관계기업투자	5,400	(대변)	지분법이익	9,900
	현금(배당)	4,500			

사례를 통하여 살펴본 내용은 다음과 같다.

단계적인 주식 취득

- 유의적인 영향력을 획득한 이후 주식을 추가로 취득하는 경우에는 추가 취득 시점의 취득금액, 순자산 공정가치 지분액, 순자산 장부금액 지분액을 분석한다.
- 추가 취득금액과 순자산 공정가치의 차이는 영업권(또는 염가매수차익)으로 인식한다.

(2) 관계기업주식의 일부 처분

유의적인 영향력을 유지하는 가운데 일부 주식을 처분하는 경우에는 처분하기 직전의 장부금액 중 매각하는 비율과 처분금액을 비교하여 그 차이를 당기손익으로 인식하는데, 이를 식으로 표현하면 다음과 같다.

처분손익(당기손익) = 처분금액 - 처분 직전의 장부금액 × 처분 비율

만일 처분 직전에 관계기업투자자본변동(기타포괄손익)이 계상되어 있다면, 처분 비율에 해당하는 관계기업투자자본변동은 실현된 것으로 회계처리한다. 이때 **당기손익을 경유할 것인지 여부는 관계기업투자자본변동과 관련된 관계기업의 자산이나 부채에 따라 결정**된다(K-IFRS 제1028호 문단 23).

예제 4

• P사는 01년 초 A사 주식 40%를 30,000원에 취득함.
• 05년 초 A사 주식의 장부금액은 45,000원이었으며, 그 구성내역은 다음과 같음.
• 45,000원 = 30,000원(취득금액) + 10,000원(지분 이익, 이익잉여금)
+ 5,000원(지분 이익, 기타포괄손익)
• 관계기업투자자본변동의 원천은 A사의 해외사업환산차이임.
• 05년 초 P사는 A사 주식의 20%를 25,000원에 처분함.

요구사항

1. P사가 05년 초 인식하여야 할 처분손익을 계산하시오.
2. 만일 P사가 인식한 관계기업투자자본변동의 원천이 A사가 보유하는 공정가치측정금융자산일 경우 회계처리를 예시하시오.

투자주식 장부금액의 구성내역 변동

구 분	처분 전(40%)	처분 후(20%)	변동 금액
취득금액	30,000	15,000	15,000
지분 이익(이익잉여금)	10,000	5,000	5,000
지분 이익(기타포괄손익)	5,000	2,500	2,500
합 계	45,000	22,500	22,500

처분이익 = 수취한 금액 − (감소한 장부금액 − 기타포괄손익의 변동)
= 25,000원 − (22,500원 − 2,500원) = 5,000원

관계기업투자자본변동(기타포괄손익, 미실현손익)의 감소액 2,500원은 주식처분을 통하여 실현된 것으로 회계처리된다.

회계처리

(차변)	현금	25,000	(대변)	관계기업투자	22,500
	관계기업투자자본변동	2,500		관계기업투자처분이익	5,000

관계기업투자자본변동의 원천이 공정가치측정금융자산인 경우

A사가 공정가치측정금융자산을 취득하여 평가손익을 기타포괄손익으로 계상한 경우, P사는 관계기업투자자본변동을 처분손익이 아닌 이익잉여금으로 대체하는 것이 적절하다.

그 이유는 P사가 지분액만큼 금융자산평가이익(OCI)을 보유하다가 해당 자산을 처분한 것으로 보기 때문이다.

(차변)	현금	25,000	(대변)	관계기업투자	22,500
	관계기업투자자본변동	2,500		관계기업투자처분이익	2,500
				이익잉여금	2,500

사례 2 관계기업주식의 일부 처분

1 주식 취득

P사는 A사 주식을 01년 초 다음과 같이 취득함.

지분율	10%
취득금액	100,000
01년 초 취득한 A사 주식의 01년 말 공정가치	115,000

P사는 공정가치측정금융자산의 평가이익을 기타포괄손익으로 처리하고 있음. 한편, P사는 02년 초 A사 주식을 다음과 같이 추가 취득하여 유의적인 영향력을 획득함.

지분율	20%
취득금액(공정가치)	230,000

유의한 영향력 획득일 현재 A사의 자산·부채 장부금액과 공정가치의 차이는 다음과 같음.

	공정가치	장부금액	차액	내용연수
건물	120,000	80,000	40,000	5

2 주식 처분

P사는 03년 초와 04년 초 A사 주식의 일부를 매각하였으며, 그 내역은 다음과 같음.

	03년 초	04년 초
처분 지분율	10%	10%
처분 금액	150,000	140,000

한편, P사가 보유하고 있는 잔여 주식의 공정가치는 다음과 같음.

04년 초	140,000
04년 말	130,000

3 A사 요약 재무정보

	01년	02년	03년	04년
자본금	500,000	500,000	500,000	500,000
이익잉여금	100,000	170,000	230,000	310,000
해외사업환산차이	–	20,000	–	–
	600,000	690,000	730,000	810,000
당기순이익	50,000	70,000	60,000	80,000

요구사항 **01년 초부터 04년 말까지 각 연도별 관계기업과 공정가치측정금융자산 관련 계정을 제시하시오.**

해설

Ⅰ. 분석

1. 취득금액의 산정

	기존주식의 공정가치	추가 취득금액	취득금액
금액	115,000	230,000	345,000

2. 취득금액의 구성내역

취득금액	345,000
순자산 지분액 (= 600,000 × 30%)	180,000
건물 FV차액 (= 40,000 × 30%)	12,000
영업권	153,000

3. 공정가치 차액

	대상액	02년	03년 초(*)	03년
건물(FV차액)	40,000	32,000	24,000	16,000
감가상각비(FV차액 변동)	–	(8,000)	(8,000)	(8,000)
건물(FV차액 지분액)	12,000	9,600	6,400	4,800
감가상각비(FV차액 변동 지분액)	–	(2,400)	–	(1,600)

(*) 03년 초 주식 10% 처분으로 인하여 FV차액에 대한 권리도 해당 지분율만큼 감소함.

4. 처분

	취득금액	기타포괄손익	이익잉여금	장부금액
처분 직전 구성내역(30%)	345,000	6,000	18,600	369,600
처분(10%)	(115,000)	(2,000)	(6,200)	(123,200)
처분 직후 구성내역(20%)	230,000	4,000	12,400	246,400

Ⅱ. 누적 지분 평가

	취득금액	기타 포괄손익	지분 손익 내역: NI 지분액	지분 손익 내역: 감가상각비 (FV차액)	전기이월 이익잉여금	이익잉여금 감소	기말 장부금액
02년	345,000	6,000	21,000	(2,400)	–	–	369,600
03년 초	230,000	4,000	–	–	18,600	(6,200)	246,400
03년	230,000	–	12,000	(1,600)	12,400	–	252,800

순자산 분석

	순자산 지분액	건물(FV차액)	영업권	기말장부금액
취득	180,000	12,000	153,000	345,000
02년	207,000	9,600	153,000	369,600
03년 초	138,000	6,400	102,000	246,400
03년	146,000	4,800	102,000	252,800

Ⅲ. 재무제표 표시

	01년	02년	03년	04년
공정가치측정금융자산	115,000	–	–	130,000
금융자산평가손익(OCI)	15,000	–	–	(10,000)
이익잉여금	–	15,000	–	–
관계기업투자	–	369,600	252,800	–
지분법이익	–	18,600	10,400	–
관계기업투자자본변동(OCI)	–	6,000	–	–
관계기업투자처분손익	–	–	28,800	27,200

Ⅳ. 회계처리(참고사항)

1. 01년 취득

(차변) 공정가치측정금융자산 100,000 (대변) 현금 100,000

2. 01년 평가

(차변)	공정가치측정금융자산	15,000	(대변)	금융자산평가이익(OCI)	15,000

3. 02년 추가 취득

(차변)	관계기업투자	230,000	(대변)	현금	230,000
(차변)	관계기업투자	115,000	(대변)	공정가치측정금융자산	115,000
	금융자산평가이익(OCI)	15,000		이익잉여금	15,000

4. 02년 평가

(차변)	관계기업투자	24,600	(대변)	지분법이익	18,600
				관계기업투자자본변동	6,000

5. 03년 주식 처분

(차변)	현금	150,000	(대변)	관계기업투자	123,200
	관계기업투자자본변동	2,000		관계기업투자처분이익	28,800

6. 03년 평가

(차변)	관계기업투자	6,400	(대변)	지분법이익	10,400
	관계기업투자자본변동	4,000			

7. 04년 주식 처분

(차변)	현금	140,000	(대변)	관계기업투자	252,800
	공정가치측정금융자산	140,000		관계기업투자처분이익	27,200

8. 04년 평가

(차변)	금융자산평가손실(OCI)	10,000	(대변)	공정가치측정금융자산	10,000

사례를 통하여 살펴본 내용은 다음과 같다.

관계기업주식의 변동

- 유의적인 영향력을 취득하는 경우에는 일괄법, 즉 기존에 소유하던 공정가치측정금융자산을 공정가치로 처분하고 새로운 관계기업주식을 취득하는 것으로 회계처리한다.
- 즉, P사는 02년 초에 기존에 소유하던 공정가치측정금융자산을 115,000원에 처분한 것으로 보아 15,000원의 이익잉여금을 인식하고, 처분을 통하여 유입된 115,000원에 230,000원을 추가로 투자하여 관계기업주식을 취득하는 것으로 회계처리한다.

- 유의적인 영향력을 유지하는 가운데 관계기업주식의 일부를 처분하는 경우에는 장부금액 중 처분 비율만큼을 제거한다. 따라서 지분 평가 내역과 순자산 분석의 구성요소는 처분된 지분율에 비례하여 감소한다.
- 유의적인 영향력을 상실할 경우에는 관계기업주식을 모두 처분하고 새로운 금융자산을 공정가치로 취득하는 것으로 회계처리한다.
- 즉, P사는 04년 초에 기존에 소유하던 관계기업주식 전량을 280,000원에 처분하여 27,200원의 처분이익을 인식하고, 새로운 금융자산을 140,000원에 취득하는 것으로 회계처리한다.

공정가치 차액

- 유의적인 영향력을 획득한 시점에 인식한 관계기업 자산·부채 장부금액과 공정가치의 차액은 동 자산·부채의 상환, 처분 및 상각완료로 해소된다.
- 공정가치 차액의 변동은 지분법손익에 반영되는데, 기말FV차액에서 기초FV차액을 차감하여 계산된다.
- 투자기업의 지분율이 감소하는 경우 공정가치 차액에 대한 지분액도 감소한다. 따라서 02년 말에는 공정가치 차액이 9,600원이었으나, 지분율이 30%에서 20%로 감소하므로 그 지분액도 6,400원(= 9,600원 × 20% ÷ 30%)으로 감소한다.

5. 취득 부대비용 및 조건부대가의 자본화 여부

K-IFRS 제1103호는 사업결합 시 발생한 거래원가나 조건부대가에 대하여 명확하게 규정하고 있으나, K-IFRS 제1208호는 관련 규정이 없다.

그러나 IFRS 해석위원회 논의에서는 지분법 적용 시 원가에는 투자주식을 취득하기 위해 필요한 직접 관련 지출을 포함한다고 결론 내리고 있다.[43] 따라서 별도재무제표와 연결재무제표 모두 관계기업투자에 대한 직접 지출을 자본화하는 것이 적절하다.

반면, 조건부대가의 변경에 대해서는 다음과 같은 견해가 있다.

① K-IFRS 제1103호를 준용하여 조건부대가의 후속적인 변동은 당기손익으로 처리

② K-IFRS 제1008호를 준용하여 추정의 변경으로 보아 원가로 처리

취득 시 발생한 조건부대가에 대한 규정은 명확하지 않으므로, 실무상 회계정책을 수립하고 일관성 있게 적용하는 것이 적절하다.

43) IFRIC Update Jul 2009, 원가는 일반적으로 취득원가 비용이나 양도세, 기타 거래원가와 같이 취득에 직접적으로 귀속되는 원가를 포함하므로 지분법 투자주식의 취득원가에도 취득 관련 직접원가가 포함된다. 따라서 관계기업투자의 최초 인식시점의 원가에는 취득원가에는 취득원가와 투자주식을 취득하기 위해 필요한 직접적으로 발생한 원가를 포함한다.

예제 5

- P사는 20,000원을 지급하고 01년 초 A사 주식 20%를 취득함.
- P사는 A사의 향후 3년간 영업이익이 특정 금액을 초과하는 경우 3,000원을 지급하기로 하는 조건부대가 약정을 체결함.
- 조건부대가는 취득 시 공정가치는 1,000원으로 추정되었고, 이를 포함하여 취득원가를 산정함.
- 01년 말 현재 조건부대가의 공정가치는 1,500원임.

요구사항 P사의 회계처리를 예시하시오.

취득 회계처리

(차변) 관계기업투자	20,000	(대변) 현금	19,000
		금융부채(*)	1,000

(*) 조건부대가의 공정가치

조건부대가 회계처리

- 1안 : 원가 반영

(차변) 관계기업투자	500	(대변) 금융부채	500

- 2안 : 당기손익 처리

(차변) 금융원가	500	(대변) 금융부채	500

6. 약정에 의한 출자전환이나 무상감자

회생기업이나 부실화된 기업에 대한 투자를 실시할 경우 종전 주주에 대한 무상감자나 금융기관의 출자전환이 약정되는 경우가 빈번하다. 취득 시 이러한 출자전환이나 무상감자가 예정되어 있다면, 투자기업은 해당 약정을 고려하여 순자산 공정가치를 측정한다.

예제 6

- P사는 20,000원을 지급하고 01년 초 A사 주식 200주를 취득함.
- 취득 당시 A사의 자산·부채의 장부금액은 공정가치와 동일함.
- A사가 01년 초 발행한 주식수는 1,000주였으나, 12월 31일에 500주를 무상감자하여 발행주

식수는 500주로 감소함.

- 01년 중 발생한 무상감자는 종전 A사의 최대주주 지분이며, P사가 지분을 취득하는 시점에 약정된 사항이었음.
- A사가 01년 중 실현한 당기순이익은 10,000원임.
- A사의 순자산 변동은 다음과 같음.

구 분	01년 초	01년 말
자본금	100,000	50,000
감자차익	-	50,000
결손금	(70,000)	(60,000)
자본 총계	30,000	40,000

요구사항 P사가 장부에 반영할 지분법이익을 계산하시오.

기계적인 지분법평가(오류)

- 취득 시 영업권(취득금액 구성내역) = 20,000원 − 30,000원 × 20% = 14,000원
- 지분법이익 = 10,000원 × 20% = 2,000원
- 지분율 증가(염가매수차익) = 지분율 변동 후 지분액 − 지분율 변동 후 지분액
  = 40,000원 × 40% − 40,000원 × 20% = 8,000원
- 01년 말 관계기업투자 = 20,000원 + 2,000원 + 8,000원 = 30,000원

약정 반영

- 취득 시 영업권(취득금액 구성내역) = 20,000원 − 30,000원 × 40% = 8,000원
- 지분법이익 = 10,000원 × 40% = 4,000원
- 01년 말 관계기업투자 = 24,000원

P사가 취득한 이후 무상감자가 결정되었다면, 감자차익(자본손익)은 지분율 변동을 야기하므로 〈제2절〉에 따라 회계처리한다. 그러나 〈예제 6〉은 취득 시 체결된 약정에 따라 무상감자가 진행된 것이므로, 20%가 아닌 40%(= 200주 ÷ 500주)의 지분율을 적용한다.

사례 3 회생기업에 대한 투자

1 주식 취득

P사는 A사 주식을 01년 1월 2일에 유상증자를 통해 다음과 같이 취득함.

취득금액 100,000

2 A사의 재무상태

A사의 자산과 부채는 장부금액이 공정가치와 동일함.

구 분	01년 초	01년 말
자산	100,000	240,000
부채	170,000	30,000
자본금	200,000	250,000
결손금	(270,000)	(240,000)
감자차익	-	200,000

3 자본의 변동

구 분	01년 초	유상증자	무상감자	출자전환	당기순이익	01년 말
자본금	200,000	100,000	(200,000)	150,000	-	250,000
결손금	(270,000)	-	-	-	30,000	(240,000)
감자차익	-	-	200,000	-	-	200,000
합계	(70,000)	100,000	-	150,000	30,000	210,000

- P사의 유상증자는 甲의 무상감자와 B은행의 출자전환에 대한 약정 체결 후 이루어짐.
- 01년 1월 2일에 P사는 100,000원의 유상증자에 참여함.
- 01년 2월 1일에 甲은 200,000원의 무상감자를 실시함.
- 01년 4월 1일에 B은행은 차입금 중 150,000원의 출자전환을 실시함.

4 주주의 변동

주주	취득	01년	02년
甲	100%	-	-
P사	-	40%	40%
B은행	-	60%	60%
합계	100%	100%	100%

5 A사의 요약 재무정보

	취득	01년	02년
자본금	200,000	250,000	250,000
결손금	(270,000)	(240,000)	(200,000)
감자차이	-	200,000	200,000
자본계	(70,000)	210,000	250,000
당기순이익		30,000	60,000

한편, A사는 02년에 20,000원의 배당을 실시함.

요구사항 **각 연도별 관계기업투자 관련 계정을 제시하시오.**

해설

Ⅰ. 분석

1. 취득 시 순자산 공정가치 산정

	금액	산정근거
자산	200,000	01년 초 100,000원 + 유상증자 납입금 100,000원
부채	20,000	01년 초 부채 170,000원 - 출자전환 약정금액 150,000원
순자산 공정가치	180,000	

취득 시 향후 약정된 출자전환과 무상감자를 반영하여 순자산 공정가치를 산정함.

2. 취득금액의 구성내역

취득금액	100,000
순자산 공정가치 지분액	72,000
영업권	28,000

Ⅱ. 누적 지분 평가

	취득금액	NI 지분액	관계기업 배당	전기이월 이익잉여금	기말 장부금액
01년	100,000	12,000	−	−	112,000
02년	100,000	24,000	(8,000)	12,000	128,000

순자산 분석

	순자산 지분액	영업권	기말장부금액
취득	72,000	28,000	100,000
01년	84,000	28,000	112,000
02년	100,000	28,000	128,000

Ⅲ. 재무제표 표시

	01년	02년
관계기업투자	112,000	128,000
지분법이익	12,000	24,000

Ⅳ. 회계처리(참고사항)

1. 취득

(차변)	관계기업투자	100,000	(대변)	현금	100,000

2. 01년

(차변)	관계기업투자	12,000	(대변)	지분법이익	12,000

3. 02년

(차변)	관계기업투자	16,000	(대변)	지분법이익	24,000
	현금	8,000			

제 2 절 관계기업의 자본금 변동

1. 지분율 변동에 대한 회계처리 원칙

관계기업의 증자(유상감자, 무상증자 및 무상감자 포함)에 모든 주주가 기존 지분율에 비례(균등)하여 참여한다면 투자기업의 지분율은 변동하지 않는다. 그러나 불균등 유상증자 등이 발생하면 지분율은 변동되는데, 이때 회계처리 원칙은 다음과 같다.

지분율 변동에 대한 회계처리

① **지분율의 증가 : 유의적인 영향력을 유지한 상태에서 추가로 주식을 취득한 것과 경제적 실질이 동일하다.** 따라서 불균등 유상증자 시점의 관계기업의 자산과 부채를 공정가치로 측정하고, 증가된 순자산 공정가치 지분액과 영업권을 산정한다.

② **지분율의 감소 : 투자기업은 변동된 지분율에 해당하는 만큼의 주식을 처분한 것과 경제적 실질이 동일하다고 보아 처분손익을 인식한다.**

예를 들어 종전 지분율은 40%였으나 유상증자로 인하여 지분율이 45%로 변경될 경우, 균등 유상증자로 추가 취득한 40%에 대해서는 투자차액이 발생하지 않는다. 그러나 불균등 유상증자로 인하여 증가한 5%는 유상증자에 참여하지 않은 타 주주로부터 주식을 취득한 것으로 보아 투자차액을 산정한다.

반면, 유상증자에 참여하지 않아 지분율이 35%로 변경되면 감소된 5%는 처분된 것으로 처리한다.

지분거래손익 계산 절차

① 지분 변동 전 투자기업의 관계기업에 대한 순자산 지분액
② 지분 변동 후 투자기업의 관계기업에 대한 순자산 지분액
③ 지분변동액 = ① - ②
④ 주식 취득(처분)으로 인한 지급(수취) 금액
⑤ 지분거래손익(당기손익) = ④ - ③

유・무상증자(또는 유・무상감자)로 인하여 차액이 발생되는 경우의 회계처리를 요약하면 다음과 같다.

| 관계기업의 유 · 무상증자 시 회계처리 |

구 분		차 액
유상증자	지분율 증가	영업권 등
	지분율 불변	(*)
	지분율 감소	처분손익
유상감자	지분율 증가	영업권 등
	지분율 불변	(*)
	지분율 감소	처분손익

구 분		차 액
무상증자	지분율 증가	영업권 등
	지분율 불변	해당사항 없음
	지분율 감소	처분손익
무상감자	지분율 증가	영업권 등
	지분율 불변	해당사항 없음
	지분율 감소	처분손익

(*) 유상증자나 유상감자 시 지분율이 변동하지 않는다면, 투자차액이나 지분거래손익이 발생하지 않는 것이 일반적이다. 그러나 예외적으로 주당 유상증자 금액 또는 감자금액이 주주 간에 서로 다르다면 차액이 발생할 수 있다.

사례 4 유상증자

1 주식 취득

P사는 A사 주식을 01년 초 다음과 같이 취득함.

A사의 발행주식수	20,000
P사의 취득주식수	5,000
취득금액	50,000
지분율	25%

유의적인 영향력 획득일 현재 A사의 자산 · 부채 장부금액은 공정가치와 동일하며, 영업권은 인식되지 아니함.

2 유상증자

A사는 02년 초 다음과 같이 유상증자(발행주식은 20,000주에서 25,000주로 증가)를 실시함.

발행주식수	5,000
주당 발행금액	20

유상증자 직전 A사 순자산 장부금액은 110,000원임.

유상증자일 현재 A사의 자산 · 부채 장부금액은 공정가치와 동일함.

요구사항 **A사 유상증자에 P사가 인수한 주식수가 다음과 같을 경우, P사에 미치는 영향을 논하시오.**

	Case 1	Case 2	Case 3
인수 주식수	5,000	1,250	-

해설

1. A사의 순자산 변동

유상증자 전 순자산	110,000
유상증자로 증가한 순자산	100,000(= 20원 × 5,000원)
유상증자 후 순자산	210,000

2. 지분 변동

	Case 1	Case 2	Case 3
인수 주식수	5,000	1,250	-
P사의 보유주식수	10,000	6,250	5,000
A사의 총발행주식수	25,000	25,000	25,000
P사의 지분율(①)	40%	25%	20%
증자 후 P사의 지분액(=210,000원 × ①)	84,000	52,500	42,000
증자 전 P사의 지분액(=110,000원 × 25%)	27,500	27,500	27,500
지분변동액	56,500	25,000	14,500
주식인수 금액	(100,000)	(25,000)	-
지분거래손익	(43,500)	-	14,500

3. P사에 미치는 영향

(1) Case 1 : 관계기업주식 장부금액 구성내역 중 영업권 해당액 43,500원 증가

(2) Case 2 : 특이사항 없음.

(3) Case 3 : 관계기업주식 처분이익 14,500원 발생

사례를 통하여 살펴본 내용은 다음과 같다.

지분거래손익

• 지분거래손익 = (변동 전 지분액 - 변동 후 지분액) - 현금지급(수령)액

투자차액의 처리

• 지분율이 증가한다면 추가적인 취득으로 보아 투자차액을 배분하고, 지분율이 감소하면 일부 주식의 처분으로 보아 회계처리한다.

2. 불균등 유상증자로 인한 지분율 증가

불균등 유상증자가 이루어지는 경우의 회계처리는 다음 예제로 살펴본다.

예제 7

- P사는 A사 주식을 30% 취득하고 관계기업주식으로 분류함.
- 01년 말 현재 A사 주식의 기말장부금액 내역은 다음과 같음.
  25,000원 = 10,000원(취득금액) + 15,000원(이익잉여금)
- A사는 02년 초 유상증자를 실시하였으며, 그 당시 A사의 자산·부채 장부금액은 공정가치와 일치함.
- 유상증자 결과 A사의 순자산 총액은 80,000원에서 100,000원으로 증가함.
- 유상증자 이후 P사의 지분율은 40%로 증가하였으며, 추가 취득금액은 15,000원임.

요구사항 P사의 지분법 회계처리를 제시하시오.

지분거래손익

- 지분 변동 전 순자산 지분액 = 80,000원 × 30% = 24,000원
- 지분 변동 후 순자산 지분액 = 100,000원 × 40% = 40,000원
- 지분변동액 = 16,000원
- 취득금액 = 15,000원
- 지분거래손익(염가매수차익) = 1,000원

회계처리

(차변)	관계기업투자	16,000	(대변) 현금	15,000
			지분법이익	1,000

불균등 유상증자가 이루어진 시점에 투자기업이 관계기업투자자본변동(기타포괄손익)을 인식하고 있었다면 지분법 처리는 다소 복잡한데, 다음 예제로 살펴보자.

예제 8

- P사는 A사 주식을 30% 취득하고 관계기업주식으로 분류함.
- A사는 01년 중 10,000원의 공정가치측정금융자산을 취득하였으며, 01년 말 현재 동 자산의 공정가치는 30,000원임.
- 01년 말 현재 A사 주식의 기말장부금액은 25,000원이며, 그 내역은 다음과 같음.
  25,000원 = 10,000원(취득금액) + 6,000원(관계기업투자자본변동) + 9,000원(이익잉여금)
- P사가 인식한 관계기업투자자본변동은 A사가 보유한 금융자산으로 발생한 것이었으며, A사는 동 자산을 처분하여 02년 중 20,000원을 이익잉여금으로 대체함.
- A사는 02년 초 유상증자를 실시하였으며, 그 당시 A사의 자산·부채 장부금액은 공정가치와 일치함.
- 유상증자 결과 A사의 순자산 총액은 80,000원에서 100,000원으로 증가함.

요구사항

유상증자 후 지분율이 40%로 증가(취득금액 : 15,000원)한 직후 계상될 관계기업투자자본변동과 02년 말에 인식할 이익잉여금을 계산하시오.

지분거래손익

- 지분 변동 전 순자산 지분액 = 80,000원 × 30% = 24,000원
- 지분 변동 후 순자산 지분액 = 100,000원 × 40% = 40,000원
- 지분변동액 = 16,000원
- 취득금액 = 15,000원
- 지분거래손익(염가매수차익) = 1,000원

유상증자 전·후 A사의 별도재무제표와 P사의 지분액

구 분	A사의 별도재무제표	유상증자 전 지분액(30%)	유상증자 후 지분액		
			기존(30%)	추가(10%)	합 계
공정가치측정금융자산	30,000	9,000	9,000	3,000	12,000
평가손익(OCI)	20,000	6,000	6,000	–	6,000

지분율이 증가함에 따라 공정가치측정금융자산에 대한 P사의 지분액은 9,000원에서 12,000원으로 증가하지만, 금융자산평가손익에 대한 P사의 지분액은 6,000원에서 8,000원(= 20,000원 × 40%)으로 증가하지 않는다.

그 이유는 관계기업투자자본변동은 A사의 순자산 변동(금융자산평가이익의 증가)에 대한 지분액에 해당하는데, 유상증자 시점에 A사 자산·부채의 공정가치는 장부금액과 일치하므로 추가 취득한 10%에 대응되는 금융자산평가이익(OCI)은 존재하지 않기 때문이다.

A사는 02년 중에 공정가치측정금융자산을 처분하여 20,000원의 이익잉여금을 계상하였으나, P사는 8,000원(= 20,000원 × 40%)이 아닌 6,000원(= 20,000원 × 30%)의 이익잉여금을 인식하고 기존에 계상하던 관계기업투자자본변동은 제거해야 한다. 지분법 관점에서는 추가로 취득한 10%에 대응되는 금융자산에 대해서는 취득금액과 공정가치가 동일하므로 처분손익이 발생하지 않기 때문이다.

02년 지분법 회계처리

(차변)			(대변)		
	관계기업투자	16,000		현금	15,000
	관계기업투자자본변동(*1)	6,000		이익잉여금	6,000
				지분법이익(*2)	1,000

(*1) 만일 기계적으로 관계기업투자자본변동을 8,000원만큼 제거하고 이익잉여금을 인식한다면, A사의 재무제표에는 금융자산평가이익이 계상되어 있지 않지만 P사는 (−)2,000원의 관계기업투자자본변동을 표시하게 되는 오류를 범하게 된다.

(*2) 염가매수차익

3. 불균등 유상증자로 인한 지분율 감소

순자산 분석을 통하여 관계기업의 장부금액은 다음과 같이 구성됨을 살펴보았다.

> 기말장부금액 = 순자산 지분액 + 영업권

따라서 불균등 유상증자로 지분율이 감소한 경우, 처분손익은 다음 요소로 구성된다.

① 순자산 지분액의 변동 : 지분거래손익을 처분손익(PL)으로 인식

② 영업권 : 영업권 감소액을 처분손실로 인식

예제 9

- P사는 A사 주식을 40% 취득하고 관계기업주식으로 분류함.
- A사는 01년 중 10,000원의 공정가치측정금융자산을 취득하였으며, 01년 말 현재 동 자산의 공정가치는 30,000원임.
- 01년 말 현재 A사 주식의 기말장부금액 내역은 다음과 같음.
  25,000원(기말장부금액) = 10,000원(취득금액) + 15,000원(이익잉여금)
  25,000원(기말장부금액) = 22,000원(순자산 지분액) + 3,000원(영업권)
- A사는 02년 초 유상증자를 실시하였으며, 그 결과 A사의 순자산은 55,000원에서 60,000원으로 증가함.
- P사는 A사 유상증자에 참여하지 아니하여 지분율이 30%로 감소함.

요구사항 P사가 인식할 처분손익을 계산하시오.

유상증자 전 · 후 P사의 지분액

구 분	유상증자 전(40%)	유상증자 후(30%)	변동 금액
순자산 지분액	22,000	18,000(*1)	4,000
영업권	3,000	2,250(*2)	750
합 계	25,000	20,250	4,750(*3)

(*1) 증자 후 순자산 지분액 = 60,000원 × 30% = 18,000원
(*2) 증자 후 영업권 = 3,000원 × 30% ÷ 40% = 2,250원
(*3) 처분손실 = 지분거래손실(4,000원) + 영업권 감소(750원) = (−)4,750원

회계처리

(차변) 관계기업투자처분손실 4,750 (대변) 관계기업투자 4,750

불균등 유상증자가 발생하였을 시점에 투자기업이 관계기업투자자본변동(기타포괄손익)을 인식하고 있을 경우 계산 과정은 다소 복잡한데, 다음 예제로 설명한다.

예제 10

- P사는 A사 주식을 40% 취득하고 관계기업주식으로 분류함.
- A사는 01년 중 10,000원의 공정가치측정금융자산을 취득하였으며, 01년 말 현재 동 자산의 공정가치는 30,000원임.
- 01년 말 현재 A사 주식의 기말장부금액 내역은 다음과 같음.
  25,000원 = 10,000원(취득금액) + 6,000원(관계기업투자자본변동) + 9,000원(이익잉여금)
  25,000원 = 22,000원(순자산 지분액) + 3,000원(영업권)
- A사는 02년 초 유상증자를 실시하였으며, 그 결과 A사의 순자산은 55,000원에서 60,000원으로 증가함.

요구사항

P사가 A사의 유상증자에 참여하지 아니하여 지분율이 30%로 감소한 경우, 계상될 처분손익과 관계기업투자자본변동은 얼마인가?

유상증자 전 · 후 P사의 지분액

구 분	유상증자 전(40%)	유상증자 후(30%)	변동 금액
순자산 지분액	22,000	18,000(*1)	4,000
영업권	3,000	2,250(*2)	750
합 계	25,000	20,250	4,750

(*1) 증자 후 순자산 지분액 = 60,000원 × 30% = 18,000원
(*2) 증자 후 영업권 = 3,000원 × 30% ÷ 40% = 2,250원

〈예제 10〉이 〈예제 9〉와 다른 점은 순자산 지분액 중 6,000원은 관계기업투자자본변동으로 구성되었다는 것이다. 지분율이 감소하면 기타포괄손익에 대한 지분액 중 1,500원(= 10% ÷ 40%)은 실현시켜 주는데, 관련 자산이 공정가치측정금융자산이므로 당기손익이 아닌 이익잉여금으로 처리한다.[44)]

처분손익과 회계처리

- 처분손익 = 지분거래손익 + 영업권의 감소
  = (−)4,000원 + (−)750원 = (−)4,750원
- 이익잉여금 = 미실현손익의 실현 = 1,500원

44) 만일 지분율 감소시에 주식의 구성내역으로서 공정가치 차액과 미실현자산이 존재한다면, 동 요소들의 감소부분까지 고려하여 처분손익을 계산한다.

• 회계처리

(차변) 관계기업투자자본변동	1,500	(대변) 관계기업투자	4,750
관계기업투자처분손실	4,750	이익잉여금	1,500

4. 현물출자

투자기업이 관계기업이나 공동기업에 대하여 현물출자를 실시하는 경우, 다음과 같은 거래가 동시에 발생한다고 본다.

① 공정가치로 자산을 처분하는 거래 : 미실현손익의 발생

② 자산처분을 통하여 마련된 자금으로 유상증자에 참여 : 지분율의 변동

예제 11

• P사는 공동기업인 A사 설립 시 토지를 출자함(장부금액 6,000원, 공정가치 8,000원).
• S사는 공동기업인 A사 설립 시 현금 5,000원을 출자함.
• A사에 대한 P사와 S사의 지분율은 각각 50%임.

요구사항 P사와 S사가 인식할 공동기업주식 금액을 계산하시오.

거래 분석

P사가 토지를 공정가치로 처분하여 유입된 현금으로 A사 주식을 취득하였다고 해석하면, P사가 인식한 2,000원의 처분이익은 미실현자산에 해당한다.

A사의 순자산 장부금액은 13,000원(=현금 5,000원+토지 8,000원)이지만, 미실현자산에 대한 지분액을 고려하면 P사와 S사의 지분액은 다음과 같이 계산된다.

구분	순자산 지분액	미실현자산	지분액
P사	6,500원 (=13,000원 × 50%)	(−)1,000원 (=(−)2,000원 × 50%)	5,500원
S사	6,500원 (=13,000원 × 50%)	−	6,500원

P사의 회계처리

• 현물출자

(차변) 공동기업투자	8,000	(대변)	토지	6,000
			처분이익(당기손익)	2,000

• 지분 평가

(차변) 지분법손실	2,500	(대변) 공동기업투자	2,500

P사는 8,000원을 투자했지만 지분액이 5,500원이므로 2,500원의 지분법손실을 인식하는데, 그 세부 내역은 다음과 같다.

① 내부거래로 발생한 미실현이익 제거 = 1,000원

② P사의 부(富) 중 S사에게 이전된 부분 = 1,500원

S사의 회계처리

• 현물출자

(차변) 공동기업투자	5,000	(대변) 현금	5,000

• 지분 평가

(차변) 공동기업투자	1,500	(대변) 지분법이익	1,500

S사는 5,000원을 투자했지만 지분액이 6,500원이므로 1,500원의 지분법이익을 인식한다.

5. 관계기업의 완전자본잠식

(1) 완전자본잠식 상태의 관계기업주식 취득

투자기업이 유의적인 영향력을 획득하는 경우 취득금액과 피투자기업의 순자산 공정가치 지분액과 비교하여 영업권을 산정한다. 이때 피투자기업의 순자산 공정가치가 부(負)의 금액이더라도, 취득금액과 순자산 공정가치의 차이가 영업권으로 산정된다.

예제 12

- P사는 01년 초 5,000원을 지급하고 A사 주식을 40% 취득함.
- 01년 초 A사의 순자산 공정가치는 (-)10,000원임.

요구사항 P사가 A사 주식에 대하여 인식할 영업권을 계산하시오.

- 영업권 = 5,000원 - (-)10,000원 × 40% = 9,000원

(2) 지분법적용 중지 후 유상증자 등

투자기업이 관계기업주식에 대하여 지분법을 적용한 후 지분법적용으로 인하여 투자주식의 장부금액이 0원 이하일 경우, 투자기업은 지분법을 중지하고 미반영손실 금액은 주석으로 공시한다. 그리고 지분법 중지 이후 지분변동액이 발생할 경우, 투자기업은 지분법 적용 중지기간 동안 인식하지 않은 미반영손실을 먼저 고려한 후 지분법이익을 인식한다.

한편, 완전자본잠식 상태 이후 유상증자를 통해 완전자본잠식 상태에서 탈피한다면, 유상증자에 참여한 금액 중 미반영손실에 해당하는 금액은 이익잉여금이나 당기손익으로 처리된다.[45)]

예제 13

- P사는 01년 초 5,000원을 지급하고 A사 주식을 40% 취득함.
- 01년 초 A사의 순자산 장부금액은 (-)10,000원임.
- P사는 A사에 대한 영업권을 10년 동안 상각함.
- 01년 중 A사는 12,000원의 당기순손실을 인식함.
- 01년 지분법 평가 시 P사는 A사 주식을 전액 손상처리하고 지분법적용을 중지함.
- 02년 초 주주들은 A사에 50,000원의 유상증자(균등증자)를 실시함.

요구사항 P사가 02년 초 반영할 지분법 회계처리를 표시하시오.

---

45) 2017-I-KQA001, K-IFRS에서는 관련된 명확한 규정이 없으므로 회사의 회계정책으로 당기손익이나 전기이월이익잉여금의 감소로 처리할 수 있다. 그러나 K-IFRS 제1001호 문단 7호의 정의에 따라 기타포괄손익으로 인식할 수는 없다.
참고로 일반기업회계기준 8.26은 유상증자금액 중 당기 이전에 미반영한 손실에 해당하는 금액은 전기이월이익잉여금(예 : 지분법이익잉여금변동)의 감소로 하여 투자주식을 차감처리하도록 규정하고 있다.

지분법적용 중지

P사는 9,000원(= 5,000원 - (-)10,000원 × 40%)의 영업권을 인식하였으나, 01년 중 당기순손실이 발생하고 A사 주식 전액을 손상처리함에 따라 지분법적용을 중지한다.

(차변) 지분법손실	5,000	(대변) 관계기업투자	5,000

지분법 재개

02년 초 A사의 순자산 장부금액은 (-)22,000원이나 유상증자로 인해 순자산 장부금액이 28,000원(= 50,000원 + (-)22,000원)으로 회복된다. 이때 P사는 그동안 인식하지 않았던 미반영손실 8,800원(= 22,000원 × 40%)을 이익잉여금 또는 당기손익으로 처리한다.

(차변) 관계기업투자	11,200	(대변) 현금	20,000
이익잉여금(또는 손익)	8,800		

(3) 순투자

투자기업은 관계기업의 보통주뿐만 아니라 우선주, 장기대여금 등과 같은 자산을 관계기업에게 투자하고 있는 경우가 있다. 이러한 투자자산 중 비록 그 법률적인 형식은 다르더라도 경제적 실질이 보통주와 유사하다고 볼 수 있는 자산을 **순투자**라 하는데, 다음의 특징이 있다.

① 투자기업은 예측 가능한 미래에 상환받을 계획이 없다.

② 피투자기업은 상환할 가능성이 높지 않다.

순투자를 구성하는 장기투자지분의 손상은 K-IFRS 제1109호 '금융상품'의 적용대상이다(K-IFRS 제1028호 문단 14-A). 그러나 관계기업주식 장부금액을 초과한 손실은 순투자에 반영하는데, 관계기업이나 공동기업 청산시의 상환 우선순위와 반대의 순서로 적용한다(K-IFRS 제1028호 문단 38).

예를 들어 순투자에 해당하는 대여금과 우선주가 있는데, 우선주가 대여금보다 보통주와 유사하다고 가정해보자. 이 경우 미반영손실은 우선주에 먼저 반영하고, 환입은 대여금부터 이루어진다.

순투자에 대한 K-IFRS 제1028호의 적용사례를 살펴보자.

예제 14

- P사는 01년 초 200원을 지급하고 A사 주식 40%를 취득함.
- 01년 초 순투자로서 누적적 우선주(FVPL)와 장기대여금을 각각 100원씩 보유함.
- 순투자에 대해 K-IFRS 제1109호를 적용하여 평가한 내역과 지분법을 적용하기 이전의 손익 영향은 다음과 같음.

연도	우선주	대여금	관계기업 손익
01년	110	90	50
02년	90	70	(200)
03년	50	50	(500)
04년	40	50	(150)
05년	60	60	-
06년	80	70	500
07년	110	90	500

요구사항 매 결산시점의 회계처리를 예시하시오.

① 01년

(차변)	FVPL	10	(대변)	평가이익	10
	대손상각비	10		충당금	10
	관계기업투자	20		지분법이익	20

② 02년

(차변)	평가손실	20	(대변)	FVPL	20
	대손상각비	20		충당금	20
	지분법손실	80		관계기업투자	80

③ 03년

K-IFRS 제1028호의 문단 38을 적용하기 이전에 FVPL과 대여금에 대해 K-IFRS 제1109호를 적용한다.

(차변)	평가손실	40	(대변)	FVPL	40
	대손상각비	20		충당금	20

03년에 반영할 지분법손실은 200원(= 500원 × 20%)이지만 관계기업투자의 장부금

액은 140원이므로, 나머지 60원은 순투자에 반영한다. 이때 보통주와 성격이 유사한 우선주에 먼저 잔여 손실을 반영한다.

(차변)			(대변)		
(차변)	지분법손실	140	(대변)	관계기업투자	140
	평가손실	50		FVPL	50
	대손상각비	10		충당금	10

03년 평가 이후 관계기업투자와 FVPL 및 대여금(충당금 차감 후)의 장부금액은 각각 0원, 0원, 40원으로 계산된다.

④ 04년

(차변) 대손상각비 40 (대변) 충당금 40

04년 평가 이후 관계기업투자, FVPL 및 대여금은 모두 0원이며, 지분법손실 중 인식하지 않은 금액은 30원으로 계산된다.

⑤ 05년 : 회계처리 없음.

⑥ 06년

06년에 관계기업의 누적 손실은 300원이므로, 관계기업투자는 80원(= 200원 - 300원 × 40%)으로 계산되고, FVPL과 대여금은 제1109호에 따라 다시 평가된다.

(차변)			(대변)		
(차변)	관계기업투자	80	(대변)	지분법이익	80
	FVPL	80		평가이익	80
	충당금	70		대손상각비환입	70

⑦ 07년

(차변)			(대변)		
(차변)	관계기업투자	200	(대변)	지분법이익	200
	FVPL	30		평가이익	30
	충당금	20		대손상각비환입	20

제3절 관계기업의 순자산 변동

지분법은 투자기업이 취득시점에 인식한 관계기업의 순자산 장부금액과 영업권의 변동 원인을 투자기업이 보유하고 있는 관계기업주식 장부금액에 반영하는 회계처리이다. 관계기업의 순자산은 당기순이익과 기타포괄손익 이외에도 유상증자, 주식선택권 및 불균등 배당 등 다양한 요인에 의하여 변동하는데, 본 절에서는 관계기업의 순자산이 변동하는 다양한 원인을 분석하고 지분법에 미치는 영향을 분석하도록 한다.

1. 기타포괄손익

(1) 기타포괄손익의 변동

지분법을 적용할 경우 관계기업의 기타포괄손익이 변동하면 동 금액에 지분율을 곱하여 관계기업투자자본변동(기타포괄손익)으로 처리한다. 그런데 여기서 **투자기업이 인식할 관계기업에 대한 기타포괄손익의 변동금액은 유의적인 영향력을 획득한 시점 이후의 변동액으로 제한된다.**

엄밀하지 않지만 기타포괄손익은 기업의 순자산 변동 금액이 확정된 당기손익(이익잉여금)이나 확정된 자본손익(자본잉여금)이 아니라, 향후 변동 가능한(아직은 확정되지 않은) 손익으로 볼 수 있다. 따라서 유의적인 영향력을 취득하는 시점에 PPA를 통해 관계기업의 자산과 부채를 공정가치로 확정하므로, **(취득시점에는) 미확정손익에 해당하는 기타포괄손익이 발생할 수 없다.**

예제 15

- P사는 01년 초 A사 주식을 40% 취득함.
- 00년 중에 A사는 공정가치측정금융자산을 30,000원에 취득하였으며, 01년 초 동 금융자산의 공정가치는 40,000원임.
- 상기 금융자산의 01년 말 공정가치는 50,000원임.
- A사는 02년 중 공정가치측정금융자산을 50,000원에 처분함.
- A사의 01년과 02년의 순자산 변동은 공정가치측정금융자산으로 발생한 것임.
- 공정가치측정금융자산에 대한 평가손익은 기타포괄손익누계액으로 분류하며, 처분 시 이익잉여금으로 대체함.

요구사항 P사가 02년에 지분법 평가로 인식할 이익잉여금을 계산하시오.

지분법이익

- 01년 말 관계기업투자자본변동 = (50,000원 − 40,000원) × 40% = 4,000원
- 02년 이익잉여금 = 4,000원

A사가 보고한 재무제표와 지분법 관점의 재무제표

구 분		A사가 보고한 재무제표	지분법 관점의 재무제표
01년 초	공정가치측정금융자산 취득금액	30,000	40,000
	공정가치측정금융자산 공정가치	40,000	40,000
	평가이익(기타포괄손익)	10,000	−
01년 말	공정가치측정금융자산 공정가치	50,000	50,000
	평가손익(기타포괄손익)	20,000	10,000
02년	처분으로 증가한 이익잉여금	20,000	10,000

공정가치측정금융자산에 대한 취득금액의 차이는 다음과 같다.

① A사가 보고한 재무제표상 공정가치측정금융자산의 취득금액은 30,000원으로 인식된다.

② 지분법 관점에서는 유의적인 영향력을 획득한 시점의 공정가치가 취득금액이므로, 공정가치측정금융자산의 취득금액은 40,000원으로 산정된다.

따라서 01년 말 A사는 20,000원의 금융자산평가이익을 인식하고 있으나, 관계기업투자자본변동(기타포괄손익)은 유의적인 영향력을 획득한 이후의 변동금액에 지분율을 곱한 4,000원(= 10,000원 × 40%)으로 계산된다.

A사는 02년 중 공정가치측정금융자산의 처분을 통하여 20,000원(= 50,000원 − 30,000원)의 이익잉여금 증가를 보고하지만, 지분법 관점에서는 10,000원(= 50,000원 − 40,000원)의 이익잉여금만 발생한다.

회계처리

- 01년

(차변) 관계기업투자 4,000 (대변) 관계기업투자자본변동 4,000

- 02년

(차변) 관계기업투자자본변동 4,000 (대변) 이익잉여금 4,000

회계처리 오류

만일 P사가 기계적으로 A사의 재무정보를 요약하고 그 변동에 대하여 회계처리를 반영한다고 가정할 경우, 다음과 같이 회계처리된다.

- 01년 관계기업투자자본변동 = (50,000원 - 40,000원) × 40% = 4,000원
- 02년 이익잉여금 = 20,000원 × 40% = 8,000원
- 02년 관계기업투자자본변동 = (0원 - 20,000원) × 40% = (-)8,000원

위와 같이 회계처리할 경우 A사의 재무제표에는 기타포괄손익이 존재하지 않으나, P사의 재무제표에는 (-)4,000원의 관계기업투자자본변동이 계상되는 오류가 발생한다.

(2) 기타포괄손익의 실현과 당기손익 경유 여부

관계기업이 기타포괄손익을 인식하여 관계기업투자자본변동을 계상하고 있는 경우에는, 관계기업이 기타포괄손익을 인식한 자산이나 부채를 직접 처분한 경우와 동일한 기준으로 회계처리한다(K-IFRS 제1028호 문단 23).

① 해외사업장 환산 등에서 발생한 기타포괄손익은 당기손익으로 대체
② 공정가치측정금융자산에서 발생한 기타포괄손익은 이익잉여금으로 재분류
③ 유형자산 재평가잉여금에서 발생한 기타포괄손익은 이익잉여금으로 재분류

따라서 관계기업투자자본변동의 원천이 공정가치측정금융자산이나 유형자산 재평가잉여금의 경우에는, 당기손익을 경유하지 않고 관계기업투자자본변동이 제거된다. 위의 회계처리는 유의적인 영향력을 상실한 경우나, 지분율이 하락하여 처분 회계처리를 수행하는 경우에도 동일하게 적용된다.

예제 16

- P사는 01년 초 A사 주식을 40% 취득(취득금액 : 200,000원)함.
- 유의적인 영향력 획득일 현재 A사의 자산·부채 장부금액은 공정가치와 동일하며, 영업권은 인식되지 아니함.
- 01년 중 A사는 해외사업소를 개설하여 해외사업환산차이를 10,000원 인식함.
- 01년 중 A사는 토지 재평가로 인하여 기타포괄손익을 5,000원 인식(장부금액 : 105,000원)함.
- A사는 02년 중 토지를 105,000원에 처분하고, 해외사업장을 처분함.
- P사와 A사는 유형자산 재평가법을 적용하고 있음.

요구사항 01년과 02년의 지분법 회계처리를 제시하시오.

◉ 01년 지분 평가

(차변) 관계기업투자	6,000	(대변) 관계기업투자자본변동(*)	6,000

(*) (10,000원 + 5,000원) × 40%

◉ 02년 처분

(차변) 관계기업투자자본변동	6,000	(대변) 이익잉여금(*)	2,000
		지분법이익	4,000

(*) 유형자산 재평가로 발생한 기타포괄손익은 손익을 경유하지 않고 이익잉여금으로 대체

2. 공정가치측정금융자산에 대한 지분법 적용

(1) 공정가치측정금융자산에 대한 회계처리

공정가치측정금융자산으로 분류되는 투자주식을 취득하는 목적은, 배당금을 수령하거나 처분을 통해 자본이득을 획득하기 위함이다. 즉, 공정가치측정금융자산은 기업이 단순 투자 목적으로 취득하는 자산이다.

공정가치측정금융자산의 평가손익은 당기손익(fair value through profit or loss, FVPL)으로 인식하는 것이 원칙이나, 회계정책으로 기타포괄손익(fair value through other comprehensive income, FVOCI)으로 분류할 수 있다.

평가손익을 기타포괄손익으로 분류한다면, 처분 시점에도 기타포괄손익은 당기손익으로 재분류되지 않는다. K-IFRS는 처분 후에 잔여 기타포괄손익을 어떻게 처리할 것인가에 대하여 명확하게 규정하고 있지 않지만, 다음을 생각할 수 있다.

① 1안 : 처분 이후에도 종전에 발생한 기타포괄손익을 지속적으로 유지
② 2안 : 처분 이후에 종전에 발생한 기타포괄손익은 이익잉여금으로 대체

실무상 (1안)과 (2안)이 모두 발견된다. 그러나 이미 처분된 주식에 대한 평가손익을 관리하는 부담 때문에 (2안)이 선호되고 있다.

예제 17

- A사는 01년 초 G사 주식 10%를 10,000원에 취득하고 공정가치측정금융자산으로 분류함.
- 01년 말 현재 G사 주식의 공정가치는 12,000원임.
- 02년 말 현재 G사 주식의 공정가치는 15,000원임.
- 03년 초 A사는 G사 주식을 공정가치인 15,000원에 처분함.

요구사항

1. A사가 금융자산평가손익을 당기손익으로 분류할 경우 회계처리를 제시하시오.
2. A사가 금융자산평가손익을 기타포괄손익으로 분류할 경우 회계처리를 제시하시오.

평가손익을 당기손익으로 분류하는 경우

① 취득 시점

(차변) 공정가치측정금융자산	10,000	(대변) 현금	10,000

② 01년 말

(차변) 공정가치측정금융자산	2,000	(대변) 평가이익(당기손익)	2,000

③ 02년 말

(차변) 공정가치측정금융자산	3,000	(대변) 평가이익(당기손익)	3,000

④ 03년 초

(차변) 현금	15,000	(대변) 공정가치측정금융자산	15,000

평가손익을 기타포괄손익으로 분류하는 경우

① 취득 시점

(차변) 공정가치측정금융자산	10,000	(대변) 현금	10,000

② 01년 말

(차변) 공정가치측정금융자산	2,000	(대변) 평가이익(OCI)	2,000

③ 02년 말

(차변) 공정가치측정금융자산	3,000	(대변) 평가이익(OCI)	3,000

④ 03년 초

(차변) 현금 15,000 (대변) 공정가치측정금융자산 15,000

⑤ 03년 말

만일 A사가 처분된 금융자산의 평가손익(OCI)을 이익잉여금으로 대체하는 회계정책을 적용한다면, 결산 시점에 다음과 같이 회계처리된다.

(차변) 평가이익(OCI) 5,000 (대변) 이익잉여금 5,000

(2) 공정가치측정금융자산을 보유하는 관계기업에 대한 지분법 적용

피투자기업이 공정가치측정금융자산을 보유하고 있을 경우 지분법 회계처리를 생각해 보자. 지분법 회계처리는 관계기업의 회계정책이 투자기업과 일관됨을 전제하고 있다. 따라서 관계기업이 다른 회계정책을 수립하고 있다면, 투자기업의 회계정책에 따라 피투자기업의 재무제표를 재작성한 후 지분법을 적용해야 한다.

예제 18

- P사는 01년 초 A사 주식 20%를 50,000원에 취득함.
- A사는 01년 중 G사 주식 10%를 10,000원에 취득함.
- 01년 말 현재 G사 주식의 공정가치는 12,000원임.
- 02년 말 현재 G사 주식의 공정가치는 15,000원임.
- 03년 초 A사는 G사 주식을 15,000원에 처분함.
- A사는 위의 내용 이외 순자산 변동은 없음.

요구사항

1. P사가 평가손익을 당기손익으로 분류할 경우 회계처리를 제시하시오.
2. P사가 평가손익을 기타포괄손익으로 분류할 경우 회계처리를 제시하시오.

평가손익을 당기손익으로 분류하는 경우

① 취득 시점

(차변) 관계기업투자 50,000 (대변) 현금 50,000

② 01년 말

(차변) 관계기업투자	400	(대변) 지분법이익(*)	400

(*) 2,000원 × 20%

③ 02년 말

(차변) 관계기업투자	600	(대변) 지분법이익	600

(*) 3,000원 × 20%

④ 03년 초

회계처리 없음.

평가손익을 기타포괄손익으로 분류하는 경우

① 취득 시점

(차변) 관계기업투자	50,000	(대변) 현금	50,000

② 01년 말

(차변) 관계기업투자	400	(대변) 관계기업투자자본변동(OCI)	400

③ 02년 말

(차변) 관계기업투자	600	(대변) 관계기업투자자본변동(OCI)	600

④ 03년 초와 03년 말

회계처리 없음.

만일 P사의 회계정책이 처분된 금융자산에 대한 평가손익(OCI)을 이익잉여금으로 대체하는 것이라면, 03년 말에 다음의 회계처리가 추가된다.

(차변) 관계기업투자자본변동(OCI)	1,000	(대변) 이익잉여금	1,000

본서는 별도 언급이 없으면 기업실무를 반영하여 공정가치측정금융자산에 대한 평가손익을 기타포괄손익으로 분류하는 회계정책을 가정한다. 그리고 처분된 공정가치측정금융자산에 대한 평가손익(OCI)은 이익잉여금으로 대체됨을 전제하고 있다.

3. 결손보전

관계기업이 누적된 이월결손금을 보전하기 위하여 임의적립금, 기타법정적립금, 이익준비금 또는 자본잉여금을 이입하는 경우 관계기업의 순자산 총액은 동일하나, 순자산을 구성하는 계정과목은 변동한다. 지분법은 관계기업의 순자산 변동 원인을 분석하여 그 내용을 관계기업주식 장부금액에 반영하는 회계처리이다. 따라서 결손보전 회계처리는 단순히 관계기업의 자본 항목만 변동될 뿐 총액은 변동되지 않으므로 지분법에 아무런 영향을 미치지 않는다.

지분법을 적용하여 관계기업의 재무상태와 재무성과를 재무제표에 반영한다는 의미는 아래와 같음을 다시 한번 상기하기 바란다.

① **주식의 장부금액은 관계기업 순자산에 대한 주주의 권리를 반영한다.** 따라서 관계기업의 순자산 중 일부 항목이 투자기업에게 귀속되지 않는 경우, 동 금액에 대한 지분액은 주식의 장부금액에 포함시키지 않는다. 그리고 결손보전과 같은 거래는 관계기업의 순자산에 대한 투자기업의 권리에 영향을 미치지 않으므로, 지분법 회계처리는 발생하지 않는다.

② **지분법손익은 관계기업 순이익에 대한 주주의 권리를 반영한다.** 따라서 관계기업이 보고한 순이익 중에서 투자기업에게 귀속되지 않는 경우, 동 금액에 대한 지분액은 지분법손익에 포함시키지 않는다.

4. 주식선택권

주식선택권 제도란 기업이 임직원에게 일정기간 내에 기업의 주식을 사전에 약정된 낮은 가격으로 일정 수량만큼 구입할 수 있는 권리를 부여하는 제도이다. 이 제도하에서 임직원들에게 제공되는 주식 구입 권리를 주식선택권이라 한다. 임직원은 기업에게 재화나 용역을 제공하는 대가로 동 권리를 취득하게 되므로, 기업은 임직원으로부터 제공받는 재화나 용역의 공정가치를 보상원가로 인식해야 한다. 그러나 임직원으로부터 제공받는 용역의 경우 그 공정가치를 신뢰성 있게 측정할 수 없으므로, 보상원가는 임직원에게 부여한 지분상품의 공정가치에 기초하여 측정한다.

주식결제형 주식선택권의 공정가치는 기업과 종업원이 주식기준 보상약정에 합의된 날인 부여일의 공정가치를 기준으로 하며, 이후 공정가치가 변동하는 경우에도 추정치를 변경하지 않는다.

예제 19

- P사는 A사 주식을 40% 취득함.
- A사는 01년 초 3년간 용역을 제공하는 조건으로 주식결제형 주식선택권 100주를 임직원에게 부여함.
- 주식선택권 부여 시점의 주당 공정가치는 15원임.
- 04년 초 60주의 주식선택권만 행사되고 잔여 수량은 실권됨.

요구사항 P사가 01년과 04년에 인식할 지분법손익과 관계기업투자자본변동을 계산하시오.

A사의 회계처리

- 총보상원가 = 15주 × 100주 = 1,500원
- 연도별 보상비용

구 분	01년	02년	03년
총보상비용	1,500원	1,500원	1,500원
당기누적비용	1,500원 ÷ 3년 = 500원	1,500원 ÷ 3년 × 2년 = 1,000원	1,500원 ÷ 3년 × 3년 = 1,500원
전기누적비용	–	500원	1,000원
당기비용	500원	500원	500원

- 01~03년 회계처리

(차변) 주식보상원가(당기비용) 500 (대변) 주식선택권(자본) 500

- 04년 회계처리

(차변) 주식선택권(자본) 900 (대변) 기타자본잉여금 900

총 보상원가가 1,500원(= 15원 × 100주)이므로 A사는 매년 500원의 보상비용(당기손익)을 인식하고 상대계정으로 주식선택권(자본)을 계상한다. 그리고 A사는 3년 후에 행사된 60주에 대응되는 주식선택권을 자본금 등으로 전입하고, 실권된 주식선택권은 적절한 자본 항목으로 분류한다.[46)]

46) K-IFRS 제1102호 문단 23, 실권된 주식결제형 주식선택권은 한 유형의 지분(주식선택권 보유자의 지분)이 또 다른 유형의 지분(주주의 지분)으로 바뀌는 것으로 보아 자본 거래로 분류한다.

P사의 회계처리

- 총보상원가 = 15주 × 100주 = 1,500원
- 01~03년 회계처리

(차변) 지분법손실 200 (대변) 관계기업투자 200

- 04년 회계처리

(차변) 관계기업투자 360 (대변) 관계기업투자자본변동 360

A사가 임직원에게 부여한 **주식선택권은 오직 임직원에게만 부여된 권리**이므로, P사에게 아무런 효익을 주지 않는다. 따라서 증가된 주식선택권에 대한 지분액은 인식하지 않는다.

주식선택권이 행사되면 주식수가 증가하여 투자기업의 지분율이 하락하므로, 지분거래 손익을 반영하여 당기손익에 반영해야 한다. 한편, 주식선택권이 실권된다면 실권된 주식선택권에 대해서는 투자기업도 권리가 있으므로, 지분액에 해당하는 금액을 관계기업투자자본변동으로 처리한다.

사례 5 주식선택권

1 주식 취득

P사는 A사 주식을 01년 초에 다음과 같이 취득함.
지분율 40%
취득 주식수 4,000
취득금액 120,000
유의적인 영향력 획득일 현재 A사의 자산·부채 장부금액과 공정가치는 모두 일치하고, 주식선택권의 장부금액은 공정가치와 동일함.

2 주식선택권

A사는 임직원에게 00년에 주식선택권을 부여하였으며, 세부 내역은 다음과 같음.
한편, 주식선택권 행사시 임직원은 주당 10원의 납입의무가 있음.

행사기간	비용인식		부여주식수	행사주식수
	00년	01년		
02년 초	22,000	22,000	2,000	2,000

3 결손보전

A사는 00년 말 현재 존재하는 결손금을 01년 중 자본잉여금과 상계함.

4 A사 요약 재무정보

	취득	01년	02년 초	02년
자본금	100,000	100,000	120,000	120,000
자본잉여금	400,000	100,000	100,000	100,000
이익잉여금	(300,000)	80,000	80,000	170,000
주식선택권	22,000	44,000	–	–
	222,000	324,000	300,000	390,000
당기순이익		80,000	–	90,000

요구사항 **01년부터 02년까지 각 연도별 관계기업 관련 계정을 제시하시오.**

해설

Ⅰ. 분석

1. 취득금액의 구성내역

취득금액	120,000
순자산 지분액	88,800
주식선택권 지분액	(8,800)
영업권	40,000

2. 주식선택권 행사로 발생한 지분거래손익

	행사 전	행사 후
보유주식수	4,000	4,000
발행주식수	10,000	12,000
P사의 지분율	40%	33%
A사의 순자산(*)	280,000	300,000
순자산 지분액	112,000	100,000
지분거래손익		(12,000)

(*) 행사 전 순자산 = 324,000 - 44,000(주식선택권)

3. 처분손익

지분거래손실	12,000
영업권의 감소(= 40,000원 × 7% ÷ 40%)	6,667
처분손실	18,667

Ⅱ. 누적 지분 평가

	취득금액	기타포괄손익	NI 지분액 (지분 손익 내역)	주식 처분손실 (지분 손익 내역)	전기이월 이익잉여금	기말 장부금액
01년	120,000	–	32,000	–	–	152,000
02년 초	120,000	–	–	(18,667)	32,000	133,333
02년	120,000	–	30,000	(18,667)	32,000	163,333

순자산 분석

	순자산 지분액	주식선택권	영업권	기말장부금액
취득	88,800	(8,800)	40,000	120,000
01년	129,600	(17,600)	40,000	152,000
02년 초	100,000	–	33,333	133,333
02년	130,000	–	33,333	163,333

Ⅲ. 재무제표 표시

	01년	02년
관계기업투자	152,000	170,000
지분법이익	32,000	30,000
관계기업투자처분손실	–	(18,667)

Ⅳ. 회계처리(참고사항)

1. 취득

(차변)	관계기업투자	120,000	(대변)	현금	120,000

2. 01년

(차변)	관계기업투자	32,000	(대변)	지분법이익	32,000

3. 02년 주식선택권 행사

(차변)	관계기업투자처분손실	18,667	(대변)	관계기업투자	18,667

4. 02년

(차변) 관계기업투자 30,000 (대변) 지분법이익 30,000

사례를 통하여 살펴본 내용은 다음과 같다.

취득금액의 구성내역

- 유의적인 영향력 획득일 시점에 A사가 계상하고 있는 주식선택권 22,000원은 P사에게 효익을 주지 못하므로, 순자산 지분액 계산시 주식선택권에 대한 지분액 8,800원은 차감된다.

결손보전

- 결손보전은 순자산 총액에 영향을 미치지 않으므로 지분법 회계처리와 관련이 없다.

주식선택권

- P사는 A사가 계상한 보상비용은 지분법손실에 반영하나, 관련 주식선택권(자본조정)에 대한 지분액은 반영하지 않는다.
- 주식선택권 행사 전 · 후 P사의 지분율과 관계기업의 순자산 총액을 비교하면 P사의 지분액과 영업권은 각각 12,000원 및 6,667원만큼 감소한다. 지분율 감소 과정에서 발생한 지분변동액은 당기손익에 반영한다.

5. 주식배당, 불균등배당, 청산배당 및 배당기준일

(1) 주식배당

주식배당은 주주에게 주식을 분배함으로써 형식적으로는 배당욕구를 충족시킨다. 그러나 실질적으로는 기업이 보유하고 있는 이익잉여금을 영구적으로 자본화시키기 위한 목적으로 활용된다. 주식배당은 기업의 순자산을 유출시키지 않으며 단순히 발행주식수만 증가시킬 뿐 주주의 부(富)에는 영향을 미치지 않는다. 따라서 지분법 회계처리는 발생하지 않는다.

(2) 불균등배당

불균등배당이란 주주 간의 합의에 따라 정해진 조건에 따라 주주 간에 배당률을 달리 설정한 배당의 형태이다. 불균등배당이 이루어지면 높은 배당률의 혜택을 보는 주주는 그렇지 않은 주주들이 획득하여야 할 배당금의 일부를 추가로 수령하는 효과가 발생한다. 따라서 지분법 평가 시 **불균등배당으로 인하여 발생하는 부(富)의 이전 효과를 분석하여 지분**

법으로 반영한다.

(3) 청산배당

투자기업은 관계기업주식의 장부금액이 '0원' 이하로 하락한다면, 장부금액을 0원으로 하고 지분법을 중지한다. 따라서 관계기업으로부터 장부금액을 초과하는 금액을 수령할 경우에는 (투자기업이 관계기업을 대신하여 지불해야 할 법적의무나 의제의무가 없다면) 장부금액을 초과한 배당금을 당기손익으로 인식한다. 따라서 청산배당 이후에 관계기업이 이익을 기록하여 투자주식의 장부금액이 0원을 초과할 경우에는, 그 초과금액만 지분법이익으로 인식하는 것이 합리적이다.

예제 20

- P사는 01년 초 S사 주식을 40% 취득(취득금액 : 32,000원)함.
- 01년 초 S사의 자산·부채 장부금액과 공정가치는 동일하며 순자산은 80,000원임.
- 01년 중 S사의 순이익은 0원이며, S사는 100,000원을 배당함.
- 02년 중 S사는 50,000원의 순이익을 보고함.

요구사항 지분법 회계처리를 예시하시오.

취득

(차변) 관계기업투자	32,000	(대변)	현금	32,000

배당 인식

(차변) 현금	40,000	(대변)	관계기업투자	32,000
			수익	8,000

02년 평가

(차변) 관계기업투자	12,000	(대변)	지분법이익	12,000

(4) 배당기준일

주주의 배당에 대한 권리가 결정되는 날을 배당기준일이라고 하는데, 배당금은 배당기준일 현재 주식을 보유하고 있는 주주에게만 지급된다. 따라서 투자기업이 배당기준일과 배당지급일 사이에 관계기업주식을 취득하게 되면, 투자기업은 관계기업이 지급하기로 선언한 배당금에 대한 권리를 갖지 못한다. 이러한 이유로 투자기업이 주식을 취득하는 시기가 배당기준일과 배당금을 지급하는 시점 사이라면, 순자산 지분액 산정 시 향후 획득하지 못할 배당금은 차감해야 한다.

사례 6 주식배당과 불균등배당

1 주식 취득

P사는 A사 주식을 01년 초 다음과 같이 취득함.

지분율	40%
취득 주식수	4,000
취득금액	80,000
주당 액면가	10

유의적인 영향력 획득일 현재 A사의 자산·부채 장부금액과 공정가치는 모두 일치함.

2 배당

(1) 배당에 대한 권리

A사의 배당을 위한 권리확정일, 지급일, 지급액은 다음과 같음.

	01년	02년	03년(*)
권리확정일	00년 12월 말	01년 12월 말	03년 6월 말
지급일	01년 3월	02년 3월	03년 8월
배당총액	15,000	26,000	20,000

(*) 03년에 실시한 배당은 주식배당임.

(2) 불균등배당

02년의 배당은 차등지급되었으며, 20% 이상 주주는 P사만 해당함.

	주당 배당액	대상 주식수	배당총액
20% 이상 주주	2	7,000	14,000
소액주주	4	3,000	12,000

(3) 주식배당

A사는 03년 6월 말을 기준으로 5주당 1주의 비례적 주식배당을 실시함.

3 A사 요약 재무정보

	취득	01년	02년	03년
자본금	100,000	100,000	100,000	120,000
이익잉여금	100,000	105,000	100,000	105,000
	200,000	205,000	200,000	225,000
당기순이익		20,000	21,000	25,000

요구사항 **01년 초부터 03년 말까지 각 연도별 관계기업 관련 계정을 제시하시오.**

해설

Ⅰ. 분석

1. 취득시 주식의 구성

취득금액	80,000
순자산 지분액 (= 200,000 × 40%)	80,000
배당락 효과 (= 15,000 × 40%)	(6,000)
영업권	6,000

2. 불균등 배당

배당 전 순자산 지분액 (= 205,000 × 40%)	82,000
배당 후 순자산 지분액 (= (205,000 − 26,000) × 40%)	71,600
지분변동액	(10,400)
P사 배당금	8,000
불균등 배당 효과	(2,400)

Ⅱ. 누적 지분 평가

	취득금액	NI 지분액 (지분 손익 내역)	불균등 배당효과 (지분 손익 내역)	관계기업 배당	전기이월 이익잉여금	기말 장부금액
01년	80,000	8,000	(2,400)	(8,000)	−	77,600
02년	80,000	8,400	−	−	(2,400)	86,000
03년	80,000	10,000	−	−	6,000	96,000

순자산 분석

	순자산 지분액	배당락효과	불균등배당효과	영업권	기말장부금액
취득	80,000	(6,000)	–	6,000	80,000
01년	82,000	(8,000)	(2,400)	6,000	77,600
02년	80,000	–	–	6,000	86,000
03년	90,000	–	–	6,000	96,000

Ⅲ. 재무제표 표시

	01년	02년	03년
관계기업투자	77,600	86,000	96,000
미수배당금	8,000	–	–
지분법이익	5,600	8,400	10,000

Ⅳ. 회계처리(참고사항)

1. 취득

(차변)	관계기업투자	80,000	(대변)	현금	80,000

2. 01년

(차변)	미수배당금	8,000	(대변)	지분법이익	5,600
				관계기업투자	2,400

3. 02년

(차변)	관계기업투자	8,400	(대변)	지분법이익	8,400

4. 03년

(차변)	관계기업투자	10,000	(대변)	지분법이익	10,000

사례를 통하여 살펴본 내용은 다음과 같다.

배당기준일과 배당지급일 사이의 취득

• 유의적인 영향력 획득일 현재 배당락으로 투자기업이 향후 획득하지 못할 배당금이 있다면 동 금액은 순자산 지분액 계산 시 차감해야 한다. 즉, 투자기업은 배당락으로 인하여 수령하지 못할 6,000원을 순자산 지분액에서 차감한 후 영업권을 산정한다.

불균등배당

• 01년에 결정하여 02년에 지급하게 되는 배당총액 26,000원이 만약 균등하게 배당되었다면 주당 2.6

원씩 배당금이 지급되어 P사는 10,400원을 수령하였을 것이다. 그러나 불균등배당으로 인하여 P사는 주당 2원씩 총 8,000원의 배당금만 수령하게 되므로 2,400원만큼의 경제적 손실이 발생한다.
- 불균등배당이 확정된 시점에 P사는 2,400원의 손실을 예상할 수 있으므로, 발생주의에 따라 01년 지분법손익에 반영한다.

주식배당

- 균등 주식배당은 P사의 부(富)에 영향을 미치지 않으므로 지분법에 미치는 영향도 없다.

6. 관계기업의 자기주식 취득

관계기업이 자기주식을 보유하는 경우 동 자기주식에 대해서는 의결권이 없으며, 기업이 청산되더라도 청산배당에 대한 권리도 없다. 즉, 관계기업이 보유하고 있는 자기주식은 주주로서의 권리가 부여되지 않는다.

따라서 **관계기업이 자기주식을 보유하고 있는 경우에는 동 자기주식이 소각**된 것으로 보아, 투자기업은 **유효지분율을 산정하여 지분법을 적용**한다. 그리고 관계기업이 보유하고 있는 자기주식을 시장에 처분하는 경우에는 관계기업이 제3자에게 유상증자를 실시하는 것으로 본다.

유효지분율 = 지분율 ÷ (1 − 자기주식 지분율)

이와 같이 관계기업의 자기주식 거래는 유효지분율의 변동을 가져오므로 **지분거래손익을 계산하여 지분법에 반영**한다.

구 분	유효지분율	회계처리
관계기업의 자기주식 취득	증가	관계기업투자 추가 취득
관계기업의 자기주식 처분	하락	관계기업투자 일부 처분

참고로 일반기업회계기준에서는 실무의 편의를 위하여, 다음과 같이 규정하고 있다(일반기업회계기준 제8장 실8.5).

① 자기주식 취득 목적이 소각인 경우에는 유효지분율을 기준으로 유의적인 영향력 여부를 판단하지만, 일시적인 목적으로 취득하였다면 자기주식을 고려하지 않고 유의적인 영향력을 판단한다.

② 지분법 적용 시에는 자기주식의 취득 목적과 관계없이 유효지분율을 반영한다.

예제 21

- P사는 01년 말 A사 주식을 20% 취득하였으며, 당시 A사의 자산·부채의 장부금액은 공정가치와 동일함.
- 01년 중 A사는 자기주식을 20% 보유하고 있었음.
- A사는 02년 말 자기주식을 30% 추가로 취득하였으며, 당시 A사의 자산·부채의 장부금액은 공정가치와 동일함.
- A사의 순자산 변동은 다음과 같음.

구 분	기초	당기손익	자기주식 취득	기말
02년	400,000	25,000	(150,000)	275,000
03년	275,000	50,000	-	325,000

요구사항 P사가 장부에 반영할 지분법 회계처리를 제시하시오.

02년 지분 평가

- 기초 유효지분율 = 20% ÷ (1 － 20%) ＝ 25%
- 기말 유효지분율 = 20% ÷ (1 － 20% － 30%) ＝ 40%
- 지분거래이익 = 자기주식 취득 후 지분액 － 자기주식 취득 전 지분액
  = 275,000원 × 40% － (400,000원 ＋ 25,000원) × 25% ＝ 3,750원
- 회계처리

(차변) 관계기업투자	10,000	(대변) 지분법이익(*)	10,000

(*) 지분법이익 ＝ 6,250원(NI 지분액) ＋ 3,750원(지분거래손익)

03년 지분 평가

(차변) 관계기업투자	20,000	(대변) 지분법이익(*)	20,000

(*) 지분법이익 ＝ 50,000원 × 40%

7. 관계기업의 합병

투자기업이 보유하고 있는 관계기업들이 합병할 경우 회계처리는 다음과 같다.[47]

47) GKQA05－043, 2005. 12.

① 일반적인 경우 : 교부받은 주식을 공정가치로 측정하고, 피합병된 주식의 장부금액과의 차이는 처분손익으로 처리
② 상업적실질이 결여된 경우 : 소멸된 피합병법인 주식의 장부금액을 합병법인이 교부받은 주식의 원가로 인식

상업적실질이 결여된 경우의 예는 다음과 같다.
① 교부받은 주식의 현금흐름의 형태(위험, 현금유입시점, 현금유입액)와 피합병으로 소멸된 주식의 현금흐름의 형태가 동일
② 교환에 의하여 영향을 받는 사업부문의 세후현금흐름을 반영한 회사가치가 교환 전의 회사가치와 동일

예제 22

- P사는 B사와 C사의 투자주식을 각각 25%씩 보유하고 있음.
- B사와 C사의 순자산가액은 각각 30,000원 및 10,000원이며, P사는 지분법을 적용하여 B사와 C사 투자주식을 각각 7,500원 및 2,500원으로 평가하고 있음.
- 당기 중 B사가 합병대가로 B사의 주식을 교부하여 C사를 흡수합병하였으며, 합병 당시 B사가 P사에게 교부한 주식의 공정가치는 3,000원임.
- 합병 후에도 B사는 P사의 관계기업에 해당함.

요구사항 지분법 회계처리를 예시하시오.

일반적인 경우 : 공정가치 적용

(차변)	관계기업투자 B	3,000	(대변)	관계기업투자 C	2,500
				처분이익	500

상업적실질이 없는 경우 : 장부금액 적용

(차변)	관계기업투자 B	2,500	(대변)	관계기업투자 C	2,500

8. 관계기업의 종속기업이 보유하고 있는 투자기업 주식

투자기업이 관계기업에 대해 지분법을 적용하는 재무제표는 관계기업의 별도재무제표가 아니라 관계기업의 연결재무제표이다(K-IFRS 제1028호 문단 28). 그리고 지분법 적용 시에는 지배기업 소유주지분과 지배기업 지분 순이익이 지분법 적용 대상으로 산정된다. 그 이유

는 비지배지분은 관계기업이 아니라 비지배주주가 보유하는 지분이기 때문이다.

마찬가지로 관계기업이 또 다른 관계기업이나 공동기업을 보유하고 있다면, 투자자는 관계기업이 해당 기업들에 대해 지분법이 반영된 재무제표를 기초로 지분법을 적용한다.

만일 관계기업의 종속기업이 투자기업의 주식을 보유했다고 가정해 보자. 이 경우 종속기업이 보유한 투자기업 주식에 대한 평가에 대해 다음의 의견이 있다.

① 연결 관점에서 투자기업 주식은 자기주식에 해당한다. 따라서 관계기업이 작성한 연결재무제표상 공정가치측정금융자산을 원가법 주식으로 환원한 후 지분법을 적용한다.

② 평가 관점에서 종속기업이 보유한 투자기업 주식은 일반적인 공정가치측정금융자산과 동일하다. 따라서 관계기업이 보유한 연결재무제표를 수정하지 않는다.

K-IFRS가 지분법에 대해 평가 관점을 견지하고 있다는 점과 일반기업회계기준에 대한 질의회신(금감원 2008-037)을 참조하면, 두 번째 의견에 따라 회계처리하는 것이 적절할 것으로 판단된다.

예제 23

- A사는 B사의 최대주주로서 22%의 지분을 보유하고 있음(관계기업으로 분류).
- B사는 C사를 60% 소유하고 있음.
- C사는 A사 주식 9%를 보유하고 있으며 공정가치측정금융자산으로 분류하고 있음.
- A, B, C사는 공정위 대규모기업집단에 속하는 계열회사이며, 각 회사 간에 임직원의 겸임은 없는 상태임.
- B사의 연결재무제표상 지분 변동은 다음과 같음.
  - 연결당기순이익 : 10,000원(4,000원은 비지배지분으로 대체됨.)
  - 금융자산평가이익(기타포괄손익) : 5,000원(2,000원은 비지배지분으로 대체됨.)

요구사항 지분법 회계처리를 제시하시오.

B사는 C사 주식에 대해 지분법 적용시, C사가 A사 주식을 공정가치 평가하여 인식한 금융자산평가이익을 지분변동액으로 보아 관계기업투자에 가감한다. A사가 반영할 회계처리는 다음과 같다.

(차변) 관계기업투자	1,980	(대변) 지분법이익	1,320
		관계기업투자자본변동	660

제 4 절 지분법에 대한 이연법인세

지분법에 대한 이연법인세의 적용은 이론뿐만 아니라 실무적으로도 난해한 부분이다. 그러나 이연법인세회계는 반드시 적용해야 할 규정이며, 관계기업에 대한 투자금액이 클수록 중요성도 상당할 것이므로 구체적으로 살펴본다.

지분법에 대한 이연법인세 적용은 크게 관계기업주식의 취득 당시 인식하였던 공정가치 차액과 영업권, 미실현손익, 예상 배당 및 처분이익에 대한 부분으로 구분할 수 있다.

1. 공정가치 차액과 영업권

투자기업은 관계기업에 대하여 유의적인 영향력을 획득한 시점에 식별한 공정가치 차액에 대하여 이연법인세자산(부채)을 인식해야 하는데, 그 과정을 수식으로 표시하면 다음과 같다.

- 영업권 = 취득금액 − (순자산 공정가치 지분액 − 이연법인세부채)
- 이연법인세부채 = FV차액 지분액 × 법인세율

예제 24

- P사는 01년 초 A사 주식 40%를 60,000원에 취득함.
- 01년 초 A사의 순자산 장부금액은 100,000원임.
- 01년 초 토지의 장부금액은 20,000원이나 공정가치는 45,000원임.
- A사는 01년 중 위의 토지를 45,000원에 처분함.
- 법인세율은 30%임.

요구사항 A사 주식의 취득금액을 분석하시오.

영업권

= 취득금액 − (순자산 공정가치 지분액 − 이연법인세부채)

= 60,000원 − ((100,000원 + 25,000원) × 40% − 25,000원 × 40% × 30%) = 13,000원

P사는 향후 A사가 토지를 공정가치로 처분할 경우, 25,000원의 이익을 인식하고 7,500원

(= 25,000원 × 30%)의 법인세를 납부하게 될 것임을 예상할 수 있다. 그러나 지분법 관점에서는 장부금액인 45,000원에 처분하였으므로 처분이익과 법인세비용이 발생하지 않는다.

따라서 P사는 주식 취득 시점에 취득금액의 구성 항목으로 공정가치 차액에 대해 3,000원(= 7,500원 × 40%)의 이연법인세부채를 인식한다. 그리고 A사가 토지를 처분하는 시점에는 동 이연법인세부채가 실현되어 법인세비용을 인식하지 않도록 한다.

구 분	A사의 재무제표		지분법 관점의 재무제표	
	이연법인세부채	법인세비용	이연법인세부채	법인세비용
01년 초	-	-	7,500	-
02년	-	7,500	-	-

회계처리

• 01년

(차변) 관계기업투자 60,000 (대변) 현금 60,000

• 02년

회계처리 없음.

공정가치 차액과 공정가치 차액에 대한 이연법인세 효과는 주식 장부금액과 지분법손익에 직접 반영되기 때문에 별도로 표시되지 않는다.

A사는 02년에 토지를 처분하여 당기순이익 17,500원(= 25,000원 × 70%)이 발생했으나, 지분법 관점으로는 장부금액에 토지를 처분한 것이므로 당기순이익이 발생하지 않는다.

한편, 영업권에 대해서는 이연법인세를 인식하지 않는다. 영업권은 취득금액에서 순자산 공정가치 지분액을 차감한 잔여금액으로 정의되는데, 영업권에 대해 이연법인세를 인식하면 계산의 순환논리에 빠지기 때문이다.

지금까지 살펴본 공정가치 차액과 영업권에 대한 법인세회계를 요약하면 다음과 같다.

① 관계기업주식을 취득하는 시점에 공정가치 차액에 대한 이연법인세를 인식한다. 그리고 공정가치 차액이 실현되는 시점에 동 이연법인세자산(또는 부채)이 실현되어 법인세부담액이 발생하지만 법인세비용은 발생하지 않는다.

② 공정가치 차액에 대한 이연법인세는 관계기업주식의 취득금액의 구성 항목으로 인식되다가 공정가치 차액이 해소되는 시점에 소멸된다.

③ 영업권에 대한 이연법인세는 인식하지 않는다.

2. 미실현손익에 대한 이연법인세

투자기업과 관계기업의 내부거래로 발생한 법인세효과는 다음과 같이 표시할 수 있다.

① 1안 : 미실현손익에 대한 이연법인세를 별도로 이연법인세자산(또는 부채)과 법인세비용으로 인식한다.

(차변) 법인세비용	×××	(대변) 이연법인세자산(부채)	×××

② 2안 : 미실현손익에 대한 이연법인세를 지분법손익에 반영한다. 즉, 지분법손익을 세후로 인식한다.

(차변) 지분법손실	×××	(대변) 관계기업투자	×××

미실현손익에 대한 법인세효과에 대해서는 명확한 규정이 없으므로 회계정책으로 선택할 수 있다는 것이 통설이다. 그러나 관계기업투자와 지분법 평가 내역을 관리하는 방법으로는 1안이 용이하여, 본서는 1안을 전제하고 있다.[48)]

예제 25

- P사는 01년 초 A사 주식의 40%를 취득함.
- 01년 P사는 원가가 20,000원인 재고자산을 A사에게 45,000원에 처분하였으나, 01년 말 현재 A사는 모든 재고자산을 보유하고 있으며 02년에 전량 처분함.
- 법인세율은 30%임.

요구사항 P사가 인식할 지분법손익과 이연법인세자산을 계산하시오.

법인세효과 분석

01년 결산 시 P사는, 02년 중 A사가 보유 중인 재고자산을 처분하여 25,000원의 미실현손익을 실현하고 7,500원(= 25,000원 × 30%)의 법인세비용을 인식하게 될 것임을 예상할 수 있다. 따라서 P사는 A사가 02년에 인식하게 될 7,500원의 법인세비용에 대한 지분액(10,000원 × 40% = 3,000원)을 02년에 인식하기 위해, 01년 결산 시 이연법인세자산 3,000원을 인식한다.

48) 종전 K-GAAP에 대한 실무의견서(실무의견서 2001-3, 지분법 적용 및 연결재무제표 작성시 이연법인세의 회계처리에 대한 질의회신)에서는 하향거래로 발생한 법인세효과는 1안, 상향거래로 발생한 법인세효과는 2안을 지지했으나, 현재 폐지된 상태이다.

여기서 하향판매로 발생한 미실현손익에 대해 적용할 법인세율은, **재고자산을 보유한 A 사에게 적용될 법인세율**이라는 점에 유의한다.

회계처리

• 01년

(차변) 지분법손실	10,000	(대변) 관계기업투자	10,000
(차변) 이연법인세자산	3,000	(대변) 법인세비용	3,000

• 02년

(차변) 관계기업투자	10,000	(대변) 지분법이익	10,000
(차변) 법인세비용	3,000	(대변) 이연법인세자산	3,000

3. 예상 배당과 처분손익에 대한 이연법인세

투자기업은 관계기업이 지속적으로 이익을 창출하면 향후 관계기업으로부터 배당금을 수령하거나 관계기업주식을 처분하여 이익을 기대할 수 있다. 그리고 투자기업은 향후 배당금이나 처분이익에 대한 세금을 납부하게 될 것임을 예측할 수 있다. 따라서 투자기업은 지분법이익을 인식하면, 향후 배당이나 처분이익으로 발생할 법인세부담액을 추정하여 이연법인세부채를 인식해야 한다.

여기서 이연법인세 대상은 관계기업의 재무제표상 이익에 대한 지분액이 아니라, 지분법 관점에서 계산된 누적 지분 이익임에 유의한다.

> 이연법인세 대상이 되는 관계기업의 순자산 증가액
> = 관계기업이 보고한 순이익 누적액(누적 지분 이익) − 하향미실현자산(지분액)

지분 이익에 대한 법인세효과를 산정 시 유의할 사항은 다음과 같다.

① 결산일에 하향미실현자산이 있는 경우에는 누적 지분 이익에서 가감한다. 그 이유는 하향판매를 통해 이익을 과대계상한 기업은 투자기업이므로, 하향판매로 발생한 미실현손익은 지배기업의 순자산에만 영향을 미치기 때문이다.

② 법인세율은 수입배당금 익금불산입이나 외국납부세액공제 효과를 반영하여 계산한다.

③ 관계기업투자자본변동은 배당재원이 아니므로 배당으로 실현되지 않는다.

예제 26

- P사는 S사 주식을 01년 초에 40% 취득함(취득금액 : 100,000원).
- 지배력 획득시 S사의 순자산은 200,000원이며, 인식된 영업권은 20,000원임.
- S사의 01년과 02년 별도재무제표상 순이익은 각각 50,000원과 60,000원임.
- 01년과 02년의 영업권 손상차손은 각각 5,000원과 10,000원임.
- 02년 말 현재 하향미실현자산과 상향미실현자산은 각각 (-)15,000원과 (-)3,500원임.
- S사의 01년과 02년 배당금은 각각 20,000원과 30,000원임.
- P사와 S사의 법인세율은 30%임(자본이득에 대한 별도의 구분 없음).
- 세무상 최초 인식 영업권에 대한 손상은 손금으로 인정되지 아니함.

요구사항

각 연도별 법인세비용을 계산하고 회계처리를 제시하시오(단, 내부거래에 대한 법인세효과는 고려하지 아니함).

누적 지분 평가

	취득 금액	NI지분	영업권 손상	미실현 (하향)	미실현 (상향)	배당	전기이월 이익잉여금	기말 장부금액
01년	100,000	20,000	(5,000)	-	-	(8,000)	-	107,000
02년	100,000	24,000	(10,000)	(6,000)	(1,400)	(12,000)	7,000	101,600

순자산 분석

	순자산 지분액	영업권	미실현자산 (상향)(*)	미실현자산 (하향)	기말 장부금액
취득	80,000	20,000	-	-	100,000
01년	92,000	15,000	-	-	107,000
02년	104,000	5,000	(1,400)	(6,000)	101,600

(*) 미실현(상향) = (-)5,000원 × 40% × (1 - 30%)

이연법인세

	누적 지분(*1) 이익	미실현자산	조정 누적 지분 이익(*2)	이연법인세(*3) 부채	법인세비용(*4)
01년	7,000	-	7,000	(2,100)	(2,100)
02년	1,600	(6,000)	7,600	(2,280)	(180)

(*1) 누적 지분 이익 = 기말장부금액 - 취득금액
(*2) 조정 누적 지분 이익 = 누적 지분 이익 - 미실현자산(하향)
(*3) 이연법인세부채 = 조정 누적 지분 이익 × 법인세율
(*4) 법인세비용 = 기말이연법인세부채 - 기초이연법인세부채

회계처리

• 01년

(차변)	관계기업투자	7,000	(대변)	지분법이익	15,000
	현금	8,000			
(차변)	법인세비용	2,100	(대변)	이연법인세부채	2,100

• 02년

(차변)	현금	12,000	(대변)	관계기업투자	5,400
				지분법이익	6,600
(차변)	법인세비용	180	(대변)	이연법인세부채	180

만일 배당세율과 처분이익에 대한 세율이 다른 경우에는 피투자기업의 순자산 증가액을 배당으로 실현될 부분과 처분으로 실현될 부분으로 추정하고, 각각에 대해 예상세율을 적용하여 법인세효과를 산정한다.

배당 및 처분에 대한 이연법인세부채

① 이연법인세부채 = 예상 배당 금액 × 배당세율 + 예상 처분이익 × 처분세율
② 배당세율 = 법인세율 × (1 - 익금불산입률[49])
③ 처분세율 = 법인세율

49) 익금불산입률을 반영할 때 투자기업이 차입금 과다 법인 등에 속하여 익금불산입률에 영향을 미친다면 동 효과를 고려하여 세율을 산정한다.

예제 27

- P사는 누적 지분액 중 40%는 배당, 60%는 처분으로 실현될 것으로 추정함.
- P사의 법인세율은 30%이며, S사 주식으로부터 수령할 배당금에 대한 수입배당금 익금불산입률은 30%임.

요구사항 각 연도별 이연법인세부채와 법인세비용을 계산하시오.

이연법인세부채와 법인세비용

구 분	조정 누적 지분 이익	예상 배당 (40%)	예상 처분 (60%)	이연법인세 부채(*)	법인세비용
01년	7,000	2,800	4,200	(1,848)	(1,848)
02년	7,600	3,040	4,560	(2,006)	(158)

(*) 이연법인세부채 = 예상 배당 이익 × (1 − 익금불산입률) × 30% + 예상 배당 이익 × 30%

4. 지분법에 대한 이연법인세 구조

공정가치 차액에 대한 이연법인세는 취득금액의 구성 항목으로 인식하므로 지분법손익에 직접 반영된다. 그러나 미실현이익과 예상 배당 등에 대한 법인세효과는 관계기업주식에 대한 지분 평가가 완료되어야 계산 가능하므로 동 항목들에 대한 법인세효과는 법인세비용 계정에서 반영한다. 즉, 공정가치 차액에 대한 이연법인세 효과는 지분법손익에 반영되지만, 미실현손익이나 배당 등에 대한 법인세효과는 지분법과 별개로 회계처리된다는 점에 차이가 있다.

예제 28

- P사는 01년 초 A사 주식의 40%를 취득함.
- 02년 중 공정가치 차액이 실현되어 발생한 법인세효과는 3,000원임(부채 감소).
- 02년 중 A사의 순이익 증가로 발생한 법인세효과는 7,000원임(부채 증가).
- 02년 중 P사의 하향판매로 발생한 미실현손익에 대한 법인세효과는 1,000원임(자산 증가).

요구사항 P사가 지분법회계 적용으로 인식할 이연법인세부채를 계산하시오.

◉ 공정가치 차액에 대한 법인세

(차변) 관계기업투자	3,000	(대변) 지분법이익	3,000

◉ 지분이익과 내부거래에 대한 법인세

(차변) 법인세비용	6,000	(대변) 이연법인세부채	6,000

(*) 7,000원 - 1,000원

사례 7 지분법에 대한 이연법인세

① 주식 취득

P사는 A사 주식을 01년 초 다음과 같이 취득함.

지분율 40%

취득금액 100,000

유의적인 영향력 획득일 현재 A사의 자산·부채 장부금액과 공정가치의 차이는 다음과 같음.

자산	공정가치	장부금액	차액	내용연수
건물	50,000	30,000	20,000	5

② 재고자산 거래

	판매처	매입처	거래금액	원가	보유재고	비 고
01년	S사	P사	20,000	16,000	5,000	보유재고는 02년 중 판매
02년	P사	S사	30,000	21,000	10,000	보유재고는 03년 중 판매

③ A사의 배당

	01년	02년
배당금액	5,000	20,000

④ 기타

P사는 A사의 지분 이익이 배당으로 실현될 것으로 기대하고 있으며, P사와 A사에 적용되는 법인세율은 30%임.

5 A사 요약 재무정보

	취득	01년	02년
자본금	100,000	100,000	100,000
이익잉여금	100,000	115,000	110,000
자본계	200,000	215,000	210,000
당기순이익		20,000	15,000

요구사항 **이연법인세회계를 적용하여 01년부터 03년까지 각 연도별 관계기업 관련 계정을 제시하시오(단, 배당에 대한 익금불산입 등은 고려하지 아니하며, 배당수익에 대해서도 30%의 세율이 적용됨을 가정함).**

해설

Ⅰ. 분석

1. 취득금액의 구성내역

취득금액	100,000
순자산 지분액 (= 200,000원 × 40%)	80,000
건물 FV차액 (= 20,000원 × 40%)	8,000
FV차액에 대한 이연법인세 (= 8,000원 × 30%)	(2,400)
영업권	14,400

2. 공정가치 차액

	취득	01년	02년	03년	04년	05년
건물	8,000	6,400	4,800	3,200	1,600	-
감가상각비	-	(1,600)	(1,600)	(1,600)	(1,600)	(1,600)
이연법인세	(2,400)	(1,920)	(1,440)	(960)	(480)	-
법인세비용	-	480	480	480	480	480

3. 내부거래

	보유재고	이익률	지분율	미실현자산	법인세율	이연법인세
01년(상향)	5,000	20%	40%	(400)	30%	120
02년(하향)	10,000	30%	40%	(1,200)	30%	360

4. 지분 이익에 대한 법인세

	누적 지분 이익	미실현자산	조정 지분 이익	이연법인세부채	법인세비용
01년	4,480	–	4,480	(1,344)	(1,344)
02년	560	1,200	1,760	(528)	816

Ⅱ. 지분 평가와 이연법인세

1. 누적 지분 평가

(지분 손익 내역: NI 지분액 ~ 미실현손익)

	취득금액	NI 지분액	FV차액		미실현손익		관계기업 배당	전기이월 이익잉여금	기말 장부금액
			상각비	법인세비용	상향판매	하향판매			
01년	100,000	8,000	(1,600)	480	(400)	–	(2,000)	–	104,480
02년	100,000	6,000	(1,600)	480	400	(1,200)	(8,000)	4,600	100,560

순자산 분석

	순자산 지분액	FV차액		미실현자산		영업권	기말 장부금액
		건물	이연법인세	재고(상향)	재고(하향)		
취득	80,000	8,000	(2,400)	–	–	14,400	100,000
01년	86,000	6,400	(1,920)	(400)	–	14,400	104,480
02년	84,000	4,800	(1,440)	–	(1,200)	14,400	100,560

2. 이연법인세

	이연법인세			법인세비용		
	재고(하향)	예상 배당	계	매출원가	배당	계
01년	120	(1,344)	(1,224)	120	(1,380)	(1,224)
02년	360	(528)	(168)	240	852	1,056

Ⅲ. 재무제표 표시

	01년	02년
관계기업투자	104,480	100,560
이연법인세부채	(1,224)	(168)
지분법이익	6,480	3,960
법인세비용	(1,224)	1,056

Ⅳ. 회계처리(참고사항)

1. 취득

(차변)	관계기업투자	100,000	(대변)	현금	100,000

2. 01년 지분법

(차변)	관계기업투자	4,480	(대변)	지분법이익	6,480
	현금	2,000			

3. 01년 이연법인세

(차변)	법인세비용	1,224	(대변)	이연법인세부채	1,224

4. 02년 지분법

(차변)	현금	8,000	(대변)	지분법이익	3,920
				관계기업투자	4,080

5. 02년 이연법인세

(차변)	이연법인세부채	1,056	(대변)	법인세비용	1,056

사례를 통하여 살펴본 내용은 다음과 같다.

공정가치 차액에 대한 법인세

- A사 주식 취득금액의 구성내역에는 공정가치 차액 8,000원에 대한 2,400원(= 8,000원 × 30%)의 법인세효과가 포함된다. 그러나 영업권에 대해서는 이연법인세를 산정하지 않는다.
- 공정가치 차액에 대한 이연법인세부채(2,400원)는 공정가치 차액의 변동과 비례하여 실현된다. 따라서 01년과 02년에 해소된 FV차액 지분액(1,600원)에 대한 법인세 480원(= 1,600원 × 30%)을 지분법손익에 반영한다.

미실현손익에 대한 법인세

- 미실현자산에 대해 법인세율을 곱한 120원과 360원을 이연법인세자산으로 계상한다.

예상 배당과 처분이익에 대한 법인세

- 예상 배당과 처분에 대한 이연법인세는 관계기업이 보고한 당기순이익이 아닌 지분법 관점에서의 지분이익을 대상으로 한다. 그리고 하향판매로 발생한 미실현자산은 왜곡된 손익이 투자기업의 재무제표에 반영되어 있으므로 조정 항목으로 가산해 준다.
- 산정된 조정 순이익에서 배당을 차감한 누적 조정순이익(이익잉여금)이 배당 또는 처분으로 실현되는 부분을 추정하여 법인세효과를 산정한다. 만일 배당과 처분에 대한 법인세율이 상이하다면, 기업의 재

무정책을 고려하여 누적 조정순이익이 어떻게 실현될 것인가를 추정해야 한다.

법인세효과의 반영

- 공정가치 차액에 대한 이연법인세는 관계기업주식을 취득할 당시에 고려할 요소이므로, 즉 취득금액의 구성요소이므로 지분법손익에 반영한다.
- 미실현손익과 예상 배당 및 처분손익에 대한 법인세효과는 지분법 평가가 완료된 이후에 관계기업주식 자체에 적용하는 것이므로 법인세비용 계정으로 반영한다.

(1) 실무적 고려사항

관계기업에 대한 법인세 적용 시 실무상 어려움을 느끼는 항목은 지분손익에 대한 이연법인세부채와 이연법인세자산의 인식 여부인데 자세하게 살펴보자.

지분 이익에 대해 이연법인세를 인식하지 않을 수 있는 조건

다음의 조건을 모두 만족할 경우 투자기업은 종속기업, 관계기업 및 조인트벤처의 지분에 대한 투자자산과 관련된 모든 가산할 일시적차이에 대해 이연법인세부채를 인식하지 않는다.

① 지배기업, 투자기업 또는 조인트벤처의 지분투자자가 일시적차이의 소멸시점을 통제할 수 있다.

② 예측 가능한 미래에 일시적차이가 소멸하지 않을 가능성이 높다.

처분가능성에 대해서는 투자기업의 정책에 따라 결정되지만, 관계기업의 배당 정책은 투자기업이 통제하기 어렵다. 관계기업에 대해서는 유의적인 영향력만 미칠 뿐, 지배력은 없기 때문이다. 따라서 배당으로 인한 법인세효과는 제반 상황을 검토하여 보수적으로 판단할 필요가 있다.

배당 가능금액

투자기업이 관계기업주식을 취득한 이후 증가한 지분 이익과 관계기업의 배당가능이익의 범위 내에서 이연법인세 대상 배당 가능이익이 산정된다. 기타포괄손익은 배당가능하지 않으므로 포함되지 않고, 수입배당금 익금불산입 효과를 반영해야 한다.

지분손실에 대한 이연법인세자산

관계기업에 누적 손실이 발생하면 향후 투자기업은 동 주식을 처분하거나 관계기업이 청산되는 시점에 손실이 발생한다. 그러나 관계기업은 투자기업과 사업적 관계가 있으므로 관계기업이 부실화되더라도 처분이나 청산은 실무상 용이하지 않다. 따라서 관계기업에 손실이 발생하더라도 청산이나 주식의 처분 가능성이 구체적이고 명확하지 않다면 이연법인세자산을 인식하지 않는다.[50)]

50) 일반기업회계기준에서 이연법인세자산은 이사회결의뿐만 아니라 회사의 상황과 여건을 고려할 때 차감할 일시적차이가 예측 가능한 미래에 투자자산의 처분을 통하여 소멸할 가능성이 확실한 경우에만 인식하도록 규정하고 있다 (GKQA 07-001).

제5절 관계기업투자에 대한 연결조정

관계기업주식에 대한 지분법 적용은 연결재무제표에서만 이루어지며, 별도재무제표에서는 K-IFRS 제1027호에 따라 원가법 등을 적용하여 회계처리한다. 따라서 별도재무제표상 원가법으로 계상되어 있는 관계기업주식은 지분법을 적용한 금액으로 변환되어야 하는데, 본 절에서는 관계기업주식에 대한 연결조정 절차를 살펴본다.

1. 지분 평가 내역[51)]

연결조정은 법적 실체 입장에서 작성한 단순합산재무제표와 경제적 실체의 입장에서 작성되는 연결재무제표와의 차이에 해당하는데, 이를 산식으로 표현하면 다음과 같다.

> 연결조정 = 연결재무제표 - 단순합산재무제표

관계기업주식에 한정하여 위의 산식을 살펴보면 관계기업의 별도재무제표는 합산할 재무제표에 해당하지 않는다. 즉, 단순합산재무제표는 지배기업의 별도재무제표로 구성되므로 다음과 같은 산식으로 전환할 수 있다.

> 연결조정 = 관계기업주식(지분법) - 관계기업주식(원가법)

산식을 통하여 관계기업주식과 관련하여 연결조정에 반영되어야 할 사항은 지분법 평가 내역에 한정됨을 알 수 있다. 여기서 **연결조정은 관계기업주식을 취득한 시점부터 결산시점까지 산정될 누적 평가 내역으로서, 해당 회계기간의 평가 내역이 아니라는 점에 유의한다.**

51) 본 절은 편의상 지배기업이 관계기업주식 이외에도 종속기업주식을 보유하여 연결재무제표를 작성하는 상황을 전제로 한다. 기업실무상 종속기업주식은 보유하고 있지 않고 관계기업주식만 보유하는 기업이 지분법을 적용하여 작성하는 재무제표를 개별재무제표라고 한다. 지분법을 적용하지 않은 재무제표에서 개별재무제표로 전환하는 과정에 반영될 조정사항과 본 절에서 설명하는 연결조정의 내용은 동일하다.

관계기업주식에 대한 연결조정을 예시하면 다음과 같다.

연결조정

1단계 : 순자산조정			
관계기업투자	×××	이익잉여금	×××
		관계기업투자자본변동	×××
2단계 : 순이익조정			
배당금수익	×××	지분법이익	×××
이익잉여금	×××		

연결조정에 반영될 누적 지분법 평가 내역은 관계기업에 대한 지분 평가 내역을 활용하여 쉽게 산출할 수 있는데, 그 내용은 다음과 같다.

① 연결조정에 반영될 관계기업주식 금액의 산정
= (관계기업에 대한 누적 지분 평가 : 기말장부금액 - 취득금액)
② 연결조정에 반영될 이익잉여금 = 지분 손익 내역 - 배당금 + 전기이월이익잉여금
③ 연결조정에 반영될 관계기업투자자본변동 : 누적 지분 평가에 표시된 기타포괄손익
④ 연결조정에 반영될 지분법손익 : 누적 지분 평가에 표시된 지분 손익 내역
⑤ 연결조정에 반영될 배당금수익 : 누적 지분 평가에 표시된 배당금

사례 8 관계기업주식에 대한 연결조정

1 A사 주식 취득

P사는 A사 주식을 01년 초 다음과 같이 취득함.

지분율	40%
취득금액	180,000

유의적인 영향력 획득일 현재 A사의 자산·부채 장부금액과 공정가치는 모두 일치함.

2 A사의 배당

	01년	02년
배당금액	12,000	15,000

3 A사 요약 재무정보

	취득	01년	02년
자본금	100,000	100,000	100,000
이익잉여금	200,000	203,000	212,000
금융자산평가이익	−	2,000	3,000
자본계	300,000	305,000	315,000
당기순이익		15,000	24,000

요구사항 01년과 02년의 연결조정을 표시하시오.

해설

Ⅰ. 분석

1. 취득금액의 구성내역

취득금액	180,000
순자산 지분액	120,000
영업권	60,000

2. 누적 지분 평가

	취득금액	기타포괄손익	NI 지분액	관계기업배당	전기이월이익잉여금	기말장부금액
01년	180,000	800	6,000	(4,800)	−	182,000
02년	180,000	1,200	9,600	(6,000)	1,200	186,000

순자산 분석

	순자산 지분액	영업권	기말장부금액
취득	120,000	60,000	180,000
01년	122,000	60,000	182,000
02년	126,000	60,000	186,000

Ⅱ. 재무제표 표시

1. 연결재무제표 표시

	01년	02년
관계기업투자	182,000	186,000
관계기업투자자본변동	800	1,200
지분법이익	6,000	9,600

2. 별도재무제표 표시

	01년	02년
관계기업투자	180,000	180,000
배당금수익	4,800	6,000

Ⅲ. 연결조정

01년 연결조정

1단계 : 순자산조정			
관계기업투자	2,000	자본변동	800
		이익잉여금	1,200
2단계 : 순이익조정			
배당금수익	4,800	지분법이익	6,000
이익잉여금	1,200		

02년 연결조정

1단계 : 순자산조정			
관계기업투자	6,000	자본변동	1,200
		이익잉여금	4,800
2단계 : 순이익조정			
배당금수익	6,000	지분법이익	9,600
이익잉여금	3,600		

사례를 통하여 살펴본 내용은 다음과 같다.

관계기업에 대한 연결조정

- 연도별 별도재무제표와 연결재무제표에 표시될 내용을 분석하고, 그 차이를 연결조정에 반영한다.
- 관계기업에 대한 연결조정 내역은 관계기업주식을 취득한 후 결산시점까지 지분법 적용을 하였을 경우에 이루어질 누적 지분법 평가 내역이다.

01년 연결조정

- 관계기업투자 = 기말장부금액(182,000원) - 취득금액(180,000원)
- 순자산조정에 반영될 이익잉여금 = 지분법이익(6,000원) - 배당금수익(4,800원)

02년 연결조정

- 관계기업투자 = 기말장부금액(186,000원) - 취득금액(180,000원)
- 순자산조정에 반영될 이익잉여금
  = 지분법이익(9,600원) - 배당금수익(6,000원) + 전기이월이익잉여금(1,200원)

2. 단계별 취득을 통한 영향력 획득

(1) 연결재무제표상 회계처리

〈제1절〉에서 살펴본 바와 같이 투자기업이 단계적으로 취득하여 유의적인 영향력을 획득하면, 투자기업은 기존에 보유하던 주식을 공정가치로 처분하고 관계기업주식을 일시에 취득한 것으로 회계처리한다.

- 관계기업주식 취득금액 = 기존 주식의 공정가치 + 추가 주식 취득금액
- 처분손익(당기손익) = 기존 주식의 공정가치 - 기존 주식의 장부금액

예제 29

- P사는 01년 초 A사 주식 10%를 10,000원에 취득함.
- 01년 말 A사 주식 10%의 공정가치는 15,000원임.
- P사는 평가손익을 기타포괄손익으로 분류하고, 주식 처분 후 기타포괄손익 잔여 금액은 이익잉여금으로 대체하고 있음.
- 02년 초 P사는 A사 주식 20%를 30,000원에 취득하고 유의적인 영향력을 획득함.

요구사항

별도재무제표상 계상될 관계기업투자 취득금액을 계산하시오.

1. 공정가치 간주원가법
2. 누적원가법

공정가치 간주원가법

- 금융자산평가이익 = 15,000원 - 10,000원 = 5,000원
- 관계기업주식 취득금액 = 15,000원 + 30,000원 = 45,500원
- 회계처리

(차변) 관계기업투자	45,000	(대변) 공정가치측정금융자산	15,000
		현금	30,000

한편, 기존에 계상하던 기타포괄손익 5,000원은 회사의 회계정책에 따라 이익잉여금으로 대체할 수 있다.

누적원가법

- 금융자산평가이익(기타포괄손익) = 15,000원 - 10,000원 = 5,000원
- 관계기업주식 취득금액 = 10,000원 + 30,000원 = 40,000원
- 회계처리

(차변)	관계기업투자	40,000	(대변)	공정가치측정금융자산	15,000
	당기손익(PL)	5,000		현금	30,000

기존에 계상하던 기타포괄손익 5,000원은 회사의 회계정책에 따라 이익잉여금으로 대체할 수 있다. 이 경우 이익잉여금에 미치는 영향은 0원(= 기타포괄손익 5,000원 + 당기손실 5,000원)으로 계산된다.

(2) 별도재무제표상 회계처리

공정가치측정금융자산을 보유하다가 추가 취득을 통해 관계기업으로 분류할 경우, 관계기업주식의 별도재무제표상 취득원가를 어떻게 결정할 것인가에 대해서는 명확한 규정이 없다. 그러나 종속기업주식에 대한 질의회신을 참조하면, 다음 중 하나를 회계정책으로 선택할 수 있을 것으로 판단된다.[52)]

① 공정가치 간주원가법 = 기존 투자지분의 공정가치 + 추가 지분 취득 시 지급한 대가
② 누적원가법 = 기존 투자지분의 취득금액 + 추가 지분 취득 시 지급한 대가

한편, 누적원가법을 적용할 경우 기존 지분의 공정가치와 취득금액의 차이는 당기손익으로 인식한다.

예제 30

- P사는 01년 초 A사 주식 10%를 10,000원에 취득하고, 공정가치측정금융자산으로 분류함.
- P사는 공정가치측정금융자산을 FVOCI로 분류함.
- A사 주식의 03년 초 공정가치는 20,000원임.
- P사는 03년 초 A사 주식의 20%를 40,000원에 취득하고 관계기업주식으로 분류함.
- P사는 별도재무제표상 누적원가법을 회계정책으로 수립하고 있음.

요구사항 별도재무제표와 연결재무제표에 표시될 관계기업주식의 취득금액을 계산하시오.

52) 회계기준원 2019-003(2019. 1. 31.) 종속기업투자 : 단계적 취득

지분법 관점

- 취득금액 = 20,000원 + 40,000원 = 60,000원
- 회계처리

(차변)	금융자산평가이익(OCI)	10,000	(대변)	현금	40,000
	관계기업투자	60,000		공정가치측정금융자산	20,000
				이익잉여금	10,000

별도재무제표

- 취득금액 = 10,000원 + 40,000원 = 50,000원
- 회계처리

(차변)	관계기업투자	50,000	(대변)	현금	40,000
	당기손익	10,000		공정가치측정금융자산	20,000
(차변)	금융자산평가이익(OCI)	10,000		이익잉여금	10,000

연결조정

연결조정

1단계 : 순자산조정			
관계기업투자	10,000	이익잉여금	10,000
2단계 : 순이익조정			
이익잉여금	10,000	당기손익	10,000

3. 단계적인 처분

(1) 연결재무제표상 회계처리

〈제1절〉에서 살펴본 바와 같이 투자기업이 단계적으로 처분하여 유의적인 영향력을 상실하면, 투자기업은 기존에 보유하던 관계기업주식을 전량 공정가치로 처분하고 잔여 주식을 공정가치에 취득한 것으로 회계처리한다.

- 관계기업주식 처분대가 = 현금유입액 + 기존 주식의 공정가치
- 처분손익 = 관계기업주식 처분대가 − 장부금액

예제 31

- P사는 02년 말 A사 주식 30%를 30,000원으로 평가하고 있음.
- P사는 03년 초 A사 주식 20%를 25,000원에 처분하고 영향력을 상실함.
- 03년 초 A사 주식 10%의 공정가치는 12,500원임.

요구사항

03년 초 별도재무제표에 표시할 관계기업투자처분손익과 회계처리를 예시하시오.

잔여 주식을 공정가치측정금융자산으로 재분류하는 경우

- 처분된 주식의 장부금액 = 30,000원 × 20% ÷ 30% = 20,000원
- 잔여 주식의 취득금액 = 30,000원 × 10% ÷ 30% = 10,000원
- 처분손익 = 25,000원 − 20,000원 = 5,000원

별도재무제표상 회계처리

(차변)	현금	25,000	(대변)	관계기업투자	30,000
	공정가치측정금융자산(*)	12,500		당기손익(PL)	2,500
				관계기업투자처분이익	5,000

(*) 재분류 시점의 공정가치

(2) 별도재무제표상 회계처리

단계적 처분으로 관계기업투자가 공정가치측정금융자산으로 분류될 경우, 공정가치측정금융자산의 별도재무제표상 취득원가를 어떻게 결정할 것인가에 대해서는 명확한 규정이 없다. 그러나 종속기업주식에 대한 질의회신을 참조하여, (기타포괄손익(OCI) 선택권을 적용하는지에 관계없이) 재분류 시점의 공정가치와 장부금액의 차이는 당기손익에 반영하는 것이 적절하다.[53)]

예제 32

- P사는 01년 초 A사 주식 30%를 30,000원에 취득하여 관계기업주식으로 분류함.
- P사는 02년 말 A사 주식의 20%를 40,000원에 처분함.
- 처분 당시 연결재무제표에 표시된 관계기업투자의 장부금액은 37,000원임(즉, 누적 지분

53) 회계기준원 2019 - 003(2019. 1. 31.) 종속기업투자 : 부분 매각

이익은 7,000원임).
- 처분 시점의 잔여 주식 공정가치는 20,000원임.
- P사는 금융자산의 평가손익을 기타포괄손익으로 분류하고 있음.

요구사항 02년의 연결조정을 표시하시오.

처분회계처리

- 연결 관점

(차변)	현금	40,000	(대변) 관계기업투자	37,000
	공정가치측정금융자산(*)	20,000	관계기업투자처분이익	23,000

(*) 공정가치측정금융자산의 취득원가 = 20,000원

- 별도재무제표

(차변)	현금	40,000	(대변) 관계기업투자(*1)	30,000
	공정가치측정금융자산(*2)	20,000	당기손익(PL)	10,000
			관계기업투자처분이익	20,000

(*1) 처분된 관계기업투자 = 30,000원 × 20% ÷ 30% = 20,000원
(*2) 관계기업투자 잔여금액 = 30,000원 − 20,000원 = 10,000원
당기손익 = 공정가치 − 잔여금액 = 20,000원 − 10,000원 = 10,000원

연결조정

연결조정

1단계 : 순자산조정			
해당사항 없음.			
2단계 : 순이익조정			
당기손익(PL)	10,000	관계기업투자처분이익	3,000
		이익잉여금	7,000

4. 유의적인 영향력을 유지하는 경우의 취득과 처분

유의적인 영향력을 유지하는 가운데 지분율이 변동하면, 다음과 같이 회계처리한다.
① 추가 취득 : 기존 주식과 구분되는 별도의 주식을 취득하는 개념
② 일부 처분 : 장부금액 중 일부를 처분하는 개념으로 처분손익 인식

관계기업투자는 별도재무제표상 원가법 주식에 준하여 처리되므로, 지분법 회계처리와의 차이는 연결조정으로 반영된다.

예제 33

- P사는 01년 초 A사 주식 30%를 30,000원에 취득함.
- P사는 02년 초 A사 주식 10%를 9,000원에 추가 취득함.
- P사는 03년 초 A사 주식 15%를 22,000원에 처분함.
- 공정가치 차액이나 영업권은 발생하지 않았으며, 01년과 02년에 인식된 지분법이익은 각각 5,000원과 10,000원임.

요구사항

1. 02년과 03년의 별도재무제표상 회계처리를 예시하시오.
2. 03년 초 연결조정을 예시하시오.

별도재무제표상 회계처리

- 02년

(차변) 관계기업투자	9,000	(대변)	현금	9,000

- 03년

(차변) 현금	22,000	(대변)	관계기업투자(*)	13,000
			관계기업투자처분이익	9,000

(*) (30,000원 + 9,000원) ÷ 30% × 10%

연결 관점

- 02년 말 장부금액 = 취득금액 + 지분법 누적 이익
  = 39,000원 + (5,000원 + 10,000원) = 54,000원
- 03년 초 회계처리

(차변) 현금	22,000	(대변)	관계기업투자(*)	18,000
			관계기업투자처분이익	4,000

(*) 54,000원 ÷ 45% × 15%

연결조정

연결조정

1단계 : 순자산조정			
관계기업투자(*)	10,000	이익잉여금	10,000
2단계 : 순이익조정			
관계기업투자처분이익	5,000	이익잉여금	5,000

(*) 연결상 장부금액 36,000원 - 별도상 장부금액 26,000원

5. 별도재무제표상 관계기업주식의 손상

별도재무제표상 종속기업, 공동기업 또는 관계기업에 대한 투자주식은 다음의 경우 손상징후가 있다고 본다(K-IFRS 제1036호 문단 12).

① 별도재무제표에 있는 투자의 장부금액이 연결재무제표에 있는 관련 영업권을 포함한 피투자자의 순자산의 장부금액을 초과

② 배당이 선언된 기간에 배당금이 종속기업, 공동기업 또는 관계기업의 총포괄이익을 초과

관계기업주식에 대한 손상차손을 별도재무제표에 인식한 경우 연결조정에 미치는 영향을 생각해 보자. 투자기업은 영향력 획득 시점을 기준으로 투자기업의 순자산의 변동에 대한 지분액을 평가하여 이익잉여금이나 기타포괄손익 등으로 연결재무제표에 반영한다. 이러한 상황에서 투자기업이 관계기업주식에 대한 손상차손을 별도재무제표에 인식하면 관계기업에 대한 평가가 이중으로 연결재무제표에 반영되는 오류가 발생한다. 따라서 **투자기업이 별도재무제표에 인식한 손상차손으로 발생한 효과(손상차손에 대한 순이익효과, 이익잉여금 감소에 대한 순자산효과)를 연결조정으로 제거한다.**

예제 34

- P사는 01년 중 A사에 대한 지분 40%(취득금액 : 200,000원)를 취득하여 영향력을 획득함.
- 지배력 획득 시점의 자산·부채는 공정가치와 장부금액이 동일하며, 자본 총계는 500,000원임.
- 05년에 A사는 영업이 악화되어 480,000원의 손실과 20,000원의 순자산을 보고함.
- P사는 05년 별도재무제표 결산시 180,000원의 관계기업투자손상차손을 인식함.
- P사의 05년 순이익과 순자산은 각각 120,000원 및 950,000원임.

요구사항 손상차손이 05년 연결조정에 미치는 영향을 검토하시오.

별도재무제표상 손상차손 = 180,000원

연결재무제표

- 당기순이익 = P사 순이익 + 지분법손익 − 관계기업투자손상차손
  = 120,000원 + (−)500,000원 × 40% − (−)180,000원
  = 100,000원
- 연결자본 = P사 순자산 + 지분 평가 누적액 + 관계기업투자손상차손
  = 950,000원 + (−)480,000원 × 40% − (−)180,000원
  = 938,000원
- 관계기업투자 = 20,000원 × 40% = 8,000원
- 지분법손실 = 480,000원 × 40% = 192,000원

05년 연결조정

연결조정

1단계 : 순자산조정			
이익잉여금(P사의 누적 손실)	192,000	주식S	12,000
		이익잉여금(P사 인식 손상차손)	**180,000**
2단계 : 순이익조정			
지분법손실	192,000	**관계기업투자손상차손**	**180,000**
		이익잉여금	12,000

06년에는 P사가 별도재무제표에 반영한 관계기업투자손상차손 효과가 이익잉여금으로만 표시된다. 따라서 06년에는 순자산조정만 실시한다.

제6절 기타 사항

1. 자산손상

(1) 손상차손의 인식과 환입

지분법을 적용한 이후 관계기업주식의 공정가치가 장부금액 이하로 유의적 또는 지속적으로 하락하면, 손상이 발생하였다는 객관적인 증거가 된다(K-IFRS 제1039호 문단 61). 따라서 관계기업이 지속적으로 이익을 보고하더라도 공정가치의 하락이 있는 경우에는 손상징후가 있음을 의미한다.

손상징후가 인지되고 관계기업주식으로부터 회수할 수 있을 것으로 추정되는 금액(= 회수가능금액)이 장부금액에 미달하면, 그 미달액을 장부금액에서 차감하고 자산손상으로 처리한다(K-IFRS 제1036호 문단 59).

여기서 회수가능금액은 순자산 공정가치와 사용가치 중 큰 금액으로 정의된다. 그리고 사용가치는 다음과 같이 두 가지 방법으로 추정할 수 있으며, 가정이 합리적일 경우 두 금액은 일반적으로 동일하다.

① 관계기업이 사업 등을 통하여 창출할 것으로 기대되는 미래 순현금흐름과 당해 관계기업이 청산할 때 발생하는 현금흐름의 현재가치 중 투자기업의 지분액 합계

② 관계기업주식의 보유기간 동안 기대되는 미래배당현금흐름과 보유기간 종료 시 당해 관계기업주식을 처분하여 유입될 현금흐름의 현재가치 합계

손상차손을 인식한 후에 후속적으로 관계기업의 회수가능금액이 증가하면, 기존에 손상차손을 인식하지 않았을 경우의 장부금액을 한도로 하여 기존에 인식하였던 손상차손을 당기이익으로 인식한다.

관계기업주식은 영업권을 분리하여 인식하지 않으므로, K-IFRS 제1036호에 규정된 **영업권에 대한 자산손상을 요구하지 않는다**. 따라서 일반기업회계기준과 달리 K-IFRS에서의 자산손상은 관계기업주식 전체 금액을 대상으로 진행되며, 환입도 전체 금액을 기준으로 이루어진다(K-IFRS 제1028호 문단 42).

사례 9 관계기업투자에 대한 손상차손

① 주식 취득

P사는 A사 주식을 01년 초 다음과 같이 취득함.

취득금액	75,000
취득 주식수	5,000
지분율	25%

P사는 관계기업주식에 대한 영업권을 5년 동안 상각함.

한편, 유의적인 영향력 획득일 현재 A사의 자산·부채 장부금액과 공정가치는 모두 일치함.

② 업황 변동

01년 중 A사는 급격한 불황으로 주식가치가 하락하고 회복 가능성이 희박하다고 평가되었으나, 02년 경쟁사의 부도로 인하여 수익력이 개선됨.

	01년	02년
주당 공정가치	3	20
주당 사용가치	4	14

③ A사 요약 재무정보

	취득	01년	02년
자본금	100,000	100,000	100,000
이익잉여금	100,000	-	150,000
자본계	200,000	100,000	250,000
당기순이익		(100,000)	150,000

요구사항 **01년부터 02년까지 각 연도별 관계기업주식 관련 계정을 제시하시오.**

해설

I. 분석

1. 취득금액의 구성내역

취득금액	75,000
순자산 지분액	50,000
영업권	25,000

2. 자산손상

지분법 평가 후 장부금액	50,000
회수가능액(사용가치 기준)	20,000
자산손상금액	30,000

3. 자산손상 환입

지분법 반영 후 장부금액 57,500

자산손상 환입액(공정가치 기준) = Min(①, ②) = 30,000

① 회수가능금액 - 장부금액 42,500

② 과거 손상차손 누계액 중 환입가능액 30,000

Ⅱ. 누적 지분 평가

	취득금액	지분법손익 및 손상차손			전기이월 이익잉여금	기말 장부금액
		영업권 손상	NI 지분액	자산손상 (환입)		
01년	75,000	-	(25,000)	(30,000)	-	20,000
02년	75,000	-	37,500	30,000	(55,000)	87,500

순자산 분석

	순자산 지분액	자산손상	영업권	기말장부금액
취득	50,000	-	25,000	75,000
01년	25,000	(30,000)	25,000	20,000
02년	62,500	-	25,000	87,500

Ⅲ. 재무제표 표시

	01년	02년
관계기업투자	20,000	87,500
지분법손익	(30,000)	37,500
손상차손(또는 환입)	(30,000)	30,000

사례를 통하여 살펴본 내용은 다음과 같다.

자산손상 절차

- 손상차손 인식 이전에 지분법을 반영한 관계기업주식 금액을 계산한다.
- 회수가능액은 사용가치와 공정가치 중 큰 금액인 20,000원(= 5,000주 × 4원)으로 계산된다.
- 손상차손 = 50,000원 - 20,000원 = 30,000원

자산손상 환입

- 손상차손 환입 이전에 지분법을 반영한 57,500원의 관계기업주식 장부금액을 계산한다.
- 손상차손을 인식하지 않았을 경우의 장부금액과 회수가능액을 비교한 후 이전에 인식된 손상차손을 한도로 환입한다.
- K-IFRS에서는 영업권을 별도로 구분하여 손상을 인식하지 않고, 과거에 인식한 손상차손은 모두 환입할 수 있으므로 30,000원을 환입한다.

(2) 관계기업투자자본변동에 대한 손상차손

일반기업회계기준은 관계기업주식에 대한 손상이 발생할 경우 관계기업투자자본변동에 대한 제거 규정이 있다. 그러나 K-IFRS 제1021호 '환율변동효과' 문단 49를 준용하여 **손상이 발생하더라도 관계기업투자자본변동은 당기손익으로 대체하지 않는다.**[54)]

따라서 관계기업이 관계기업투자자본변동의 구성 항목인 해외사업환산차이 등에 대해 손상을 인식하지 않는다면, 투자기업이 관계기업투자에 대한 손상을 인식하더라도 관계기업투자자본변동은 당기손익으로 대체하지 않는 것이 적절하다.

2. 해외관계기업

해외소재 관계기업에 대한 지분법 적용 시 유의할 사항은 환율변동효과가 재무제표, 공정가치 차액 및 영업권, 미실현손익 등에 미치는 영향이다. 환율변동효과가 미치는 영향은 해외 종속기업에 대한 연결결산의 내용과 유사하므로, 자세한 내용은 〈제9장〉을 참조하기 바란다.

외화로 표시된 자산, 부채, 자본, 수익, 비용 등을 환산하는 방법에는 화폐성・비화폐성법, 현행환율법, 시제법 등이 있는데, 외화표시 재무제표를 환산할 경우에는 현행환율법을 적용한다.

현행환율법에 의하여 외화표시 재무제표를 환산하는 절차는 다음과 같다.

① 자산과 부채는 결산일의 환율을 적용한다.

54) 해외사업장의 매각, 청산, 자본의 환급 또는 해외사업장 전체나 일부를 포기하는 등의 방법으로 해외사업장에 대한 지분 전체나 일부를 처분할 수 있다. 해외사업장의 손실 또는 투자자가 인식한 손상으로 인한 해외사업장의 장부금액에 대한 감액의 인식은, 해외사업장의 일부를 처분하는 경우에는 해당하지 않는다. 따라서 기타포괄손익으로 인식된 외환손익은 감액을 인식한 시점에 손익으로 재분류하지 아니한다(K-IFRS 제1021호 문단 49).

② 수익과 비용, 즉 손익계산서 항목은 거래일의 환율(환율의 변동이 미미한 경우에는 평균환율)을 적용한다.

③ 자본은 역사적환율, 즉 거래일의 환율을 적용한다.

④ 자산과 부채에 대해서는 현행환율을 적용하고 자본은 역사적환율을 적용함으로 발생한 대차차액은 해외사업환산차이(기타포괄손익)로 처리한다.

사례 10 해외관계기업

1 주식 취득

P사(기능통화 : KRW)는 미국 소재 A(기능통화 : US$)사 주식을 01년 초에 다음과 같이 취득함.

지분율	40%
취득 주식수	40
취득금액(US$ 기준)	320

유의적인 영향력 획득일 현재 A사의 자산·부채 장부금액과 공정가치는 모두 일치함.

2 A사 요약 재무정보(단위 : US$)

	취득	01년	02년
자산	1,000	1,200	1,400
부채	200	100	200
순자산	800	1,100	1,200
자본금	200	200	200
이익잉여금	600	900	1,000
자본계	800	1,100	1,200
당기순이익		300	100

3 환율정보(US$ 1)

	01년	02년
기초	1,000	1,200
평균	1,100	1,150
기말	1,200	1,250

요구사항 1. A사의 취득, 01년 및 02년 원화환산 재무제표를 작성하시오.
2. 01년부터 02년까지 각 연도별 관계기업 관련 계정을 제시하시오.

해설

Ⅰ. 분석

1. 취득금액의 구성내역

	달러	환율	원화
취득금액	320	1,000	320,000
순자산 지분액	320	1,000	320,000
영업권	–		–

2. 환산재무제표

	취득	01년	02년
자산	1,000,000	1,440,000	1,750,000
부채	200,000	120,000	250,000
순자산	800,000	1,320,000	1,500,000
자본금	200,000	200,000	200,000
전기이익잉여금	600,000	600,000	930,000
당기순이익	–	330,000	115,000
해외사업환산차이	–	190,000	255,000
순자산	800,000	1,320,000	1,500,000

Ⅱ. 누적 지분 평가

	취득금액	기타포괄손익	NI 지분액	전기이월이익잉여금	기말장부금액
01년	320,000	76,000	132,000	–	528,000
02년	320,000	102,000	46,000	132,000	600,000

순자산 분석

	순자산 지분액	영업권	기말장부금액
취득	320,000	–	320,000
01년	528,000	–	528,000
02년	600,000	–	600,000

Ⅲ. 재무제표 표시

	01년	02년
관계기업투자	528,000	600,000
관계기업투자자본변동	76,000	102,000
지분법이익	132,000	46,000

Ⅳ. 회계처리(참고사항)

1. 취득

(차변)	관계기업투자	320,000	(대변) 현금	320,000

2. 01년

(차변)	관계기업투자	208,000	(대변) 지분법이익	132,000
			관계기업투자자본변동	76,000

3. 02년

(차변)	관계기업투자	72,000	(대변) 지분법이익	46,000
			관계기업투자자본변동	26,000

사례를 통하여 살펴본 내용은 다음과 같다.

- 유의적인 영향력을 획득한 시점의 환율인 1,000원을 A사의 자산과 부채의 공정가치에 곱하여 순자산 공정가치 지분액을 산정한다.
- 자산 · 부채는 기말환율을 적용하고 당기순이익은 평균환율을 적용하며, 자본은 취득 당시 환율을 적용한다. 그리고 이익잉여금은 전기이월이익잉여금에 당기순이익을 합산하여 산출한다.
- 환산 과정에서 발생한 대차차액은 해외사업환산차이(기타포괄손익)로 인식한다.

3. 관계기업의 복합금융상품 발행

(1) 상환전환우선주(RCPS) 취득

상환전환우선주(Redeemale Convertible Preferred shares, 이하 RCPS)는 다양한 약정하에 발행되는데 상환권, 전환권, 배당권, 잔여재산분배권이 부여되는 것이 일반적이다. 전형적으로 부여되는 약정은 다음과 같다.

① 상환권 : 투자자는 RCPS 발행일로부터 일정 기간이 경과하면 발행금액의 일부 또는 전부에 대해 상환 청구할 권리를 가진다.

② 전환권 : RCPS는 발행일 익일부터 만기일 전일까지 보통주로 전환가능하며, 만기일에는 보통주로 자동전환된다. 그리고 IPO 등으로 매각되는 경우에는 당시 매각단가를 고려하여 전환비율을 조정하는 경우가 일반적이다.

③ 배당권 : RCPS는 보통주 주주에 비해 배당에 있어 우선권을 가진다.

④ 잔여재산분배권 : 청산에 의하여 잔여재산을 분배하는 경우 RCPS 투자자는 발행일로부터 상환일까지 일정률의 이자를 가산한 금액을 보통주 주주에 우선하여 분배받을 권리를 가진다.

K-IFRS는 어떤 특성을 갖는 금융상품에 지분법을 적용해야 하는지는 정의하지 않고 있다. 따라서 관계기업이 발행한 보통주만을 의미하는지, 청산 시 우선순위가 있는 우선주를 포함하는지, RCPS 등을 포함하는지 명확하지 않다. 따라서 투자기업은 RCPS에 지분법 적용 여부를 결정하기 위하여 회계정책을 개발하고 일관성 있게 적용해야 할 것이다.

예제 35

- P사는 A사가 발행한 RCPS에 투자함.
- P사의 의결권 지분율은 19%로 20%에 미달하나, 이사회 7인 중 1인을 선임할 수 있음.

요구사항 RCPS 분류와 지분법 적용 대상에 대해 검토하시오.

RCPS 분류

일반적인 RCPS는 상환권, 누적배당권이 있어 최소한의 확정수익을 보장받을 수 있으며, 이러한 권리는 소유지분과 연계된 이익에 실질적으로 접근할 수 있게 하는 경우에 해당하지 않다고 보아 당기손익-공정가치측정금융자산(FVPL)으로 분류해야 한다는 견해도 있다. 그러나 본 예제에서 P사는 이사 중 1인을 지명할 권리가 있으므로, 유의적인 영향력을 보유하고 있다고 판단할 수 있다.

지분법 적용 대상 : 내재파생상품 분리 여부

복합계약을 보유한 투자자는 지분법 적용 대상을 결정하기 위하여 회계정책을 개발하고 있으며, 실무상 다음의 견해가 있다.

① RCPS를 분리하지 않고 지분법 적용 : RCPS가 소유지분과 연계된 이익에 실질적으

로 접근할 수 있게 한다고 판단하였다면 RCPS 전체에 대하여 지분법을 적용하고, 그렇지 않다면 FVPL로 분류한다.

② 내재파생상품 분리 후 주계약에 대해 지분법 적용 : K-IFRS 제1109호 문단 4.3.3.에 따라 복합금융상품에서 내재파생요소를 먼저 분리하고, 내재파생요소를 분리한 후의 주계약이 소유지분과 연계된 이익에 실질적으로 접근할 수 있게 한다면 주계약에 지분법을 적용한다. 분리되어야 하는 내재파생요소가 무엇인지는 각 상품의 특성에 따라 달라진다.

(2) 관계기업의 우선주 발행

관계기업이 우선주를 발행한 경우 발행조건에 따라 다양한 분배방식이 가능하다. 따라서 우선주에 대한 약정 등을 검토하고 그 경제적 효과를 반영하여 지분법에 반영해야 한다. 예를 들어 누적적인 배당 조건이 있다면 당기손실이 발생하였더라도 우선주 주주에게 일정 몫의 배당을 전제한 후 지분법을 적용해야 한다. 그리고 원금 보장이 있는 상황에서 관계기업의 누적 이익이 부(負)의 수치라면 전액 보통주의 주주에게 그 손실을 배분해야 하는데, 관련 사례를 살펴보자.[55)]

예제 36

- P사는 A사가 발행한 보통주 전부를 취득하고, 전환상환우선주는 재무적 투자자가 취득함.
- 전환상환우선주는 원금보장 상환 조건이 부여되어 있음.
- P사는 A사를 관계기업으로 분류함.
- 01년에 A사는 당기손실이 발생하였으며, 향후 손실이 지속될 것으로 예상됨.

요구사항 P사의 01년 지분법 회계처리를 검토하시오.

A사가 청산할 경우 전환우선주 보유자는 최소 원금 이상을 보장받고 있다. 따라서 청산에 따라 발생할 수 있는 재무위험은 P사가 전액 부담하므로 A사의 당기손실을 전액 지분법손실로 반영한다.

향후 A사의 이익이 누적손실을 초과한다면, P사는 A사의 당기순이익에서 전환상환우선주 보유자가 참가할 수 있는 몫을 제외하고 지분법이익으로 인식한다.

55) 2020-FSSQA20, 피투자회사의 전환상환우선주 발행 시 지분법 회계처리

4. 상호지분법

A사와 B사가 상호 간에 상대방의 지분을 취득하거나, A사 → B사 → A사와 같이 순환구조로 지분을 취득할 수도 있다. 이와 같은 상호 지분 구조에서는 상법 제369조 등에 따라 의결권이 제한될 수 있으므로, 보유 지분율뿐만 아니라 의결권이 유효한지에 대한 검토가 선행되어야 한다. 그리고 검토 결과 상호 간에 유의적인 영향력이 있다면 상호지분법을 적용하게 된다.[56]

당기순손익은 자체 영업활동 등으로 인한 이익과 관계기업의 당기순이익에 대한 지분법이익으로 구성된다. 따라서 상호 간에 주식을 보유하고 있다면 한 기업의 당기순이익은 다른 기업의 당기순이익에 영향을 미치게 된다. 그러므로 각 기업의 당기순손익은 상대 기업의 당기순이익이 지분법손익에 미치는 영향을 연립일차방정식에 반영하여 결정된다.

참고로 일반기업회계기준 제8장 적용사례 11에서는 연립일차방정식 형태가 아니라, 단순 일차 손익의 배분 형태를 제시하고 있으나 다음과 같은 문제점이 있다.

① 순이익 배분 : 투자자의 지분율에 따른 지분 금액을 충실하게 반영하지 못한다. 이론적인 방법(연립방정식)에 따른 지분법손익의 절대금액(양수 또는 음수 금액의 절대값) 보다 항상 적게 산출된다.

② 순자산 배분 : 일차 손익에 따라 손익을 배분할 경우 순자산에 대한 투자자의 몫을 적절하게 표현하지 못한다. 즉, 누적 지분 이익과 순자산 분석이 불일치하게 된다. 따라서 피투자기업의 손익과 순자산에 대한 투자자의 몫을 표현한다는 지분법의 정의에 부합하지 않는다.

지분법의 개념과 오류의 정도를 감안하면 실무적 편의성을 고려하더라도 일반기업회계기준에서 제시하는 적용사례는 회계정책으로 적합하지 않다고 판단된다.

56) 금융감독원 2002 - 132 주식상호보유에 따른 의결권제한, 금감원 2003 - 158 우선주 의결권 부활시 연결범위 : 법상 상호보유주식에 대한 의결권이 제한되어 의결권제한이 곧 해소될 것으로 판단되는 경우엔 지분법을 적용하지만, 의결권 제한이 계속된다면 공정가치로 평가한다.

사례 11 상호지분법

1 A사 주식 취득

P사는 A사 주식을 01년 초 다음과 같이 취득함.

지분율	40%
취득금액	8,000

유의한 영향력 획득일 현재 A사의 자산·부채 장부금액과 공정가치는 모두 일치함.

2 P사 주식 취득

A사는 P사 주식을 01년 초 다음과 같이 취득함.

지분율	30%
취득금액	12,000

유의한 영향력 획득일 현재 P사의 자산·부채 장부금액과 공정가치는 모두 일치함.

3 요약 별도재무제표

	P사		A사	
	취득	01년	취득	01년
P주식	-	-	12,000	12,000
A주식	8,000	8,000	-	-
기타자산	32,000	45,000	8,000	15,000
자산계	40,000	53,000	20,000	27,000
자본금	10,000	10,000	5,000	5,000
이익잉여금	30,000	43,000	15,000	22,000
자본계	40,000	53,000	20,000	27,000
수익		25,000		15,000
비용		(12,000)		(8,000)
당기순이익		13,000		7,000

요구사항 **전통적 방법(상호 간의 지분법 반영)에 따라 01년 P사와 A사의 지분법이익을 구하시오.**

해설

1. 취득금액의 구성내역

	P사	S사
취득금액	8,000	12,000
순자산 지분액	8,000	12,000
영업권	–	–

2. 상호지분법에 의한 지분손익
   - P사 순이익 = 13,000 + A사 순이익 × 40%
   - A사 순이익 = 7,000 + P사 순이익 × 30%

   식을 풀면 P사의 순이익은 17,955원이고, A사의 순이익은 12,386원임.

   ① P사 지분법이익 = A사 순이익 × 40% = 3,716원
   ② A사 지분법이익 = P사 순이익 × 30% = 5,386원

3. 순자산금액 검증
   (1) 취득시
   - P사의 순자산 = A사의 순자산 × 40% + 32,000
   - A사의 순자산 = P사의 순자산 × 30% + 8,000

   식을 풀면 P사의 순자산은 40,000원이고, A사의 순자산은 20,000원임.

   (2) 01년
   - P사의 순자산 = A사의 순자산 × 40% + 45,000
   - A사의 순자산 = P사의 순자산 × 30% + 15,000

   식을 풀면 P사의 순자산은 57,955원이고, A사의 순자산은 32,386원임.

사례를 통하여 살펴본 내용은 다음과 같다.

 **상호지분법**

- 상호 간 투자를 통하여 유의적인 영향력을 행사할 수 있는 경우, 순이익과 순자산은 상대방의 순이익과 순자산에 의하여 영향을 받는다.
- 순자산을 구할 때에는 기업의 순자산에서 관계기업주식 금액을 차감한 금액에 관계기업의 순자산에 투자 지분율을 곱하여 계산한다.

일차 손익 방법

- 일반기업회계기준 제8장 적용사례 11은 연립일차방정식 형태가 아니라 단순하게 일차 손익의 배분

형태로 상호지분법을 인식하고 있다. 일차 손익 배분을 통해 지분법이익을 계산하면 2,800원(= 7,000원 × 40%)이 산출되는데, 사례의 3,716원과 차이가 있다.

5. 관계기업투자 양도 거래(TRS와 PRS)

총수익스왑(Total Return Swap, 이하 TRS)은 매도자가 투자자에게 자산을 매각한 이후에도 해당 자산으로부터 발생되는 수익을 가져가는 대신, 투자자에게 일정 수익률을 보장하는 상품이다. 반면 주가수익스왑(Price Return Swap, 이하 PRS)은 정산 시기에 기초자산인 주식가치가 계약 당시보다 높으면 그 차액을 자금 조달기업이 가져가고, 그 반대의 경우엔 손실금액을 투자자에 보전하기로 약속한 파생상품이다. PRS는 TRS와 달리 배당권과 의결권 등의 권리가 매수자에게 있다는 점에 차이가 있다.

TRS 방식은 위험과 효익이 이전되지 않았으므로 K-IFRS 상 제거조건을 충족하지 못한다고 평가되는 반면, PRS 방식은 매각처리를 인정받고 있다.[57]

관계기업 지분을 PRS 방식으로 양도할 경우의 회계처리를 살펴보자.[58]

예제 37

- P사는 A사 지분(19.6%) 중 일부(2.3%)를 C사에게 양도하면서, 해당 주식의 시가 변동에 따른 손익을 특정 산식에 따라 정산하기로 하는 PRS 계약을 체결함.
- C사는 매입한 A사 지분(2.3%)의 소유권자로서 자유로운 처분권과 의결권, 배당권, 잔여재산청구권 등 법적 권리를 보유하고 있으나, P사는 A사 지분을 양도한 이후에도 PRS를 통해 그 주식의 소유에 다른 위험과 보상의 대부분을 보유하고 있음.
- P사는 양도거래 후에도 A를 관계기업으로 분류함.

요구사항 P사의 회계처리를 검토하시오.

P사는 A사 지분 일부를 양도하여 해당 지분과 연계된 A사의 이익에 대해 접근할 수 있는 소유권을 더 이상 보유하지 않게 되었으므로 매각 회계처리를 실시한다. 다만, A사 주식의 공정가치에 따라 PRS 계약의 가치가 변동된다. PRS 계약은 체결 시점에 순투자금액이 없으며 정산시점(미래)에 결제되므로 파생상품으로 회계처리해야 한다.

57) 금감원2014-010, 제거되지 아니한 양도 주식의 구분 표시

58) 2020FSSQA05, PRS 방식의 관계기업투자지분 양도거래 회계처리

6. 가결산재무제표

투자기업은 지분법을 적용할 때 이용 가능한 가장 최근의 관계기업 재무제표를 사용해야 한다. 그리고 재무제표의 신뢰성을 확보하기 위해서는 외부감사인의 검토 또는 감사받은 재무제표를 활용하는 것이 바람직하다. 그러나 관계기업의 재무제표가 확정되기 이전에 투자기업의 결산이 진행될 경우에는, 실무상 관계기업의 가결산재무제표에 대해 분석적 검토 및 기타 절차를 통하여 가결산재무제표가 적정하게 작성되었는지를 검토하고 지분법을 적용하게 된다.

관계기업의 가결산재무제표와 확정재무제표에 차이가 발생할 경우 그 차이가 투자기업의 재무제표에 미치는 영향을 고려하여 지분법을 적용해야 한다. 만일 결산차이가 중대하다면 기존에 공시한 투자기업의 재무제표를 재작성해야 할 것이며, 그렇지 않다면 그 이후 회계연도의 지분법손익에 결산차이를 반영하는 것이 적절하다.

지분법 평가와 별개로 투자기업은 관계기업의 결산이 지연되는 이유와 결산차이가 발생한 원인이 무엇인지 분석하고, 관계기업의 내부통제상 문제점이 없는지에 대해 확인해야 한다.

7. 회계정책변경과 오류수정

회계정책의 변경과 오류수정에 관한 회계처리 원칙은 다음과 같다.

① 회계정책을 변경하는 경우 기업은 원칙적으로 회계정책의 변경이 미치는 영향을 분석하여 새로운 회계정책이 처음부터 적용된 것처럼 소급적용하고 비교표시하는 재무제표를 재작성한다.

② 재무제표 작성 및 공시와 관련하여 발견된 전기의 오류는 소급하여 재작성하고 비교표시되는 재무제표를 재작성한다.

본 절에서는 관계기업이 회계정책을 변경하거나 전기의 오류를 수정하는 경우 투자기업의 지분법에 미치는 영향에 대해 살펴본다.

(1) 회계정책변경

투자기업이 지분법을 적용하는 재무제표는 관계기업이 투자기업과 동일한 회계정책을 적용하여 작성한 재무제표이다. 따라서 관계기업이 투자기업의 회계정책과 상이한 회계정책을 수립하고 있다면, 관계기업이 보고한 재무제표는 투자기업과 동일한 회계정책을 적용하였을 경우의 재무제표로 수정한 후에 지분법을 적용해야 한다.

사례 12 회계정책의 변경

P사는 01년도에 A사 지분을 30% 취득하여 관계기업으로 분류하고 지분법을 적용하던 중 05년에 다음과 같은 정보를 입수하였다.

- 04년 재무제표상 차기이월이익잉여금 120,000원
- 05년 재무제표상 전기이월이익잉여금 60,000원

위의 원인을 분석한 결과 A사가 05년 결산 중 수익인식에 대한 회계정책을 변경하여 04년과 그 이전의 재무제표를 재작성하였기 때문이었다.

요구사항 **A사의 회계정책 변경이 P사의 지분법회계에 미치는 영향을 논하시오.**

해설

1. 04년까지 A사가 적용한 수익인식기준이 P사의 회계정책과 동일할 경우
   05년에 A사가 작성한 재무제표는 P사의 회계정책과 상이한 기준에 의하여 작성된 것이므로, A사가 제출한 05년 재무제표를 기존의 수익인식기준에 따라 재작성한 후 지분법을 적용한다.
2. 업종의 상이함 등으로 A사가 적용하는 회계정책이 P사의 회계정책과 무관한 경우
   P사는 현재 P사의 영업과 관련이 없으나 관련 거래가 발생할 경우 적용할 회계정책을 A사가 04년까지 적용한 것으로 할 수도 있을 것이며, 05년에 A사가 변경한 회계정책을 P사의 회계정책으로 수립할 수도 있을 것이다.
   따라서 P사는 기존의 수익인식기준을 회계정책으로 수립하고 05년도에 A사가 제출한 재무제표를 수정할 수도 있고, A사가 05년에 변경한 수익인식기준을 P사도 수용하여 지분법을 적용할 수도 있을 것이다. 후자의 방법은 P사가 전기의 지분법 회계처리를 소급 수정하고 전기 재무제표를 재작성한다는 의미이다.

(2) 오류수정

K-IFRS 제1008호는 전기 이전의 오류가 발견되는 경우 소급적용을 하도록 규정하고 있으며, 일반기업회계기준과 같이 중요성에 따른 회계처리 방법은 명시하고 있지 않다. 그러나 실무상 K-IFRS를 적용하더라도 중요성에 대한 정책을 수립하고 중요하지 않은 오류는 당기손익에 반영하는 것이 일반적이다.

관계기업이 전기의 오류를 수정하는 경우 지분법에 미치는 영향을 다음 예제를 통해 살펴보자.

예제 38

- P사는 01년도에 A사 주식을 30% 취득하여 관계기업으로 분류하고 지분법을 적용하던 중 05년에 다음과 같은 정보를 입수함.
- 04년 재무제표상 차기이월이익잉여금은 120,000원이나, 05년 재무제표상 전기이월이익잉여금은 60,000원임.
- 상기 원인을 분석한 결과 A사는 05년 결산 시 04년에 수익인식이 도래하지 아니한 거래에 대하여 수익을 인식한 오류를 발견하였으며, 그 오류가 재무제표에 미치는 영향이 중요하여 04년 재무제표를 재작성하여 보고하였기 때문임.

요구사항 수익인식 오류가 지분법회계에 미치는 영향을 논하시오.

A사의 오류로 인한 지분법 평가가 P사의 재무제표에 미치는 영향이 중대하면 04년 재무제표를 재작성하고, 그렇지 않다면 05년 지분법손익에 오류를 반영한다. P사와 A사의 규모가 비슷하다고 하더라도, 오류가 P사의 지분법손익에 미치는 영향은 18,000원(= 60,000원 × 30%)이므로 P사의 재무제표에 오류가 미치는 영향은 A사와 차이가 있다.

보론 지분법에 대한 관점과 별도재무제표상 지분법 적용

1. 지분법에 대한 관점 : 연결 관점 또는 평가(측정) 관점

지분법에 대한 관점은 연결 관점과 평가 관점으로 구분할 수 있다.

① 연결 관점

- 내용 : 지분법은 '한 줄로 된 연결(One-line consolidation)'이라는 개념하에 사실상 연결과 동질적인 것으로 보는 관점
- 적용 규정 : 공정가치차액 인식, 미실현손익 조정 등

② 평가(측정) 관점

- 내용 : 투자자산을 평가하는 하나의 방법이라는 관점
- 적용 규정 : 지분법손실이 장부금액을 초과하는 경우 지분법 중지 등

K-IFRS 규정은 연결 관점과 평가 관점이 혼재되어 있으므로 일부 거래의 경우 어떠한 관점을 적용해야 할 것인가에 대하여 의견이 다를 수 있는데, 다음 예제로 내용을 살펴보자.

예제 1

- P사는 A사와 B사에 대하여 각각 지분을 20% 및 40% 취득하여 영향력을 획득함.
- 01년 중 A사는 B사에게 원가가 50,000원인 재고자산을 70,000원에 판매함.
- 01년 중 거래된 재고는 01년 말 현재 전량 보유하고 있으며, 02년 중 외부로 전량 판매됨.

요구사항 P사가 01년에 반영할 지분법 회계처리를 제시하시오.

평가 관점

(차변) 관계기업투자	4,000	(대변) 지분법이익	4,000

연결 관점

(차변) 관계기업투자	4,000	(대변) 지분법이익	4,000
(차변) 지분법손실(*)	1,600	(대변) 관계기업투자	1,600

(*) (70,000원 - 50,000원) × 20% × 40%

A사는 B사에 대한 매출을 통하여 20,000원의 이익을 계상하므로, 평가 관점과 연결 관점 모두 A사에 대하여 4,000원(= 20,000원 × 20%)의 지분법이익을 인식한다.

그러나 미실현손익 조정에 대해서는 양자의 관점이 상이한데, 먼저 평가 관점에 따르면 P사가 A사나 B사와 거래를 한 것이 아니므로 미실현손익 조정을 실시하지 않는다. 반면, 연결 관점에서는 전체를 하나의 실체로 보아 P사가 보유하는 B사에 대한 지분율을 곱하여 내부거래에 대한 미실현손실을 1,600원(= 20,000원 × 20% × 40%)만큼 추가로 인식한다.[59)]

일반기업회계기준은 우리나라 기업들의 지배구조 특성을 반영하여 연결 관점의 규정과 사례가 제시되고 있다. 그러나 K-IFRS 제1028호 문단 28에서는 '기업과 그 관계기업이나 공동기업 사이의 상향거래나 하향거래에서 발생한 손익'을 대상으로 하고 있음을 명시하였으므로 평가 관점이 보다 적절하다고 판단된다.

2. 별도재무제표상 지분법 적용

K-IFRS 제1027호에 따라 별도재무제표에서도 종속기업, 공동기업 및 관계기업에 대해 지분법을 적용할 수 있지만, 별도재무제표에 적용되는 지분법은 K-IFRS 제1028호에 따른 것이다. 따라서 종속기업주식에 대해 지분법을 적용하더라도 K-IFRS 제1027호 BC10G 등에서 열거하는 사유 등으로 연결재무제표상 순이익이나 순자산과 상이할 수 있다.[60)]

그 내용을 요약하면 다음과 같다.

59) 복잡한 구조하에서의 미실현손익 산정 방법은 〈제11장〉을 참조하기 바란다.

60) 일반기업회계기준은 종속기업에 대한 지분법을 별도로 규정하여, 종속기업의 자본잠식 등 일부 예외사항이 없다면 순자산과 순이익의 금액이 개별재무제표와 연결재무제표가 일치하게 된다.

구 분	별도재무제표	연결재무제표
손상검사	종속기업주식 전체 장부금액을 기준으로 손상검사	영업권을 별도로 검사
순부채상태의 종속기업	법적의무 또는 의제의무가 있거나 투자자가 피투자자를 대신하여 지급할 부채를 인식하는 상황이 아니라면, 주식 장부금액까지만 손실 인식	종속기업의 순부채와 손실을 모두 인식
종속기업의 자산과 관련하여 지배기업에 발생한 차입원가의 자본화	지배기업의 종속기업에 대한 투자가 적격자산이 아닌 금융자산이라면 지배기업에 발생한 차입원가는 종속기업의 적격자산에 대한 차입원가 자본화에 고려하지 아니함.	지배기업에 발생한 차입원가가 종속기업의 적격자산 취득과 관련된 경우, 종속기업의 적격자산에 대한 자본화 고려
일부 지분이 처분되었으나, 지배력 유지	처분된 지분에 대한 손익(PL)을 인식하며, 처분된 지분에 대응되는 기타포괄손익 지분은 실현시킴.	지배력의 변동이 없는 지분변동은 자본거래이므로 자본손익 인식
일부 지분 처분으로 종속기업이 관계기업으로 분류됨.	상동	종속기업의 자산과 부채를 모두 제거하고 기타포괄손익을 전액 실현시킴. 그리고 잔존 지분은 공정가치로 재측정함.
지분 추가 취득으로 지배력 획득	지분법 주식의 추가 취득처리를 반영함(기존 지분은 재측정하지 아니함).	사업결합 회계처리가 적용되어, 기존 지분은 공정가치로 측정 후 처분손익(PL) 인식
종속기업 지분 추가 취득	지분법 주식의 추가 취득 처리	지배력의 변동이 없는 지분변동은 자본거래이므로 자본손익 인식
하향판매로 발생한 미실현손익	보유 지분율만큼 안분 제거	전액 제거

3. 연결결산에 미치는 영향

별도재무제표에 반영하는 지분법을 적용하는 경우, 관계기업주식과 종속기업주식은 다음과 같이 표시된다.

구 분	별도재무제표	연결재무제표
관계기업주식	투자자산에 대한 지분법적용	투자자산에 대한 지분법적용
종속기업주식	투자자산에 대한 지분법적용	자산 · 부채 및 수익 · 비용 인식

별도재무제표에 지분법을 적용할 경우 연결결산의 방법은 다음과 같이 두 가지가 있다.

① 별도재무제표에 있는 종속기업의 지분 평가 누적액을 취소(즉, 원가로 환원) 후 연결결산

② 지분법적용투자주식과 지분법손익을 제거하고 본 계정 등으로 대체

첫 번째 방법은 별도재무제표에 반영된 종속기업주식에 대한 누적 지분 평가액을 제거하여 원가법 주식으로 환원한 후 연결결산 절차를 진행하는 방식이다. 첫 번째 방법에 따른 결산 방식은 지금까지 본서에서 다루었던 내용이므로 추가적인 설명은 생략한다.

두 번째 방법은 일반기업회계기준을 적용하고 있는 기업들이 적용하는 방식을 응용하여 연결결산을 진행하는 방식인데, 일반기업회계기준과 달리 종속기업에 대해서도 관계기업과 동일하게 지분법이 적용되고 있다는 점에 유의할 필요가 있다.[61)]

61) 별도(개별)재무제표상 종속기업주식에 지분법을 반영하는 경우 연결 결산의 특징과 세부 조정 과정은 「일반기업회계기준에 따른 연결회계 이론과 실무」, 삼일인포마인(2020년 1월)을 참조하기 바란다.

Chapter 06 종속기업주식의 취득과 처분

별도재무제표상 종속기업주식은 투자자산이지만, 연결 관점에서 종속기업주식은 '사업'에 해당한다. '지배력'을 가지고 있다는 의미 자체가 종속기업이 보유하고 있는 자산과 부채의 일체, 즉 '사업'에 대한 지배력을 의미하기 때문이다.

종속기업주식에 대한 별도재무제표와 연결 관점의 회계처리를 비교하면 다음과 같다.

구 분	별도재무제표	연결재무제표	연결조정
종속기업주식의 취득 (지배력 획득)	원가법 등을 적용하는 투자주식의 취득	'사업'의 취득	투자주식 회계처리를 취소하고, 사업의 취득과 처분에 관한 회계처리를 반영함.
종속기업주식의 처분 (지배력 상실)	원가법 등을 적용하는 투자주식의 처분	'사업'의 처분	

종속기업주식의 취득・처분에 관한 연결 회계처리는 기술적으로 복잡하고, 관련 이슈도 매우 다양하여 어려운 측면이 있다. 그러나 기업실무상 빈번하게 발생하고 그 금액적 효과도 중요한 경우가 일반적이므로 주의 깊게 살펴보기 바란다.

✓ 취득대가의 산정 과정
✓ 단계적인 취득을 통한 지배력 획득
✓ 단계적인 처분을 통한 지배력 상실
✓ 지배력에 영향이 없는 지분율의 변동
✓ 취득 및 처분 약정
✓ 지배력 상실과 관련된 실무적 이슈

제1절 취득대가의 산정

1. 취득대가의 결정

사업결합에서 이전대가는 여러 형태로 나타난다(K-IFRS 제1110호 문단 37).

① 지배기업이 이전하는 자산
② 지배기업이 종속기업의 이전 소유주에 대하여 부담하는 부채
③ 지배기업이 발행한 지분

사업결합이 현금을 통해 이루어지는 경우에는 인수대가가 쉽게 산정된다. 그러나 사업결합이 주식교환을 통해 이루어지거나 대가없이 이루어진다면 인수대가 산정 시 여러 가지 요소들에 대한 고려가 필요하다.

① 지분교환을 통한 사업결합 : 지배기업이 종속기업의 주주에게 교부한 주식의 공정가치로 취득대가가 결정된다. 만일 종속기업이 상장기업이고 지배기업이 비상장기업이라면, 종속기업의 주식가치가 신뢰성 있는 공정가치를 제공한다. 따라서 이러한 경우에는 종속기업주식의 공정가치를 이용하여 취득대가를 결정한다.
② 대가없이 이루어지는 사업결합 : 종속기업의 가치를 현금흐름할인법 등으로 평가하여 취득대가를 결정한다. 만일 지분을 보유하고 있지 않은 상태에서 지배력을 획득하게 된다면 종속기업의 순자산 공정가치는 전액 비지배지분으로 분류된다.

지분교환을 통한 사업결합이나 대가없이 이루어지는 사업결합은 다소 내용이 복잡한데, 관련 사례는 〈제13장〉에서 다루고 있다.

이전대가에 공정가치와 장부금액이 다른 자산이 포함된다면, 이전대가는 공정가치로 측정하고 공정가치와 장부금액의 차이는 당기손익으로 처리한다. 그러나 **이전된 자산이 지배력 획득 이후 종속기업이 계속 보유하는 경우에는 장부금액으로 측정**하는데, 그 이유는 연결 관점에서 자산의 변동이 없기 때문이다(K-IFRS 제1103호 문단 38).

예제 1

- P사가 S사에 대하여 지배력을 획득하는 대가로 지급한 자산은 다음과 같음.
  - 현금 : 10,000원
  - 건물 : 20,000원(공정가치 : 50,000원)
  - 토지 : 60,000원(공정가치 : 75,000원)
  - P사 주식 : 3,000주(액면금액 : 100원, 공정가치 : 200원)
- P사가 인수대가로 지급한 토지는 지배력 획득 이후에 S사가 보유함.

요구사항 취득대가를 결정하시오.

취득 회계처리

- 취득대가 = 10,000원 + 50,000원 + 60,000원 + 3,000주 × 200원 = 720,000원
- 회계처리

(차변) 종속기업주식	720,000	(대변)	현금	10,000
			건물	20,000
			유형자산처분이익	30,000
			토지	60,000
			자본금	300,000
			주식발행초과금	300,000

분석

토지를 이전대가로 지급하지만 S사가 보유하게 되어 연결재무제표에 지속적으로 표시된다. 즉, 연결 관점에서는 처분이 발생하지 않는다. 이러한 이유로 종전 장부금액이 지속적으로 표시된다.

2. 조건부대가

취득대가는 지배력 획득 시점에 확정된 금액뿐만 아니라, **향후 일어날 상황에 따라 조건부로 결정**되는 금액도 있을 수 있다. 이러한 취득대가를 조건부대가라고 하는데, 조건부대가는 공정가치로 측정한다. 조건부대가는 일반적으로 부채로 분류되지만, 대가의 지급이 신주 발행을 통하여 이루어진다면 자본으로 처리한다.

만일 지배력 획득 이후에 목표 이익을 초과하거나 주식가격이 일정 수준에 도달할 경우

등을 조건으로 한다고 가정해 보자. 이 경우 종속기업의 실적 등에 따라 최초에 추정한 공정가치가 변동되는데, 변동된 금액은 다음과 같이 처리한다(K-IFRS 제1103호 문단 40).

① 조건부대가를 부채로 분류하였다면, 결산일 현재의 공정가치로 조정하고 조정액은 당기손익이나 기타포괄손익으로 처리한다.

② 조건부대가를 자본으로 분류하였다면, 자본을 변동시키지 않고 실제 정산액이 확정되는 시점에 자본 내에서 처리한다.

조건부대가가 공정가치로 조정되는 경우

예제 2

- P사는 S사 지분 100%를 취득하면서 10,000원을 지급함.
- 연결 관점에서 S사의 순자산은 11,500원임.
- P사는 지배력 획득 이후 향후 2개년에 걸쳐 영업이익률이 40%를 초과할 경우 4,000원을 추가로 지급하기로 함.
- 조건부 대가의 공정가치는 다음과 같음.
  - 지배력 획득 시점 : 2,000원
  - 1년 후 : 2,700원
  - 2년 후 : 4,000원

요구사항 회계처리를 예시하시오.

취득대가의 산정

- 취득대가 = 10,000원(지급액) + 2,000원(조건부대가) = 12,000원

회계처리

- 지배력 획득 시점

(차변)			(대변)		
(차변)	순자산(S사)	11,500	(대변)	현금	10,000
	영업권	500		미지급금	2,000

- 1년 후

(차변)			(대변)		
(차변)	비용	700	(대변)	미지급금	700

• 정산 시점

(차변) 미지급금	2,700	(대변) 현금	4,000
비용	1,300		

조건부대가가 자본으로 분류될 경우

예제 3

• 다음을 제외하고 모든 상황은 〈예제 2〉와 동일함.
• 조건을 만족하는 경우 P사는 S사에게 100주를 지급하기로 함.
• 지배력 획득 시점에 1주당 액면금액은 100원(공정가치 : 200원)임.
• 정산 시점에 1주당 공정가치는 300원임.

요구사항 회계처리를 예시하시오.

취득대가의 산정

• 취득대가 = 10,000원(지급액) + 2,000원(조건부대가) = 12,000원

연결 관점의 회계처리

• 지배력 획득 시점

(차변) 순자산(S사)	11,500	(대변) 현금	10,000
영업권	500	자본잉여금	2,000

• 정산 시점

(차변) 자본잉여금	1,000	(대변) 자본금	1,000

3. 보상자산

사업결합 시에 지배기업은 매도자(종속기업의 주주)로부터 보상을 받을 수 있는데, 그러한 보상은 일반적으로 종속기업의 우발상황이나 불확실성과 관련되어 있다. **보상자산**(Indemnification assets)**은 우발상황이 발생하거나 불확실성이 해소될 경우 발생**하는 취득 자산의 가치감소분이나 부채의 증가분을 매도자가 지배기업에게 지급하는 경우에 발생한다.

보상자산과 조건부대가는 다음과 같이 구분된다.

① 조건부대가 : 특정 미래사건이 발생하거나 특정 조건이 충족되는 경우를 전제

② 보상자산 : 지배력 획득일 시점에 존재하던 특정 자산이나 부채와 관련한 계약상의 보상

보상자산의 일반적인 예는 다음과 같다.

① 종속기업이 피고로 되어 있는 소송사건의 정산비용을 매도자가 지배기업에게 지급하기로 한 경우

② 종속기업이 진행 중이던 R&D 프로젝트가 정부 규제기관의 승인을 얻지 못하는 경우에 매도자가 일정 금액을 지배기업에게 지급하기로 한 경우

③ 향후 세무조사를 통하여 종속기업이 지급하여야 할 추징액을 매도자가 일정 한도까지 지배기업에게 반환하기로 하는 경우

보상자산은 취득일 이후 종속기업의 손실을 지배기업이 매도자로부터 보상받는 개념이므로, 보상대상 항목이 부채로 인식됨과 동시에 자산으로 인식된다(K-IFRS 제1103호 문단 27).

예제 4

- P사는 X사로부터 S사를 취득함.
- S사는 일반 소비자로부터 피소되었으며, 소송가액은 35,000원임.
- 소송의 공정가치는 17,000원이며, 소송으로부터 자원이 유출될 경우 X사는 20,000원을 한도로 손해를 보상해주기로 함.

요구사항 회계처리를 예시하시오.

보상자산과 우발부채 인식

- 사업결합시 평가 : 종속기업이 보유하는 부채의 공정가치 17,000원 인식
- 보상자산 : 17,000원의 보상자산 인식
- 연결재무제표상 표시 : 자산과 부채가 각각 17,000원씩 계상되므로 순자산에 미치는 영향은 없음.

4. 사업결합에 해당하지 않는 항목

사업결합 전후에 발생하지만 거래의 실질이 사업결합과 관련이 없다면 사업결합 회계처

리로 보지 않는데, 그 예는 다음과 같다.

① 사업결합으로 기존에 지배기업과 종속기업의 기존 관계가 소멸하는 경우
② 기존 관계가 미소멸하는 경우(재취득하는 권리)
③ 종속기업의 임직원 또는 주주에게 보상하는 거래
④ 종속기업 임직원에게 부여한 주식기준보상의 승계
⑤ 취득대가를 종속기업이 부담한 경우
⑥ 사업결합 관련 비용

위의 내용 중 ②~⑥은 본 절에서 살펴보고, ①은 다음 절에서 다루도록 한다.

(1) 기존 관계가 소멸하지 않는 경우(재취득한 권리)

지배기업과 종속기업이 지배력 획득 이전에 체결한 계약적 또는 비계약적 관계는 연결재무제표에 표시되지 않는 것이 일반적이나, 지배력 획득 이후에도 연결재무제표에 표시되는 경우가 있다. 예를 들어 특허권 등 법적인 권리를 지배기업이 소유하고 있으며, 기존에 종속기업에게 특허권을 사용할 수 있는 권리를 부여한 경우에는 지배력 획득 이후에도 연결재무제표에 표시된다.

지배력 획득 이후 연결재무제표에 표시될 재취득 권리는 계약의 갱신을 고려한 시장가격이 아니라, 현재 남아 있는 계약 기간만을 고려한 공정가치로 측정한다(K-IFRS 제1103호 문단 55). 만일 재취득한 권리의 가치가 현재 시장에서 거래되는 동종 또는 유사한 조건(가격)보다 유리 또는 불리하다면 그 차액은 정산손익으로 보아 당기손익으로 처리한다(K-IFRS 제1103호 B53).

예제 5

- P사는 40,000원에 S사 지분을 60% 취득하여 지배력을 획득함.
- 기존에 P사는 S사에게 특허권을 사용하게 하였으며, 현금흐름의 공정가치는 12,000원이었음.
- 지배력 획득 당시 S사의 순자산은 50,000원이며, S사는 특허권 이용가치를 12,000원만큼 무형자산으로 계상하고 있었음.
- 시장에서 거래되는 유사한 특허권의 가치는 10,000원임.

요구사항 회계처리를 예시하시오.

거래 분석

P사는 지배력 획득 시점에 S사가 계상하고 있는 계약가치를 12,000원이 아닌 10,000원으로 조정한 이후 영업권을 인식한다.

① 순자산 공정가치 = 50,000원(장부금액) - 2,000원(정산손익)
= 48,000원

② 비지배지분 = 48,000원 × 40% = 19,200원

③ 영업권 = 40,000원 - 48,000원 × 60% = 11,200원

④ 당기손익 인식 = 1,700원(P사가 부담할 계약 파기 비용)

연결조정

연결조정

S사 순자산	50,000	종속기업투자	40,000
영업권	11,200	비지배지분	19,200
		무형자산	2,000

(2) 주식기준 보상 거래

지배력 획득 시점에 종속기업의 임직원 또는 비지배주주에게 지급한(또는 지급할) 금액은 그 실질에 따라 회계처리한다. 만일 지급대가가 향후 임직원의 제공할 용역에 대한 대가이거나 주주와의 관계를 원활하게 하기 위한 것이라면, 종속기업이 영위하는 '사업'을 취득하기 위한 대가에 해당하지 않는다.

이러한 대가는 사업결합 이후의 거래로 보아 사업결합의 취득대가가 아닌 인수일 직후에 발생한 별도의 거래로 회계처리한다.

피합병기업이 합병 이전에 임직원에게 부여하였던 주식선택권을 합병기업이 승계할 경우, 기존 주식선택권의 가치는 사업결합원가에 포함시키고 이를 초과하는 가치는 향후 서비스에 대한 대가로서 합병 이후 기간에 보상비용을 인식한다.

(3) 사업결합 관련 지출(취득 거래원가)

사업결합과 관련된 **변호사 수수료 및 컨설팅비용 등은 취득대가에 포함시키지 않고 당기비용으로 처리**한다. 단, **사업결합 시 주식을 새롭게 발행할 경우 발생한 원가는 자본에서 차감하고, 채권을 발행하면서 발생한 원가는 채권의 차감 항목으로 처리한다**(K-IFRS

제1103호 문단 53).[62)]

우리나라 세법에 따르면 회사가 다른 회사의 지분을 과반 이상 취득하는 경우 과점주주 취득세를 납부해야 한다. 과점주주 취득세는 토지 등과 관련된 자산을 지배기업이 직접 취득하였다고 보아 납부하는 것이므로 자산화해야 한다고 생각할 수 있다. 그러나 기업인수 시 토지 등의 자산의 원가는 매수가격배분절차를 통해서 확정되므로 과점주주 취득세는 당기비용처리되는 것이 적절하다.

연결 관점에서는 기업인수 시 발생한 컨설팅 비용 등을 비용화한다고 명확하게 규정하고 있으나, 별도재무제표상 회계처리에 대해서는 명확한 규정이 없다. 그러나 2009년 IFRIC에서는 지분법 투자지분의 취득원가를 논의하면서, 원가는 일반적으로 전문가비용이나 세금과 같이 취득에 직접적으로 귀속되는 원가를 포함한다고 결론내리고 있다. 이 논의의 결론은 원가로 표시하는 종속기업주식에도 동일하게 적용할 수 있다고 판단된다.

한편, 비지배지분을 취득·처분하거나 지분상품을 발행하는 과정에서 발생한 자문수수료 및 등록세, 증권거래세 등의 지출에 대해서도 명확한 규정은 없다. 그러나 IFRIC(국제회계기준해석위원회)의 2009년 8월 회의에서 결정된 사항은 다음과 같다.

① 지배력을 상실하지 않으면서 비지배지분을 일부 취득, 처분하는 거래에서 발생한 직접 관련 거래원가는 발생 시 자본에서 차감한다. 거래원가와 관련하여 발생한 법인세 효과도 반영한다.

② K-IFRS 제1001호 '재무제표 표시'에서는 소유주와의 거래는 자본 항목으로 표시하도록 하고 있으므로, 이를 비지배지분 거래에도 적용한다.

③ 사업결합을 통하여 지분을 취득하는 거래와는 거래의 성격이 다르므로, 직접 관련된 거래원가를 비용으로 처리하여야 한다는 사업결합 기준서의 규정을 적용하는 것은 적절하지 않다.

예제 6

- P사는 S사 지분 60%를 보유하고 있음.
- S사의 연결 관점의 순자산은 1,000원임.
- P사는 S사 지분 30%를 추가로 600원에 취득하였으며, 거래원가가 100원 발생함.

62) 연결 관점에서는 기업인수 시 발생한 컨설팅 비용 등을 비용화한다고 명확하게 규정하고 있으나, 별도재무제표상 회계처리에 대해서는 규정이 명확하지 않다. 그러나 2009년 IFRIC에서는 지분법 투자지분의 취득원가를 논의하면서, 원가는 일반적으로 전문가비용이나 세금과 같이 취득에 직접적으로 귀속되는 원가를 포함한다고 결론지었다. 이 논의의 결론은 원가로 표시하는 종속기업주식에도 동일하게 적용할 수 있다고 판단된다.

요구사항 연결 관점의 회계처리를 예시하시오.

P사가 S사 지분 30%를 취득하는데 지출한 금액은 관련 거래원가를 포함하여 총 700원이다. 반면 거래 이후에 연결 관점에서 감소한 비지배지분은 300원(= 1,000원 × 30%)이므로, P사의 지분거래손실(자본잉여금 또는 자본조정)은 400원으로 계산된다. 회계처리를 예시하면 다음과 같다.

(차변)	비지배지분	300	(대변)	현금	700
	자본조정(자본잉여금)	400			

(4) 취득대가를 종속기업이 부담한 경우

만일 지배기업이 부담하여야 할 컨설팅비용 등을 종속기업에게 부담하게 하는 경우, 그 경제적 실질은 지배기업이 동 비용까지 가산하여 대가를 지급하는 것으로 본다. 따라서 지급대가에서 이러한 비용 등을 차감한 후 취득대가를 산정한다.

5. 사업결합으로 지배기업과 종속기업의 기존 관계가 소멸하는 경우

사업결합 전에 지배기업과 종속기업이 장기판매계약을 체결하고 있었으나, **사업결합으로 관련 계약이 소멸되는 경우 그 공정가치는 당기손익으로 처리**한다. 이러한 예는 다음과 같다(K-IFRS 제1110호 B52).

① 비계약관계(소송 등) : 공정가치

② 계약관계(프랜차이즈, 장기공급계약 등)

- 기존 관계가 현행 시장에서 거래되는 동일 또는 유사한 계약의 가치보다 유리하거나 불리한 경우 그 금액
- 지배기업이 불리한 계약에서 계약상 정산조항이 있는 경우 그 금액(Penalty). 단, 계약상 Penalty 조건이 시장가치 비교시의 불리한 금액보다 적은 경우에 한해 그 금액은 사업결합의 일부로 본다.

(1) 기존 자산과 부채의 소멸

지배력 획득 시 기존에 지배기업이 기존 관계로 인해 채권이나 채무 등을 가지고 있다면 종속기업의 채권이나 채무 등을 **공정가치로 평가**한다. 그리고 **종속기업의 공정가치와 지배기업의 장부금액과의 차이는 당기손익**으로 조정한다.

예제 7

- P사는 600원에 S사 지분을 60% 취득하여 지배력을 획득함.
- 지배력 획득 당시 S사의 순자산은 1,000원임.
- P사는 S사에 대한 1,000원의 대여금을 보유하고 있음.
- S사는 P사에 대해 차입금을 1,000원 계상하고 있으나, 시장 이자율로 평가할 경우 그 가치는 1,100원임.

요구사항 연결 조정을 예시하시오.

거래 분석

S사의 순자산은 1,000원이나 차입금의 가치가 장부금액 보다 100원만큼 높기 때문에, 순자산 공정가치는 900원(= 1,000원 - 100원)으로 산정된다. 그리고 사업결합 이전에 지배기업이 계상하고 있는 대여금의 가치도 1,100원으로 재조정하며, 그 차액은 당기손익으로 반영한다.

① 순자산 공정가치 = 1,000원(장부금액) - 100원(차입금 증가액) = 900원
② 비지배지분 = 900원 × 40% = 360원
③ 영업권 = 600원 - 900원 × 60% = 60원
④ 당기손익 인식 = 1,100원(대여금 공정가치) - 1,000원(대여금 장부금액) = 100원

연결조정

연결조정은 공정가치가 아닌 단순합산재무제표를 작성하면서 활용된 현재 장부금액을 기준으로 진행된다. 그리고 공정가치 차액이나 사업결합 전·후에 발생한 손익도 연결조정으로 반영한다. 이 점에 유의하여 본 예제에 대한 연결조정을 살펴보기 바란다.

연결조정

1단계 : 순자산조정			
S사 순자산	1,000	종속기업투자	600
영업권	60	비지배지분	360
		이익잉여금(*1)	100
2단계 : 순이익조정			
이익잉여금	100	수익(*1)	100
3단계 : 순액조정			
차입금(*2)	1,000	대여금	1,000

(*1) 연결 관점에서 S사의 차입금 가치가 1,100원이라면 이에 대응하는 P사의 대여금 가치도 1,100원이다. 따라서 P사는 연결 관점에서 채권 가치의 상승(= 1,100원 - 1,000원)을 수익으로 인식한다.

(*2) 연결 관점에서 차입금과 대여금의 가치는 1,100원이며, 내부거래 제거 과정을 통해 제거된다. 그러나 연결조정은 현재 단순합산된 장부금액을 기준으로 이루어지므로 대여금과 차입금의 장부금액으로 상계된다.

(2) 지배력 획득 이전에 대여금을 보유하고 있는 경우

지배력 획득 이전에 지배기업이 종속기업에 대해 대여금을 보유하고 대손을 설정하고 있는 경우가 빈번한데 관련 사례를 살펴보자.

예제 8

- P사는 1,000원에 S사 지분을 60% 취득하여 지배력을 획득함.
- 지배력 획득 당시 S사의 순자산은 1,000원임.
- 지배력 획득 이전에 P사는 S사에 대한 500원의 대여금을 보유하고 있었으나, 회수가능성 검토를 통해 500원의 대손충당금을 설정한 상태임.
- S사는 P사에 대해 차입금을 500원 계상하고 있으나, 재무 능력이 악화되어 상환가능성은 없음.

요구사항 차입금의 공정가치가 0원인 경우와 500원인 경우의 연결 조정을 예시하시오.

차입금의 공정가치가 0원인 경우

S사의 순자산은 1,000원이나 차입금의 상환가능성이 없다면, 순자산 공정가치는 차입금이 없는 상태인 1,500원으로 산정된다.

① 순자산 공정가치 = 1,000원 + 500원(차입금 가치 반영) = 1,500원
② 비지배지분 = 1,500원 × 40% = 600원
③ 영업권 = 1,000원 - 1,500원 × 60% = 100원

P사는 별도재무제표에 대손을 설정하여 대여금 가치를 0원으로 반영하고 있으므로 순이익조정은 발생하지 않는다. 그리고 P사가 인식하고 있는 대여금과 S사가 계상한 차입금은 연결조정을 통해 상계 제거된다.

연결조정

1단계 : 순자산조정			
S사 순자산	1,000	종속기업투자	1,000
영업권	100	비지배지분	600
대손충당금(대여금)	500		
2단계 : 순액조정			
차입금	500	대여금	500

차입금의 공정가치가 500원인 경우

차입금의 공정가치가 500원이라면 사업결합 이전에 지배기업이 계상하고 있는 대여금의 가치도 500원으로 조정해야 하므로 대손충당금을 환입한다.

① 순자산 공정가치 = 1,000원(장부금액)
② 비지배지분 = 1,000원 × 40% = 400원
③ 영업권 = 1,000원 - 1,000원 × 60% = 400원

사업결합 이전에 지배기업이 계상하고 있는 대여금의 가치를 500원으로 재조정하며, 그 차액은 당기손익으로 반영한다. 그리고 P사가 인식하고 있는 대여금과 S사가 계상한 차입금은 상계 제거된다.

연결조정

1단계 : 순자산조정			
S사 순자산	1,000	종속기업투자	1,000
영업권	400	비지배지분	400
대손충당금(대여금)	500	이익잉여금	500
2단계 : 순이익조정			
이익잉여금	500	대손충당금환입	500
3단계 : 순액조정			
차입금	500	대여금	500

(3) 기존 계약 및 비계약 관계의 소멸

지배력 획득 시점에 약정되어 있는 기존 계약이나 비계약 관계가 사업결합으로 소멸된다면, 동 관계를 공정가치로 인식한 후 영업권을 인식한다.

예제 9

- P사는 1,000원에 S사 지분을 60% 취득하여 지배력을 획득함.
- 지배력 획득 당시 S사의 순자산은 1,000원임.
- 기존에 P사는 S사로부터 소송을 제기당하였으며, 소송의 공정가치는 2,000원임.
- P사는 소송충당부채를 1,000원 계상하고 있었음.
- 기존에 P사는 S사로부터 유리한 가격에 물품을 공급받는 계약을 체결하였으며, 그 공정가치는 2,500원임.

요구사항 연결 조정을 예시하시오.

거래 분석

S사에게 유리한 소송가치인 2,000원과 불리한 계약가치 2,500원을 고려하면, 순자산 공정가치는 500원(= 1,000원 + 2,000원 − 2,500원)으로 산정된다.

연결 관점에서 S사의 소송가치와 계약부채가 2,000원 및 (−)2,500원이라면, 대응되는 P사의 소송부채와 계약자산은 2,000원 및 2,500원이다. 그런데 P사의 별도재무제표에 계상된 내역은 소송부채 1,000원에 불과하므로, 잔여 소송부채와 계약자산 효과는 당기손익으로 반영한다.

① 순자산 공정가치 = 1,000원 + 2,000원(소송가치) - 2,500원(계약가치) = 500원
② 비지배지분 = 500원 × 40% = 200원
③ 영업권 = 1,000원 - 500원 × 60% = 700원
④ 당기손익 인식 = 2,500원(계약자산) - 1,000원(소송부채) = 1,500원

연결조정

연결조정은 현재 장부금액을 기준으로 작성된 단순합산재무제표를 전제로 하기 때문에, 단순합산재무제표에 표시된 금액만 제거하는 조정이 이루어진다. 연결조정은 단순합산재무제표를 연결 관점의 회계처리로 변환하는 과정임에 유의하고, 다음 연결조정을 살펴보기 바란다.

연결조정

차변		대변	
1단계 : 순자산조정			
S사 순자산	1,000	종속기업투자	1,000
영업권	700	비지배지분	200
소송충당부채	1,000	이익잉여금	1,500
2단계 : 순이익조정			
비용(소송 손실)	1,000	수익(계약 이익)	2,500
이익잉여금	1,500		

(4) Penalty가 있는 기존 계약의 소멸

지배력 획득 시점에 지배기업과 종속기업 간에 Penalty가 있는 계약이 있다면, 그 가치를 고려하여 순자산 공정가치를 산정한다. 다만, 지배기업에게 불리한 계약을 파기할 수 있는 정산조항이 있다면, 그 Penalty가 계약 가치보다 적은 경우에 한해 그 금액을 사업결합의 일부로 본다.

예제 10

- P사는 2,000원에 S사 지분을 60% 취득하여 지배력을 획득함.
- 지배력 획득 당시 S사의 순자산은 1,000원임.
- P사는 S사 지분을 60% 취득하여 지배력을 획득함.
- 기존에 P사는 S사에게 저렴한 가격으로 물품을 공급하는 계약을 체결하였으며, 그 공정가치는 2,500원임.

• 체결된 계약을 파기할 경우 1,700원의 Penalty를 지급하여야 함.

요구사항 연결 조정을 예시하시오.

거래 분석

P사는 종전에 인식하지 못한 계약가치와 Penalty의 가치 중 적은 금액인 1,700원을 당기손익으로 인식한다. 그리고 S사의 순자산 공정가치는 Penalty를 고려하여 2,700원(= 1,000원 + 1,700원)으로 산정된다.

① 순자산 공정가치 = 1,000원 + 1,700원(Penalty 가치) = 2,700원
② 비지배지분 = 2,700원 × 40% = 1,080원
③ 영업권 = 2,000원 - 2,700원 × 60% = 380원
④ 당기손익 인식 = 1,700원(P사가 부담할 계약 파기 비용)

연결조정

연결조정

1단계 : 순자산조정			
S사 순자산	1,000	종속기업투자	2,000
영업권	380	비지배지분	1,080
이익잉여금	1,700		
2단계 : 순이익조정			
비용(Penalty)	1,700	수익(계약 소멸 이익)	1,700

6. 후속 측정

지배기업이 지배력 획득 시점에 종속기업의 자산과 부채를 공정가치로 평가하는 과정 중 자산 · 부채의 인식기준을 충족하지 못하였거나 지배기업이 그 내용을 파악하지 못하였다면 자산 · 부채로 인식하지 않는다. 그러나 동 자산과 부채가 추후에 인식기준을 충족하거나 그 내용이 파악되면, 인식(발견) 시점에 식별 가능한 자산 · 부채로 소급하여 처리한다. 그리고 지배력을 획득하는 시점에 평가한 자산과 부채의 공정가치가 잘못 측정되었음이 객관적으로 확인되면 확인 시점에 당해 자산과 부채의 장부금액은 소급하여 수정한다.

이와 같이 지배기업은 사업결합에 대한 최초의 회계처리가 사업결합이 발생한 회계연도의 종료시점까지 완료되지 못한 항목이 있을 경우에는, 잠정적으로 결정한 금액을 재무제표에 보고하고 추후 상황을 고려하여 금액을 확정하게 된다. 이때 지배기업은 사업결합에서 인식한 잠정 금액을 사업결합 후 직접 조정할 수 있는 기간인 측정기간(Measurement period)을 가지게 되는데, 이 기간은 지배력 획득일로부터 1년을 초과할 수 없다.

지배기업이 측정기간 중에 지배력을 획득한 시점에 존재하던 사실과 상황에 대한 정보를 새롭게 입수하면, 당해 정보를 반영하여 지배력을 획득한 시점에 인식한 잠정 금액을 소급하여 조정한다. 예를 들어 소급 적용으로 인하여 순자산 공정가치가 변동하다면, 그 변동 금액만큼 영업권(또는 염가매수차익)도 수정하고 비교 표시된 과거기간의 재무정보도 수정한다.

한편, 지배력을 획득한 지 1년을 초과한 후 새로운 사실이나 상황을 알게 된다면 측정기간이 종료하였으므로, K-IFRS 제1008호 '회계정책, 회계추정의 변경 및 오류'에 따라 발견 항목을 회계처리한다.

제 2 절 단계적인 취득과 처분

〈제2장〉에서 종속기업주식의 취득과 처분은 '사업'의 취득과 처분임을 설명하고, 연결조정은 '투자자산'의 취득처분 회계처리를 '사업'의 취득처분으로 전환하는 과정임을 강조했다. 본 절에서는 지배기업이 종속기업주식을 단계적으로 취득하거나 처분하여 지배력이 변동될 경우, 연결재무제표와 별도재무제표에 이루어질 회계처리에 대하여 설명하고 연결조정에 미치는 영향에 대해 살펴본다.

1. 단계적인 취득 : 관계기업 → 종속기업

(1) 연결 관점의 회계처리

관계기업주식은 유의적인 영향력을 획득하기 위한 것으로써, '사업'에 대한 지배력을 나타내는 종속기업주식과 경제적 실질이 다르다. 따라서 단계적인 취득을 통하여 관계기업주식이 종속기업주식으로 분류되면, **종전에 보유하던 주식은 공정가치로 처분하고 새로운 종속기업주식을 취득**하는 것으로 본다. **투자주식의 경제적 실질에 근본적인 변화가 발생하므로 종전의 자산을 처분하고 새로운 자산을 취득하는 것으로 처리하는 것이다**(K-IFRS 제1103호 문단 42).

단계적 취득을 통한 지배력 취득

- 종속기업 취득금액 = 종전 자산의 공정가치 + 추가 취득금액
- 처분손익(당기손익) = 종전 자산의 공정가치 - 종전 자산의 장부금액
- 영업권 = 종속기업주식 취득금액 - 종속기업 순자산(연결 관점) × 지분율
- 비지배지분 = 종속기업 순자산(연결 관점) × 지분율

다음 사례를 통해 단계적인 취득을 구체적으로 살펴보자.

예제 11

1. 유의적인 영향력 획득
   - P사는 01년 초 S사 주식 40%를 20,000원에 취득함.
   - P사가 유의적인 영향력을 획득하는 시점에 S사의 자산·부채의 공정가치는 장부금액과

일치하였으며, 지분법 관점의 순자산은 30,000원으로 측정됨.
- S사는 01년 중 5,000원의 순이익을 실현하였으며, 해외사업을 환산하는 과정에서 1,000원의 기타포괄손익이 발생함.

2. 지배력 획득
   - 02년 초 P사가 보유하고 있던 S사 주식 40%의 공정가치는 30,000원으로 평가됨.
   - P사는 02년 초 추가로 S사 주식 20%를 15,000원에 취득하여 지배력을 획득함.
   - P사가 지배력 획득일 시점에 S사의 자산·부채의 공정가치는 장부금액과 일치하였으며, 순자산 공정가치는 36,000원으로 측정됨.

요구사항 P사가 연결재무제표에 표시할 처분손익과 영업권을 계산하시오.

유의적인 영향력 획득

- 관계기업투자자본변동 = 1,000원 × 40% = 400원
- 지분법이익 = 5,000원 × 40% = 2,000원
- 관계기업주식 장부금액 = 취득금액 + 누적 지분 이익
  = 20,000원 + 400원 + 2,000원 = 22,400원

지배력 획득

- 관계기업투자처분이익 = 공정가치 − (장부금액 − 관계기업투자자본변동)
  = 30,000원 − (22,400원 − 400원) = 8,000원
- 종속기업주식 취득금액 = 기존 주식의 공정가치 + 추가 취득금액
  = 30,000원 + 15,000원 = 45,000원
- 영업권 = 45,000원 − 36,000원 × 60% = 23,400원
- 비지배지분 = 36,000원 × 40% = 14,400원

연결 관점의 회계처리

(차변)	관계기업투자자본변동	400	(대변)	관계기업투자	22,400
	현금	30,000		관계기업투자처분이익	8,000

(차변)	S사 순자산	36,000	(대변)	현금	45,000
	영업권	23,400		비지배지분	14,400

단계적인 취득의 경우, 다음과 같은 공정가치 평가과정이 수반된다.

① 관계기업주식 취득 시 S사의 자산과 부채 평가

② 지배력 획득 시 기존 관계기업주식 평가

③ 지배력 획득 시 S사의 자산과 부채 평가

여기서 유의할 점은 각각의 평가 목적은 상이하므로 평가절차는 별개로 진행되어야 한다는 것이다. 왜냐하면 연결실체의 일부를 구성할 종속기업에 대한 평가과정은 투자자산인 관계기업과 상이하기 때문이다.

예를 들어 관계기업주식의 경우 주로 피투자기업의 이익창출능력을 평가하여 영업권을 산출하게 되나, 종속기업의 경우에는 이익창출능력뿐만 아니라 연결실체 내에서 발생할 Synergy 효과까지 고려하게 된다.

(2) 별도재무제표상 회계처리

K-IFRS 제1027호 BC10에서 별도재무제표는 투자자산으로서 자산의 성과에 초점을 둔다고 언급하고 있다. 관계기업주식이나 종속기업주식 모두 원가법이 적용되는 투자자산이므로, 추가 취득을 통해 분류가 변경되면 원가만 가산하는 것이 적절하다. BC10에 따라 K-IFRS 제1103호에 따른 지배력 획득처리를 준용할 여지가 없기 때문이다.

예제 12

- P사는 01년 초 S사 주식 40%를 20,000원에 취득하였으며, 02년 초 공정가치는 30,000원임.
- P사가 02년 초 지분법을 적용하여 평가한 S사 주식은 22,400원임(자본변동 400원 포함).
- P사는 02년 초 S사 주식 20%를 15,000원에 추가로 취득하여 지배력을 획득함.

요구사항 별도재무제표에 표시할 종속기업주식을 계산하시오.

별도재무제표 회계처리

- 종속기업주식의 취득금액 = 20,000원 + 15,000원 = 35,000원
- 회계처리

(차변) 종속기업투자	35,000	(대변) 관계기업투자	20,000
		현금	15,000

(3) 연결조정

연결조정은 별도재무제표상 금액과 연결재무제표상 금액의 차이에 해당한다. 앞서 〈예제 11〉과 〈예제 12〉의 내용을 요약하고, 단계적인 취득에 대한 연결조정을 살펴보자.

예제 13

1. 별도재무제표
   - 01년 : 관계기업투자 20,000원
   - 02년 : 종속기업투자 35,000원
2. 연결재무제표
   - 01년 : 관계기업투자 22,400원, 관계기업투자자본변동 400원, 지분법이익(이익잉여금) 2,000원
   - 02년 : 종속기업 순자산(장부금액) 36,000원, 영업권 23,400원, 관계기업주식 처분이익 8,000원, 비지배지분 14,400원, 이익잉여금 10,000원(= 전기 지분법이익 2,000원 + 당기 처분이익 8,000원)

요구사항 연결조정을 제시하시오.

지배력 획득 시점의 연결조정

연결조정

1단계 : 순자산조정			
종속기업의 자본 항목	36,000	종속기업투자	35,000
영업권	23,400	이익잉여금(*1)	**10,000**
		비지배지분(*2)	14,400
2단계 : 순이익조정			
이익잉여금	8,000	수익(처분이익)	8,000

(*1) 이익잉여금 = 01년 지분법이익 2,000원 + 02년 처분이익 8,000원

(*2) 비지배지분 = 36,000원 × 40%

상기 연결조정의 내용은 다음과 같다.

① 종속기업의 자본 항목과 지배기업이 보유하는 종속기업주식 제거

② 지배력 획득 과정에서 측정된 영업권의 인식

③ 비지배지분의 인식

④ 별도재무제표에 인식되지는 않았지만 연결 관점에서 인식하여야 할 누적 지분 이익 인식(이익잉여금 = 01년 지분법이익 + 02년 처분이익)

⑤ 별도재무제표에 없으나 02년 연결재무제표에 인식하여야 할 처분이익의 가산

연결조정을 살펴보면 별도재무제표상 인식되지 않았으나, 연결 관점에서 인식될 01년의 지분법이익과 02년의 지배력 획득 과정에서 발생한 주식 처분이익으로 인한 누적이익(④와 ⑤의 연결조정)이 반영된다는 점을 알 수 있다.

④와 ⑤는 지분 평가가 아니라 별도재무제표에 포함되어 있는 오류를 수정하는 개념이므로, 별도로 관련 정보를 정리하여 연결조정에 반영한다.[63]

사례 1 단계적인 취득

1 주식 취득

P사는 S사 주식을 01년 초 다음과 같이 취득함.

지분율	30%
취득금액	4,500

유의적인 영향력 취득일 현재 S사의 자산 · 부채 장부금액과 공정가치는 모두 일치함.
별도재무제표상 종속기업주식은 원가법 주식에 준하여 회계처리됨.

2 주식 추가 취득

P사는 S사 주식을 02년 초 다음과 같이 취득함.

지분율	30%
취득금액(공정가치)	9,000

지배력 획득일 현재 S사의 자산 · 부채 장부금액과 공정가치는 모두 일치함.
한편, 비지배지분은 식별 가능한 순자산 공정가치에 비례하여 인식함.

63) 지분 평가와 무관한 거래로서 별도로 관리되어 연결조정에 반영되는 항목은 다음과 같다.
- 종속기업주식의 취득과 처분 과정에서 발생하는 처분손익 : 별도재무제표에 표시된 내용 수정
- 별도재무제표상 종속기업주식 손상 : 별도재무제표에 표시된 내용 수정
- 연결이연법인세(공정가치 차액으로 발생한 이연법인세는 제외) : 지분 평가가 완료된 이후 별도로 수행되는 회계처리

3 요약 별도재무제표

	지배기업(P)			종속기업(S)		
	취득	01년	02년	취득	01년	02년
주식S	4,500	4,500	13,500	–	–	–
기타자산	35,500	43,500	41,500	15,000	20,000	23,000
계	40,000	48,000	55,000	15,000	20,000	23,000
자본금	10,000	10,000	10,000	10,000	10,000	10,000
이익잉여금	30,000	38,000	45,000	5,000	10,000	13,000
계	40,000	48,000	55,000	15,000	20,000	23,000
수익		50,000	45,000		30,000	33,000
비용		(42,000)	(38,000)		(25,000)	(30,000)
당기순이익		8,000	7,000		5,000	3,000

요구사항 **02년의 연결재무제표를 작성하시오.**

해설

Ⅰ. 관계기업주식 평가

1. 취득금액의 구성내역(01년)

취득금액	4,500
순자산 지분액	4,500
영업권	–

2. 누적 지분 평가

	취득금액	NI 지분액	처분이익	전기이월 이익잉여금	기말 장부금액
01년	4,500	1,500	–	–	6,000

순자산 분석

	순자산 지분액	영업권	기말장부금액
취득	4,500	–	4,500
01년	6,000	–	6,000

Ⅱ. 지배력 획득 시점

1. 처분손익 = 9,000원(공정가치) – 6,000원(관계기업주식 장부금액) = 3,000원

2. 연결재무제표상 취득금액 = 9,000원(기존 주식의 공정가치) + 9,000원 = 18,000원

3. 연결조정

	별도재무제표(*1)	연결재무제표	연결조정(*2)
주식의 취득금액	13,500	18,000	4,500

(*1) 별도재무제표상 취득금액 = 4,500원 + 9,000원 = 13,500원(지급대가의 합계)
(*2) 연결조정 = 1,500원(01년 지분법 평가) + 3,000원(02년 공정가치 평가로 발생한 처분이익)

Ⅲ. 누적 지분 평가

1. 취득금액의 구성내역

	지배기업	비지배지분
취득금액	18,000	8,000
순자산 지분액	12,000	8,000
영업권	6,000	

2. P사의 S사 누적 지분 평가

	취득금액	NI 지분액	처분이익	전기이월 이익잉여금	지분액 합계
02년	18,000	1,800	–	–	19,800

순자산 분석

	순자산 지분액	영업권	지분액 합계
취득	12,000	6,000	18,000
02년	13,800	6,000	19,800

3. S사 비지배주주의 누적 지분 평가

	취득금액	NI 지분액	전기이월 이익잉여금	지분액 합계
02년	8,000	1,200	–	9,200

순자산 분석

	순자산 지분액	영업권	지분액 합계
취득	8,000	–	8,000
02년	9,200	–	9,200

4. 취득과 처분에 대한 연결조정

	별도재무제표	연결재무제표	연결조정
취득금액	13,500	18,000	4,500
02년 처분이익	–	3,000	3,000

Ⅳ. 연결재무제표

1. 02년

단순합산

차변	금액	대변	금액
주식S	13,500	자본금	20,000
기타자산	64,500	이익잉여금	58,000
비용	68,000	수익	78,000
이익잉여금 (단순합산NI)	10,000		

연결조정

차변	금액	대변	금액
1단계 : 순자산조정			
자본금(S)	10,000	주식S	13,500
이익잉여금(S)	13,000	이익잉여금	1,800
영업권	6,000	비지배지분	9,200
		이익잉여금	4,500
2단계 : 순이익조정			
이익잉여금	3,000	수익(처분이익)	3,000

연결재무제표

차변	금액	대변	금액
주식S	-	자본금	10,000
기타자산	64,500	이익잉여금	51,300
영업권	6,000	비지배지분	9,200
비용	68,000	수익	81,000
이익잉여금 (연결NI)	13,000		

2. 연결자본변동표

	자본금	이익잉여금(*)	비지배지분	합 계
02년 초	10,000	39,500	-	49,500
지배력 획득			8,000	8,000
연결당기순이익		11,800	1,200	13,000
02년 말	10,000	51,300	9,200	70,500

(*) 02년 초 이익잉여금 = 38,000원(P사 별도) + 1,500원(01년 지분법이익) = 39,500원

<u>연결당기순이익의 검증</u>

		01년	02년	
1	P사의 별도재무제표상 순이익	8,000	7,000	지배기업 소유주지분
2	S사 지분 이익	1,500	1,800	
3	S사 주식 처분 이익(*)	-	3,000	
4	비지배지분 이익	-	1,200	비지배지분
		9,500	13,000	

(*) 관계기업주식 처분 이익

사례를 통하여 살펴본 내용은 다음과 같다.

▶▶ 단계적인 취득

- 01년에 취득한 S사 주식은 관계기업주식으로 분류되고 지분법이 적용된다.
- 01년 연결재무제표상 장부금액 = 4,500원(취득금액) + 1,500원(지분법이익) = 6,000원
- 02년에 지배력을 획득하게 되므로 기존의 관계기업주식을 공정가치로 처분하고, 종속기업주식을 공정가치로 취득하는 회계처리를 실시한다. 따라서 현재 장부금액인 6,000원과 당시 공정가치인 9,000

원의 차이 3,000원은 처분이익으로 인식한다.

- 종속기업주식 취득금액(연결) = 9,000원(공정가치) + 9,000원(추가 투자) = 18,000원
- 종속기업주식 취득금액(별도) = 4,500원 + 9,000원 = 13,500원
- 취득금액의 차이 내역 = 1,500원(지분법이익) + 3,000원(처분이익)
- 순자산조정 = 1,500원(관계기업주식 평가) + 3,000원(관계기업주식 처분) = 4,500원
- 순이익조정 = 3,000원(연결 관점의 처분이익) - 0원(별도 관점의 처분이익) = 3,000원

순자산조정

- 순자산조정에 표시되는 이익잉여금 4,500원은 연결재무제표상 관계기업 평가로 발생한 1,500원과 공정가치 평가로 발생한 처분이익 3,000원을 합한 것이다.
- 누적 지분 이익(1,800원)은 종속기업으로 분류된 이후 지분 평가를 통해서 산정되는 금액이며, 4,500원은 종속기업 이전에 발생된 금액으로 그 성격이 상이하다. 따라서 각각 구분하여 표시하는 것이 기술적으로 편리하다.

2. 단계적인 취득 : 공정가치측정금융자산 → 종속기업

(1) 연결 관점의 회계처리

공정가치측정금융자산을 보유하다가 추가 취득을 통해 종속기업으로 분류되면, **종전에 보유하던 주식은 공정가치로 처분하고 새로운 종속기업주식을 취득**하는 것으로 본다.

예제 14

1. 공정가치측정금융자산 취득
   - P사는 01년 초 S사 주식 10%를 5,000원에 취득하고, 공정가치측정금융자산으로 분류함.
   - S사 주식의 01년 말 현재 공정가치는 7,000원임.
   - P사는 평가손익을 기타포괄손익으로 분류하며, 처분 시점에 이익잉여금으로 대체함.
2. 지배력 획득
   - P사는 02년 초 추가로 S사 주식 50%를 40,000원에 취득하여 지배력을 획득함.
   - P사가 지배력 획득일 시점에 S사의 자산 · 부채의 공정가치는 장부금액과 일치하였으며, 연결 관점의 순자산은 60,000원으로 측정됨.
   - 02년 초 P사가 보유하고 있던 S사 주식 10%의 공정가치는 7,500원으로 평가됨.

요구사항 P사의 연결재무제표상 인식되어야 할 영업권을 계산하시오.

공정가치측정금융자산 처분(이익잉여금)

= 공정가치 - (지배력 획득 직전의 장부금액 - 금융자산평가이익)
= 7,500원 - (7,500원 - 2,500원)
= 2,500원

지배력 획득

- 종속기업주식 취득금액 = 기존 주식의 공정가치 + 추가 취득금액
  = 7,500원 + 40,000원 = 47,500원
- 영업권 = 47,500원 - 60,000원 × 60% = 11,500원
- 비지배지분 = 60,000원 × 40% = 24,000원

연결 관점의 회계처리

(차변)	현금	7,500	(대변)	공정가치측정금융자산	7,500
	금융자산평가이익(OCI)	2,500		이익잉여금	2,500
(차변)	S사 순자산	60,000	(대변)	현금	47,500
	영업권	11,500		비지배지분	24,000

(2) 별도재무제표상 회계처리

공정가치측정금융자산을 보유하다가 추가 취득을 통해 종속기업으로 분류되면, 종속기업주식의 별도재무제표상 취득원가는 다음과 같이 결정된다.[64)]

① 공정가치 간주원가법 = 기존 투자지분의 공정가치 + 추가 지분 취득 시 지급한 대가
② 누적원가법 = 기존 투자지분의 취득금액 + 추가 지분 취득 시 지급한 대가
③ 회계정책에 따라 ①과 ② 중 하나를 선택하여 일관성 있게 적용

누적원가법을 적용할 경우 기존 지분의 공정가치와 취득금액의 차이는 당기손익으로 처리한다.

64) IFRS 해석위원회 논의 결과(2019. 1.) 원가로 회계처리하는 종속기업에 대한 투자자산: 단계적 취득

예제 15

- P사는 01년 초 S사 주식 10%를 5,000원에 취득함.
- S사 주식 10%의 02년 초 공정가치는 7,500원임.
- P사는 02년 초 S사 주식 50%를 40,000원에 취득하여 지배력을 획득함.
- P사는 공정가치측정자산에 대한 평가이익을 기타포괄손익으로 분류하고 있음.

요구사항 공정가치 간주원가법과 누적원가법에 따라 종속기업주식 금액을 계산하시오.

공정가치 간주원가법

- 금융자산평가이익(기타포괄손익) = 7,500원 − 5,000원 = 2,500원
- 종속기업주식 취득금액 = 7,500원 + 40,000원 = 47,500원
- 회계처리

(차변) 종속기업투자	47,500	(대변) 공정가치측정금융자산	7,500
		현금	40,000

한편, 기존에 계상하던 기타포괄손익 2,500원은 회사의 회계정책에 따라 이익잉여금으로 대체할 수 있다.

누적원가법

- 금융자산평가이익(기타포괄손익) = 7,500원 − 5,000원 = 2,500원
- 종속기업주식 취득금액 = 5,000원 + 40,000원 = 45,000원
- 회계처리

(차변) 종속기업투자	45,000	(대변) 공정가치측정금융자산	7,500
당기손익(PL)	2,500	현금	40,000

한편, 기존에 계상하던 기타포괄손익 2,500원은 회사의 회계정책에 따라 이익잉여금으로 대체할 수 있다. 이 경우 이익잉여금에 미치는 영향은 0원(= 기타포괄손익 2,500원 + 당기손실 2,500원)으로 계산된다.

(3) 연결조정

〈예제 14〉와 〈예제 15〉의 내용을 요약하고, 연결조정이 어떻게 이루어지는지 살펴보자.

예제 16

1. 별도재무제표
   - 01년 : 공정가치측정금융자산 7,500원, 금융자산평가이익 2,500원
   - 02년
     - 누적원가법 적용 : 종속기업투자 45,000원, 당기손실 2,500원
     - 공정가치 간주원가법 적용 : 종속기업투자 47,500원

2. 연결재무제표
   - 01년 : 공정가치측정금융자산 7,500원, 금융자산평가이익 2,500원
   - 02년 : 종속기업 순자산(장부금액) 60,000원, 영업권 11,500원, 이익잉여금 2,500원, 비지배지분 24,000원

요구사항 연결조정을 표시하시오.

누적원가법 적용 시 연결조정

연결조정

1단계 : 순자산조정			
종속기업 자본 항목	60,000	종속기업투자	45,000
영업권	11,500	이익잉여금(P사 별도, 당기손익)	**2,500**
		비지배지분(*1)	24,000
2단계 : 순이익조정			
이익잉여금	2,500	당기손실(*2)	2,500

(*1) 비지배지분 = 60,000원 × 40%
(*2) 별도재무제표에 인식한 당기손실 제거

상기 연결조정을 상술하면 다음과 같다.

① 종속기업의 자본 항목과 지배기업이 보유하는 종속기업주식 제거
② 지배력 획득 과정에서 측정된 영업권의 인식
③ 비지배지분의 인식
④ 지배기업이 별도재무제표에 당기손익을 인식하여 발생한 당기손실과 이익잉여금 감소 효과 제거

공정가치 간주원가법 적용 시 연결조정

연결조정			
1단계 : 순자산조정			
종속기업 자본 항목	60,000	종속기업투자	47,500
영업권	11,500	비지배지분	24,000
2단계 : 순이익조정			
해당사항 없음.			

지금까지 살펴본 단계적인 취득을 통한 지배력 획득 과정에서 이루어지는 연결조정을 요약하면 다음과 같다.

| 단계적인 취득을 통한 지배력 획득 |

<table>
<tr><th>구 분</th><th>별도재무제표</th><th>연결재무제표</th><th>연결조정</th></tr>
<tr><td rowspan="2">공정가치측정 금융자산
→ 종속기업주식</td><td>(누적원가법)
• 취득금액 = 현금지급액의 합계
• 당기손익 발생</td><td rowspan="3">• 취득금액
= 기존 주식의 공정가치 + 추가 취득금액

• 처분손익
= 기존 주식의 공정가치 − 장부금액</td><td>• 당기손익 제거
• 잉여금조정</td></tr>
<tr><td>(공정가치 간주원가법)
• 취득금액 = FV + 추가 지급액</td><td>• 없음.</td></tr>
<tr><td>관계기업주식
→ 종속기업주식</td><td>• 취득금액 = 현금지급액의 합계</td><td>• 처분손익 인식
• 종전에 평가한 지분법손익 반영</td></tr>
</table>

3. 단계적인 처분 : 종속기업 → 관계기업

(1) 연결 관점의 회계처리

단계적으로 종속기업주식을 처분하여 지배력이 상실하면, **종속기업주식 전부를 처분하고 잔여 주식은 공정가치로 취득하는 회계처리**를 연결재무제표에 반영한다.

지배력 상실

- 처분손익
  = 처분대가 - (종속기업의 자산 - 종속기업의 부채 - 비지배지분)
  = 처분대가 - 지배기업의 소유주지분(기말장부금액)
- 처분대가 = 수령한 현금 + 잔여 주식의 공정가치

기업실무상 단계적인 처분을 통하여 지배력을 상실하는 경우는 빈번하나, 연결결산에 미치는 영향은 기술적으로 다소 복잡하다.

예제 17

1. 종속기업주식 평가 내역
   - P사는 01년 초 S사 주식 60%를 45,000원에 취득하여 지배력을 획득함.
   - 지배력을 획득한 시점부터 02년 말까지 종속기업주식에 대하여 평가한 결과 지분액은 다음과 같이 분석됨.
     80,000원(지분액 합계) = 45,000원(취득금액) + 35,000원(누적지분이익, 이익잉여금)
   - 02년 말 현재 연결 관점에서 S사의 순자산과 영업권은 각각 125,000원 및 5,000원임.
   - 02년 말 현재 S사 비지배주주의 지분은 50,000원으로 평가됨.
2. 지배력 상실
   - P사는 03년 초 S사 주식 40%를 60,000원에 처분하여 지배력을 상실함.
   - 지배력 상실 시점에 S사 자산·부채의 공정가치는 장부금액과 일치하였으며, 지분법 관점의 순자산은 100,000원으로 측정됨.
   - 03년 초 P사가 보유하고 있던 S사 주식 20%의 공정가치는 25,000원으로 평가됨.

요구사항 연결재무제표에 계상될 종속기업주식처분손익을 계산하시오.

종속기업의 처분

- 처분대가 = 60,000원(현금 수령액) + 25,000원(잔여 주식의 공정가치) = 85,000원
- 처분손익 = 85,000원(처분금액) - 80,000원(지분액 합계) = 5,000원
- 회계처리

(차변)	현금	60,000	(대변)	S사 순자산	125,000
	관계기업투자	25,000		영업권	5,000
	비지배지분	50,000		처분이익	5,000

관계기업주식

- 취득금액 = 25,000원
- 취득금액의 구성내역 = 20,000원(순자산 지분액) + 5,000원(영업권)

(2) 별도재무제표상 회계처리

별도재무제표는 투자자산으로서 자산의 성과에 초점을 둔다고 언급하고 있는데, 투자자산의 제거에 대해서는 규정하고 있지 않다. 따라서 K-IFRS 제1109호 문단 3.2.12를 준용하여 제거되는 투자자산의 장부금액과 수취된 대가의 차이는 당기손익으로 인식하는 것이 적절하다.

예제 18

- P사는 01년 초 S사 주식 60%를 45,000원에 취득함.
- P사는 03년 초 S사 주식 40%를 60,000원에 처분함.
- S사 주식 20%의 03년 초 공정가치는 25,000원임.

요구사항 03년 초 별도재무제표에 표시될 처분손익과 관계기업주식 금액을 계산하시오.

잔여 주식을 관계기업투자로 재분류하는 경우

- 처분된 주식의 장부금액 = 45,000원 × 40% ÷ 60% = 30,000원
- 잔여 주식의 장부금액 = 45,000원 × 20% ÷ 60% = 15,000원
- 처분손익 = 60,000원 - 30,000원 = 30,000원

회계처리

(차변)	현금	60,000	(대변)	종속기업투자	45,000
	관계기업투자	15,000		종속기업투자처분이익	30,000

(3) 연결조정

단계적인 처분이 발생될 경우 연결조정은 단계적인 처분에 대한 연결 관점(목표 값)과 단순합산재무제표에 포함된 회계처리의 차이에 해당한다. 다만, 단계적인 처분에 대한 연결조정은 다음과 같은 이유로 다소 복잡하다.

① 지배기업의 별도재무제표에 인식된 처분손익에 대한 고려가 필요하다.

② 연결 관점의 처분손익을 계산하기 위해서는 먼저 지배력 획득 시점부터 처분 시점까지 지배기업이 인식한 누적 지분 이익을 정확하게 산정해야 한다.

③ 잔여 주식이 관계기업주식으로 분류되면 이후 지분법손익에 대한 연결조정까지 이루어진다.

〈예제 17〉과 〈예제 18〉의 내용을 요약하고 연결조정이 어떻게 이루어지는지, 다음 예제로 살펴보자.

예제 19

1. 별도재무제표
   - 02년 말 : 종속기업투자 45,000원, 이익잉여금 30,000원
   - 03년 초 : 관계기업투자 15,000원, 처분이익 30,000원

2. 연결재무제표
   - 03년 초까지 종속기업 평가와 처분을 통한 누적 이익(이익잉여금)
     40,000원 = 35,000원(02년까지의 누적 지분 이익) + 5,000원(03년 처분이익)
   - 03년 초의 관계기업 투자와 처분이익 : 25,000원과 5,000원

요구사항 지배력을 상실하는 시점에 이루어질 연결조정을 예시하시오.

연결조정

연결조정

1단계 : 순자산조정			
관계기업투자	10,000	**이익잉여금(연결 관점)**	**40,000**
이익잉여금(P사 별도 처분손익)	**30,000**		
2단계 : 순이익조정			
수익(처분이익)	25,000	이익잉여금	25,000

상기 연결조정을 상술하면 다음과 같다.

① 연결재무제표상 관계기업주식은 25,000원이나 별도재무제표상 관계기업주식은 15,000원이므로, 10,000원을 연결조정으로 가산한다.

② 별도재무제표상 계상된 이익잉여금 30,000원(03년 처분이익)을 제거하고, 연결 관점의 이익잉여금 40,000원(= 35,000원 + 5,000원)을 가산한다.

③ 연결 관점의 처분이익(5,000원)과 별도재무제표상 처분이익(30,000원)의 차이를 연결 조정으로 차감한다.

사례 2 단계적인 처분

1 S사 주식 취득

P사는 S사 주식을 01년 초 다음과 같이 취득함.

지분율	60%
취득금액	150,000

비지배지분은 식별 가능한 순자산 공정가치에 비례하여 인식함.
한편, 지배력 획득일 현재 S사의 자산·부채 장부금액과 공정가치는 일치함.

2 단계적 처분

P사는 02년 초 30% 지분을 90,000원에 처분하였으며, 잔여 주식의 가치는 90,000원임.
유의적인 영향력 획득일 현재 S사의 자산·부채 장부금액과 공정가치는 일치함.

3 회계정책

별도재무제표상 종속기업주식은 원가법 주식에 준하여 회계처리함.

4 요약 별도재무제표

	지배기업(P)			종속기업(S)		
	취득	01년	02년	취득	01년	02년
주식S	150,000	150,000	75,000	-	-	-
기타자산	200,000	220,000	325,000	200,000	230,000	270,000
계	350,000	370,000	400,000	200,000	230,000	270,000
자본금	200,000	200,000	200,000	100,000	100,000	100,000
이익잉여금	150,000	170,000	200,000	100,000	130,000	170,000
계	350,000	370,000	400,000	200,000	230,000	270,000
수익		150,000	160,000		180,000	240,000
비용		(130,000)	(130,000)		(150,000)	(200,000)
당기손익		20,000	30,000		30,000	40,000

요구사항 1. 지배력 획득일과 01년의 연결재무제표를 작성하시오.
2. 02년 말 연결재무제표에 계상될 관계기업주식 금액을 계산하시오.

해설

Ⅰ. 종속기업 평가

1. 취득금액의 구성내역

	지배기업	비지배지분
취득금액	150,000	80,000
순자산 지분액	120,000	80,000
영업권	30,000	

2. 주식의 처분

	연 결	별 도	연결조정
처분금액	180,000	90,000	–
장부금액	168,000	75,000	–
처분이익	12,000	15,000	(3,000)

(*1) 02년 연결재무제표상 처분금액 = 90,000원(현금유입액) + 90,000원(잔여 주식의 공정가치)
= 180,000원

(*2) 02년 연결재무제표상 장부금액 = 누적 지분 평가 01년 지분액 합계(종속기업주식)

(*3) 별도재무제표상 장부금액은 처분된 지분율에 안분하여 산정됨.

Ⅱ. 누적 지분 평가

1. P사의 S사 누적 지분 평가

	취득금액	NI 지분액	전기이월 이익잉여금	지분액 합계
01년	150,000	18,000	–	168,000

순자산 분석

	순자산 지분액	영업권	지분액 합계
취득	120,000	30,000	150,000
01년	138,000	30,000	168,000

2. S사 비지배주주의 누적 지분 평가

	취득금액	NI 지분액	전기이월 이익잉여금	지분액 합계
01년	80,000	12,000	–	92,000

순자산 분석

	순자산 지분액	영업권	지분액 합계
취득	80,000	–	80,000
01년	92,000	–	92,000

3. 처분손익

연결 관점의 처분손익	12,000
별도 관점의 처분손익	15,000
연결조정에 반영할 금액	(3,000)

Ⅲ. 연결재무제표

1. 취득

단순합산

차변	금액	대변	금액
주식S	150,000	자본금	300,000
주식A	80,000	이익잉여금	250,000
기타자산	400,000		

연결조정

차변	금액	대변	금액
자본금	100,000	주식S	150,000
이익잉여금	100,000	비지배지분	80,000
영업권	30,000		

연결재무제표

차변	금액	대변	금액
주식S	–	자본금	200,000
기타자산	400,000	이익잉여금	150,000
영업권	30,000	비지배지분	80,000

2. 01년

단순합산

차변	금액	대변	금액
주식S	150,000	자본금	300,000
기타자산	450,000	이익잉여금	300,000
비용	280,000	수익	330,000
이익잉여금 (단순합산NI)	50,000		

연결조정

차변	금액	대변	금액
자본금	100,000	주식S	150,000
이익잉여금	130,000	이익잉여금	18,000
영업권	30,000	비지배지분	92,000

연결재무제표

차변	금액	대변	금액
주식S	–	자본금	200,000
기타자산	450,000	이익잉여금	188,000
영업권	30,000	비지배지분	92,000
비용	280,000	수익	330,000
이익잉여금 (연결NI)	50,000		

3. 02년

관계기업주식 취득금액 = 90,000원

지분법이익 = 40,000원 × 30% = 12,000원

02년 말 관계기업주식 금액 = 90,000원 + 12,000원 = 102,000원

4. 연결자본변동표

	자본금	이익잉여금	비지배지분	합 계
01년 초	200,000	150,000	–	350,000
종속기업주식 취득			80,000	80,000
연결당기순이익		38,000	12,000	50,000
01년 말	200,000	188,000	92,000	480,000
02년 초	200,000	188,000	92,000	490,000
종속기업주식 처분			(92,000)	(92,000)
연결당기순이익		39,000		39,000
02년 말	200,000	227,000	–	427,000

연결당기순이익의 검증

		01년	02년	
1	P사의 별도재무제표상 이익	20,000	30,000	지배기업 소유주지분
2	P사의 별도재무제표상 S사 처분 이익	–	(15,000)	
3	S사 주식 처분 이익	–	12,000	
4	지분 이익	18,000	12,000	
5	비지배지분 이익	12,000	–	비지배지분
		50,000	39,000	

5. 참고사항 : 02년 처분 시점의 연결 회계처리

(차변)	현금	90,000	(대변)	기타자산(S사 자산 처분)	230,000
	주식S(관계기업)	90,000		영업권(S사 자산 처분)	30,000
	비지배지분(S사 관련)	92,000		처분이익(당기손익)	12,000

사례를 통하여 살펴본 내용은 다음과 같다.

단계적인 처분

- 별도재무제표상 처분이익 = 90,000원(처분금액) – 150,000원(취득금액) × 50% = 15,000원
- 연결 관점의 처분대가 = 90,000원(현금) + 90,000원(잔여주식의 공정가치) = 180,000원
  연결 관점의 지분액 = 01년 지분액 합계 168,000원
  연결재무제표상 처분이익 = 180,000원 – 168,000원 = 12,000원
- 연결조정(처분이익) = 12,000원(연결 관점) – 15,000원(별도 관점) = (–)3,000원

02년 연결조정

연결조정			
관계기업투자	27,000	이익잉여금	27,000
처분이익	3,000	지분법이익	12,000
이익잉여금	9,000		

- 이익잉여금 연결조정 = 18,000원(01년 지분 평가) + (−)3,000원(02년 처분이익 조정) + 12,000원(02년 관계기업주식 평가)
- 관계기업주식 = 102,000원(연결 관점) − 75,000원(별도 관점) = 27,000원

4. 단계적인 처분 : 종속기업 → 공정가치측정금융자산

(1) 연결 관점의 회계처리

종속기업주식을 처분하여 공정가치측정금융자산으로 변경되면, 종속기업주식 전부를 처분하고 잔여 주식은 공정가치로 취득처리한다.

예제 20

- P사는 01년 초 S사 주식 80%를 80,000원에 취득하여 지배력을 획득함.
- 04년 초 연결 관점에서 S사의 순자산은 200,000원임.
- 04년 초 현재 S사에 대한 P사의 지분가치(연결 관점)는 160,000원이며, 영업권은 0원임.
- 04년 초 P사는 140,000원을 수령하고 S사 주식 70%를 처분함.
- S사 주식 10%의 03년 초 공정가치는 20,000원임.

요구사항 연결재무제표에 표시될 04년 초 종속기업처분손익을 계산하시오.

잔여 주식을 공정가치측정금융자산으로 재분류하는 경우

- 비지배지분 = 200,000원 × 20% = 40,000원
- 수령한 대가 = 140,000원(현금) + 20,000원(주식 잔여가치) = 160,000원
- 처분손익 = 160,000원(수령한 대가) − 160,000원(P사의 지분가치) = 0원

연결 관점의 회계처리

(차변)	현금	140,000	(대변)	종속기업 순자산	200,000
	비지배지분	40,000			
	공정가치측정금융자산	20,000			

(2) 별도재무제표상 회계처리

단계적 처분으로 잔여 주식이 공정가치측정금융자산으로 분류될 경우 원가(Cost)와 당시의 공정가치의 차이는 회사의 회계정책과 관계없이 (기타포괄손익 선택권을 적용하는지에 관계없이) 당기손익으로 반영한다. 지배력 상실시점의 원가와 공정가치의 차이가 재무보고를 위한 개념체계의 수익과 비용의 정의를 충족하기 때문이다.[65)]

예제 21

- P사는 01년 초 S사 주식 80%를 80,000원에 취득함.
- P사는 04년 초 S사 주식 70%를 140,000원에 처분함.
- S사 주식 10%의 03년 초 공정가치는 20,000원임.
- P사는 공정가치측정자산에 대한 평가손익을 기타포괄손익으로 분류하고 있음.

요구사항

03년 초 별도재무제표에 표시할 종속기업투자처분손익과 회계처리를 예시하시오.

종속기업투자처분손익

- 처분된 주식의 장부금액 = 80,000원 × 70% ÷ 80% = 70,000원
- 잔여 주식의 취득금액 = 80,000원 × 10% ÷ 80% = 10,000원
- 처분손익 = 140,000원 − 70,000원 = 70,000원

별도재무제표상 회계처리

(차변)	현금	140,000	(대변)	종속기업투자	80,000
	공정가치측정금융자산(*)	20,000		당기손익(PL)	10,000
				종속기업투자처분이익	70,000

(*) 재분류 시점의 공정가치

---

65) IFRS 해석위원회 논의 결과(2019. 1.) 원가로 회계처리하는 종속기업에 대한 투자자산 : 일부 처분

(3) 연결조정

〈예제 20〉과 〈예제 21〉을 요약하고, 연결조정이 어떻게 이루어지는지 살펴보자.

예제 22

1. 별도재무제표
   - 03년 말 : 종속기업투자 80,000원
   - 04년 초 : 공정가치측정금융자산 20,000원, 처분이익 70,000원
2. 연결재무제표
   - 04년 초까지의 종속기업 평가를 통한 누적 이익 80,000원(이익잉여금)
   - 04년 초 : 공정가치측정금융자산 20,000원

요구사항 지배력을 상실하는 시점에 이루어질 연결조정을 표시하시오.

지배력 상실 시점의 연결조정

연결조정

1단계 : 순자산조정			
이익잉여금(P사 별도 당기손익)	10,000	**이익잉여금(누적 지분, 연결 관점)**	**80,000**
이익잉여금(P사 별도 처분손익)	**70,000**		
2단계 : 순이익조정			
당기손익(PL)	10,000	이익잉여금	80,000
수익(처분이익)	70,000		

상기 연결조정의 내용은 다음과 같다.

① P사의 별도재무제표에 계상된 처분이익 70,000원을 제거한다.

② P사가 잔여 지분에 대해 인식한 당기손익 항목 10,000원을 제거한다.

③ 연결 관점의 이익잉여금 80,000원(누적 지분 이익)을 연결조정으로 가산한다.

5. 복수의 약정

(1) 복수의 약정에 따른 취득

투자기업이 각각의 독립적인 계약에 따라 여러 차례의 주식거래를 실시하여 지배력을 획득한다면, 지배력 획득 시점은 과반의 지분율이 확보되는 시점이다. 그러나 단일의 취득 약

정에 따라 일정기간 동안 주식을 나누어 취득한다면 관련 약정을 분석하여 지배력 획득 시점을 결정해야 한다.

예제 23

1. P사는 S사 주식의 취득과 관련하여 T사와 다음과 같이 약정함.
   - 01년 이후 S사에 대한 의사결정권 시 P사의 결정을 T사가 지지해야 함.
   - 01년 이후 T사가 S사로부터 수령한 배당금은 주식 매각 대금 정산시 차감됨.
   - 01년 이후 상기 약정을 취소하고자 하는 기업은 거래 상대방에게 전체 거래대금의 50%를 위약금으로 변상해야 함.
2. P사의 연도별 취득 약정은 다음과 같음.

구 분	금 액	지분율	S사 순자산
01년	2,000	15%	10,000
02년	5,000	50%	10,500
03년	2,500	20%	12,000

3. P사의 처분 약정
   - 01년부터 03년까지의 S사 자산 · 부채 장부금액은 공정가치와 동일함.
   - 02년 1월 초 S사 주식 15%의 공정가치는 3,000원임.

요구사항 지배력 획득 시점을 판단하고, 회계처리를 예시하시오.

P사는 위약금 조건을 감안하면 해지불가능한 계약을 체결하였으며, 01년부터 T사를 대리인으로 하여 지배력을 행사할 수 있다. 따라서 P사는 01년에 종속기업주식 85%를 취득한 것으로 회계처리하는 것이 적절하다.

별도재무제표상 회계처리

(차변) 주식S	9,500	(대변) 현금	2,000
		미지급금	7,500

연결조정

연결조정

S사의 자본 항목	10,000	주식S	9,500
영업권(*)	1,000	비지배지분	1,500

(*) 영업권 = 9,500원 − 10,000원 × 85% = 1,000원

(2) 복수의 약정에 따른 처분

지배기업이 주식을 처분하여 지배력을 상실한다면 처분손익은 당기손익으로 분류되고, 지배력이 유지된다면 처분손익은 자본손익으로 분류된다. 이와 같은 차이를 이용하여 당기손익을 조정하고자 하는 유인이 있을 수 있다.

따라서 다음의 상황에서는 거래가 복수로 구성되어 있더라도 약정의 모든 조건과 상황 그리고 경제적 효과를 고려하여 단일 거래로 회계처리한다(K-IFRS 제1110호 B97).

① 복수 약정을 동시에 체결하거나 서로를 고려하여 체결한다.

② 복수 약정이 종합적으로 상업적 효과를 달성하기 위하여 설계된 단일 거래를 구성한다.

③ 하나의 약정 체결은 적어도 다른 하나의 약정 체결에 의존한다.

④ 하나의 약정이 그 자체로서는 경제적으로 정당화되지 못하지만 다른 약정과 함께 고려할 때 경제적으로 정당화된다. 예를 들어 주식의 일부를 시장가격보다 낮게 처분하고 후속적으로 시장가격보다 높게 처분하여 보상받는 경우이다.

예제 24

1. 지분 현황
   - P사의 지분율 : 80%
   - 01년 초와 02년 초 연결 관점의 S사의 순자산 : 100,000원(P사 지분액 : 80,000원)
   - 01년 초와 02년 초 P사가 보유하고 있는 S사 주식의 시장가치 : 64,000원
2. P사의 처분 약정
   - Case 1 : 01년 초 S사 주식을 일시에 64,000원에 처분
   - Case 2 : 01년에 주식 29%를 4,000원에 처분하고, 02년에 나머지 51%의 주식을 60,000원에 처분하기로 하는 해지불가능 조건의 약정을 동일한 매수자와 체결함.

요구사항 각 Case 별로 01년과 02년의 처분손익을 계산하시오.

Case 1 : 일시에 처분하는 경우

- 01년 처분손익(당기손익) = 64,000원 - 80,000원 = (-)16,000원
- 연결 관점의 회계처리

(차변)	현금	64,000	(대변) S사 순자산	100,000
	비지배지분	20,000		
	처분손실	16,000		

Case 2-1 : 각각의 계약이 독립적인 경우

- 01년 처분손익(자본손익) = 4,000원 − 80,000원 ÷ 80% × 29% = (−)25,000원
- 02년 처분손익(당기손익) = 60,000원 − 80,000원 ÷ 80% × 51% = 9,000원
- 연결 관점의 회계처리

① 01년(처분)

(차변)	현금	4,000	(대변)	비지배지분	29,000
	자본조정(자본잉여금)	25,000			

② 02년(처분)

(차변)	현금	60,000	(대변)	S사 순자산	100,000
	비지배지분	49,000		처분이익	9,000

Case 2-2 : 전체 거래를 하나로 보는 경우

단일 거래로 해석된다면 잔금 60,000원은 미수금으로 계상하고, Case 1과 동일하게 처리한다.

(3) 취득 시 약정에 따른 자산과 부채의 변동

기업의 인수 과정 중 종속기업의 일부 사업부문이나 자산 등을 처분하기로 약정하는 경우가 있다. 이때 연결 관점에서는 해당 약정을 반영하여 순자산 공정가치를 산정한다. 형식상으로는 지배력을 획득한 이후에 이루어진 변동이나, 실질적으로는 지배력 획득 시 이미 결정된 사항이기 때문이다.

한편, 종속기업은 실제 거래가 발생하는 시점에 처분손익을 인식하지만, 연결 관점에서는 순자산 공정가치에 이미 반영되었으므로 연결조정으로 제거한다.

예제 25

- P사는 01년 초 100,000원을 지급하고, K사로부터 S사 지분을 60% 취득함.
- 취득 당시 S사의 자산·부채의 장부금액은 공정가치와 동일함.
- 01년 초 S사의 자본금과 이익잉여금은 각각 50,000원과 90,000원임.
- S사가 01년 중 인식한 당기순이익은 20,000원임.
- 취득 시 주요 약정은 다음과 같음.
  - S사는 A사업부문과 B사업부문으로 구성됨.
  - 01년 7월에 A사업부문은 K사에게 50,000원에 처분함.

- 01년 초 A사업부문의 가치는 40,000원임.

요구사항 P사가 연결재무제표에 계상할 영업권과 01년의 지분이익을 계산하시오.

취득금액 산정

- 취득 시 순자산 공정가치 = 140,000원 + (50,000원 − 40,000원) = 150,000원
- 영업권 = 100,000원 − 150,000원 × 60% = 10,000원
- 비지배지분 = 150,000원 × 40% = 60,000원

P사의 01년 지분 이익

S사는 01년 중 20,000원의 이익을 보고하지만, 연결 관점에서는 약정으로 발생된 처분이익 10,000원을 제거해야 한다. 따라서 사업결합 관점에서 S사의 이익은 10,000원으로 산정되며, P사의 지분이익은 6,000원(= 10,000원 × 60%)으로 계산된다.

(4) 약정에 따른 회생기업 인수

회생기업이나 부실화된 기업에 대한 투자를 실시할 경우 종전 주주에 대한 무상감자나 금융기관의 출자전환이 약정되는 경우가 빈번하다. 취득 시 이러한 출자전환이나 무상감자가 예정되어 있다면, 지배기업은 해당 약정을 고려하여 영업권을 산정한다.[66)]

예제 26

- S사의 자본 변동 내역은 다음과 같음

구 분	01년 초	유상증자 (1월 초)	무상감자 (3월 초)	출자전환 (7월 초)	당기순이익	01년 말
자본금	200,000	150,000	(200,000)	100,000	−	250,000
감자차익	−	−	200,000	−	−	200,000
결손금	(270,000)	−	−	−	30,000	(240,000)
자본 총계	(70,000)	150,000	−	100,000	30,000	210,000

- S사의 주당 자본금은 1원이며, 자본 변동 내역은 다음과 같음.
  - P사의 유상증자는 甲(종전 대주주)의 무상감자와 B은행의 출자전환에 대한 약정 체결

66) GKQA 02-010 수정, 피투자회사의 출자전환으로 인하여 발행될 주식수가 결정되어 있다면 모두 출자전환된 것으로 가정하여 투자회사의 지분율을 산정한 후 투자주식의 순자산가액을 계산하는 것이 타당하며, 실제로 피투자회사의 출자전환이 이루어진 시점에서는 피투자회사의 출자전환과 관련하여 투자차액을 재산정하지 않는다.

후 이루어짐.
- P사는 150,000원(150,000주)의 유상증자에 참여함.
- 甲은 200,000원(200,000주)의 무상감자를 실시함.
- B은행은 차입금 중 100,000원(100,000주)의 출자전환을 실시함.

• 취득 당시 S사의 자산 · 부채의 장부금액은 공정가치와 동일함.

요구사항 P사가 연결재무제표에 계상할 영업권을 계산하시오.

취득금액 산정

• P사의 지분율 = 150,000주 ÷ (150,000주 + 100,000주) = 60%
• 비지배주주(B은행)의 지분율 = 100,000주 ÷ (150,000주 + 100,000주) = 40%
• 취득 시 순자산 공정가치 = (−)70,000원 + 150,000원 + 100,000원 = 180,000원
• 영업권 = 150,000원 − 180,000원 × 60% = 42,000원
• 비지배지분 = 180,000원 × 40% = 72,000원

P사는 종전 최대주주인 甲의 무상감자와 B은행의 출자전환을 전제한 후 유상증자에 참여했다. 따라서 P사의 경제적 지분율은 무상감자와 출자전환을 반영하여 산정한다. 그리고 지배력 획득 시점의 순자산 공정가치는 P사의 유상증자와 B은행의 출자전환으로 변동될 자산과 부채를 반영해야 한다. 순자산 공정가치 산정 이후 약정에 따라 이루어지는 무상감자와 출자전환은 연결상 경제적 지분율과 자본에 영향을 미치지 않는다.

지분 평가(01년 말)

• P사의 지분액 = 150,000원 + 30,000원 × 60% = 168,000원
• 비지배지분 = 72,000원 + 30,000원 × 40% = 84,000원

취득 시 연결조정

연결조정

출자전환차입금	100,000	종속기업투자	150,000
자본금(*)	350,000	비지배지분	72,000
결손금	(270,000)		
영업권	42,000		

(*) 자본금 = 200,000원 + 150,000원(유상증자)

제 3 절 지배력에 영향을 미치지 않는 주식 거래

1. 지분거래손익

연결 관점에서 지배기업이 종속기업에 대한 지배력을 취득한다는 의미는 투자자산을 취득하는 행위가 아니라, 사업의 일체인 자산과 부채를 취득하는 개념이라고 강조했다. 그렇다면 지배기업이 종속기업에 대해 지배력을 유지하고 있는 상태에서, 추가로 주식을 취득하거나 일부 처분하는 것은 연결 관점에서 어떤 의미인지 생각해 보자.

지배력에 영향을 미치지 않는 주식 거래
연결 관점에서 보면 지배력에 변동이 있을 경우에만 종속기업이 보유하고 있는 자산과 부채에 대한 취득 또는 처분처리가 이루어진다. 즉, 지배력에 영향을 미치지 않는 주식 거래는 연결재무제표상 자산과 부채에 아무런 영향을 미치지 않는다.
그러므로 지배력에 영향을 미치지 않는 종속기업주식 거래는 연결재무제표상 자본 항목, 즉 지배기업 소유주지분과 비지배지분에만 변동을 가져온다.

종속기업의 주주는 지배력을 가지고 있는 지배기업과 그렇지 못한 비지배주주로 구분되는데, 지배력에 영향을 미치지 않는 범위 내에서의 주식거래는 지배기업과 비지배주주 간의 거래, 즉 **주주 간의 거래로 보아 자본거래로 분류**한다. 따라서 지분거래손익은 **자본손익**으로 회계처리한다.

(1) 지배력과 관련이 없는 경우의 회계처리

지배력에 영향을 미치지 않는 주식의 거래는 연결 관점에서 보면 비지배주주에 대해 유상증자 또는 유상감자를 실시하는 것과 유사하다. 따라서 비지배주주의 변동으로 발생한 손익효과는 자본으로 분류된다. 지배력에 영향을 미치지 않지만 지배기업의 지분율이 변동하는 경우 연결 관점의 회계처리는 다음과 같다.

① 지분율이 증가하는 경우

(차변)	비지배지분	×××	(대변) 현금	×××
	자본조정(자본잉여금)	×××		

② 지분율이 감소하는 경우

(차변)			(대변)	
현금	×××		비지배지분	×××
자본조정(자본잉여금)	×××			

(2) 지분거래손익의 산정

지배력에 영향을 미치지 않는 주식 거래로 발생하는 손익은 다음과 같이 계산된다.

① 지분 변동 전 지배기업의 종속기업에 대한 순자산 지분액

② 지분 변동 후 지배기업의 종속기업에 대한 순자산 지분액

③ 지분변동액 = ① - ②

④ 주식 취득(처분)으로 인한 지급(수취) 금액

⑤ 지분거래손익(자본) = ④ - ③

지배력에 영향을 미치지 않는 주식변동이 발생할 경우 지분거래손익을 산정하려면 종속기업의 순자산 지분액을 계산해야 하는데, 여기서 종속기업의 순자산 지분액이라 함은 **연결 관점에서 산정된 순자산 지분액**을 의미한다.

지배력을 유지하는 가운데 발생하는 종속기업주식의 취득과 처분에 대한 회계처리와 유의적인 영향력을 유지하는 상황에서 발생하는 관계기업주식의 취득과 처분에 대한 회계처리를 비교하면 다음과 같다.

| 추가 취득과 일부 처분 시 회계처리 | ☆☆☆

구 분	종속기업주식	관계기업주식
추가 취득	지분거래손익을 산정하여 **자본손익**(자본잉여금 또는 자본조정)으로 처리	추가 취득분에 대하여 **공정가치 차액과 영업권** 인식
일부 처분	지분거래손익을 산정하여 **자본손익**(자본잉여금 또는 자본조정)으로 처리	**처분손익**(PL)으로 처리

투자기업이 관계기업주식을 취득하는 목적은 유의적인 영향력을 행사하여 투자수익을 획득하기 위한 것이므로, 관계기업주식의 본질은 투자자산에 해당한다. 따라서 지분율이 증가할수록 더 많은 투자수익을 기대할 수 있으므로 추가적인 영업권을 인식하며, 지분율이 감소하면 일정 부분의 주식을 처분하여 투자수익을 획득하였다고 보기 때문에 당기손익으로 처리한다.

그러나 일단 지배력을 획득하게 되면 주식을 추가로 취득한다고 하여 지배력이 강화되는 것이 아니며, 일부 주식을 처분한다고 하여 지배력이 약화되는 것도 아니므로 영업권을 추가로 인식하거나 당기손익을 인식하지 않는다. 요약하면 종속기업주식과 관계기업주식에 대한 회계처리가 다른 것은 각각의 주식을 취득하는 목적과 주식의 성격이 다르기 때문이다.

지배기업의 지분율 증가

예제 27

- P사는 S사 주식 60%를 90,000원에 취득하여 지배력을 획득함.
- 02년 초 P사는 S사 주식 20%를 36,000원에 취득함.
- 02년 초 연결 관점에서 S사의 순자산은 170,000원임.

요구사항 P사가 인식할 지분거래손익을 계산하시오.

지분거래손익

구 분	P사	비지배주주
지분 변동 전 지분액	102,000 (= 170,000 × 60%)	68,000 (= 170,000 × 40%)
지분 변동 후 지분액	136,000 (= 170,000 × 80%)	34,000 (= 170,000 × 20%)
지분액 변동	34,000	(−)34,000
회수(투자) 금액	(−)36,000	36,000
지분거래손익	(−)2,000	2,000

연결 관점의 회계처리

(차변)	비지배지분	34,000	(대변) 현금	36,000
	자본조정(자본잉여금)	2,000		

별도재무제표상 주식의 추가 취득은 원가법 주식에 준하여 이루어지므로 처분손익은 발생하지 않는다. 따라서 추가 주식을 취득함으로 발생한 (−)2,000원의 자본손익은 연결조정으로 가산된다.

지배기업의 지분율 감소

예제 28

- P사는 S사 주식 80%를 126,000원에 취득하여 지배력을 획득하였음.
- 지배력 취득 과정에서 공정가치 차액이나 영업권은 발생하지 아니함.
- 03년 초 P사는 S사 주식 16%를 30,500원에 처분함.
- 03년 초 연결 관점에서 S사의 순자산은 185,000원임.
- P사는 03년 초까지 S사에 대하여 22,000원의 누적 지분 이익(이익잉여금)을 인식함.

요구사항 P사가 인식할 지분거래손익을 계산하고 연결조정을 예시하시오.

지분거래손익

구 분	P사	비지배주주
지분 변동 전 지분액	148,000 (= 185,000 × 80%)	37,000 (= 185,000 × 20%)
지분 변동 후 지분액	136,000 (= 185,000 × 64%)	66,600 (= 185,000 × 36%)
지분액 변동	(−)29,600	29,600
회수(투자) 금액	30,500	(−)30,500
지분거래손익	900	(−)900

연결 관점의 회계처리

(차변)	현금	30,500	(대변) 비지배지분	29,600
			자본잉여금(자본조정)	900

별도재무제표상 처분손익

(차변)	현금	30,500	(대변) 종속기업투자(*)	25,200
			종속기업투자처분이익	5,300

(*) 126,000원 × 16% ÷ 80% = 25,200원

연결조정

연결조정

1단계 : 순자산조정			
종속기업의 자본 항목	185,000	종속기업투자	100,800
이익잉여금(P사 별도)	5,300	자본잉여금	900
		이익잉여금(P사 지분)	22,000
		비지배지분(*)	66,600
2단계 : 순이익조정			
수익(처분이익)	5,300	이익잉여금	5,300

(*) 비지배지분 = 185,000원 × 36%

상기 연결조정의 세부 내용은 다음과 같다.

① 종속기업의 자본 항목과 종속기업주식 100,800원(= 126,000원 − 25,200원)을 제거한다.

② 연결 관점에서 인식할 자본거래손익을 연결조정으로 가산한다.

③ P사의 별도재무제표에 반영된 처분이익과 그로 인한 이익잉여금 효과를 연결조정으로 차감한다.

④ 지분 평가로 발생한 누적 지분 이익을 연결조정으로 가산한다.

⑤ 비지배지분을 인식한다.

사례 3 지배력에 영향을 미치지 않는 주식 거래

1 지배력 획득

P사는 S사 주식을 01년 초 다음과 같이 취득함.

지분율	60%
취득금액	90,000

비지배지분은 식별 가능한 순자산 공정가치에 비례하여 인식함.

한편, 지배력 획득일 현재 S사의 자산·부채 장부금액과 공정가치는 일치함.

2 추가 취득

P사는 S사 주식을 02년 초 다음과 같이 추가 취득함.

지분율	20%
취득금액	36,000

③ 주식 처분

P사는 03년 초와 04년 초 S사 주식을 다음과 같이 매각함(단, 각 계약은 독립적임).

구 분	03년	04년
지분율	16%	64%
처분금액	30,500	180,000

④ 요약 별도재무제표

	지배기업(P)				종속기업(S)			
	취득	01년	02년	03년	취득	01년	02년	03년
주식S	90,000	90,000	126,000	100,800	–	–	–	–
기타자산	210,000	220,000	199,000	244,200	150,000	170,000	185,000	195,000
계	300,000	310,000	325,000	345,000	150,000	170,000	185,000	195,000
자본금	200,000	200,000	200,000	200,000	100,000	100,000	100,000	100,000
이익잉여금	100,000	110,000	125,000	145,000	50,000	70,000	85,000	95,000
계	300,000	310,000	325,000	345,000	150,000	170,000	185,000	195,000
수익		150,000	145,000	154,000		150,000	140,000	160,000
비용		(140,000)	(130,000)	(134,000)		(130,000)	(125,000)	(150,000)
당기손익		10,000	15,000	20,000		20,000	15,000	10,000

요구사항 

1. 지배력 획득일과 01년, 02년 및 03년의 연결재무제표를 작성하시오.

2. 04년 초 S사 주식 전량 매각이 연결재무제표에 미치는 영향에 대하여 논하시오(단, P사는 S사 이외에 종속기업이 있다고 가정).

해설

Ⅰ. 분석

1. 취득금액의 구성내역

	지배기업	비지배지분
취득금액	90,000	60,000
순자산 지분액	90,000	60,000
영업권	–	

2. 지분율 변동에 따른 지분거래손익

(1) 연결재무제표

	S사 순자산	지분 변동 전		지분 변동 후		지분변동 금액	처분금액 (취득금액)	거래손익
		지분율	지분액	지분율	지분액			
02년	170,000	60%	102,000	80%	136,000	34,000	(36,000)	(2,000)
03년	185,000	80%	148,000	64%	118,400	(29,600)	30,500	900
04년	195,000	64%	124,800	0%	-	(124,800)	180,000	55,200

(2) 별도재무제표

	지분 변동 전		지분 변동 후			취득금액 (처분금액)	거래손익
	지분율	장부금액	지분율	취득/처분	장부금액		
02년	60%	90,000	80%	36,000	126,000	(36,000)	-
03년	80%	126,000	64%	(25,200)	100,800	30,500	5,300
04년	64%	100,800	0%	(100,800)	-	180,000	79,200

Ⅱ. 누적 지분 평가

1. P사의 S사 누적 지분 평가

	취득금액	취득처분(*1)	자본잉여금/ 자본조정(*2)	NI 지분액	전기이월 이익잉여금	지분액 합계
01년	90,000	-	-	12,000	-	102,000
02년	90,000	36,000	(2,000)	12,000	12,000	148,000
03년	126,000	(30,500)	(1,100)	6,400	24,000	124,800

(*1) 변동 후 취득금액 = 전기 이월금액 + 기중 취득처분 금액

(*2) 03년 자본조정 = (-)2,000원(02년) + 900원(03년) = (-)1,100원

순자산 분석

	순자산 지분액	영업권	지분액 합계
취득	90,000	-	90,000
01년	102,000	-	102,000
02년	148,000	-	148,000
03년	124,800	-	124,800

2. S사 비지배주주의 누적 지분 평가

	취득금액	취득처분	자본잉여금/ 자본조정	NI 지분액	전기이월 이익잉여금	지분액 합계
01년	60,000	-		8,000	-	68,000
02년	60,000	(36,000)	2,000	3,000	8,000	37,000
03년	24,000	30,500	1,100	3,600	11,000	70,200

순자산 분석

	순자산 지분액	영업권	지분액 합계
취득	60,000	–	60,000
01년	68,000	–	68,000
02년	37,000	–	37,000
03년	70,200	–	70,200

3. 취득처분 조정

	연결재무제표		별도재무제표	연결조정	
	자본	손익	손익	자본	손익
02년(취득)	(2,000)	–	–	(2,000)	–
03년(처분)	(1,100)	–	5,300	(1,100)	5,300
04년(처분)	–	55,200	79,200	–	(24,000)

Ⅲ. 연결재무제표

1. 취득

단순합산

주식S	90,000	자본금	300,000
기타자산	360,000	이익잉여금	150,000

연결조정

자본금(S)	100,000	주식S	90,000
이익잉여금(S)	50,000	비지배지분	60,000

연결재무제표

주식S	–	자본금	200,000
기타자산	360,000	이익잉여금	100,000
		비지배지분	60,000

2. 01년

단순합산

주식S	90,000	자본금	300,000
기타자산	390,000	이익잉여금	180,000
비용	270,000	수익	300,000
이익잉여금 (단순합산NI)	30,000		

연결조정

자본금(S)	100,000	주식S	90,000
이익잉여금(S)	70,000	이익잉여금	12,000
		비지배지분	68,000

연결재무제표

주식S	–	자본금	200,000
기타자산	390,000	이익잉여금	122,000
		비지배지분	68,000
비용	270,000	수익	300,000
이익잉여금 (연결NI)	30,000		

3. 02년

단순합산

주식S	126,000	자본금	300,000
기타자산	384,000	이익잉여금	210,000
비용	255,000	수익	285,000
이익잉여금 (단순합산NI)	30,000		

연결조정

자본금(S)	100,000	주식S	126,000
이익잉여금(S)	85,000	이익잉여금	24,000
		비지배지분	37,000
		자본조정	**(2,000)**

연결재무제표

주식S	–	자본금	200,000
기타자산	384,000	이익잉여금	149,000
		자본조정	**(2,000)**
		비지배지분	37,000
비용	255,000	수익	285,000
이익잉여금 (연결NI)	30,000		

4. 03년

단순합산

차변		대변	
주식S	100,800	자본금	300,000
기타자산	439,200	이익잉여금	240,000
비용	284,000	수익	314,000
이익잉여금 (단순합산NI)	30,000		

연결조정

차변		대변	
1단계 : 순자산조정			
자본금(S)	100,000	주식S	100,800
이익잉여금(S)	95,000	이익잉여금	30,400
		비지배지분	70,200
		자본조정	(1,100)
		이익잉여금	(5,300)
2단계 : 순이익조정			
수익(처분이익)	5,300	이익잉여금	5,300

연결재무제표

차변		대변	
주식S	–	자본금	200,000
주식A		이익잉여금	170,100
기타자산	439,200	자본조정	(1,100)
		비지배지분	70,200
비용	284,000	수익	308,700
이익잉여금 (연결NI)	24,700		

5. 연결자본변동표

	자본금	이익잉여금	자본조정	비지배지분	합 계
01년 초	200,000	100,000	–	–	300,000
종속기업 취득				60,000	60,000
연결당기순이익		22,000		8,000	30,000
01년 말	200,000	122,000	–	68,000	390,000
02년 초	200,000	122,000	–	68,000	390,000
연결당기순이익		27,000		3,000	30,000
종속기업 지분 변동				(36,000)	(36,000)
지분거래 손익			(2,000)	2,000	–
02년 말	200,000	149,000	(2,000)	37,000	384,000
03년 초	200,000	149,000	(2,000)	37,000	384,000
연결당기순이익		21,100		3,600	24,700
종속기업 지분 변동				30,500	30,500
지분거래 손익			900	(900)	–
03년 말	200,000	170,100	(1,100)	70,200	439,200

<u>연결당기순이익의 검증</u>

	01년	02년	03년	
1 P사의 별도재무제표상 이익	10,000	15,000	20,000	지배기업 소유주지분
2 P사의 별도재무제표상 처분이익	–	–	(5,300)	
3 S사 지분 이익	12,000	12,000	6,400	
4 비지배지분 이익	8,000	3,000	3,600	비지배지분
	30,000	30,000	24,700	

Ⅳ. 04년 주식 처분

1. 회계처리

(1) 연결 회계처리

(차변)	현금	180,000	(대변) 기타자산(S사 자산)	195,000
	비지배지분(S사 관련)	70,200	처분이익	55,200

(*) 지분거래손익(자본조정) (−)1,100원은 지배력 상실 이후에도 제거되지 않고 지속적으로 연결재무제표에 표시된다.

(2) 별도재무제표상 회계처리

(차변)	현금	180,000	(대변) 주식S	100,800
			처분이익	79,200

2. 순자산 효과 분석

	연결재무제표	별도재무제표
01~03년 누적 지분 이익	30,400	−
02~03년 지분거래 손익(자본)	(1,100)	−
02~03년 지분거래 손익(당기손익)	−	5,300
04년 처분이익	55,200	79,200
합 계	84,500	84,500
① 자본손익	(1,100)	−
② 당기손익	85,600	84,500

사례를 통하여 살펴본 내용은 다음과 같다.

지배력에 영향력을 미치지 않는 종속기업주식 거래

- P사가 지배력을 획득한 후 02년과 03년에 일부 주식을 취득하거나 처분한 거래는 지배력에 영향을 미치지 않으므로 관련 거래손익은 자본으로 처리한다.
- 02년부터 04년까지 지분율 변동 전 순자산 지분액은 지분 평가의 지분액 합계를 참조하여 계산한다.

주식의 취득과 처분

- 지분율이 변동하여 발생한 01년과 02년의 지분거래손익은 각각 (−)2,000원과 900원이다. 따라서 01년과 02년 연결재무제표상 자본금액은 (−)2,000원과 (−)1,100원이다.
- 02년에는 별도재무제표에 인식한 처분손익(PL) 5,300원을 제거하고, 자본거래손익 누적액 (−)1,100원을 계상하는 연결조정을 실시한다.
- 지배기업과 주식을 거래하는 상대방은 비지배주주이므로, 지배기업의 자본손실은 비지배지분의 자본이익과 동일하다.

지배력 상실

- **S사 주식의 처분은 연결재무제표상 S사 보유의 자산과 부채의 처분을 의미한다. 따라서 주식 거래로 발생된 (-)1,100원은 자산과 부채에 해당하지 않는 자본 항목이므로 연결재무제표에 지속적으로 표시된다.**
- 별도재무제표상 처분손익 = 180,000원(처분대가) - 100,800원(장부금액) = 79,200원
- 연결 관점의 처분손익 = 180,000원(처분대가) - 124,800원(지분액 합계) = 55,200원
- 연결조정(순이익조정) = 55,200원 - 79,200원 = (-)24,000원
- S사 주식 취득시점부터 처분시점까지 순자산에 미치는 영향을 분석하면 별도재무제표와 연결재무제표 모두 84,500원으로 동일하다. 그러나 별도재무제표에서는 전액 당기손익으로 인식하여 이익잉여금으로 구성되어 있으나, 연결 관점에서는 (-)1,100원의 자본조정과 85,600원의 이익잉여금으로 구성된다.
- **따라서 S사 주식을 전량 처분한 04년 이후에도 1,100원의 이익잉여금을 증가시키고 (-)1,100원의 자본손익을 인식하는 연결조정을 지속적으로 반영해야 한다.**

2. 지분변동액 산정

지배력에 영향을 미치지 않는 주식 거래가 발생할 경우 적용하여야 할 규정은 다음과 같다. '보고기업은 종속기업에 대한 상대적 지분 변동을 반영하여 지배지분과 비지배지분의 장부금액을 조정한다. 보고기업은 비지배지분의 조정금액과 지급하거나 수취한 대가의 공정가치의 차이를 자본으로 직접 인식하고 지배기업의 소유주에게 귀속시킨다(K-IFRS 제1110호 B96).'

그러나 동 규정은 종속기업에 대한 상대적 지분변동액 산정 과정을 세부적으로 명시하고 있지 않아 실무 적용상 여러 가지 이슈가 제기되고 있다.

(1) 미실현손익

내부거래로 발생한 미실현손익은 다음과 같이 연결조정에 반영된다.

① 하향판매로 발생한 미실현손익은 전액 지배기업에게 귀속

② 상향판매로 발생한 미실현손익은 지분율에 따라 지배기업과 비지배주주의 지분에 안분

하향판매로 발생한 미실현손익은 항상 지배기업에게 귀속되며, 지분율에 영향을 받지 않는다. 따라서 지분율이 변동하더라도 하향판매로 발생한 미실현손익은 항상 지배기업에게 귀속된다. 반면, 상향판매로 발생한 미실현손익은 지분율에 따라 안분되므로, 변경된 지분율에 따라 미실현손익을 다시 안분한다.

예제 29

- P사는 S사 주식 60%를 취득하여 지배력을 획득함.
- 03년 초 S사 별도재무제표상 순자산 장부금액은 10,000원임.
- 03년 초 하향판매로 인한 미실현손익(자산)은 (−)1,000원임.
- 03년 초 상향판매로 인한 미실현손익(자산)은 (−)600원임.

요구사항

P사가 10%의 주식을 1,000원에 취득하거나 처분하는 경우의 지분거래손익을 계산하시오.

지분변동 전 지분액

- 연결순자산 = 10,000원 + (−)1,000원 + (−)600원 = 8,400원
- P사의 지분액 = 10,000원 × 60% + (−)1,000원 + (−)600원 × 60% = 4,640원
- 비지배지분 = 10,000원 × 40% + (−)600원 × 40% = 3,760원

지분변동 후 지분액

- 지배기업 지분 = 10,000원 × 70% + (−)1,000원 + (−)600원 × 70% = 5,580원
- 비지배지분 = 10,000원 × 50% + (−)1,000원 + (−)600원 × 50% = 3,700원

지분거래손익

구 분	10% 취득	10% 처분
지분 변동 전 지분액	4,640	3,760
지분 변동 후 지분액	5,580	3,700
지분액 변동	940	(−)940
회수(투자) 금액	(−)1,000	1,000
지분거래손익	(−)60	60

연결 관점의 회계처리

- 10% 주식 취득

(차변) 비지배지분	940	(대변) 현금	1,000
자본조정(자본잉여금)	60		

• 10% 주식 처분

(차변) 현금	1,000	(대변)	비지배지분	940
			자본잉여금(자본조정)	60

(2) 영업권

연결회계에서 영업권을 인식하는 방법은 전부영업권 인식방법과 부분영업권 인식방법으로 구분된다. 연결실체 이론에 따르면 전부영업권 인식방법이 보다 더 적합하나, 비지배지분에 대한 영업권 산정과정이 용이하지 않다는 점과 정보 산출에 대한 비용이 기업에게 부담을 준다는 측면을 고려하여 K-IFRS는 두 가지 방법을 모두 인정하고 있다.

실무상 대부분의 기업들은 부분영업권을 회계정책으로 채택하고 있는데, 부분영업권을 회계정책으로 하는 경우 지분변동액을 계산하기 위한 방법으로 다음 의견이 있다.

① 지배기업이 처분하는 주식에 상당하는 영업권을 연결재무제표에서 제거한다.

② 연결재무제표상 영업권 금액은 동일하나, 변동된 지분율에 상응하는 영업권에 대한 소유주가 변경된다.

첫 번째 견해는 과거 K-GAAP과 유사한 주장으로서 지배기업 이론에 바탕을 둔 견해이다. 그러나 지배력에 영향을 미치지 않는 주식 거래는 연결재무제표상 자산과 부채에 아무런 영향을 미치지 않아야 하므로 논리적이지 않다.

두 번째 견해는 연결재무제표상 영업권 금액은 변동되지 않고 그 귀속만 변동된다는 견해이다. 그러나 본 견해는 지분율이 변동될 경우 기존의 주식과 새로 취득한 주식의 성격이 서로 상이함이 전제되어야 하고, 비지배주주도 영업권을 인식할 수 있게 되므로 일관성이 없다.

예제 30

• P사는 S사 주식 80%를 취득하여 지배력을 획득함.
• P사는 02년 말 영업권을 800원 인식함.
• 03년 초 P사는 10%의 주식을 처분함.

요구사항 지분변동 전후 연결재무제표에 표시될 영업권을 계산하시오.

연결재무제표에 표시될 영업권

구 분	첫 번째 견해	두 번째 견해
지배기업	800 × 70% ÷ 80% = 700	800 × 70% ÷ 80% = 700
비지배주주	-	800 × 10% ÷ 80% = 100
합 계	700	800

상기 두 가지 견해는 모두 논리적으로 문제점이 있는데, 실무상으로는 이 중 연결실체 이론에 보다 충실하며 현행 일반기업회계기준과 동일한 관점을 가지고 있는 두 번째 견해가 많은 지지를 받고 있다.

지금까지 살펴본 영업권에 대한 견해는 모두 논리적으로 일관성이 없으므로 관련 규정을 개정하여 명확한 회계처리를 제시해야 할 것인데, 대안으로 K-IFRS 제1036호 '자산손상'에서 제시하는 영업권의 배분과 손상검토 절차를 생각할 수 있다.[67)]

① 초과수익력에 의해서 창출된 영업권은 그 혜택을 보는 모든 주주에게 귀속되어야 하므로, 지배기업뿐만 아니라 비지배주주의 지분에도 안분(전부영업권 방식)한다.

② Synergy로 발생할 효익은 지배기업이 기존에 보유하고 있는 사업에게만 효익을 주므로, 전액 지배기업에게 귀속(부분영업권 방식)시킨다.

예제 31

- 01년 초 P사는 S사 주식 80%를 취득하여 지배력을 획득함.
- 지배력 획득 당시 P사가 산정한 영업권은 1,200원이며, 그 내역은 다음과 같음.
  - S사의 초과수익력에 대한 대가로 800원 지급
  - P사의 이익 증가 효과(Synergy 효과)에 대한 대가로 400원 지급
- 03년 초 P사는 10%의 주식을 처분함.

요구사항 01년 초와 03년 초 연결재무제표에 표시될 영업권을 계산하시오.

67) 영업권의 인식, 배분 및 손상검토 절차에 대해서는 본 장의 〈보론 1〉을 참조하기 바란다.

영업권의 귀속

구 분	지분 변동 전(01년 초)			지분 변동 후(03년 초)		
	P사 (80%)	비지배주주 (20%)(*)	연결 재무제표	P사 (70%)	비지배주주 (30%)	연결 재무제표
초과수익력 효과	800	200	1,000	700	300	1,000
Synergy 효과	400	–	400	400	–	400
합 계	1,200	200	1,400	1,100	300	1,400

(*) 지배기업의 영업권에 비례하여 인식(800원 ÷ 80% × 20% = 200원)

지배력에 영향이 없는 지분율의 변동은 연결실체의 자산인 영업권에 영향을 미치지 않는 것이 타당하다. 그리고 지분율이 변동하면 초과수익력 효과는 지배기업과 비지배주주의 지분율에 따라 재조정한다.

(3) 제3자 배정을 통한 비지배지분 변동

비지배지분을 취득·처분하거나 지분상품을 발행하는 과정에서 발생한 자문수수료 및 등록세, 증권거래세 등의 지출은 거래와의 관련성에 따라 자본손익 또는 당기손익으로 분류된다.

제3자 배정 과정에서 지분율이 변동하면 지분거래손익뿐만 아니라 거래와 관련한 다양한 지출이 발생하는데, 다음 예제로 구체적인 회계처리를 살펴보자.

예제 32

- P사는 S사 지분 100%를 보유하고 있음.
- S사의 연결 관점의 순자산은 2,000원임.
- S사는 25%의 지분을 제3자에게 신주를 발행하였으며, 현금 750원을 수령함.
- 거래 과정에서 85원이 지출되었으며, 이 중 50원은 거래와 직접 관련된 증분비용임.

요구사항 연결 관점의 회계처리를 예시하시오.

지분거래손익

구 분	P사	비지배주주
지분 변동 전 지분액	2,000	–
지분 변동 후 지분액	1,999 (= 2,665(*1) × 80%)	666 (= 2,665 × 25%)
지분액 변동	(–)1	666
회수(투자) 금액	–	(–)750
손익	(–)1(*2)	(–)84(*3)

(*1) 2,000원 + 750원 – 85원
(*2) 34원(지분거래손익) + (–)35원(일반관리비용)
(*3) (–)50원(자본 거래 비용) + (–)34원(지분거래손실)

증자 과정에서 발생한 85원 중 지분과 관련된 직접 지출 50원은 자본(비지배지분)에서 차감하고, 일반관리비용 35원은 당기비용으로 분류한다. 지분율이 변동되는 과정에서 비지배주주는 50원의 자본 지출과 34원의 지분거래손실이 발생하고, 지배기업은 34원의 지분거래손익이 발생한다. 그런데 주식 발행 이전에 지출은 지배기업 지분에서 부담하게 되므로, 연결 관점의 회계처리는 다음과 같이 이루어진다.

연결 관점의 회계처리

(차변)	현금	665	(대변)	비지배지분	666
	당기비용	35		자본잉여금	34

3. 일반기업회계기준

참고로 종속기업주식과 관계기업주식의 취득과 처분에 대한 일반기업회계기준의 규정을 요약하면 다음과 같다.

구 분	회계처리	관련 규정
단계적인 취득을 통한 유의적인 영향력 획득	취득대가는 기존 주식과 추가 취득한 주식의 공정가치로 계상하며, 공정가치로 인한 차액은 당기손익으로 인식함.	제8장 '지분법' 문단 8.13

구 분	회계처리	관련 규정
단계적인 처분을 통한 유의적인 영향력 상실	유의적인 영향력을 상실하게 된 시점의 **장부금액**을 잔여 주식의 취득금액으로 인식함.	제8장 '지분법' 문단 8.33
단계적인 취득을 통한 지배력 획득	취득대가는 기존 주식과 추가 취득한 주식의 공정가치로 계상하며, 공정가치로 인한 차액은 당기손익으로 인식함.	제12장 '사업결합' 문단 12.30
단계적인 처분을 통한 지배력 상실	지배력을 상실하게 된 시점의 보유 주식의 **장부금액**을 취득금액으로 산정함.	제4장 '연결재무제표' 문단 4.16
지배력에 영향력이 없는 지분거래	지분거래손익을 연결자본잉여금(연결자본잉여금이 없는 경우에는 연결자본조정)으로 처리함.	제4장 '연결재무제표' 실 4.33

취득에 대한 규정은 일반기업회계기준과 K-IFRS가 동일하다. 그러나 단계적인 처분에 대한 규정은 상이한데, 이는 실무적인 편의성을 고려한 것으로 보인다.

제4절 지배력 상실

1. 지배력 상실 이후의 연결조정

선남선녀가 만나 사랑을 하고 결혼을 하였다가 헤어지면 예전으로 되돌아갈 수 없다. 어그러진 시간과 바닥없는 구멍을 건너온 그들의 가슴은 추억과 감정을 묻고 있기에, 외모는 같을지라도 결혼 전과는 이미 다른 사람이다.

마찬가지로 어떠한 기업이 종속기업을 취득하여 연결재무제표(경제적 재무제표)를 작성하다가 지배력을 상실하게 되면, 경제적 재무제표는 별도재무제표로 되돌아가지 않는다. 연결재무제표에 표시된 종속기업의 자산과 부채를 제거할 뿐, 연결 자본은 그대로 유지하면서 경제적 재무제표가 작성되기 때문이다.

예를 들어 다음의 경우, 경제적 재무제표(연결재무제표 또는 개별재무제표)와 별도재무제표는 지속적으로 차이가 발생한다.[68)]

① 상향판매로 발생한 미실현자산이 남아 있는 경우

② 지분 평가 시 인식한 자본손익

- 종속기업의 순자산 변동으로 발생한 자본손익

- 종속기업의 지배기업 주식 거래

- 지배력에 영향을 미치지 않는 주식거래로 발생한 지분거래손익

(1) 상향판매로 발생한 미실현자산이 남아 있는 경우

예를 들어 종속기업이 01년에 지배기업에게 원가가 100,000원인 토지를 150,000원에 처분하였으며, 03년 초에 지배력을 상실하였다고 가정해 보자.

이 경우 01년과 02년 연결재무제표상 토지는 100,000원으로 계상된다. 03년 초에 지배력을 상실하면 연결재무제표에 계상된 종속기업의 보유 자산은 모두 제거되지만, 토지는 지배기업이 보유하고 있으므로 제거되지 않는다. 즉, 토지는 02년의 연결 장부금액인 100,000

68) 현재 종속기업주식이나 관계기업주식을 보유하고 있지 않더라도 과거 종속기업주식이나 관계기업주식에 대한 평가가 자본 항목에 영향을 끼쳐 별도재무제표와 차이가 있을 수 있는데, 이러한 경우의 재무제표도 개별재무제표의 범위에 포함된다.
지배기업이 종속기업을 처분한 이후 종속기업이 없을 경우 비교식 재무제표에 표시될 재무제표는 별도재무제표가 아닌 경제적 재무제표인 개별재무제표가 되어야 한다. 즉, 비교표시되는 전기 재무제표는 연결재무제표이며, 당기의 재무제표는 개별재무제표로 구성된다.

원을 유지한다.[69]

예제 33

- P사는 180,000원을 지급하고 S사 주식을 60% 취득하고 있음.
- S사 주식 취득 시 공정가치 차액이나 영업권은 인식되지 아니함.
- S사는 01년 중 P사에게 60,000원인 재고자산을 100,000원에 처분함.
- 01년 말 현재 P사는 동 재고자산을 전량 보유하고 있음.
- 01년 말 현재 S사의 순자산 장부금액은 340,000원임.
- 02년 초 P사는 S사 주식 60%를 200,000원에 매각함.
- 03년 중 P사는 재고자산을 120,000원에 제3자에게 전량 처분함.

요구사항

1. 02년 연결재무제표상 인식하여야 할 S사 주식 처분이익을 계산하시오.
2. 연결재무제표에 표시될 03년의 매출원가를 계산하시오.

지배력 상실

- 연결 관점의 회계처리

(차변)	현금	200,000	(대변) S사 순자산	340,000
	비지배지분(*)	120,000		
	처분손실	20,000		

(*) (340,000원 - 40,000원) × 40%

- 연결조정

02년 연결조정

1단계 : 순자산조정			
이익잉여금	40,000	재고자산(*1)	**40,000**
2단계 : 순이익조정			
수익(처분이익)(*2)	20,000	이익잉여금	40,000
비용(처분손실)(*3)	20,000		

(*1) 재고자산에 대한 미실현자산 조정

(*2) 별도재무제표상 20,000원(= 200,000원 - 180,000원)의 처분이익 제거

(*3) 연결 관점의 처분손실 인식

69) GKQA 07-025 수정, 지배기업은 상향내부거래로 발생한 손익을 종속기업 청산 시 지배기업의 손익으로 반영할 수 없으며, 내부거래대상 토지를 연결대차대조표상 장부금액으로 조정한다.

재고자산 판매

• 연결재무제표에 표시될 매출원가 : 60,000원

• 연결조정

03년 연결조정

1단계 : 순자산조정			
해당사항 없음			
2단계 : 순이익조정			
이익잉여금	40,000	매출원가(*)	40,000

(*) 별도재무제표에 인식한 100,000원의 매출원가를 60,000원으로 조정

(2) 지분 평가 과정에서 발생한 자본손익

지배력 상실은 연결재무제표에 표시된 종속기업의 자산과 부채를 처분하는 개념이므로, 비지배지분의 변동과 처분손익 외에는 연결자본에 아무런 영향을 미치지 않는다. 따라서 지배력을 획득한 이후 지분 평가 과정에서 발생한 자본손익은 지배력을 상실한 후에도 지속적으로 연결재무제표에 표시된다.

종속기업의 지배기업 주식 거래

종속기업이 지배기업 주식을 취득하는 행위는 연결 관점에서 보면 자기주식을 취득한 것이다. 따라서 다음과 같은 연결조정이 이루어진다.

① 종속기업이 지배기업 주식을 공정가치측정금융자산으로 분류하였다면, 연결조정을 통하여 자기주식으로 분류

② 종속기업이 지배기업 주식을 처분하고 이익잉여금으로 대체하였다면 연결조정을 통하여 자기주식처분손익(자본손익)으로 대체

③ 지배기업이 지배력을 상실한 이후에도 자기주식처분손익은 유지

예제 34

• P사는 01년 초 200,000원을 지급하고 S사 주식을 100% 취득하고 있음.

• S사는 01년 중 50,000원을 지급하고 취득한 P사 주식 5%를 공정가치측정금융자산으로 분류함.

• S사는 01년 중 P사 주식을 전량 처분하고, 12,000원의 이익잉여금을 인식함.

• S사의 03년 초 연결 관점의 순자산은 212,000원임.

• 03년 초 P사는 S사 주식 100%를 212,000원에 처분함.

요구사항 지배력 상실에 관한 연결조정을 설명하시오.

01년 연결조정

01년 연결조정

1단계 : 순자산조정			
이익잉여금(*1)	12,000	자기주식처분이익(자본손익)(*2)	12,000
2단계 : 순이익조정			
해당사항 없음.			

(*1) S사의 자본 항목 제거 : S사는 처분이익을 이익잉여금으로 계상하고 있음.
(*2) 지분 이익 인식

S사는 별도재무제표상 P사 주식 처분 시 평가손익(기타포괄손익)을 이익잉여금으로 대체했지만, 연결 관점에서는 자기주식처분손익(자본 항목)으로 분류해야 한다.

03년 연결조정

03년 연결조정

1단계 : 순자산조정			
이익잉여금(*1)	12,000	자기주식처분이익(자본손익)(*2)	12,000
2단계 : 순이익조정			
종속기업투자처분이익(*1)	12,000	이익잉여금	12,000

(*1) P사 별도재무제표상 계상된 12,000원(= 212,000원 - 200,000원)의 처분이익 제거
(*2) 종전에 인식하고 있었던 자본손익

S사에 대한 지배력 상실은 S사가 보유한 자산과 부채의 처분을 의미한다. 따라서 연결재무제표에 표시된 자기주식처분손익(자본 항목)은 그대로 유지된다. 따라서 지배력 상실 이후에도 연결조정이 지속으로 이루어진다.

종속기업의 순자산 변동으로 발생한 자본손익

연결 관점에서 종속기업주식의 처분은 종속기업이 보유한 자산과 부채를 처분하는 것이므로, (비지배지분과 처분손익의 인식을 제외하고) 연결자본에는 아무런 영향을 미치지 않는다. 따라서 종전에 종속기업의 순자산 변동으로 자본손익을 인식하였다면 지배력을 상실

한 이후에도 지속적으로 연결재무제표에 계상된다.

예제 35

- P사는 01년 초 200,000원을 지급하고 S사 주식을 100% 취득하고 있음.
- S사는 01년 초에 주식결재형 주식선택권을 임직원에게 부여함.
- S사는 04년 말에 행사기간이 경과하여 40,000원의 자본잉여금으로 재분류함.
- S사의 06년 초 연결 관점의 순자산은 350,000원임.
- P사의 누적 지분 이익 현황은 다음과 같음.
  200,000원(취득금액) + 110,000원(이익잉여금) + 40,000원(자본손익) = 350,000원(지분액)
- 06년 초 P사는 S사 주식 100%를 400,000원에 매각함.

요구사항 주식선택권과 관련한 연결조정을 설명하시오.

P사가 인식한 40,000원의 자본잉여금은 지배력 상실 이후에도 연결조정을 통하여 연결재무제표에 지속적으로 표시된다.

연결조정

순자산조정			
이익잉여금(*2)	40,000	자본잉여금	40,000
순이익조정			
처분이익(*1)	150,000	이익잉여금	150,000

(*1) 처분이익 조정
　별도재무제표 = 400,000원 − 200,000원 = 200,000원
　연결재무제표 = 400,000원 − 350,000원 = 50,000원

(*2) 누적이익 조정
　별도재무제표 = 이익잉여금 200,000원
　연결재무제표 = 이익잉여금 160,000원 + 자본잉여금 40,000원

지배력에 영향을 미치지 않는 주식거래로 발생한 지분거래손익

지배력에 영향을 미치지 않는 주식거래는 자본거래로 보아 관련 손익을 자본으로 처리한다. 그런데 이러한 자본손익은 종속기업에 대하여 지배력을 상실하더라도 연결조정을 통하여 지속적으로 연결재무제표에 표시되어야 한다.

본 장의 〈사례 3〉을 살펴보면 지분거래손익 (−)1,100원은 지배력을 상실하더라도 연결재무제표에 지속적으로 표시되고 있음을 알 수 있다.

2. 지배력 상실 후 채권·채무

내부거래로 발생한 채권과 채무가 제거되어 연결재무제표가 작성되는 상황에서 지배기업이 종속기업주식을 처분하는 경우를 생각해 보자. 연결 관점에서 종속기업주식을 처분한다는 의미는 종속기업이 보유하고 있는 자산과 부채를 처분하는 것이라고 하였다. 그런데 **여기서 처분되는 자산·부채는 종속기업이 별도재무제표에 기록한 자산·부채가 아니라 연결재무제표에 표시되는 자산·부채 중 종속기업이 보유하고 있는 자산과 부채를 의미한다.**

이러한 상황에서 종속기업에 대한 지배력을 상실하게 되면 연결재무제표 작성 시 제거되었던 지배기업의 종속기업에 대한 채권이나 채무는 더 이상 제거되지 않음에 따라 **새롭게 발생된 채권이나 채무처럼 연결재무제표에 인식**된다. 그리고 이렇게 인식하는 채권과 채무는 **새롭게 발생된 것으로 보아 공정가치로 측정해야 한다.**

예제 36

- P사는 03년 초 S사 주식 100%를 120,000원에 처분함.
- 03년 초 S사의 별도재무제표상 자산은 150,000원이며, 부채는 60,000원임.
- 03년 초 내부거래로 인한 P사의 채권은 10,000원(동 채권에 대한 대손충당금은 2,000원)임.
- 03년 초 내부거래로 인한 S사의 채무는 10,000원이 제거됨.
- 03년 초 P사는 S사에 대하여 10,000원의 영업권을 인식하고 있었음.

요구사항

1. 연결재무제표상 처분손익은 얼마인가?
2. 04년까지 S사에 대한 채권을 회수하지 못하였을 경우, 재무상태표에 계상할 매출채권은 얼마인가?
3. P사가 지배력 상실 시 S사에 대한 채권을 포기하는 조건으로 보유 지분을 처분하였을 경우 회계처리를 설명하시오.

처분 회계처리

(차변)	부채(S사)	50,000	(대변)	자산(S사)	150,000
	매출채권(P사)	8,000		영업권(S사)	10,000
	현금	120,000		처분손익	18,000

04년 연결조정

별도재무제표와 연결재무제표상 매출채권을 비교하면 다음과 같다.

구 분	별도재무제표	연결재무제표	연결조정
매출채권(취득금액)	10,000	8,000	(−)2,000
대손충당금	2,000	−	(−)2,000

상기 표에서 보듯이 지배력 상실 이후 S사에 대한 채권 취득금액을 별도재무제표와 연결재무제표는 상이하므로, 채권을 회수하는 시점까지 지속적으로 연결조정을 실시해야 한다.

채권 포기 약정

채권매각과 지분매각 약정에 대한 견해는 다음과 같다.

① 1안 : 지배력 상실을 위한 단일 거래로 회계처리

② 2안 : 별개의 거래로서 순차적으로 회계처리

〈예제 36〉은 채권을 포기하는 조건으로 지분을 처분하였으므로 단일 거래로 보아 1안에 따라 회계처리해야 한다. 따라서 지배력 상실시점에 인식할 처분이익은 10,000원(=18,000원−8,000원)으로 계산된다.

3. 지배력 상실 시 기타포괄손익액의 처리

지배력 상실은 연결재무제표에 표시된 자산과 부채 중 일부를 처분하는 행위이다. 따라서 처분되는 자산과 부채에 관련된 기타포괄손익은 관련 기준서에 따라 당기손익 경유 여부가 결정된다.

① 해외사업장 환산에서 발생한 기타포괄손익은 당기손익으로 처리

② 유형자산 재평가잉여금에서 발생한 기타포괄손익은 이익잉여금으로 분류

③ 공정가치측정금융자산에서 발생한 기타포괄손익은 이익잉여금으로 분류

예제 37

- P사는 01년 초 S사 주식을 60% 취득함.
- 04년 말 연결재무제표에 인식된 S사 보유 자산과 부채는 각각 40,000원과 20,000원임.
- 05년 초 P사는 S사 주식을 전량 처분하여 26,000원을 수령함.
- 04년 말 현재 S사에 대한 평가로 인하여 연결재무제표에 계상된 내역은 다음과 같음.
  - S사의 유형자산 재평가로 발생한 기타포괄손익 5,000원

- S사의 해외사업환산차이로 발생한 기타포괄손익 3,000원
- S사의 비지배주주에 대한 지분액은 8,000원임.

요구사항 지배력 상실 시점에 인식할 처분손익(당기손익)을 계산하시오.

처분 회계처리

(차변)			(대변)		
	현금	26,000		자산(S)	40,000
	부채(S)	20,000		이익잉여금(*1)	5,000
	유형자산재평가차액	5,000		처분손익(당기손익)	17,000
	해외사업환산차이	3,000			
	비지배지분(*2)	8,000			

(*1) 유형자산 재평가로 발생한 기타포괄손익누계액의 대체

(*2) (40,000원 - 20,000원) × 40%

4. 현금창출단위의 식별 및 손상차손

지배기업이 종속기업을 인수하는 주요 목적은 다음과 같다.

① 종속기업이 독립된 기업으로서 가치가 우수하여 초과수익을 획득하기 위한 목적

② 종속기업이 연결실체(기업집단)의 가치 사슬에서 하나의 역할을 수행함으로써 연결실체(기업집단)의 가치활동을 개선시키거나, 새로운 사업을 통하여 연결실체(기업집단)의 가치를 상승시키기 위한 목적

따라서 지배기업이 종속기업주식을 처분하는 행위는 기업집단의 가치 사슬에 어떠한 변화가 발생하였거나, 경영전략상 특정 사업부문을 처분하거나 특정 지역에서 철수함을 의미한다고 보는 것이 더 적절하다.

예제 38

- P사는 01년 초 S사 주식 100%를 120,000원에 취득함.
- P사는 제품의 디자인과 판매활동을 수행함.
- S사는 제품의 생산활동을 수행하고 있으며, 베트남에 소재하고 있음.
- 05년 초에 P사는 X사에게 S사 주식을 처분하였음.

요구사항 S사 주식 처분이 자산손상에 미치는 영향을 검토하시오.

지배기업과 종속기업의 주요 영업활동 사이에는 밀접한 관계가 있는 경우가 빈번하므로, 종속기업주식의 처분은 기업집단의 다른 부분에 영향을 미치는 경우가 많다. 본 예제와 같이 베트남 현지법인을 처분하는 행위는 그룹 차원에서 영위하고 있는 패션사업에서 철수하고자 하는 목적에서 이루어졌을 가능성이 크다.

만일 P사가 패션사업에서 철수하고자 한다면 패션사업과 관련된 그룹 차원의 현금창출단위(Cash Generating Unit)를 파악하고, 자산손상 징후가 있는지 검토해야 한다.

5. 중단사업손익의 산정

지배기업이 종속기업주식을 처분하려는 계획, 즉 지배력을 상실하고자 하는 계획을 가지고 있으며 다음의 조건을 만족할 경우, 종속기업에 대한 비지배주주가 있는지에 관계없이 종속기업의 모든 자산과 부채를 매각예정으로 분류한다(K-IFRS 제1105호 문단 6~8).

① 비유동자산(또는 처분자산집단)의 장부금액이 계속사용이 아닌 매각거래를 통하여 주로 회수될 것이라면, 이를 매각예정으로 분류한다.

② 당해 자산(또는 처분자산집단)은 현재의 상태에서 통상적이고 관습적인 거래조건만으로 즉시 매각 가능하여야 하며, 매각될 가능성이 매우 높아야 한다.

③ 매각될 가능성이 매우 높기 위한 조건으로 적절한 지위의 경영진이 자산(또는 처분자산집단)의 매각계획을 확약하고, 매수자를 물색하고, 매각계획을 이행하기 위한 적극적인 업무진행을 이미 시작하였어야 한다. 또한 당해 자산(또는 처분자산집단)의 현행 공정가치에 비추어 볼 때 합리적인 가격 수준으로 적극적으로 매각을 추진해야 한다. 또한 문단 9에서 허용하는 경우를 제외하고는 분류시점에서 1년 이내에 매각완료요건이 충족될 것으로 예상되며, 계획을 이행하기 위하여 필요한 조치로 보아 그 계획이 유의적으로 변경되거나 철회될 가능성이 낮아야 한다. 매각될 가능성이 매우 높은지에 대한 평가의 일환으로 주주의 승인(그러한 승인이 요구되는 국가의 경우) 가능성이 고려되어야 한다.

종속기업주식의 처분 계획을 검토한 결과 중단사업 요건을 만족한다면 종속기업이 보유하고 있는 자산과 부채는 연결재무상태표에 매각예정자산(부채)으로 묶어서 표시하고, 관련 손익 항목도 연결손익계산서에 중단사업손익으로 구분하여 표시한다.[70]

70) 별도재무제표상 지분법을 적용하고 있다면, 종속기업주식은 매각예정자산으로 분류되고 지분법이 중지된다. 반면 연결재무제표에는 중단사업손익이 표시되므로, 별도재무제표와 연결재무제표상 순자산과 순이익은 일치하지 않게 된다.

중단사업으로 분류할 시점에 지배기업과 종속기업 간의 내부거래가 있을 경우 처분손익에 미치는 영향을 다음 예제로 살펴보자.

예제 39

- P사는 S사 주식 100%를 취득하여 지배력을 획득하고 있음.
- S사의 별도재무제표상 자산과 부채 총액은 각각 10,000원과 8,000원임.
- S사의 별도재무제표상 매출액과 당기순이익은 각각 9,000원과 2,000원임.
- S사는 P사에게 5,000원을 매출함.
- S사가 P사에게 장기대여한 금액은 3,000원임.
- P사는 S사 주식을 처분한 이후에도 S사로부터 매입한 재고자산을 시장에서 동일한 조건으로 취득할 수 있을 것으로 예상함.

요구사항 중단사업이 연결재무제표에 어떻게 표시되어야 할지에 대하여 검토하시오.

중단사업의 표시

구 분	내부거래가 없는 경우	내부거래가 있는 경우
매각예정자산	10,000	10,000 - 3,000 = 7,000
매각예정부채	8,000	8,000
중단사업손익	2,000	2,000 - 5,000 = (-)3,000

본 예제의 경우 정보이용자는 다음과 같이 재무제표를 해석할 가능성이 크다.

① 매각예정자산이 매각예정부채보다 적으므로 관련 사업부문을 처분할 경우 현금유출이 예상된다.

② 중단사업손실이 3,000원이므로 향후 관련 사업부문을 처분할 경우 연결실체의 이익(계속사업이익)은 동액만큼 증가할 것이다.

실제로 S사는 별도재무제표상 순자산이 존재하므로 향후 처분을 통하여 현금이 유입될 수도 있고, 주식을 처분한 이후에도 동일한 조건으로 재고자산을 취득할 수 있을 것이므로 추정 계속사업이익은 그대로 유지된다고 볼 수도 있다. 따라서 내부거래가 매각예정자산(부채)의 표시와 계속사업이익의 규모에 영향을 미치는 것이 경제적 실질을 제대로 반영하고 있는지 신중하게 검토해야 한다.

K-IFRS는 〈예제 39〉와 관련된 내용을 언급하고 있지 않다. 그러나 내부거래로 발생한

채권·채무가 중단사업자산(부채)의 규모에 영향을 미치는 경우에는 주석으로 관련 내용을 명확하게 기재하여 정보이용자의 올바른 이해가 가능하도록 해야 할 것이다. 그리고 본 예제와 같이 종속기업을 처분한 이후에도 영업활동에 미치는 영향이 거의 없을 것이라고 예상되면, 내부거래로 발생된 수익과 비용은 전액 종속기업에서 조정하여 계속사업의 수익·비용 규모가 왜곡표시되지 않도록 하는 것이 적절하다고 판단된다.

보론 1 영업권의 구성요소, 배분 및 손상

1. 영업권의 구성요소

영업권의 구성요소에 대한 논의는 다음과 같다(K-IFRS 제1103호 BC313~317).

① 취득일에 피취득자(종속기업)의 순자산 장부금액을 초과하는 공정가치 부분

② 피취득자가 과거에 인식하지 않았던 순자산 공정가치 : 피취득자는 다음과 같은 이유로 해당 순자산을 장부에 인식하지 않았을 가능성이 있다.

- (아마도 측정의 어려움 때문에) 자산과 부채의 인식기준을 충족하지 못함.
- 해당 순자산을 인식하지 못하게 하는 규정
- 해당 순자산을 별도로 인식하는 효익이 원가를 정당화하지 않는다고 피취득자가 결론을 내림.

③ 피취득자가 영위하는 사업의 계속기업 요소에 대한 공정가치 : 이 계속기업 요소는 피취득자의 순자산을 별도로 취득한다면 그 순자산 집단에 기대할 수 있는 수익률보다 더 높은 수익률을 얻을 수 있는 기존 사업의 능력을 나타낸다.

- 독점적 이익을 얻는 능력과 법적 또는 거래원가로 인한 경쟁기업의 시장진입 장벽을 포함하는 시장의 불완전성과 관련된 요소
- 그 사업에 속한 순자산의 시너지효과

④ 취득자(연결회계상 지배기업)와 피취득자의 순자산과 사업결합에서 발생할 것으로 기대되는 시너지효과와 그 밖의 효익의 공정가치 : 이러한 시너지효과와 그 밖의 효익은 각 결합마다 고유하며, 서로 다른 결합은 서로 다른 시너지효과를 발생시켜 서로 다른 가치를 생산할 수 있다.

⑤ 취득자가 가치평가 오류로 인하여 지급한 대가 중 과대평가 금액 : 전액 현금거래를 통해서 산정된 매수가격은 측정오류의 대상이 되지 않을 것이지만, 취득자의 자본지분을 수반하는 거래에서는 반드시 그렇지 않을 수 있다. 예를 들어 매일 거래되는 보통주의 수가 결합에서 발행하는 주식 수에 비해 상대적으로 적은 경우 주식의 가격이 상대적으로 높게 형성되어 있을 가능성이 있다. 그러한 경우 결합을 이루기 위해 발행하는 모든 주식에 현행 시장가격을 적용한다면, 발행될 주식을 전량 시장에 처분하여

유입된 현금을 사용하는 경우의 가치보다 더 높은 가치를 발생시킬 수 있다.

⑥ 취득자의 과대지급이나 과소지급 : 예를 들어 과대지급은 피취득자에 대한 입찰과정에서 가격이 상승하는 경우 발생할 수 있으며, 과소지급은 투매(때로는 헐값매각이라는 용어로 불리기도 함)에서 발생할 수 있다.

IASB와 FASB는 상기 요소 중 피취득자와 관련된 ①과 ② 요소는 모두 개념적으로 영업권의 일부가 아니라고 판단하고 있다. ①의 경우 사업 결합 시 취득자는 피취득자의 자산과 부채를 공정가치로 취득하는 회계처리를 반영하게 되므로 영업권과 관련된 요소가 아니라 해당 자산과 부채의 일부라고 보는 것이 적절하며, ②의 경우 영업권이라기보다는 주로 개별적인 자산으로 인식하여야 하는 요소(주로 무형자산)에 해당하기 때문이다.

또한 IASB와 FASB는 취득자와 관련된 ⑤와 ⑥의 요소도 모두 개념적으로 영업권의 일부가 아니라고 판단하고 있다. 그 이유는 ⑤의 경우 본질적으로 또는 그 자체로서 자산이 아니거나 심지어는 자산의 일부도 아닌 측정오류에 해당하며, ⑥은 개념적으로 취득자에게 발생하는 손실(과대지급할 경우)이나 차익(과소지급할 경우)을 의미하기 때문이다.

결국 IASB와 FASB는 ③과 ④만이 영업권이라고 판단하고 있는데, 그 내용을 좀 더 자세하게 살펴보면 다음과 같다. 먼저 ③은 피취득기업의 사업과 관련되어 있는 피취득자의 순자산 가치 집합에 대한 초과분을 의미하는데, 이는 사업결합 전 피취득자가 내부적으로 창출하였거나 기존에 취득하였던 초과수익력을 의미한다. 그리고 ④는 피취득자와 취득자에게 공통적으로 관련되며 결합으로 창출된 가치의 집합에 대한 초과분, 즉 사업을 결합함으로써 기대되는 시너지효과를 의미한다.

IASB와 FASB는 이 ③과 ④를 집합적으로 '핵심영업권(core goodwill)'이라고 언급하고 있는데, **③은 피취득자의 초과수익력, 즉 이익창출능력을 의미하며 ④는 피취득자가 연결실체의 가치사슬 체계에 포함됨에 따라 발생하게 되는** Synergy **효과**라고 표현할 수 있을 것이다. 따라서 K-IFRS 제1103호는 ③과 ④를 제외한 나머지 요소들을 사업결합 시 최초에 영업권으로 인식되는 금액에 포함시키지 않고 있으며, 취득기업은 다음 사항에 대하여 최선의 노력을 하도록 규정하고 있다.

- 대가를 정확하게 측정(⑤의 제거나 축소)
- 취득한 식별 가능한 순자산을 장부금액보다는 공정가치로 인식(①의 제거나 축소)
- 분리가능성 기준이나 계약적·법적 기준을 충족하는 경우에는 무형자산으로 식별하여, 이러한 무형자산이 최초 영업권으로 인식된 금액에 포함되지 않도록 함(②의 축소).

2. 영업권의 배분

취득자는 취득일에 사업결합 시 인식된 영업권을 손상검사 목적으로 시너지효과의 혜택을 받게 각 현금창출단위나 현금창출단위집단에 배분한다. 이는 배분대상 현금창출단위나 현금창출단위집단에 피취득자의 다른 자산이나 부채가 할당되어 있는지와 관계없이 이루어진다. 이때 영업권이 배분되는 각 현금창출단위나 현금창출단위집단은 다음을 모두 충족해야 한다(K-IFRS 제1036호 문단 80).

① 내부관리목적상 영업권을 관찰하는 기업 내 최저 수준이어야 한다.

② K-IFRS 제1108호에 따라 정의되는 통합 전 영업부문보다 크지 않아야 한다.[71)]

사업결합에서 인식하는 영업권은 사업결합을 통하여 획득하였지만 개별적으로 식별하여 별도로 인식하는 것이 불가능한 미래 경제적효익을 나타내는 자산이다. 따라서 영업권은 다른 자산이나 자산집단과는 독립적으로 현금흐름을 창출하지 못하며, 종종 여러 현금창출단위의 현금흐름에 기여하기도 한다. 경우에 따라서 영업권은 자의적이지 않은 기준에 따라 개별 현금창출단위에 배분될 수 없고 현금창출단위집단에만 배분될 수가 있다. 따라서 내부관리목적상 영업권을 관찰하는 최저 수준은 영업권과 관련되어 있지만 합리적이고 일관된 기준에 따라 영업권이 배분될 수 없는 여러 개의 현금창출단위로 구성될 수 있으며, 이러한 여러 개의 현금창출단위는 현금창출단위집단을 구성한다. 결과적으로 영업권은 기업의 영업관리 방식이 반영되어 있고 영업권과 자연스럽게 관련되는 수준에서 손상검사가 이루어진다(K-IFRS 제1036호 문단 81~82).

손상검사를 목적으로 영업권이 배분되는 현금창출단위는 K-IFRS 제1021호 '환율변동효과'에 따라 외화환산손익을 측정하기 위하여 영업권이 배분되는 수준과 일치되지 않을 수 있다. 예를 들어 K-IFRS 제1021호에 따라 외화환산손익을 측정할 목적으로 영업권을 상대적으로 낮은 수준으로 배분할 경우, 영업권이 내부관리목적으로 그 수준에서 관찰되지 않는다면 동일한 수준에서 영업권의 손상을 검사할 필요가 없다(K-IFRS 제1036호 문단 83).

71) 영업부문은 다음 사항을 모두 충족하는 기업의 구성단위를 말한다(K-IFRS 제1108호 문단 5).
- 수익을 창출하고 비용을 발생시키는 사업활동을 영위한다.
- 부문에 배분될 자원에 대한 의사결정을 하고 부문의 성과를 평가하기 위하여 최고 영업의사결정자가 영업성과를 정기적으로 검토한다.
- 구분된 재무정보의 이용이 가능하다.

3. 영업권 손상

(1) 영업권을 포함한 현금창출단위의 손상검사

영업권이 배분되지 않은 현금창출단위는 손상을 시사하는 징후가 있을 때마다 손상검사를 한다. 그러나 현금창출단위의 장부금액에 내용연수가 비한정인 무형자산 또는 아직 사용할 수 없는 무형자산이 포함되고 그러한 무형자산에 대한 손상검사가 현금창출단위의 일부로서만 실시될 수 있다면 그 현금창출단위의 손상검사는 매년 실시한다(K-IFRS 제1036호 문단 88~89).

영업권이 배분된 현금창출단위에 대해서는 매년, 그리고 손상을 시사하는 징후가 있을 때마다 현금창출단위의 장부금액과 회수가능액을 비교하여 손상검사를 한다. 현금창출단위의 회수가능액이 장부금액을 초과하는 경우에는 그 현금창출단위와 배분된 영업권에 대해서는 손상차손이 발생하지 않은 것으로 본다. 그러나 현금창출단위의 장부금액이 회수가능액을 초과하는 경우에는 손상차손을 인식한다(K-IFRS 제1036호 문단 90).

(2) 영업권과 비지배지분을 포함한 현금창출단위의 손상검사

기업이 부분영업권 방식(지배기업만 영업권을 인식하는 방식)을 회계정책으로 선택하고 있다면, 비지배지분에 귀속되는 영업권은 관련 현금창출단위의 회수가능액에 포함되지만 지배기업의 연결재무제표에서는 표시되지 않는다. 따라서 기업은 비지배지분에 귀속되는 영업권을 포함시키기 위하여, 현금창출단위에 배분된 영업권의 장부금액을 가산 조정(Gross up)해야 한다. 이렇게 조정된 장부금액은 당해 현금창출단위의 손상 여부를 결정하기 위해 그 회수가능액과 비교한다(K-IFRS 제1036호 C4).

예제 1

- P사는 01년 초 2,100원을 지급하고, S사 주식 80%를 취득함.
- 취득일 현재 S사의 순자산 장부금액은 1,500원임.
- 지배력 획득일 현재 공정가치 차액을 일으킨 자산이나 부채는 없음.
- P사는 비지배지분을 식별 가능한 순자산 공정가치의 비례적 지분으로 측정함.
- S사 자체가 현금창출단위이며, 사업의 초과수익력을 고려하여 모든 영업권이 배분됨.
- 01년 말 현금창출단위로서 S사가 영위하는 사업의 회수가능액은 1,000원으로 측정됨.
- 01년 중 S사는 150원의 손실을 기록하였으며, 01년 말 순자산 장부금액은 1,350원임.

요구사항 현금창출단위에 대한 손상 여부를 판단하기 위한 회수가능액을 계산하시오.

지배력 획득 시점

- 영업권 = 2,100원 - 1,500원 × 80% = 900원
- 비지배지분 = 1,500원 × 20% = 300원

손상차손의 인식과 배분

손상 대상	손상 금액	P사(80%)	비지배주주(20%)
영업권(*)	1,125 (= 900 + 900 ÷ 80% × 20%)	900	-
기타순자산	350 (= 1,350 - 1,000)	280 (= 350 × 80%)	70 (= 350 × 20%)
합계	1,475	1,280	70

(*) 영업권의 손상은 Gross up을 통해 산정하나, 손상차손은 Gross up 금액을 제외하고 인식함.

01년 말 시점에 연결재무제표에 표시되는 S사의 순자산 및 영업권은 각각 1,350원 및 900원이나, 회수가능가액을 산정 시 고려할 순자산과 영업권은 각각 1,350원과 1,125원(= 900원 + 900원 ÷ 80% × 20%)으로 계산된다.

그러나 Gross up으로 증가된 영업권은 연결재무제표에 표시되지 않는 자산이므로, 결국 비지배지분에 대한 영업권은 배제되어 연결재무제표에 표시될 손상차손이 결정된다. 따라서 손상차손을 인식할 금액은 1,250원(= 영업권 900원 + 기타자산 350원)이며, 동 금액은 P사와 비지배주주에게 배분된다.

(3) 손상차손의 배분

식별된 손상차손은 우선 현금창출단위에 배분된 영업권의 장부금액을 감소시킨 다음, 현금창출단위에 속하는 다른 자산의 장부금액에 비례하여 배분한다. 이때 비지배지분이 있는 종속기업이나 종속기업의 일부가 그 자체로서 현금창출단위인 경우, 손상차손은 당기손익을 배분할 때와 동일한 근거로 지배기업과 비지배지분에 배분한다. 또한 비지배지분이 있는 종속기업이나 종속기업의 일부가 그보다 큰 현금창출단위의 일부라면, 영업권 손상차손은 그 현금창출단위 내 비지배지분이 있는 부분과 그렇지 않은 부분에 배분한다.

손상차손은 다음 기준에 따라 현금창출단위 내 사업부문에 배분한다(K-IFRS 제1036호 C7).

① 손상이 현금창출단위의 영업권과 관련된 부분은 손상이 있기 전 각 부분 영업권의 상대적 장부금액에 따라 배분한다.

② 손상이 현금창출단위의 식별 가능한 자산과 관련된 부분은 손상이 있기 전 각 부분의 식별 가능한 순자산의 상대적 장부금액에 따라 배분한다. 각 부분에 배분된 손상차손은 당해 부분 내의 각 자산에 그 장부금액에 비례하여 배분한다.

예제 2

1. 지배력 획득
   - P사는 01년 초 2,100원을 지급하고 S사 주식 80%를 취득함.
   - 취득일 현재 S사의 순자산 장부금액은 1,500원임.
   - 지배력 획득일 현재 공정가치 차액을 일으킨 자산이나 부채는 없음.
   - P사는 비지배지분을 식별 가능한 순자산 공정가치의 비례적 지분으로 측정함.

2. 자산 손상
   - S사 자체가 현금창출단위로 식별됨.
   - P사는 지배력 획득으로 P사의 기존 사업부에게 미칠 Synergy 효과에 대하여 500원의 영업권을 배분함.
   - 01년 말 현금창출단위의 회수가능액은 1,000원으로 측정됨.
   - 01년 말 S사와 P사의 Synergy 효과는 변함이 없으나, S사 자체의 이익창출능력은 동종업종에 비하여 다소 감소함.
   - 01년 중 S사는 150원의 손실을 기록하였으며, 01년 말 순자산 장부금액은 1,350원임.
   - P사와 S사는 별도재무제표상 자산손상을 인식하지 아니함.

요구사항 연결재무제표에 표시될 영업권과 손상차손을 계산하시오.

지배력 획득 시점

- 영업권 = 2,100원 − 1,500원 × 80% = 900원
- 비지배지분 = 1,500원 × 20% = 300원

부분영업권 인식방법을 적용하고 있으므로 연결재무제표에 표시되는 영업권은 900원에 불과하지만, Gross up 과정을 통해 산정된 영업권은 다음과 같다.

구 분	P사	비지배지분	합계
Synergy 효과로 인한 P사의 가치 상승(P사에게 배분)	500	−	500
S사의 이익창출능력(지분율에 따라 안분)	400	100	500
합 계	900	100	1,000

손상차원의 배분

구 분	손상 대상	P사(80%)	비지배지분(20%)
영업권(*)	500	400	-
영업권 이외의 자산	350	280	70
합 계	850	680	70

(*) S사의 이익창출 능력에 관한 영업권만 손상 대상이며, 연결재무제표에 표시될 손상금액은 Gross up 부분이 제외됨.

연결조정

연결조정

차변		대변	
1단계 : 순자산조정			
S사 자본 항목	1,350	S사 주식	2,100
영업권	500	비지배지분(*2)	200
이익잉여금(*1)	800	손상자산(*3)	350
2단계 : 순이익조정			
자산손상차손	350	이익잉여금	750
영업권손상차손	400		

(*1) 이익잉여금 = 150원 × 80%(01년 손실) + 400원(영업권) + 350원 × 80%(기타자산 손상)
(*2) 비지배지분 = (1,350원 - 350원) × 20%
(*3) S사가 별도재무제표에 인식하지 않은 손상된 자산 350원

(4) 손상검사의 시기

영업권이 배분된 현금창출단위에 대해서는 매년 손상검사를 한다. 손상검사는 회계연도 중 어느 때라도 할 수 있으며, 매년 같은 시기에 실시한다. 서로 다른 현금창출단위에 대해서는 각기 다른 시점에 손상검사를 할 수 있다. 다만, 현금창출단위에 배분된 영업권의 일부 또는 전부를 당해 회계연도 중에 일어난 사업결합에서 취득한 경우, 현금창출단위는 당해 회계연도 말 이전에 손상검사를 한다(K-IFRS 제1036호 문단 96).

영업권이 배분된 현금창출단위의 손상검사를 하는 시점에 영업권을 포함하는 단위 내의 자산에 손상 징후가 있을 수도 있다. 이러한 경우 영업권을 포함하는 현금창출단위에 대해 손상검사를 실시하기 전에 먼저 자산에 대해 손상검사를 하여 자산에 대한 손상차손을 인식한다.

이와 유사하게 영업권을 포함하는 현금창출단위집단 내의 현금창출단위에 대해 손상 징후가 있을 수 있다. 이러한 경우 영업권이 배분된 현금창출단위집단에 대해 손상검사를 하기 전에 먼저 현금창출단위에 대해 손상검사를 하여 손상차손을 인식한다(K-IFRS 제1036호 문단 98).

영업권이 배분된 현금창출단위의 회수가능액에 대해 직전 회계기간에 실시한 최근의 상세한 계산결과는 다음의 요건을 모두 충족하는 경우, 당기에 그 현금창출단위의 손상검사를 할 때 이용할 수 있다(K-IFRS 제1036호 문단 99).

① 최근의 회수가능액을 계산한 후로, 현금창출단위를 구성하는 자산과 부채가 유의적으로 변동하지 않았다.
② 최근 계산결과에 따른 회수가능액이 장부금액을 상당히 초과하였다.
③ 최근의 회수가능액을 계산한 후로 발생한 사건과 변화된 상황을 분석해 볼 때, 현재시점의 회수가능액이 장부금액에 미달할 가능성이 아주 낮다.

4. 영업권 손상 절차

영업권은 사업결합 과정에서 취득금액과 식별 가능한 순자산 공정가치의 차이로 정의되며, 개별적으로는 식별할 수 없는 자산이다. 영업권은 합병 등을 통하여 획득한 사업에서 초과수익력이 발생하거나 기업의 기존 사업과 시너지 효과가 발생할 것이 예상되어 지급한 금액이므로 독립적으로 현금흐름을 창출하지 못한다.

따라서 영업권의 공정가치는 영업권이 포함된 현금창출단위의 공정가치에서 도출되어야 하며, 현금창출단위에 배분되어 손상검사를 받게 된다. 만일 사업결합을 통하여 취득한 현금창출단위가 다수인 경우에는 영업권을 현금창출단위로 배분하고 손상검사를 진행하게 된다.

한편, 연결재무제표에서 영업권 손상검사 시 사용한 정보와 영업권 손상 결과 등은 K-IFRS 제1036호 문단 12~14에서 제시하고 있는 손상징후에 해당한다. 따라서 별도재무제표에서도 해당 종속기업투자에 대한 손상검사를 수행해야 한다.[72)]

(1) 회수가능액

현금흐름창출단위의 손상은 현금창출단위에 대한 회수가능액과 장부금액을 비교한 후, 회수가능액이 장부금액에 미달하는지를 판단하여 손상차손의 인식 여부를 결정한다.

72) 2021-I-KQA003 별도재무제표에서 종속기업 투자지분 손상 회계처리

• 손상차손 = 장부금액 − 회수가능액
• 회수가능액 = Max(순공정가치, 사용가치)

① 순공정가치 = 공정가치 − 판매부대비용
② 사용가치 : 현재 기업의 영업상황을 고려하여 추정한 미래현금흐름과 할인율을 통하여 측정한 '기업 특유의 공정가치'
- '자산손상' 기준서에서 언급하고 있는 사용가치는 객관화된 개념의 사용가치로서 사전적 의미의 사용가치와는 다소 상이하다.

사용가치(Value in use)는 자산(또는 현금창출단위)을 영업활동에 정상적으로 사용할 경우 창출될 것으로 기대되는 미래현금흐름을 현재가치로 환산한 금액이다.

따라서 사용가치는 다음 절차에 따라 계산된다.

① 1단계 : 자산의 지속적인 사용과 처분에 의하여 발생될 미래현금흐름을 추정
② 2단계 : 현재 시점에서 추정한 이자율로 미래현금흐름을 현재가치로 전환

미래현금흐름을 추정하여 할인한다는 개념은 일반적인 현금흐름할인법과 다음과 같은 점이 상이하다는 점에 유의해야 한다.

① **주식이나 신사업의 가치를 평가**하기 위한 현금흐름할인법
- 경영진이나 투자자의 의사결정을 지원할 목적으로 기업이 처해 있는 기회나 위험을 반영하여 가치를 산정하는 경우가 많다.
- 현재 기업이 계획하고 있는 투자나 구조조정 등을 반영하여 가치평가가 이루어진다.

② **자산손상을 위한 사용가치 산정 목적**으로 활용되는 현금흐름할인법
- 추정하는 재무정보는 현재의 상황을 충실하게 반영하여야 하므로, 보다 보수적인 접근방법을 취하고 있다.
- 결산일 현재의 자산에 대한 손상검사를 목적으로 하는 평가는 **현재의 상황을 충실하게 반영하여야 하므로, 미래의 투자나 구조조정 등은 반영하지 않는다.**
- 극단적인 형태의 자산손상 검사는 결산일 현재의 재무성과가 미래로 투영되었을 경우의 가치평가를 근거로 이루어질 것이다.

(2) 미래현금흐름의 추정

사용가치를 산정할 목적으로 미래현금흐름을 추정하는데 있어 유의할 점은 다음과 같다.

① 자산에 대한 미래현금흐름은 현재의 조건과 상황이 지속된다고 가정하고 경영진이 승인한 최근의 재무예산이나 재무예측에 토대하여 추정한다.
② 미래에 발생할 것으로 예상되는 구조조정이나 자산 성능의 향상으로 인하여 발생할 것으로 예상되는 추가적인 미래의 현금유입액 또는 현금유출액은 제외한다.
③ 미래현금흐름의 추정 대상 기간은 정당한 사유가 없는 한 최장 5년으로 한다.

현금흐름의 추정 기간을 5년으로 언급한 이유는 5년을 초과한다면 상세하고 신뢰성 있는 자료로 활용하기 어렵기 때문이다. 그러나 만일 경영진의 추정에 대하여 충분히 신뢰할 수 있고, 5년을 초과하더라도 미래현금흐름을 정확하게 예측할 수 있는 능력을 과거에 보여 주었다면 5년을 초과하여 현금흐름을 추정할 수 있다.

주식가치 평가를 위한 손익계산서 추정과 달리 사용가치 산정과정에서 유의하여야 할 사항을 요약하면 다음과 같다.

매 출	조정 항목	비 고
매출	• 현재 상황에 근거하여 5개년 매출 추정(경영진의 승인이 필요함) • 중간 부품의 경우 시장가격으로 조정 • 미래에 계획된 자산의 성능 향상을 위한 투자와 그 효과는 반영하지 아니함. • 5년 이후의 성장률은 영구성장률 또는 감소(체감)하는 비율로만 가능하며, 장기 산업 전망이나 국가성장률 등을 초과할 수 없음.	• 보수적인 접근 필요 • 내부이전 가격이 아닌 시장가격을 반영 • 현재 상황을 충실하게 반영
매출원가, 판매비와관리비	• 이전 공정의 중간부품은 시장가격으로 조정 • 확정되지 않은 미래의 구조조정은 반영하지 아니함.	• 내부이전 가격이 아닌 시장가격을 반영 • 현재 상황을 충실하게 반영
법인세	• 영업이익에 대한 법인세효과 • 세전할인율을 적용하는 경우 법인세효과로 인한 현금흐름을 차감하지 아니함.	
CAPEX, 감가상각비	• 현재의 유형자산이 지속적으로 대체투자된다고 가정함. • 신규 투자 및 그로 인한 매출 증가는 고려하지 아니함.	• 현재 보유하고 있는 자산으로 발생할 현금흐름을 파악하기 위함임.

(3) 할인율의 결정

미래현금흐름을 현재가치로 환산하는데 있어 적용되는 할인율은 다음과 같다.

구 분	가치평가	자산손상
위험반영	자산위험 및 자본구조 반영	자산고유의 위험만 반영
자본구조	개별 기업	산업 평균[73)
법인세효과	세후할인율	세전할인율

사용가치를 계산하는데 활용할 할인율은 기업의 자본구조나 자금을 조달하는 방법과는 독립적이어야 한다. 왜냐하면 자산 자체에서 발생될 것으로 기대되는 미래현금흐름은 자산을 자기자본으로 취득하는지 또는 차입금을 조달하여 취득하는지에 대하여 관계없이 동일하기 때문이다.

화폐의 시간가치와 자산의 특유위험에 대한 시장의 평가를 반영한 할인율은, 그 자산이 창출할 것으로 기대되는 현금흐름의 금액, 발생시기 및 위험이 동일한 현금흐름을 창출하는 투자안을 선택하는 경우 투자자들이 요구하는 수익률과 같다.

따라서 사용가치 계산 시 적용될 할인율은 다음을 이용하여 추정하도록 규정하고 있다.

- 유사한 자산에 대하여 현행 시장 거래에서 형성되는 내재이자율(세전할인율)
- 용역잠재력이나 위험의 측면에서 평가 대상 자산과 유사한 단일의 자산을 보유하고 있는 상장기업의 가중평균자본비용

사용가치 산정 시 세전할인율을 적용하도록 규정하고 있는 이유는 자산의 장부금액과 세무상 금액이 불일치할 경우 이연법인세가 발생하고, 그로 인하여 법인세가 현금흐름에 차이를 발생시켜 사용가치에 영향을 미칠 수 있기 때문이다.

▶▶ 세전할인율의 산정[74)]

이론적으로 세후현금흐름을 세후할인율로 할인한 (평가대상 기업 및 무형자산 등) 가치와 세전현금흐름을 세전할인율로 할인한 가치는 동일하다. 따라서 실무상 세전할인율은 다

73) 자본구조는 평가 대상 기업의 자본구조가 아닌 유사기업(또는 산업)의 평균 자본구조를 활용하고, 기업 특유의 자본구조를 반영하지 않는다.

74) 개념상 세후현금흐름에 세후할인율을 적용하여 계산한 가치와 세전현금흐름에 세전할인율을 적용하여 계산한 가치는 동일하므로, 실무상 세후현금흐름과 산업 평균 자본구조를 반영한 세후할인율을 적용하여 손상검토를 실시하는 경우가 많다.

음 절차에 따라 계산할 수 있다.

① 1단계 : 세후현금흐름을 세후할인율로 할인하여 가치 산정

② 2단계 : 세전현금흐름을 1단계에서 산정한 가치와 일치시키는 내재이자율(세전할인율) 계산

(4) 손상검사 절차

현금창출단위의 손상검사 절차는 다음과 같다.

① 1단계 : 손상징후의 평가

- 기술변화가 발생하거나 영업손실이 발생하는 등 기업 내부나 외부의 정보를 취합하여 손상징후가 인지된다면 손상검사를 실시한다.

② 2단계 : 손상검사의 실시

③ 3단계 : 손상차손의 인식

- 손상차손 = 장부금액 − Max(순공정가치, 사용가치)
- 현금창출단위의 경우 집합적인 자산으로 구성되어 있기 때문에 개별 자산에 대한 순공정가치는 구할 수 없는 경우가 대부분이다. 따라서 일반적으로 사용가치가 현금창출단위의 회수가능액으로 산정된다.

현금창출단위의 손상검사 절차는 현금창출단위를 구성하고 있는 개별 자산의 회수가능액을 산정하기 어려운 경우에만 대안으로 수행하는 절차이므로, 다음에 유의한다.

① 현금창출단위 안에 있는 개별 자산의 회수가능액을 구할 수 있다면, 현금창출단위에 대한 손상검사는 불필요하다.

② 현금창출단위 자체의 회수가능액은 장부금액을 초과하더라도, 현금창출단위를 구성하는 개별 자산에 대한 손상징후가 있다면 개별 자산에 대한 손상차손은 인식한다.

③ 현금창출단위에 대한 손상차손이 발생하여 그 금액을 개별 자산에 배분하는 경우, 특정 개별 자산의 순공정가치가 장부금액을 초과한다면 동 자산을 제외하고 손상차손을 배분한다.

(5) 손상차손의 배분과 환입

현금창출단위에 대하여 손상차손을 인식한 경우 동 손상차손은 다음과 같이 배분한다.

① 먼저 현금창출단위(또는 현금창출단위집단)에 배분된 영업권의 장부금액을 감소시킨다.

② 그 다음 현금창출단위(또는 현금창출단위집단)에 속한 다른 자산의 장부금액에 비례하여 손상차손을 배분한다.

이러한 장부금액의 감소는 개별 자산의 손상차손으로 처리하는데, 손상차손을 반영한 개별 자산의 장부금액은 다음 중 가장 큰 금액 이하로 감소될 수 없다.

① 처분부대원가를 차감한 공정가치(측정할 수 있는 경우)
② 사용가치(결정 가능한 경우)
③ '0'원

이와 같은 제약으로 특정 자산에 배분되지 않은 손상차손이 있다면 동 금액은 현금창출단위 내의 다른 자산에 각각 장부금액에 비례하여 배분한다.

손상차손을 인식한 이후 현금창출단위의 사용가치가 증가하여 손상차손이 환입될 경우, 현금창출단위에 있는 개별 자산의 장부금액은 과거에 손상차손을 인식하기 전 장부금액에서 감가상각 등이 정상적으로 반영되었다고 가정하였을 경우의 잔액을 초과할 수 없다.

또한 현금창출단위에 대하여 손상차손을 인식한 이후에 현금창출단위를 구성하고 있는 식별 가능한 자산의 회수가능액이 증가하면 각 개별 자산별로 손상차손환입액 한도 내에서 손상차손환입을 할 수 있으나, **영업권에 대한 손상차손은 환입하지 않는다.**

예제 3

- MDQ 그룹은 유황오리 사업부를 3년 전에 인수하였으나, 기대하였던 이익을 시현하지 못하여 손상검사를 실시함.

- 유황오리 사업부에 속해 있는 개별 자산의 사용가치는 식별하기 어려우므로, 현금창출단위의 사용가치를 계산하기 위하여 다음과 같은 절차를 진행함.
  - MDQ 그룹은 현재 영업상황을 반영하여 5개년 사업계획서를 작성하고 경영진이 승인하였음.
  - 사업계획서를 토대로 세후 잉여현금흐름을 추정함.
  - 유황오리 사업을 영위하는 상장기업들의 베타를 파악하여 산업베타를 계산함.
  - 평가기준일 현재의 무위험 이자율과 시장수익률 등을 파악하여 할인율을 계산함.
  - 추정현금흐름을 할인한 결과 사용가치는 10,000원으로 계산됨.

• 유황오리 사업부의 자산과 부채 현황은 다음과 같음.

계정과목	금 액	계정과목	금 액
매출채권	4,000	매입채무	2,000
재고자산	3,000	단기차입금	8,000
투자주식	1,000	순자산	10,000
유형자산	9,500		
영업권	2,500		
자산총계	20,000	부채및자본총계	20,000

요구사항 손상차손 금액을 결정하고 자산별로 배분하시오.

추정현금흐름을 할인하여 계산한 10,000원의 사용가치는 상기 재무상태표 계정 중에서 매출채권, 재고자산, 유형자산, 영업권 및 매입채무가 반영된 것이라고 할 수 있다. 즉, 유형자산과 무형자산에 대한 가치를 산정하는 과정에서 운전자본과 관련 계정이 고려되어 10,000원의 가치가 계산된 것이다.

따라서 유형자산과 무형자산(영업권)에 대한 가치로 한정하면 5,000원(= 10,000원 − 4,000원 − 3,000원 + 2,000원)의 사용가치가 산출된다. 그러므로 손상차손은 사용가치 5,000원과 장부금액 12,000원(= 9,500원 + 2,500원)의 차이인 7,000원(= 12,000원 − 5,000원)으로 계산되며, 그 금액은 다음과 같이 배분된다.

• 영업권 = 2,500원

• 유형자산 = 4,500원

따라서 MDQ 그룹은 다음의 회계처리를 장부에 반영하게 된다.

(차변)	손상차손	7,000	(대변) 영업권	2,500
			손상차손누계액	4,500

일반적으로 자산손상에 대한 사용가치 산정 시 평가기준일의 재무상태표를 기준으로 하는 경우가 많은데, 본 예제에 적용할 경우 계산 과정은 다음과 같이 표현할 수 있다.

• 기업가치 = 영업가치 + 비영업용자산(투자주식)
= 10,000원 + 1,000원 = 11,000원

• 손상차손 금액 = (이자부부채 + 순자산) − 기업가치
= (8,000원 + 10,000원) − 11,000원
= 7,000원

5. 종속기업이 인식한 손상차손

종속기업이나 관계기업에 적용하는 지분 평가는 종속기업이나 관계기업이 보고한 재무제표에 근거하지 않고, 연결 관점에서 파악한 종속기업과 관계기업의 재무제표이다.

따라서 종속기업이나 관계기업이 자산손상을 반영하여 재무제표를 보고하더라도, 지배기업은 동 재무제표를 연결 관점으로 전환한 후 연결상 장부금액과 회수가능액을 비교한 후 손상차손을 인식해야 한다.

예제 4

- P사는 S사 주식 60% 취득을 통하여 지배력을 획득하고 있음.
- S사는 세 개의 현금창출단위로 구성되어 있음.
- 연결 관점에서 파악한 S사의 사업부문은 다음과 같음.

구 분	순자산 장부금액	공정가치 조정	연결 관점의 순자산(*)
CGU A	110	40	150
CGU B	170	–	170
CGU C	200	100	300
합 계	480	140	620

(*) 연결 관점의 순자산에는 영업권 금액이 포함되어 있지 아니함.

- P사는 S사에 대하여 영업권을 60원 인식하고 있으며, 동 영업권은 CGU A에 관한 것임.
- S사는 다음과 같은 분석 후에 30원의 손상차손을 인식함.

구 분	순자산 장부금액	회수가능액	손상차손
CGU A	130	100	30
CGU B	150	200	–
CGU C	200	240	–
합 계	480	540	30

- P사는 S사가 각 CGU에 대하여 인식한 회수가능액을 적정하게 평가하였다고 판단함.

요구사항 연결 관점에서 인식할 손상차손 금액을 계산하시오.

연결 관점의 손상차손

구 분	연결 관점의 순자산	영업권	회수가능액	손상차손
CGU A	150	100(*)	100	150
CGU B	170	–	200	–
CGU C	300	–	240	60
합 계	620	100	520	210

(*) Gross up된 영업권 금액 = 60원 ÷ (1 – 60%) = 100원

손상차손의 인식

- CGU A = 영업권 100원 + 기타자산 50원 = 150원
- CGU B = 기타자산 60원

손상차손의 귀속

구 분	지배기업	비지배지분	합 계
영업권(CGU A)	60	40(*)	100
기타자산(CGU A)	30	20	50
기타자산(CGU B)	36	24	60
합 계	126	84	210

(*) 비지배지분에 귀속된 영업권 40원은 Gross up된 것으로 재무제표에 인식하지 아니함.

- 연결 관점의 회계처리

(차변)	자산손상차손(*)	170	(대변) 영업권	60
			기타자산	110

(*) 손상차손의 배분 = 지배기업(126원) + 비지배지분(44원)

연결 관점에서 P사가 S사의 사업부문에 인식하고 있는 순자산과 회수가능액을 비교한 후 손상차손을 인식할 금액이 얼마인지를 파악해야 한다.

보론 2 무형자산의 인식과 측정

최근 기업인수나 합병과정에서 이루어지는 실사의 특징 중 하나는 기업이 장부에 표시되지 않거나 그 금액이 미미한 무형자산을 적극적으로 인식하고 측정하는 절차이다. 장부에는 없거나 그 금액이 적게 계상되어 있지만 사실상 그 가치가 상당하게 인정되는 기술이나 브랜드에 대한 가치를 적정하게 인식하지 않는다면 영업권이 과대 계상된다. 따라서 가치 있는 무형자산을 식별하고 평가하는 과정은 매수가격배분 절차에서 매우 중요한 의미를 가진다.

1. 무형자산의 인식

매수가격배분 과정에서 인식하는 대표적인 무형자산을 열거하면 다음과 같다.

① 마케팅 관련 무형자산 : 등록상표, 상표명, 거래표식, 인터넷 도메인

② 고객 관련 무형자산 : 생산 및 주문 잔고, 고객과의 계약, 고객관계, 비계약적 고객관계

③ 기술 관련 무형자산 : 특허기술, 특허받지 않은 기술

④ 계약 관련 무형자산 : 광고, 건설, 경영 관련 용역 또는 공급 계약

무형자산에 대한 평가는 주로 회계기준(재무제표의 작성과 표시를 위한 개념체계, 사업결합 및 실무지침, 무형자산 및 실무지침, 공정가치측정 및 실무지침)과 한국공인회계사회가 공표한 가치평가서비스 수행기준 등에 따라 이루어진다.

장부에 기록되지 않은 대상을 무형자산으로 인식하고 측정하기 위해서는, 다음 중 하나 이상을 만족하여야 무형자산의 식별 요건을 충족할 수 있다.

① 분리 가능성

- 분리 가능성은 기업에서 분리하거나 분할할 수 있고, 다른 자산의 경제적 효익을 희생하지 않고 매각, 이전, 라이선스, 임대 또는 교환할 수 있음을 의미한다.

② 계약상 권리 또는 기타 법적 권리

- 계약상 권리 또는 법적 권리는 그 자체로 식별 가능성을 충족한다.
- 따라서 이러한 권리는 제3자에게 이전 가능한지 여부나, 동 권리가 기업이나 다른 권리로부터 분리 가능한지 여부는 고려하지 않는다.

2. 무형자산의 평가

무형자산이 식별되는 경우 다양한 평가기법을 통하여 가치가 평가되는데, 실무상 다기간초과이익법이나 로열티면제법이 주로 사용된다.

(1) 다기간초과이익법(Period excess earnings)

① 무형자산의 가치 = '해당 사업에서 발생하는 미래현금흐름 – 다른 기여자산의 원가'의 현재가치

② 평가절차

- 1단계 : 해당 무형자산이 활용될 것으로 예상되는 사업과 관련된 향후 매출과 비용을 추정한다.
- 2단계 : 추정된 이익에서 기여자산의 원가(Contributory Asset Charges)를 차감하는데, 여기서 기여자산의 원가는 그 이익을 창출하는데 사용된 모든 다른 자산에 대한 시장기대 이익을 의미한다.

③ 기여자산의 원가는 현금흐름을 창출하기 위하여 필요한 모든 자산을 가상의 제3자로부터 임차 혹은 리스한다는 가정하에 산출되며, 자산소유자에게 임차 혹은 리스에 대한 대가를 지불한다고 가정한다.

④ 다기간초과이익법은 주로 계약이나 고객 관련 무형자산 평가 시 활용된다.

다기간초과이익법은 해당 무형자산과 관련한 세후영업이익을 통하여 무형자산의 가치를 산정하는 방법이다. 이때 세후영업이익은 무형자산뿐만 아니라 관련 유형자산 및 집합적 노동력 등도 기여해 창출한 것이다. 따라서 무형자산이 기여한 비율을 산정하여야 한다. 그런데 업종마다 무형자산이 기여하는 정도는 매우 상이할 것이므로 합리적인 비율을 산정하기 위하여 관련 업종의 자료를 분석할 필요가 있다. 예를 들어 전통적인 장치산업의 경우 무형자산의 기여도는 다소 낮은 것으로 평가될 수 있으나, E&P나 소프트웨어 산업의 경우에는 무형자산의 기여도가 절대적인 수준으로 평가된다.

참고로 1971년 Goldscheider(Chairman, International Licensing Network)와 Jarosz, Carla의 저술과 2002년 LES라는 Journal에 기재된 논문인 "Use of the 25% Rule in Valuing Intellectual Property"에 의하면 지적자산(Intellectual Property)의 가치는 예상수익의 25%를 차지하는 것으로 평가하고 있다. 그리고 미국의 경우 로열티 협상에 있어서 25% rule을 하나의 기준으로 적용하는 사례가 많으며, 법정에서도 관련 분쟁이 생겼을 경

우 25%가 판단기준으로 활용된 사례가 많다.

(2) 로열티면제법(Relief From Royalty)

① 무형자산의 가치 = 로열티 면제액(= 매출액 × Royalty rate)의 현재가치

② 평가절차

- 1단계 : 해당 무형자산이 활용될 것으로 예상되는 사업과 관련된 향후 매출과 비용을 추정한다.
- 2단계 : 추정된 매출액에 Royalty rate를 곱하여 해당 기술이나 브랜드를 가지고 있음으로 인하여 절감할 수 있는 비용을 계산한다.

③ Royalty rate는 동종산업에서의 로열티 지급 사례나 정성적인(Qualitative) 평가지표를 통해 산출된다.

④ 로열티면제법은 마케팅이나 기술과 같이 사용허가가 가능한 자산에 대하여 주로 사용된다.

3. 할인율의 결정

무형자산의 가치 평가 시 적용될 할인율은 자기자본비용과 타인자본비용을 산정한 후 가중평균하여 계산한다. 무형자산의 가치 평가는 일반적인 영업활동(기업가치나 사업 가치)의 평가에 비하여 불확실성이 크다고 보아, 계산된 가중평균자본비용에 3~4%의 할증률을 적용하는 경우가 많다.

참고로 개발비나 특허권 등의 경우 할인율은 기술의 발전단계, 사업의 수행 정도, 기술적 특성 등에 따라 크게 달라질 수 있는데, Richard Razgaitis는 위험 수준에 따라 다음의 할인율을 제시하고 있다.[75)]

위험 수준	판단 기준	할인율(%)
거의 없음	현재 제조 및 판매되는 상용기술	10~18
매우 낮은 리스크	현재 제조 판매되는 제품에 신규기술 적용	15~20
낮은 리스크	잘 알려진 기술로 새로운 형태 제조	20~30
적절한 리스크	소비자 요구가 있는 제품에 신기술 사용	25~35

75) Richard Razgaitis, Early-stage technologies valuation and pricing, John Wiley & Sons, Inc, 1999.

위험 수준	판단 기준	할인율(%)
높은 리스크	잘 알려져 있지 아니한 기술로 새로운 제품을 만들고 기존 분야에 마케팅	30~40
매우 높은 리스크	새로운 기술로 새로운 제품을 제조하여 신규 분야에 마케팅	35~45
극히 높은 리스크	현재 판매되지도 않고 증명되지도 아니한 기술 사용	50~

4. 상각절세 효과

유형자산이나 무형자산을 이익접근법에 의하여 평가할 경우, 동 자산의 공정가치는 다음과 같이 결정된다.

> 공정가치 = 현금흐름의 현재가치 + 상각절세효과

상각절세효과(Tax Amortization Benefit, TAB)는 자산의 소유권자가 보유 자산에 대한 상각비를 세무상 비용으로 인정받음으로써 발생하는 절세효과를 의미하는데, 다음 사항을 고려하여 산정한다.

① 자산의 상각 가능성
② 법인세율과 세법상 상각 기간
③ 적절한 할인율

주식인수 방식에 의해 지배력을 획득하는 경우 유형자산이나 무형자산에 대한 공정가치 차액은 세무상 인정되지 않으므로 TAB는 공정가치에 반영하지 않아야 한다는 의견도 있다. 그러나 이익접근법이나 시장접근법에 의한 평가 결과 산출되는 공정가치는 이론적으로 동일하여야 하며, 시장접근법에 의한 공정가치는 이미 TAB를 반영하고 있다고 본다.

따라서 **평가 과정에서 이익접근법을 활용하여 자산의 공정가치를 산정하는 경우 공정가치의 증가요소**(Step-up factor)**로서 TAB을 고려**하게 된다. K-IFRS는 상각절세효과에 대해 명확하게 규정하고 있지 않고 있으나, US-GAAP(FAS 109 문단 129) 등을 참조하여 TAB을 공정가치의 요소로 인정하고 있다고 해석하고 있다.

TAB을 반영하기 이전의 무형자산의 가치를 TAB가 반영된 가치로 전환하는 식은 다음과 같다.

$$FV = PVE \times \frac{1}{\left[1 - \frac{t}{n} \times \left(\frac{1}{k} - \frac{1}{(k \times (1+k)^n}\right)\right]}$$

FV : 무형자산의 공정가치
PVE : TAB 반영 전의 무형자산의 가치
t : 유효 법인세율
n : 세법상 내용연수
k : 할인율

5. 평가결과 검토 : WARA(Weighted Average Return on Assets)

무형자산에 대한 가치평가가 일단락되면 가치평가가 적절하게 이루어졌는지를 재검토하게 되는데, 이때 사용하는 개념이 WARA(Weighted Average Return on Assets)이다. 기업에 있는 다양한 자산의 기대수익률을 먼저 계산하고, 총자산에서 차지하는 비중으로 가중평균한 값이 WARA이다. 따라서 이론적으로는 WARA는 가중평균자본비용(WACC)과 동일해야 한다.

WACC는 여러 자산의 집합체인 기업(또는 사업)에 대한 위험을 고려한 기대수익률로 표현되지만, 결국 그 사업에 대한 위험은 개별 자산의 위험을 가중평균하여 계산한 것과 동일할 것이기 때문이다.

그러므로 매수가격배분 절차가 완료된 이후 각 개별 자산의 수익률을 계산하여 구한 WARA와 WACC를 비교하면, 매수가격배분 절차 과정 중에 이루어진 개별 자산에 대한 평가가 적절하게 이루어졌는지를 확인할 수 있다.

자산은 위험과 자본 조달 경로가 다르기 때문에 수익률도 상이한데, 다음의 이유로 유형자산에 대한 기대수익률은 무형자산에 대한 기대수익률보다는 낮다고 본다.

① 자금조달 경로 : 유형자산을 취득하는데 필요한 자금은 취득할 유형자산을 담보로 제공하고 금융기관 등으로부터 조달할 수 있다. 담보부차입금에 대한 이자율은 일반적인 신용에 의한 차입금보다 낮기 때문에 유형자산에 대한 기대수익률은 무형자산의 기대수익률보다 낮을 가능성이 크다.

② 이익의 안정성 : 일반적으로 유형자산은 무형자산보다 안정적인 이익을 창출할 수 있다고 생각하는 경향이 있다. 따라서 투자자가 유형자산에 대하여 요구하는 기대수익률은 무형자산보다 낮을 가능성이 크다.

WARA와 WACC를 비교하고 양자의 차이가 중요하다면, 그 차이가 어떠한 원인에 의하여 발생한 것인지 확인하고 평가 과정에서 활용된 가정들을 검토한다.

예제 1

• P사(인수자)는 01년 초를 평가기준일로 하여 S사에 대하여 기업실사를 진행하고 있음.
• S사에 대한 기업가치 평가 결과는 다음과 같음.

구 분	금 액
영업가치(Operating Asset value)	19,500
비영업자산(Non-Operating Asset value)	1,200
전체 기업가치	20,700
차입금(Debt)	(4,500)
취득금액(Purchase price)	16,200
가중평균자본비용(WACC)	14.50%

• 매수가격배분 절차 결과는 다음과 같음.

자 산	금 액	세후수익률
순운전자본	2,100	1.50%
유형자산	15,000	9.00%
브랜드가치	230	18.00%
지적 자산	500	18.00%
고객관계	77	18.00%
집합적 노동력	1,285	18.00%
영업권(집합적 노동력 제외)	3,663	18.00%
합 계	22,856	

• 순운전자본에 대한 세후수익률은 평가기준일 현재 비교 가능한 금융상품의 수익률에 기초하였으며, 유형자산에 대한 수익률은 위험이 유사한 자산에 대한 시장의 기대수익률 등을 고려하여 결정함.

요구사항 WARA를 계산하시오.

WARA

자 산	공정가치	세후수익률	Return	WARA
순운전자본	2,100	1.50%	32	0.19%
유형자산	15,000	9.00%	1,350	8.33%
브랜드가치	230	18.00%	41	0.26%
지적 자산	500	18.00%	90	0.56%
고객관계	77	18.00%	14	0.09%
집합적 노동력	1,285	18.00%	231	1.43%
영업권(집합적 노동력 제외)	3,663	18.00%	659	4.07%
합 계	22,856		2,417	14.92%

상기 표의 계산 과정은 다음과 같다.

① 세후수익률

- 해당 자산의 가치를 평가하는데 이용하였거나, 유사한 위험을 반영한 자산에 대한 시장의 요구수익률을 참조하여 결정함.
- PPA 과정을 통하여 가치 평가를 하는 자산의 경우 동 자산에 대한 할인율에 해당함.

② Return : 자산의 공정가치 × 세후수익률

③ WARA : Return ÷ 취득금액 = 2,417원 ÷ 16,200원 = 14.92%

본 예제의 경우 WARA를 계산하면 14.92%가 산출되는데, 이 수치는 기업가치를 평가하는데 활용된 WACC와 큰 차이가 없다. 따라서 매수가격배분 절차 과정 중에 수행된 무형자산에 대한 가치평가는 기업가치 평가 결과와 일관성이 있다고 볼 수 있다.

6. 무형자산 공정가치 평가 시 자주 발생하는 오류

무형자산의 평가는 일반적인 기업가치 평가에 비하여 보다 많은 추정에 의존하기 때문에 평가 과정 중에 오류가 빈번하게 발생하는데, 그 내용을 요약하면 다음과 같다.

① 동일한 수익을 창출하는 두 개 이상의 무형자산을 다기간초과이익법을 적용하는 경우 : 동일한 수익을 창출하는 무형자산을 다기간초과이익법을 적용하여 평가하게 되면, 해당 무형자산과 관련된 현금흐름을 이중계산하거나 생략하는 오류가 발생한다. 따라서 수익을 창출하는데 가장 중요한 무형자산만 다기간초과이익법을 적용하고, 상대적으로 덜 중요한 무형자산은 다른 평가기법을 적용하는 것이 바람직하다.

② 원가접근법을 무분별하게 사용하는 경우 : 원가접근법은 내부사용 목적의 소프트웨어, 집합적 노동력 등의 공정가치를 평가하는데 사용되며 기술, 고객관계 등에는 적합하지 않다.
③ 물리적, 경제적 성격이 다른 자산을 단일의 자산으로 통합하여 평가하는 경우
④ 자산의 경제적 내용연수를 적절하게 추정하지 못하는 경우 : 기술의 경제적 내용연수는 법적 또는 세무상 내용연수가 짧은 경우가 많은데, 그러한 경우에는 경제적 내용연수를 반영한다.
⑤ 다기간초과이익법을 적용할 경우 다른 자산이 기여하는 효익을 제외하지 않는 경우
⑥ 상각절세효과를 고려하지 않는 경우
⑦ 적용 할인율 : 무형자산은 불확실성이 내재되어 있으므로 유형자산 등 보다 높은 수익률을 적용하여야 한다.

7. 브랜드의 평가 사례

브랜드의 가치는 해당 기업이 브랜드를 가지고 있지 않음을 전제하고, 다른 기업으로부터 브랜드를 빌렸을 경우 지급하여야 할 Royalty를 측정하여 산정한다. 즉, 장부에 계상하고 있지는 않지만 Target 기업이 보유하고 있는 브랜드 등 지적 자산에 의하여 지급하지 않아도 될 Royalty의 현재가치를 브랜드의 가치로 보는 관점이다.

예제 2

- P사(인수자)는 01년 초를 평가기준일로 하여 S사에 대하여 기업실사를 진행하고 있음.
- S사 인수 과정에서 S사가 보유하고 있는 브랜드가치를 산정하고자 함.
- 분석에 사용된 자료는 직전 3년간의 매출 자료와 향후 S사의 사업계획 등이며, 산업분석 및 인터뷰 등을 통하여 다음과 같이 매출을 추정함.

구 분	01년	02년	03년	04년	05년
매출액	10,000	12,000	14,000	12,500	13,000

- Royalty rate는 과거 동종업종의 사례 및 인터뷰를 통하여 0.5%로 가정함.
- Royalty rate는 royaltysource.com에서 해당 산업에서 통용되는 Brand license를 조사하여 산출함.
- 할인율은 S사의 가중평균자본비용에 Risk premium 3%를 가산하여 18%로 결정됨.
- 05년 이후의 현금흐름은 05년과 동일하다고 가정함(성장률 : 0%).
- 세무상 상각비가 인정된다고 가정하고 내용연수는 5년을 적용함.

• 모든 현금흐름은 연말에 발생한다고 가정함.

요구사항 브랜드 가치를 계산하시오.

현금흐름의 현재가치

구 분	01년	02년	03년	04년	05년
매출	10,000	12,000	14,000	12,500	13,000
Royalty rate	0.50%	0.5%	0.5%	0.5%	0.5%
세전 로열티	50	60	70	63	65
법인세 비용(24.2%)	12	15	17	15	16
세후 로열티	38	45	53	47	49
현가계수(18.0%)	0.8475	0.7182	0.6086	0.5158	0.4371
현재가치(*)	32	33	32	24	22

(*) 현재가치 = 매출액 × Royalty × (1 - 세율) × 현가계수

본 예제는 모든 현금흐름이 매년도 말에 발생한다고 가정하여 1년간의 할인율을 적용하고 있다. 그러나 중요성에 따라 현금흐름이 연중 발생한다고 보고 모든 현금흐름이 중간기간인 7월 1일에 발생한다고 조정(Mid-year convention)할 수 있다.

만일 Mid-year convention을 고려하여 가치평가를 실시한다면 TAB을 산출하는 공식도 변형하여 일관되게 현금흐름을 반영해야 한다.

브랜드의 가치

구 분	금 액
현금흐름의 현재가치(01~05년)	143
영구가치의 현재가치	52
합 계	195
상각절세효과	35
브랜드의 공정가치	230

상기 내용을 세부적으로 살펴보면 다음과 같다.

① 추정 사업기간의 현재가치 : 01년부터 05년까지의 현재가치를 합산한 143원
② 영구현금흐름 : 06년부터 발생할 영구현금흐름 52원
③ 상각절세효과 반영 이전의 브랜드 가치 계산 : 195원(= 143원 + 52원)
④ TAB : 산식에 이자율, 법인세율 및 기간을 대입하면 TAB은 35원으로 산출됨.
⑤ 브랜드의 공정가치 : 195원 + 35원 = 230원

8. 고객관계의 평가 사례

고객관계에 대한 가치는 다음 경우에 인식된다.

① 기업이 고객과의 계약이 존재하여 이를 통하여 관계를 형성하는 경우
② 다음의 두 가지 조건을 만족하는 경우
  • 기업이 고객에 대한 정보를 가지고 고객과 정기적으로 접촉함.
  • 고객은 기업과 직접적인 접촉을 할 수 있는 능력이 있음.

고객관계에 대한 가치를 계산하는 과정에서 사용되는 주요 용어는 다음과 같다.

① 고객이탈율(Attrition rate) : 기존 고객 중 1년 동안 거래처를 바꾼 고객의 비율
② EBITDA(Earings Before Interests and Taxes, Depreciation and Amortization) : 이자비용, 감가상각비 및 법인세를 차감하기 이전의 이익으로서, 영업활동현금흐름을 측정하는 척도로 사용됨.
③ 기여자산의 원가(CAC, Contributory Asset Charges) : 이익 창출에 기여한 자산을 활용하는데 발생한 원가

고객관계에 대한 가치는 먼저 해당 고객으로부터 발생될 매출과 영업비용을 추정하여 EBITDA를 계산한 후, 고객관계 이외의 자원이 EBITDA에 기여한 금액을 차감하여 산정한다. 이러한 과정은 여러 기간 동안 고객관계로부터 발생한 초과이익을 계산하는 것에 해당하므로 주로 다기간초과이익법을 활용한다.

여기서 해당 고객으로부터의 매출은 전체 매출을 추정한 후, 과거 고객이 해당 기업과 거래하다가 이탈한 경험률을 반영하여 계산한다.

예제 3

- P사(인수자)는 01년 초를 평가기준일로 하여 S사에 대하여 기업실사를 진행하고 있음.
- 인수자는 S사의 특정 매출과 관련하여 5년 전에 거래관계가 존재하였던 고객을 대상으로, 00년 말 시점까지 연도별로 관계가 지속되었는지 여부를 파악하고자 함.
- S사는 유통 경로를 거치지 않고 직접 고객을 대상으로 제품을 판매하고 있으며, 고객의 대부분은 기업체로서 S사와 장기간 거래 관계를 유지하고 있음.
- 인수자는 S사의 제품별 매출에서 각 제품의 고객이탈률과 기여자산의 원가를 적용하였을 경우 (+) 현금흐름이 창출되는 주요 제품만을 검토대상으로 함.
- 분석에 사용된 자료는 직전 5년간의 제품 및 거래처별 매출 실적과 01년 초 현재 향후 5개년간 사업계획 등임.
- 인수자는 다음과 같이 S사의 향후 매출을 추정함.
  - 01년부터 03년의 사업계획에 따른 제품별 생산량을 검토하고, S사가 추정한 판매단가와 주요 리서치 기관의 평균 예상 판매단가를 비교분석함.
  - 04년부터의 매출은 S사의 과거 제품별 매출성장 추이, 향후 정책 및 산업 전망 등을 고려하여 추정함.
  - 과거 자료를 통하여 분석된 고객이탈률(5%)을 매출액 추정에 반영함.
  - 고객의 이탈은 05년 이후 미미할 것으로 가정함.
- 매출 추정 이후 인수자는 과거 자료와 향후 원재료비 등의 예측자료를 근거로 매출에 대응되는 영업비용과 EBITDA margin을 추정함.
- 인수자가 S사가 제공한 자료를 기초로 추정한 매출액과 고객 매출에 대응될 영업비용은 다음과 같음.

구 분	01년	02년	03년	04년	05년
Sales	21,100	27,000	27,500	29,000	31,000
영업비용	12,045	13,868	14,078	14,121	14,187

- 자산 가치는 기여자산의 원가를 산출하기 위하여 공정가치로 조정됨.
- 기여자산의 원가는 고객들로부터의 현금흐름 창출에 기여하는 고정자산, 순운전자본, 브랜드, 임직원의 노동력 및 기술로 분석됨.
- 다음은 매출 대비 비율로 표시된 기여자산의 원가임.

기여 자산	매출 대비 발생 원가
Fixed Assets(고정자산)	15.0%
Working Capital(순운전자본)	1.0%
Trademarks(브랜드)	2.0%
Assembled workforce(집합적 노동력)	6.0%
Technology(기술)	8.0%

- 고객관계의 할인율은 S사가 고객과의 관계를 관리 및 통제하여야 한다는 점에서 평균적인 영업위험보다 더 큰 위험요소를 가지고 있으므로, S사의 가중평균자본비용에 Risk premium 3%를 가산하여 18%로 결정함.
- 05년 이후의 현금흐름은 05년과 동일하다고 가정함(성장률 : 0%).
- 상각 내용연수는 세법상 인정되는 5년을 적용함.
- 모든 현금흐름은 연말에 발생한다고 가정함.

요구사항 고객관계의 가치를 계산하시오.

매출액과 EBITDA 추정

구 분	01년	02년	03년	04년	05년
Sales	21,100	27,000	27,500	29,000	31,000
이탈률	95.0%	90.3%	85.7%	81.5%	77.4%
고객 관련 매출	20,045	24,368	23,578	23,621	23,987
영업비용	12,045	13,868	14,078	14,121	14,187
EBITDA	8,000	10,500	9,500	9,500	9,800
EBITDA Margin	39.91%	43.09%	40.29%	40.22%	40.86%

고객이탈률을 반영한 매출액과 EBITDA 추정 과정은 다음과 같다.

① 잔존 고객의 추정
- 매년 5%의 고객들이 이탈된다고 가정하였으므로, 01년에는 95%의 기존 고객만 잔존한다.
- 02년에는 01년에 잔존한 95%의 고객 중 5%의 고객이 다시 이탈하게 되므로, 잔존율은 90.3%(= 95% × 95%)로 계산된다.

② 고객 관련 매출의 계산
- 전체 추정된 매출액에 기존 고객 중 잔존하는 고객의 비율을 곱하여 고객 관련 매출을 계산한다.

③ 영업비용의 추정
- 고객 관련 매출에 대응하는 비용을 추정한다.

④ EBITDA 추정
- 고객 관련 매출에서 영업비용을 차감한 EBITDA를 추정하고 Margin을 계산한다.

좀 더 정교하게 계산하기 위해서는 고객이 지속적으로 이탈하여 00년 말에 잔존하는 고객들이 5%에 미달하는 시점까지 추정을 지속하는 것이 바람직할 것이나, 본 예제에서는 편의상 05년 이후에는 이탈하지 않고 관계가 안정되게 지속됨을 가정하였다.

현금흐름의 현재가치

구 분	01년	02년	03년	04년	05년
고객 관련 매출	20,045	24,368	23,578	23,621	23,987
EBITDA	8,000	10,500	9,500	9,500	9,800
기여 자산의 원가					
고정자산	3,007	3,655	3,537	3,543	3,598
순운전자본	200	244	236	236	240
브랜드	401	487	472	472	480
집합적 노동력	1,203	1,462	1,415	1,417	1,439
기술	1,604	1,949	1,886	1,890	1,919
총 기여자산의 원가	6,414	7,798	7,545	7,559	7,676
현금흐름					
세전 현금흐름	1,586	2,702	1,955	1,941	2,124
법인세비용(24.2%)	384	654	473	470	514
세후 현금흐름	1,202	2,048	1,482	1,471	1,610
현재가치					
현가계수	0.8475	0.7182	0.6086	0.5158	0.4371
현금흐름의 현재가치	1,019	1,471	902	759	704

고객관계의 가치 산정 과정은 다음과 같다.

① 기여자산의 원가 계산

- 기여자산을 구성하는 항목별 비용은 해당 연도 매출액에 각 요소의 비율을 곱하여 계산한다.
- 예를 들어 Fixed assets, Working Capital, Trademarks, Assembled workforce, Technology의 원가는 02년 매출액 24,368원에 각각 15.0%, 1.0%, 2.0%, 6.0%, 8.0%를 곱하여 계산한다.

② 법인세 전 고객관계의 가치 계산

- EBITDA에서 고객관계를 제외한 기여자산의 원가를 차감하면 고객관계의 가치가 계산된다.

- 예를 들어 02년에 추정된 EBITDA 10,500원에서 기여원가의 합계 7,798원을 차감하면, Pre-tax flows는 2,702원으로 산출된다.

③ 고객관계의 현재가치 계산

- 세전 현금흐름에 법인세율을 곱한 후 현가계수를 고려하면 고객관계의 현재가치가 계산된다.
- 예를 들어 02년의 Pre-tax cash flows에 법인세율을 고려하면 2,048원(= 2,702원 - 2,702원 × 24.2%)이 계산되며, 동 금액에 현재가치 계수인 0.7182를 곱하면 1,471원이 계산된다.

고객관계의 가치

구 분	금 액
현금흐름의 현재가치(01~05년)	4,854
영구가치의 현재가치	1,709
합 계	6,563
상각절세효과	1,171
고객관계의 공정가치	7,734

상기 표의 내용은 다음과 같다.

① 추정 사업기간의 가치 : 01년부터 05년까지의 현재가치 4,854원

② 영구가치 계산 : 06년 이후에 발생할 영구현금흐름의 현재가치 1,709원

③ 상각절세효과를 고려하기 이전의 고객관계의 가치 : 4,854원 + 1,709원 = 6,563원

④ 상각절세효과 : 1,171원

⑤ 고객관계의 가치 : 6,563원 + 1,171원 = 7,734원

9. 집합적 노동력의 평가 사례

직원 자체는 기업이 지배력을 가질 수 있는 대상이 아니므로, 기업은 직접 숙련된 직원들로부터 창출되는 미래의 경제적인 효익에 대한 통제력을 가지고 있다고 보기 어렵다. 따라서 기업회계기준서는 집합적 노동력(Assembled workforce)이 영업권과는 별개로 인식할 수 있는 무형자산에 해당하지 않는다고 언급하고 있다. 그러나 고객관계의 가치를 평가하거나 영업권의 가치를 측정하는 하나의 지표로서 집합적 노동력은 매수가격배분 절차 과정에서 고려되고 있으므로 그 가치를 평가할 수 있어야 한다.

집합적 노동력에 대한 가치는 현재 임직원을 모두 신규 채용하였을 경우에 발생되는 기회비용이 얼마냐라는 관점에서 측정되므로 주로 원가 접근법이 적용된다. 먼저 신규 채용한 임직원은 현재 임직원에 비해 생산력이 떨어질 것이므로 추정되는 1인당 생산성손실(Productivity Loss)을 추정하게 되는데, 생산성 손실은 현재 보유한 생산력이 극대화되는 시점까지의 기간 동안에 발생할 고용비용을 곱하여 계산한다.

> 1인당 생산성 손실 = 1인당 평균 보상비용(월) × (1 − 채용 시점의 생산력) × 100% 생산력에 도달하기까지의 기간

그리고 재고용비용은 생산성 손실과 신규 채용에 소요되는 1인당 채용 비용과 생산력을 달성하기까지 소요되는 교육훈련비를 가산하여 계산한다.

> 재고용비용 = 인원 수 × (생산성 손실 + 채용 비용 + 교육비)

예제 4

- P사(인수자)는 01년 초를 평가기준일로 하여 S사에 대하여 기업실사를 진행하고 있음.
- S사 인수 과정에서 S사의 집합적 노동력의 가치를 산정하고자 함.
- 평가에 활용된 방법은 원가 접근법임.
- 집합적 노동력의 가치를 산정하기 위하여 1인당 평균 고용비용, 채용비용, 교육비용 및 생산성 손실을 추정함.
- 신규 직원이 채용되어 업무에 투입되는 시점의 생산력은 교육 훈련을 통하여 업무에 익숙해져 극대화된 생산력의 10%라고 가정함.
- 채용 이후 극대화된 생산력에 도달하기까지의 예상 소요시간은 HR 및 경영진과의 인터뷰를 통하여 결정함.
- 조사 결과 분석된 자료는 다음과 같음.

구 분	인원수	월별 보상비용	채용비용	교육훈련비	극대화 시점(월)
연구개발부	4,000	5.5	0.4	1.4	24
제조본부	13,000	3.9	0.2	0.4	18
관리본부	1,000	5.4	0.4	1.3	12
마케팅본부	500	5.5	0.4	1.4	12
품질관리본부	600	3.9	0.3	1.4	12
기타	600	3.0	0.2	1.0	6

- 할인율은 S사의 가중평균자본비용에 Risk premium 3%를 가산하여 18%로 결정함.
- 집합적 노동력에 대한 가치는 세법상 5년 상각을 가정함.
- 적용되는 법인세율은 24.2%임.

요구사항 집합적 노동력의 가치를 계산하시오.

총재고용비용

구 분	인원수	1인당 평균 원가			채용시점 생산력	100% 생산력 시점	생산성 손실	총재고용 비용
		보상비용(월)	채용비용	교육훈련비				
연구개발부서	4,000	5.5	0.4	1.4	10%	24	118.8	482,400
제조본부	13,000	3.9	0.2	0.4	10%	18	63.2	829,140
관리본부	1,000	5.4	0.4	1.3	10%	12	58.3	60,020
마케팅본부	500	5.5	0.4	1.4	10%	12	59.4	30,600
품질관리본부	600	3.9	0.3	1.4	10%	12	42.1	26,292
기타	600	3.0	0.2	1.0	10%	6	16.2	10,440
합 계	19,700							1,438,892

항목별 세부 계산 과정은 다음과 같다.

① 생산성 손실(Lost Productivity)

- 신규 채용한 직원이 생산력을 극대화하는 시점까지 발생할 것으로 예상되는 기회비용
- 생산성 손실 = 1인당 평균 보상비용(월) × (1 − 채용 시점의 생산력) × 100% 생산력에 도달하기까지의 기간
- 제조본부의 생산성손실(예시) = 3.9 × 90% × 18개월 = 63.18

② 총재고용비용

- 신규 채용을 통하여 현재 생산능력을 갖추는데 발생되는 기회비용
- 재고용비용 = 인원 수 × (생산성 손실 + 채용 비용 + 교육비)
- 제조본부의 재고용비용(예시) = 13,000명 × (63.18 + 0.2 + 0.4) = 829,140

집합적 노동력의 가치

구 분	금 액
세전 가치	1,438,892
법인세효과	(348,212)
세후 가치	1,090,680
상각절세효과(TAB)	194,522
집합적 노동력의 공정가치	1,285,202

각 항목별 내용은 다음과 같다.

① 세전 가치 : 부서별 총재고용비용의 합계 금액

② 세후 가치 : 총재고용비용으로 인한 현금흐름에 법인세효과 24.2%를 차감한 금액

③ 상각절세효과 : 공식에 따라 산출된 금액

④ 집합적 노동력의 공정가치 = 세후 가치 + 상각절세효과

앞서 언급하였듯이 집합적 노동력의 가치는 무형자산의 요건을 만족하지 못하므로 매수가격배분 절차를 통하여 장부에 반영하지는 않는다. 그러나 집합적 노동력은 영업권의 한 구성요소로서 평가될 수 있으므로 가치 산정은 의미가 있다고 하겠다.

종속기업의 순자산 변동과 연결자본변동표

연결회계상 종속기업에 대한 평가과정은 다음과 같다.

① 지배력 획득시 연결 관점의 순자산 확정(기준점)

② 순자산 변동 요인 파악 및 변동 금액에 대한 지분 평가(변동 금액에 대한 권리 분석)

③ 지배기업 지분은 계정과목별로 인식하고, 비지배주주는 비지배지분이라는 단일 계정 과목으로 표시

지배력 획득시 측정하였던 연결 관점의 순자산과 그 변동 금액은 그 효익이 누구에게 귀속되는지에 따라 지배기업이나 비지배주주에게 귀속된다. 본 장에서는 종속기업의 순자산이 변동하는 다양한 원인을 소개하고, 이러한 변동이 지배기업이나 비지배주주의 지분액에 미치는 영향에 대하여 살펴본다.

✓ 종속기업의 순자산 변동이 연결 자본에 미치는 영향

✓ 기타자본 항목의 분석과 관리

✓ 연결자본변동표의 작성

제 1 절 연결회계에서의 '순자산 및 순자산 변동'의 의미

지분 평가는 종속기업의 순자산 금액과 그 변동에 관한 자료를 토대로 이루어진다. 여기서 순자산 금액은 종속기업의 별도재무제표상 자본이 아니라 **연결 관점에서 파악되는 순자산 금액**인데, 본 절에서는 '순자산 및 그 변동'의 의미에 대하여 살펴본다.

1. 평가 기준

순자산 변동이 지분법이나 연결회계에 미치는 영향을 분석하려면 먼저 그 변동 금액을 측정할 수 있는 기준점에 대한 명확한 정의가 필요하다. 지배력을 취득한 이후 종속기업이 10,000원의 순이익과 120,000원의 순자산 금액을 보고하였다고 하더라도, 연결 관점의 기준 금액이 정의되지 않는다면 변동 금액을 정확하게 측정할 수 없기 때문이다.

부분영업권 전제하에 종속기업의 순자산이 변동할 때 그 변동 금액을 측정하는 기준점은 다음과 같다.[76]

연결회계의 평가 기준점

- 지배기업 : 지배력을 획득하는 시점의 (연결 관점의) 순자산 × 지분율 + 영업권
- 비지배지분 : 지배력을 획득하는 시점의 (연결 관점의) 순자산 × (1 - 지분율)

지배력을 획득하는 시점에 종속기업의 재무제표에 표시된 자본(자본금, 자본잉여금, 이익잉여금 및 기타포괄손익 등)의 구성은 상이하다. 그러나 **연결 관점에서 지배력 획득일 현재 순자산 공정가치의 구성 요소는 별도로 구분하지 않으므로, 자본 내 계정과목은 아무런 의미가 없다.** 중요한 것은 **'지배력 획득일 당시에 측정하였던 연결 관점에서의 사업가치(순자산 공정가치)가 왜 변동하였으며, 어떻게 연결회계에 반영할 것인가?'**이다.

76) 영업권이 존재하는 경우 지배기업과 비지배주주의 평가 기준점은 서로 상이하나, 편의상 별도의 구분 없이 연결 관점의 순자산 금액(순자산 공정가치)을 측정의 기준점으로 표현하고자 한다.

예제 1

- P사는 S사와 T사 중 하나의 기업을 선택하여 100% 지배력을 획득하고자 함.
- S사와 T사의 사업과 자산·부채는 동일하게 구성되어 있음.
- S사와 T사의 자산의 공정가치 차액은 20,000원이며, 영업권은 30,000원으로 평가됨.
- S사의 자본은 자본금 100,000원과 이월결손금 20,000원으로 구성되어 있음.
- T사의 자본은 자본금 50,000원과 이익잉여금 30,000원으로 구성되어 있음.

요구사항

P사는 어떤 기업을 선택할 것이며, 연결재무제표에 미치는 차이점은 무엇인가?

S사와 T사의 자본 구성 내역은 상이하지만 연결 관점에서 S사와 T사의 가치는 110,000원(= 80,000원 + 20,000원 + 10,000원)으로 동일하다. 즉, S사와 T사의 자본 구성 항목과 관계없이 동일한 가치로 평가된다.

(차변)	자본 항목(S사 또는 T사)	80,000	(대변)	종속기업투자	130,000
	자산(FV차액)	20,000			
	영업권	30,000			

연결 관점에서 **지배력 획득은 종속기업이 보유하고 있는 자산과 부채를 공정가치로 취득**함을 의미한다. **정확하게 표현하면 연결회계상 지배력을 획득한 시점에는 자산의 공정가치와 부채의 공정가치만 정의될 뿐 그로 인한 자본 항목은 인식되지 않는다.** 이러한 이유로 지배력 획득일 현재 종속기업의 자본 항목은 연결회계에 전혀 영향을 미치지 않는다. 취득 시 종속기업의 자본 항목은 연결조정으로 모두 제거됨을 상기한다면, 종속기업의 자본구성은 연결재무제표에 아무런 영향을 미치지 않음을 확인할 수 있다.

종속기업의 자본 항목이 연결결산에 미치는 영향

실무상 지분 평가 시 먼저 종속기업의 자본 항목이 전기 대비 얼마만큼 변동했는지 파악하게 된다. 사업결합 관점의 재무제표가 주어지지 않기 때문에 종속기업의 자본 항목을 간접적으로 분석하는 것이다. 이렇게 간접적인 접근 방법을 취하다 보니 종속기업의 자본 항목이 어떠한 의미가 있는 것처럼 착각하기 쉽다.
그러나 **연결 관점에서 종속기업의 자본은 없고, 사업결합 시 인식한 자산과 부채의 변동만 인식된다.** 그리고 **그 변동 금액에 대한 원인을 파악**하여 지배기업과 비지배주주에게 **배분**하여 지분 평가에 반영하게 된다.

2. 기타포괄손익

(1) 기타포괄손익의 성격

자본 거래로 발생한 손익은 자본잉여금에 반영하며 영업활동으로 창출된 손익은 이익잉여금에 반영하는 것이 기본 틀이다. 그런데 자본잉여금 또는 이익잉여금에 반영하려면 관련 거래가 회계적으로 종결되었음이 전제되어야 한다. 그러나 일부 거래의 경우 결산 시점까지 종결되지 않고 Open된 상태로 있다가 결산 이후에 Closing 되는 경우가 있다. 이러한 거래들은 결산시점에 기타포괄손익이나 자본조정 등에 임시로 저장하다가 사건이 종결되면 자본잉여금이나 이익잉여금으로 대체된다.

연결회계나 지분법에서 기술적으로 가장 큰 어려움을 주는 자본 항목은 기타포괄손익과 자본조정이다. 이익잉여금은 별도의 꼬리표가 없기 때문에 일단 재무제표에 인식하고 나면 그 이전에 존재하였던 이익잉여금과 동일한 성격으로 간주되어 별도로 구분하지 않는다. 예를 들어 배당을 실시할 경우 그 배당금의 재원이 01년의 이익으로 발생한 이익잉여금인지 02년의 이익으로 발생한 이익잉여금인지 구분하지 않으며 그 구분의 실익도 없다.

그러나 기타포괄손익 등의 변동은 그 변동의 원인이 공정가치측정금융자산에 의한 것인지 해외사업환산차이에 의한 것인지 별도로 관리해야 하며, 각각의 항목별로 발생시점부터 소멸시점까지의 History를 정확하게 관리하여야 착오 없이 연결회계나 지분법에 반영할 수 있다.

이렇듯 **기타포괄손익과 자본조정 등은 이익잉여금이나 자본잉여금과 달리 임시계정이라는 특성**이 있으므로, 그 **발생원인과 변동 금액에 대하여 체계적인 관리**를 수행해야 결산 이후에 거래나 평가가 종결될 경우 적절하게 자본잉여금이나 이익잉여금으로 대체할 수 있다.

예제 2

- S사는 01년 초에 10,000원을 지급하고 공정가치측정금융자산을 취득함.
- 01년 말 현재 공정가치측정금융자산의 공정가치는 12,000원임.
- S사는 공정가치측정금융자산에 대한 평가손익을 기타포괄손익으로 처리하다가, 처분하는 시점에 이익잉여금으로 대체함.
- S사는 02년 중에 해당 금융자산을 13,000원에 처분함.
- S사에게 적용되는 법인세율은 30%임.

요구사항 공정가치측정금융자산에 대한 평가가 재무제표에 미치는 영향을 분석하시오.

S사는 01년 결산 시 공정가치측정금융자산에 대한 평가손익 2,000원을 기타포괄손익으로 기록하다가, 02년 결산 시에 이익잉여금으로 대체한다. 법인세효과를 고려하면 01년 말에 인식되는 평가손익은 1,400원이며, 이연법인세부채는 600원으로 계산된다. 처분되는 시점에서야 금융자산에 대한 회계적 사건이 종결되므로 02년에 기타포괄손익에 임시로 저장했던 금액과 이연법인세부채가 제거된다.

이와 같이 기타포괄손익의 발생과 변동은 여러 계정과목에 지속적으로 영향을 미치기 때문에 정확하게 기록하지 않으면, 기타포괄손익과 법인세효과를 정확하게 산정하는데 혼란을 야기할 수 있다. 따라서 기타포괄손익을 발생시킨 회계적 사건이 종결될 때까지 취득금액, 연도별 변동금액, 법인세효과를 구분하고 관리해야 한다.

회계처리

- 01년 평가

(차변)	공정가치측정금융자산	2,000	(대변)	금융자산평가이익(OCI)	1,400
				이연법인세부채	600

- 02년 평가

(차변)	공정가치측정금융자산	1,000	(대변)	금융자산평가이익(OCI)	700
				이연법인세부채	300

• 02년 처분

(차변)	현금	13,000	(대변)	공정가치측정금융자산	13,000
	금융자산평가이익	2,100		이익잉여금	3,000
	이연법인세부채	900			

• 02년 법인세 납부

(차변)	이익잉여금(법인세비용)	900	(대변)	현금	900

(2) 기타포괄손익의 재귀속

지배력에 영향을 미치지 않는 지분율의 변동이 발생하면 기타포괄손익누계액에 대한 지분액을 결산일의 지분율에 해당하는 금액으로 변경시켜 주어야 하는데, 이를 기타포괄손익누계액의 재귀속이라고 한다(K-IFRS 제1021호 48C).

다음 예제를 통하여 재귀속의 의미를 살펴보자.

예제 3

1. S사 주식의 취득과 처분
   • P사는 01년 초 80,000원을 지급하고 S사 주식을 80% 취득하여 지배력을 획득함.
   • 지배력 획득 시점에 S사는 자본금 50,000원과 이익잉여금은 50,000으로 구성되어 있음.
   • 지배력 획득 시점에 S사는 공정가치측정금융자산 10,000원과 토지 90,000원으로 구성되어 있음.
   • 지배력 획득 시점에 S사 자산·부채의 공정가치는 장부금액과 일치함.
   • P사의 01년 초 자본은 자본금 100,000원과 이익잉여금 100,000원으로 구성되어 있음.
   • P사는 02년 초 S사 주식 20%를 30,000원에 처분하고, 10,000원의 처분이익을 인식함.

2. S사의 순자산 변동
   • S사는 00년 초 공정가치측정금융자산을 10,000원에 취득함.
   • 동 금융자산 이외 01년과 02년 중 S사의 순자산 변동은 없음.
   • 동 금융자산의 01년 초, 01년 말, 02년 말의 공정가치는 각각 10,000원, 15,000원, 18,000원임.
   • S사는 03년 초에 공정가치측정금융자산을 제3자에게 18,000원에 처분함.
   • 회사는 공정가치 측정 자산의 평가손익을 기타포괄손익누계액으로 분류하고, 처분 시점에는 이익잉여금으로 대체하고 있음.

요구사항 연결재무제표에 표시될 기타포괄손익누계액과 지분거래손익을 계산하시오.

지배력 획득 시점

- 80,000원(지배기업 소유주지분) = 80,000원(순자산 공정가치 지분액) + 0원(영업권)
- 20,000원(비지배지분) = 20,000원(순자산 공정가치 지분액)

별도재무제표상 순자산 금액

구 분	지배력 획득	01년	02년
자본금	50,000	50,000	50,000
이익잉여금	50,000	50,000	50,000
금융자산평가이익	–	5,000	8,000
합 계	100,000	105,000	108,000

연결 관점의 순자산

구 분	지배력 획득	01년	02년
기준 금액	100,000	100,000	100,000
금융자산평가이익	–	5,000	8,000
합 계	100,000	105,000	108,000

기타포괄손익의 재귀속

구 분	변동	P사		비지배지분	
		기타포괄손익	이익잉여금	기타포괄손익	이익잉여금
취득 시점		–	–	–	–
순자산 변동	5,000	4,000 (= 5,000 × 80%)		1,000 (= 5,000 × 20%)	
01년 말		4,000	–	1,000	–
지분율 변동	**재귀속**	**(1,000)**	1,000	1,000	**(1,000)**
순자산 변동	3,000	1,800 (= 3,000 × 60%)		1,200 (= 3,000 × 40%)	
02년 말		4,800	1,000	3,200	(1,000)
순자산 변동		(4,800)	4,800	(3,200)	3,200
03년 말		–	5,800	–	2,200

상기 표에서 보듯이 02년 초에 금융자산평가이익원은 변동된 지분율에 해당하는 3,000원(= 5,000원 × 60%)으로 조정된다. 그리고 02년 말 연결재무제표에는 결산일 현재 지분율에 해당하는 4,000원만 나타난다. 요약하면 **연결재무제표에 표시되는 기타포괄손익은 항상 결산일의 지분율에 대응되는 금액**이다.

재귀속 회계처리

• 기타포괄손익의 재귀속(①)

(차변)	금융자산평가이익 (지배기업지분)	1,000	(대변)	비지배지분 (금융자산평가이익)	1,000

(*) 5,000원 × 60% − 5,000원 × 80%

• 이익잉여금의 재귀속(②)

(차변)	비지배지분(이익잉여금)	1,000	(대변)	이익잉여금(지배기업 지분)	1,000

• 비지배지분은 단일계정으로 표시되므로 ①과 ②를 결합하면 다음과 같다.[77)]

(차변)	금융자산평가이익	1,000	(대변)	이익잉여금	1,000

지분거래손익

구 분	P사	비지배주주
유상증자 전 지분액	84,000 (= 105,000 × 80%)	21,000 (= 105,000 × 20%)
유상증자 후 지분액	63,000 (= 105,000 × 60%)	42,000 (= 105,000 × 40%)
지분액 변동	(−)21,000 (= 84,000 − 63,000)	21,000 (= 21,000 − 42,000)
회수(투자) 금액	30,000	(−)30,000
지분거래손익	9,000	(−)9,000

(*) P사의 별도재무제표상 처분손익 = 30,000원 − 20,000원(= 80,000원 ÷ 20% × 80%) = 10,000원

77) 일부 기타포괄손익의 재귀속이 발생하면 자본잉여금으로 분류해야 한다는 의견도 있다. 그러나 기타포괄손익누계액의 성격이 미실현손익이라는 점을 감안하면 이익잉여금으로 재분류하는 것이 보다 적절하다고 판단된다.

연결 관점의 회계처리

• 01년 평가

(차변) 공정가치측정금융자산	5,000	(대변)	금융자산평가이익	4,000
			비지배지분	1,000

• 02년 지분변동(지분거래손익과 재귀속)

(차변) 현금	30,000	(대변)	비지배지분	21,000
			자본잉여금(자본조정)	9,000
(차변) 금융자산평가이익	1,000	(대변)	이익잉여금	1,000

• 02년 평가

(차변) 공정가치측정금융자산	3,000	(대변)	금융자산평가이익	1,800
			비지배지분	1,200

연결조정

02년 연결조정

1단계 : 순자산조정			
종속기업 자본 항목(S)	108,000	S사 주식	60,000
이익잉여금(P사 별도)	10,000	금융자산평가이익	4,800
		이익잉여금(재귀속 효과)	1,000
		비지배지분	43,200
		자본잉여금(지분거래손익)	9,000
2단계 : 순이익조정			
S사 주식 처분이익(P사 별도)	10,000	이익잉여금	10,000

상기 연결조정의 세부 내용은 다음과 같다.

① 결산일 현재 S사의 자본 항목과 단순합산재무제표에 표시된 S사 주식 제거

② P사의 별도재무제표에 인식된 S사 주식 처분이익(당기손익과 이익잉여금)의 제거

③ 지배력 획득일 이후 P사의 지분액(평가이익) 4,800원 인식

④ 기타포괄손익의 재귀속에 따른 이익잉여금 증가액 1,000원 인식

⑤ 지분거래손익(자본손익) 인식

⑥ 결산일 현재 비지배지분 인식

요약 연결자본변동표

구 분	자본금	자본잉여금	기타포괄손익	이익잉여금	비지배지분	합 계
01년 초	100,000	–	–	100,000	–	200,000
종속기업 취득					20,000	20,000
금융자산 평가			4,000		1,000	5,000
01년 말	100,000	–	4,000	100,000	21,000	225,000
금융자산 평가			1,800		1,200	3,000
지분거래					30,000	30,000
지분거래손익		9,000			(–)9,000	–
기타포괄손익 재귀속			(–)1,000	1,000		–
02년 말	100,000	9,000	4,800	101,000	43,200	258,000
금융자산 처분(*)			(–)4,800	4,800	–	–
03년 말	100,000	9,000	–	105,800	43,200	258,000

(*) 금융자산 처분 시 비지배지분 변동 = 기타포괄손익 (–)3,200원 + 이익잉여금 3,200원

제 2 절 종속기업의 자본금 변동

지배력 획득 이후에 종속기업이 유상증(감)자, 무상증(감)자 및 주식배당(이하 증자 등)을 실시하면 지배기업의 지분율은 변동하게 된다. 지분율이 변동하게 되면 종속기업주식을 취득하거나 처분하는 것과 동일한 효과가 발생하므로, 종속기업의 자본금이 변동되면 지배력에 대한 영향과 지분거래손익에 대한 분석이 필요하다.

1. 유상증자 및 유상감자

(1) 지분거래손익

종속기업이 균등 유상증자를 실시하여 종속기업의 모든 주주가 기존 지분율에 비례하여 새로운 주식을 교부받는다면, 증자 전 · 후 종속기업에 대한 지배기업과 비지배주주의 지분율은 변동하지 않는다. 그러나 불균등 유상증자를 실시하면 지분율이 변동되어 지분거래손익이 발생하는데, 지분거래손익은 다음과 같이 계산된다.

① 지분율 변동 전 종속기업 순자산[78]에 대한 지분액

② 지분율 변동 후 종속기업 순자산에 대한 지분액

③ 순자산에 대한 지분액 변동 = ② - ①

④ 투자금액(또는 환급액)

⑤ 지분거래손익 = ③ - ④

예제 4

- P사의 S사에 대한 지분율은 90%임.
- 증자 전 S사의 순자산 금액과 발행주식수는 각각 100,000원과 1,000주임.
- 1주당 증자 금액과 증자로 증가한 주식수는 각각 200원과 500주임.
- 증자 후 S사의 순자산 금액은 200,000원(= 100,000원 + 500주 × 200원)임.

요구사항

1. P사가 증자에 참여하지 않을 경우 지분거래손익을 계산하시오.

78) 본 산식에서의 순자산은 재무제표상 자본 총계가 아닌 연결 관점의 순자산이다. 본서에서 설명하고 있는 지분 평가 과정에서의 순자산은 별도의 언급이 없다면 연결 관점의 순자산 금액을 전제하고 있다.

2. 모든 주주가 비례적으로 증자에 참여한 이후, P사가 450주를 주당 200원에 처분할 경우 연결 자본에 미치는 영향은 무엇인가?

P사가 증자에 참여하지 않을 경우

• 지분거래손익

구 분	P사	비지배주주
유상증자 전 지분액	90,000 (= 100,000 × 90%)	10,000 (= 100,000 × 10%)
유상증자 후 지분액	120,000 (= 200,000 × 60%)	80,000 (= 200,000 × 40%)
지분액 변동	30,000 (= 120,000 − 90,000)	70,000 (= 80,000 − 10,000)
회수(투자) 금액	−	(−)100,000
지분거래손익	30,000	(−)30,000

• 연결 관점의 회계처리

(차변) 현금	100,000	(대변) 비지배지분	70,000
		자본잉여금(자본조정)	30,000

비례적으로 증자에 참여할 경우

모든 주주가 비례적으로 증자에 참여하면 지분율은 변동하지 않는다. 그리고 지배기업이 참여하는 증자 금액은 내부 거래에 해당하므로 연결자본의 증가를 가져오지 않는다. 따라서 비지배지분의 증자 금액만이 연결자 회계처리에 반영된다.

(차변) 현금	10,000	(대변) 비지배지분(*)	10,000

(*) 비지배지분 = 200,000원 × 10% − 100,000원 × 10%

주식을 처분할 경우

만일 P사가 균등 유상증자를 통하여 수령한 주식을 주당 200원에 비지배주주에게 처분한다면 P사의 지분율은 60%로 하락한다. 그리고 이 과정에서 30,000원의 지분거래손익이 발생하는데, 그 금액은 P사가 유상증자에 참여하지 않는 경우와 동일하다. 이는 **불균등 유**

상증자가 P사와 비지배주주 간에 주식거래가 발생한 것과 동일한 경제적 효과를 발생시켰음을 의미한다.

(2) 지분거래손익의 원인

앞서 불균등 유상증자는 지배기업과 비지배주주 간에 주식 거래를 실시한 것과 유사한 효과를 가져온다고 하였다. 그렇다면 지분거래손익이 발생하는 원인은 무엇인지 생각해 보자.

〈예제 4〉에서 S사의 1주당 순자산 금액과 1주당 유상증자 금액을 정리하면 다음과 같다.

- 유상증자 전 1주당 순자산 금액 = 100,000원 ÷ 1,000주 = 100원
- 1주당 발행금액 = 200원

P사가 유상증자에 참여하지 않는다면 비지배주주만 주당 순자산 지분액(100원)보다 높은 가격(200원)으로 유상증자에 참여하여, P사가 지분거래이익을 인식하게 된다. 이는 비지배주주가 높은 가격으로 S사 주식을 취득하여 비지배주주의 부(富)가 P사에게 이전된 것으로 해석할 수 있다.

반면, 1주당 증자 금액이 50원이었다면 P사는 5,000원의 지분거래손실을 인식하게 된다. 그 이유는 P사가 낮은 가격으로 주식을 취득할 수 있는 권리를 포기하여, P사의 부(富)가 비지배주주에게 이전되기 때문이다.

연결 관점에서는 주당 순자산 금액을 측정치로 하여 지분거래손익을 산출하고 있는데, 주식시장에서는 주당 순자산 금액뿐만 아니라 향후 기업의 성장성 및 영업이익률 등을 고려하여 주식가치가 결정된다. 따라서 불균등 유상증자를 통해 주식가치보다 낮은 금액으로 발행된 주식을 특수관계자에게 부여한다면, 불균등 유상증자로 인하여 소액주주의 부(富)가 특수관계자에게 이전되는 결과가 나타난다.

(3) 차등발행

지금까지 1주당 증자 금액이 동일한 것으로 가정하였는데, 1주당 발행 금액이 상이할 경우에도 지분거래손익이 발생할 수 있다.

예를 들어 지배기업이 우수한 연구자나 뛰어난 경영자를 종속기업의 주주로서 참여시켜 종속기업의 발전을 도모하면서 증자 금액을 낮은 가격으로 책정할 수 있다. 차등발행이 이루어지면 지분율이 변동하지 않더라도 낮은 금액에 증자에 참여한 비지배주주(연구자들)에게 지배기업의 부(富)를 이전한 효과가 발생하여 지분거래손익이 발생한다.

예제 5

- P사의 S사에 대한 지분율은 60%임.
- 증자 전 S사의 순자산 금액과 발행주식수는 각각 100,000원과 1,000주임.
- 유상증자에 모든 주주가 비례적으로 참여함.
- P사는 1주당 200원에 300주를 취득하였으며, 기타주주는 각각 1주당 100원에 200주를 취득함.
- 증자 후 S사의 순자산 금액은 180,000원(= 100,000원 + 300주 × 200원 + 200주 × 100원)임.

요구사항 지분거래손익을 계산하시오.

지분거래손익

구 분	P사	비지배주주
유상증자 후 지분액	108,000 (= 180,000 × 60%)	72,000 (= 180,000 × 40%)
유상증자 전 지분액	60,000 (= 100,000 × 60%)	40,000 (= 200,000 × 40%)
지분액 변동	48,000	32,000
회수(투자) 금액	(−)60,000 (= 300주 × 200)	(−)20,000 (= 200주 × 100)
지분거래손익	(−)12,000	12,000

연결 관점의 회계처리

(차변)	현금(*1)	20,000	(대변) 비지배지분(*2)	32,000
	자본조정(자본잉여금)	12,000		

(*1) 현금 = 200주 × 100원

(*2) 비지배지분 = 180,000원 × 40% − 100,000원 × 40%

(4) 유상감자

지금까지 유상증자를 예로 들었으나, 유상감자 과정에서도 동일한 현상이 발생한다. 예를 들어 1주당 순자산금액이 200원인 종속기업이 주당 250원을 주고 감자를 실시한다고 가정해 보자. 이 경우 지배기업이 감자에 참여하지 않으면 지분율은 높아질 것이나 지분거래손실이 발생한다. 그 이유는 순자산 지분액보다 높은 투자금액을 환급받을 수 있는 기회를

포기하기 때문이다. 반면, 종속기업이 주당 순자산 지분액보다 낮은 150원에 유상감자를 실시한다면 유상감자에 참여하지 않는 것이 지배기업의 부(富)에 유리한 결과를 가져온다.

2. 주식배당과 무상증자 등

주식배당은 주주에게 주식을 분배함으로써 주주의 배당욕구를 충족시키지만, 실질적으로는 이익잉여금을 자본화하기 위한 목적으로 이루어진다. 주식배당이 실시되더라도 단순히 발행주식수만 증가하고 순자산의 변동은 없으므로, 주식배당 효과는 결국 자본 항목의 재분류에 불과하다. 따라서 주주 관점에서는 주식배당을 통하여 주식수가 증가하더라도 지분율이나 부(富)에는 변동이 발생하지 않는다.[79)]

무상증자도 이익잉여금 등을 영구적으로 자본화한다는 관점에서는 주식배당과 경제적 실질이 동일하다. 자본금은 증가하지만 동일한 금액의 이익잉여금이 감소하여 순자산 총액은 변동하지 않는다. 따라서 주주에게 유입되는 경제적 이익도 없다.[80)]

주식배당과 무상증자 이외에 자본총액에는 영향을 미치지 않으면서 단순하게 자본 항목의 재분류만 가져오는 회계처리로는 결손보전과 무상감자 등이 있다.

① 결손보전 : 이월결손금과 임의적립금, 기타법정적립금, 이익준비금 및 자본잉여금을 상계(결손보전)하더라도, 자본 총액은 변하지 않고 주주의 지분율이나 부(富)에는 아무런 영향을 미치지 않는다.[81)]

② 무상감자 : 주주에게 순자산을 반환하지 않고 기업의 결손을 보전하기 위한 목적으로 재무제표상의 자본금을 감소시키는 것을 무상감자라 한다. 무상감자는 실질적 감자(유상감자)가 아닌 명목적 감자라고도 하며, 주주의 지분율이나 부(富)에는 아무런 영향을 미치지 않는다.[82)]

---

79) 별도재무제표에서 종속기업주식을 원가법 투자주식에 준하여 평가하는 경우 원가법하에서 배당금수익은 주식 취득 후 증가한 이익잉여금에서 받은 분배금만을 수익으로 한다. 따라서 지배기업은 주식배당을 수익으로 인식하지 않는 것이 합리적이다(K-IFRS 제1027호 BC14).

80) 주식배당과 무상증자의 경제적 실질은 동일하나, 단지 자본금에 전입되는 재원에는 차이가 있다. 주식배당은 배당형식이므로 임의적립금과 이월이익잉여금을 재원으로 하나, 무상증자는 배당형식을 통하지 않고 자본잉여금이나 법정이익잉여금(이익준비금 및 기타법정적립금)을 재원으로 자본에 전입하고 주식을 교부한다.

81) K-IFRS는 결손처리 순서에 대한 규정이 없으며, 일반기업회계기준과 상법도 개정됨에 따라 관련 규정이 삭제된 상태이다(일반기업회계기준 제2장 실무 2.18, 상법 제460조).

82) 무상감자를 실시하면 자본감자액이 이월결손금에서 우선적으로 차감되는데, 자본감자액이 이월결손금을 초과하면 그 초과액을 감자차익으로 표시한다.

지금까지 살펴본 주식배당이나 무상증자 등은 자본 항목의 재분류만 가져올 뿐 기업의 순자산에는 아무런 영향을 가져오지 않는다. 기술적인 관점에서 연결조정을 통하여 종속기업의 자본 항목이 모두 제거됨을 상기하면, 주식배당 등은 연결회계에 아무런 영향이 없음을 짐작할 수 있다.

3. 주식발행비

주식발행비는 주식 발행과 관련하여 직접적으로 발생하는 비용으로서, 주주모집을 위한 광고비, 인쇄비, 금융기관 수수료 등이 있다. 주식발행비는 자본을 조달하는 과정에서 발생한 것이며, 주식발행비가 발생하면 기업에 유입되는 실제 자금 조달 금액은 감소하므로 당기손익이 아닌 자본잉여금에서 차감한다.

종속기업이 유상증자를 하는 과정에서 발생된 주식발행비가 연결회계에 미치는 영향에 대하여 생각해 보자.

종속기업의 유상증자에 **지배기업이 투자한 금액은 연결실체의 순자산 증가를 가져오지 않는 내부 자금거래**에 불과하다. 연결실체 입장에서 순자산의 증가를 가져오는 유상증자는 연결실체의 외부로부터 유입된 자금, 즉 비지배주주의 투자 금액에 한정되기 때문이다. 따라서 지배기업이 증자하는 과정에서 발생된 주식발행비는 내부거래 과정에서 지출된 수수료로 보아 당기손익으로 처리하는 것이 합리적이다.

예제 6

- P사의 S사에 대한 지분율은 60%임.
- 증자 전 S사의 순자산 금액은 100,000원임.
- 유상증자에 모든 주주가 비례적으로 참여함.
- 유상증자로 S사의 자본금, 자본잉여금 및 주식발행비는 각각 40,000원, 60,000원 및 10,000원 증가함.

요구사항 유상증자가 연결당기순이익과 연결자본변동표에 미치는 영향은 무엇인가?

주식발행비가 미치는 영향

- 지배기업 소유주지분 = (－)6,000원(비용)
- 비지배지분 = (－)4,000원(자본)

요약 연결자본변동표

구 분	자본금	자본잉여금	이익잉여금	비지배지분	합 계
종속기업의 유상증자				40,000	40,000
주식발행비				(−)4,000	(−)4,000
연결당기순손실(수수료)			(−)6,000		(−)6,000

유상증자 과정에서 발생한 10,000원 중 6,000원은 내부 자금거래를 수행하는 과정에 발생한 것이므로 수수료(당기손익)로 처리하며, 비지배주주로부터 자본을 조달하는 과정에서 발생한 4,000원만 주식발행비(자본손익)로 처리한다.

연결 관점의 회계처리

(차변)	현금	40,000	(대변)	비지배지분	40,000
(차변)	비지배지분	4,000	(대변)	현금	10,000
	지급수수료(PL)	6,000			

(*) 주식발행비와 지급수수료는 지분율에 따라 지배기업 소유주지분과 비지배지분에 안분됨.

사례 1 유상증자 및 유상감자

1 주식 취득

P사는 S사 주식을 01년 초 다음과 같이 취득함.

지분율	60%
취득금액	100,000
취득주식수	600

비지배지분은 식별 가능한 순자산 공정가치에 비례하여 인식함.

한편, 지배력 획득일 현재 S사의 자산 · 부채 장부금액과 공정가치의 차이는 다음과 같음.

구 분	공정가치	장부금액	차 액
유형자산(토지)	100,000	80,000	20,000

2 S사의 자본 변동

(1) 결손보전

S사는 01년 2월 중 자본잉여금을 재원으로 전기에 이월된 20,000원의 결손금을 보전함.

(2) 유상감자

① S사는 01년 말에 발행된 전체 주식수 1,000주 중에서 500주를 주주들에게 비례적으로 주당 200원(1주당 액면금액 : 100원)을 지급하고 감자를 실시함.

② 한편, P사는 300주에 대한 감자대가로 60,000원을 수령함.

(3) 유상증자

① S사는 다음과 같이 유상증자를 실시하였으며, 신주는 전량 P사가 인수함.

구 분	발행주식수	발행금액	액면금액	주식발행비
02년 말	500	400	100	10,000

② S사의 주식발행비에 대한 회계정책은 자본잉여금에서 상계하는 것이며, 만약 자본잉여금이 없는 경우 이익잉여금에서 즉시 상계하는 것임.

3 요약 별도재무제표

	지배기업(P)			종속기업(S)		
	취득	01년	02년	취득	01년	02년
주식S	100,000	40,000	240,000	–	–	–
유형자산	500,000	630,000	510,000	130,000	100,000	320,000
자산계	600,000	670,000	750,000	130,000	100,000	320,000
자본금	500,000	500,000	500,000	100,000	50,000	100,000
자본잉여금	50,000	50,000	50,000	50,000	30,000	170,000
이익잉여금	50,000	120,000	200,000	(20,000)	70,000	100,000
감자차손	–	–	–	–	(50,000)	(50,000)
자본계	600,000	670,000	750,000	130,000	100,000	320,000
수익		450,000	400,000		120,000	100,000
비용		(380,000)	(320,000)		(50,000)	(70,000)
당기순이익		70,000	80,000		70,000	30,000

요구사항 **지배력 획득일과 01년 및 02년의 연결재무제표를 작성하시오.**

해설

Ⅰ. 분석

1. 취득금액의 구성내역

	지배기업	비지배지분
취득금액	100,000	60,000
순자산 지분액	78,000	52,000
토지 FV차액	12,000	8,000
영업권	10,000	

2. 유상감자

(1) 유상감자 회계처리

① S사

(차변)	자본금	50,000	(대변)	현금	100,000
	감자차손	50,000			

② P사

(차변)	현금	60,000	(대변)	주식S	60,000

(2) 순자산 장부금액 변동

	감자 전	감자 후	변 동
자본금	100,000	50,000	(50,000)
자본잉여금	30,000	30,000	–
이익잉여금	70,000	70,000	–
감자차손	–	(50,000)	(50,000)
합 계	200,000	100,000	(100,000)

3. 유상증자

(1) 유상증자 회계처리(S사)

(차변)	현금(*)	190,000	(대변)	자본금	50,000
				자본잉여금	140,000

(*) 현금유입액 = 200,000원(유상증자) – 10,000원(주식발행비)

(2) S사의 순자산 장부금액 변동

	증자 전	증자 후	변 동
자본금	50,000	100,000	50,000
자본잉여금	30,000	170,000	140,000
이익잉여금	100,000	100,000	–
감자차손	(50,000)	(50,000)	–
합 계	130,000	320,000	190,000

(3) 지분율의 변동

	순자산 공정가치(*)	총주식수	지배기업		비지배주주	
			주식수	지분율	주식수	지분율
유상증자 전	150,000	500	300	60%	200	40%
유상증자 후	340,000	1,000	800	80%	200	20%

(*) 순자산 공정가치 = S사 순자산 금액 + 토지 FV차액

(4) 지분거래손익

	지배기업	비지배지분	합 계
증자 전 지분액	90,000	60,000	150,000
증자 후 지분액	272,000	68,000	340,000
지분변동액	182,000	8,000	190,000
투자금액	(200,000)	–	(200,000)
주식발행비	6,000	4,000	10,000
지분거래손익	(12,000)	12,000	–

Ⅱ. 누적 지분 평가

1. P사의 S사 누적 지분 평가

	취득금액	취득처분	자본잉여금/자본조정	NI 지분액	수수료(주식발행비)	전기이월 이익잉여금	지분액 합계
01년	100,000	(60,000)	–	42,000	–	–	82,000
02년	40,000	200,000	(12,000)	18,000	(6,000)	42,000	282,000

순자산 분석

	순자산 지분액	토지(FV차액)	영업권	지분액 합계
취득	78,000	12,000	10,000	100,000
01년	60,000	12,000	10,000	82,000
02년	256,000	16,000	10,000	282,000

2. S사 비지배주주의 누적 지분평가

	취득금액	취득처분	자본잉여금/ 자본조정	NI 지분액	수수료 (주식발행비)	전기이월 이익잉여금	지분액 합계
01년	60,000	(40,000)	–	28,000	–	–	48,000
02년	20,000	–	12,000	12,000	(4,000)	28,000	68,000

순자산 분석

	순자산 지분액	토지(FV차액)	영업권	지분액 합계
취득	52,000	8,000	–	60,000
01년	40,000	8,000	–	48,000
02년	64,000	4,000	–	68,000

Ⅲ. 연결재무제표

1. 취득

단순합산

주식S	100,000	자본금	600,000
유형자산	630,000	자본잉여금	100,000
		이익잉여금	30,000

연결조정

자본금(S)	100,000	주식S	100,000
자본잉여금(S)	50,000	비지배지분	60,000
이익잉여금(S)	**(20,000)**		
유형자산(FV)	20,000		
영업권	10,000		

연결재무제표

주식S	-	자본금	500,000
유형자산	650,000	자본잉여금	50,000
영업권	10,000	이익잉여금	50,000
		비지배지분	60,000

2. 01년

단순합산

주식S	40,000	자본금	550,000
유형자산	730,000	자본잉여금	80,000
		이익잉여금	190,000
		감자차손	**(50,000)**
비용	430,000	수익	570,000
이익잉여금 (단순합산NI)	140,000		

연결조정

자본금(S)	50,000	주식S	40,000
자본잉여금(S)	30,000	이익잉여금	42,000
이익잉여금(P)	70,000	비지배지분	48,000
감자차손(S)	**(50,000)**		
유형자산(FV)	20,000		
영업권	10,000		

연결재무제표

주식S	-	자본금	500,000
유형자산	750,000	자본잉여금	50,000
영업권	10,000	이익잉여금	162,000
		비지배지분	48,000
비용	430,000	수익	570,000
이익잉여금 (연결NI)	140,000		

3. 02년

단순합산				연결조정				연결재무제표			
주식S	240,000	자본금	600,000	1단계 : 순자산조정				주식S	-	자본금	500,000
유형자산	830,000	자본잉여금	220,000	자본금(S)	100,000	주식S	240,000	유형자산	850,000	자본잉여금	38,000
		이익잉여금	300,000	자본잉여금(S)	170,000	이익잉여금	54,000	영업권	10,000	이익잉여금	254,000
		감자차손	(50,000)	이익잉여금(P)	100,000	비지배지분	68,000			비지배지분	68,000
				감자차손(S)	(50,000)	자본잉여금	(12,000)				
영업비용	390,000	수익	500,000	유형자산(FV)	20,000			비용	400,000	수익	500,000
이익잉여금	110,000			영업권	10,000			이익잉여금	100,000		
(단순합산NI)								(연결NI)			
				2단계 : 순이익조정							
				비용(수수료)	10,000	이익잉여금	10,000				

4. 연결자본변동표

	자본금	자본잉여금	이익잉여금	비지배지분	합 계
01년 초	500,000	50,000	50,000	-	600,000
종속기업 취득				60,000	60,000
연결당기순이익			112,000	28,000	140,000
유상감자				(40,000)	(40,000)
01년 말	500,000	50,000	162,000	48,000	760,000
02년 초	500,000	50,000	162,000	48,000	760,000
연결당기순이익			92,000	8,000	100,000
지분거래손익		(12,000)		12,000	-
02년 말	500,000	38,000	254,000	68,000	860,000

연결당기순이익의 검증

		01년	02년	
1	P사의 별도재무제표상 순이익	70,000	80,000	지배기업 소유주지분
2	S사 지분 이익	42,000	12,000	
3	비지배지분 이익	28,000	8,000	비지배지분
		140,000	100,000	

사례를 통하여 살펴본 내용은 다음과 같다.

결손보전

- 결손보전은 S사의 자본잉여금과 이월결손금의 변동, 즉 자본 구성 항목의 변동만 가져올 뿐 S사의 순자산과 지분 평가에 아무런 영향을 미치지 않는다.

유상감자

- P사는 감자를 통하여 수령한 금액 60,000원을 투자의 환급으로 보아 별도재무제표상 S사 주식 장부금액을 60,000원만큼 감소시킨다.
- 기존의 지분율에 비례하여 주당 동일한 금액으로 유상감자를 실시하는 경우, 지배기업과 비지배주주의 부(富)에 아무런 영향을 미치지 않으므로 지분거래손익이 발생하지 않는다.

유상증자

- 연결 관점에서 P사가 S사의 유상증자에 참여하는 과정에서 발생하는 10,000원의 주식발행비는 내부자금거래로 발생한 수수료 성격이므로 당기손익으로 처리한다.
- 지분율 변동 전・후 S사의 순자산 공정가치에 대한 P사와 비지배주주의 지분액을 비교하면, P사의 부(富)가 비지배주주에게 12,000원만큼 이전되었음을 알 수 있다. 유상증자에서 발생한 지분거래손익은 유상증자를 이용하여 지배기업과 비지배주주 간의 주식거래가 이루어진 것으로 보아 자본손익으로 처리한다.
- 연결 관점의 주식발행비와 지분거래손익에 대한 회계처리는 다음과 같다.

(차변)	수수료(PL)	10,000	(대변)	이익잉여금	6,000
				비지배지분	4,000
(차변)	비지배지분	12,000	(대변)	자본잉여금	12,000

P사가 참여한 유상증자는 내부거래이므로 연결 관점에서 인식되지 않는다. 따라서 연결자본변동표에 표시되는 종속기업의 유상증자 금액은 지배기업이 아닌 비지배주주의 증자 금액으로 한정한다. 다만, 연결 관점에서 발생한 주식발행비는 당기비용처리되고 지배기업과 비지배지분에 안분된다.

순자산조정

- 결손보전, 유상증자, 유상감자 등 S사의 자본변동에 관계없이 연결조정으로 S사의 별도재무제표에 계상된 자본 항목을 전액 제거한다.

제 3 절 종속기업의 순자산 변동

종속기업의 순자산이 변동되면 그 원인을 분석하고 그 원인이 지배기업과 비지배주주의 지분에게 미치는 영향을 분석하는 것이 평가 과정의 핵심이다. 본 절에서는 종속기업의 순자산을 변동시키는 다양한 거래들과 동 거래들에 대한 평가과정을 살펴본다.

1. 종속기업의 배당

(1) 배당기준일

배당기준일은 배당을 받을 권리가 있는 주주를 확정하는 날로서 배당기록일이라고도 한다. 기업은 배당기준일을 기준으로 주주명부에 기재된 주주에게 배당금을 지급하게 되는데, 실무상 배당기준일은 일반적으로 결산일에 근접하여 결정된다. 배당기준일이 지나면 주식은 배당권과 분리되어 거래되며, 이때의 주식을 배당락된 주식이라고 한다.

지배기업이 배당기준일 직후에 종속기업주식을 취득할 경우 연결회계에 미치는 영향에 대해 생각해 보자. 지배기업이 배당기준일 직후 종속기업주식을 취득한다면, 종속기업으로부터 배당금을 획득할 수 없다. 따라서 지배기업은 영업권 산정시 종속기업으로부터 수령하지 못할 것으로 예상하는 배당금을 고려해야 한다.

예제 7

- P사는 01년 초 S사 주식 60%를 80,000원에 취득함.
- 지배력을 획득한 시점의 S사의 순자산 공정가치는 100,000원임.
- S사는 00년 말 현재 주주에게 01년 3월에 배당금을 10,000원 지급하기로 결정함.

요구사항 지배력 획득 시점에 인식할 영업권과 비지배지분을 계산하시오.

영업권

= 취득금액 − (순자산 공정가치 − 예상 배당금) × 지분율

= 80,000원 − (100,000원 − 10,000원) × 60% = 26,000원

● 비지배지분

= (순자산 공정가치 − 예상 배당금) × 지분율 + 예상 배당금

= 90,000원 × 40% + 10,000원 = 46,000원

(2) 불균등배당

불균등배당이란 배당금을 지급함에 있어 각 주주들이 소유하고 있는 주식의 수에 비례하여 배당금을 지급하지 않는 형태의 배당을 말한다. 기업실무상 불균등배당은 대주주에 비해 소액주주가 높은 배당률을 적용받는 형태로 이루어진다. 이러한 불균등배당은 대주주의 부(富)를 소액주주에게 이전시키는데, 연결회계에 미치는 영향은 다음 예제를 통하여 살펴본다.

예제 8

- P사의 취득주식수와 지분율은 각각 600주와 60%임.
- S사의 배당금은 10,000원임.
- P사와 비지배주주에게 지급되는 주당 배당금은 각각 5원과 17.5원임.

요구사항 S사의 불균등배당이 P사의 지분에 미치는 영향을 분석하시오.

● 배당내역 분석

구 분	P사	비지배주주
균등배당	600주 × 10원 = 6,000원	400주 × 10원 = 4,000원
불균등배당	600주 × 5원 = 3,000원	400주 × 17.5원 = 7,000원
불균등배당 효과	(−)3,000원	3,000원

● 연결 관점의 회계처리

(차변)			(대변)		
	비지배지분	4,000		현금(*1)	7,000
	자본조정(자본잉여금)(*2)	3,000			

(*1) 비지배주주에 대한 배당금만 연결실체 외부로 유출됨.

(*2) 지배기업 소유주지분 감소액 = 6,000원(균등 배당금) − 3,000원(불균등 배당금)

불균등배당으로 인한 부의 재배분 효과를 자본손익으로 처리하였는데, 그 이유는 지배기업과 비지배주주, 즉 주주 간의 거래로 발생하기 때문이다.[83)]

2. 현물출자

기업에 대한 출자 형태 중 현금 이외의 부동산이나 주식 등으로 납입하는 형태를 현물출자 한다. 주식회사를 설립하는 시점의 현물출자는 기업의 설립을 용이하게 하도록 발기인에 한하여 허용하고 있다. 그러나 현물출자 대상 자산을 과대평가하는 위험을 방지하기 위해 변태설립사항으로 정관에 기재하고 법원이 선임한 검사인이 조사해야 한다. 반면, 신주발행의 경우에는 누구라도 현물출자를 할 수 있으나, 이사회의 승인이 전제되어야 한다.

지배기업이 종속기업에 대해 현물출자를 실시하는 경우 연결회계에 어떠한 영향이 있는지에 대하여 생각해 보자. 종속기업은 현물출자 대상 자산을 공정가치로 취득하고, 지배기업은 공정가치 만큼의 종속기업주식을 수령하게 된다. 따라서 다음과 같은 두 가지 거래가 현물출자 과정에서 발생한다.[84)]

① 현물출자 대상 자산을 공정가치로 처분 : 미실현손익 발생

② 지배기업의 종속기업주식 추가 취득 : 지분거래손익(자본손익) 발생

예제 9

- P사는 S사 주식을 10,000원에 700주(지분율 : 70%)를 취득하여 지배력을 획득함.
- 지배력 획득시점에 S사 자산 · 부채의 공정가치는 장부금액과 일치함.
- 현물출자일 현재 S사의 순자산 공정가치는 10,000원임.
- 현물출자 대상 토지의 장부금액과 공정가치는 각각 1,000원과 3,000원임.
- 현물출자 과정에서 S사가 발행한 주식은 200주임.
- 현물출자 후 P사의 지분율은 75%(= 900주 ÷ 1,200주)임.

요구사항 현물출자로 인하여 발생하는 자본손익과 미실현손익을 계산하시오.

83) 지분법은 투자기업의 관점만 반영되므로 불균등 효과는 당기손익에 반영하지만, 연결 관점에서는 주주 간의 거래로 발생된 것으로 보아 자본손익으로 처리한다.

84) 금감원 2012 - 018(2012. 12.) '종속기업주식 현물출자 및 처분 회계처리'

취득금액의 구성

① 순자산 지분액 = 10,000원 × 70% = 7,000원

② 영업권 = 10,000원 - 7,000원 = 3,000원

별도재무제표상 회계처리

① 토지의 처분

(차변) 현금	3,000	(대변) 토지	1,000
		토지처분이익(미실현)	2,000

② 주식 취득

(차변) 주식S	3,000	(대변) 현금	3,000

지분거래손익

구 분	P사	비지배주주
현물출자 후 지분액	9,750 (= 13,000 × 75%)	3,250 (= 13,000 × 25%)
현물출자 전 지분액	7,000 (= 10,000 × 70%)	3,000 (= 10,000 × 30%)
지분액 변동	2,750	250
회수(투자) 금액	(-)3,000	-
지분거래손익	(-)250	250

연결조정

연결조정

1단계 : 순자산조정			
종속기업 자본 항목(S)	13,000	S사 주식	13,000
영업권(*1)	3,000	이익잉여금(P사 지분)(*2)	(-)2,000
		토지	2,000
		비지배지분(*3)	3,250
		자본조정(지분거래손익)	(-)250
2단계 : 순이익조정			
토지처분이익	2,000	이익잉여금	2,000

(*1) 영업권 = 10,000원 - 10,000원 × 70%

(*2) 이익잉여금(지분 이익) = (-)2,000원(하향판매 미실현이익)
(*3) 비지배지분 = 13,000원(= 10,000원 + 3,000원) × 25%

상기 연결조정의 내용은 다음과 같다.

① 결산일 현재 S사의 자본 항목과 단순합산재무제표에 표시된 S사 주식 제거
② 결산일까지 평가한 누적 지분 이익 (-)2,000원 인식
③ 결산일 현재 비지배지분 인식
④ 지분거래로 발생한 지분거래손익(자본손익) 반영
⑤ 내부거래로 발생한 토지(미실현자산)와 토지처분이익(미실현손익)의 제거

3. 주식선택권

(1) 주식선택권의 개요

주식선택권은 기업이 임직원들에게 일정기간 내에 기업의 주식을 사전에 약정된 낮은 가격으로 일정 수량만큼 구입할 수 있는 권리이다. 임직원으로부터 제공받는 용역의 경우 그 공정가치를 신뢰성 있게 측정할 수 없으므로, 보상원가는 부여한 지분상품의 공정가치에 기초하여 측정한다.

지분상품의 공정가치는 주식선택권 부여일의 공정가치를 기준으로 하며, 주식결제형 주식선택권의 경우 추후에 공정가치가 변동하는 경우에도 추정치를 변경하지 않는다.[85)]

예제 10

- S사의 임직원은 01년 초부터 03년 말까지 용역을 제공하는 조건으로 주식선택권 100주를 부여받음.
- 01년 초 주당 주식선택권의 공정가치는 150원임.
- 04년 초 50주의 주식선택권만 행사(행사가격 100원)되고 잔여 수량은 실권됨.
- 본 거래는 주식결제형 주식기준보상거래에 해당함.

요구사항 주식선택권과 관련하여 이루어질 회계처리를 설명하시오.

85) 〈예제 10〉은 주식결제형 주식기준보상거래를 전제로 기술된 것이며, 현금결제형 주식기준보상거래의 경우 매 결산기말 공정가치를 재측정하여 부채로 계상한다(K-IFRS 제1102호 문단 10~29, 30~33).

보상원가와 실권된 주식선택권

- 총보상원가 = 100주 × 150원 = 15,000원
- 연간 보상비용(당기손익) = 15,000원 ÷ 3년 = 5,000원
- 실권된 주식선택권(자본 항목) = 50주 × 150원 = 7,500원

행사된 주식선택권 7,500원(= 50주 × 150원)은 자본금 등으로 대체하고, 실권된 주식선택권은 적절한 자본 항목으로 재분류한다. 실권된 주식선택권이 당기손익으로 인식되지 않는 이유는 한 유형의 지분(주식선택권 보유자의 지분)이 또 다른 유형의 지분(주주의 지분)으로 변경된 자본거래로 보기 때문이다.

별도재무제표상 회계처리

- 주식보상비용의 인식(01~02년)

(차변) 주식보상비용	5,000	(대변) 주식선택권	5,000

- 주식선택권 행사

(차변) 주식선택권	7,500	(대변) 자본금 등	12,500
현금	5,000		

- 주식선택권 실권(행사기간 만료)

(차변) 주식선택권	7,500	(대변) 자본잉여금	7,500

(2) 연결회계에 미치는 영향

종속기업이 주식선택권을 발행할 경우 연결회계에 미치는 영향은 다소 복잡한데, 이를 살펴보면 다음과 같다.

① 주식보상원가는 지분율에 따라 지배기업과 비지배주주에게 안분한다. 그 이유는 기업의 발전을 위하여 임직원의 사기를 북돋우기 위한 목적으로 지배기업과 비지배주주가 지분율만큼에 해당하는 비용을 부담하여 잠재적인 비지배주주(임직원)에게 효익(주식선택권)을 부여하는 것으로 해석하기 때문이다.

② 주식선택권에 대한 권리는 일반적으로 임직원에게 부여되는데, **임직원은 잠재적인 비지배주주**이다. 따라서 주식선택권은 전액 비지배지분에 귀속된다.

③ 주식선택권의 행사로 신주가 발행되면 비지배주주의 지분율이 증가하므로, 지분율 변동으로 인한 지분거래손익 효과를 연결재무제표에 반영한다.

④ 소멸된 주식선택권(자본잉여금)에 대한 권리는 지배기업과 비지배주주 모두에게 주어지므로 지분율에 따라 안분한다.

예제 11

- P사는 01년 초 S사 주식 900주(주당 액면금액 : 10원, 지분율 : 90%)를 10,000원에 취득하여 지배력을 획득함.
- 01년 초 S사의 순자산 공정가치는 12,000원임.
- 01년 초 S사의 자본은 자본금 10,000원과 자본조정 2,000원으로 구성됨.
- 01년 초 S사의 자본조정은 임직원에 대한 주식선택권임.
- 01년 초 S사가 발행한 주식선택권의 공정가치는 2,000원임.
- 주식선택권은 02년 초에 별도 비용 없이 250주를 획득할 수 있는 권리임.
- 용역제공 기간을 고려하여 01년에 S사는 500원의 주식보상비용을 인식함.
- 02년 초 200주의 주식선택권이 행사되어 2,000원의 자본금이 증가하였으며 50주는 실권됨.
- 주식선택권 행사 후 P사의 지분율은 75%(= 900주 ÷ 1,200주)로 감소함.

요구사항 주식선택권 행사가 P사의 지분에 미치는 영향은 무엇인가?

지배력 획득 시점

- 지배기업 지분액 = (12,000원 − 2,000원) × 90% = 9,000원
- 영업권 = 10,000원 − 9,000원 = 1,000원
- 비지배지분 = (12,000원 − 2,000원) × 10% + 2,000원 = 3,000원

별도재무제표상 순자산

구 분	지배력 획득	01년	02년 초
자본금	10,000	10,000	12,000
기타자본잉여금	−	−	500
이익잉여금	−	(500)	(500)
자본조정	2,000	2,500	−
합 계	12,000	12,000	12,000
당기손익	−	(500)	−

① 01년 : 주식보상비용으로 인해 500원의 당기순손실(결손금)이 발생하고, 동액만큼의 자본조정이 증가

② 02년 : 주식선택권 중 200주가 행사되어 자본금이 2,000원 증가하고, 실권된 50주에 대한 주식선택권은 자본조정에서 기타자본잉여금으로 재분류

연결 관점의 회계처리

• 주식보상비용 인식(01년)

(차변) 주식보상비용(*1)	500	(대변) 비지배지분(*2)	500

(*1) 연결자본에 미치는 영향 = (−)450원(P사 지분, 이익잉여금) + (−)50원(비지배지분)
(*2) 주식선택권으로 발생하는 권리는 임직원(비지배주주)에게만 부여됨.

• 주식선택권 행사와 기간소멸(02년)

(차변) 비지배지분	450	(대변) 자본잉여금(P사지분)	450

연결 관점의 순자산

구 분	지배력 획득	01년	02년 초
기준 금액	12,000	12,000	12,000
주식선택권	−	500	−
이익잉여금	−	(500)	(500)
기타자본잉여금	−	−	500
합 계	12,000	12,000	12,000
지배기업 소유주지분	9,000	8,550	9,000
비지배지분	3,000	3,450	3,000

P사와 비지배주주의 지분액 산정 과정은 다음과 같다.

구 분	P사	비지배주주
01년 초	(12,000 − 2,000) × 90% = 9,000	(12,000 − 2,000) × 10% + 2,000 = 3,000
01년	(12,000 − 2,500) × 90% = 8,550	(12,000 − 2,500) × 10% + 2,500 = 3,450
02년	12,000 × 75% = 9,000	12,000 × 25% = 3,000

이와 같이 **지배기업과 비지배주주에 대한 지분액 산정 시 단순 지분율이 아닌, 각 주주로서 권리와 의무가 반영**됨에 유의해야 한다.

지분거래손익

구 분	P사	비지배주주
주식선택권 행사 후 지분액	9,000	3,000
주식선택권 행사 전 지분액	8,550	3,450
지분액 변동	450	(−)450
회수(투자) 금액	−	−
지분거래손익	450	(−)450

연결조정

연결조정

차변	금액	대변	금액
종속기업 자본 항목(S)	12,000	S사 주식	10,000
영업권	1,000	기타자본잉여금	450
		이익잉여금	(−)450
		비지배지분	3,000

4. 보험수리적손익과 금융자산평가손익

보험수리적손익(Actuarial gains and losses)이란 보험수리적 가정과 실제로 발생한 결과의 차이에서 발생하는 손익이나 보험수리적 가정의 변경으로 인해 발생하는 손익을 의미한다. 이러한 보험수리적손익은 확정급여채무의 현재가치가 변동하거나 사외적립자산의 공정가치가 변동하는 경우에 발생한다.

보험수리적손익은 발생한 기간에 기타포괄손익으로 인식하고, 기타포괄손익으로 인식한 보험수리적손익은 당기손익으로 재분류하지 않고 이익잉여금으로 대체한다.

공정가치측정금융자산에 대한 평가손익은 당기손익으로 분류해야 하지만, 회사의 회계정책으로 기타포괄손익으로 표시할 수 있다. 다만, 기타포괄손익으로 표시한다면 처분 시에도 당기손익으로 재분류되지 않고, 실무상 잔여 평가손익은 이익잉여금으로 대체하는 것이 일반적이다.

예제 12

- P사는 01년 초 S사 주식 60%를 취득하여 지배력을 획득함.
- P사와 S사는 02년 중 각각 20,000원과 10,000원의 보험수리적이익을 인식함.
- P사와 S사는 02년 중 각각 100,000원과 40,000원의 당기순이익을 인식함.

요구사항 보험수리적이익이 연결재무제표에 미치는 영향을 분석하시오.

연결실체이론에 따라 자산·부채 및 수익·비용은 지분율에 관계없이 총액으로 표시되기 때문에 연결포괄손익계산서에 가산되는 기타포괄손익은 30,000원(= 20,000원 + 10,000원)이다. 그러나 연결자본에 미치는 영향은 지배기업과 비지배주주의 지분으로 구분되어 표시된다.

구 분	기타포괄손익	이익잉여금	비지배지분	합 계
연결당기순이익	–	124,000	16,000	140,000
보험수리적손익	–	26,000	4,000	30,000

5. 종속기업의 주식 소유

지배기업이 종속기업에 대하여 지배력을 획득하고 있는 상황에서 종속기업은 지배기업의 주식을 보유할 수도 있고 종속기업 자신이 발행한 주식을 자기주식으로 보유할 수도 있다.

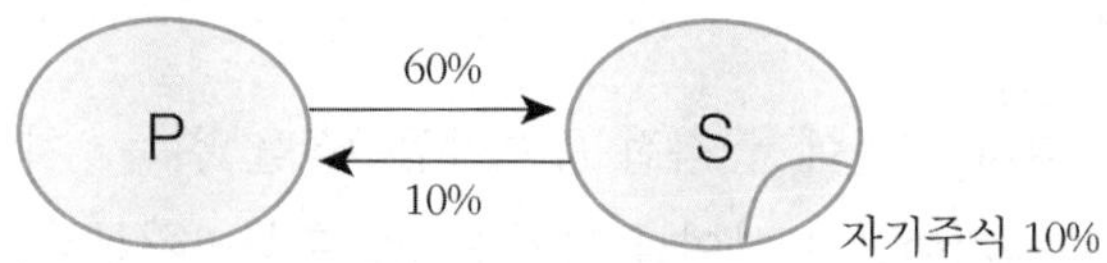

위와 같은 경우 회계처리는 다음과 같다.

| 종속기업이 보유하고 있는 자기주식과 지배기업 주식 |

구 분	P사 주식	S사 주식	연결조정
별도재무제표	공정가치측정 금융자산	자기주식(자본조정)	공정가치측정금융자산을 취득금액으로 환원하고 자기주식으로 분류
연결재무제표	자기주식	종속기업의 자기주식은 소각한 것으로 보아 유효지분율 재산정	지분율 변동에 따라 지분거래손익 인식

(1) 종속기업의 지배기업 주식 소유

투자기업과 피투자기업 상호 간에 주식을 소유하고 있는 경우 회계처리는 소유하고 있는 주식의 성격에 따라 결정된다. 〈제6장〉에서 살펴본 바와 같이 투자기업과 피투자기업이 상호 간에 유의적인 영향력을 미칠 수 있다면 상호 간에 지분법을 적용한다. 그 이유는 투자기업과 피투자기업 모두 보유하고 있는 주식을 통하여 상호 간에 유의적인 영향력을 미칠 수 있기 때문이다.

반면 지배·종속 관계가 성립하고 있는 경우의 회계처리는 상이한데, 그 이유는 **지배력의 개념에 초점을 맞추어 종속기업이 지배기업 주식을 취득하고 있는 행위를 해석하기 때문이다.** 지배력을 행사하고 있다 함은 지배기업이 종속기업의 재무의사결정에 개입하여 종속기업이 지배기업 주식을 취득하거나 처분하도록 지시할 수 있음을 의미한다. 따라서 연결 관점에서 연결실체가 보유하는 지배기업 주식은 결국 연결실체가 보유하는 자기주식에 해당한다.

(2) 종속기업의 자기주식 소유

자기주식은 기업의 잔여 재산 청구권도 없으며 의결권도 행사하지 못한다. 즉, 자기주식은 주주로서 권리가 부여되지 않는다. 따라서 **종속기업의 보유한 자기주식은 소각된 것으로 보아 유효지분율을 산정**한다.

유효지분율 = 실제 지분율 ÷ (1 − 자기주식 비율)

지배기업은 필요에 따라 시장에서 직접 종속기업주식을 취득·처분하여 유효지분율을 관리할 수도 있지만, 종속기업으로 하여금 자기주식을 취득·처분하는 형태로 유효지분율을 관리할 수도 있다. 따라서 종속기업이 자기주식을 취득하거나 처분하는 거래는 종속기업주식이 소각되거나 새로 발행된 것처럼 연결조정에 반영한다.

예제 13

- P사는 S사 주식을 60% 취득(주식수 : 600주)하고 있음.
- S사 주식 취득 시 공정가치 차액이나 영업권은 인식되지 아니함.
- 01년 말 현재 S사의 연결상 순자산 금액은 205,000원임.
- S사는 02년 초에 25,000원을 지급하고 자기주식 10%를 시장에서 취득함.
- S사의 02년 순이익은 30,000원임.

- 02년 말 현재 S사의 연결상 순자산 금액은 210,000원임.
- S사는 자기주식 10%를 03년 초에 30,000원을 수령하고 시장에서 처분함.

요구사항 S사의 자기주식 취득이 P사의 지분에 미치는 영향을 분석하시오.

S사 자본의 변동

구 분	01년 말	자기주식 취득	순이익	02년 말	자기주식 처분	03년
금액	205,000	(25,000)	30,000	210,000	30,000	240,000
유통주식수	1,000	(100)	–	900	100	1,000
P사 지분율	60%	–	–	66.7%	–	60%

02년 자기주식 취득

- 지분거래손익

구 분	P사	비지배주주	합 계
자기주식 취득 전	123,000 (= 205,000 × 60%)	82,000 (= 205,000 × 40%)	205,000
자기주식 취득 후	120,000 (= 180,000 × 60% ÷ 90%)	60,000 (= 180,000 × 30% ÷ 90%)	180,000
지분변동액	(–)3,000	(–)22,000	(–)25,000
현금수령액	–	25,000	25,000
지분거래손익	(–)3,000	3,000	–

- 연결 관점의 회계처리

(차변) 비지배지분	22,000	(대변) 현금	25,000
자본조정(자본잉여금)	3,000		

03년 자기주식 처분

- 지분거래손익

구 분	P사	비지배주주	합 계
자기주식 처분 전	140,000 (= 210,000 × 60% ÷ 90%)	70,000 (= 210,000 × 30% ÷ 90%)	210,000

구 분	P사	비지배주주	합 계
자기주식 처분 후	144,000 (= 240,000 × 60%)	96,000 (= 240,000 × 40%)	240,000
지분변동액	4,000	26,000	30,000
현금지급액	-	(-)30,000	(-)30,000
지분거래손익	4,000	(-)4,000	-

• 연결 관점의 회계처리

(차변)	현금	30,000	(대변) 비지배지분	26,000
			자본잉여금(자본조정)	4,000

제4절 종속기업의 우선주 발행

기업은 상법에 따라 우선주를 발행할 수 있으며 상법에 저촉되지 않는 한 하나의 우선주에 대해서 두 가지 이상의 우선권을 부여할 수도 있다. 특정사항에 대하여 우선권이 부여된다면, 그 우선권에 대한 반대급부로서 보통주가 가지고 있는 권리 중 일부가 배제되는 것이 일반적이다. 예를 들어 배당에 있어서 우선권을 보장받은 우선주에 대해서는 의결권을 부여하지 않는 것이 관행이다. 우선주에 부여되는 권리는 매우 다양한데 일반적으로 부여된 권리의 내용에 따라 누적적 · 비누적적 우선주, 참가적 · 비참가적 우선주, 전환우선주, 상환우선주 등으로 나누어진다.

본 절에서는 우선주의 특성에 따라 종속기업의 순이익과 순자산에 대한 지배기업과 비지배주주의 지분액이 어떻게 변동될 것인가를 살펴본다.

1. 종속기업의 순자산과 순이익의 배분 절차

종속기업이 우선주를 발행한 경우 종속기업의 순자산과 순이익을 지배기업과 비지배주주의 지분으로 구분하려면 다음의 두 단계를 거친다.

① 종속기업의 순자산과 순이익을 우선주와 보통주에 배분한다.

② 우선주와 보통주에 배분된 금액을 각각 지배기업과 비지배주주에게 배분한다.

| 우선주 발행 시 지분액 배분 |

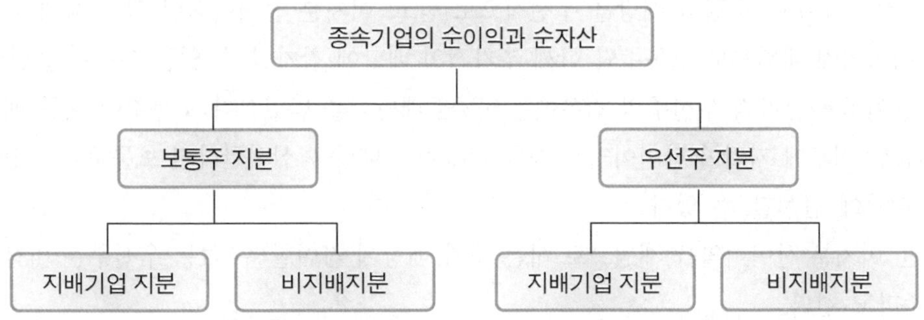

종속기업의 순자산과 순이익을 우선주와 보통주에 배분하기 위해서는 우선주의 특성에 따라 우선주의 주주에게 부여되는 권리를 파악하여야 하는데, 우선주의 종류와 특성에 대해서는 절을 바꾸어 설명한다.

2. 우선주의 종류와 특성

우선주는 배당에 대한 권리가 누적되는지 여부에 따라 누적적·비누적적 우선주로 구분된다. 그리고 소정의 배당을 수취한 이후에도 잔여이익이 있는 경우 보통주 주주와 동일하게 추가적인 배당에 대한 권리가 있는지 여부에 따라 참가적·비참가적 우선주로 구분한다. 한편, 우선주에 대한 잔여재산분배청구권 부여 여부는 기업의 순자산 배분에 영향을 미치게 된다.

(1) 누적적 우선주

누적적 우선주는 특정 연도의 배당금액이 사전에 정해진 우선주 배당률에 미달할 경우, 그 부족 금액(연체배당금)은 이후 회계연도 이익에서 우선적으로 배당받을 수 있는 우선주이다. 누적적 우선주인 경우에는 우선주에 지급되어야 할 배당 중 지연된 부분만큼의 순자산을 우선주에 배분한 이후, 나머지 순자산을 배부한다.

당기순이익을 우선주와 보통주에 배분할 때에는 누적적 우선주에게는 기업이 이익을 실현하였는지에 관계없이 먼저 사전에 결정된 소정의 배당금에 해당하는 이익을 배부하고, 그 잔액(또는 손실금액)을 보통주 주주에게 배분한다.

반면, 특정 연도의 배당액이 우선주 배당률에 해당하는 금액에 미달하더라도, 이후에 부족 배당금을 받을 수 있는 권리가 부여되지 않은 우선주를 비누적적 우선주라고 한다.

(2) 참가적 우선주

참가적 우선주란 소정의 배당을 우선적으로 받고, 미처분 잔여이익이 있을 때에는 미처분 잔여이익에 대해서도 보통주와 함께 추가적인 배당에 참가할 수 있는 우선주를 말한다. 예를 들어 5% 참가적 우선주의 경우에는 5%의 배당금을 받았으나 보통주에 대한 배당금을 지급한 이후에 기업이 잔여이익을 재원으로 추가 배당을 실시한다면 보통주와 동일하게 추가 배당에 참여할 수 있다.

반면, 미처분 잔여이익을 재원으로 하는 추가 배당에 참여할 수 없는 우선주는 비참가적 우선주라고 한다.

(3) 잔여재산분배청구권

우선주 주주에게 귀속되는 순자산을 결정하기 위해서는 해당 우선주가 잔여재산분배청

구권이 있는지 여부를 확인해야 한다. 잔여재산분배청구권이 있다면 보통주 주주와 동일하게 기업의 순자산에 대한 권리가 부여된다. 그러나 잔여재산분배청구권이 없다면 우선주 주주는 납입자본금에 해당하는 순자산에 대한 권리만 주장할 수 있으며, 그 외의 순자산은 모두 보통주 주주에게 귀속된다.

(4) 전환우선주와 상환우선주

전환우선주란 우선주 주주의 의사에 따라 보통주로 전환될 수 있는 권리를 부여받은 우선주이다. 전환조건은 일반적으로 우선주가 발행될 때 정해지는데, 전환 이전까지는 우선주로 보아 회계처리한다. 전환우선주의 주주들은 우선주로서 배당을 받기보다는 보통주 주주 자격으로 기업의 이익에 참여하거나, 기업의 가치가 상승할 경우 보통주로 전환한 후 주식을 처분하여 투자수익을 획득할 목적 또는 보통주로 전환하여 의결권을 획득할 것을 목적으로 취득하는 경우가 많다.

상환우선주란 미래 특정 시점에 기업이 약정된 가격으로 상환하거나 우선권을 해제할 수 있는 우선주를 말하는데, K-IFRS에서는 상환우선주의 경제적 실질이 부채와 동일하다고 보아 부채로 회계처리하도록 규정하고 있다.

(5) 신종자본증권

최근 신종자본증권(하이브리드채권)이 기업실무상 이슈가 되고 있는데, K-IFRS상 자본으로 인정되는 신종자본증권은 만기가 없는 영구채로서 상환의 후순위성과 만기의 영구성이라는 자본의 요건을 충족하여야 한다.

최근 국내에서 발행된 일부 신종자본증권은 선순위로 발행되어 있고, 조기 상환을 하지 않는 경우 스텝업 조건(Step up, 금리상향조정)이 있기에 자본이라기보다는 채권 쪽에 가깝다는 주장도 제기된다.

또한 일부 신종자본증권은 투자자들이 재매입 요구권(풋옵션)을 행사할 경우 발행 기업이 현금이나 주식 교환을 통해 신종자본증권을 매입해야 하는 약정이 포함되어 있는바, 이는 실질적으로 부채의 상환 부담과 유사하다는 의견도 제기되고 있다.

K-IFRS 제1032호 개정을 위한 DP(Discussion Paper)에 따르면, 현재 실무상 발행된 대부분의 신종자본증권은 부채로 분류된다. 따라서 신종자본증권 발행을 고려하는 회사가 있다면 향후 개정될 기준서에 대해 관심을 갖는 것이 바람직하다.

3. 순자산과 순이익의 배분

(1) 순자산의 배분

잔여재산분배청구권이 있는지 여부에 따라 순자산은 다음과 같이 배분된다.

구 분	우선주 지분	보통주 지분
잔여재산분배청구권이 있는 경우	순자산 × 우선주 자본금 비율	순자산 × 보통주 자본금 비율
잔여재산분배청구권이 없는 경우	우선주 자본금	우선주 자본금 이외의 순자산

잔여재산분배청구권에 대한 비율이 사전에 결정되어 우선주가 발행된 경우에는 사전에 결정된 그 비율에 따라 순자산이 배분된다. 그리고 우선주가 발행된 이후에는 종속기업의 순자산 변동액 중 일부는 우선주 특성을 고려하여 우선주 지분에게 귀속시키고, 잔여 순자산 변동액은 보통주 주주에게 배분한다.

(2) 순이익의 배분

우선주의 특성에 따라 종속기업의 순이익은 다음과 같이 배분된다.

우선주 성격	우선주 지분	보통주 지분
누적적 · 참가적 우선주	(당기순이익 - 보통주 및 우선주 배당금) × 우선주 자본금 비율 + 우선주 배당금	(당기순이익 - 보통주 및 우선주 배당금) × 보통주 자본금 비율 + 보통주 배당금
누적적 · 비참가적 우선주	우선주 배당금	당기순이익 - 우선주 배당금
비누적적 · 참가적 우선주	(당기순이익 - 보통주 및 우선주 배당금) × 우선주 자본금 비율 + 우선주 배당금	(당기순이익 - 보통주 및 우선주 배당금) × 보통주 자본금 비율 + 보통주 배당금
비누적적 · 비참가적 우선주	우선주 배당금	당기순이익 - 우선주 배당금

상기 식에서 비누적적 우선주는 배당금이 없다면 지분액이 '0'원이지만, 누적적 우선주인 경우에는 배당금이 없더라도 약정된 배당금을 지분액으로 산정해야 한다. 다만, 종속기업이 재무적 곤경에 빠지는 등의 이유로 향후 최소 배당률에 해당하는 배당금을 지급하기 어려울 것으로 판단된다면, 최소배당금에 대한 지분은 인식하지 않는 것이 합리적이다.

실무상 우선주에 대하여 부여되는 권리는 매우 다양하므로 순자산과 순이익에 대한 지분액을 기계적으로 계산할 수 없다. 먼저 종속기업이 발행한 우선주에 부여된 권리가 무엇인지 정확하게 파악하고, 동 권리가 순이익과 순자산에 어떠한 영향을 미치는지에 대한 이해를 바탕으로 지분액을 분석할 필요가 있다.

예제 14

- P사는 01년 초 S사의 보통주 60%와 우선주 80%를 취득함.
- 01년 초 S사의 보통주 자본금과 우선주 자본금은 각각 30,000원, 20,000원임.
- S사가 발행한 우선주는 최소배당률이 10%인 누적적 · 참가적 우선주임.
- S사는 01년과 02년 중 각각 (−)5,000원과 20,000원의 당기순이익을 보고함.

요구사항 S사 당기순이익에 대한 지배기업 지분을 계산하시오.

01년 당기순손실의 배분

- 우선주 지분 = 자본금 × 최소배당률 = 20,000원 × 10% = 2,000원
- 보통주 지분 = 당기순이익 − 우선주 배당금 = (−)5,000원 − 2,000원 = (−)7,000원

우선주 주주들은 S사가 01년에 손실이 발생하였다고 하더라도 최소배당금만큼은 매년 수취할 권리를 가지고 있으므로 최소배당금을 배분한다. 반면, 보통주 주주들은 향후 수령할 배당금이 감소하게 되는 부분까지 반영하여 01년에는 당기순손실보다 큰 금액의 지분손실을 인식하게 된다.

02년 당기순이익의 배분

- 우선주 지분
  = 우선주 최소배당금 + (당기순이익 − 배당금) × 우선주 자본금 비율
  = 2,000원 + (20,000원 − 2,000원 − 3,000원) × 40%
  = 8,000원
- 보통주 지분
  = 보통주 배당금 + (당기순이익 − 배당금) × 보통주 자본금 비율
  = 3,000원 + (20,000원 − 2,000원 − 3,000원) × 60%
  = 12,000원

우선주는 최소배당률 이상의 이익에 대해서도 참가할 수 있으므로, 02년의 당기순이익은

다음의 순서에 따라 배분된다.

① 우선주에 대하여 최소배당금 인식

② 보통주에 대하여 10%의 배당금 인식

③ 당기순이익에서 ①과 ②를 차감한 후, 자본금 비율로 우선주와 보통주에게 배분

● 지분 이익의 배분

01년				02년			
보통주 지분		우선주 지분		보통주 지분		우선주 지분	
P사	비지배지분	P사	비지배지분	P사	비지배지분	P사	비지배지분
(−)4,200	(−)2,800	1,600	400	7,200	4,800	6,400	1,600

4. 연결회계상 유의 사항

연결 관점에서 우선주는 의사결정에 대한 권리가 부여되지 않는다는 특성으로 인하여 경제적 실질이 자본이 아니라 오히려 부채로 해석된다. 따라서 지배기업이 **우선주를 취득하는 경우에는 영업권에 해당하는 금액을 영업권으로 인식하지 않고 자본 항목에서 가감한다.** 그 이유는 지배기업이 종속기업의 우선주를 구입하는 행위는 발행된 우선주를 소각하는 것과 그 본질이 동일하다고 보기 때문이다.

> 자본잉여금(자본조정) = 취득금액 − 순자산 공정가치 × 지분율

우선주에 대해 의결권이 부여되지 않을 경우 **지배력 획득 여부는 보통주 지분율에 따라 결정**된다. 우선주는 기업의 순자산과 배당에 대한 권리는 있으나 기업의 의사결정에 참여할 수 없기 때문이다.

종속기업이 우선주를 발행하였을 경우에는 연결결산 시 기술적인 복잡함을 야기하는데, 다음 절차를 통해서 연결결산을 진행하는 것이 바람직하다.

① 지배력 획득일 현재 종속기업의 순자산 공정가치의 배분(보통주와 우선주 지분)

② 지배력 획득 이후 변동된 종속기업의 순자산 공정가치의 배분(보통주와 우선주 지분)

③ 보통주 주식과 우선주 주식에 대한 각각 지분 평가

지배력 획득일 현재 종속기업의 순자산 공정가치와 그 이후 변동액을 대상으로 (우선주의 특성을 고려하여) 보통주 지분과 우선주 지분으로 구분한 후, 보통주 지분에 대한 평가와 우

선주 지분에 대한 평가를 각각 구분하여 실시한다.

이는 보통주 주주와 우선주 주주에게 귀속될 순자산과 순이익을 먼저 구분하여 식별하고, 마치 2개의 종속기업(예를 들어 보통주 종속기업과 우선주 종속기업으로 구분)을 분석하여 연결재무제표를 작성하는 것과 유사하다.

예제 15

- P사는 01년 초 S사의 보통주 60%를 15,000원에 취득하였으며, 우선주 80%를 5,000원에 취득함.
- S사가 발행한 우선주는 최소배당률이 5%인 누적적・참가적 우선주임.
- 지배력 획득일 현재 자산과 부채의 공정가치는 장부금액과 동일함.
- 01년 초 S사의 순자산은 보통주 자본금 8,000원, 우선주 자본금 2,000원, 이익잉여금 20,000원으로 구성되어 있음.
- 01년 회계연도 중 S사는 5,000원의 당기순이익을 보고함.

요구사항 01년 연결재무제표에 표시될 비지배지분과 이익잉여금을 계산하시오.

지배력 획득일 현재 순자산의 안분

- S사의 순자산 = 8,000원 + 2,000원 + 20,000원 = 30,000원
- 보통주 지분 = 30,000원 × 8,000원 ÷ (8,000원 + 2,000원) = 24,000원
- 우선주 지분 = 30,000원 × 2,000원 ÷ (8,000원 + 2,000원) = 6,000원

지배력 획득일 현재 취득금액 분석

- 보통주 영업권 = 15,000원 − 24,000원 × 60% = 600원(영업권)
- 우선주 영업권 = 5,000원 − 6,000원 × 80% = 200원(자본 항목으로 차감)

참여적 배당 고려

- 보통주 주주에 대한 순이익 = 5,000원 × 8,000원 ÷ (8,000원 + 2,000원)
  = 4,000원
- 우선주 주주에 대한 순이익 = 5,000원 × 2,000원 ÷ (8,000원 + 2,000원)
  = 1,000원

S사가 발행한 우선주는 5% 참가적 우선주이다. 따라서 우선주를 보유하고 있는 주주들은 5%만큼은 우선 배당을 받고, 5%를 초과하는 이익이 발생할 경우에는 보통주 주주와 동일한 비율로 참가할 수 있는 권리를 가지게 된다.

S사의 순자산 배분

구 분	지배력 획득		01년 말	
	보통주	우선주	보통주	우선주
기준금액	24,000	6,000	24,000	6,000
01년 이익	–	–	4,000	1,000
합 계	24,000	6,000	28,000	7,000

주주별 지분 평가

지배력 획득 이후 증가된 비지배지분과 이익잉여금은 다음과 같이 계산된다.

- 비지배지분 = 4,000원 × 40% + 1,000원 × 20% = 1,800원
- 이익잉여금(P사) = 4,000원 × 60% + 1,000원 × 80% = 3,200원

지금까지 살펴본 내용을 정리하면 다음과 같다.

① 지배력 획득일 시점에 측정된 순자산을 자본금 비율에 따라 보통주 지분과 우선주 지분으로 안분

② 지배력 획득 시점 이후에 발생된 순자산 변동액은 최소배당금 요건 등을 고려하여 보통주 지분과 우선주 지분에 안분

③ 보통주와 우선주 지분의 변동액에 대한 지분 평가 실시

④ 연결재무제표에는 보통주와 우선주에 대한 P사와 비지배주주의 지분액을 합산하여 표시

연결조정

연결조정

차변		대변	
종속기업 자본 항목(S)	35,000	S사 보통주 주식	15,000
영업권	600	S사 우선주 주식	5,000
		자본조정(*1)	(–)200
		이익잉여금(P사)	3,200
		비지배지분(*2)	12,600

(*1) 우선주 취득 시 발생한 영업권 해당액의 자본 차감

(*2) 비지배지분 = 28,000원(보통주) × 40% + 7,000원(우선주) × 20%

사례 2 종속기업의 우선주 발행

1 보통주 취득

P사는 S사 보통주를 01년 초 다음과 같이 취득함.

지분율 80%

취득금액 120,000

비지배지분은 식별 가능한 순자산 공정가치에 비례하여 인식함.

한편, 지배력 획득일 현재 S사의 자산·부채 장부금액과 공정가치의 차이는 다음과 같음.

구 분	공정가치	장부금액	차액
토지	100,000	80,000	20,000

2 우선주 취득

P사는 S사 우선주를 01년 초 다음과 같이 취득함.

지분율 60%

취득금액 20,000

3 S사 자본금 내역

구 분	보통주	우선주(*)
발행주식수	80	20
액면금액	500	500
자본금	40,000	10,000
최소배당률	-	10%

(*) 우선주는 잔여재산분배청구권이 부여되어 있으며, 누적적·참가적 우선주로서 00년 말에 발행됨.

4 S사의 배당

구 분	01년	02년
보통주	-	8,000
우선주	-	3,000(*)

(*) 02년 배당률은 20%이나, 우선주에는 01년에 지급하지 못하였던 최소배당금이 추가로 지급됨.

5 요약 별도재무제표

	지배기업(P)			종속기업(S)		
	취득	01년	02년	취득	01년	02년
S주식	140,000	140,000	140,000	–	–	–
유형자산	230,000	290,000	370,000	130,000	100,000	139,000
계	370,000	430,000	510,000	130,000	100,000	139,000
자본금						
보통주	100,000	100,000	100,000	40,000	40,000	40,000
우선주	20,000	20,000	20,000	10,000	10,000	10,000
자본잉여금	100,000	100,000	100,000	20,000	20,000	20,000
이익잉여금	150,000	210,000	290,000	60,000	30,000	69,000
계	370,000	430,000	510,000	130,000	100,000	139,000
수익		250,000	280,000		150,000	200,000
비용		(190,000)	(200,000)		(180,000)	(150,000)
당기순이익		60,000	80,000		(30,000)	50,000

요구사항 **지배력 획득일과 01년 및 02년의 연결재무제표를 작성하시오.**

해설

Ⅰ. 분석

1. 순이익 배분

	01년		02년	
	보통주	우선주	보통주	우선주
금 액	(31,000)	1,000	40,000	10,000

2. 순자산 공정가치의 배분

	취득		01년		02년	
	보통주 지분	우선주 지분	보통주 지분	우선주 지분	보통주 지분	우선주 지분
자본금	40,000	10,000	40,000	10,000	40,000	10,000
자본잉여금	16,000	4,000	16,000	4,000	16,000	4,000
이익잉여금	48,000	12,000	17,000	13,000	49,000	20,000
토지 FV차액	16,000	4,000	16,000	4,000	16,000	4,000
계	104,000	26,000	73,000	27,000	105,000	34,000

3. 취득금액의 구성내역

	보통주		우선주	
	지배기업	비지배지분	지배기업	비지배지분
취득금액	120,000	24,000	20,000	12,000
순자산 지분액	83,200	20,800	15,600	10,400
토지 FV차액	12,800	3,200	2,400	1,600
영업권(자본조정)	24,000		2,000	

Ⅱ. 누적 지분 평가

1. 보통주 평가

(1) P사의 S사 누적 지분 평가

	취득금액	NI 지분액	배당	전기이월 이익잉여금	지분액 합계
01년	120,000	(24,800)	−	−	95,200
02년	120,000	32,000	(6,400)	(24,800)	120,800

순자산 분석

	순자산 지분액	토지(FV)	영업권	지분액 합계
취득시	83,200	12,800	24,000	120,000
01년	58,400	12,800	24,000	95,200
02년	84,000	12,800	24,000	120,800

(2) 비지배지분의 누적 지분 평가

	취득금액	NI 지분액	배당	전기이월 이익잉여금	지분액 합계
01년	24,000	(6,200)	−	−	17,800
02년	24,000	8,000	(1,600)	(6,200)	24,200

순자산 분석

	순자산 지분액	토지(FV)	영업권	지분액 합계
취득시	20,800	3,200	−	24,000
01년	14,600	3,200	−	17,800
02년	21,000	3,200	−	24,200

2. 우선주 평가

(1) P사의 S사 누적 지분 평가

	취득금액	자본잉여금/자본조정	NI 지분액	배당	전기이월 이익잉여금	지분액 합계
01년	20,000	(2,000)	600	–	–	18,600
02년	20,000	(2,000)	6,000	(1,800)	600	22,800

순자산 분석

	순자산 지분액	토지(FV)	자본잉여금	지분액 합계
취득시	15,600	2,400	2,000	20,000
01년	16,200	2,400	–	18,600
02년	20,400	2,400	–	22,800

(2) 비지배지분의 누적 지분 평가

	취득금액	NI 지분액	배당	전기이월 이익잉여금	지분액 합계
01년	12,000	400	–	–	12,400
02년	12,000	4,000	(1,200)	400	15,200

순자산 분석

	순자산 지분액	토지(FV)	영업권	지분액 합계
취득시	10,400	1,600	–	12,000
01년	10,800	1,600	–	12,400
02년	13,600	1,600	–	15,200

Ⅲ. 연결재무제표

1. 취득

단순합산

차변	금액	대변	금액
S주식	140,000	자본금(보)	140,000
유형자산	360,000	자본금(우)	30,000
		자본잉여금	120,000
		이익잉여금	210,000

연결조정

차변	금액	대변	금액
자본금(보, S)	40,000	S주식	140,000
자본금(우, S)	10,000	비지배지분	36,000
자본잉여금(S)	20,000		
이익잉여금(S)	60,000		
유형자산(FV)	20,000		
영업권	24,000		
자본잉여금	2,000		

연결재무제표

차변	금액	대변	금액
S주식	-	자본금(보)	100,000
유형자산	380,000	자본금(우)	20,000
영업권	24,000	자본잉여금	98,000
		이익잉여금	150,000
		비지배지분	36,000

2. 01년

단순합산

차변		대변	
S주식	140,000	자본금(보)	140,000
유형자산	390,000	자본금(우)	30,000
		자본잉여금	120,000
		이익잉여금	240,000
비용	370,000	수익	400,000
이익잉여금 (단순합산NI)	30,000		

연결조정

차변		대변	
자본금(보, S)	40,000	S주식	140,000
자본금(우, S)	10,000	이익잉여금	**(24,200)**
자본잉여금(S)	20,000	비지배지분	30,200
이익잉여금(S)	30,000		
유형자산(FV)	20,000		
영업권	24,000		
자본잉여금	2,000		

연결재무제표

차변		대변	
S주식	-	자본금(보)	100,000
유형자산	410,000	자본금(우)	20,000
영업권	24,000	자본잉여금	98,000
		이익잉여금	185,800
		비지배지분	30,200
비용	370,000	수익	400,000
이익잉여금 (연결NI)	30,000		

3. 02년

단순합산

차변		대변	
S주식	140,000	자본금(보)	140,000
유형자산	509,000	자본금(우)	30,000
		자본잉여금	120,000
		이익잉여금	359,000
비용	350,000	수익	480,000
이익잉여금 (단순합산NI)	130,000		

연결조정

차변		대변	
<u>1단계 : 순자산조정</u>			
자본금(보, S)	40,000	S주식	140,000
자본금(우, S)	10,000	이익잉여금	5,600
자본잉여금(S)	20,000	비지배지분	39,400
이익잉여금(S)	69,000		
유형자산(FV)	20,000		
영업권	24,000		
자본잉여금	2,000		
<u>2단계 : 순이익조정</u>			
수익(배당금)	8,200	이익잉여금	8,200

연결재무제표

차변		대변	
S주식	-	자본금(보)	100,000
유형자산	529,000	자본금(우)	20,000
영업권	24,000	자본잉여금	98,000
		이익잉여금	295,600
		비지배지분	39,400
비용	350,000	수익	471,800
이익잉여금 (연결NI)	121,800		

4. 연결자본변동표

	자본금	자본잉여금	이익잉여금	비지배지분	합 계
01년 초	120,000	98,000	150,000	-	368,000
종속기업 취득				36,000	36,000
연결당기순이익			35,800	(5,800)	30,000
01년 말	120,000	98,000	185,800	30,200	434,000
02년 초	120,000	98,000	185,800	30,200	434,000
연결당기순이익			109,800	12,000	121,800
비지배주주에 대한 배당				(2,800)	(2,800)
02년 말	120,000	98,000	295,600	39,400	553,000

연결당기순이익의 검증

		01년	02년	
1	P사의 별도재무제표상 순이익	60,000	80,000	지배기업 소유주지분
2	P사의 배당금수익	-	(8,200)	
3	S사 지분 이익	(24,200)	38,000	
4	비지배지분 이익	(5,800)	12,000	비지배지분
		30,000	121,800	

사례를 통하여 살펴본 내용은 다음과 같다.

순이익의 배분

- 종속기업이 우선주를 발행한 경우에는 보통주 주주와 우선주 주주에게 귀속될 순자산과 순이익을 먼저 구분하여 식별한 후, 종속기업의 순자산 변동 금액을 보통주 주식 순자산의 변동과 우선주 주식 순자산의 변동으로 구분하여 분석하는 것이 편리하다.
- 01년에 손실이 발생하였음에도 불구하고 누적우선주는 최소 배당률인 1,000원(= 10,000원 × 10%) 만큼을 이익으로 인식한다. 따라서 보통주 주주에게 귀속되는 손실은 (-)30,000원에서 1,000원을 차감한 (-)31,000원으로 계산된다.
- 02년에는 참가적 우선주 특성을 고려하여 순이익을 자본금 비율에 따라 배분한다. 즉, 우선주 주주에게는 20%(= 10,000원 ÷ 50,000원)를, 보통주 주주에게는 80%(= 40,000원 ÷ 50,000원)를 배분한다.

순자산의 배분

- 지배력 획득일 시점의 순자산은 보통주와 우선주 각각의 자본금 비율에 따라 배분한다.
- **01년의 순자산은 지배력 획득일 시점에 배분된 순자산 금액에, 01년에 배분한 순이익을 합산하여 산정한다.** 예를 들어 01년 보통주 이익잉여금은 지배력 획득일 현재 배분되었던 보통주 이익잉여금 48,000원에 순이익 배분액 (-)31,000원을 가산하여 17,000원으로 산정된다. 반면에 우선주 이익잉여금은 지배력 획득일 현재 산정된 12,000원에 1,000원을 가산하여 13,000원으로 계산된다.
- 마찬가지로 02년의 이익잉여금 배분액은 01년 보통주와 우선주에 배분된 이익잉여금 배분액에 02년 순이익 배분액을 합산하여 계산된다. 예를 들어 02년 보통주 이익잉여금은 01년 이익잉여금 17,000원에 02년 순이익 배분액 40,000원을 가산하고 지급된 배당금 8,000원을 차감한 49,000원으로 산정된다.
- 한편, 토지에 대한 공정가치 차액은 보통주 및 우선주 주주에게 자본금 비율대로 배분된다.

취득금액의 구성내역

- 보통주는 순자산 공정가치를 초과하는 취득금액을 영업권으로 분류하지만, 우선주의 경우에는 영업권이 아닌 자본 항목으로 처리한다.

• 우선주를 취득하는 과정에서 발생한 2,000원은 자본잉여금(또는 자본조정)으로 연결조정에 반영한다.

순자산조정

• 보통주와 우선주에 대한 순자산과 순이익을 연도별로 분석한 후, 지배기업의 보통주에 대한 누적 지분 평가와 우선주에 대한 누적 지분 평가를 별도로 구분하여 수행한다. 이 과정은 마치 2개의 종속기업(예를 들어 보통주 종속기업과 우선주 종속기업)을 분석하여 연결재무제표를 작성하는 절차와 유사하다.

• 유형자산에 대한 공정가치 차액 20,000원은 보통주와 우선주의 주주(지배기업 및 비지배주주)에게 배분된 금액을 모두 합산하여 산정된다.

• 비지배지분은 해당연도 보통주와 우선주에 대한 순자산 분석의 기말장부금액을 합산하여 계산한다. 지배력 획득일 시점에는 보통주와 우선주에 대한 비지배주주의 순자산 분석상 기말장부금액인 24,000원과 12,000원을 합산한 36,000원이 비지배지분으로 인식된다.

• 01년 이익잉여금 = (−)24,800원(P사의 보통주에 대한 이익잉여금 지분액) + 600원(우선주에 대한 이익잉여금 지분액) = (−)24,200원(연결조정)

• 02년 이익잉여금 = 800원(P사의 보통주에 대한 이익잉여금 지분액) + 4,800원(우선주에 대한 이익잉여금 지분액) = 5,600원(연결조정)

순이익조정

• 01년 P사의 배당금수익 = 6,400원(보통주에 대한 배당금) + 1,800원(우선주에 대한 배당금) = 8,200원

제 5 절 연결자본변동표

개별 기업이 작성하는 자본변동표와 달리 연결자본변동표는 지배기업의 자본 변동에 대한 정보뿐만 아니라, 종속기업에 대한 지배기업과 비지배주주의 지분 이익에 대한 세부 정보가 전제되어야 작성 가능하다. 따라서 비지배지분은 단일 계정으로 표시되지만, 세부 변동 내역을 관리해야 한다.

본 절에서는 자본변동표의 개념과 구성 항목을 설명하고, 연결자본변동표의 작성 방법에 대하여 살펴본다.

1. 연결자본변동표

(1) 자본변동표의 의의

자본변동표(Statement of changes in equity)는 자본의 크기와 그 변동에 관한 정보를 제공하는 재무보고서로서, 자본을 구성하고 있는 납입자본, 이익잉여금 및 기타자본요소의 변동에 대한 포괄적인 정보를 제공한다.

자본변동표는 재무상태표, 포괄손익계산서 및 현금흐름표와 더불어 필수 재무제표로서 작성되는데, 그 유용성은 다음과 같다.

① 재무상태표에 표시되어 있는 자본의 기초잔액과 기말잔액을 모두 제시함으로써 기초 재무상태표와 기말 재무상태표상 자본의 변동 내역을 쉽게 파악할 수 있다.

② 자본의 변동 내용은 손익계산서와 현금흐름표에 나타난 정보와 연결할 수 있어 정보 이용자들이 더욱 명확하게 재무제표 간의 관계를 파악할 수 있다.

(2) 연결자본의 상관관계

연결자본은 지배기업 소유주지분과 비지배지분으로 구성되며, 연결자본의 변동은 기말 연결자본에서 기초 연결자본을 차감하여 계산된다.

| 연결재무상태표와 연결자본변동표의 관계 |

재무상태표(지배력 획득)

자산	×××	부채	×××
		자본	
		-지배기업 지분	×××
		-비지배지분	×××

재무상태표(02년 말)

자산	×××	부채	×××
		자본	
		-지배기업 지분	×××
		-비지배지분	×××

연결자본변동표

구 분	지배기업 소유주지분			비지배지분
	……	이익잉여금	기타포괄손익	
01년 기초	×××	×××	×××	×××
지배력 획득				×××
01년 순이익(P사)		×××		
01년 OCI(P사)			×××	
01년 순이익(S사)		×××		×××
01년 OCI(S사)			×××	×××
01년 기말	×××	×××	×××	×××
02년 순이익(P사)		×××		
02년 OCI(P사)		×××		
02년 순이익(S사)		×××		×××
02년 OCI(S사)			×××	×××
02년 기말	×××	×××	×××	×××

- 연결자본
  = 지배기업 소유주지분 + 비지배지분
  = (별도재무제표상 지배기업 자본 + 지배력 획득 후 지배기업의 누적평가액)
  + (지배력 획득 시 비지배지분 + 지배력 획득 후 비지배주주의 누적평가액)
  = 별도재무제표상 지배기업의 자본 + 지배력 획득 시점의 비지배지분
  + 지배력 획득 후 종속기업의 순자산 변동 누적액(지배기업과 비지배지분으로 배분)
- **연결자본 변동**
  = 기말 연결자본 - 기초 연결자본
  = 지배기업의 자본변동
  + 회계기간 중 종속기업의 순자산 변동에 대한 지배기업과 비지배주주의 지분액

상기 산식에서 보듯이 연결재무상태표, 연결손익계산서 및 연결현금흐름표는 단순합산 재무제표를 작성한 후 연결조정을 반영하여 산출되는 반면, **연결자본변동표는 지배기업의 자본변동표에 종속기업에 대한 지분 평가 결과를 가산하여 작성한다는 특징이 있다.** 이러한 이유로 연결자본변동표를 다른 재무제표와 같이 지배기업과 종속기업의 자본변동표를 단순합산하여 작성하려는 시도는 개념상 적절하지 않다.

(3) 연결자본변동표의 구성 항목과 내역

연결자본변동표의 구성 항목과 그 내용을 살펴보면 다음과 같다.

① 납입자본
- 지배기업의 납입자본

② 자본잉여금
- 지배기업의 자본잉여금
- 지배력에 영향을 미치지 않는 종속기업에 대한 지분율 변동으로 발생한 지분거래손익

③ 이익잉여금
- 지배기업의 이익잉여금
- 종속기업의 당기순이익 중 지배기업 소유주지분
- 지배기업의 배당금과 비지배주주에 대한 배당금(지배기업에 대한 종속기업의 배당금은 내부거래로서 포함되지 아니함)
- 종속기업의 재평가잉여금 대체액 중 지배기업의 지분액
- 종속기업의 보험수리적손익 중 지배기업의 지분액

④ 기타포괄손익
- 지배기업의 기타포괄손익
- 종속기업의 기타포괄손익 변동액 중 지배기업의 지분액

⑤ 기타자본요소
- 지배기업의 기타자본요소
- 종속기업의 주식선택권은 일반적으로 종속기업의 잠재적 비지배주주가 권리를 보유하고 있으므로 연결자본변동표에 표시되지 아니함.
- 종속기업의 자기주식 취득은 종속기업의 발행주식이 감자된 것으로 보기 때문에 연결자본변동표에 표시되지 아니함.

⑥ 비지배지분

- 종속기업에 대한 지배력 획득 시 정의된 비지배주주의 취득금액
- 종속기업의 유상증자 중 비지배주주의 납입 금액
- 종속기업의 전환권대가와 신주인수권대가에 대한 비지배주주의 지분액
- 종속기업의 당기순이익에 대한 비지배주주의 지분액
- 종속기업의 배당금 중 비지배주주의 수취액
- 종속기업의 재평가잉여금 대체액 중 비지배주주의 지분액
- 종속기업의 기타포괄손익 변동액 중 비지배주주의 지분액
- 종속기업의 주식선택권

연결자본변동표의 구성 내역에서 알 수 있듯이 **종속기업의 순자산 총액에 영향을 주지 않는 종속기업의 주식배당, 결손보전, 무상증자, 감자차손 상계 및 이익소각 등은 연결자본변동표에 표시되지 않는다.**

또한 **주식선택권과 같이 비지배주주에게만 효익을 주는 항목은 전액 비지배지분에 귀속되며, 종속기업의 자기주식은 소각된 것으로 보아 유효지분율에만 반영하고 연결자본변동표에는 표시되지 않는다.**

예제 16

- P사는 01년 초 S사 주식 60%를 취득하여 지배력을 획득함.
- 지배력 획득 당시 공정가치 차액이나 영업권은 인식되지 않았으며, 비지배지분은 40,000원으로 측정됨.
- P사의 01년 초 자본금, 자본잉여금, 이익잉여금, 금융자산평가이익 및 자기주식은 각각 100,000원, 20,000원, 100,000원, 5,000원 및 12,000원임.
- S사의 01년 초 자본금, 자본잉여금, 이익잉여금 및 금융자산평가이익은 각각 50,000원, 10,000원, 35,000원 및 5,000원임.
- 01년 중 P사와 S사는 당기순이익을 각각 18,000원, 8,000원 인식함.
- 01년 중 P사와 S사는 금융자산평가이익을 각각 7,000원, 3,000원 인식함.
- 01년 중 P사와 S사는 배당금을 각각 5,000원, 4,000원 지급함.
- 01년에 S사가 인식한 보험수리적손실은 5,000원임.
- 01년 중 S사는 100주를 유상증자하였으며, 모든 주주는 지분율에 따라 주식을 인수함.
- 유상증자에 따라 S사의 자본금과 자본잉여금은 각각 30,000원씩 증가함.

요구사항 연결자본변동표를 작성하시오.

별도재무제표상 자본변동표

• P사

구 분	자본금	자본잉여금	이익잉여금	기타 포괄손익	자기주식	합 계
01년 초	100,000	20,000	100,000	5,000	(12,000)	213,000
당기순이익			18,000			18,000
금융자산평가이익				7,000		7,000
배당금			(5,000)			(5,000)
01년 말	100,000	20,000	113,000	12,000	(12,000)	233,000

• S사

구 분	자본금	자본잉여금	이익잉여금	기타 포괄손익	자기주식	합 계
01년 초	50,000	10,000	35,000	5,000	-	100,000
당기순이익			8,000			8,000
금융자산평가이익				3,000		3,000
배당금			(4,000)			(4,000)
보험수리적손실			(5,000)			(5,000)
유상증자	30,000	30,000				60,000
01년 말	80,000	40,000	34,000	8,000	-	162,000

순자산 변동 분석

구 분	S사의 순자산 변동	P사 지분(60%)	비지배지분(40%)
당기순이익	8,000	4,800	3,200
금융자산평가이익	3,000	1,800	1,200
배당금(*)	(4,000)	(2,400)	(1,600)
보험수리적손실	(5,000)	(3,000)	(2,000)
유상증자(*)	60,000	36,000	24,000

(*) 지배기업이 인식한 배당금수익과 유상증자는 자본변동표에 표시되지 아니함.

연결 관점에서 S사의 유상증자로 인하여 연결실체에 유입되는 자금은 비지배주주가 참여한 것에 한정되며, P사가 투자한 금액은 내부거래에 해당하므로 연결조정으로 제거된다. 따라서 연결자본변동표에는 비지배주주가 유상증자에 참여한 24,000원(= 60,000원 × 40%)만이 표시된다. 또한 P사가 수령한 배당금 또한 내부거래에 해당하므로, S사의 비지배주주가 수령한 배당금만이 외부로 유출된 자금으로 표시된다.

연결자본변동표

구 분	자본금	자본 잉여금	이익 잉여금	기타 포괄손익	자기주식	비지배 지분	합 계
01년 초	100,000	20,000	100,000	5,000	(12,000)	-	253,000
종속기업 취득						40,000	40,000
연결당기순이익(*)			18,000 − 2,400 + 4,800			3,200	23,600
금융자산평가이익				7,000 + 1,800		1,200	10,000
지배기업 배당금			(5,000)				(5,000)
종속기업 배당금						(1,600)	(1,600)
보험수리적손실			(3,000)			(2,000)	(5,000)
S사의 유상증자						24,000	24,000
01년 말	100,000	20,000	112,400	13,800	(12,000)	64,800	299,000

(*) 연결당기순이익 중 지배기업 소유주지분 = 18,000원 − 2,400원(배당금) + 4,800원(지분이익)

상기 표를 통하여 알 수 있듯이 연결자본변동표는 **지배기업의 자본변동표**에 종속기업의 순자산 변동에 대한 **지배기업의 지분액을 본 계정과목에 가감하고, 비지배지분의 변동액은 비지배지분이라는 단일계정에 표시**함으로써 작성된다.

종속기업의 순자산 변동에 대한 지배기업과 비지배주주의 지분액은 누적 지분 평가에 표시된 정보들을 이용하여 쉽게 구할 수 있는데, 그 내용은 다음과 같다.

① 지분 이익(당기순이익) : 누적 지분 평가에 표시되어 있는 손익 항목의 합계 금액

② 기타포괄손익 : 누적 지분 평가에 표시되어 있는 당기 말 내역에서 전기 말 내역을 차감한 금액

③ 비지배주주에 대한 배당금 : 비지배주주의 누적 지분 평가에 표시되어 있는 배당금

④ 지배기업의 별도재무제표상 당기순이익 조정 : 누적 지분 평가에 표시되어 있는 당기 배당금(종속기업의 배당금은 연결 관점에서 수익이 아님.)
⑤ 보험수리적손익에 대한 지분액 : 누적 지분 평가에 표시되어 있는 당기 보험수리적손익
⑥ 종속기업의 유상증자 : 비지배주주의 누적 지분 평가에 표시되어 있는 취득금액의 변동액

연결자본변동표는 누적 지분 평가를 활용하여 쉽게 작성할 수 있는데, 그 요령은 〈사례 3〉을 통해 살펴본다.

2. 연결포괄손익계산서와 연결자본변동표의 상관관계

연결포괄손익계산서에 포함되는 포괄손익은 지배기업의 지분뿐만 아니라 비지배주주의 종속기업에 대한 포괄손익에 대한 지분액까지도 세부 계정과목으로 표시된다. 따라서 비지배지분의 세부 항목을 관리하고 있지 않다면 연결포괄손익계산서와 연결자본변동표의 상관관계를 정확하게 보여주기 어렵다.

포괄손익계산서

구 분	P사 별도재무제표	S사 별도재무제표	연결재무제표
당기순이익			23,600
–지배기업 소유주지분(*)	18,000 – 2,400	4,800	20,400
–비지배지분	–	3,200	3,200
기타포괄손익			
–금융자산평가이익	7,000	3,000	10,000
–보험수리적손실	–	(5,000)	(5,000)
총포괄이익	25,000	6,000	31,000
–지배기업 소유주지분	–	–	26,200
–비지배지분	–	–	2,400

(*) 지배기업이 별도재무제표상 배당금수익은 자신이 창출한 이익을 왜곡하므로 차감 계산함.

총포괄이익의 배분 과정

• 지배기업 소유주지분 = 순이익 + 금융자산평가이익 – 보험수리적손실
= 20,400원 + 8,800원 – 3,000원 = 26,200원

• 비지배지분 = 순이익 + 금융자산평가이익 - 보험수리적손실
= 3,200원 + 1,200원 - 2,000원 = 2,400원

사례 3 연결자본변동표의 작성

1 주식 취득

P사는 S사 주식을 01년 초 다음과 같이 취득함.

지분율 60%
취득금액 100,000
취득주식수 600

비지배지분은 식별 가능한 순자산 공정가치에 비례하여 인식함.

한편, 지배력 획득일 현재 S사의 자산·부채 장부금액과 공정가치의 차이는 다음과 같음.

	공정가치	장부금액	차 액
유형자산(토지)	100,000	80,000	20,000

2 S사의 자본 변동

(1) 결손보전

S사는 01년 2월 중 자본잉여금을 재원으로 전기에 이월된 결손금 20,000원을 보전함.

(2) 유상감자

① S사는 01년 말에 발행된 전체 주식수 1,000주 중에서 500주를 주주들에게 비례적으로 주당 200원(1주당 액면금액 : 100원)을 지급하고 감자를 실시함.

② P사는 300주에 대한 감자대가로 60,000원을 수령함.

(3) 보험수리적손실

S사는 01년에 5,000원의 보험수리적손실을 인식함.

(4) 주식선택권

S사는 01년에 임직원에 대하여 지분형 주식선택권을 부여하고 4,000원의 주식보상비용을 인식함.

(5) 배당

S사는 01년 중 20,000원을 배당함.

(6) 해외사업환산차이

S사는 01년 중 6,000원의 해외사업환산차이를 인식함.

3 요약 별도재무제표

	지배기업(P)		종속기업(S)	
	취득	01년	취득	01년
주식S	100,000	40,000	–	–
유형자산	500,000	630,000	130,000	55,000
자산계	600,000	670,000	130,000	55,000
자본금	500,000	500,000	100,000	50,000
자본잉여금	50,000	50,000	50,000	30,000
이익잉여금	50,000	120,000	(20,000)	15,000
주식선택권	–	–	–	4,000
해외사업환산차이	–	–	–	6,000
감자차손	–	–	–	(50,000)
자본계	600,000	670,000	130,000	55,000
수익		450,000		120,000
비용		(380,000)		(80,000)
당기순이익		70,000		40,000

요구사항 지배력 획득일과 01년의 연결재무제표를 작성하시오.

해설

I. 분석

1. 취득금액의 구성내역

	지배기업	비지배지분
취득금액	100,000	60,000
순자산 지분액	78,000	52,000
토지 FV차액	12,000	8,000
영업권	10,000	

2. 유상감자 및 결손보전

(1) 유상감자 회계처리

① S사

(차변)	자본금	50,000	(대변)	현금	100,000
	감자차손	50,000			

② P사

(차변) 현금 60,000 (대변) 주식S 60,000

(2) 결손보전

(차변) 자본잉여금 20,000 (대변) 이익잉여금 20,000

3. S사 순자산 변동 분석

	순자산 변동	P사 지분	비지배지분
자본금 및 감자차손(*1)	(100,000)	(60,000)	(40,000)
자본잉여금(*2)	(20,000)	–	–
이익잉여금(*3)	35,000		
– 당기순이익	40,000	24,000	16,000
– 배당금(*1)	(20,000)	(12,000)	(8,000)
– 보험수리적손실	(5,000)	(3,000)	(2,000)
– 결손보전(*2)	20,000	–	–
주식선택권	4,000	–	4,000
해외사업환산차이	6,000	3,600	2,400

(*1) 지배기업이 인식한 배당금수익과 유상증자는 자본변동표에 표시되지 아니함.

(*2) 결손보전은 연결 순자산에 영향을 미치지 아니함.

(*3) 이익잉여금은 변동되는 각 요소별로 구분하여 지분액을 안분함.

Ⅱ. 누적 지분 평가

1. P사의 S사 누적 지분 평가

	취득금액	취득처분	해외사업 환산차이	NI 지분액	배당금	이익잉여금 (보험수리)	지분액 합계
01년	100,000	(60,000)	3,600	24,000	(12,000)	(3,000)	52,600

순자산 분석

	순자산 지분액	토지(FV차액)	영업권	주식선택권	지분액 합계
취득	78,000	12,000	10,000	–	100,000
01년	33,000	12,000	10,000	(2,400)	52,600

2. S사 비지배주주의 누적 지분 평가

	취득금액	취득처분	해외사업 환산차이	주식 선택권	NI 지분액	배당금	이익잉여금 (보험수리)	지분액 합계
01년	60,000	(40,000)	2,400	4,000	16,000	(8,000)	(2,000)	32,400

순자산 분석

	순자산 지분액	토지(FV차액)	영업권	주식선택권	지분액 합계
취득	52,000	8,000	–	–	60,000
01년	22,000	8,000	–	2,400	32,400

Ⅲ. 연결재무제표

1. 취득

단순합산

차변	금액	대변	금액
주식S	100,000	자본금	600,000
유형자산	630,000	자본잉여금	100,000
		이익잉여금	30,000

연결조정

차변	금액	대변	금액
자본금(S)	100,000	주식S	100,000
자본잉여금(S)	50,000	비지배지분	60,000
이익잉여금(S)	**(20,000)**		
유형자산(FV)	20,000		
영업권	10,000		

연결재무제표

차변	금액	대변	금액
주식S	–	자본금	500,000
유형자산	650,000	자본잉여금	50,000
영업권	10,000	이익잉여금	50,000
		비지배지분	60,000

2. 01년

단순합산

차변	금액	대변	금액
주식S	40,000	자본금	550,000
유형자산	685,000	자본잉여금	80,000
		이익잉여금	135,000
		주식선택권	4,000
		환산차이	6,000
		감자차손	**(50,000)**
비용	460,000	수익	570,000
이익잉여금 (단순합산NI)	110,000		

연결조정

차변	금액	대변	금액
1단계 : 순자산조정			
자본금(S)	50,000	주식S	40,000
자본잉여금(S)	30,000	이익잉여금	9,000
이익잉여금(P)	15,000	환산차이	3,600
주식선택권	4,000	비지배지분	32,400
환산차이	6,000		
감자차손(S)	**(50,000)**		
유형자산(FV)	20,000		
영업권	10,000		
2단계 : 순이익조정			
수익(배당금)	12,000	이익잉여금	12,000

연결재무제표

차변	금액	대변	금액
주식S	–	자본금	500,000
유형자산	705,000	자본잉여금	50,000
영업권	10,000	이익잉여금	129,000
		주식선택권	–
		환산차이	3,600
		비지배지분	32,400
비용	460,000	수익	558,000
이익잉여금 (연결NI)	98,000		

3. 연결자본변동표

	자본금	자본잉여금	이익잉여금	환산차이	비지배지분	합 계
01년 초	500,000	50,000	50,000	-	-	600,000
종속기업 취득					60,000	60,000
연결당기순이익			82,000		16,000	98,000
해외사업환산차이				3,600	2,400	6,000
보험수리적손실			(3,000)		(2,000)	(5,000)
S사 주식선택권					4,000	4,000
S사 배당금					(8,000)	(8,000)
S사 유상감자					(40,000)	(40,000)
01년 말	500,000	50,000	129,000	3,600	32,400	715,000

<u>연결당기순이익의 검증</u>

		01년	
1	P사의 별도재무제표상 순이익	70,000	지배기업 소유주지분
2	P사의 별도재무제표상 배당금수익	(12,000)	
3	S사 지분 이익	24,000	
4	비지배지분 이익	16,000	비지배지분
		98,000	

4. 포괄손익계산서

	P사	S사	연결
수익	450,000	120,000	558,000
비용	(380,000)	(80,000)	(460,000)
당기순이익	70,000	40,000	98,000
해외사업환산차이			6,000
보험수리적손실			(5,000)
총포괄이익			99,000
- 지배기업 소유주지분			82,600
- 비지배지분			16,400

사례를 통하여 살펴본 내용은 다음과 같다.

종속기업 순자산 변동 금액의 배분

- 보험수리적손실과 해외사업환산차이는 지분율에 따라 P사와 비지배주주의 지분에 안분한다.
- 주식선택권은 잠재적인 비지배주주(S사의 임직원)에게 귀속되므로 전액 비지배지분에 배분한다.

연결자본변동표와 연결손익계산서

- S사의 유상감자와 배당으로 인하여 P사가 지급받는 금액은 일종의 내부 자금거래에 해당하므로 연결자본변동표에 표시되지 않는다. 따라서 비지배주주에 귀속되는 금액만이 연결자본변동표상 비지배지분의 차감 항목으로 표시된다.
- 연결자본변동표상 종속기업에 대한 지분액 변동은 내용 누적 지분 평가에 표시된 정보에서 산출된다.
- 본 사례를 통하여 종속기업의 순자산 변동이 연결자본변동표와 연결손익계산서에 미치는 영향과 양 재무제표 간의 연관성에 대하여 검토하길 바란다.

Chapter

08 내부거래

본 장은 〈제3장〉에서 다루지 않은 다양한 내부거래를 소개하는데, 모든 내부거래는 다음과 같은 절차에 따라 분석됨을 염두에 두고 본 장을 접하였으면 한다.

✓ 연결실체 내에서 발생된 내부거래는 단순합산재무제표에 어떻게 반영되고 있는가?
✓ 연결실체 내에 발생된 내부거래는 연결재무제표에 어떻게 표시되어야 하는가?
✓ 연결재무제표와 단순합산재무제표의 차이는 어떻게 조정할 것인가?

제1절 내부거래와 기업분석

1. 내부거래의 의미

기업은 치열한 경쟁 환경을 극복하고 성장하기 위해 변화와 혁신의 과정을 겪게 된다. 이 과정에서 현재 수익창출의 기반이 되는 제품이나 서비스를 재조정하고 새로운 사업을 모색하거나, 원가 및 기술경쟁력을 확보하여 경쟁우위를 창출하기 위해 적극적으로 해외로 진출하게 된다. 이러한 사업다각화와 글로벌화에 따라 연결실체 내 사업(종속기업)도 증가하고, 내부거래 유형도 다양해지고 있다.

지배기업과 종속기업이 지배·종속 관계에 의하여 하나의 경제적 실체로 결합되면, 기업집단은 개별 기업(법적 실체)이 아닌 연결실체(경제적 실체) 자체의 가치 극대화를 목적으로 하게 된다. 따라서 연결실체 내에서 이루어지는 의사결정의 목적은 단순하게 연결실체 내 특정 기업의 가치를 증가시키기 위함이 아니라, 연결실체 전체의 가치를 상승시키기 위한 것으로 보는 것이 적절하다.

기업집단의 규모가 커지고 경영활동의 범위가 확대될수록 단일의 법적 실체가 연구부터 판매까지 모든 업무를 수행하기보다는 전체 가치 활동을 연구, 생산, 판매 등으로 구분하고 (연결실체 내 기업 중) 해당분야에서 경쟁력이 있는 기업이 특정 활동에 집중하는 것이 일반적이다. 그리고 연결실체(기업집단)에서 Control Tower 역할을 하는 기업(일반적으로 지배기업)이 각 부문의 활동을 그룹 관점에서 유기적으로 조율하여 준최적화가 아닌 전체 최적화를 달성하고자 노력하게 된다.

예제 1

- P사는 S사, T사, X사에 대하여 지배력을 획득하고 있음.
- S사는 실리콘밸리에서 신기술을 개발하고 있음(연구개발 활동).
- T사는 중국에서 제품을 제조하고 있음(생산 활동).
- X사는 미국과 유럽에서 상품을 판매하고 있음(마케팅 활동).
- Z사는 원재료 및 제품의 운송을 영업으로 함(보조 활동).
- P사는 아시아 지역에 대한 마케팅 활동을 담당하고 있으며 S사, T사, X사, Z사에 대한 경영활동을 조율함(마케팅 활동 및 경영기획).

요구사항 내부거래가 경영활동 측면에서 의미하는 바를 분석하시오.

지배 구조

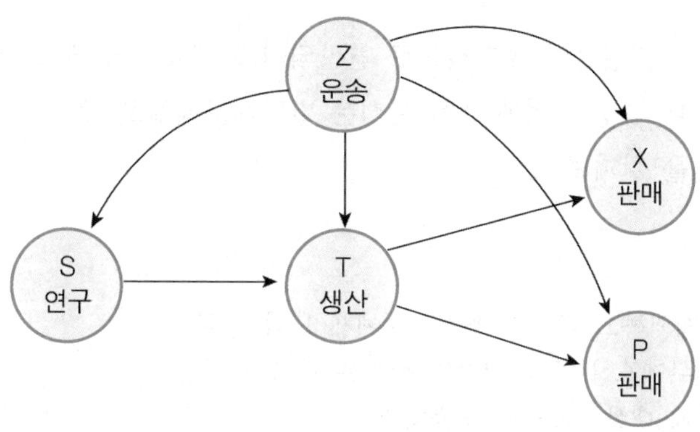

가치활동의 최적화

연결실체 내에 있는 각각의 기업들이 연구활동에서부터 판매활동까지 모두 수행한다면, 업무의 비효율성 때문에 전체 연결실체의 가치는 최적화되지 못할 가능성이 크다. 본 예제의 연결실체(기업집단)는 최신 정보와 기술이 집결된 실리콘밸리에서 연구활동을 수행하고, 생산은 인건비가 저렴한 중국에서 수행하며, 마케팅 활동은 현지 소재 법인에서 수행함으로써 전체 연결실체의 가치활동을 극대화하고 있다.

내부거래

〈예제 1〉과 같이 글로벌화된 기업집단의 경우에는 여러 가지 형태의 내부거래가 발생할 수밖에 없는데, 예를 들면 다음과 같다.

- S사는 개발된 기술을 T사에게 이전하고 로열티 등을 수령함.
- T사는 X사와 P사에게 생산된 제품을 판매함.
- Z사는 원재료나 제품을 운송하고 운송수수료를 수취함.
- P사는 S사, T사, X사, Z사로부터 경영자문수수료를 획득함.

이와 같이 연결실체(기업집단)에서 수행하는 전체 가치 사슬에 연관된 기업이 많을수록 더 많은 내부거래가 발생되는데, **내부거래는 연결실체의 가치 활동 흐름과 연결실체 내 기업들의 유기적인 관계 내에서 해석**되어야 한다.

연결실체 내 기업들은 그룹 전체의 목적을 달성하기 위하여 상호 연관성을 가지고 운영되고 있다. 따라서 **연결실체 내 특정 기업이나 특정 거래를 정확하게 이해하고 평가하려면, 연결실체에서 각 기업의 역할과 거래의 성격이 무엇인지를 파악해야 한다.**

2. 기업가치 분석

연결실체 내 여러 기업들이 유기적으로 연관되어 고객들에게 제품이나 서비스를 제공하는 경우 연결실체 내 특정 기업에 대한 분석은 별도재무제표로 충분치 않을 경우가 많은데, 다음 예제로 내용을 살펴보자.

예제 2

- 아래 내용을 제외하고 나머지 조건은 〈예제 1〉과 동일함.
- T사의 별도재무제표상 주요 계정의 성격은 다음과 같음.
  - X사와 P사에 대한 매출 및 매출채권
  - S사에 대한 로열티, P사와 Z사에 대한 수수료
  - 원재료 매입처에 대한 매입 및 매입채무
- T사는 중국 시장에 상장되어 있음.
- 투자자 K사는 T사에 대한 전략적 투자를 고려하고 있음.

요구사항 K사가 T사에 대한 투자의사 결정 시 고려하여야 할 주된 요소를 검토하시오.

T사의 경우 매입과 매입채무를 제외한 나머지 재무제표 항목들은 대부분 특수관계자와의 거래로부터 발생된다. 이 경우 T사의 기업가치는 별도재무제표만을 통한 형식적 분석으로는 산정하기 매우 어렵다. 특수관계자에 대한 채권과 채무의 결제 시점은 연결실체 내 기업들의 자금사정(유동성)을 고려하고, 이익률은 향후 투자계획과 세무상 문제 등을 감안하여 결정하기 때문이다.

예를 들어 P사와 X사의 단기 유동성 이슈가 불거지면 T사는 연결실체(기업집단)의 의사결정에 의하여 대금회수를 연장시켜 줄 수 있다. 그리고 T사가 향후 공장 확장을 위하여 자금이 필요하다면 판매단가를 조정할 수도 있다.

따라서 T사의 기업가치는 재무제표보다는 생산의 효율성, 접근성, 공장 생산설비, 종업원의 노동 숙련도 등에 대한 분석을 통하여 (생산기지로서 얼마만큼 효용이 있는지를 평가하여) 산출하는 것이 바람직하다.

연결실체 내 중간 지배기업이 주식시장에 상장되어 있거나 독립적으로 채권시장에서 사채를 발행하고 있는 경우, 투자자들은 그룹 내에서 중간 지배기업의 역할이 무엇인지를 정확하게 파악해야 중간 지배기업에 대한 바람직한 투자 의사결정이 가능하다. 즉, 중간 지배기업의 핵심역량과 영업이익의 원천이 무엇인지를 정확하게 파악할 필요가 있다.

예를 들어 중간 지배기업이 상당한 규모의 이익을 보고하더라도, 해당 기업의 핵심 역량으로부터 영업이익이 창출된 것이 아니라 최상위 지배기업이 종속기업들에게 내부 이전 가격을 지시하여 발생한 영업이익일 수 있기 때문이다. 극단적인 예로 최상위 지배기업은 동 중간지배기업을 사양 산업으로 판단하고 처분하고자 하는 과정에서, 투자자를 유인하기 위해 만든 영업이익일 수도 있다.

그러므로 어떤 기업이 특정 기업집단(연결실체)에 속해 있다면 그룹에서 동 기업이 수행하는 역할을 이해하고 핵심역량이 무엇인지를 정확하게 파악해야 기업가치를 제대로 분석할 수 있을 것이다.

예제 3

- P사는 30개의 종속기업을 보유하고 있는 지배기업임.
- S사는 P사의 종속기업으로서 연결실체 내 마케팅 활동을 수행하는 광고대행사이며, 양호한 성과를 보고하고 있음.
- X사는 고객사를 확보하기 위한 목적으로 S사를 인수하고자 함.

요구사항 X사가 S사 인수 시 고려하여야 할 사항에 대하여 검토하시오.

S사의 경우 연결실체 내에 있는 기업들을 고객으로 하여 실현한 매출의 비중이 높을 것이므로, 연결실체에서 제외되더라도 고객이 그대로 유지될 수 있을 것인가에 대한 검토가 필요하다. X사에게 주식을 처분한 이후에 연결실체 내에 새로운 광고대행사를 설립하거나, S사가 아닌 타 광고대행사에게 이전할 수도 있기 때문이다. 이러한 상황을 고려하지 않고 S사의 재무제표에 기반하여 기업가치를 산정하고 기업인수를 실시한다면, 그 의사결정은 실패할 가능성이 매우 크다.

제 2 절 재고자산 거래

재고자산 거래는 기업실무에서 가장 빈번하고 금액적 규모도 큰 대표적인 내부거래인데, 본 절에서는 재고자산과 관련된 다양한 내부거래를 소개한다.

1. 재고자산 평가

(1) 재고자산 평가와 자산손상 검토

기업은 결산일에 제품이나 상품재고의 가치가 하락하여 그 장부금액이 순실현가치에 미달하는지를 검토하고 자산손상이 인식되면 그 금액을 장부에 반영하게 되는데, 그 내용은 다음과 같다.

① 재고자산의 순실현가치를 계산한다. 여기서 순실현가치라 함은 재고자산이 최종 판매되어 획득할 금액에서 운반비나 추가 가공 과정 등에 소요될 원가를 차감한 금액을 의미한다.

② 순실현가치와 장부금액을 비교하고 장부금액이 순실현가치보다 적을 경우 그 차액을 평가손실(매출원가)로 처리한다.

내부거래를 통해 보유중인 재고자산에 대해 저가법 이슈까지 결합되면 연결결산이 복잡하게 느껴지는데, 다음 순서로 분석하는 것이 바람직하다.

① 연결재무제표상 계상되어야 할 재고자산의 취득금액을 결정한다.

② 연결재무제표상 계상되어야 할 재고자산평가충당금을 산정한다.

③ 단순합산재무제표와 연결재무제표상 차이를 조정한다.

- 판매를 통한 미실현손익은 판매기업을 기준으로 배분
- 평가에 따른 미실현손익은 평가손익을 계상한 기업을 기준으로 배분

예제 4

- P사는 S사 주식을 60% 취득하고 있음.
- P사는 당기 중 생산한 제품 50개를 S사에 판매함(단위당 원가 : 8,000원, 매출 단가 : 10,000원).
- S사는 단위당 12,000원에 처분하였으며, 결산일 현재 보유하고 있는 재고수량은 10개임.
- 결산일 현재 상품의 순실현가치는 7,000원임.

요구사항

1. 상기 내부거래가 P사의 지분에 미치는 영향을 분석하고, 연결재무제표상 표시될 재고자산과 재고자산평가충당금을 계산하시오.
2. 시장이 회복하지 아니하여 지속적으로 제품의 단위당 가격이 7,000원일 경우 자산손상에 미치는 영향을 검토하시오.

연결정산표

S사는 재고자산을 10,000원으로 인식하고, 단위당 3,000원(= 10,000원 - 7,000원)씩 평가손실을 계상한다. 그러나 연결 관점의 취득금액은 8,000원이므로, 단위당 1,000원(= 8,000원 - 7,000원)의 평가손실만 인식해야 한다.

따라서 다음의 조정이 이루어진다.

① 단순합산재무제표에 과대계상된 재고자산 원가 20,000원 차감 조정

② 단순합산재무제표에 과대계상된 평가손실 20,000원 차감 조정

연결정산표를 요약하면 다음과 같다.

계정과목	P사	S사	단순합산	연결 관점	연결조정
재고자산	-	100,000	100,000	80,000	(-)20,000
재고자산평가충당금	-	30,000	30,000	10,000	(-)20,000
매출	500,000	480,000	980,000	480,000	(-)500,000
매출원가	400,000	430,000(*1)	830,000	330,000(*2)	(-)500,000
매출총이익	100,000	50,000	150,000	150,000	-

(*1) S사의 별도재무제표상 매출원가 = 40개 × 10,000원 + 30,000원(평가손실)

(*2) 연결재무제표상 매출원가 = 40개 × 8,000원 + 10,000원(평가손실)

연결조정

연결조정

차변		대변	
1단계 : 순자산조정			
재고자산평가충당금(*2)	20,000	재고자산(S)(*1)	20,000
이익잉여금(P사 지분이익)(*3)	8,000	비지배지분(*4)	8,000
2단계 : 순이익조정			
매출원가(미실현)	20,000	매출원가(평가손실)	20,000
3단계 : 순액조정			
매출	500,000	매출원가	500,000

(*1) 재고자산 판매로 발생한 미실현손익 (−)20,000원은 하향판매에 해당
(*2) 재고자산 평가로 발생한 미실현손익 20,000원은 상향판매에 해당
(*3) 지배기업 소유주지분(이익잉여금)에 미치는 영향 = (−)20,000원 + 20,000원 × 60% = (−)8,000원
(*4) 비지배지분에 미치는 영향 = 20,000원 × (1 − 60%) = 8,000원

상기 연결조정의 내용은 다음과 같다.

① 재고자산 미실현손익은 하향판매로 발생한 것이므로, 전액 P사에게 배분한다.

② 재고자산평가충당금은 S사가 별도재무제표에 표시한 것이므로, 지분율에 따라 S사의 주주인 P사와 비지배주주의 지분에 안분한다.

③ 단순합산재무제표에 과대계상된 미실현손익과 평가손실을 연결조정으로 반영한다.

④ P사와 S사가 인식한 수익·비용 거래를 연결조정으로 제거한다.

제품가격이 회복하지 않는 경우

연결 관점의 생산원가는 8,000원이므로 제품가격이 단위당 7,000원으로 유지된다면 1,000원의 손실이 발생한다. 따라서 P사와 S사를 하나의 현금창출단위로 파악하고 연결 관점에서 자산손상 검사가 이루어져야 한다. 이때 손상 대상은 S사가 보유한 재고자산뿐만 아니라, 재고자산을 생산하는 P사의 생산설비까지 포함된다.

(2) 순실현가치의 차이

〈예제 4〉는 P사와 S사의 순실현가치가 동일함을 가정하고 있는데, 동일한 재고자산이더라도 지배기업과 종속기업이 적용할 순실현가치는 상이할 수 있다. 예를 들어 지배기업은

도매기업이고 종속기업은 소매기업으로 업종이 동일하지 않다면, 각각의 기업에 적용되는 순실현가치는 일치하지 않을 가능성이 크기 때문이다.

예제 5

- P사는 S사 주식을 60% 취득하고 있음.
- P사와 S사는 각각 도매업과 소매업을 영위하고 있으며, P사에서 생산한 제품은 모두 S사를 통해 판매되고 있음.
- 결산일 현재 P사와 S사는 각각 100개(장부금액 : 110원)와 70개(장부금액 : 120원)의 재고자산을 보유하고 있음.
- 결산시점 현재 P사와 S사의 재고자산 단위당 순실현가치는 각각 100원과 120원임.

요구사항 연결 관점의 순실현가치를 산정하시오.

P사와 S사는 별도재무제표상 재고자산에 대해 100원과 120원을 순실현가치로 하여 자산손상 검토를 실시하게 된다. 그러나 연결 관점에서 매출은 S사를 통해서만 발생하고 있으므로 100원이 아닌 120원을 순실현가치로 하여 재고자산평가손실을 인식해야 한다. 따라서 P사가 계상한 평가손실은 전액 연결조정으로 제거된다.

이와 같이 연결재무제표상 손상 검토는 단일 기업(예를 들어, P사)이 아니라 연결실체 전체의 영업활동이 반영될 필요가 있다.

2. 운반비와 계정분류

해외 현지법인이 생산한 제품을 국내로 들여올 경우 운반비의 처리에 대하여 생각해 보자. 만일 생산법인이 운반비를 지급하는 경우에는 판매비용으로 처리할 것이며, 판매법인이 지급하는 경우에는 취득부대비용으로 하여 재고자산으로 처리할 것이다. 그러나 연결 관점에서는 이미 생산이 완료된 제품을 판매하기 위하여 지리적 위치만 이동시키는 것이므로, 제품의 취득원가가 아닌 판매비용으로 분류해야 한다. 또한 판매법인은 상품매출로 처리할 것이나, 연결 관점에서는 직접 생산한 제품을 판매한 것이기 때문에 제품매출로 분류해야 한다.

따라서 생산법인과 판매법인이 분리되어 있으며 판매법인이 운반비를 재고자산으로 처리한 경우 다음의 연결조정이 발생한다.

① 매출원가에 포함되어 있는 운반비는 판매비와관리비로 계정재분류한다.

② 미판매 재고자산에 포함되어 있는 운반비는 미실현손익으로 처리한다.
③ 상품매출을 제품매출로 재분류한다.

다른 예로 베트남 현지 법인이 제품을 생산하여 국내의 본사에 판매하고, 국내 본사가 마무리 공정을 수행한 후 소비자에게 제품을 판매하는 연결실체를 가정해 보자. 그리고 베트남 법인이 물품 판매에 따른 운반비를 지급한다고 하였을 때 연결재무제표에 미치는 영향을 분석해 보자.

베트남 법인은 별도재무제표상 재고자산과 운반비를 제품과 판매비와관리비로 처리할 것이다. 그러나 연결 관점에서 보면 베트남에서 생산된 제품은 완제품이 아니라 재공품이며, 운반비는 생산 과정에서 발생하는 원가이므로 판매비와관리비가 아니라 제조원가로 분류해야 한다. 따라서 다음의 연결조정이 이루어진다.
① 판매비와관리비로 분류된 운반비를 제조원가로 재분류한다.
② 판매되지 아니한 제품에 대응되는 운반비는 재고자산으로 대체한다.
③ 베트남 법인이 보유하고 있는 재고자산은 제품이 아닌 재공품으로 분류한다.

예제 6

- P사는 S사 주식을 60% 취득하고 있음.
- P사는 01년에 물품 100개(단위당 원가 : 100원)를 12,000원에 S사에게 판매함.
- S사는 상품을 매입하는 과정에서 지출한 운반비 1,000원을 상품의 취득원가로 처리함.
- S사는 결산일 현재 10개의 상품을 보유하고 있으며, 상품매출을 20,000원 인식함.

요구사항 연결재무제표에 표시될 제품매출과 영업이익을 계산하시오.

연결정산표

P사는 12,000원의 제품매출과 10,000원의 매출원가를 인식한다. 그리고 S사는 운반비를 자산화하였으므로 13,000원(= 12,000원 + 1,000원)의 매입과 11,700원(= 13,000원 × 90개 ÷ 100개)의 매출원가 그리고 1,300원(= 13,000원 × 10개 ÷ 100개)의 재고자산을 계상하게 된다.

연결 관점에서 보면 1,000원의 운반비는 단순한 운반 활동으로 발생한 것이므로 취득 부대비용이 아닌 판매비와관리비에 해당한다. 따라서 연결 관점에 인식해야 할 매출원가와 재고자산은 각각 9,000원(= 10,000원 × 90개 ÷ 100개)과 1,000원으로 산정된다. 별도재무

제표에 계상된 재고자산 1,300원과 연결재무제표상 재고자산 1,000원의 차이 300원은 미실현손익으로 인식되는데, 동 미실현손익을 세부적으로 분석하면 다음과 같다.

- P사가 높은 가격으로 판매하여 발생한 금액 = 1,200원 − 1,000원 = 200원
- 운반비를 S사가 자본화하여 발생한 금액 = 1,000원 × 10개 ÷ 100개 = 100원

연결정산표를 예시하면 다음과 같다.

계정과목	P사	S사	단순합산	연결 관점	연결 조정
제품재고	−	−	−	1,000	1,000
상품재고	−	1,300	1,300	−	(1,300)
제품매출(*1)	12,000	−	12,000	20,000	8,000
상품매출	−	20,000	20,000	−	(20,000)
제품매출원가	10,000	−	10,000	9,000	(1,000)
상품매출원가	−	11,700	11,700	−	(11,700)
운반비(*2)	−	−	−	1,000	1,000

(*1) 연결 실체 내에서 생산하고 판매하였으므로 **모든 매출은 제품매출로 재분류**

(*2) S사는 1,000원을 취득부대비용(매출원가)으로 처리하였으나 연결 관점에서는 운반비에 해당하므로 계정을 재분류

연결조정[86)]

미실현손익 300원이 P사와 S사의 비지배주주의 지분에 미치는 영향에 대하여 생각해 보자. 먼저 P사가 제품을 판매하여 발생한 200원은 하향판매로 발생한 것이므로 전액 P사에게 귀속된다. 그러나 운반비는 S사가 지출한 것으로서 S사 별도재무제표에 관련 손익이 왜곡되어 있으므로 S사의 주주인 P사와 비지배주주에게 지분율에 따라 안분한다.

- 이익잉여금(지배기업 지분) = 하향판매 200원 + 운반비 60원(= 100원 × 60%)
- 비지배지분 = 운반비 40원(= 100원 × 40%)

86) 계정재분류에 대한 연결조정은 기업의 각 연결시스템에 따라 다소 차이가 있을 수 있다. 위의 연결조정은 제품매출원가로 처리한 후 상품과 제품에 대한 재분류가 이루어짐을 가정하고 있다.

연결조정

1단계 : 순자산조정			
이익잉여금	260	재고자산(상품)	300
비지배지분	40		
2단계 : 순이익조정			
매출원가(상품)	300	이익잉여금	300
3단계 : 순액조정			
매출(제품)	12,000	매출원가(상품)	12,000
운반비	1,000	매출원가(제품)	1,000
매출(상품)	20,000	매출(제품)	20,000
재고자산(제품)	1,000	재고자산(상품)	1,000

3. 내부거래손실

일반적인 내부거래는 원가에 일정 이익을 가산하여 이루어지므로, 미판매 재고자산에 대해서는 미실현이익을 제거하는 연결조정이 발생한다. 그러나 판매기업이 장부금액에 미달하는 금액으로 판매하여 미실현손실이 발생하는 경우가 있는데, 이 경우에는 판매가격과 공정가치의 관계에 따라 연결조정이 달라진다.

예제 7

- P사는 S사 주식을 100% 취득하고 있음.
- P사는 당기 중 생산한 제품을 S사에 판매함.
- 결산일 현재 S사는 매입한 재고자산을 재판매하지 않고 보유하고 있음.

요구사항 각 Case가 연결회계에 미치는 영향을 분석하시오.

1. Case 1 : 단위당 원가, 거래가격, 공정가치는 각각 10,000원, 8,000원, 8,000원임.
2. Case 2 : 단위당 원가, 거래가격, 공정가치는 각각 10,000원, 8,000원, 12,000원임.

공정가치로 거래하였으나 손실이 발생하는 경우

Case 1은 재고자산에 대한 평가손실이 미실현손실(즉, 판매기업의 손실)로 반영되는 상황이다. 만일 Case 1에서 P사가 재고자산을 S사에 판매하지 않고 결산시점까지 보유하고 있다고 가정해보자. 그렇다면 P사는 재고자산의 장부금액이 순실현가치에 미달하므로 결

산시점에 2,000원의 자산손상(평가손실)을 장부에 반영할 것이다. 따라서 재고자산을 2,000원만큼 증가시키고 동액만큼의 재고자산평가충당금을 반영하는 연결조정만 발생한다.

이와 같이 **내부거래가 공정가치로 이루어지는 경우에는 계정분류만 야기**하며, 연결실체의 순이익과 순자산에는 아무런 영향을 미치지 않는다.

공정가치에 미달하는 금액으로 거래하여 손실이 발생하는 경우

Case 2의 경우에는 연결조정으로 미실현손실을 제거한다. Case 2와 같은 유형의 내부거래가 발생하면 미실현손익 분석도 필요하지만, 연결실체 내에서 정상적인 가격보다 현저하게 낮은 가격으로 거래가 이루어진 원인을 파악할 필요가 있다. 만일 종속기업인 S사에 P사의 부(富)를 이전하고자 하는 의도가 있다면 공정거래법이나 세법 등에 저촉될 가능성이 있기 때문이다.

지금까지 논의한 내용을 요약하면 다음과 같다.

① 내부거래손실이 공정가치로 이루어진 경우 단순합산재무제표에 표시된 거래손실은 연결재무제표상 평가손실로 재분류한다.

② 내부거래손실이 공정가치로 이루어지지 않은 경우에는 미실현손실을 취소하고, 그러한 거래가 발생한 원인이 무엇인지 분석하고 관련 위험을 연결재무제표에 반영한다.

4. 제3자 경유 거래

재고자산의 소유에 따른 위험과 보상이 대부분 이전되지 않는 유상사급거래는 임가공 거래와 동일하게 총액이 아닌 순액으로 수익을 인식한다. 예를 들어 A사가 B사로부터 원재료를 매입하여 가공한 이후 A사에게 판매하는 거래를 가정해 보자. 만일 B사가 매입 후 가공하여 판매하더라도 재고자산에 대한 위험과 효익이 A사에게 귀속된다고 약정되어 있다면, 거래의 형식과 무관하게 B사는 단순하게 가공과 관련된 용역만 제공하는 것으로 보고 수수료수익만 인식해야 한다.

연결실체의 내부거래는 주로 지배기업과 종속기업 또는 종속기업 간에 이루어진다. 그러나 연결실체의 가치 사슬에서 특정 활동을 수행할 수 있는 조직이 존재하지 않다면 제3자를 경유할 수도 있다. 제3자를 경유할 경우의 내부거래를 다음 예제로 살펴보자.

예제 8

- P사는 S사(중국 소재)와 T사(베트남 소재) 주식 100%를 소유하고 있음.
- P사는 원재료를 대량 구매하여 S사와 T사에게 판매함.
- S사는 P사로부터 매입한 원재료로 제품을 생산한 후 P사에게 판매함.
- T사는 일차 가공을 거친 후 연결대상이 아닌 X사에게 생산한 제품을 전량 판매함.
- X사는 추가 가공을 마친 후 전량을 P사에게 판매함(X사는 재고위험을 부담하지 아니함).

요구사항 연결결산 시 제거할 내부거래를 판단하시오.

P사와 S사 간에 이루어진 거래는 전형적인 형태의 내부거래로서, 다음과 같은 연결조정이 이루어진다.

- 미실현손익의 조정
- 매출과 매출원가의 제거
- 제품매출(원가)과 상품매출(원가)의 계정재분류

반면 T사가 관련된 거래는 다소 복잡한데, 별도재무제표상 표시는 다음과 같다.

- P사의 별도재무제표 : T사에 대한 원재료 매출, X사로부터의 상품 매입
- T사의 별도재무제표 : P사로부터의 원재료 매입, X사에 대한 제품 매출

기계적으로 내부거래를 조정하면 P사의 T사 간의 원재료 매출과 원재료 매입만 상계제거된다. 그러나 연결 관점에서 보면 연결실체(P + T)가 제조 과정 중 일부 공정만 X사에게 용역을 주는 형태이다.

따라서 연결 관점에서 재고자산과 관련된 효익과 위험에 관한 이전 여부를 검토하고, 총액 매출 인식 여부를 결정해야 한다. 즉, **연결실체 내에서 이루어진 내부거래에 제3자가 개입될 경우에는, 연결실체와 제3자의 권리와 의무를 분석하고 연결 관점에서 순액 · 총액 이슈를 판단**할 필요가 있다.

만약 T사와 X사 그리고 X사와 P사 사이에 체결된 약정을 분석한 결과 X사가 재고자산에 대한 위험이나 효익을 부담하지 않고 단순한 외주 가공 역할을 수행하도록 되어 있다면, 순액으로 매출을 인식하고 X사에 대한 가공비만 계상해야 한다. 따라서 연결 관점에서는 P사와 T사의 거래뿐만 아니라 연결실체(P + T)와 X사의 거래도 모두 제거해야 한다.

참고로 〈예제 8〉에서 X사가 전체 생산활동 중에서 품질에 결정적인 역할을 하거나 X사가 제품정보를 경쟁자에게 노출할 가능성이 있다고 판단되면, 연결실체 입장에서는 안정적

인 생산과 보안을 위하여 X사에 대한 M&A를 검토하는 것이 바람직할 것이다.

또한 X사가 제3자임에도 불구하고 철저한 통제가 가능하다면, X사가 실질 지배력 범위 내에 있거나 내재리스 등에 해당될 가능성도 검토할 필요가 있다.

5. 판매보증충당부채

기업들은 자동차 등의 제품을 판매할 때 소비자와 품질보증 계약을 맺고 일정기간 동안 판매 후 서비스를 제공하는 약정을 체결하는 경우가 대부분이다. 이러한 경우 기업들은 판매 당시에는 실제 비용이 발생하지 않았더라도 수익·비용 대응의 원칙에 따라 향후 발생할 비용을 미리 추정하여 장부에 품질보증충당부채로 반영하게 된다.

만일 단순합산재무제표에 품질보증충당부채가 설정되어 있다면 연결결산 시 내부거래와 관련된 품질보증충당부채가 계상되어 있는지를 살펴보고, 내부거래에 대한 품질보증충당부채가 있다면 이는 연결조정으로 제거해야 한다.

예제 9

- P사는 01년 초 S사 주식 60%를 취득하여 지배력을 획득함.
- S사는 01년 말 P사에게 100,000원의 매출을 실시하였으며, 그 원가는 60,000원임.
- P사는 01년 말 현재 100,000원의 재고자산을 보유 중임.
- S사는 매출에 대하여 1%의 품질보증충당부채를 설정하고, 매출 이후 3년간에 걸쳐 환입함.

요구사항 상기 거래가 P사의 지분에 미치는 영향을 분석하시오.

S사는 P사에게 100,000원의 매출을 실시하고 1%에 해당하는 1,000원의 품질보증충당부채를 설정할 것이나, 이는 내부거래로 제거된 100,000원의 매출에 대한 충당부채이므로 매출과 더불어 연결조정으로 차감한다.

여기서 매출로 발생한 수익과 품질보증충당부채를 설정한 기업은 S사이므로(즉, S사의 별도재무제표가 연결 관점에서 왜곡된 손익을 보고하므로), 지분율에 따라 P사와 비지배주주의 지분에 그 손익을 안분하여야 하는데 연결조정을 예시하면 다음과 같다.

연결조정

1단계 : 순자산조정			
판매보증충당부채	1,000	재고자산	40,000
이익잉여금(*1)	23,400		
비지배지분(*2)	15,600		
2단계 : 순이익조정			
매출원가	40,000	품질보증비	1,000
		이익잉여금	39,000
3단계 : 순액조정			
매출	100,000	매출원가	100,000

(*1) 이익잉여금 = (40,000원 - 1,000원) × 60% = 23,400원
(*2) 비지배지분 = (40,000원 - 1,000원) × 40% = 15,600원

6. 재고자산을 유형자산으로 활용하는 경우

지금까지 연결실체 간의 재고자산 내부거래를 상품으로 재판매하거나 추가로 가공하여 제품으로 판매하기 위한 것임을 전제하였는데, 매입한 기업이 재고자산이 아닌 유형자산으로 활용하는 경우 연결재무제표에 미치는 영향을 생각해 보자.

예를 들어 자동차를 생산하고 판매하는 기업은 자동차를 재고자산으로 분류하고 매출로 기록할 것이나, 매입한 기업은 유형자산으로 분류하고 감가상각비를 인식할 것이다. 그러나 연결 관점에서는 재고자산을 유형자산으로 타계정대체하여 자가 소비하는 형태에 불과하다.

세부적인 내용은 다음 예제를 통해 살펴본다.

예제 10

- P사는 01년 초 S사 주식 60%를 취득하여 지배력을 획득함.
- S사는 02년 초 P사에게 원가가 60,000원인 재고자산을 100,000원에 매출함.
- P사는 취득한 자산을 비품으로 분류하고, 정액법을 적용하여 5년 동안 상각함.

요구사항 내부거래가 연결재무제표에 미치는 영향을 분석하시오.

요약 연결정산표

계정과목	P사	S사	단순합산	연결 관점	연결조정
매출	-	100,000	100,000	-	(100,000)
매출원가	-	60,000	60,000	-	(60,000)
비품(순액)	80,000	-	80,000	48,000	(32,000)
감가상각비	20,000	-	20,000	12,000	(8,000)

단순합산재무제표상 표시는 다음과 같다.

① S사 : 100,000원의 매출과 60,000원의 매출원가 인식

② P사 : 100,000원의 유형자산 취득과 20,000원의 감가상각비 인식

연결 관점에서는 60,000원의 재고자산을 타계정대체한 이후 내부적으로 사용한 것에 불과하다. 따라서 S사가 인식한 매출과 원가를 상계제거하고, 유형자산에 포함된 40,000원은 미실현손익으로 관리한다. 참고로 미실현자산은 P사가 동 자산을 5년 동안 감가상각비를 인식하면서 해소된다.

연결조정

연결조정

차변		대변	
1단계 : 순자산조정			
이익잉여금	19,200	비품(P)	32,000
비지배지분	12,800		
2단계 : 순이익조정			
매출원가(S)(*)	40,000	감가상각비(P)	8,000
		이익잉여금	32,000
3단계 : 순액조정			
매출(S)(*)	100,000	매출원가(S)(*)	100,000

(*) 연결조정으로 제거되는 매출과 매출원가는 모두 S사의 장부금액으로 구성됨.

상기 연결조정의 내용은 다음과 같다.

① 결산일 현재 과대계상된 비품 32,000원을 제거한다. 본 거래는 상향판매에 해당하므로 지분율에 따라 지배기업과 비지배주주의 지분에 안분한다.

② S사가 인식한 매출과 매출원가를 순액조정에 반영하여 제거한다.

③ P사가 과대 인식하고 있는 감가상각비를 조정한다.

제 3 절 자금거래

재고자산과 더불어 대표적인 내부거래의 유형은 자금거래인데, 자금거래의 주요 목적은 연결실체 내 기업들이 유동성 문제를 미연에 방지하고 투자자금을 조달하는데 있다.

본 절에서는 여러 가지 유형의 자금거래를 살펴보고, 연결회계에 미치는 영향을 분석하고자 한다.

1. 종속기업의 자금조달

종속기업은 연결실체에서 수행하는 역할에 따라 그 조직과 규모가 결정된다. 종속기업 중에는 제품이나 용역을 제공할 능력뿐만 아니라 자체적으로 계획, 자금, 인사 등 경영 관리 기능을 보유한 기업도 있지만, 생산이나 판매 등 일부 가치 활동만 수행하고 연결실체 내 다른 기업과 거래나 지원이 없다면 독립적으로 경영활동이 어려운 기업이 보다 일반적이다.

지배구조에서 하위 단계의 종속기업일수록 전체 연결실체 내에서 한정된 역할만 수행하고 자금조달 및 자금투자 등 경영 관리 기능도 지배기업(또는 중간지배기업)에게 의존하는 경향이 많다.

종속기업에 자금 이슈가 발생할 경우 사용되는 자금조달 방법은 다음과 같다.

(1) 유상증자

일반적으로 유상증자는 장기적인 관점에서 종속기업의 향후 사업계획 등을 고려하여 자금이 필요하다고 판단될 경우 사용하는 방법이다. 유상증자는 다른 방법보다 자금의 공급과 회수 절차가 다소 번거로우므로, 단기적인 유동성을 공급하기 위한 방법으로는 채택하지 않는다.

(2) 자금 대여

자금 대여는 일시적으로 유동성 이슈가 발생하면 자금을 대여하고, 자금 상황이 안정되면 대여금을 회수하는 방법이다. 이 방법은 비교적 단순한 절차를 통하여 자금수급이 가능하므로 실무상 널리 사용하고 있으나, 대여금에 대한 이사회 등의 적절한 승인절차와 공시가 수반되어야 한다는 번거로움이 있다.

(3) 금융기관으로부터 차입

종속기업은 자신의 신용 등을 기초로 금융기관 등으로부터 자금을 직접 조달할 수도 있다. 자금을 조달하려면 종속기업이 신용이나 담보능력도 갖추어야겠으나, 자체적으로 재무기능을 수행할 수 있는 조직과 통제절차도 구비해야 한다. 왜냐하면 거액의 자금을 차입하거나 예탁할 수 있는 상황에서 부정과 횡령 등에 대한 위험이 적절하게 통제되지 않는다면, 계속기업에 중대한 문제를 불러일으킬 수 있기 때문이다.

이러한 재무위험을 방지하기 위해 종속기업은 업무 분장 등의 내부통제 기능을 사전에 갖추어야 한다. 그리고 지배기업도 종속기업의 재무기능에 대한 통제절차를 보강해야 하는데, 이 과정은 상당한 시간과 비용을 필요로 한다.

(4) 내부거래 채권 · 채무

지금까지 소개한 방법보다 실무상 편리하게 종속기업에게 자금을 제공할 수 있는 방법은 내부거래로 발생한 채권의 회수시점이나 채무의 지급시기를 조정하는 것이다. 예를 들어 종속기업이 3개월 정도의 단기 자금이 필요하다면, 지배기업이 채권회수를 3개월 늦추어 줄 수 있다. 그리고 투자 등의 이유로 향후 장기 자금이 필요할 것으로 예상된다면, 지배기업은 종속기업이 보다 많은 이익을 실현하도록 이전가격을 조정하여 잉여자금이 축적될 수 있게 할 수도 있다.

2. 채권할인

기업실무상 단기적으로 필요한 자금을 가장 쉽게 조달할 수 있는 방법 중 하나는 물품을 판매하고 수령한 받을어음 등을 금융기관에 할인하는 것이다.

받을어음 등의 매출채권을 금융기관에 할인한 경우 일반기업회계기준은 일정 요건을 만족하면 True sale로 보고 있으나, K-IFRS는 금융자산 제거 요건을 만족시키지 않으면 담보부차입으로 규정하고 있다(K-IFRS 제1039호 문단 17).

K-IFRS에 따르면 다음 중 하나의 요건에 해당할 경우 금융자산을 제거한다.

① 금융자산의 현금흐름에 대한 계약상 관리가 소멸한 경우(예를 들어, 매출채권 회수)

② 금융자산을 양도하며 그 양도가 제거 조건을 충족하는 경우

금융자산을 양도한 경우 양도자는 금융자산의 소유에 따른 위험과 보상의 보유 정도를 평가하여 다음과 같이 회계처리한다(K-IFRS 제1039호 문단 20과 29).

① 양도자가 금융자산의 소유에 따른 위험과 보상의 대부분을 이전하며, 당해 금융자산을 제거하고 양도함으로써 발생하거나 보유하게 된 권리와 의무를 각각 자산과 부채로 인식한다.[87)]

② 양도자가 금융자산의 소유에 따른 위험과 보상의 대부분을 보유하며, 당해 금융자산을 계속하여 인식한다.

③ 양도자가 금융자산의 소유에 따른 위험과 보상의 대부분을 보유하지도 않고 이전하지도 않는다면, 양도자가 당해 금융자산을 통제하는지를 결정하여 다음과 같이 회계처리한다.

- 양도자가 금융자산을 통제하고 있지 않다면 당해 금융자산을 제거하고 양도함으로써 발생하거나 보유하게 된 권리와 의무를 각각 자산과 부채로 인식한다.
- 양도자가 금융자산을 통제하고 있다면 당해 금융자산에 대하여 지속적으로 관여하는 정도까지 당해 금융자산을 계속하여 인식한다.

④ 양도자가 양도자산의 소유에 따른 위험과 보상의 대부분을 보유하고 있기 때문에 양도자산이 제거되지 않는다면, 그 양도자산 전체를 계속하여 인식하며 수취한 대가를 금융부채로 인식한다. 양도자는 후속 기간에 양도자산에서 발생하는 모든 수익과 금융부채에서 발생하는 모든 비용을 인식한다.

실무상 금융기관은 자금 회수에 대한 위험을 경감시키기 위해 만기 시점에 대금이 정상적으로 입금되지 않으면, 기업이 대금을 대납하도록 하는 구상권을 요구하는 경우가 많다. 이러한 경우 K-IFRS는 True sale이 아닌 차입금으로 간주하고 있다.

채권을 처분한 것으로 본다면 채권 금액과 할인 금액의 차이를 매출채권처분손실 등의 과목으로 기재하고 채권을 장부에서 제거하지만, 차입으로 회계처리한다면 원본금액을 차입금으로 계상하고 할인액은 선급이자로 처리한다.

---

87) 양도자가 소유에 따른 위험과 보상의 대부분을 보유하는 경우의 예는 다음과 같다(K-IFRS 제1039호 AG 40).

1. 양도자가 매도 후에 미리 정한 가격 또는 매도가격에 양도자에게 금전을 대여하였더라면 그 대가로 받았을 이자수익을 더한 금액으로 양도자산을 재매입하는 거래의 경우
2. 유가증권대여계약을 체결한 경우
3. 시장위험을 다시 양도자에게 이전하는 총수익스왑과 함께 금융자산을 매도한 경우
4. 양도자가 매도한 금융자산에 대한 콜옵션을 보유하고 있거나 양수자가 당해 금융자산에 대한 풋옵션을 보유하고 있으며, 당해 콜옵션이나 풋옵션이 깊이 내가격 상태이기 때문에 만기 이전에 당해 옵션이 외가격 상태가 될 가능성이 매우 낮은 경우
5. 양도자가 양수자에게 발생가능성이 높은 대손의 보상을 보증하면서 단기 수취채권을 매도한 경우

만일 종속기업이 지배기업에 대한 매출채권을 비소구권 조건으로 금융기관에 할인하고 매각으로 처리한 경우 연결회계에 미치는 영향을 생각해 보자. 이 경우 **종속기업이 보유하고 있는 채권과 지배기업이 보유하고 있는 채무의 금액은 불일치**하게 되는데, 그 불일치 금액은 별도재무제표상 종속기업이 처분한 채권금액에 해당함을 알 수 있다. 종속기업은 별도재무제표상 채권을 제거하고 할인비용을 수수료로 처리할 것이나, 연결 관점에서는 채권의 매각이 아니라 종속기업이 지배기업의 어음을 담보로 제공하고 은행으로부터 자금을 차입한 것에 불과하다.

다른 관점에서 내부거래로 발생한 지배기업의 매출채권과 종속기업의 매입채무의 성격에 대하여 생각해 보자. 내부거래로 발생한 채권과 채무는 연결조정을 통해 상계제거되어 연결재무제표에 표시되지 않는다. 즉, 연결실체 입장에서 내부거래로 발생한 채권과 채무는 자산과 부채의 요건을 갖추지 못하는 항목으로서, **별도재무제표상으로는** True sale **요건을 갖추었다 할지라도 연결회계상으로는 지배기업의 신용으로 자금을 차입한 행위**에 불과하다.

예제 11

- P사는 01년 초 S사 주식 60%를 취득하여 지배력을 획득함.
- S사는 01년 7월 초에 P사 채권 100,000원을 처분하고 5,000원의 처분손실을 인식함(True sale).
- 상기 채권의 회수기일은 02년 6월 말임.
- 01년 말 현재 P사의 내부거래 채무는 400,000원이며, S사의 내부거래 채권은 300,000원임.

요구사항 상기 거래가 01년 말 P사의 지분에 미치는 영향을 분석하시오.

요약 연결정산표

계정과목	P사	S사	단순합산	연결 관점	연결조정
매출채권	–	300,000	300,000	–	(300,000)
매입채무	400,000	–	400,000	–	(400,000)
선급이자	–	–	–	2,500	2,500
차입금	–	–	–	100,000	100,000
이자비용	–	–	–	2,500	2,500
처분손실	–	5,000	5,000	–	(5,000)

S사는 100,000원의 채권을 장부에서 제거하고 처분손실을 인식하였으나, 연결 관점에서는 채권을 담보로 100,000원을 차입하고 선이자로 500원을 지급한 것으로 해석된다. 여기서 선이자는 1년 차입에 대한 이자비용이므로, 차입기간에 걸쳐 이자비용으로 대체한다.

별도재무제표

(차변)	현금	9,500	(대변)	매출채권	10,000
	매출채권처분손실	500			

연결 관점

(차변)	현금	9,500	(대변)	매출채권	10,000
	선급이자	500			
(차변)	이자비용	250	(대변)	선급이자	250

연결조정

연결조정

1단계 : 순자산조정			
선급이자(*1)	2,500	이익잉여금(*2)	1,500
		비지배지분(*3)	1,000
2단계 : 순이익조정			
이자비용	2,500	처분손실	5,000
이익잉여금	2,500		
3단계 : 순액조정			
매입채무	400,000	매출채권	300,000
		차입금	**100,000**

(*1) 선급이자 = 5,000원 × 6월 ÷ 12월
(*2) 이익잉여금 = 2,500원 × 60%
(*3) 비지배지분 = 2,500원 × 40%

개별 기업 관점에서는 내부거래로 발생한 채권을 할인하여 조달한 차입금에 대한 통제절차가 일반 금융기관 차입금보다 낮은 수준일 수 있다. 그러나 연결 관점에서는 연결실체의

신용을 담보로 한 차입금과 동일하므로, 연결실체의 신용도나 유동성 관리에 부정적인 영향이 없도록 적절하게 관리해야 한다.

3. 금융보증

지배기업은 상대적으로 규모가 크고 재무구조가 우량하며 영업활동이 안정적이므로, 금융기관이나 전문 신용평가 기업으로부터 종속기업에 비하여 높은 신용 등급을 부여받는 경우가 많다. 따라서 지배기업이 종속기업에게 지급보증을 제공한다면 종속기업은 보다 저리로 자금을 조달할 수 있다.

예를 들어 금융기관으로부터 지배기업과 종속기업이 자금을 차입할 때 적용받는 이자율이 각각 7%와 10%라고 가정해 보자. 만일 종속기업이 자체 신용으로 자금을 차입한다면 10%의 이자를 부담하지만, 지배기업이 보증을 제공하면 종속기업은 지배기업의 이자율과 유사한 수준으로 자금을 조달할 수 있다. 지배기업이 보증을 제공한다면 종속기업이 재무적 위험에 처하더라도 금융기관은 지배기업으로부터 차입금을 상환받을 수 있어 Default Risk가 감소하기 때문이다.

K-IFRS는 지배기업이 종속기업에게 지급보증을 제공할 경우, 지배기업은 종속기업의 부도가능성으로 인한 위험을 부담하게 되므로 금융보증채무를 인식하도록 규정하고 있다.

(1) 금융보증을 제공하는 기업[88)]

지배기업이 금융보증채무를 인식하는 경우 K-IFRS상 회계처리는 명확하지 않지만, 실무 관행은 다음과 같다.

① 1안, 비용처리 : 지배기업은 금융보증채무의 상대계정으로 비용을 인식한다. 금융보증의 행위는 지배기업의 가치를 훼손시키는 무형의 손실(비용)로 보기 때문이다.

② 2안, 종속기업투자 계정 : 지배기업의 종속기업에 대한 지급보증은 일종의 종속기업에 대한 투자라고 보아, 즉 현물출자와 유사하다고 보아 금융보증채무에 해당하는 금액만큼 종속기업주식 계정을 증가시킨다.

③ 3안, 선급비용 : 종속기업이 지급보증으로 원가를 절감한다면 지배기업은 종속기업의 원가절감 효과로 인한 혜택을 받을 수 있으므로 선급비용으로 처리한다. 예를 들어 종속기업이 지급보증을 통해 이자비용을 줄일 수 있다면, 보다 낮은 가격으로 제품을

88) 금융보증을 제공하는 기업과 혜택을 받은 기업의 회계처리 사례 : K-IFRS 회계처리 주요 이슈 쟁점사항 및 금융감독원 의견(2011년 12월)

공급할 수 있다. 따라서 지배기업은 금융보증채무를 제공한 대가로 낮은 가격으로 상품이나 원재료 등을 취득할 수 있게 된다.

실무상 금융보증을 제공한 기업은 상기 회계처리 중 지급보증손실을 인식하는 견해를 가장 널리 채택하고 있다.[89] 두 번째 대안을 반영하면 경제적 실질에는 큰 변동이 없었음에도 불구하고 별도재무제표상 종속기업주식 금액이 지속적으로 증가하게 되므로 자산손상 이슈가 발생하며, 종속기업주식 변동에 따른 공시 이슈도 있기 때문이다. 또한 금융보증채무를 선급비용으로 처리하려면 보증채무로 인한 혜택의 크기와 유입 시기를 추정해야 하고, 효익이 유입되는 시기에 비용으로 처리해야 하는데 실무적으로 용이하지 않다. 지배기업이 인식한 금융보증채무는 시간이 지남에 따라 보증채무로 인한 위험이 감소하기 때문에(즉, 우발채무의 크기가 줄어들기 때문에) 채무의 환입(수익)으로 처리한다.

금융보증채무에 대한 별도재무제표상 회계처리를 예시하면 다음과 같다.

① 금융보증을 제공하는 경우

(차변) 보증손실 (or 주식S, 선급비용)	×××	(대변) 금융보증채무	×××

② 금융보증채무의 가치가 감소하는 경우[90]

(차변) 금융보증채무	×××	(대변) 금융보증채무환입	×××

(2) 금융보증의 혜택을 받는 기업

지급보증을 제공받는 종속기업의 금융보증채무 회계처리는 다음과 같다.

① 종속기업은 아무런 회계처리를 반영하지 않는다.

② 금융보증채무는 지배기업으로부터 추가적인 출자를 받는 것과 유사하므로 금융보증자산과 자본을 인식한다.

지배기업의 회계처리와 마찬가지로 종속기업이 반영할 회계처리에 대해서도 명확한 규정은 없으나, 기업실무상 첫 번째 대안을 회계정책으로 채택하는 경우가 일반적이다.

---

89) 종속기업이 아닌 관계기업 등에 대가없이 금융보증을 제공하였다면 당기비용으로 처리하는 것이 통설이다. 만일 매출 고객을 위해 금융보증계약을 체결하였다면 금융보증부채 금액만큼 매출액을 감소시킨다.

90) 지배기업이 주식이나 선급비용으로 금융보증채무를 인식하였다면, 금융보증채무의 환입과 관계없이 해당 자산의 성격에 따라 비용으로 대체된다. 즉, 주식은 손상 발생 시점에 감소하고 선급비용은 매입으로 인한 효익이 발생한 시점에 감소한다.

별도재무제표상으로 지배기업과 종속기업은 제3자로 간주되므로 금융보증채무를 인식하지만, 연결 관점에서는 연결실체 내에서 발생한 거래의 한 유형이므로 모두 제거한다. 만일 종속기업이 지급보증과 관련된 별도의 회계처리를 반영하지 않는 회계정책을 선택한 경우, 금융보증을 제공한 기업의 별도재무제표에 반영한 회계처리만 조정된다는 특징이 있다.

예제 12

- P사는 S사의 주식을 60% 소유하고 있음.
- P사는 S사의 차입금 100,000원에 대해 지급보증을 실시하고 있음.
- 지급보증을 제공받지 못하였다면 S사는 10%로 차입하였을 것이나, P사의 지급보증으로 인하여 7%로 차입할 수 있었음.
- P사는 3,000원의 금융보증채무를 인식하였으며, 회계기간 중 1,000원을 환입함.
- S사는 지급보증 수혜내역을 주석으로 공시하였으나, 재무제표에는 인식하지 아니함.

요구사항 연결 관점에서 표시될 금융보증채무 금액을 계산하시오.

요약 연결정산표

계정과목	P사	S사	단순합산	연결 관점	연결조정
차입금	–	100,000	100,000	100,000	–
금융보증채무	2,000	–	2,000	–	(2,000)
금융보증채무전입	3,000	–	3,000	–	(3,000)
금융보증채무환입	1,000	–	1,000	–	(1,000)

연결조정

연결조정

차변		대변	
1단계 : 순자산조정			
금융보증채무	2,000	이익잉여금	2,000
2단계 : 순이익조정			
금융보증채무환입	1,000	금융보증채무전입	3,000
이익잉여금	2,000		

4. 금융비용자본화

K-IFRS 제1023호 '차입원가'에서는 의도된 용도로 사용하거나 판매 가능한 상태에 이르게 하는데 상당한 기간을 필요로 하는 자산(이하, 적격자산)의 취득, 건설 또는 생산과 관련하여 발생한 차입원가는 적격자산의 취득금액으로 보아 자본화하도록 규정하고 있다. 연결실체 내에 자금거래가 있다면 별도재무제표에서 인식한 자본화 금액은 연결 관점에서 조정되어야 하는데, 다음 예제로 살펴보자(K-IFRS 제1023호 문단 11).

예제 13

- P사는 S사의 주식을 60% 소유하고 있음.
- P사는 금융기관으로부터 100,000원을 4%에 차입함.
- P사는 S사에게 100,000원을 4.6%에 대여함.
- S사는 P사로부터 차입한 100,000원을 공장 건설 자금으로 사용하였으며, 지급한 이자비용은 전액 자본화하였음.

요구사항 연결 관점에서 표시될 금융비용 자본화 금액을 계산하시오.

요약 연결정산표

계정과목	P사	S사	단순합산	연결 관점	연결조정
대여금	100,000	-	100,000	-	(100,000)
차입금	100,000	100,000	200,000	100,000	(100,000)
유형자산	-	4,600	4,600	4,000	(600)
이자수익	4,600	-	4,600	-	(4,600)
이자비용	4,000	-	4,000	-	(4,000)

자금대여 계약에 따라 P사는 4,600원의 이자수익을 인식하고, S사는 발생한 이자비용을 자본화하여 4,600원만큼 유형자산이 증가하게 된다. 그러나 연결 관점에서 보면 연결실체는 금융기관으로부터 4%의 이자를 부담하고 자금을 빌려 공장을 건설한 것이므로 자본화할 금액은 4%로 한정된다. 따라서 0.6%에 해당하는 자본화 금액은 연결조정으로 차감된다.

연결조정

연결조정

1단계 : 순자산조정			
이익잉여금	360	유형자산	600
비지배지분	240		
2단계 : 순이익조정			
이자수익	4,600	이익잉여금	4,600

연결조정에 대한 세부 내용은 다음과 같다.

① 과대 계상된 유형자산을 계상한 기업은 S사이므로 S사의 주주인 P사와 비지배주주의 지분에 안분하여 손익을 안분한다. 관련 미실현손익은 향후 해당 자산의 상각이나 처분을 통해 해소된다.

② 연결실체 간 자금거래로 발생한 수익과 비용(본 예제에서는 비용이 발생하지 아니함)을 제거한다.

5. 미수이자와 미지급이자가 불일치할 경우

자금을 차입한 기업이 원금과 이자를 적시에 상환하지 못하는 경우에 자금을 대여한 기업은 수익인식기준을 충족하지 못하여 이자수익을 인식하지 않는 경우가 있는데, 이러한 경우에는 지배기업과 종속기업이 인식한 채권과 채무가 상호 일치하지 않게 된다.

채권과 채무가 일치하지 않는 경우에는 발생 원인을 분석하고 연결 관점에서 채권과 채무를 일치시킨 후 상계제거한다.[91)]

예제 14

- P사는 S사 주식 60% 취득을 통하여 지배력을 획득하고 있음.
- P사는 S사에게 100억원을 대여하였으나 S사는 자본잠식 상태로서, P사는 S사에 대한 이자수익을 회수가능성 이슈로 01년부터 50%만 인식하고 대손상각비를 인식하였음.
- 내부거래가 별도재무제표에 반영되어 있는 내용은 다음과 같음.
  - P사는 대여금을 100억원 인식하고 있으며, S사는 차입금을 100억원 인식하고 있음.
  - P사는 01년과 02년에 이자수익과 대손상각비를 각각 5억원씩 인식함.
  - S사는 01년과 02년에 이자비용을 각각 10억원씩 인식함.

91) 금감원2005-095 수정, 연결재무제표 관련 채권채무 상계에 대한 질의

- 02년 말 현재 P사는 미수이자를 10억원, S사는 미지급이자 20억원을 계상하고 있음.
- P사는 대여금과 미수이자에 대하여 회수가능성과 경제적 유입가능성을 고려하여 100% 대손설정함.

• 02년 말 현재 S사의 순자산은 (-)20억원임.
• 03년 중 S사는 매각 또는 청산될 계획임.

요구사항 상기 거래가 연결조정에 미치는 영향을 표시하시오.

채권과 채무를 일치시킨 후 제거

연결 관점에서 P사가 계상하고 있는 미수수익, 대손충당금, 이자수익, 대손상각비와 S사가 계상하고 있는 미지급이자, 이자비용은 내부거래로 발생한 것으로서 전액 제거되어야 한다.

본 예제에서 P사가 별도재무제표상 인식한 대손충당금 110억원과 별도재무제표에 인식하지 않고 있는 미수이자 10억원은, 연결 관점에서 P사의 별도재무제표상 왜곡을 의미한다. 따라서 P사가 별도재무제표상 인식하지 아니한 금액을 연결조정으로 반영하고, 상호 일치시킨 채권과 채무를 연결조정으로 제거한다.

연결조정

연결조정			
1단계 : 순자산조정			
미수이자(*1)	10	이익잉여금(P사)	120
대손충당금(*1)	110		
이익잉여금(*2)	12	이익잉여금(S)(*2)	20
비지배지분(*2)	8		
2단계 : 순이익조정			
이익잉여금	10	대손상각비	5
		이자수익	5
3단계 : 순액조정			
이자수익	10	이자비용	10
미지급이자	20	미수이자	20
차입금	100	대여금	100

(*1) P사가 인식하지 않은 미수이자(이자수익)와 장부에 계상한 대손충당금(대손상각비)을 미실현자산(미실현손익) 개념으로 조정함. 동 금액들은 추가적인 연결조정을 통하여 전액 제거됨.

(*2) S사의 순자산 (-)20억원은 지분율에 따라 이익잉여금(지배기업 소유주지분)과 비지배지분으로 각각 12억원과 8억원씩 배분함.

6. 전환사채 거래

사채를 발행하는 데에는 상당한 거래비용이 발생하므로, 사채와 관련된 내부거래는 일반적이지 않다. 그러나 지배기업이나 종속기업에 대한 지분율 관리 목적으로 전환사채를 취득하는 경우가 있는데, 연결 관점에서 회계처리는 다음과 같다.

① 발행 시 취득 : 해당 거래가 원천적으로 발생하지 아니함.

③ 제3자로부터 취득 : 발행된 사채를 상환(추정상환손익 인식)

예제 15

- P사는 S사 주식 60% 취득을 통하여 지배력을 획득하고 있음.
- 01년에 P사는 S사가 발행한 전환사채를 취득 후 당기손익인식-공정가치측정금융자산(FVPL)으로 분류하고, 평가손익을 인식함.
- S사는 전환권은 자본으로 분류하고, 사채는 상각후원가로 분류하고 있음.
- 03년에 P사는 S사 지분 일부를 처분하여 S사가 관계기업으로 변경됨.

요구사항

1. S사가 종속기업인 경우 연결재무제표에 표시될 사항을 검토하시오.
2. S사가 관계기업인 경우 지분법 회계처리를 설명하시오.

S사가 종속기업인 경우

별도재무제표상 P사는 FVPL을 취득한 이후 평가손익(PL)을 인식하지만, 연결 관점에서는 다음과 같이 해석된다.

① P사가 제3자로부터 전환사채를 취득 : 전환사채를 상환

② P사가 S사가 발행한 전환사채를 직접 취득 : 내부거래이므로 해당 전환사채는 처음부터 발행되지 아니함.

결국 단순합산재무제표에 표시된 FVPL과 관련 손익은 연결조정으로 제거된다.

S사가 관계기업인 경우

S사가 관계기업으로 지위가 변동된 경우 K-IFRS 제1028호 문단 28에 따라 발생한 관계기업의 손익 중 투자자의 몫은 제거한다. 따라서 FVPL에 대한 평가손익은 지분법 손익에서 가감하는 것이 적절하다.

제 4 절 기타 내부거래

연결실체(기업집단)의 규모가 클수록 연결실체 내에는 건설업, 광고대행업, 운송업 및 시스템개발 서비스 등을 전문으로 제공하는 기업이 존재하는 경우가 일반적이다. 연결실체 내 많은 기업들이 공통적으로 필요로 하는 제품이나 서비스를 제3자가 아닌 연결실체 내 기업이 제공한다면, 중요한 정보의 유출을 방지하고 소비자에게 보다 더 유기적으로 서비스를 제공할 수 있기 때문이다.

1. 건설형 공사계약

(1) 진행기준

다음 기준 중 어느 하나를 충족하면 기업은 재화나 용역에 대한 통제를 기간에 걸쳐 이전하므로, 기간에 걸쳐 수행의무를 이행하는 것이고 기간에 걸쳐 수익을 인식한다(K-IFRS 제1115호 문단 35).

① 고객은 기업이 수행하는 대로 기업의 수행에서 제공하는 효익을 동시에 얻고 소비한다.

② 기업이 수행하여 만들어지거나 가치가 높아지는 대로 고객이 통제하는 자산(예 : 재공품)을 기업이 만들거나 그 자산 가치를 높인다.

③ 기업이 수행하여 만든 자산이 기업 자체에는 대체 용도가 없고, 지금까지 수행을 완료한 부분에 대해 집행 가능한 지급청구권이 기업에 있다.

(2) 건설형 공사계약

진행기준의 대표적인 유형은 건설형 공사계약을 꼽을 수 있는데, 건설형 공사계약은 일반적으로 건물이나 교량, 댐, 파이프라인, 도로, 터널 등에 대한 계약을 말한다. 건설형 공사계약은 단일자산에 대한 공사 형태로 체결될 수도 있으며 설계, 기술, 기능, 최종 목적이나 용도에 있어 밀접하게 관련되거나 상호의존적인 복수자산에 대한 공사 형태로도 체결될 수 있다. 이러한 건설형 공사계약으로는 제련소 건설, 복잡한 생산설비나 기계장치제작 등이 있다.

만일 지배기업인 P사가 제3자와 건설형 공사계약을 체결하고, 그 계약 중 일부를 S사에게 도급한다고 가정해 보자. 이 경우 단순합산재무제표에 표시되는 내용과 연결재무제표에 표시될 내용은 다음과 같다.

① 단순합산재무제표(P사)
- P사의 수익 : 제3자와의 계약을 통해 획득할 금액
- P사의 원가 : S사와 제3자에게 지출하는 금액
- P사의 진행률 : 발생된 누적원가와 향후 예상되는 원가를 토대로 계산
- P사의 채무 : 제3자와 S사에 대한 채무

② 단순합산재무제표(S사)
- S사의 수익 : P사와의 계약을 통해 획득할 금액
- S사의 원가 : 제3자에게 지출하는 원가
- S사의 진행률 : 발생된 누적원가와 향후 예상되는 원가를 토대로 계산
- S사의 채권 : P사에 대한 채권

③ 연결 관점
- 수익 : P사가 제3자와 체결한 계약을 통해 획득할 금액
- 원가 : (P사와 S사가) 제3자에게 지출하는 금액
- 진행률 : 발생된 누적원가와 향후 예상되는 원가를 토대로 진행률 계산
- 채권과 채무 : 연결 관점에서 제3자로부터 회수하거나 지급할 금액

④ 연결 조정
- 단순합산재무제표에 있는 수치를 연결 관점으로 전환

내부거래 형태로 공사형 건설계약이 발생하면 P사, S사 및 연결 관점에서의 진행률과 수익 · 원가를 각각 추정해야 한다. 여기서 P사와 S사의 채권 · 채무 금액은 상이하므로 **단순합산재무제표상 채권 · 채무와 연결 관점의 채권 · 채무를 각각 총액으로 추정**한 후에 상계하는 번거로움이 발생한다.

건설형 공사계약에 대한 내부거래는 계산 과정이 다소 복잡한데, 다음 예제를 통해 살펴본다.

예제 16

- P사는 01년 초에 600원에 S사 주식 60%를 취득하여 지배력을 확보함.
- 지배력 획득 시 S사의 자본금은 1,000원이며, 자산부채의 공정가치와 장부금액은 동일함.
- P사는 서울시와 30,000원의 MD 프로젝트(건설계약)를 체결함.
- P사는 서울시로부터 다음과 같이 대금을 회수하기로 약정함.

구 분	01년	02년	03년	04년
현금 회수 스케줄	–	12,000	9,000	9,000

• P사가 인식한 수익과 원가는 다음과 같음.

구 분	01년	02년	03년
누적원가	6,000	14,000	19,000
예상원가	9,000	6,000	–
진행률	40.0%	70.0%	100.0%
누적수익	12,000	21,000	30,000
당기수익	12,000	9,000	9,000
당기원가	6,000	8,000	5,000
당기이익	6,000	1,000	4,000

• P사는 MD 프로젝트 중 일부를 S사에게 하도급하고, 10,000원의 계약을 체결함.
• S사가 인식한 수익과 원가는 다음과 같음.

구 분	01년	02년	03년
누적원가	1,500	4,000	8,000
예상원가	4,500	4,000	–
진행률	25.0%	50.0%	100.0%
누적수익	2,500	5,000	10,000
예상수익	7,500	5,000	–
당기수익	2,500	2,500	5,000
당기원가	1,500	2,500	4,000
당기이익	1,000	–	1,000

• S사는 진행률에 따라 장부를 마감한 이후 익년도 초에 채권을 회수하고 채무를 지급함.

요구사항 연결 관점에서 인식해야 할 수익과 원가 금액을 계산하시오.

단순합산재무제표

P사와 S사 및 단순합산재무제표에 표시될 내용은 다음과 같다.

구 분	계정과목	01년	02년	03년
P사	공사원가(S사)	2,500	2,500	5,000
	공사원가(그 외)	3,500	5,500	–
	매입채무(S사)	2,500	2,500	5,000
	매입채무(그 외)	3,500	5,500	–
	공사수익	12,000	9,000	9,000
	매출채권	12,000	9,000	9,000
	당기순이익	6,000	1,000	4,000
S사	공사수익(P사)	2,500	2,500	5,000
	매출채권(P사)	2,500	2,500	5,000
	공사원가	1,500	2,500	4,000
	매입채무	1,500	2,500	4,000
	당기순이익	1,000	–	1,000
단순합산	공사원가	7,500	10,500	9,000
	매입채무	7,500	10,500	9,000
	공사수익	14,500	11,500	14,000
	매출채권	14,500	11,500	14,000
	당기순이익	7,000	1,000	5,000

연결 관점의 수익과 원가

연결 관점에서 인식될 누적원가는 다음과 같다.

구 분	01년	02년	03년
S사 원가	1,500	4,000	8,000
P사 원가(*)	3,500 (= 6,000 − 2,500)	9,000 (= 14,000 − 5,000)	9,000 (= 19,000 − 10,000)
합 계	5,000	13,000	17,000

(*) P사의 누적원가 − S사의 누적수익

P사가 S사에게 지출한 금액은 P사의 재무제표에 원가로 나타나고, S사의 재무제표에는 수익으로 인식된다. 따라서 연결 관점의 누적원가는 단순합산재무제표(= P사의 원가 + S사의 원가)에서 S사가 인식한 누적수익을 제거하여 계산된다.

연결 관점에서의 예상원가는 다음과 같다.

구 분	01년	02년	03년
S사 원가	4,500	4,000	–
P사 원가(*)	1,500 (= 9,000 – 7,500)	1,000 (= 6,000 – 5,000)	–
합 계	6,000	5,000	–

(*) P사의 예상원가 – S사의 예상수익

P사가 S사에게 향후 지출할 금액은 P사의 예상원가이나, S사에게는 예상수익에 해당한다. 따라서 연결 관점의 예상원가는 단순합산재무제표(= P사의 예상원가 + S사의 예상원가)에서 S사가 인식한 예상수익을 제거하여 계산된다.

따라서 연결 관점에서 계산되는 진행률과 누적수익은 다음과 같다.

구 분	01년	02년	03년
누적원가	5,000	13,000	17,000
예상원가	6,000	5,000	–
진행률(*1)	45.5%	72.2%	100.0%
누적수익(*2)	13,636	21,667	30,000

(*1) 진행률 = 누적원가 ÷ (누적원가 + 예상원가)
(*2) 누적수익 = 진행률 × 계약금액

그러므로 연결재무제표에 인식할 수익과 원가는 다음과 같다.

구 분	01년	02년	03년
당기수익(*1)	13,636	8,030	8,333
당기원가(*2)	5,000	8,000	4,000
당기이익	8,636	30	4,333

(*1) 당기수익 = 당기 누적수익 – 전기 누적수익
(*2) 당기원가 = 당기 누적원가 – 전기 누적원가

각 연도별로 연결재무제표에 표시될 내용은 다음과 같다.

구 분	01년	02년	03년
공사원가	5,000	8,000	4,000
매입채무	5,000	8,000	4,000
매출채권(진행기준) 매출채권(미회수액)	13,636 –	8,030 1,636	8,333 667
공사수익	13,636	8,030	8,333
당기순이익	8,636	30	4,333

상기 표의 매출채권 금액은 진행기준으로 산출된 금액과 일치하지 않는데, 연결 관점에서는 전기에 계상된 채권 중 일부가 회수되지 않았기 때문이다. 예를 들어 02년에 인식될 매출채권은 9,666원으로 계산되는데, 진행기준에 따라 인식할 채권 8,030원뿐만 아니라 01년에 발생된 채권 중 회수하지 못한 채권 1,636원(= 13,636원 − 12,000원)도 존재한다.

본 예제에서 미실현손익과 미실현자산은 다음과 같다.

구 분	01년	02년	03년
연결당기순이익	8,636	30	4,333
단순합산순이익	7,000	1,000	5,000
미실현손익	1,636	(970)	(667)
미실현자산	1,636	667	–

01년에 단순합산재무제표에서 인식하지 않은 1,636원의 미실현자산은, 02년과 03년 중 공사가 진행되어 완료됨에 따라 해소된다.

지분 이익

S사가 P사에게 제공한 상향매출이므로 미실현손익 중 60%만 지배기업에게 배분되는데, 지분 이익 내역은 다음과 같다.

구 분	S사 당기순이익	미실현손익	합계	지배기업 지분	비지배지분
01년	1,000	1,636	2,636	1,582	1,054
02년	–	(970)	(970)	(582)	(388)
03년	1,000	(667)	333	200	133

한편, S자본과 지배기업의 누적 지분 이익 및 비지배지분은 다음과 같다.

구 분	S사 자본 합계	미실현자산	합계	누적 이익(P)	비지배지분
01년	2,000	1,636	3,636	1,582	1,454
02년	2,000	667	2,667	1,000	1,067
03년	3,000	–	3,000	1,200	1,200

연결조정

건설형 공사계약의 경우 지배기업과 종속기업이 인식한 수익·비용과 채권·채무는 일반적으로 서로 일치하지 않는다. 따라서 반드시 단순합산재무제표와 연결재무제표에 표시될 수익·비용과 채권·채무를 총액으로 비교한 후 상계하는 절차가 필요하다. 본 예제의 음영으로 표시된 단순합산재무제표와 연결 관점의 재무정보를 주의 깊게 살펴보고 연결조정 내역을 분석하기 바란다.

• 01년 연결조정

01년 연결조정

차변		대변	
1단계 : 순자산조정			
자본금(S)	1,000	주식 S	600
이익잉여금(S)	1,000	매출채권	864
매입채무	2,500	이익잉여금	1,582
		비지배지분	1,454
2단계 : 순이익조정			
공사수익	864	공사원가	2,500
이익잉여금	1,636		

• 02년 연결조정

02년 연결조정

차변		대변	
1단계 : 순자산조정			
자본금(S)	1.000	주식S	600
이익잉여금(S)	1,000	매출채권	1,833
매입채무	2,500	이익잉여금	1,000
		비지배지분	1,067
2단계 : 순이익조정			
공사수익	3,470	공사원가	2,500
		이익잉여금	970

• 03년 연결조정

03년 연결조정

1단계 : 순자산조정			
자본금(S)	1,000	주식S	600
이익잉여금(S)	2,000	매출채권	5,000
매입채무	5,000	이익잉여금	1,200
		비지배지분	1,200
2단계 : 순이익조정			
공사수익	5,667	공사원가	5,000
		이익잉여금	667

2. 사용권자산

지배기업이 건물이나 중요한 자산 등을 취득하여 종속기업에게 자산을 임대하는 경우 연결실체 내 중요한 자산을 통제할 수 있다는 장점이 있다. 본 절에서는 K-IFRS 제1116호 도입에 따른 사용권자산 계상 시 연결결산 절차를 살펴본다.

(1) K-IFRS 제1116호

종전 회계모형은 리스이용자와 리스제공자가 리스를 금융리스 또는 운용리스로 분류하였으나, 운용리스의 경우 회계기간 중에 지출한 금액만 비용으로 처리하였으므로 부외부채 논란이 지속적으로 제기되었다. 운용리스도 지속적으로 경제적 유출이 발생하고 특정 자산을 사용할 수 있는 권리가 있는데, 이에 대한 자산과 부채를 누락하고 있다는 비판이다.

이러한 점을 개선하여 리스이용자가 계약에서 발생하는 권리(특정 자산에 대한 사용권리)와 의무(향후 지출될 의무)에 대해 사용권자산과 리스부채를 인식하도록 K-IFRS 제1116호가 개정되었다. 다만, 다음은 실무적 편의를 위해 리스처리를 생략할 수 있다.

① 단기리스 : 1년 이하의 리스 계약

② 소액리스 : 기초자산이 $5,000 이하인 리스 계약

한편, K-IFRS 제1116호의 개정으로 리스이용자의 회계처리는 변경되었으나, 리스제공자는 종전과 동일하게 운용리스와 금융리스로 분류하고 있다.

(2) 연결결산 절차

리스계약에 따라 종속기업이 지배기업의 건물에 입주한다고 가정해 보자. 이 경우 단순합산재무제표와 연결재무제표에 표시될 내용 및 연결조정은 다음과 같다.

① 단순합산재무제표
- 지배기업 : 운용리스료수입 인식 및 리스자산 상각
- 종속기업 : 사용권자산(정액법 상각)과 리스부채(유효이자율법 적용) 인식

② 연결 관점
- 연결 실체 내에 보유하는 자산을 사용

③ 연결조정
- 지배기업이 인식한 수익을 제거
- 종속기업이 인식한 사용권자산, 리스부채 및 관련 손익을 모두 제거

내부거래 형태로 운용리스 계약이 체결된 경우 연결결산에 미치는 구체적인 영향은 다음 예제로 살펴본다.

예제 17

- P사는 01년 초에 600원을 지급하고 S사 주식 60%를 취득하여 지배력을 확보함.
- 01년 초에 S사는 P사가 보유한 건물에 입주하였으며, 01년 말부터 3년간 1,000원씩 지급하기로 계약함.
- S사가 적용한 이자율은 10%이며, 작성된 상각표는 다음과 같음.

구 분	기초	이자비용	지급액	기말
01년	2,487	249	(1,000)	1,736
02년	1,736	174	(1,000)	910
03년	910	90	(1,000)	-

- 연도별 사용권자산은 다음과 같음.

구 분	01년 초	01년 말	02년 말	03년 말
사용권자산	2,487	1,658	829	-
상각비	-	829	829	829

요구사항

1. 단순합산재무제표를 제시하시오.
2. 연결조정을 예시하시오.

단순합산재무제표

연도별 P사와 S사의 주요 계정과 미실현자산(손익)은 다음과 같다.

구 분	계정과목	01년	02년	03년
P사	수입리스료	1,000	1,000	1,000
S사	리스부채	1,736	910	–
	이자비용	249	174	90
	사용권자산	1,658	829	–
	상각비	829	829	829
미실현	P사의 수익 인식액	1,000	1,000	1,000
	S사의 비용 인식액	1,078	1,003	919
	미실현손익	(78)	(3)	81
	미실현자산	(78)	(81)	–

P사는 리스료수입만 인식하지만, S사는 사용권자산과 리스부채를 계상하고 사용권자산 상각비와 이자비용을 인식하게 된다. 유효이자율법을 적용하는 특성으로 초기에는 S사가 인식하는 비용이 P사의 수익보다 커서 미실현 금액이 발생한다. 그러나 시간이 지남에 따라 S사의 비용은 감소하게 되어 미실현자산은 소멸한다.

연결조정

구 분			01년	02년	03년
순자산 조정	차변	리스부채	1,736	910	–
	대변	사용권자산	1,658	829	–
		이익잉여금	47	49	–
		비지배지분	31	32	–
순이익 조정	차변	수입리스료	1,000	1,000	1,000
		이익잉여금(Plug-in)	78	3	(81)
	대변	상각비	829	829	829
		이자비용	249	174	90

P사와 S사가 단순합산 재무제표에 계상된 리스 관련 계정은 모두 제거된다. 한편, 정액법과 유효이자율법의 차이로 미실현자산이 발생하는데, S사가 손익을 인식하는 주체이므로 지분율에 따라 이익잉여금(지배기업 지분)과 비지배지분으로 안분된다.

3. 연결실체 내 기업과의 거래

한 기업이 연결실체 내 여러 기업과의 거래를 실시할 경우 동 거래들은 다음과 같은 두 가지 관점에서 해석할 수 있다.

① 연결실체 전체 관점에서 거래를 해석 : 이 관점은 연결실체를 하나로 보는 관점이다. 따라서 제3자가 연결실체 내 여러 기업과 진행하는 거래들을 제3자와 하나의 실체 간 거래하는 것으로 보아, 거래 간에 연관성이 있다고 해석한다.

② 개별 관점에서 거래를 해석 : 이 관점은 연결실체 내 여러 기업과 진행하는 거래를 각각의 독립된 거래로 보아, 거래 간에 연관성이 없다고 해석한다.

X라는 회사가 연결실체 내 일부 기업과 일정한 약정 하에 거래를 한다고 하여, X사에게 동 약정을 연결실체 내 모든 기업들에게 적용하여 진행할 것을 강요할 수 없다. 반면, 연결실체 내 지배기업은 X사와 거래하는 종속기업들을 지시하여 상호 연관성을 갖도록 거래를 설계할 수도 있다. 따라서 모든 사실과 상황을 종합적으로 고려하여 거래가 상호연관성이 있는지 또는 독립적인 것인지 판단할 필요가 있다.

한 기업이 연결실체 내 여러 기업과 다양한 거래를 진행할 경우의 회계처리를 다음 예제로 살펴보자.[92)]

예제 18

- P사는 00년부터 S사와 T사에 대해 지배력을 획득하고 있음.
- X사는 01년에 S사와 제품 공급계약을 체결하고, S사에 제품을 공급하고 있음.
- X사는 P사와 전략적 제휴를 맺고자 02년에 X사의 신주인수권을 T사에게 조건부로 매각하는 계약을 체결함.
- 신주인수권 매각대금 지급의무는 T사가 신주인수권을 행사하기 전까지 유예되므로, X사는 원래의 행사가격에 매각금액을 더한 조정된 행사가격으로 신주인수권을 부여한 상황과 실질적으로 동일하다고 판단하고 있음.
- 신주인수권은 특정 스케줄(약 8년간 S사가 제품 매입 대금을 X사에 지급하는 스케줄로 특정 금액을 초과할 때마다 각 가득조건이 달성됨)에 따라 가득조건이 각 회차별로 달성될 때 법적소유권이 T사에게 이전됨.

요구사항

1. T사를 K-IFRS 제1115호 상 X사의 고객으로 볼 수 있는가?
2. T사에 부여한 신주인수권에 대한 회계처리는?

---

92) 2021-I-KQA007, 고객이 포함된 연결실체 내 다른 기업에 신주인수권 부여 시 회계처리

지배구조와 거래 형태

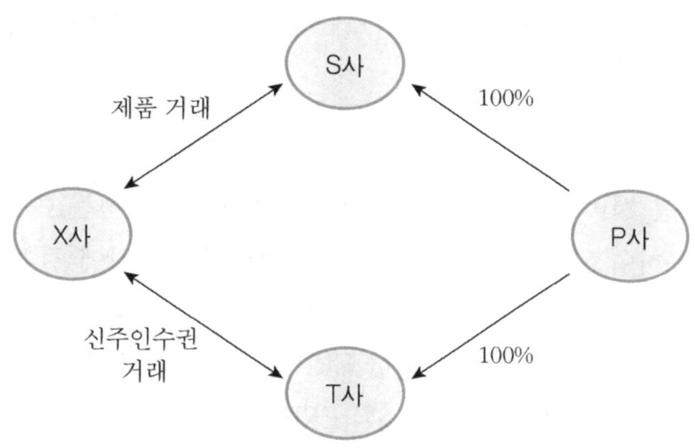

T사가 고객에 해당하는지 여부

X사가 재화나 용역을 제공해야 하는 계약당사자는 S사이므로, S사가 포함된 연결실체 내 다른 기업은 K-IFRS 제1115호에 따른 회사의 고객에 해당하지 않는다. 따라서 T사는 X사의 고객에 해당하지 않는다.

반면, 고객에게 부여하고자 한 신주인수권이 명목상 고객이 포함된 연결실체 내 다른 기업에 부여한 것에 불과(예 : 신주인수권 매매계약을 맺을 때 S사의 암묵적 승인을 얻고, 실질적으로 신주인수권을 S사가 받은 뒤 T사에 이전)하다면, 이 신주인수권 부여는 '고객에게 지급할 대가'로 볼 수 있다.

따라서 모든 사실과 상황을 종합적으로 고려하여 판단해야 한다.

'고객에게 지급할 대가'에 해당하지 않을 경우

K-IFRS 제1102호를 고려하여 신주인수권 부여일에 지분상품 단위당 공정가치를 측정하고, 기대가득수량을 예상가득기간에 걸쳐 비용(또는 자산)과 자본의 증가로 인식한다.

'고객에게 지급할 대가'에 해당할 경우

첫 번째 방법으로 K-IFRS 제1115호와 제1102호를 모두 고려하여 신주인수권 부여일에 지분상품 단위당 공정가치를 측정하고, ① 회사가 재화를 고객에게 이전하여 수익을 인식할 때와 ② 고객에게 해당 대가를 지급하기로 약속할 때 둘 중 늦은 날에 인식하되, K-IFRS 제1115호의 변동대가 추정치 제약조건을 고려하여 수익차감과 자본의 증가로 인식한다.

두 번째 방법으로는 K-IFRS 제1102호만 고려하여 '고객에게 지급할 대가'에 해당하지 않을 경우와 같이 신주인수권 부여일에 지분상품 단위당 공정가치를 측정하고, 기대가득수량을 예상가득기간에 걸쳐 비용(또는 자산)과 자본의 증가로 인식한다.

4. 용역거래

전산이나 경영자문 서비스는 연결실체 내에서 빈번하게 발생하는 내부거래의 유형인데, 회계기간 중에 착수하여 완료되는 거래도 있지만 여러 회계기간에 걸쳐 용역이 제공되는 경우도 있다.

연결실체 내 기업들은 일반적으로 동일한 ERP를 사용하여 일관성 있게 그룹회계를 적용할 수 있도록 노력하고 있다. 그리고 구축된 ERP에 대한 유지・개선 작업은 개별 기업의 전산 부서가 담당하기보다는 연결실체 내 전산업체가 제공하는 것이 일반적이다. 왜냐하면 개별 기업의 편의성에 따라 시스템을 변형시키다 보면 당초에 의도하였던 그룹 ERP의 통합 작업에 저해가 될 수 있을 뿐만 아니라, 비경상적으로 발생하는 ERP의 유지・개선을 위해 개별 기업 단위에서 별도의 전담 조직을 설치해야 하는 부담이 있기 때문이다.

예제 19

- P사는 S사 주식을 60% 취득하고 있음.
- P사는 S사와 ERP 공급 계약(총 계약금액 : 50,000원)을 체결함.
- ERP 구축은 01년에 착수하여 02년까지 이루어짐.
- P사는 01년과 02년에 각각 16,000원과 24,000원의 투입원가를 인식함.
- S사는 ERP를 03년 초부터 가동하였으며, 내용연수는 4년임.

요구사항 01년부터 03년까지 이루어질 연결조정을 설명하시오.

진행기준에 따른 수익

계정과목	01년	02년
총추정원가	40,000	40,000
누적원가	16,000	40,000
진행률	40%	100%
당기 수익	20,000 (= 50,000 × 40%)	30,000 (= 50,000 - 20,000)
당기 이익	4,000 (= 20,000 - 16,000)	6,000 (= 30,000 - 24,000)

요약 연결정산표

계정과목		단순합산재무제표	연결재무제표	연결조정
01년	건설중인자산	20,000	16,000	미실현자산 조정
	매출	20,000	–	순액조정
	매출원가	16,000	–	순액조정
02년	건술중인자산	50,000	40,000	미실현자산 조정
	매출	30,000	–	순액조정
	매출원가	24,000	–	순액조정
03년	무형자산	37,500	30,000	미실현자산 조정
	무형자산상각비	12,500 (= 50,000 ÷ 4년)	10,000 (= 40,000 ÷ 4년)	미실현자산의 일부 해소

단순합산재무제표상 표시는 다음과 같다.

① S사 : 01년과 02년에 각각 20,000원과 50,000원(= 20,000원 + 30,000원)을 건설중인자산으로 표시하다가, 03년에 무형자산으로 대체하고 50,000원을 기준으로 상각비 계상

② P사 : 01년과 02년에 매출과 매출원가 인식

연결 관점에서 상기 거래는 40,000원을 투입하여 자체적으로 진행하는 Project에 불과하다. 따라서 투입한 원가만을 건설중인자산으로 재무상태표에 표시하다가 03년 이후에는 40,000원을 기준으로 상각비를 인식해야 한다. 따라서 P사가 인식한 매출과 원가를 상계제거하고, 무형자산에 포함된 10,000원은 미실현손익으로 관리한다. 참고로 미실현자산은 S사가 동 자산을 4년 동안 감가상각비를 인식하면서 해소된다.

지금까지 살펴본 내용을 요약하면 다음과 같다.

① 진행기준에 의하여 제공된 서비스의 경우 단순합산재무제표에 표시된 수익과 비용을 모두 제거한다.

② 수익금액을 기준으로 계상된 상각비는 원가 기준의 상각비로 조정한다.

(1) 개발비

개별 기업에서 자체적으로 수행하는 연구활동이나 개선 작업의 경우 자산화하지 않고 비용화하는 것이 일반적이다. 내부적으로 창출한 무형자산 조건에 충족하려면 연구단계와 개

발단계로 구분하고, 개발활동에 투입된 원가 중에서 특정요건을 만족하는 경우에만 자산화할 수 있기 때문이다(K-IFRS 제1038호 문단 52~67).

따라서 연결실체 내 기업으로부터 전산 용역을 제공받고 별도재무제표에 개발비 등으로 하여 자산화하더라도, 연결 관점에서는 내부적으로 창출된 무형자산에 해당하므로 자산화 요건을 충족하는지 검토할 필요가 있다. 만일 일상적인 개발비 요건을 충족하지 못한다면 별도재무제표에 자산으로 인식하더라도 연결조정으로 차감해야 한다.

(2) 기타 용역 거래

지금까지 언급하였던 거래 이외에도 연결실체 내에서 빈번하게 발생하는 용역 거래의 유형으로는 경영자문 서비스와 브랜드 유지 · 개선 서비스 및 광고대행업 등이 있다. 일반적으로 용역 거래는 당기비용 처리되기 때문에 미실현손익이 발생하지 않는다. 따라서 연결회계에 미치는 영향은 수익이나 비용의 규모, 즉 순액조정에 한정되는 것이 일반적이다.

본 장을 통하여 여러 형태의 내부거래를 살펴보았는데, 그 내용을 요약하면 다음과 같다.

내부거래 조정 절차

내부거래를 정확하게 연결회계에 반영하기 위해서는 먼저, 내부거래가 별도재무제표(단순합산재무제표)상 어떻게 반영되었는지를 파악해야 한다. 왜냐하면 내부거래를 연결회계에 반영하는 과정에서 발생하는 어려움이나 오류는 연결회계의 특성에서 발생할 수도 있지만, 복잡한 거래일수록 회계적 사건이 개별 기업의 재무제표에 어떻게 반영되고 영향을 미치는지에 대한 이해가 부족하여 발생하는 경우가 많기 때문이다.
따라서 연결결산을 정확하게 실시하기 위해서는 연결회계에 대한 지식뿐만 아니라 개별 회계에 대한 이해가 반드시 선행되어야 한다.

아무리 복잡한 내부거래라 할지라도 그 분석절차는 다음과 같음을 다시 한번 강조하며, 본 절을 마무리하고자 한다.
① 내부거래는 별도재무제표를 통하여 단순합산재무제표에 어떻게 반영되고 있는가?
② 연결 관점에서 내부거래는 연결재무제표에 어떻게 표시되어야 하는가?
③ 연결재무제표와 단순합산재무제표의 차이는 어떻게 조정할 것인가?

Chapter 09 해외종속기업

치열한 글로벌 경쟁에 대응하기 위해 기업들은 해외 기업들과 조인트벤처를 설립하거나 해외 기업들을 인수하여 기술과 브랜드 등을 획득하고자 노력하고 있다. 또한 부가가치가 높은 일부 활동만 남기고 생산활동이나 판매활동은 해외현지법인이 수행함으로써 가격과 서비스 경쟁력을 확보하고자 경주하고 있다. 이러한 이유로 해외종속법인은 지속적으로 증가하고 있으며, 해외종속기업과의 내부거래 규모도 증가하고 있는 상황이다.

본 장에서는 환율의 개념과 외화환산 방법을 소개하고, 해외종속기업이 있는 경우 환율변동효과가 연결회계에 미치는 영향에 대하여 설명한다.

✓ 외화환산 : 시제법과 현행환율법
✓ 해외종속기업의 취득 : 공정가치 차액과 영업권
✓ 해외종속기업과의 내부거래 : 외화거래와 미실현손익의 환산

제1절 환율변동효과

외화환산이란 외화로 이루어지는 거래나 외화표시 재무제표를 원화로 전환하는 과정을 말하는데, 환산대상에 따라 외화자산·부채의 환산과 외화재무제표의 환산으로 구분된다.

① 외화자산·부채의 환산 : 외화로 표시된 상품매매나 자금거래 등에 대한 환산

② 외화표시 재무제표의 환산 : 외화로 표시된 재무제표를 원화로 환산

1. 기능통화

(1) 통 화

K-IFRS 제1021호 '환율변동효과'는 기능통화 개념을 사용하고 있는데, **기능통화(Functional currency)란 기업의 영업활동이 이루어지는 주된 경제 환경의 통화**를 말한다. 기능통화를 적용하여 재무성과와 재무상태를 측정하게 되면, 경제적 실질과 관련 없는 환율변동효과가 재무제표에 미치는 영향을 방지하게 된다.

예제 1

- P사의 본사와 공장은 한국에 소재하고 있으며, 정유업을 영위함.
- P사는 해외에서 원유를 100% 수입하고 있으며, 생산된 제품 중 80%를 수출함.
- P사의 원유 매입가격과 제품 수출가격은 경쟁적인 국제시장에서 형성됨.
- 수입과 수출 대금 정산은 US$로 이루어짐.
- P사의 매출과 매입, 매출채권과 매입채무의 상당부분은 외화로 구성됨.

요구사항 P사가 원화로 회계처리하는 경우 문제점과 개선안을 검토하시오.

P사의 재무제표는 상당 부분이 외화로 구성되므로 원화로 회계처리하면, 환율변동에 따라 거액의 환산손익이 재무제표에 표시된다. 따라서 환율변동이 급격할 경우에는 영업활동에 의한 성과보다는 환산손익 효과가 재무제표에 미치는 영향이 더 클 가능성이 있다. 즉, 원화로 회계처리를 실시하면 환율변동효과로 재무상태와 재무성과를 올바르게 표시하지 못할 위험에 직면하게 된다. 이러한 문제점은 P사의 영업환경을 고려할 때 원화가 기능통화로 적절하지 않기에 발생한 것이다. 따라서 P사는 기능통화를 원화가 아닌 US$로 변경하는 것에 대해 검토할 필요가 있다.

P사가 기능통화를 달러로 결정한 후 달러 표시 재무제표를 작성하더라도 P사는 정보이용자와 세무 등을 위해 원화 표시 재무제표를 필요로 하는데, 이때 환산된 재무제표상 통화인 원화를 표시통화(Presentation currency)라고 한다. 기능통화 개념을 통해 표현하면 기능통화가 아닌 다른 통화를 외화(Foreign currency)라고 하는데, 〈예제 1〉의 경우 원화는 표시통화이자 외화로 분류된다.

(2) 기능통화의 결정

기능통화의 결정은 재무성과와 재무상태의 표시뿐만 아니라 회계시스템 자체의 큰 변화를 가져오기 때문에 신중한 판단이 필요하다. 기능통화를 결정하기 위하여 고려할 요소로는 주요 지표와 보조 지표가 있는데, **주요 지표**는 다음과 같다(K-IFRS 제1021호 '환율변동효과' 문단 9와 10).

① 재화와 용역의 공급가격에 주로 영향을 미치는 통화(흔히 재화와 용역의 공급가격을 표시하고 결제하는 통화)
② 재화와 용역의 공급가격을 주로 결정하는 경쟁요인과 법규가 있는 국가의 통화
③ 재화를 공급하거나 용역을 제공하는데 드는 노무원가, 재료원가와 그 밖의 원가에 주로 영향을 미치는 통화(흔히 이러한 원가를 표시하고 결제하는 통화)

주요 지표를 통하여 기능통화를 결정할 수 없을 경우에는 보조 지표를 활용하게 되는데, **보조 지표**는 다음과 같다.

① 재무활동(즉, 채무상품이나 지분상품의 발행)으로 조달되는 통화
② 영업활동에서 유입되어 통상적으로 보유하는 통화

해외종속기업은 지배기업의 기능통화와 다른 기능통화를 사용할 수도 있다. 다만, 해외지점, 해외종속기업, 해외공동기업에 대한 기능통화를 결정할 경우에는 다음 사항을 고려해야 한다(K-IFRS 제1021호 문단 11).

① 해외사업장의 활동이 보고기업 활동의 일부로서 수행되는지, 아니면 상당히 독자적으로 수행되는지 여부
- 해외사업장이 보고기업에서 수입한 재화를 판매하고 그 판매대금을 보고기업으로 송금하는 역할만 한다면 해외사업장은 보고기업의 일부로서 활동하는 예에 해당한다.
- 해외사업장이 대부분 현지통화로 현금 등의 화폐성항목을 축적하고 비용과 수익을 발생시키며 차입을 일으킨다면 해외사업장의 활동이 상당히 독자적으로 수행되는

예에 해당한다.

② 보고기업과의 거래가 해외사업장의 활동에서 차지하는 비중이 높은지 낮은지 여부

③ 해외사업장 활동에서의 현금흐름이 보고기업의 현금흐름에 직접 영향을 주고 보고기업으로 쉽게 송금될 수 있는지 여부

④ 보고기업의 자금 지원 없이 해외사업장 활동에서의 현금흐름만으로 현재의 채무나 통상적으로 예상되는 채무를 감당하기에 충분한지 여부

위의 내용을 요약하면 지배기업과의 거래의 비중이 높을수록, 해외사업장의 현금흐름이 지배기업에게 의존할수록, 독자적으로 채무를 감당하기에 충분하지 못할수록 해외기업의 기능통화는 지배기업의 기능통화와 일치할 가능성이 크다.

2. 외화환산

국내기업이 외국기업과 거래하고 대금을 외국기업이 소재한 국가의 통화단위로 결제하는 경우, 국내기업은 외화로 표시된 거래를 원화로 환산하게 된다. 외화로 표시된 자산・부채・수익・비용을 환산하는 방법에는 화폐성・비화폐성법, 현행환율법, 시제법 등이 있다.

(1) 환율의 종류

환율이란 특정시점에서 서로 다른 통화의 교환비율인데, 환율은 계약과 동시에 외환이 인도(인수)되는 시장에서 형성된 환율인 현물환율과 미래 일정시점에서 외환이 인도되는 외환거래에 대하여 현재 시점에서 결정된 환율인 선물환율(선도환율)로 구분할 수 있다.

회계적으로 활용되는 환율은 다음과 같다.

① 역사적환율 : 역사적환율이란 경제적 사건이 발생한 시점의 환율, 즉 외화자산이나 외화부채와 관련된 거래가 발생한 시점의 환율을 말한다. 예를 들어 재고자산을 매입하는 경우에는 매입시점의 환율을 의미하고, 자금을 차입하는 경우에는 차입시점의 환율을 의미한다.

② 현행환율 : 현행환율이란 보고기준일 현재, 즉 결산일의 환율을 말한다.

③ 평균환율 : 평균환율이란 일정기간 동안의 환율을 평균한 것으로서, 일반적으로 손익계산서 항목의 환산에 이용한다.

(2) 화폐성 · 비화폐성법

화폐성 · 비화폐성법은 화폐성 자산과 부채에 대해서는 현행환율을 적용하고, 비화폐성 자산 · 부채 및 자본에 대해서는 역사적환율을 적용하는 방법이다. 여기서 화폐성 항목이란 재화나 용역의 미래가치에 관계없이 일정한 화폐액을 수취하는 청구권 또는 지급하여야 할 의무가 있는 자산과 부채를 말한다. 그리고 비화폐성 항목이란 시간이 경과하거나 화폐가치가 변동함에 따라 화폐 평가액이 변하는 자산이나 부채를 의미한다.

예를 들어 현금, 매출채권과 매입채무, 대여금과 차입금, 현금으로 지급하는 종업원 급여, 현금으로 상환하는 충당부채 등은 화폐성 항목에 해당한다. 그리고 재화나 용역에 대한 선급금, 재고자산, 유형자산, 무형자산, 영업권이나 비화폐성 자산의 인도에 의하여 상환되는 충당부채 등은 비화폐성 항목에 해당한다. 그러나 유가증권과 같이 화폐성 성격과 비화폐성 성격을 동시에 가지고 있는 자산 · 부채는 당해 자산 · 부채의 보유목적과 성격에 따라 구분된다. 일반적으로 채무증권은 화폐성항목으로, 지분증권은 비화폐성항목으로 분류된다.

(3) 현행환율법

현행환율법은 모든 자산과 부채를 결산일 현재의 현행환율로 환산하고, 자본 항목은 역사적환율로 환산하며, 모든 손익계산서 항목은 거래일의 환율로 환산한다. 그리고 종속기업이 배당을 지급할 경우에는 거래일의 환율을 적용하여 환산한 배당금을 차감하여 이익잉여금을 계산한다.

현행환율법에 따른 외화표시 재무제표의 환산방법은 다음과 같다.

① 재무상태표상 자산과 부채는 결산일의 환율로 환산한다.

② 자본은 역사적환율을 적용하여 환산한다.

③ 손익계산서상 수익과 비용은 거래일의 환율로 환산한다. 다만, 실무의 편의를 위하여 회계기간의 평균환율로 환산하는 경우가 많은데, 이러한 평균환율이 거래일의 전반적인 누적환율효과에 대한 합리적인 근사치가 아닐 경우에는 해당 거래일의 환율로 환산해야 한다.

④ 환산 이후 재무상태표상 자산과 부채및자본의 차이는 해외사업환산차이(기타포괄손익)로 인식한다.

(4) 시제법

시제법은 공정가치로 평가하는 계정과목은 결산일 현재의 현행환율로 환산하고, 역사적 가격으로 평가된 항목은 역사적환율을 적용하여 환산한다. 또한 손익계산서 항목은 거래 발생 당시의 환율을 적용하되, 거래 발생 당시의 환율을 구하기 힘든 경우에는 평균환율을 적용한다.

예를 들어 재고자산이 역사적원가로 측정되었을 경우에는 역사적환율을 적용하고, 저가기준에 따라 측정되었을 경우에는 현행환율을 적용한다. 또한 유형자산이 원가법에 따라 취득금액으로 측정된다면 역사적환율을 적용하고, 공정가치법에 따라 현재 가격으로 측정되었다면 현행환율을 적용한다.

이처럼 시제법은 해당 항목의 측정을 위하여 채택되었던 회계원칙이 유지되도록 환산하는 방법이다. 따라서 비화폐성 항목에서 생긴 손익을 기타포괄손익으로 인식하는 경우에는 그 손익에 포함된 환율변동효과도 기타포괄손익으로 인식하며, 비화폐성항목에서 생긴 손익을 당기손익으로 인식하는 경우에는 그 손익에 포함된 환율변동효과도 당기손익으로 인식한다.

지금까지 살펴본 환산방법에 따라 주요 자산・부채에 적용되는 환율을 예시하면 다음과 같다.

| 외화환산 방법 |

계정과목	화폐성・비화폐성법	현행환율법	시제법
현금, 수취채권	현행환율	현행환율	현행환율
재고자산, 투자자산	역사적환율	현행환율	현행환율 또는 역사적환율
유형자산	역사적환율	현행환율	현행환율 또는 역사적환율
장기 채권・채무	현행환율	현행환율	현행환율
자본금, 자본잉여금	역사적환율	역사적환율	역사적환율
이익잉여금	잔액	잔액	잔액
수익・비용	평균환율 (단, 감가상각비 등 제외)	거래일의 환율 (또는 평균환율)	거래일의 환율 (또는 평균환율)

K-IFRS는 **외화거래를 환산할 경우 시제법을 적용하며, 재무제표 자체를 환산할 경우에는 현행환율법을 적용하도록 규정하고 있다.** 다만, 실무적으로 수익과 비용 항목을 환산

할 때 거래일의 환율에 근접한 환율(또는 해당 기간의 평균환율)을 사용하지만, 환율이 유의적으로 변동할 경우에는 평균환율이 아닌 거래 당시의 환율을 적용해야 한다.

사례 1 외화표시 재무제표의 환산

① 기능통화

S사는 미국 소재 기업으로서 US$를 기능통화로 하고 있음.

② 환율정보(US$ 1)

구 분	01년	02년
기초	940	980
평균	960	950
기말	980	920

③ S사 요약 별도재무제표(US$)

	취득	01년	02년
자산총계	810	880	1,000
부채총계	210	230	250
자본금	400	400	400
이익잉여금	200	250	350
계	810	880	1,000
당기순이익		50	100

요구사항 **취득시점, 01년 및 02년 S사의 재무제표를 KRW로 환산하시오.**

해설

1. S사 요약 별도재무제표(KRW)

	00년	01년	02년
자산총계	761,400	862,400	920,000
부채	197,400	225,400	230,000
자본금	376,000	376,000	376,000
이익잉여금			
전기	188,000	188,000	236,000
당기	-	48,000	95,000
기타포괄손익	-	25,000	(17,000)
부채와자본계	761,400	862,400	920,000
당기순이익		48,000	95,000

2. 검증

	01년	02년
순자산(US$)	650	750
기말환율	980	920
기말환율 적용 환산금액	637,000	690,000
환산 금액	612,000	707,000
기타포괄손익	25,000	(17,000)

사례를 통하여 살펴본 내용은 다음과 같다.

현행환율법

- 자산과 부채에 대하여 기말환율을 적용하고 자본은 역사적환율을 적용한다.
- 평균환율이 거래일의 환율과의 차이가 유의적이지 않다는 기본 가정하에 실무적인 편의를 위해 수익과 비용에 대하여 평균환율을 적용할 수 있다. 그러나 그 차이가 유의적인 경우에는 평균환율이 아닌 거래일의 환율을 적용한다.

해외사업환산차이

- 취득 당시의 자본금과 이익잉여금은 취득 당시의 환율을 적용하고, 1년 후 이익잉여금은 전기의 이익잉여금에 환산된 당기순이익을 가산하여 구한다. 이렇게 산출된 자산총계에서 부채와 자본의 합계를 차감한 금액, 즉 대차차액은 해외사업환산차이(기타포괄손익)로 처리한다.

3. 해외종속기업주식의 처분

(1) 해외사업장의 처분

투자기업이 해외사업장(해외종속기업, 해외관계기업, 해외공동기업)을 처분할 경우 자본 항목으로 인식한 해외사업환산차이(기타포괄손익)는 해외사업장의 처분손익을 인식하는 시점에 당기손익으로 재분류된다.

해외종속기업주식을 모두 처분하는 경우뿐만 아니라, 다음 경우에는 주식을 직접 매각하지 않더라도 처분으로 본다.

① 해외사업장을 포함한 종속기업에 대한 지배력을 상실하는 경우
② 해외사업장을 포함한 관계기업에 대한 유의적인 영향력을 상실하는 경우
③ 해외사업장을 포함한 공동기업에 대한 공동지배력을 상실하는 경우

해외사업장을 포함한 종속기업의 처분 시 비지배지분에 귀속되는 해외사업환산차이(기타포괄손익) 누계액은 제거되지만 당기손익으로 재분류하지 않는다. 그 이유는 다음과 같다. 해외사업환산차이(기타포괄손익) 금액 중 지배기업 소유주지분에 해당하는 금액은 해외사업환산차이로 표시된다. 그러나 비지배주주의 지분에 해당하는 금액은 단일계정인 비지배지분으로 표시되어, 비지배지분에 해당하는 해외사업환산차이는 연결재무제표에 표시되지 않는다.

결과적으로 해외종속기업주식의 처분으로 인하여 당기손익으로 재분류될 기타포괄손익의 금액은 연결재무제표에 표시된 기타포괄손익(= 지배기업 소유주지분)으로 한정된다.

참고로 해외사업장의 손실이나 투자기업이 인식한 손상으로 인해 해외사업장의 장부금액을 감액하는 절차는 해외사업장의 일부를 처분하는 경우에 해당하지 않는다. 따라서 해외사업환산차이(기타포괄손익)로 인식한 금액은 손상을 인식한 시점에 손익으로 재분류되지 않는다.

(2) 환율변동효과의 재귀속

지배력에 영향을 미치지 않는 지분율의 변동이 발생하면 **기타포괄손익누계액에 대한 지분액을 결산일의 지분율에 해당하는 금액으로 변경**시켜 주어야 하는데, 이를 **기타포괄손익누계액의 재귀속**이라고 한다(K-IFRS 제1021호 48C).

예제 2

- 01년 초 P사는 해외 소재 기업 S사 주식 60%를 6,600원에 취득함.
- S사는 01년과 02년 중 각각 4,000원과 1,000원의 환율변동효과를 보고함.
- 02년 초 연결재무제표상 S사의 자산과 부채는 각각 25,000원과 10,000원임.
- 02년 초 S사로 인하여 연결재무제표에 계상된 해외사업환산차이는 2,400원이며, 비지배지분은 6,000원임.

요구사항 각 Case별 P사가 인식할 손익을 계산하시오.

1. Case 1 : P사는 02년 초 S사 주식 전량을 18,000원에 처분함.
2. Case 2 : P사는 02년 초 S사 주식 5%를 600원에 처분함.

주식 전량 처분

(차변)	현금	18,000	(대변)	해외사업장자산	25,000
	해외사업장부채	10,000		처분이익(당기손익)	11,400
	해외사업환산차이(P사)	2,400			
	비지배지분(*)	6,000			

(*) (자산 − 부채) × 40% = (25,000원 − 10,000원) × 40%

주식 일부 처분 시 기타포괄손익의 재귀속

구 분	변 동	P사		비지배지분	
		기타포괄손익	이익잉여금	기타포괄손익	이익잉여금
취득 시점		−	−	−	−
순자산 변동	4,000	2,400 (= 4,000 × 60%)		1,600 (= 4,000 × 40%)	
01년 말		2,400	−	1,600	−
지분율 변동	재귀속	(−)200	200	200	(−)200
순자산 변동	1,000	550 (= 1,000 × 55%)		450 (= 1,000 × 45%)	
02년 말		2,750	200	2,250	(−)200

주식 일부 처분 회계처리

• 지분거래손익

(차변) 현금	600	(대변) 비지배지분(*1)	750
자본잉여금(자본조정)(*2)	150		

(*1) 비지배지분 = 15,000원(S사의 순자산) × 5%
(*2) 지분거래손익(자본손익) = 600원(현금수령액) − 15,000원 × 5%(순자산 지분액 감소)

P사는 S사 주식의 일부를 처분하였으나 동 거래는 지배력에 영향을 미치지 않으므로, 현금수령액과 지분변동액의 차이는 자본손익으로 분류한다. 그리고 지분율 변동에 따라 기존에 인식하였던 해외사업환산차이(기타포괄손익)를 재귀속한다.

• 기타포괄손익의 재귀속

(차변) 해외사업환산차이(*)	200	(대변) 이익잉여금	200

(*) 해외사업환산차이 = 4,000원 × 55% − 4,000원 × 60%

(차변) 비지배지분 (이익잉여금)	200	(대변) 비지배지분 (해외사업환산차이)	200

비지배지분은 세부 계정과 무관하게 단일계정과목으로 표시되므로, 비지배지분에 대한 해외사업환산차이와 이익잉여금의 변동은 연결재무제표상 변동을 가져 오지 않는다.

〈예제 2〉와 달리 해외관계기업이나 해외공동기업은 지분율이 하락한 이후에 유의적인 영향력이나 공동지배력이 유지되더라도, 처분한 지분액에 해당하는 해외사업환산차이는 당기손익으로 재분류한다. 왜냐하면 관계기업이나 공동기업은 그 본질이 투자자산의 성격이므로 해외사업환산차이에 대한 지분이 제3자에게 처분되었다고 보기 때문이다.

제 2 절 영업권과 공정가치 차액

해외종속기업의 환산으로 발생하는 해외사업환산차이(기타포괄손익)는 연결조정 과정에서 기술적인 어려움을 야기한다. 따라서 환산차이가 어떠한 요인으로 발생하고, 발생된 환산차이가 지배기업과 비지배주주의 지분에 어떻게 배분되는지에 대하여 초점을 맞추기 바란다.

1. 해외종속기업의 취득

일반적인 종속기업의 취득과 마찬가지로 해외종속기업의 취득 과정에서도 공정가치 차액과 영업권이 발생하는데, 공정가치 차액과 영업권에 대한 환율변동효과를 살펴보자.

(1) 영업권

영업권에 대한 환산차이에 대하여 설명하기 전에 먼저 종속기업 취득 과정에서 발생하는 영업권은 누가 소유하는 것인가에 대해 생각해 보자. 영업권의 소유에 대해서는 종속기업의 일부로 보는 견해와 지배기업의 자산으로 보는 견해가 있다.

첫째, 영업권은 종속기업이 창출한 것이지만 자가창출자산에 해당하므로 종속기업이 자신의 장부에 기록하지 않은 무형자산으로 보는 견해이다. 이 견해에 따르면 영업권은 종속기업의 자산이며, 종속기업의 일부이기 때문에 종속기업과 분리하여 존재할 수 없다고 본다.
둘째, 영업권은 지배기업이 종속기업을 취득하기 위하여 지급한 대가의 일부이기 때문에 지배기업의 자산으로 보는 견해이다.

현재 K-IFRS나 일반기업회계기준은 모두 영업권을 종속기업의 일부로 보는 관점을 지지하고 있다. 그러나 종속기업은 영업권을 자신의 별도재무제표에 인식하지 않기 때문에, 연결조정으로 영업권뿐만 아니라 영업권에 대한 환율변동효과도 반영한다(K-IFRS 제1021호 BC29~BC32).

예제 3

- P사(기능통화 : 원화)는 S사(기능통화 : US$) 주식을 01년 초 60% 취득함.
- P사가 지배력 획득 시 인식한 영업권은 US$ 30임.
- 지배력 획득 시 환율과 1년 후 환율은 각각 1,200원과 1,300원임.

요구사항 01년에 P사가 영업권으로 인하여 인식할 해외사업환산차이를 계산하시오.

영업권의 환산

구 분	취 득	01년	해외사업환산차이
US$	30	30	-
KRW	36,000	39,000	3,000

US$ 30에 해당하는 영업권은 S사의 일부로 본다. 따라서 P사는 결산일의 환율을 적용하여 영업권을 환산하고, 종전의 장부금액과의 차이는 해외사업환산차이(기타포괄손익)로 인식한다.

현행환율법에 따라 환산된 영업권에 의하여 발생된 3,000원(= 39,000원 - 36,000원)의 해외사업환산차이(기타포괄손익)는 종속기업의 순자산 증가를 의미하므로, 지분평가에 다음과 같이 반영한다.

① 부분영업권 인식방법을 채택하는 경우에는 지배기업만 영업권을 인식하므로 관련 환산차이는 전액 지배기업에 배분한다.

② 전부영업권 인식방법을 채택하는 경우에는 환산차이를 지배기업과 비지배주주의 지분율에 따라 안분한다.

(2) 공정가치 차액

지배력을 획득하는 시점에 인식한 자산·부채 장부금액과 공정가치의 차이는 종속기업이 소유한 자산과 부채이므로, 공정가치 차액은 지분율에 따라 지배기업과 비지배주주의 지분에 안분된다. 이와 마찬가지로 해외종속기업의 주식을 취득하는 과정에서 발생한 공정가치 차액은 해외종속기업의 순자산 일부이므로, 외화환산 과정에서 발생한 해외사업환산차이(기타포괄손익)는 지분율에 따라 지배기업과 비지배주주의 지분에 안분된다.

예제 4

- P사(기능통화 : 원화)는 S사(기능통화 : US$) 주식을 01년 초 60% 취득함.
- 지배력을 획득하는 시점의 유형자산에 대한 공정가치 차액은 US$ 20임.
- 동 유형자산의 내용연수는 5년임.
- 지배력 획득 시 환율, 평균환율, 1년 후 환율은 각각 1,100원, 1,060원, 1,000원임.

요구사항 01년에 연결재무제표에 표시될 해외사업환산차이와 비지배지분을 계산하시오.

공정가치 차액의 변동

구 분	기초 장부금액	감가상각비	환산차이 (상각 관련)	환산차이 (기말 환산)	기말 장부금액
US$	20	4	−	−	16
KRW	22,000	(4,240)	(160)	(1,600)	16,000

지배력 획득일 시점에 공정가치 차액의 환산금액은 22,000원(= US$ 20 × 1,100원)이지만, 01년 말 장부금액은 16,000원(= US$ 16 × 1,000원)으로 계산된다. 즉, 공정가치 차액에 대한 장부금액의 흐름을 KRW로 환산하면 기초에는 22,000원이었지만 기말에는 16,000원으로 6,000원만큼 감소한다.

그런데 6,000원 중 4,240원(= US$ 4 × 1,060원)은 감가상각비에 해당하므로, 1,760원이 외화환산으로 발생한 효과임을 추정할 수 있는데, 그 세부내역은 다음과 같다.

① 기말장부금액이 기초부터 기말까지 변동된 금액
　= US$ 16 × (기초환율 − 기말환율) = (−)1,600원

② 감가상각비와 관련된 환산차이
　= US$ 4 × (평균환율 − 기초환율) = (−)160원

③ 공정가치 차액과 관련된 총 환산차이 = (−)1,760원

공정가치 차액의 변동을 도표로 표현하면 다음과 같다.

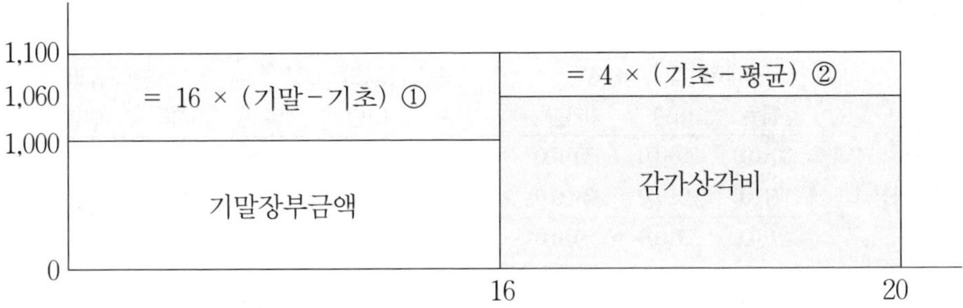

공정가치 차액에 대한 해외사업환산차이는 다음과 같이 지분율에 따라 안분되어 연결재무제표에 표시된다.

- P사의 지분(해외사업환산차이) = (-)1,760원 × 60% = (-)1,056원
- 비지배지분 = (-)1,760원 × 40% = (-)704원

사례 2 해외종속기업주식의 취득

1 주식 취득

한국 소재 P사(기능통화 : KRW)는 미국 소재 S사(기능통화 : US$) 주식을 01년 초 다음과 같이 취득함.

지분율	60%
취득금액(US$)	300
취득금액(KRW)	306,000

비지배지분은 식별 가능한 순자산 공정가치에 비례하여 인식함.

한편, 지배력 획득일 현재 S사의 자산·부채 장부금액과 공정가치의 차이는 다음과 같음(단위 : US$).

자산	공정가치	장부금액	차액	내용연수
건물	100	80	20	5

2 환율정보(US$ 1)

구 분	01년	02년
기초	1,020	1,000
평균	1,050	1,040
기말	1,000	1,080

3 요약 별도재무제표

	지배기업(P) - KRW			종속기업(S) - US$			종속기업(S) - KRW		
	취득	01년	02년	취득	01년	02년	취득	01년	02년
주식S	306,000	306,000	306,000	-	-	-	-	-	-
유형자산	174,000	224,000	284,000	440	480	530	448,800	480,000	572,400
계	480,000	530,000	590,000	440	480	530	448,800	480,000	572,400
자본금	250,000	250,000	250,000	300	300	300	306,000	306,000	306,000
이익잉여금	230,000	280,000	340,000	140	180	230	142,800	184,800	236,800
기타포괄손익	-	-	-	-	-	-	-	(10,800)	29,600
계	480,000	530,000	590,000	440	480	530	448,800	480,000	572,400
수익		500,000	450,000		460	370		483,000	384,800
비용		(450,000)	(390,000)		(420)	(320)		(441,000)	(332,800)
당기손익		50,000	60,000		40	50		42,000	52,000

외화표시 재무제표의 환산

① 자산과 부채는 기말환율을 적용하고, 수익과 비용은 거래 당시의 환율을 적용함(일정기간의 평균환율이 근사치인 경우 평균환율을 사용할 수 있음).

② 지배력 취득 시점의 순자산(자본금 및 이익잉여금)은 취득 당시의 환율을 적용하고, 당기손익으로 증가된 이익잉여금은 환산된 당기순이익을 가산함.

③ 자산과 부채의 합계에서 자본을 차감한 금액은 해외사업환산차이(기타포괄손익)로 처리함.

④ 검증

구 분	01년	02년
순자산(US $)	480	530
기말환율 적용 환산금액	480,000	572,400
환산 금액	490,800	542,800
기타포괄손익	(10,800)	29,600

요구사항 **지배력 획득일과 01년 및 02년의 연결재무제표를 작성하시오.**

해설

Ⅰ. 분석

1. 취득금액의 구성내역

	US$		KRW	
	지배기업	비지배지분	지배기업	비지배지분
취득금액	300	184	306,000	187,680
순자산 지분액	264	176	269,280	179,520
FV차액	12	8	12,240	8,160
영업권	24		24,480	

2. 영업권

	취득금액 (US$)	취득금액 (KRW)	기타포괄 손익증감	01년 (환산금액)	기타포괄 손익증감	02년 (환산금액)
영업권	24	24,480	(480)	24,000	1,920	25,920

3. 공정가치 차액

(1) 01년 변동

	기초 장부금액	감가상각비	기타포괄손익 (상각관련)	기타포괄손익 (기말환산)	기말 장부금액
US $	20	4	–	–	16
KRW	20,400	(4,200)	120	(320)	16,000
지배기업	12,240	(2,520)	72	(192)	9,600
비지배지분	8,160	(1,680)	48	(128)	6,400

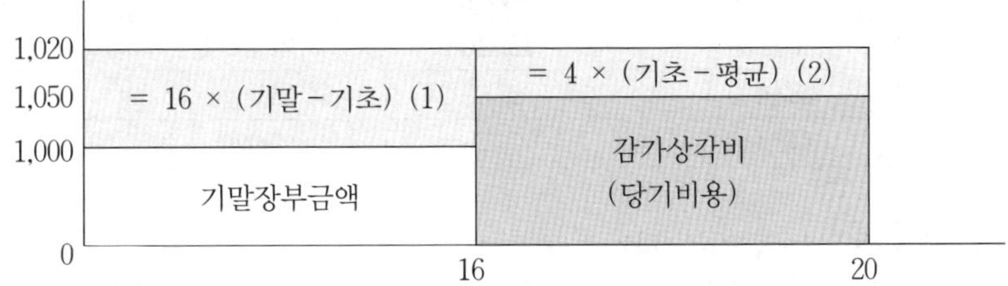

(2) 02년 변동

	기초 장부금액	감가상각비	기타포괄손익 (상각관련)	기타포괄손익 (기말환산)	기말 장부금액
US $	16	4	–	–	12
KRW	16,000	(4,160)	160	960	12,960
지배기업	9,600	(2,496)	96	576	7,776
비지배지분	6,400	(1,664)	64	384	5,184

4. 해외사업환산차이

	01년(누적 금액)			02년(누적 금액)		
	대상금액	지배기업	비지배지분	대상금액	지배기업	비지배지분
종속기업 별도재무제표	(10,800)	(6,480)	(4,320)	29,600	17,760	11,840
영업권	(480)	(480)	–	1,440	1,440	–
공정가치 차액	(200)	(120)	(80)	920	552	368
합 계	(11,480)	(7,080)	(4,400)	31,960	19,752	12,208

Ⅱ. S사 지분 평가

1. P사의 S사 누적 지분 평가

	취득금액	기타포괄 손익	NI 지분액	감가상각비 (FV)	전기이월 이익잉여금	지분액 합계
01년	306,000	(7,080)	25,200	(2,520)	–	321,600
02년	306,000	19,752	31,200	(2,496)	22,680	377,136

순자산 분석

	순자산 지분액	유형자산 (FV)	영업권	지분액 합계
취득	269,280	12,240	24,480	306,000
01년	288,000	9,600	24,000	321,600
02년	343,440	7,776	25,920	377,136

2. S사 비지배주주의 누적 지분 평가

	취득금액	기타포괄 손익	NI 지분액	감가상각비 (FV)	전기이월 이익잉여금	지분액 합계
01년	187,680	(4,400)	16,800	(1,680)	–	198,400
02년	187,680	12,208	20,800	(1,664)	15,120	234,144

순자산 분석

	순자산 지분액	유형자산 (FV)	영업권	지분액 합계
취득	179,520	8,160	–	187,680
01년	192,000	6,400	–	198,400
02년	228,960	5,184	–	234,144

Ⅲ. 연결재무제표

1. 취득

단순합산

차변	금액	대변	금액
주식S	306,000	자본금	556,000
유형자산	622,800	이익잉여금	372,800

연결조정

차변	금액	대변	금액
자본금(S)	306,000	주식S	306,000
이익잉여금(S)	142,800	비지배지분	187,680
유형자산(FV)	20,400		
영업권	24,480		

연결재무제표

차변	금액	대변	금액
주식S	–	자본금	250,000
유형자산	643,200	이익잉여금	230,000
영업권	24,480	비지배지분	187,680

2. 01년

단순합산

차변	금액	대변	금액
주식S	306,000	자본금	556,000
유형자산	704,000	이익잉여금	464,800
		기타포괄손익	**(10,800)**
비용	891,000	수익	983,000
이익잉여금 (단순합산NI)	92,000		

연결조정

차변	금액	대변	금액
<u>1단계 : 순자산조정</u>			
자본금(S)	306,000	주식S	306,000
이익잉여금(S)	184,800	이익잉여금	22,680
기타포괄손익(S)	**(10,800)**	기타포괄손익	**(7,080)**
유형자산(FV)	16,000	비지배지분	198,400
영업권	24,000		
<u>2단계 : 순이익조정</u>			
비용(상각비)	4,200	이익잉여금	4,200

연결재무제표

차변	금액	대변	금액
주식S	–	자본금	250,000
유형자산	720,000	이익잉여금	302,680
영업권	24,000	기타포괄손익	**(7,080)**
		비지배지분	198,400
비용	895,200	수익	983,000
이익잉여금 (연결NI)	87,800		

3. 02년

단순합산			
주식S	306,000	자본금	556,000
유형자산	856,400	이익잉여금	576,800
		기타포괄손익	29,600
비용	722,800	수익	834,800
이익잉여금 (단순합산NI)	112,000		

연결조정			
1단계 : 순자산조정			
자본금(S)	306,000	주식S	306,000
이익잉여금(S)	236,800	이익잉여금	51,384
기타포괄손익(S)	29,600	기타포괄손익	19,752
유형자산(FV)	12,960	비지배지분	234,144
영업권	25,920		
2단계 : 순이익조정			
비용(상각비)	4,160	이익잉여금	4,160

연결재무제표			
주식S	-	자본금	250,000
유형자산	869,360	이익잉여금	391,384
영업권	25,920	기타포괄손익	19,752
		비지배지분	234,144
비용	726,960	수익	834,800
이익잉여금 (연결NI)	107,840		

4. 연결자본변동표

	자본금	이익잉여금	기타포괄손익	비지배지분	계
01년 초	250,000	230,000	-	-	480,000
종속기업 취득				187,680	187,680
연결당기순이익		72,680		15,120	87,800
환율변동효과			(7,080)	(4,400)	(11,480)
01년 말	250,000	302,680	(7,080)	198,400	744,000
02년 초	250,000	302,680	(7,080)	198,400	744,000
연결당기순이익		88,704		19,136	107,840
환율변동효과			26,832	16,608	43,440
02년 말	250,000	391,384	19,752	234,144	895,280

연결당기순이익의 검증

		01년도	02년도	
1	P사의 별도재무제표상 순이익	50,000	60,000	지배기업 소유주지분
2	S사 지분 이익	22,680	28,704	
3	비지배지분 이익	15,120	19,136	비지배지분
		87,800	107,840	

사례를 통하여 살펴본 내용은 다음과 같다.

외화환산

- 영업권과 공정가치 차액은 종속기업이 보유하는 자산이므로 외화환산을 한다.
- 영업권의 환산으로 발생한 해외사업환산차이(기타포괄손익)는 전액 지배기업에게 배분하고, 공정가치 차액에 대한 해외사업환산차이는 지배기업과 비지배지분에 안분한다.
- 공정가치 차액에 대한 해외사업환산차이는 기말 외화금액에 대한 환산차이와 회계기간 중 인식된 감가상각비에 해당하는 환산차이로 구성된다.
- 비지배지분에 배분되는 기타포괄손익은 비지배지분 계정 자체에 반영되므로, 연결재무제표에 표시되는 기타포괄손익은 지배기업 지분액에 한정된다.

해외사업환산차이의 배분

- 누적 지분 평가에 표시되는 해외사업환산차이(기타포괄손익)는 지배력 획득 시점부터 평가일까지의 누적 금액이다.
- 따라서 02년 외화환산차이의 누적 금액을 구하기 위해서는 02년의 변동액뿐만 아니라 전기에 발생된 금액까지 고려한다.

순자산조정과 순이익조정

- 해외사업환산차이(기타포괄손익) 금액 중 비지배지분에 배분된 금액은 비지배지분이라는 단일계정으로 인식하기 때문에, 지배기업 지분액에 해당하는 해외사업환산차이만 연결조정에 반영된다. 따라서 지배기업의 누적 지분 평가에 표시되어 있는 해당 연도 해외사업환산차이 금액만이 연결조정에 반영된다.

제3절 내부거래

1. 해외순투자

지배기업이 해외종속기업에 대하여 자금을 제공하는 방법에는 해외종속기업의 유상증자, 즉 주식 투자 이외에도 다양하다. 이 중 거래의 형식은 자금대여이지만 경제적 실질은 자본투자와 유사한 투자를 순투자라고 하며, 다음을 특징으로 한다(K-IFRS 제1021호 문단 15).

① 해외사업장으로부터 회수할 자산이거나 해외사업장에 지급해야 할 부채이다.

② 예측할 수 있는 미래에 결제할 계획이 없고 결제될 가능성이 낮다.

일반적으로 이러한 순투자에 해당하는 화폐성 항목은 장기 채권이나 대여금 등으로 구성되며, 매출채권과 매입채무는 포함되지 않는다.

외화표시 자산·부채의 환산은 시제법에 의하여 이루어지는데, 시제법에서는 대여금이나 차입금 같은 금융상품에 대해 현행환율을 적용하여 환산하고 장부금액과의 차액은 당기손익으로 처리한다.

그러나 화폐성 외화항목이 **해외종속기업에 대한 순투자로 간주된다면 이들 항목에서 발생하는 환산차이는 당기손익이 아닌 해외사업환산차이(기타포괄손익)로 처리**한다(K-IFRS 제1021호 문단 32). 그 이유는 해외순투자의 형식은 화폐성 자산·부채이나, 경제적 실질은 해외종속기업주식과 동일하기 때문이다.

2. 유형자산 거래

해외종속기업과의 내부거래는 환율변동효과로 인하여 복잡한데, 지배기업이 해외종속기업에게 토지를 처분하는 사례를 살펴보자.

예제 5

- P사(기능통화 : 원화)는 S사(기능통화 : US$) 주식을 01년 초 60% 취득함.
- P사는 S사에게 토지를 처분함.
- P사의 토지 장부금액과 거래금액은 각각 80,000원과 US$ 100임.
- 처분 시점, 01년 말, 02년 말 환율은 각각 930원, 950원, 920원임.

요구사항 연결재무제표에 표시될 01년과 02년의 해외사업환산차이를 계산하시오.

거래 분석

구 분	P사 처분금액	S사 별도 환산 토지	P사 장부금액	토지 (미실현자산)	처분이익 (미실현손익)	환산손익 (포괄손익)
01년	93,000	95,000	80,000	(15,000)	(13,000)	(2,000)
02년	93,000	92,000	80,000	(12,000)	(13,000)	1,000

P사는 장부금액이 80,000원인 토지를 93,000원(= US$ 100 × 930원)에 처분하고 13,000원의 처분이익을 인식하게 된다. 반면, S사는 US$로 회계처리하므로 별도재무제표를 환산할 경우 01년과 02년 토지의 장부금액은 각각 95,000원(= US$ 100 × 950원)과 92,000원(= US$ 100 × 920원)으로 계상된다.

01년에 P사가 토지를 처분하여 발생한 처분이익은 13,000원이지만, 환산된 S사의 별도재무제표에 표시되는 미실현자산 금액은 15,000원(= 95,000원 − 80,000원)이므로 미실현자산과 미실현손익이 일치하지 않는다. 이는 국내 기업 간의 내부거래와 달리 해외기업과의 거래에는 환율변동효과가 개입되기 때문이다.

> 미실현자산 · 부채 = 미실현손익(당기손익) + 환산손익(기타포괄손익)

미실현손익 및 해외사업환산차이의 배분

구 분	안분 대상(누적액)	해외사업환산차이(P사)	비지배지분
01년	(−)2,000	(−)2,000	−
02년	1,000	1,000	−

이때 해외사업환산차이는 하향판매라면 전액 지배기업에게 귀속하고, 상향판매인 경우에는 지분율에 따라 안분한다.

3. 재고자산 거래

재고자산 거래는 가장 빈번하게 일어나고 금액적 효과도 매우 크다. 그런데 해외종속기업과의 재고자산 거래에는 환율변동효과가 결부되어, 내부거래가 연결재무제표에 미치는 효과를 정확하게 산정하기 어렵다.

(1) 매출과 매입의 대사

지배기업이 재고자산을 미국 소재 해외종속기업에게 US$로 매출하는 경우를 가정해 보자. 지배기업은 매출액을 거래일의 환율에 따라 환산된 금액을 별도재무제표에 매출액으로 기록할 것이며, 해외종속기업은 US$로 매입 금액을 장부에 기록할 것이다. 따라서 해외종속기업의 외화표시 손익계산서를 평균환율로 환산한다면, 지배기업이 장부에 기록한 매출액(거래 당시 환율)과 종속기업이 인식한 매출원가(평균 환율)는 서로 상이해진다.

환율변동효과에 따른 거래 금액의 차이를 조정하기 위한 방법으로, 다음을 생각할 수 있다.

① 상기 차액은 외화표시 재무제표를 환산함으로써 발생한 차이므로 해외사업환산차이(기타포괄손익)로 인식하는 방법
② 실무적 편의를 위하여 판매기업의 매출액을 기준으로 매출원가를 제거하여 차이를 발생시키지 않는 방법

내부거래가 일치하지 않는 이유는 환율변동효과가 중요하지 않다고 보아 실무상 편의를 위해 거래일이 아닌 평균환율을 적용하였기 때문이다. 따라서 내부거래 불일치로 발생하는 효과도 중요하지 않다고 보아 두 번째 방법을 적용하는 것이 적절할 것으로 판단된다.

다만, 두 번째 방법을 적용하더라도 외화를 기준으로 대사하여 그 일치 여부를 확인하고, 불일치하는 금액이 중요하다면 거래일의 환율을 적용하여 환산하는 것을 고려해야 할 것이다.

(2) 미실현손익에 대한 환산

내부거래로 발생한 재고자산을 해외종속기업이 전량 재판매하지 않는다면 미실현이 발생한다. 그런데 기말에 존재하는 재고자산(미실현자산)에 대해서는 현행환율(기말환율)을 적용하고, 매출원가(미실현손익)에 대해서는 거래일의 환율을 적용하게 되어 두 금액은 일치하지 않게 된다.

미실현자산과 미실현손익이 일치하지 않는 이슈를 해결하기 위한 방법은 다음과 같다.

① 차액이 발생하는 원인이 환율변동효과이므로 해외사업환산차이(기타포괄손익)로 조정하는 방법

② 미실현자산을 현행환율이 아닌 거래일의 환율을 적용하여 차이를 발생시키지 않는 방법

K-IFRS는 명확하게 규정하고 있지 않지만, 첫 번째 방법이 좀 더 합리적인 방법으로 판단된다. 그러나 환율변동효과가 유의적이지 않을 경우에는 US-GAAP의 SFAS 52호를 참조하여 두 번째 방법을 회계정책으로 수립할 수도 있을 것이다.[93)]

예제 6

- P사(기능통화 : 원화)는 S사(기능통화 : US$) 주식을 01년 초 60% 취득함.
- P사의 매출액과 원가는 각각 US$ 300와 US$ 240임.
- 결산일 현재 S사의 재고자산 보유 금액은 US$ 150임(미실현자산 : US$ 30).
- 거래일, 평균환율, 결산일의 환율은 각각 890원, 860원, 880원임.
- S사의 손익 항목은 평균환율에 의하여 환산됨.

요구사항 연결재무제표에 반영될 해외사업환산차이를 계산하시오.

거래 분석

- 매출액(P사) = US$ 300 × 890원 = 267,000원
- 매출원가(S사) = US$ 300 × 860원 = 258,000원
- 미실현자산(재고자산) = US$ 30 × 880원 = 26,400원
- 미실현손익 = US$ 30 × 890원 = 26,700원

국내 기업 간의 내부거래와 달리 해외종속기업과의 거래는 환율변동효과로 매출액(거래환율)과 매출원가(평균환율)가 상이하고, 미실현자산(기말환율)과 미실현손익(평균환율)이 일치하지 않게 된다.

93) GKQA02-083, 미실현손익 환산시 적용환율 : 미실현손익의 제거 시 적용한 환율(거래 발생 당시의 환율 또는 거래 발생회계연도의 평균환율)을 적용. 이와 같이 일반기업회계기준도 US-GAAP과 동일한 회계처리를 제시하고 있다.

내부거래 효과

연결조정				손익효과	순자산효과	
내부거래 제거						
수익(P사)	267,000	비용(S사)	258,000	손익효과	(9,000)	(9,000)
		환산차이	9,000	환율변동효과	–	9,000
미실현손익 제거						
비용(P사)	26,700	재고(S사)	26,400	손익효과	(26,700)	(26,700)
		환산차이	300	환율변동효과	–	300

재고자산 거래에 대해 환율변동효과를 정확하게 산출하기는 상당히 어렵다. 그리고 다양한 제품들과 국제시세를 반영한 판매가격의 변동을 고려하면, 원가계산의 적시성에 대한 이슈를 차치하더라도 사실상 발생된 내부거래 건마다 환율변동효과를 정확하게 산정하는 것 자체가 쉽지 않다.

따라서 거래 유형과 환율변동효과가 미치는 영향을 분석하여, 기업 실무에 적합한 내부거래와 미실현손익 조정 방법을 회계정책으로 수립하고 일관성 있게 적용하는 것이 필요하다고 판단된다.

4. 채권 · 채무

내부거래로 인해 지배기업(한국 소재)과 종속기업(미국 소재)이 US$ 채권과 채무를 계상하였을 경우, 회계처리는 다음과 같다.

① 지배기업 : 결산일의 환율로 환산하고 환산차이는 당기손익으로 처리

② 종속기업 : 외화표시 재무제표를 환산하는 과정에서 환산차이는 기타포괄손익으로 처리

일견 당기손익과 기타포괄손익도 결국은 내부거래로 발생된 것이므로 모두 제거되는 것이 논리적으로 보인다. 그러나 **외화환산으로 발생한 당기손익과 기타포괄손익은 제거하지 않는다.** 만약 내부거래가 발생하지 않았다면 P사는 US$ 채권을 보유하지도 않았을 것이며, 외화채권으로 인한 외환 위험에 노출되지도 않았을 것이다. 환산손익(당기손익)과 해외사업환산차이(기타포괄손익)는 이러한 환위험을 표시한다고 보아 제거하지 않는다.

예제 7

- P사(기능통화 : 원화)는 S사(기능통화 : US＄) 주식을 01년 초 60% 취득함.
- P사는 S사에 대한 매출채권 US＄ 300을 계상하고 있으며, S사는 동액의 매입채무를 계상하고 있음.
- 거래일과 결산일의 환율은 각각 1,000원과 1,100원임.

요구사항 연결재무제표에 반영될 해외사업환산차이를 계산하시오.

P사의 별도재무제표

- 매출채권 = ＄300 × 1,000원 = 300,000원
- 환산이익(당기손익) = ＄300 × (1,100원 − 1,000원) = 30,000원

환산된 S사의 별도재무제표

- 매입채무 = ＄300 × 1,000원 = 300,000원
- 환산차이(기타포괄손실) = ＄300 × (1,100원 − 1,000원) = 30,000원

따라서 연결재무제표에 해외사업환산차이는 (−)18,000원(=(−)30,000원 × 60%)으로 표시되며, (−)12,000원은 비지배지분에 안분된다.

Chapter 10 연결이연법인세

연결이연법인세는 연결회계 주제 중 직관적인 이해가 쉽지 않고 실무상 여러 논란이 있는 분야이다. 따라서 본 장에서는 연결이연법인세에 대해 깊이 있게 설명하고, 기업실무에 적합한 접근 방법을 제시하고자 한다.

연결이연법인세는 단순합산재무제표와 연결재무제표상 자산·부채의 차이를 발생시킨 연결조정과 누적 지분 이익에 대한 법인세효과로 요약할 수 있음을 염두에 두고 본 장을 접하기를 바란다.

✓ 연결이연법인세의 개념
✓ 법인세효과의 측정
  • 종속기업주식의 취득과 처분
  • 공정가치 차액 및 영업권
  • 미실현손익
  • 누적 지분 손익
✓ 연결이연법인세의 실무적 적용

제 1 절 일반 사항

1. 이연법인세회계

(1) 이연법인세회계의 목적

재무회계는 자산과 부채를 평가하고 회계이익을 적정하게 계상하는 것이 목적인 반면, 세무회계는 세법의 규정에 따라 계산한 과세소득에 세율을 적용하여 납부할 세액(법인세부담액)을 결정하는 것을 목적으로 한다. 또한 재무회계는 실현주의에 따라 수익을 인식하고 수익 · 비용 대응의 원칙에 따라 비용을 인식하지만, 세법에서는 권리 · 의무 확정주의에 따라 과세소득을 계산한다.

이와 같이 재무회계와 세무회계가 추구하는 목표가 다르고 손익인식기준이 상이하므로 회계이익과 과세소득 간에는 차이가 발생한다. 따라서 회계이익에 대한 법인세비용과 과세소득에 따른 법인세부담액은 서로 일치하지 않게 된다.

그러나 법인세비용도 비용이므로 다른 비용과 같이 수익 · 비용 대응의 원칙을 적용하여 특정 회계연도의 회계이익과 대응되어야 하는데, 이러한 목적으로 개발된 주제가 이연법인세이다.

이연법인세 목적

기업회계상 손익인식기준과 세무회계상 과세소득 산정기준의 차이 등으로 발생하는 법인세비용과 법인세부담액의 차이를 장부에 반영하여 당기순이익, 자산 및 부채를 적정하게 인식

(2) 회계이익과 과세소득의 차이

회계이익과 과세소득의 차이가 발생하는 주요 원인은 다음과 같다.

① 특정사항에 대하여 세법상 특혜나 불이익을 부여하는 조세정책적 목적에 따라 차이가 발생한다. 예를 들어 세법에서는 접대비한도초과액이나 벌금 등에 대해서는 손금으로 인정하지 않는 불이익을 준다거나, 투자세액공제 등의 혜택을 부여하는 경우가 있다.

② 손익의 귀속시기에 대한 인식기준의 차이로서, 재무회계에서는 수익을 실현주의에 따라 인식하고 비용은 수익 · 비용 대응의 원칙에 따라 인식하나, 세법에서는 권리 · 의무 확정주의에 따라 손익을 인식함에 따라 차이가 발생한다.

③ 자산·부채에 대한 평가방법의 차이로서, 회계기준과 세법이 특정 자산·부채의 평가방법에 대하여 서로 상이하게 규정함에 따라 차이가 발생한다. 예를 들어 공정가치측정금융자산을 회계에서는 공정가치로 평가하지만, 세법에서는 취득원가로 평가한다.

④ 과세소득의 실질적 개념에 의한 차이로서, 회계에서는 손익거래에서 발생한 순자산증가를 회계이익으로 하고 있지만, 세법에서는 자본거래에서 발생한 자본잉여금을 포함한 순자산 증가액도 과세소득에 포함시키고 있다. 예를 들어 자기주식처분이익은 회계상으로는 자본거래에 해당하지만, 세법에서는 과세소득에 포함되는 익금에 해당한다.

회계이익과 과세소득의 차이를 발생시키는 항목은 그 차이의 해소 여부에 따라 일시적차이와 영구적차이로 구분할 수 있다.

① 일시적차이(Temporary difference)
- 재무회계상 자산·부채와 세무회계상 자산·부채의 차이로서 발생 회계연도 이후 기간에 소멸하는 차이
- 일시적차이는 궁극적으로 회계나 세무상으로 수익(익금) 또는 비용(손금)으로 인정된다는 면에서는 동일하지만, 인식 시기가 다르기 때문에 발생함.

② 영구적차이(Permanent difference)
- 특정 거래가 세법에서는 익금 또는 손금으로 인정되지만, 회계에서는 수익이나 비용으로 인정되지 않기 때문에 발생하는 차이
- 과세소득과 회계이익의 차이를 발생시킨 이후 소멸되지 않는 차이로서, 일시적차이와는 달리 미래기간의 과세소득에 영향을 미치지 않고 발생연도의 과세소득에만 영향을 미침.

(3) 이연법인세자산(부채)의 측정

K-IFRS 제1012호 '법인세'는 **일시적차이를 재무상태표상 자산·부채 장부금액과 세무기준액의 차이**로 정의하고 있으며, 일시적차이만을 이연법인세자산(부채)의 대상으로 하고 있다. 왜냐하면 일시적차이는 미래의 법인세부담액을 증가 또는 감소시키는 효과가 있으므로 재무회계 개념상 자산이나 부채의 개념에 부합하기 때문이다. 반면, 영구적차이는 발생연도의 과세소득에만 영향을 미치며 미래의 법인세부담액에는 영향이 없으므로 이연법인세 대상에 해당하지 않는다.

실무상 일시적차이는 '자본금과 적립금 조정명세서 을(乙)표'에 표시되어 있는 유보(또는 △유보), 세무상 결손금 및 이월세액공제 등으로 구성된다. 그리고 이연법인세자산(부채)은 결산일 현재 존재하는 누적일시적차이가 소멸될 것으로 예상하는 미래의 회계기간별로 배분하고 동 회계기간에 적용될 것으로 기대하는 세율을 곱하여 측정된다.

일시적차이는 미래에 법인세부담액을 증가시키게 할 가산할 일시적차이와 미래에 법인세부담액을 감소시키게 할 차감할 일시적차이로 구분된다. 이 중 차감할 일시적차이는 미래에 과세소득이 발생될 가능성이 높은 경우에만 법인세 절감효과가 있으므로 실현 가능성을 신중하게 판단해야 한다. 반면, 가산할 일시적차이는 일부 예외사항을 제외하고는 모두 이연법인세부채를 인식하도록 규정하고 있다.

예제 1

- P사의 장부상 자산 · 부채 금액과 세무상 기준액의 차이는 대손충당금과 미수수익임.
- 대손충당금으로 발생한 유보는 10,000원이며, 02년과 03년에 각각 5,000원씩 해소 예정임.
- 미수수익으로 발생한 유보는 △6,000원이며, 02년에 모두 해소될 예정임.
- 01년 말 현재 02년과 03년의 법인세율은 30%와 35%로 예상됨.

요구사항 P사가 인식할 이연법인세자산(부채)을 계산하시오.

자산성 이슈가 없는 경우

- 01년 말에 인식할 이연법인세자산(부채)

구 분	02년	03년	합 계
대손충당금	5,000	5,000	10,000
미수수익	△6,000	-	△6,000
소계	△1,000	5,000	4,000
예상세율	30%	35%	-
이연법인세자산(부채)	△300	1,750	1,450

- 회계처리

(차변) 이연법인세자산 1,450 (대변) 법인세비용 1,450

자산성 이슈가 있는 경우

• 01년 말에 인식할 이연법인세자산(부채)

구 분	02년	03년	합 계
대손충당금	5,000	5,000	10,000
미수수익	△6,000	–	△6,000
소 계	△1,000	5,000	4,000
이연법인세자산(부채) 대상	△1,000	–	△1,000
예상세율	30%	35%	–
이연법인세자산(부채)	△300	–	△300

01년 말에 향후 과세소득이 불확실하여 이연법인세자산의 실현가능성이 적다고 판단하면, 각 연도별로 유보와 △유보를 비교하여 △유보를 초과하는 유보는 자산성이 없는 것으로 보아 이연법인세자산을 인식하지 않는다.

• 회계처리

(차변) 법인세비용	300	(대변) 이연법인세부채	300

2. 연결이연법인세의 구조

(1) 개별납세제도와 연결납세제도

연결이연법인세와 관련하여 많은 사람들에게 널리 퍼진 선입견 중의 하나는 연결납세제도를 적용하고 있지 않은 기업의 경우 연결이연법인세가 무의미한 것이 아니냐는 것이다. 이연법인세를 요약하면 향후 과세소득을 증가 또는 감소시키는 원인이 되는 일시적차이에 대한 법인세 효과를 자산과 부채로 측정하는 것인데, 연결납세제도를 적용하지 않는 상황에서 연결이연법인세가 어떠한 의미가 있겠냐는 주장이다. 그러나 연결납세제도는 제한된 범위 내에서만 연결회계의 개념을 반영하고 있으므로, 연결납세제도를 도입한다고 하더라도 문제의 본질은 바뀌지 않는다.[94)]

94) 우리나라뿐만 아니라 연결납세제도를 도입하는 대부분의 국가들은 연결납세의 대상이 되는 종속기업의 범위를 매우 제한적으로 규정하고 있으며, 미실현손익 등 손익에 영향을 미치는 항목도 제한적으로 허용하고 있다. 따라서 연결납세제도에 따른 연결재무제표와 K-IFRS에 따라 작성된 연결재무제표는 상이하다.

예제 2

- 지배기업은 종속기업의 주식을 100% 취득함.
- 지배력 획득 과정에서 공정가치 차액 및 영업권은 발생하지 아니함.
- 지배기업의 별도재무제표상 종속기업주식은 원가법이 적용됨.
- 종속기업은 배당금을 지급하지 아니함.
- 내부거래가 발생하지 아니함.
- 지배기업과 종속기업의 세율은 동일하며, 단일 세율 구조임.
- 지배력 획득 이후 인식된 지분 이익은 100,000원임.

요구사항

단순합산재무제표와 연결재무제표상 법인세비용은 동일한지 여부를 검토하시오.

종속기업주식 취득과정에서 영업권과 공정가치 차액이 발생하지 않았으며, 회계기간 중 내부거래나 배당금도 발생하지 않았으므로 연결조정 절차는 다음과 같다.

- 단순합산재무제표에 표시되어 있는 종속기업주식과 종속기업의 자본 항목 제거
- 종속기업의 순자산 증가 내역에 대한 지배기업의 지분액 인식

따라서 연결재무제표와 단순합산재무제표상 자산·부채와 수익·비용을 비교하면 종속기업주식을 제외하고는 모든 금액이 일치할 것임을 예상할 수 있다. 따라서 개별 기업 단위별로 법인세를 납부할 경우나 이론적으로 완전한 연결납세제도를 적용할 경우 총 납부할 법인세부담세액은 동일할 것임을 추론할 수 있다. 왜냐하면 개별 회계상 인식한 자산·부채나 수익·비용이 단순하게 합산되어 연결재무제표가 작성되었으므로, 연결납세상 세무조정 사항도 개별 기업의 세무조정을 단순합산한 것과 동일할 것이기 때문이다.

그렇다면 〈예제 2〉의 상황에서는 법인세비용과 관련하여 아무런 연결조정이 없을 것인가? 일견 연결재무상태표에 표시되어 있는 자산·부채에 대한 세무조정 사항은 이미 단순합산재무제표에 표시되어 있는 이연법인세자산(부채)에 반영되어 있으므로, 법인세비용과 관련된 연결조정은 없을 것으로 생각하기 쉽다.[95)]

지배력을 획득한 이후 종속기업이 이익을 기록한다면, 종속기업의 가치는 상승하고 종속기업의 배당재원은 증가하게 된다. 따라서 지배기업은 향후 이익(종속기업주식처분이익 또

95) 일반적으로 지배기업은 종속기업주식에 대해 별다른 세무조정을 실시하지 않는다. 종속기업주식에 대해 세무상 취득원가가 적용되므로, 세무기준액과 장부금액이 동일하기 때문이다. 따라서 연결조정 과정에서 종속기업주식을 제거하더라도 법인세부담액이나 법인세비용에는 영향을 미치지 않는다.

는 배당금수익)이 발생하여 법인세를 납부하게 될 것임을 예상할 수 있다. 따라서 지배기업은 연결결산 시 배당이나 처분이익에 대한 이연법인세부채를 연결조정으로 반영해야 한다.

구 분	지배기업의 손익	법인세효과
종속기업의 배당 실시	배당금수익	**배당금에 대한 법인세**
지배기업의 주식 처분	주식처분이익	**처분이익에 대한 법인세**

지금까지 살펴본 내용을 정리하면 다음과 같다.

① 단순합산재무제표에 표시된 이연법인세자산(부채)은 개별 기업이 회계상 인식한 자산·부채 금액과 세무기준액과의 차이를 반영하고 있다.

② 별도재무제표에서는 일반적으로 종속기업주식에 대해 세무조정이 발생하지 않는다.

③ 지배력 획득일 후 증가한 종속기업의 순자산(지분 이익)에 대한 법인세효과를 연결조정으로 반영한다.[96)]

(2) 연결법인세에 영향을 미치는 요소

단순합산재무제표에 표시된 이연법인세자산·부채는 개별 기업들이 미래에 납부할 법인세부담액에 미칠 영향을 반영하고 있다. 따라서 **단순합산재무제표에 표시되어 있는 자산·부채나 수익·비용 등에 영향을 주는 연결조정과 종속기업에 대한 지분 이익을 인식하는 연결조정은 이연법인세자산(부채)에 영향을 미치게 된다.**

연결조정의 유형을 상기하면 연결이연법인세 대상은 다음과 같이 정리할 수 있다.

① 종속기업주식 취득 시 인식하는 공정가치 차액이나 영업권

② 내부거래로 발생한 미실현자산

③ 종속기업주식의 취득이나 처분으로 발생하는 손익

④ 누적 지분 손익

- 종속기업의 이익잉여금(당기순이익)으로 인한 순자산 변동
- 종속기업의 기타포괄손익으로 인한 순자산 변동

위의 항목들이 연결이연법인세에 어떠한 영향을 미치는지에 대해서는 〈제2절〉에서 자세하게 살펴보도록 한다.

---

96) 일반기업회계기준은 개별재무제표에 대해 지배력을 가정하고 있으므로 연결 관점을 고려하여 지분법과 이연법인세에 대한 회계처리가 이루어진다. 반면, 별도재무제표상 종속기업주식 등은 투자자산에 불과하다. 따라서 종속기업주식 등에 대해 원가법을 적용하고 있다면, 별도재무제표는 이연법인세를 적용하지 않는다.

(3) 연결이연법인세의 구조

연결이연법인세는 크게 지배기업이 종속기업에 대하여 지배력을 획득하는 시점에 인식하는 항목(영업권과 공정가치 차액)에 대한 법인세효과와 그 후에 인식하는 항목에 대한 법인세효과로 구분할 수 있다.

① **지배력을 획득하는 시점에 인식한 공정가치 차액에 대한 법인세효과는 종속기업주식 취득금액에 영향을 주는 항목이므로 지분 평가에 직접 반영된다.**

② **지배력을 획득한 이후 연결조정 등으로 발생한 법인세효과는 지분 평가가 완료된 후 별도로 측정한다.**

▶▶ 지배력 획득 시점

법인세효과를 반영한 영업권 산정과정과 지분손익

- 순자산 공정가치 = 순자산 장부금액 + 공정가치 차액
- 이연법인세자산(부채) = 공정가치 차액 × 법인세율
- 영업권 = 취득금액 - 순자산 공정가치 × (1 - 법인세율)

공정가치 차액 및 그 변동액이 누적 지분 평가와 순자산 분석에 반영되듯이, 공정가치 차액으로 발생되는 법인세비용도 누적 지분 평가와 순자산 분석에 포함된다.

▶▶ 지배력 획득일 이후

지배력 획득일 이후의 지분 이익이나 미실현자산 등에 대한 법인세효과는 지분 평가가 완료되어야 계산할 수 있다. 따라서 지배력 획득일 이후의 지분 이익에 대한 법인세효과는 누적 지분 평가에 반영하지 않고 별도로 작성한다. 만일 지배력을 획득한 이후 법인세효과를 누적 지분 평가에 반영한다면 순환 논리에 빠지기 때문이다.

예를 들어 누적 지분 평가 금액이 1,000원이라면, 법인세효과는 300원(= 1,000원 × 30%)으로 계산된다. 만일 법인세효과를 누적 지분 평가에 반영한다면 누적 지분 금액은 700원(= 1,000원 - 300원)으로 변경되고, 다시 법인세효과는 210원(= 700원 × 30%)으로 수정되어야 한다. 이렇듯 지분 이익은 법인세효과에 영향을 주고 법인세효과는 다시 지분 이익에 영향을 주는 순환 과정이 발생하므로, 지배력을 획득한 이후에 발생하는 법인세효과는 누적 지분 평가에 반영하지 않고 별도로 계산하고 관리한다.

예제 3

- P사는 01년 초 S사 100%를 87,000원에 취득함.
- 01년 초 S사의 순자산 장부금액은 80,000원임.
- 01년 S사의 자산·부채 장부금액과 공정가치의 차이는 토지이며, 토지의 장부금액은 30,000원이나 공정가치는 40,000원임.
- S사는 01년에 14,000원의 당기순이익과 6,000원의 법인세비용을 보고함(당기 경영성과에는 토지를 40,000원에 처분하여 발생한 10,000원의 처분이익이 포함됨).
- 01년 말 S사의 순자산 장부금액은 94,000임.
- P사는 S사가 이익을 실현하면 S사로부터 배당을 수령할 계획임.
- 법인세율은 30%임.

요구사항 01년에 연결조정으로 반영될 법인세비용 금액을 계산하시오.

영업권과 지분이익의 계산

- 이연법인세부채 = 10,000원 × 30% = 3,000원
- 연결 관점의 순자산 = 80,000원 + 10,000원 × (1 − 30%) = 87,000원
- 영업권 = 87,000원 − (90,000원 − 3,000원) = 0원
- 지분 이익 = 7,000원 − 10,000원 × (1 − 30%) = 0원

P사는 공정가치 차액이 10,000원이라고 하여, 지분 취득 시 10,000원을 추가로 지급하지는 않는다. 왜냐하면 향후 S사가 토지를 처분하여 10,000원의 처분이익이 발생하더라도 향후 유입될 것으로 예상되는 경제적 가치는 7,000원에 불과하기 때문이다. 즉, P사는 토지에 대한 10,000원의 공정가치 차액을 인식하면서, 향후 납부하게 될 법인세 3,000원도 고려하여 취득금액을 결정하게 된다.

P사의 지분평가

- 누적 지분 평가

구 분	취득금액	NI 지분액	FV차액 변동	법인세비용 (FV차액 변동)	지분액 합계
01년	87,000	14,000	(10,000)	3,000	94,000

• 순자산 분석

구 분	순자산 지분액	토지 공정가치 차액	이연법인세부채	지분액 합계
취득 시점	80,000	10,000	(3,000)	87,000
01년	94,000	–	–	94,000

• 지분 이익에 대한 법인세

구 분	누적 지분 이익(*)	법인세율	이연법인세
01년	7,000	30%	(2,100)

(*) 기말 지분액 – 취득 금액 = 94,000원 – 87,000원

연결조정

연결조정(01년 초)			
1단계 : 순자산조정			
S사 자본 항목	80,000	S사 주식	87,000
토지(FV차액)	10,000	이연법인세부채	3,000
2단계 : 순이익조정			
해당사항 없음			

연결조정(01년 말)			
1단계 : 순자산조정			
S사 자본항목	94,000	S사 주식	87,000
		이익잉여금	7,000
이익잉여금	3,000	이연법인세부채	3,000
2단계 : 순이익조정			
처분이익	10,000	법인세비용(*)	900
		이익잉여금	9,100

(*) 법인세비용 = 2,100원(지분 이익에 대한 법인세) – 3,000원(FV차액 변동에 대한 법인세)

• 01년 초 : 취득금액의 구성 항목으로 인식하였던 공정가치 차액과 그에 대한 이연법인세부채가 순자산 분석에 반영된다.

• 01년 말 : 공정가치 차액과 공정가치 차액으로 발생한 법인세비용은 누적 지분 평가와 순자산 분석에 포함된다. 그러나 누적 지분 이익에 대한 법인세효과는 별도로 관리해야 한다. 한편, 공정가치차액에 대한 법인세효과와 누적 지분 이익에 대한 법인세효과에 대한 연결조정은 구분하는 것이 계산상 편리하다.

3. 별도재무제표에서의 종속기업 등 지분에 대한 이연법인세

별도재무제표에서는 종속기업, 공동기업 및 관계기업 투자자산에 대하여 투자자산 범주별로 원가법, 공정가치법 또는 지분법 중 한가지 방법을 선택하여 회계처리한다(K-IFRS 제1027호 문단 10). 별도재무제표에서 이러한 투자자산에 대해 장부금액과 세무기준액 간에 일시적차이가 발생한다면 K-IFRS 제1012호 문단 38~45(종속기업, 지점 및 관계기업에 대한 투자자산과 공동약정 투자지분)에 따라 이연법인세를 적용해야 한다.

한편, 최초채택기업이 종속기업주식 등에 원가법을 적용하기로 선택하는 경우, 투자자산의 원가는 K-IFRS 제1027호에 따라 결정된 원가 또는 K-IFRS 제1101호에 따른 간주원가로 측정하게 된다. 이때 투자자산의 장부금액과 세무기준액의 차액으로 생기는 일시적차이에 대해서도 문단 38~45에 따라 이연법인세를 적용한다.

별도재무제표상 투자지분에 대한 법인세효과는 연결재무제표상 법인세효과의 추정방식과 일관되어야 한다. 예를 들어 연결재무제표에서 특정 종속기업을 예측 가능한 미래에 매각하지 않을 것으로 예상했다면 별도재무제표에서도 매각하지 않는 것으로 가정하는 것이 적절하다.

제 2 절 세부적 고찰

1. 영업권

(1) 영업권

영업권은 종속기업주식의 취득금액에서 순자산 공정가치를 차감한 잔여 금액으로 정의되는데, 우리나라뿐만 아니라 많은 나라의 과세당국에서는 영업권 장부금액의 감소액을 손금으로 인정하지 않으므로 영업권의 세무기준액은 영원(0원)이다. 따라서 법인세회계 개념상 영업권은 가산할 일시적차이에 해당하므로 이연법인세부채 대상에 포함되어야 한다.

그러나 K-IFRS는 **최초 인식에서 발생한 영업권에 대해서는 이연법인세부채를 인식하지 않도록 규정하고 있다**(K-IFRS 제1012호 문단 15). 영업권은 잔여금액으로 측정되므로, 만일 영업권에 대해 이연법인세부채를 인식한다면 최초 인식될 영업권이 증가하는 순환 논리에 빠지기 때문이다. 또한 최초 인식된 영업권은 손상되더라도 관련 법인세효과를 인식하지 않는다. 예를 들어 10,000원의 영업권이 손상차손을 통하여 8,000원으로 감소하더라도, 미인식된 이연법인세부채의 가치는 인식하지 않는다.

반면, 최초 인식과 관련되지 않은 영업권에 대해서는 이연법인세부채를 인식한다. 예를 들어 사업결합에서 10,000원의 영업권을 인식하였는데, 취득시점부터 5년간 정액으로 상각한 비용이 세법상 손금으로 인정된다고 가정해 보자. 이러한 경우 영업권의 세무기준액은 10,000원으로 측정되며, 기말에는 8,000원(= 10,000원 - 10,000원 ÷ 5년)으로 계산된다.

만일 기업이 영업권을 정액으로 상각하지 않는다면 기말에는 2,000원의 가산할 일시적차이가 발생하는데, 동 가산할 일시적차이는 최초 인식된 영업권과 관련된 것이 아니므로 이연법인세부채를 인식한다.

(2) 사업결합 시 결손금에 대한 이연법인세자산

사업결합 시 발생하는 이월결손금에 대한 이연법인세 회계처리는 다음과 같다.

① K-IFRS : 사업결합에서 인식하는 염가매수차익이나 영업권을 측정하는데 영향을 미치지 않고, 사업결합 회계처리와 별개로 인식(K-IFRS 제1012호 문단 67)

② 일반기업회계기준 : 사업결합으로 인해 발생하는 영업권이나 염가매수차익의 결정에 반영(일반기업회계기준 22.51)

예제 4

- P사는 S사 주식을 01년 초 120,000원을 지급하고 100% 취득함.
- 지배력 획득일 현재 S사의 순자산 장부금액은 100,000원이며, 순자산 공정가치는 동일함.
- P사는 사업결합 전 발생한 세무상결손금 50,000원을 동 이월결손금에 대해 사용가능성이 낮은 것으로 판단하여 이연법인세자산을 인식하지 아니함. 그러나 지배력 획득 이후 S사의 고객관계 등을 통하여 사업결합 후 P사는 과세소득이 발생할 가능성이 높을 것으로 판단하고 있음.
- P사와 S사의 법인세율은 30%임.

요구사항 지배력 획득 시 연결 관점의 회계처리를 예시하시오.

K-IFRS

(차변)	순자산 공정가치	100,000	(대변) 현금	120,000
	영업권	20,000		

P사는 사업결합이 기존에 보유하고 있는 세무상결손금에 미치는 영향을 재검토하고, 그 변동을 사업결합 회계처리와 별개로 인식한다.

(차변)	이연법인세자산	15,000	(대변) 법인세비용	15,000

일반기업회계기준

사업결합으로 변동되는 법인세효과를 반영하여 영업권을 산정한다.

(차변)	순자산 공정가치	100,000	(대변) 현금	120,000
	이연법인세자산	15,000		
	영업권	3,000		

2. 공정가치 차액

(1) 세무기준액이 동일한 경우

지배기업이 지배력을 획득하는 시점에 인식한 공정가치 차액이 연결이연법인세에 미치는 영향은, 다음 예제로 살펴본다.

예제 5

- P사는 S사 주식을 01년 초 120,000원을 지급하고 100% 취득함.
- 지배력 획득일 현재 S사가 보고한 순자산 장부금액은 100,000원임.
- 지배력 획득일 현재 S사가 보유하는 토지의 장부금액은 40,000원이나, 공정가치는 50,000원으로 측정됨.
- S사는 02년에 토지를 50,000원에 처분함.
- P사와 S사의 법인세율은 30%임.

요구사항 지배력 획득 시 인식하여야 할 영업권과 이연법인세부채를 계산하시오.

지배력 획득 시점

- 이연법인세부채 = 10,000원 × 30% = 3,000원
- 연결 관점의 순자산 = 100,000원 + 10,000원 × (1 − 30%) = 107,000원
- 영업권 = 120,000원 − 107,000원 = 13,000원

요약 연결정산표

- 지배력 획득시점

계정과목	P사 별도	S사 별도	단순합산	연결 관점	연결조정
토지	–	40,000	40,000	50,000	10,000
이연법인세	–	–	–	(3,000)	(3,000)

PPA를 통해 S사가 보유하는 토지를 50,000원으로 평가했지만, 장부금액(세무기준액)은 40,000원에 불과하다. 따라서 S사가 토지를 처분할 경우 3,000원의 법인세가 발생할 것을 예측할 수 있다. 따라서 P사는 토지에 대해 10,000원의 공정가치 차액과 3,000원의 이연법인세부채를 인식한다.

- 02년

계정과목	P사 별도	S사 별도	단순합산	연결 관점	연결조정
토지	–	–	–	–	–
처분이익	–	10,000	10,000	–	(10,000)
법인세비용	–	(3,000)	(3,000)	–	3,000

S사는 토지를 50,000원에 처분하면서 10,000원의 처분이익을 인식하고, 처분이익에 대해 3,000원의 법인세를 납부한다. 그러나 연결 관점에서는 취득금액이 50,000원인 토지를 50,000원에 처분하였으므로 처분이익이나 법인세비용을 인식하지 않아야 한다. 따라서 02년에는 처분이익뿐만 아니라 법인세비용까지 연결조정으로 차감한다.

연결조정을 통해 발생한 세무기준액과 장부금액의 차이

공정가치 차액에 대한 연결이연법인세 적용 과정은 다음과 같이 해석할 수도 있다. S사는 토지에 대한 세무기준액과 장부금액이 동일하여 세무조정이 발생하지 않았다. 그런데 연결결산을 거치면서 토지의 장부금액이 10,000원만큼 증가하게 되어, 장부금액(50,000원)과 세무기준액(40,000원)은 일치하지 않게 된다. 따라서 동 차이에 대해 이연법인세부채 3,000원(= 10,000원 × 30%)을 인식한다.

02년에는 세무기준액과 연결재무제표상 장부금액이 동일하므로, 01년에 발생한 이연법인세부채가 소멸되며 법인세비용으로 대체된다.

연결조정

연결조정(01년 초)

1단계 : 순자산조정			
S사 자본 항목	100,000	S사 주식	120,000
토지(FV차액)	10,000	이연법인세부채	3,000
영업권	13,000		
2단계 : 순이익조정			
해당사항 없음			

연결조정(01년 말)

1단계 : 순자산조정			
S사 자본 항목	107,000	S사 주식	120,000
영업권	13,000		
2단계 : 순이익조정			
처분이익	10,000	법인세비용	3,000
		이익잉여금	7,000

상기 연결조정에 대한 세부 내용은 다음과 같다.

① 지배력 획득 시점 : 향후 공정가치 차액에 대해 예상되는 법인세를 이연법인세부채로 인식(취득금액의 구성항목)

② 공정가치 차액이 해소되는 시점 : 법인세비용을 제거하는 연결조정을 실시

(2) 세무기준액과 상이한 경우

〈예제 5〉는 공정가치 차액이 발생한 종속기업의 토지의 장부금액이 세무기준액과 일치함을 가정하였다. 만일 종속기업의 별도재무제표상 토지의 장부금액이 세무기준액과 상이하다면 연결이연법인세에 어떠한 영향이 있는지 살펴보자.

예제 6

- 지배력 획득일 현재 S사가 보유하는 토지의 장부금액은 40,000원이나, 공정가치는 50,000원으로 측정됨.
- 상기 토지의 S사 별도재무제표상 세무기준액은 30,000원임.
- 기타의 조건은 〈예제 5〉와 모두 동일함.

요구사항 S사에 대한 이슈가 다음과 같을 경우 지배력 획득시 법인세효과를 계산하시오.

1. Case 1 : 미래 과세소득이 충분하여 이연법인세자산에 대한 이슈가 없는 경우
2. Case 2 : 실현가능성 이슈로 인하여 인식하지 않은 이연법인세자산 20,000원이 있는 경우

이연법인세자산에 대한 이슈가 없을 경우

- 지배력 획득 시점의 정산표

계정과목	P사 별도	S사 별도	단순합산	연결 관점	연결조정
토지	–	40,000	40,000	50,000	10,000
이연법인세	–	(3,000)	(3,000)	(6,000)	(3,000)

- 02년 정산표

계정과목	P사 별도	S사 별도	단순합산	연결 관점	연결조정
토지	–	–	–	–	–
처분이익	–	10,000	10,000	–	(10,000)
법인세비용	–	(3,000)	(3,000)	–	3,000

S사는 토지의 장부금액이 40,000원이지만 세무기준액이 30,000원이므로, 3,000원(= 10,000원 × 30%)의 이연법인세부채를 별도재무제표에 인식하게 된다. 그러나 연결재무제표상 토지의 장부금액은 50,000원이므로, 연결 관점에서 장부금액과 세무기준액의 차이는 20,000원(= 50,000원 − 30,000원)이다. 따라서 연결재무제표에 계상되어야 할 이연법인세부채는 6,000원(= 20,000원 × 30%)이나, 단순합산재무제표에 반영된 이연법인세부채는

3,000원에 불과하므로 연결조정으로 3,000원의 이연법인세부채를 가산한다.

02년에 S사가 토지를 처분하면 세무상으로는 20,000원의 처분이익이 인식되므로 S사는 6,000원(= 20,000원 × 30%)의 법인세를 납부하지만, 별도재무제표상으로는 3,000원의 이연법인세부채가 실현되어 3,000원(= 6,000원 - 3,000원)의 법인세비용만 계상된다. 그러나 연결 관점에서는 취득금액이 50,000원인 토지를 50,000원에 처분하였으므로, 처분이익과 법인세비용이 발생하지 않는다.

따라서 02년에는 단순합산재무제표에 표시된 처분이익 10,000원과 3,000원의 법인세비용을 연결조정으로 제거한다. 여기서 3,000원의 연결조정 금액은 지배력 획득 시점에 인식한 이연법인세부채가 실현된 것으로 이해할 수 있다.

〈예제 5〉와 〈예제 6〉을 통하여 S사의 토지 장부금액이 세무기준액과 일치하느냐 그렇지 않느냐에 관계없이 연결조정은 동일함을 확인할 수 있다. 그 이유는 종속기업의 별도재무제표에 표시되어 있는 자산과 부채의 장부금액이 세무기준액과 다르다면 종속기업은 자신의 별도재무제표에 법인세효과를 반영하기 때문이다. **결국, 단순합산재무제표에 표시된 자산과 부채가 연결조정에서 변동되는 경우에만 법인세에 관한 연결조정이 발생한다.**

이연법인세자산에 대한 이슈가 있을 경우

이연법인세자산의 실현가능성 판단기준은, 다음 절차에 따라 이루어진다.

① 1단계 : 이연법인세부채의 범위 내 이연법인세자산은 실현가능성이 있음.

② 2단계 : 이연법인세부채를 초과하는 이연법인세자산은 향후 과세소득의 발생가능성에 따라 인식됨.

Case 2의 경우 미인식된 20,000원의 이연법인세자산은 사업결합 과정에서 3,000원만큼 이연법인세부채와 상계된다. 따라서 사업결합 이후 미인식된 이연법인세자산이 17,000원으로 감소할 뿐, 연결조정으로 반영될 이연법인세부채는 발생하지 않는다.

직관적으로 생각해 보면 S사는 이연법인세자산을 계상하고 있지 않지만, 세무상으로는 차감할 일시적차이를 인식하고 있는 상태이다. 따라서 S사가 02년에 토지를 처분하더라도 S사는 납부할 법인세부담액이 발생하지 않으므로, 지배력 획득 시점에 이연법인세부채를 인식하지 않는다.

상황별로 연결조정을 통하여 인식할 영업권과 이연법인세부채는 다음과 같다.

계정과목	Case 1	Case 2
이연법인세부채	3,000	–
영업권	13,000	10,000

3. 내부거래

연결실체 내에 내부거래와 미실현손익이 발생하였을 경우, 연결이연법인세에 미치는 영향은 다음 예제를 통해 살펴본다.

예제 7

- P사는 S사 주식을 100% 취득함.
- S사는 01년에 원가가 8,000원인 재고자산을 P사에게 10,000원에 판매함.
- P사는 01년 말 현재 동 재고자산을 전량 보유하다가 02년 중에 10,000원에 판매함.
- P사와 S사의 법인세율은 30%임.

요구사항 내부거래로 발생하는 법인세효과를 계산하시오.

01년 정산표

구 분	P사 별도	S사 별도	단순합산	연결 관점	연결조정
매출	–	10,000	10,000	–	(10,000)
매출원가	–	8,000	8,000	–	(8,000)
재고자산	10,000	–	10,000	8,000	(2,000)
세전이익	–	2,000	2,000	–	(2,000)
법인세비용	–	(600)	(600)	–	600

S사는 원가가 8,000원인 재고자산을 10,000원에 처분하였으므로, 2,000원의 세전이익과 600원(= 2,000원 × 30%)의 법인세비용을 기록한다. 그러나 연결 관점에서는 동 재고자산이 외부로 판매되지 않았으므로 매출과 법인세비용이 발생하지 않는다.

따라서 단순합산재무제표에 과대계상된 재고자산 2,000원과 법인세비용을 차감한다.

02년 정산표

구 분	P사 별도	S사 별도	단순합산	연결 관점	연결조정
매출	10,000	–	10,000	10,000	–
원가	10,000	–	10,000	8,000	(2,000)
재고자산	–	–	–	–	–
세전이익	–	–	–	2,000	2,000
법인세비용	–	–	–	(600)	(600)

재고자산이 외부로 판매되었으므로 2,000원의 세전이익과 그에 따른 법인세비용 600원을 인식해야 한다. 따라서 단순합산재무제표에는 계상되지 않은 법인세비용을 연결조정으로 가산한다.

요약하면 01년에는 2,000원의 미실현자산(재고자산)에 대하여 600원의 이연법인세자산을 인식하면서 법인세비용을 제거하고, 02년에는 미실현자산이 없으므로 (이연법인세자산이 감소되면서) 600원의 법인세비용을 인식한다.

연결조정을 통해 발생한 세무기준액과 장부금액의 차이

내부거래에 대한 연결이연법인세 적용 과정은 다음과 같이 해석할 수도 있다. S사는 재고자산에 대한 세무기준액과 장부금액이 동일하여 세무조정이 발생하지 않았다. 그런데 연결결산 과정을 거치면서 2,000원의 재고자산이 감소하게 되어, 재고자산 장부금액(8,000원)과 세무기준액(10,000원)이 불일치하게 된다. 따라서 동 차이에 대해 이연법인세자산 600원(= 2,000원 × 30%)을 인식한다.

02년에는 세무기준액과 연결재무제표상 재고자산 금액이 동일하므로, 01년에 발생한 이연법인세자산이 소멸하면서 법인세비용으로 대체된다.

연결조정

연결조정(01년)				연결조정(02년)			
1단계 : 순자산조정				1단계 : 순자산조정			
이익잉여금(*)	2,000	재고자산	2,000	해당 사항 없음			
이연법인세자산	600	이익잉여금(*)	600				
2단계 : 순이익조정				2단계 : 순이익조정			
매출원가	2,000	법인세비용	600	법인세비용	600	매출원가	2,000
		이익잉여금	1,400	이익잉여금	1,400		

(*) 내부거래로 발생한 미실현손익(2,000원) 및 관련 법인세효과(600원)에 대한 P사의 지분액

4. 지분 이익

지배력을 획득한 이후 종속기업의 순자산이 증가하여 발생한 지분 이익에 대한 이연법인세는 이론적으로나 기술적으로나 실무에 정확하게 적용하기가 어려운 분야 중 하나이다. 본 절에서는 이론적으로 지분 이익을 어떻게 산정하고 이연법인세를 적용할 것인가를 설명하고, 실무 적용 시 고려할 사항은 〈제3절〉에서 살펴보도록 한다.

(1) 지분 이익 산정

종속기업의 순자산이 증가하면, 지배기업은 종속기업으로부터 배당금을 수령할 것으로 예상할 수 있다. 또한 종속기업의 가치가 상승하므로 높은 가격으로 외부에 처분하여 처분이익을 획득할 수도 있다. 따라서 연결 관점에서는 종속기업의 순자산이 증가하면, 그 순자산 증가액이 향후 배당이나 처분을 통해 발생할 법인세효과를 인식해야 한다.[97] 이때 **이연법인세 대상이 될 금액은 연결 관점에서 파악한 종속기업의 순자산 증가액**으로 정리할 수 있다.

> 이연법인세 대상이 되는 종속기업의 순자산 증가액
> = 종속기업이 보고한 순이익 누적액(누적 지분 이익)
> − 결산일 현재 상향미실현자산 잔액 × 법인세율 − 하향미실현자산

지분 평가를 통해 산정된 누적 지분 이익에 가감할 사항은 다음과 같다.

① 상향미실현자산에 대한 법인세효과

② 하향미실현자산

상향판매로 발생한 법인세효과는 지분 평가가 마무리된 후 별도 절차에 따라 계산된다. 따라서 이연법인세 대상이 되는 지분 이익을 산정할 경우에는 지분 평가를 통해 산정된 금액에 상향미실현자산에 대한 법인세효과를 추가로 가산해야 한다.

한편, 하향판매를 통하여 별도재무제표상 이익을 과대계상한 기업은 지배기업이므로, 하향판매로 발생한 미실현손익은 지배기업의 순자산에만 영향을 미친다. 따라서 지분 이익에 대한 이연법인세를 계산할 때에는 하향미실현자산 효과를 차감한다.

97) 지배기업의 별도재무제표상 종속기업주식은 원가법으로 평가되지만, 종속기업의 순자산이 증가하면 향후 별도재무제표상 배당금수익을 인식하고 종속기업주식 처분이익을 인식할 것이므로 별도재무제표에서도 이연법인세부채를 인식하여야 하지 않겠느냐는 의문을 가질 수 있다. 그러나 별도재무제표는 피투자기업의 순자산이나 성과에 근거하지 않음을 전제로 작성하기 때문에 관련 법인세효과도 인식하지 않음이 일관성이 있다.

마지막으로 **지분 이익에 대한 이연법인세를 인식할 주체는 지배기업으로 한정**되며, 비지배주주에 대한 지분 이익은 이연법인세 대상이 아님에 유의한다. 비지배주주가 배당금을 수령하거나 주식을 처분하는 경우에 법인세를 납부할 주체는 비지배주주이지 연결실체가 아니기 때문이다.

공정가치 차액이나 내부거래로 발생한 미실현손익은 법인세비용을 납부하는 주체가 종속기업이므로 법인세효과가 비지배주주에게도 귀속된다는 점과는 차이가 있다.

(2) 예상 배당 및 처분이익

지배기업이 지배력을 획득한 이후 발생하는 종속기업의 순자산 변동이 연결이연법인세에 미치는 영향을 다음 예제로 살펴보자.

예제 8

- P사는 S사 주식을 01년 초에 60% 취득함(취득금액 : 100,000원).
- 지배력 획득시 S사의 순자산은 100,000원이며, 인식된 영업권은 40,000원임.
- S사의 01년과 02년 별도재무제표상 순이익은 각각 50,000원과 60,000원임.
- 01년과 02년의 영업권 손상차손은 각각 5,000원과 10,000원임.
- 02년 말 현재 하향미실현자산과 상향미실현자산은 각각 (−)6,000원과 (−)5,000원임.
- S사의 01년과 02년 배당금은 각각 20,000원과 40,000원임.
- P사와 S사의 법인세율은 30%임(자본이득에 대한 별도의 구분이 없음).
- 세무상 최초 인식 영업권에 대한 손상은 손금으로 인정되지 아니함.

요구사항

지분 이익에 대한 이연법인세부채와 법인세비용을 계산하시오.
(단, 미실현자산에 대한 법인세효과는 고려하지 않음을 가정한다)

지배기업의 지분 평가 내역

구 분	취득금액	NI지분	영업권 손상	미실현자산 (하향)	미실현자산 (상향)	배당	전기이월 이익잉여금	지분액 합계
01년	100,000	30,000	(5,000)	–	–	(12,000)	–	113,000
02년	100,000	36,000	(10,000)	(6,000)	(3,000)	(24,000)	13,000	106,000

지배기업의 순자산 분석

구 분	순자산 지분액	영업권	미실현자산 (상향)	미실현자산 (하향)	지분액 합계
취득	60,000	40,000	–	–	100,000
01년	78,000	35,000	–	–	113,000
02년	90,000	25,000	(3,000)	(6,000)	106,000

이연법인세

구 분	누적 지분 이익(*1)	미실현자산 (상향) × 세율	미실현자산 (하향)	조정 누적 지분 이익(*2)	이연법인세 부채(*3)	법인세 비용(*4)
01년	13,000	–	–	13,000	3,900	3,900
02년	6,000	900	6,000	12,900	3,870	(30)

(*1) 누적 지분 이익 = 지분액 합계 − 취득금액
(*2) 조정 누적 지분 이익 = 누적 지분 이익 − 미실현자산(하향) − 미실현자산(상향) × 법인세율
(*3) 이연법인세부채 = 조정 누적 지분 이익 × 법인세율
(*4) 법인세비용 = 기말이연법인세부채 − 기초이연법인세부채

법인세비용에 대한 연결조정

연결조정(01년)

1단계 : 순자산조정			
이익잉여금	3,900	이연법인세부채	3,900
2단계 : 순이익조정			
법인세비용	3,900	이익잉여금	3,900

연결조정(02년)

1단계 : 순자산조정			
이익잉여금	3,870	이연법인세부채	3,870
2단계 : 순이익조정			
이익잉여금	30	법인세비용	30

〈예제 8〉은 배당과 처분손익에 대한 법인세율이 동일하다고 가정하고 있으므로, 누적 지분 이익에 30%를 적용하여 이연법인세부채를 산출하고 있다. 그러나 배당과 처분손익에 대한 실효세율이 다르다면 누적 지분 이익 중 얼마만큼이 배당으로 실현되고 처분으로 실현될 것인가를 각각 추정할 필요가 있다.

현재 세법에서는 배당소득에 대해 피투자기업에 대한 지분율을 고려하여 수입배당금에 대해 익금불산입을 적용하고 있다.[98] 따라서 배당으로 실현될 부분은 **수입배당금 익금불산**

98) 종속기업의 배당재원은 법인세를 납부한 후의 금액으로 산정되며 지배기업은 종속기업으로부터 수령한 배당금에 대해 법인세를 납부하므로, 동일한 이익에 대해 법인세를 중복하게 된다. 이러한 이중과세 부담을 완화하기 위해

입을 고려한 실효세율을 적용해야 한다.

(3) 기타포괄손익

종속기업의 순자산 변동이 기타포괄손익에 의해 발생하였을 경우, 연결이연법인세에 미치는 효과를 다음 예제로 살펴보자.

예제 9

- P사는 S사 주식을 01년 초에 60% 취득함.
- 01년 중 S사가 소유하는 공정가치측정금융자산의 공정가치가 50,000원 증가함.
- P사와 S사의 법인세율은 30%임.
- P사는 지분 이익에 대하여 법인세효과를 반영하기로 결정함.
- 회계정책에 따라 공정가치측정금융자산의 평가손익은 기타포괄손익으로 계상하고 있음.
- P사는 S사 주식을 처분할 계획이 있음.

요구사항 연결재무제표에 표시될 금융자산평가이익을 계산하시오.

별도재무제표상 회계처리

(차변) 공정가치측정금융자산	50,000	(대변) 이연법인세부채	15,000
		평가이익(자본)	35,000

자본에 대한 법인세효과는 해당 항목에서 직접 인식하므로, S사는 별도재무제표에 35,000원의 평가이익(기타포괄손익)과 동 평가이익에 대한 15,000원(= 50,000원 × 30%)의 이연법인세부채를 계상하게 된다.

연결결산 과정

금융자산평가이익(기타포괄손익)에 대한 지분 평가와 법인세 인식 과정은 다음과 같다.

구 분	단순합산	포괄손익의 안분		이연법인세부채	금융자산평가이익 (지배기업)
		지배기업	비지배주주		
01년	35,000	21,000	14,000	6,300	14,700

수입배당금 익금불산입 규정을 적용하고 있다.

S사의 순자산 증가액은 35,000원이므로, 지배기업과 비지배지분에 안분될 금액은 각각 21,000원(= 35,000원 × 60%)과 14,000원(= 35,000원 × 40%)으로 산정된다. 여기서 지배기업 지분에 대한 6,300원(= 21,000원 × 30%)의 법인세효과를 차감하면, 연결재무제표에 표시될 금융자산평가이익은 14,700원(= 21,000원 - 6,300원)으로 계산된다.

연결조정

연결조정

차변	금액	대변	금액
금융자산평가이익(S사 자본 항목)	35,000	이연법인세부채	6,300
		금융자산평가이익	14,700
		비지배지분	14,000

마지막으로 금융자산평가이익(기타포괄손익)에 적용될 법인세율에 대해 생각해 보자. 기타포괄손익은 종속기업이 배당가능재원으로 사용할 수 있는 것이 아니므로 처분계획이 없다면 이연법인세부채 대상에 해당하지 않는다.[99] 만일 〈예제 9〉에서 P사가 주식을 처분할 계획이 없다면 (배당재원이 아니므로) 이연법인세부채는 발생하지 않고 금융자산평가이익은 21,000원으로 표시된다.

지금까지 살펴본 연결이연법인세에 미치는 요소를 요약하면 다음과 같다.

연결이연법인세

① 영업권에 대한 이연법인세는 인식하지 않는다.
② 공정가치 차액에 대한 이연법인세는 취득금액의 구성 항목으로 인식하고, 지분 평가에 반영한다.
③ 미실현손익이 발생하는 시점에 이연법인세 계상을 통하여 단순합산재무제표에 표시된 법인세비용을 제거하고, 미실현손익이 실현되는 시점에 법인세비용을 가산한다.
④ 지배력 획득 이후 종속기업의 순자산 증가액을 연결 관점에서 계산한 후 배당 및 처분이익에 적용될 세율을 곱하여 이연법인세를 인식한다.
⑤ 비지배주주의 경우 지분 이익에 대한 이연법인세를 인식하지 않는다.

99) 만일 종속기업이 해외사업을 처분하여 그 재원으로 배당을 할 것이 확실한 경우에는 예외적으로 자본이득에 대한 배당세율을 적용할 수도 있을 것이다.

사례 1 연결이연법인세의 구조

① 주식 취득

P사는 S사 주식 100%를 01년 초 120,000원에 취득함.
지배력 획득일 현재 S사의 자산·부채 장부금액과 공정가치의 차이는 다음과 같음.

자 산	공정가치	장부금액	차 액	비 고
토지	50,000	40,000	10,000	02년 매각

② 내부거래

	자 산	매 출	매 입	거래금액	원 가	보유재고	비 고
01년	재고자산	S사	P사	10,000	8,000	10,000	02년 중 전량 판매

상기 내부거래는 현금정산 조건임.

③ 주식A

S사는 주식A를 00년 말에 취득하여 공정가치측정금융자산으로 분류하였으며, 02년 중 처분함. S사는 지분증권에 대한 평가이익을 기타포괄손익으로 분류하고 있으며, 주식을 처분하는 시점에는 기타포괄손익을 이익잉여금으로 대체하고 있음.

	취득금액	공정가치	평가이익	이연법인세	기타포괄손익
01년 초	20,000	20,000	-	-	-
01년 말	20,000	25,000	5,000	(1,500)	3,500

④ S사의 배당

S사의 02년 배당은 23,500원임.

5 요약 별도재무제표

	지배기업(P)			종속기업(S)		
	취득	01년	02년	취득	01년	02년
재고자산	8,000	–	–	–	10,000	–
주식S	120,000	120,000	120,000	–	–	–
주식A	–	–	–	20,000	25,000	–
토지	–	–	–	40,000	40,000	–
유형자산	72,000	108,000	143,000	40,000	44,000	115,000
계	200,000	228,000	263,000	100,000	119,000	115,000
이연법인세	–	–	–	–	1,500	–
자본금	100,000	100,000	100,000	20,000	20,000	20,000
이익잉여금	100,000	128,000	163,000	80,000	94,000	95,000
기타포괄손익	–	–	–	–	3,500	–
계	200,000	228,000	263,000	100,000	119,000	115,000
수익		100,000	120,000		80,000	90,000
비용		(60,000)	(70,000)		(60,000)	(60,000)
법인세비용		(12,000)	(15,000)		(6,000)	(9,000)
당기손익		28,000	35,000		14,000	21,000

6 주식 처분

① P사는 예측 가능한 미래에 S사 주식을 처분할 의사는 있으나, 02년까지 구체적인 계획은 수립되지 아니함.

② P사는 유동성 부족을 해결하기 위하여 급작스럽게 S사 주식을 03년 초에 처분함.

7 법인세

① S사가 보유하고 있는 주식A에 대한 평가손익 외 S사와 P사의 세무조정 사항은 발생하지 아니함.

② 법인세율은 동일하며, S사와 P사에 적용되는 법인세율은 30%임.

요구사항

1. 이연법인세회계를 적용하여 지배력 획득일과 01년 및 02년 연결재무제표를 작성하시오.

2. 03년 초에 P사가 S사 주식을 150,000원에 처분할 경우 연결재무제표와 별도재무제표상 처분이익을 구하시오(단, P사는 S사 이외에 종속기업이 있다고 가정함).

해설

Ⅰ. 취득금액의 구성 내역

취득금액	120,000
순자산 지분액	100,000
토지 FV차액	10,000
FV차액에 대한 이연법인세	(3,000)
영업권	13,000

Ⅱ. 누적 지분 평가

1. P사의 S사 누적 지분 평가

	취득 금액	기타포괄 손익	NI 지분액	처분이익 (FV)	법인세 비용(FV)	매출원가 (미실현)	종속기업 배당	A처분 (이잉금)	전기이월 이익잉여금	지분액 합계
01년	120,000	3,500	14,000	–	–	(2,000)	–	–	–	135,500
02년	120,000	–	21,000	(10,000)	3,000	2,000	(23,500)	3,500	12,000	128,000

순자산 분석

	순자산 지분액	토지 (FV)	이연법인세 (FV)	영업권	재고자산 (미실현)	지분액 합계
취득	100,000	10,000	(3,000)	13,000	–	120,000
01년	117,500	10,000	(3,000)	13,000	(2,000)	135,500
02년	115,000	–	–	13,000	–	128,000

순액조정

	비용(매출원가)	수익(매출)
01년	10,000	10,000

2. 이연법인세 집계

	이연법인세				법인세비용		
	미실현	지분 이익	평가이익	계	손익	자본	계
01년	600	(3,780)	(1,050)	(4,230)	(3,180)	(1,050)	(4,230)
02년	–	(2,400)	–	(2,400)	780	1,050	1,830

(1) 미실현손익에 대한 법인세효과

① 1차 연도

	P사 별도	S사 별도	단순합산	연결 관점	연결조정
재고	-	10,000	10,000	8,000	(2,000)
당기손익	2,000	-	2,000	-	(2,000)
법인세	(600)	-	(600)	-	600

② 2차 연도

	P사 별도	S사 별도	단순합산	연결 관점	연결조정
재고	-	-	-	-	-
당기손익	-	-	-	2,000	2,000
법인세	-	-	-	(600)	(600)

(2) 지분 이익에 대한 법인세효과

	누적 지분 이익(*)	상향미실현자산 × 법인세율	이연법인세 대상 지분 이익	이연법인세부채	법인세비용
01년	12,000	600	12,600	3,780	(3,780)
02년	8,000	-	8,000	2,400	1,380

(*) 지분액 합계 - 취득금액 - 기타포괄손익

(3) 자본에 대한 법인세효과

	S사 별도재무제표			P사 별도 평가이익 (자본)	단순합산 평가이익 (자본)	연결조정 (이연법인세)	연결상 평가이익 (자본)
	평가이익 (자본)	이연법인세 (자본)	평가이익 (자본)				
01년	5,000	(1,500)	3,500	-	3,500	1,050	2,450

Ⅲ. 연결재무제표

1. 취득

단순합산

차변	금액	대변	금액
재고자산	8,000	자본금	120,000
주식S	120,000	이익잉여금	180,000
투자주식	20,000		
토지	40,000		
기타자산	112,000		

연결조정

차변	금액	대변	금액
자본금(S)	20,000	주식S	120,000
이익잉여금(S)	80,000	이연법인세	3,000
토지(FV)	10,000		
영업권	13,000		

연결재무제표

차변	금액	대변	금액
재고자산	8,000	이연법인세	3,000
주식S	-	자본금	100,000
투자주식	20,000	이익잉여금	100,000
토지	50,000		
기타자산	112,000		
영업권	13,000		

2. 01년

단순합산			
재고자산	10,000	이연법인세	1,500
주식S	120,000	자본금	120,000
투자주식	25,000	이익잉여금	222,000
토지	40,000	기타포괄손익	3,500
기타자산	152,000		
비용	120,000	수익	180,000
법인세비용	18,000		
이익잉여금 (단순합산NI)	42,000		

연결조정			
1단계 : 순자산조정			
자본금(S)	20,000	주식S	120,000
이익잉여금(S)	94,000	이연법인세	3,000
기타포괄손익(S)	3,500	이익잉여금	12,000
토지(FV)	10,000	기타포괄손익	3,500
영업권	13,000	재고자산	2,000
기타포괄손익	1,050	이연법인세	4,230
이익잉여금	3,180		
2단계 : 순이익조정			
비용(매출원가)	2,000	이익잉여금	5,180
법인세비용	3,180		
3단계 : 순액조정			
수익(매출)	10,000	비용(매출원가)	10,000

연결재무제표			
재고자산	8,000	이연법인세	8,730
주식S	–	자본금	100,000
투자주식	25,000	이익잉여금	136,820
토지	50,000	기타포괄손익	2,450
기타자산	152,000		
영업권	13,000		
비용	112,000	수익	170,000
법인세비용	21,280		
이익잉여금 (연결NI)	36,820		

3. 02년

단순합산			
재고자산	–	자본금	120,000
주식S	120,000	이익잉여금	258,000
투자주식	–	기타포괄손익	–
토지	–		
기타자산	258,000		
비용	130,000	수익	210,000
법인세비용	24,000		
이익잉여금 (단순합산NI)	56,000		

연결조정			
1단계 : 순자산조정			
자본금(S)	20,000	주식S	120,000
이익잉여금(S)	95,000	이익잉여금	8,000
영업권	13,000		
이익잉여금	2,400	이연법인세	2,400
2단계 : 순이익조정			
수익(처분이익)	10,000	법인세비용(FV)	3,000
수익(배당금)	20,000	비용(매출원가)	2,000
		법인세비용	780
		이익잉여금	27,720

연결재무제표			
재고자산	–	이연법인세	2,400
주식S	–	자본금	100,000
투자주식	–	이익잉여금	168,600
토지	–	기타포괄손익	–
기타자산	258,000		
영업권	13,000		
비용	128,000	수익	180,000
법인세비용	20,220		
이익잉여금 (연결NI)	28,280		

4. 연결자본변동표

	자본금	이익잉여금	기타포괄손익	합 계
01년 초	100,000	100,000	–	200,000
연결당기순이익		36,820		36,820
금융자산 평가			2,450	2,450
01년 말	100,000	136,820	2,450	239,270
02년 초	100,000	136,820	2,450	239,270
연결당기순이익		28,280		28,280
금융자산 처분		3,500	(2,450)	1,050
02년 말	100,000	168,600	–	268,600

연결당기순이익의 검증

		01년	02년
1	P사의 별도재무제표상 이익	28,000	35,000
2	P사의 별도재무제표상 배당금수익	–	(23,500)
3	S사 지분 이익	12,000	16,000
4	지분이익에 대한 법인세효과	(3,180)	780
		36,820	28,280

5. 법인세비용

(1) 법인세비용 구성

	01년	02년
부담세액	18,000	24,000
토지(FV)	–	(3,000)
재고자산(내부거래)	(600)	600
누적 지분 이익(손익)	3,780	(1,380)
법인세비용	21,280	20,220

(2) 세전이익과 법인세비용의 관계

	01년	02년
세전이익	58,000	48,500
세전이익 × 법인세율	17,400	14,550
누적 지분 이익의 변동(손익)	3,780	(1,380)
실제 배당 관련 법인세	–	7,050
법인세비용	21,280	20,220

Ⅳ. 종속기업주식 처분

1. 처분손익 분석

구 분	별도재무제표	연결재무제표
처분금액	150,000	150,000
장부금액(*)	(120,000)	(128,000)
처분이익	30,000	22,000
법인세부담액	(9,000)	(9,000)
이연법인세 효과	-	2,400
당기손익	21,000	15,400

(*) 연결 관점에서 장부금액은 02년 누적 지분 평가상 지분액 합계임.

2. 연결 관점의 처분 회계처리

(차변)	현금	150,000	(대변)	기타자산	115,000
				영업권	13,000
				처분이익	22,000

(차변)	이연법인세부채	2,400	(대변)	현금	9,000
	법인세비용	6,600			

3. 종속기업주식으로 인한 순자산 변동

구 분	별도재무제표	연결재무제표
01년 지분 이익	-	12,000
01년 지분 이익에 대한 법인세(손익)	-	(3,180)
01년 평가손익(OCI)에 대한 지분	-	3,500
01년 평가손익(OCI)에 대한 법인세(자본)	-	(1,050)
02년 배당금수익	23,500	-
02년 배당금에 대한 법인세	(7,050)	(7,050)
02년 지분 이익	-	19,500
02년 지분 이익에 대한 법인세(손익)	-	780
02년 금융자산 처분	-	(3,500)
02년 금융자산에 대한 법인세효과 제거	-	1,050
03년 처분이익	30,000	22,000
03년 처분이익에 대한 법인세	(9,000)	(6,600)
합 계	37,450	37,450

사례를 통하여 살펴본 내용은 다음과 같다.

공정가치 차액에 대한 이연법인세

- 지배력을 획득하면서 인식한 10,000원의 공정가치 차액에 대해 3,000원(= 10,000원 × 30%)의 이연법인세부채를 인식한다.

미실현손익에 대한 이연법인세

- 상향판매로 발생한 미실현자산 = 10,000원 - 8,000원 = (-)2,000원
- 내부거래로 발생한 미실현자산은 단순합산재무제표에 표시되어 있는 재고자산 금액과 연결재무제표상 금액의 차이를 가져오므로, 즉 세무기준액과 장부금액의 차이를 발생시키므로 600원(= 2,000원 × 30%)의 이연법인세자산을 인식한다.
- 연결 관점에서 재고자산 판매로 발생하는 이익은 02년에 인식된다. 따라서 세전이익과 법인세비용을 대응시키기 위해, 01년에는 이연법인세자산을 연결조정에 반영하여 단순합산재무제표에 표시된 법인세비용을 제거하고, 02년에는 연결조정으로 법인세비용을 가산한다.

지분 이익의 산정

- 지분 평가를 통하여 계산된 누적 지분 이익에 상향미실현자산에 대한 법인세효과와 하향미실현자산 금액을 차감하여 이연법인세 대상을 산정한다.
- 상향미실현자산에 대한 법인세효과 = (-)2,000원 × 30% = (-)600원

기타포괄손익에 대한 이연법인세

- S사의 별도재무제표상 기타포괄손익 = 5,000원 - 1,500원 = 3,500원
- 연결 관점의 평가이익 = 3,500원 - 1,050원(= 3,500원 × 30%) = 2,450원

이연법인세자산(부채)과 법인세비용

- 지배력 획득 시 인식된 요소는 누적 지분 평가와 순자산 분석으로 표현된다. 따라서 공정가치 차액에 대한 법인세비용은 누적 지분 평가와 순자산 분석에 반영된다.
- 그러나 미실현자산이나 누적 지분 손익에 대한 법인세는 지분 평가가 마무리되어야 계산할 수 있으므로, 누적 지분 평가와 순자산 분석에 포함되지 않는다.
- 따라서 공정가치 차액에 대한 법인세효과와 그 이외의 법인세효과를 나누어 연결조정에 반영하는 것이 계산상 편리하다.
- 법인세비용 = 기말이연법인세자산(부채) - 기초이연법인세자산(부채)

순자산조정

- 01년 연결재무제표에 반영될 이연법인세부채 4,230원 = 기타포괄손익(자본)에 대한 법인세 1,050원 + 손익(또는 이익잉여금)에 대한 법인세 3,180원

법인세비용 검증

- 'Ⅲ의 5' 분석에서 보듯이 단순합산재무제표와 연결재무제표상 법인세비용의 차이는 공정가치 차액, 미실현손익, 지분 이익에 대한 법인세이다.
- 세전이익과 법인세비용 간의 관계 분석 시 지분 이익에 대한 법인세와 실제 배당금에 대한 법인세효과가 조정사항으로 기재된다. 지분 이익에 대한 법인세는 이중 과세를 의미하기 때문이다.
- 연결실체 관점에서는 배당 관련 법인세가 납부되므로, 단순합산재무제표에 표시된 법인세비용을 연결조정으로 제거하지 않는다. 배당금이 내부 자금거래로 간주되어 연결조정으로 제거되는 것과 성격이 상이하다.

종속기업주식의 처분

- 지배력 상실 시점에는 연결 관점에서 인식한 2,400원의 이연법인세부채가 모두 실현된다.
- S사 주식의 취득부터 처분 시까지 별도재무제표와 연결재무제표에 미치는 순자산 효과를 살펴보면 총액은 37,450원으로 동일하나 귀속시기가 상이함을 확인할 수 있다.

5. 비지배지분

비지배지분에 대한 법인세효과를 설명하기 이전에, 연결순자산에 영향을 미치는 항목들이 지배기업과 비지배주주의 지분에 미치는 영향을 먼저 생각해 보자.

종속기업의 순자산에 대한 권리는 지배기업뿐만 아니라 종속기업의 비지배주주도 가진다. 따라서 공정가치 차액이나 공정가치 차액의 변동에 따른 손익은 지배기업과 비지배주주에게 안분된다. 그리고 하향판매로 발생한 미실현손익은 지배기업의 별도재무제표가 왜곡된 것이므로, 전액 지배기업에게 귀속된다. 반면, 상향판매로 발생한 미실현손익은 종속기업의 별도재무제표가 왜곡된 것이므로, 종속기업의 주주인 지배기업과 비지배주주에게 안분된다.

종속기업의 순자산이 증가함에 따라 예상되는 배당과 처분손익에 대한 효익은 비지배주주도 향유하지만, 비지배주주의 지분 이익에 대한 법인세를 부담하는 주체는 연결실체가 아니라 비지배주주이다. 따라서 비지배주주의 지분 이익은 법인세 대상에서 제외된다.

연결조정 유형별로 지분 평가와 이연법인세에 미치는 영향을 정리하면 다음과 같다.

| 연결조정 유형별 이연법인세 배분 |

구 분	지배기업	비지배지분
공정가치 차액에 대한 이연법인세	지분율에 따라 안분	지분율에 따라 안분
영업권에 대한 이연법인세	해당사항 없음.	해당사항 없음.
하향판매에 대한 이연법인세	지배기업에 전액 귀속	해당사항 없음.
상향판매에 대한 이연법인세	지분율에 따라 안분	지분율에 따라 안분
지분 이익에 대한 이연법인세	지배기업의 지분 이익에 대한 법인세만 인식	해당사항 없음.

연결이연법인세 효과는 연결조정의 각 유형별로 지분 평가를 실시한 이후, 해당 연결조정 내용에 기초하여 산정하므로 계산 과정이 복잡하다. 계산 과정의 혼선을 방지하려면 다음의 순서로 계산하는 것이 바람직하다.

① 결산일 현재 공정가치 잔액, 미실현 잔액을 계산하여 지배기업과 비지배지분에 배분한다(재무상태표 관점).

② 기말잔액에서 기초잔액을 차감하여 당기 변동 금액을 계산한다(손익계산서 관점).

③ 상기 ①에서 구한 각 유형별 지배기업과 비지배지분 기말 잔액에 법인세율을 곱하여 이연법인세자산(부채)을 계산한다.

④ 지배기업의 누적 지분 이익에 대한 이연법인세부채를 계산한다.

⑤ 상기 ③과 ④에서 구한 각 유형별 기말잔액에서 기초잔액을 차감하여 법인세비용을 계산한다.

예제 10

- P사는 S사 주식을 01년 초 75% 취득함.
- P사는 S사에게 01년 말 원가가 3,200원인 재고자산을 S사에게 4,000원에 판매함.
- S사는 P사에게 01년 말 원가가 6,400원인 재고자산을 P사에게 8,000원에 판매함.
- P사와 S사는 내부거래를 통하여 취득한 재고자산을 전량 02년에 판매함.
- P사와 S사의 법인세율은 30%임.

요구사항 01년 말 연결재무제표에 표시될 이연법인세자산을 계산하시오.

미실현자산의 배분

구 분	지배기업			비지배지분
	하 향	상 향	합 계	상 향
01년	(800)	(1,200)	(2,000)	(400)
02년	–	–	–	–

01년 말 하향판매로 발생한 800원의 미실현자산은 전액 P사에게 귀속되며, 상향판매로 발생한 1,600원의 미실현자산은 지분율에 비례하여 P사와 비지배주주의 지분에 각각 1,200원(= 1,600원 × 75%)과 400원(= 1,600원 × 25%)씩 안분된다.

한편, 미실현손익은 기말미실현자산에서 기초미실현자산을 차감하여 계산되므로, P사와 비지배주주가 01년 중 인식하여야 할 손익은 각각 (–)2,000원과 (–)400원이며, 02년에 인식하여야 할 손익은 각각 2,000원과 400원으로 계산된다.

법인세비용

구 분	이연법인세		법인세비용		연결재무제표	
	지배기업	비지배지분	지배기업	비지배지분	이연법인세	법인세비용
01년	600	120	600	120	720	720
02년	–	–	(600)	(120)	–	(720)

연결재무제표 작성일 현재 인식되어야 할 이연법인세자산(부채)은 결산일 현재 집계된 미실현자산에 법인세율을 곱하여 계산한다. 따라서 01년에 P사와 비지배지분이 인식할 이연법인세자산은 각각 600원(= 2,000원 × 30%)과 120원(= 400원 × 30%)으로 계산되며, 연결재무제표에는 720원의 이연법인세자산이 표시된다.

법인세비용은 기말이연법인세자산(부채)에서 기초이연법인세자산(부채)을 차감하여 계산한다.

사례 2 이연법인세의 배분

1 주식 취득

P사는 S사 주식을 01년 초 다음과 같이 취득함.

지분율 75%

취득금액 280,000

비지배지분은 식별 가능한 순자산 공정가치에 비례하여 인식함.

한편, 지배력 획득일 현재 S사의 자산·부채 장부금액과 공정가치 차이는 다음과 같음.

자산	공정가치	장부금액	차 액	내용연수	비 고
건물	150,000	100,000	50,000	5	정액법 상각
재고	60,000	50,000	10,000	-	01년 중 매출

2 내부거래

	판매처	매입처	금액	이익률	01년 재고
01년	P사	S사	10,000	20%	4,000
01년	S사	P사	20,000	20%	8,000

상기 내부거래는 현금정산 조건임.

3 기타

① S사의 02년 배당금은 10,000원임.

② P사와 S사의 법인세율은 30%임.

4 요약 별도재무제표

	지배기업(P)			종속기업(S)		
	취득	01년	02년	취득	01년	02년
재고자산	100,000	70,000	120,000	100,000	120,000	110,000
주식S	280,000	280,000	280,000	-	-	-
건물	120,000	100,000	80,000	120,000	100,000	80,000
기타자산	200,000	320,000	381,000	80,000	115,000	177,000
계	700,000	770,000	861,000	300,000	335,000	367,000
자본금	200,000	200,000	200,000	200,000	200,000	200,000
이익잉여금	500,000	570,000	661,000	100,000	135,000	167,000
계	700,000	770,000	861,000	300,000	335,000	367,000

	지배기업(P) 취득	지배기업(P) 01년	지배기업(P) 02년	종속기업(S) 취득	종속기업(S) 01년	종속기업(S) 02년
수익		300,000	350,000		120,000	130,000
비용		(200,000)	(220,000)		(70,000)	(70,000)
법인세비용		(30,000)	(39,000)		(15,000)	(18,000)
당기손익		70,000	91,000		35,000	42,000

요구사항 **이연법인세회계를 적용하여 지배력 획득일과 01년 및 02년 연결재무제표를 작성하시오.**

해설

Ⅰ. 분석

1. 취득금액의 구성내역

	지배기업	비지배지분
취득금액	280,000	85,500
순자산 지분액	225,000	75,000
건물 FV차액	37,500	12,500
재고자산 FV차액	7,500	2,500
FV차액에 대한 이연법인세	(13,500)	(4,500)
영업권	23,500	

2. 공정가치 차액에 대한 법인세효과

(1) 공정가치 차액의 변동

	대상금액	01년 변동	02년 변동
재고자산	10,000	(10,000)	–
건물	50,000	(10,000)	(10,000)

(2) 공정가치 차액의 배분

	지배기업			비지배지분		
	대상금액	01년 변동	02년 변동	대상금액	01년 변동	02년 변동
재고자산	7,500	(7,500)	–	2,500	(2,500)	–
건물	37,500	(7,500)	(7,500)	12,500	(2,500)	(2,500)
소계	45,000	(15,000)	(7,500)	15,000	(5,000)	(2,500)
법인세효과	(13,500)	4,500	2,250	(4,500)	1,500	750
합계	31,500	(10,500)	(5,250)	10,500	(3,500)	(1,750)

3. 미실현손익에 대한 법인세효과

(1) 미실현손익

	매출액	보유 재고	이익률	미실현자산	비 고
01년	10,000	4,000	20%	(800)	하향판매
01년	20,000	8,000	20%	(1,600)	상향판매

(2) 미실현손익의 배분

	재고자산			매출원가	
	지배기업		비지배지분	지배기업	비지배지분
	하향	상향	상향		
01년	(800)	(1,200)	(400)	(2,000)	(400)
02년	–	–	–	2,000	400

(3) 이연법인세

	지배기업		비지배지분		합 계	
	이연법인세	법인세비용	이연법인세	법인세비용	이연법인세	법인세비용
01년	600	600	120	120	720	720
02년	–	(600)	–	(120)	–	(720)

4. 지분 이익에 대한 법인세효과

	누적 지분 이익	상향미실현자산 × 법인세율	하향미실현 자산	조정 순이익	이연법인세 부채	법인세비용
01년	13,750	360	800	14,910	(4,473)	(4,473)
02년	34,500	–	–	34,500	(10,350)	(5,877)

Ⅱ. 누적 지분 평가

1. P사의 S사 누적 지분 평가

	취득금액	NI 지분액	FV			미실현(매출원가)		종속기업 배당	전기이월 이익잉여금	지분액 합계
			매출원가	감가상각비	법인세비용	하향	상향			
01년	280,000	26,250	(7,500)	(7,500)	4,500	(800)	(1,200)	–	–	293,750
02년	280,000	31,500	–	(7,500)	2,250	800	1,200	(7,500)	13,750	314,500

순자산 분석

	순자산 지분액	영업권	FV			재고자산 (미실현)	지분액 합계
			재고	건물	이연법인세		
취득	225,000	23,500	7,500	37,500	(13,500)	–	280,000
01년	251,250	23,500	–	30,000	(9,000)	(2,000)	293,750
02년	275,250	23,500	–	22,500	(6,750)	–	314,500

2. S사 비지배주주의 누적 지분 평가

	취득금액	NI 지분액	FV			매출원가 (미실현)	배당	전기이월 이익잉여금	지분액 합계
			매출원가	감가상각비	법인세비용				
01년	85,500	8,750	(2,500)	(2,500)	1,500	(400)	–	–	90,350
02년	85,500	10,500	–	(2,500)	750	400	(2,500)	4,850	97,000

순자산 분석

	순자산 지분액	영업권	FV			재고자산 (미실현)	지분액 합계
			재고	건물	이연법인세		
취득	75,000	–	2,500	12,500	(4,500)	–	85,500
01년	83,750	–	–	10,000	(3,000)	(400)	90,350
02년	91,750	–	–	7,500	(2,250)	–	97,000

3. 이연법인세

(1) 이연법인세

	내부거래		지분 이익		합 계		
	지배기업	비지배지분	지배기업	비지배지분	지배기업	비지배지분	계
01년	600	120	(4,473)	–	(3,873)	120	(3,753)
02년	–	–	(10,350)	–	(10,350)	–	(10,350)

(2) 법인세비용

	지배기업	비지배지분	계
01년	(3,873)	120	(3,753)
02년	(6,477)	(120)	(6,597)

4. 순액조정

	수익(매출)	비용(매출원가)
01년	30,000	30,000

III. 연결조정

1. 취득

단순합산

재고자산	200,000	자본금	400,000
주식S	280,000	이익잉여금	600,000
건물	240,000		
기타자산	280,000		

연결조정

자본금(S)	200,000	주식S	280,000
이익잉여금(S)	100,000	비지배지분	85,500
재고	10,000	이연법인세	18,000
건물	50,000		
영업권	23,500		

연결재무제표

재고자산	250,000	이연법인세	18,000
주식S	–	자본금	200,000
건물	250,000	이익잉여금	500,000
기타자산	280,000	비지배지분	85,500
영업권	23,500		

2\. 01년

단순합산

차변		대변	
재고자산	190,000	자본금	400,000
주식S	280,000	이익잉여금	705,000
건물	200,000		
기타자산	435,000		
비용	270,000	수익	420,000
법인세비용	45,000		
이익잉여금	105,000		
(단순합산NI)			

연결조정

차변		대변	
1단계 : 순자산조정			
자본금(S)	200,000	주식S	280,000
이익잉여금(S)	135,000	이익잉여금	13,750
건물	40,000	비지배지분	90,350
영업권	23,500	이연법인세	12,000
		재고	2,400
비지배지분	(120)	이연법인세	3,753
이익잉여금	3,873		
2단계 : 순이익조정			
비용(매출원가)	10,000	법인세비용(FV)	6,000
비용(상각비)	10,000	이익잉여금	20,153
비용(매출원가)	2,400		
법인세비용	3,753		
3단계 : 순액조정			
수익(매출)	30,000	비용(매출원가)	30,000

연결재무제표

차변		대변	
재고자산	187,600	이연법인세	15,753
주식S	–	자본금	200,000
건물	240,000	이익잉여금	579,877
기타자산	435,000	비지배지분	90,470
영업권	23,500		
비용	262,400	수익	390,000
법인세비용	42,753		
이익잉여금	84,847		
(연결NI)			

3\. 02년

단순합산

차변		대변	
재고자산	230,000	자본금	400,000
주식S	280,000	이익잉여금	828,000
건물	160,000		
기타자산	558,000		
비용	290,000	수익	480,000
법인세비용	57,000		
이익잉여금	133,000		
(단순합산NI)			

연결조정

차변		대변	
1단계 : 순자산조정			
자본금(S)	200,000	주식S	280,000
이익잉여금(S)	167,000	이익잉여금	34,500
건물	30,000	비지배지분	97,000
영업권	23,500	이연법인세	9,000
이익잉여금	10,350	이연법인세	10,350
비지배지분	–		
2단계 : 순이익조정			
비용(상각비)	10,000	법인세비용(FV)	3,000
수익(배당금)	7,500	비용(매출원가)	2,400
법인세비용	6,597	이익잉여금	18,697

연결재무제표

차변		대변	
재고자산	230,000	이연법인세	22,800
주식S	–	자본금	200,000
건물	190,000	이익잉여금	685,150
기타자산	558,000	비지배지분	97,000
영업권	23,500		
비용	297,600	수익	472,500
법인세비용	60,597		
이익잉여금	114,303		
(연결NI)			

4. 연결자본변동표

	자본금	이익잉여금	비지배지분	계
01년 초	200,000	500,000	-	700,000
종속기업 취득			85,500	85,500
연결당기순이익		79,877	4,970	84,847
01년 말	200,000	579,877	90,470	870,347
02년 초	200,000	579,877	90,470	870,347
연결당기순이익		105,273	9,030	114,303
비지배주주에 대한 배당			(2,500)	(2,500)
02년 말	200,000	685,150	97,000	982,150

연결당기순이익의 검증

		01년	02년	
1	P사의 별도재무제표상 이익	70,000	91,000	지배기업 소유주지분
2	P사의 별도재무제표상 배당금	-	(7,500)	
3	S사 지분 이익	13,750	28,250	
4	법인세효과	(3,873)	(6,477)	
5	비지배지분 이익	4,850	9,150	비지배지분
6	법인세효과	120	(120)	
		84,847	114,303	

사례를 통하여 살펴본 내용은 다음과 같다.

이연법인세의 배분

- 연결조정의 각 유형별 배분 방법에 따라 이연법인세자산(부채)의 배분 방법도 결정된다.
- 미실현손익의 계산 방법과 마찬가지로 법인세비용의 배분도 지배기업과 비지배주주의 지분에 배분된 기말이연법인세자산(부채)에서 기초이연법인세자산(부채)을 차감하여 계산하는 것이 편리하다.

연결이연법인세의 계산

- 공정가치 차액에 대한 이연법인세는 취득금액의 구성내역의 요소이므로, 누적 지분 평가와 순자산 분석에 반영한다.
- 하향판매와 상향판매로 발생하는 미실현자산(부채)을 구분하여 산정하고, 미실현자산(부채)에 적용되는 법인세율을 곱하여 이연법인세자산(부채)을 계산한다.
- 이연법인세 대상 지분 손익 = 누적 지분 이익 - 상향미실현자산 × 세율 - 하향미실현자산
- 비지배주주의 지분 이익에 대해서는 법인세효과를 계상하지 않는다.

순자산조정과 순이익조정

- 순자산조정과 순이익조정에 반영한 법인세효과는 공정가치 차액과 기타의 요인에 의한 법인세효과로 구분하여 기재하는 것이 편리하다. 누적 지분 평가와 순자산 분석에 표시된 공정가치 차액에 대한 법인세효과와 그렇지 않은 법인세효과를 구분하여 계산상 혼선을 방지하기 위한 목적이다.
- 순자산조정 시 공정가치 차액 이외의 이연법인세자산(부채) 중 지배기업(P사)의 지분에 해당하는 부분은 이익잉여금으로, 비지배주주의 지분에 해당하는 금액은 비지배지분으로 표시한다.

제 3 절 연결이연법인세의 실무적 적용

지금까지 연결이연법인세의 구조에 대해 구체적으로 살펴보았다. 〈제2절〉에서 분석한 사례들은 단순한 지배구조 내에서 일반적인 거래를 전제한 것이었음에도 불구하고 상당히 복잡한 분석을 필요로 하였다.

본 절에서는 실무상 중요한 지분 이익에 대한 법인세 이슈를 살펴보고, 〈제2절〉에서 다루지 않았던 연결이연법인세와 관련된 다양한 사례들을 소개한다.

1. 지분 이익에 대한 이연법인세 논의

(1) 배당과 처분이익에 대한 법인세율

지분 이익에 대한 이연법인세부채 산정 과정은 다음과 같다.

지분 이익에 대한 법인세

- 이연법인세부채 = 예상 배당이익 × 배당세율 + 예상 처분이익 × 처분세율
- 배당세율 = 법인세율 × (1 - 익금불산입률)
- 처분세율 = 법인세율

법인세법 제18조의2와 3에 따른 익금불산입 규정은 다음과 같다.

① 지주회사인 경우

- 자회사에 대한 지분율이 80%(상장기업은 40%)를 초과하는 경우 : 100%
- 그 이외의 경우 : 80%
- 다만, 각 사업연도에 지급한 차입금의 이자가 있는 경우에는 관련 효과를 고려한다.

② 지주회사가 아닌 경우

- 지분율이 100%인 경우 : 100%
- 지분율이 50%(상장법인은 30%)를 초과하는 경우 : 50%
- 그 외의 경우 : 30%
- 다만, 각 사업연도에 지급한 차입금의 이자가 있는 경우에는 관련 효과를 고려한다.

예제 11

- P사는 S사 주식을 01년 초에 100% 취득함.
- 지배력 획득 이후 S사의 순자산은 70,000원 증가함.
- S사의 이익잉여금은 전액 배당 가능 이익으로 구성됨.
- P사와 S사의 법인세율은 30%임.
- 배당에 대한 익금불산입 비율은 100%임.

요구사항 연결재무제표에 표시될 이연법인세자산(부채)을 계산하시오.

1. Case 1 : 지분 이익이 모두 처분으로 실현
2. Case 2 : 처분 이익이 모두 배당으로 실현

지분 이익이 처분으로 실현될 경우

- 지배력을 획득한 이후 증가한 순자산 : 70,000원
- 이연법인세부채 = 70,000원 × 30% = 21,000원

지분 이익이 배당으로 구분될 경우

- 배당에 대한 유효세율 = 30% × (1 - 익금불산입 비율) = 0%
- 이연법인세부채 = 70,000원 × 0% = 0원

(2) 상법상 배당가능이익과 청산 배당의 고려

다음 예제를 통하여 상법상 배당가능이익의 규모가 연결이연법인세에 미치는 영향을 살펴보자.

예제 12

- P사는 S사 주식을 01년 초에 100% 취득함.
- 지배력 획득 시 S사의 자본은 자본금 100,000원과 이익잉여금 20,000원으로 구성됨.
- 03년 말 현재 S사의 자본은 자본금 100,000원과 이익잉여금 90,000원으로 구성됨.
- S사의 이익잉여금은 전액 배당가능이익으로 구성됨.
- P사와 S사의 법인세율은 30%임.
- 배당에 대한 익금불산입 비율은 100%임.

요구사항
P사가 S사로부터 배당을 최대한 수령한다고 가정할 경우, 이연법인세부채 대상이 되는 배당가능이익을 계산하시오.

본 예제에서 03년 말 S사의 배당가능이익은 90,000원으로 산정된다. 그러나 상법에 따라 배당가능이익이 90,000원으로 산정되더라도, S사의 배당가능이익은 지배력을 획득한 이후의 순자산 증가 금액인 70,000원으로 한정하는 것이 합리적이다. 왜냐하면 지배기업이 종속기업에 대하여 지배력을 획득하기 이전의 이익을 포함한 90,000원을 모두 배당하여 종속기업을 부실화시킨다는 것은 합리적인 가정이라고 보기 어렵기 때문이다.

만일 P사가 S사에게 규정상 산정되는 배당가능이익을 모두 배당토록 한다면, P사는 별도재무제표에 청산배당인 20,000원을 S사 주식 장부금액에서 차감해야 한다.[100] 그리고 P사는 S사 주식의 장부금액과 세무기준액이 달라지므로 이연법인세자산을 인식하게 된다. 결국 지배력 획득일 시점의 이익까지 배당할 것을 가정한다면, 03년 말에 연결회계상 이연법인세부채를 인식하고 별도재무제표상 이연법인세자산을 인식해야 하는데 이는 현실성이 적다.[101]

요약하면 **누적 지분 이익에 대한 예상 배당은 상법 등에 따른 배당가능이익과, 누적 지분 이익 중 적은 금액을 한도로 해야 할 것이다.** 또한 종속기업이 해외에 소재하고 있다면 **현지의 세법과 법률 등이 종속기업의 배당에 미칠 수 있는 영향**도 감안해야 한다.

(3) 외국납부세액공제액의 고려

국내에 소재하는 지배기업이 해외종속기업으로부터 배당금을 수령하게 되면 외국의 세법에 따라 법인세 또는 이와 유사한 세금을 납부하게 되며, 국내에서도 우리나라의 세법에 따라 법인세를 납부하게 된다. 이러한 이중과세의 부담을 해소하기 위하여 산출세액에 국외원천소득이 당해 사업연도의 과세표준에서 차지하는 비율을 곱하여 산출한 금액을 한도

100) 별도재무제표상 종속기업주식은 원가법 주식으로 평가된다. 원가법 주식의 경우 배당금을 수익으로 인식하지만, 청산배당에 해당하는 배당금의 경우 수익으로 인식하지 아니하고, 투자의 환급으로 보아 주식의 장부금액을 차감하는 것이 합리적이다(K-IFRS 제1027호 문단 BC14~18).

101) 세율이 동일함을 전제하면 배당가능이익에 대하여 산정한 이연법인세부채에서 주식의 변동에 따른 이연법인세자산을 차감한 금액은 결국, 지배력을 획득한 이후에 증가한 순자산에 대한 이연법인세부채 금액과 동일하다. 그러나 청산 배당까지 가정하여 이연법인세부채를 계산하고, 그에 따른 주식의 감소까지 감안하여 이연법인세자산을 산정한다는 것 자체가 현실성이 없는 가정이라고 판단된다.

로 한 외국납부세액공제가 인정되고 있다.

따라서 지배기업은 외국납부세액공제까지 고려하여 배당으로 실현될 지분 이익에 적용할 세율을 산정해야 한다.

2. 연결이연법인세에 대한 회계정책의 수립

(1) 종속기업주식의 처분가능성

지배기업이 종속기업주식을 취득하는 이유는 일반적으로 단순하게 투자수익을 획득하기 위함이 아니고 종속기업이 보유하는 자산과 부채 등(즉, 사업)을 취득하여, 기존 지배기업이 속해 있는 연결실체와의 Synergy 등을 통하여 보다 나은 기업가치를 창출하기 위한 것이다. 따라서 **지배기업의 전략적인 방향이 변경되어 사업부문 조정 등을 계획하고 있지 않는 이상 종속기업주식을 처분한다고 보는 것은 무리가 있다.** 오히려 현재 지배기업의 경영진이 예측 가능한 미래에 종속기업주식을 처분하고자 하는 계획을 수립하고 있지 않은 이상 처분가능성은 없다고 보는 것이 합리적이다.

(2) 배당 의사결정

종속기업의 배당성향이나 투자계획에 따라 지배기업이 인식해야 할 이연법인세부채의 금액은 매우 다양하게 산정될 수 있는데, 실무상 어떻게 예상 배당금을 추정할 것인가에 대하여 생각해 보자. 언뜻 종속기업의 경영진으로부터 향후 투자계획이나 배당계획을 입수하는 대안을 생각할 수 있는데 동 대안은 논리적으로 적합하지 않다. 그 이유는 지배력을 가진 지배기업이 종속기업의 배당이나 자본예산 등에 대하여 의사결정을 행사하는 것이기 때문이다.

(3) 실무적 대안

K-IFRS는 다음 조건을 모두 만족할 경우 종속기업, 관계기업 또는 공동기업에 대하여 법인세효과를 인식하지 않을 수 있도록 규정하고 있다(K-IFRS 제1012호 문단 73).

① 지배기업, 투자자 또는 참여자가 일시적차이의 소멸시점을 통제할 수 있다.
② 예측 가능한 미래에 일시적차이가 소멸하지 않을 가능성이 높다.

따라서 기업들은 기업실무의 환경과 규정을 고려하여 연결이연법인세에 대한 회계정책을 적절하게 수립하는 것이 필요하다. **만일 종속기업주식 처분계획이 없고 예상되는 배당**

에 대한 법인세효과도 중요성이 미미하다면, 누적 이익에 대한 연결이연법인세는 고려하지 않을 수 있다.

참고로 우리나라의 일반기업회계기준은 종속기업과 관계기업의 배당에 따른 이연법인세부채의 산정과 관련하여 다음과 같이 규정하고 있다(기업회계기준서 제22장 실무 22.12). '지배기업 등이 피투자기업의 투자계정에서 발생하는 가산할 일시적차이의 소멸시기를 통제할 수 있고, 배당재원이 있는 피투자기업이 과거 5년간 배당을 하지 않거나 투자기업과의 계약에 의하여 배당을 하지 않는다는 합의를 함으로써 예측 가능한 미래 기간 내에 일시적차이가 소멸하지 않을 가능성이 매우 높다면 당해 가산할 일시적차이에서 발생하는 법인세효과인 이연법인세부채를 인식하지 않는다.'

3. 관계기업주식에 대한 이연법인세

관계기업주식에 대한 이연법인세 적용 과정은 종속기업주식에 대한 이연법인세 적용 과정과 유사한데, 관계기업주식의 처분 가능성과 배당 가능성에 대해서는 종속기업주식에 적용한 논리를 동일하게 적용하는데 한계가 있다.

관계기업에 대한 투자자는 지배력이 아닌 유의적인 영향력만 가지고 있기 때문에, 일반적으로 배당정책을 결정할 수 없다. 따라서 **예측가능한 미래에 배당받지 않는다는 약정이 없다면 관계기업투자와 관련된 가산할 일시적차이로 발생하는 이연법인세부채를 인식**한다 (K-IFRS 제1012호 문단 42).[102]

관계기업주식에 대한 이연법인세는 〈제5장〉을 참조하기 바란다.

102) 2020-I-KQA016, 관계기업에 대한 투자자산과 관련하여 발생된 가산할 일시적차이는 통상적으로 관계기업으로부터의 배당, 관계기업에 대한 투자자산의 처분, 그리고 관계기업의 청산을 통해 소멸될 수 있다. 따라서 기업회계기준서 제1012호 문단 39를 적용할 때에 가산할 일시적차이의 소멸 방법으로 배당, 처분 이외에 관계기업의 청산도 고려한다. 회사가 관계기업의 청산을 통제할 수 없고, 관계기업의 청산을 막을 수 있는 별도의 법적 · 계약적 권리 또는 약정이 없다면, 관련 이연법인세부채를 인식한다.

제 4 절 기 타

1. 지배기업과 종속기업의 세율차이

지배기업과 종속기업의 법인세율이 상이한 경우, 연결이연법인세에 미치는 효과는 다음 예제로 살펴본다.

예제 13

- P사는 S사 주식을 100% 취득함.
- S사는 01년에 원가가 8,000원인 재고자산을 P사에게 10,000원에 판매함.
- P사는 01년 말 현재 동 재고자산을 전량 보유하고 있으며, 02년 중에 전량 10,000원에 재판매함.
- P사의 법인세율은 40%이며, S사의 법인세율은 30%임.

요구사항 내부거래와 관련하여 연결재무제표에 계상될 이연법인세자산을 계산하시오.

지배력 획득 시점의 정산표

구 분	P사 별도	S사 별도	단순합산	연결 관점	연결조정
재고자산	10,000	–	10,000	8,000	(2,000)
세전이익	–	2,000	2,000	–	(2,000)
이연법인세자산	–	–	–	800	800
법인세비용	–	(600)	(600)	200	(800)

02년 정산표

구 분	P사 별도	S사 별도	단순합산	연결 관점	연결조정
재고자산	–	–	–	–	–
세전이익	–	–	–	2,000	2,000
법인세비용	–	–	–	(800)	(800)

연결 관점에서는 02년에 매출을 인식하게 되는데, 이때 매출과 법인세를 납부하는 주체는 P사이다. 따라서 01년 말에는 02년에 P사가 법인세비용을 800원만큼 인식할 것이 예상되므로, 이연법인세자산을 800원만큼 인식한다.

이연법인세는 자산 · 부채법에 따라 측정되고 있으므로 01년에 단순합산재무제표에 인식된 법인세비용이 아니라, 02년에 미실현손익이 실현되어 발생할 법인세비용을 기준으로 이연법인세자산을 인식해야 한다. **즉, 해당 자산을 결산일 현재 보유하고 있는 기업의 세율을 적용하여 이연법인세가 계산된다.**

| 이연법인세 계산 시 적용세율 |

구 분	적용할 세율
공정가치 차액	종속기업의 세율
미실현자산	결산일 현재 관련 자산을 보유하고 있는 기업의 세율
누적 이익 중 지배기업 소유주지분	지배기업의 세율
종속기업주식의 취득과 처분	지배기업의 세율

적용세율에 대한 세부 내용은 다음과 같다.

① 공정가치 차액을 발생시키는 자산을 소유하고 있는 기업은 종속기업이므로 종속기업에게 적용되는 세율을 적용한다.

② 미실현자산은 결산일 현재 관련 자산을 보유하는 기업에게 적용되는 세율을 적용한다.

③ 종속기업의 평가로 발생된 지배기업의 지분 이익에 대한 세율은 지배기업에게 적용되는 세율을 적용한다. 종속기업주식을 처분하거나 배당금을 획득하여 법인세를 납부하는 주체가 지배기업이기 때문이다.

④ 지배기업은 종속기업주식을 단계적으로 취득하여 지배력을 획득하는 경우도 있으며, 종속기업에 대하여 지배력을 획득한 이후에도 지배력에 영향을 미치지 않는 범위 내에서 주식을 일부 처분하거나 추가로 주식을 취득하는 경우가 있다. 이러한 경우에 발생되는 당기손익이나 자본손익은 지배기업에 적용되는 세율을 적용한다.

마지막으로 지배기업과 종속기업에 적용되는 세율이 상이할 경우 종속기업의 지분 이익 산정에 미치는 영향을 생각해 보자. 앞서 종속기업의 지분 이익은 다음과 같은 산식에 의하여 계산됨을 설명하였다.

이연법인세 대상이 되는 종속기업의 순자산 증가액
= 종속기업이 보고한 순이익 누적액(누적 지분 이익)
  − 결산일 현재 상향미실현자산 잔액 × 법인세율(*) − 하향미실현자산

(*) 종속기업에게 적용되는 법인세율

상기 산식은 상향미실현자산 자체에 대한 법인세효과를 구하고자 하는 것이 아니라, 연결 관점에서 종속기업의 순자산 증가액을 구하기 위한 것이다. 따라서 종속기업이 보고한 별도재무제표상 순자산에서 상향미실현자산 효과를 차감하기 위한 것이므로 종속기업이 적용하는 법인세율을 곱한다.

사례 3 지배기업과 종속기업의 세율차이

1 주식 취득

P사는 S사 주식을 01년 초 100% 취득함.

취득금액 700,000

지배력 획득일 현재 S사의 자산・부채 장부금액과 공정가치의 차이는 다음과 같음.

자산	공정가치	장부금액	차액	내용연수
건물	600,000	500,000	100,000	5

2 내부거래

	판매처	매입처	거래금액	원가	차액	보유재고	비 고
01년	P사	S사	20,000	10,000	10,000	20,000	전량 02년 중 외부판매
02년	S사	P사	15,000	8,000	7,000	15,000	전량 03년 중 외부판매

상기 내부거래는 현금정산 조건임.

3 법인세율

	P사	S사
세율	30%	40%

4 기타

① P사는 S사로부터 배당금을 수령하고자 하며, 예측 가능한 미래에 처분 계획은 없음.

② P사는 S사의 향후 현금흐름창출능력 및 P사와의 Synergy 효과를 고려하여 02년 말 영업권을 65,000원으로 평가함.

5 요약 별도재무제표

	지배기업(P)			종속기업(S)		
	취득	01년	02년	취득	01년	02년
재고자산	300,000	580,000	790,000	50,000	255,000	425,000
주식S	700,000	700,000	700,000	-	-	-
건물	-	-	-	500,000	400,000	300,000
계	1,000,000	1,280,000	1,490,000	550,000	655,000	725,000
자본금	1,000,000	1,000,000	1,000,000	500,000	500,000	500,000
이익잉여금	-	280,000	490,000	50,000	155,000	225,000
계	1,000,000	1,280,000	1,490,000	550,000	655,000	725,000
수익		1,000,000	1,200,000		800,000	900,000
비용		(600,000)	(900,000)		(650,000)	(800,000)
법인세비용		(120,000)	(90,000)		(45,000)	(30,000)
당기순이익		280,000	210,000		105,000	70,000

요구사항 이연법인세회계를 적용하여 지배력 획득일과 01년 및 02년 연결재무제표를 작성하시오.

해설

Ⅰ. 분석

1. 취득금액의 구성내역

취득금액	700,000
순자산 지분액	550,000
FV차액	100,000
FV차액에 대한 이연법인세	(40,000)
영업권	90,000

2. 공정가치 차액에 대한 법인세효과

	취득시	01년	02년	03년	04년	05년
FV차액	100,000	80,000	60,000	40,000	20,000	-
상각비	-	(20,000)	(20,000)	(20,000)	(20,000)	(20,000)
이연법인세	(40,000)	(32,000)	(24,000)	(16,000)	(8,000)	-
법인세비용	-	8,000	8,000	8,000	8,000	8,000

3. 미실현손익에 대한 법인세효과

	매출액	이익률	미실현손익	세율	이연법인세	법인세비용	비 고
01년	20,000	50.0%	(10,000)	40%	4,000	4,000	하향판매
02년	15,000	46.7%	(7,000)	30%	2,100	(1,900)	상향판매

4. 지분 이익에 대한 법인세효과

	누적 지분 이익	상향미실현자산 × 법인세율	하향미실현 자산	조정 누적 순이익	이연법인세 부채	법인세비용
01년	83,000	−	10,000	93,000	(27,900)	(27,900)
02년	119,000	2,800		121,800	(36,540)	(8,640)

Ⅱ. 누적 지분 평가

1. P사의 S사 누적 지분 평가

	취득금액	NI 지분액	감가상각비 (FV)	법인세비용 (FV)	매출원가 (미실현)	영업권 손상	종속기업 배당	전기이월 이익잉여금	지분액 합계
01년	700,000	105,000	(20,000)	8,000	(10,000)	−	−	−	783,000
02년	700,000	70,000	(20,000)	8,000	3,000	(25,000)	−	83,000	819,000

순자산 분석

	순자산 지분액	건물 (FV)	이연법인세 (FV)	영업권	재고자산 (미실현)	지분액 합계
취득	550,000	100,000	(40,000)	90,000	−	700,000
01년	655,000	80,000	(32,000)	90,000	(10,000)	783,000
02년	725,000	60,000	(24,000)	65,000	(7,000)	819,000

2. 순액조정

	수익(매출)	비용(매출원가)
01년	20,000	20,000
02년	15,000	15,000

3. 이연법인세

	이연법인세			법인세비용		
	미실현	지분 이익	계	미실현	지분 이익	계
01년	4,000	(27,900)	(23,900)	4,000	(27,900)	(23,900)
02년	2,100	(36,540)	(34,440)	(1,900)	(8,640)	(10,540)

Ⅲ. 연결재무제표

1. 취득

단순합산

차변	금액	대변	금액
재고자산	350,000	자본금	1,500,000
주식S	700,000	이익잉여금	50,000
건물	500,000		

연결조정

차변	금액	대변	금액
자본금(S)	500,000	주식S	700,000
이익잉여금(S)	50,000	이연법인세	40,000
건물(FV)	100,000		
영업권	90,000		

연결재무제표

차변	금액	대변	금액
재고자산	350,000	이연법인세	40,000
주식S	–	자본금	1,000,000
건물	600,000	이익잉여금	–
영업권	90,000		

2. 01년

단순합산

차변	금액	대변	금액
재고자산	835,000	자본금	1,500,000
주식S	700,000	이익잉여금	435,000
건물	400,000		
비용	1,250,000	수익	1,800,000
법인세비용	165,000		
이익잉여금	385,000		
(단순합산NI)			

연결조정

차변	금액	대변	금액
1단계 : 순자산조정			
자본금(S)	500,000	주식S	700,000
이익잉여금(S)	155,000	이연법인세	32,000
건물(FV)	80,000	재고자산	10,000
영업권	90,000	이익잉여금	83,000
이익잉여금	23,900	이연법인세	23,900
2단계 : 순이익조정			
비용(매출원가)	10,000	법인세비용(FV)	8,000
비용(상각비)	20,000	이익잉여금	45,900
법인세비용	23,900		
3단계 : 순액조정			
수익(매출)	20,000	비용(매출원가)	20,000

연결재무제표

차변	금액	대변	금액
재고자산	825,000	이연법인세	55,900
주식S	–	자본금	1,000,000
건물	480,000	이익잉여금	339,100
영업권	90,000		
비용	1,260,000	수익	1,780,000
법인세비용	180,900		
이익잉여금	339,100		
(연결NI)			

3. 02년

단순합산

차변	금액	대변	금액
재고자산	1,215,000	자본금	1,500,000
주식S	700,000	이익잉여금	715,000
건물	300,000		
비용	1,700,000	수익	2,100,000
법인세비용	120,000		
이익잉여금 (단순합산NI)	280,000		

연결조정

차변	금액	대변	금액
1단계 : 순자산조정			
자본금(S)	500,000	주식S	700,000
이익잉여금(S)	225,000	이연법인세	24,000
건물(FV)	60,000	재고자산	7,000
영업권	65,000	이익잉여금	119,000
이익잉여금	34,440	이연법인세	34,440
2단계 : 순이익조정			
비용(영업권)	25,000	비용(매출원가)	3,000
비용(상각비)	20,000	법인세비용(FV)	8,000
법인세비용	10,540	이익잉여금	44,540
3단계 : 순액조정			
수익(매출)	15,000	비용(매출원가)	15,000

연결재무제표

차변	금액	대변	금액
재고자산	1,208,000	이연법인세	58,440
주식S	–	자본금	1,000,000
건물	360,000	이익잉여금	574,560
영업권	65,000		
비용	1,727,000	수익	2,085,000
법인세비용	122,540		
이익잉여금 (연결NI)	235,460		

4. 연결자본변동표

	자본금	이익잉여금	계
01년 초	1,000,000	–	1,000,000
연결당기순이익		339,100	339,100
01년 말	1,000,000	339,100	1,339,100
02년 초	1,000,000	339,100	1,339,100
연결당기순이익		235,460	235,460
02년 말	1,000,000	574,560	1,574,560

<u>연결당기순이익의 검증</u>

		01년	02년	
1	P사의 별도재무제표상 이익	280,000	210,000	지배기업 소유주지분
2	S사 지분 이익	83,000	36,000	
3	법인세효과	(23,900)	(10,540)	
		339,100	235,460	

사례를 통하여 살펴본 내용은 다음과 같다.

지배기업과 종속기업의 세율차이

- 공정가치 차액을 발생시킨 자산 · 부채와 영업권은 종속기업의 자산 · 부채로 본다. 따라서 공정가치 차액의 변동에 대한 법인세효과는 종속기업이 적용하는 세율 40%를 곱한다.
- 연결 관점에서 수익이나 비용을 인식할 기업은 자산을 외부에 판매하거나 자산을 사용하는 기업이다. 따라서 내부거래로 발생한 미실현손익은 결산일 현재 내부거래로 발생한 자산이나 부채를 보유하는 기업에 적용될 세율을 적용하여 법인세효과를 산출한다.

미실현손익과 지분 이익에 대한 법인세효과

- 연결 관점에서 파악되는 S사의 순이익을 계산하기 위해서는 상향판매로 S사가 별도재무제표에 인식한 손익을 제거해야 한다. 여기서 차감되는 상향미실현자산에 적용될 세율은 S사의 세율이며, P사의 세율이 아님에 유의한다.
- 지분 이익에 대한 법인세효과는 P사의 법인세율을 적용한다. 배당금에 대한 법인세나 S사 주식을 처분하여 발생하는 이익에 대한 법인세를 납부하는 주체는 P사이기 때문이다.

순자산조정과 순이익조정

- 순자산조정과 순이익조정에 반영한 법인세효과는 공정가치 차액과 기타의 요인에 의한 법인세효과로 구분하여 기재하는 것이 편리하다. 누적 지분 평가와 순자산 분석에 표시된 공정가치 차액에 대한 법인세효과와 그렇지 않은 법인세효과를 구분하고 계산상 혼선을 방지하기 위함이다.

2. 종속기업주식의 취득 · 처분 관련 손익

(1) 취득 시 우발부채

지배력 획득 시점에 지배기업은 식별 가능한 자산 · 부채뿐만 아니라 우발부채와 조건부대가에 대해서도 취득일의 공정가치로 인식하는데, 먼저 우발부채에 대한 회계처리와 관련 법인세효과를 정리하면 다음과 같다.

구 분	취득 시점	결산 시점	최종 정산 시점
우발부채	현재의 의무를 공정가치로 기록	다음 중 큰 금액 • K-IFRS 제1037호에 따라 인식될 금액 • 최초 인식금액에서 적절하다면 K-IFRS '수익'에 따라 인식한 상각누계액을 차감한 금액	최종 확정되는 금액

구 분	취득 시점	결산 시점	최종 정산 시점
관련 법인세	이연법인세자산 인식	공정가치 변동분에 대하여 이연법인세 적용	잔여 이연법인세 자산의 소멸

다만, 우발부채에 대해 이연법인세자산을 인식하려면, 향후 충분한 과세소득이 발생하여 이연법인세자산이 실현될 가능성이 높다는 전제가 필요하다.

예제 14

- P사는 S사의 지분 100%을 취득함.
- 취득 당시 S사가 진행하는 소송의 공정가치는 10,000원이라고 측정함.
- 취득 1년 후 소송의 공정가치는 12,000원으로 측정됨.
- 취득 2년 후 12,000원을 지급하고 소송이 종결됨.
- 법인세율은 30%임.

요구사항 연결재무제표에 인식할 이연법인세자산을 계산하시오.

우발채무와 이연법인세자산

구 분	취득시점	01년	정산 시점
우발부채	10,000	12,000	–
이연법인세자산	3,000	3,600	–

연결 관점의 회계처리

- 지배력 획득 시점

(차변) 영업권	7,000	(대변) 소송충당부채	10,000
이연법인세자산	3,000		

- 우발부채의 변동

(차변) 손해배상비용	2,000	(대변) 소송충당부채	2,000
(차변) 이연법인세자산	600	(대변) 법인세비용	600

• 우발부채의 정산

(차변) 소송충당부채	12,000	(대변) 현금	12,000
(차변) 이연법인세자산	3,600	(대변) 법인세비용	3,600

(2) 취득 시 조건부대가

조건부대가는 지배력 획득 이후의 조건에 따라 종속기업을 처분한 매도자에게 지급될 금액이다. 조건부대가는 지배력 획득 시점에 공정가치로 인식하고 추정의 변경에 따라 공정가치가 변동되면 그 차액을 당기손익이나 기타포괄손익으로 회계처리한다.

세무상으로 조건부대가는 종속기업주식의 취득대가에 가산되므로 지배력 획득 시점에는 일시적차이가 발생하지 않는다. 따라서 공정가치가 변동되면 회계상 비용이 발생하지만, 세무상으로는 취득원가에 해당하므로 일시적차이가 인식된다. 따라서 조건부대가로 발생된 일시적차이에 대해서는 향후 주식의 처분가능성에 따라 이연법인세를 인식할지 결정해야 한다.

(3) 종속기업주식의 취득 · 처분

〈제6장〉에서 살펴보았던 종속기업주식의 취득과 처분에 관한 연결재무제표와 별도재무제표상 회계처리와 관련 법인세효과를 요약하면 다음과 같다.

구 분	연결재무제표	별도재무제표	법인세효과
단계적인 취득	종전 주식이 공정가치측정 금융자산인 경우 기타포괄손익의 이익잉여금 대체	기타포괄손익의 이익잉여금 대체. 간주원가법을 적용할 경우에는 당기손익 발생	간주원가법을 사용할 경우 당기손익 및 관련 법인세 조정 필요
	종전 주식이 관계기업투자인 경우 처분손익(당기손익) 인식	회계처리 없음.	처분 손익에 대한 법인세효과(당기손익 또는 자본손익) 인식
지배력과 무관한 취득이나 처분	자본손익	취득 : 회계처리 없음. 처분 : 당기손익	당기손익에 대한 법인세효과를 취소하고, 자본에 대한 법인세효과 인식
단계적인 처분	처분손익(당기손익)	당기손익	순자산 차이에 대한 법인세효과(손익) 인식

예제 15

- P사는 01년 초 S사 주식을 100% 취득(취득금액 : 100,000원)하여 지배력을 획득함.
- P사는 03년 말에 40,000원을 수령하고 주식 30%을 처분함.
- 03년 말 연결 관점의 순자산은 120,000원임.
- P사는 종속기업주식을 처분하지 않는 것이 회계정책이나 03년 말에 부득이하게 처분하였으며, 03년 말 이후에도 보유하는 주식을 처분하지 않는 것이 회계정책임.
- 03년 말 현재 S사의 별도재무제표상 자본 총계는 120,000원임.
- 법인세율은 40%임.

요구사항 연결 관점에서 03년 말에 인식하여야 할 법인세 회계처리를 제시하시오.

처분 회계처리

- 지분거래손익 = 40,000원 − (120,000원 × 100% − 120,000원 × 70%) = 4,000원
- 연결 관점의 회계처리

(차변)	현금	40,000	(대변) 비지배지분	36,000
			자본잉여금	4,000

법인세 회계처리

- 실현된 지분이익 = (120,000원 − 100,000원) × 30% = 6,000원
- 지분이익에 대한 법인세(당기손익) = 6,000원 × 40% = 2,400원
- 지분거래손익에 대한 법인세(자본손익) = 4,000원 × 40% = 1,600원
- 연결 관점의 회계처리

(차변)	법인세비용(당기손익)	2,400	(대변) 당기법인세부채	4,000
	자본잉여금(자본손익)	1,600		

S사는 주식을 처분하지 않는 것이 회계정책이므로 03년 말 이전까지는 지분이익에 대한 법인세비용을 인식하지 않았으나, 03년에 처분한 지분율만큼의 지분이익은 실현되었으므로 법인세비용을 계상한다. 그리고 지분거래손익과 관련된 자본손익에 대한 법인세비용은 해당 자본 항목에서 직접 인식한다.

별도재무제표상 회계처리

P사는 30,000원(= 100,000원 × 30%)인 주식을 40,000원에 처분하였으므로 10,000원의 처분이익과 그에 대한 법인세비용을 인식한다.

(차변) 현금	40,000	(대변) 종속기업투자	30,000
		처분이익(당기손익)	10,000

(차변) 법인세비용	4,000(*)	(대변) 당기법인세부채	4,000

(*) 10,000원 × 40%

연결조정

연결조정

순자산조정			
S사 자본항목	120,000	S사 주식(*2)	70,000
P사 이익잉여금(*1)	6,000	비지배지분(*3)	36,000
		이익잉여금(*4)	17,600
		자본잉여금(*5)	2,400
순이익조정			
처분이익(*1)	10,000	법인세비용(*6)	1,600
		이익잉여금	8,400

(*1) P사가 별도재무제표에 인식한 종속기업주식처분이익과 관련 이익잉여금 제거
(*2) 100,000원(최초 취득금액) - 30,000원(당기 처분금액)
(*3) 120,000원 × 30%
(*4) P사가 인식한 지분이익 20,000원에서 법인세비용 2,400원을 차감한 잔액
(*5) 지분거래이익 4,000원에서 관련 법인세비용(자본) 1,600원을 차감한 잔액
(*6) 4,000원(별도재무제표상 법인세비용) - 2,400원(연결 관점의 법인세비용)

3. 연결이연법인세자산의 실현가능성

(1) 종속기업의 누적 손실에 대한 이연법인세자산

지배력을 획득한 이후 종속기업이 손실이 지속적으로 발생하였다고 가정해보자. 이 경우 지배기업은 동 주식을 처분하거나, 종속기업이 청산되는 시점에 법인세부담액이 감소될 것으로 예상된다. 그러나 누적 지분 손실에 대한 이연법인세자산은 관련 주식을 처분할 수

있는지에 대한 검토가 선행되어야 한다. 기업실무상 종속기업이 부실화되더라도 처분하거나 청산하기가 용이하지 않은 이유는 다음과 같다.

① 지배기업의 경영전략이나 사업구조가 변경되지 않는 한 연결실체 내에서 특정 역할을 수행하고 있는 종속기업을 청산하거나 외부에 처분하기 어렵다.

② 개별재무제표 기준으로는 해당 종속기업이 손실을 보고하더라도 내부거래 등을 통하여 연결실체에 더 큰 효익을 주는 경우도 있다.

따라서 **종속기업의 청산이나 주식 처분가능성에 대한 구체적이고 명확한 근거가 전제되**어야 하기 때문이다.[103)]

(2) 내부거래로 발생된 이연법인세자산

이연법인세자산은 미래에 과세소득이 충분할 경우에만 인식된다. 따라서 내부거래로 미실현자산이 발생하더라도 향후 충분한 과세소득이 충분하게 예상되는지 검토할 필요가 있다.

예제 16

- P사는 01년 초 S사 주식을 취득하여 지배력을 획득함.
- S사는 지속적으로 결손이 발생될 것으로 예상되어 이연법인세자산을 인식하지 아니함.
- P사는 이연법인세자산이 실현될 수 있을 정도로 향후 충분한 과세소득이 예상됨.
- 01년 말 현재 S사는 내부거래로 발생한 미실현자산 2,000원을 계상하고 있음.
- 01년 말 현재 P사는 내부거래로 발생한 미실현자산 3,000원을 계상하고 있음.
- 법인세율은 30%임.

요구사항 01년 말 연결재무제표에 계상되어야 할 이연법인세자산을 계산하시오.

하향미실현자산에 대한 법인세 효과

하향판매로 발생된 미실현손익에 대한 차감할 일시적차이 600원(= 2,000원 × 30%)은, 관련 재고자산을 보유하고 있는 S사 관점에서 살펴보아야 한다.

본 예제에서 S사는 과세소득이 불확실하여 이연법인세자산을 인식하지 않고 있는 상황이다. 따라서 하향미실현자산이 실현되더라도 과세소득이 발생하지 않을 것이라 예상되므로 이연법인세자산을 인식하지 않는 것이 적절하다.

103) ESMA-176, '회사가 종속기업을 매수하려는 잠재적 인수자로부터 서명을 받은 의향서를 2013년 12월 31일 직전에 수령하였으며 연결재무제표를 공표한 후에 매각한 경우, 종속기업에 대해 이연법인세자산을 인식한 것은 합리적이다.' 이와 같은 해석을 감안하면 보수적으로 접근할 필요가 있다.

상향미실현자산에 대한 법인세 효과

상향판매로 발생한 미실현손익에 대한 차감할 일시적차이는, 자산을 소유하고 있는 P사 관점에서 분석해야 한다. P사의 향후 과세소득은 충분하므로 900원(= 3,000원 × 30%)의 이연법인세자산을 인식한다.

4. 당기법인세자산 · 부채와 이연법인세자산 · 부채의 상계

연결재무제표는 여러 기업이 여러 과세당국과 관련된 경우가 많다. 이 경우 연결실체에 포함된 기업들이 순액으로 납부하거나 환급받을 법적으로 집행 가능한 권리를 가지고 있고, 순액으로 결제하거나 자산을 실현하는 동시에 부채를 결제할 의도가 있는 경우에만 연결실체 내 한 기업의 당기법인세자산을 다른 기업의 당기법인세부채와 상계할 수 있다.

이연법인세자산과 이연법인세부채를 상계하려면 다음을 모두 충족해야 한다(K-IFRS 제1012호 문단 74).

① 기업이 당기법인세자산과 당기법인세부채를 상계할 수 있는 법적으로 집행가능한 권리를 가지고 있다.

② 이연법인세자산과 이연법인세부채가 다음의 각 경우에 동일한 과세당국에 의해서 부과되는 법인세와 관련되어 있다.

- 과세대상 기업이 동일한 경우
- 과세대상 기업은 다르지만 당기법인세부채와 자산을 순액으로 결제할 의도가 있거나, 유의적인 금액의 이연법인세부채가 결제되거나 이연법인세자산이 회수될 미래의 각 회계기간마다 자산을 실현하는 동시에 부채를 결제할 의도가 있는 경우

연결납세방식을 채택하지 않는 이상 **동일한 과세당국을 가진 지배기업과 종속기업으로 구성된 연결실체라 하더라도, 상계요건을 충족하지 못하는 경우가 일반적**이다. 따라서 당기법인세자산 · 부채나 이연법인세자산 · 부채는 일반적으로 상계하지 않는다.

5. 물적분할 관련 법인세회계

물적분할과 관련된 분할존속법인의 회계 및 세무 처리는 다음과 같다.

① 회계 : 종속기업주식의 장부금액을 이전된 순자산의 장부금액으로 대체

② 세무 : 종속기업주식을 공정가치로 인식하고, 발생된 양도차익에 대해 압축기장충당금 계상

한편, 분할신설법인의 회계 및 세무 처리는 다음과 같다.

① 회계 : 승계된 자산을 장부금액으로 인식

② 세무 : 승계된 자산을 공정가치로 처리

이와 같은 상황을 전제하고 물적분할과 관련된 법인세처리를 살펴보자.

예제 17

- P사는 물적분할하여 S사를 설립함.
- 분할되는 사업부문의 순자산 장부금액은 500원(토지 400원, 기타 100원)이며, 세무상 공정가치는 1,000원(토지 700원, 기타 300원)임.
- P사는 별도재무제표상 S사 주식을 500원으로 계상함.
- S사 주식에 대한 세무상 가치는 1,000원이나, 회계상 장부금액은 500원이므로 차감할 일시적차이가 500원 발생함.
- P사는 자산양도차익 500원에 대해 세무상 압축기장충당금을 설정함. P사는 S사 주식을 매각하거나 S사가 이전받은 자산을 매각 또는 폐기하는 경우 압축기장충당금과 관련된 법인세를 납부하게 됨.

요구사항 다음에 대하여 검토하시오.

1. P사의 별도재무제표상 법인세 회계처리
2. S사의 별도재무제표상 법인세 회계처리
3. P사의 연결재무제표상 법인세 회계처리

분할존속법인의 회계처리(안)

① 1안 : P사는 S주식을 매각할 의도가 없다. 따라서 예측가능한 미래에 소멸할 가능성이 높지 않으므로 주식금액에 대해서는 이연법인세자산을 인식하지 않는다. 한편 과세이연으로 발생된 압축기장충당금에 대해서는, P사가 S사 주식을 매각하거나 S사가 자산을 매각 또는 폐기하는 경우에 P사가 법인세 납부의무를 부담하게 된다. 따라서 압축기장충당금에 대해서는 이연법인세부채를 인식한다.
한편, 이연된 양도차익에 대한 이연법인세 효과는 K-IFRS 제1012호 문단 58에 따라 당기손익으로 처리한다.

② 2안 : 주식금액에 대해 발생하는 차감할일시적차이와 압축기장충당금에 대한 가산할 일시적차이가 동시에 계상된다. 따라서 분할로 인한 법인세효과가 발생하지 않는다.

③ 3안 : 차감할일시적차이와 가산할일시적차이 모두 분할신설된 S사와 관련된 일시적 차이로서, 각각의 소멸방법을 고려하여 이연법인세를 인식한다. 차감할일시적차이는 S사 주식 매각으로 실현되므로, 주식이 매각되지 않을 것으로 예상하면 인식하지 않는다. 압축기장충당금과 관련한 가산할 일시적차이는 예측가능한 미래에 P사가 S사 주식을 매각하지 않을 가능성이 높거나 S사가 이전된 토지를 매각하지 않을 가능성이 높다면 이연된 양도차익 중 토지에 해당하는 부분에 대해서는 이연법인세부채를 계상하지 않을 수 있다. 이연법인세를 인식한다면 K-IFRS 제1012호 문단 58에 따라 당기손익으로 처리한다.

분할신설법인의 회계처리

물적분할로 발생하는 일시적차이는 최초인식 예외조건이 적용되지 않으므로 S사는 이전된 자산의 일시적차이의 실현방법을 고려하여 이연법인세를 인식한다. 물적분할로 인식하게 되는 자산·부채는 자본으로 반영되므로, 관련 이연법인세효과도 자본으로 계상한다.

연결재무제표상 회계처리

P사와 S사의 재무제표상 계상된 법인세효과는 과세대상기업이 상이하여, 상계요건이 만족되지 않으므로 각각 계상한다.

6. 현물출자에 대한 법인세

지배기업이 종속기업에게 현물출자를 실시하는 경우, 별도재무제표상 회계처리는 다음과 같다.

① 현물출자 대상이 '사업'에 해당하는 경우 : 동일지배거래에 해당하므로 〈제14장〉에서 설명하고 있는 바와 같이 회계정책에 따라 취득법 또는 장부금액법 적용

② 현물출자 대상이 '사업'에 해당하지 않는 경우 : 취득법 적용

동일지배거래에 해당하고 장부금액법을 적용하여 자본손익을 인식하게 된다면 관련 법인세도 자본으로 인식하고, 처분 시점에는 손익으로 인식한다.

현물출자와 관련된 법인세 회계처리를 다음 예제로 살펴보자.[104]

104) 2018-I-KQA008 현물출자 이연법인세 회계처리

예제 18

- P사는 S사에 대해 100%의 지분을 보유하고 있음.
- P사는 01년에 S사에게 연결재무제표상 장부금액이 100원이지만 세무기준액은 2,000원인 자산을 현물출자 함.
- S사는 02년에 해당 자산을 제3자에게 2,000원에 처분함.
- 법인세율은 30%임.

요구사항

1. 현물출자 대상이 '사업'이고 장부금액법을 적용하는 경우의 회계처리를 예시하시오.
2. 현물출자에 대한 취득법을 적용하는 경우 회계처리를 예시하시오.

장부금액법 : 현물출자 시점

장부금액법을 적용하면서 발생한 세무기준액과의 차이에 대해서는 K-IFRS 제1012호 문단 61A와 문단 62A에 따라 자본에 직접 인식한다. 이때 이연법인세자산은 과세소득의 발생가능성이 높은 경우에만 인식한다.

(차변)	자산(장부금액)	1,000	(대변)	자본금	1,000
	이연법인세자산	300		기타 자본	300

장부금액법 : 처분 시점

S사는 장부금액이 1,000원인 자산을 2,000원에 처분하였으므로, 1,000원의 처분이익을 인식한다. 따라서 처분 시점에 300원의 이연법인세자산을 감소시키면서 손익에 대한 법인세비용을 인식한다.

(차변)	현금	2,000	(대변)	자산	1,000
	법인세비용	300		처분이익(PL)	1,000
				이연법인세자산	300

취득법

취득법을 적용하면 세무기준액과 장부금액이 동일하므로, 이연법인세에 대한 이슈는 발생하지 않는다.

Chapter 11 연결현금흐름표

실무상 연결현금흐름표의 작성절차는 다음과 같다.

① 단순합산현금흐름표의 작성

② 조정사항 : 연결조정 등을 통해 현금흐름표 조정사항 산출

③ 연결현금흐름표 = 단순합산현금흐름표 + 조정사항

본 장에서는 앞서 설명한 종속기업 취득과 처분, 공정가치 차액과 영업권, 내부거래 등이 연결현금흐름표에 미치는 영향을 살펴보고, 단순합산현금흐름표를 연결현금흐름표로 전환하는 과정을 설명한다.

제1절 연결현금흐름표의 작성 방법

1. 현금흐름표에 대한 일반 사항

(1) 현금흐름표의 유용성

재무상태표와 손익계산서는 기업의 재무상태와 재무성과에 대한 정보를 제공하지만, 발생주의에 기초하여 작성한 재무제표이므로 현금흐름에 대한 정보를 제공하는 데에는 한계가 있다. 따라서 발생주의에 따라 작성된 재무제표의 한계를 보완하고 어디에서 얼마만큼의 현금을 조달하여 어디에 얼마만큼을 사용하였는지에 대한 정보를 제공하기 위해 현금흐름표를 작성하고 있다.

현금흐름표는 다음과 같은 정보를 제공한다.

① 기업의 미래 현금흐름 창출능력에 관한 정보
② 배당금 지급능력과 부채 상환능력 그리고 외부로부터 자금조달이 필요한지에 대한 정보
③ 영업활동으로 인한 현금흐름과 순이익 간의 차이 및 그 이유에 관한 정보
④ 현금과 비현금 투자 그리고 재무거래에 관한 정보

(2) 현금흐름표의 작성

현금흐름표는 다음과 같은 자료를 바탕으로 작성한다.

① 당기와 전기의 재무상태표 : 비교식재무상태표는 자산, 부채, 자본 계정의 기초·기말 금액에 대한 정보를 제공하므로 회계기간 중 현금의 순변동 금액을 산출할 수 있다.
② 손익계산서 : 손익계산서는 영업활동으로 인한 현금흐름을 계산하는데 필요한 정보를 제공한다.
③ 추가자료 : 회계기간 중 자금 조달 금액과 사용 금액을 분석하는데 필요한 정보로서, 특히 재무활동과 투자활동으로 인한 현금흐름을 파악하기 위해서는 투자자산, 유형자산, 차입금, 사채 등에 대한 상세 자료가 필요하다.

현금흐름표 작성은 시스템 지원이 한정적이고 Manual을 통한 분석과정이 필수적이므로 실무상 다소 번거로운 측면이 있다.

2. 연결현금흐름표의 작성 방법

연결현금흐름표는 일반적으로 다음 방법에 따라 작성한다.

① 연결재무상태표와 연결손익계산서를 기초로 연결실체 내에서 발생한 투자활동과 재무활동 등을 분석하여 연결현금흐름표를 작성하는 방법

② 지배기업과 종속기업들의 개별현금흐름표를 단순합산한 후, 일부 거래를 연결 관점에서 조정하여 연결현금흐름표를 작성하는 방법

첫 번째 방법을 사용하려면 모든 종속기업들이 자금조달과 자금사용에 관한 세부 내역을 분석하여 지배기업에게 보고하는 절차가 전제되어야 한다. 지배기업이 모든 기업들의 재무활동과 투자활동을 직접 파악하기는 불가능하기 때문이다. 이 방법은 연결실체의 규모가 작지 않거나 해외종속기업이 많다면 실무적으로 적용하기 어렵다.

두 번째 방법은 연결재무상태표와 연결손익계산서를 작성하는 과정과 유사한데, 지배기업과 종속기업의 현금흐름표를 단순합산한 후 일부 사항을 조정하는 것이다. 여기서 조정사항은 대부분 연결조정을 통해서 파악되므로 실무적용이 용이하다.

제2절 내부거래의 조정

내부거래로 발생된 채권·채무나 미실현손익은 연결당기순이익뿐만 아니라 연결재무상태표상 자산과 부채 금액에 영향을 준다. 따라서 내부거래는 연결현금흐름에 영향을 미치게 되는데, 본 절에서는 내부거래가 발생하였을 경우 고려할 사항을 살펴본다.

1. 영업활동 현금흐름 조정

현금흐름표는 영업활동 현금흐름, 투자활동 현금흐름, 재무활동 현금흐름으로 구분되어 표시된다. 이 중 영업활동 현금흐름을 표시하는 방법은 직접법과 간접법으로 분류할 수 있는데, 기업실무상 일반적으로 간접법을 이용하여 현금흐름표를 작성하고 있다.

간접법에 따른 영업활동 현금흐름은 다음과 같다.

영업활동 현금흐름 = 당기순이익 + 비현금항목
+ 영업활동으로 인한 자산·부채의 변동

따라서 단순합산현금흐름표에 표시된 영업활동 현금흐름은, 다음 과정을 통하여 연결현금흐름표로 전환된다.

영업활동 현금흐름 = 단순합산당기순이익 + 단순합산 비현금항목
+ 단순합산 자산·부채의 변동 + 연결조정

만일 연결조정 사항이 영업활동 현금흐름에만 영향을 미친다고 가정해보자. 이 경우 연결조정은 현금흐름표에 양(+)이나 음(−) 한쪽에만 영향을 미치는 것이 아니라 동시에 두 가지 효과를 발생시켜, 결국 순현금흐름에는 아무런 영향을 미치지 않는다. **연결실체의 현금은 단순합산재무제표에 표시된 현금과 동일하므로, 분류의 변경만 야기할 뿐 순현금흐름 자체는 변동하지 않는다.**

예를 들어 재고자산과 관련하여 10,000원의 미실현손익이 발생하였다고 가정해보자. 이 경우 미실현손익은 법인세전순이익에 음(−)의 효과를 가져오지만, 재고자산 증감에는 양

(+)의 영향을 미쳐 결국 순현금흐름은 동일하다. 따라서 단순합산재무제표에 표시된 법인세전순이익에 영향을 주는 연결조정이 발생하면, 상대 계정은 무엇인지를 검토하고 **양편조정**을 실시하여 연결현금흐름표를 작성하면 된다.

다만, 유형자산, 차입금, 종속기업주식 취득·처분과 관련된 연결조정은 영업활동 현금흐름뿐만 아니라 투자나 재무활동 현금흐름에도 영향을 미칠 수 있으므로 유의해야 한다.

2. 배당금

종속기업이 배당을 실시한 경우 별도재무제표상 표시와 조정사항은 다음과 같다.

① 지배기업 : 배당금수익 인식(영업활동)

② 종속기업 : 배당금 지급(재무활동)

③ 조정사항 : 지배기업이 인식한 배당금 수령액과 종속기업의 지급액을 제거

지배기업이 종속기업으로부터 배당금을 수령한 경우, 연결현금흐름표에 미치는 영향을 다음 예제로 살펴보자.

예제 1

- P사는 S사의 주식을 60% 취득함.
- S사는 01년에 40,000원을 배당금으로 지급함.

요구사항 연결현금흐름표에 표시될 배당으로 인한 현금흐름을 구하시오.

별도재무제표상 표시

- P사의 손익계산서 : 배당금 수익 24,000원
- P사의 현금흐름표 : 수취한 배당금 24,000원, 비현금항목 조정 24,000
- S사의 현금흐름표와 자본변동표 : 배당금 지급 40,000원

요약 정산표

구 분	P사 별도	S사 별도	단순합산	연결 관점	연결조정
당기손익 효과	24,000	-	24,000	-	(24,000)
비현금항목 조정	(24,000)	-	(24,000)	-	24,000
배당금 수취(영업활동)	24,000	-	24,000	-	(24,000)
배당금 지급(재무활동)	-	(40,000)	(40,000)	(16,000)	24,000

연결실체 입장에서 S사가 P사에게 지급한 24,000원의 배당금은 내부거래이므로 연결실체의 현금에 영향을 미치지 않는다. 따라서 단순합산재무제표상 표시된 배당금 수취액과 지급액 24,000원을 각각 연결조정으로 제거한다.

3. 채권 · 채무

결산일 현재 지배기업과 종속기업이 정산하지 않은 채권 · 채무는 연결조정으로 제거되는데, 식으로 표현하면 다음과 같다.

연결 관점의 매출채권 = 단순합산 매출채권 - 내부채권

따라서 연결현금흐름표에 표시될 매출채권 증감 금액은 다음과 같다.

연결현금흐름표상 매출채권 증감 금액
= 기말연결채권 - 기초연결채권
= (기말단순합산 - 기말내부채권) - (기초단순합산 - 기초내부채권)
= (기말단순합산 - 기초단순합산) - (기말내부채권 - 기초내부채권)
= 단순합산매출채권의 증감 - 내부채권의 증감

동일한 논리로 매입채무도 다음과 같이 계산된다.

연결현금흐름표상 매입채무 증감 금액 = 단순합산매입채무의 증감 - 내부채무의 증감

예제 2

- P사는 S사의 주식을 60% 취득함.
- P사와 S사의 개별 현금흐름표

구 분	매출채권 증감		매입채무 증감	
	01	02	01	02
P사	90,000	50,000	70,000	(5,000)
S사	21,000	12,000	30,000	40,000
단순합산	111,000	62,000	100,000	35,000

• P사와 S사는 01년과 02년에 재고자산과 관련된 내부거래를 실시함.
• 01년 말과 02년 말 현재 하향판매로 발생한 P사와 S사의 채권과 채무는 각각 12,000원과 25,000원임.

요구사항 연결현금흐름표에 표시될 매출채권과 매입채무 증감 금액을 계산하시오.

01년 요약 연결정산표

구 분	P사 별도	S사 별도	단순합산	연결 관점	연결조정
매출채권의 증감	90,000	21,000	111,000	99,000	(12,000)
매입채무의 증감	70,000	30,000	100,000	88,000	(12,000)

• 연결현금흐름표상 채권과 채무 증감 금액
 = 단순합산의 증감 - 내부채권과 채무의 증감
• 매출채권 = 111,000원 - (12,000원 - 0원) = 99,000원
• 매입채무 = 100,000원 - (12,000원 - 0원) = 88,000원

02년 요약 연결정산표

구 분	P사 별도	S사 별도	단순합산	연결 관점	연결조정
매출채권의 증감	50,000	12,000	62,000	49,000	(13,000)
매입채무의 증감	(5,000)	40,000	35,000	22,000	(13,000)

• 02년 연결현금흐름표상 매출채권 증감 금액
 = 단순합산매출채권의 증감 - 내부채권의 증감
 = 62,000원 - (25,000원 - 12,000원)
 = 49,000원
• 02년 연결현금흐름표상 매입채무 증감 금액
 = 단순합산매입채무의 증감 - 내부채무의 증감
 = 35,000원 - (25,000원 - 12,000원)
 = 22,000원

4. 재고자산 거래

결산일 현재 내부거래를 통하여 취득한 재고자산이 있다면, 연결조정으로 미실현손익을 제거한다.

> 연결재무제표상 재고자산 = 단순합산 재고자산 - 미실현자산

따라서 연결현금흐름표에 표시될 재고자산은 다음과 같이 계산된다.

> **연결 관점의 재고자산 증감 금액**
> = 연결재무제표상 기말재고 - 연결재무제표상 기초재고
> = (단순합산 기말재고 - 기말미실현) - (단순합산 기초재고 - 기초미실현)
> = (단순합산 기말재고 - 단순합산 기초재고) - (기말미실현 - 기초미실현)
> **= 단순합산 재고자산 증감 금액 - 미실현자산의 증감 금액**

예제 3

- P사는 S사 주식을 60% 취득함.
- 02년 P사와 S사의 현금흐름표에 표시된 재고자산 증감액은 각각 38,000원과 29,000원임.
- 01년 말 P사는 S사로부터 매입한 재고자산 중 20,000원을 보유하고 있음.
- 02년 말 S사는 P사로부터 매입한 재고자산 중 15,000원을 보유하고 있음.
- P사와 S사의 이익률은 모두 20%임.
- 01년과 02년의 단순합산재무제표에 표시된 재고자산의 증감액은 각각 65,000원과 67,000원임.

요구사항 연결현금흐름표에 표시될 01년과 02년의 재고자산 증감 금액을 계산하시오.

연결현금흐름표

- 01년 미실현자산 = 20,000원 × 20% = 4,000원
- 02년 미실현자산 = 15,000원 × 20% = 3,000원
- 01년 재고자산 증감 = 65,000원 - (4,000원 - 0원) = 61,000원
- 02년 재고자산 증감 = 67,000원 - (3,000원 - 4,000원) = 68,000원

01년 요약 연결정산표

01년 현금흐름표	단순합산	연결 관점	연결조정
당기손익 효과(미실현손익 조정)	-	(4,000)	(4,000)
재고자산의 증감	(65,000)	(61,000)	4,000

02년 요약 연결정산표

02년 현금흐름표	단순합산	연결 관점	연결조정
당기손익 효과(미실현손익 조정)	-	1,000	1,000
재고자산의 증감	(67,000)	(68,000)	(1,000)

5. 유형자산 거래

지배기업이 종속기업에게 유형자산을 처분할 경우, 별도재무제표상 표시와 조정사항은 다음과 같다.

① 지배기업 : 처분이익(영업활동), 현금유입(투자활동)
② 종속기업 : 감가상각비(영업활동), 현금유출(투자활동)
③ 조정 : 투자활동 현금흐름과 처분이익 제거, 감가상각비 중 내부거래 영향 제거

예제 4

- P사는 S사 주식을 60% 취득함.
- P사는 S사에 01년 초 장부금액이 120,000원인 유형자산을 150,000원에 처분함.
- 유형자산의 내용연수는 3년임.

요구사항 연결현금흐름표에 표시될 투자활동으로 인한 현금을 구하시오.

별도재무제표상 표시

- P사의 손익계산서 : 30,000원의 처분이익 인식
- P사의 현금흐름표 : 150,000원의 현금 유입(투자활동)
- S사의 손익계산서 : 50,000원의 감가상각비 인식
- S사의 현금흐름표 : 150,000원의 현금유출(투자활동)

요약 연결정산표

구 분	P사 별도	S사 별도	단순합산	연결 관점	연결조정
당기손익 효과	30,000	(50,000)	(20,000)	(40,000)	(20,000)
처분이익(비현금조정)	(30,000)	–	(30,000)	–	30,000
감가상각비(비현금조정)	–	50,000	50,000	40,000	(10,000)
유형자산 처분(투자활동)	150,000	–	150,000	–	(150,000)
유형자산 취득(투자활동)	–	(150,000)	(150,000)	–	150,000

연결 관점에서는 유형자산의 취득・처분은 없으며, 매년 인식할 감가상각비는 40,000원(= 120,000원 ÷ 3년)에 불과하다. 따라서 단순합산재무제표에 표시되어 있는 유형자산의 취득・처분으로 발생한 현금흐름을 제거하고, 비현금조정으로 표시되는 처분이익과 감가상각비 금액을 조정한다.

한편, 02년과 03년에는 단순합산재무제표와 연결재무제표상 감가상각비 차이만 연결조정으로 반영된다.

제 3 절 종속기업주식의 취득과 처분

연결현금흐름표 작성 시 종속기업주식의 취득·처분 거래는 개별 현금흐름표와 연결현금흐름표에 큰 차이를 발생시키는 항목이므로 특히 유의해야 하는데, 본 절에서는 관련 내용을 살펴본다.

1. 설립 취득

지배기업이 사업부 물적분할 등을 통하여 종속기업을 설립 취득하는 경우 연결실체 내에 법적 실체는 증가하게 된다. 그러나 연결실체의 경제적 실질은 종속기업 설립 전과 동일하며 자산·부채와 현금흐름에 아무런 영향을 미치지 않는다.

예제 5

- P사는 S사 설립 시 100,000원에 발행주식수 100%를 취득함.
- S사는 01년 중 공장부지를 80,000원에 취득함.

요구사항 연결현금흐름표에 표시될 투자활동으로 인한 현금흐름은 얼마인가?

별도재무제표상 표시

- P사의 재무상태표 : 100,000원의 종속기업주식 증가
- P사의 현금흐름표 : 100,000원의 현금 유출(투자활동)
- S사의 재무상태표 : 100,000원의 자본금 증가
- S사의 현금흐름표 : 100,000원의 현금유입(재무활동)과 80,000원의 현금유출(투자활동)

요약 연결정산표

구 분	P사 별도	S사 별도	단순합산	연결 관점	연결조정
주식 취득(투자활동)	(100,000)	-	(100,000)	-	100,000
유상증자(재무활동)	-	100,000	100,000	-	(100,000)
유형자산(투자활동)	-	(80,000)	(80,000)	(80,000)	-

연결 관점에서 보면 토지를 취득하는데 80,000원의 자금을 사용하였을 뿐, 주식 취득이나 유상증자와 관련된 활동은 발생하지 않았으므로 관련 현금흐름은 제거된다.

2. 종속기업주식 취득

지배력을 획득할 경우 개별재무제표에는 종속기업주식의 취득으로 표시되나, 연결 관점에서는 종속기업이 보유하는 자산과 부채를 취득하는 것으로 처리된다.

지배기업이 영업활동을 영위하고 있는 기업을 취득할 경우 연결현금흐름표에 미칠 영향을 다음 예제로 살펴보자.

예제 6

- P사는 01년 말 60%의 S사 주식을 100,000원에 취득함.
- 지배력 획득일 현재 S사가 보유하는 자산과 부채의 공정가치는 각각 210,000원과 60,000원임.
- 지배력 획득일 현재 S사의 현금성자산은 10,000원임.

요구사항 연결현금흐름표에 표시될 사업의 취득으로 표시될 현금은 얼마인가?

지배력 획득 시점

- 영업권 = 100,000원(취득금액) − 150,000원(순자산 공정가치) × 60% = 10,000원
- 비지배지분 = 150,000원(순자산 공정가치) × 40% = 60,000원

연결 관점의 회계처리

(차변)	현금(S사)	10,000	(대변)	부채(S사)	60,000
	기타자산(S사)	200,000		비지배지분	60,000
	영업권	10,000		현금(P사)	100,000

요약 연결정산표

구 분	P사 별도	S사 별도	단순합산	연결 관점	연결조정
주식 취득(투자)	(100,000)	−	(100,000)	−	100,000
지배력 획득(투자)	−	−	−	(90,000)	(90,000)

(*) 단순합산재무제표에 표시될 S사의 현금흐름표는 지배력 획득일로부터 결산일까지의 현금의 변동에 해당한다. 상기 표에서 발생하는 10,000원의 차이는 단순합산되는 S사의 현금흐름표에 반영된다.

100% 지분 취득이 아니라면 비지배주주로부터 일부 자금을 조달하여 S사의 자산과 부채를 취득한 것으로 보지만, 비지배지분은 지배력 획득 시 개념상 인식되는 것으로서 실제 현금흐름 효과는 없다. 따라서 연결재무제표에 표시될 지배력을 획득하기 위하여 투자되는

현금은 지배기업의 투자 금액으로 한정된다.

한편, 지배기업은 지배력 획득 과정에서 100,000원을 투자하였으나, 지배력 획득으로 S사가 보유하고 있는 현금 10,000원이 연결실체에 가산되어 실제 유출되는 현금흐름은 90,000원으로 한정된다.

지배기업은 지배력을 획득하기 위하여 지출한 순현금에 대하여, 다음과 같이 세부 내역을 공시해야 한다.

종속기업의 주요 자산·부채	
현금	10,000
기타자산	200,000
부채	(60,000)
소계	150,000
비지배지분	(60,000)
영업권	10,000
현금으로 지급한 총매수가격	100,000
차감 : 종속기업의 현금성자산	(10,000)
지배력획득을 위하여 지급한 순현금	90,000

3. 종속기업주식 처분

지배력을 상실할 경우 개별재무제표에서는 주식의 처분으로 표시하나, 연결 관점에서는 종속기업이 보유하는 자산과 부채를 처분하는 것으로 회계처리한다.

지배기업이 종속기업주식을 처분할 경우 연결현금흐름표에 미치는 영향은 다음 예제로 살펴본다.

예제 7

- P사는 01년 초 100,000원에 S사 주식을 60% 취득함.
- P사는 03년 초 120,000원에 S사 주식을 처분함.
- 지배력상실 시점에 연결재무제표에 계상되어 있는 S사 보유 자산과 부채는 각각 210,000원과 60,000원임.
- 지배력상실 시점 직전 S사에 대한 영업권은 10,000원임.
- 지배력상실 시점에 S사가 보유하는 현금성자산은 10,000원임.

요구사항 연결현금흐름표에 표시될 사업의 처분으로 발생한 현금은 얼마인가?

지배력상실 회계처리

(차변)	현금(P사)	120,000	(대변)	자산(S사)	200,000
	부채(S사)	60,000		현금(S사)	10,000
	비지배지분(*)	60,000		영업권	10,000
				처분이익	20,000

(*) 비지배지분 = (210,000원 - 60,000원) × 40%

요약 연결정산표

구 분	P사 별도	S사 별도	단순합산	연결 관점	연결조정
주식 처분(투자활동)	120,000	-	120,000	-	(120,000)
처분이익(영업활동)	(20,000)	-	(20,000)	-	20,000
지배력 상실(투자활동)	-	-	-	110,000	110,000
사업처분이익(영업활동)	-	-	-	(20,000)	(20,000)

(*) S사의 현금흐름표가 단순합산 대상에서 제외되므로 10,000원만큼의 현금 변동이 연결현금흐름표에 반영된다.

〈예제 7〉에서 P사는 별도재무제표상 120,000원을 투자활동 현금유입으로 기록하고, 비현금조정으로 처분이익 20,000원을 표시한다. 그러나 연결 관점에서 지배력상실로 인하여 유입된 순현금흐름은 110,000원(= 120,000원 - 10,000원)에 불과하다.

한편, 지배력상실 시 다음 내역을 공시해야 한다.

종속기업의 주요 자산·부채	
현금	10,000
기타자산	200,000
부채	(60,000)
소계	150,000
처분이익	20,000
비지배지분	(60,000)
영업권	10,000
현금으로 수취한 총처분대가	120,000
차감 : 종속기업의 현금성자산	(10,000)
지배력의 상실을 통하여 유입된 순현금	110,000

4. 지배력에 영향이 없는 종속기업주식 거래

지배력에 영향을 미치지 않는 주식 거래가 발생한 경우 연결현금흐름표에 미치는 영향을 다음 예제로 살펴보자.

예제 8

- P사는 01년 초 S사 주식을 60% 취득함.
- P사는 02년 초 S사 주식을 20% 추가 취득함(취득금액 : 20,000원).
- 연결 관점에서 동 거래는 P사의 지분에 2,000원만큼 부(負)의 영향을 미침.

요구사항 연결현금흐름표상 영업활동과 투자활동 현금흐름을 계산하시오.

주식거래

- 연결 관점의 회계처리

(차변)	비지배지분	18,000	(대변) 현금	20,000
	자본조정(손익)	2,000		

- 별도재무제표상 회계처리

(차변)	종속기업투자	20,000	(대변) 현금	20,000

요약 연결정산표

구 분	P사 별도	S사 별도	단순합산	연결 관점	연결조정
주식 취득(투자활동)	(20,000)	-	(20,000)	-	20,000
비지배지분(재무활동)	-	-	-	(20,000)	(20,000)

별도재무제표상 주식 취득으로 보아 투자활동으로 분류하였던 현금흐름을 연결 관점에서는 주주 간의 거래로 보아 **재무활동으로 인한 현금흐름으로 변경**시켜 준다. 한편, 연결현금흐름표상 지분거래손익으로 발생한 자본조정 2,000원과 비지배지분 2,000원은 현금무관거래로 분류되어 표시되지 않는다.

5. 종속기업의 유상증자

종속기업이 유상증자를 실시하는 경우, 연결현금흐름표에 미치는 영향은 다음 예제로 살펴본다.

예제 9

- P사는 S사 주식을 60% 취득함.
- S사는 01년에 100,000원의 유상증자를 실시하였으며, S사 주주들은 기존 지분율에 비례하여 신주를 인수함.

요구사항 연결현금흐름표상 투자활동과 재무활동 현금흐름을 계산하시오.

별도재무제표상 표시

- P사 : 60,000원의 투자활동으로 인한 현금유출
- S사 : 100,000원의 재무활동으로 인한 현금유입

요약 연결정산표

구 분	P사 별도	S사 별도	단순합산	연결 관점	연결조정
주식 취득(투자활동)	(60,000)	–	(60,000)	–	60,000
유상증자(재무활동)	–	100,000	100,000	40,000	(60,000)

연결 관점에서 보면 P사가 참여한 60,000원은 내부자금거래이므로, 연결실체에 실제 유입된 현금은 S사의 비지배주주로부터 유입된 40,000원이다. 따라서 단순합산재무제표에 표시되어 있는 투자활동과 재무활동 현금흐름 중 60,000원은 차감된다. 참고로 연결자본변동표에 표시되는 유상증자 금액도 비지배지분 금액으로 한정된다.

제 4 절 기타사항

1. 영업권과 공정가치 차액

지배기업이 종속기업에 대하여 지배력을 획득하는 과정에서 종속기업의 자산과 부채에 대해 공정가치 차액을 인식한 경우 연결재무제표상 수익과 비용은 종속기업의 장부금액이 아닌 공정가치를 기준으로 결정된다. 그러나 종속기업의 현금흐름표에는 장부금액을 기준으로 하여 산정된 수익과 비용에 대한 현금흐름 조정 항목이 표시된다. 따라서 연결 관점의 장부금액으로 전환해 주어야 한다.

지배력 획득 시점에 인식되는 영업권이나 공정가치 차액은 〈제3절〉에서 살펴보았듯이 투자활동으로 한꺼번에 표시된다. 반면, 영업권이나 공정가치 차액에 대해 손상이나 상각액 등의 변동은, 연결손익계산서를 작성하는 과정에서 활용된 연결조정이 현금흐름표 정산표에 반영된다.

예제 10

- P사는 S사 주식을 60% 취득함.
- 지배력 획득 시 S사 건물의 장부금액은 100,000원이나 공정가치는 120,000원임.
- 지배력 획득 시 인식된 영업권은 5,000원이었으나 회계기간 중 3,000원이 손상됨.
- 건물에 대한 내용연수는 5년이며, 정액법을 적용함.
- P사와 S사의 별도재무제표상 순이익은 0원임.

요구사항 영업활동으로 인한 현금흐름에서 조정될 감가상각비와 손상차손은 얼마인가?

별도재무제표와 연결재무제표의 표시

- 별도재무제표상 감가상각비 = 100,000원 ÷ 5년 = 20,000원
- 연결재무제표상 감가상각비 = 120,000원 ÷ 5년 = 24,000원
- 별도재무제표상 영업권 손상차손 = 0원
- 연결재무제표상 영업권 손상차손 = 3,000원

요약 연결정산표

구 분	P사 별도	S사 별도	단순합산	연결 관점	연결조정
당기순이익	–	–	–	(7,000)	(7,000)
감가상각비(비현금)	–	20,000	20,000	24,000	4,000
영업권 손상차손(비현금)	–	–	–	3,000	3,000

2. 지분법

지배기업이 종속기업주식을 취득한 경우 연결재무제표에서는 지분법이 적용되나, 별도재무제표에서는 원가법이 적용된다. 따라서 원가법 회계처리에 근거한 현금흐름을 지분법에 근거한 현금흐름으로 전환시켜 주어야 한다. 관계기업주식을 취득한 경우 연결현금흐름표에 미치는 영향을 다음 예제로 살펴보자.

예제 11

- P사는 A사 주식 40%를 01년 초 20,000원에 취득함.
- 01년과 02년에 발생한 지분법이익은 각각 15,000원과 10,000원임.
- 02년 중 P사는 A사로부터 5,000원의 배당금을 수령함.
- P사는 03년 초 A사 주식을 50,000원에 처분함.
- 03년 초 당시 지분법을 적용한 A사 주식 장부금액은 40,000원임.
- P사의 02년과 03년 중 별도재무제표상 당기순이익은 각각 27,000원, 85,000원임.
- P사는 배당금을 영업활동으로 분류하고 있음.

요구사항 관계기업주식이 02년과 03년의 현금흐름표에 미치는 영향을 분석하시오.

02년 요약 연결정산표

구 분	P사 별도	단순합산	연결 관점	연결조정
당기순이익(*)	27,000	27,000	32,000	5,000
지분법이익(비현금)	–	–	(10,000)	(10,000)
배당금수익(비현금)	(5,000)	(5,000)	–	5,000
배당금수취(영업활동)	5,000	5,000	–	(5,000)
관계기업의 배당(영업활동)	–	–	5,000	5,000

(*) 당기순이익 = 27,000원 + 10,000원(지분법이익) – 5,000원(배당금수익) = 32,000원

P사는 별도재무제표상 5,000원의 배당금수익과 배당금 수령을 인식하지만, 연결 관점에서는 지분법이익과 관계기업으로부터 수령한 배당금을 표시해야 한다. 따라서 단순합산재무제표에 표시된 배당금수익과 관련된 비현금조정과 배당금수취 계정을 차감조정한다. 그리고 관계기업의 배당을 추가로 표시하는 조정을 실시한다.

03년 요약 연결정산표

구 분	P사 별도	단순합산	연결 관점	연결조정
당기순이익	85,000	85,000	65,000	(20,000)
처분이익(비현금)	(30,000)	(30,000)	(10,000)	20,000
관계기업주식 처분(투자활동)	50,000	50,000	50,000	-

- 별도재무제표상 처분이익 = 50,000원 - 20,000원(장부금액) = 30,000원
- 관계기업주식 장부금액 = 20,000원(취득금액) + 25,000원(누적 지분법이익) - 5,000원(누적 배당금) = 40,000원
- 연결 관점의 처분이익 = 50,000원 - 40,000원(장부금액) = 10,000원
- 연결당기순이익 = 85,000원 - 30,000원(별도 처분이익) + 10,000원(연결 처분이익) = 65,000원

P사는 별도재무제표상 원가법주식의 처분으로 보아 처분이익을 인식하지만, 연결 관점에서는 지분법이 반영된 장부금액과의 차이를 처분이익으로 인식한다. 따라서 별도 관점과 연결 관점의 차이를 조정한다.

3. 외화환산

해외종속기업을 보유하고 있는 경우 지배기업은 연결결산 시 종속기업의 환율변동효과에 유의해야 한다. 단순합산재무제표에 포함될 **해외종속기업의 현금흐름표는 재무상태표 등을 먼저 환산한 후 현금흐름표를 만드는 방법**과 외화표시 현금흐름표를 작성한 후 환산하는 방법이 있는데, 재무제표 간의 연관성을 고려하면 첫 번째 방법으로 현금흐름표를 작성하는 것이 바람직하다.

지배기업이 해외종속기업을 소유하는 경우 연결현금흐름표에 미치는 영향을 예제로 살펴보자.

예제 12

- P사는 S사(미국 소재, 기능통화 US$) 주식을 60% 취득함.
- S사는 01년 초 US$ 100을 지급하고 유형자산을 취득함.
- S사는 유형자산을 5년 동안 정액 상각함.
- 01년 기초, 평균, 기말환율 : 1,000원, 1,050원, 1,100원임.

요구사항 환율변동효과가 현금흐름표에 미치는 영향을 분석하시오.

환율변동효과를 고려한 장부금액의 변동 내역

구 분	기초장부금액	감가상각비	해외사업환산	기말장부금액
US$	100	(20)	–	80
KRW	100,000	(21,000)	9,000	88,000

여기서 해외사업환산차이가 발생하는 요인을 분석하면 다음과 같은데, 세부적인 내용은 〈제9장〉을 참조하기 바란다.

① 기말장부금액의 환산차이 = US$ 80 × (기초환율 – 기말환율) = 8,000원

② 감가상각비의 환산차이 = US$ 20 × (평균환율 – 기초환율) = 1,000원

요약 정산표

구 분	P사 별도	S사 별도	단순합산	연결 관점	연결조정
감가상각비	–	(21,000)	(21,000)	(21,000)	–

연결재무제표상 유형자산 장부금액의 변동 12,000원(= 100,000원 – 88,000원)과 감가상각비의 차액 9,000원(= 21,000원 – 12,000원)은 해외사업환산차이(기타포괄손익)로 발생하였으므로 현금무관거래에 해당한다.

사례 1 연결현금흐름표 작성 ☆☆☆

1 주식 취득

투자기업	피투자기업	취득시기	지분율	취득금액
P사	S사	01년 초	60%	70,000
P사	T사	01년 초	80%	90,000
P사	X사	02년 말	100%	50,000

(*) P사는 02년 말에 S사를 설립 취득함.

2 주요 재무 정보

회사	당기순이익	배당금 지급액
P사	157,600	20,000
S사	10,000	6,000
T사	(6,000)	4,000

3 02년 평가 내역

(1) 지배기업

	취득금액	NI 지분액	영업권 손상	매출원가 (미실현)	처분이익 (미실현)	처분이익 (상각비)	종속기업 배당	전기이월 이익잉여금	지분액 합계
S사	70,000	6,000	(1,000)	(60)	–	–	(3,600)	25,000	96,340
T사	90,000	(4,800)	(500)	–	(500)	100	(3,200)	15,000	96,100
X사	50,000	–	–	–	–	–	–	–	50,000

(2) 비지배주주

	취득금액	NI 지분액	영업권 손상	매출원가 (미실현)	처분이익 (미실현)	처분이익 (상각비)	종속기업 배당	전기이월 이익잉여금	지분액 합계
S사	40,000	4,000	–	(40)	–	–	(2,400)	12,000	53,560
T사	20,000	(1,200)	–	–	–	–	(800)	5,000	23,000

(3) 연결당기순이익

구 분	지배기업	비지배지분	합 계
P사 별도재무제표상 이익	157,660	-	157,660
P사 배당금수익	(6,800)	-	(6,800)
S사 지분 이익	4,940	3,960	8,900
T사 지분 이익	(5,700)	(1,200)	(6,900)
합 계	150,100	2,760	152,860

4 내부거래

회사	미실현자산(재고자산)		미실현자산(기계장치)		비고
	01년	02년	01년	02년	
S사	(600)	(700)	-	-	상향판매
T사	-	-	-	(400)	하향판매

P사는 당기 중 T사에게 장부금액이 1,000원인 기계장치를 1,500원에 처분함.
동 기계장치의 잔여 내용연수는 5년임.

5 주요 계정별 연결조정의 합

계정과목	01년	02년
배당금수익	(2,500)	(6,800)
유형자산처분이익	-	(500)
감가상각비	-	100
영업권손상차손	(1,500)	(1,500)
매출원가	(400)	(100)
종속기업투자	(160,000)	(210,000)
매출채권	(12,500)	(20,700)
매입채무	(12,500)	(20,700)
재고자산	(600)	(700)
영업권	9,500	8,000
비지배지분	77,000	76,560

6 개별현금흐름표

구 분	P사	S사	T사	X사	합 계
영업활동 현금흐름					
- 당기순이익	157,660	10,000	(6,000)	-	161,660
- 배당금수익	(6,800)	-	-	-	(6,800)
- 유형자산처분이익	(500)	-	-	-	(500)
- 감가상각비	-	-	300	-	300
- 재고자산	(22,000)	(11,000)	3,000	-	(30,000)
- 매출채권	(11,000)	(9,000)	5,000	-	(15,000)
- 매입채무	15,000	(12,000)	(1,500)	-	1,500
- 배당금 수령	6,800	-	-	-	6,800
투자활동 현금흐름					
- 유형자산 취득	-	-	(1,500)	-	(1,500)
- 유형자산 처분	1,500	-	-	-	1,500
- 종속기업 취득	(50,000)	-	-	-	(50,000)
- 기타	(59,800)	30,000	4,800	-	(25,000)
재무활동 현금흐름					
- 배당금 지급	(20,000)	(6,000)	(4,000)	-	(30,000)
- 유상증자	-	-	-	50,000	50,000
현금의 증가	10,860	2,000	500	50,000	62,960
기초 현금	20,000	19,500	10,000	-	49,500
기말 현금	30,860	21,500	10,500	50,000	112,460

요구사항 **연결현금흐름표를 작성하시오.**

해설

1. 자산과 부채의 조정

	02년	01년	증감
내부거래 매출채권	20,700	12,500	8,200
내부거래 매입채무	20,700	12,500	8,200
재고자산 미실현	700	600	(100)

2. 배당금 조정
   (1) 영업활동 : P사가 S사와 T사로부터 수령한 배당금 6,800원 제거
   (2) 재무활동 : S사와 T사가 P사에게 지급한 배당금 6,800원 제거

3. 현금흐름표상 손익조정

조정 항목	금액
내부거래 미실현손익 반영(*)	(500)
영업권손상 반영	(1,500)
배당금수익 반영	(6.800)
상기 손익조정 합계액을 당기순이익 조정에 반영	(8,800)

(*) 재고자산 100원 + 기계장치 400원

4. 기타
   (1) 기계장치 내부거래
      - 처분이익 500원 제거
      - 과대계상된 감가상각비 100원 취소
      - 유형자산 취득·처분 관련 현금흐름 제거
   (2) 설립취득
      - P사의 투자활동 현금흐름 50,000원 제거
      - X사의 재무활동 현금흐름 50,000원 제거

5. 연결현금흐름표

	단순합산	연결조정	연결현금흐름	비고
영업활동 현금흐름				
- 당기순이익	161,660	(8,800)	152,860	연결당기순이익과 일치
- 배당금수익	(6,800)	6,800	-	배당금수익 제거
- 유형자산처분이익	(500)	500	-	내부거래 제거
- 감가상각비	300	(100)	200	과대계상된 상각비 조정
- 영업권손상차손	-	1,500	1,500	취득시 인식한 영업권손상
- 재고자산	(30,000)	100	(29,900)	내부거래 제거
- 매출채권	(15,000)	8,200	(6,800)	내부거래로 채권 증가액 가산
- 매입채무	1,500	(8,200)	(6,700)	내부거래로 채무 증가액 차감
- 배당금 수령	6,800	(6,800)	-	종속기업 배당금 제거
투자활동 현금흐름				
- 유형자산 취득	(1,500)	1,500	-	내부거래 제거
- 유형자산 처분	1,500	(1,500)	-	내부거래 제거
- 종속기업 취득	(50,000)	50,000	-	설립취득 관련 현금흐름 제거
- 기타	(25,000)	-	(25,000)	
재무활동 현금흐름				
- 배당금 지급	(30,000)	6,800	(23,200)	연결실체가 수령한 배당금 차감
- 유상증자	50,000	(50,000)	-	설립취득 관련 현금흐름 제거
현금의 증가	62,960	-	62,960	단순합산과 동일
기초 현금	49,500	-	49,500	단순합산과 동일
기말 현금	112,460	-	112,460	단순합산과 동일

Part 03

복잡한 지배구조

〈제3부〉는 복잡한 지배구조에 대한 평가절차와 복잡한 지배구조하에서 내부거래 등이 연결재무제표에 미치는 영향을 다룬다.

- 〈제12장〉과 〈제13장〉은 복잡한 지배구조의 특징과 각 그 특징이 지분 평가에 영향을 미치는지 분석하고, 복잡한 지배구조하에서 발생하는 사업결합, 내부거래 및 환율변동효과에 대해 설명한다.
- 〈제14장〉은 분할 · 합병과 동일지배거래에 대한 개념과 연결재무제표에 미치는 영향을 살펴본다.
- 〈제15장〉은 그룹회계 정책과 연결결산 절차를 소개한다.
- 〈제16장〉은 본서의 결론으로서 주요 개념들과 연결회계의 체계를 요약하여 정리한다.

Chapter

12 복잡한 지배구조 Ⅰ : 지분 평가

지배기업은 사업 연관성과 자금 상황 등을 고려하여 새롭게 추가된 가치 활동(새롭게 취득한 종속기업)을 연결실체 내에 배치하게 되는데, 이러한 과정을 거쳐 연결실체(기업집단)의 지배구조가 형성된다. 이렇게 형성된 연결실체는 시간이 경과함에 따라 서로 다른 특징을 가지게 되는데, 본 장에서는 다양한 지배구조를 살펴보고 연결결산에 미치는 영향을 살펴본다.

간접소유 지분 개념과 〈**사례 1**〉**을 통하여 제시되는 분석방법**만 숙지한다면 대부분의 지배구조는 쉽게 파악된다. 지배구조가 아무리 복잡하고 다양하더라도 지배구조의 특성과 평가의 흐름만 정확하게 파악하면 나머지 절차는 대동소이하므로, 본 장을 통하여 복잡한 지배구조에 대한 자신감을 가질 수 있을 것으로 확신한다.

✔ 간접소유 지분액의 개념과 분석 방법
✔ 병렬연결과 순차연결 방식
✔ 지분 평가 구조의 설계

제1절 복잡한 지배구조의 개괄

종속기업의 취득 형태는 크게 직접 취득과 간접 취득으로 구분할 수 있다.

① 직접 취득 : 지배기업이 직접 지분을 보유하는 형태

② 간접 취득 : 다른 종속기업이 지분을 보유하는 형태

지배구조의 형태가 복잡해질수록 간접 취득 형태가 증가하게 된다. 따라서 본 절에서는 다양한 지배구조의 특성뿐만 아니라, 간접소유에 대한 지분 분석 방법을 소개한다.

1. 복잡한 지배구조 분석

지배기업이 수많은 종속기업을 다양한 방식으로 지배력을 획득하더라도 분석 방법은 지분 평가 개념에서 벗어나지 않는다. 분석의 양이 많아질 뿐, 단순합산재무제표를 작성하고 단순합산재무제표에 중복 표시된 투자·자본과 내부거래를 조정하는 기본 절차는 동일하기 때문이다.

지분평가의 초점은 종속기업의 순자산 변동이 지배기업과 비지배주주의 지분에게 어떤 영향을 미칠 것인가이다. 이를 염두에 두고 다음 예제를 살펴보기 바란다.

예제 1

- P사는 S사 주식을 60% 취득함.
- S사는 T사 주식을 80% 취득함.

요구사항 T사의 순이익과 순자산에 대한 P사의 지분액을 계산하시오.

| 연속적인 지배 · 종속 관계 |

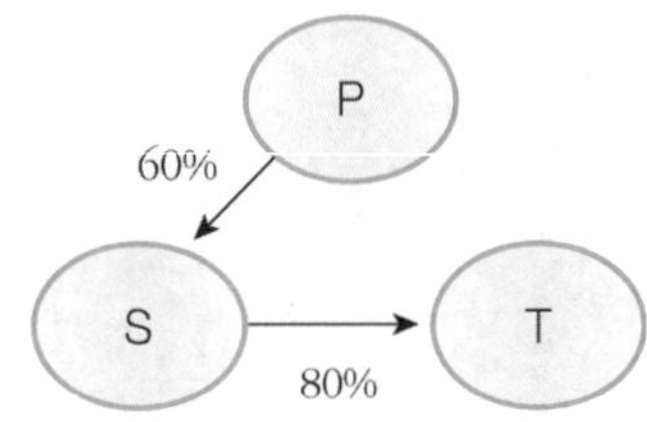

T사의 주주는 크게 S사와 T사 비지배주주 이렇게 두 분류로 구분할 수 있는데, T사의 순자산이 변동할 경우 S사와 T사의 비지배주주는 지분율에 비례하여 그 변동액의 80%와 20%를 지분액으로 인식하게 된다.

또한 S사의 주주는 P사와 S사 비지배주주로 구분할 수 있는데, S사의 순자산이 변동하게 되면 P사와 S사 비지배주주는 지분율에 비례하여 그 변동액의 60%와 40%를 지분액으로 인식하게 된다.

S사의 순자산은 T사에 의해 영향을 받기 때문에, P사가 S사의 순자산에 대한 지분액을 산정하려면 T사가 S사에게 미치는 영향도 동시에 고려해야 한다. **복잡한 지배구조하에서 분석은 지배구조의 하위 단계에 있는 기업부터 윗 단계로 진행된다.** 따라서 먼저 T사의 순자산 변동이 S사에 미치는 영향을 분석하고, T사의 순자산 변동 효과까지 반영한 S사의 순자산 변동이 P사에게 미치는 효과를 분석해야 한다.

(1) 순이익에 대한 지분액[105)]

간접소유 구조에서 순이익에 대한 지분액을 수식으로 정리하기 위해 편의상 다음을 정의한다.

- T사의 별도재무제표상 순이익 = T
- S사의 별도재무제표상 순이익 = S
- P사의 별도재무제표상 순이익 = P
- 연결 관점에서 S사의 순이익 = SS
- 연결 관점에서 P사의 순이익 = PP

T사의 순이익에 대한 S사와 T사 비지배주주의 지분액은 다음과 같이 표현할 수 있다.

- S사의 지분 = T × 80%
- T사 비지배주주의 지분 = T × 20%

105) 수식이 익숙하지 않은 독자는 직관적인 의미와 제2절에서 소개하는 〈사례 1〉만 숙지해도 간접소유 지분에 대한 분석방법과 연결회계에 미치는 영향을 충분하게 인지할 수 있다. 그러나 기본 개념의 정립을 위하여 한 번 정도는 수리적인 과정을 살펴보기 바란다.

연결 관점에서 S사의 순이익은 S사 자체의 순이익에 T사의 순이익에 대한 지분액을 가산하여 산정되므로, 다음과 같이 표현된다.

$$SS = S + T \times 80\%$$

연결 관점에서 S사 순이익에 대한 P사와 S사 비지배주주의 지분액은 다음과 같다.

연속적인 지배 · 종속 관계하에서 순이익 분석

- P사의 S사 순이익에 대한 지분액
  = SS × 60%
  = (S + T × 80%) × 60%
  = $\underbrace{S \times 60\%}_{\text{직접소유(i)}} + \underbrace{T \times 80\% \times 60\%}_{\text{간접소유(ii)}}$

- S사 비지배주주의 S사 순이익에 대한 지분액
  = SS × 40%
  = (S + T × 80%) × 40%
  = $\underbrace{S \times 40\%}_{\text{직접소유(i)}} + \underbrace{T \times 80\% \times 40\%}_{\text{간접소유(ii)}}$

i : 회계기간 중 S사의 별도재무제표상 순이익에 대한 지분액(직접소유 지분)
ii : 회계기간 중 T사의 별도재무제표상 순이익에 대한 지분액(간접소유 지분)

간접소유 종속기업(T사)의 순이익은 지배기업(P사)의 순이익에 T × 80% × 60%만큼 영향을 미치며, 종속기업(S사) 비지배주주의 순이익에도 T × 80% × 40%만큼 영향을 미친다. 즉, S사가 T사에 대하여 인식하는 지분 이익(= T × 80%)은 지분율에 따라 P사(= T × 80% × 60%)와 S사 비지배지분(= T × 80% × 40%)으로 안분된다.

순이익에 대한 지분액 계산 방법을 정리하면 다음과 같다.

① 지배기업이 직접 소유하고 있는 종속기업의 별도재무제표상 순이익에 대한 지분액은 해당 종속기업의 순이익에 지분율을 곱하여 산정한다.

② **지배기업이 간접 소유를 통하여 지배력을 획득하고 있는 종속기업에 대한 지분액은 지배 단계별 지분율을 곱하여 산정한다.** 즉, T사의 순이익에 대한 P사의 지분액(간접소유 지분액)은 S사가 T사에 대하여 인식한 지분 이익에 P사의 지분율을 곱하

여 계산한다. 따라서 본 예제에서 간접소유 지분액은 48%(= 60% × 80%)로 계산된다.

③ 비지배주주의 지분액은 각 종속기업에 대한 비지배주주를 정의하고 동 종속기업의 연결 관점의 순이익(즉, 지분 이익이 포함된 이익)에 비지배주주의 지분율을 곱하여 계산한다.

연결당기순이익은 지배기업 이익과 비지배주주 이익의 합계 금액인데, 지금까지 살펴본 식으로 표현하면 다음과 같다.

연속적인 지배 · 종속 관계하에서 연결순이익

- PP
  = P + SS × 60%
  = P + S × 60% + T × 80% × 60%
- T사 비지배지분 = T × 20%
- S사 비지배지분[106)]
  = SS × 40%
  = S × 40% + T × 80% × 40%
- 연결당기순이익
  = PP + 비지배지분
  = PP + T사 비지배지분 + S사 비지배지분
  = P + S × 60% + T × 80% × 60% + T × 20% + S × 40% + T × 80% × 40%
  = P + S + T

내부거래 등이 없는 경우를 가정하면 연결당기순이익은 별도재무제표상 P사, S사, T사 순이익을 단순합산한 것과 동일하다. 그리고 연결 관점에서의 주체(지배기업과 비지배주주)별 순이익은 지분 구조에 따라 배분된다.

(2) 순자산에 대한 지분액

간접소유 구조에서 순자산에 대한 지분액을 수식으로 정리하기 위해 몇 가지 줄임말을 정의한다.

106) 여기서 S사 비지배주주의 T사 순이익에 대한 지분액은 T사의 순이익에 20%가 아닌, S사의 지분율인 80%를 적용한 후 비지배주주의 지분율인 40%를 곱한다는 점에 유의한다.

- 지배력 획득일 현재 P사, S사, T사의 별도재무제표상 순자산 = P0, S0, T0
- 1년 후 P사의 별도재무제표상 순자산 = P0 + △P = P1
- 1년 후 S사의 별도재무제표상 순자산 = S0 + △S = S1
- 1년 후 T사의 별도재무제표상 순자산 = T0 + △T = T1
- 1년 후 P사와 S사의 연결재무제표상 순자산 지분 = PP1, SS1

지배력 획득 시점에는 순자산의 변동은 없으므로 별도재무제표와 연결 관점의 순자산은 동일하다. 따라서 지배력 획득일 현재 각 주체별 순자산 지분액은 다음과 같다.

- P사의 S사 순자산 지분 = S0 × 60%
- S사 비지배주주의 S사 순자산 지분 = S0 × 40%
- T사 비지배주주의 T사 순자산 지분 = T0 × 20%

지배력 획득일 현재 연결순자산을 식으로 표현하면 다음과 같다.

연결순자산 = 지배기업 지분 + 비지배지분
= P0 + S0 × 40% + T0 × 20%

S0 × 60%**는** P0**에 반영되어 있으며,** T0 × 80%**는** S0**에 반영**되어 있다. 즉, 지배력 획득일 현재 지배기업의 순자산에는 종속기업에 대한 투자 금액이 포함되어 있다. 따라서 상기 식에는 S0 × 60%**와** T0 × 80%**가 포함되지 않는다.**

지배력을 획득한 1년 후 연결 관점에서 S사의 순자산은 다음과 같다.

SS1 = S1 + △T × 80%

따라서 연결순자산에 대한 각 주체별 지분액은 다음과 같다.

연속적인 지배·종속 관계하에서 순자산 분석

• P사의 S사 순자산에 대한 지분(지배기업 소유주 지분)
= SS1 × 60%
= $\underbrace{\text{S1} \times 60\%}_{\text{직접소유(i)}}$ + $\underbrace{\triangle\text{T} \times 80\% \times 60\%}_{\text{간접소유(ii)}}$

• T사 비지배주주의 순자산 지분 = (T0 + △T) × 20%

• S사 비지배주주의 순자산 지분
= SS1 × 40%
= $\underbrace{\text{S1} \times 40\%}_{\text{직접소유(i)}}$ + $\underbrace{\triangle\text{T} \times 80\% \times 40\%}_{\text{간접소유(ii)}}$

i : 결산일 현재 S사의 별도재무제표상 순자산에 대한 지분액(직접소유 지분)
ii : 취득시점부터 결산일까지의 T사 별도재무제표상 순자산 증가액에 대한 지분액(간접소유 지분)

여기서 순자산 증가분은 평가 시점의 순자산에서 취득 시 순자산을 차감한 금액임에 유의한다. 예를 들어 취득한 지 5년 후의 순자산 증가분 △S은 05년 말 현재 S사의 순자산에서 취득 시 S사의 순자산을 차감한 금액에 해당한다.

간접소유 종속기업(T사)의 순자산은 지배기업(P사)의 순자산에 △T × 80% × 60%만큼 영향을 미치며, 종속기업(S사) 비지배주주의 순자산에도 △T × 80% × 40%만큼 영향을 미친다. 즉, S사가 T사에 대하여 인식하는 순자산 지분(= △T × 80%)은 지분율에 따라 P사(= △T × 80% × 60%)와 비지배지분(= △T × 80% × 40%)에 안분된다.

순자산에 대한 지분액 계산 방법을 정리하면 다음과 같다.

① 직접 주식을 소유하고 있는 종속기업에 대해서는 결산일 현재 별도재무제표상 순자산에 지분율을 곱하여 산정된다.

② 종속기업주식 소유로 변동된 순자산 증가액은 결산일 현재 순자산에서 취득시점의 순자산을 차감한 금액에 지분율을 곱한 금액이다.

③ **지배기업이 간접소유를 통하여 지배력을 획득하고 있는 종속기업에 대한 지분액은 순자산 증가액에 지배 단계별 지분율을 곱하여 산정한다.**[107] 즉, P사의 T사에 대한 순자

107) 간접소유를 통해 지배력을 획득한 기업에 대해 결산일의 순자산(T1)이 아닌 순자산 증가액(△T)을 곱하는 이유는 'T1 = T0 + △T'인데, T0은 이미 S0에 반영되어 있기 때문이다.

산 지분액은 $\triangle T$에 48%(= 60% × 80%)를 곱한 금액으로 산정된다.

④ 비지배주주의 지분액은 각 종속기업에 대한 비지배주주를 정의하고 동 종속기업의 지분법 개념상 산정되는 순자산에 지분율을 곱하여 계산한다.

연결순자산은 지배기업과 비지배주주 지분의 합계액인데, 지금까지 살펴본 식으로 정리하면 다음과 같다.

연속적인 지배 · 종속 관계하에서 연결순자산

- PP1
  = P1 + △SS1 × 60%
  = P1 + △S × 60% + △T × 80% × 60%
- T사 비지배지분 = T1 × 20%
- S사 비지배지분[108]
  = SS1 × 40%
  = S1 × 40% + △T × 80% × 40%
- 연결순자산
  = PP + 비지배지분
  = PP1 + T사 비지배지분 + S사 비지배지분
  = P1 + △S × 60% + △T × 80% × 60% + T1 × 20% + S1 × 40% + △T × 80% × 40%
  = P1 + △S × 60% + △T × 80% + S1 × 40% + T1 × 20%
  = P1 + △S × 60% + △T × 80% + (S0 + △S) × 40% + (T0 + △T) × 20%
  = P1 + △S + △T + S0 × 40% + T0 × 20%
  = P1 + S1 + T1 − (S0 × 60% + T0 × 80%)

내부거래 등이 없는 경우를 가정하면 연결순자산은 평가일 현재 별도재무제표상 순자산을 단순합산한 후 종속기업주식의 취득금액을 차감한 것과 동일하다. 그리고 연결 관점에서의 주체(지배기업과 비지배주주)별 순자산 지분액은 지분 구조에 따라 배분된다.

108) 여기서 S사 비지배주주에 대한 순자산 지분액 계산 시 T사 순자산에 대한 지분액은 20%가 아닌 S사의 지분율인 80%를 곱한 후 비지배주주의 지분율을 곱한다.

지배력 획득 10년 후의 연결순자산은 다음과 같이 표현할 수 있다.

• **지배력 획득 10년 후 연결순자산**[109)]
= P10 + S10 + T10 – (S0 × 60% + T0 × 80%)

2. 지배구조 유형의 개괄

지배구조 유형별로 지분 평가 과정을 살펴보자.

| 연속적인 지배 · 종속 관계 |

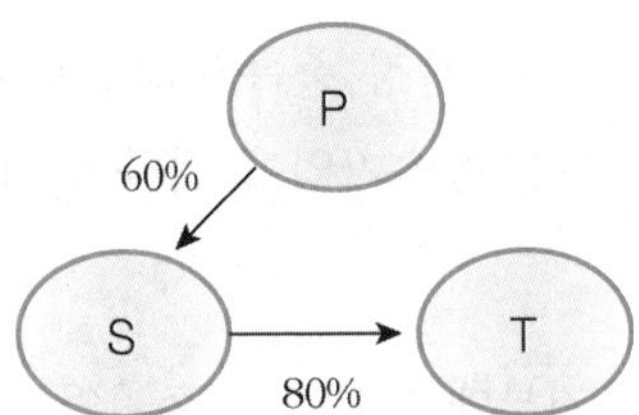

연속적인 지배 · 종속 관계는 지배기업(P사)이 직접 주식을 소유하고 있는 종속기업(S사)이 다른 종속기업(T사)의 주식을 취득하여, 지배기업(P사)이 특정 종속기업(T사)에 대해서도 지배력을 획득하고 있는 구조이다.

P사가 S사 주식을 취득한 이후 S사가 T사 주식을 취득한 형태를 순차적 취득이라고 하며, S사가 T사 주식을 취득하여 지배력을 획득한 상태에서 P사가 S사 주식을 취득한 형태를 비순차적 취득이라고 한다.

| 다수의 직접 소유 종속기업 |

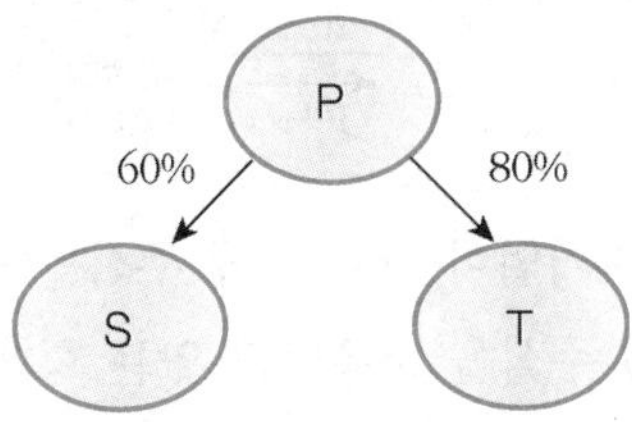

109) 연결재무제표를 작성하기 위한 조정 방법은 다양하게 이루어질 수 있으나, 연결순자산에 대한 목표 값은 항상 동일하다. 지배기업의 과거 투자 내역을 추적하여 분석하는 방식에 따라 연결조정을 한다면, 결산시 매번 최초 투자액(= S0 × 60% + T0 × 80%)을 차감하는 연결조정을 실시해야 한다.

지배기업이 다수의 종속기업주식을 직접 취득한 형태이다. 단순합산재무제표 대상이 되는 재무제표가 많아지고 각 종속기업에 대한 연결조정이 합산되어 연결재무제표가 작성될 뿐, 평가 과정은 기본 모델과 동일하다.

| 합동소유 |

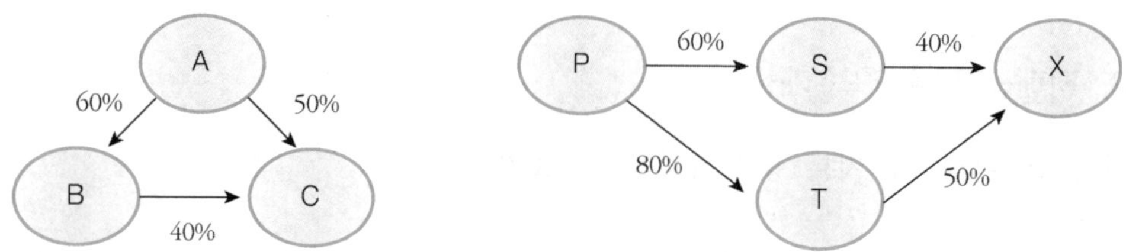

합동소유란 지배기업과 종속기업이 특정 종속기업에 대한 주식을 나누어 취득(Case 1)하여 지배하거나, 종속기업들이 특정 종속기업에 대하여 지배력을 획득(Case 2)하고 있는 형태를 말한다.

① Case 1 : 지배기업(A사)의 지분액은 특정 종속기업(C사)의 순자산이 변동하면, 직접적인 영향(50%)과 간접적인 영향(24% = 60% × 40%)을 받는다.
② Case 2 : 지배기업(P사)의 지분액은 특정 종속기업(X사)의 순자산이 변동하면, S사를 통한 간접적인 영향(24% = 40% × 60%)과 T사를 통한 간접적인 영향(40% = 50% × 80%)을 동시에 받는다.

| 상호소유 |

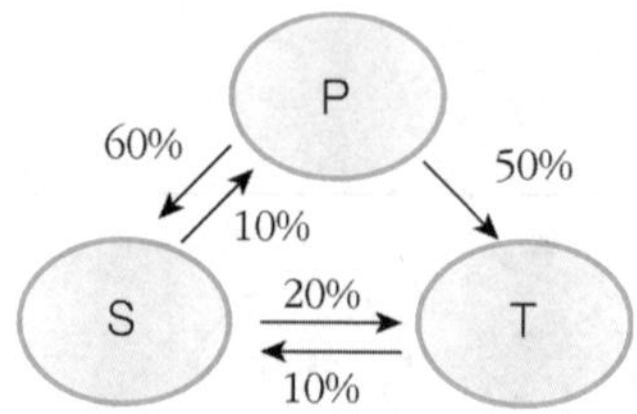

상호소유는 투자기업과 피투자기업이 상호 간에 주식을 소유하고 있는 형태이다. 상호소유는 지배기업과 종속기업 간에 주식을 소유하고 있는 형태와 종속기업 상호 간에 주식을 소유하고 있는 형태로 구분할 수 있다.

지배기업은 필요에 따라 종속기업으로 하여금 지배기업의 주식을 취득하거나 처분하도록 지시할 수 있으므로, 종속기업이 소유하는 지배기업 주식은 자기주식으로 처리한다.

지배기업은 지배력을 획득하고 있는 종속기업들이 상호 간에 주식을 취득하도록 하여 안정적인 지배구조를 확보할 수 있는데, 이 경우 종속기업의 순이익과 순자산은 상호 투자한 주식에 따라 영향을 받게 되므로 종속기업의 순이이과 순자산은 상호지분법을 통해 결정된다.

| 관계기업주식 취득 |

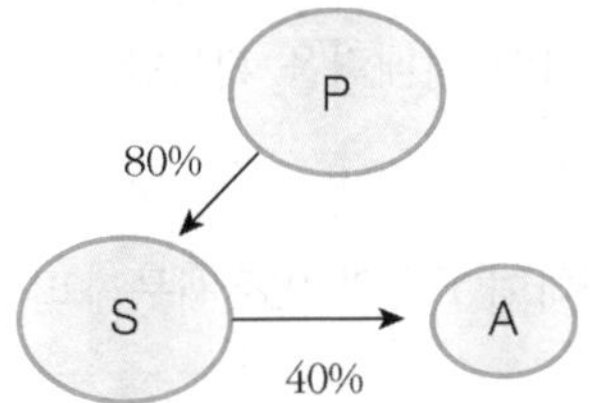

별도재무제표상 관계기업주식은 원가법을 적용해 표시하지만, 연결재무제표에서는 지분법을 적용해 표시한다. 따라서 지배기업이나 종속기업, 즉 연결실체가 관계기업주식을 취득하고 있는 경우 연결조정을 통하여 원가법 주식을 지분법 적용 수치로 변환한다. 만일 관계기업주식을 소유하고 있는 주체가 종속기업이라면, 지분법 평가액은 지분율에 따라 지배기업과 비지배주주의 지분으로 안분된다.

| 종속기업주식과 관계기업주식의 취득 |

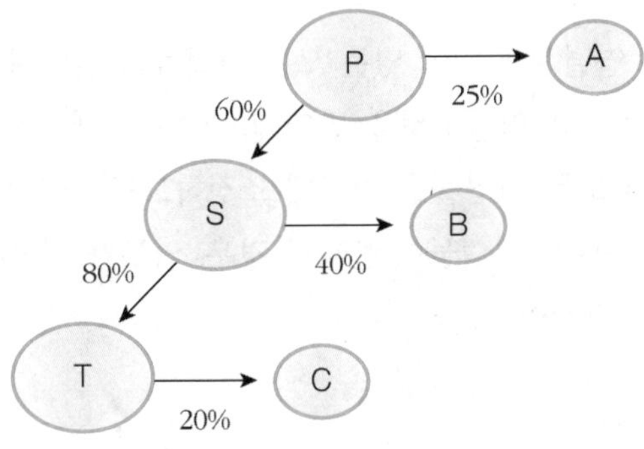

지배기업은 직접소유와 간접소유를 통하여 다수의 종속기업에 대하여 지배력을 획득하고, 다수의 관계기업에 대하여 유의적인 영향력을 행사할 수 있다.

〈사례 5〉는 상기 지배구조에 대한 결산 과정을 제시하고 있는데, 해당 사례는 다수의 기업들로 구성된 연결실체에 대한 분석 시 시사점을 제공할 것이다.

3. 순차연결과 병렬연결

연결재무제표를 작성하는 방법은 순차연결과 병렬연결 방식으로 구분할 수 있는데, 다음 예제로 내용을 살펴보자.

예제 2

- P사는 S사 주식 60%를 취득하여 지배력을 획득함.
- S사는 T사 주식 80%를 취득하여 지배력을 획득함.

요구사항

순차연결과 병렬연결 방식에 의하여 P사의 연결재무제표가 작성되는 절차를 설명하시오.

상기 구조에서 P사를 최상위 지배기업이라고 하며 S사를 중간 지배기업이라고 하는데, P사의 연결재무제표는 순차연결과 병렬연결 방식으로 작성할 수 있다.

(1) 병렬연결 방식

병렬연결 방식에 의한 연결재무제표 작성 절차는 다음과 같다.

① P사, S사, T사의 별도재무제표를 기초로 단순합산재무제표를 작성한다.

② P사, S사, T사에 대한 연결조정을 한꺼번에 반영하여 연결재무제표를 작성한다.

병렬연결 방식의 경우 연결실체 내에 있는 모든 기업들의 별도재무제표를 모두 합산하여 단순합산재무제표를 작성하고 연결조정을 반영해 연결재무제표를 산출한다.

이 방식은 연결실체 내 모든 기업들을 일시에 조정하므로 일정이 단축된다는 장점이 있다. 반면, 연결실체 안에 수많은 기업들이 존재할 경우, 업무가 최상위 지배기업에 집중되어 실무자의 부담이 크다는 단점이 있다.

(2) 순차연결 방식

병렬연결 방식과 달리 종속기업의 연결재무제표를 기초로 최상위 지배기업의 연결재무제표를 작성하는 방식을 순차연결이라고 하는데, 다음의 두 단계를 거친다.

① 1단계 : S사를 지배기업으로 한 연결재무제표 작성

② 2단계 : S사의 연결재무제표를 기초로 P사의 연결재무제표 작성

순차연결 방식에서 최상위 지배기업은 중간 지배기업의 재무정보만 파악하면 되므로 업무 부담이 감소된다. 그러나 중간 지배기업이 먼저 연결재무제표를 작성해야 최상위 지배기업의 결산 절차가 가능하므로, 일정관리가 어렵다는 단점이 있다.

순차연결 방식과 병렬연결 방식은 각기 장점과 단점이 있으므로, 어떠한 방식이 더 절대적으로 우월하다고 단언할 수는 없다. 지배구조의 특성과 중간 지배기업의 연결재무제표 작성 의무, 연결조직 및 결산시스템 등을 고려하여 적합한 방식을 선택하면 될 것이다.

제 2 절 연속적인 지배 · 종속 관계

연속적인 지배 · 종속 관계의 구조는 대표적인 간접소유 지배구조의 하나로서 순차적인 취득과 비순차적인 취득으로 구분할 수 있다. 순차적인 취득은 본 절에서 설명하고, 비순차적인 취득은 〈제13장〉에서 다룬다.

P사가 S사 주식을 01년에 취득하고 S사가 T사 주식을 02년에 취득하는 형태가 순차적 지배 · 종속 관계이며, S사가 T사 주식을 01년에 취득하고 02년에 P사가 S사 주식을 취득하여 지배력을 획득한 형태가 비순차적인 지배 · 종속 관계이다.

1. 병렬연결 방식

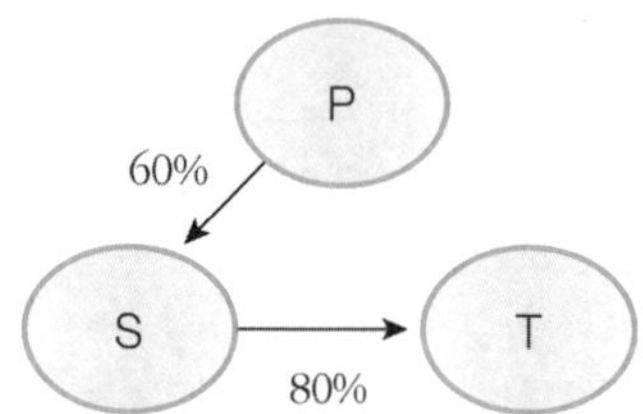

간접소유 지분이 있을 경우의 평가 모델은 다음과 같이 구성된다.

간접소유 지분 분석

① 지분 평가 = 직접소유 지분 + 간접소유 지분
② 직접소유 지분 = 기본 모델
③ 간접소유 지분(*)
- 누적 지분 평가 = T사 지분 평가 × P사 지분율
- 순자산 분석 = (T사 지분 평가 : 지분액 합계 - 취득금액) × P사 지분율

(*) 간접소유 지분은 T사에 대한 평가가 완료되면 자동으로 산출됨.

병렬연결 방식에 따른 순차적인 취득구조에 대한 연결결산은 〈사례 1〉을 통해 살펴본다. 〈사례 1〉은 복잡한 지배구조를 분석하는 Framework이므로 반드시 교재와 같이 제공된 Excel 자료를 통해 숙지하기 바란다.

사례 1 연속적인 지배 · 종속 관계 : 병렬연결 ☆☆☆

1 S사 주식 취득

P사는 S사 주식을 01년 초 다음과 같이 취득함.

지분율 60%

취득금액 260,000

비지배지분은 식별 가능한 순자산 공정가치에 비례하여 인식함.

한편, 지배력 획득일 현재 S사의 자산 · 부채 장부금액과 공정가치는 모두 일치함.

2 T사 주식 취득

S사는 T사 주식을 01년 초 다음과 같이 취득함.

지분율 80%

취득금액 220,000

지배력 획득일 현재 T사의 자산 · 부채 장부금액과 공정가치의 차이는 다음과 같음.

자산	공정가치	장부금액	차액
토지	100,000	50,000	50,000

3 배당

구 분	01년	02년
S사	50,000	40,000
T사	20,000	30,000

4 요약 별도재무제표

	최상위 지배기업(P)			중간 지배기업(S)			종속기업(T)		
	취득	01년	02년	취득	01년	02년	취득	01년	02년
주식S	260,000	260,000	260,000	–	–	–	–	–	–
주식T	–	–	–	220,000	220,000	220,000	–	–	–
유형자산	80,000	140,000	190,000	180,000	200,000	240,000	150,000	170,000	190,000
자산계	340,000	400,000	450,000	400,000	420,000	460,000	150,000	170,000	190,000
자본금	200,000	200,000	200,000	100,000	100,000	100,000	50,000	50,000	50,000
이익잉여금	140,000	200,000	250,000	300,000	320,000	360,000	100,000	120,000	140,000
자본계	340,000	400,000	450,000	400,000	420,000	460,000	150,000	170,000	190,000
수익		300,000	330,000		420,000	430,000		190,000	220,000
비용		(240,000)	(280,000)		(350,000)	(350,000)		(150,000)	(170,000)
당기순이익		60,000	50,000		70,000	80,000		40,000	50,000

요구사항 **P사의 지배력 획득일과 01년 및 02년 연결재무제표를 작성하시오.**

해설

※ 지배구조에 대한 평가 체계

평가 주체	평가 대상	
	직접소유	간접소유
T사 비지배주주	T사	–
S사	T사	–
S사 비지배주주[110)]	S사	T사
P사	S사	T사

Ⅰ. 취득금액의 구성내역

	S사 주식		T사 주식	
	지배기업	비지배지분	지배기업	비지배지분
취득금액	260,000	160,000	220,000	40,000
순자산 지분액	240,000	160,000	120,000	30,000
토지 FV차액	–	–	40,000	10,000
영업권	20,000		60,000	

110) S사 비지배주주가 직접 소유하고 있는 주식은 S사 주식에 불과하며, T사 주식을 직접 소유하고 있는 소유주는 S사이다. 따라서 S사 비지배주주는 S사를 통해 T사 주식을 간접적으로 소유하고 있음에 유의하자.

Ⅱ. 누적 지분 평가

1. T사 주식 평가

(1) S사의 T사 누적 지분 평가

	취득금액	NI 지분액	종속기업 배당	전기이월 이익잉여금	지분액 합계
01년	220,000	32,000	(16,000)	–	236,000
02년	220,000	40,000	(24,000)	16,000	252,000

순자산 분석

	순자산 지분액	유형자산(FV)	영업권	지분액 합계
취득	120,000	40,000	60,000	220,000
01년	136,000	40,000	60,000	236,000
02년	152,000	40,000	60,000	252,000

(2) T사 비지배주주의 누적 지분 평가

	취득금액	NI 지분액	배당	전기이월 이익잉여금	지분액 합계
01년	40,000	8,000	(4,000)	–	44,000
02년	40,000	10,000	(6,000)	4,000	48,000

순자산 분석

	순자산 지분액	유형자산(FV)	영업권	지분액 합계
취득	30,000	10,000	–	40,000
01년	34,000	10,000	–	44,000
02년	38,000	10,000	–	48,000

2. S사 주식 평가

(1) P사의 S사 누적 지분 평가

		T사(간접소유 종속기업) 평가			S사(직접소유 종속기업) 평가			
	취득금액	손익	종속기업 배당	전기이월 이익잉여금	NI 지분액	종속기업 배당	전기이월 이익잉여금	지분액 합계
01년	260,000	19,200	(9,600)	–	42,000	(30,000)	–	281,600
02년	260,000	24,000	(14,400)	9,600	48,000	(24,000)	12,000	315,200

(*) 간접소유 효과 = S사의 T사 누적 지분 평가 × 60%

순자산 분석

	간접소유 효과(*)	S사(직접소유 종속기업)		지분액 합계
		순자산 지분액	영업권	
취득	–	240,000	20,000	260,000
01년	9,600	252,000	20,000	281,600
02년	19,200	276,000	20,000	315,200

(*) 간접소유 효과 = (S사의 T사 누적 지분 평가 : 지분액 합계 – 취득금액) × 60%

(2) S사 비지배주주의 누적 지분 평가

	취득금액	T사(간접소유) 평가			S사(직접소유) 평가			지분액 합계
		손익	배당	전기이월 이익잉여금	NI 지분액	배당	전기이월 이익잉여금	
01년	160,000	12,800	(6,400)	–	28,000	(20,000)	–	174,400
02년	160,000	16,000	(9,600)	6,400	32,000	(16,000)	8,000	196,800

(*) 간접소유 효과 = S사의 T사 누적 지분 평가 × 40%

순자산 분석

	간접소유 효과(*)	S사(직접소유)		지분액 합계
		순자산 지분액	영업권	
취득	–	160,000	–	160,000
01년	6,400	168,000	–	174,400
02년	12,800	184,000	–	196,800

(*) 간접소유 효과 = (S사의 T사 누적 지분 평가 : 지분액 합계 – 취득금액) × 40%

Ⅲ. 연결재무제표

1. 취득

단순합산

주식S	260,000	자본금	350,000
주식T	220,000	이익잉여금	540,000
유형자산	410,000		

연결조정

자본금(S+T)	150,000	주식S	260,000
이익잉여금(S+T)	400,000	주식T	220,000
영업권	80,000	비지배지분	200,000
유형자산(FV)	50,000		

연결재무제표

주식S	–	자본금	200,000
주식T	–	이익잉여금	140,000
유형자산	460,000	비지배지분	200,000
영업권	80,000		

2. 01년

단순합산

주식S	260,000	자본금	350,000
주식T	220,000	이익잉여금	640,000
유형자산	510,000		
비용	740,000	수익	910,000
이익잉여금 (단순합산NI)	170,000		

연결조정

1단계 : 순자산조정			
자본금(S+T)	150,000	주식S	260,000
이익잉여금(S+T)	440,000	주식T	220,000
영업권	80,000	이익잉여금	21,600
유형자산(FV)	50,000	비지배지분	218,400
2단계 : 순이익조정			
수익(배당금)	46,000	이익잉여금	46,000

연결재무제표

주식S	–	자본금	200,000
주식T	–	이익잉여금	221,600
유형자산	560,000	비지배지분	218,400
영업권	80,000		
비용	740,000	수익	864,000
이익잉여금 (연결NI)	124,000		

3. 02년

단순합산

주식S	260,000	자본금	350,000
주식T	220,000	이익잉여금	750,000
유형자산	620,000		
비용	800,000	수익	980,000
이익잉여금 (단순합산NI)	180,000		

연결조정

1단계 : 순자산조정			
자본금(S+T)	150,000	주식S	260,000
이익잉여금(S+T)	500,000	주식T	220,000
영업권	80,000	이익잉여금	55,200
유형자산(FV)	50,000	비지배지분	244,800
2단계 : 순이익조정			
수익(배당금)	48,000	이익잉여금	48,000

연결재무제표

주식S	–	자본금	200,000
주식T	–	이익잉여금	305,200
유형자산	670,000	비지배지분	244,800
영업권	80,000		
비용	800,000	수익	932,000
이익잉여금 (연결NI)	132,000		

4. 연결자본변동표

	자본금	이익잉여금	비지배지분	합 계
01년 초	200,000	140,000	–	340,000
종속기업 취득			200,000	200,000
연결당기순이익		81,600	42,400	124,000
비지배주주에 대한 배당			(24,000)	(24,000)
01년 말	200,000	221,600	218,400	640,000
02년 초	200,000	221,600	218,400	640,000
연결당기순이익		83,600	48,400	132,000
비지배주주에 대한 배당			(22,000)	(22,000)
02년 말	200,000	305,200	244,800	750,000

연결당기순이익의 검증

		01년	02년	
1	P사의 별도재무제표상 순이익	60,000	50,000	지배기업 소유주지분
2	P사의 별도재무제표상 배당금수익	(30,000)	(24,000)	
3	S사 지분 이익(*1)	51,600	57,600	
4	비지배지분 이익			비지배지분
	① S사(*2)	34,400	38,400	
	② T사	8,000	10,000	
		124,000	132,000	

(*1) S사 지분 이익

① 01년 = 직접소유(42,000원) + 간접소유(19,200원 - 9,600원) = 51,600원

② 02년 = 직접소유(48,000원) + 간접소유(24,000원 - 14,400원) = 57,600원

(*2) S사 비지배지분 이익

① 01년 = 직접소유(28,000원) + 간접소유(12,800원 - 6,400원) = 34,400원

② 02년 = 직접소유(32,000원) + 간접소유(16,000원 - 9,600원) = 38,400원

사례를 통하여 살펴본 내용은 다음과 같다.

복잡한 지배구조의 평가

- 분석은 지배구조의 하위단계(T사)에서 시작하여 상위단계(S사)의 순서로 진행한다.

P사의 S사 누적 지분 평가

- P사의 S사에 대한 지분액 = S사 지분액(직접소유) + T사 지분액(간접소유)
- **간접소유 지분액 = S사의 T사 누적 지분 평가 × P사 지분율**
- 'S사의 T사에 대한 누적 지분 평가'에는 이미 S사의 지분율(80%)이 반영되어 있으므로, P사 지분율(60%)만 곱하면 T사가 P사에게 미치는 효과가 계산된다.
- 간접소유 효과 = (NI 지분액 - 배당금 + 이익잉여금) × 지분율
  - 01년 간접소유 효과 = (32,000원 - 16,000원) × 60% = 9,600원
  - 02년 간접소유 효과 = (40,000원 - 24,000원 + 16,000원) × 60% = 19,200원

S사 비지배주주의 누적 지분 평가

- S사 비지배주주의 지분액 = S사 지분액(직접소유) + T사 지분액(간접소유)
- **간접소유 지분액 = S사의 T사 누적 지분 평가 × (1 - P사 지분율)**
- 결국 'S사의 T사에 대한 누적 지분 평가' 중 60%는 P사의 간접소유 지분액으로 배분되고, 40%는 S사 비지배주주의 간접소유 지분액으로 배분된다.

P사의 순자산 분석

- 지배기업(P사)의 순자산 지분액은 직접소유 종속기업(S사)의 별도재무제표상 순자산에 대한 지분액과

간접소유 종속기업(T사)의 순자산 변동이 S사를 통해 P사에 미치는 효과로 구성된다.

- **간접소유 지분액 = (S사의 T사 누적 지분 평가 : 지분액 합계 − 취득금액) × P사 지분율**
  - 01년 간접소유 효과 = (236,000원 − 220,000원) × 60% = 9,600원
  - 02년 간접소유 효과 = (252,000원 − 220,000원) × 60% = 19,200원

비지배지분에 대한 순자산 분석

- S사 비지배주주의 순자산 지분액은 직접소유 기업(S사)의 별도재무제표상 순자산에 대한 지분액과 간접소유 기업(T사)의 순자산 변동이 S사를 통해 S사 비지배주주에 미치는 효과로 구성된다.
- **간접소유 지분액 = (S사의 T사 누적 지분 평가 : 지분액 합계 − 취득금액) × (1 − P사 지분율)**
- 결국 T사의 순자산 증가액 중 60%는 P사의 간접소유 지분액으로 배분되고, 40%는 S사 비지배주주의 간접소유 지분액으로 배분된다.

순자산조정 및 순이익조정

- 단순합산재무제표는 P사, S사, T사 별도재무제표를 합산하여 작성되므로, S사와 T사의 별도재무제표상 자본 항목과 S사 주식과 T사 주식 장부금액을 제거한다.
- 영업권 = 60,000원(S사의 T사에 대한 영업권) + 20,000원(P사의 S사에 대한 영업권)
- 공정가치 차액(T사) = 40,000원 + 10,000원 = 50,000원
- 01년 이익잉여금 = 9,600원(간접소유) + 12,000원(직접소유) = 21,600원
- 02년 이익잉여금 = 19,200원(간접소유) + 36,000원(직접소유) = 55,200원
- **연결재무제표상 자산 · 부채는 총액으로 표시되므로 영업권, 공정가치 차액, 미실현자산 · 부채는 연결실체 내에서 발생한 총액을 연결조정으로 반영한다.**
- 누적 지분 이익은 **지배기업의 지분액을 의미하므로, 지배기업의 누적 지분 평가에 표시되어 있는 금액만이 연결조정에 반영한다.**
- 01년 배당금수익 조정 금액 = 30,000원(P사가 S사로부터 수령한 배당금)
+ 16,000원(S사가 T사로부터 수령한 배당금)
- **연결재무제표상 수익 · 비용은 총액으로 표시되어야 하므로 미실현손익, 공정가치 차액의 조정 및 영업권 손상 등은 연결실체 내에서 발생된 총액을 연결조정으로 반영한다.**

연결당기순이익의 배분

- 당기순이익의 배분 내역은 누적 지분 평가상 표시된 당기 지분 이익 내역을 합산하여 계산한다.[111]

---

111) 지분법은 종속기업으로부터 수령한 배당금을 장부금액에서 차감할 뿐 손익으로 반영하지 않는다. 간접 지분액에서는 T사의 배당금에 대한 지분액 9,600원(= 16,000원 × 60%)을 순이익에 가감하고 있는데, 그 이유는 다음과 같다. S사의 별도재무제표상 순이익은 16,000원의 배당금이 포함되어 있으므로, 연결 관점에서 S사의 순이익은 70,000원이 아니라 54,000원이다. 따라서 P사가 70,000원을 기준으로 NI 지분액을 계산하면 9,600원(= 16,000원 × 60%)만큼 과대계상된다.
엄밀하게 간접소유 지분액을 계산하면 배당 효과 16,000원을 차감하지 않고, NI 지분액 계산 시 16,000원을 차감해야 한다. 그러나 이렇게 계산한 결과나 기술적인 편의를 고려해 본서에 제시된 방법이나 결과는 동일하다.

2. 순차연결 방식

순차연결은 중간 지배기업이 작성한 연결재무제표를 기초로 하여 단순합산재무제표를 작성하는 방식인데, 두 가지 방법으로 구분할 수 있다.

① 병렬연결 방식에 의한 지분 평가와 동일한 방식을 적용하는 방법

② 중간 지배기업이 작성한 연결재무제표를 기초로 지분 평가를 실시하는 방법

본 절에서는 상기 방식 중 첫 번째 방식만을 소개하며, 두 번째 방식은 〈보론〉에서 다룬다.

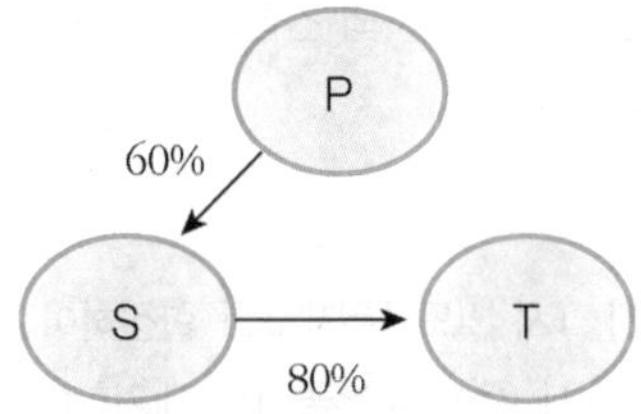

순차연결 방식을 적용하여 P사의 연결재무제표 작성과정을 설명하면 다음과 같다.

① S사의 연결재무제표 작성 : S사와 T사의 연결재무제표 작성

② P사의 연결재무제표 작성 : P사가 S사의 연결재무제표를 기초로 연결재무제표 작성

S사가 T사를 종속기업으로 연결재무제표를 작성하는 과정은 〈제1부〉에서 살펴본 내용이므로 추가적인 설명은 생략한다. P사가 S사 연결재무제표를 기초로 연결재무제표를 작성하는 과정에서 주의할 사항은 다음과 같다.

① 순차연결하에서의 지분 평가 방식과 병렬연결하에서의 지분 평가 방식은 동일하다.

② 단순합산재무제표는 P사의 별도재무제표와 S사의 연결재무제표를 합산한 것이므로, S사의 T사에 대한 영업권과 T사 비지배지분이 단순합산재무제표에 표시되어 있다. 이러한 특성으로 영업권과 비지배지분에 대한 연결조정은 P사의 S사에 대한 영업권과 S사 비지배지분으로 국한된다.

③ S사의 배당금수익은 S사 연결재무제표 작성 시 제거되었으므로, P사의 S사에 대한 내부거래와 배당금수익만 연결조정으로 제거한다.

사례 2 연속적인 지배·종속 관계 : 순차연결 Ⅰ

1 S사 주식 취득

P사는 S사 주식을 01년 초 다음과 같이 취득함.

지분율 60%

취득금액 260,000

비지배지분은 식별 가능한 순자산 공정가치에 비례하여 인식함.

한편, 지배력 획득일 현재 S사의 자산·부채 장부금액과 공정가치는 모두 일치함.

2 T사 주식 취득

S사는 T사 주식을 01년 초 다음과 같이 취득함.

지분율 80%

취득금액 220,000

지배력 획득일 현재 T사의 자산·부채 장부금액과 공정가치의 차이는 다음과 같음.

자산	공정가치	장부금액	차액
토지	100,000	50,000	50,000

3 배당

구 분	01년	02년
S사	50,000	40,000
T사	20,000	30,000

4 요약 별도재무제표

	최상위 지배기업(P)			중간 지배기업(S)			종속기업(T)		
	취득	01년	02년	취득	01년	02년	취득	01년	02년
주식S	260,000	260,000	260,000	-	-	-	-	-	-
주식T	-	-	-	220,000	220,000	220,000	-	-	-
유형자산	80,000	140,000	190,000	180,000	200,000	240,000	150,000	170,000	190,000
자산계	340,000	400,000	450,000	400,000	420,000	460,000	150,000	170,000	190,000
자본금	200,000	200,000	200,000	100,000	100,000	100,000	50,000	50,000	50,000
이익잉여금	140,000	200,000	250,000	300,000	320,000	360,000	100,000	120,000	140,000
자본계	340,000	400,000	450,000	400,000	420,000	460,000	150,000	170,000	190,000
수익		300,000	330,000		420,000	430,000		190,000	220,000
비용		(240,000)	(280,000)		(350,000)	(350,000)		(150,000)	(170,000)
당기순이익		60,000	50,000		70,000	80,000		40,000	50,000

요구사항 S사와 P사의 지배력 획득일과 01년 및 02년 연결재무제표를 작성하시오.

해설

Ⅰ. 취득금액의 구성내역

	S사 주식		T사 주식	
	지배기업	비지배지분	지배기업	비지배지분
취득금액	260,000	160,000	220,000	40,000
순자산 지분액	240,000	160,000	120,000	30,000
토지 FV차액	-	-	40,000	10,000
영업권	20,000		60,000	

Ⅱ. 누적 지분 평가

1. T사 주식 평가

(1) S사의 T사 누적 지분 평가

	취득금액	NI 지분액	종속기업 배당	전기이월 이익잉여금	지분액 합계
01년	220,000	32,000	(16,000)	-	236,000
02년	220,000	40,000	(24,000)	16,000	252,000

순자산 분석

	순자산 지분액	유형자산(FV차액)	영업권	지분액 합계
취득	120,000	40,000	60,000	220,000
01년	136,000	40,000	60,000	236,000
02년	152,000	40,000	60,000	252,000

(2) T사 비지배주주의 누적 지분 평가

	취득금액	NI 지분액	배당	전기이월 이익잉여금	지분액 합계
01년	40,000	8,000	(4,000)	−	44,000
02년	40,000	10,000	(6,000)	4,000	48,000

순자산 분석

	순자산 지분액	유형자산(FV차액)	영업권	지분액 합계
취득	30,000	10,000	−	40,000
01년	34,000	10,000	−	44,000
02년	38,000	10,000	−	48,000

2. S사 주식 평가

(1) P사의 S사 누적 지분 평가

		T사(간접소유 종속기업) 평가			S사(직접소유 종속기업) 평가			
	취득금액	손익	종속기업 배당	전기이월 이익잉여금	NI 지분액	종속기업 배당	전기이월 이익잉여금	지분액 합계
01년	260,000	19,200	(9,600)	−	42,000	(30,000)	−	281,600
02년	260,000	24,000	(14,400)	9,600	48,000	(24,000)	12,000	315,200

(*) 간접소유 효과 = S사의 T사 누적 지분 평가 항목 × 60%

순자산 분석

	간접소유 효과(*)	S사(직접소유 종속기업)		지분액 합계
		순자산 지분액	영업권	
취득	−	240,000	20,000	260,000
01년	9,600	252,000	20,000	281,600
02년	19,200	276,000	20,000	315,200

(*) 간접소유 효과 = (S사의 T사 누적 지분 평가 : 지분액 합계 − 취득금액) × 60%

(2) S사 비지배주주의 누적 지분 평가

	취득금액	T사(간접소유) 평가 손익	배당	전기이월 이익잉여금	S사(직접소유) 평가 NI 지분액	배당	전기이월 이익잉여금	지분액 합계
01년	160,000	12,800	(6,400)	-	28,000	(20,000)	-	174,400
02년	160,000	16,000	(9,600)	6,400	32,000	(16,000)	8,000	196,800

(*) 간접소유 효과 = S사의 T사 누적 지분 평가 항목 × 40%

순자산 분석

	간접소유 효과(*)	S사(직접소유)		지분액 합계
		순자산 지분액	영업권	
취득	-	160,000	-	160,000
01년	6,400	168,000	-	174,400
02년	12,800	184,000	-	196,800

(*) 간접소유 효과 = (S사의 T사 누적 지분 평가 : 지분액 합계 - 취득금액) × 40%

Ⅲ. S사의 연결재무제표

1. 취득

단순합산

차변		대변	
주식S	-	자본금	150,000
주식T	220,000	이익잉여금	400,000
유형자산	330,000		

연결조정

차변		대변	
자본금(T)	50,000	주식S	-
이익잉여금(T)	100,000	주식T	220,000
영업권	60,000	비지배지분	40,000
유형자산(FV)	50,000		

연결재무제표

차변		대변	
주식S	-	자본금	100,000
주식T	-	이익잉여금	300,000
유형자산	380,000	비지배지분	40,000
영업권	60,000		

2. 01년

단순합산

차변		대변	
주식S	-	자본금	150,000
주식T	220,000	이익잉여금	440,000
유형자산	370,000		
비용	500,000	수익	610,000
이익잉여금 (단순합산NI)	110,000		

연결조정

차변		대변	
1단계 : 순자산조정			
자본금(T)	50,000	주식S	-
이익잉여금(T)	120,000	주식T	220,000
영업권	60,000	이익잉여금	16,000
유형자산(FV)	50,000	비지배지분	44,000
2단계 : 순이익조정			
수익(배당금)	16,000	이익잉여금	16,000

연결재무제표

차변		대변	
주식S	-	자본금	100,000
주식T	-	이익잉여금	336,000
유형자산	420,000	비지배지분	44,000
영업권	60,000		
비용	500,000	수익	594,000
이익잉여금 (연결NI)	94,000		

3\. 02년

단순합산

차변		대변	
주식S	-	자본금	150,000
주식T	220,000	이익잉여금	500,000
유형자산	430,000		
비용	520,000	수익	650,000
이익잉여금	130,000		
(단순합산NI)			

연결조정

차변		대변	
1단계 : 순자산조정			
자본금(T)	50,000	주식S	-
이익잉여금(T)	140,000	주식T	220,000
영업권	60,000	이익잉여금	32,000
유형자산(FV)	50,000	비지배지분	48,000
2단계 : 순이익조정			
수익(배당금)	24,000	이익잉여금	24,000

연결재무제표

차변		대변	
주식S	-	자본금	100,000
주식T	-	이익잉여금	392,000
유형자산	480,000	비지배지분	48,000
영업권	60,000		
비용	520,000	수익	626,000
이익잉여금	106,000		
(연결NI)			

4\. 연결자본변동표

	자본금	이익잉여금	비지배지분	합 계
01년 초	100,000	300,000	-	400,000
종속기업 취득			40,000	40,000
연결당기순이익		86,000	8,000	94,000
지배기업의 배당		(50,000)		(50,000)
비지배주주에 대한 배당			(4,000)	(4,000)
01년 말	100,000	336,000	44,000	480,000
02년 초	100,000	336,000	44,000	480,000
연결당기순이익		96,000	10,000	106,000
지배기업의 배당		(40,000)		(40,000)
비지배주주에 대한 배당			(6,000)	(6,000)
02년 말	100,000	392,000	48,000	540,000

<u>연결당기순이익의 검증</u>

	01년	02년	
1 S사의 별도재무제표상 순이익	70,000	80,000	지배기업 소유주지분
2 S사의 별도재무제표 배당금수익	(16,000)	(24,000)	
3 T사 지분 이익	32,000	40,000	
4 비지배지분 순이익	8,000	10,000	비지배지분
	94,000	106,000	

Ⅳ. P사의 연결재무제표

1. 취득

단순합산

주식S	260,000	자본금	300,000
주식T	–	이익잉여금	440,000
유형자산	460,000	비지배지분	40,000
영업권	60,000		

연결조정

자본금(S)	100,000	주식S	260,000
이익잉여금(S)	300,000	주식T	–
비지배지분(S)	40,000	비지배지분	200,000
영업권	20,000		

연결재무제표

주식S	–	자본금	200,000
주식T	–	이익잉여금	140,000
유형자산	460,000	비지배지분	200,000
영업권	80,000		

2. 01년

단순합산

주식S	260,000	자본금	300,000
주식T	–	이익잉여금	536,000
유형자산	560,000	비지배지분	44,000
영업권	60,000		
비용	740,000	수익	894,000
이익잉여금 (단순합산NI)	154,000		

연결조정

1단계 : 순자산조정			
자본금(S)	100,000	주식S	260,000
이익잉여금(S)	336,000	주식T	–
영업권(T)	20,000	이익잉여금	21,600
		비지배지분	174,400
2단계 : 순이익조정			
수익(배당금)	30,000	이익잉여금	30,000

연결재무제표

주식S	–	자본금	200,000
주식T	–	이익잉여금	221,600
유형자산	560,000	비지배지분	218,400
영업권	80,000		
비용	740,000	수익	864,000
이익잉여금 (연결NI)	124,000		

3. 02년

단순합산

주식S	260,000	자본금	300,000
주식T	–	이익잉여금	642,000
유형자산	670,000	비지배지분	48,000
영업권	60,000		
비용	800,000	수익	956,000
이익잉여금 (단순합산NI)	156,000		

연결조정

1단계 : 순자산조정			
자본금(S)	100,000	주식S	260,000
이익잉여금(S)	392,000	주식T	–
영업권(S)	20,000	이익잉여금	55,200
		비지배지분	196,800
2단계 : 순이익조정			
수익(배당금)	24,000	이익잉여금	24,000

연결재무제표

주식S	–	자본금	200,000
주식T	–	이익잉여금	305,200
유형자산	670,000	비지배지분	244,800
영업권	80,000		
비용	800,000	수익	932,000
이익잉여금 (연결NI)	132,000		

4. 연결자본변동표

	자본금	이익잉여금	비지배지분	합 계
01년 초	200,000	140,000	–	540,000
종속기업 취득			200,000	200,000
연결당기순이익		81,600	42,400	124,000
비지배주주에 대한 배당			(24,000)	(24,000)
01년 말	200,000	221,600	218,400	640,000
02년 초	200,000	221,600	218,400	640,000
연결당기순이익		83,600	48,400	132,000
비지배주주에 대한 배당			(22,000)	(22,000)
02년 말	200,000	305,200	244,800	750,000

연결당기순이익의 검증

		01년	02년	
1	P사의 별도재무제표상 순이익	60,000	50,000	지배기업 소유주지분
2	P사의 별도재무제표상 배당금수익	(30,000)	(24,000)	
3	S사 지분이익	51,600	57,600	
4	비지배지분 이익			비지배지분
	① S사	34,400	38,400	
	② T사	8,000	10,000	
		124,000	132,000	

사례를 통하여 살펴본 내용은 다음과 같다.

S사 연결재무제표

- S사의 연결재무제표 작성 절차는 〈제1부〉에서 살펴보았으므로 추가 설명은 생략한다. 만일 정확하게 이해되지 않는다면, 〈제1부〉를 참조하길 바란다. 〈제2부〉의 내용은 〈제1부〉에서 소개한 개념을 기초로 하기 때문에 〈제1부〉에 대한 이해는 필수적이다.
- S사를 지배기업으로 한 연결실체에서 S사 비지배주주는 지배기업 소유주에 해당하므로, S사의 연결재무제표에 표시되는 비지배지분은 T사 비지배지분에 한정된다.

단순합산재무제표

- 지배기업(P사)의 별도재무제표와 중간 지배기업(S사)의 연결재무제표를 단순합산한다.
- 단순합산재무제표에는 영업권이 60,000원 표시되는데, 이는 S사가 T사 주식을 취득하면서 발생한 영업권이다.

순자산조정 및 순이익조정

- S사 연결재무제표상 지배기업 소유주지분에 해당하는 자본 항목을 모두 제거하고(비지배지분은 제거하지 않음에 유의[112]), P사 별도재무제표에 표시되어 있는 S사 주식을 제거한다.
- 연결조정에 반영되는 영업권은 최상위 지배기업(P사)이 중간 지배기업(S사)의 주식을 취득하면서 발생된 영업권(20,000원)으로 한정된다.
- 연결조정에 반영되는 비지배지분은 S사 비지배지분으로 한정된다.
- P사가 S사로부터 수령한 배당금만 연결조정으로 제거한다.

112) 본 사례와 달리 비지배지분까지 제거하고 연결조정으로 S사 비지배지분뿐만 아니라 T사 비지배지분까지 연결조정에 반영하는 대안도 있을 수 있다. 그러나 본 사례는 P사가 S사의 연결재무제표를 기준으로 산정한 비지배지분을 활용하도록 제시하고 있는데, 그 이유는 기업실무상 지배기업(P사)은 중간 지배기업(S사)의 평가내역만 관리할 뿐이지 종속기업(T사)은 관리하지 않음을 반영한 것이다.

제3절 합동소유 및 상호소유

1. 합동소유의 개요

합동소유는 간접소유의 한 형태로서 지배기업과 종속기업이 공동으로 투자하여 특정 종속기업에 대하여 지배력을 획득하거나, 종속기업과 종속기업이 공동으로 투자하여 특정 종속기업에 대하여 지배력을 획득하는 형태를 말한다.

합동소유의 경우에도 순자산과 순이익에 대한 지분액을 직접소유와 간접소유로 구분하여 분석하게 되는데, 합동소유 구조의 특징은 다음과 같다.

① 종속기업과 지배기업이 특정기업의 주식을 나누어 취득하여 지배력을 획득할 경우, 지배기업은 특정 기업의 순자산 변동으로 인하여 직접소유 지분액과 간접소유 지분액을 동시에 인식하게 된다.

② 2개 이상의 종속기업이 특정 기업의 주식을 취득하여 지배력을 획득할 경우, 지배기업은 특정 기업의 순자산 변동으로 인하여 종속기업들이 인식하게 될 지분액에 대한 서로 다른 간접소유 효과를 동시에 인식하게 된다.

합동소유를 통한 지배력 판단 기준은 연결실체 내 지배·종속기업들이 보유한 지분율의 단순합산이며, 관계기업이 보유한 지분율은 포함되지 않는다. 연결 관점에서 보면 지배·종속 관계에 있는 기업들의 자산만 단순합산된다는 점을 상기하면 이해에 도움이 될 것이다.

2. 지배기업과 종속기업의 합동소유

지배기업과 종속기업이 특정 종속기업주식을 나누어 취득하여 지배력을 취득하고 있는 경우, 지분액 분석방법과 연결 절차는 다음 사례로 설명한다.

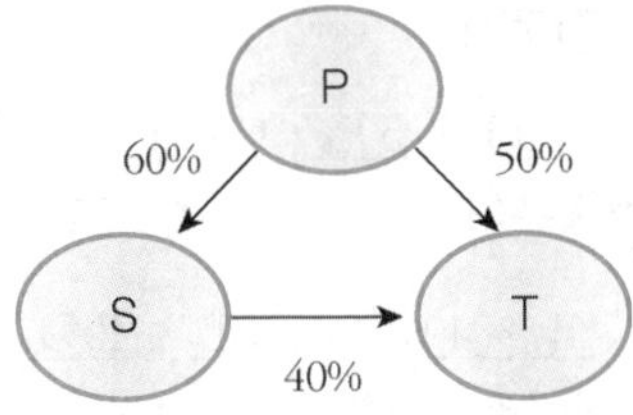

T사의 주주는 P사, S사 그리고 T사 비지배주주이다. 따라서 T사의 순이익과 순자산의 변동에 대해 각 주주는 자신의 지분율만큼 영향을 받게 된다.

| T사 순이익과 순자산의 변동이 미치는 영향 |

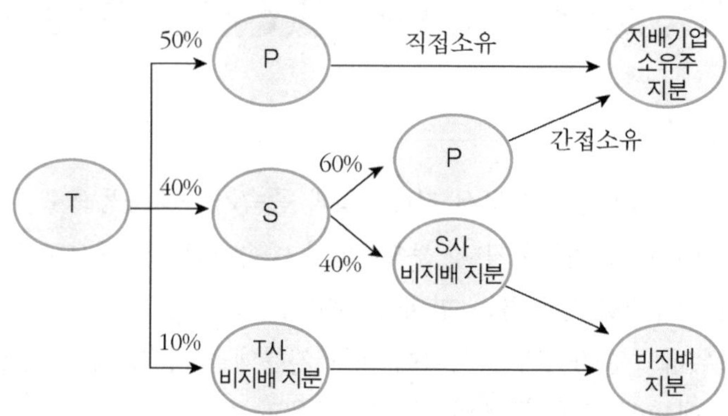

연결실체 내 각 주체별로 인식하게 될 순이익과 순자산에 대한 지분액을 산식으로 표현하면 다음과 같다.

합동소유하에서 순이익에 대한 지분액

- P사 지분액 = $\underbrace{S \times 60\% + T \times 50\%}_{\text{직접소유(i)}} + \underbrace{T \times 40\% \times 60\%}_{\text{간접소유(ii)}}$
- S사 비지배주주의 지분액 = $\underbrace{S \times 40\%}_{\text{직접소유(i)}} + \underbrace{T \times 40\% \times 40\%}_{\text{간접소유(ii)}}$
- T사 비지배주주의 지분액 = $\underbrace{T \times 10\%}_{\text{직접소유(i)}}$

i : 회계기간 중 별도재무제표상 순이익에 대한 지분액(직접소유 지분)
ii : 회계기간 중 T사의 별도재무제표상 순이익에 대한 지분액(간접소유 지분)

합동소유하에서 순자산에 대한 지분액

- P사의 지분액 = $\underbrace{S1 \times 60\% + T1 \times 50\%}_{\text{직접소유(i)}} + \underbrace{\triangle T \times 40\% \times 60\%}_{\text{간접소유(ii)}}$
- S사 비지배주주의 지분액 = $\underbrace{S1 \times 40\%}_{\text{직접소유(i)}} + \underbrace{\triangle T \times 40\% \times 40\%}_{\text{간접소유(ii)}}$
- T사 비지배주주의 지분액 = $\underbrace{T1 \times 10\%}_{\text{직접소유(i)}}$

ⅰ: 결산일 현재 별도재무제표상 순자산에 대한 지분액(직접소유 지분)
ⅱ: 취득시점부터 결산일까지의 T사 별도재무제표상 순자산 증가액에 대한 지분액(간접소유 지분)

합동소유 구조에 대한 지분 평가 시 유의할 사항은 다음과 같다.

① 합동소유 구조에서 내부거래가 발생할 경우 적용할 지분 평가 방법은 지분율과 관계없이 항상 관계기업이 아닌 종속기업에 대한 지분 평가이다. 예를 들어 S사가 T사 주식을 40%만 보유하고 있지만 S사가 하향판매를 실시하였다면 제거할 미실현손익은 100%이다.

② 간접소유 종속기업에 대한 누적 지분 평가는 NI 지분액, 미실현손익, 공정가치 차액의 변동액 등 세부적으로 표시하지 않고, 전체를 손익 항목으로 묶어 작성하는 것이 편리하다. 정보 제공 측면에서도 차이가 없다.

사례 3 합동소유 ☆☆☆

1 S사 주식 취득

P사는 S사의 주식을 01년 초 다음과 같이 취득함.
지분율 60%
취득금액 300,000
비지배지분은 식별 가능한 순자산 공정가치에 비례하여 인식함.
한편, 지배력 획득일 현재 S사의 자산·부채 장부금액과 공정가치는 일치함.

2 T사 주식 취득

P사는 T사의 주식을 01년 초 다음과 같이 취득함.
지분율 50%
취득금액 150,000
지배력 획득일 시점에 T사 자산·부채의 장부금액과 공정가치의 차이는 다음과 같음.

자산	공정가치	장부금액	차액	내용연수
건물	200,000	120,000	80,000	4

S사는 T사의 주식을 01년 초 다음과 같이 취득함.
지분율 40%
취득금액 120,000

한편, S사의 T사 주식 취득일은 P사의 T사 주식 취득일과 동일하며, T사의 자산 · 부채에 대한 공정가치 평가결과도 P사와 동일함.

3 배당

구 분	01년	02년
S사	60,000	40,000
T사	10,000	60,000

4 요약 별도재무제표

	지배기업(P)			종속기업(S)			종속기업(T)		
	취득	01년	02년	취득	01년	02년	취득	01년	02년
주식S	300,000	300,000	300,000	–	–	–	–	–	–
주식T	150,000	150,000	150,000	120,000	120,000	120,000	–	–	–
기타자산	–	100,000	160,000	280,000	300,000	310,000	200,000	230,000	220,000
자산계	450,000	550,000	610,000	400,000	420,000	430,000	200,000	230,000	220,000
자본금	300,000	300,000	300,000	100,000	100,000	100,000	50,000	50,000	50,000
이익잉여금	150,000	250,000	310,000	300,000	320,000	330,000	150,000	180,000	170,000
자본계	450,000	550,000	610,000	400,000	420,000	430,000	200,000	230,000	220,000
수익		500,000	450,000		400,000	500,000		200,000	250,000
비용		(400,000)	(390,000)		(320,000)	(450,000)		(160,000)	(200,000)
당기순이익		100,000	60,000		80,000	50,000		40,000	50,000

요구사항 **P사의 지배력 획득일과 01년 및 02년 연결재무제표를 작성하시오.**

해설

Ⅰ. 분석

1. 취득금액의 구성내역

	S사 주식		T사 주식		
	지배기업	비지배지분	지배(P)	종속(S)	비지배지분
취득금액	300,000	160,000	150,000	120,000	28,000
순자산 지분액	240,000	160,000	100,000	80,000	20,000
건물 FV 차액	–		40,000	32,000	8,000
영업권	60,000		10,000	8,000	

2. 건물 공정가치 차액(T사)

	취득시	01년	02년	03년	04년
FV차액	80,000	60,000	40,000	20,000	–
감가상각비	–	(20,000)	(20,000)	(20,000)	(20,000)

Ⅱ. 누적 지분 평가

1. T사 주식 평가

(1) P사의 T사 누적 지분 평가

	취득금액	NI 지분액	감가상각비 (FV)	종속기업 배당	전기이월 이익잉여금	지분액 합계
01년	150,000	20,000	(10,000)	(5,000)	–	155,000
02년	150,000	25,000	(10,000)	(30,000)	5,000	140,000

순자산 분석

	순자산 지분액	건물(FV)	영업권	지분액 합계
취득	100,000	40,000	10,000	150,000
01년	115,000	30,000	10,000	155,000
02년	110,000	20,000	10,000	140,000

(2) S사의 T사 누적 지분 평가

	취득금액	NI 지분액	감가상각비 (FV)	배당	전기이월 이익잉여금	지분액 합계
01년	120,000	16,000	(8,000)	(4,000)	–	124,000
02년	120,000	20,000	(8,000)	(24,000)	4,000	112,000

순자산 분석

	순자산 지분액	건물(FV)	영업권	지분액 합계
취득	80,000	32,000	8,000	120,000
01년	92,000	24,000	8,000	124,000
02년	88,000	16,000	8,000	112,000

(3) T사 비지배주주의 누적 지분 평가

	취득금액	NI 지분액	감가상각비 (FV)	배당	전기이월 이익잉여금	지분액 합계
01년	28,000	4,000	(2,000)	(1,000)	–	29,000
02년	28,000	5,000	(2,000)	(6,000)	1,000	26,000

순자산 분석

	순자산 지분액	건물(FV)	영업권	지분액 합계
취득	20,000	8,000	–	28,000
01년	23,000	6,000	–	29,000
02년	22,000	4,000	–	26,000

2. S사 주식평가

(1) P사의 S사 누적 지분 평가

		T사(간접소유 종속기업) 평가			S사(직접소유 종속기업) 평가				
	취득금액	손익	종속기업 배당	전기이월 이익잉여금	NI 지분액	감가상각비 (FV)	종속기업 배당	전기이월 이익잉여금	지분액 합계
01년	300,000	4,800	(2,400)	–	48,000	–	(36,000)	–	314,400
02년	300,000	7,200	(14,400)	2,400	30,000	–	(24,000)	12,000	313,200

(*) 간접소유 효과 = S사의 T사 누적 지분 평가 × 60%

순자산 분석

	간접소유 효과(*)	S사(직접소유 종속기업)			지분액 합계
		순자산 지분액	건물(FV)	영업권	
취득	–	240,000	–	60,000	300,000
01년	2,400	252,000	–	60,000	314,400
02년	(4,800)	258,000	–	60,000	313,200

(*) 간접소유 효과 = (S사의 T사 누적 지분 평가 : 지분액 합계 – 취득금액) × 60%

(2) S사 비지배주주의 누적 지분 평가

		T사(간접소유) 평가			S사(직접소유) 평가				
	취득금액	손익	배당	전기이월 이익잉여금	NI 지분액	감가상각비 (FV)	배당	전기이월 이익잉여금	지분액 합계
01년	160,000	3,200	(1,600)	–	32,000	–	(24,000)	–	169,600
02년	160,000	4,800	(9,600)	1,600	20,000	–	(16,000)	8,000	168,800

(*) 간접소유 효과 = S사의 T사 누적 지분 평가 × 40%

순자산 분석

	간접소유 효과(*)	S사(직접소유)			지분액 합계
		순자산 지분액	건물(FV)	영업권	
취득	–	160,000	–	–	160,000
01년	1,600	168,000	–	–	169,600
02년	(3,200)	172,000	–	–	168,800

(*) 간접소유 효과 = (S사의 T사 누적 지분 평가 : 지분액 합계 – 취득금액) × 40%

Ⅲ. 연결재무제표

1. 취득

단순합산

차변	금액	대변	금액
주식S	300,000	자본금	450,000
주식T	270,000	이익잉여금	600,000
기타자산	480,000		

연결조정

차변	금액	대변	금액
자본금(S+T)	150,000	주식S	300,000
이잉금(S+T)	450,000	주식T	270,000
영업권	78,000	비지배지분	188,000
기타자산	80,000		

연결재무제표

차변	금액	대변	금액
주식S	-	자본금	300,000
주식T	-	이익잉여금	150,000
기타자산	560,000	비지배지분	188,000
영업권	78,000		

2. 01년

단순합산

차변	금액	대변	금액
주식S	300,000	자본금	450,000
주식T	270,000	이익잉여금	750,000
기타자산	630,000		
비용	880,000	수익	1,100,000
잉여금 (단순합산NI)	220,000		

연결조정

차변	금액	대변	금액
1단계 : 순자산조정			
자본금(S+T)	150,000	주식S	300,000
이익잉여금(S+T)	500,000	주식T	270,000
영업권	78,000	이익잉여금(S)	14,400
기타자산	60,000	이익잉여금(T)	5,000
		비지배지분	198,600
2단계 : 순이익조정			
수익(배당금)	45,000	이익잉여금	65,000
비용(상각비)	20,000		

연결재무제표

차변	금액	대변	금액
주식S	-	자본금	300,000
주식T	-	이익잉여금	269,400
기타자산	690,000	비지배지분	198,600
영업권	78,000		
비용	900,000	수익	1,055,000
이익잉여금 (연결NI)	155,000		

3. 02년

단순합산

차변	금액	대변	금액
주식S	300,000	자본금	450,000
주식T	270,000	이익잉여금	810,000
기타자산	690,000		
비용	1,040,000	수익	1,200,000
이익잉여금 (단순합산NI)	160,000		

연결조정

차변	금액	대변	금액
1단계 : 순자산조정			
자본금(S+T)	150,000	주식S	300,000
이익잉여금(S+T)	500,000	주식T	270,000
영업권	78,000	이익잉여금(S)	13,200
기타자산	40,000	이익잉여금(T)	**(10,000)**
		비지배지분	194,800
2단계 : 순이익조정			
수익(배당금)	78,000	이익잉여금	98,000
비용(상각비)	20,000		

연결재무제표

차변	금액	대변	금액
주식S	-	자본금	300,000
주식T	-	이익잉여금	313,200
기타자산	730,000	비지배지분	194,800
영업권	78,000		
비용	1,060,000	수익	1,122,000
이익잉여금 (연결NI)	62,000		

4. 연결자본변동표

	자본금	이익잉여금	비지배지분	합 계
01년 초	300,000	150,000	–	450,000
종속기업 취득			188,000	188,000
연결당기순이익		119,400	35,600	155,000
비지배주주에 대한 배당			(25,000)	(25,000)
01년 말	300,000	269,400	198,600	768,000
02년 초	300,000	269,400	198,600	768,000
연결당기순이익		43,800	18,200	62,000
비지배주주에 대한 배당			(22,000)	(22,000)
02년 말	300,000	313,200	194,800	808,000

연결당기순이익의 검증

		01년	02년	
1	P사 별도재무제표상 순이익	100,000	60,000	지배기업 소유주지분
2	P사의 별도재무제표상 배당금수익(*)	(41,000)	(54,000)	
3	지분 이익			
	① S사	50,400	22,800	
	② T사	10,000	15,000	
4	비지배지분 이익			비지배지분
	① S사	33,600	15,200	
	② T사	2,000	3,000	
		155,000	62,000	

(*) S사와 T사로부터 수령한 배당금

사례를 통하여 살펴본 내용은 다음과 같다.

지배구조의 분석

• 상기 지배구조에 대한 평가의 흐름은 다음과 같다.

평가 주체	평가 대상	
	직접소유	간접소유
T사 비지배주주	T사	–
S사	T사	–
S사 비지배주주	S사	T사(16% = 40% × 40%)
P사	S사, T사(50%)	T사(24% = 40% × 60%)

P사의 간접소유 지분액

- 간접소유 순이익 지분액 = S사의 T사 누적 지분 평가 × 60%
- 간접소유 순자산 지분액 = (S사의 T사 누적 지분 평가 : 지분액 합계 - 취득금액) × 60%
- 01년 간접소유 순이익 = (16,000원 + (-)8,000원) × 60% = 4,800원
- 01년 간접소유 순자산 = (124,000원 - 120,000원) × 60% = 2,400원

S사 비지배주주의 간접소유 효과

- 간접소유 순이익 지분액 = S사의 T사 누적 지분 평가 × 40%
- 간접소유 순자산 지분액 = (S사의 T사 누적 지분 평가 : 지분액 합계 - 취득금액) × 40%
- 결국, S사의 T사에 대한 순이익 및 순자산 지분액은, P사와 S사의 비지배주주에게 지분율에 따라 안분된다.

순자산조정과 순이익조정

- 지배업 지분액 = P사의 T사 누적 지분 평가 + P사의 S사 누적 지분 평가
- 연결조정으로 제거될 배당금수익은 지배기업이 수령한 배당금뿐만 아니라, 종속기업이 수령한 배당금도 대상이다.
- 내부거래로 발생한 미실현손익은 (연결자본에 미치는 영향은) 지배기업과 비지배주주의 지분에 배분되지만, 자산 · 부채 · 수익 · 비용에 미치는 영향은 총액으로 모두 제거된다. 따라서 순자산조정이나 순이익조정에 반영되는 미실현자산 및 미실현손익, 공정가치 잔액 및 변동액, 영업권 및 영업권손상 등의 금액은 모두 합산하여 연결조정에 반영한다.

3. 종속기업 간 합동소유

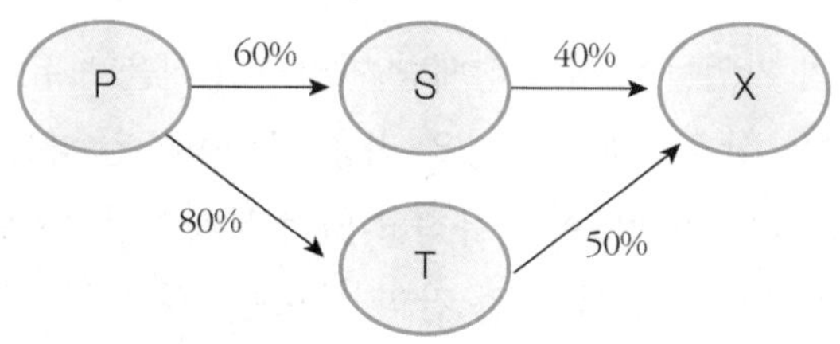

상기 지배구조는 최상위 지배기업(P사)이 S사와 T사를 통해 간접적으로 X사에게 지배력을 행사하고 있는 형태이다.

P사를 중심으로 누적 지분 평가를 설명하면 다음과 같다.

- S = X × 40%
- T = X × 50%

- P = S사에 대한 순자산 지분액 + T사에 대한 순자산 지분액
  = (S × 60% + X × 40% × 60%) + (T × 80% + X × 50% × 80%)

P사를 중심으로 순자산 분석은 다음과 같이 표현할 수 있다.

- S = X1 × 40%
- T = X1 × 50%
- P = S사에 대한 순자산 지분액 + T사에 대한 순자산 지분액
  = S1 × 60% + (S사의 X사 누적 지분 평가 : 지분액 합계 − 취득금액) × 60%
  + T1 × 80% + (T사의 X사 누적 지분 평가 : 지분액 합계 − 취득금액) × 80%

지배구조에 대한 평가의 흐름을 정리하면 다음과 같다.

평가 주체	평가 대상	
	직접소유	간접소유
X사 비지배주주	X사	−
T사	X사	−
T사 비지배주주	T사	X사(16% = 40% × 40%)
S사	X사	−
S사 비지배주주	S사	X사(10% = 50% × 20%)
P사	S사, T사	X사(64% = 40% × 60% + 50% × 80%)

4. 상호소유

상호소유란 둘 이상의 기업들이 서로 상대방 기업의 주식을 보유하고 있는 형태의 지배구조를 말하는데, 주식을 상호소유하는 경우 적용되는 이론은 다음과 같다.

① 자기주식 접근법 : 피투자기업이 소유하고 있는 투자기업의 주식을 투자기업의 자기주식으로 간주하는 방법으로서 기업 간의 상호관련성을 고려하지 않는 방식

② 전통적 접근법 : 기업들이 상호 간에 소유하는 주식을 통하여 영향력을 미칠 수 있다고 보고 기업의 순이익과 순자산을 결정하기 위하여 상호 간의 영향력을 고려하는 방식

지배기업과 종속기업이 상호 간에 주식을 소유하고 있는 경우에는 상기 접근 방법 중에서 자기주식 접근법을 적용하는 것이 논리적이다. 왜냐하면 종속기업이 지배기업 주식을 취득하거나 처분하는 행위는 지배력을 가지고 있는 지배기업의 결정에 따른 것이기 때문이다.

반면, 종속기업 상호 간에 주식을 소유하고 있는 경우에는 상호 간에 유의적인 영향력을 미칠 수 있으므로 전통적 접근법을 적용하는 것이 논리적이다.

(1) 종속기업의 지배기업 주식 보유

종속기업이 지배기업 주식을 취득하여 공정가치측정금융자산으로 분류하고 평가손익은 기타포괄손익으로 분류한다고 가정해 보자. 이 경우 종속기업은 평가손익을 인식하다가 처분시점에 평가손익을 이익잉여금으로 대체하게 된다. 그러나 연결 관점에서 지배기업 주식은 취득금액으로 표시되고, 처분 시에도 이익잉여금이 아닌 자기주식처분손익(자본)으로 분류되어야 한다.

| 종속기업의 최상위 지배기업 주식 보유 |

구 분	별도재무제표	연결재무제표	연결조정
재무상태표	공정가치측정금융자산	자기주식	공정가치측정금융자산을 제거하고 자기주식으로 인식
평가방법	공정가치로 평가하고 평가손익(기타포괄손익) 인식	취득금액을 장부금액으로 표시(원가법)	평가손익(기타포괄손익)을 제거
매매손익	이익잉여금	자본손익	이익잉여금을 자본손익으로 대체

다음 예제를 통해 종속기업이 지배기업 주식을 소유하는 경우 연결재무제표에 미치는 영향을 살펴보자.

예제 3

- P사는 01년 초 S사 주식 60%를 70,000원에 취득하여 지배력을 획득함.
- 00년 중 S사는 P사 주식 10%를 10,000원에 취득하였으며, 동 주식의 01년 초 공정가치는 12,000원임.
- 01년 초 S사의 자산과 부채의 공정가치는 장부금액과 일치함.
- S사의 01년 초 자본 구성내역은 자본금 100,000원과 금융자산평가손익 2,000원으로 구성됨.
- S사는 01년 중 P사 주식을 15,000원에 처분하면서 5,000원의 처분이익을 인식함.
- S사의 01년 자본 구성내역은 자본금 100,000원과 이익잉여금 5,000원으로 구성됨.

요구사항 P사가 01년에 S사로 인하여 인식하게 될 자본손익을 계산하시오.

지배력 획득 시점

- 비지배지분 = 102,000원 × 40% = 40,800원
- 영업권 = 70,000원 - 102,000원 × 60% = 8,800원
- 자기주식 = 12,000원(지배력 획득 시점의 공정가치)

별도재무제표상 순자산

구 분	지배력 획득시점	01년
자본금	100,000	100,000
이익잉여금(*)	-	5,000
금융자산평가이익	2,000	-
합 계	102,000	105,000

(*) 별도재무제표 관점에서의 P사 주식 처분이익(당기손익) = 15,000원 - 10,000원

연결 관점의 순자산

구 분	지배력 획득	01년
기준 금액	102,000	102,000
자본잉여금(*2)	-	3,000
자기주식(*1)	(12,000)	-
합 계	90,000	105,000
지배기업 소유주지분	61,200	63,000
비지배지분	40,800	42,000

(*1) 연결 관점에서의 자기주식 취득금액 = 12,000원

(*2) 연결 관점에서의 자기주식 처분이익(자본손익) = 15,000원 - 12,000원

연결조정(취득 시점)

연결조정

차변		대변	
S사 자본 항목	102,000	S사 주식	70,000
영업권	8,800	비지배지분	40,800
자기주식	12,000	공정가치측정금융자산	12,000

● 연결조정(01년)

연결조정			
1단계 : 순자산조정			
S사 자본 항목	105,000	S사 주식	70,000
영업권	8,800	기타자본잉여금	1,800
		비지배지분	42,000
2단계 : 순이익조정			
이익잉여금	5,000	처분이익(수익)	5,000

(2) 종속기업 간 상호투자

종속기업의 자산(타 종속기업 주식) 취득은 지배기업의 지시로 이루어지는 것으로 해석한다. 지배기업이 종속기업 간의 상호투자를 결정하는 이유는 지배기업의 한정된 자본에도 불구하고 지배력을 확보하기 위한 경우가 많은데, 상호소유의 발달된 형태가 순환 지배구조라고 할 수 있다.

종속기업들이 상호 간에 주식을 소유하고 있는 경우 투자한 종속기업의 순이익이나 순자산은 피투자 종속기업의 순이익이나 순자산의 변동에 따라 영향을 받게 된다. 따라서 종속기업 간의 상호투자는 상호연관성을 전제하고 있는 전통적 접근법을 적용하는 것이 합리적이다. 상호투자 시 기업 상호 간에 미치는 영향은 연립일차방정식에 반영하여 종속기업들의 순이익과 순자산을 확정하게 된다.

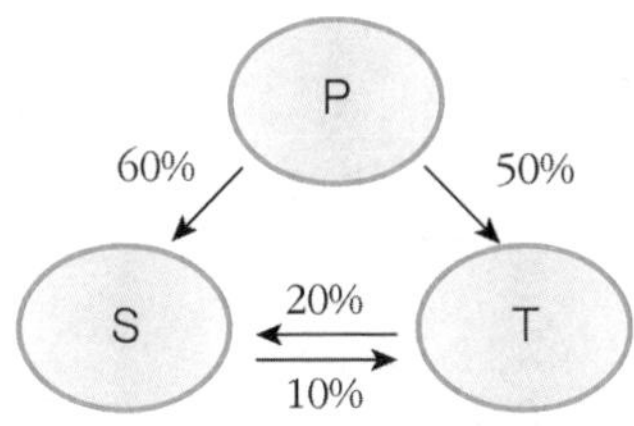

P사는 S사 주식을 60%만 직접 소유하고 있지만, 연결 관점에서 P사는 T사가 소유하고 있는 주식까지 포함하여 S사에 대하여 70%만큼의 지분율을 보유하고 있다. 마찬가지로 T사에 대해서는 70%만큼의 지분율을 보유하고 있다. 따라서 S사와 T사에 대하여 각각 70%에 해당하는 지분액을 인식하고 30%만 비지배지분으로 분류한다.

S사와 T사의 순이익을 확정하기 위한 연립방정식은 다음과 같다.[113)]

- S사 순이익 = (S사 별도재무제표 순이익 − 배당금수익) + T사 순이익 × 10%
- T사 순이익 = (T사 별도재무제표 순이익 − 배당금수익) + S사 순이익 × 20%

종속기업 간 상호 보유하는 주식은 연결실체 입장에서 보면 지배력을 행사하고 있는 지분율의 일부이므로, 지분율에 상관없이 관계기업에 대한 지분법 개념이 아닌 **종속기업에 대한 지분법 개념을 적용**한다. 한편, 상호지분법을 적용하는 경우 순이익과 순자산이 적절하게 계산되어 배분되었다면, 누적 지분 평가와 순자산 분석이 일치함을 확인할 수 있다.

종속기업 간 상호투자가 지배력을 획득한 이후 발생하였다면 유효지분율의 변동으로 인한 지분거래손익(자본손익)이 발생하는데, 동 지분거래손익은 취득한 주체의 주주별로 안분된다.

예제 4

- P사는 01년 초 S사와 T사 주식을 각각 80%와 60%를 취득하여 지배력을 획득함.
- S사는 02년 초 1,200원을 지급하고 T사 주식을 10% 취득함.
- 02년 초 T사의 순자산 금액은 10,000원임.
- 01년과 02년 중 S사 및 T사의 자산과 부채의 공정가치는 장부금액과 일치함.

요구사항 S사의 T사 주식 취득이 P사의 지분에 미치는 영향을 분석하시오.

113) S사와 T사의 손익 계산 시 간편법으로 1차 배분 방법을 적용할 수도 있으나 동 방법에 따를 경우 지배기업과 비지배주주의 지분이 부정확하게 계산되는데, 자세한 내용은 〈제5장〉 〈제6절〉을 참조하기 바란다. 동 방법은 지분법의 기본 개념에 어긋나는 방법이므로 원칙적으로 적용하지 않는 것이 바람직하다. 일반기업회계기준에서 인정하고 있는 간편법을 적용할 경우 산식은 다음과 같다.
S사 순이익 = (S사 별도 순이익 − 배당금) + (T사 별도 순이익 − 배당금) × 10%
T사 순이익 = (T사 별도 순이익 − 배당금) + (S사 별도 순이익 − 배당금) × 20%

지분거래손익

구 분	(P + S)	비지배주주
취득 전 순자산 지분액	6,000 (= 10,000 × 60%)	4,000 (= 100,000 × 40%)
취득 후 순자산 지분액	7,000 (= 10,000 × 70%)	3,000 (= 1,000 × 30%)
지분액 변동	1,000 (= 7,000 − 6,000)	(−)1,000 (= 6,000 − 7,000)
회수(투자) 금액	1,200	1,200
지분거래손익	(−)200	200

지분거래손익 배분 : S사 주주에게 안분

- 지배기업 소유주지분 = (−)200원 × 80% = (−)160원(자본조정)
- S사 비지배지분 = (−)200원 × 20% = (−)40원(비지배지분)

제 4 절 다양한 지배구조

본 절에서는 지금까지 설명하지 않았던 여러 가지 유형의 지배구조를 살펴본다. 지면이라는 제약조건으로 보다 복잡하고 다양한 사례를 소개하지 못하는 점은 아쉬우나, 아무리 복잡한 지배구조라 할지라도 평가흐름을 파악하고 지배기업과 비지배주주에게 귀속될 지분액을 분석한다는 기본 틀은 동일하다.

1. 다수의 직접소유 종속기업

지배기업이 다수의 종속기업주식을 직접 취득하여 지배력을 획득하고 있는 지배구조와 지배기업이 하나의 종속기업주식만 소유하는 지배구조를 비교하면 다음과 같은 특징이 있다.

① 단순합산재무제표 작성 시 다수의 기업이 합산 대상에 포함된다.

② 연결조정은 지배기업과 각 종속기업 간 연결조정의 합으로 구성된다.

즉, 지배기업이 단 하나의 종속기업을 취득한 경우와 다수의 종속기업주식을 취득하고 있는 경우는 종속기업의 수가 많아짐에 따라 분석의 양이 많아질 뿐, 분석방법이나 연결조정 방법은 거의 동일하다.

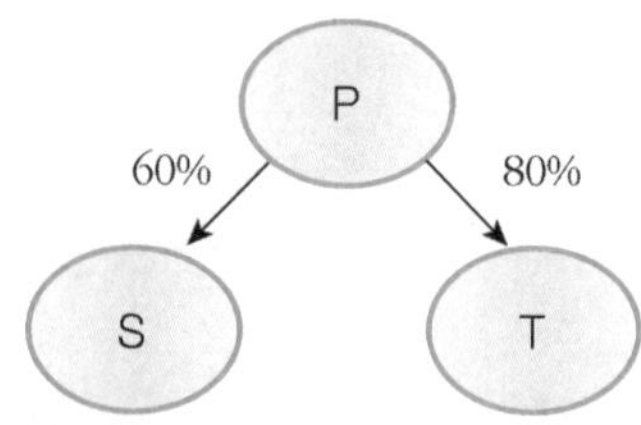

상기 지배구조의 연결절차는 다음과 같다.

- 단순합산재무제표 = P사 별도재무제표 + S사 별도재무제표 + T사 별도재무제표
- P사의 연결재무제표 = 단순합산재무제표 − 연결조정
- 연결조정 = P사의 S사에 대한 연결조정 + P사의 T사에 대한 연결조정

2. 관계기업주식 취득

(1) 연결조정 개요

연결실체 내 관계기업주식이 있는 경우, 단순합산재무제표상 원가법으로 계상되어 있는 관계기업주식은 지분법 적용 후 장부금액으로 변환된다. 여기서 **연결조정에 반영되는 평가액은 유의적인 영향력을 획득한 시점부터 결산일까지의 누적 지분법 평가액**임에 유의하고, 〈제5장〉에서 살펴본 내용을 환기해 보자.

관계기업에 대한 연결조정

1단계 : 순자산조정			
관계기업투자	×××	이익잉여금	×××
		관계기업투자자본변동	×××
2단계 : 순이익조정			
배당금수익	×××	지분법이익	×××
이익잉여금	×××		

연결조정에 반영될 누적 지분법 평가내역은 관계기업에 대한 누적 지분 평가를 활용하여 쉽게 산출할 수 있는데, 그 내용은 다음과 같다.

① 연결조정에 반영될 관계기업주식 금액의 산정
　= (관계기업에 대한 누적 지분 평가 : 기말장부금액 - 취득금액)

② 연결조정에 반영될 이익잉여금 = 지분 손익 내역 - 배당금 + 전기이월이익잉여금

③ 연결조정에 반영될 관계기업투자자본변동 : 누적 지분 평가상 기타포괄손익

④ 연결조정에 반영될 지분법손익 : 누적 지분 평가상 지분 손익 내역

⑤ 연결조정에 반영될 배당금수익 : 누적 지분 평가상 배당금

(2) 종속기업의 관계기업주식 취득

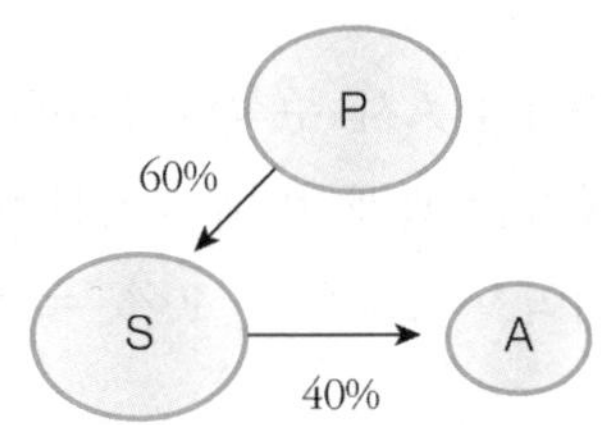

상기 지배구조는 연속적인 지배·종속 관계 구조와 유사한데, S사가 소유하고 있는 A사가 종속기업이 아닌 관계기업이라는 점만 차이가 있다. 따라서 연속적인 지배·종속 관계와 마찬가지로 상기 구조에서도 지배구조의 가장 하단에 위치한 A사에 대한 분석을 먼저 실시해야 하는데, 세부 절차는 다음과 같다.

① 결산일 현재 A사에 대한 장부금액과 지분법손익을 산정한다.

② A사에 대한 지분액을 P사와 S사 비지배주주의 지분 평가에 반영한다.

다음 예제를 통해 종속기업이 관계기업주식을 보유할 경우 연결재무제표에 미치는 영향을 살펴보자.

예제 5

- P사는 01년 초 S사 주식을 60% 취득함.
- S사는 01년 초 A사 주식을 40% 취득함.
- A사에 대한 유의적인 영향력 획득일 시점부터 03년 결산일까지 A사의 순자산은 625원 증가함.
- A사 순자산 증가 원인은 이익잉여금 500원과 기타포괄손익 125원임.
- 한편, 회계연도 중 A사가 보고한 당기순이익은 250원임.

요구사항 연결재무제표에 표시될 비지배지분과 관계기업투자자본변동을 계산하시오.

평가 흐름

평가 주체	평가 대상	
	직접소유	간접소유
S사	A사	–
S사 비지배주주	S사	A사
P사	S사	A사

A사에 대한 누적 지분 평가 내역

- 취득시점부터 결산일까지 증가할 A사 주식의 장부금액 = 625원 × 40% = 250원
- 취득시점부터 결산일까지 증가할 관계기업투자자본변동 = 125원 × 40% = 50원
- 회계연도에 인식할 지분법이익 = 250원 × 40% = 100원

S사 주주(P사와 비지배주주)에 대한 배분

구 분	P사	비지배지분	합 계
이익잉여금 증가	120(= 200 × 60%)	80(= 200 × 40%)	200
기타포괄손익 증가	30(= 50 × 60%)	20(= 50 × 40%)	50
합 계	150	100	250

연결조정

연결조정

차변		대변	
1단계 : 순자산조정			
관계기업주식	250	이익잉여금	120
		관계기업투자자본변동	30
		비지배지분	100
2단계 : 순이익조정			
이익잉여금	100	지분법이익	100

사례 4 종속기업의 관계기업주식 취득

1 S사 주식 취득

P사는 S사의 주식을 01년 초 다음과 같이 취득함.
지분율 60%
취득금액 30,000
비지배지분은 식별 가능한 순자산 공정가치에 비례하여 인식함.
한편, 지배력 획득일 현재 S사 자산 · 부채의 장부금액과 공정가치의 차이는 다음과 같음.

자산	공정가치	장부금액	차액
토지	15,000	10,000	5,000

2 A사 주식 취득

S사는 A사의 주식을 01년 초 다음과 같이 취득함.
지분율 40%
취득금액 15,000
유의적인 영향력 획득일 현재 A사의 자산 · 부채 장부금액과 공정가치는 모두 일치함.

3 공정가치측정금융자산

A사는 01년에 공정가치측정금융자산을 취득하였으며, A사의 기타포괄손익 변동은 동 자산의 공정가치 평가로 인한 것임.

4 배당

구 분	S사	A사
01년	4,000	3,000
02년	6,000	2,000

5 요약 별도재무제표

	지배기업(P)			종속기업(S)			관계기업(A)		
	취득	01년	02년	취득	01년	02년	취득	01년	02년
주식S	30,000	30,000	30,000	–	–	–	–	–	–
주식A	–	–	–	15,000	15,000	15,000	–	–	–
기타자산	30,000	70,000	130,000	25,000	41,000	65,000	25,000	40,000	50,000
자산계	60,000	100,000	160,000	40,000	56,000	80,000	25,000	40,000	50,000
자본금	50,000	50,000	50,000	20,000	20,000	20,000	10,000	10,000	10,000
이익잉여금	10,000	50,000	110,000	20,000	36,000	60,000	15,000	22,000	35,000
기타포괄손익	–	–	–	–	–	–	–	8,000	5,000
자본계	60,000	100,000	160,000	40,000	56,000	80,000	25,000	40,000	50,000
수익		100,000	150,000		120,000	100,000		50,000	60,000
비용		(60,000)	(90,000)		(100,000)	(70,000)		(40,000)	(45,000)
당기순이익		40,000	60,000		20,000	30,000		10,000	15,000

요구사항 **P사의 지배력 획득일과 01년 및 02년 연결재무제표를 작성하시오.**

해설

Ⅰ. 관계기업 분석

1. 취득금액의 구성내역

취득금액	15,000
순자산 지분액	10,000
영업권	5,000

2. S사의 A사 누적 지분 평가

	취득금액	기타포괄손익	NI 지분액	관계기업 배당	전기이월 이익잉여금	기말 장부금액
01년	15,000	3,200	4,000	(1,200)	–	21,000
02년	15,000	2,000	6,000	(800)	2,800	25,000

순자산 분석

	순자산 지분액	영업권	기말장부금액
취득	10,000	5,000	15,000
01년	16,000	5,000	21,000
02년	20,000	5,000	25,000

II. 종속기업 분석

1. 취득금액의 구성내역

	지배기업	비지배지분
취득금액	30,000	18,000
순자산 지분액	24,000	16,000
토지 FV차액	3,000	2,000
영업권	3,000	

2. 누적 지분 평가

(1) P사의 S사 누적 지분 평가

		A사(간접소유 관계기업) 평가				S사(직접소유 종속기업) 평가			
	취득금액	기타포괄손익	손익	관계기업 배당	전기이월 이익잉여금	NI지분액	종속기업 배당	전기이월 이익잉여금	지분액 합계
01년	30,000	1,920	2,400	(720)	–	12,000	(2,400)	–	43,200
02년	30,000	1,200	3,600	(480)	1,680	18,000	(3,600)	9,600	60,000

(*) 간접소유 효과 = S사의 A사 누적 지분 평가 항목 × 60%

순자산 분석

	간접소유 효과(*)	S사(직접소유 종속기업) 지분				지분액 합계
		순자산 지분액	토지(FV)	영업권	미실현자산	
취득	–	24,000	3,000	3,000	–	30,000
01년	3,600	33,600	3,000	3,000	–	43,200
02년	6,000	48,000	3,000	3,000	–	60,000

(*) 간접소유 효과 = (S사의 A사 누적 지분 평가 : 기말장부금액 − 취득금액) × 60%

(2) S사 비지배주주의 누적 지분 평가

	취득금액	A사(간접소유) 평가: 기타포괄손익	손익	배당	전기이월 이익잉여금	S사(직접소유) 평가: NI지분액	배당	전기이월 이익잉여금	지분액 합계
01년	18,000	1,280	1,600	(480)	-	8,000	(1,600)	-	26,800
02년	18,000	800	2,400	(320)	1,120	12,000	(2,400)	6,400	38,000

(*) 간접소유 효과 = S사의 A사 누적 지분 평가 항목 × 40%

순자산 분석

	간접소유 효과(*)	S사(직접소유) 지분				지분액 합계
		순자산 지분액	토지(FV)	영업권	미실현자산	
취득	-	16,000	2,000	-	-	18,000
01년	2,400	22,400	2,000	-	-	26,800
02년	4,000	32,000	2,000	-	-	38,000

(*) 간접소유 효과 = (S사의 A사 누적 지분 평가 : 지분액 합계 - 취득금액) × 40%

Ⅲ. 연결재무제표

1. 01년 초

단순합산

차변		대변	
주식S	30,000	자본금	70,000
주식A	15,000	이익잉여금	30,000
기타자산	55,000		

연결조정

차변		대변	
자본금(S)	20,000	주식S	30,000
이익잉여금(S)	20,000	비지배지분	18,000
기타자산	5,000		
영업권	3,000		

연결재무제표

차변		대변	
주식S	-	자본금	50,000
주식A	15,000	이익잉여금	10,000
기타자산	60,000	비지배지분	18,000
영업권	3,000		

2. 01년 말

단순합산

차변		대변	
주식S	30,000	자본금	70,000
주식A	15,000	이익잉여금	86,000
기타자산	111,000		
비용	160,000	수익	220,000
이익잉여금 (단순합산NI)	60,000		

연결조정

1단계 : 순자산조정

차변		대변	
자본금(S)	20,000	주식S	30,000
이익잉여금(S)	36,000	이익잉여금	11,280
기타자산(FV)	5,000	기타포괄손익	1,920
영업권	3,000	비지배지분	26,800
주식A	6,000		

2단계 : 순이익조정

차변		대변	
수익(배당금)	3,600	수익(지분법)	4,000
이익잉여금	400		

연결재무제표

차변		대변	
주식S	-	자본금	50,000
주식A	21,000	이익잉여금	61,280
기타자산	116,000	기타포괄손익	1,920
영업권	3,000	비지배지분	26,800
비용	160,000	수익	220,400
이익잉여금 (연결NI)	60,400		

3. 02년 말

단순합산

주식S	30,000	자본금	70,000
주식A	15,000	이익잉여금	170,000
기타자산	195,000		
비용	160,000	수익	250,000
이익잉여금	90,000		
(단순합산NI)			

연결조정

1단계 : 순자산조정			
자본금(S)	20,000	주식S	30,000
이익잉여금(S)	60,000	이익잉여금	28,800
기타자산(FV)	5,000	기타포괄손익	1,200
영업권	3,000	비지배지분	38,000
주식A	10,000		
2단계 : 순이익조정			
수익(배당금)	4,400	수익(지분법)	6,000
이익잉여금	1,600		

연결재무제표

주식S	-	자본금	50,000
주식A	25,000	이익잉여금	138,800
기타자산	200,000	자본조정	1,200
영업권	3,000	비지배지분	38,000
비용	160,000	수익	251,600
이익잉여금	91,600		
(연결NI)			

4. 연결자본변동표

	자본금	이익잉여금	기타포괄손익	비지배지분	합 계
01년 초	50,000	10,000	-	-	60,000
종속기업 취득				18,000	18,000
연결당기순이익		51,280		9,120	60,400
관계기업투자자본변동			1,920	1,280	3,200
비지배주주에 대한 배당				(1,600)	(1,600)
01년 말	50,000	61,280	1,920	26,800	140,000
02년 초	50,000	61,280	1,920	26,800	140,000
연결당기순이익		77,520		14,080	91,600
관계기업투자자본변동			(720)	(480)	(1,200)
비지배주주에 대한 배당				(2,400)	(2,400)
02년 말	50,000	138,800	1,200	38,000	228,000

<u>연결당기순이익의 검증</u>

		01년	02년	
1	P사의 별도재무제표상 순이익	40,000	60,000	지배기업 소유주지분
2	P사의 별도재무제표상 배당금수익	(2,400)	(3,600)	
3	S사 지분 이익	13,680	21,120	
4	비지배지분 이익	9,120	14,080	비지배지분
		60,400	91,600	

사례를 통하여 살펴본 내용은 다음과 같다.

관계기업주식에 대한 간접소유 효과

- 관계기업주식을 평가하여 증가하는 자산・부채 및 수익・비용은 총액으로 표시된다.
- P사에게 귀속되는 부분은 이익잉여금과 관계기업투자자본변동(기타포괄손익)으로 나타나지만, 비지배주주의 지분은 비지배지분이라는 단일계정으로 표시된다.
- A사 주식을 소유하고 있는 기업은 S사이므로 P사는 S사를 통하여 A사의 순자산과 순이익의 변동을 간접적으로 인식한다. 따라서 P사의 S사에 대한 누적 지분 평가에 A사에 대한 간접소유 효과(= S사의 A사에 대한 누적 지분 평가 × 60%)를 반영한다.

관계기업주식에 대한 연결조정

- 취득시점부터 결산일까지 A사에 대한 누적 지분법 평가로 반영될 금액이 연결조정에 반영되는데, 그 세부 내역은 다음과 같이 계산된다.
- A사 주식 장부금액 = S사의 A사 누적 지분 평가 : 지분액 합계 − 취득금액
- 01년 연결조정에 반영될 A사 장부금액 = 21,000원 − 15,000원 = 6,000원
- 02년 연결조정에 반영될 A사 장부금액 = 25,000원 − 15,000원 = 10,000원

순자산조정과 순이익조정

- 01년 연결조정에 반영되는 이익잉여금은 S사에 대한 누적 지분 평가를 통해 산정된다.
- A사의 기타포괄손익 변동에 따른 관계기업투자자본변동 금액은 3,200원이나, 연결재무제표에 표시되는 금액은 1,920원으로 한정되며 40%에 해당하는 1,280원은 비지배지분으로 반영된다.
- 별도재무제표상으로는 관계기업으로부터 수령한 배당금도 수익으로 인식되나, 지분법상 배당금은 수익이 아닌 주식 장부금액의 차감 항목으로 처리된다. 따라서 연결조정으로 제거하는 배당금수익은 P사가 수령한 S사로부터의 배당금뿐만 아니라 S사가 A사로부터 수령한 배당금도 포함된다.

(3) 다수의 종속기업주식 및 관계기업주식의 취득

연결실체 내에는 다수의 종속기업과 관계기업이 직접 또는 간접 소유구조로 얽혀 있는 경우가 많은데, 이러한 구조에서는 하위 단계에 있는 기업들의 순자산 변동이 상위 기업들에게 미치는 영향을 정확하게 분석하는 것이 중요하다. **지배구조가 복잡해질수록 단계별로 기업(평가주체)들이 어떠한 기업들(평가대상)의 순자산 변동으로부터 영향을 받고 있는지 명확하게 정의하고, 지분평가에 적절하게 반영될 수 있도록 구조화해야 한다.**

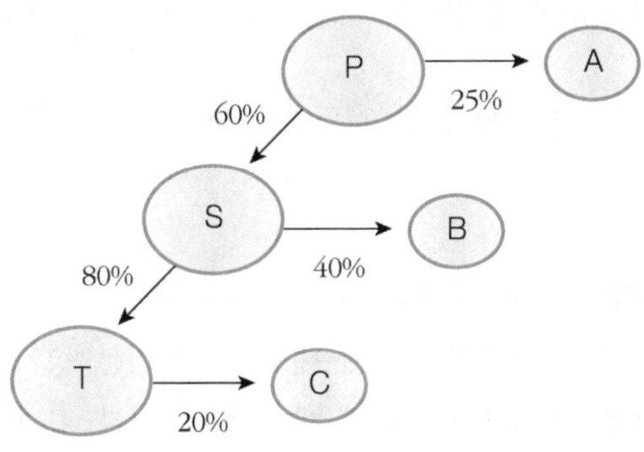

상기 지배구조의 평가 주체, 평가 대상 및 평가의 흐름을 정리하면 다음과 같다.

평가 주체	평가 대상	
	직접소유	간접소유
T사	C사	-
T사 비지배주주	T사	C사
S사	T사, B사	C사
S사 비지배주주	S사	T사, C사, B사
P사	S사, A사	T사, C사, B사

상기와 같이 평가주체와 평가대상이 정리되면 다음이 파악된다.

① 직접소유로 인한 지분액과 간접소유로 인한 지분액이 정의된다. 예를 들어 P사는 S사와 A사의 주식만 직접 취득하고 있으며, 나머지 기업에 대해서는 간접소유를 통하여 지배력이나 유의적인 영향력을 획득하고 있다.

② 각 단계별로 지분액에 영향을 미치는 기업들이 정의되어 평가의 흐름이 쉽게 파악된다. 예를 들어 S사의 비지배지분을 계산하려면 S사를 평가하기 이전에 T사, C사, B사에 대한 분석이 선행되어야 한다.

복잡한 구조에서 특히 유의할 사항은 간접소유 효과에 대한 체계적인 관리인데, 간접소유 효과를 어떻게 표시할 것인가는 기업실무에서 필요로 하는 정보를 고려하여 다양하게 구성할 수 있다. 그러나 검증과 계산의 편의성을 고려하여 본서에서는 다음과 같이 정리하고 있다.

① 누적 지분 평가 : 간접소유 관계기업, 간접소유 종속기업 및 직접소유 종속기업으로 구분하여 표시

② **순자산 분석 : 직접소유 종속기업과, 직접소유 종속기업이 보유하는 주식 단위로 표시**

지배기업(P사)의 경우 누적 지분 평가와 순자산 분석에서 간접소유 효과는 다음과 같이 분석된다.

① 누적 지분 평가

- 직접소유 종속기업 = S사에 대한 누적 지분 평가
- 간접소유 종속기업 = S사의 T사에 대한 누적 지분 평가 × 60%
- 간접소유 관계기업 = S사의 B사에 대한 누적 지분 평가 × 60%
  + T사의 C사에 대한 누적 지분 평가 × 80% × 60%

② 순자산 분석

- 직접소유 종속기업 = S사에 대한 순자산 분석
- T사와 C사의 간접소유 효과
  = (S사의 T사 누적 지분 평가 : 지분액 합계 − 취득금액) × 60%
- B사의 간접소유 효과
  = (S사의 B사 누적 지분 평가 : 기말장부금액 − 취득금액) × 60%

사례 5 종속기업주식과 관계기업주식의 취득

1 S사 주식 취득

P사는 S사 주식을 01년 초 다음과 같이 취득함.

지분율 60%

취득금액 26,000

비지배지분은 식별 가능한 순자산 공정가치에 비례하여 인식함.

한편, 지배력 획득일 현재 S사의 자산·부채 장부금액과 공정가치는 일치함.

2 T사 주식 취득

S사는 T사 주식을 01년 초 다음과 같이 취득함.

지분율 80%

취득금액 22,000

지배력 획득일 현재 T사의 자산·부채 장부금액과 공정가치의 차이는 다음과 같음.

자산	공정가치	장부금액	차액
기타자산(토지)	10,000	5,000	5,000

3 관계기업주식 취득

P사, S사, T사는 01년 초 각각 관계기업을 취득하였으며, 그 세부 내역은 다음과 같음.

투자기업	피투자기업	지분율	취득금액
P사	A사	25%	6,000
S사	B사	40%	4,500
T사	C사	20%	12,000

한편, 유의적인 영향력 획득일 현재 관계기업들의 자산·부채 장부금액은 공정가치와 모두 일치함.

4 배당

구 분	01년	02년
S사 배당	10,000	15,000
T사 배당	5,000	10,000
A사 배당	2,000	4,000
B사 배당	1,000	2,000
C사 배당	2,400	5,000

5 요약 별도재무제표

	최상위 지배기업(P)			중간 지배기업(S)			종속기업(T)		
	취득	01년	02년	취득	01년	02년	취득	01년	02년
주식S	26,000	26,000	26,000	-	-	-	-	-	-
주식T	-	-	-	22,000	22,000	22,000	-	-	-
주식A	6,000	6,000	6,000	-	-	-	-	-	-
주식B	-	-	-	4,500	4,500	4,500	-	-	-
주식C	-	-	-	-	-	-	12,000	12,000	12,000
기타자산	2,000	42,000	117,000	13,500	18,500	33,500	3,000	8,000	18,000
자산계	34,000	74,000	149,000	40,000	45,000	60,000	15,000	20,000	30,000
자본금	20,000	20,000	20,000	10,000	10,000	10,000	5,000	5,000	5,000
이익잉여금	14,000	54,000	129,000	30,000	35,000	50,000	10,000	15,000	25,000
자본계	34,000	74,000	149,000	40,000	45,000	60,000	15,000	20,000	30,000
수익		100,000	150,000		80,000	100,000		80,000	100,000
비용		(60,000)	(75,000)		(65,000)	(70,000)		(70,000)	(80,000)
당기순이익		40,000	75,000		15,000	30,000		10,000	20,000

	관계기업(A)			관계기업(B)			관계기업(C)		
	01년 초	01년 말	02년 말	01년 초	01년 말	02년 말	01년 초	01년 말	02년 말
자본금	10,000	10,000	10,000	5,000	5,000	5,000	5,000	5,000	5,000
이익잉여금	5,000	8,000	10,000	5,000	7,000	9,000	5,000	7,600	10,100
자본계	15,000	18,000	20,000	10,000	12,000	14,000	10,000	12,600	15,100
당기순이익		5,000	6,000		3,000	4,000		5,000	7,500

요구사항 P사의 지배력 획득일과 01년 및 02년의 연결재무제표를 작성하시오.

해설

Ⅰ. 관계기업 분석

1. 취득금액의 구성내역

	A주식	B주식	C주식
취득금액	6,000	4,500	12,000
순자산 지분액	3,750	4,000	2,000
영업권	2,250	500	10,000

2. P사의 A사 누적 지분 평가

	취득금액	NI 지분액	관계기업 배당	전기이월 이익잉여금	기말장부금액
01년	6,000	1,250	(500)	–	6,750
02년	6,000	1,500	(1,000)	750	7,250

순자산 분석

	순자산 지분액	FV차액	영업권	기말장부금액
취득	3,750	–	2,250	6,000
01년	4,500	–	2,250	6,750
02년	5,000	–	2,250	7,250

3. S사의 B사 누적 지분 평가

	취득금액	NI 지분액	관계기업 배당	전기이월 이익잉여금	기말장부금액
01년	4,500	1,200	(400)	–	5,300
02년	4,500	1,600	(800)	800	6,100

순자산 분석

	순자산 지분액	FV차액	영업권	기말장부금액
취득	4,000	–	500	4,500
01년	4,800	–	500	5,300
02년	5,600	–	500	6,100

4. T사의 C사 누적 지분 평가

	취득금액	NI 지분액	관계기업 배당	전기이월 이익잉여금	기말장부금액
01년	12,000	1,000	(480)	–	12,520
02년	12,000	1,500	(1,000)	520	13,020

순자산 분석

	순자산 지분액	FV차액	영업권	기말장부금액
취득	2,000	–	10,000	12,000
01년	2,520	–	10,000	12,520
02년	3,020	–	10,000	13,020

Ⅱ. 종속기업 분석

1. 취득금액의 구성내역

	S사 주식		T사 주식	
	지배기업	비지배지분	지배기업	비지배지분
취득금액	26,000	16,000	22,000	4,000
순자산 지분액	24,000	16,000	12,000	3,000
토지 FV차액	–		4,000	1,000
영업권	2,000		6,000	

2. T사 주식 평가

(1) S사의 T사 누적 지분 평가

		C사(간접소유 관계기업) 평가			T사(직접소유 종속기업) 평가			
	취득금액	NI지분액	관계기업 배당	전기이월 이익잉여금	NI지분액	종속기업 배당	전기이월 이익잉여금	지분액 합계
01년	22,000	800	(384)	–	8,000	(4,000)	–	26,416
02년	22,000	1,200	(800)	416	16,000	(8,000)	4,000	34,816

(*) 간접소유 효과 = T사의 C사 누적 지분 평가 × 80%

순자산 분석

	간접소유 지분액	T사(직접소유 종속기업) 지분액			지분액 합계
		순자산 지분액	토지(FV)	영업권	
취득	–	12,000	4,000	6,000	22,000
01년	416	16,000	4,000	6,000	26,416
02년	816	24,000	4,000	6,000	34,816

(*) 간접소유 효과 = (T사의 C사 누적 지분 평가 : 기말장부금액 – 취득금액) × 80%

(2) T사 비지배주주의 누적 지분 평가

	취득금액	C사(간접소유) 평가			T사(직접소유) 평가			지분액 합계
		NI지분액	배당	전기이월 이익잉여금	NI지분액	배당	전기이월 이익잉여금	
01년	4,000	200	(96)	–	2,000	(1,000)	–	5,104
02년	4,000	300	(200)	104	4,000	(2,000)	1,000	7,204

(*) 간접소유 효과 = T사의 C사 누적 지분 평가 × 20%

순자산 분석

	간접소유 지분액	T사(직접소유) 지분액			지분액 합계
		순자산 지분액	토지(FV)	영업권	
취득	–	3,000	1,000	–	4,000
01년	104	4,000	1,000	–	5,104
02년	204	6,000	1,000	–	7,204

(*) 간접소유 효과 = (T사의 C사 누적 지분 평가 : 기말장부금액 – 취득금액) × 20%

3. S사 주식 평가

(1) P사의 S사 누적 지분 평가

	취득금액	B사+C사(간접소유 관계기업) 평가			T사(간접소유 종속기업) 평가			S사(직접소유 종속기업) 평가			지분액 합계
		NI지분액	관계기업 배당	전기이월 이익잉여금	NI지분액	종속기업 배당	전기이월 이익잉여금	NI지분액	종속기업 배당	전기이월 이익잉여금	
01년	26,000	1,200	(470)	–	4,800	(2,400)	–	9,000	(6,000)	–	32,130
02년	26,000	1,680	(960)	730	9,600	(4,800)	2,400	18,000	(9,000)	3,000	46,650

(*1) 간접소유 관계기업 효과 = (T사의 C사 누적 지분 평가 : 기말장부금액 – 취득금액) × 80% × 60% + (S사의 B사 누적 지분 평가 : 기말장부금액 – 취득금액) × 60%

(*2) 간접소유 종속기업 효과 = S사의 T사 누적 지분 평가 × 60%

순자산 분석

	간접소유 지분액		S사(직접소유 종속기업) 지분액			지분액 합계
	B사	T사 + C사	순자산 지분액	토지(FV)	영업권	
취득	-		24,000	-	2,000	26,000
01년	480	2,650	27,000	-	2,000	32,130
02년	960	7,690	36,000	-	2,000	46,650

(*1) B사 간접소유 효과 = (S사의 B사 누적 지분 평가 : 기말장부금액 - 취득금액) × 60%
(*2) T사 및 C사 간접소유 효과 = (S사의 T사 누적 지분 평가 : 지분액 합계 - 취득금액) × 60%

(2) S사 비지배주주 누적 지분 평가

		B사+C사(간접소유) 평가			T사(간접소유) 평가			S사(직접소유) 평가			
	취득금액	NI지분액	배당	전기이월 이익잉여금	NI지분액	종속기업 배당	전기이월 이익잉여금	NI지분액	배당	전기이월 이익잉여금	지분액 합계
01년	16,000	800	(314)	-	3,200	(1,600)	-	6,000	(4,000)	-	20,086
02년	16,000	1,120	(640)	486	6,400	(3,200)	1,600	12,000	(6,000)	2,000	29,766

(*1) 간접소유 관계기업 효과 = T사의 C사 누적 지분 평가 × 80% × 40% + S사의 B사 누적 지분 평가 × 40%
(*2) 간접소유 종속기업 효과 = S사의 T사 누적 지분 평가 항목 × 40%

순자산 분석

	간접소유 지분액		S사(직접소유) 지분액			지분액 합계
	B사	T사 + C사	순자산 지분액	토지(FV)	영업권	
취득	-	-	16,000	-	-	16,000
01년	320	1,766	18,000	-	-	20,086
02년	640	5,126	24,000	-	-	29,766

(*1) B사 간접소유 효과 = (S사의 B사 누적 지분 평가 : 기말장부금액 - 취득금액) × 40%
(*2) T사 및 C사 간접소유 효과 = (S사의 T사 누적 지분 평가 : 지분액 합계 - 취득금액) × 40%

Ⅲ. 연결재무제표

1. 취득

단순합산

차변	금액	대변	금액
주식S	26,000	자본금	35,000
주식T	22,000	이익잉여금	54,000
주식A	6,000		
주식B	4,500		
주식C	12,000		
기타자산	18,500		

연결조정

차변	금액	대변	금액
자본금(S+T)	15,000	주식S	26,000
이익잉여금(S+T)	40,000	주식T	22,000
영업권	8,000	비지배지분	20,000
기타자산(FV)	5,000		

연결재무제표

차변	금액	대변	금액
주식S	–	자본금	20,000
주식T	–	이익잉여금	14,000
주식A	6,000	비지배지분	20,000
주식B	4,500		
주식C	12,000		
기타자산	23,500		
영업권	8,000		

2. 01년

단순합산

차변	금액	대변	금액
주식S	26,000	자본금	35,000
주식T	22,000	이익잉여금	104,000
주식A	6,000		
주식B	4,500		
주식C	12,000		
기타자산	68,500		
비용	195,000	수익	260,000
이익잉여금 (단순합산NI)	65,000		

연결조정

차변	금액	대변	금액
1단계 : 순자산조정			
자본금(S+T)	15,000	주식S	26,000
이익잉여금(S+T)	50,000	주식T	22,000
영업권	8,000	**이익잉여금(S)**	**6,130**
기타자산(FV)	5,000	**이익잉여금(A)**	**750**
주식A	750	비지배지분	25,190
주식B	800		
주식C	520		
2단계 : 순이익조정			
수익(배당금)	11,380	이익잉여금	7,930
		수익(지분법)	3,450

연결재무제표

차변	금액	대변	금액
주식S	–	자본금	20,000
주식T	–	이익잉여금	60,880
주식A	6,750	비지배지분	25,190
주식B	5,300		
주식C	12,520		
기타자산	73,500		
영업권	8,000		
비용	195,000	수익	252,070
이익잉여금 (연결NI)	57,070		

3. 02년

단순합산				연결조정				연결재무제표			
주식S	26,000	자본금	35,000	1단계 : 순자산조정				주식S	-	자본금	20,000
주식T	22,000	이익잉여금	204,000	자본금(S+T)	15,000	주식S	26,000	주식T	-	이익잉여금	150,900
주식A	6,000			이익잉여금(S+T)	75,000	주식T	22,000	주식A	7,250	비지배지분	36,970
주식B	4,500			영업권	8,000	**이익잉여금(S)**	**20,650**	주식B	6,100		
주식C	12,000			기타자산	5,000	**이익잉여금(A)**	**1,250**	주식C	13,020		
기타자산	168,500			주식A	1,250	비지배지분	36,970	기타자산	173,500		
				주식B	1,600			영업권	8,000		
비용	225,000	수익	350,000	주식C	1,020						
이익잉여금	125,000							비용	225,000	수익	334,800
(단순합산NI)				2단계 : 순이익조정				이익잉여금	109,800		
				수익(배당금)	19,800	수익(지분법)	4,600	(연결NI)			
						이익잉여금	15,200				

4. 연결자본변동표

	자본금	이익잉여금	비지배지분	합 계
01년 초	20,000	14,000	-	34,000
종속기업 취득			20,000	20,000
연결당기순이익		46,880	10,190	57,070
비지배주주에 대한 배당			(5,000)	(5,000)
01년 말	20,000	60,880	25,190	106,070
02년 초	20,000	60,880	25,190	106,070
연결당기순이익		90,020	19,780	109,800
비지배주주에 대한 배당			(8,000)	(8,000)
02년 말	20,000	150,900	36,970	207,870

<u>연결당기순이익의 검증</u>

	01년	02년	
1 P사의 별도재무제표상 순이익	40,000	75,000	지배기업 소유주지분
2 P사의 별도재무제표상 배당금수익(*)	(6,500)	(10,000)	
3 지분 이익			
① S사	12,130	23,520	
② A사	1,250	1,500	
4 비지배지분 이익			비지배지분
① S사	8,086	15,680	
② T사	2,104	4,100	
	57,070	109,800	

(*) S사 및 A사로부터의 배당

사례를 통하여 살펴본 내용은 다음과 같다.

지배구조 분석

- 간접소유 구조가 복잡할수록 단계별로 지배기업 소유주지분과 비지배지분이 어떠한 기업(평가대상)에 의해 영향을 받는지 명확하게 정의되어야 한다.
- 누적 지분 평가는 직접 주식을 소유하는 기업별로 실시한다.

간접소유 효과

- 여러 개의 간접소유 기업이 있는 경우 간접소유 효과는 해당 기업에 대한 누적 지분 평가 항목에 지분율을 곱한 후 합산하여 산정한다.
- 순자산 분석은 P사의 직접소유 종속기업인 S사가 보유하는 주식 단위별로 구분한다.

순자산조정

- 비지배지분은 해당연도 T사와 S사의 비지배지분을 합산하여 연결조정에 반영한다.
- 연결조정에 반영되는 관계기업 A사, B사, C사에 대한 주식 평가금액은 취득시점부터 결산일까지의 누적금액이므로, 해당 관계기업에 대한 누적 지분 평가상 기말장부금액에서 취득금액을 차감하여 계산한다. 예를 들어 01년 A사 주식 증가액은 P사의 A사에 대한 누적 지분 평가상 기말장부금액 6,750원에서 취득금액 6,000원을 차감한 750원으로 계산되고, B사 주식 증가액은 S사의 B사에 대한 누적 지분 평가상 기말장부금액 5,300원에서 취득금액 4,500원을 차감한 800원으로 계산된다.
- P사에 귀속되는 지분액(이익잉여금)은 S사 주식을 소유함으로써 직접 또는 간접적으로 획득한 지분액(01년의 경우 6,130원)과 A사 주식을 소유함으로써 획득한 지분액(01년의 경우 750원)을 구분하여 연결조정에 표시하는 것이 편리하다.

순이익조정

- 배당금수익은 연결실체 내 종속기업과 관계기업으로부터 수령한 배당금 또는 종속기업이 다른 종속기업 또는 관계기업으로부터 수령한 배당금을 모두 합산하여 연결조정에 반영한다.
- 관계기업에 대한 평가로 증가할 주식 금액, 지분법손익 및 배당금수익은 총액으로 연결조정에 반영된다. 따라서 각각의 관계기업에 대한 누적 지분 평가상 정보를 단순합산한다.

3. 순환 지배구조

순환 지배구조는 지배·종속 관계에 있는 기업끼리 상호 간에 주식을 취득하고 있는 상호소유 구조가 발달된 형태이다. 순환지배구조는 우리나라의 기업집단에서 자주 발견되는 지배구조의 하나인데, 본 절에서는 복잡한 상호소유 구조와 순환구조에 대하여 살펴본다.

(1) 복잡한 상호소유 구조

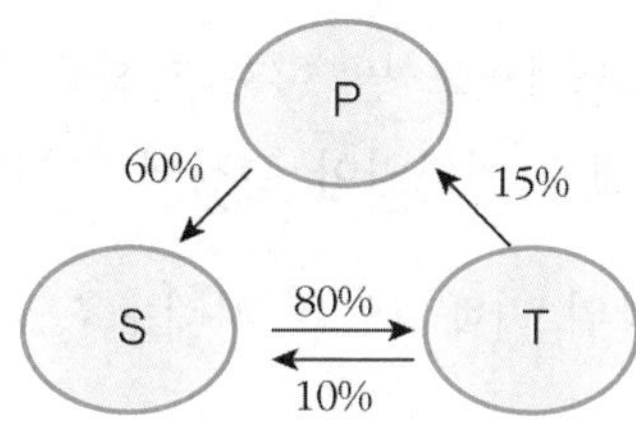

상기 지배구조에서 P사뿐만 아니라 S사도 연결재무제표를 공시할 경우, 상호 간에 주식에 대한 회계처리는 각기 다른데, 그 내용을 요약하면 다음과 같다.

| 연결실체 내 상호소유 주식에 대한 회계처리 |

구 분	P사 연결재무제표	S사 연결재무제표
P사 소유 S사 주식	연결대상	해당사항 없음
S사 소유 T사 주식	연결대상(상호 간 영향 고려)	연결대상
T사 소유 S사 주식	연결대상(상호 간 영향 고려)	자기주식
T사 소유 P사 주식	자기주식	공정가치측정금융자산

S사의 연결실체는 S사와 T사로만 구성된다. 따라서 S사의 연결재무제표는 T사를 종속기업으로 하고 P사는 제3자로 간주하여 작성된다. 그러므로 S사와 T사 간에 이루어진 내부거래만 제거하며, S사와 P사 또는 T사와 P사 간의 내부거래는 제3자와의 내부거래로 보아 제거하지 않는다. 그리고 T사가 보유 중인 주식은 자기주식으로 조정한다.

따라서 S사의 연결재무제표를 토대로 P사가 연결재무제표를 작성하는 순차연결 시에는, S사 관점으로 작성된 연결재무정보를 P사 관점으로 변환시키기 위한 조정 작업이 수반되어야 한다.

(2) 지배기업의 결정

순환 지배구조란 A사가 B사의 주식을 소유하고 B사는 C사의 주식을 소유하고, 다시 C사는 A사의 주식을 소유하는 구조이다. 현행 상법과 공정거래법은 기업 상호 간 출자는 금지하고 있으나 순환 출자에 대해서는 별도의 규정을 두고 있지 않음으로 우리나라에서는 순환 지배구조가 발달하게 되었다.

최상위 지배기업에 대한 판단기준은 일반기업회계기준과 K-IFRS가 상이한데, 그 내용은 다음과 같다.

① 일반기업회계기준 : 직전 사업연도 말 현재 자산규모가 가장 큰 기업

② K-IFRS : 사업결합시점에 지배기업이 결정되면 이를 계속하여 적용

따라서 K-IFRS에 따른 최상위 지배기업은 지배구조의 형성과정을 분석해야 한다.

예제 6

- P사는 01년 초 S사 주식을 60% 취득함.
- S사는 02년 초 T사 주식을 80% 취득함.
- T사는 03년 초 P사 주식을 75% 취득함.
- P사, S사, T사 중 직전 사업연도 말 현재 자산규모가 가장 큰 기업은 S사임.

요구사항 최상위 지배기업을 판단하시오.

지배구조

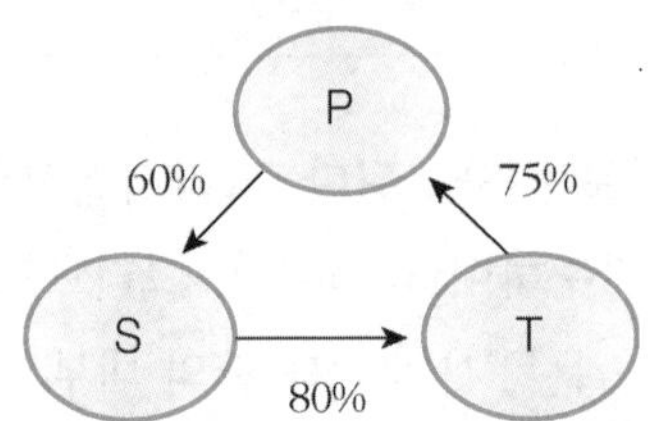

일반기업회계기준 : 자산규모가 큰 S사

K-IFRS : 지배구조 형성과정 분석

- 최초에 지배·종속 관계가 형성된 시점은 P사가 S사 주식을 취득한 01년 초임.
- 02년 초에 S사가 T사 주식을 취득한 행위는 (P+S)가 T사 주식을 취득하여 연결실체가 확장된 것임.
- 03년 초에 T사가 P사 주식을 취득한 행위는 (P+S+T)가 자기주식을 취득한 것임.

S사의 자산 규모가 가장 클지라도 K-IFRS는 01년 초에 형성된 연결실체가 시간의 경과에 따라 확장된 것으로 해석한다. 따라서 지배구조의 시발점인 P사를 최상위 지배기업으로 본다.

복잡한 순환 지배구조라고 할지라도 최상위 지배기업이 파악되면 연결실체에 대한 평가 흐름이 정의된다. 따라서 지분 관계가 복잡하더라도 자기주식 접근법과 전통적 접근법 및 간접소유 지분에 대한 평가방법을 활용하여 연결재무제표를 작성할 수 있으므로 순환 지배구조에서는 최상위 지배기업이 누구인지를 판단하는 것이 무엇보다 중요하다.

4. 분산투자를 통한 지배력 획득

간접소유 형태로서 여러 종속기업들이 특정 기업에 대한 주식을 나누어 투자하여 지배력을 획득하는 지배구조를 생각해 보자. 개별 기업들은 취득한 주식의 지분율 등을 고려하여 공정가치측정금융자산, 관계기업주식, 공동기업주식 중 하나로 분류할 것이나, 최상위 지배기업의 연결재무제표에서는 종속기업으로 분류된다.

| 간접소유 : 분산 투자를 통한 지배력 획득 |

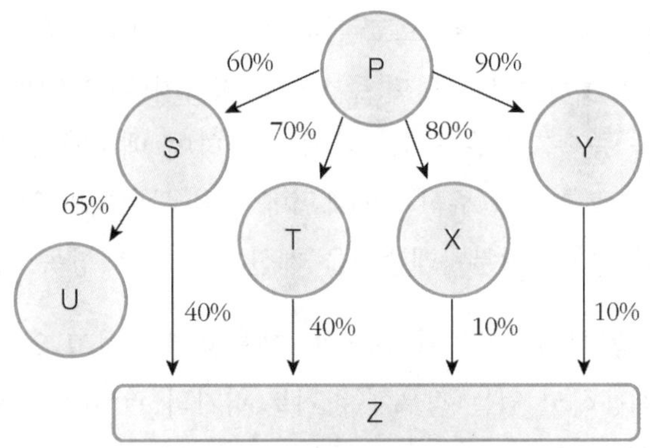

상기 지배구조에서 P사는 Z사의 주식을 직접 보유하고 있지는 않지만, 종속기업들의 분산 투자를 통해 Z사에 대하여 지배력을 획득하고 있는 상황이다.

각 기업의 별도재무제표상 Z사 주식의 분류는 판단에 따라 다양할 수 있을 것이나, 지분율 조건으로만 투자주식을 분류한다면 다음과 같다.

- S사와 T사 별도재무제표 : 관계기업주식[114)]
- X사와 Y사 별도재무제표 : 공정가치측정금융자산

114) S사는 U사를 종속기업으로 하고 Z사를 관계기업으로 하여 연결재무제표를 작성하게 된다. S사의 연결재무제표는 S사가 작성 주체이며, S사와 U사를 연결실체로 한 것임에 유의한다. 따라서 Z사에 대한 평가는 관계기업에 대한 지분법을 적용하며, S사 또는 U사가 P사, T사 및 X사 등과 거래를 실시하더라도 동 거래는 내부거래가 아니라 제3자와의 거래로 본다.

상기 지배구조에서 S사, T사, X사, Y사의 Z사에 대한 지분 평가 시 P사는 관계기업이 아니라 종속기업에 대한 지분법을 적용한다. 왜냐하면 Z사에 대한 지분율이 얼마나 되는지에 관계없이 연결실체 입장에서 Z사는 종속기업에 해당하기 때문이다.

분산투자가 일시에 발생한 것이 아니라 단계적으로 이루어졌다면, 지배력을 획득한 시점에 기존에 보유하던 주식을 공정가치로 평가하고 처분손익(당기손익)을 인식한다. 또한 지배력을 획득한 이후에 추가적으로 취득한 주식이 있다면 지분거래손익을 산정하여 자본 손익(자본잉여금 또는 자본조정)으로 처리한다.

예를 들어 X사는 00년, Y사는 01년, S사는 02년, T사는 03년에 Z사 주식을 취득했다고 가정해 보자. 이러할 경우 연결재무제표 작성 시 Z사 주식의 취득과 관련하여 고려할 사항은 다음과 같다.

- 00년 : Z사 주식은 공정가치측정금융자산으로 분류하고 공정가치로 평가함.
- 01년 : 기존에 X사가 보유하던 주식의 공정가치(이익잉여금 인식)와 추가로 취득한 주식금액의 합계를 관계기업주식으로 분류하고 매수가격배분절차를 진행함.
- 02년 : 기존에 X사, Y사가 보유하던 주식의 공정가치(처분손익 인식)와 추가로 취득한 주식의 합계를 종속기업주식 취득금액으로 하여 매수가격배분절차를 수행함.
- 03년 : T사가 추가로 취득한 주식은 지배력에 영향을 미치지 않으므로 순자산 지분액과 취득금액을 비교하여 지분거래손익을 계산하고 자본 항목으로 처리함.

분산투자에 참여한 중간 지배기업이 연결재무제표를 작성하고 있으며 최상위 지배기업이 순차연결 방식을 적용하고 있는 경우에는 지분 평가와 관련하여 다소 까다로운 문제가 발생한다. 예를 들어 P사 입장에서 Z사는 종속기업에 해당하나 S사 관점에서는 관계기업에 해당한다. 따라서 순차연결 방식을 적용하는 경우 P사는 S사의 연결재무제표에 표시되고 있는 Z사 주식(관계기업주식)이 S사와 비지배주주의 지분에 미치는 영향을 제거한 후, Z사를 단순합산한 후 연결결산을 진행해야 한다.

기업실무상 이러한 상황을 시스템에 반영한다면 P사 관점에서 평가 체계를 구축하고, S사 관점에서 필요한 평가체계(예를 들어 Z사에 대한 관계기업 지분법 평가)는 별도의 모듈로 관리하여 S사의 연결재무제표를 작성하는 것이 바람직하다.

보론 순차연결 : 연결재무제표에 기초한 방식

1. 지분 평가 방법

순차연결은 중간 지배기업이 작성한 연결재무제표를 기초로 하여 단순합산재무제표를 작성하는 방식으로, 지분 평가 방법은 다음과 같이 구분할 수 있다.

① 병렬연결 방식에 의한 지분 평가와 동일한 방식을 적용하는 방법
② 중간 지배기업이 작성한 연결재무제표를 기초로 지분 평가를 실시하는 방법

어떠한 방식의 연결결산 방식을 채택할 것인가는 기업의 관습, 지배구조 및 필요로 하는 정보를 고려해 결정할 사항이나, 다음과 같은 점에서 첫 번째 방식이 추천된다.

① 연결실체의 필요에 따라 병렬연결 방식과 순차연결 방식을 유연하게 적용할 수 있으며, 연결시스템의 큰 변화 없이 중간 지배기업의 연결재무제표를 산출할 수 있다.
② 첫 번째 방식은 중간 지배기업의 연결재무제표가 없어도 단순합산재무제표가 작성되며 지분평가가 가능하므로 일정 관리에 이점이 있다.
③ 연결실체 내 기업들이 분산투자를 실시하여 특정기업에 대해 지배력을 획득한 경우, 두 번째 방식은 중간 지배기업이 실시한 평가를 일부 취소하고 지배기업 관점으로 지분 평가를 해야 하는데 기술적으로 매우 복잡하다.
④ 중간 지배기업의 연결재무제표에 반영된 내부거래는 최상위 지배기업 관점의 모든 내부거래를 반영한 것이 아니므로 조정이 필요하다.
⑤ 최상위 지배기업이 모든 연결실체 내에 있는 기업들의 재무상태와 재무성과를 직접 파악하고 하위의 종속기업이 최상위 지배기업의 재무성과에 미치는 영향을 확인할 수 있다.
⑥ 지분 평가 절차가 모두 동일하므로 업무의 표준화에 이점이 있다.

다음 사례를 통하여 상기 두 가지 순차연결 방식의 적용 과정을 살펴보자.

| 순차연결 : 연결재무제표에 기초한 방식 |

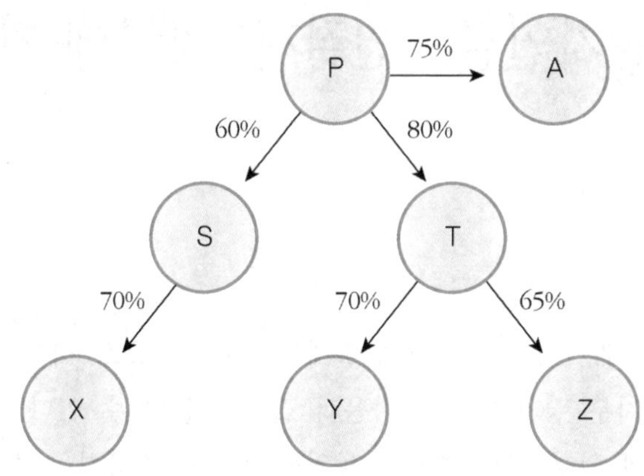

첫 번째 방식에 따라 P사의 연결재무제표를 작성하는 경우에는 다음의 절차가 진행된다.

① 단순합산재무제표 대상 : P사와 A사의 별도재무제표, S사와 T사의 연결재무제표

② 지분 평가

- S사의 X사에 대한 지분 평가, T사의 Y사 및 Z사에 대한 지분 평가
- P사의 A사, S사, T사에 대한 지분 평가(X사, Y사, Z사는 간접소유 지분으로 표시됨)

두 번째 방식에 따라 연결재무제표를 작성하는 경우에는 다음의 절차가 진행된다.

① 단순합산재무제표 대상 : P사와 A사의 별도재무제표, S사와 T사의 연결재무제표

② 지분 평가

- S사의 X사에 대한 지분 평가, T사의 Y사 및 Z사에 대한 지분 평가
- P사의 S사 및 T사 연결재무제표에 대한 지분 평가, P사의 A사에 지분 평가

첫 번째 방식이 보다 유리한 점은 다음과 같다.

① 첫 번째 방식은 모든 종속기업의 별도재무제표를 기초로 분석을 수행하는 반면, 두 번째 방식은 연결재무제표(중간 지배기업)와 별도재무제표(그 밖의 종속기업)가 분석 대상이다. 따라서 첫 번째 방식에 의한 연결결산 절차가 보다 업무의 표준화에 용이하다.

② 하위 종속기업에 대한 S사와 T사의 지분 평가가 완료되면 P사의 간접소유 지분액이 자동으로 산출된다. 즉, S사와 T사의 연결재무제표가 필요치 않으므로 연결결산 일정이 단축된다.

③ S사와 T사의 연결재무제표에는 X사와 Y사, P사와 X사 및 S사와 T사 간의 내부거래

가 반영되어 있지 아니하므로, 두 번째 방식은 추가적인 작업을 필요로 한다.

④ 만일 S사가 20%의 Y사 지분을 투자하였다면 S사의 연결재무제표에는 Y사를 관계기업으로 보고 지분법을 적용하게 된다. 그러나 P사 관점에서는 종속기업에 해당하므로 지분법 관련 회계처리를 취소하고, 종속기업에 대한 지분 평가를 새롭게 실시해야 한다.

⑤ 첫 번째 방식을 적용하더라도 연결시스템의 모듈을 적절하게 설계하여 최상위 지배기업과 중간 지배기업의 연결재무제표를 동시에 작성할 수 있다.

2. 연속적인 지배 · 종속 관계

병렬연결 방식과 동일한 체계의 지분 평가 방법을 적용하여 연결재무제표를 작성하는 방식은 〈제2절〉에서 자세하게 살펴보았다. 따라서 본 절에서는 두 번째 방식에 의한 연결재무제표 작성 시 유의할 사항을 설명한다.

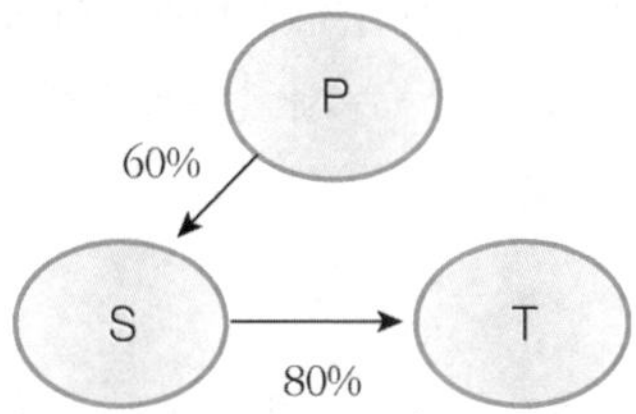

상기 지배구조에서 P사가 S사 연결재무제표를 기초로 지분 평가를 수행할 경우 고려할 내용은 다음과 같다.

① P사의 누적 지분 평가에 표시되는 NI 지분액은 S사의 연결재무제표상 당기순이익이 아닌 지배기업 소유주지분에 해당하는 금액을 대상으로 산정한다. 그 이유는 S사의 연결당기순이익 중 T사 비지배주주에 해당하는 금액은 S사에게 귀속되지 않기 때문이다.

② 순자산 분석에 있어 순자산 지분액은 연결재무제표상 총자본이 아닌 비지배지분을 제외한 지배기업 소유주지분만을 대상으로 한다. S사의 연결재무제표에 표시되어 있는 비지배지분은 T사 비지배주주의 몫으로 S사의 주주들에게 귀속될 금액이 아니기 때문이다.

③ T사 지분 효과는 S사의 연결재무제표에 이미 반영되어 있으므로 간접소유 효과는 표시되지 않는다.

④ 실무상 중간 지배기업의 연결재무제표에 기초한 방식으로 순차연결을 진행하는 경우 최상위 지배기업은 중간 지배기업에 대한 자료만 관리하고, 하위의 종속기업에 대한

평가 자료는 중간 지배기업에서 관리하는 것이 일반적이다. 따라서 최상위 지배기업이 모든 자료를 접근할 수 있다고 하더라도, 통상 업무체계상 최상위 지배기업이 직접 하위의 종속기업 평가에 대해서는 관여하지 않는다는 점을 고려하여 연결결산 체계가 설계된다.

사례 6 연속적인 지배 · 종속 관계 : 순차 연결 Ⅱ

1 S사 주식 취득

P사는 S사 주식을 01년 초 다음과 같이 취득함.

지분율 60%

취득금액 260,000

비지배지분은 식별 가능한 순자산 공정가치에 비례하여 인식함.

한편, 지배력 획득일 현재 S사의 자산 · 부채 장부금액과 공정가치는 일치함.

2 T사 주식 취득

S사는 T사의 주식을 01년 초 다음과 같이 취득함.

지분율 80%

취득금액 220,000

지배력 획득일 현재 T사의 자산 · 부채 장부금액과 공정가치의 차이는 다음과 같음.

자산	공정가치	장부금액	차액
토지	100,000	50,000	50,000

3 배당

구 분	01년	02년
S사	50,000	40,000
T사	20,000	30,000

4 요약 별도재무제표

	최상위 지배기업(P)			중간 지배기업(S)			종속기업(T)		
	취득	01년	02년	취득	01년	02년	취득	01년	02년
주식S	260,000	260,000	260,000	-	-	-	-	-	-
주식T	-	-	-	220,000	220,000	220,000	-	-	-
유형자산	80,000	140,000	190,000	180,000	200,000	240,000	150,000	170,000	190,000
자산계	340,000	400,000	450,000	400,000	420,000	460,000	150,000	170,000	190,000
자본금	200,000	200,000	200,000	100,000	100,000	100,000	50,000	50,000	50,000
이익잉여금	140,000	200,000	250,000	300,000	320,000	360,000	100,000	120,000	140,000
자본계	340,000	400,000	450,000	400,000	420,000	460,000	150,000	170,000	190,000
수익		300,000	330,000		420,000	430,000		190,000	220,000
비용		(240,000)	(280,000)		(350,000)	(350,000)		(150,000)	(170,000)
당기순이익		60,000	50,000		70,000	80,000		40,000	50,000

요구사항 S사와 P사의 지배력 획득일과 01년 및 02년 연결재무제표를 작성하시오.

해설

Ⅰ. 취득금액의 구성내역

	S주식		T주식	
	지배기업	비지배지분	지배기업	비지배지분
취득금액	260,000	160,000	220,000	40,000
순자산 지분액	240,000	160,000	120,000	30,000
유형자산 FV차액	-	-	40,000	10,000
영업권	20,000		60,000	

Ⅱ. 누적 지분 평가

1. T사 주식 평가

(1) S사의 T사 누적 지분 평가

	취득금액	NI 지분액	종속기업 배당	전기이월 이익잉여금	지분액 합계
01년	220,000	32,000	(16,000)	-	236,000
02년	220,000	40,000	(24,000)	16,000	252,000

순자산 분석

	순자산 지분액	유형자산(FV)	영업권	지분액 합계
취득	120,000	40,000	60,000	220,000
01년	136,000	40,000	60,000	236,000
02년	152,000	40,000	60,000	252,000

(2) T사 비지배주주의 누적 지분 평가

	취득금액	NI 지분액	배당	전기이월 이익잉여금	지분액 합계
01년	40,000	8,000	(4,000)	–	44,000
02년	40,000	10,000	(6,000)	4,000	48,000

순자산 분석

	순자산 지분액	유형자산(FV)	영업권	지분액 합계
취득	30,000	10,000	–	40,000
01년	34,000	10,000	–	44,000
02년	38,000	10,000	–	48,000

2. S사(연결재무제표) 주식 평가

(1) P사의 S사 누적 지분 평가

	취득금액	NI 지분액(*)	종속기업 배당	전기이월이익잉여금	지분액 합계
01년	260,000	51,600	(30,000)	–	281,600
02년	260,000	57,600	(24,000)	21,600	315,200

(*) NI 지분액 = (S사 연결재무제표상 순이익 – 비지배지분 이익) × 60%

순자산 분석

	순자산 지분액(*)	영업권	지분액 합계
취득	240,000	20,000	260,000
01년	261,600	20,000	281,600
02년	295,200	20,000	315,200

(*) 순자산 지분액 = (S사 연결재무제표상 순자산 – 비지배지분) × 60%

(2) S사 비지배주주의 누적 지분 평가

	취득금액	NI 지분액	배당	전기이월이익잉여금	지분액 합계
01년	160,000	34,400	(20,000)	–	174,400
02년	160,000	38,400	(16,000)	14,400	196,800

순자산 분석

	순자산 지분액	영업권	지분액 합계
취득	160,000	–	160,000
01년	174,400	–	174,400
02년	196,800	–	196,800

Ⅲ. S사의 연결재무제표

1. 취득

단순합산

차변	금액	대변	금액
주식S	–	자본금	150,000
주식T	220,000	이익잉여금	400,000
유형자산	330,000		

연결조정

차변	금액	대변	금액
자본금(T)	50,000	주식S	–
이익잉여금(T)	100,000	주식T	220,000
영업권	60,000	비지배지분	40,000
유형자산(FV)	50,000		

연결재무제표

차변	금액	대변	금액
주식S	–	자본금	100,000
주식T	–	이익잉여금	300,000
유형자산	380,000	비지배지분	40,000
영업권	60,000		

2. 01년

단순합산

차변	금액	대변	금액
주식S	–	자본금	150,000
주식T	220,000	이익잉여금	440,000
유형자산	370,000		
비용	500,000	수익	610,000
이익잉여금 (단순합산NI)	110,000		

연결조정

차변	금액	대변	금액
1단계 : 순자산조정			
자본금(T)	50,000	주식S	–
이익잉여금(T)	120,000	주식T	220,000
영업권	60,000	이익잉여금	16,000
유형자산(FV)	50,000	비지배지분	44,000
2단계 : 순이익조정			
수익(배당금)	16,000	이익잉여금	16,000

연결재무제표

차변	금액	대변	금액
주식S	–	자본금	100,000
주식T	–	이익잉여금	336,000
유형자산	420,000	비지배지분	44,000
영업권	60,000		
비용	500,000	수익	594,000
이익잉여금 (연결NI)	94,000		

3. 02년

단순합산

차변	금액	대변	금액
주식S	–	자본금	150,000
주식T	220,000	이익잉여금	500,000
유형자산	430,000		
비용	520,000	수익	650,000
이익잉여금 (단순합산NI)	130,000		

연결조정

차변	금액	대변	금액
1단계 : 순자산조정			
자본금(T)	50,000	주식S	–
이익잉여금(T)	140,000	주식T	220,000
영업권	60,000	이익잉여금	32,000
유형자산(FV)	50,000	비지배지분	48,000
2단계 : 순이익조정			
수익(배당금)	24,000	이익잉여금	24,000

연결재무제표

차변	금액	대변	금액
주식S	–	자본금	100,000
주식T	–	이익잉여금	392,000
유형자산	480,000	비지배지분	48,000
영업권	60,000		
비용	520,000	수익	626,000
이익잉여금 (연결NI)	106,000		

4. 연결자본변동표

	자본금	이익잉여금	비지배지분	합 계
01년 초	100,000	300,000	-	400,000
종속기업 취득			40,000	40,000
연결당기순이익		86,000	8,000	94,000
지배기업의 배당		(50,000)		(50,000)
비지배주주에 대한 배당			(4,000)	(4,000)
01년 말	100,000	336,000	44,000	480,000
02년 초	100,000	336,000	44,000	480,000
연결당기순이익		96,000	10,000	106,000
지배기업의 배당		(40,000)		(40,000)
비지배주주에 대한 배당			(6,000)	(6,000)
02년 말	100,000	392,000	48,000	540,000

연결당기순이익의 검증

		01년	02년	
1	S사의 별도재무제표상 순이익	70,000	80,000	지배기업 소유주지분
2	S사의 별도재무제표상 배당금수익	(16,000)	(24,000)	
3	T사 지분 이익	32,000	40,000	
4	비지배지분 이익	8,000	10,000	비지배지분
		94,000	106,000	

Ⅳ. P사의 연결재무제표

1. 취득

단순합산

차변		대변	
주식S	260,000	자본금	300,000
주식T	-	이익잉여금	440,000
유형자산	460,000	비지배지분	40,000
영업권	60,000		

연결조정

차변		대변	
자본금(S)	100,000	주식S	260,000
이익잉여금(S)	300,000	주식T	-
영업권	20,000	비지배지분	160,000

연결재무제표

차변		대변	
주식S	-	자본금	200,000
주식T	-	이익잉여금	140,000
유형자산	460,000	비지배지분	200,000
영업권	80,000		

2. 01년

단순합산				연결조정				연결재무제표			
주식S	260,000	자본금	300,000	1단계 : 순자산조정				주식S	–	자본금	200,000
주식T	–	이익잉여금	536,000	자본금(S)	100,000	주식S	260,000	주식T	–	이익잉여금	221,600
유형자산	560,000	비지배지분	44,000	이익잉여금(S)	336,000	주식T	–	유형자산	560,000	비지배지분	218,400
영업권	60,000			영업권	20,000	이익잉여금	21,600	영업권	80,000		
						비지배지분	174,400				
비용	740,000	수익	894,000					비용	740,000	수익	864,000
이익잉여금	154,000			2단계 : 순이익조정				이익잉여금	124,000		
(단순합산NI)				수익(배당금)	30,000	이익잉여금	30,000	(연결NI)			

3. 02년

단순합산				연결조정				연결재무제표			
주식S	260,000	자본금	300,000	1단계 : 순자산조정				주식S	–	자본금	200,000
주식T	–	이익잉여금	642,000	자본금(S)	100,000	주식S	260,000	주식T	–	이익잉여금	305,200
유형자산	670,000	비지배지분	48,000	이익잉여금(S)	392,000	주식T	–	유형자산	670,000	비지배지분	244,800
영업권	60,000			영업권	20,000	이익잉여금	55,200	영업권	80,000		
						비지배지분	196,800				
비용	800,000	수익	956,000					비용	800,000	수익	932,000
이익잉여금	156,000			2단계 : 순이익조정				이익잉여금	132,000		
(단순합산NI)				수익(배당금)	24,000	이익잉여금	24,000	(연결NI)			

4. 연결자본변동표

	자본금	이익잉여금	비지배지분	합 계
01년 초	200,000	140,000	–	340,000
종속기업 취득			200,000	200,000
연결당기순이익		81,600	42,400	124,000
비지배주주에 대한 배당			(24,000)	(24,000)
01년 말	200,000	221,600	218,400	640,000
02년 초	200,000	221,600	218,400	640,000
연결당기순이익		83,600	48,400	132,000
비지배주주에 대한 배당			(22,000)	(22,000)
02년 말	200,000	305,200	244,800	750,000

연결당기순이익의 검증

		01년	02년	
1	P사의 별도재무제표상 순이익	60,000	50,000	지배기업 소유주지분
2	P사의 별도재무제표상 배당금수익	(30,000)	(24,000)	
3	S사 지분 이익	51,600	57,600	
4	비지배지분 이익			비지배지분
	① S사	34,400	38,400	
	② T사	8,000	10,000	
		124,000	132,000	

사례를 통하여 살펴본 내용은 다음과 같다.

순차연결 : 연결재무제표에 기초한 방식

- P사의 NI 지분액 = 지배기업 소유주지분(순이익) × 60%
- P사의 01년 NI 지분액 = 86,000원 × 60% = 51,600원
- P사의 02년 NI 지분액 = 96,000원 × 60% = 57,600원
- P사의 순자산 지분액 = 지배기업 소유주지분(순자산) × 60%
- P사의 01년 순자산 지분액 = 436,000원 × 60% = 261,600원
- P사의 02년 순자산 지분액 = 492,000원 × 60% = 295,200원

순자산조정

- S사의 연결재무제표상 지배기업 소유주지분(즉, 비지배지분을 제외한 자본 항목)을 제거하고, P사의 별도재무제표에 계상되어 있는 S사 주식을 제거한다.
- 단순합산재무제표에는 S사의 T사에 대한 영업권이 포함되어 있으므로, P사의 S사에 대한 영업권 20,000원만 연결조정에 반영한다.
- 단순합산재무제표에 T사의 비지배지분이 표시되어 있으므로, 연결조정으로 가산하는 비지배지분은 S사 비지배지분에 한정된다.
- S사의 연결재무제표에 기초하여 누적 지분 평가를 실시하는 경우, 최상위 지배기업은 하위 단계의 종속기업에 대한 지분 분석 자료가 없으므로(있더라도 업무 관행상 관심을 가지지 않으므로), S사의 연결재무제표에 대한 지분 평가 자료만 가지고 연결조정을 실시함을 가정한다. 따라서 S사의 연결재무제표에 표시되어 있는 자본 항목 중 비지배지분은 제거하지 않고(별도의 검증 없이), S사 비지배주주의 순자산 분석 금액만을 연결조정으로 가산한다.
- 연결조정에 표시되는 이익잉여금은 S사의 연결재무제표를 기초로 한 누적 지분 평가를 활용하여 계산하는데, 연결재무제표 자체를 대상으로 지분 평가를 실시하였으므로 간접소유 효과는 나타나지 않는다.

순이익조정 등

- S사가 T사로부터 수령한 배당금은 S사 연결재무제표 작성 시 이미 제거되었으므로, 연결조정에 반영되는 배당금수익은 P사가 S사로부터 수령한 배당금에 한정된다.
- 연결당기순이익의 배분 시 T사의 비지배지분은 S사의 연결자본변동표에 표시된 금액이며, S사의 비지배지분은 S사 비지배주주의 누적 지분 평가를 통하여 산정된 금액이다.

Chapter 13 복잡한 지배구조 Ⅱ : 취득과 내부거래 등

복잡한 지배구조하에서 지분교환을 통한 지배력 획득이나 비순차적인 취득이 발생하면 까다로운 분석이 요구된다. 그리고 복잡한 지배구조하에서 발생하는 내부거래나 환율변동효과는 지배구조를 고려한 연결조정이 필요하다. 본 장에서는 복잡한 지배구조하에서 발생하는 취득과 내부거래 등을 살펴본다.

- ✓ 지분교환 등을 통한 지배력 변동
- ✓ 복잡한 지배구조하의 내부거래
- ✓ 복잡한 지배구조 내에서의 환율변동효과

제1절 지분교환을 통한 취득과 비순차적 취득

1. 지분교환 : 기존 종속기업 지분교환을 통해 새로운 종속기업 취득

기업이 새로운 종속기업주식을 취득하고 그 대가로 종전에 보유하고 있던 종속기업주식을 이전하는 경우의 사업결합처리는 다소 까다로운데, 아래 지배구조를 통해 설명한다.

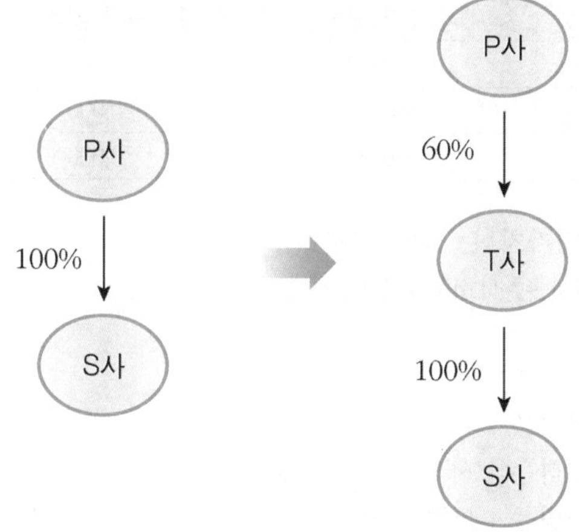

P사가 S사 주식을 T사에게 이전하고, 그 대가로 T사가 60%의 지분을 P사에게 교부하면, 연결실체 내 사업은 다음과 같이 변동된다.

구 분	지분 변동 전	지분 변동 후
구성 사업	P사 사업, S사 사업(유효 지분액 : 100%)	P사 사업, S사 사업(유효 지분액 : 60%), T사 사업(유효 지분액 : 60%)

지분교환 이후를 보면 S사 사업은 유지되면서 T사 사업이 새롭게 결합된다. 따라서 연결관점에서는 S사 자산·부채에 대한 변동은 없으며, T사 자산·부채가 공정가치로 결합되는 형태가 된다.

한편, 지분액 관점에서는 S사 사업에 대한 유효지분율은 100%에서 60%로 감소하고, T사 사업에 대한 유효지분액은 60%만큼 증가한다.

- 취득 대상 = T사에 대한 유효지분액 60%
- 이전 대가 = S사에 대한 유효지분액 40%

예제 1

- P사는 S사 지분 100%를 50,000원에 취득하여 보유하고 있음.
- P사는 S사 주식을 설립 취득한 것임.
- P사는 T사에게 S사 주식 100%를 이전하고, 그 대가로 T사로부터 신주를 발행받아 60%의 지분을 획득함.
- 거래 직전 P사의 연결재무제표에 표시된 S사의 자산·부채 및 T사의 자산·부채에 대한 정보는 다음과 같음.

구 분	S사(연결 관점)	T사(장부금액)	T사(공정가치)
자산	150,000	90,000	100,000
부채	60,000	20,000	20,000
순자산	90,000	70,000	80,000

- S사의 기업가치(사업가치)는 150,000원
- T사 주식 60%와 S사 주식 40%의 가치는 60,000원임.

요구사항

1. 지분교환 결과 증가하는 영업권을 계산하시오.
2. 지분교환 결과 발생하는 P사의 자본손익을 계산하시오.
3. 연결 관점의 회계처리를 제시하시오.
4. 연결조정을 제시하시오.

영업권의 산정

- T사 주식 60%를 취득하기 위하여 이전한 대가 = S사 공정가치의 40% = 60,000원
- 영업권 = 이전대가 - T사 순자산공정가치 × 지분율
  = 60,000원 - 80,000원 × 60% = 12,000원
- T사 비지배지분 = 80,000원 × 40% = 32,000원

P사는 T사에 대해 지배력을 획득하기 위해 S사 주식을 100% 제공하였으나, 유효지분율 개념에서 보면 S사에 대한 지분액 중 40%만 비지배주주에게 귀속된다. 따라서 S사 주식 40%의 공정가치가 P사가 T사에 대해 지배력을 획득하기 위해 지급한 이전대가로 결정된다.

지분액 관점으로 보면 P사는 T사 지분 60%를 취득하기 위해 S사 지분 40%를 처분한 것에 해당한다. 결국 T사의 비지배주주는 100%에서 40%로 감소하고, 동 40%의 비지배주주는 S사에 대하여 40%만큼 권리를 획득하게 된다.

자본손익의 산정

- T사 주식 60%의 공정가치 = S사 주식 40%의 공정가치 = 60,000원
- S사 주식 40%의 연결상 장부금액 = 90,000원 × 40% = 36,000원
- P사의 지분거래손익(자본손익) = 60,000원 − 36,000원 = 24,000원

P사가 T사를 취득하는 과정을 연결 회계처리로 예시하면 다음과 같다.

(차변) T사 자산	100,000	(대변)	T사 부채	20,000
영업권	12,000		비지배지분(*)	68,000
			자본잉여금	24,000

(*) 36,000원(S사 비지배지분) + 32,000원(T사 비지배지분)

P사는 지분교환으로 S사에 대한 유효지분율이 감소하였으나 지배력에 영향은 없다. 따라서 S사에 대한 지분이 감소하면서 P사가 획득한 대가(60,000원)와 증가한 비지배지분(36,000원)의 차이는 자본손익으로 처리된다.

본 거래에서 유의할 점은 지분교환 후에 S사의 비지배주주는 존재하지 않으며, T사의 비지배주주가 T사 사업뿐만 아니라 손회사인 S사 사업에 대하여 각각 40%씩의 지분을 보유하게 된다는 것이다.

별도재무제표 관점

P사의 별도재무제표 관점에서 지분교환을 생각해 보자. P사는 S사 주식을 처분하면서 T사 주식 60%를 취득하게 된다. 그런데 지분 변동 전 S사 주식과 지분 변동 후 T사 주식 60%가 향후 창출할 것으로 예상되는 현금흐름과 관련 위험 및 시기는 상이하다. 따라서 지분교환은 상업적 실질이 있으므로 공정가치법으로 회계처리하는 것이 적절하다.

T사는 지분교환 후 기업가치가 100,000원에서 250,000원(= T사 사업 100,000원 + S사 가치 150,000원)으로 상승한다. 따라서 P사가 취득하는 T사 주식 60%의 가치는 150,000원(= 250,000원 × 60%)으로 계산된다.

따라서 P사는 별도재무제표에 다음의 회계처리를 반영하게 된다.

(차변) T사 주식(*2)	150,000	(대변)	S사 주식	50,000
			종속기업투자처분이익(*1)	100,000

(*1) 처분이익 = 150,000원(공정가치) − 50,000원(장부금액)

(*2) T사 주식 = (150,000원 + 100,000원) × 60% = 150,000원

한편, T사는 S사 주식을 취득한 대가로 신주를 발행하므로, 자본 항목이 150,000원만큼 증가한다. 따라서 T사의 장부상 순자산은 70,000원에서 220,000원으로 변동된다.

(차변) S사 주식	150,000	(대변) 자본금과 자본잉여금	150,000

연결조정

연결조정은 단순합산재무제표를 전제하고 이루어짐을 상기하고, 본 거래에 대한 조정 내역을 살펴보자.

연결조정

1단계 : 순자산조정			
S사 자본	90,000	S사 주식(*4)	150,000
T사 자본(*1)	220,000	T사 주식(*4)	150,000
영업권	12,000	**이익잉여금(*5)**	**40,000**
T사 공정가치 차액(*2)	10,000	자본잉여금(*6)	24,000
이익잉여금(*3)	100,000	비지배지분(*7)	68,000
2단계 : 순이익조정			
수익(처분이익)(*3)	100,000	이익잉여금	100,000

(*1) T사 자본 = 증자 후 자본 = 70,000원 + 150,000원 = 220,000원

(*2) T사 공정가치 차액(자산 항목) = 100,000원 − 90,000원 = 10,000원

(*3) P사가 별도재무제표에 인식한 S사 주식 처분이익 제거

(*4) S사 주식과 T사 주식 : P사와 T사가 별도재무제표에 인식한 S사와 T사 주식 장부금액 제거

(*5) P사가 S사 주식을 취득하여 거래일까지 인식하고 있었던 지분 이익 = 90,000원 − 50,000원

(*6) S사 주식을 이전하면서 인식한 지분거래이익

(*7) T사 비지배지분

2. 지분교환 : 기존 종속기업 지분교환을 통해 관계기업에 대한 지배력 확보

기업이 관계기업으로 분류하던 주식을 추가로 취득하고 그 대가로 종전에 보유하고 있던 종속기업주식을 이전하는 거래는, 아래 지배구조를 통해 설명한다.

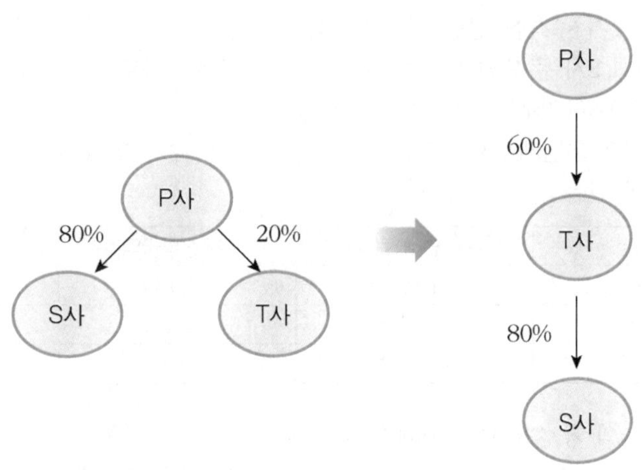

P사가 S사 주식을 T사에게 이전하고 T사가 그 대가로 지분을 발행하여 P사에게 교부하면, 연결실체 내 사업은 다음과 같이 변동된다.

구 분	지분 변동 전	지분 변동 후
구성사업과 주식	P사 사업, S사 사업(유효 지분액 : 80%), T사 주식	P사 사업, S사 사업(유효 지분액 : 48%), T사 사업(유효 지분액 : 60%)

지분교환 이후를 보면 S사 사업은 그대로 유지되면서 T사 사업이 새롭게 결합된다. 따라서 연결 관점에서는 S사 자산・부채에 대한 변동은 없으며, T사 자산・부채가 공정가치로 결합되는 형태가 된다.

한편, 지분액 관점에서는 S사 사업에 대한 유효지분율은 80%에서 48%(= 60% × 80%)로 감소하고, T사 사업에 대한 유효지분액은 60%만큼 증가한다. 따라서 S사 주식 32%(= 80% − 32%)의 공정가치와 처분한 관계기업 T사 주식 20%의 합계금액이 T사에 대한 지배력을 획득하기 위한 대가로 결정된다.

- 취득 대상 = T사에 대한 유효지분액 60%
- 이전 대가 = S사에 대한 유효지분액 32% + T사 주식 공정가치 20%

예제 2

• P사는 S사 지분 80%를 30,000원에 취득하여 보유하고 있음.
• P사는 T사 지분 20%(20주)를 10,000원에 취득하여 보유하고 있음(연결재무제표에 표시된 지분법 적용 금액은 20,000원).
• P사는 S사와 T사 주식을 설립 취득하였음.
• P사는 T사에게 S사 주식 80%를 이전하고, 그 대가로 T사로부터 신주(100주)를 추가로 교부받아 총 60%(120주)의 지분을 확보함.
• 거래 직전 P사의 연결재무제표에 표시된 S사의 자산·부채 및 T사의 자산·부채에 대한 정보는 다음과 같음.

구 분	S사(연결 관점)	T사(장부금액)	T사(공정가치)
자산	100,000	120,000	170,000
부채	50,000	20,000	20,000
순자산	50,000	100,000	150,000

• S사 주식 32%의 공정가치는 85,000원임.
• T사 주식 20%의 공정가치는 35,000원이며, T사 주식 60%의 공정가치는 120,000원임.
• S사 주식 80%의 공정가치는 220,000원임.
• P사가 지분교환을 통하여 수령한 T사 주식의 공정가치는 220,000원임.

요구사항

1. 지분교환 결과 증가하는 영업권을 계산하시오.
2. 지분교환 결과 발생하는 P사의 자본손익을 계산하시오.
3. 연결 관점의 회계처리를 제시하시오.
4. 연결조정을 제시하시오.

영업권의 산정

• 이전대가 = S사 주식 32%의 공정가치 + T사 주식 20%의 공정가치
　　= 85,000원 + 35,000원 = 120,000원

• 영업권 = 이전대가 − T사 순자산공정가치 × 지분율
　　= 120,000원 − 150,000원 × 40%
　　= 30,000원

• T사 비지배지분 = 150,000원 × 40%
　　= 60,000원

자본손익의 산정

- S사 주식 32%의 공정가치 = 85,000원
- S사 주식 32%의 연결상 장부금액 = 50,000원 × 32% = 16,000원
- P사의 지분거래손익(자본손익) = 85,000원 − 16,000원 = 69,000원

P사가 T사를 취득하는 과정을 연결 관점의 회계처리로 예시하면 다음과 같다.

(차변)			(대변)		
(차변)	T사 자산	170,000	(대변)	T사 부채	20,000
	영업권	30,000		비지배지분(*1)	76,000
				T사 주식(*2)	20,000
				T사 주식처분이익(*2)	15,000
				자본잉여금(*3)	69,000

(*1) 16,000원 + 60,000원 = 76,000원

(*2) T사는 관계기업에서 종속기업으로 변경되었으므로 관계기업주식은 공정가치로 처분한 회계처리 적용

(*3) 지분율은 변동하였으나 지배력을 유지하고 있으므로 자본손익으로 분류

별도재무제표 관점

별도재무제표 관점에서 지분교환을 생각해 보자. P사는 S사 주식을 처분하며 T사 주식 40%를 취득하게 된다. 그런데 지분 변동 전 S사 주식과 지분 변동 후 T사 주식 40%가 향후 창출할 것으로 예상되는 현금흐름과 관련 위험 및 시기는 동일하다고 보기 어렵다. 따라서 지분교환은 상업적실질이 있으므로 공정가치법으로 회계처리한다.

T사는 지분교환을 통해 공정가치가 220,000원인 S사 주식 80%를 수령하였으므로, 동 금액만큼의 신주를 발행하여 P사에게 교부하게 된다. 따라서 P사의 별도재무제표상 회계처리는 다음과 같다.

(차변)			(대변)		
(차변)	T사 주식	220,000	(대변)	S사 주식	30,000
				종속기업투자처분이익(*)	190,000

(*) 처분이익 = 220,000원(공정가치) − 30,000원(장부금액)

한편, T사는 공정가치가 220,000원인 S사 주식을 취득하고 그에 대가로 신주를 발행하므로 자본항목이 220,000원만큼 증가하게 된다. 따라서 T사의 장부상 순자산은 100,000원에서 320,000원으로 변동된다.

연결조정

연결조정은 단순합산재무제표를 전제하고 이루어짐을 상기하고, 본 거래에 대한 조정 내역을 살펴보자.

연결조정

1단계 : 순자산조정			
S사 자본	50,000	S사 주식(*4)	220,000
T사 자본(*1)	320,000	T사 주식(*4)	230,000
영업권	30,000	**이익잉여금(*5)**	**20,000**
T사 공정가치 차액(*2)	50,000	자본잉여금(*6)	69,000
이익잉여금(*3)	190,000	비지배지분(*7)	86,000
		이익잉여금(*8)	15,000
2단계 : 순이익조정			
수익(처분이익)(*8)	190,000	수익(처분이익)(*3)	15,000
		이익잉여금	175,000

(*1) T사 자본 = 증자 후 자본 = 100,000원 + 220,000원 = 320,000원

(*2) T사 공정가치 차액(자산 항목) = 150,000원 - 100,000원 = 50,000원

(*3) P사가 별도재무제표에 인식한 S사 주식 처분이익 제거

(*4) S사 주식과 T사 주식 : P사와 T사가 별도재무제표에 인식한 S사와 T사 주식 장부금액 제거

(*5) P사가 S사와 T사 주식을 취득하여 거래일까지 인식하고 있었던 지분 이익
- S사 주식 = 50,000원 × 80%(지분액) - 30,000원(취득금액) = 10,000원
- T사 주식 = 100,000원 × 20%(지분액) - 10,000원(취득금액) = 10,000원

(*6) S사 주식을 이전하면서 인식한 지분거래이익

(*7) 비지배지분
- S사 사업 = 50,000원 × 52%(지분액) = 26,000원
- T사 주식 = 150,000원 × 40%(지분액) = 60,000원

(*8) 관계기업주식처분이익 : 연결 관점에서 인식해야 할 관계기업주식처분이익

3. 현물출자 : 종전 관계기업 지분교환을 통해 관계기업에 대한 지배력 확보

기업이 관계기업주식을 다른 관계기업에게 이전하고 해당 관계기업에 대한 신주를 취득하여 종속기업으로 변경되는 거래는, 아래 지배구조를 통해 설명한다.

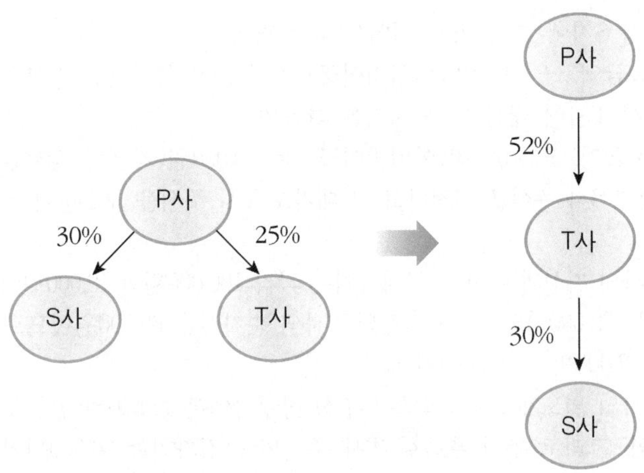

P사가 S사 주식을 T사에게 이전하고 T사가 그 대가로 지분을 발행하여 P사에게 교부한다면, 연결실체 내 사업은 다음과 같이 변경된다.

구 분	지분 변동 전	지분 변동 후
구성사업과 주식	P사 사업, S사 주식, T사 주식	P사 사업, S사 주식, T사 사업(유효 지분액 : 52%)

S사는 지분교환이 발생하였음에도 여전히 관계기업에 해당한다. 따라서 S사 주식은 지분교환이 발생하였으나 종전 장부금액을 유지한다.[115)]

T사는 지분교환 후 관계기업에서 종속기업으로 분류가 변경되므로 단계적인 취득에 해당한다. 따라서 P사는 관계기업 T사 주식을 공정가치로 처분하고, 종속기업 T사 주식을 공정가치로 취득하는 회계처리를 실시한다.

예제 3

• P사는 S사와 T사 지분을 각각 30%와 25%씩 보유하고 있음.
• 거래 직전 연결 관점에서 S사와 T사에 대한 정보는 다음과 같음.

구 분	T사	S사
장부금액	20,000	18,000
공정가치	40,000	30,000

115) **사업결합의 대가로 이전한 자산이나 부채를 종속기업이 소유하게 되어 사업결합 후에도 연결실체가 보유하면, 이전대가를 공정가치로 측정할 수 없고 장부금액으로 계속 측정한다**(K-IFRS 제1103호 문단 38).

- 연결 관점에서 S사에 대한 평가 내역은 다음과 같음.
  11,000원(취득금액) + 7,000원(이익잉여금) = 18,000원(지분법 장부금액)
- 연결 관점에서 T사에 대한 평가 내역은 다음과 같음.
  15,000원(취득금액) + 5,000원(이익잉여금) = 20,000원(지분법 장부금액)
- P사는 T사에게 S사 주식을 이전하고 그 대가로 T사 주식을 교부받아 지분율이 52%로 상승함.
- 거래 직전 T사의 자산과 부채의 공정가치는 각각 100,000원과 18,000원이므로, T사의 순자산 공정가치는 82,000원임. 거래 직전의 T사의 순자산은 65,000원이므로 공정가치 차액은 17,000원(= 82,000원 − 65,000원)임.
- 거래 직전 P사의 별도재무제표상 S사 주식 장부금액은 11,000원이며, T사 주식 장부금액은 15,000원임. 그리고 추가 취득한 T사 주식의 공정가치는 30,000원임.
- 거래 직전 T사의 별도재무제표상 순자산은 65,000원이었으나, 거래를 통해 30,000원의 유상증자를 실시하여 순자산이 95,000원으로 증가함.

요구사항

1. 지분교환 과정에서 인식하여야 할 당기손익을 계산하시오.
2. 영업권 금액을 계산하시오.
3. 연결 관점의 회계처리를 제시하시오.

처분손익

- T사 주식(관계기업)의 공정가치 = 40,000원
- T사 주식(관계기업)의 장부금액 = 20,000원
- 처분이익 = 40,000원 − 20,000원 = 20,000원

상기 과정을 연결 관점의 회계처리로 예시하면 다음과 같다.

(차변)	T사 주식(공정가치)	40,000	(대변) T사 주식(장부금액)	20,000
			처분이익	20,000

영업권의 산정

- 이전대가 = **S사 주식의 장부금액** + T사 주식의 공정가치
  = 18,000원 + 40,000원 = 58,000원
- T사 순자산 공정가치 = T사 사업의 순자산 공정가치 + **S사 주식의 장부금액**
  = 82,000원 + 18,000원 = 100,000원

• 영업권 = 이전대가 − T사 순자산 공정가치 × 지분율
　　　= 58,000원 − 100,000원 × 52% = 6,000원

• 비지배지분 = 100,000원 × 48% = 48,000원

P사가 T사를 취득하는 과정을 연결 관점의 회계처리로 예시하면 다음과 같다.

(차변)			(대변)		
(차변)	T사 사업 자산	100,000	(대변)	T사 사업 부채	18,000
	S사 주식(장부금액)	18,000		T사 주식(공정가치)	40,000
	영업권	6,000		S사 주식(장부금액)	18,000
				비지배지분	48,000

별도재무제표 관점

별도재무제표 관점에서 지분교환을 생각해 보자. P사는 S사 주식을 처분하며 T사 주식을 추가로 취득하게 된다. 그런데 지분 변동 전 S사 주식과 지분 변동 후 추가로 취득한 T사 주식이 향후 창출할 것으로 예상되는 현금흐름과 관련 위험 및 시기는 상이하다.

따라서 지분교환은 상업적실질이 있으므로 공정가치법으로 회계처리한다.

(차변)			(대변)		
(차변)	T사 주식	30,000	(대변)	S사 주식	11,000
				관계기업투자처분이익(*)	19,000

(*) 처분이익 = 30,000원(공정가치) − 10,000원(장부금액)

T사의 지분교환 전 순자산은 65,000원이었으나 S사 주식을 30,000원(공정가치)에 취득하면서 신주를 발행하였으므로 순자산은 95,000원(= 65,000원 + 30,000원)으로 증가한다.

연결조정

연결조정은 단순합산재무제표를 전제하고 이루어짐을 상기하고, 본 거래에 대한 조정 내역을 살펴보자.

연결조정

1단계 : 순자산조정			
T사 자본(*1)	95,000	S사 주식(*4)	12,000
영업권	6000	T사 주식(*4)	45,000
T사 공정가치 차액(*2)	17,000	비지배지분	48,000
이익잉여금(*3)	19,000	이익잉여금(*5)	20,000
		이익잉여금(*6)	12,000
2단계 : 순이익조정			
수익(처분이익)(*3)	19,000	수익(처분이익)(*5)	20,000
이익잉여금	1,000		

(*1) T사 자본 = 증자 후 자본 = 65,000원 + 30,000원 = 95,000원
(*2) T사 사업의 공정가치 차액 = (100,000원 - 12,000원) - 65,000원 = 17,000원
(*3) P사가 별도재무제표에 인식한 S사 주식 처분이익 제거
(*4) T사 별도재무제표에 계상된 S사 주식(30,000원)을 연결 장부금액(18,000원)으로 조정
(*5) 관계기업 T사 주식을 처분하면서 발생한 처분이익
(*6) 지배력 획득일 이전 인식하였던 관계기업 S사와 T사에 인식한 누적 지분 이익
= S사 주식(7,000원) + T사 주식(5,000원) = 12,000원

4. 관계기업에게 종속기업주식을 처분하는 경우

(1) 종속기업주식을 전량 처분한 경우

지배기업은 지배력을 상실할 경우 종속기업이 보유하고 있는 자산과 부채를 제거하고 유입된 현금과의 차이는 당기손익으로 처리하도록 규정하고 있다(K-IFRS 제1110호 문단 25). 반면, K-IFRS 제1028호 문단 28과 30에서는 투자기업과 관계기업이 내부거래를 실시할 경우 미실현손익을 제거하도록 규정하고 있다.

상기 두 규정은 지배기업이 종속기업주식을 관계기업에게 처분할 경우 인식해야 할 처분손익에 대한 다른 회계처리를 시사한다. 이러한 기준서의 상충을 해소하기 위하여 2014년 9월 IASB는 IFRS 10과 IAS 28에 대한 개정을 발표하였으며, 그 주요 내용은 다음과 같다.

① '사업'에 해당하지 않는 비화폐성자산이 관계기업에 출자되거나 매각될 때 발생한 손익에 대해서는 기업의 지분과 무관한 손익까지만 인식한다.

② '사업'에 해당하는 비화폐성자산을 관계기업에 출자 또는 매각하였다면 처분손익은 전액 인식한다.

그러나 IASB는 상기 개정(안)이 다른 기준서의 일부 규정과 상충될 수 있음을 인지하고 개정 기준의 적용을 연기하였으며, 공개초안만 발표한 상태이다. 따라서 관계기업에게 종속기업주식을 처분할 경우에는 상기 두 가지 방법 중 하나를 개정 기준서가 확정되기 이전까지 회계정책으로 선택하고 일관성 있게 적용할 수 있을 것이다.

예제 4

- P사는 S사 지분 100%를 보유하고 있음.
- P사는 연결재무제표상 S사에 대한 지분을 37,000원 인식하고 있음.
- S사는 '사업' 요건을 충족하고 있음.
- P사는 A사 주식 40%를 보유하고 있으며, 관계기업으로 분류하고 있음.
- P사는 A사에게 S사 주식을 42,000원에 처분함.

요구사항 연결 관점의 처분손익을 계산하시오.

처분손익을 전액 인식하는 경우

(차변) 현금	42,000	(대변) S사 순자산	37,000
		처분이익(당기손익)	5,000

미실현손익을 제거하는 경우

(차변) 현금	42,000	(대변) S사 순자산	37,000
		처분이익(당기손익)	5,000
(차변) 지분법손실	2,000	(대변) 관계기업투자	2,000

(2) 지배력 상실 후 잔여지분이 관계기업투자인 경우

지배기업이 관계기업에게 종속기업주식 일부를 처분한 후 잔여 주식을 관계기업주식으로 분류할 경우, 지배기업이 인식하는 처분손익은 다음과 같이 구분할 수 있다.

① 종속기업주식을 처분함으로써 발생한 손익

② 잔여 주식을 공정가치로 측정함으로써 발생한 손익

예제 5

- P사는 S사 주식과 A사 주식을 각각 100% 및 20%를 취득하고 있음.
- P사는 A사에 S사 주식 70%를 처분하고 21,000원을 수령함.
- 지배력 상실 시점에 S사의 순자산은 10,000원임.
- 잔여 S사 주식 30%의 공정가치는 9,000원임.
- P사는 K-IFRS 제1110호 개정(안)에 따라 회계처리함.

요구사항

1. S사가 사업에 해당할 경우 연결 관점의 처분손익을 계산하시오.
2. S사가 사업에 해당하지 않을 경우 연결 관점의 처분손익을 계산하시오.

지배구조

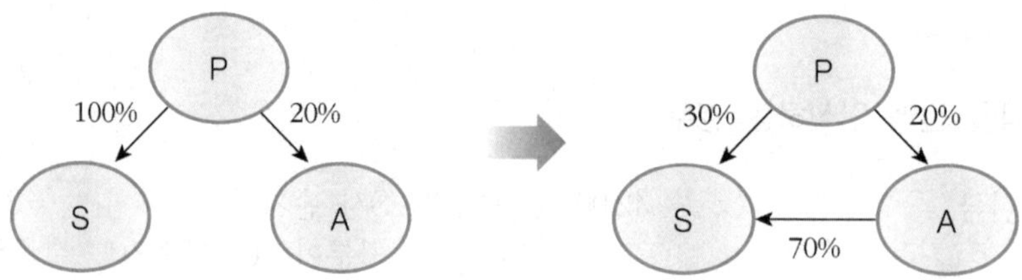

사업에 해당할 경우

(차변)	현금	21,000	(대변)	S사 순자산	10,000
	관계기업투자	9,000		처분이익(당기손익)	20,000

K-IFRS 제1110호 개정(안)에 따르면 '사업'에 해당하는 비화폐성자산을 관계기업에 출자 또는 매각하였다면 처분손익을 전액 인식한다.

사업에 해당하지 않을 경우

- 종속기업주식을 처분하여 발생한 처분손익

(차변)	현금	21,000	(대변)	S사 순자산	7,000
				처분이익(당기손익)	14,000

(차변)	처분이익	2,800	(대변)	관계기업투자(A)	2,800

종속기업주식의 70%를 처분하여 발생한 이익은 14,000원으로 계산되는데, 사업이 아닌 자산을 처분하였으므로 2,800원(= 14,000원 × 20%, 미실현자산)은 관계기업투자에서 차감한다.

• 잔여 주식을 공정가치로 평가하여 발생한 손익

(차변)	관계기업투자(S)	9,000	(대변)	S사 순자산	3,000
				처분이익(당기손익)	6,000
(차변)	처분이익	2,800	(대변)	관계기업투자(S)	2,800

종속기업주식의 30%에 해당하는 순자산 지분액은 3,000원이나 주식의 공정가치가 9,000원이므로 6,000원만큼의 처분이익을 인식하는데, 동 금액에 대해서는 44%(= 1 − 70% × 80%)에 해당 금액을 미실현자산으로 인식한다.

동 과정은 P사가 S사에 대해 보유하고 있는 지분율에 해당하는 30%의 미실현자산을 제거하고, 나머지 70%에 대해서는 P사와 A사의 관계를 고려하여 간접 지분액인 14%(= 70% × 20%)만큼을 추가로 제거하는 과정으로 이해할 수 있다.

5. 비순차적인 취득

〈제12장〉에서 순차적인 지배·종속 관계를 살펴보았다. 그러나 종속기업의 규모가 크다면, 이미 해당 종속기업도 종속기업을 소유하고 있을 가능성이 상당하므로 비순차적인 취득은 빈번하게 발생한다.

일견 순차적인 취득이나 비순차적인 취득은 큰 차이가 없어 보이지만 비순차적인 지배·종속 관계가 연결회계에 미치는 영향은 순차적인 지배·종속 관계보다 복잡하다. 왜냐하면 연결 관점에서 순차적인 취득은 지배기업이 종속기업이 보유하고 있는 자산과 부채를 취득하는 개념이지만, **비순차적인 취득은 중간 지배기업의 연결실체가 보유하고 있는 자산과 부채를 취득하는 개념**이기 때문이다.

이를 재무제표 분석 단위로 말하자면 비순차적인 취득을 통한 사업결합은 중간 지배기업의 별도재무제표가 아닌 중간 지배기업의 연결재무제표상 자산과 부채를 대상으로 한 사업결합으로 표현할 수 있다.

다만, **비순차적인 취득에서 종속기업이 인식하고 있었던 종전의 영업권은, 지배력을 획득하는 시점에 식별 가능한 자산으로 인정하지 않는다.** 잔여 금액으로 측정되는 영업권의 산출 논리상 사업결합 이전에 영업권이 존재할 수 없기 때문이다.

예제 6

- S사는 01년 초 T사 주식을 80% 취득하여 지배력을 획득함.
- P사는 03년 초 S사 주식을 60% 취득하여 지배력을 획득함.
- S사는 가전제품을 생산하고, P사와 T사는 동일한 지역에서 물류업을 영위하고 있음.

요구사항 P사와 S사의 관점에서 T사에 대한 영업권을 평가하시오.

P사 관점에서 순자산과 영업권 분석

S사는 자신이 생산한 가전제품을 판매할 유통망을 위해 T사를 인수하였으므로, Synergy 효과를 높게 측정하여 영업권을 클 가능성이 있다. 반면 P사는 S사에 대해서는 Synergy 효과가 있다고 판단할 수 있으나, 동일 업종을 영위하고 있는 T사에 대해서는 가치가 적다고 판단할 가능성이 크다.

S사의 연결재무제표상 표시되어 있는 T사에 대한 영업권은 S사 관점에서 평가한 가치이므로, P사는 S사가 기존에 측정한 영업권 가치를 무시하고 P사의 관점에서 T사에 대한 영업권을 새롭게 측정해야 한다.

비순차적인 취득 시 유의사항

연결실체가 변동하면 연결실체에 속한 기업들의 역할도 변화하기 마련이므로, 비순차적인 취득이 발생한 경우에는 영업권을 비롯한 자산과 부채의 평가가 종전과 달라진다. 따라서 기존 지배기업(S사)이 관점에서 평가한 보고서는 참조하기 어렵다.

(1) 매수가격배분 절차

S사가 01년에 T사를 취득하고, P사가 S사를 02년에 취득하였다고 가정해 보자. 이 경우 P사는 지배력을 획득하는 시점을 기준으로 하여, S사의 연결재무제표상 자산과 부채에 대한 공정가치 평가를 실시하고 매수가격배분 절차를 실시하게 된다. 비순차적인 취득에 대한 매수가격배분 절차 과정에서 특히 유의할 사항은 다음과 같다.

첫째, P사의 관점에서 02년 초에 P사는 S사뿐만 아니라 T사가 보유하는 자산 · 부채도 공정가치로 평가한다. 01년에 이루어진 T사의 별도재무제표상 자산 · 부채 평가는 S사의 관점이 반영된 것이나, 02년에는 P사의 관점에서 S사와 T사의 자산과 부채를 평가하는 것

이기 때문이다. 즉, 지배력 획득의 시점의 차이뿐만 아니라 연결실체의 변화로 인하여, 동일한 자산과 부채라 할지라도 측정된 공정가치는 다를 수 있다.

둘째, S사와 T사의 자산 · 부채를 공정가치로 평가한 이후 사후적으로 산출된 영업권은 현금창출단위(Cash Generating Unit, CGU)**를 고려하여 배분한다.**[116)]

지배기업이 종속기업주식을 100% 취득하는 경우 결정되는 기업의 가치는 다음과 같이 표현할 수 있다.

- 취득금액 = 기업가치
- 기업가치 = 자산 · 부채의 공정가치 + 영업권

산식을 예시하고 있는 지배구조에 대입하면 다음과 같다.

- 취득금액 = S사 기업가치 + T사 기업가치
- 기업가치 = S사 자산 · 부채의 공정가치 + T사 자산 · 부채의 공정가치 + 영업권

위의 산식에서 영업권은 S사와 T사의 자산 · 부채에 대한 공정가치가 확정된 이후 잔여금액으로 계산되나, 그 금액이 S사에 귀속될 것인지 아니면 T사에 귀속될 것인지는 추가적인 절차를 통해 결정된다.

예제 7

1. S사의 지배력 획득
   - S사는 01년 초에 5,000원을 지급하고 100%의 T사 주식을 취득함.
   - 01년 초 T사의 순자산 장부금액은 3,000원이며, 자산 · 부채의 공정가치는 장부금액과 동일함.
   - S사가 지배력 획득 시 인식한 영업권 = 5,000원 - 3,000원 = 2,000원
2. P사의 지배력 획득
   - P사는 02년 초에 18,000원을 지급하고 100%의 S사 주식을 취득함.
   - 02년 초 S사와 T사의 순자산 장부금액은 각각 15,000원과 4,000원임.

116) K-IFRS 제1103호는 사업결합 단위를 사업단위가 아닌 사업결합(사업 또는 사업들에 대한 지배력을 획득하는 거래) 단위로 규정하고 있다. 따라서 사업결합 단위로 잔여금액인 영업권(또는 염가매수차익)을 산정하게 되며, 영업권을 다시 사업 단위별로 배분한다는 규정은 없다.
그러나 영업권이 취득한 종속기업별로(또는 사업별로) 배분되지 않는다면 여러 가지 문제가 발생한다. 예를 들어 특정 종속기업주식을 처분할 경우 처분손익을 계산할 수 없고, 특정 사업에 대한 손상 징후가 발견되더라도 구체적인 손상검사도 어렵다.
따라서 단일의 거래를 통해 여러 종속기업을 취득한다면, 종속기업이 영위하는 사업을 고려하여 영업권을 배분해야 한다.

• 02년 초 S사가 소유하고 있는 T사 주식 이외에 S사와 T사의 자산 · 부채 공정가치는 장부금액과 동일함.
• 매수가격배분 결과 T사 사업에 대해서는 500원의 영업권이 배분됨.
• 02년 초 P사의 재무제표는 S사 주식과 기타자산 12,000원으로 구성됨.

요구사항 P사가 지배력 획득일 현재 연결재무제표에 표시할 영업권을 계산하시오.

취득 회계처리

• S사와 T사에 대한 영업권
= 취득금액 − (S사 자산 · 부채의 공정가치 + T사 자산 · 부채의 공정가치)
= 18,000원 − (15,000원 − 5,000원 + 4,000원)
= 4,000원

(*) S사 사업의 자산 · 부채는 T사 주식의 장부금액을 차감하여 계산됨.

• 영업권 배분 : 〈예제 7〉의 가정에 따라 T사에 500원을 배분하고, 잔액은 S사에 배분한다.

(차변)	S사 순자산 공정가치	10,000	(대변) 현금	18,000
	T사 순자산 공정가치	4,000		
	영업권(S사 사업)	3,500		
	영업권(T사 사업)	500		

연결조정

연결조정은 P사 관점에서 파악된 S사와 T사의 사업이 아닌, S사와 T사가 보고한 별도재무제표를 기준으로 이루어진다는 점에 유의하고, 본 거래에 대한 조정 내역을 살펴보자.

연결조정

S사의 자본 항목	15,000	주식 S	18,000
T사의 자본 항목	4,000	주식 T	5,000
영업권(S사 사업)	3,500		
영업권(T사 사업)	500		

연결정산표

	P사	S사	T사	단순합산	조정	연결 관점
주식S	18,000	–	–	18,000	(18,000)	–
주식T	–	5,000	–	5,000	(5,000)	–
기타자산	12,000	10,000	4,000	26,000	–	26,000
영업권	–	–	–	–	4,000	4,000
자산계	30,000	15,000	4,000	49,000	(19,000)	30,000
순자산계	30,000	15,000	4,000	49,000	(19,000)	30,000

(2) 비지배지분이 존재하는 경우의 비순차적인 취득

비순차적인 취득을 통하여 지배력을 획득하였으나 종속기업에 대하여 취득한 지분율이 100% 미만이라면, 비지배지분에 대한 영업권 이슈가 발생한다. 따라서 매수가격배분 절차가 까다로워지는데 다음 예제로 그 내용을 살펴보자.

예제 8

1. S사의 지배력 획득
   - S사는 01년 초에 5,000원을 지급하고, 80%의 T사 주식을 취득함.
   - 01년 초 T사의 순자산 장부금액은 5,000원이며, 자산・부채의 공정가치는 장부금액과 동일함.
   - S사가 지배력 획득 시 인식한 영업권 = 5,000원 − 5,000원 × 80% = 1,000원

2. P사의 지배력 획득
   - P사는 02년 초에 15,000원을 지급하고, 60%의 S사 주식을 취득함.
   - 02년 초 S사와 T사의 순자산 장부금액은 각각 12,000원과 5,500원임.
   - 02년 초 S사 사업(T사 주식 제외)과 T사 사업의 공정가치는 각각 7,000원과 5,500원이며, T사 주식 이외에 S사와 T사의 자산・부채의 공정가치는 장부금액과 동일함.
   - 02년 초 P사의 재무제표는 S사 주식과 기타자산 12,000원으로 구성됨.

3. 영업권
   - P사는 부분영업권 인식방법을 회계정책으로 채택하고 있음.
   - 매수가격배분절차 결과 S사 사업에 대해서는 5,000원의 영업권이 배분됨.

요구사항 지배력 획득일 현재 인식할 영업권과 비지배지분을 계산하시오.

연결 관점의 취득 회계처리

(차변)	S사 순자산[(*1)]	7,000	(대변) 현금지급	15,000
	T사 순자산[(*1)]	5,500	S사 비지배지분	B
	영업권(S사 사업)[(*3)]	5,000	T사 비지배지분[(*2)]	1,100
	영업권(T사 사업)	A		

(*1) 연결 관점에서 취득 대상은 S사와 T사 사업의 공정가치 인식

(*2) T사 비지배지분 = 5,500원 × 20% = 1,100원

(*3) 예제의 가정에 따라 S사 사업에 대한 영업권은 5,000원 배분

영업권의 배분

부분영업권 방식을 적용하더라도 T사 사업에 대한 영업권을 인식하는 주체는 S사이므로, P사뿐만 아니라 S사의 비지배주주도 영업권을 인식하게 된다. 따라서 연결재무제표에 표시될 T사 사업에 대한 영업권이 A인 경우 S사의 비지배주주에게는 A × 40%만큼 안분되며, P사에게는 A × 60%만큼 안분된다.

T사 주식의 공정가치는 T사의 순자산 공정가치에 대한 지분액과 영업권(A)의 합이므로 다음과 같은 산식으로 표현할 수 있다.

- T사 주식 공정가치 = 5,500원 × 80% + A

S사의 순자산 공정가치는 T사 주식의 공정가치와 T사 주식을 제외한 기타 자산・부채의 공정가치로 구성되므로, 다음과 같이 표현할 수 있다.

- S사 순자산 공정가치 = 7,000원 + T사 주식 공정가치

S사의 비지배지분은 S사 순자산 공정가치의 40%이므로, 다음과 같이 표현할 수 있다.

- S사 비지배지분(B)
  = S사 순자산 공정가치 × 40%
  = (7,000원 + T사 주식 공정가치) × 40%
  = (7,000원 + 5,500원 × 80% + A) × 40%
  = 4,560원 + A × 40%

상기 내용을 취득 회계처리에 대입하면 다음과 같다.

- 17,500원 + A = 16,100원 + B(= 4,560원 + A × 40%)

식을 정리하면 A는 5,267원이며, S사의 비지배지분은 6,667원(= 4,560원 + 2,107원)으로 계산된다. 즉, S사에게 귀속될 전체 영업권은 5,267원으로 계산되며, 이 중 P사에게 3,160원(= 5,267원 × 60%)이 귀속되고 S사의 비지배주주에게 2,107원이 귀속된다.

연결조정

연결조정

S사 자본 항목	12,000	주식S	15,000
T사 자본 항목	5,500	주식T	5,000
영업권(S사 사업)	5,000	S사 비지배지분	6,667
영업권(T사 사업)	5,267	T사 비지배지분	1,100

지금까지 살펴본 내용을 토대로 비순차적인 취득을 통한 지배력 획득 시 유의할 사항을 요약하면 다음과 같다.

① 최상위 지배기업은 비순차적인 취득을 통하여 지배력을 획득한 중간 지배기업(S사)의 연결재무제표상 자산과 부채를 기준으로 매수가격배분 절차를 수행한다.

② 최상위 지배기업은 비순차적인 취득을 통하여 발생한 영업권을 연결실체 내 현금흐름창출단위를 고려하여 안분한다.

③ 취득한 지분율이 100%가 아닌 경우 중간 지배기업(S사)의 비지배주주에게 배분할 하위의 종속기업(T사)에 대한 영업권을 고려하여 연결재무제표상 영업권을 결정한다.

제 2 절 환율변동효과

1. 환산 시 유의사항

(1) 종속기업이 보유하는 종속기업 및 관계기업주식의 환산

복잡한 지배구조에 해외종속기업이 있더라도 연결결산 과정은 대부분 〈제12장〉에서 살펴본 내용과 동일한데, 일부 특징적인 점은 다음과 같다.

① 해외종속기업이 소유하고 있는 다른 종속기업주식이나 관계기업주식 : 이중 환산을 방지하기 위해 취득금액에 **역사적환율을 적용**

② 매수가격 배분 : **지배력 획득 당시 외화 기준으로 공정가치 차액이나 영업권 산정**

예제 9

- P사는 01년 초 US$ 500으로 해외 소재 S사를 설립 취득(100%)
- S사는 01년 초 기계장치와 T사 주식 100%를 취득하는데 각각 US$ 300와 US$ 200를 투자함.
- T사는 해외에 소재하는 기업으로서 US$ 200의 토지만 보유하고 있음.
- 01년 초와 01년 말 환율은 각각 1,000원과 1,100원임.

요구사항 01년 연결재무제표에 표시될 해외사업환산차이를 계산하시오.

T사 주식의 취득은 연결 관점에서 토지를 의미하므로, 이중으로 환율변동효과가 반영되는 것을 방지하기 위해 T사 주식은 기말환율이 아닌 역사적환율을 적용하여 환산한다.[117)] 연결 관점에서는 US$ 500를 가지고 기계장치와 토지를 취득하는데 각각 US$ 300와 US$ 200를 사용한 것에 불과하기 때문이다.

따라서 기계장치와 토지에 대한 50,000원(= US$ 300 × 100원 + US$ 200 × 100원)의 해외사업환산차이만 발생한다.

117) 만일 최상위 지배기업이 중간 지배기업의 연결재무제표를 기초로 순차연결방식을 적용하는 경우에는 중간 지배기업이 US$ 기준으로 연결재무제표를 만들고, 동 연결재무제표를 환산하여 최상위 지배기업의 연결재무제표를 작성한다면 이중환산 효과를 방지할 수 있다. 그러나 이는 연결실체 내 기업들이 연결범위에 포함된 시기가 상이하다면 적용할 수 없고, 현금흐름표 작성 등의 이유로 권장할 만한 방법은 아니다.

(2) 취득금액의 외화 환산

국내에 소재하는 지배기업이 해외종속기업을 원화로 지급하여 지배력을 획득하였다고 하더라도, 지배력 획득 당시의 외화 금액을 기준으로 공정가치 차액이나 영업권을 산정한다. 해외종속기업의 순자산 지분액이나 공정가치 차액 등은 해외종속기업이 보유하고 있는 자산이므로, 외화를 기준으로 취득금액을 배분해야 지배력 획득일 이후 해외사업환산차이(기타포괄손익)를 적절하게 산정할 수 있다.

2. 연속적인 지배 · 종속 관계

해외에 소재하는 종속기업이 복잡한 구조로 얽혀 있는 경우의 평가 절차는 다음 예제로 살펴본다.

예제 10

- 국내에 소재하는 P사는 해외 소재 S사(기능통화 : US$) 주식을 60% 취득함.
- S사는 해외 소재 T사(기능통화 : US$) 주식을 80% 취득함.

요구사항 P사의 연결재무제표 작성 시 유의사항을 검토하시오.

지배구조가 복잡할수록 평가주체와 평가대상을 명확하게 정의해야 상호 간에 얽혀 있는 평가의 흐름을 논리적으로 설계할 수 있는데, 〈예제 10〉의 평가 흐름은 다음과 같다.

평가 주체	평가 대상	
	직접소유	간접소유
T사 비지배주주	T사	–
S사	T사	–
S사 비지배주주	S사	T사
P사	S사	T사

상기 지배구조에서 연결조정 시 유의할 사항은 다음과 같다.

① 단순합산재무제표의 대상이 되는 S사와 T사의 재무제표를 현행환율법에 따라 환산한다. 단, S사가 계상하고 있는 T사 주식은 역사적환율을 적용한다.

② 지배구조 단계의 가장 하위에 위치한 기업부터 지분 평가를 실시한다.

③ P사의 간접소유 지분효과

• 누적 지분 평가상 간접소유 지분액 = S사의 T사 누적 지분 평가 × 60%
• 순자산 분석상 간접소유 지분액
　= (S사의 T사 누적 지분 평가 : 지분액 합계 − 취득금액) × 60%

사례 1 복잡한 해외 지배구조

1 S사 주식 취득

한국 소재 P사(기능통화 : KRW)는 미국 소재 S사(기능통화 : US$) 주식을 01년 초 다음과 같이 취득함.

지분율	60%
취득금액(US$)	300
취득금액(KRW)	258,000

비지배지분은 식별 가능한 순자산 공정가치에 비례하여 인식함.
한편, 지배력 획득일 현재 S사의 자산·부채 장부금액은 공정가치와 모두 일치함.

2 T사 주식 취득

S사는 미국 소재 T사 주식을 01년 초 다음과 같이 취득함.

지분율	80%
취득금액(US$)	200

지배력 획득일 현재 T사의 자산·부채 장부금액은 공정가치와 모두 일치함.

3 환율정보(US $1당)

	01년	02년
기초	860	900
평균	880	950
기말	900	1,000

④ 요약 별도재무제표

	지배기업(P) - KRW			종속기업(S) - US$			종속기업(T) - US$		
	취득	01년	02년	취득	01년	02년	취득	01년	02년
주식S	258,000	258,000	258,000	-	-	-	-	-	-
주식T	-	-	-	200	200	200	-	-	-
기타자산	222,000	322,000	402,000	250	290	340	200	220	250
계	480,000	580,000	660,000	450	490	540	200	220	250
자본금	250,000	250,000	250,000	300	300	300	200	200	200
이익잉여금	230,000	330,000	410,000	150	190	240	-	20	50
계	480,000	580,000	660,000	450	490	540	200	220	250
수익		500,000	500,000		460	500		200	180
비용		400,000	420,000		420	450		180	150
당기손익		100,000	80,000		40	50		20	30

요구사항

1. S사와 T사의 별도재무제표를 환산하시오.

2. 지배력 획득일과 01년 및 02년의 연결재무제표를 작성하시오.

해설

Ⅰ. 분석

1. 환산재무제표

	종속기업(S) - KRW			종속기업(T) - KRW		
	취득	01년	02년	취득	01년	02년
주식S	-	-	-	-	-	-
주식T	172,000	172,000	172,000	-	-	-
기타자산	215,000	261,000	340,000	172,000	198,000	250,000
계	387,000	433,000	512,000	172,000	198,000	250,000

	종속기업(S) - KRW			종속기업(T) - KRW		
	취득	01년	02년	취득	01년	02년
자본금	258,000	258,000	258,000	172,000	172,000	172,000
이익잉여금	129,000	164,200	211,700	-	17,600	46,100
기타포괄손익	-	10,800	42,300	-	8,400	31,900
계	387,000	433,000	512,000	172,000	198,000	250,000
수익		404,800	475,000		176,000	171,000
비용		369,600	427,500		158,400	142,500
당기손익		35,200	47,500		17,600	28,500

S사 별도재무제표의 환산

① 자산 · 부채는 마감환율을 적용하고, 수익 · 비용은 평균환율을 적용함.

② 주식 T에 대한 환산은 취득시 환율을 적용함(현행환율을 적용할 경우 환산효과를 중복하여 인식하게 됨).

2. 취득금액의 구성내역

(1) S사 주식

	US$		KRW	
	지배기업	비지배지분	지배기업	비지배지분
취득금액	300	180	258,000	154,800
순자산 주식액	270	180	232,200	154,800
영업권	30		25,800	

(2) T사 주식

	US$		KRW	
	지배기업	비지배지분	지배기업	비지배지분
취득금액	200	40	172,000	34,400
순자산 지분액	160	40	137,600	34,400
영업권	40		34,400	

3. 영업권

	취득금액 (US$)	취득금액 (KRW)	기타포괄 손익증감	01년 (환산금액)	기타포괄 손익증감	02년 (환산금액)
T사 주식	30	34,400	1,600	36,000	4,000	40,000
S사 주식	40	25,800	1,200	27,000	3,000	30,000

4. 해외사업환산차이

(1) T사 환산

	01년(누적 금액)			02년(누적 금액)		
	대상금액	지배기업	비지배지분	대상금액	지배기업	비지배지분
T사 별도재무제표	8,400	6,720	1,680	31,900	25,520	6,380
영업권	1,600	1,600	–	5,600	5,600	–
계	10,000	8,320	1,680	37,500	31,120	6,380

(2) S사 환산

	01년(누적 금액)			02년(누적 금액)		
	대상금액	지배기업	비지배지분	대상금액	지배기업	비지배지분
S사 별도재무제표	10,800	6,480	4,320	42,300	25,380	16,920
영업권	1,200	1,200	–	4,200	4,200	–
계	12,000	7,680	4,320	46,500	29,580	16,920

Ⅱ. 누적 지분 평가

1. T사 주식 평가

(1) S사의 T사 누적 지분 평가

	취득금액	기타포괄 손익	NI 지분액	전기이월 이익잉여금	지분액 합계
01년	172,000	8,320	14,080	–	194,400
02년	172,000	31,120	22,800	14,080	240,000

순자산 분석

	순자산 지분액	영업권	지분액 합계
취득	137,600	34,400	172,000
01년	158,400	36,000	194,400
02년	200,000	40,000	240,000

(2) T사 비지배주주의 누적 지분 평가

	취득금액	기타포괄 손익	NI 지분액	전기이월 이익잉여금	지분액 합계
01년	34,400	1,680	3,520	–	39,600
02년	34,400	6,380	5,700	3,520	50,000

순자산 분석

	순자산 지분액	영업권	지분액 합계
취득	34,400	–	34,400
01년	39,600	–	39,600
02년	50,000	–	50,000

2. S사 주식 평가

(1) P사의 S사 누적 지분 평가

		간접소유 종속기업(T사) 평가			직접소유 종속기업(S사) 평가			
	취득금액	기타포괄손익	NI 지분액	전기이월 이익잉여금	기타포괄손익	NI 지분액	전기이월 이익잉여금	지분액 합계
취득	258,000	4,992	8,448	–	7,680	21,120	–	300,240
02년	258,000	18,672	13,680	8,448	29,580	28,500	21,120	378,000

(*) 간접소유 효과 = S사의 T사 평가액 × 60%

순자산 분석

	간접소유 효과(*)	직접소유 종속기업(S사)		지분액 합계
		순자산 지분액	영업권	
취득	–	232,200	25,800	258,000
01년	13,440	259,800	27,000	300,240
02년	40,800	307,200	30,000	378,000

(*) 간접소유 효과 = (S사의 T사 누적 지분 평가 : 기말장부금액 – 취득금액) × 60%

(2) S사 비지배주주의 누적 지분 평가

		간접소유 종속기업(T사) 평가			직접소유 종속기업(S사) 평가			
	취득금액	기타포괄손익	NI 지분액	전기이월 이익잉여금	기타포괄손익	NI 지분액	전기이월 이익잉여금	지분액 합계
01년	154,800	3,328	5,632	–	4,320	14,080	–	182,160
02년	154,800	12,448	9,120	5,632	16,920	19,000	14,080	232,000

(*) 간접소유 효과 = S사의 T사 평가액 × 40%

순자산 분석

	간접소유 효과(*)	직접소유 기업(S사)		지분액 합계
		순자산 지분액	영업권	
취득	–	154,800	–	154,800
01년	8,960	173,200	–	182,160
02년	27,200	204,800	–	232,000

(*) 간접소유 효과 = (S사의 T사 누적 지분 평가 : 지분액 합계 – 취득금액) × 40%

Ⅲ. 연결재무제표

1. 취득

단순합산

차변	금액	대변	금액
주식S	258,000	자본금	680,000
주식T	172,000	이익잉여금	359,000
기타자산	609,000		

연결조정

차변	금액	대변	금액
자본금(S+T)	430,000	주식S	258,000
이익잉여금(S+T)	129,000	주식T	172,000
영업권	60,200	비지배지분	189,200

연결재무제표

차변	금액	대변	금액
주식S	–	자본금	250,000
주식T	–	이익잉여금	230,000
기타자산	609,000	비지배지분	189,200
영업권	60,200		

2. 01년

단순합산

차변	금액	대변	금액
주식S	258,000	자본금	680,000
주식T	172,000	이익잉여금	511,800
기타자산	781,000	기타포괄손익	19,200
비용	928,000	수익	1,080,800
이익잉여금 (단순합산NI)	152,800		

연결조정

차변	금액	대변	금액
자본금(S+T)	430,000	주식S	258,000
이익잉여금(S+T)	181,800	주식T	172,000
기타포괄손익(S+T)	19,200	이익잉여금	29,568
영업권	63,000	기타포괄손익	12,672
		비지배지분	221,760

연결재무제표

차변	금액	대변	금액
주식S	–	자본금	250,000
주식T	–	이익잉여금	359,568
기타자산	781,000	기타포괄손익	12,672
영업권	63,000	비지배지분	221,760
비용	928,000	수익	1,080,800
이익잉여금 (연결NI)	152,800		

3. 02년

단순합산

차변	금액	대변	금액
주식S	258,000	자본금	680,000
주식T	172,000	이익잉여금	667,800
기타자산	992,000	기타포괄손익	74,200
비용	990,000	수익	1,146,000
이익잉여금 (단순합산NI)	156,000		

연결조정

차변	금액	대변	금액
자본금(S+T)	430,000	주식S	258,000
이익잉여금(S+T)	257,800	주식T	172,000
기타포괄손익(S+T)	74,200	이익잉여금	71,748
영업권	70,000	기타포괄손익	48,252
		비지배지분	282,000

연결재무제표

차변	금액	대변	금액
주식S	–	자본금	250,000
주식T	–	이익잉여금	481,748
기타자산	992,000	기타포괄손익	48,252
영업권	70,000	비지배지분	282,000
비용	990,000	수익	1,146,000
이익잉여금 (연결NI)	156,000		

4. 연결자본변동표

	자본금	이익잉여금	기타포괄손익	비지배지분	합 계
01년 초	250,000	230,000	–	–	480,000
종속기업 취득				189,200	189,200
연결당기순이익		129,568		23,232	152,800
환율변동효과			12,672	9,328	22,000
01년 말	250,000	359,568	12,672	221,760	844,000
02년 초	250,000	359,568	12,672	221,760	844,000

	자본금	이익잉여금	기타포괄손익	비지배지분	합 계
연결당기순이익		122,180		33,820	156,000
환율변동효과			35,580	26,420	62,000
02년 말	250,000	481,748	48,252	282,000	1,062,000

연결당기순이익의 검증

		01년	02년	
1	P사의 별도재무제표상 이익	100,000	80,000	지배기업 소유주지분
2	S사 지분이익	29,568	42,180	
3	비지배지분이익	23,232	33,820	비지배지분
		152,800	156,000	

환율변동효과의 검증

	01년	02년	02년 증감
1 S사 별도재무제표 환산			
① P사 지분	12,672	48,252	35,580
② 비지배지분	7,648	29,368	21,720
2 T사 별도재무제표 환산			
① 비지배지분	1,680	6,380	4,700
	22,000	84,000	62,000

사례를 통하여 살펴본 내용은 다음과 같다.

외화표시 재무제표의 환산

- S사가 소유하고 있는 T사 주식은 취득시점의 환율(**역사적환율**)을 적용하여 환산한다. 현행환율법은 자산과 부채에 대하여 기말환율을 적용하여 환산함을 원칙으로 한다. 그러나 중간 지배기업이 보유한 하위의 종속기업이나 관계기업을 기말환율로 환산하면, 하위의 종속기업이나 관계기업이 보유하는 자산과 부채에 대해 이중으로 환산하는 결과가 발생한다.

해외사업환산차이

- 해외사업환산차이는 복잡한 지배구조라 할지라도 각 기업의 별도재무제표를 기준으로 산정하여 지배기업과 비지배지분에 배분한다.
- T사가 P사에게 미치는 외화환산 효과는 간접소유 효과를 통해 반영된다.

간접소유 효과

- 누적 지분 평가상 간접소유 지분액 = S사의 T사 누적 지분 평가 × 60%
- 순자산 분석상 간접소유 지분액 = (S사의 T사 누적 지분 평가 : 지분액 합계 − 취득금액) × 60%

3. 합동소유

합동소유의 지배구조에 해외종속기업이 포함되어 있는 경우 평가 절차를 예제로 살펴본다.

예제 11

- 국내에 소재하는 P사는 해외 소재 S사(기능통화 : US$) 주식과 T사(기능통화 : US$) 주식을 각각 60%와 50% 취득함.
- P사가 지배력 획득 시 지급한 통화는 KRW임.
- S사는 T사 주식을 40% 취득함.

요구사항 P사의 연결재무제표 작성 시 유의사항을 검토하시오.

합동소유

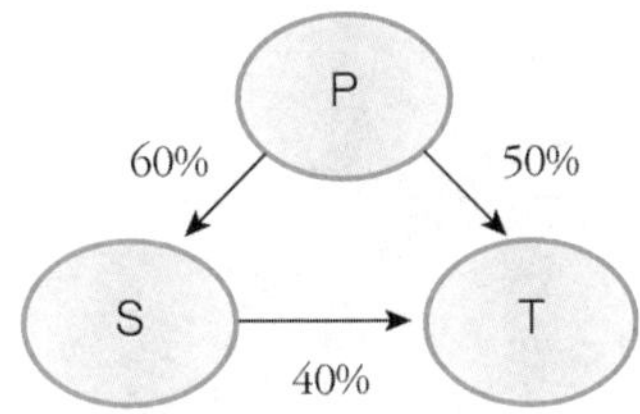

지배구조에 대한 평가 흐름은 다음과 같다.

평가 주체	평가 대상	
	직접소유	간접소유
T사 비지배주주	T사	-
S사	T사	-
S사 비지배주주	S사	T사
P사	S사, T사(50%)	T사(24% = 40% × 60%)

상기 구조에서 연결결산 시 고려할 주요 내용을 정리하면 다음과 같다.

① S사 별도재무제표 환산 시 S사가 소유하고 있는 T사 주식은 기말환율이 아닌 역사적 환율을 적용한다.

② 지배구조 단계에서 가장 하위에 위치한 기업부터 지분 평가를 실시한다. 여기서, S사

와 P사의 누적 지분 평가는 50% 미만일지라도 관계기업에 대한 지분 평가가 아닌 종속기업에 대한 지분 평가를 적용한다.

③ P사의 T사에 대한 지분 평가액은 직접소유 지분액인 50%와 간접소유 지분액 24% (= 40% × 60%)로 구성된다.

④ 간접소유 지분효과

- 누적 지분 평가상 간접소유 지분액 = S사의 T사 누적 지분 평가 × 60%
- 순자산 분석상 간접소유 지분액
  = (S사의 T사 누적 지분 평가 : 지분액 합계 - 취득금액) × 60%

제3절 내부거래

〈제3장〉과 〈제8장〉을 통해 지분관계가 있는 기업 간의 내부거래를 살펴보았는데, 그 내용은 다음과 같다.

① 하향판매 : 내부거래로 발생한 왜곡표시가 지배기업 재무제표에 반영되어 있으므로 전액 제거

② 상향판매 : 내부거래로 발생한 왜곡표시가 종속기업 재무제표에 반영되어 있으므로, 종속기업의 주주에게 안분하여 제거

미실현손익 조정 절차

미실현손익 조정은 해당 거래로 왜곡된 재무제표의 주주에게 그 효과가 반영된다. 복잡한 지배구조 내에서 발생하는 내부거래도 마찬가지이다. 거래가 발생하면 미실현손익이 어떤 주체의 재무제표에 반영되었는지를 먼저 파악하고, 해당 주주들의 지분에 포함된 왜곡효과를 안분한다.

내부거래는 연결실체 내에 지분관계가 없는 기업 간에도 활발하게 발생한다. 직접적인 지분 관계가 없는 기업 간의 거래는 단계적으로 다음과 같이 분석할 수 있다.

① 먼저 기업군별로 그룹화하여 가상의 그룹 간에 내부거래가 발생한 것으로 가정하고 미실현손익을 분석한다.

② 그룹에 배분된 미실현손익은 거래흐름에 따라 개별 기업단위에 재배분한다.

한편, 내부거래로 발생한 미실현손익은 다음과 같이 **지분 평가에 반영**하는 것이 기술적으로 편리하다.

① 지분 관계가 있는 경우 : 해당 지분 평가에 반영

② 지분 관계가 없는 경우

- **상위에 있는 기업이 판매기업인 경우 : 지분 관계를 파악하고 직접 취득하고 있는 기업에 대한 지분평가에 하향판매로 반영**
- **하위에 있는 기업이 판매기업인 경우 : 판매기업에 대하여 실시되는 지분 평가에 상향판매로 반영**

1. 종속기업과 관계기업의 거래

종속기업과 관계기업 간에 내부거래가 발생한 경우 연결회계에 미치는 영향은 다음 예제로 살펴보자.

예제 12

- P사는 S사(종속기업) 주식을 80% 취득하고 있음.
- S사는 A사(관계기업) 주식을 40% 취득하고 있음.
- P사는 A사에게 장부금액이 1,000원인 토지를 1,500원에 처분함(기말 현재 보유).

요구사항 토지 거래로 발생한 미실현손익이 P사의 지분에 미치는 영향을 계산하시오.

지분평가에 반영하는 절차(왜곡수정 절차)

연결실체(P + S)와 A사의 거래로 인하여 미실현손익이 200원이 발생하므로 지분법주식을 200원만큼 차감해야 한다. 그런데 동 주식을 보유하는 주체는 S사이므로, S사의 주주(P사와 S사의 비지배주주)에게 미실현손익이 안분된다.

미실현손익의 배분

- 1단계 : 본 예제의 거래를 (P+S) 그룹이 A사와 내부거래를 수행한 것으로 가정하면, 지분법손익은 다음과 같이 계산된다.
  - (P+S)에 배분된 지분법손익 = 500원 × 40% = (−)200원
- 2단계 : 1단계를 통하여 (P+S)에 배분된 지분법손익은 S사가 직접 A사 주식을 소유하고 있으므로, 지분법손익 (−)200원은 지분율에 따라 다음과 같이 배분된다.
  - P사 = 200원 × 80% = (−)160원
  - S사의 비지배주주 = 200원 × 20% = (−)40원

연결조정

연결조정

순자산조정			
비지배지분	40	관계기업투자	200
이익잉여금	160		
순이익조정			
지분법손실	200	이익잉여금	200

2. 수평판매

지배기업을 경유하지 않고 종속기업 간에 내부거래가 발생할 경우 연결회계에 미치는 영향은 다음 예제로 살펴본다.

예제 13

- P사는 S사 주식을 80% 취득하고 있음.
- P사는 T사 주식을 60% 취득하고 있음.
- S사는 T사에게 장부금액이 1,000원인 토지를 1,200원에 처분함(기말 현재 보유).

요구사항 토지 거래가 P사의 지분에 미치는 영향을 계산하시오.

지분평가에 반영하는 절차(왜곡수정 절차)

처분이익을 인식한 기업은 S사이므로, S사의 별도재무제표가 왜곡된다. 따라서 S사의 주주인 P사 및 S사의 비지배주주의 지분평가에 (즉, 상향판매 형태로) 왜곡효과를 반영한다.

미실현손익의 배분

- S사 비지배주주 = 200원 × 20% = (−)40원
- P사 = 200원 × 80% = (−)160원

연결조정

연결조정

<u>순자산조정</u>			
비지배지분	40	토지	200
이익잉여금	160		
<u>순이익조정</u>			
처분이익(미실현)	200	이익잉여금	200

3. 간접소유 지배구조에서의 내부거래

(1) 연속적인 지배·종속 관계하에서의 내부거래

지배기업과 간접소유 종속기업 간에 발생하는 내부거래가 연결회계에 미치는 영향은 다음 예제로 살펴본다.

예제 14

- P사는 S사 주식을 80% 취득하고 있음.
- S사는 T사 주식을 70% 취득하고 있음.
- T사는 P사에게 장부금액이 1,000원인 토지를 1,200원에 처분함(기말 현재 보유).

요구사항 토지 거래로 발생한 미실현손익이 P사의 지분에 미치는 영향을 계산하시오.

지분평가에 반영하는 절차(왜곡수정 절차)

처분이익을 인식한 기업은 T사이므로, T사의 별도재무제표가 왜곡된다. 따라서 T사의 주주인 S사와 T사 비지배주주에게 왜곡효과를 배분한다.

미실현손익의 배분

- 1단계 : T사의 재무제표가 왜곡되었으므로, T사의 주주인 S사와 T사 비지배주주에게 다음과 같이 미실현손익이 배분된다.
  - S사 = 200원 × 70% = (−)140원
  - T사의 비지배주주 = 200원 × 30% = (−)60원
- 2단계 : S사에게 미치는 영향이 (−)140원이므로, S사의 주주인 P사와 S사 비지배주주에게 지분율에 따라 안분한다.
  - P사 = 140원 × 80% = (−)112원
  - S사 비지배주주 = 140원 × 20% = (−)28원
- 두 단계의 분석과정을 거친 미실현손익의 배분 결과는 다음과 같다.
  - P사 = (−)112원
  - 비지배지분 = 60원 + 28원 = (−)88원

연결조정

연결조정			
<u>순자산조정</u>			
비지배지분	88	토지	200
이익잉여금	112		
<u>순이익조정</u>			
처분이익(미실현)	200	이익잉여금	200

〈예제 14〉의 내부거래는 S사의 연결재무제표에는 반영되지 않는다. 〈제11장〉에서 언급하였듯이 연결시스템은 최상위 지배기업 관점의 지분 평가 구조가 중심이 되어야 한다. 그리고 중간 지배기업의 연결재무제표는 별도의 모듈을 통하여 구성되어 작성되는 것이 적절하다.[118)]

지배기업이 간접소유 종속기업에게 내부거래를 실시하는 경우 내부거래가 연결회계에 미치는 영향을 다음 예제로 살펴보자.

예제 15

- P사는 S사 주식을 80% 취득하고 있음.
- S사는 T사 주식을 70% 취득하고 있음.
- P사는 T사에게 장부금액이 1,500원인 재고자산을 2,000원에 처분함(기말 현재 전량 보유).

요구사항 재고자산 거래로 발생한 미실현손익이 P사의 지분에 미치는 영향을 계산하시오.

재고자산을 처분하여 이익을 인식한 기업은 P사이므로, P사의 별도재무제표에 500원의 왜곡효과가 발생된다. 따라서 P사의 S사 지분 평가에 하향판매 형태로 반영한다.

118) 〈예제 14〉에서 P사가 순차연결 방식으로 연결재무제표를 작성한다고 가정해 보자. 그러한 경우 S사는 T사를 종속기업으로 하여 연결재무제표를 작성하게 되는데, 동 연결재무제표에는 P사와 T사의 거래가 내부거래로 반영되지 않는다. 따라서 P사는 S사 연결재무제표를 대상으로 연결조정 시 P사와 T사 간의 거래를 제거해야 한다. 이렇듯 순차연결을 기본 결산 방식으로 채택하는 경우, 지배기업은 내부거래나 연결범위에 관한 추가 조정을 해야 한다는 번거로움이 있다.

(2) 합동소유하의 내부거래

마지막으로 합동소유하에서 발생하는 내부거래가 연결회계에 미치는 영향을 다음 예제로 살펴보자.

예제 16

- P사는 S사 주식을 60% 취득하고 있음.
- P사는 T사 주식을 40% 취득하고 있음.
- S사는 T사 주식을 30% 취득하고 있음.

요구사항 다음 각각의 경우에 P사에게 미치는 영향을 계산하시오.

1. S사는 T사에게 장부금액이 5,000원인 토지를 10,000원에 처분함(기말 보유).
2. T사는 S사에게 장부금액이 10,000원인 재고자산을 20,000원에 처분함(기말 전량 보유).

Case 1

내부거래를 통하여 S사의 재무제표는 5,000원만큼 왜곡되므로, S사의 주주별로 미실현손익을 배분한다.

- P사 = (−)5,000원 × 60% = (−)3,000원
- S사 비지배주주 = (−)5,000원 × 40% = (−)2,000원

연결조정

1단계 : 순자산조정			
비지배지분	2,000	토지	5,000
이익잉여금	3,000		
2단계 : 순이익조정			
처분이익(미실현)	5,000	이익잉여금	5,000

Case 2

내부거래를 통하여 T사의 별도재무제표는 10,000원만큼 왜곡되므로, T사의 주주인 P사, S사, T사 비지배주주에게 미실현손익을 안분한다.

- P사 = (−)10,000원 × 40% = (−)4,000원
- S사 = (−)10,000원 × 30% = (−)3,000원
- T사 비지배주주 = (−)10,000원 × 30% = (−)3,000원

이때 S사에게 배분된 미실현이익 (－)3,000원은 다시 S사의 주주인 P사와 S사 비지배주주에게 각각 (－)1,800원과 (－)1,200원씩 재배분된다.

연결조정

<u>1단계 : 순자산조정</u>			
비지배지분(*1)	4,200	재고자산	10,000
이익잉여금(*2)	5,800		
<u>순이익조정</u>			
매출원가	10,000	이익잉여금	10,000
<u>2단계 : 순액조정</u>			
매출	20,000	매출원가	20,000

(*1) T사 비지배지분(3,000원) ＋ S사 비지배지분(1,200원) ＝ 4,200원
(*2) P사 직접소유지분(4,000원) ＋ P사 간접소유지분(1,800원) ＝ 5,800원

지분평가에 반영하는 절차

S사가 T사에게 토지를 처분하여 발생한 미실현손익은 S사의 T사에 대한 지분 평가에 하향판매로 반영한다. 여기서 하향판매로 반영하는 이유는 내부거래를 통하여 왜곡된 별도재무제표는 S사의 재무제표이므로 관련 미실현손익을 전액 S사에 귀속시키기 위함이다.

또한 T사가 재고자산을 S사에게 판매함으로써 발생한 왜곡효과는 T사의 재무제표에 반영되므로, S사의 T사에 대한 지분 평가, P사의 T사에 대한 지분 평가 및 T사 비지배주주의 지분 평가에 상향판매로 반영한다.

지금까지 예제를 통하여 살펴본 바와 같이 **미실현손익의 배분 절차**는 다음과 같다.

미실현손익 배분 절차

① 어떤 기업의 별도재무제표가 내부거래로 인하여 왜곡되었는지를 파악하고,
② 그 기업의 주주들에게 왜곡 효과를 안분하여,
③ 지분평가에 반영한다.

4. 종합 사례

앞서 복잡한 지배구조하의 내부거래를 설명하였는데, 내부거래로 발생한 미실현손익 효과를 제거하기 위한 방법을 요약하면 다음과 같다.

① 지분 관계가 있는 경우 : 해당 지분 평가에 반영

② 지분 관계가 없는 경우

- **상위에 있는 기업이 판매기업인 경우 : 지분 관계를 파악하고 직접 취득하고 있는 기업에 대한 지분 평가에 하향판매로 반영**
- **하위에 있는 기업이 판매기업인 경우 : 판매기업에 대하여 실시되는 지분 평가에 상향판매로 반영**

상기 내용에 유념하면서 다음의 지배구조를 상정하고 내부거래를 어떻게 지분 평가에 반영할 것인가를 구체적으로 생각해 보자.

| 종속기업 간의 내부거래 |

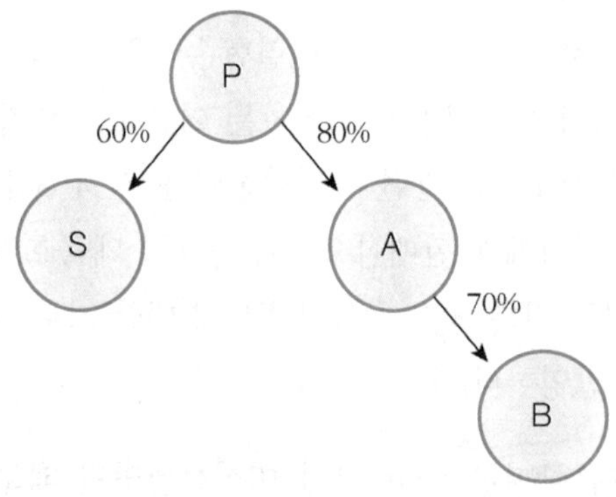

상기 지배구조에서 다음과 같은 내부거래가 발생하였다고 가정하자.

예제 17

- 거래 1 : P사는 B사에게 토지를 처분하여 미실현손익 2,000원이 발생함.
- 거래 2 : B사는 P사에게 재고자산을 매출하여 미실현손익 5,000원이 발생함.
- 거래 3 : S사는 A사에게 건물을 처분하여 미실현손익 10,000원이 발생함.
- 거래 4 : S사와 B사에게 기계장치를 처분하여 미실현손익 7,500원이 발생함.

요구사항 각각의 내부거래가 지분 평가에 반영되는 과정을 분석하시오.

지분 평가의 흐름

평가 주체	평가 대상	
	직접소유	간접소유
B사 비지배주주	B사	-
A사	B사	-
A사 비지배주주	A사	B사
S사 비지배주주	S사	-
P사	S사, A사	B사

P사가 간접소유 형태로 B사에 대하여 지배력을 획득하고 있는 형태이므로, P사는 A사에 대해 지분 평가 시 B사에 대한 간접소유 효과를 반영하게 된다. 내부거래로 발생한 미실현손익은 지분 평가에 다음과 같이 반영된다.

① (거래 1) P사의 A사 지분 평가(하향판매) : P사의 재무제표에 왜곡효과가 반영되어 있다. 따라서 미실현손익이 P사에 모두 귀속되도록 하향판매로 처리한다.

② (거래 2) A사의 B사 지분 평가(상향판매) : B사의 재무제표에 왜곡효과가 반영되어 있다. 따라서 B사의 주주들에게 미실현손익이 반영되도록 상향판매로 처리한다.

③ (거래 3) P사의 S사 지분 평가(상향판매) : S사의 재무제표에 왜곡효과가 반영되어 있다. 따라서 S사의 주주들에게 미실현손익이 반영되도록 상향판매로 처리한다. 만일 동 거래의 판매기업이 A사였다면, P사의 A사 지분 평가에 상향판매로 처리한다.

④ (거래 4) P사의 S사 지분 평가(상향판매) : S사의 재무제표에 왜곡효과가 반영되어 있다. 따라서 S사의 주주들에게 미실현손익이 반영되도록 상향판매로 처리한다. 만일 동 거래의 판매기업이 B사였다면, A사의 B사 지분 평가에 상향판매로 처리하여 B사 주주들에게 미실현손익을 배분한다.

위에서 설명한 지분 평가는 최상위 지배기업인 P사가 연결재무제표를 작성하기 위한 절차로서, 중간 지배기업인 A사가 연결재무제표를 작성할 때에는 적용되지 않는다. A사의 연결재무제표를 위한 지분 평가는 별도 모듈로 설계해야 한다.

사례 2 종속기업 간의 거래

1 주식취득

투자기업	피투자기업	취득시기	지분율	취득금액
P사	S사	01년 초	60%	90,000
P사	A사	01년 초	80%	70,000
A사	B사	01년 초	70%	50,000

비지배지분은 식별 가능한 순자산 공정가치에 비례하여 인식함.
지배력 획득일 현재 피투자기업의 자산·부채 장부금액과 공정가치는 모두 일치함.

2 내부거래

(1) P사와 B사의 거래

구 분	처분	취득	대상자산	공정가치	장부금액	차액	보유재고	비고
01년	P사	B사	토지	12,000	10,000	2,000	–	–
01년	B사	P사	재고자산	10,000	5,000	5,000	10,000	02년 판매

(2) S사와 A사의 거래

구 분	처분	취득	대상자산	공정가치	장부금액	차액	내용연수
01년 초	S사	A사	건물	30,000	20,000	10,000	4

(3) S사와 B사의 거래

구 분	처분	취득	대상자산	공정가치	장부금액	차액	내용연수
01년 초	S사	B사	기계장치	15,000	14,000	1,000	2

3 배당

구 분	P사	S사	A사	B사
01년	20,000	15,000	12,000	10,000

4 요약 별도재무제표

	지배기업(P)			종속기업(S)			종속기업(A)			종속기업(B)		
	취득	01년	02년	취득	01년	02년	취득	01년	02년	취득	01년	02년
S주식	90,000	90,000	90,000	–	–	–	–	–	–	–	–	–
A주식	70,000	70,000	70,000	–	–	–	–	–	–	–	–	–
B주식	–	–	–	–	–	–	50,000	50,000	50,000	–	–	–
기타자산	240,000	270,000	310,000	150,000	165,000	185,000	20,000	28,000	48,000	70,000	70,000	90,000
계	400,000	430,000	470,000	150,000	165,000	185,000	70,000	78,000	98,000	70,000	70,000	90,000
자본금	100,000	100,000	100,000	100,000	100,000	100,000	50,000	50,000	50,000	50,000	50,000	50,000
이익잉여금	300,000	330,000	370,000	50,000	65,000	85,000	20,000	28,000	48,000	20,000	20,000	40,000
계	400,000	430,000	470,000	150,000	165,000	185,000	70,000	78,000	98,000	70,000	70,000	90,000
수익		250,000	320,000		250,000	220,000		150,000	120,000		80,000	90,000
비용		(200,000)	(280,000)		(220,000)	(200,000)		(130,000)	(100,000)		(70,000)	(70,000)
당기손익		50,000	40,000		30,000	20,000		20,000	20,000		10,000	20,000

요구사항

1. P사의 지배력 획득일과 01년 및 02년의 연결재무제표를 작성하시오.
2. A사가 중간지배기업으로서 연결재무제표를 작성하고자 하는 경우, 상기 내부거래가 A사 연결재무제표에 미치는 영향을 논하시오.

해설

Ⅰ. 분석

1. 취득금액의 구성내역

	S사 주식		A사 주식		B사 주식	
	지배기업	비지배지분	지배기업	비지배지분	지배기업	비지배지분
취득금액	90,000	60,000	70,000	14,000	50,000	21,000
순자산 지분액	90,000	60,000	56,000	14,000	49,000	21,000
영업권	–		14,000		1,000	

2. 내부거래

(1) P사와 B사의 토지 거래

지분 평가 : P사의 A사 지분평가에 반영(하향판매, P사가 판매기업)

	01년	02년	03년
처분이익	(2,000)	–	–
토지	(2,000)	(2,000)	(2,000)

(2) B사와 P사의 재고자산 거래

지분 평가 : A사의 B사 지분평가에 반영(상향판매, B사가 판매기업)

	보유재고	이익률	미실현자산	미실현손익
01년	10,000	50%	(5,000)	(5,000)
02년	–	–	–	5,000

(3) S사와 A사의 건물 거래

지분 평가 : P사의 S사 지분평가에 반영(상향판매, S사가 판매기업)

	거래시점	01년	02년	03년
처분이익	(10,000)	–	–	–
감가상각비	–	2,500	2,500	2,500
건물	(10,000)	(7,500)	(5,000)	(2,500)

(4) S사와 B사의 기계장치 거래

지분 평가 : P사의 S사 지분평가에 반영(상향판매, S사가 판매기업)

	거래시점	01년	02년
처분이익	(1,000)	–	–
감가상각비	–	500	500
기계장치	(1,000)	(500)	–

Ⅱ. 누적 지분 평가

1. B사 주식 평가

(1) A사의 B사 누적 지분 평가

	취득금액	NI 지분액	매출원가 (미실현)	종속기업 배당	전기이월 이익잉여금	지분액 합계
01년	50,000	7,000	(3,500)	(7,000)	–	46,500
02년	50,000	14,000	3,500	–	3,500	64,000

순자산 분석

	순자산 지분액	영업권	재고자산(미실현)	지분액 합계
취득	49,000	1,000	–	50,000
01년	49,000	1,000	(3,500)	46,500
02년	63,000	1,000	–	64,000

(2) B사 비지배주주의 누적 지분 평가

	취득금액	NI 지분액	매출원가 (미실현)	배당	전기이월 이익잉여금	지분액 합계
01년	21,000	3,000	(1,500)	(3,000)	–	19,500
02년	21,000	6,000	1,500	–	1,500	27,000

순자산 분석

	순자산 지분액	영업권	재고자산(미실현)	지분액 합계
취득	21,000	–	–	21,000
01년	21,000	–	(1,500)	19,500
02년	27,000	–	–	27,000

2. S사 지분 평가

(1) P사의 S사 누적 지분 평가

	취득금액	NI 지분액	미실현손익				종속기업 배당	전기이월 이익잉여금	지분액 합계
			처분이익 (건물)	감가상각비 (건물)	처분이익 (기계장치)	감가상각비 (기계장치)			
01년	90,000	18,000	(6,000)	1,500	(600)	300	(9,000)	–	94,200
02년	90,000	12,000	–	1,500	–	300	–	4,200	108,000

순자산 분석

	순자산 지분액	영업권	미실현자산		지분액 합계
			건물	기계	
취득	90,000	–	–	–	90,000
01년	99,000	–	(4,500)	(300)	94,200
02년	111,000	–	(3,000)	–	108,000

(2) S사 비지배주주의 누적 지분 평가

	취득금액	NI 지분액	미실현손익				배당	전기이월 이익잉여금	지분액 합계
			처분이익 (건물)	감가상각비 (건물)	처분이익 (기계장치)	감가상각비 (기계장치)			
01년	60,000	12,000	(4,000)	1,000	(400)	200	(6,000)	–	62,800
02년	60,000	8,000	–	1,000	–	200	–	2,800	72,000

순자산 분석

	순자산 지분액	영업권	미실현자산		지분액 합계
			건물	기계	
취득	60,000	–	–	–	60,000
01년	66,000	–	(3,000)	(200)	62,800
02년	74,000	–	(2,000)	–	72,000

3. A사 지분 평가

(1) P사의 A사 누적 지분 평가

	취득금액	B사(간접소유 종속기업) 평가			A사(직접소유 종속기업) 평가				지분액 합계
		손익	종속기업 배당	전기이월 이익잉여금	NI 지분액	처분이익 (토지)	종속기업 배당	전기이월 이익잉여금	
01년	70,000	2,800	(5,600)	–	16,000	(2,000)	(9,600)	–	71,600
02년	70,000	14,000	–	(2,800)	16,000	–	–	4,400	101,600

(*) 간접소유 효과 = A사의 B사 누적 지분 평가 × 80%

순자산 분석

	간접소유 효과(*)	A사(직접소유 종속기업) 지분			지분액 합계
		순자산 지분액	토지 (미실현)	영업권	
취득	–	56,000	–	14,000	70,000
01년	(2,800)	62,400	(2,000)	14,000	71,600
02년	11,200	78,400	(2,000)	14,000	101,600

(*) 간접소유 효과 = (A사 누적 지분 평가 : 지분액 합계 – 취득금액) × 80%

(2) A사 비지배주주의 누적 지분 평가

	취득금액	B사(간접소유) 평가			A사(직접소유) 평가			지분액 합계
		손익	배당	전기이월 이익잉여금	NI 지분액	배당	전기이월 이익잉여금	
01년	14,000	700	(1,400)	–	4,000	(2,400)	–	14,900
02년	14,000	3,500	–	(700)	4,000	–	1,600	22,400

(*) 간접소유 효과 = A사의 B사 누적 지분 평가 × 20%

순자산 분석

	간접소유 효과(*)	A사(직접소유) 지분			지분액 합계
		순자산 지분액	토지	영업권	
취득	–	14,000	–	–	14,000
01년	(700)	15,600	–	–	14,900
02년	2,800	19,600	–	–	22,400

(*) 간접소유 효과 = (A사 누적 지분 평가 : 지분액 합계 – 취득금액) × 20%

4. 순액조정

	수익(매출)	비용(매출원가)
01년	10,000	10,000

Ⅲ. 연결재무제표

1. 취득

단순합산

S주식	90,000	자본금	300,000
A주식	70,000	이익잉여금	390,000
B주식	50,000		
기타자산	480,000		

연결조정

자본금(S+A+B)	200,000	S주식	90,000
이익잉여금(S+A+B)	90,000	A주식	70,000
영업권	15,000	B주식	50,000
		비지배지분	95,000

연결재무제표

S주식	−	자본금	100,000
A주식	−	이익잉여금	300,000
기타자산	480,000	비지배지분	95,000
영업권	15,000		

2. 01년

단순합산

S주식	90,000	자본금	300,000
A주식	70,000	이익잉여금	443,000
B주식	50,000		
기타자산	533,000		
비용	620,000	수익	730,000
이익잉여금	110,000		
(단순합산NI)			

연결조정

1단계 : 순자산조정			
자본금(S+A+B)	200,000	S주식	90,000
이익잉여금(S+A+B)	113,000	A주식	70,000
영업권	15,000	B주식	50,000
		이익잉여금(S)	4,200
		이익잉여금(A)	1,600
		비지배지분	97,200
		기타자산(*1)	15,000
2단계 : 순이익조정			
수익(*2)	18,000	비용(*2)	3,000
수익(배당금수익)	25,600	이익잉여금	40,600
3단계 : 순액조정			
수익(매출)	10,000	비용(원가)	10,000

연결재무제표

S주식	−	자본금	100,000
A주식	−	이익잉여금	335,800
기타자산	518,000	비지배지분	97,200
영업권	15,000		
비용	607,000	수익	676,400
이익잉여금	69,400		
(연결NI)			

3. 02년

단순합산

차변	금액	대변	금액
S주식	90,000	자본금	300,000
A주식	70,000	이익잉여금	543,000
B주식	50,000		
기타자산	633,000		
비용	650,000	수익	750,000
이익잉여금 (단순합산NI)	100,000		

연결조정

차변	금액	대변	금액
1단계 : 순자산조정			
자본금(S+A+B)	200,000	S주식	90,000
이익잉여금(S+A+B)	173,000	A주식	70,000
영업권	15,000	B주식	50,000
		이익잉여금(S)	18,000
		이익잉여금(A)	31,600
		비지배지분	121,400
		기타자산(*1)	7,000
2단계 : 순이익조정			
이익잉여금	8,000	비용(*2)	8,000

연결재무제표

차변	금액	대변	금액
S주식	–	자본금	100,000
A주식	–	이익잉여금	419,600
기타자산	626,000	비지배지분	121,400
영업권	15,000		
비용	642,000	수익	750,000
이익잉여금 (연결NI)	108,000		

(*1) 자산조정 내역

	01년	02년
토지	(2,000)	(2,000)
재고	(5,000)	–
건물	(7,500)	(5,000)
기계장치	(500)	–
계	(15,000)	(7,000)

(*2) 손익조정 내역

	01년	02년
수익(처분이익)	(2,000)	–
비용(매출원가)	(5,000)	5,000
수익(처분이익)	(10,000)	–
비용(감가상각비 – 건물)	2,500	2,500
수익(처분이익 – 기계)	(1,000)	–
비용(감가상각비 – 기계)	500	500
계	(15,000)	8,000

4. 연결자본변동표

	자본금	이익잉여금	비지배지분	합 계
01년 초	100,000	300,000	-	400,000
종속기업 취득			95,000	95,000
연결당기순이익		55,800	13,600	69,400
지배기업 배당		(20,000)		(20,000)
비지배주주에 대한 배당			(11,400)	(11,400)
01년 말	100,000	335,800	97,200	533,000
02년 초	100,000	335,800	97,200	533,000
연결당기순이익		83,800	24,200	108,000
02년 말	100,000	419,600	121,400	641,000

연결당기순이익의 검증

	01년	02년	
1 P사의 별도재무제표상 순이익	50,000	40,000	지배기업 소유주지분
2 P사의 별도재무제표상 배당금수익	(18,600)	-	
3 지분 이익			
① S사	13,200	13,800	
② A사	11,200	30,000	
4 비지배지분 이익			비지배지분
① S사	8,800	9,200	
② A사	3,300	7,500	
③ B사	1,500	7,500	
	69,400	108,000	

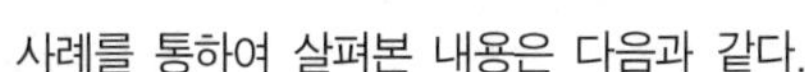

사례를 통하여 살펴본 내용은 다음과 같다.

복잡한 지배구조하에서 내부거래

- 복잡한 지배구조에서 발생하는 내부거래를 분석함에 있어서 항상 관심을 가져야 할 사항은 **미실현손익이 어느 기업의 재무제표를 왜곡표시하는지와 그 기업의 주주에게 어떠한 영향이 있느냐**이다.

간접소유 지분액

- 누적 지분 평가 표시 = A사의 B사 누적 지분 평가 × 지분율
- 순자산 분석 표시 = (A사의 B사 누적 지분 평가 : 지분액 합계 - 취득금액) × 지분율

순자산조정과 순이익조정

- 아무리 복잡한 지배구조라 할지라도 연결조정을 통하여 집계되는 지분액은 결국 지배기업 지분과 비지배지분으로 구분된다. 지배기업에 대한 지분액은 직접 주식을 소유하는 종속기업을 통하여 집계되

므로, 지배기업이 직접 주식을 소유하는 기업별로 지분액을 구분하여 표시하는 것이 편리하다.

- 연결실체 내에서 수령한 배당금을 모두 합산하여 연결조정으로 제거한다.

중간 지배기업의 연결재무제표

- 중간 지배기업은 최상위 지배기업의 연결 범위와는 무관하게 자신의 연결 범위 내에서 발생하는 내부 거래만을 조정한다. 즉, 중간 지배기업은 자신의 연결실체에 포함되지 않은 기업들이 최상위 지배기업의 연결실체에 속하더라도 제3자로 간주한다.

Chapter

14 분할 · 합병과 동일지배거래

본 장에서는 기업집단 내 사업재편성 과정에서 발생하는 분할 · 합병 등 여러 거래들을 살펴본다. 그리고 K-IFRS상 규정은 명확하지 않지만 실무적으로 빈번하게 발생하는 동일지배거래에 대한 회계처리(안)과 실무 관행을 소개한다.

✓ 동일지배거래에 대한 개념
✓ 동일지배거래 : 자산 이전 거래
✓ 동일지배거래 : 사업결합
✓ 분할 및 합병 등 기업개편 거래

제1절 동일지배거래 : 개념과 판단기준

1. 동일지배거래의 정의

동일지배(Under the Common Control : UCC)란 둘 이상의 기업에 대한 지배가 동일인(기업이나 개인) 또는 동일한 의사결정 주체(기업집단과 개인집단)에 귀속되는 경우를 말한다. 예를 들어 S사와 T사의 지배기업이 P사일 경우, S사와 T사는 동일지배하에 있다고 표현한다.

동일지배거래는 동일지배하에 있는 기업 간의 거래를 전·후하여 비지배지분의 변동이 일어나더라도, 최상위 지배기업의 지배력에는 영향을 미치지 않는 거래로서 다음과 같은 것들이 있다.

① 기업개편을 위한 거래 : 합병 및 분할 등

② 사업결합

③ 사업에 해당하지 않는 순자산의 이전

상기 내용 중 사업에 해당하지 않는 순자산을 이전하는 거래는 일반적인 내부거래와 동일하며 특별한 이슈를 야기하지 않는다. 그러나 ①과 ②는 자산과 부채 등의 결합체인 '사업'의 거래인데, 이러한 거래에 대해서는 K-IFRS에 명확한 규정이 없어 기업실무상 많은 논의가 있다.

2. 동일지배거래의 범위

(1) 개인 및 개인들의 집단

동일지배의 범위는 개인을 포함하는 광의의 동일지배와 기업만을 대상으로 하는 협의의 동일지배로 구분할 수 있다.

① 광의의 동일지배 : 기업뿐만 아니라 개인까지도 포함하므로 개인주주가 지배하고 있는 모든 기업 간의 거래도 동일지배거래로 본다.

② 협의의 동일지배 : 기업만을 대상으로 하기 때문에, 지배기업과 종속기업 간의 거래나 종속기업 간의 거래만을 동일지배거래로 본다.

K-IFRS는 동일거래의 당사자 기업뿐만 아니라 개인과 개인들의 집단을 포함하는 것으로 보는 반면, 일반기업회계기준은 기업만을 대상으로 하고 있다.[119] 당사자가 기업이나 개인인 경우 동일지배에 대한 판단은 용이하지만, 개인들의 집단인 경우에는 다음을 고려해야 한다.

① 개인들의 집단이 계약상 합의에 의하여 집합적으로 지배력을 행사하는 경우
② 개인들의 집단이 동일한 가족에 해당하고, 집합적으로 지배력을 행사한다는 것을 상황과 사실에 의해 입증할 수 있는 경우

개인들의 집단이 지배력을 가지려면 단지 투표하는 경향이 동일하다는 것이 아니라, 명확한 계약상 약정이 있어야 한다는 것이 통설이다. 만일 개인집단 내 약정은 없으나 동일한 가족이라면, 다른 상황과 사실을 고려하여 동일지배거래 여부를 판단한다.

예제 1

- P사의 주주는 다음과 같음.
  - A : 40%
  - B(A의 형) : 20%
  - C(A의 동생) : 20%
  - D(A의 아들) : 30%
- A, B, C 및 D는 과거부터 지금까지 의사결정을 동일하게 하는 경향을 보이고 있으나, 약정에 따른 것은 아님.

요구사항 동일지배 여부를 판단하시오.

1. Case 1 : D는 독립적인 의사결정이 가능하다.
2. Case 2 : D는 5살이며, A의 보호하에 의사결정이 이루어진다.

과거에 의사결정의 경향이 동일하다고 하여 A와 D가 집합적으로 의사결정을 하는 개인집단이라고 볼 수 없다. 그러나 D가 독립적인 의사결정이 어려운 상황이라면 A와 D를 집합적으로 의사결정을 하는 개인집단이라고 볼 수 있다.

따라서 Case 1은 동일지배에 해당하지 않으나, Case 2는 동일지배에 해당한다고 판단할 수 있다.

119) K-IFRS 제1103호 문단 B2와 B3, 일반기업회계기준 제32장 결32.8

(2) 기업집단에 지배력이 있는 개인주주

개인 대주주가 실질적으로 기업집단에 대한 지배력을 가지고 있는 경우, 동일지배거래에 대한 판단은 연결실체의 범위에 따라 결정된다.

예제 2

- 개인주주 P는 S사와 T사 주식을 각각 90%와 100% 취득하고 있음.
- X사의 주주는 다음과 같음.
  - 개인주주 P : 40%
  - T사 : 35%
  - 기타 소액주주 : 25%
- S사와 X사는 합병을 실시함.

요구사항 S사와 X사의 합병은 동일지배거래에 해당하는지 판단하시오.

개인주주 P와 P가 지배력을 가지고 있는 T사의 X사에 대한 지분율의 합은 75%이므로, X사에 대하여 지배력을 가지고 있다. 따라서 개인주주 P 관점에서 S사와 X사의 합병은 동일지배거래에 해당한다.

(3) 관계기업 및 공동기업

〈제5장〉에서 설명하였듯이 관계기업 및 공동기업에 대한 지분법의 관점은 다음과 같다.

① 연결 관점 : 지분법은 '한 줄로 된 연결(One-line consolidation)'이라는 개념하에 지분법을 사실상 연결과 동질적인 것으로 보는 관점

② 평가(측정) 관점 : 투자자산을 평가하는 하나의 방법이라는 관점

만일 연결 관점을 적용한다면 지분법은 사업결합 회계처리를 준용하고 있으므로 관계기업과 공동기업도 동일지배거래의 범위에 포함한다고 볼 수 있겠으나, 평가 관점에 따르면 관계기업과 공동기업은 동일지배거래의 범위에 해당하지 않는다. 그러나 동일지배는 둘 이상의 기업이 동일당사자에게 지배되는 것을 의미한다. 따라서 일부의 다른 관점도 있지만 유의적인 영향력이나 공동지배력을 가진 **관계기업이나 공동기업은 동일지배거래 범위에 해당하지 않다고 보는 것이 통설**이다.

3. 동일지배거래 유형

동일지배거래의 유형을 정의하면 다음과 같은데, 본 절에서는 각 유형별로 논점과 회계처리(안)을 살펴본다.

① 사업에 해당하지 않는 순자산의 이전

② 사업결합

③ 기업개편을 위한 거래 : 합병 및 분할 등

(1) 사업에 해당하지 않는 순자산의 이전

동일지배거래에 대한 회계적 이슈는 '사업' 형태의 거래에 해당한다. 따라서 '사업' 형태가 아닌 자산(또는 자산의 집합)은 거래금액이 공정가치와 동일하다면 일반적인 내부거래와 동일하게 회계처리한다.

만일 공정가치가 아닌 다른 금액으로 이루어진다면, 이 경우 공정가치와 거래금액의 차이는 자본거래로서 배당 또는 추가 출자가 이루어지는 것으로 회계처리한다.

① 양도자

- 이전한 자산의 장부금액을 제거
- 장부금액과 거래금액의 차이 : 당기손익
- 거래금액과 공정가치의 차이 : 자본거래

② 양수자

- 공정가치와 거래금액과의 차이는 자본 또는 배당으로 인식
- 거래금액을 취득금액으로 인식

예제 3

- P사는 S사와 T사 주식을 각각 100%와 30%를 보유하고 있음.
- S사는 T사 주식 30%를 보유하고 있음.

요구사항 S사가 T사 주식을 P사에게 처분한 경우 회계처리를 검토하시오.

지배구조

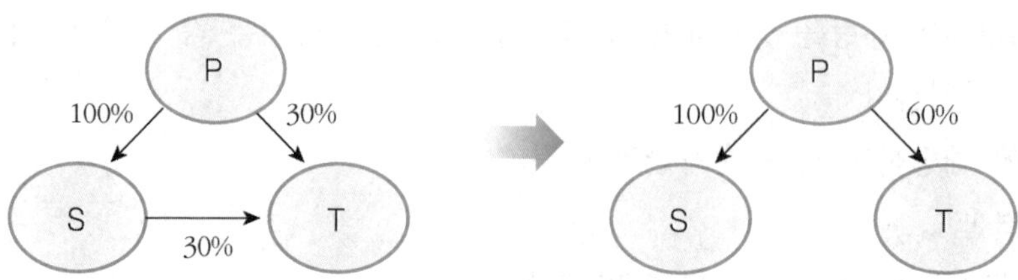

분석

① P사 관점 : 지분거래 전에 S사와 T사에 대한 지분율은 각각 100%와 60%이며, 하나의 연결실체에 포함되어 있다. 따라서 P사와 S사의 지분 거래는 지배력에 영향을 미치지 않는 거래이므로, 비지배지분의 변동과 자본손익만 인식한다.

② S사 관점 : 관계기업주식을 처분하는 것이므로 S사는 일반적인 자산 거래에 준하여 처분손익(당기손익)을 인식한다.

③ 연결조정 : 단순합산재무제표에 표시된 처분손익(PL)을 제거하고, 지분거래손익(자본손익)을 가산한다.

(2) 사업결합

동일지배거래에 해당하는 사업결합은 사업과 종속기업주식 거래를 모두 포함하는데, 종속기업주식의 경제적실질은 '사업'이기 때문이다. 동일지배 사업결합에 대해서는 〈제2절〉에서 자세하게 살펴보도록 한다.

(3) 기업집단 개편을 위한 거래

기업집단 개편은 기업집단에 속한 기업들 간의 관계를 개편하기 위해 이루어지는데, 지주회사 설립 및 중간 지배기업의 개편 등 다양한 형태로 이루어진다. 기업집단 개편을 위한 대부분의 거래는 사업결합의 형태로 이루어지나, 일부 거래는 사업결합 형태로 이루어지지 않는 경우도 있다.

제2절 동일지배 사업결합

1. 동일지배 사업결합 회계처리에 대한 논점

동일지배 사업결합에 대한 회계 이슈는, 최상위 지배기업이 아닌 **종속기업들의 연결재무제표에 사업결합을 어떻게 표시할 것인지와 별도재무제표에 어떻게 표시할 것인지**로 요약할 수 있다.

예제 4

- P사는 S사와 T사 주식을 각각 80%와 70%를 보유하고 있음.
- S사는 X사 주식 90%를 보유하고 있음.
- S사는 X사 주식을 T사에게 처분함.

요구사항 S사와 T사의 거래가 P사, S사, T사에게 미치는 영향을 검토하시오.

지배구조

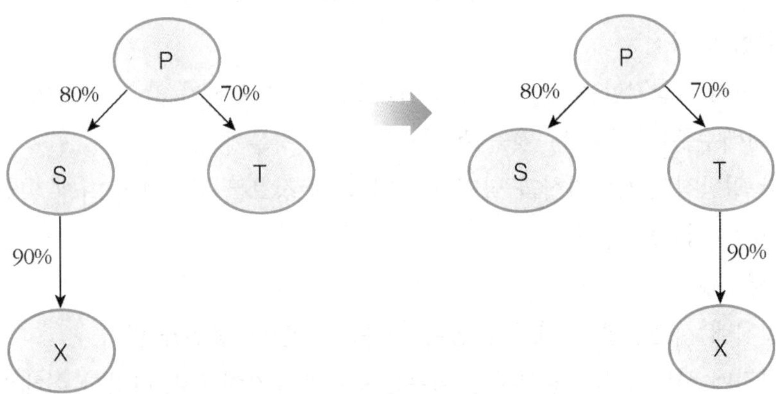

최상위 지배기업이 아닌 기업의 연결재무제표(S사와 T사)

- 거래금액 인식 이슈
  - 공정가치로 인식할 것인가?
  - 장부금액으로 인식할 것인가? 장부금액으로 인식한다면 어떠한 장부금액(P사 또는 S사 연결재무제표 등)을 활용할 것인가?

• 처분손익의 분류 이슈
  – 자본손익
  – 당기손익

거래를 실시한 기업의 별도재무제표

– 공정가치로 인식할 것인가?
– 장부금액으로 인식할 것인가? 장부금액으로 인식한다면 어떠한 장부금액(P사 또는 S사 연결재무제표 등)을 활용할 것인가?

S사의 지분거래는 P사의 연결재무제표상 사업의 변화를 가져오지 않는다. 따라서 P사는 연결장부금액으로 처리하고, 비지배지분의 변동과 자본손익을 인식하면 된다. 그러나 (P사를 제외한) S사와 T사의 연결재무제표에 해당 거래를 어떻게 표시할 것인지에 대해서는 K-IFRS상 명확한 규정이 없다.

동일지배거래에 대한 이슈는 동일지배거래가 일반적인 사업결합과 다른 특성이 있다는 관점에서 비롯된다. 따라서 K-IFRS 제1103호를 적용하기보다는 다른 방식으로 회계처리되어야 한다는 주장이다.

동일지배 사업결합이 일반적인 사업결합과 다른 점은 다음과 같다.

① 사업결합의 목적
- 동일지배 사업결합은 당사자 간의 이익을 목적으로 하지 않고, 최상위 지배기업(또는 지배주주)이 원하는 것을 목적으로 하는 경우가 많다.
- 또한 일반적인 사업결합과 달리 당사자 간에 정보를 공유하여 거래 위험에 노출되지 않는 경우도 많다.

② 거래 당사자
- 동일지배 사업결합은 시장의 힘이 적용되지 않는 경우가 많다.
- 동일지배 사업결합의 당사자는 대부분 특수관계자이므로, 다양한 이해관계자가 관여하는 일반적인 사업결합과 상이하다.

③ 이전대가의 구성
- 동일지배 사업결합의 이전대가는 현금 등의 금융자산이 아니라 대여금이나 종속기업주식 등이 이전대가로 구성되는 경우가 많다.
- 최상위 지배기업(또는 지배주주) 관점에서 보면 동일한 경제적 실체 내의 교환으로서 경제적실질이 없다.

(1) 연결재무제표상 회계처리

최상위 지배기업의 연결재무제표상 동일지배거래는 최상위 지배기업의 연결재무제표에 표시된 장부금액으로 처리된다. 그리고 최상위 지배기업과 비지배지분에 미치는 영향은 자본손익으로 회계처리된다.

그러나 **종속기업(또는 중간지배)의 연결재무제표상 동일지배거래에 대한 회계처리 방법은 명확한 규정이 없는 상황**인데, 동일지배 사업결합에 대하여 적용할 수 있는 회계처리는 다음과 같다.

① 취득자

- 공정가치법 : 거래금액과 장부금액의 차액을 당기손익으로 처리하는 방법으로서 동일지배거래가 제3자 간의 거래와 동일함을 전제하고 있다.
- 장부금액법 : 거래금액과 장부금액의 차액을 자본손익으로 처리하는 방법으로서 동일한 경제적 실체 내에서 이루어지는 거래를 전제하고 있다.

② 양도자 : 양도자는 사업결합으로 지배력을 상실하게 되므로 처분손익을 인식하나, 거래금액이 공정가치가 아닐 경우에는 자본거래 성격이 있다고 보아 거래금액과 공정가치의 차이는 자본 항목으로 처리한다.

취득자는 제반 상황을 고려하여 공정가치법과 장부금액법 중 경제적 실질에 적합한 방법을 선택해야 하는데, 다음의 경우에는 **장부금액법을 적용**하는 것이 보다 타당하다고 볼 수 있다.

① 지배기업이 종속기업의 주식을 100% 소유하거나 종속기업의 비지배지분이 중요하지 않은 경우

② 종속기업이 비상장기업으로서 종속기업의 재무제표를 이용하는 주된 이용자가 지배기업인 경우

즉, 장부금액법은 사업결합의 이해관계자가 대부분 특수관계자에 한정되어, 시장의 논리가 아닌 최상위 지배기업의 의도에 따라 사업결합이 이루어지는 경우에 적용하는 것이 적절하다.

취득자가 만일 장부금액법을 적용한다면 어떠한 재무제표의 장부금액이 적절한지에 대한 여러 의견이 있는데, 우리나라의 경우 대부분 **최상위 지배기업의 연결재무제표**에 표시된 장부금액을 이용하고 있다.

반면, 다음의 경우에는 **공정가치법을 적용**하는 것이 합리적이다.

① 종속기업의 비지배지분이 중요한 경우

② 종속기업이 상장되어 있는 경우

③ 종속기업의 자산이나 부채에 대한 금융기관 등 이해관계자들이 중요한 경우

즉, 공정가치법은 중간 지배기업에 대한 이해관계자와 최상위 지배기업의 이해관계자가 다르거나, 거래 상대방이 제3자인 것과 유사하게 절차가 진행되고 이전대가가 결정되는 경우에 보다 적절하다.

(2) 별도재무제표상 회계처리

별도재무제표상 동일지배 사업결합에 대해 적용할 수 있는 회계처리는 다음과 같다.

① 공정가치법 : 거래가 독립된 제3자와 공정가치로 이루어진다고 보고, 공정가치와 거래금액의 차이는 자본거래로 본다.

② 교환금액법 : 거래의 실제 조건을 반영하여 회계처리한다.

③ 장부금액법 : 거래에 참여한 당사자를 동일한 경제적 실체의 일부로 보아 장부금액을 적용하고, 거래금액과 장부금액의 차이는 자본거래로 처리한다.

종속기업주식을 투자자산으로 간주하는 별도재무제표의 특성을 고려하면 상기 방법 중 장부금액법의 적용은 적절하지 않고, 이전대가가 없거나 명목상 대가가 지급되는 경우에는 교환금액법의 적용이 어렵다는 것이 통설이다.

기업실무상 동일지배 사업결합으로 인해 지분을 교환하는 경우에는 K-IFRS 제1016호 문단 24~26을 준용하여 상업적실질이 결여되거나 취득한 자산과 제공한 자산 모두의 공정가치를 신뢰성 있게 측정할 수 없는 경우가 아니라면, 장부금액이 아닌 공정가치가 적절하다는 것이 통설이다.

예제 5

- P사는 S사와 T사에 대해 각각 61%, 93%의 지분을 보유하고 있음.
- T사는 인적분할을 통해 A사업부문을 분할함.
- 분할 후 S사는 A사업부문을 흡수합병하고, 합병대가로 S사는 T사 주주에게 S사의 신주를 발행함.

• P사, S사, T사는 별도재무제표상 원가법을 적용하고 있음.

요구사항 S사의 연결재무제표에 반영될 회계처리를 검토하시오.

지배구조의 변동

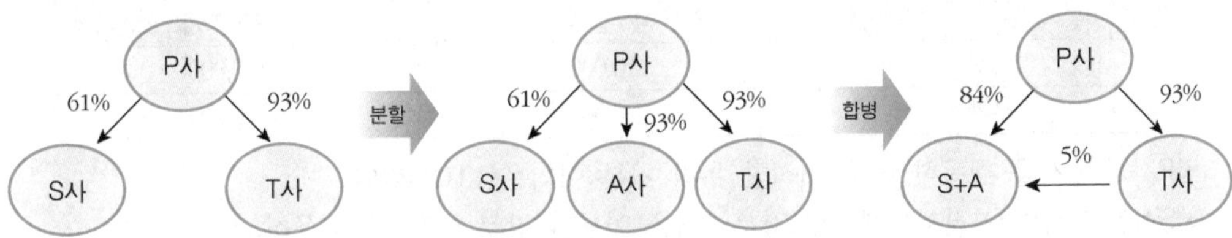

지분액 변동

지분거래 전과 후의 현금흐름의 구성(위험, 유출입 시기, 금액)이 동일한지에 따라 상업적실질이 있는지 여부가 결정된다.

① 상업적실질이 없는 경우 : T사는 S사 주식을 종전 A사 주식의 장부금액으로 측정

② 상업적실질이 있는 경우 : T사는 S사 주식을 공정가치로 측정하고, 종전 A사 주식 장부금액과의 차이는 당기손익으로 인식

그러나 이 회계처리가 유일한 대안은 아니며, K-IFRS 제1008호 문단 10~12에 따라 다른 회계정책을 개발하여 적용할 수 있을 것이다.

2. 동일지배 사업결합 : 중간 지배기업의 연결재무제표

(1) 취득자의 연결재무제표

취득법(공정가치법)을 사용하는 경우의 회계처리는 〈제6장〉에서 다루었으므로, 본 절에서는 장부금액법 회계처리에 대하여 살펴본다. 장부금액 회계처리에 대해서도 다양한 의견이 있지만, 우리나라 실무에서 통용되는 장부금액법 회계처리의 특징은 다음과 같다.

① 최상위 지배기업의 연결재무제표상 장부금액을 기준으로 회계처리

② 피취득자의 기타포괄손익의 승계처리

③ 승계한 순자산과 이전대가의 차이는 자본손익으로 처리

④ 동일지배거래를 전진적으로 적용(비교표시 재무제표는 재작성하지 아니함.)

장부금액법

예제 6

- P사는 S사와 T사 주식을 각각 100% 보유하고 있음.
- S사는 T사 주식을 P사로부터 취득하고 20,000원을 지급함.
- P사의 연결재무제표에 표시된 T사의 재무정보는 다음과 같음.

구 분	장부금액	공정가치
자산	110,000	150,000
부채	70,000	70,000

- P사가 T사를 취득한 이후 인식한 누적 지분 이익은 13,000원임.
- S사는 P사의 연결재무제표상 장부금액을 이용한 장부금액법을 적용하고 있음.

요구사항 S사의 연결재무제표에 반영될 회계처리를 제시하시오.

회계처리

(차변)		(대변)	
자산(T)	110,000	현금	20,000
		부채(T)	70,000
		이익잉여금	13,000
		기타자본	7,000

분석

연결실체 내 사업결합이 발생하더라도 기존의 연결실체가 지속된다는 전제하에 장부금액법이 적용되므로, P사가 T사를 취득한 이후에 인식한 이익잉여금(누적 지분 이익)도 승계한다. 한편, 사업결합을 통하여 인식한 7,000원의 자본손익은 지배력 획득 이후의 이익과 아무런 관련이 없으므로, 자본잉여금(또는 자본조정)으로 처리하는 것이 일반적이다.

우리나라 기업들의 공시 사례를 살펴보면 최상위 지배기업의 연결실체가 지속된다고 보아, 최상위 지배기업의 연결재무제표에 표시된 장부금액으로 하는 경우가 대부분이다.

▶▶ 피취득자의 기타포괄손익 승계

예제 7

• P사의 연결재무제표에 표시된 T사의 재무정보는 다음과 같음.

구 분	장부금액	공정가치
자산	110,000	150,000
부채	70,000	70,000

• T사가 보유하고 있는 자산에 대한 평가 계정으로서 외화환산차이(기타포괄손익) 2,000원을 계상하고 있음.
• 기타의 상황은 〈예제 6〉과 동일함.

요구사항 S사가 연결재무제표에 반영될 회계처리를 제시하시오.

회계처리

(차변)	자산(T)	110,000	(대변) 현금	20,000
			부채(T)	70,000
			외화환산차이	2,000
			이익잉여금	13,000
			기타자본	5,000

피취득자가 기타포괄손익을 보유하는 경우

동일지배 사업결합이 발생할 때 피취득자의 자산 및 부채와 관련된 평가손익(금융자산평가손익이나 해외사업환산차이 등)이 있는 경우, 실무상 종전의 회계처리가 지속된다는 전제 하에 기타포괄손익을 승계하는 방안이 통용되고 있다.

(2) 양도자의 연결재무제표

연결실체 내에서 중간 지배기업이 연결실체 내 다른 기업에게 종속기업주식을 처분하는 경우의 회계처리는 다음 예제로 살펴본다.

예제 8

- P사는 S사와 T사에 대하여 지배력을 보유하고 있음.
- S사는 X사와 Z사에 대하여 지배력을 보유하고 있음.
- S사는 X사 주식을 T사에게 처분(처분금액 : 160,000원)함.
- X사에 대한 재무정보는 다음과 같음.

구 분	취득일	처분일
X사의 장부금액	100,000	130,000
X사의 공정가치	130,000	140,000
지급(수취) 대가	130,000	160,000

요구사항 S사의 연결재무제표에 반영될 회계처리를 제시하시오.

지배구조의 변동

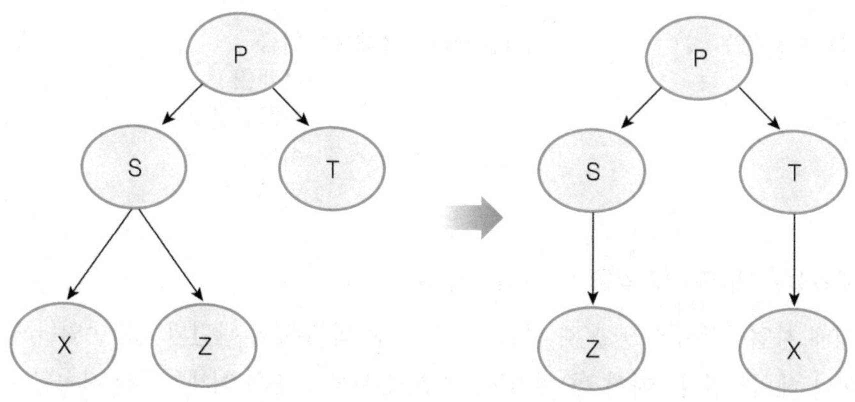

S사의 회계처리

(차변) 현금	160,000	(대변) X사 순자산	130,000
		처분이익	10,000
		자본 항목	20,000

S사는 지배력을 상실하였으므로 수취 대가와 장부금액의 차이를 당기손익으로 인식한다. 그러나 만일 본 예제와 같이 수취한 대가가 공정가치가 아니라면, 다음과 같이 두 가지 거래가 동시에 발생하였다고 보아 회계처리하는 것이 적절하다.

① X사의 공정가치와 장부금액의 차이인 10,000원(= 140,000원 − 130,000원)은 처분손익(당기손익)에 반영

② 실제 수취한 대가와 공정가치의 차이인 20,000원(= 160,000원 - 140,000원)은 P사로부터의 자본 출자에 해당하므로 자본으로 처리

한편, S사는 동일지배에 해당하는지 여부와 관계없이 K-IFRS 제1105호 '매각예정비유동자산과 중단영업'을 적용하여 X사의 처분을 재무제표에 표시한다.

(3) 비교재무제표 표시

장부금액법은 종전의 회계처리의 지속성을 전제하고 있으므로 연결재무제표상 사업결합이 비교표시되는 가장 이른 기간의 개시일에 발생한 것처럼 비교정보를 재작성하는 것이 논리적으로 일관성이 있다. 그리고 이러한 비교정보의 재작성은 결합된 기업이 동일지배하에 있지 않은 기간까지 확대되어서는 안 된다고 보는 것이 통설이다.

우리나라 기업들의 공시 사례를 살펴보면 종전 비교정보를 재작성하기보다는 동일지배거래를 전진적으로 적용하는 것이 일반적이다.

3. 동일지배 사업결합 : 별도재무제표

(1) 수평이전

지배구조상 동일한 단계에 있는 기업 간에 동일지배거래를 실시하는 경우의 회계처리는 다음 예제로 살펴본다.

예제 9

- P사는 S사와 T사에 대하여 지배력을 보유하고 있음.
- S사는 X사와 Z사에 대하여 지배력을 보유하고 있음.
- S사는 X사 주식을 T사에게 80,000원에 처분함.
- S사의 장부상 X사 주식은 100,000원이나 공정가치는 130,000원임.

요구사항 상기 거래를 S사와 T사의 별도재무제표에 반영하시오.

지배구조의 변동

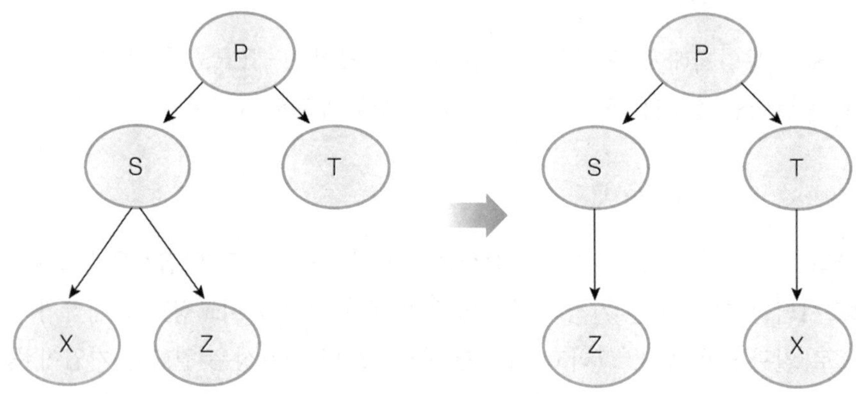

회계처리

구 분	취득자(T)	양도자(S)
공정가치	(차변) X주식 130,000 (대변) 현금 80,000 자본(출자) 50,000	(차변) 현금 80,000 자본(배당) 50,000 (대변) X주식 100,000 처분이익 30,000
교환금액	(차변) X주식 80,000 (대변) 현금 80,000	(차변) 현금 80,000 처분손실 20,000 (대변) X주식 100,000
장부금액	(차변) X주식 100,000 (대변) 현금 80,000 자본(출자) 20,000	(차변) 현금 80,000 자본(배당) 20,000 (대변) X주식 100,000

① 공정가치법은 취득자와 양도자가 공정가치와 거래금액의 차이를 자본으로 보아 배당을 지급하거나 추가로 출자하는 것으로 회계처리한다. 따라서 거래금액과 공정가치의 차이인 50,000원(= 130,000원 - 80,000원)은 자본 거래로 본다.

② 교환금액법은 취득자와 양도자가 모두 제3자 거래와 동일한 것으로 보아 실제 지급(또는 수취)한 금액으로 회계처리한다.

③ 장부금액법은 취득자와 양도자가 장부금액과 거래금액의 차이를 자본거래로 보아 배당을 지급하거나 추가로 출자하는 것으로 회계처리한다. 따라서 거래금액과 장부금액의 차이인 20,000원(= 100,000원 - 80,000원)은 자본 항목으로 계상한다.

(2) 하향이전

하향이전은 지배구조상 상위에 있는 기업이 하위 단계에 있는 기업에게 '사업'을 이전하는 거래이다. 하향이전 거래가 발생하면 양도자의 직접 종속기업이 간접 종속기업으로 변경되나, 거래로 인해 양도자의 지배력의 범위는 변경하지 않는다.

따라서 취득자의 회계처리는 수평이전과 동일하나 양도자의 회계처리는 다음과 같다.

① 초과액과 부족액은 수평이전 거래와 동일하게 산출한다.

② 수취 대가와 벤치마크(공정가치, 교환금액 또는 장부금액)를 비교하여 초과액은 배당금 수령으로, 부족액은 취득자에 대한 추가적인 출자로 인식한다.

예제 10

- P사는 S사와 T사에 대하여 지배력을 보유하고 있음.
- S사는 X사와 Z사에 대하여 지배력을 보유하고 있음.
- S사는 X사 주식을 Z사에게 처분함.
- S사의 장부상 Z사 주식은 100,000원이나 공정가치는 130,000원임.

요구사항

거래금액이 80,000원 또는 120,000원인 경우 상기 거래를 S사의 별도재무제표에 반영하시오.

지배구조의 변동

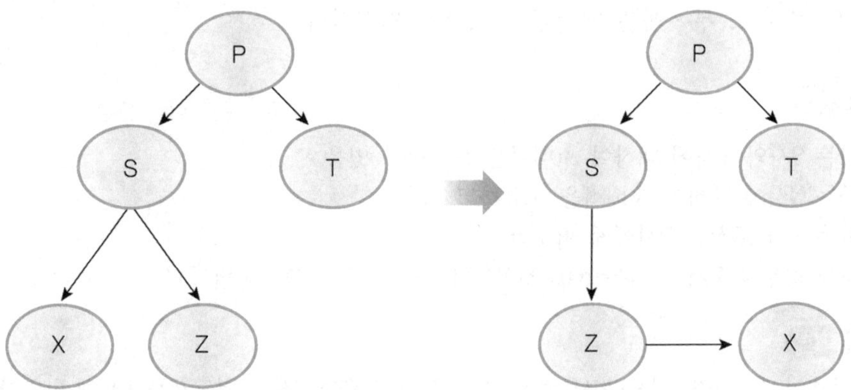

회계처리

구 분	거래금액이 80,000원인 경우	거래금액이 120,000원인 경우
공정가치	(차변) 현금 80,000 Z주식(출자) 50,000 (대변) X주식 100,000 처분이익 30,000	(차변) 현금 120,000 Z주식(출자) 10,000 (대변) X주식 100,000 처분이익 30,000
교환금액	(차변) 현금 80,000 Z주식(출자) 20,000 (대변) X주식 100,000	(차변) 현금 120,000 (대변) X주식 100,000 배당금수익 20,000
장부금액	(차변) 현금 80,000 Z주식(출자) 20,000 (대변) X주식 100,000	(차변) 현금 120,000 (대변) X주식 100,000 배당금수익 20,000

(3) 상향이전

상향이전은 지배구조상 하위에 있는 기업이 상위 단계에 있는 기업에게 '사업'을 이전하는 거래이다. 상향이전 거래가 발생하면 취득자의 직접 종속기업이 직접 종속기업으로 변경되나, 거래로 인해 취득자의 지배력 범위는 변경되지 않는다. 따라서 양도자의 회계처리는 수평이전과 동일하나 취득자는 다음과 같이 회계처리할 수 있다.

① 초과액과 부족액은 수평이전 거래와 동일하게 산출한다.

② 지급 대가와 벤치마크(공정가치, 교환금액 또는 장부금액)를 비교하여 초과액은 추가적인 출자로, 부족액은 배당금 수령으로 인식한다.

예제 11

- P사는 S사와 T사에 대하여 지배력을 보유하고 있음.
- S사는 X사에 대하여 지배력을 보유하고 있음.
- S사는 X사 주식을 P사에게 처분함.
- S사의 장부상 X사 주식은 100,000원이나 공정가치는 130,000원임.

요구사항

거래금액이 80,000원 또는 120,000원인 경우 상기 거래를 P사의 별도재무제표에 반영하시오.

지배구조의 변동

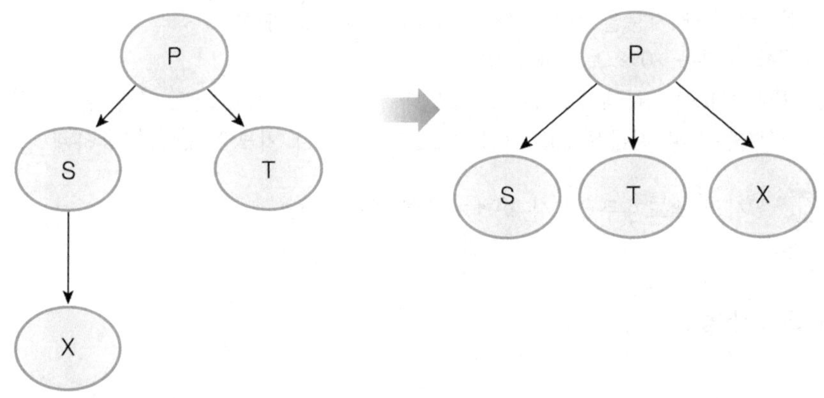

회계처리

구 분	거래금액이 80,000원인 경우	거래금액이 120,000원인 경우
공정가치	(차변) X주식 130,000 (대변) 현금 80,000 배당금수익 50,000	(차변) X주식 130,000 (대변) 현금 120,000 배당금수익 10,000
교환금액	(차변) X주식 80,000 (대변) 현금 80,000	(차변) X주식 120,000 (대변) 현금 120,000
장부금액	(차변) X주식 100,000 (대변) 현금 80,000 배당금수익 20,000	(차변) X주식 100,000 S주식(출자) 20,000 (대변) 현금 120,000

(4) 주식 또는 비화폐성자산의 출자

동일지배 사업결합의 이전대가로 현금 등의 금융자산이 아닌 종속기업주식 등을 지급하는 경우에는 상업적 실질이 있는 거래인지를 판단해야 한다. 여기서 상업적 실질이라 함은 거래 전과 후 보고주체에게 귀속되는 순자산과 현금흐름의 귀속에 변동이 없는 거래를 의미한다.

① 상업적 실질이 있는 거래 : K-IFRS 제1016호 '유형자산' 문단 24와 25를 준용하여 현물출자로 취득한 주식의 장부금액은 공정가치로 인식

② 상업적 실질이 없는 거래 : K-IFRS 제1016호 '유형자산' 문단 24를 준용하여 현물출자로 취득한 주식의 취득금액은 현물출자로 이전한 주식의 장부금액으로 인식

예제 12

- P사는 S사와 T사 지분을 각각 70% 및 30% 보유하고 있음.
- S사는 T사 지분을 30% 보유하고 있음.
- P사는 T사 지분을 S사에게 처분하고, 그 대가로 S사 주식 10%를 수령함.
- 거래 후 P사는 S사 지분을 80% 보유하고, S사는 T사 지분을 60% 보유하게 됨.

요구사항 P사의 별도재무제표상 회계처리를 검토하시오.

지배구조의 변동

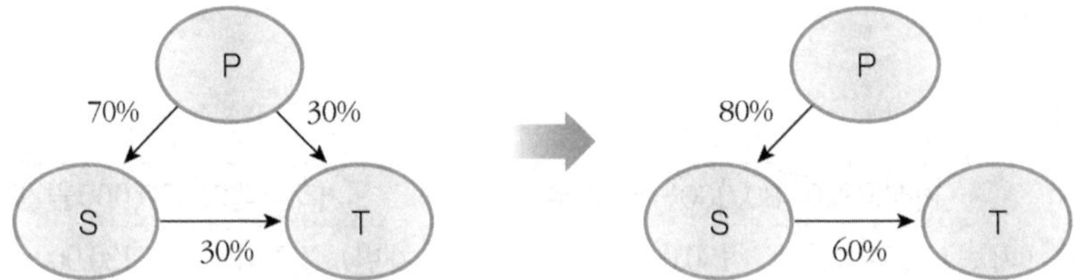

분석

P사는 T사 주식 30%를 제공한 대가로 S사 주식 10%를 취득하게 되는데, P사는 상업적 실질이 있는지 여부에 따라 다음과 같이 회계처리한다.

① 상업적 실질이 있는 경우 : S사 주식의 원가는 T사 주식의 공정가치로 측정하고, 장부금액과 공정가치의 차이는 당기손익으로 인식

② 상업적 실질이 없는 경우 : S사 주식의 원가는 T사 주식의 장부금액으로 측정

4. 동일지배 사업결합 : 최상위 지배기업의 연결재무제표

(1) 지배기업의 사업양도

지배기업이 종속기업에게 자신이 영위하던 사업을 처분하는 경우의 회계처리는 다음 예제를 통하여 살펴본다.

예제 13

• P사는 S사 주식을 60% 취득하고 있음.
• P사는 순자산 장부금액이 100원인 A사업을 S사에게 공정가치인 110원에 처분함.
• 사업양수도 이전 P사의 연결재무제표에 표시되어 있는 S사의 순자산 장부금액은 200원임.

요구사항 사업양수도가 P사의 연결재무제표에 미치는 영향은 무엇인가?

지배구조의 변동

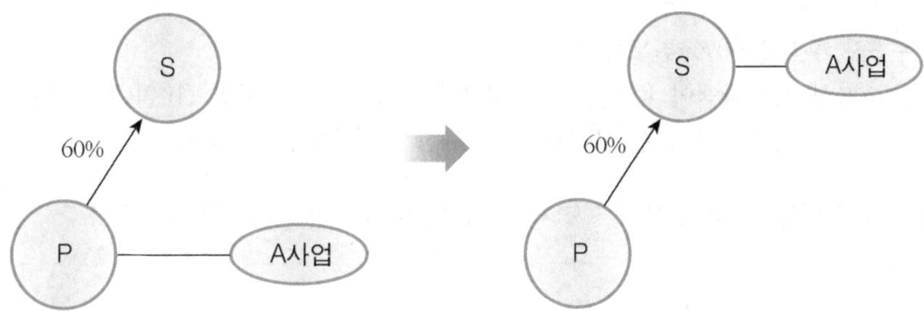

지분액 변동

S사는 P사로부터 양수한 사업을 연결재무제표상 순장부금액인 100원으로 인식하고 110원을 P사에게 지급하므로, 사업양수도 전·후 P사와 비지배주주의 지분액은 다음과 같다.

구 분	사업양수도 전	사업양수도 후
P사	P사 보유사업 + S사 지분 = A사업 + S사 × 60% = 100 + 120 = 220	사업양수 후 S사 지분 + P사가 수령한 현금 = (S사 + A사업 − 지급액) × 60% + 수령액 = (200 + 100 − 110) × 60% + 110 = 224
비지배지분	S사 지분 = S사 × 40% = 80	사업양수 후 S사 지분 = (S사 + A사업 − 지급액) × 40% = 76
합 계	300	300

P사 관점에서 보면 현금 및 A사업의 자산과 부채에는 변동이 없으며, P사의 지분액은 220원에서 224원으로 증가하였으므로 지분거래이익을 인식한다.

연결 관점의 회계처리

(차변) 비지배지분	4	(대변) 자본잉여금	4

(2) 지배기업의 사업양수

종속기업이 지배기업에게 자신이 영위하던 사업을 처분하는 경우의 회계처리는 다음 예제로 살펴본다.

예제 14

- P사는 S사 주식을 60% 취득하고 있음.
- S사는 순자산 장부금액이 100원인 A사업을 P사에게 공정가치인 110원에 처분함.
- 사업양수도 이전 S사의 연결재무제표상 순자산 장부금액은 200원임.

요구사항 사업양수도가 P사의 연결재무제표에 미치는 영향은 무엇인가?

지배구조의 변동

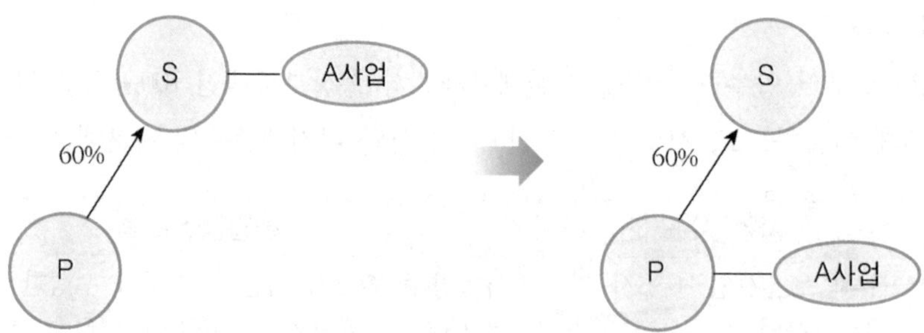

지분액 변동

P사는 S사로부터 양수한 사업을 연결재무제표상 순장부금액인 100원으로 인식하고 110원을 S사에게 지급하므로, 사업양수도 전·후 P사와 비지배주주의 지분액은 다음과 같다.

구 분	사업양수도 전	사업양수도 후
P사	S사 지분 = S사 × 60% = 120	사업양도 후 S사 지분 + A사 사업 - P사가 지급한 현금 = (S사 - A사업 + 수령액) × 60% + A사업 - 지급액 = (200 - 100 + 110) × 60% + 100 - 110 = 116
비지배지분	S사 지분 = S사 × 40% = 80	사업양도 후 S사 지분 = (S사 - A사업 + 수령액) × 40% = 84
합 계	200	200

P사 관점에서 보면 현금 및 A사업의 자산과 부채에는 변동이 없으며, P사의 지분액은 120원에서 116원으로 감소하였으므로 지분거래손실이 발생한다.

연결 관점의 회계처리

(차변) 자본잉여금	4	(대변) 비지배지분	4

(3) 종속기업 간 사업양수도

동일한 최상위 지배기업을 두고 있는 종속기업 간의 사업양수도가 발생할 경우 이루어지는 회계처리는 다음 예제로 살펴본다.

예제 15

- P사는 S사와 T사 주식을 각각 60%와 80% 취득하고 있음.
- S사는 순자산 장부금액이 100원인 A사업을 T사에게 공정가치인 110원에 처분함.
- 사업양수도 이전 S사와 T사의 연결재무제표상 순자산 장부금액은 200원임.

요구사항 사업양수도가 P사의 연결재무제표에 미치는 영향은 무엇인가?

지배구조의 변동

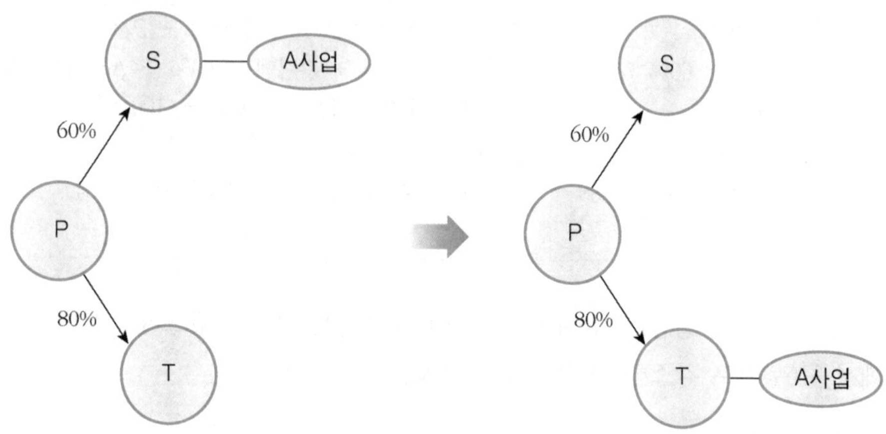

지분액 변동

T사는 S사로부터 양수한 사업을 연결재무제표상 순장부금액인 100원으로 인식하고 S사에게 110원을 지급하므로, 사업양수도 전 · 후 P사와 비지배주주의 지분액은 다음과 같다.

구 분	사업양수도 전	사업양수도 후
P사	S사 지분 + T사 지분 = S사 × 60% + T × 80% = 120 + 160 = 280	사업양도 후 S사 지분 + 사업양수 후 T사 지분 = (S사 − A사업 + 수령액) × 60% + (T사 + A사업 − 지급액) × 80% = (200 − 100 + 110) × 60% + (200 + 100 − 110) × 80% = 278
비지배지분	S사 지분 + T사 지분 = S사 × 40% + T × 20% = 80 + 40 = 120	사업양도 후 S사 지분 + 사업양수 후 T사 지분 = (S사 − A사업 + 수령액) × 40% + (T사 + A사업 − 지급액) × 20% = 122
합 계	400	400

P사 관점에서 보면 현금 및 A사업의 자산과 부채에는 변동이 없으나, 지분액은 280원에서 278원으로 감소하게 된다.

● 연결 관점의 회계처리

(차변) 자본잉여금	2	(대변) 비지배지분	2

(4) 지배기업의 종속기업 주식양도

연결 관점에서 종속기업 주식이 의미하는 바는 단순한 투자자산이 아니라 종속기업이 보유하고 있는 자산과 부채의 집합체인 '사업'을 의미한다. 지배기업이 종속기업에게 연결실체 내에 있는 특정 종속기업 주식을 거래할 경우 회계처리는 다음 예제를 통해 살펴본다.

예제 16

- P사는 S사와 T사 주식을 각각 60%와 100% 취득하고 있음.
- S사와 T사의 연결재무제표상 순자산 장부금액은 각각 200원과 100원임.
- P사는 T사 주식을 S사에게 110원에 처분함.

요구사항 주식양수도가 P사의 연결재무제표에 미치는 영향은 무엇인가?

● 지배구조의 변동

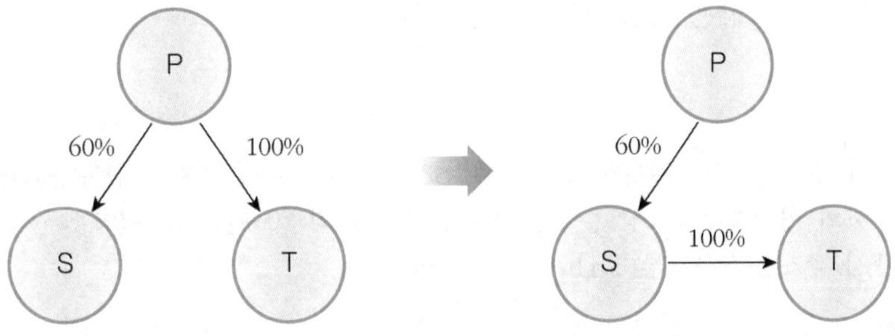

● 지분액 변동

S사는 P사로부터 양수한 주식을 연결재무제표상 순장부금액인 100원에 인식하고 110원을 지급하므로, 주식양수도 전 · 후 P사와 비지배주주의 지분액은 다음과 같다.

구 분	주식양수도 전	주식양수도 후
P사	S사 지분 + T사 지분 = S사 × 60% + T사 × 100% = 120 + 100 = 220	T사 주식 양도 후 S사 지분 + P사가 수령한 현금 = (S사 + T사 − 지급액) × 60% + 수령액 = (200 + 100 − 110) × 60% + 110 = 224
비지배지분	S사 지분 = S사 × 40% = 80	T사 주식 양도 후 S사 지분 = (S사 + T사 − 지급액) × 40% = 76
합 계	300	300

P사 관점에서 보면 현금과 영위하는 사업에는 변동이 없으나, P사의 지분액은 220원에서 224원으로 증가하게 된다.

연결 관점의 회계처리

(차변) 비지배지분	4	(대변) 자본잉여금	4

(5) 지배기업의 종속기업 주식양수

종속기업으로부터 지배기업이 연결실체 내에 있는 다른 종속기업 주식을 취득하는 경우 연결회계에 미치는 영향은 다음 예제로 살펴본다.

예제 17

- P사는 S사 주식을 60% 취득하고 있으며, S사는 T사 주식을 100% 취득하고 있음.
- S사와 T사의 연결재무제표상 순자산 장부금액은 각각 200원과 100원임.
- P사는 T사 주식을 S사로부터 110원에 취득함.

요구사항 주식양수도가 P사의 연결재무제표에 미치는 영향은 무엇인가?

지배구조의 변동

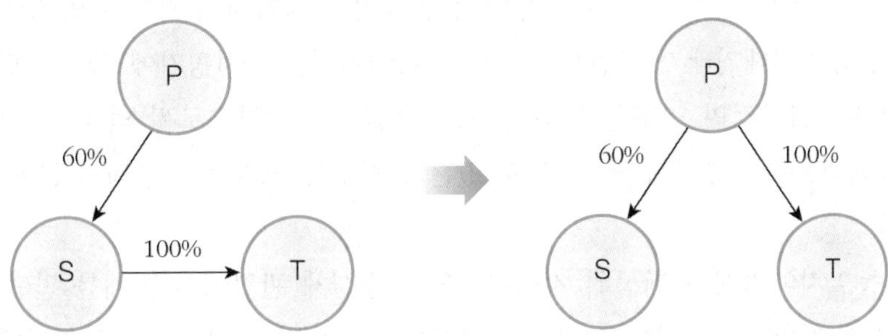

지분액 변동

P사는 S사로부터 양수한 주식을 연결재무제표상 순장부금액인 100원으로 인식하고 110원을 지급하므로, 주식양수도 전 · 후 P사와 비지배주주의 지분액은 다음과 같다.

구 분	주식양수도 전	주식양수도 후
P사	(S사 + T사) × 60% = (200 + 100) × 60% = 180	(S사 + 수령액) × 60% − 지급액 + T사 × 100% = (200 + 110) × 60% − 110 + 100 = 176
비지배지분	(S사 + T사) × 40% = 120	(S사 + 110) × 40% = 124
합 계	300	300

P사 관점에서 보면 현금과 영위하는 사업에는 변동이 없으나, P사의 지분액은 180원에서 176원으로 감소하게 된다.

연결 관점의 회계처리

(차변) 자본잉여금	4	(대변) 비지배지분	4

5. 일반기업회계기준

마지막으로 일반기업회계기준은 인적분할과 합병 등 동일지배거래에 대해 장부금액법을 적용하도록 규정하고 있는데, 규정의 취지를 요약하면 다음과 같다(일반기업회계기준 제32장 '동일지배거래' 결 32.13~32.19).

① 종속기업이 지배기업 또는 다른 종속기업과의 거래에 대하여 장부금액법을 적용하는 것이 지배기업의 회계처리와 일관성을 가지며, 동일지배하의 거래와 제3자 간의 거래

의 차이를 명확하게 보여줄 수 있다.

② 매수법을 적용할 경우 이전되는 자산 등에 대한 공정가치 평가가 수반되므로, 조직재편성 등 동일지배거래가 빈번히 발생하는 기업에게는 가치평가에 따른 부담을 초래할 수 있으며, 실무적인 영향을 고려할 때 매수법을 도입함으로써 얻을 수 있는 효익이 장부금액법을 유지함으로써 얻을 수 있는 효익보다 크다는 실증적인 근거를 찾기 어려웠다.

③ 한편, 동일지배거래는 최상위 지배기업의 연결실체 관점에서 거래를 판단하므로, 최상위 지배기업에서 인식하고 있는 연결장부금액을 적용하는 것이 동일지배의 정의에 충실하며, 연결실체의 관점에서 회계처리의 논리적 일관성이 유지된다고 보아 최상위 지배기업의 연결장부금액을 요구하기로 결정하였다.

매수법(공정가치법)은 피합병기업의 자산과 부채를 취득시점의 공정가치로 측정하므로 하위 보고실체의 경제적 실질을 잘 반영할 수 있으며, 하위 보고실체의 개념에 충실하므로 최상위 지배기업뿐만 아니라 종속기업의 정보이용자에게 유용한 정보를 제공할 수 있다. 반면 장부금액법은 하위 보고실체의 개념을 배제하고 있기 때문에 지배기업의 기존 주주에게는 유용한 정보가 제공될 수 있으나, 하위 보고실체기업인 종속기업의 투자자 등에게는 적절한 정보를 제공하지 못할 가능성이 있다.

그럼에도 불구하고 한국회계기준위원회에서는 실무상 편의와 과거 기업회계기준을 고려해 장부금액법을 일반기업회계기준에 적용할 것을 결정하고 있다.

6. 동일지배 사업결합 Discussion Paper

IASB는 프로젝트를 통해 동일지배 사업결합(Business Combinations under Common Control, 이하 BCUCC)에 관한 별도 기준을 개발할 수 있는지 탐색하고 있으며, 2020년 11월에 Discussion Paper를 발표한 상태이다. Discussion Paper의 주요 내용은 다음과 같다.

정보이용자 관점

Discussion Paper는 사업을 이전받는 기업의 재무제표 이용자 관점에 집중하고 있는데, 지배기업은 사업을 이전받는 기업의 재무제표에 의존하지 않아도 사업결합에 대한 정보를 얻을 수 있다고 보기 때문이다.

회계처리

BCUCC로 사업을 이전받는 기업에 비지배지분이 없는 경우에는 장부금액법을 적용한다. 그러나 비지배지분이 있는 경우에는 다음과 같이 회계처리한다.

① 사업을 이전받는 기업이 상장기업인 경우 취득법을 적용한다.

② 사업을 이전받는 기업이 비상장기업이고 다음 둘 중 하나에 해당하는 경우는 장부금액법을 적용하되, 어느 것에도 해당되지 않으면 취득법을 적용한다

- 모든 비지배주주가 특수관계자일 경우(예외 규정)
- 사업을 이전받는 기업이 장부금액법을 적용하기로 하였고, 모든 비지배주주가 이에 대해 인지하고 반대하지 않는 경우(면제 규정)

| 동일지배 사업결합 회계처리 |

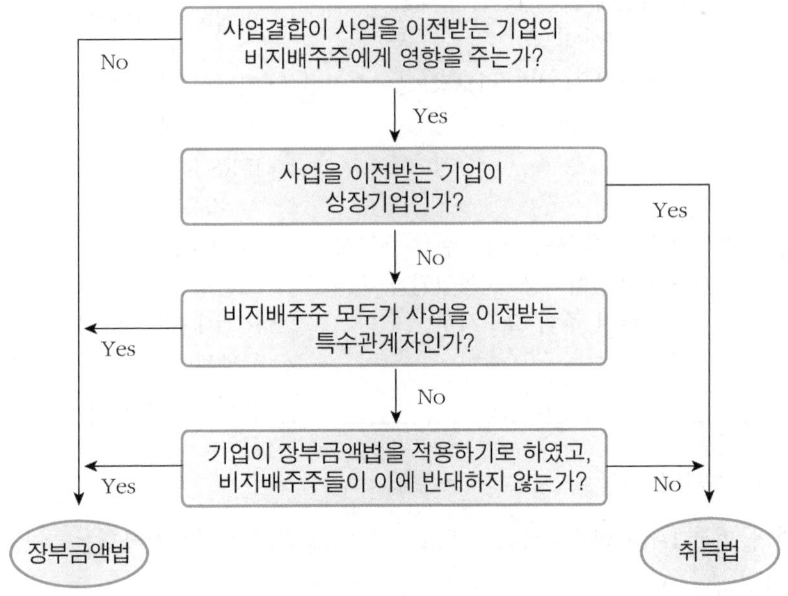

측정 방법의 적용 및 공시

BCUCC하에서 취득법과 장부금액법은 다음과 같다.

구 분	BCUCC 취득법	BCUCC 장부금액법
이전 대가	• 취득일의 공정가치	• 자산 : 장부금액 • 부채 : 관련 기준서에 따라 취득일 최초 측정한 금액 • 주식 : 토론서에서 회계처리를 규정하지 않음.[120]
이전받은 대가 (취득한 순자산의 공정가치)	• 취득일의 공정가치	• 이전되는 기업의 장부금액
이전대가와 이전받은 대가의 차이	• 이전대가 〉 이전받는 대가 → 영업권 • 이전대가 〈 이전받는 대가 → 출자 (Contribution)[121]	• 차이 금액 모두 자본거래(영업권을 인식하지 아니함.)
비교정보	• 전진적용(전기 비교정보는 수정하지 아니함.)	• 전진적용(전기 비교정보는 수정하지 아니함.)
주석사항	• IFRS 3 '사업결합' 주석 요구사항 • '사업결합－공시, 영업권과 손상' 토론서 주석 요구사항	• IFRS 3 '사업결합' 주석요구사항 일부 적용 • '사업결합－공시, 영업권과 손상' 토론서 주석 요구사항 일부 적용 • 이전대가와 이전받는 대가의 차이 금액과 이를 어느 자본 항목으로 인식하였는지 공시

한국공인회계사의 의견

지금까지 살펴본 IASB의 Discussion Paper에 대해 한국공인회계사회는 다음과 같이 의견을 제시하였다.

동일지배 사업결합은 ① 그 사업결합에 대한 의사결정이 지배그룹에 의해 이루어지고 ② 통상적으로 제3자와의 독립된 거래가 아니며 ③ 영향도나 지분율 등의 측면에서 지배주주가 여전히 비지배주주보다 중요한 주요 이해관계자이며 ④ 동일지배 사업결합은 통상적으

120) 각 나라에서 자본에 대한 규제가 별도로 존재하는 경우가 대부분이므로, IFRS에서는 주식으로 결제할 때의 회계처리를 규정하지 아니함.

121) K－IFRS 제1103호는 염가매수차익으로 인식하나, BCUCC에서는 출자로 보아 자본거래로 인식

로 지배그룹이나 지배그룹하의 연결실체에 속한 회사를 위해 진행된다는 특성을 가진다.

이러한 특성을 반영한 회계처리 방법은 IFRS 3 대상의 사업결합에 대한 회계처리 방법인 취득법이 아니라 기본적으로 장부금액법이 올바른 회계처리 방법이다. 그러므로 본 토론서에서 취득법을 기본 접근방법으로 보고 있는 IASB의 접근방법은 근본적으로 수정되어야 한다.

제 3절 분 할

기업분할은 기업의 특정사업부문을 독립적으로 분리하는 기업구조개편 제도로서, IMF 경제위기 이후 기업 구조조정을 쉽게 진행하기 위해 상법 개정을 통하여 지주회사와 더불어 허용되었다.

1. 분할에 대한 일반사항

(1) 분할의 정의와 유형

분할이란 주식회사가 독립된 사업부문의 자산과 부채를 포함한 모든 권리와 의무를 포괄적으로 이전하여 1개 이상의 기업을 설립함으로써, 하나의 기업이 2개 이상의 기업으로 나누어지는 것을 말한다. 여기서 분할 이전부터 사업을 영위하였던 기업을 분할존속법인이라 하며, 분할을 통하여 새롭게 신설된 기업을 분할신설법인이라고 한다.

분할의 형태는 크게 다음과 같이 물적분할과 인적분할로 구분된다.

① 물적분할 : 분할존속법인이 분할신설법인의 주식을 100% 소유하는 형태로서, 물적분할 후에는 분할존속법인이 분할신설법인을 지배하는 수직적 지배구조가 형성된다.

② 인적분할 : 분할신설법인의 주식을 분할존속법인의 주주에게 교부하는 형태로서 인적분할 이후에는 주주가 분할존속법인과 분할신설법인의 주식을 직접 소유하게 된다.

인적분할은 분할신설법인의 주식을 기존 주주들의 지분율에 비례하여 교부하는 비례적 인적분할과 분할신주의 배분비율이 기존의 지분율과 상이하게 교부되는 불비례적 분할형태로 구분할 수 있다. 그러나 불비례적 인적분할의 경우 세무상 부담이 크며 주주의 반발 등으로 기업 실무상 거의 이루어지지 않으므로, 인적분할이라고 하면 일반적으로 비례적 인적분할을 의미한다.

예제 18

- 분할 이전 S사는 배터리부문과 화학부문으로 구성되어 있음.
- 분할 후 S사(분할존속법인)는 화학부문을 영위함.
- 분할 후 T사(분할신설법인)는 배터리부문을 영위함.

요구사항 S사가 인적분할과 물적분할을 실시하는 경우 지배구조 변동을 분석하시오.

지배구조의 변동

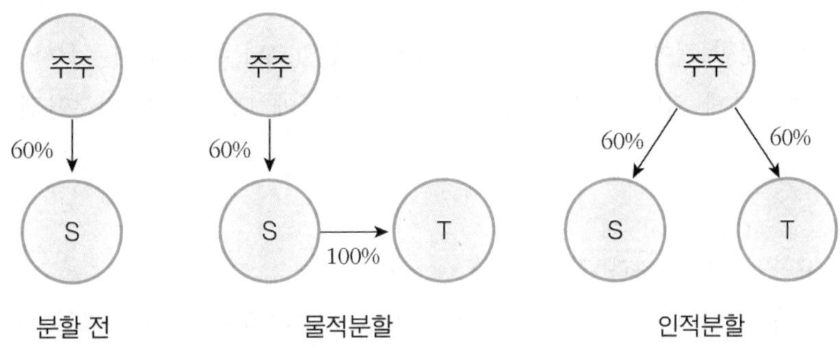

물적분할

S사가 배터리 사업부문을 물적분할하여 T사를 설립하는 경우, 다음의 회계적 거래가 발생하였다고 볼 수 있다.

① S사가 소유하고 있는 배터리 사업부문의 자산과 부채를 모두 T사에게 이전한다.

② T사는 S사로부터 자산과 부채를 이전받은 대가로 주식을 발행하여 전량을 S사에게 지급한다.

물적분할이 S사의 재무제표와 S사의 주주에 미치는 영향은 다음과 같이 요약할 수 있다.

① S사의 재무제표 : 배터리 사업부문과 관련된 자산과 부채를 모두 제거하고 T사 주식을 계상한다.

② S사의 주주 : 분할에 관계없이 계속하여 S사 주식만 보유하게 된다.

인적분할

S사가 배터리 사업부문을 인적분할하여 T사를 설립하는 경우, 다음과 같은 회계적 거래가 발생하였다고 볼 수 있다.

① S사가 소유하고 있는 배터리 사업부문의 자산과 부채를 모두 T사에게 이전한다.

② T사는 S사로부터 자산과 부채를 이전받은 대가로 주식을 발행하여 전량을 S사에게 지급한다.

③ S사는 수령한 T사 주식을 S사 주주들에게 지분율에 따라 비례적으로 교부하면서, 주주들이 소유하고 있는 S사 주식 중 일부를 대가로 취득한다.

④ S사는 주주들로부터 취득한 자기주식을 소각한다.

인적분할이 S사의 재무제표와 S사의 주주들에게 미치는 영향은 다음과 같다.

① S사의 재무제표 : 배터리 사업부문과 관련된 자산과 부채를 모두 제거하고 자본의 일부를 감자한다.

② S사 주주 : 분할 전에는 S사 주식만 소유하고 있었으나 분할 후에는 S사 주식과 T사 주식을 보유하게 되며, T사에 대한 지분율은 S사에 대한 기존 지분율과 동일하다.

(2) 분할의 효과

분할의 주요 장점은 다음과 같다.

① 위험의 분산 : 위험도가 높은 사업부문을 별도로 분리하여 독립된 기업으로 운영하기 때문에 위험부담을 제한할 수 있다.

② 기업 구조조정 : 선택과 집중을 통하여 핵심 주력사업에 경영자원을 집중시켜 경쟁우위를 확보할 수 있으며, 비핵심 사업부문이나 저수익 사업부문을 구조조정하는 수단으로 분할을 활용할 수 있다.

③ 자금조달 : 분할 후 사업부문에 대한 위험이 명확하게 정의되므로 분할된 기업별로 서로 다른 Risk Premium을 적용할 수 있다.

④ 책임경영의 강화 : 분할 후 각 사업부문에 적합한 경영전략을 적용할 수 있으므로 경영의 유연성과 효율성이 제고되며, 각 사업부문의 경영 실적에 대한 책임이 명확해진다.

반면, 분할의 주요 단점은 다음과 같다.

① 관리 비용 증가 : 기업의 수가 증가함에 따라 인사, 총무, 재무 및 기획 등과 같은 관리 비용이 증가한다.

② Synergy 효과 감소 : 분할 후 사업부문 간 교류 감소에 따라 Synergy 효과가 감소하게 된다.

③ 대주주와 소액주주 간 부(富)의 이전 : 기업분할은 대주주의 효익 증가를 목적으로 이루어져 소액주주의 부를 훼손하는 경우도 있다.

2. 물적분할

(1) 분할존속법인의 회계처리 : 연결 관점

사업결합에서 취득자는 일반적으로 특정 사업부문에 대한 자산과 부채를 취득한 기업으로 식별된다. 그러나 자산과 부채의 이전 대가로 주식 전부를 수취할 경우에는 자산과 부채를 취득한 기업이 아니라 주식을 취득한 기업이 취득자에 해당한다(K-IFRS 제1103호 B18).

따라서 분할신설법인이 주식을 발행하고 분할존속법인이 주식을 취득한 경우에는 분할신설법인이 아닌 분할존속기업이 사업결합의 취득자로 식별된다.

상기 규정에 대한 직관적인 이해를 돕기 위하여 〈예제 18〉을 이용하여 분할 전후 S사가 통제하는 자산과 부채의 범위를 생각해 보자.

- 분할 전 : S사는 화학부문과 배터리부문을 직접 소유하고 있음.
- 분할 후 : S사는 화학부문만 직접 소유하고 있으며, T사에 대해 지배력을 획득하고 있음. 지배력을 획득하고 있다는 의미는 T사가 영위하는 사업을 직접 취득한 것에 해당하므로, 결국 S사는 화학부문과 배터리부문을 소유하고 있음.

위와 같이 **분할 전과 후 자산과 부채에 대한 위험과 효익은 분할존속법인에게 귀속되는 것으로서 그 권리와 의무에 아무런 변동이 없으므로 물적분할은 경제적 실질의 변동을 가져오지 않는다.** 따라서 물적분할은 공정가치법이 아닌 장부금액법으로 회계처리해야 한다는 것이 통설이다.[122)]

(2) 분할존속법인의 회계처리 : 별도 관점

분할 전에는 분할된 사업부문에 속한 자산과 부채가 직접 계상되지만, 분할 후에는 종속기업주식이 장부에 계상된다. 분할된 사업부문의 자산과 부채는 종속기업투자와 경제적 실질이 동일하므로, 물적분할은 상업적실질이 결여된 거래로 해석된다. 따라서 K-IFRS 제1016호 문단 24를 준용하여 종속기업투자의 장부금액은 분할된 자산과 부채의 장부금액으로 인식한다. 물적분할에 대한 별도재무제표상 구체적인 회계처리는 〈제4장〉 〈보론 1〉 'New Co를 통한 기업구조 재편성'을 참조하기 바란다.

한편, 물적분할은 사업부가 단순히 주식의 형태로 변경되었다고 보기 때문에 K-IFRS 제1105호 '매각예정비유동자산과 중단영업'을 적용하지 않는다.

(3) 분할신설법인의 회계처리

물적분할은 New Co가 분할을 위하여 설립되고 자신의 지분을 분할존속법인에게 발행하면서 사업을 취득하는 거래로 볼 수 있다. 이 경우 New Co는 사업의 정의를 충족하지 못하므로 제1103호에 따른 사업결합 회계처리를 적용할 수 없다.

---

122) 물적분할과 유사한 사례에 대한 유럽연합의 질의회신 EECS 1209-14 '공동지배하의 사업결합'에서도 지분통합법 개념을 적용하여 장부금액 승계가 타당함을 언급하고 있다. 참고로 일반기업회계기준도 장부금액법을 규정하고 있다.

분할을 사업결합 거래가 아닌 그룹구조조정(Recorganization)과 유사하다고 보아 (즉, 회사의 실체에 변화가 없는 거래로 보아) **분할일의 이전되는 자산과 부채를 장부금액으로 신설법인이 승계**(Carry Over)한다는 것이 통설이다. 이 경우 각 자산・부채와 관련된 기타포괄손익누계액도 포함된다.

예제 19

• S사는 02년 초 물적분할을 실시하였으며, 분할신설법인인 T사 주식을 100% 취득함.
• T사에게 이전되는 자산과 부채의 내역은 다음과 같음.

구 분	장부금액	공정가치
자산	12,000	14,000
부채	5,000	6,000

• T사에게 이전되는 자산 중 공정가치측정금융자산이 포함되어 있으며, 동 금융자산과 관련하여 500원의 평가이익을 인식하고 있음.
• T사는 자본금 5,000원으로 설립됨.

요구사항 S사와 T사의 회계처리를 제시하시오.

S사(분할존속법인)

• 회계처리

(차변)		(대변)	
부채	5,000	자산	12,000
금융자산평가이익	500	차액	500
종속기업투자(T)	7,000		

• 차액에 대한 회계처리

① 1안 : 관련 자산이 제거되었으므로 기타포괄손익을 자본 내 다른 항목으로 재분류한다.

② 2안 : 물적분할은 자산과 부채가 주식으로 전환되는 경제적 실질이 없는 거래이므로 기존과 동일하게 분할회사의 기타포괄손익누계액을 구성한다.

T사(분할신설법인)

(차변)		(대변)	
자산	12,000	부채	5,000
		금융자산평가이익	500
		자본금	5,000
		자본잉여금	1,500

(4) 영업권의 배분

분할 전에 영업권을 계상하고 있는 경우 영업권은 다음과 같이 배분하는 것이 일반적이다.

① 분할로 이전되는 사업부문과 관련 영업권은 분할신설법인으로 귀속

② 분할 이전의 각 사업부문을 현금창출단위(CGU)로 보고, 각 CGU의 회수가능액의 상대적 가치를 기준으로 영업권을 배분

만일 현금창출단위의 회수가능액을 산정하기가 어려운 경우에는 순자산 금액 기준으로 영업권을 배분할 수 있을 것이다.

예제 20

- 05년 초 P사는 A, B, C사업부문 중 C사업부문을 물적분할함.
- P사는 01년 초 C사업부문을 취득하면서 영업권 10,000원을 인식함.
- B사업부문과 C사업부문은 서로 연관성이 있음.
- 분할 이전에 P사는 발생된 영업권 중 9,000원을 C사업부문으로, 나머지는 연관 사업인 B사업부문에 배분하고 있었음.

요구사항 분할 이후 각 사업부문에 영업권을 배분하시오.

분할 이전에 영업권을 배분하지 않았던 경우

영업권을 배분한 적이 없었다면 B사업부문과 C사업부문의 상대적 공정가치에 따라 영업권을 배분할 수 있다. 그러나 B사업부문이 여러 사업을 영위하고 있다면, 단순한 상대적 공정가치보다는 C사업부문과 관련이 있는 부분만의 공정가치를 산출하고 동 금액과 C사업부문의 공정가치를 고려하여 영업권을 배분하는 것이 합리적이다.

분할 이전에 영업권을 배분하였던 경우

분할 이전에 영업권을 사업부문에 배분했었다면 동 금액을 분할신설법인에 이전할 수 있다.

3. 인적분할

(1) 분할존속법인의 회계처리

분할존속법인이 인적분할을 통하여 취득한 분할신설법인의 주식을 주주들에게 교부하면, K-IFRS 제2117호 '소유주에 대한 비현금자산의 분배'에 따라 공정가치법으로 회계처

리한다.[123)]

인적분할이 동일지배거래에 해당하는 경우에는 규정이 명확하지 아니한데, 다음과 같은 견해가 있다.

① 공정가치법 : 해석서 제2117호에 따른 회계처리

② 장부금액법 : 소유주 관점에서 이미 지배하고 있는 순자산 집단의 재배치이므로 미지급배당은 인적분할될 순자산의 장부금액으로 측정

분할존속법인의 기존 주주가 비례적으로 분할신설법인을 소유하는 경우 인적분할은 상업적 실질이 없는 거래로서 경제적 실체의 변화는 없다. 따라서 분할신설법인은 분할존속법인이 이전하는 자산과 부채를 장부금액으로 승계하고, 자산과 부채에 대한 평가이익(기타포괄손익)이 있는 경우에는 동 금액도 승계해야 한다는 것이 통설이다.

예제 21

- P사는 S사 주식을 60% 소유하고 있음.
- S사는 S사와 T사로 비례적 인적분할을 실시함.
- 인적분할 후 P사는 S사와 T사 주식을 각각 60% 소유하게 됨.
- T사로 인정될 자산과 부채는 다음과 같음.

구 분	장부금액	공정가치(10월 1일)	공정가치(1월 1일)
자산	100,000	120,000	125,000
부채	40,000	45,000	45,000
순자산	60,000	75,000	80,000

- 장부금액은 변동하지 않았고, 주주총회 승인일(10월 1일) 현재 공정가치는 75,000원이며, 결산일(12월 31일)과 분할기일(1월 1일) 현재 공정가치는 80,000원임.

요구사항 공정가치법과 장부금액법에 따라 회계처리를 제시하시오.

공정가치법

- 주주총회 승인일

(차변) 자본 75,000 (대변) 미지급배당 75,000

123) 2020 - FSSQA14 인적분할된 분할존속회사의 회계처리, 여기서 K - IFRS 제2117호는 주주에게 동일한 비율로 비현금자산을 분배하는 경우를 전제함에 유의해야 한다.

• 결산일

(차변)	자본	5,000	(대변)	미지급배당	5,000

(차변)	분배예정자산집단(*)	100,000	(차변)	자산	100,000
	부채	40,000		분배예정자산집단 관련 부채	40,000

(*) 분배예정자산집단 = Min(공정가치, 장부금액)

• 분할기일

(차변)	미지급배당	80,000	(대변)	분배예정자산집단	100,000
	분배예정자산집단 관련 부채	40,000		처분이익	20,000

장부금액법

• 주주총회 승인일

(차변)	자본	60,000	(대변)	미지급배당	60,000

• 결산일

(차변)	분배예정자산집단	100,000	(차변)	자산	100,000
	부채	40,000		분배예정자산집단 관련 부채	40,000

• 분할기일

(차변)	미지급배당	60,000	(대변)	분배예정자산집단	100,000
	분배예정자산집단 관련 부채	40,000			

참고로 일반기업회계기준은 기업이 분할과 동시에 분할대가로 수령한 주식을 자신의 주주에게 지분율에 비례하여 배분하는 경우, 이전하는 사업은 장부금액으로 할 것을 규정하고 있다(일반기업회계기준 제32장 문단 32.15).[124] 또한 분할신설기업은 이전받은 사업을 분할존속법인이 계상하였던 장부금액으로 인식하고, 이전대가로 발행한 주식의 액면금액과의 차이는 자본잉여금(또는 자본조정)으로 처리하도록 규정하고 있다.

124) 기업분할의 본질에 대해서는 인격분리설과 현물출자설로 구분할 수 있다. 인격분리설은 당초 하나의 기업이 분할에 의하여 여러 개의 기업으로 분리된다는 것이며, 현물출자설은 분할존속법인이 특정 사업부문을 분할신설법인에 현물출자하는 것으로 보는 견해이다. 일반기업회계기준은 인적분할 회계처리를 인격분리설에 근거하여 규정하고 있다고 볼 수 있다.

(2) 분할신설법인의 회계처리

분할되는 사업부를 실체가 있는 회사가 합병(분할합병)하는 경우가 아닌 통상적인 인적분할의 경우, 사업결합의 정의가 충족되지 않으므로 '사업결합' 기준서의 적용대상이 아니다. 인적분할은 New Co가 분할을 위하여 설립되고 자신의 지분을 분할존속법인의 주주에게 발행하면서 사업을 취득하는 거래로 볼 수 있다. 따라서 이 경우 New Co는 사업의 정의를 충족하지 못하므로 제1103호에 따른 사업결합 회계처리를 적용할 수 없다.

분할을 사업결합 거래가 아닌 그룹구조조정(Recorganization)과 유사하다고 보아 (즉, 회사의 실체에 변화가 없는 거래로 보아) 분할일의 이전되는 자산과 부채를 장부금액으로 신설법인이 승계(Carry Over)한다는 것이 통설이다. 이 경우 각 자산・부채와 관련된 기타포괄손익누계액도 포함된다.

(3) 영업권의 배분

K-IFRS 제1036호 문단 87에 따를 경우 영업권이 배분된 하나 이상의 현금창출단위의 구성을 변경한다면, 그 영향을 받는 모든 현금창출단위에 영업권을 재배분해야 한다. 이러한 재배분은 특정한 경우를 제외하고 현금창출단위 내의 영업을 처분하는 경우와 같이 상대적인 가치를 기준한다.

① 분할로 이전되는 사업부문과 관련된 영업권은 분할신설법인으로 귀속

② 분할 이전의 각 사업부문을 현금창출단위(CGU)로 보고, 각 CGU의 회수가능액의 상대적 가치를 기준으로 영업권을 배분

만일 현금창출단위의 회수가능액을 산정하기가 어려운 경우에는 순자산 금액 기준으로 영업권을 배분할 수 있을 것이다.

예제 22

- S사는 02년 초 인적분할을 실시하였으며, 분할신설기업인 T사가 설립됨.
- 분할 직전 S사의 각 사업부문의 내역은 다음과 같음.

구 분	S사가 영위할 사업	T사가 영위할 사업
자산	15,000	25,000
부채	10,000	10,000
순자산	5,000	15,000

• 상기 자산과 부채 이외에도 S사는 영업권을 12,000원 계상하고 있는데, 6,000원은 S사가 영위할 사업과 관련된 것임.

요구사항 분할 후 S사와 T사가 계상할 영업권을 결정하시오.

영업권의 배분

구 분	S사(분할존속법인)	T사(분할신설법인)
S사와 관련된 영업권	6,000	–
그 이외의 영업권	1,500 = {6,000 × 5,000 ÷ (5,000 + 15,000)}	4,500 = {6,000 × 15,000 ÷ (5,000 + 15,000)}
합 계	7,500	4,500

(4) 자기주식

분할회사가 분할 전 자기주식을 보유하고 있다면 분할존속법인은 자기주식과 해당 지분율 만큼의 분할신설법인이 발행한 주식을 배정받게 된다. 분할존속법인은 동 주식을 공정가치측정금융자산이나 관계기업투자로 분류하는데, 실무상 분할존속법인은 분할신설법인의 주식을 최초로 인식하게 되는 시점에 공정가치로 측정하고 있다.

예제 23

• P사는 화학사업과 배터리사업을 운영하고 있으며, 배터리 사업부문을 S사로 인적분할함.
• 분할 전 P사는 총발행주식의 5%를 자기주식(장부금액 : 1,000원)으로 보유하고 있었음.
• 분할 후 P사는 P사와 S사 주식을 각각 5%씩 보유하게 됨.
• 분할비율은 1 : 1이며, 분할 후 주주들로부터 분할신설법인 주식과 교환하여 취득한 자기주식을 감자하여 자본금은 4,000원에서 2,000원으로 감소함.
• 자기주식에 배정된 분할신설법인 주식의 공정가치는 500원임.

요구사항 분할 후 S사 주식에 대한 회계처리를 검토하시오.

분할 후 P사는 자기주식과 S사 주식을 각각 5%씩 보유하게 되는데, S사 주식에 대한 장부금액은 종전 자기주식 금액 중 일부를 대체하여 인식한다. 따라서 본 예제의 경우 자기

주식 중 5,000원을 S사 주식으로 대체하는 것이 적절하다.[125]

한편, 인적분할을 통해 신설된 분할신설법이 자기주식을 승계하여 지주회사로 전환하는 경우, 분할신설법인은 분할 후 분할존속법인주식과 자기주식을 보유하게 된다. 분할신설법인은 이전되는 자산·부채에 대하여 분할 전 장부금액을 승계하는데, 분할존속법인에서 이전된 자기주식은 분할로 이전받는 자산으로 보지 않는다. 인적분할로 이전되는 자산·부채는 분할존속법인이 기존에 보유하던 자산인 반면, 분할신설법인이 보유하게 되는 분할존속법인주식과 자기주식은 분할존속법인이 주식을 새롭게 발행하여 이전하는 거래와 실질이 동일하기 때문이다.

예제 24

- P사는 화학사업과 배터리사업을 운영하고 있으며, 배터리 사업부문을 S사로 인적분할함.
- 분할 전 P사는 총발행주식의 5%를 자기주식으로 보유하고 있었으며, 동 자기주식을 S사에게 이전함.
- 분할 후 S사는 P사와 S사 주식을 각각 5%씩 보유하게 됨.

요구사항

S사는 분할 후 P사 주식과 자기주식을 재무상태표에 어떠한 금액으로 표시해야 하는지 검토하시오.

S사가 분할일 현재 보유하게 되는 P사 주식은 분할을 통해 승계받은 자산이 아니라, 분할일에 분할로 이전받는 순자산에 추가하여 별도로 취득하는 금융상품이다. 따라서 최초 인식과 측정은 K-IFRS 제1109호의 적용범위에 해당하므로 동 기준서를 적용하여 회계처리한다.

자기주식은 K-IFRS 제1032호 문단 33에서 지급한 대가를 자본으로 인식하도록 규정하는 내용 외에는 별도의 규정이 없다. 따라서 C사는 K-IFRS 제1008호 문단 10~12에 따라 회계정책을 개발할 수 있는데, 그 대안은 다음과 같다.[126]

① 자기주식을 취득하기 위해 유출된 순자산 없으므로 영('0')으로 표시

② 자기주식 금액을 재무제표에 표시하는 것이 정보이용자에게 더 유용하다고 판단되면 액면금액이나 순자산 장부금액 등을 기초로 표시

125) 금감원2006-086, 인적분할시 자기주식에 대한 회계처리

126) 2017-I-KQA010, 분할법인이 분할시 자기주식을 분할신설법인에 이전하는 경우 분할신설법인의 회계처리

다만, 어떠한 경우에도 S사의 분할일 현재 자본의 차감 항목으로 표시된 자기주식 금액이 S사의 순자산(총자본) 금액에 영향을 미치지 않도록 그 효과를 자본 항목(예 : 자본잉여금)에 반영하여 자본총계에 영향을 미치지 않도록 해야 한다. 분할일 현재 S사의 순자산 장부금액이 S사의 총자본으로 결정되므로, 자기주식 금액의 조정은 주식발행초과금에 상쇄되는 방향으로 조정되기 때문이다.

(5) 동일지배 인적분할 시 기타포괄손익 처리

동일지배에 해당하는 인적분할 시 장부금액법을 적용할 경우 분배되는 자산 중 평가손익을 기타포괄손익으로 처리하던 자산이 포함되어 있다면, 분할존속법인은 미지급배당의 결제시점에 다음과 같은 회계처리를 실시할 수 있다.

① 당기손익 인식 : 장부금액법의 적용 논리는 미지급배당의 측정으로 한정되어야 한다. 따라서 K-IFRS 해석서 제2117호의 결론도출근거를 준용하여 주주에 대한 분배와 관계없이 자산이 제거될 때 기타포괄손익을 당기손익으로 대체한다.

② 자본잉여금 등 자본 항목으로 인식 : 장부금액법을 적용한다고 함은 경제적 실질이 지속됨을 전제하므로, 당기손익이 아닌 자본 항목으로 대체한다.

(6) 동일지배 인적분할 시 미실현손익 처리

K-IFRS에 규정이 없다면 K-IFRS 제1008호 '회계정책, 회계추정의 변경 및 오류'에 따라 경영진은 개념체계 등을 참조하여 회계정책을 개발해야 하며, 유사한 개념체계를 사용하여 회계기준을 개발해야 한다.

동일지배하의 인적분할은 K-IFRS 해석서 제2117호의 적용범위에서 제외되고 있으며, 동 해석서는 분할존속회사의 회계처리만을 다루고 있다. 따라서 동일지배하의 인적분할 회계처리에 대해서는 일반기업회계기준 등을 참조하여 회계정책을 개발할 필요가 있다.[127)]

예제 25

- 개인주주가 지배하는 P사는 S사와 T사 지분 100%를 보유하고 있음.
- S사는 01년에 원가가 100원인 재고자산을 T사에게 120원에 판매하였고, T사는 03년까지 동 재고자산을 보유함.
- 02년에 P사는 일부 사업을 X사로 인적분할하였으며, P사가 보유하던 T사를 X사가 승계함.

127) 2019-I-KQA004 동일지배하의 인적분할 시 분할장부금액 : 분할 전 내부거래 금액 반영 여부

요구사항 X사는 T사의 재고자산을 100원으로 승계할 수 있는가?

지배구조 변경

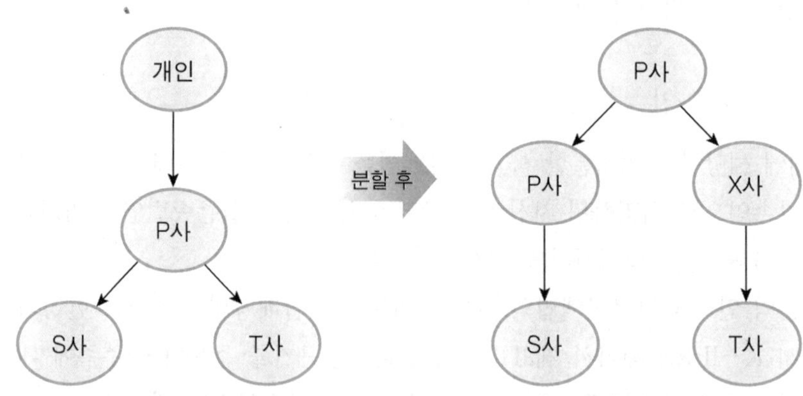

동일지배거래 해당 여부

일반기업회계기준은 협의의 범위를 규정하고 있으므로 〈예제 25〉는 동일지배거래에 해당하지 않는다. 그러나 K-IFRS는 개인까지 포함한 광의의 범위가 대상이므로 동일지배거래에 해당한다.

장부금액 승계

일반기업회계기준 제32장 문단 32.15를 준용하였다면, X사는 P사의 연결재무제표상 장부금액인 100원을 그대로 승계할 수 있으며, P사는 인적분할로 감자회계처리를 할 경우 감소된 순자산금액과 감소되는 주식의 액면금액의 차액을 적절한 자본 항목으로 반영할 수 있다.

4. 분할합병

분할합병은 기업집단 내 투자주식을 가진 여러 기업들이 있는 경우, 지주회사 전환 등 기업지배구조 재편성 과정에서 활용되는 제도이다. 분할합병은 다음 절차에 따라 진행된다.

① 주식을 가지고 있는 기업들을 투자부문과 사업부문으로 각각 분할

② 투자부문을 합병하여 지주회사로 전환

| 분할합병 |

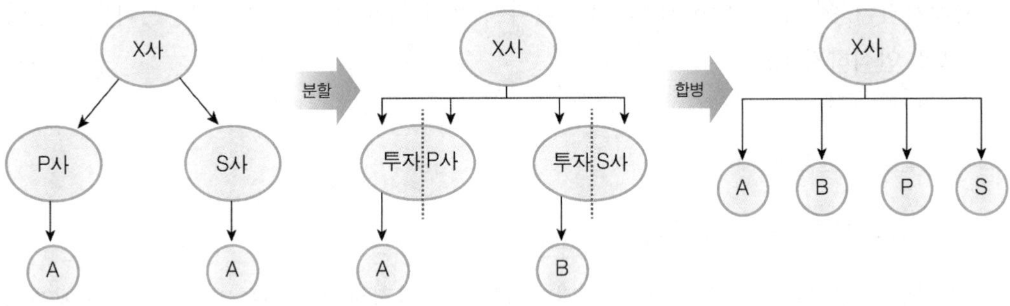

상기 지배구조의 재편성절차는 다음과 같다.

① 분할 : P사와 S사는 각각 투자부문과 사업부문으로 분할

② 합병 : X사, P사와 S사 투자부문의 합병

분할합병 이후 X사는 A사, B사, P사와 B사의 사업부문을 직접 보유하는 형태로 변경된다. 편의상 분할과 합병이 구분되어 진행하는 것으로 설명하였는데, 실무상 분할과 합병이 동시에 진행되는 것이 일반적이다.

예제 26

- A사, B사, C사는 각각 투자부문과 사업부문으로 인적분할함과 동시에, A사의 투자부문은 B사 및 C사의 투자부문을 흡수합병함.
- A사의 투자부문은 분할합병을 통해 공정거래법상 지주회사로 전환함.
- 분할합병 이후 통합투자부문은 A사, B사, C사 사업 회사 지분을 관계기업으로 분류함.
- 분할 전 A사, B사, C사가 보유하던 E사 주식은 분할합병 후 통합투자부문의 종속기업으로 분류됨.

요구사항 C사는 P사, A사, B사, 자기주식을 어떻게 측정해야 하는지 검토하시오.

분할합병 거래가 동일지배거래에 해당하지 않는다면, 합병거래는 설립 후 사업결합(취득) 거래로 회계처리한다. 즉, 인적분할 거래와 합병거래의 순서가 명확하게 존재하는 것으로 본다. 그리고 E사 주식은 단계적 취득에 따라 종속기업으로 분류되었으므로 당기손익을 인식한다.[128)]

128) 2018-I-KQA003 분할합병신설법인의 설립시점 재무제표 관련 질의

한편, 통합투자부문은 A사, B사, C사 사업 회사 지분을 관계기업으로 분류하는데, 취득 전 관계기업의 손익은 반영하지 않는다. 따라서 분할 과정에서 발생한 처분손익은 지분법 손익으로 인식하지 않는다.

5. 분할과 연결회계

(1) 물적분할과 연결회계

종속기업이 물적분할을 실시한 경우 지배기업의 연결결산에 미치는 영향은, 다음 예제로 살펴본다.

예제 27

- P사는 01년 초 S사 주식 60%를 100,000원에 취득함.
- S사는 03년 초 분할존속법인 S사(A사업)와 분할신설법인인 T사(B사업)로 물적분할됨.
- 분할 후 S사 별도재무제표에는 40,000원의 T사 주식이 인식됨.

요구사항 물적분할이 P사의 연결결산에 미치는 영향을 검토하시오.

물적분할은 P사의 연결실체에 아무런 영향을 미치지 않으므로, 물적분할이 실시되더라도 P사의 연결재무제표는 동일할 것임을 예상할 수 있다. 다만, 분할 후에는 지배구조가 연속적인 지배·종속 관계로 변경되어 다음 절차에 따라 연결재무제표가 작성된다.

① S사의 T사 평가 : 100% 지분율

② P사의 S사 평가(T사에 대한 간접소유 지분액 인식): 60% 지분율

한편, S사가 T사에 대해 지분 평가 시 T사 주식의 취득금액은 분할 후 S사의 별도재무제표에 표시된 장부금액으로 한다.

(2) 인적분할과 연결회계

인적분할 이후 분할존속법인의 주주들은 기존에 소유하던 주식의 일부를 반납하고 인적분할을 통하여 신설되는 기업에 대한 주식을 지분율에 비례하여 수령하게 된다. 따라서 주주들은 분할 이전에는 분할존속법인의 주식만 보유하였으나, 분할 이후에는 분할존속법인뿐만 아니라 분할신설법인 주식도 보유하게 된다.

K-IFRS는 별도재무제표상 주식 장부금액의 배분과 관련하여 세부적으로 제시하지 않고 있으나, 다음의 견해가 있다.

① 공정가치에 비례하여 배분
- 분할 전 주식의 취득금액 중 일부가 영업권으로 구성되어 있었다면, 동 영업권은 분할 후 관련 사업을 영위하는 기업에게 귀속시킨다. 만일 영업권에 대한 귀속이 불확실하다면 상대적 공정가치에 비례하여 배분할 수도 있을 것이다.
- 영업권 이외의 주식 금액은 분할 후 공정가치에 비례하여 배분한다.

② 배당접근법
- 분할신설법인의 주식을 배당으로 수령하였다고 보아 분할신설법인의 공정가치로 측정한다.
- 분할존속법인의 주식은 공정가치와 비교하여 손상차손을 인식한다.

비례적 인적분할은 상업적 실질이 없으므로, 상기 대안 중 ①이 보다 합리적인 방법이라고 판단된다.

예제 28

- P사는 01년 초 S사 주식 100%를 100,000원에 취득함.
- 지배력 획득 시점에 P사는 S사에 대한 영업권을 20,000원 인식하였으며, 자산과 부채의 공정가치는 장부금액과 일치하였음.
- 영업권 중 15,000원은 A사업과 관련된 것이며, 5,000원은 B사업과 관련된 것임.
- S사는 10년 초 분할존속법인 S사(A사업)와 분할신설법인인 T사(B사업)로 인적분할됨.
- 분할 후 S사와 T사의 순자산 장부금액은 각각 90,000원, 60,000원임(공정가치도 동일).
- 상기 인적분할은 장부금액법을 적용하여 회계처리됨.
- 회계정책 : 별도재무제표에 표시될 T사 주식은 영업권과 공정가치에 비례하여 인식함.

요구사항

1. 인적분할 후 P사 별도재무제표에 표시될 S사 주식과 T사 주식의 장부금액을 결정하시오.
2. 배당접근법을 적용한다면 표시될 P사 별도재무제표상 주식의 장부금액을 결정하시오.

S사 주식의 장부금액의 구성내역

- 100,000원 = 80,000원(순자산 공정가치) + 20,000원(영업권)

분할 후 별도재무제표에 표시될 종속기업주식

구 분	분할 전	분할 후	
		S사 주식	T사 주식
순자산(*)	80,000	48,000	32,000
영업권	20,000	15,000	5,000
합 계	100,000	63,000	37,000

(*) 안분 비율 : 분할 후 순자산 장부금액 비율

배당접근법

- 배당금수익 인식

(차변) 주식 T 60,000 (대변) 배당금수익 60,000

- 손상차손 인식

(차변) 손상차손(*) 10,000 (대변) 주식S 10,000

(*) 100,000원(주식S 금액) – 90,000원(공정가치)

P사가 S사에 대해 지배력을 획득하여 연결재무제표를 작성하던 중 S사가 인적분할을 실시한 경우 P사의 연결결산에 미치는 영향을 생각해 보자. 인적분할이 발생하였더라도 연결실체의 자산과 부채나 P사의 지분율에는 아무런 변화가 없으므로 인적분할이 지배기업의 연결재무제표에 미치는 영향은 없을 것임을 예상할 수 있다.

그러나 분할 전에는 S사에 대한 지분 평가만 실시하여 연결재무제표가 작성되었으나 분할 후에는 S사뿐만 아니라 T사에 대한 지분 평가까지 이루어져야 연결재무제표가 작성될 수 있다. 지분 평가 시 P사가 S사에 대하여 지배력을 획득한 이후 인식한 누적 지분 평가액 중 분할된 비율에 해당하는 금액은 T사 지분 평가에 반영한다.

즉, 분할 전까지 S사에 인식된 취득금액과 누적 지분 평가액이 분할 후 분할존속법인과 분할신설법인으로 나누어지게 된다.

예제 29

- 아래 내용을 제외한 정보는 〈예제 30〉과 동일함.
- P사가 S사에 대하여 지배력을 획득한 후 인식한 누적 지분 평가액은 70,000원으로서 전액 당기손익으로 발생된 것임.
- 10년에 T사가 별도재무제표상 인식한 당기순이익은 8,000원임.
- 분할 시 T사의 순자산은 60,000원이므로, 10년 말 T사의 순자산은 68,000원임.

요구사항 10년 말에 P사가 T사에 대하여 인식할 지분액을 계산하시오.

이익잉여금의 배분

- S사 = 70,000원 × 90,000원 ÷ 150,000원 = 42,000원
- T사 = 70,000원 × 60,000원 ÷ 150,000원 = 28,000원

순자산 분석

구 분	순자산 지분액	영업권	지분액 합계
분할시점	60,000	5,000	65,000
10년	68,000	5,000	73,000

분할시 T사의 순자산은 60,000원이고 배분된 영업권은 5,000원이므로, 지분액은 65,000원으로 계산된다.

누적 지분 평가

구 분	취득금액	NI 지분액	전기이월이익잉여금	지분액 합계
분할시점	37,000	–	28,000	65,000
10년	37,000	8,000	28,000	73,000

누적 지분 평가와 순자산 분석의 지분액이 동일하다는 것을 이용하여 누적 지분 이익을 역산하면, 전기이월이익잉여금은 28,000원으로 계산된다.

제 4 절 합 병

합병이란 독립된 2개 이상의 기업들이 계약에 따라 청산절차를 거치지 않고 하나의 기업으로 합쳐지는 것을 의미한다. 합병기업은 피합병기업의 자산・부채뿐만 아니라 피합병기업의 모든 권리・의무를 포괄적으로 인수하며, 피합병기업의 주주들은 합병기업으로부터 합병기업의 주식이나 합병교부금을 합병대가로서 획득하게 된다.

지금까지 살펴본 연결회계는 지배기업이 주식을 취득하여 지배력을 획득함으로써 경제적으로는 하나가 되었지만 법적으로는 독립된 기업들인 반면에, 합병은 법적으로도 하나가 된다는 점에 차이가 있다.

1. 합병의 정의와 유형

(1) 합병의 정의

합병은 합병기업이 피합병기업의 자산・부채의 일체(즉, 사업)와 권리・의무를 포괄적으로 취득하는 사업결합의 하나이다.

합병기업은 피합병기업의 주주들에게 합병기업의 주식이나 현금 등을 대가로 지급하고 피합병기업의 주식을 모두 취득한 후 소각하며, 합병기업의 재무제표에 피합병기업으로부터 인수한 자산과 부채를 재무제표에 직접 인식하게 된다.

합병 회계처리는 두 가지 형태로 나누어 생각해 볼 수 있다.

① 취득법(Acquisition method, 매수법 또는 공정가치법) : 합병기업이 우월한 입장에서 피합병기업의 자산과 부채를 공정가치로 취득한다고 보는 매수설에 따른 회계처리

② 지분통합법(Pooling method, 장부금액법) : 쌍방이 각각의 모든 권리와 의무를 결합하여 결합된 실체에 대하여 공동으로 위험과 효익을 분담하는 지분통합설에 따른 회계처리

일반적으로 합병은 합병기업이 기업의 규모를 확대하거나 신규 사업에 진출하는 등의 목적을 달성하기 위해 실시된다. 따라서 대다수의 합병에서는 우월적인 위치를 가지고 있는 매수기업을 파악할 수 있다고 판단하여 K-IFRS나 일반기업회계기준 모두 **취득법을 원칙**으로 하고 있다.

(2) 합병의 유형

합병은 합병당사자의 소멸 여부에 따라 흡수합병과 신설합병으로 구분할 수 있다.

① 흡수합병 : 합병당사자 중 하나가 존속하여 다른 기업의 모든 권리와 의무를 포괄적으로 승계하는 형태

② 신설합병 : 2개 이상의 합병당사자가 신설기업을 설립하여 합병당사자의 모든 권리와 의무를 신설기업으로 포괄이전하고, 합병당사자는 별도의 청산절차를 거치지 않고 소멸하는 형태

합병의 경우 주주의 이해관계에 큰 영향을 미치므로 주주보호를 위하여 합병당사기업은 주주총회 특별결의 절차를 진행해야 하며, 합병을 반대하는 주주에게는 주식매수청구권을 부여하여야 한다. 그러나 주주총회소집은 복잡한 절차를 요구하고 있으며, 주식매수청구권이 행사되면 경우에 따라서 많은 자금이 소요된다. 따라서 상법은 일정 요건을 갖추는 경우 일부 절차를 간략하게 진행할 수 있도록 하고 있는바, 절차의 간소화 정도에 따라 일반합병, 소규모합병, 간이합병으로 구분할 수 있다.

① 일반합병

- 합병계약서의 승인에 주주총회 특별결의가 필수적이다.
- 합병을 반대하는 주주의 주식매수청구권이 인정된다.

② 소규모합병

- 흡수합병 시 존속기업에만 인정된다.
- 소규모 합병의 요건
  - 합병신주의 비율이 합병기업 발행주식총수의 20%를 초과하지 아니하고,
  - 합병교부금이 합병기업의 재무상태표상 순자산 장부금액의 5%를 초과하지 아니하는 경우
- 소규모합병은 이사회결의로서 합병이 가능하며, 합병을 반대하는 주주의 주식매수청구권을 인정하지 않는다.

③ 간이합병

- 합병으로 소멸되는 기업에게 적용된다.
- 소멸되는 기업의 총주주가 동의하거나 존속기업이 소멸기업 주식의 2/3 이상을 소유한 경우에만 인정된다.
- 간이합병은 주주총회의 승인을 거치지 않고 이사회 승인만으로 인정되나, 합병을 반대하는 주주에게는 주식매수청구권을 부여해야 한다.

상법에서는 피합병법인의 의무나 책임이 합병기업의 모기업으로 승계되는 것을 방지하고 절차 등을 간소화하기 위하여 삼각합병을 허용하고 있다.

① 삼각합병은 소멸기업의 주주에게 합병대가로서 존속기업의 신주를 교부하는 것이 아니라, 존속법인을 소유하고 있는 모기업의 신주를 교부한다.

② 삼각합병은 합병을 통하여 모기업이 경제적 효과를 누리게 되나, 피합병기업이 부채 등으로 재무적 위험이 있는 경우 모회사가 합병당사자로 나서지 않고 자회사를 존속법인으로 하여 합병하게 하여, 피합병기업이 부실화되더라도 모기업의 재무적 위험은 자회사로 한정된다.

③ 합병 당사자인 존속기업(자회사)과 소멸기업의 주주총회 및 주식매수청구권 제도는 동일하나, 모회사는 증자(신주 교부 방식의 경우)나 자기주식의 처분(자기주식 교부 방식의 경우) 등 이사회 결의사항만 충족하면 된다.

또한 삼각합병 이외에도 역삼각합병이 도입되었는데, 역삼각합병은 삼각합병의 형태와 유사하나 자회사가 소멸되고 Target 대상 기업이 존속기업이 된다는 차이점이 있다. 역삼각합병은 벤처기업과 같은 기업들을 계열사로 편입할 때, Target 기업이 존속하게 되므로 Target 기업이 보유하고 있는 독점 사업권이나 상표권 등을 그대로 유지할 수 있다는 장점이 있다.

그리고 삼각합병의 형태와 유사한 삼각분할합병과 삼각주식교환도 새롭게 도입되었는데, 그 내용은 다음과 같다.

① 삼각분할합병 : 자회사가 타기업의 특정 사업부문만을 분리하여 합병할 때 자회사가 모회사의 주식을 이 타기업에 대가로 주는 방식

② 삼각주식교환 : 자회사가 Target 대상 기업의 주식을 100% 취득하는 경우, 해당 Target 기업의 주주에게 모회사 주식을 주는 방식

2. 합병 회계처리

합병과 관련된 주요 회계 이슈로는 취득자의 식별, 취득일의 결정, 식별 가능한 자산과 부채의 인식과 측정, 합병대가의 측정, 영업권 또는 염가매수차익의 인식과 측정이 있는데, 자세한 내용은 〈제3장〉과 〈제6장〉을 참조하기 바란다.

① 취득자의 식별

- 취득자란 합병 후 지배력을 행사하는 기업을 말하며, 취득자는 법률적인 관점이 아닌 경제적 실질에 따라 결정된다.
- 법률적인 형식이 아니라 합병 후 의결권 및 의사결정기구와 경영진의 구성 등을 종합적으로 고려하여 취득자를 식별한다.

② 취득일의 결정

- 취득일은 합병기업이 피합병기업에 대한 지배력을 획득한 날
- 일반적으로 합병기업이 합병대가를 지불하고 피합병기업의 자산과 부채를 인수한 날(합병기일)

③ 식별 가능한 자산 · 부채의 식별

- 여기서 자산과 부채는 단순하게 피합병기업의 재무제표에 계상되어 있는 자산과 부채에 한정되지 않고, 합병기업의 입장에서 자산과 부채의 정의를 충족하고 사업결합 거래에서 교환된 것이면 피합병기업의 재무제표에 계상되지 않았더라도 식별 가능한 자산 · 부채로 인식한다.
- 예를 들어 피합병기업의 재무제표에는 계상되어 있지 않지만 무형의 브랜드 가치나 시장에서 인정받는 특허권이 있으면 무형자산으로 인식할 수 있다.

④ 합병대가의 측정

- 합병대가는 합병기업이 피합병기업의 주주에게 지급하는 자산이나 합병기업의 주식이며, 그 금액은 합병일의 공정가치로 측정한다.
- 만일 합병기업이 피합병기업의 주주에게 현금이 아닌 토지를 합병대가로 지급하였으나 합병기업의 재무제표에 인식한 장부금액과 공정가치가 상이하다면, 피합병기업에게 공정가치로 지급한 것으로 보아 공정가치와 장부금액과의 차이는 처분손익(당기손익)으로 처리한다.

⑤ 영업권 또는 염가매수차익의 인식과 측정

- 영업권(염가매수차익) = 취득금액 − 순자산 공정가치

합병과 관련하여 직 · 간접적으로 발생한 비용은 용역을 제공하는 기간에 비용으로 처리하며, 신주 발행과 관련된 비용은 법인세효과를 차감한 후 자본 항목으로 처리한다. 또한 합병기업은 합병일 현재 존재하던 사실과 상황에 대하여 합병일로부터 1년 이내의 기간 동안 알게 되었을 경우 합병일에 인식한 금액을 소급하여 조정한다.

예제 30

- S사와 T사는 합병을 실시함.
- T사가 보유한 자산과 부채의 금액은 다음과 같음.

구 분	T사 재무제표	T사 공정가치
T사 보유 자산	10,000	12,000
T사 보유 부채	-	1,000

- S사는 합병대가로 13,000원에 해당하는 주식을 발행하고 T사와 합병을 실시함.

요구사항 합병 회계처리를 제시하시오.

취득법(매수법, 공정가치법)

(차변) 자산	12,000	(대변) 부채	1,000
영업권	2,000	자본금 및 자본잉여금	13,000

3. 동일지배 사업결합 : 지배 · 종속 간 합병

(1) 연결 관점의 회계처리

기업이 어떠한 기업을 합병한다는 의미는 피합병기업이 보유하고 있는 자산과 부채의 일체인 '사업'을 취득하는 행위로서, 지배기업이 종속기업에 대하여 지배력을 획득한다는 의미와 동일하다. 즉, 합병과 지배력은 피취득자나 종속기업의 자산과 부채의 일체를 취득하는 것으로서, 연결재무제표상 자산과 부채에 미치는 영향은 동일하다.

따라서 종속기업을 합병하더라도 연결재무제표상의 자산과 부채에는 아무런 영향을 미치지 아니하며, 합병 과정에서 발생한 지배기업과 비지배주주의 지분액 변동만 자본손익으로 인식하게 된다.

(2) 별도재무제표 관점의 회계처리

지배기업이 종속기업주식을 원가법을 적용하고 있을 경우, 지배기업의 별도재무제표상 합병 거래는 다음과 같이 회계처리될 수 있다.

① 공정가치법 : K-IFRS 제1103호에 따른 회계처리

- 영업권이나 염가매수차익이 발생하면 취득자의 주주로부터 추가 출자로 보고 자본

으로 인식하여야 한다는 견해가 있다.

② 장부금액법 : 종속기업주식이 종속기업의 순자산으로 대체되었다는 관점

- 장부금액은 연결재무제표상 장부금액을 활용한다.
- 종속기업의 순자산과 종속기업주식의 장부금액의 차이는 다음과 같은 견해가 있다.
  - 자본잉여금(또는 자본조정)
  - 연결재무제표와 동일하게 각 회계연도에 발생한 손익을 자본잉여금, 이익잉여금, 당기손익으로 처리하고 기타포괄손익은 승계한다.

참고로 우리나라의 경우 지배기업과 종속기업이 합병하는 경우 장부금액법을 적용하고, 종속기업의 순자산과 종속기업주식의 장부금액의 차이는 자본잉여금으로 처리하는 방법을 널리 사용하고 있다.

예제 31

- P사는 01년 초 18,000원을 지급하고 S사 지분을 100% 취득함.
- 05년 초 P사와 S사는 합병을 실시함.
- S사가 보유한 자산과 부채의 금액은 다음과 같음.

구 분	P사 연결재무제표	S사 별도재무제표	공정가치
S사 보유 자산	15,000	10,000	16,000
S사 보유 부채	1,000	1,000	1,200
S사에 대한 영업권	7,000	-	-

- P사의 별도재무제표상 S사 주식은 18,000원으로 계상되어 있음.
- P사가 S사를 취득한 후부터 05년 초까지 인식한 누적 지분 이익(이익잉여금)은 3,000원임.
- 05년 초 S사 주식의 공정가치는 29,000원임.

요구사항 공정가치법과 장부금액법을 적용하여 합병 회계처리를 제시하시오.

공정가치법

(차변) S사 주식(공정가치)(*)	29,000	S사 주식(장부금액)	18,000
		수익	11,000

(*) S사 주식을 공정가치로 재평가한 후 당기손익을 인식

(차변) 자산	16,000	(대변) 부채	1,200
영업권	14,200	S사 주식	29,000

장부금액법

(차변) 자산	15,000	(대변) S사 주식	18,000
영업권	7,000	부채	1,000
		자본 항목(*)	3,000

(*) 자본 항목은 회사의 회계정책에 따라 다음과 같이 계상할 수 있음.
- 1안 : 자본잉여금
- 2안 : 연결재무제표를 반영하여 이익잉여금 또는 당기손익으로 반영

한편, 지배기업이 100% 미만의 종속기업주식을 보유하여 지배력을 획득하다가 합병을 하는 경우에는 비지배주주에 대한 고려가 필요한데, 다음 예제로 설명한다.

예제 32

- P사는 S사 주식을 80% 취득하고 있음.
- P사는 3,000원을 지급하고 S사 주식 20%를 추가로 취득한 후 S사를 합병함.
- S사가 보유한 순자산과 영업권의 금액은 다음과 같음.

구 분	P사 연결재무제표	S사 별도재무제표	공정가치
S사 보유 순자산	8,000	7,000	14,000
S사에 대한 영업권	2,000	–	–

- 합병 직전 P사의 별도재무제표상 S사 주식 장부금액은 9,000원임.
- P사가 S사에 대하여 연결 관점에서 인식한 지분 이익은 2,400원임.
- P사는 S사 이외에 종속기업을 보유하고 있으므로 연결재무제표 작성 대상임.
- 회계정책 : 최상위 지배기업의 장부금액을 이용한 장부금액법 회계처리를 적용함.

요구사항 합병 회계처리를 제시하시오.

별도재무제표

(차변) S사 주식	3,000	(대변) 현금	3,000

(차변) 자산	8,000	(대변) S사 주식	9,000
영업권	2,000	자본잉여금	1,000

연결재무제표

(차변) 비지배지분(*)	1,600	(대변) 현금	3,000
자본잉여금	1,400		

(*) 8,000원 × 20%

지분액 변동

구 분	합병 전	합병 후
P사	S사 지분 = S사 × 80% = 8,000 × 80% = 6,400	합병 후 지분 + P사가 지급한 현금 = S사 × 100% - 지급액 = 8,000 - 3,000 = 5,000
비지배지분	S사 지분 = S사 × 20% = 1,600	-
합 계	8,000	5,000

(*) S사의 비지배주주는 P사로부터 3,000원을 수령하고 주식을 처분하므로 연결실체에서 제외됨.

연결조정

연결조정

1단계 : 순자산조정			
자본잉여금(P사 별도재무제표)	1,000	이익잉여금(지분이익)(*)	2,400
자본잉여금(지분거래손익)	1,400		
2단계 : 순이익조정			
해당사항 없음			

(*) 지배력 획득 시점부터 합병 시점까지 인식한 누적 지분 이익

4. 동일지배 사업결합 : 종속기업 간 합병

(1) 연결 관점의 회계처리

최상위 지배기업

최상위 지배기업이 여러 종속기업을 보유하고 있는 상황에서 종속기업 간에 합병하더라

도 최상위 지배기업의 연결재무제표에 미치는 영향은 없다. 즉, 연결재무제표상 자산과 부채에 미치는 영향은 동일하며, 연결 자본상의 변동(비지배지분의 변동과 지분거래손익)만 초래한다.

중간 지배기업

동일지배거래에 해당하는 경우라도 취득자를 식별하는 절차는 일반적인 합병과 동일하나, 합병 회계처리에 대해서는 다음과 같은 견해가 있다.

① 공정가치법 적용 : K-IFRS 제1103호에 따라 회계처리
- 다만, 영업권과 염가매수차익은 자본거래에 의하여 발생하므로 자본 항목으로 처리하여야 한다는 견해가 있다.

② 장부금액법 적용
- 최상위 지배기업 및 중간 지배기업 중에서 선택한 기업의 장부금액을 활용할 수 있으나, 실무상 대부분 최상위 지배기업의 장부금액을 이용하고 있다.
- 영업권이나 염가매수차익은 인식하지 않고 자본 항목(일반적으로 자본잉여금)으로 처리한다.

예제 33

- P사는 S사와 T사 주식을 각각 80%와 60% 취득하고 있음.
- S사와 T사의 연결재무제표상 순자산 장부금액은 각각 200원과 100원임.
- S사는 T사를 합병하면서 합병대가 110원을 T사 주주들에게 지분에 비례하여 지급함.
- 합병 당시 T사의 공정가치는 110원임.
- 회계정책 : 최상위 지배기업의 장부금액을 이용하여 장부금액법 회계처리를 적용함.

요구사항 연결 관점에서 반영될 회계처리를 제시하시오.

지배구조의 변동

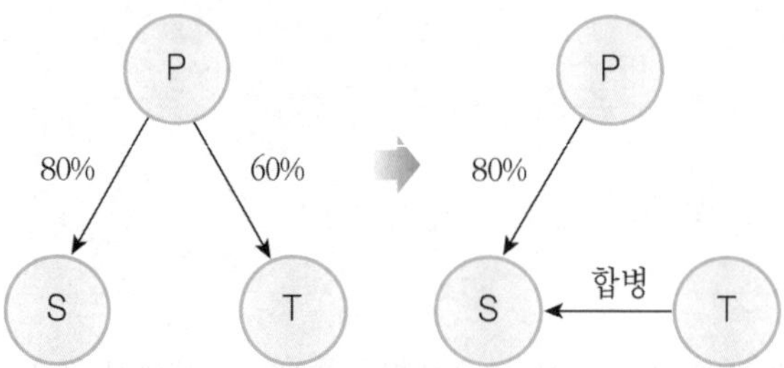

지분액 변동

구 분	합병 전	합병 후
P사	S사 지분 + T사 지분 = S사 × 80% + T사 × 60% = 200 × 80% + 100 × 60% = 220	합병 후 S사 지분 + T사의 주주로서 수령한 금액 = (S사 − 지급액 + T사) × 80% + 수령액 × 60% = (200 − 110 + 100) × 80% + 110 × 60% = 218
비지배지분	S사 지분 + T사 지분 = S사 × 20% + T사 × 40% = 80	합병 후 S사 지분 = (S사 − 지급액 + T사) × 20% = 38
합 계	300	256

(*) T사의 비지배주주는 44원(= 110원 × 40%)을 수령하고 T사 주식을 처분함으로써 연결실체에서 제외됨.

S사의 재무제표

(차변)	T사 순자산(*1)	100	(대변) 현금(*2)	110
	자본잉여금(*3)	10		

(*1) P사의 연결재무제표상 T사에 대한 자산과 부채를 인식하면서 반영한 순자산금액

(*2) S사가 지급한 합병대가

(*3) 합병 과정에서 인식한 S사의 지분거래손실

P사의 연결재무제표

(차변)	비지배지분(T사)(*2)	40	(대변) 현금(*1)	44
	비지배지분(S사)(*3)	2		
	자본잉여금(*4)	2		

(*1) T사 비지배주주가 수령한 금액(연결실체 밖으로 유출된 현금)

(*2) 연결실체에서 제외된 T사 비지배지분

(*3) S사 비지배지분의 감소액(= 합병 전 S사 비지배지분 − 합병 후 S사 비지배지분)

(*4) 합병을 통하여 인식한 지분거래손익

(2) 별도재무제표 관점의 회계처리

취득자인 종속기업

① 공정가치법 : K-IFRS 제1103호에 따른 회계처리

- 다만 영업권과 염가매수차익은 자본거래에 의하여 발생하므로, 자본 항목으로 처리해야 한다는 견해가 있다.

② 장부금액법 : 종속기업주식이 종속기업의 순자산으로 대체되었다는 관점

- 장부금액은 연결재무제표상 장부금액을 활용한다.
- 종속기업의 순자산과 종속기업주식의 장부금액의 차이에 대해서는 다음의 견해가 있다.
  - 자본잉여금(또는 자본조정)으로 처리한다.
  - 연결재무제표와 동일하게 각 회계연도에 발생한 손익을 자본잉여금, 이익잉여금, 당기손익으로 처리하고, 기타포괄손익은 승계한다.

최상위 지배기업

최상위 지배기업은 종속기업 간의 합병이 이루어지면 피합병법인의 주식을 제거하고, 합병법인으로부터 주식이나 현금 등 금융자산을 합병대가로 수령하게 된다. 따라서 최상위 지배기업의 별도재무제표상 회계처리는 K-IFRS 제1016호 '유형자산'에서 언급하고 있는 상업적 실질 유무에 따라 결정할 수 있다.

① 상업적 실질이 있는 경우 : 교환으로 취득한 주식을 공정가치로 측정

② 상업적 실질이 결여된 경우 : 제공한 주식의 장부금액으로 원가를 측정

예제 34

- P사는 S사와 T사 지분을 100% 취득하여 지배력을 보유하고 있음.
- S사는 X사 지분을 100%, T사는 Z사 지분을 100% 보유하고 있음.
- S사와 T사는 합병을 실시함.
- T사가 보유한 자산과 부채의 금액은 다음과 같음.

구 분	P사 연결재무제표	T사 재무제표	T사 공정가치
T사 보유 자산	15,000	10,000	12,000
T사 보유 부채	–	–	1,000
T사에 대한 영업권	7,000	–	–

- S사는 합병대가로 10,000원에 해당하는 주식을 발행하고 T사와 합병을 실시함.
- 장부금액법 적용 시 회계정책 : 최상위 지배기업의 장부금액을 이용

요구사항 S사가 반영할 회계처리를 제시하시오.

지배구조의 변동

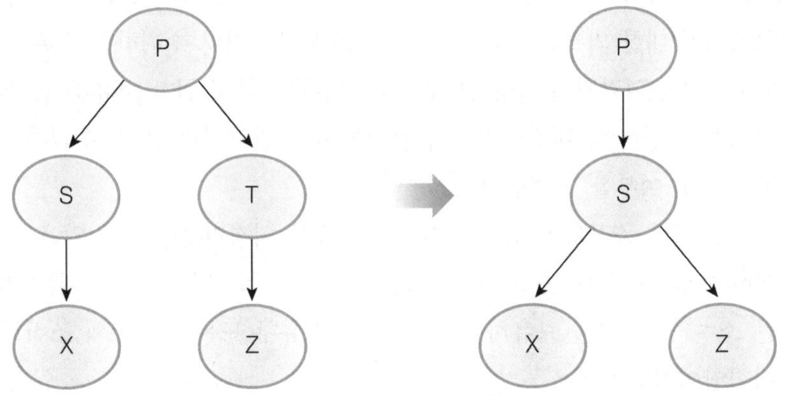

공정가치법

(차변)	자산	12,000	(대변)	부채	1,000
				자본금 및 자본잉여금	10,000
				염가매수차익	1,000

취득금액과 연결 관점의 순자산의 차이를 염가매수차익으로 처리하였는데, 자본으로 분류해야 한다는 견해도 있다. 동일지배거래로 발생한 염가매수차익은 P사가 주주 자격에서 S사에게 제공한 것이므로, 자본출자와 성격이 유사하다는 관점이다.

장부금액법

(차변)	자산	15,000	(대변)	자본금 및 자본잉여금	10,000
	영업권	7,000		자본손익(자본잉여금)	12,000

5. 역합병

(1) 역취득의 개념

사업결합 시 피취득자에 대한 지배력을 획득하는 기업을 결정하려면 취득자를 식별해야 하는데, 지분교환으로 사업결합이 이루어질 경우, 다음 사항을 고려해야 한다(K-IFRS 제1103호 B15).

① 사업결합 후 결합기업에 대한 상대적 의결권 : 취득자는 보통 결합참여기업의 소유주 중 결합기업에 대한 의결권의 가장 큰 부분을 보유하거나 수취하는 소유주가 속한 결합참여기업이다. 의결권의 가장 큰 부분을 보유하거나 수취한 소유주 집단이 속한 기업을 결정하기 위하여, 비정상적이거나 특별한 의결약정과 옵션, 주식매입권이나 전환증권의 존재 여부를 고려한다.

② 특정 소유주 또는 조직화된 소유주 집단이 중요한 의결지분을 갖지 않은 경우, 결합기업에 대하여 상대적으로 큰 소수의결지분의 존재 : 취득자는 보통 결합기업에 대하여 가장 큰 소수의결지분을 보유하고 있는 단일 소유주 또는 소유주의 조직화된 집단이 속한 결합참여기업이다.

③ 결합기업 의사결정기구의 구성 : 취득자는 보통 결합기업 의사결정기구의 구성원 과반 이상을 지명 또는 임명하거나 해임할 수 있는 능력을 보유하고 있는 소유주가 속한 결합참여기업이다.

④ 결합기업 경영진의 구성 : 결합기업 경영진 대부분이 결합참여기업의 이전 경영진으로 구성되는 경우, 취득자는 보통 그 경영진이 속한 결합참여기업이다.

⑤ 지분교환의 조건 : 취득자는 보통 다른 결합참여기업이나 기업들의 지분에 대하여 결합 전 공정가치를 초과하는 할증금을 지급해야 하는 결합참여기업이다.

취득자는 보통 다른 기업보다 상대적 크기(자산, 수익 또는 이익 등)가 유의적으로 큰 기업인데, 기업이 셋 이상 포함된 사업결합에서 취득자는 상대적 크기뿐만 아니라 결합참여기업 중 어느 기업이 결합을 제안하였는지도 고려하여 결정하여야 한다.

예를 들어 큰 규모의 비상장기업이 주식시장에 상장하기 위하여 자신보다 작은 상장기업에 의하여 매수되는 것으로 약정할 경우, 취득자(지배기업)는 지분을 취득 당하는 비상장기업이 된다.

예제 35

- P사(상장기업)와 S사(비상장기업)는 합병하기로 결정됨.
- 합병 전 P사의 주주 : 개인주주 A 20%, 소액주주 80%
- 합병 전 S사의 주주 : 개인주주 B 100%
- 합병을 통하여 S사 주식 1주당 P사 주식 2.5주가 발행됨.
- 합병 후 P사의 주주 : 개인주주 A 8%, B 60%, 소액주주 32%

요구사항 취득자를 판단하시오.

합병 이후 S사의 주주인 B가 합병법인의 최대주주가 되므로, 주주 간에 다른 약정이 존재하지 않는다면 개인주주 B가 속한 S사가 취득자가 된다.

(2) 역취득 회계처리와 공시

역취득에 따라 작성된 연결재무제표는 법적 지배기업(회계상 피취득자)의 이름으로 발행하지만 법적 종속기업(회계상 취득자)의 재무제표가 지속되는 것으로 주석에 기재하되, 회계상 피취득자의 법적 자본을 반영하기 위해 회계상 취득자의 법적 자본을 소급하여 수정한다. 이러한 수정은 법적 지배기업(회계상 피취득자)의 자본을 반영하기 위해 이루어진다. 또한 연결재무제표에 표시된 비교정보도 법적 지배기업(회계상 피취득자)의 자본을 반영하기 위해 소급하여 수정한다.

연결재무제표는 자본구조를 제외하고 법적 종속기업의 재무제표가 지속되는 것을 나타내므로, 다음 사항을 반영한다(K-IFRS 제1103호 B22).

① 법적 종속기업(회계상 취득자)의 자산과 부채는 사업결합 전의 장부금액으로 인식하고 측정한다.

② 법적 지배기업(회계상 피취득자)의 자산과 부채는 K-IFRS 제1103호에 따라 공정가치로 측정한다.

③ 사업결합 직전 법적 종속기업(회계상 취득자)의 이익잉여금과 기타 자본을 유지한다.

④ 법적 지배기업(회계상 피취득자)의 공정가치에 사업결합 직전에 유통되던 법적 종속기업(회계상 취득자)의 발행 지분을 더하여 결정한 연결재무제표상 발행 지분을 인식한다. 그러나 자본구조(즉, 발행된 지분의 수량과 종류)는 사업결합으로 법적 지배기업이 발행한 지분을 포함한 법적 지배기업(회계상 피취득자)의 자본구조를 반영해야 하므로, 법적 종속기업(회계상 취득자)의 자본구조는 역취득에서 발행한 법적 지

배기업(회계상 피취득자)의 지분 수량을 반영하기 위하여 취득 약정에서 정한 교환 비율을 이용하여 조정한다.

⑤ 법적 종속기업(회계상 취득자)의 사업결합 전 이익잉여금과 기타 자본의 장부금액에 대한 비지배지분의 비례적 몫

예제 36

- P사(상장기업)는 S사(비상장기업)와 합병하기로 결정함.
- 합병 전 주식수와 자본금은 다음과 같음.

구 분	P사 주주	S사 주주
발행주식수	40,000	6,000
주당 액면금액	50	1,000
자본금	2,000,000	6,000,000

- S사의 주주는 합병을 통하여 1주당 P사 주식 10주를 수령함.
- P사의 자산 · 부채에 대한 장부금액과 공정가치는 다음과 같음.

구 분	장부금액	공정가치
자산	2,500,000	3,000,000
부채	300,000	500,000
순자산	2,200,000	2,500,000

- 합병계약일 현재 P사의 주가는 70원이나, 합병 시 주당 75원으로 평가됨.
- 합병 후 P사의 최대주주는 기존 S사의 최대주주이며, 이사회 구성은 기존 S사의 이사회 구성원이 75%를 차지하고 있음.

요구사항 S사가 반영할 합병 회계처리를 제시하시오.

합병 이후 주식수

구 분	기존 P사의 주주	기존 S사의 주주
보유 주식수	40,000주	60,000주 (= 6,000주 × 10주)
지분율	40%	60%

취득금액의 분석

- 취득금액 = 40,000주 × 75원 = 3,000,000원
- 영업권 = 3,000,000원 − 2,500,000원 = 500,000원

합병 회계처리

(차변) 자산(P사)	3,000,000	(대변) 부채(P사)	500,000
자본금(S사)(*1)	6,000,000	자본금(*2)	5,000,000
영업권	500,000	자본잉여금(*3)	4,000,000

(*1) 법적 합병기업은 P사이므로 S사의 자본금은 제거됨.

(*2) (40,000주 + 60,00주) × 50원

(*3) 대차차액은 자본잉여금으로 처리함.

역취득에서 법적 피취득자(회계상 취득자)의 소유주 중 일부는 자신이 보유하고 있는 지분을 법적 취득자(회계상 피취득자)의 지분과 교환하지 않을 수 있다. 그러한 소유주는 역취득 이후 연결재무제표상 비지배지분으로 분류된다.

법적 피취득자의 소유주가 자신의 지분을 법적 취득자의 지분으로 교환하지 않는 경우, 결과적으로 결합기업의 영업성과나 순자산이 아닌 법적 피취득자의 영업성과나 순자산에 대한 지분만을 갖게 되기 때문이다. 반대로 법적 취득자는 회계목적상 피취득자이더라도 법적 취득자의 소유주는 결합기업의 영업성과와 순자산에 대한 지분을 갖는다.

법적 피취득자의 자산과 부채는 연결재무제표에서 사업결합 전 장부금액으로 측정하고 인식한다. 그러므로 역취득에서 비지배지분은 법적 피취득자 순자산의 사업결합 전 장부금액에 대한 비례적 지분으로 반영한다.

(3) 기업인수목적회사(SPAC)의 합병(Reverse Module)

기업인수목적회사(Special Purpose Acquisition Company, 이하 SPAC)는 IPO를 통해 조달한 자금으로 다른 기업과 합병하는 것을 목적으로 하는 Paper Company이며, 주금납입일로부터 3년 내 합병에 실패할 경우에는 공모금을 투자자에게 반환하고 청산하도록 되어 있다. SPAC은 비상장기업과의 합병을 통하여 비상장기업의 우회상장 효과를 가져 오기 위해 마련한 제도이다.

일반적으로 합병이 완료되면 합병 후 기업의 이름은 피합병법인이었던 비상장기업의 이름으로 변경되며, 이사회 구성원 등도 피합병기업의 이사회 구성원 등으로 교체된다. 따라서 법적으로는 SPAC이 취득자이나, 실질적으로는 비상장기업이 취득자에 해당한다.

일견 SPAC의 합병은 역합병으로 볼 수 있으나, SPAC은 기준서 제1103호 B7에 따른 **'사업'의 정의를 충족하지 못한다.** 따라서 K-IFRS 제1103호를 적용할 수 없으며 K-IFRS 제1102호 '주식기준보상'을 적용하게 된다. 주식기준보상 거래 관점으로 보면 SPAC

의 합병은 비상장기업이 주식을 발행하고 상장 서비스와 SPAC이 보유하는 자산과 부채를 인수하는 거래로 볼 수 있다. 여기서 상장 서비스는 사업결합을 만족하였다면 영업권으로 처리하였을 금액이나, 무형자산의 요건을 충족하지 못하므로 당기비용으로 처리한다.[129)]

> 상장대가(당기비용) = 비상장기업이 발행한 주식의 공정가치 − SPAC의 순자산 공정가치

SPAC에 대한 합병 회계처리 시 유의할 점은 다음과 같다.

① SPAC이 보유하는 자산 · 부채(전환권대가 포함)를 공정가치로 측정한다.

② 법적 합병기업은 SPAC이므로 비상장기업이 기존에 보유하고 있는 자본금은 제거하고, 합병법인의 주식수와 자본금으로 조정한다.

③ 일반적으로 합병대가는 SPAC의 합병계약일의 시장가치에 해당한다.

④ 대차차액은 자본거래로 처리한다.

예제 37

- SPAC(상장기업)은 S사(비상장기업)와 합병하기로 결정함.
- S사 주주는 합병을 통하여 1주당 10주를 수령하게 됨.
- 합병 전 주식수와 자본금은 다음과 같음.

구 분	SPAC 주주	S사 주주
발행주식수	40,000	6,000
주당 액면금액	50	1,000
자본금	2,000,000	6,000,000

- S사 주주는 합병을 통하여 1주당 SPAC 주식 10주를 수령함.
- SPAC의 자산 · 부채에 대한 장부금액과 공정가치는 다음과 같음.

구 분	장부금액	공정가치
자산	2,500,000	2,500,000
전환사채	300,000	300,000
전환권대가	−	500,000
순자산	2,200,000	1,700,000

- 합병계약일 현재 SPAC의 주가는 75원임.

요구사항 S사가 반영할 합병 회계처리를 제시하시오.

129) 금감원2012 − 013, 기업인수목적회사(SPAC)와의 합병시 회계처리

합병 이후 주식수

구 분	기존 SPAC의 주주	기존 S사의 주주
보유 주식수	40,000주	60,000주 (= 6,000주 × 10주)
지분율	40%	60%

취득금액의 분석

- 취득금액 = 40,000주 × 75원 = 3,000,000원
- 서비스비용 = 3,000,000원 − 1,700,000원 = 1,300,000원

합병 회계처리

(차변)		(대변)	
자산(SPAC)	2,500,000	전환사채(SPAC)	300,000
자본금(S사)(*1)	6,000,000	전환권대가(SPAC)	500,000
비용(PL)(*3)	1,300,000	자본금(*2)	5,000,000
		자본잉여금(*4)	4,000,000

(*1) 법적 합병기업은 SPAC이므로 S사의 자본금은 제거됨.

(*2) (40,000주 + 60,00주) × 50원

(*3) 이전대가와 자산부채의 공정가치는 영업권이 아닌 당기손익으로 처리함.

(*4) 대차차액은 자본잉여금으로 처리함.

Chapter 15 그룹회계

기업집단의 규모가 커질수록 기업들은 기업집단에 대한 효율적인 경영 관리를 위하여 다양한 기법들을 도입하고 있다. 본 장에서는 그중 실무적으로 많은 기업집단에서 도입하고 있는 그룹회계 정책 및 절차와 단일결산 체계에 대한 개념을 소개한다. 또한 성과지표로서 각광받고 있는 EVA와 EVA의 전제 조건으로 도입되고 있는 구분회계제도를 설명한다.

- ✓ 회계정책과 절차의 표준화
- ✓ 단일결산 기준
- ✓ 구분회계제도와 EVA
- ✓ 연결시스템에 대한 이해

제1절 그룹회계 정책

1. 회계정책과 절차의 표준화

기업은 성장 과정에서 자회사를 설립하거나 다른 기업을 인수합병함으로써 기업집단을 형성하게 된다. 기업집단 내 다양한 기업들을 관리하고 의사결정을 신속하게 진행하기 위해서는, 기업의 핵심정보가 통합되고 표준화되어야 한다. 이러한 관점에서 최상위 지배기업(또는 지주회사)은 기업집단 내 모든 기업들이 적용할 회계정책을 수립하고 적용 절차를 표준화하게 된다.

표준화 작업이 완료되면 기업집단에 속한 모든 기업들은 통합된 정책과 절차에 따라 업무를 진행한다. 그리고 지배기업은 동일한 기준에 따라 산출된 실적과 관리 정보를 보고받고, 이러한 정보에 근거하여 자회사들을 관리하게 된다.

회계정책과 절차를 표준화하기 위해 고려할 요소들은 다음과 같다.

① 재무 리스크 관리 조직

② 명확한 규정과 지침의 체계 수립

③ 보고 체계와 Monitoring 체계

④ 업무의 표준화를 지원하기 위한 시스템 표준화

⑤ 인력 양성

2. 정책과 절차의 수립

기업이 정책과 절차를 수립하는 목적은 전 임직원이 업무를 효율적이고 효과적으로 수행할 수 있는 명확하고 세부적인 Guideline을 제시하기 위함이다. 기업의 정책과 절차는 전 임직원의 업무에 영향을 미치게 되므로 기업이 추구하고자 하는 경영이념, 가치 및 전략적 방향 등을 반영하게 된다.

경영관리 관점에서 체계화되어야 할 정책과 절차를 예시하면 다음과 같다.

| 경영관리의 정책과 절차 |

<table>
<tr><th colspan="2">구 분</th><th>정 책</th><th>절 차</th></tr>
<tr><td colspan="2">전사공통</td><td>• 위임전결규정
• KPI 지침
• 경영관리 지침</td><td>• 표준업무 매뉴얼
• 본사 보고 가이드라인</td></tr>
<tr><td rowspan="4">부문별</td><td>재무회계</td><td>• 그룹 GAAP
• CoA 설명서
• 내부거래규정(이전가격 포함)</td><td>• 결산업무 지침
• Local GAAP 차이 및 결산절차</td></tr>
<tr><td>관리회계</td><td>• 표준관리 회계기준 : 책임단위, 사업계획, 투자관리, 수익성분석, 원가관리, 성과분석 등</td><td>• 예산 및 사업계획 가이드라인
• 투자관리규정</td></tr>
<tr><td>자금부문</td><td>• 위험관리규정
• 자금관리규정</td><td></td></tr>
<tr><td>기 타</td><td>• 자산관리규정
• 내부진단규정</td><td>• 내부통제체계</td></tr>
</table>

경영관리 체계에 있어 대부분의 정책과 절차들은 실제 업무를 수행하는데 필요한 다양한 내용을 다루고 있는 반면, 재무회계와 관리회계는 업무수행의 결과를 동일한 기준에 따라 분석하고 정보 형태로 산출함을 목적으로 하고 있다. 즉, 재무회계와 관리회계는 투명한 실적과 의사결정 지원을 위한 정보를 제공하게 된다.

3. 재무회계 정책과 절차

경영관리에 있어 재무회계의 기본 목적은 투명한 실적 정보의 산출로 요약할 수 있다. 만일 기업집단이 다양한 업종을 영위하고 있고 여러 국가에 소재하고 있다면, 재무회계 조직은 기업집단 내 여러 기업들의 재무적 특성들을 표준화함으로써 비교 가능성을 증진시키고 의사결정에 대한 근거를 제공해야 한다.

일견 재무회계 정책이나 절차는 기업회계기준을 준수하는 측면에 제한된다는 선입견을 가지기 쉽다. 그러나 기업집단의 재무회계 정책이나 절차는 회계 규정의 준수뿐만 아니라, 회계기준에서 허용하고 있는 선택적 회계처리와 공시사항의 표준화에도 관심을 가져야 한다.

기업집단 내 기업들이 각기 다른 정책을 선택한다면 자료의 비교가능성은 현저하게 떨어지며, 연결결산 시에도 종속기업들의 재무제표를 재조정하는 작업이 필요할 것이기 때문이다.

재무회계 정책과 절차의 목적을 정리하면 다음과 같다.

① 각 기업들의 비교 가능성 증대

② 동일한 기준에 따라 작성된 정보를 통한 의사결정

③ 연결결산의 용이

이러한 목적을 달성하기 위하여 수립되는 재무회계 정책과 절차의 구성 요소는 다음과 같다.

① 보고(Reporting) : 재무실적의 주기적 보고, 표준화된 양식과 시스템에 의한 Reporting

② 재무회계기준 : Global 기준의 반영, 업종별 특성 고려

③ CoA 통일화 : 표준 CoA 수립 및 해설서

④ 프로세스 : 개별 기업의 결산 일정, 연결결산 프로세스, 보고 체계

4. 관리회계 정책과 절차

(1) 관리회계 정책과 절차

기업의 경영활동에서 이루어지는 의사결정이 다양한 것처럼, 동 의사결정을 지원하기 위해 산출해야 할 정보의 종류도 매우 다양하다. 따라서 관리회계 정책이나 절차는 관리회계 정보로서 갖추어야 할 기본적인 방향을 정의하고, 이러한 방향에 부합하도록 정보를 체계화할 필요가 있다.

관리회계는 실무적으로 업종의 특성이 반영되고, 경영관리의 범위가 사전에 정의되어야 한다. 따라서 재무회계와 달리 그 체계와 절차를 명확하게 정의하고 표준화하는데 어려움을 느끼게 된다. 또한 관리회계 정보에 필요한 기초자료가 정확하게 집계되려면 사전에 재무 인프라 구축이 선행되어야 한다. 만일 원가정보에 의한 손익분석 체계와 제품별 특성을 사전에 정의한다고 하더라도, 원가시스템이나 손익분석 시스템이 구비되지 않는다면 실무적으로 관리회계를 적용하는 것은 불가능하기 때문이다.

(2) 책임단위

의미 있는 관리회계 정보를 산출하기 위해서는 무엇보다도 책임단위를 먼저 정의해야 한다. 책임단위가 먼저 정의되어 있어야 책임단위별로 책임과 권한을 명확히 하고, 책임단위와 관련된 수익성 분석과 성과분석 자료를 제공할 수 있기 때문이다.

책임단위는 책임단위에 부여된 권한과 책임의 범위에 따라 크게 가치중심점, 투자중심점, 이익중심점, 원가중심점으로 구분할 수 있다.

① 가치중심점(Value Center) : 원가, 수익 및 투자의사결정에 대한 책임뿐만 아니라 독자적으로 이익처분, 타인자본 및 자기자본 조달 권한을 갖는 단위

② 투자중심점(Investment Center) : 원가, 수익 및 투자의사결정에 대하여 책임을 지며, 독자적으로 비유동자산과 재고자산 등을 취득하고 투입된 자금에 대하여 책임을 지는 단위

③ 이익중심점(Profit Center) : 원가와 수익 모두에 대하여 통제 책임을 지는 책임중심점으로서 투자에 대한 의사결정 권한은 없는 단위

④ 불완전이익중심점 : 수익관리가 제한되어 있는 책임중심점 단위

⑤ 원가중심점(Cost Center) : 원가(비용) 발생에 대해서만 책임을 지는 책임중심점으로 원가 발생에 대한 통제, 원가 절감이나 원가 최소화가 목표인 책임단위

가치중심점은 향후 기업분할과 같은 기업구조 개편과 결부하여 구분회계제도를 도입한다면 책임단위로서 고려될 수 있겠으나, 그렇지 않은 경우에는 일반적으로 채택되지 않는다. 기업실무상 책임단위는 투자중심점과 이익중심점 개념 사이에 있는 범위로 채택되는 경우가 많은데, 이는 신규투자가 성과에 미치는 영향과 관계가 있다.

예를 들어 전사적으로 추진되는 신규 투자안을 전제해 보자. 일반적인 경우 신규 투자안에 대한 향후 실적의 불확실성은 매우 크다. 따라서 개별 사업부문에 신규 투자안을 귀속시키고 성과평가에 반영한다면, 개별 사업부문은 향후 성과가 악화될 것으로 우려하여 신규 투자안을 거부할 가능성이 있다. 따라서 전사적으로 추진되는 신규 프로젝트의 경우에는 본사부문에서 직접 관리하다가, 사업이 안정된 후 (일반적으로 3~4년 후) 개별 사업부문에 배부하는 것이 일반적이다. 그러나 기존 사업의 연장선상에서 투자안이 고려된다면 최초 투자 시점부터 개별 사업부문에 배부하는 것이 바람직하다.

책임단위별 권한과 책임 범위는 다음과 같다.[130)]

130) 기업실무상 책임단위는 현행 조직구조와 기업 대내외적인 관계를 분석하여 설정되는데, 일반적으로 고려하는 요소는 다음과 같다.

① 조직의 목적과의 관계 : 해당 조직의 목적이 직접 영업활동을 통한 이익의 창출인가? 간접적인 영업지원 활동인가?

② 수익의 측정 가능성 : 해당 조직에서 발생시킨 수익이 명확히 측정 가능한가?

③ 수익과 비용의 통제 가능성 : 발생한 수익과 비용을 통제할 수 있는가?

④ 이익관리의 필요성 : 경영관리상 해당 조직의 이익관리가 필요한가? 서비스의 품질관리가 필요한가?

| 책임단위별 권한과 책임 |

유 형	권한과 책임 범위			
	투 자	수 익	비 용	자 본
가치중심점	○	○	○	○
투자중심점	△	○	○	×
이익중심점	×	○	○	×
원가중심점	×	×	○	×

○: 해당, △: 부분 해당, ×: 해당되지 아니함.

책임단위를 실제로 운영함에 있어 관리회계 기준에서 고려하여야 할 사항으로는 각 책임단위별 구분회계 적용 가능성과 사업부문별 연결 재무정보 산출 가능성으로 나누어 볼 수 있다. 경영관리 목적으로 그 중요성이 증가하고 있는 성과지표로서 책임단위별 EVA와 구분회계에 대해서는 〈제3절〉에서 살펴보도록 한다.

5. 보고 체계 정립

회계정책과 절차에 따라 산출된 정보들은 궁극적으로 보고(Reporting) 체계의 정립으로 귀결된다. 보고 체계를 정립하기 위해서는 재무회계와 관리회계 전반에 걸쳐 경영관리 프로세스에 따른 보고 종류별로 보고 시기, 보고 대상, 보고 방법에 대한 정의가 필요하다.

경영관리 프로세스상 보고는 계획 단계와 실적분석 단계로 구분될 수 있다.

① 계획 단계 : 주요 환경변수에 대한 전제와 계획상의 계수정보, 제품 포트폴리오 손익, 투자계획, 생산성 계획, 리스크 등

② 실적분석 단계 : 경영성과 요약, 계획 대비 실적 분석, 계획에 따른 실적 모니터링 정보(제품별 손익, 투자 진척 현황, 생산성 개선 현황 등), Rolling Plan 등

한편, 보고서(Report)의 종류는 경영관리 프로세스를 반영하여 기업의 특성에 맞게 보다 세분화되어야 한다. 실적 분석의 보고는 다음과 같이 구분할 수 있다.

① 보고 주기 : 일별, 주별, 격주별, 월별, 분기별, 연간 등

② 보고 대상 : 실무용 보고와 경영진 보고

③ 보고 방법 : 보고 시스템(Reporting System)을 통한 보고, 이메일, 직접 서면을 통한 구두 보고

제 2 절 그룹 결산 체계

1. 단일결산의 의의와 필요성

그룹 단일결산이란 단일(Uniform)의 결산 정책과 절차에 따라 표준화된 재무정보를 산출하는 과정이다. 그룹 단일결산 체계는 기업집단 내 모든 기업의 재무정보를 기업집단 관점에서 사전에 정의한 표준화된 형태로 산출함으로써 비교가능성을 향상시켜 재무정보의 유용성을 증가시킨다.

회계정책의 선택가능성이 넓어지고 연결재무정보의 중요성이 보다 높아짐에 따라 그룹 단일결산의 중요성은 증대되고 있다.

2. 단일결산 기준

단일결산 기준을 정립하기 위한 실무상 이슈는 다음과 같다.

① 다양한 사업을 영위하는 기업들의 회계 관습 고려

② 국내뿐만 아니라 여러 국가에 소재하고 있는 기업들의 회계 관습 고려

한편, 지배기업(또는 지주회사)은 기업집단 내 기업들에 대하여 단일결산 기준을 적용할지 또는 현지 회계기준이나 업종별 특성을 고려해야 할지 판단할 필요가 있다.

(1) 단일결산 기준의 적용

단일결산 체계의 목적은 보다 표준화된 정책과 절차하에서 각 기업들이 표준화된 재무정보를 산출하는데 있다. 만일 기업집단 내 각 기업들이 각자 기업에 적합한 회계정책과 절차를 선택해 적용한다면 개별 기업 입장에서는 업무가 최적화되더라도 (기업집단 전체에 대한 의사결정을 위하여) 각 기업들이 제공한 정보를 표준화시키는 과정이 필요해진다.

단일결산의 이점을 요약하면 다음과 같다.

① 기업집단 내 기업들의 비교가능성 증대

② 기업집단 내 기업들의 회계처리 절차의 표준화

③ 회계처리의 통일성으로 인한 결산 효율화

④ 연결결산의 효율성

⑤ 재무인력의 비반복적 업무의 탈피, 반복적이고 낮은 수준의 업무는 Shared Service Center 활용

(2) 해외법인 적용 시 고려사항

해외 현지법인이 단일결산 기준을 적용하는 방법은 다음과 같다.

① Local 회계기준에 따라 장부를 작성하고, 현지 기준에 따라 작성된 재무정보를 단일결산 기준에 따라 작성된 재무정보로 전환시켜 본사에 보고하는 방법

② 해외현지 법인도 단일결산 기준에 따라 장부를 작성하고, 차이를 조정하여 현지 규정에 따라 재무제표를 보고하고 법인세를 납부하는 방법

일반적으로 해외 현지 법인이 해당 국가의 회계처리 규정에 따라 재무제표를 신고하고 법인세를 납부하는 절차는 연 1회만 발생하는 경우가 많다. 만일 연 1회만 발생하는 업무라면 해외 현지법인의 장부도 단일결산 기준에 따라 작성하고, 현지 규정에 따른 재무제표와 법인세는 차이조정을 하여 신고하는 것이 바람직하다.

한편, 해외현지 법인이 현지 규정에 따라 기본장부를 작성한다면, 자회사별로 GAAP 차이 내역을 관리하고 그룹 GAAP에 따른 재무정보로 조정하기 위한 지침을 유지해야 한다. 또한 GAAP 차이를 체계적으로 관리하기 위해 복수장부(Dual Ledger)와 같은 시스템적 지원도 고려할 필요가 있다.

상당수의 Global 기업들의 경우 해외 현지법인에 대한 Monitoring을 강화하기 위해 다음 방안을 활용하고 있는 사례가 빈번하게 발견된다.

① 본사와 동일한 회계시스템(ERP 등)을 해외법인에 구축

② 해외법인의 기능통화를 본사의 기능통화와 동일하게 사용

③ 본사의 단일결산 기준으로 장부를 작성

위의 절차는 상당한 시스템 투자와 인적 비용을 필요로 하지만, 해외 현지법인의 관리부실을 예방하고 정확한 성과를 주기적으로 보고할 수 있도록 한다. 본사와 동일한 기준으로 회계장부와 회계시스템이 구축되었으므로, 자금뿐만 아니라 매출 등 모든 정보를 본사에서 직접 주기적으로 확인할 수 있다. 본사와 거래처 정보를 취합하는 연계시스템을 보강한다면 연결 관점에서 채권과 채무 명세서를 산출하여 Global 거래처 관리가 가능할 수도 있다.

3. 결산 프로세스의 개선

단일결산 체계는 기업집단 관점에서 통일된 재무정보를 보다 신속하고 정확하게 산출하고자 하는데 있다. 따라서 기업집단의 연결결산 일정이나 보고 일정을 맞출 수 있도록 기업집단 내 모든 기업의 결산 일정을 조정할 필요가 있으며, 이를 위해 개별 기업의 결산 프로세스를 개선할 필요가 있다.

(1) 조기결산(Fast Close)

급변하는 경영환경과 연결재무제표의 중요성 증대에 따라 필요한 재무정보를 적시에 정확하게 산출할 수 있는 결산 프로세스에 대한 관심이 높아지고 있는데, 조기결산이 요구되는 배경을 살펴보면 다음과 같다.

① 정보의 적시성 강조 : 새로운 경쟁업체들의 지속적인 시장 유입으로 인한 경쟁 심화, 최고경영자나 회계담당자가 최신의 재무정보 요구

② 기업 규모의 확장과 다각화에 따른 효율적 통제

③ 성과목표평가나 예측을 결산된 정보에 의존

한편, 개별 기업의 결산이 지연되는 요소는 다음과 같다.

① 시스템 요인 : 대량의 결산 정보들이 수작업으로 처리되거나, 낙후된 시스템의 처리속도 등

② 프로세스 요인 : 기업 내부의 프로세스, 기업 외부의 고객이나 구매처 등과의 프로세스

구 분	결산 지연 요인 사례
시스템 이슈	• 매출채권이나 재고자산 등에 대한 평가 지연 • 진행매출 계산 지연 • 수작업 결산 업무(원가계산 포함)로 업무 시간 과다 소요 • 보고용 재무제표의 수작업
프로세스 이슈	• 거래처와의 정산 지연에 따른 매출 및 매입 마감 지연 • 진행원가 집계 지연에 따른 진행매출 마감 지연 • 투자주식 평가 자료 입수 지연 • 현업부서 결산 일정 미준수 • 결산지침이나 업무매뉴얼 등의 미비

상기 이슈 중 해결이 용이한 부분은 기업 내부 특정 부서와 관련된 이슈이며, 어려운 부분은 기업 외부 이해관계자들이 연계된 이슈이다. 따라서 실제 결산 지연 요소를 해결하려면 해결의 난이도와 우선순위를 적절하게 고려하여야 한다.

개별 기업의 결산 지연 요인을 해결하기 위해서는 각각의 이슈별로 기업의 특성에 맞도록 해결방안을 찾아야 한다. 그리고 필요한 경우 월 결산, 분기 결산, 연 단위 결산 시 결산 방법이나 일정을 차별화하여 적용할 필요가 있을 수 있다. 예를 들어 월 단위 결산 시에는 기업 내부의 추정 자료를 근거로 하여 결산을 실시하고, 분기와 연 단위 결산 시에는 확정 결과를 반영하기 위해 일정을 보다 여유 있게 가져갈 수도 있다.

조기결산을 달성하기 위한 방안은 다음과 같다.

① 각 부문별(생산, 재무, 판매 등) 결산체계 재정비, Process 연계를 통한 전사 관점에서 최적화된 Process의 실행력 강화
② 현업부서의 전표 전결권 이양
③ 수작업 업무가 아닌 시스템에 기반한 결산절차
④ 결산 업무 관행 개선(예 : 증빙 수시 대사, 승인 절차 간소화 등)
⑤ 업무별 결산 마감일을 KPI와 Accountability 설정
⑥ SSC(Shared Service Center) 설립을 통한 회계부서의 단순 반복적 업무 탈피

(2) 연결결산 개선

기업집단 관점의 연결결산 프로세스는 크게 다음과 같이 구분할 수 있다.

① 법인세나 지분율 정보 등 기초정보 수집 프로세스
② 내부거래 대사 및 미실현손익 계산과 관련된 프로세스
③ 지분 평가와 관련된 프로세스

연결결산 프로세스는 종속기업이 연결결산에 필요한 정보를 적시에 제공하고 연결실체 간에 이루어진 내부거래를 정확하고 신속하게 집계할 수 있는지와 수집된 자료를 기초로 지분 평가를 적정하게 수행하여 검증하는 단계로 구분할 수 있다.

연결재무제표가 주재무제표화 됨으로써 연결결산을 효율적으로 진행하기 위하여 연결시스템을 도입한 기업들이 증가하고 있는데, 관련 내용은 〈제4절〉에서 살펴본다.

4. 표준 CoA 확립

표준화된 단일결산 정책과 절차에 따라 산출된 재무정보는 연결결산뿐만 아니라 다양한 경영관리 목적으로 사용되는데, 단일결산 정책과 절차는 표준 CoA(Chart of Accounts, 계정과목표)에 의하여 구체화된다. CoA는 거래와 관련된 회계처리의 정확도와 신속성 향상을 위하여 회계언어(거래, 자산, 부채 계정명 등)를 전산화하기 위한 Code이다. 단일결산의 효과를 보다 향상시키기 위해서는 기업집단 내 모든 기업들의 CoA는 동일하게 구성하는 것이 바람직하다.

표준 CoA 수립 시 유의할 사항을 정리하면 다음과 같다.

① CoA는 순수 계정(Natural Account) 관점에서 설계해야 한다. 이는 계정의 발생 형태와 표준화된 프로세스를 구분하여 계정을 설계하고, 부서 구분이나 거래처와 같은 조직이나 인적 구분을 포함하지 않도록 함을 의미한다.

② CoA는 회계적 성과를 집계하는 최종 귀속처이므로 회계기준과 회사의 재무정책이 반영되어야 한다.

③ 재무정보의 집계뿐만 아니라 기업의 업무 프로세스가 고려되어야 한다.

④ 업종별(또는 국가별) 예외 계정을 최소화한다. 다양한 업종을 가진 기업집단의 CoA를 표준화할 경우 표준화 대상을 조정할 필요가 있는데, 그 예는 다음과 같다.

- 업종별 프로세스 반영을 위하여 반드시 필요한 경우
- 국가별 규정에 의하여 계정별 구분을 요구하는 경우
- 국가별 세법체계를 반영하는 경우

⑤ 원가배부나 원가관리 목적의 계정은 분리한다. 그 이유는, 경영관리 목적의 계정과 일반재무회계 목적의 계정은 밀접하게 연관되어 있으나 각각의 목적이 다르기 때문이다.

⑥ ERP와 같은 전산시스템과의 연관성을 충분히 고려한다.

표준 CoA 수립은 통일화 정도에 따라 두 가지 접근방법이 있다.

① 표준 CoA 코드의 전체 자릿수 중 일정 자릿수만 통일하고, 나머지 자릿수는 각 기업의 자율에 맡기는 방법(부분통일 방식)

② 회계처리가 이루어지는 모든 자릿수를 통일하는 방법(완전통일 방식)

구 분	부분통일 방식	완전통일 방식
접근방법	• CoA 계정코드를 일정 자리까지만 통일하고 잔여 부분은 각 기업의 의사결정에 따라 결정	• 기업집단 내 모든 기업의 동일 성격의 계정과목은 모두 동일 계정과목 코드 사용
장 점	• 각 기업의 특수성을 반영하여 개별 이슈 대응에 편리함. • 각 기업별 시스템 반영사항 또는 관련 기술적 제약 사항에 대한 대응에 편리함.	• 일관된 재무 제공 • Mapping Table이 필요하지 않거나 최소화됨. • 타 시스템과의 연계가 용이함.
단 점	• 기술적 측면에서 Mapping Table 또는 계정 Grouping 작업 필요함. • 타 시스템 연계 시 각 기업의 특수성을 별도로 고려해야 함.	• 각 기업별 특수성이 발생할 경우 신속하게 반영하기 어려움.

제 3 절 구분회계제도

1. EVA와 MVA

기업의 경영활동을 책임지고 있는 경영자의 성과 평가 기준은 당기순이익이나 주식가격 등 여러 가지가 있다. 그러나 당기순이익은 외부채권자에 대한 자본비용(이자비용)은 고려하고 있지만 주주가 제공한 자금에 대한 기회비용은 반영하지 않는다는 문제점이 있으며, 주식가격의 극대화는 투자원금을 고려하지 않는다는 단점이 있다.

이러한 문제점을 해결하기 위하여 도입된 개념이 EVA(Economic Value Added, 경제적 부가가치)와 MVA(Market Value Added, 시장부가가치)이다. EVA는 Stern Stewart 사에 의하여 개발된 후 코카콜라, AT&T, 유니레버 등의 기업들에 의해 채택되었으며, 최근 성과지표 중에서 가장 광범위한 지지를 받고 있다.

EVA는 기업이 벌어들인 영업이익에서 기업이 사용한 총자본(= 타인자본 + 자기자본)에 대한 자본비용과 세금을 공제한 후의 이익으로서, 자기자본에 대한 기회비용까지 고려한다는 특징이 있는데 EVA를 식으로 표현하면 다음과 같다.

EVA
= 세후영업이익 - 세후총자본비용
= 영업이익 - 법인세비용 - 총자본 × 가중평균자본비용

MVA는 주식의 총가치에서 순자산 장부금액을 차감한 것으로서 주주와 채권자들로부터 자금을 조달하여 투자한 결과, 얼마만큼의 가치를 증가시켰는지를 나타내는 것으로 EVA의 현재가치의 합과 동일하다.

MVA
= 주식의 총가치 - 순자산 장부금액
= 주식수 × 주식가격 - 순자산 장부금액
= EVA의 현재가치 합계

EVA는 증가된 부가가치가 비율이 아닌 금액으로 산출되므로 경제적인 의미의 부가가치를 금액으로 산출할 수 있다는 장점이 있는 반면, 투하된 자본의 투하량에 따라 EVA의 절대적인 크기가 영향을 받는다는 한계가 있다.

이러한 점을 고려하여 ROIC(Return On Invested Capital, 투하자본수익률)을 보조지표로 사용하고 있는 경우가 많은데, ROIC과 EVA의 관계는 다음과 같다.

- ROIC = 세후영업이익 ÷ 투하자본
- EVA = (ROIC - 세후총자본비용) × 투하자본

EVA는 기업의 기존 회계시스템과 관리정보시스템을 활용하여 가치창조 요소를 관리할 수 있고 자원을 효율적으로 배부할 수 있다는 장점이 있다. 따라서 EVA는 결과 지향적이고 단일 평가기준이라는 단점이 있음에도 불구하고, EVA를 BSC(Balanced Scored Card, 균형성과평가제도) 등 추가적인 지표와 함께 보완하여 사용하는 기업들이 증가하고 있다.

EVA 도입 효과는 다음과 같다.

① 기존 회계정보를 이용하여 사업부문별로 가치창조 요소와 연계할 수 있다. 따라서 사업부문별로 수익성을 분석하여 투자의사결정을 수행할 수 있으므로 전체 기업가치의 증대를 꾀할 수 있다.

② 경영진은 사업부문별로 EVA를 계산하여 사업부문의 확대, 유지 및 중단에 관한 의사결정을 할 수 있다.

③ 전략시스템이나 성과보상시스템과 연계하여 EVA를 성과측정지표나 가치측정지표로 활용할 수 있다.

다음 예제를 통하여 EVA와 MVA의 의미에 대하여 생각해 보자.

예제 1

- P사의 순자산 장부금액은 100,000원이며, 발행주식수는 1,000주임.
- P사의 1주당 시장가치는 140원임.
- P사의 영업이익과 당기순이익은 20,000원과 10,000원임.
- P사의 이자비용과 법인세비용은 1,000원과 3,000원임.
- P사의 세후가중평균자본비용은 10%이며, 법인세율은 30%임.

요구사항

1. Case 1 : P사의 EVA와 MVA를 계산하시오.
2. Case 2 : P사의 영업이익과 당기순이익이 10,000원과 5,000원인 경우 EVA와 MVA를 계산하시오.

Case 1

• EVA

= 세후영업이익 − 세후총자본비용

= 20,000원 × (1 − 30%) − 100,000원 × 10% = 4,000원

• MVA

= 주식수 × 주식가격 − 순자산 장부금액

= 1,000주 × 140원 − 100,000원 = 40,000원

= EVA의 현재가치의 합계(= 4,000원 ÷ 10%)

Case 1의 경우 총자본비용보다 높은 세후영업이익(14,000원)을 시현하고 있으므로, P사의 기업가치는 순자산 장부금액보다 더 높게 평가받고 있다.

Case 2

• EVA = 10,000원 × 70% − 10,000원 = (−)3,000원

• MVA = (−)3,000원 ÷ 10% = (−)30,000원

Case 2의 경우에는 비록 영업이익과 당기순이익을 보고하였다 하더라도, 자기자본에 대한 기회비용을 감안할 때 수익률이 가중평균자본비용에 미달하므로 기업가치가 하락함을 보여주고 있다. 따라서 장기적으로 P사의 기업가치는 70,000원(= 순장부금액 + MVA)으로 하락하여, P사의 주당 시장가치는 70원이 될 것임을 예상할 수 있다.

〈예제 1〉을 통하여 영업이익이나 당기순이익을 근거로 성과를 평가하기보다는, EVA에 근거하는 것이 기업의 목표를 보다 더 가치에 연동할 수 있게 될 것임을 알 수 있다.

실무적으로 EVA와 관련된 최근 Trend를 보면 다음과 같다.

① EVA 개념을 전사 차원이 아닌 기업 내 사업부문(또는 제품군)까지 확장

② EVA를 기업집단에 접목시켜 개별 기업이 아닌 기업집단 전체의 기업가치를 상승시키기 위한 성과지표로 활용

EVA를 사업부문별로 적용하기 위해서는 구분회계 제도가 필수적인데, 구분회계 제도에 대해서는 다음 절에서 살펴본다.

2. 구분회계 제도의 개요

구분회계는 기업이 사업부문(또는 제품군)별로 자산·부채와 손익을 구분하여 다음과 같은 목적을 달성하고자 개발된 경영관리 기법이다.

① 책임회계제도를 구축하고 전산화하여 정확하고 적시성 있는 정보 산출
② 사업부문별 손익분석을 통하여 향후 개선 활동을 할 수 있는 기반 구축
③ EVA 등 성과관리

구분회계의 도입이 기업의 조직체계와 경영관리시스템에 미치는 영향은 다음과 같다.

구 분	구분회계 도입 전	구분회계 도입 후
재무보고서	• 전사적인 재무제표 산출 • 사업부문별 재무상태표 이용 불가(사업부문별 영업손익 수준만 관리)	• 책임중심점 단위로 관리회계 보고서 산출 • 사업부문별 재무상태표와 손익계산서의 산출
자산·부채 및 손익 관리	• 전산적인 자산과 부채의 관리	• 사업부문별 자산·부채 관리 • 사업부문별 구분된 손익 관리
성과평가 및 관리	• 전사적인 자산·부채 수준에서의 성과 평가 • 전사 차원에서 EVA 평가 • 사업부문별로 재무적 평가기준은 없음.	• 관리 가능한 손익 및 자산·부채에 의한 평가 • 사업부문별 재무제표를 통한 다양한 KPI 적용 및 성과평가 • 사업부문별 투하자산과 손익에 따른 EVA 산출 및 사업부문별 평가
조직체계	• 사업부문별 조직과 기능별 조직의 혼재 • 각 기능 조직이 다른 사업부의 제품 공유	• 제품별 사업부제 조직 • 각 사업부문이 판매 및 생산 등 주요 Business Process를 포괄하는 개념

3. 구분회계 제도의 도입

구분회계 도입은 다음과 같은 절차에 따라 이루어진다.

구 분	내 용
책임중심점 설정	• 자산 · 부채 및 손익을 관리할 책임단위 설정
자산 · 부채 및 수익 · 비용 배부	• 책임단위별 자산 · 부채와 수익 · 비용 집계 • 공통부문의 자산 · 부채 및 수익 · 비용 배부
사내대체 거래	• 책임단위 간 이루어지는 거래의 정의 및 사내대체 거래 가격 설정
사내자본 및 차입금의 배부	• 책임단위별로 자본과 차입금의 배부
재무제표와 EVA 산출	• 책임단위별 재무제표의 산출 • 책임단위별 EVA 계산, 기타 성과평가 지표에 대한 검토

(1) 책임중심점 설정기준 및 고려사항

책임중심점이란 특정 경영자에 의하여 통제되는 개별 활동이나 활동의 집합을 의미하며, 일반적으로 구체적인 조직 단위의 형태를 가지고 있다. 책임중심점 설정 시 고려할 사항과 실무적 이슈를 정리하면 다음과 같다.

구 분	세부 내역	쟁점 사항
직계구조와 일치성	• 직제상의 조직체계를 근간으로 설정하여야 효율적인 책임회계를 구현할 수 있음.	• 현행 조직을 모두 고려하여 책임중심점을 설정할 수 있는가? • 어떠한 Level까지 책임중심점을 정하고 관리할 것인가?
권한과 책임	• 권한과 책임의 일치성, 즉 투자의 사결정 자산 · 부채와 손익의 관리와 관련된 권한에 상응하는 책임을 고려하여 이익중심점을 분류함.	• 특정 손익 및 자산 · 부채를 해당 책임중심점에서 관리할 수 있는가?
실적의 구분가능성	• 책임중심점의 재무제표 산출이 가능해야 하며, 이를 통제할 수 있는 단위를 기본으로 함.	• 책임중심점별로 명확하게 자산 · 부채 및 손익의 귀속이 가능한가? • 공통자산 · 부채나 공통손익의 배부를 위한 적절한 기준이 있는가? • 책임중심점 간의 사내거래를 어떠한 방법으로 고려할 것인가?

(2) 자산 · 부채 및 수익 · 비용 배부

종전에는 사업부문별로 수익과 비용을 집계하여 사업부문을 영업손익 중심으로 관리하였다. 그러나 최근에는 사업부문별로 책임과 권한을 위임하여 경영성과를 측정하기 위한 목적으로 손익뿐만 아니라 자산과 부채까지도 사업부문별로 배분하고자 노력하고 있다. 즉, EVA를 산출하고 기업 내 유용한 정보를 산출하기 위한 목적으로 손익뿐만 아니라 자산과 부채까지 사업부문별로 배부하는 것이 경영관리의 추세이다.

구분회계를 적용할 때 사업단위로는 실제 업무를 수행하는 개별 사업부문뿐만 아니라, 실제 사업을 영위하지는 않지만 기업집단에서 지주회사와 유사한 역할을 수행하는 '본사' 부문을 별도로 포함시키는 경우가 많은데, 본사 부문의 역할은 다음과 같다.

① 전사적인 Control tower 역할
② 사업포트폴리오 중 신규 투자안을 관리(기존 사업은 각 사업부문에서 투자 관리)
③ 내부 은행으로서의 역할(각 사업부문에 자금을 공급하거나 예치)

구분회계 도입 시 일반적으로 자산 · 부채와 수익 · 비용을 배부하는 기준은 다음과 같다.

① 사업부문과 직접 관련이 있는 자산 · 부채 및 수익 · 비용은 사업부문에 직접 배부
② 여러 사업부에서 공용으로 사용하여 발생하는 공통자산 및 관련 비용은 각 사업부문이 차지하는 비율, 인원 또는 매출액 등에 비례하여 배분
③ 개별 사업부문과 관련이 없는 자산 · 부채는 본사에 귀속
④ 개별 사업부문에 귀속시키기 어려운 신규 사업은 본사에 귀속

(3) 사내거래

하나의 기업 내에 있는 사업부문 간에 이루어지는 거래를 사내거래라고 하며, 외부공시용 재무제표 작성 시에는 표시하지 않는다. 그러나 구분회계 관점에서 사업부문 간 거래는 제3자와의 거래와 동일하므로 사내거래를 외부거래와 동일하게 인식하고, 거래로 발생된 채권과 채무도 계상한다.

이 경우 사내거래로 발생한 채권과 채무는 매출채권이나 매입채무라는 계정을 사용하지 않고, 사내대여금이나 사내차입금 등의 별도 계정을 만들어서 사용하는 것이 일반적이다. 그 이유는 매출채권과 매입채무라는 계정을 사용하면 결제시기와 조건에 대한 가정이 필요하기 때문이다. 즉, 사내대여금이나 사내차입금으로 칭하고 현금거래로 가정하여 회계처리하면 불필요한 결제시기나 조건에 대한 협의 과정을 제거할 수 있다.

구분회계하에서는 사업부문의 재무제표를 합산하면 전사 재무제표가 생성될 수 있도록 사전에 회계시스템을 구축해야 한다. 연결결산 절차와 마찬가지로 단순합산된 사업부문 재무제표는 사내거래와 관련하여 미실현손익을 과대계상하고 있기 때문이다. 따라서 사내거래와 미실현손익을 정확하게 제거하기 위하여 사내대체 거래는 별도의 Code가 부여되어 수량과 margin을 시스템으로 관리해야 한다.

사내대체 가격은 각 사업부문의 성과에 큰 영향을 주기 때문에, 사업부문별 담당자 간의 이해관계가 대립하는 부분인데, 사내대체 가격은 다음과 같이 결정된다.

사내대체 가격 = 원가 × (1 + Mark-up rate)

Mark-up rate는 외부에 가격을 참조할 만한 시장이 존재할 경우와 그렇지 않을 경우로 구분할 수 있는데, 그 내용을 정리하면 다음과 같다.

구 분	최소가격	최대가격
유효시장이 존재할 경우	• 시장가격 - 단위당포장비 - 단위당변동비 - 현금거래할인액	• 시장가격 - 현금거래할인액
유효시장이 존재하지 않을 경우	• 단위당 전부원가	• Min(①, ②) ① = 시장가격 - 현금거래할인액 ② = 수요사업부 완성품 판매가격 - 현금거래할인액 - 단위당 추가제조원가 - 단위당 판매비

구분회계 도입 초기에는 사업부제의 안정적인 정착을 위하여 Mark-up rate를 0%로 하고, 향후 사업부 간 협의과정을 거쳐 순차적으로 rate를 결정하도록 하는 것이 바람직하다.

(4) 사내자본과 사내차입금

사내자본은 자본금을 사업부문별로 배부하고 그에 따른 배당금도 사업부문별로 부담하게 하여 각 사업부문이 독립된 기업형식으로 운영되도록 하기 위함인데, 사내자본을 설정하는 취지는 다음과 같다.

① 독립채산제에 대한 의식 고취

② 자본비용(Capital cost)의 의식 제고

③ 자본관리의 효율성 제고

④ 사업성 평가 및 운영에 대한 정보 제공

구분회계 도입 시 최초 사내자본은 순자산 장부금액으로 하고, 그 이후의 순자산 변동을 이익잉여금이나 기타포괄손익 등으로 구분하여 인식하는 것이 편리하다.

사내차입금 제도는 각 사업부문의 타인자본비용과 사내이자비용을 구분하고 자본구조를 관리하기 위한 목적으로 도입된 제도로서, 각 사업부문은 본사로부터 자금을 조달하거나 예치한다. 따라서 자금수요가 있는 사업부문은 사내차입금이라는 계정으로 자금을 차입하고, 여유자금이 발생한 사업부문은 가용자금을 사내대여금이라는 계정을 사용하여 예치하게 된다.

4. 기업집단의 구분회계 적용

(1) 기업집단의 구분회계 적용

지금까지 EVA 개념과 구분회계제도에 대한 내용을 살펴보았는데, 본 내용을 기업집단에 적용해 보자. 기업집단 내에 속해 있는 개별 기업들은 하나의 사업만 영위할 경우도 있으나, 여러 사업을 동시에 영위하는 경우도 있다.

이러한 경우 연결 관점에서 구분회계제도를 적용하는 절차는 다음과 같다.

① 기업집단 내 모든 개별 기업이 구분회계제도 도입

② 동일한 사업부문에 대한 사업부문별 연결재무제표 작성

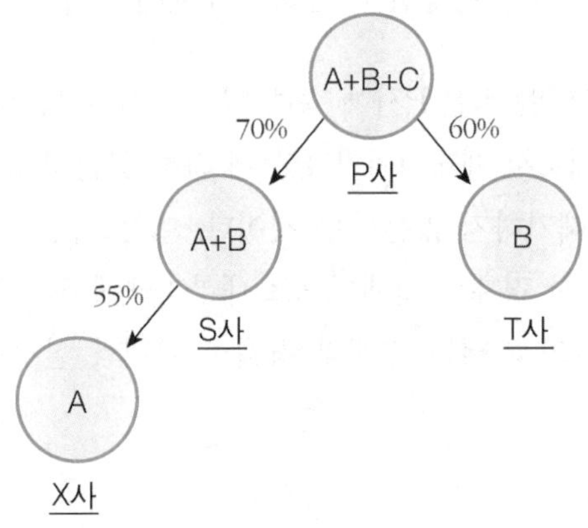

지배기업인 P사는 A사업, B사업, C사업을 영위하고 있으며, S사는 A사업과 B사업을 영위하고 있다고 가정해보자. 이러한 경우 상기 기업집단에 대한 구분회계를 적용하기 위해서는 P사와 S사가 모두 구분회계를 적용하여 재무제표를 사업단위별로 구분하고 있어야 한다.

사업부문별 연결재무제표는 동일한 기업집단 내 동일한 사업부문에 대한 재무제표를 합산한 후 연결조정을 통하여 작성된다.

① A사 사업부문 연결재무제표 : P사의 A사업, S사의 A사업, X사의 A사업

② B사 사업부문 연결재무제표 : P사의 B사업, T사의 B사업

③ C사 사업부문 재무제표

(2) 사업부문별 연결재무제표 작성

사업부문별로 연결재무제표를 작성한다는 것은 결합 개념이 적용된 연결결산 절차를 적용한다고 보는 것이 통설이다. 따라서 자산・부채나 수익・비용은 구분된 Code로 집계되고 미실현손익을 제거하여 사업부문별로 합산되나, 자본에 대해서는 별도의 세부 계정과목으로 구분하지 않는다. 즉, 자본은 자산에서 부채를 차감한 개념으로 산출하며, 비지배지분은 인식하지 않는다.

기업집단을 하나의 단위로 하여 구분회계를 적용하는 목적은 기업집단을 사업부문으로 구분하여 전체 기업가치를 극대화하기 위한 것이지 지배기업의 지분을 극대화한다는 의미가 아니라는 취지를 생각해 보면, 자본에 대한 별도의 구분은 의미가 없기 때문이다.

또한 사업부문별 연결재무제표 작성 시 판단에 따라 이연법인세나 지분법 적용은 생략하기도 한다. 왜냐하면 사업부문별 연결재무제표를 작성하는 목적 자체가 외부 공시가 아닌 사업부문(또는 제품군)에 대한 경영관리 차원이기 때문이다.

내부거래와 관련하여 유의할 점은 P사에 속해 있는 A사업부문과 S사에 속해 있는 A사업부문 간의 거래는 내부거래로서 제거되지만, P사에 속해 있는 A사업부문과 B사업부문 간의 거래는 외부거래로 보아 제거하지 않는다는 것이다. 이는 독립된 법인체라 할지라도 같은 사업부문인 경우에는 동일한 경제적 실체이므로 내부거래에 해당하나, 같은 법인에 속해 있을지라도 다른 사업부문과의 거래는 별개의 경제적 실체와 실시한 거래로 보기 때문이다.

사업부문별로 연결재무제표를 작성하기 위한 정산표는 다음과 같다.

구분	P사		S사		단순합산		연결조정		연결재무제표	
	A사업	B사업	A사업	B사업	A사업	B사업	A사업	B사업	A사업	B사업
자산	×××	×××	×××	×××	×××	×××	×××	×××	×××	×××
부채	×××	×××	×××	×××	×××	×××	×××	×××	×××	×××
자본	×××		×××		×××		×××		×××	
수익	×××	×××	×××	×××	×××	×××	×××	×××	×××	×××
비용	×××	×××	×××	×××	×××	×××	×××	×××	×××	×××
순이익	×××	×××	×××	×××	×××	×××			×××	×××

상기 정산표에서 주의할 점은 A사업부문과 B사업부문의 연결재무제표를 합산한 재무제표는 공시용 연결재무제표와 상이하다는 것이다. 이러한 현상은 사업부문별 연결재무제표에서는 비지배지분을 인식하지 않고 있으며, A사업부문과 B사업부문 간에 발생한 거래를 외부거래로 간주하여 제거하지 않기 때문에 발생한다. 따라서 사업부문별 연결재무제표를 합산하여 공시용 연결재무제표를 작성하기 위해서는 다음과 같은 절차를 추가로 실시해야 한다.

① 사업부문간 내부거래의 제거

② 비지배지분의 손익과 자본 항목 인식

사업부문별 연결재무제표에 비지배지분에 귀속되는 손익과 자본 항목을 적절하게 조정하는 절차는 기술적으로 매우 까다롭다. 따라서 기업실무상 외부공시용 연결재무제표와 경영관리 목적의 사업부문별 연결재무제표는 별개로 작성하는 경우가 많다.

(3) 기업구조 재편

하나의 기업집단이 여러 종류의 사업을 영위하는 경우, 모기업은 경영관리의 효율성과 사업구조 개편의 편의성을 위해 동일한 사업을 영위하는 기업들을 하나의 기업군으로 개편하기도 한다. 그 이유는 동일한 사업을 하나의 중간지배기업이 관리한다면 책임경영이 가능해지고, 중간지배기업을 처분함으로써 자연스럽게 기업집단이 영위하는 사업을 쉽게 개편할 수 있기 때문이다.

예제 2

- 기업집단의 지배구조는 아래 그림과 같음.
- 기업집단은 A사업, B사업, C사업을 영위하고 있음.
- P사의 경영진은 기업집단을 사업단위로 구분하여 의사결정 신속성과 경영관리의 효율성을 꾀하고자 함.

요구사항 기업집단을 사업부문별로 관리하기 위한 대안을 검토하시오.

기업집단의 구조 개편

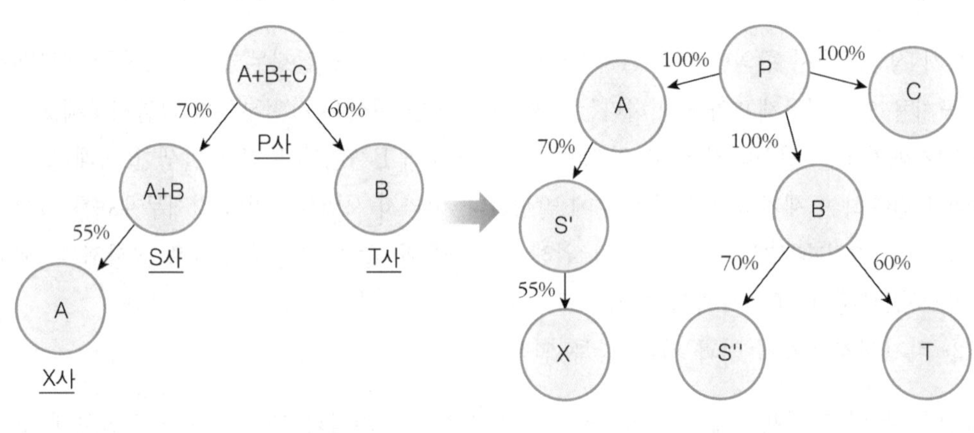

변경 전 기업집단 내 일부 기업들은 A사업, B사업, C사업을 같이 영위하고 있는데, 이러한 경우 경영진들은 A사업과 B사업에 대한 경영관리를 동시에 진행해야 하므로 사업부문 간 이해관계자들의 의견을 조율하여야 한다. 따라서 의사결정이 신속하게 이루어지지 않으며, 자원의 배분에 있어 이해상충이 발생할 수 있다. 또한 구분회계를 적용하지 않을 경우 성과관리에 있어 명확한 판단기준이 수립되기 어려운 단점도 있다.

이러한 문제점을 해결하기 위하여 다음과 같이 지배구조 개편을 실시할 수 있다.

① P사를 물적분할하여 A사업부문, B사업부문, C사업부문을 신설법인으로 한다.

② 물적분할 시 T사 주식은 신설법인 B사에게 귀속시킨다.

③ S사를 A사업부문(S′)과 B사업부문(S″)으로 물적분할한 후, S′사 주식은 A사에게 배분하고 S″사 주식은 B사에게 배분한다.

이러한 사업구조 개편을 통하여 P사는 A사, B사, C사라는 중간지배기업을 통하여 각 사업부문을 전문화시킬 수 있게 된다. 사업구조 개편 후 중간지배기업인 A사, B사, C사는 각 사업부문을 극대화시키기 위한 의사결정을 신속하게 수행할 수 있으므로 경영관리의 효율성이 증가하고 책임경영이 가능해진다. 한편, P사는 일반적으로 모기업(또는 지주회사)으로서 A사, B사, C사를 통하여 각 사업부문에 대한 투자 의사결정을 주 목적으로 운영된다.

만일 P사가 향후 기업집단의 사업 포트폴리오를 계획 시 A사업을 처분하고 C사업을 더욱 활성화하기로 결정하였다고 가정해 보자. 기업구조 개편 전에는 P사와 S사가 소유하고 있는 A사업부문과 S사가 보유하고 있는 T사 주식을 처분하고, 어떠한 기업이 C사업을 영위하는 기업을 인수할 것인가를 결정하여야 하므로 그 절차가 매우 복잡하다. 그러나 기업구조 개편 후에는 A사 주식을 처분하고 새롭게 취득한 기업은 C사가 관리하면 되므로 사업구조 개편이 신속하고 용이하게 이루어질 수 있다.

제 4 절 연결시스템

본 절에서는 연결재무정보를 신속하게 산출하고 경영관리에 필요한 연결재무정보를 산출하기 위해 도입하고 있는 연결시스템에 대해서 살펴본다.

1. 연결시스템의 역할과 필요성

(1) 연결결산시스템의 필요성

종속기업과 관계기업의 수가 많지 않고 내부거래가 단순하여 개별 결산된 자료를 기초로 연결재무정보를 손쉽게 산출할 수 있는 경우에는, 연결시스템을 도입하는 경우보다 수작업으로 연결결산을 진행하는 것이 효율적일 수 있다. 그러나 다음의 상황에서는 연결시스템의 도입을 고려하는 것이 바람직하다.

① 종속기업과 관계기업의 수 : 종속기업과 관계기업의 수가 상당한 경우(업종과 종속기업의 성격에 따라 상이하겠으나, 일반적으로 종속기업이 10개 이상인 경우)

② 내부거래 : 연결실체 내에서 상당한 양의 내부거래가 이루어져 내부거래 대사에 어려움을 느끼고 미실현손익 관리가 복잡한 경우

③ 지배구조 : 지배기업이 직접 주식을 보유하고 있는 경우뿐만 아니라 다른 종속기업을 통하여 지배력을 획득하고 있어 지분 평가가 복잡한 경우

④ 연결 결산 일정이 촉박한 경우 : 지배기업이 상장되어 있어 정해진 시간 내에 연결결산을 진행하여야 하는 경우

⑤ 연결재무정보의 필요성 : 투자 및 성과 평가 등에 대한 의사 결정 시 연결재무정보의 활용도가 높은 경우

(2) 연결시스템에 대한 오해

기업 실무에서 활용되는 연결시스템의 운용 상황을 분석하면, 도입 시점에 의도하였던 것에 비하여 연결시스템의 활용도가 극히 낮은 경우가 빈번하게 발견되며, 연결시스템을 담당하는 실무자들의 불만도 높은 경우가 많다. 그 이유는 연결시스템의 기능 때문에 발생한 문제점도 있겠으나, 연결시스템에 대한 다음과 같은 과도한 기대도 큰 원인으로 작용한다.

① 연결시스템은 개별 회계시스템과 연동되어 구현되며, 입력하거나 등록할 자료가 많지 않다.
② 기본 자료가 입력되면 정확한 연결재무제표가 자동적으로 생성된다.
② 연결회계시스템을 도입하면 실무자가 직접 힘들게 연결회계를 터득하지 않아도 된다.
④ 명성이 있는 ERP를 토대로 설계된 연결시스템이 우수하다.

연결시스템은 연결실체 내 기업들이 입력한 자료와 사전에 설계된 Logic에 따라 연결결산을 진행한다. 그러나 Logic화되지 않은 내부거래나 특수한 거래는 연결시스템 내에서 해결할 수 없으므로, 실무자가 직접 분석하고 조정해야 연결재무제표가 작성된다. 즉, 연결시스템의 종류에 따라 상이하겠으나, 연결시스템의 자동 계산 기능은 제한된 범위에서만 유효하고 그 이외에는 사람이 직접 보완해야 한다. 따라서 연결시스템을 도입하더라도 그 한계를 보완하고 산출된 재무정보를 적절하게 해석하기 위해서는 연결회계 담당자의 지식과 판단이 가장 중요함은 말할 나위가 없다.

연결시스템은 개별 회계시스템에 비하여 기본 Data가 매우 적고 사실상 개별 회계시스템과 연동되지 않으며, 연결시스템에 접근하는 사람들도 지배기업의 연결담당자 및 종속기업의 회계담당자로 극히 제한된다. 즉, 물류 및 제조 등 수많은 접촉점을 전제하고, 대량의 Data의 처리를 전제하고 있는 개별 회계시스템과 연결시스템은 지향하는 목표가 다르다. 그리고 ERP 자체는 Garbage-in Garbage-out이므로, 명성이 우수한 ERP라도 내재된 Logic이 부실하여 연결결산용으로는 부적합한 경우가 허다하다.

2. 연결시스템 도입 시 고려사항

연결시스템 도입 시 ERP 자체보다는 내재된 기능, 사용자 편의성, 검증 가능성, 지배구조에 따른 확장 가능성 및 비용 등을 고려해야 한다.

① 연결시스템과 개별 회계시스템의 ERP
② 구축 및 유지보수 비용
③ 표준 모듈의 구성
④ 검증 가능성
⑤ 지배구조의 반영
⑥ 설계된 Logic
⑦ 사용자 편의성
⑧ 유지보수의 안정성

(1) 연결시스템과 개별 회계시스템의 ERP

일견 연결시스템은 개별 회계시스템과 동일한 ERP로 구성되어야 통합과정을 거쳐 보다 원활한 결산이 가능할 것으로 생각하기 쉽다. 그러나 현재 연결시스템 중 개별 회계시스템과 통합하여 운용되는 경우는 많지 않다. 앞서 언급하였듯이 연결결산과 개별결산은 그 지향점이 다르며, 비용과 효익 측면에서도 통합의 실익이 없기 때문이다.

참고로 상당수의 연결시스템은 내부회계관리제도 시스템처럼 개별 회계시스템과 독립되어 개별적으로 운용되고 있다.

(2) 구축 및 유지보수

기업들은 다양한 업종을 영위하고 있으며, 경영활동을 위하여 필요한 정보도 제각기 다르다. 따라서 개별 회계시스템은 이러한 개별 기업의 현황을 반영하여 설계되므로 하나의 모델로 획일화하기가 용이하지 않다. 그러나 연결결산은 이미 생성된 개별 기업의 자료를 토대로 진행되며, 업종에 관계없이 거의 동일한 절차에 따라 업무가 진행된다.

따라서 가능하면 표준화된 모듈을 구비하고 있는 연결시스템을 도입하는 것이 비용과 유지보수 측면에서 유리하다고 볼 수 있다.

(3) 표준 모듈의 구성

일반적인 연결시스템은 기준 정보, 재무제표 등록, 매수가격배분, 내부거래 및 관련 미실현손익, 외화환산, 순자산 변동 분석, 지분 평가, 이연법인세 및 주석 Package 등으로 구성되어 있다. 상기 모듈은 상호 간에 밀접한 관계를 가지고 있으므로 사전에 모든 모듈은 정합성을 가지고 완비되어 있어야 한다. 그러나 상당수의 연결시스템은 사전에 모든 모듈을 구비하지 않는 경우가 많고, 모듈을 보완하더라도 종전 모듈과 일관된 사상하에 있지 않다면 정합성을 확보하는데 애를 먹는 경우가 많다.

(4) 검증 기능

연결결산 시 초점 중 하나는 지분 평가 내역이 정확하고 완전한지에 대한 검증가능성이다. 특히 종속기업이 다수이거나 지배구조가 복잡한 경우에는 검증기능이 필수적이다. 따라서 연결시스템의 각 모듈은 그 정확성에 대한 검증 기능이 내재되어야 하며, 특히 지분 평가 모듈의 경우 반드시 각 모듈에서 올라온 자료가 빠짐없이 반영되고 정확하게 연산되었는지를 종합적으로 쉽게 확인할 수 있어야 한다.

(5) 지배구조의 반영

기업집단의 지배구조는 다양한 형태로 구성되고 있는데, 특히 복잡하고 종속기업이 많은 경우에는 간접소유 지분 구조에 대한 설계가 중요하다. 따라서 연결시스템은 간접소유 지분 구조를 반영한 지분 평가가 가능하도록 설계되어야 한다.

만일 지분 구조를 정확하게 연결시스템이 반영하지 못할 경우에는 종속기업의 배당금 지급액에 대한 처리 과정에서도 수작업이 필요할 만큼 지분 평가에 전반적인 영향을 미친다.

지배 구조 예시

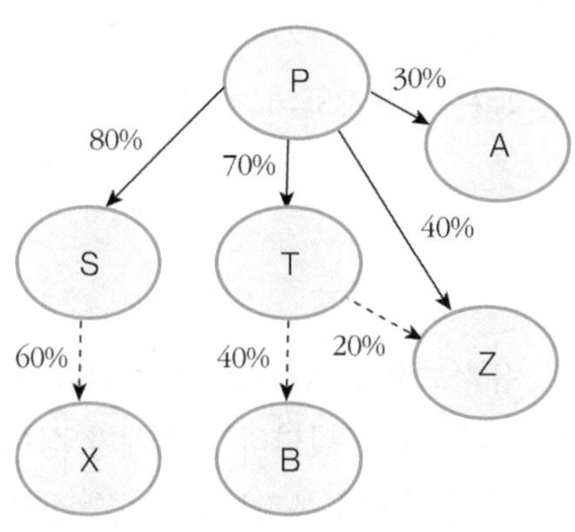

※ 바람직하지 않은 방식

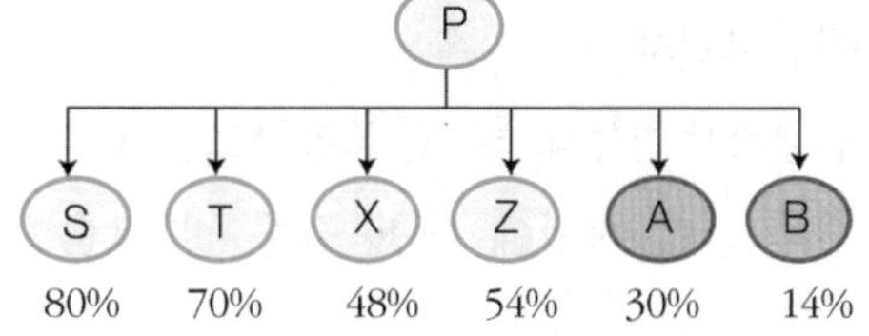

- 검증기능 취약
- 지분 평가 시 Manual 조정 수반
- 취득, 처분, 지분율 변동에 대한 대응 미흡

※ 바람직한 방식

- 피투자기업별 주주 등록을 통한 지분도 생성
- 직접소유 지분액과 간접소유 지분액 구분 관리
- 좌기 지배구조를 형성시킨 후 지분 평가

한편, 일부 기업집단의 경우 최상위 지배기업뿐만 아니라 중간 지배기업도 연결재무제표를 작성하여야 할 필요가 있다. 이러한 경우에는 전체 연결결산 구조는 최상위 지배기업의 Needs에 맞게 구성되고 Sub 모듈이 중간 지배기업의 결산을 지원하는 방식으로 설계되는 것이 바람직하다.

(6) 사용자 편의성

일부 연결시스템의 경우 자료의 입력이나 가공 시에 (연결결산과 관련 없는) 전산에 대한 상당한 배경 지식을 필요로 하고 있어, 사용자가 활용하는데 어려움을 느끼는 경우가 많다. 그러나 자료의 입력이나 산출 등 운용 기능이 단순하게 설계되어 있어, 사용자가 전산에 대한 깊은 지식이 없어도 쉽게 활용할 수 있도록 설계되어야 한다.

(7) 설계된 Logic

연결결산과 관련된 모든 과정을 연결시스템 내에 Logic화 할 수는 없으나, 빈번하게 사용하는 기능은 프로그램화 되어 있어야 보완 작업(수작업)이 대폭 감소하게 된다. 연결시스템이 갖추어야 할 대표적인 Logic은 다음과 같다.

- 외화환산 및 단순재무제표 작성
- 내부거래 대사
- 종속기업의 순자산 변동에 대한 다양한 시나리오
- 지분 평가
- 이연법인세
- 연결자본변동표 및 연결현금흐름표를 포함한 모든 재무제표의 생성
- 주석 등록 사항에 대한 검증 및 단순합산

(8) 유지보수의 안정성

연결시스템은 일단 구축되면 장기간 사용되므로 유지보수가 안정적이어야 한다. 그러나 일부 연결시스템의 경우 도입을 자문하는 업체와 유지보수를 담당하는 업체가 상이하고, IT 업종 특성상 유지보수는 하도급을 통한 영세업체가 수행하여 유지보수가 불안정한 경우가 빈번하다.

(9) 별도재무제표에 지분법을 반영하는 경우

우리나라 기업들의 상당수는 별도재무제표에 종속기업주식과 관계기업주식을 원가법으로 표시하지만, 일부 기업들은 지분법을 적용하고 있다. 만일 지분법을 적용하고 있다면 별도재무제표에 반영된 누적 지분법 평가 내역을 취소하여 원가법으로 환원한 후 연결결산을 진행하는 방식이 보다 적절하다. 그 이유는 별도재무제표상 종속기업에 대한 지분법은 투자자산에 대한 지분법으로서 일반기업회계기준과 달리 별도재무제표와 연결재무제표의 순자산과 순이익은 일치하지 않기 때문이다(〈제5장〉 참조).

그러나 금액적 중요성 등을 고려하여 별도재무제표상 순이익과 순자산이 연결재무제표와 일관성 있게 도출되도록 지분법을 적용하고 있다면, 결산일 현재 지분법 계정을 전액 제거하는 방식으로 연결결산 체계를 구축할 수도 있을 것이다.

3. 연결시스템의 구성 및 연결결산 절차

개별시스템의 모듈은 기업의 업종, 규모 및 필요 정보에 따라 다양하게 구성되어 있다. 그러나 연결시스템은 개별회계와 무관하게 대부분 동일한 결산 절차에 따라 업무가 진행되고 있으며, 시스템을 구성하는 모듈도 대동소이하다. 연결시스템 모듈은 크게 다음과 같이 구분할 수 있으며, 일부 모듈에는 입력된 자료나 생성된 자료에 대한 검증기능이 내재된다.

① 기초 자료를 생성하고 등록하는 모듈

② 입력된 자료를 기초로 연결결산을 수행하고 자료를 생성하는 모듈

| 연결시스템 내 결산 진행절차 |

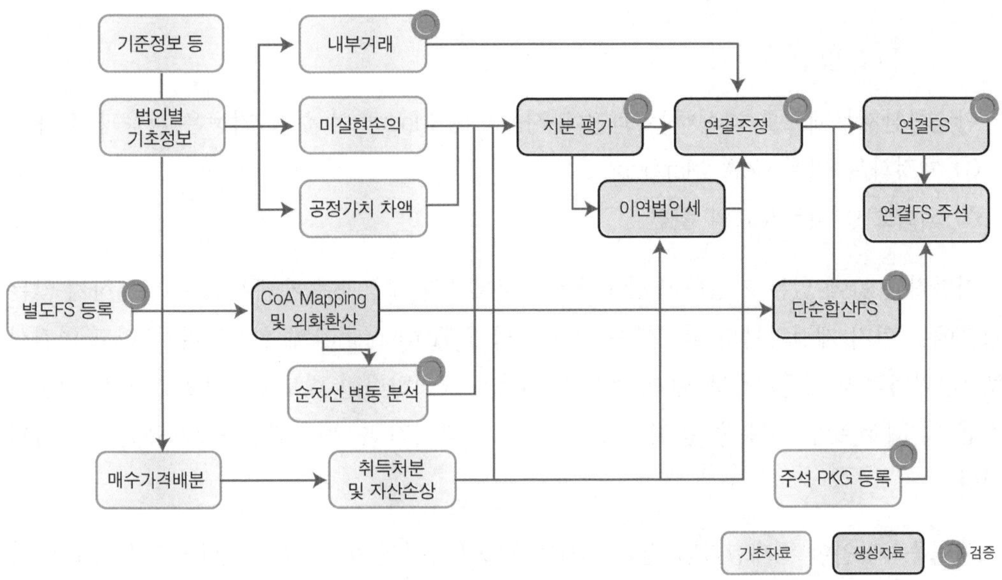

(1) 시스템 네트워크

연결결산은 지배기업이 종속기업으로부터 자료를 징구하여 진행되는데, 연결시스템을 통해 지배기업과 종속기업이 자료를 수취하는 일반적인 방식은 다음과 같다.

① 시스템 간 자동연결(System to system) 방식

② Web이나 VPN 등을 통하여 자료를 Upload하여 전송하는 방식

③ 엑셀로 자료를 Upload하는 방식

(2) 법인별 기초정보

연결실체 내 기업들에 대한 기본 정보를 관리하는 Module로서 여기에 입력된 정보는 통화의 환산 여부, 지배구조의 형성, 주주별 지분 평가, 간접소유 지분 및 연결이연법인세 등에 영향을 미친다. 기초정보로 등록되는 주요 내용은 다음과 같다.

① 통화
② 주주 및 지분율
③ 자기주식 및 유통주식수
④ 법인세율
⑤ 배당 내역 등

(3) 단순합산재무제표의 작성

단순합산재무제표를 작성하는 과정에 사용되는 Module의 주요 기능은 다음과 같다.
① 계정과목 일치(CoA Mapping)
② 외화표시 재무제표의 환산

기업집단 안에 있는 기업들이 작성하는 재무제표의 계정과목 체계가 모두 일치하지 않는 경우에는 먼저 계정과목의 일치화를 위한 작업(CoA Mapping)이 실시된다. 그리고 연결실체 내 기업들의 개별시스템 내 계정과목 Code가 상이하다면 별도재무제표 Code를 연결시스템 내 Mapping Table을 통해 연결 Code로 전환시킨 후 단순합산재무제표를 작성하게 된다.

해외종속기업이 존재한다면 법인별 기초정보에 등록된 동 기업의 통화와 환율정보에 따라 외화표시 재무제표를 원화로 환산한 후 해외사업환산차이를 계산한다. 다만, 기중에 지배력을 획득한다면 환율변동효과를 정확하게 반영하기 어려우므로, 수작업조정을 병행하는 것이 일반적이다.

(4) 내부거래 대사

연결실체 내 기업들 간의 거래, 즉 내부거래는 집계한 후 매출기업(또는 판매기업)과 매입기업(또는 취득기업)이 보고한 자료를 서로 대사하여 그 일치 여부를 확인하고 상계 제거한다. 지배기업은 내부거래 대사 이전에 내부거래를 어떠한 기준으로 대사할 것인가를 결정하여야 하는데, 일반적으로 사용되는 대사기준은 다음과 같다.

① 내부거래 대사 단위
- 국내기업과의 거래 : 전자세금계산서 일련 번호
- 해외기업과의 거래 : Invoice 번호 또는 기업에서 사전에 부여한 일련 번호

② 내부거래 대사 기준통화
- 국내기업과의 거래 : 원화
- 해외기업과의 거래 : 외화

해외종속기업의 손익 항목은 실제 발생 환율을 적용해야 하나, 실무상 대부분 평균환율을 적용하여 환산하고 있다. 따라서 지배기업과 종속기업의 원화환산 금액은 일치하지 않기 때문에 외화 기준으로 내부거래를 대사해야 한다. 그리고 원화환산 금액은 기업 내 Rule에 따라 판매기업이 계상한 금액을 기준으로 상계하는 것이 일반적이다.

환율변동효과 이외에 연결실체 내 기업들의 매출과 매입의 인식시점이 상이함에 따라 내부거래가 일치하지 않는 경우(미달거래)가 있다. 미달거래가 발생하면 기업의 회계처리 관습이나 해외 현지 Local 규정을 지배기업의 회계정책과 비교하여 분석한 후, 종속기업이 보고한 재무제표를 기업의 회계정책에 따라 수정한 후 연결결산을 진행해야 한다.

내부거래가 대량으로 이루어지고 거래유형이 다양해짐에 따라 내부거래와 관련된 결산절차에 많은 시간이 소요될 가능성이 크다. 또한 기업집단의 규모가 커지면 여러 가지 요인에 따라 발생된 미달거래 등이 발생할 가능성이 증가한다. 따라서 개별결산 후에 일괄적으로 내부거래를 대사하는 방식보다는 회계기간 중에 주기적으로 내부거래를 대사하는 방식이 바람직하다.

(5) 미실현손익

내부거래로 취득한 자산을 외부에 처분하지 않고 결산일까지 보유하는 경우에는 미실현손익이 발생되며, 미실현손익은 향후 동 자산을 외부에 처분하거나 감가상각함으로써 해소된다. 기업실무상 미실현손익은 재고자산이나 유형자산 거래와 관련하여 발생하는 경우가 많지만 그 이외에도 공정가치측정금융자산 및 관계기업주식의 거래, 무형자산 거래 및 사채 거래 등 다양한 거래에 의하여 발생할 수 있다.

수작업을 거치지 않고 연결시스템을 통하여 모든 미실현손익을 처리하려면 사전에 기업집단 내에서 발생하는 모든 내부거래의 유형과 미실현손익의 계산 과정을 사전에 Logic화하여 연결시스템에 반영해야 한다. 그러나 현실적으로 사전에 모든 내부거래의 유형을 정확하게 프로그램화하기는 불가능하며, Logic이 설계되어 있다고 하더라도 등록해야 할 자료의 양과 입력 과정의 복잡성을 고려하면 실효성은 없다고 판단된다.

따라서 빈번하게 발생하는 거래와 관련된 미실현손익을 제외하고는 수작업으로 미실현손익을 계산한 후 그 결과를 시스템에 반영해 지분 평가가 이루어지도록 하는 것이 현실적인 접근방법이라고 판단된다.

(6) 순자산 변동 분석

종속기업이나 관계기업의 순자산이 변동한다면 동 순자산의 원인을 파악하고 변동요인에 따라 지분액을 지배기업과 비지배주주에게 배분하게 된다. 연결시스템을 통한 순자산 평가는 종속기업의 별도재무제표가 입력되면 전기에 입력된 재무제표와 비교한 후 세부 자본 항목별로 증감액을 자동으로 지분 평가에 반영되는 과정으로 요약할 수 있다. 따라서 연결시스템에는 세부 자본 항목별 변동 요인에 대한 다양한 시나리오가 내재되어 있어야 한다.

예를 들어 이익잉여금의 변동은 당기순이익, 배당금, FVOCI 처분, 자산재평가, 결손보전 및 보험수리적손익 등 매우 다양한데, 관련 시나리오별로 지분 평가가 Logic화 되어 있지 않다면 수작업을 통해서 지분 평가가 이루어지게 된다.

(7) 지분 평가

지분 평가 모듈은 공정가치 차액, 영업권 변동, 미실현손익, 종속기업의 순자산 변동 및 지분거래손익 등의 모듈을 통하여 일차로 가공된 자료들을 모두 집계한 후 연산을 진행하게 된다. 지분 평가는 각 종속기업별로 이루어져야 하며, 정확하고 완전하게 지분 평가가 이루어졌는지에 대한 자체 검증이 반드시 내재되어 있어야 한다. 일부 시스템은 지분 평가 결과가 연결조정분개 형태로만 제공되어 연결결산 중 오류가 발생하더라도 그 오류를 발견하기 어려운 경우가 많은데, 이는 바람직하지 않은 형태이다.

(8) 관계기업주식에 대한 평가

우리나라 기업들은 대부분 별도재무제표에 종속기업과 관계기업주식을 원가법 적용 투자주식으로 분류하고 있다. 따라서 연결결산 과정은 원가법으로 표시된 관계기업주식을 지분법이 적용된 과정으로 변환하는 절차를 포함해야 한다. 여기서 지분법 반영은 당기 지분법 평가가 아닌 취득시점부터 결산시점까지의 누적 지분법 평가 내역이어야 함에 유의한다.

(9) 이연법인세

연결이연법인세는 지배력 획득 이후의 지분 평가 과정만 명확하게 정리되어 있다면 손쉽게 계산할 수 있다. 따라서 연결이연법인세 모듈을 설계하기 어렵거나 산출된 금액을 검증하기 어렵다면, 설계자가 연결이연법인세를 정확하게 이해하고 있지 않거나 지분 평가 History가 연결시스템 내 정확하게 관리되지 않는 경우가 많다.

만일 지분 평가 History를 정확하게 산출하지 못하고 있다면, 이는 연결결산의 전반에 걸친 이슈를 야기하는 요소이므로 시스템의 유용성에 대해 고민할 필요가 있다.

(10) 연결조정 및 연결재무제표 작성

연결조정 방식에 따라 연결조정분개 내역은 다양한 방식으로 산출될 수 있으나, 계정과목별로 연결조정을 합산하면 그 금액은 모두 동일하다. 따라서 연결결산이 정확하게 이루어졌는지를 검증하기 위해서는 각 종속기업이나 관계기업별로 연결조정이 구분되고, 연결결산의 각 단계에 따라 조정 내역이 집합적으로 표시되어 손쉽게 확인할 수 있어야 한다.

연결재무제표는 연결재무상태표, 연결손익계산서뿐만 아니라 연결자본변동표 및 연결현금흐름표로 구성되어 있다. 따라서 연결시스템은 연결조정 내역 중 현금흐름에 영향이 있는 항목을 자동으로 반영하여 연결현금흐름표를 작성하는 기능을 내재하고 있어야 하며, 지분 평가 내역을 바탕으로 연결자본변동표도 산출할 수 있도록 설계되어야 한다.

(11) 주석 Package

연결재무제표에 대한 주석은 지배기업과 종속기업의 주석을 단순합산한 후 일부 연결조정사항을 가감하여 작성한다. 따라서 주석 Module은 주석으로 공시할 사항을 표준 양식으로 제시하고, 종속기업의 결산 담당자가 각 사의 내용을 입력하면 단순합산하도록 설계된다.

한편, 등록된 사항은 종속기업의 재무제표상 금액과 일치하는지를 자체적으로 대사하고, 일치하지 않을 경우에는 Warning Message를 제공해야 한다.

(12) Monitoring

연결결산의 총괄 담당자는 종속기업과 지배기업의 결산 업무가 어떻게 진행되고 있는지를 Monitoring하고, 업무가 지체될 경우에는 대책을 강구해야 한다. 따라서 주요 업무 절차가 어디까지 완료되었는지를 확인할 수 있어야 하며, 완료된 절차는 Data 정합성 검토 결과 특이사항이 없으면 마감절차를 수행하고 마감된 정보는 수정되지 않도록 한다.

(13) 계산의 검증

연결결산의 주목적은 정확한 연결재무제표를 적시에 작성하는 것으로서, 회계기간의 재무성과와 결산일 현재 재무상태를 측정하고 기업 내에서 이루어진 거래를 체계적으로 정리함을 목적으로 하는 개별회계의 결산절차와는 성격이 다르다.

따라서 연결시스템은 연결재무제표가 적정하게 작성되었는지를 검증하기 위하여 내부거래의 집계 및 제거뿐만 아니라 지분 평가과정에 대한 다음의 검증 과정이 내재되어 있어야 한다.

① 평가 대상 기업별 지분 평가의 적정성 검증
② 평가 대상 기업별 연결조정의 적정성 검증
③ 연결재무제표의 자본 항목 검증
④ 연결재무상태표, 연결손익계산서 및 연결자본변동표의 상호 연관성 자동 검증
⑤ 집계된 주석이 입력된 재무제표와 일치하는지 여부의 검증

4. 연결시스템을 통한 경영 관리

외부 공시뿐만 아니라 경영관리에 활용하기 위하여 연결시스템을 활용할 수 있는데, 이러한 경영관리 목적으로 연결시스템을 이용하기 위해서는 무엇보다도 연결범위를 탄력적으로 선택할 수 있는 기능이 설계되어 있어야 한다. 왜냐하면 경영관리 목적으로 활용하려면 필요에 따라 사업부문별 또는 제품별 기준으로 연결 범위를 지정할 수 있어야 하기 때문이다.

〈제3절〉에서 설명하였듯이 외부공시용 연결재무제표를 목적으로 하는 연결결산 절차와 경영관리를 목적으로 하는 연결결산 절차는 각 기업의 판단에 따라 차이가 있을 수 있다. 따라서 하나의 연결시스템을 통하여 외부공시용 연결재무제표와 경영관리 목적의 연결결산 절차를 진행하기 위해서는 필요에 따라 연결범위를 변경하여 지정할 수 있어야 하고, 각 연결범위별로 연결결산 절차를 다르게 적용할 수 있어야 한다.

경영관리 목적으로 제품별 연결재무제표를 하는 경우 주요 결산 절차는 다음과 같다.

① 기업집단 내 기업들은 제품 단위로 구분회계가 적용된 재무제표를 작성하여 시스템에 등록함.

② 제품 단위로 내부거래를 집계하고 미실현손익을 제거함.
③ 지배기업과 비지배주주에 미치는 영향은 고려하지 않고 결합 개념으로 평가 절차를 적용함.
④ 필요에 따라 이연법인세 적용 절차 등은 적용하지 아니함.
⑤ 제품별 연결현금흐름표나 연결자본변동표는 필요에 따라 작성 여부를 선택함.

상기 절차에서 보듯이 외부 공시 목적의 연결결산 절차와 경영관리 목적으로 진행하는 연결결산 절차는 그 목적과 과정이 상이하므로, 단일 연결시스템을 이용하여 업무가 이루어지더라도 각각 별도의 모듈로 구분하는 것이 바람직하다고 판단된다.

Chapter 16 결 론

지금까지 연결회계의 개념을 소개하고, 연결회계에 관한 다양한 주제와 사례를 살펴보았다. 각각의 장을 개별적으로 보면 연결회계가 방대하고 복잡한 개념들이 서로 얽혀 있는 것처럼 느낄 수 있으나, 그 본질은 몇 가지의 개념이 변형된 것에 불과하다. 그리고 실무에서 발생하는 상당 부분의 이슈는 기본 개념을 상식적인 수준에서 응용하면 해결할 수 있는 것들이다. 물론 그러한 문제 해결 능력을 갖추기 위해서는 단지 현상이 아닌 개념 그 자체에 대한 정확한 이해와 통찰이 전제되어야 할 것이다.

본 절에서는 그동안 살펴본 여러 가지 개념들을 전반적인 틀 안에서 다시 한번 정리한다.

1. 연결실무의 문제점과 대안 모색

(1) 연결실무의 문제점

연결재무제표가 주재무제표로 전환되고 기업 내에서 연결재무정보의 활용도가 높아짐에 따라, 정보이용자들의 연결재무정보에 대한 수준도 높아지고 있다. 이러한 변화에 대응하기 위하여 많은 기업들이 연결실무에 상당한 투자를 하였음에도 불구하고, 그 성과는 기대한 바에 미치지 못하고 있다.

연결회계 그 자체에 관한 규정은 전체 기준서에서 매우 적은 비중을 차지하고 있을 뿐이다. 그럼에도 불구하고 많은 어려움을 토로하고 있는데 그 이유는 무엇인가? 그동안의 실무, 연구 및 강의 등을 통해 파악된 연결실무의 문제점은 다음과 같다.

- **지분법과 연결회계에 대한 개념 부재**
- **기술적인 연결조정에 대한 의존**

모든 일은 Big picture를 설정하고 목표를 달성하기 위하여 업무를 단계별로 진행하게 된다. 그러나 대부분의 연결실무는 재무정보가 어떻게 산출되어야 할 것인가에 대한 체계를 갖추지 못한 상태에서, 단편적인 '지분법 회계처리'나 '연결조정분개'에 초점을 맞추고 있다.

연결재무제표를 작성하기 위한 과정 중 연결조정분개라는 기술적인 도구가 사용되는 것은 사실이다. 그러나 연결조정분개는 수단에 불과한 것이지 목표 값 자체를 제시해 주지는 못하므로, 연결조정분개에 집중하는 것은 올바른 접근방법이 아니다. 연결정보가 어떻게 산출되어야 할 것인가에 대한 목표 값을 가지지 못한 상태에서, 단편적인 연결조정분개를 통해 사후적으로 목표 값에 도달하려다 보면 기술적인 과정만 필요 이상으로 복잡해진다.

연결실무의 문제점을 해결하기 위하여 필요한 것은 복잡한 기술을 익히는 것이 아니라, 기본 개념을 확립하고 기본 개념에 입각하여 Should be를 산출할 수 있는 접근방법이다. 복잡한 기업의 지배구조하에서 다양한 내부거래가 발생하더라도 Should be를 제시할 수 있다면, 기술적인 연결조정은 쉽게 산출할 수 있기 때문이다.

이러한 점들을 고려하여 본서는 다음을 목표로 저술되었다.

- **지분법과 연결회계의 기본 개념 확립**
- **명확한** Should be **제시와 다양한 실무 사례 적용**
- **효율적인 결산과정**

(2) 대안 모색

본서는 연결조정(수단)이 아닌 목표 값(연결재무제표)을 염두에 두고 목표 값을 체계적으로 정리하기 위한 접근 방법을 제시하고 있다. '누적 지분 평가'와 '순자산 분석'은 주주별로 분석된 연결 관점의 순자산과 지분 손익을 통해 목표 값을 보여주고 있다.

본서에서 제시되는 연결조정은 지분 평가 등을 통하여 계산된 목표 값으로 단순합산재무제표를 전환시키는데 초점을 맞추고 있으며, 특징은 다음과 같다.

① 단순하고 직관적으로 이해가 용이하다.
② 정확성과 완전성에 대한 검증 과정을 수반한다.
③ 복잡한 지배구조, 다양한 내부거래, 주식의 취득처분, 해외종속기업 등 모든 주제에 대하여 일관성 있게 적용 가능하다.
④ 연결결산에 필요한 자료를 체계적으로 정리할 수 있도록 조직화하는데 도움을 준다.

2. 지분법과 연결회계

(1) 지분법회계

지분법은 관계기업의 순자산 변동 원인과 영업권의 변동을 투자기업이 소유하고 있는 투자주식 장부금액에 반영하는 회계처리이다. 따라서 관계기업의 순자산이 당기손익의 변동으로 발생한 것이라면 지분법손익(당기손익)으로 인식하고, 관계기업의 순자산이 기타포괄손익으로 발생한 것이라면 관계기업투자자본변동(기타포괄손익)으로 인식하게 된다.

지분법 회계처리는 관계기업의 순자산(재무상태)과 순이익(경영성과)의 변동을 투자기업이 지분액만큼 인식하여 재무제표에 표시하는 평가방법이므로 다음에 유의한다.

① 유의적인 영향력을 획득하는 시점에 인식하는 관계기업의 순자산 공정가치는 일종의 영업활동 개시시점으로서 그 총액이 평가의 시발점이다. 따라서 출발점에 대한 정확한 정의가 필요하다.

② 관계기업의 순자산이 변동한 이유가 무엇인지를 파악하고, 관계기업의 순자산에 대한 주주로서 권리를 관계기업주식 장부금액에 반영한다.

(2) 연결회계

관계기업주식과 종속기업주식은 취득 목적과 재무제표 표시방법이 상이함에도 불구하고 평가 과정은 대부분 동일하다. 관계기업주식의 본질은 투자자산이므로 지분액을 순액으로 인식한다. 그러나 연결회계는 지배기업과 종속기업이 하나의 경제적 실체이며 지배기업과 비지배주주가 동등한 지위에 있음을 전제하고 있다. 따라서 연결실체가 보유하는 자산・부채 및 수익・비용은 총액으로 표시하고, 지분 평가 과정을 통하여 지배기업과 비지배주주의 지분을 구분하여 연결자본에 계상한다.

지분법과 연결회계상 피투자기업의 순자산 변동 원인을 분석하는 과정은 다음을 제외하고는 대부분 동일하다.

① 지분법은 투자기업의 관점만 반영되나, 연결회계는 지배기업 소유주와 비지배주주 양자의 관점이 반영된다.

② 지분법은 소유주 이론에 따라 투자기업의 지분만 고려하고 있으므로, 미실현손익에 투자기업의 지분율을 곱한 금액만 평가에 반영한다. 반면 연결회계에서는 지배기업과 비지배주주의 관점을 반영하여, 하향판매로 발생한 미실현손익은 전액 지배기업에게 귀속시키고 상향판매로 발생한 미실현손익은 지분율에 따라 지배기업과 비지배주주

에게 안분한다.

③ 지분법은 유의적인 영향력을 획득한 이후 지분율이 증가하면, 투자자산에 대한 지분액이 증가하므로 투자차액을 인식한다. 그리고 지분율이 하락하면 투자자산의 일부를 처분하여 수익을 획득하는 것으로 보아 처분손익을 인식한다. 반면 연결회계에서 지배력을 획득한다는 의미는 사업(종속기업이 보유하고 있는 자산과 부채 등)을 취득하는 개념이므로, 지배력에 영향을 미치지 않는 지분거래는 주주 간의 자본거래로 처리한다.

관계기업에 적용하는 지분법과 종속기업에 적용하는 연결회계는 그 경제적 의미와 표시방법 등이 상이함에도 불구하고, 피투자기업의 순자산 변동에 대한 권리 관계를 분석하여 재무제표에 반영한다는 기본 개념은 동일하다. 따라서 지분법을 한 줄로 된 연결이라고 부르듯이, 연결회계는 여러 줄로 이루어진 지분법이라고 할 수 있을 것이다.

3. 연결실체의 활동에 대한 이해

기업활동이 안정되고 매출이 증가하면 기업은 여유 자금을 축적하게 되고 발전을 위하여 새로운 기회, 즉 가치활동의 확장을 모색하게 된다. 기업은 가치활동을 확장하기 위한 대안으로서, 일반적으로 다음과 같은 세 가지 방법을 활용하고 있다.

① 직접 공장을 건설하는 등 기업 자체의 규모를 키우는 방법
② 기업이 목표로 하고 있는 가치활동을 영업으로 하는 기업과 합병하는 방법
③ 합병이 아닌 주식인수를 통하여 지배력을 획득하는 방법

상기 대안은 법적 형식은 다르지만, 연결 관점에서 보면 경제적 실질은 모두 동일하다. 종속기업에 대해 지배력을 획득한다고 함은 주식 투자 행위가 아니라, 가치활동의 확장을 위해 종속기업이 보유하고 있는 사업(또는 자산과 부채의 집합체)을 취득하는 개념이기 때문이다.

따라서 연결범위 변동은 연결실체(그룹)의 경영전략이 변경되어 가치 사슬이 변경되는 과정으로 이해해야 한다.

경영활동이 복잡해지고 그 범위가 확대될수록 한 기업에서 가치창출 활동을 모두 수행하기보다는 연결실체 내에 있는 기업들이 각각의 역할을 나누어 수행하는 경우가 많다. 법적 형식은 독립된 기업으로 구성되어 있으나, 연결실체 내 기업들이 마치 하나의 기업처럼 동일한 전략하에 기업가치의 극대화라는 목표로 운영되는 것이다. 따라서 연결실체 내에서

활동하는 기업을 정확하게 이해하려면 단지 그 개별기업의 재무상태나 재무성과가 아닌, 연결실체 관점에서 그 기업이 어떠한 역할을 수행하고 있으며 어떠한 가치를 창출하고 있는지를 파악해야 한다.

연결실체 내 전체 가치 사슬에서 기업 간에 유기적인 관계를 가질수록 내부거래의 규모나 건수가 증가하게 된다. 따라서 내부거래를 정확하게 분석하려면 연결실체의 경영전략과 가치 사슬 안에서 해당 기업의 위치를 먼저 이해할 필요가 있다.

연결실체의 가치 활동이 확장될수록 연결실체 내에 존재하는 기업들도 증가하게 된다. 새롭게 추가한 가치 활동(새롭게 취득한 종속기업)을 연결실체 내 어디에 배치시킬 것인가는, 기존 사업과의 연관성이나 자금 상황 등을 고려하여 결정된다. 이러한 과정에서 기업집단(연결실체)의 지배구조가 형성되는데, 시간이 경과함에 따라 처해진 기업환경에 따라 서로 다른 지배구조를 형성하게 된다.

우리나라 기업들의 대표적인 기업지배구조로는 순환출자 구조와 지주회사 구조를 손꼽을 수 있는데, 치열한 경쟁과 투명한 지배구조에 대한 요구에 대응하기 위하여 기업지배구조에 대한 개선 노력은 지속되고 있다.

연결회계의 기저에는 연결실체(기업집단)의 경영전략과 그룹 재편 과정이 자리하고 있다. 따라서 거래를 보다 더 정확하게 파악하고 연결재무제표에 반영하기 위해서는 회계적인 측면뿐만 아니라 경영전략 등에 대한 이해가 수반되는 것이 바람직하다.

4. 연결회계의 주요 주제

본서에서 다루었던 연결회계의 각 주제들을 간략하게 요약하면 다음과 같다.

(1) 연결결산의 특징

연결재무제표는 개별재무제표와 달리 연결실체 내 기업들의 재무제표를 단순합산 후 연결조정을 가감하여 작성된다. 이러한 과정을 통해서 만들어진 연결재무제표는 기초 이월잔액에 기중 거래를 반영한 후 마감을 하여 작성되는 별도재무제표와는 결산 과정에 큰 차이를 보인다.

(2) 종속기업주식의 취득과 처분

지배기업이 종속기업주식을 취득하거나 처분하는 행위는 주식의 취득이나 처분이 아니라, 종속기업이 보유하고 있는 사업(또는 자산과 부채의 집합체)을 취득하고 처분하는 개념이다. 따라서 종속기업주식의 취득에 대한 회계처리는 사업결합 규정에 따라 매수가격배분 절차를 반영하게 된다.

종속기업주식의 취득과 처분 과정에서 다음 내용을 살펴보았다.

① 지배력 획득은 종속기업이 보유하고 있는 자산과 부채를 공정가치로 취득함을 의미한다. 따라서 지배력 획득 시점에는 자산과 부채를 공정가치로 측정하고, 이렇게 측정된 순자산 공정가치가 향후 평가의 기준점이 된다.

② 단계적인 취득이나 처분이 이루어지는 경우, 지배력을 획득하거나 상실하는 시점을 기준으로 공정가치로 평가한 후 당기손익(PL)을 인식한다.

③ 지배력과 관련이 없는 지분율의 변동은 자본 거래로 보아 지분거래손익은 자본 항목으로 처리하는데, 지분변동액 산정 과정에 있어 내부거래로 발생한 미실현손익과 영업권이 있다면 지분거래손익 산정에 유의해야 한다.

④ 지배력 상실은 연결실체가 영위하는 사업(자산과 부채)을 처분함을 의미한다. 따라서 종속기업주식의 처분은 중단사업에 해당하므로, 연결 관점의 현금창출단위와 자산손상에 미치는 영향을 판단해야 한다.

⑤ 영업권은 이론적인 측면뿐만 아니라 실무적인 측면에서도 많은 논란이 되고 있으며, 연결회계 전반에 걸쳐 많은 영향을 미치고 있다. 따라서 영업권에 대한 개념이 보다 명확하게 정의되고 측정할 수 있는 방법이 개발되어야 할 것으로 보인다.

(3) 평 가

지분법은 관계기업의 순자산 변동에 대한 투자기업의 지분액을 지분법손익이나 관계기업투자자본변동으로 회계처리한다. 반면, 연결회계에서는 지배기업의 지분액은 본래 계정과목으로, 비지배주주의 지분액은 비지배지분이라는 단일계정으로 반영한다.

평가에 있어 유의할 사항은 다음과 같다.

① 종속기업 순자산의 변동이 연결회계에 미치는 영향을 정확하게 분석하기 위해서는, 먼저 변동을 측정할 수 있는 기준점에 대한 정의가 필요하다.

② 지배기업과 비지배주주는 주주로서 종속기업의 순자산이나 순이익에 대하여 지분율만

큰 권리를 가지게 된다. 따라서 종속기업 순자산의 변동이 발생할 경우 그 변동이 왜 발생하고 지배기업과 비지배주주의 권리에 어떠한 영향을 미치는지를 분석해야 한다.

(4) 복잡한 지배구조

기업이 성장함에 따라 연결실체에 속해 있는 기업의 수도 증가하고 지배구조도 복잡해진다. 복잡한 지배구조를 형성한 연결실체를 대상으로 연결재무제표를 작성할 때에는 다음 내용에 유의해야 한다.

① 연결실체의 지배구조를 분석하고 평가의 흐름을 정확하게 파악해야 한다. 지배구조가 복잡할수록 하나의 종속기업에 대한 평가는 다른 종속기업에 대한 평가에 영향을 미칠 수 있다. 따라서 지분도(또는 소유지분현황표)를 입수하여 평가 주체와 평가 대상을 정의하고, 평가의 흐름에 따라 지분액을 분석해야 한다.

② 여러 단계의 지배 · 종속관계가 중첩되어 있는 경우 연결재무제표를 작성하는 방식은 순차연결과 병렬연결 방식이 있는데, 중간 지배기업의 연결재무제표 작성 의무, 연결결산 일정, 연결 조직, 연결시스템 등을 고려하여 기업에 적합한 방법을 선택해야 한다. 연결방식의 채택은 종속기업들에 대한 지배기업의 내부통제에도 큰 영향을 미치게 되므로, 연결재무정보의 생성 · 관리뿐만 아니라 내부통제기능까지도 염두에 두어야 한다.

(5) 내부거래

내부거래 형태 중 가장 전형적이고 빈번하게 발생하는 재고자산 거래와 자금 거래 이외에도 다양한 내부거래가 존재하며, 새로운 형태의 내부거래들도 지속적으로 등장하고 있다. 따라서 내부거래를 정확하게 집계하고 분석하기 위해서는 연결실체의 가치 사슬과 해당 기업의 역할에 대한 이해가 필수적이다. 한편, 내부거래와 관련 미실현손익은 연결재무제표에 표시되는 자산 · 부채나 수익 · 비용에 영향을 미치지 않도록 모두 제거되지만, 지배기업 소유주지분(이익잉여금 또는 기타포괄손익)과 비지배지분으로 구분되어 연결자본(순자산)에 반영된다.

내부거래에 대한 분석 틀은 다음과 같다.

① 내부거래는 별도재무제표를 통하여 단순합산재무제표에 어떻게 반영되고 있는가?

② 내부거래는 연결재무제표에 어떻게 표시되어야 하는가?

③ 연결재무제표와 단순합산재무제표의 차이는 어떻게 조정할 것인가?

(6) 해외종속기업

해외 거래가 많은 기업의 경우 기능통화를 결정해야 하며, 해외종속기업을 소유하고 있는 기업은 외화표시 재무제표를 환산하여 연결재무제표를 작성해야 한다. 환율변동효과는 재무제표 환산, 영업권, 공정가치 차액, 내부거래, 미실현손익에 영향을 미치게 된다.

(7) 동일지배거래

동일지배거래가 발생하더라도 최상위 지배기업의 연결재무제표에는 비지배지분의 변동만 있을뿐 큰 영향은 없다. 그러나 종속기업(또는 중간지배)의 연결재무제표와 거래 당사자의 별도재무제표는 어떠한 회계처리가 적절한지에 대한 여러 견해가 있다.

① 종속기업의 연결재무제표 : 공정가치법 또는 장부금액법

② 별도재무제표 : 공정가치법, 교환금액법, 장부금액법

실무상 연결재무제표는 장부금액법을 적용하고, 별도재무제표는 상업적실질의 여부에 따라 회계처리하는 회계정책을 수립하는 회사가 일반적이다.

(8) 연결이연법인세

연결이연법인세는 단순합산재무제표와 연결재무제표상 자산·부채의 차이를 발생시키는 연결조정과 종속기업의 순자산 변동에 대해 인식한 누적 지분 이익에 의하여 발생한다.

① 공정가치 차액과 미실현손익

② 지배기업의 누적 지분 이익

③ 취득과 처분과정에서 발생하는 손익

누적 지분 이익에 대한 법인세효과는 재무제표에 미치는 영향이 큰 경우가 많은데, 종속기업주식의 처분가능성과 배당가능성에 따라 달리 인식된다.

5. 연결조정

본서에서 제시하는 연결조정 체계는 거래를 분석하는 수단이 아니라, 지분 평가 등을 통하여 분석한 내용을 목표 값으로 단순합산재무제표를 전환(오류수정의 개념)시키는데 초점을 맞추고 있다.

연결조정

차변		대변	
1단계 : 순자산조정			
자본금(01)	xxx	주식S(01)	xxx
자본잉여금(01)	xxx	이익잉여금(누적 지분 이익)	xxx
이익잉여금(01)	xxx	기타포괄손익(누적 지분 이익)	xxx
FV차액 잔액(01)	xxx	자본잉여금(또는 자본조정)	xxx
영업권 잔액(01)	xxx	미실현자산(01)	xxx
관계기업주식	xxx	이연법인세(01)	xxx
		비지배지분(01)	xxx
이익잉여금(01)	xxx	이연법인세(01)	xxx
비지배지분(01)	xxx		
2단계 : 순이익조정			
수익(배당금)	xxx	이익잉여금(Plug-in)	xxx
비용(△FV)	xxx	수익(지분법이익)	xxx
비용(△G)	xxx		
비용(△미실현)	xxx		
비용(△이연법인세)	xxx		
3단계 : 순액조정			
수익(01)	xxx	비용(01)	xxx
채무(01)	xxx	채권(01)	xxx

순자산조정은 단순합산재무제표에 표시되어 있는 순자산을 연결재무제표상(사업결합 관점의) 순자산으로 전환시키는 과정에서 발생하는 연결조정으로서, 그 내용은 다음과 같다.

① 결산일 현재 종속기업의 별도재무제표에 표시된 자본 항목(자본금, 자본잉여금, 이익잉여금 등)을 전액 제거한다.

② 결산일 현재 단순합산재무제표에 표시된 종속기업주식을 전액 제거한다.

③ 결산일 현재 공정가치 차액과 영업권 잔액을 연결조정으로 가산한다.

④ 결산일 현재 내부거래로 발생한 미실현잔액을 연결조정으로 가산한다.

⑤ 결산일 현재 비지배지분을 연결조정으로 가산한다.

⑥ 지배력을 획득한 이후 지배력에 영향을 미치지 않는 종속기업주식 거래로 발생한 지분거래손익을 자본 항목(자본잉여금 또는 자본조정)으로 가산한다.

⑦ 지배력을 획득한 이후부터 결산일까지 종속기업의 순자산 변동으로 발생한 지배기업

의 누적 지분 이익(이익잉여금 또는 기타포괄손익 등)을 연결조정으로 가산한다.

⑧ 관계기업주식의 취득 시점부터 결산일까지의 장부금액 변동액을 연결조정에 반영한다.

⑨ 결산일 현재 연결이연법인세는 순자산 분석에 포함되어 있는 공정가치 차액에 대한 법인세효과와 미실현손익 등에 대한 법인세효과로 구분하여 기재한다.

순이익조정은 단순합산재무제표에 표시되어 있는 손익 항목을 연결재무제표상 손익 항목으로 조정하는 과정이며, 순액조정은 내부거래로 발생한 채권·채무와 수익·비용을 전액 제거하는 과정으로서 그 내용은 다음과 같다.

① 회계기간 중 지배기업이 종속기업으로부터 수령한 배당금수익을 제거한다.

② 회계기간 중 변동한 공정가치 차액과 영업권 금액을 연결조정으로 가산한다.

③ 회계기간 중 변동한 미실현손익 내역을 연결조정으로 가감한다.

④ 회계기간 중 발생한 관계기업주식에 대한 지분법손익을 연결조정으로 가산한다.

⑤ 회계기간 중 변동한 법인세효과를 연결조정으로 가산한다.

⑥ 회계기간 중 내부거래로 발생한 단순합산재무제표상 수익·비용과 자산·부채를 전액 제거한다.

상기 연결과정은 대부분 별도재무제표나 지분 평가 자료로 이루어지는데, 일부 별도로 관리되어야 할 항목들이 있다.

① 종속기업주식 장부금액 자체의 변동

② 공정가치 차액에 대한 법인세효과 이외의 법인세효과

6. 결 언

기업실무상 연결회계는 어렵고 체계적으로 정리하기 어려운 분야로 인식하고 있으나, 오히려 연결회계 자체는 다른 재무회계 분야에 비하여 상당히 단순한 편이다. 다만, 단순합산재무제표를 정확하게 파악하기 위해서는 개별회계에 대한 이해가 필요하며, 연결실체의 거래를 제대로 분석하기 위해서는 연결실체(기업집단)의 경영전략이나 가치 활동에 대한 이해가 필요하다. 따라서 연결회계 그 자체보다는 연결회계 이외의 다른 분야에 대한 폭넓은 지식과 경험이 있어야 연결실체의 거래를 분석하고 연결재무제표를 정확하게 산출할 수 있을 것이다.

본서는 1,000페이지가 넘어가지만 저자가 전달하고자 한 내용은 다음에 불과하다.

단순합산재무제표에 표시되어 있는 거래를 파악하고, 연결재무제표에 반영되어야 할 Should be를 분석한 후 그 차이를 조정한다.

Should be는 다음과 같다.
① 연결자본과 연결순이익 : 종속기업의 순자산 및 그 변동에 대한 지배기업과 비지배주주의 지분액(권리) 분석
② 연결자산·부채·수익·비용 : 연결실체와 제3자와의 거래

단지, 이것뿐이다.

7. Framework Ⅲ

본 절에서는 지금까지 살펴보았던 내용을 Framework으로 정리하고, 종합 사례를 통하여 구체적으로 설명한다.

Framework에 대한 지배구조로서 최상위 지배기업 P사, 중간 지배기업 S사, 종속기업 T사, 관계기업 A사, 관계기업 B사로 구성된 다음의 연결실체를 상정한다.

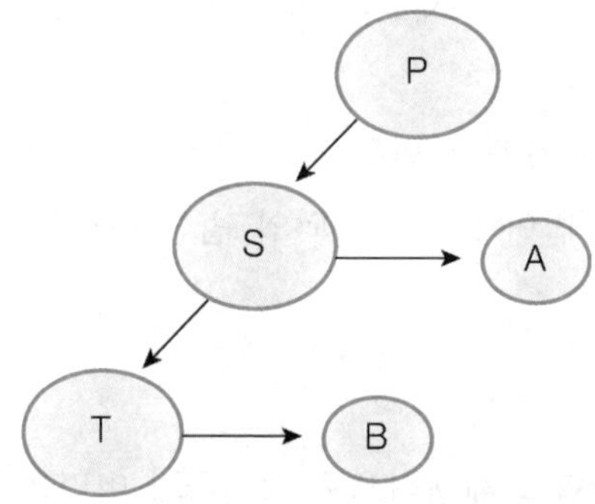

평가의 흐름은 다음과 같이 정리된다.

평가 주체	평가 대상	
	직접소유	간접소유
T사	B사	–
T사 비지배주주	T사	B사
S사	T사, A사	B사
S사 비지배주주	S사	T사, A사, B사
P사	S사	T사, A사, B사

Ⅰ. 관계기업 평가

투자기업의 누적 지분 평가(A사와 B사)

	취득금액	지분법 자본변동	지분거래 손익	FV차액 변동	법인세비용 (FV차액)	NI 지분액	미실현 손익	관계기업 배당	전기이월 이익잉여금	기말 장부금액
01년										
02년										

순자산 분석

	순자산 지분액	FV차액 (잔액)	이연법인세 (FV차액)	영업권 (잔액)	미실현 자산(부채)	기말 장부금액
취득						
01년						
02년						

Ⅱ. 간접소유 종속기업 평가(T사)

중간 지배기업의 누적 지분 평가(T사)

		간접소유 관계기업(B사)		직접소유 종속기업(T사)									
	취득금액	......	......	자본잉여금 /자본조정	기타포괄 손익	FV차액 변동	법인세비용 (FV차액)	영업권 손상	NI 지분액	미실현 손익	종속기업 배당	전기이월 이익잉여금	지분액 합계
01년													
02년													

1. 간접소유 관계기업 효과 : 관계기업에 대한 누적 지분 평가 × 지분율
2. 종속기업 평가 : 직접 소유하는 종속기업의 별도재무제표 기준 평가
3. 만일, 중간 지배기업이 간접소유하는 종속기업이 있다면 간접소유 종속기업 평가 Column 추가
4. 다수의 간접소유 관계기업이 있는 경우 해당 Column에 합산하여 기재

순자산 분석

	간접소유 효과	직접소유 종속기업(T사)					지분액 합계
		순자산 지분액	FV차액 (잔액)	이연법인세 (FV차액)	영업권 (잔액)	미실현 자산부채	
취득							
01년							
02년							

1. 간접소유 효과 = (B사에 대한 누적 지분 평가 : 기말장부금액 - 취득금액)
   × 지분율 비지배주주의 누적 지분 평가(T사 비지배주주)

	취득금액	간접소유 기업(B사) ……	……	직접소유 기업(T사) 자본잉여금/자본조정	기타포괄손익	FV차액변동	법인세비용(FV차액)	영업권손상	NI 지분액	미실현손익	종속기업배당	전기이월이익잉여금	지분액 합계
01년													
02년													

순자산 분석

	간접소유 효과	직접소유 기업(S사)					지분액 합계
		순자산 지분액	FV차액(잔액)	이연법인세(FV차액)	영업권(잔액)	미실현 자산부채	
취득							
01년							
02년							

Ⅲ. 직접소유 종속기업 평가

최상위 지배기업의 중간 지배기업 평가(S사 평가)

	취득금액	간접소유관계기업(A사, B사) ……	……	간접소유 종속기업(T사) ……	……	……	직접소유 종속기업(S사) 자본잉여금(자본조정)	기타포괄손익(OCI)	손익	법인세비용(FV차액)	종속기업배당	전기이월이익잉여금	지분액 합계
01년							(*1)			(*2)			
02년													

(*1) 자본잉여금/자본조정 : 지배력 획득 이후 지배력에 영향을 미치지 않는 지분율 변동(추가 취득, 일부 처분)으로 발생한 손익

(*2) 지배력 획득 시점에 발생한 공정가치 차액에 대한 법인세효과의 변동

1. 간접소유 관계기업 지분 : 간접소유하는 관계기업에 대한 누적 지분 평가 × 지분율
2. 간접소유 종속기업 지분 : 간접소유하는 종속기업에 대한 누적 지분 평가 × 지분율
3. 종속기업 평가 : 직접 소유하는 종속기업의 별도재무제표 기준 평가
4. 누적 지분 평가에 간접소유는 관계기업과 종속기업별로 구분하여 합산 표시

순자산 분석

	간접소유 효과(1)	간접소유 효과(2)	직접소유 종속기업					지분액 합계
			순자산 지분액	FV차액(잔액)	이연법인세(FV관련)	영업권(잔액)	미실현 자산부채	
취득								
01년								
02년								

1. 간접소유 효과 = (S사의 T사 누적 지분 평가 : 지분액 합계 - 취득금액) × 지분율
2. 간접소유 효과 = (S사의 A사 누적 지분 평가 : 지분액 합계 - 취득금액) × 지분율
3. 순자산 분석의 간접소유 효과는 누적 지분 평가 단위별로 산정

비지배주주의 누적 지분 평가(S사 비지배주주)

		간접소유(A사+B사)		간접소유(T사)			직접소유(S사)						
	취득금액	......	......	......	......	......	자본잉여금(자본조정)	기타포괄손익(OCI)	손익	법인세비용(FV차액)	종속기업배당	전기이월이익잉여금	지분액합계
01년							4			5			
02년													

순자산 분석

	간접소유 효과(1)	간접소유 효과(2)	직접소유 기업					지분액 합계
			순자산 지분액	FV차액 (잔액)	이연법인세 (FV관련)	영업권 (잔액)	미실현 자산부채	
취득								
01년								
02년								

1. 간접소유 효과 = (S사의 T사 누적 지분 평가 : 지분액 합계 - 취득금액) × 지분율
2. 간접소유 효과 = (S사의 A사 누적 지분 평가 : 기말장부금액 - 취득금액) × 지분율
3. 순자산 분석의 간접소유 효과는 누적 지분 평가 단위별로 산정

Ⅳ. 순액조정

	채 권	채 무	수 익	비 용
01년				
02년				

Ⅴ. 이연법인세

이연법인세

	내부거래		누적 지분 이익	합 계		
	지배기업	비지배지분	지배기업	지배기업	비지배지분	계
01년						
02년						

법인세비용

	내부거래		누적 지분 이익	합 계		
	지배기업	비지배지분	지배기업	지배기업	비지배지분	계
01년						
02년						

VI. 연결조정

연결조정

	차변		대변		
	1단계 : 순자산조정				
[1]	자본금	×××	종속기업주식	×××	[2]
[1]	이익잉여금	×××	이연법인세	×××	[3]
[1]	자본잉여금	×××	자본잉여금(또는 자본조정)	×××	[4]
[1]	기타포괄손익	×××	기타포괄손익(누적 지분 이익)	×××	[5]
[3]	FV차액(잔액)	×××	이익잉여금(누적 지분 이익)	×××	[6]
[3]	영업권	×××	미실현잔액	×××	[7]
[9]	관계기업주식	×××	비지배지분	×××	[8]
[10]	비지배지분	×××	이연법인세	×××	[10]
[10]	이익잉여금	×××			
	2단계 : 순이익조정				
[11]	비용 or 수익	×××	수익(지분법이익)	×××	[12]
[13]	비용(법인세비용)	×××	이익잉여금(plug-in)	×××	[14]
	3단계 : 순액조정				
[15]	수익	×××	비용	×××	[15]
[15]	채무	×××	채권	×××	[15]

[1] 결산일 현재 종속기업의 자본 항목 전액 제거
[2] 결산일 현재 단순합산재무제표에 표시되어 있는 종속기업주식 장부금액 제거
[3] 결산일 현재 공정가치 차액(잔액), 영업권 잔액, 공정가치 차액에 대한 이연법인세
[4] 지배력 획득일 이후 지배력과 무관한 주식의 취득 및 처분 등(지분율 변동)으로 인한 자본손익 누적액
[5] 지배력 획득일 이후 관계기업과 종속기업에 대한 누적 지분 이익(기타포괄손익)
[6] 지배력 획득일 이후 관계기업과 종속기업에 대한 누적 지분 이익(이익잉여금)
[7] 결산일 현재 내부거래로 발생한 미실현잔액
[8] 결산일 현재 순자산 분석상 비지배지분 합산

[9] 결산일까지의 관계기업주식 장부금액 조정(누적 지분 평가 : 기말장부금액 - 취득금액)
[10] 공정가치 차액 이외의 법인세효과
[11] 당기손익 조정
① 배당금수익은 종속기업과 관계기업으로부터 수령한 배당금의 합계
② 누적 지분 평가의 합산
[12] 지분법손익 : 관계기업에 대한 당기 지분 손익 합계
[13] 법인세비용 : 공정가치 차액, 미실현손익, 예상 배당 및 처분 등으로 인한 법인세비용
[14] 조정된 순이익이 정산표를 통하여 순자산에 미치는 영향을 상쇄시켜주기 위한 조정
[15] 내부거래로 발생한 수익·비용 및 채권·채무의 순액 조정

8. 종합 사례 (1)

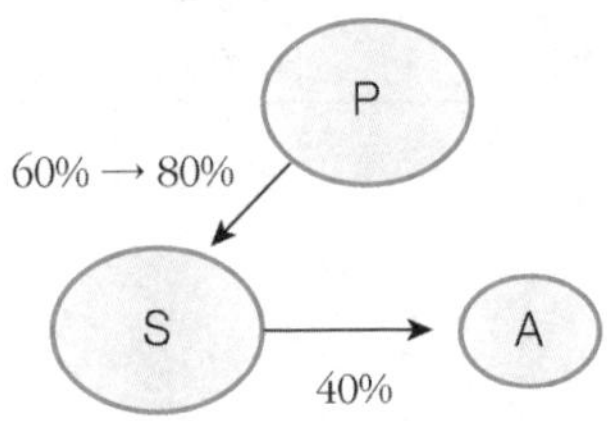

사례 1 종합 사례 (1)

① S사 주식 취득

P사는 S사 주식을 01년 초 다음과 같이 취득함.

지분율 60%

취득금액 300,000

비지배지분은 식별 가능한 순자산 공정가치에 비례하여 인식함.

한편, 지배력 획득일 현재 S사의 자산·부채 장부금액과 공정가액의 차이는 다음과 같음.

구 분	공정가치	장부금액	차 액
토지	150,000	100,000	50,000

2 S사 주식 추가 취득

P사는 S사 주식을 02년 초 다음과 같이 취득함.

지분율 20%

취득금액 100,000

3 A사 주식 취득

S사는 A사 주식을 01년 초 다음과 같이 취득함.

지분율 40%

취득금액 150,000

유의적인 영향력 획득일 현재 A사의 자산·부채 장부금액과 공정가치의 차이는 다음과 같음.

구 분	공정가치	장부금액	차 액	내용연수
기타자산(건물)	100,000	50,000	50,000	4

4 내부거래

(1) 재고자산 거래

구 분	매 출	매 입	거래금액	원 가	보유재고	비 고
01년	S사	P사	200,000	160,000	50,000	02년 중 전량 판매
02년	S사	P사	120,000	84,000	60,000	03년 중 전량 판매

(2) 유형자산 거래

구 분	대상자산	처 분	취 득	거래금액	장부금액	내용연수
02년 초	기계장치	S사	A사	250,000	200,000	5

한편, 상기 내부 거래의 대금결재 조건은 현금정산임.

5 배당

구 분	S사	A사
01년	40,000	10,000
02년	20,000	–

6 법인세

① P사, S사, A사에게 적용될 법인세율은 30%임.
② 수입배당금 익금불산입률은 100%라고 가정함. 따라서 공정가치 차액과 내부거래에 대한 이연법인세만 고려 대상임.

7 영업권

① S사 주식 취득 과정에서 발생한 영업권은 Synergy 효과로 인한 P사의 기업가치 상승에 따른 것임.
② 02년 말 현재 S사에 대한 영업권은 40,000원으로 평가됨.

8 요약 별도재무제표

	지배기업(P)			종속기업(S)			관계기업(A)		
	취득	01년	02년	취득	01년	02년	취득	01년	02년
주식S	300,000	300,000	400,000	-	-	-	-	-	-
주식A	-	-	-	150,000	150,000	150,000	-	-	-
기타자산	200,000	250,000	220,000	200,000	230,000	290,000	250,000	260,000	320,000
자산계	500,000	550,000	620,000	350,000	380,000	440,000	250,000	260,000	320,000
자본금	400,000	400,000	400,000	150,000	150,000	150,000	100,000	100,000	100,000
이익잉여금	100,000	150,000	220,000	200,000	230,000	290,000	150,000	160,000	220,000
자본계	500,000	550,000	620,000	350,000	380,000	440,000	250,000	260,000	320,000
수익		400,000	420,000		350,000	300,000		500,000	550,000
비용		(350,000)	(350,000)		(280,000)	(220,000)		(480,000)	(490,000)
당기순이익		50,000	70,000		70,000	80,000		20,000	60,000

요구사항 **이연법인세 회계를 적용하여 지배력 획득일과 01년 및 02년의 연결재무제표를 작성하시오.**

해설

Ⅰ. 관계기업 평가

1. 취득금액의 구성내역

취득금액	150,000
순자산 지분액	100,000
건물에 대한 FV차액	20,000
FV차액에 대한 이연법인세	(6,000)
영업권	36,000

2. 공정가치 차액

	취 득	01년	02년	03년	04년
FV차액	20,000	15,000	10,000	5,000	–
감가상각비	–	(5,000)	(5,000)	(5,000)	(5,000)
이연법인세	(6,000)	(4,500)	(3,000)	(1,500)	–
법인세비용	–	1,500	1,500	1,500	1,500

3. 내부거래

	02년	03년	04년	05년	06년
처분손익	(20,000)	–	–	–	–
미실현자산	(16,000)	(12,000)	(8,000)	(4,000)	–
상각비	4,000	4,000	4,000	4,000	4,000
이연법인세	4,800	3,600	2,400	1,200	–
법인세비용	4,800	(1,200)	(1,200)	(1,200)	(1,200)

4. S사의 A사 누적 지분 평가

	취득금액	감가상각비 (FV)	이연법인세 (FV)	NI지분액	미실현손익		관계기업 배당	전기이월 이익잉여금	기말 장부금액
					처분손익	감가상각비			
01년	150,000	(5,000)	1,500	8,000	–	–	(4,000)	–	150,500
02년	150,000	(5,000)	1,500	24,000	(20,000)	4,000	–	500	155,000

순자산 분석

	순자산 지분액	건물 (FV)	이연법인세 (FV)	영업권	기계장치 (미실현)	기말 장부금액
취득	100,000	20,000	(6,000)	36,000	–	150,000
01년	104,000	15,000	(4,500)	36,000	–	150,500
02년	128,000	10,000	(3,000)	36,000	(16,000)	155,000

법인세비용

	01년	02년
이연법인세	–	4,800
법인세비용	–	4,800

Ⅱ. 종속기업 평가

1. 취득금액의 구성내역

	지배기업	비지배지분
취득금액	300,000	154,000
순자산 지분액	210,000	140,000
토지 FV차액	30,000	20,000
FV차액에 대한 이연법인세	(9,000)	(6,000)
영업권	69,000	

2. FV차액

	지배기업(P)				비지배지분			
	취 득	01년	02년 초	02년	취 득	01년	02년 초	02년
유형자산	30,000	30,000	40,000	40,000	20,000	20,000	10,000	10,000

3. 내부거래

(1) 재고자산 거래 분석

	보유재고	이익률	미실현자산	미실현손익	비 고
01년	50,000	20%	(10,000)	(10,000)	상향판매
02년	60,000	30%	(18,000)	(8,000)	상향판매

(2) 미실현손익

	지배기업(P)		비지배지분	
	재고자산	매출원가	재고자산	매출원가
01년	(6,000)	(6,000)	(4,000)	(4,000)
02년 초	(8,000)	–	(2,000)	–
02년	(14,400)	(6,400)	(3,600)	(1,600)

4. 지분거래손익

(1) S사 순자산 구성내역(02년)

	연결 관점 S사 순자산	지분율 변동 전		지분율 변동 후	
		지배기업	비지배지분	지배기업	비지배지분
		60%	40%	80%	20%
별도재무제표상 순자산	380,000	228,000	152,000	304,000	76,000
A사에 대한 지분액(*1)	500	300	200	400	100
FV차액	50,000	30,000	20,000	40,000	10,000
FV차액에 대한 법인세	(15,000)	(9,000)	(6,000)	(12,000)	(3,000)
상향미실현 잔액(*2)	(10,000)	(6,000)	(4,000)	(8,000)	(2,000)
영업권	69,000	69,000	-	69,000	-
소 계	474,500	312,300	162,200	393,400	81,100

(*1) A사에 대한 지분액 = (S사의 A사의 누적 지분 평가 : 01년 기말장부금액 - 취득금액)
(*2) 상향미실현 잔액 : 재고자산 내부거래(Ⅱ. 3. 참조)

(2) 지분거래손익

	지배기업	비지배지분
지분변동액	81,100	(81,100)
취득(처분)금액	(100,000)	100,000
지분거래손익	(18,900)	18,900

(3) 연결 회계처리

(차변)	비지배지분	81,100	(대변)	현금	100,000
	자본조정	18,900			

5. 이연법인세

(1) 공정가치 차액

	지배기업(P)				비지배지분			
	취 득	01년	02년 초	02년	취 득	01년	02년 초	02년
이연법인세	(9,000)	(9,000)	(12,000)	(12,000)	(6,000)	(6,000)	(3,000)	(3,000)

(2) 내부거래

	지배기업(P)		비지배지분		합 계	
	이연법인세	법인세비용	이연법인세	법인세비용	이연법인세	법인세비용
01년	1,800	1,800	1,200	1,200	3,000	3,000
02년 초	2,400	-	600	-	3,000	-
02년	4,320	1,920	1,080	480	5,400	2,400

Ⅲ. S사 누적 지분 평가

1. P사의 S사 누적 지분 평가

	취득금액	A사(간접소유 관계기업) 평가 손익	관계기업 배당	전기이월 이익잉여금	S사(직접소유 종속기업) 평가 자본잉여금/자본조정	NI지분액	영업권 손상	매출원가(미실현)	종속기업 배당	전기이월 이익잉여금	지분액 합계
01년	300,000	2,700	(2,400)	–	–	42,000	–	(6,000)	(24,000)	–	312,300
02년	400,000	3,600	–	300	(18,900)	64,000	(29,000)	(6,400)	(16,000)	12,000	409,600

(*) 간접소유 효과 = S사의 A사 누적 지분 평가 × 60%(또는 80%)

순자산 분석

	간접소유 효과(*)	직접소유 종속기업(S사) 순자산 지분액	토지 (FV)	이연법인세 (FV)	영업권	재고자산 (미실현)	지분액 합계
취득	–	210,000	30,000	(9,000)	69,000	–	300,000
01년	300	228,000	30,000	(9,000)	69,000	(6,000)	312,300
02년 초	400	304,000	40,000	(12,000)	69,000	(8,000)	393,400
02년	4,000	352,000	40,000	(12,000)	40,000	(14,400)	409,600

(*) 간접소유 효과 = (S사의 A사 누적 지분 평가 : 기말장부금액 - 취득금액) × 60%(또는 80%)

2. S사 비지배주주의 누적 지분 평가

	취득금액	A사(간접소유) 평가 손익	배당	전기이월 이익잉여금	S사(직접소유) 평가 자본잉여금/자본조정	NI지분액	영업권 손상	매출원가(미실현)	배당	전기이월 이익잉여금	지분액 합계
01년	154,000	1,800	(1,600)	–	–	28,000	–	(4,000)	(16,000)	–	162,200
02년	54,000	900	–	200	18,900	16,000	–	(1,600)	(4,000)	8,000	92,400

(*1) 간접소유 효과 = S사의 A사 누적 지분 평가 × 40%(또는 20%)

(*2) 02년 취득금액 = 174,000원 - 150,000원(처분금액)

순자산 분석

	간접소유 효과(*)	직접소유(S사) 순자산 지분액	토지 (FV차액)	이연법인세 (FV)	영업권	재고자산 (미실현자산)	지분액 합계
취득	–	140,000	20,000	(6,000)	–	–	154,000
01년	200	152,000	20,000	(6,000)	–	(4,000)	162,200
02년 초	100	76,000	10,000	(3,000)	–	(2,000)	81,100
02년	1,000	88,000	10,000	(3,000)	–	(3,600)	92,400

(*) 간접소유 효과 = (S사의 A사 누적 지분 평가 : 기말장부금액 - 취득금액) × 40%(또는 20%)

3. 순액조정

	수익(매출)	비용(매출원가)
01년	200,000	200,000
02년	120,000	120,000

4. 이연법인세 조정

	A사와의 내부거래		S사와의 내부거래		합 계		지배기업		비지배지분	
	이연법인세	법인세비용	이연법인세	법인세비용	이연법인세	법인세비용	이연법인세	법인세비용	이연법인세	법인세비용
01년	–	–	3,000	3,000	3,000	3,000	1,800	1,800	1,200	1,200
02년 초	–	–	3,000	–	3,000	–	2,400	–	600	–
02년	4,800	4,800	5,400	2,400	10,200	7,200	8,160	6,360	2,040	840

Ⅳ. 연결재무제표

1. 취득

단순합산

차변	금액	대변	금액
주식S	300,000	자본금	550,000
주식A	150,000	이익잉여금	300,000
기타자산	400,000		

연결조정

차변	금액	대변	금액
자본금(S)	150,000	이연법인세	15,000
이익잉여금(S)	200,000	주식S	300,000
기타자산(FV)	50,000	비지배지분	154,000
영업권	69,000		

연결재무제표

차변	금액	대변	금액
주식S	–	이연법인세	15,000
주식A	150,000	자본금	400,000
기타자산	450,000	이익잉여금	100,000
영업권	69,000	비지배지분	154,000

2. 01년

단순합산

차변	금액	대변	금액
주식S	300,000	자본금	550,000
주식A	150,000	이익잉여금	380,000
기타자산	480,000		
비용	630,000	수익	750,000
이익잉여금 (단순합산NI)	120,000		

연결조정

차변	금액	대변	금액
1단계 : 순자산조정			
자본금(S)	150,000	이연법인세	15,000
이익잉여금(S)	230,000	주식S	300,000
기타자산(FV)	50,000	이익잉여금	12,300
영업권	69,000	비지배지분	162,200
주식A	500	기타자산	10,000
이연법인세	3,000	이익잉여금	1,800
		비지배지분	1,200
2단계 : 순이익조정			
비용(매출원가)	10,000	수익(지분법)	4,500
수익(배당금)	28,000	비용(법인세)	3,000
		이익잉여금	30,500
3단계 : 순액조정			
수익(매출)	200,000	비용(매출원가)	200,000

연결재무제표

차변	금액	대변	금액
주식S	–	이연법인세	12,000
주식A	150,500	자본금	400,000
기타자산	520,000	이익잉여금	164,100
영업권	69,000	비지배지분	163,400
비용	437,000	수익	526,500
이익잉여금 (연결NI)	89,500		

3. 02년

단순합산

주식S	400,000	자본금	550,000
주식A	150,000	이익잉여금	510,000
기타자산	510,000		
비용	570,000	수익	720,000
이익잉여금	150,000		
(단순합산NI)			

연결조정

1단계 : 순자산조정			
자본금(S)	150,000	이연법인세	15,000
이익잉여금(S)	290,000	주식S	400,000
기타자산(FV)	50,000	이익잉여금	28,500
영업권	40,000	비지배지분	92,400
주식A	5,000	기타자산	18,000
자본조정	18,900		
이연법인세	10,200	이익잉여금	8,160
		비지배지분	2,040
2단계 : 순이익조정			
수익(배당금)	16,000	수익(지분법)	4,500
비용(매출원가)	8,000	비용(법인세)	7,200
비용(영업권)	29,000	이익잉여금	41,300
3단계 : 순액조정			
수익(매출)	120,000	비용(매출원가)	120,000

연결재무제표

주식S	-	이연법인세	4,800
주식A	155,000	자본금	400,000
기타자산	542,000	이익잉여금	256,660
영업권	40,000	자본조정	**(18,900)**
		비지배지분	94,440
비용	479,800	수익	588,500
이익잉여금	108,700		
(연결NI)			

4. 연결자본변동표

	자본금	이익잉여금	자본조정	비지배지분	합 계
01년 초	400,000	100,000	-	-	500,000
종속기업 취득				154,000	154,000
연결당기순이익		64,100		25,400	89,500
비지배주주에 대한 배당				(16,000)	(16,000)
01년 말	400,000	164,100	-	163,400	727,500
02년 초	400,000	164,100	-	163,400	727,500
연결당기순이익		92,560		16,140	108,700
비지배주주에 대한 배당				(4,000)	(4,000)
종속기업 취득				(100,000)	(100,000)
지분거래손익			(18,900)	18,900	-
02년 말	400,000	256,660	(18,900)	94,440	732,200

연결당기순이익의 검증

		01년	02년	
1	P사 별도재무제표상 순이익	50,000	70,000	지배기업 소유주지분
2	P사 별도재무제표상 배당금수익	(24,000)	(16,000)	
3	S사 지분 이익	36,300	32,200	
4	연결이연법인세			
	① P사	1,800	6,360	
	② 비지배지분	1,200	840	비지배지분
5	비지배지분 이익	24,200	15,300	
		89,500	108,700	

(1) 지배구조 파악

① 연결결산 시 먼저 정의하여야 할 사항은 종속기업과 관계기업의 범위이다. 종속기업과 관계기업의 범위를 산정함에 있어 지분율뿐만 아니라 실질지배력에 대한 검토가 이루어져야 한다.

② 종속기업과 관계기업의 범위가 파악되면 평가주체와 평가대상을 정의하고 평가흐름을 정리하는 것이 바람직하다. 지배구조가 복잡할수록 평가흐름을 다음의 표로 요약하고, 지배구조의 하위 단계에 있는 기업부터 상위 단계의 기업 순서로 평가한다. 본 사례의 경우 평가 내역은 다음과 같이 정리된다.

평가 주체	평가 대상	
	직접소유	간접소유
S사	A사	-
S사 비지배주주	S사	A사
P사	S사	A사

① 간접소유 기업은 직접소유 기업을 통하여 지배기업이 유의적인 영향력이나 지배력을 행사하고 있는 기업으로 정의된다. 간접소유 효과는 누적 지분 평가와 순자산 분석에 다음을 반영한다.

- 간접소유 효과 = S사의 A사 누적 지분 평가 × P사 지분율
- 간접소유 효과 = (S사의 A사 누적 지분 평가 : 기말장부금액 − 취득금액) × P사 지분율

(2) 관계기업 평가

① 연결조정에 반영되는 지분법 평가 대상은 회계기간이 아니라 관계기업주식을 취득한 시점부터 결산일까지이다.

② 연결재무제표상 관계기업주식은 투자자산으로 분류되고, 종속기업주식은 주식이 아닌 종속기업이 보유하고 있는 사업(자산과 부채의 일체)이다. 경제적 실질은 상이하나, 취득이나 평가과정은 대부분 동일하다.

③ 취득금액의 구성내역을 분석하기 위해서는 먼저 유의적인 영향력을 획득한 시점의 순자산 공정가치 지분액을 파악해야 한다. 공정가치 차액이 파악되면 공정가치 차액에 대한 법인세효과도 취득금액의 구성내역에 반영하고 지분법손익에 반영한다.

④ 본 사례에서 공정가치 차액 지분액은 20,000원이므로 법인세효과는 6,000원(= 20,000원 × 30%)으로 산정된다. 법인세효과까지 고려하는 경우 계산구조가 복잡해지므로 공정가치 차액의 산정, 공정가치 차액의 변동, 공정가치 차액에 대한 법인세효과, 법인세효과의 변동으로 구분하여 분석하는 것이 바람직하다.

⑤ 관계기업에 대한 내부거래는 하향판매나 상향판매에 구분하지 않고 미실현손익에 대한 지분액을 평가 금액에 반영한다. 내부거래로 미실현손익이 발생하는 경우에도 미실현자산(부채)의 산정, 미실현자산(부채)의 변동, 미실현자산(부채)에 대한 법인세효과, 법인세효과의 변동으로 구분하여 분석하는 것이 계산상 혼란을 방지한다.

⑥ 사례의 가정상 관계기업주식의 평가로 발생한 누적 지분 이익에 대한 법인세효과는 고려하지 않고 있다. 그러나 관계기업주식의 경우 투자기업이 관계기업의 배당을 결정할 수 없으므로, 관계기업이 배당을 하지 않을 것이라는 합리적인 확신이 없다면 법인세효과를 인식해야 한다.

⑦ 공정가치 차액에 대한 법인세효과는 취득금액의 구성내역에 해당하므로 누적 지분 평가에 반영하나, 미실현손익이나 누적 지분 이익에 대한 법인세효과는 지분 평가 결과를 대상으로 하기 때문에 누적 지분 평가에 반영하지 않고 별도로 관리한다.

(3) 종속기업 평가

① 취득금액의 구성내역을 분석하려면 순자산 공정가치 지분액을 파악해야 한다. 공정가치 차액이 파악되면 공정가치 차액에 대한 법인세효과도 취득금액의 구성내역과 지분평가에 반영한다.

② 공정가치 차액 및 미실현손익의 변동 분석

- 일반적으로 미실현손익의 변동은 기말미실현자산에서 기초미실현자산을 차감하여 계산하며, 공정가치 차액의 변동도 미실현손익과 동일한 절차에 따라 산정한다.
- 중간에 지분율이 변경되면 지분율이 변경되는 시점을 기준으로 미실현손익의 변동금액을 산정한다. 예를 들어 기중에 지분율이 변경되었다면 변동 금액은 기말미실현잔액에서 지분율 변경 시점의 미실현잔액을 차감한 금액과 지분율 변경 시점의 미실현잔액에서 기초미실현잔액을 차감한 금액을 합산하여 계산한다.
- 본 사례의 경우 기초에 지분율이 변경되었으므로, 기중 공정가치 차액 변동 금액은 기말FV차액에서 변경 후 FV차액을 차감하여 계산한다.

③ 지분거래손익

- 지분거래손익을 정확하게 분석하기 위해서는 지분거래일 현재 연결 관점에서 종속기업 순자산 구성내역이 어떠한지를 정확하게 파악하고 있어야 한다.
- 연결 관점의 순자산은 별도재무제표상 순자산에 공정가치 차액, 공정가치 차액에 대한 법인세효과, 미실현자산, 영업권을 고려하여 결정된다.
- 공정가치 차액과 상향미실현자산은 지분율에 따라 안분되지만, 하향미실현자산은 전액 지배기업에게 귀속된다. 한편, 본 사례에서 영업권은 지배기업의 가치 상승으로 발생한 것이므로 지분율 변동에 따라 안분하지 않는다.
- 지분율의 변동과 관련하여 영업권을 어떻게 배분하여야 할 것인가에 대해서는 많은 논란이 있는데, 연결회계상 영업권에 대한 개념이 보다 더 세부적으로 정의되지 않는 이상 이론적으로 적합한 해결안이 도출되기 어렵다고 판단된다.
- 지분율 변동시점의 지분변동액과 취득(또는 처분)금액을 비교하여 계산된 지분거래손익은 자본손익으로 분류한다. 지배력에 영향을 미치지 않는 주식 거래는 연결재무제표의 자산과 부채에 아무런 영향을 미치지 않고, 연결자본에만 영향을 미치는 주주 간의 거래이기 때문이다.

④ 이연법인세

- 연결결산에 반영되는 법인세효과는 공정가치 차액에 대한 이연법인세, 미실현손익에 대한 이연법인세, 누적 지분 이익에 대한 이연법인세, 취득과 처분에 대한 이연법인세로 구분할 수 있다.
- 공정가치 차액에 대한 이연법인세는 취득금액의 산정과정에서 식별되므로 누적 지분 평가에 포함되나, 그 외에는 지분 평가가 완료된 이후에 계산되는 항목이므로 별도 관리한다.
- 지배기업이 종속기업에 대하여 지배력을 획득하는 이유는 장기적인 경영전략 관점에 따른 것이므로 예측 가능한 미래에 처분 가능성이 크지 않다고 보는 것이 합리적이다.
- 종속기업주식의 취득과 처분과정에서 발생하는 손익에 대한 법인세효과는 별도재무제표상 당기손익 항목이나 연결 관점에서는 자본손익 항목이다. 따라서 손익으로 반영된 법인세비용을 제거하고 자본에 대한 법인세효과를 인식하는 연결조정이 필요하나, 본 사례에서는 중요하지 않다고 보아 생략하였다.

⑤ 연결조정(순자산조정)

- 연결재무제표 작성 시점의 종속기업의 자본 항목과 지배기업이 별도재무제표에 인식하고 있는 종속기업주식을 제거한다.
- 공정가치 차액, 미실현자산, 영업권은 지배기업과 비지배주주의 순자산 분석에 표시되어 있는 금액을 합산하여 표시한다.
- 비지배지분은 해당 시점 비지배주주의 순자산 분석에 표시되어 있는 기말장부금액을 기재한다.
- 연결조정에 반영되는 이익잉여금은 지배기업의 누적 지분 이익으로서 지배기업이 직접 소유하고 있는 기업의 누적 지분 평가상 이익잉여금 항목에 해당하는 금액을 모두 합산하여 표시한다.
- 이연법인세는 공정가치 차액에 대한 이연법인세와 그 이외의 이연법인세로 구분하여 연결조정에 반영한다.
- 연결조정에 반영되는 관계기업주식 금액은 해당 관계기업에 대한 누적 지분 평가상 기말장부금액에서 취득금액을 차감하여 기재한다.
- 본 사례에서 50,000원의 기타자산은 공정가치 차액에 해당하며, 10,000원과 18,000원의 기타자산은 미실현자산에 해당한다.

⑥ 연결조정(순이익조정)

- 연결실체 내 종속기업으로부터 수령한 배당금수익, 공정가치 차액의 변동, 미실현 손익, 당기 지분법손익, 법인세비용 등이 순이익조정에 반영된다.
- 공정가치 차액으로 인한 법인세비용과 그 외의 법인세비용은 구분하여 기재하는 것이 계산상 혼란을 방지할 수 있다.
- 순이익조정에 반영되는 이익잉여금은 손익 조정사항이 순자산에 미치는 영향을 상쇄시키기 위함이므로, 재무상태표에 표시되어 있는 이익잉여금에 가산하지 않는다.

(4) 검 증

① 연결결산 과정에서 검증의 중요성은 두말할 나위가 없다. 본서에서 제시한 접근방법은 연결재무제표를 작성하기 전에 준비된 자료가 적절하게 분석되었는지에 대한 검증, 연결조정이 적절하게 반영되었는지에 대한 검증, 연결재무제표가 정확하게 산출되었는지에 대한 검증과정을 포함하고 있다.

② 연결결산을 위하여 준비된 자료들은 누적 지분 평가와 순자산 분석이라는 Tool에 의하여 정리된다.

③ 본서의 연결조정 체계는 지분 평가와 순자산 분석을 통해 산출된 결과 값을 단순합산 재무제표에 일괄적으로 가감한다는 특징이 있다. 따라서 분석이 정확하지 않다면 연결조정 자체가 이루어지지 않는다.

④ 작성된 연결재무제표는 연결자본변동표와 연결당기순이익의 배분 과정을 통하여 적정성을 검증한다. 연결당기순이익의 배분 과정은 지배기업과 비지배주주의 당기 지분이익을 구분하는 과정으로, 연결당기순이익이 정확한지 여부를 검증하고 있다. 연결자본변동표는 연결재무제표에 표시되는 자본의 흐름을 나타내는 재무제표로서 연결재무상태표의 자본과 항상 일치한다.

9. 종합 사례 (2)

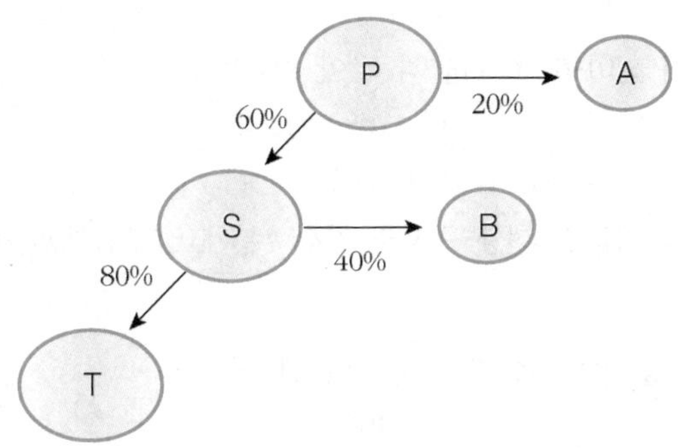

사례 2 종합 사례 (2)

1 종속기업주식 취득

(1) S사 주식 취득

P사는 S사 주식을 01년 초 다음과 같이 취득함.

지분율 60%

취득금액 260,000

지배력 획득일 시점에 S사의 자산·부채 장부금액은 공정가치와 일치함.

한편, P사는 비지배지분을 식별 가능한 순자산 공정가치에 비례하여 인식하고 있음.

(2) T사 주식 취득

S사는 T사 주식을 01년 초 다음과 같이 취득함.

지분율 80%

취득금액 80,000

지배력 획득일 현재 T사의 자산·부채 장부금액과 공정가치의 차이는 다음과 같음.

구 분	공정가치	장부금액	차 액
토지	50,000	40,000	10,000

2 관계기업주식 취득

(1) A사 주식 취득

P사는 A사 주식을 01년 초 다음과 같이 취득함.

지분율 20%

취득금액 60,000

유의적인 영향력 획득일 현재 A사의 자산·부채 장부금액과 공정가치는 모두 일치함.

(2) B사 주식 취득

S사는 B사 주식을 01년 초 다음과 같이 취득함.

지분율 40%

취득금액 45,000

유의적인 영향력 획득일 현재 B사의 자산·부채 장부금액과 공정가치는 모두 일치함.

3 내부거래

구 분	자산	처분	취득	거래금액	장부금액	처분이익	내용연수
01년 초	건물	S사	T사	60,000	40,000	20,000	5

4 배당

구 분	01년	02년
S사	50,000	–
T사	–	20,000
A사	–	30,000
B사	10,000	–

5 법인세

① 연결실체 내에 있는 모든 기업들에게 적용될 법인세율은 30%임.

② 수입배당금 익금불산입률은 100%라고 가정함. 따라서 공정가치 차액과 내부거래에 대한 이연법인세만 고려 대상임.

6 요약 별도재무제표

	최종지배기업(P)			중간지배기업(S)			종속기업(T)		
	취득	01년	02년	취득	01년	02년	취득	01년	02년
주식S	260,000	260,000	260,000	–	–	–	–	–	–
주식T	–	–	–	80,000	80,000	80,000	–	–	–
주식A	60,000	60,000	60,000	–	–	–	–	–	–
주식B	–	–	–	45,000	45,000	45,000	–	–	–
유형자산	20,000	50,000	90,000	275,000	275,000	355,000	60,000	120,000	150,000
자산계	340,000	370,000	410,000	400,000	400,000	480,000	60,000	120,000	150,000
자본금	200,000	200,000	200,000	100,000	100,000	100,000	50,000	50,000	50,000
이익잉여금	140,000	170,000	210,000	300,000	300,000	380,000	10,000	70,000	100,000
자본계	340,000	370,000	410,000	400,000	400,000	480,000	60,000	120,000	150,000
수익		100,000	150,000		250,000	380,000		250,000	300,000
비용		(70,000)	(110,000)		(200,000)	(300,000)		(190,000)	(250,000)
당기순이익		30,000	40,000		50,000	80,000		60,000	50,000

	관계기업(A)			관계기업(B)		
	취득	01년	02년	취득	01년	02년
자본금	100,000	100,000	100,000	50,000	50,000	50,000
이익잉여금	50,000	100,000	130,000	50,000	70,000	110,000
자본계	150,000	200,000	230,000	100,000	120,000	160,000
당기순이익		50,000	60,000		30,000	40,000

요구사항 **이연법인세 회계를 적용하여 지배력 획득일과 01년 및 02년 연결재무제표를 작성하시오.**

해설

Ⅰ. 관계기업 평가

1. 취득금액의 구성내역

	A주식	B주식
취득금액	60,000	45,000
순자산 지분액	30,000	40,000
영업권	30,000	5,000

2. P사의 A사 누적 지분 평가

	취득금액	NI 지분액	관계기업 배당	전기이월 이익잉여금	기말 장부금액
01년	60,000	10,000	-	-	70,000
02년	60,000	12,000	(6,000)	10,000	76,000

순자산 분석

	순자산 지분액	영업권	기말장부금액
취득	30,000	30,000	60,000
01년	40,000	30,000	70,000
02년	46,000	30,000	76,000

3. S사의 B사 누적 지분 평가

	취득금액	NI 지분액	관계기업 배당	전기이월 이익잉여금	기말 장부금액
01년	45,000	12,000	(4,000)	-	53,000
02년	45,000	16,000	-	8,000	69,000

순자산 분석

	순자산 지분액	영업권	기말장부금액
취득	40,000	5,000	45,000
01년	48,000	5,000	53,000
02년	64,000	5,000	69,000

Ⅱ. 종속기업 분석

1. 취득금액의 구성내역

	S사 주식		T사 주식	
	지배기업	비지배지분	지배기업	비지배지분
취득금액	260,000	160,000	80,000	13,400
순자산 지분액	240,000	160,000	48,000	12,000
토지 FV차액	-		8,000	2,000
FV차액에 대한 이연법인세	-		(2,400)	(600)
영업권	20,000		26,400	

2. 내부거래 분석

(1) 복잡한 구조하의 내부거래 : Group 분석

	처분	취득	비고
1단계	(P+S)	T사	하향판매
2단계	S사	–	상향판매

(2) 미실현손익

	01년 초	01년	02년	03년	04년	05년
건물(처분이익)	(20,000)	(16,000)	(12,000)	(8,000)	(4,000)	–
상각비	–	4,000	4,000	4,000	4,000	4,000

3. T사 주식 평가

(1) S사의 T사 누적 지분 평가

	취득금액	NI 지분액	처분이익 (미실현)	감가상각비 (미실현)	종속기업 배당	전기이월 이익잉여금	지분액 합계
01년	80,000	48,000	(20,000)	4,000	–	–	112,000
02년	80,000	40,000	–	4,000	(16,000)	32,000	140,000

순자산 분석

	순자산 지분액	토지 (FV)	이연법인세 (FV)	영업권	건물 (미실현)	지분액 합계
취득	48,000	8,000	(2,400)	26,400	–	80,000
01년	96,000	8,000	(2,400)	26,400	(16,000)	112,000
02년	120,000	8,000	(2,400)	26,400	(12,000)	140,000

(2) T사 비지배주주의 누적 지분 평가

	취득금액	NI 지분액	배 당	전기이월 이익잉여금	지분액 합계
01년	13,400	12,000	–	–	25,400
02년	13,400	10,000	(4,000)	12,000	31,400

순자산 분석

	순자산 지분액	토지 (FV)	이연법인세 (FV)	유형자산 (미실현)	지분액 합계
취득	12,000	2,000	(600)	–	13,400
01년	24,000	2,000	(600)	–	25,400
02년	30,000	2,000	(600)	–	31,400

4. S사 주식 평가

(1) P사의 S사 누적 지분 평가

	취득금액	B사(간접소유 관계기업) 평가: NI 지분액	관계기업 배당	전기이월 이익잉여금	T사(간접소유 종속기업) 평가: 손익	종속기업 배당	전기이월 이익잉여금	S사(직접소유 종속기업) 평가: NI 지분액	종속기업 배당	전기이월 이익잉여금	지분액 합계
01년	260,000	7,200	(2,400)	-	19,200	-	-	30,000	(30,000)	-	284,000
02년	260,000	9,600	-	4,800	26,400	(9,600)	19,200	48,000	-	-	358,400

(*1) 간접소유 관계기업 효과 = (S사의 B사 누적 지분 평가 : 기말장부금액 - 취득금액) × 60%
(*2) 간접소유 종속기업 효과 = S사의 T사 누적 지분 평가 × 60%

순자산 분석

	간접소유		S사(직접소유 종속기업)		지분액 합계
	B사	T사	순자산 지분액	영업권	
취득	-	-	240,000	20,000	260,000
01년	4,800	19,200	240,000	20,000	284,000
02년	14,400	36,000	288,000	20,000	358,400

(*1) B사 간접소유 효과 = (S사의 B사 누적 지분 평가 : 기말장부금액 - 취득금액) × 60%
(*2) T사 간접소유 효과 = (S사의 T사 누적 지분 평가 : 지분액 합계 - 취득금액) × 60%

(2) S사 비지배주주의 누적 지분 평가

	취득금액	B사(간접소유) 평가: NI 지분액	배당	전기이월 이익잉여금	T사(간접소유) 평가: 손익	배당	전기이월 이익잉여금	S사(직접소유) 평가: NI 지분액	배당	전기이월 이익잉여금	지분액 합계
01년	160,000	4,800	(1,600)	-	12,800	-	-	20,000	(20,000)	-	176,000
02년	160,000	6,400	-	3,200	17,600	(6,400)	12,800	32,000	-	-	225,600

(*1) 간접소유 관계기업 효과 = (S사의 B사 누적 지분 평가 : 기말장부금액 - 취득금액) × 40%
(*2) 간접소유 종속기업 효과 = S사의 T사 누적 지분 평가 × 40%

순자산 분석

	간접소유		S사(직접소유)		지분액 합계
	B사	T사	순자산 지분액	영업권	
취득	-	-	160,000	-	160,000
01년	3,200	12,800	160,000	-	176,000
02년	9,600	24,000	192,000	-	225,600

(*1) B사 간접소유 효과 = (S사의 B사 누적 지분 평가 : 기말장부금액 - 취득금액) × 40%
(*2) T사 간접소유 효과 = (S사의 T사 누적 지분 평가 : 지분액 합계 - 취득금액) × 40%

5. 내부거래에 대한 이연법인세

	이연법인세			법인세비용		
	계	지배기업	비지배지분	계	지배기업	비지배지분
01년	4,800	2,880	1,920	4,800	2,880	1,920
02년	3,600	2,160	1,440	(1,200)	(720)	(480)

Ⅲ. 연결재무제표

1. 취득

단순합산

차변		대변	
주식S	260,000	자본금	350,000
주식T	80,000	이익잉여금	450,000
주식A	60,000		
주식B	45,000		
유형자산	355,000		

연결조정

차변		대변	
1단계 : 순자산조정			
자본금(S+T)	150,000	이연법인세	3,000
이익잉여금(S+T)	310,000	주식S	260,000
영업권	46,400	주식T	80,000
유형자산(FV)	10,000	비지배지분	173,400

연결재무제표

차변		대변	
주식S	–	이연법인세	3,000
주식T	–	자본금	200,000
주식A	60,000	이익잉여금	140,000
주식B	45,000	비지배지분	173,400
유형자산	365,000		
영업권	46,400		

2. 01년

단순합산

차변		대변	
주식S	260,000	자본금	350,000
주식T	80,000	이익잉여금	540,000
주식A	60,000		
주식B	45,000		
유형자산	445,000		
비용	460,000	수익	600,000
이익잉여금	140,000		
(단순합산NI)			

연결조정

차변		대변	
1단계 : 순자산조정			
자본금(S+T)	150,000	이연법인세	3,000
이익잉여금(S+T)	370,000	주식S	260,000
영업권	46,400	주식T	80,000
유형자산(FV)	10,000	이익잉여금(S)	24,000
주식A	10,000	이익잉여금(A)	10,000
주식B	8,000	비지배지분	201,400
		유형자산	16,000
이연법인세	4,800	이익잉여금	2,880
		비지배지분	1,920
2단계 : 순이익조정			
수익(처분이익)	20,000	수익(지분법)	22,000
수익(배당금)	34,000	비용(상각비)	4,000
		비용(법인세)	4,800
		이익잉여금	23,200

연결재무제표

차변		대변	
주식S	–	자본금	200,000
주식T	–	이익잉여금	206,880
주식A	70,000	비지배지분	203,320
주식B	53,000		
유형자산	439,000		
이연법인세	1,800		
영업권	46,400		
비용	451,200	수익	568,000
이익잉여금	116,800		
(연결NI)			

3. 02년

단순합산

차변	금액	대변	금액
주식S	260,000	자본금	350,000
주식T	80,000	이익잉여금	690,000
주식A	60,000		
주식B	45,000		
유형자산	595,000		
비용	660,000	수익	830,000
이익잉여금	170,000		
(단순합산NI)			

연결조정

차변	금액	대변	금액
1단계 : 순자산조정			
자본금	150,000	이연법인세	3,000
이익잉여금	480,000	주식S	260,000
영업권	46,400	주식T	80,000
유형자산(FV)	10,000	이익잉여금(S)	98,400
주식A	16,000	이익잉여금(A)	16,000
주식B	24,000	비지배지분	257,000
		유형자산	12,000
이연법인세	3,600	이익잉여금	2,160
		비지배지분	1,440
2단계 : 순이익조정			
수익(배당금)	22,000	수익(지분법)	28,000
비용(법인세)	1,200	비용(상각비)	4,000
이익잉여금	8,800		

연결재무제표

차변	금액	대변	금액
주식S	-	자본금	200,000
주식T	-	이익잉여금	326,560
주식A	76,000	비지배지분	258,440
주식B	69,000		
유형자산	593,000		
이연법인세	600		
영업권	46,400		
비용	657,200	수익	836,000
이익잉여금	178,800		
(연결NI)			

4. 연결자본변동표

	자본금	이익잉여금	비지배지분	합 계
01년 초	200,000	140,000	-	340,000
종속기업 취득			173,400	173,400
연결당기순이익		66,880	49,920	116,800
비지배주주에 대한 배당			(20,000)	(20,000)
01년 말	200,000	206,880	203,320	610,200
02년 초	200,000	206,880	203,320	610,200
연결당기순이익		119,680	59,120	178,800
비지배주주에 대한 배당			(4,000)	(4,000)
02년 말	200,000	326,560	258,440	785,000

<u>연결당기순이익의 검증</u>

		01년	02년	
1	P사 별도재무제표상 순이익	30,000	40,000	지배기업 소유주지분
2	P사 별도재무제표상 배당금수익	(30,000)	(6,000)	
3	지분 이익			
	① S사	54,000	74,400	
	② A사	10,000	12,000	
4	연결이연법인세			
	① 지배기업에 귀속되는 법인세비용	2,880	(720)	
	② 비지배지분에 귀속되는 법인세비용	1,920	(480)	비지배지분
5	비지배지분 이익			
	① S사	36,000	49,600	
	② T사	12,000	10,000	
		116,800	178,800	

(1) 지배구조의 파악

① 〈사례 2〉의 평가 주체와 평가 대상은 아래와 같이 정의된다.

평가 주체	평가 대상	
	직접소유	간접소유
T사 비지배주주	T사	–
S사	T사, B사	–
S사 비지배주주	S사	B사, T사
P사	S사, A사	B사, T사

② 지배구조의 하위 단계에 있는 관계기업과 종속기업을 먼저 평가한다.

③ 간접소유하는 종속기업과 관계기업이 있는 경우, 간접소유 효과는 관계기업과 종속기업별로 구분하여 누적 지분 평가에 반영한다.

- 간접소유 관계기업 효과 = S사의 B사 누적 지분 평가 × 60%
- 간접소유 종속기업 효과 = S사의 T사 누적 지분 평가 × 60%

④ 순자산 분석은 지배기업의 지분에 영향을 미치는 누적 지분 평가 대상별로 구분하여 표시한다. 〈사례 2〉에서 P사는 S사의 B사에 대한 누적 지분 평가와 S사의 T사에 대한 누적 지분 평가에 의하여 영향을 받고 있으므로 다음의 내용을 순자산 분석에 표시한다.

- S사의 B사에 대한 평가가 P사에 미치는 영향
  = (S사의 B사 누적 지분 평가 : 기말장부금액 - 취득금액) × 60%
- S사의 T사에 대한 평가가 P사에 미치는 영향
  = (S사의 T사 누적 지분 평가 : 지분액 합계 - 취득금액) × 60%

(2) 종속기업 평가

① 취득금액의 구성내역을 분석하기 위해서는 지배력을 획득하는 시점의 순자산 지분액과 순자산 공정가치 지분액을 파악해야 한다. T사의 경우 토지에 대한 공정가치 차액뿐만 아니라, 공정가치 차액에 대한 법인세효과까지 취득금액의 구성내역과 지분 평가에 반영한다.

② 복잡한 지배구조하에서의 내부거래 분석
- 직접적인 지분 관계가 없는 기업 간에 내부거래를 실시한 어떠한 기업의 재무제표가 왜곡되었는지를 파악하고, 해당 기업의 주주에게 왜곡 효과를 안분한다.
- 〈사례 2〉의 경우 S사 재무제표가 왜곡되었으므로, S사의 주주인 P사와 S사 비지배주주에게 미실현손익의 60%와 40%를 안분한다.
- 내부거래로 발생한 손익을 인식한 기업은 S사이므로, 관련 미실현손익은 S사에 대한 누적 지분 평가에 반영한다.

(3) 연결조정

① 복잡한 지백구조에서 적용할 수 있는 연결조정 방식으로 순차연결과 병렬연결이 있다. 순차연결은 중간 지배기업의 연결재무제표를 먼저 작성하고, 최상위 지배기업의 연결재무제표 작성 시 중간 지배기업의 연결재무제표를 활용하는 방법이다. 반면, 병렬연결은 연결실체 내 모든 기업들의 별도재무제표를 한꺼번에 합산하여 조정하는 방법이다.

② 연결조정 방식은 기업 지배구조의 특성, 중간 지배기업의 연결재무제표 필요성, 최상위 지배기업의 일정, 연결실체 내에 있는 기업들에 대한 내부통제 목적 등을 고려하여 선택하는 것이 바람직하다. 그러나 일반적으로 병렬연결 방식이 효율적이고 계산상 정확한 결과를 가져온다.

③ 지배기업이 하나가 아닌 다수의 종속기업주식이나 관계기업주식을 취득하고 있는 경우, 누적 지분 평가는 직접 주식을 소유하고 있는 기업별로 작성하는 것이 계산상 혼

란을 방지할 수 있다.

④ 지배기업과 종속기업 간의 내부거래와 마찬가지로 종속기업 간의 내부거래도 관련 미실현손익은 총액으로 제거한다. 다만, 내부거래가 연결자본에 미치는 영향은 지배기업과 비지배주주의 지분으로 구분하여 분석한다.

| 저 | 자 | 소 | 개 |

■ 박 길 동

〈학력 및 자격증〉

- 서강대학교 경영학과
- 공인회계사, 세무사, 미국공인회계사

〈경력〉

- 전) 삼일회계법인
- 현) 우리회계법인

〈저서〉

- 일반기업회계기준 연결회계 이론과 실무 (2020)
- 현금흐름 분석과 현금흐름표 작성 (2021)
- 경영권승계와 지배구조개선 (2022)

개정증보판 **K-IFRS 연결회계 이론과 실무**

2012년 8월 7일 초판 발행
2022년 9월 29일 6판 발행

저 자 박 길 동
발 행 인 이 희 태
발 행 처 **삼일인포마인**

저자협의 인지생략

서울특별시 용산구 한강대로 273 용산빌딩 4층
등록번호 : 1995. 6. 26 제3-633호
전 화 : (02) 3489-3100
F A X : (02) 3489-3141
I S B N : 979-11-6784-101-8 93320

♣ 파본은 교환하여 드립니다. **정가 95,000원**

삼일인포마인 발간책자는 정확하고 권위 있는 해설의 제공을 목적으로 하고 있습니다. 다만 그 완전성이 항상 보장되는 것은 아니고 또한 특정 사안에 대한 구체적인 의견제시가 아니므로, 적용결과에 대하여 당사가 책임지지 아니합니다. 따라서 실제 적용에 있어서는 충분히 검토하시고, 저자 또는 능력 있는 전문가와 상의하실 것을 권고합니다.